镇江年鉴

ZHENJIANG YEARBOOK

总第31卷 2022

镇江市史志办公室 编

方志出版社
Publishing House of Local Records

图书在版编目（CIP）数据

镇江年鉴. 2022 / 镇江市史志办公室编. —北京：方志出版社，2022.9

ISBN 978-7-5144-5318-8

Ⅰ. ①镇… Ⅱ. ①镇… Ⅲ. ①镇江－2022－年鉴 Ⅳ. ①Z525.33

中国版本图书馆CIP数据核字(2022)第210139号

责任编辑：陈 菁
责任校对：刘玉霞
责任印制：梅中英
出 版 者：方志出版社
地　　址：北京市朝阳区潘家园东里 9 号（国家方志馆4层）
邮　　编：100021
网　　址：http://www.zgfzcb.cn
发　　行：方志出版社图书营销中心（010-67110500）
印　　刷：镇江华翔票证印务有限公司
开　　本：889毫米×1194毫米　1/16
印　　张：29.75
字　　数：1049千字
版　　次：2022年9月第1版
印　　次：2022年9月第1次印刷
定　　价：310.00元

《镇江年鉴（2022）》主审

马明龙　徐曙海

《镇江年鉴（2022）》编审人员

主　　编	马国进　凡　浩
副 主 编	徐　强　杨　兵　王　浩(执行)　蔡晓彬
编辑部主任	叶兆国
编　　辑	（以下按姓氏笔画排序）
	于　薇　叶兆国　杨正宏　张　杰　潘　珏
顾　　问	杨正宏　徐　溯
特邀编辑单位	市委办公室　市人大常委会办公室　市政府办公室
	市政协办公室　市纪委监委办公室　市委组织部
	市委宣传部　市委统战部　市委政法委　市发改委
	市教育局　市科技局　市工信局　市住建局
	市交通运输局　市农业农村局　市商务局　市文广旅局
	市卫健委　市退役军人局　市国资委　市统计局
	人行镇江中心支行　市保险协会
	丹阳市史志办公室　句容市史志办公室
	扬中市史志办公室　丹徒区史志办公室
	京口区史志办公室　润州区史志办公室
	镇江新区党政办公室　镇江高新区党政办公室
市（区）编辑	孙　伟　李东东　余　婷　张　虹　陈龙浩
	杭茹萍　段广凤　殷　博
彩页设计	戴　璐

《镇江年鉴》撰稿单位审稿人名单

（按姓氏笔画排序）

丁　群　马云明　王　炳　王　健　王　浩　王永新　王加友　王建国　王思思　王香莲

王家振　卞　茜　方向学　尹红敏　尹连荣　左　斌　石庆银　石劲松　田红妹　史　宏

匡　亚　匡　鹏　朱　伟　朱　华　朱　峰　朱　海　朱纪斌　朱国夫　朱银忠　朱湘威

任　罡　刘庆林　刘贤忠　刘国平　刘俏到　汤　兵　孙　伟　贡靖莉　苏　枫　李　旭

李　劲　李　玲　李一匡　杨　文　杨　坚　杨晓勤　吴江玲　吴启忠　吴晓晖　何　俊

何锦润　余　雷　沙亚平　沈为民　沈玉林　宋飞雄　张　兵　张　标　张　俊　张卫星

张正明　张宁晖　张永意　张志军　张忠华　张忠波　张金宝　张宜英　张俊美　张剑斌

张　搏　张　蕾　陆　敏　陆智国　陈　虹　陈　健　陈小平（消防）　陈小平（编办）

陈文博　陈峰林　陈家军　周　毅　周陪袁　庞　迅　郑　丹　郑迎伟　郑建华　项志明

赵　云　赵志强　赵剑萍　胡　瑾　胡舜根　柏　乐　侯政伟　姚　远　姚允龙　姚克兵

姚海荣　骆　俊　贾龙华　夏　域　夏学斌　顾大福　顾林艳　钱立宪　徐　峰　徐六生

徐本林　徐志刚　徐恒功　徐超琼　高海涛　凌　华　凌建锋　曹　彤　曹志云　曹宏明

龚祺祯　章存保　章纯钢　梁　坚　梁新歌　蒋新民　鲁　宽　谢立新　强　忠　解军英

窦高林　蔡世源　蔡国华　谭　峥　戴云徽

编辑说明

一、《镇江年鉴》是镇江市人民政府主管，镇江市史志办公室编纂的大型地方综合年鉴，创刊于1992年。《镇江年鉴》的编纂以马克思列宁主义、毛泽东思想、邓小平理论、“三个代表”重要思想、科学发展观、习近平新时代中国特色社会主义思想为指导，坚持辩证唯物主义和历史唯物主义的立场、观点和方法，逐年记载镇江市经济和社会发展的基本情况，为社会各界认识镇江、研究镇江、发展镇江提供基础资料。

二、《镇江年鉴（2022）》记载2021年全市自然、政治、经济、文化和社会等方面的基本面貌、发展状况和各行各业取得的新进展、新成就、新经验，出现的新矛盾、新问题以及进行的新探索。《镇江年鉴（2022）》在保证年鉴基本信息准确、完整、连续的基础上，进一步优化选录标准，着力解决部分内容繁冗的问题，打造权威、实用、精简的高品质年度信息资料库。框架上，优化重组“工业”“建筑业”“房地产业”“社会生活”等类目（分目），在体现创新的同时，使框架更好地符合市情。内容上，刊载庆祝中国共产党成立100周年、优化营商环境、“四群八链”发展、党史学习教育、实施乡村振兴战略等重要内容，突出城市特色和年度特色。表现形式上，将部分重要分目、条目内容设计成表格集中反映，方便读者阅读，同时进一步去除内视性内容。彩色画页继续设立“城市名片”，介绍城市特点；收入最新版《镇江市政区图》《镇江市城区图》，体现城市变迁；继续选登有资料价值、史料价值的图表。

三、全书采用分类编纂法，分类目、分目和条目3个层次，共设34个类目（栏目），依次为：特载、大事记、镇江概览、党政机关、民主党派·工商联、群众团体、军事、法治、经济管理、农业、工业、建筑业、商贸流通、对外及对港澳台经济贸易、旅游、信息服务业、金融、房地产业、交通·物流·邮政、口岸·港口、城乡建设与管理、生态环境、经济开发园区、科学技术、教育、文化、地域文化研究、大众传媒、卫生健康、体育、社会生活、人物、书目·文摘·题录、附录。以上次序也为全书图、表的排序依据。个别分目下设立次分目，其标题前后加“·”表示。条目为记述实体，其标题用黑体字加【】表示。文中“市区”表示“丹徒区、京口区、润州区”。表格中“#”表示“其中”。全书所用稿件由镇江市各部门、单位，各市（区）专人撰写，并经过各单位有关负责人审阅，事实与数据均经过反复核对。统计数据均使用法定计量单位，部分一次文献以及非统计意义的计量单位保持原貌；有关数据由于统计来源、口径和时间不同而存在不尽一致的情况；部分数据由于统计口径调整，与上年数据不具可比性。对部分重要资料的记载在时限上适当放宽，以提高资料使用的时效性。

四、全书配有多重检索方法：卷首设中文目录，卷末设主题分析索引，并辅之以全书条目参见系统。全书所有资料可通过目录、索引、条目参见系统以及书眉等查询。《镇江年鉴》搜索网址为:http://szb.zhenjiang.cn/。

【城市坐标】

市　　树	广玉兰
市　　花	杜鹃花
镇江精神	创业创新、开放文明、务实诚信
城市位置	长江运河“十字黄金水道”交汇处
城市性质	国家历史文化名城，长江下游重要的港口，工贸、风景旅游城市
城市历史	3000年文明历史
市（区）	丹阳市、句容市、扬中市、丹徒区、京口区、润州区、镇江新区、镇江高新区

【城市荣誉（2021）】

全国脱贫攻坚先进集体

2019年度国家森林城市复检通过

第四批国家公共文化服务体系示范区

2020年度健康城市建设样板市

2020年度污染防治攻坚战成效考核优秀

江苏省打好污染防治攻坚战设区市2020年度成效考核优秀

“苏科贷”绩效评奖优秀（A类）合作地区

高血压糖尿病门诊用药保障专项行动示范城市

【城市数字（2021）】

户籍人口	268.10万人
土地面积	3840平方千米
建成区土地面积	236.23平方千米，其中市区147.29平方千米
地区生产总值	4763.42亿元
人均地区生产总值	148204元
一般公共预算收入	327.59亿元
社会消费品零售总额	1346.83亿元
实际使用外资	80949万美元
进出口总额	129.13亿美元
港口货物吞吐量	24664万吨
城镇常住居民人均可支配收入	59204元
农村常住居民人均可支配收入	31354元

【文化遗存、风景名胜】

全国重点文物保护单位	焦山碑林、丹阳和句容南朝陵墓石刻、镇江英国领事馆旧址、昭关石塔、大运河（大运河镇江段、虎踞桥、江河交汇处、新河街一条街、西津渡古街）、甘露寺铁塔、隆昌寺建筑群、城上村遗址、葛城遗址、铁瓮城遗址、宋元粮仓遗址、春城土墩墓群、烟墩山墓地
全国重点寺院宫观	金山江天禅寺、焦山定慧寺、宝华山隆昌寺、茅山道院
国家级非物质文化遗产	白蛇传传说、镇江恒顺香醋酿制技艺、古琴艺术（梅庵琴派）、扬剧、灯彩（秦淮灯彩）、酿造酒传统酿造技艺（封缸酒传统酿造技艺）、董永传说、佛教音乐（金山寺水陆法会仪式音乐）、道教音乐（茅山道教音乐）
全国古籍重点保护单位	镇江市图书馆
国家风景名胜区	三山风景名胜区（金山景区、焦山景区、北固山景区、征润洲景区、云台山景区、江心岛景区）
国家AAAAA级旅游景区	金山·焦山·北固山旅游景区、茅山景区
国家AAAA级旅游景区	镇江博物馆、南山风景区、西津渡历史文化街区、宝华山国家森林公园、镇江醋文化博物馆、米芾书法公园、江苏茶博园
国家森林公园	南山国家森林公园、宝华山国家森林公园
国家重点公园	金山公园
省级风景名胜区	南山风景名胜区、茅山风景名胜区、九龙山风景名胜区
省级自然保护区	宝华山自然保护区、长江豚类自然保护区
省级旅游度假区	世业洲旅游度假区、茅山湖旅游度假区、水晶山旅游度假区
省级生态旅游示范区	南山风景区、镇江长山文化生态旅游区

2021年镇江市主要经济社会指标

地区生产总值
比上年增长9.4%
2021年 4763.42亿元

人均地区生产总值
比上年增长9.2%
2021年 148204元

一般公共预算收入
比上年增长5.1%
2021年 327.59亿元

一般公共预算支出
比上年增长8.9%
2021年 543.40亿元

税收收入
比上年增长8.0%
2021年 256.05亿元

住户存款
比年初增加329.61亿元
2021年 3093.96亿元

进出口总额
比上年增长23.9%
2021年 129.13亿美元

全社会用电量
比上年增长10.5%
2021年 295.06亿千瓦时

金融机构人民币存款余额
比年初增加400.62亿元
2021年　6692.67亿元

金融机构人民币贷款余额
比年初增加852.85亿元
2021年　6958.27亿元

居民消费价格指数
比上年增长1.2%
2021年　101.2

全年常住居民人均可支配收入
比上年增长9.1%
2021年　50360元

城镇常住居民人均可支配收入
比上年增长8.5%
2021年　59204元

农村常住居民人均可支配收入
比上年增长10.4%
2021年　31354元

社会消费品零售总额
比上年增长17.9%
2021年　1346.83亿元

年末户籍人口
比上年减少1.16万人
2021年　268.10万人

实际使用外资
比上年增长2.8%
2021年　8.09亿美元

粮食总产量
比上年增长0.4%
2021年　96.02万吨

说明：本页数据均为统计公报数

中国共产党镇江市第八次代表大会
1

中国共产党镇江市第八届委员会第一次全体会议
2

❶ 2021年9月26日，中国共产党镇江市第八次代表大会召开
（《创新》编辑部 供稿）

❷ 2021年9月28日，中国共产党镇江市第八届委员会第一次全体会议召开
（《创新》编辑部 供稿）

❸ 2021年1月19日，镇江市第八届人民代表大会第六次会议召开 （马镇丹 供稿）

❹ 2021年1月18日，中国人民政治协商会议镇江市第八届委员会第五次会议召开
（谢道榅 供稿）

❺ 2021年2月5日，中国共产党镇江市第七届纪律检查委员会第六次全体会议召开
（《创新》编辑部 供稿）

2020年度
十佳书记项目
镇江市产业强市暨优化营商环境大会
二〇二一年二月
十佳书记项目

全市重大产业项目观摩推进会
全市重大产业项目观摩推进会
2021年9月

1. 2021年2月18日，镇江市产业强市暨优化营商环境大会召开
（谢道韫 供稿）

2. 2021年9月17日，全市重大产业项目观摩推进会召开
（马镇丹 供稿）

3. 2021年，中国自主研发的低速双燃料发动机CX40DF首台机在镇江交付
（文 雯 供稿）

4. 2021年2月4日，全国首个方舱式5G共享机房在镇江五峰山储能电站投运
（宋 伟 供稿）

5. 2021年3月30日，第一艘由国内设计建造并且悬挂中国国旗的液态硫黄运输船下水
（石小刚 供稿）

1

2

❶ 2021年3月26日，全市人才“镇兴”大会召开
（市委组织部 供稿）

❷ 2021年4月16日，“镇等你来”人才交流大会举行，镇江市大学生“聚镇”计划招才引智平台启动
（市人社局 供稿）

❸ 2021年5月29日，2021全国百所技工院校校长镇江行校地合作签约举办，全国105家技工院校与镇江市百余家重点企业开展技能人才项目深度合作对接，签署合作协议40项（市人社局 供稿）

❹ 2021年7月18日，2021“市会”合作助推G312产业创新发展对接会召开
（市委组织部 供稿）

❺ 《镇江市人才政策一本通》
（市委组织部 供稿）

❻ 2021招才引智“镇江日”系列专场活动
（市委组织部 供稿）

❶ 2021年10月30日，镇江市第十六届运动会开幕
（文 雯 供稿）

❷ 2021年12月28日，宁句城际市民乘车仪式举行，图为市民乘车现场
（谢道榅 供稿）

❸ 扬中市滨江公园具备多种太阳能光伏发电装置，是江苏首个“零碳公园”
（宋 伟 供稿）

❹ 2021年2月4日，“留镇过大年 工会送好礼”发放仪式举行
（方 宸 供稿）

❺ 2021年，疫苗流动接种车在街头为民服务
（苏建新 供稿）

❻ 2021年，中山路小学改扩建工程改善校园环境和配套功能
（魏 兢 供稿）

❼ 2021年，中小学生在市体育馆足球训练场训练
（魏 兢 供稿）

3

镇江市中山路小学
6

7

❶ 2021年9月24日，312国道宁镇段快速化改造工程开工典礼举行　（陈伊洋 供稿）

❷ 2021“水韵江苏”最美乡村桥（诗情画意桥）——句容市固江口水库桥
（市交通运输局 供稿）

❸ 2021年，宁句城际开通
（市交通运输局 供稿）

❹ 2021年度江苏“美丽农村路”样板路——句容邮寄农业圈线
（市交通运输局 供稿）

❺ 2021年，镇江五峰山过江通道南北公路接线
（市交通运输局 供稿）

❹ 2021年10月，新建朱岗路完工
（杜广晨 供稿）

❺ 2021年12月，和平路出新改造完成
（杜广晨 供稿）

❻ 2021年12月，346国道城区段城市化改造工程开工
（谢道韫 供稿）

3

1 2021年4月，谷阳路改造完工（文 雯 供稿）

2 2021年6月，金牛山城市公园建设完成（文 雯 供稿）

3 2021年10月，新建回龙路完工（杜广晨 供稿）

6

1

2

① 丹阳市延陵镇庄湖村 （吴苏南 供稿）

② 句容市顶冲村 （魏 兢 供稿）

③ 句容市佴池村 （魏 兢 供稿）

④ 扬中市油坊镇鸣凤村 （石小刚 供稿）

⑤ 扬中市三茅街道友好村宽心圩
（扬中市融媒体中心 供稿）

6

7

8

6 丹徒区槐荫村
（魏　兢　供稿）

7 丹徒区黄湾村
（魏　兢　供稿）

8 镇江高新区嶂山村
（魏　兢　供稿）

目　　录

特　　载

大 事 记

镇江概览

党政机关

民主党派·工商联

群众团体

军　　事

法　　治

经济管理

农　业

工　业

建 筑 业

商贸流通

对外及对港澳台经济贸易

旅 游

信息服务业

金 融

房地产业

交通・物流・邮政

口岸 · 港口

城乡建设与管理

生态环境

经济开发园区

科学技术

教　育

文　化

地域文化研究

大众传媒

卫生健康

体　　育

社会生活

人　　物

书目·文摘·题录

附 录

索　引

市委书记马明龙在镇江市庆祝中国共产党成立100周年座谈会暨市“两优一先”表彰会议上的讲话(摘要)

一、百年党史是一部筚路蓝缕、披荆斩棘的不懈奋斗史,作为总书记亲临视察的城市,我们要始终牢记“心中有信仰,脚下有力量”,以坚定信念引领奔跑征程

一部中国共产党的历史,就是一部中国共产党为中国人民谋幸福、为中华民族谋复兴的不懈奋斗史。一百年来,我们党经历了初创时的艰难、北伐战争的洗礼、土地革命的探索、抗日战争的硝烟、解放战争的炮火,又历经了社会主义改造和建设、“文化大革命”和改革开放,始终在苦难中铸就辉煌、挫折后毅然奋起、探索中收获成功、失误后拨乱反正、转折中开创新局、奋斗后赢得未来。正是因为一代代共产党人毫不动摇坚持党的领导,始终秉持“革命理想高于天”的坚定信念,在党的旗帜下顽强拼搏、不懈奋斗,才谱写了气吞山河、光照寰宇的壮丽史诗,取得了令人瞩目的巨大成就。

“不懈奋斗史”是镇江百年实践的生动写照。特别是新中国成立后到改革开放以来,镇江人民在党的领导下,把镇江由解放初的一个消费城市发展成为拥有一批新兴工业企业、开放的港口城市,“四千四万”精神、“供销员经济”在镇江开花结果。2014年12月,习近平总书记亲临镇江视察,殷切寄语“镇江很有前途”,更是极大鼓舞了全市干部群众的斗志和干劲。去年以来,市委、市政府发出了“跑起来”的动员令,把精神旗帜树起来;提出了“创新创业福地、山水花园名城”的城市定位,把发展愿景立起来。全市上下坚定信心、比学赶超,以“产业强市、创新驱动、融合发展”三大战略路径为抓手,项目招引硕果累累,区域合作不断升温,创新载体建设迈出新步伐,“镇合意”品牌、人才“镇兴”行动、“扬帆计划”等好戏连台,综合考核实现争先进位,跑出了“镇江能行”的精彩上扬线。

站在建党百年的新起点上,我们要以总书记的殷殷嘱托为动力,始终如一地坚持和加强党的领导,坚定信仰信念信心,永远信党爱党为党,扎扎实实干好自己的事。我们要用理想信念培根铸魂。树牢大历史观,在灵魂深处厚植爱党爱国情怀,进一步增强对马克思主义、共产主义的信仰,对中国特色社会主义的信念,对实现中华民族伟大复兴的信心,始终做到千磨万击还坚劲、任尔东西南北风。我们要让“两个维护”入脑入心。把政治建设摆在首位,更加自觉地把党的领导贯穿到一切工作始终,不断提高政治判断力、政治领悟力、政治执行力,站稳政治立场、锤炼政治本领、强化政治担当,在新征程上永葆对党忠诚的政治本色。我们要把“国之大者”落实于行。所有工作自觉与中央精神对标对表,一以贯之统筹推进“五位一体”总体布局,协调推进“四个全面”战略布局,立足新发展阶段,构建新发展格局,团结带领全市广大干部群众,以永不懈怠的精神状态和一往无前的奋斗姿态,把实现“两个高于”、打造“三个城市”、争当“三个示范”的发展愿景跑进现实。

二、百年党史是一部前赴后继、甘于奉献的不怕牺牲史,作为红色底蕴深厚的城市,我们要始终牢记“为有牺牲多壮志,敢教日月换新天”,以过硬担当实现克难奋进

在为人民谋幸福、为民族谋复兴的奋斗征程中,

一批又一批共产党人前赴后继、忘我奉献，用实际行动践行了入党誓词中“随时准备为党和人民牺牲一切”的铮铮誓言，挺立起民族不屈的脊梁。这一切牺牲奉献，使得红色成为中国共产党、中华人民共和国最鲜亮的底色。正是因为有了革命加拼命、“砍头不要紧，只要主义真”的大无畏精神，我们党才能战胜一个又一个敌人，克服一个又一个险阻，历经百年而风华正茂、饱经磨难而生生不息。

镇江是一座英雄之城，一大批优秀儿女为民族的独立、人民的解放献出了自己的青春与热血、幸福与家庭，甚至牺牲了宝贵的生命。他们用自己的血肉之躯铺就了通向胜利的道路，奠定了今天幸福生活的基础，“北固英烈精神”、新四军“铁军精神”，在百年奋斗史诗中镌刻下了永恒印记。去年以来，面对突如其来的新冠肺炎疫情和百年一遇的洪涝灾害，广大医务工作者白衣擐甲、舍生忘死，广大党员和干部群众奋不顾身、冲锋在前，筑起了疫情防控和防汛抗洪的“钢铁长城”，汇聚起攻坚克难、加速奔跑的强大力量。

站在建党百年的新起点上，面对镇江发展中的诸多风险挑战，尤其需要我们把握历史规律、汲取经验智慧，踏平坎坷成大道，越是艰险越向前。我们要敢于善于斗争。总结运用党在不同历史时期成功应对风险挑战的丰富经验，不断增强斗争意识、丰富斗争经验、提升斗争本领，不畏强敌、不惧风险、敢于斗争、敢于胜利，从最坏处着眼，做最充分的准备，朝好的方向努力，争取最好的结果。我们要强化改革攻坚。敢于涉深水区、啃硬骨头，敢于向积存多年的顽瘴痼疾开刀，敢于触及深层次利益关系和矛盾，坚定不移地推进要素市场化改革、“放管服”改革、国资国企改革等重大改革任务，一手补短板、破除堵点，一手锻长板、厚植优势，依靠改革破解难题、化危为机，以改革释放最强活力。我们要守牢发展底线。坚持总体国家安全观，切实统筹好发展与安全，一着不让抓好债务化解、安全生产、防汛防灾、疫情防控、意识形态、社会稳定等工作，筑牢防范化解风险的铜墙铁壁，营造和谐稳定的发展环境，努力在危机中育先机，于变局中开新局。

三、百年党史是一部追求真理、创新创造的理论探索史，作为思想文化活跃的城市，我们要始终牢记“思想决定行动，理论指导实践”，以科学理论开创事业新局

我们党的历史，就是不断推进马克思主义中国化的历史，就是不断推进理论创新、进行理论创造的历史，就是运用马克思主义科学理论改造中国、改变世界的历史。100 年来，一代代中国共产党人坚持把马克思主义基本原理同中国具体实际相结合，创立了毛泽东思想、邓小平理论、“三个代表”重要思想、科学发展观、习近平新时代中国特色社会主义思想等一系列重大理论成果，指导党和人民事业不断前进。中国共产党为什么能，中国特色社会主义为什么好，从根本上说，是因为马克思主义行。伟大时代呼唤伟大理论，伟大时代孕育伟大理论。科学理论是引领我们劈波斩浪的真理之光，是推动实践发展的强大武器。正是因为有了科学理论的指导，我们党才能带领人民不断开创历史伟业，实现了从站起来、富起来到强起来的伟大飞跃。

理论探索的种子在镇江大地很早就已经萌芽。“五四”运动后，随着新文化运动的深入发展，国内许多宣传新文化、新思想的报纸杂志通过各种途径传到镇江，在青年知识分子中广泛流传。镇江第一个马克思主义传播者和入党时间最早的中共党员嵇直，在 1922 年 1 月 1 日，就参与创办了镇江第一份传播新文化、新思想、宣传马克思主义的报纸《新镇江周报》。镇江也见证了一些重要理论的诞生。2014 年习近平总书记在镇江世业镇视察期间，提出了“没有全民健康就没有全面小康”的重要论述，从实现民族复兴、增进人民福祉的高度，深化了对人民健康事业发展的认识，丰富了全面建成小康社会的内涵。近百年的时间里，镇江各级党组织和广大党员在党的科学理论指导下，推动经济社会持续稳定发展，特别是党的十八大以来，我们在习近平新时代中国特色社会主义思想的指引下，“强富美高”新镇江建设迈出新步伐，各项事业发展呈现新气象。

站在建党百年的新起点上，新思想和新发展理念就是我们在奋斗路上始终不变的“定盘星”和“领航灯”。我们要以新思想新发展理念指引“三高一争”新征程。紧扣高质量发展这个主题、高品质生活这个落脚点、高效能治理这个根基，立足新发展阶段，构建新发展格局，崇尚创新、注重协调、倡导绿色、厚植开放、推进共享，更好解决发展不平衡不充分问题，努力实现更高质量、更有效率、更加公平、更可持续的发展。我们要以新思想新发展理念推动重大战略落实落地。紧盯产业强市“一号战略”，聚焦“四群八链”，狠抓项目招引建设、企业服务培育、产业转型升级，加快构建自主可控的现代产业体系，以产业强推动城市强；大力实施创新驱动战略，充分挖掘科教资源，建好用好 G312 产业创新走廊、官塘创新社区等创新载体，大力发展数字经济、人工智能等新业态新模式，全面激活发展引擎；全力推进融合发展战略，系统推动城乡融合、产业融合、产城融合，主动融入区域一体化发展大格局，展现镇江作为，提升城市价值。我们要以新思想新发展理念破解关键瓶颈制约。对人才人口的问题，我们要坚决落实总书记关于“人才是第一资源”的重要论述，抓好人才“镇兴”政策的细化落实，进一步优化就业创业服务，引来更多“金凤凰”；对营商环境的问题，我们要按照总书记关于“培育市场化法治化国际化营商环境”的重要指示，大力弘扬“季子挂剑”的诚信精神，用“店小二”式的一流服务，让企业群众发自内心感到“镇合意”。

四、百年党史是一部坚守初心、践行宗旨的为民造福史，作为民生情怀深重的城市，我们要始终牢记“江山就是人民，人民就是江山”，以为民惠民汇聚民心民力

共产党打江山、守江山，守的是人民的心，为的是让人民过上好日子。从苏区干部“夜打灯笼访贫农”，到长征红军“自己有一条被子，也要剪下半条给老百姓”；从张思德“为人民利益而牺牲”，到焦裕禄“心中装着全体人民，唯独没有他自己”，到廖俊波“帮老百姓干活、保障群众利益，怎么干都不过分”，再到前天被授予“七一勋章”的楷模，共产党人用实际行动做到了与人民群众鱼水情深、休戚与共，风雨同舟、同甘共苦。习近平总书记“我将无我，不负人民”的话语掷地有声，这是我们党一切为了人民、一切依靠人民的庄严宣誓。正是因为我们始终坚持人民至上，始终保持党同人民群众的血肉联系，始终同人民群众想在一起、干在一起，才能最终赢得最广大人民群众的衷心拥护和支持，创造彪炳千秋的历史伟业。

镇江有很多一心为民的杰出代表，他们把群众的小事当成自己的大事，全心全意为人民服务，用实干实绩践行了初心使命。市委、市政府也始终把人民群众的利益放在第一位，每年坚决保障用于民生方面的财政支出，扎实推进年度“十大民生实事”，全力抓好就业、住房、教育、医疗、养老等各项民生事业，坚决打好污染防治攻坚战，实施乡村振兴战略，推进美丽镇江建设，人民群众的获得感、幸福感、安全感越来越强。

站在建党百年的新起点上，人民对美好生活的向往，就是我们的奋斗目标。我们要与群众心贴心。始终对人民饱含深情，心中装着人民，工作为了人民，坚持以人民为中心的发展思想，多多深入基层、倾听民声、广纳民意，常坐“长板凳”“热炕头”，常问群众“心中事”“实际难”，与群众真心换真心，不断增强党和人民群众血浓于水的深情。我们要为群众谋福祉。扎实开展“我为群众办实事”实践活动，坚持尽力而为、量力而行，注重举一反三、分类施策，想群众之所想、急群众之所急、解群众之所难，多谋为民实策、多做惠民实事，更好彰显城市的温度和大爱。我们要和群众一起跑。广泛汲取人民智慧，尊重人民首创精神，最大限度地激发广大人民群众参与镇江建设发展的“主人翁”意识，充分调动各方面的积极性，凝聚起推动“三高一争”的磅礴力量。

五、百年党史是一部自我净化、强身健体的自身建设史，作为党建工作有创新有特色的城市，我们要始终牢记“沧海横流显砥柱，万山磅礴看主峰”，以自我革命永葆风华正茂

建党百年史，也是百年党建史。百年风霜雨雪，百年大浪淘沙，我们党之所以始终坚强有力，其奥秘就在于具有自我净化、自我完善、自我革新、自我提高的强大能力。1927 年八七会议，反对了政治上的右倾机会主义，使党在革命中前进了一大步，带领党走出了被瓦解消灭的危险境地；1935 年遵义会议，在极端危急的历史关头，挽救了党，挽救了红军，挽救了中国革命；1941 年延安整风运动，在全党确立了一条实事求是的辩证唯物主义的思想路线，使干部在思想上大大地提高一步，使党达到了空前的团结；1978 年党的十一届三中全会，重新确立了实事求是的思想路线，揭开了中国经济体制改革和改革开放的序幕。党的十八大以来，先后组织开展了党的群众路线教育实践活动、“三严三实”专题教育、“两学一做”学习教育、“不忘初心、牢记使命”主题教育、党史学习教育，推动党的创造力、凝聚力、战斗力进一步提高。正是因为党牢记“打铁必须自身硬”，坚持真理、修正错误，敢于正视问题、克服缺点，勇于刮骨疗毒、去腐生肌，才能永葆先进性和纯洁性，成为永远打不倒、压不垮的马克思主义政党。

镇江与全面从严治党重大要求的提出有深厚渊

图 1－1　2021 年 6 月 27 日，“红心向党 奔跑镇江”镇江市庆祝中国共产党成立 100 周年文艺演出　（马镇丹　供稿）

源,老党员崔荣海那一句"腐败分子的克星,全国人民的福星",道出了人民群众对党深入推进自我革命、确保党不变质不变色不变味的热切期盼。近年来,党始终坚持严的主基调,织密管党治党责任网,全面从严治党取得了新成效,政治生态不断向好,同时更加注重释放"三项机制"穿透力、引领力,让"辛苦者心不苦",全市上下心齐气顺劲足,发展热度不断升温。这也充分证明,党的建设搞好了,党的政治优势、组织优势、密切联系群众优势就能有效转化为发展的制胜优势。

站在建党百年的新起点上,我们要始终坚持自我革命精神,以永远在路上的坚定执着将全面从严治党推向纵深,努力把党建设得更加坚强有力。我们要筑牢战斗堡垒。结合开展党史学习教育,挖掘用好镇江的红色资源,落实好"三会一课"、专题党课、专题组织生活会等制度安排和重点活动,推动基层党组织继承发扬好党的光荣传统和优良作风,成为坚不可摧的战斗堡垒。我们要锻造过硬队伍。特别是结合换届工作,把各级领导班子配强,把干部、人才队伍建强,让他们平常时候看得出来、关键时刻站得出来、危难关头豁得出来,全面提升引领推动现代化建设的能力。我们要持续正风肃纪。严格执行中央八项规定精神,巩固和拓展整治"四风"成果,加大防范和纠治形式主义、官僚主义顽症的力度,督促广大党员干部明大德、守公德、严私德,清清白白做人,干干净净做事,让政治生态更加风清气正。

镇江市党史学习教育情况综述

镇江市按照中央和省委部署要求,在中央指导组和省委巡回指导组指导下,学习贯彻习近平总书记在党史学习教育动员大会上的讲话精神、习近平总书记在庆祝中国共产党成立100周年大会上的重要讲话以及中共十九届六中全会精神,引导党员干部自觉做"两个确立"的坚决拥护者和"两个维护"的坚定践行者,谱写"镇江很有前途"现代化建设新篇章。镇江党史学习教育开展情况先后被中央电视台《新闻联播》、《人民日报》等中央主流媒体报道1000余次。镇江市办实事"三单三表三员"模式被省委书记吴政隆在全省总结会上点名肯定。新华社《国内动态清样》以《江苏镇江力促"我为群众办实事"走深走实》为题,报道镇江"我为群众办实事"实践活动。《新华每日电讯》头版采取单篇综合稿件的形式报道镇江"我为群众办实事"实践活动。

一、入脑入心学党史

1. 示范带动与联学互动相结合。各级党委(党组)履行主体责任、主要负责人履行第一责任人职责,全市举办中心组学习会6153场,县市区常委会开展学习552场次,市委理论学习中心组举办专题集中学习会23场。发放领导干部党史学习提示函30000余份。全市订阅党史学习教育4本指定教材19.61万套,覆盖全体党员。建立党史学习教育巡学、考学、赛学和评学机制,巡回指导组参与被指导单位集中学习交流研讨,全市进行"考学"2000余场,县市区之间、市级机关部门之间通过学习教育成果展示等形式相互比学赶超,综合运用民意调查、指导组评估等方式评价学习成效。

2. 运用与挖掘相结合。全市梳理红色革命遗址等不可移动的红色资源137处、馆藏革命文物等可移动的红色资源9245件(套)。数字化建设上海战役总前委旧址纪念馆,新建"江洲星火"扬中市党史学习教育馆、茅山铁军营等红色教育基地。编写《中国共产党镇江历史(第三卷)》,编发《百句名言回顾党史百年》《中国共产党历史百问百答》《镇江党史知识简明读本》《镇江党史学习教育地图册》等20余万册本土党史教材。39个红色文化基地接待参观人员200余万人次。

3. 广泛覆盖与突出重点相结合。压实各级党委(党组)、各基层党组织的主体责任,实现党史学习教育"全覆盖"。同时,坚持分类施策,突出推动有关重点群体深学笃行。对于广大青少年,创新成立青少年党史学习教育指导组,开展"三进一寻访"主题实践活动,对于少数民族党员,开展"民族团结一家亲,同心向党百年庆"等主题活动,对于离退休党员,开展"回望百年路,助跑加速度"主题党日活动2000余场,组建"银发宣讲团"开展党史宣讲600余场,在全省率先建成市离退休干部政治生活馆。对于流动党员,采取建立临时党支部、1名本地党员结对1名外来流动党员等方式,倾听和收集流动党员意见。对于"两新"组织,制定"两新"组织党组织党史学习教育2张清单,通过定期检查、党员干部挂钩、党建工作指导员联系以及"三会一课"、主题党日等方式,明确重点任务、压实组织职责。

二、笃信笃行悟思想

1. 用好理论研讨的载体。举办学习宣传贯彻习近平新时代中国特色社会主义思想暨党史学习教育理论研讨会。举办学习贯彻习近平总书记"七一"重要讲话精神理论座谈会、全国革命根据地红色文化研学大会、"'学四史、守初心'发展壮大党校红色阵地联盟交流研讨会"、全市社科理论界学习贯彻中共十九届六中全会精神座谈会等各类研讨活动600余场。全市各级领导干部形成300余篇优秀理论成果。

2. 用好专题宣讲的载体。市级层面开展党史学习教育、学习贯彻“七一”重要讲话精神、学习贯彻中共十九届六中全会精神等集中专题宣讲108场，全市开展各类主题宣讲、微宣讲等8000余场。根据受众需求，结合“四史”宣传教育，组建特色化宣讲队伍，针对青少年群体，举办“百师讲党课”党史宣讲校校行活动1000多场；针对产业工人群体，打造由百人组成的“劳模宣讲团”，开展宣讲100余场；针对妇女群体，打造由50人组成的“镇有一手”巾帼宣讲团，开展宣讲100余场；针对在职、退役军人群体，打造由154人组成的“北固红枫”宣讲团和“老兵讲故事”宣讲团，开展宣讲1000余场；针对到红色阵地参观的群体，打造由48人组成的“茅山革命英烈事迹宣讲团”，开展宣讲400余场。

3. 用好情境体验的载体。发挥全市红色场馆、工业园区、农业基地等阵地作用，开展党史学习教育“情境课堂”4000余场。开设“田间课堂”，让习近平总书记视察镇江路线成为党史学习教育现场教学首选之地。建设亚夫广场、亚夫基地，依托戴庄有机农业园区，呈现赵亚夫奋斗历程。举办“红心向党 奔跑镇江”——镇江市庆祝中国共产党成立100周年文艺演出、“百年风华·镇出发”歌咏大会，组织红色电影展映等“四百”系列红色文化活动1700余场，开展“乡村文艺播种”志愿服务600余场，红色音乐剧《九九艳阳天》全国巡演22场，锡剧《永远的挂念》演出36场，以文艺党课的形式共悟百年党史。“学习强国”镇江学习平台上线。

三、用心用情办实事

1. 以“五个聚焦”为重点扩大覆盖面。在7317个“我为群众办实事”项目中，关注“一老一小”等重点群体领域等急难愁盼的民生项目占比86.7%。同时，梳理确定3个市级重点项目、100个“五聚焦”重点项目、30个社会公布项目。所有实事项目办结率为100%。举办7场“我为群众办实事”主题新闻发布会，有“周六我在岗”“工会大食堂”“金穗行动”“民呼我应”“穿梭点单式服务”“党组织书记直播带货”等工作品牌。在领导干部中开展“一人一重点，领办解难题”工作，全市县处级以上领导干部领办难题959个，推动解决事项2191项。在广大党员中开展“学亚夫、做亚夫——把成绩写在大地上”先锋行动，全市共组建“学亚夫、做亚夫”先锋团队1715支，2万余名党员参与，确定2066个帮扶项目。组织评选100个“学亚夫、做亚夫”先锋团队、100个先锋岗和100个办实事项目。在窗口单位中开展“七心”优质服务实践活动，在全市窗口单位醒目位置公开“七心”服务承诺书，全市2129个服务窗口响应。在重点群体中开展“一老一小一群体”关爱行动，开展“情暖夕阳”“童梦同享”“纾困解难”等“三大行动”48个具体项目。全市助餐信息化建设走在全国前列，成立全省首家“失独家庭心理健康关爱中心”，建成全国首个失独老人看病就医自助服务“博爱驿站”。在少数民族群体中组建党员志愿者服务队，成立17家“红榴家园服务站”。

2. 以“两在两同”为抓手建新功。发挥领导干部示范带动作用和基层党员先锋模范作用。市委常委以村（社区）为单位建立基层联系点，县级领导班子成员每人联系一个村（社区、企业），市级机关部门班子成员分别联系一个基层单位，推动解决相关问题。引导党员干部聚力产业强市“一号战略”，开展“两红一优”活动，即组织红，项目建支部；党员红，服务当先锋；环境优，惠企办实事。建立市县级功能型党支部89个，对项目实施行政审批事项、营业执照和不动产登记等全程帮办，帮办项目总投资402亿元。打造“镇合意”服务品牌，落实17大类、90项具体任务。全市累计有以党员为主体的10万余名志愿者参与新冠肺炎疫情防控工作，其中有3万余名志愿者在疫情防控一线。在应对江苏省近一轮疫情中，运用“大数据+网格化+铁脚板”模式，组织59个市级机关部门单位会同各市、区4176名党员志愿者下沉20个镇（街道）基层一线开展“敲门行动”，共排查154134户，筛查384315人，全市未发生1例新冠肺炎确诊病例。

3. 以“工作闭环”为要求落实长效化。建立健全“我为群众办实事”长效机制，形成“三单三表三员”工作模式。制定调研清单、“解难题”清单、“学亚夫、做亚夫”先锋行动清单等“三单”，建立群众需求表、过程监督表、完成评估表等“三表”，组建帮办

图1－2　2021年12月15日，镇江市举办“学习强国”镇江学习平台正式上线启动仪式　　（文　雯　供稿）

员、监督员、评议员等"三员"。确定帮办员1163人,监督员2874人,构建起实事由群众点单、过程由群众监督、效果由群众评判的工作闭环。建成"我为群众办实事"项目管理平台。建立线上平台项目基础数据库,拥有项目管理、数据统计、进度排名、案例展示等10大功能板块,设置7大项目管理板块,实现办实事项目线上分类管理、线下统一调度。实时更新项目办结率和单位排序,推动部门之间、县市区之间互看互学、互比互促,形成"比学赶帮超"的局面。建立定期民主评议制度。邀请90名市党代表、人大代表、政协委员民主评议"我为群众办实事"工作项目,发挥"两代表一委员"建言献策、监督执纪、密切联系群众的作用,把党史学习教育成果转化为惠民利民的务实举措。（市委宣传部）

镇江市优化营商环境情况综述

2021年,镇江市召开全市产业强市暨优化营商环境大会,以提升企业和群众获得感满意度为目标,聚焦办事"减事项、减环节、减时间、减材料、减跑动、减费用、增便利度",打造市场化、法治化、国际化的营商环境;深化简政放权、放管结合、优化服务改革,打造"镇合意"营商环境服务品牌,优化营商"软环境",铸就发展"硬实力",为全市高质量发展、跑出"产业强市"加速度提供支撑。

市委、市政府高度重视优化营商环境工作,成立全市优化营商环境工作领导小组,市委书记马明龙把"优化营商环境"作为书记项目,多次做出批示。市发改委作为牵头部门加强保障机制建设,先后完善营商环境体检、考核、调研、督查、通报等工作机制,建立牵头责任制,各项省评价指标明确1家牵头单位和若干家责任单位,打造"牵头、责任部门协调联动,营商办总体推进"的新模式,确保"任务有人领、责任有人扛";健全考核激励机制,在高质量发展考核中设立营商环境专项加减分,调动部门积极性,实现统一指挥。坚持"以评促改"和"以评促优",查找各地各部门营商环境工作不足,进行穿透式分析,逐项梳理,制定进位目标、整改措施、责任分工"三项清单"。

全市政务服务即办件比例42.1%、不见面事项占比98%、最多跑一次事项占比99.9%,开办企业、住房公积金等全程网上办理,企业开办平均时长为0.55天,"零费用"的普惠政策覆盖全市。增值税申报时长由1338.18分钟压减至40.48分钟、留抵退税时长由458.84分钟压减至1.19分钟,"不见面"办税事项覆盖面96%以上。实施"人社服务快办行动",80%服务事项实现"当场办结"。24小时自助政务服务超市121个事项实现自助办理,不动产、人社、医保、车辆管理、公积金等"周六不打烊"便民服务在全市推广,80%人社服务事项实现"当场办结"。工程建设项目"一家牵头、并联审批、限时办结",采取"提前预审""容缺受理"及"帮办代办"等举措,利用土地划拨或出让完成前的准备时间,大幅压缩项目审批落地开工时间。通过流程再造,简化电力配套工程站、挖路审批手续;自来水、用电等落实并联审批、联合踏勘、限时办结机制,高压客户报装接电环节压减合并成3个,低压非居民客户压减至2个环节;稳岗返还、退休人员资格认证等13个事项"免申即办"。融入和服务企业发展,为企业解难题、送政策,建立市、区两级分级协同、定期跟踪、会商解决机制,开展常态化帮办,建成5个"开门接电"示范区,通过普惠金融平台、"信易贷"、知识产权质押等渠道,解决企业资金需求近300亿元,普惠型信用贷款占比由10%提升至18.9%,优化全市营商环境,为实施产业强市"一号战略"提供支撑。

"镇合意"服务品牌。全市打造"镇合意"营商环境服务品牌,制定《镇江市打造"镇合意"服务品牌优化营商环境的工作方案》,细化17个方面、90项重点任务,制作发布"镇合意"服务品牌"一图读懂"新媒体产品。为确保政策落地见效,梳理出31条举措,组织成立18支"镇合意"党员服务先锋队,优化审批方式,精简审核环节,推行"提前预审""容缺受理"及"帮办代办"等举措,压缩行政审批时间,推广不见面审批让群众"零跑路"。各市(区)推出"丹舒心""句满意""润州最滋润""中意百分百"等子品牌,各部门积极响应,市委组织部启动"助力镇合意,服务先锋行"活动,市纪委监委制定监督推进产业强市暨优化营商环境协调联动机制,市委政法委推出《全市政法机关打造"镇合意"服务品牌 优化法治化营商环境的二十六条措施》,市委统战部把"镇合意"方案纳入常态化"五送五助"民营企业服务活动。开展"春雨润苗"、便民"镇易登"等行动,"智慧镇江"App改名为"镇合意",《新华日报》等媒体头版头条报道"镇合意"服务品牌成效。

营商环境满意度。实施"以评促改"和"以评促优",实行条块联动,开展市本级和板块"季度体检",对照省评估体系进行模拟打分评价,分析季度工作,判断"进退步"程度;查找各地各部门营商环境工作不足,进行分析,逐项梳理,制定责任清单,督促加压。对企业反映的重点难点问题,采取常规会商和高位会商相结合的方式,及时组织相关部门进行会商,在法律法规允许范围内先行先试,争取妥善解决问题。印发《关于建立我市营商环境投诉举报服务专席的通知》,畅通营商环境投诉举报渠道,在保留投诉举报和查处回应功能基础上，拓展政策解读、业务咨询、协调调度等服务功能，健全完善常态化政企沟通机制，加强对企业诉求、投诉的督办和持续跟踪，受理诉求1000多件。常态化开展业务指导工作，开展专题培训9场、现场指导推进12次，推动全市营商环境指标呈逐季向好。举办11场“三问计”活动，300余家企业代表对全市营商环境满意度95.68%。

营商环境专题督查。市发改委与市纪委监委、市委效能办、市委督查室、市政府督查室等部门建立信息沟通共享机制，定期组织开展专题督查，将省、市重大项目推进纳入督查内容，2次集中督查列入问题清单67条。掌握工作推进、问题清单整改落实等情况，并及时予以通报，督促各地、各部门提高作风效能，提升对优化营商环境的认识。开展营商环境窗口暗访，开展政策提醒会，围绕“放管服”要求开展自查自纠。

优化诚信营商环境。全市印发《镇江市优化诚信营商环境专项行动工作方案》，开展优化诚信营商环境专项行动，对全市失信主体进行排查，编制“退出清单”“帮扶清单”“约束清单”，实施分类精准治理，通过互商协调、联合执法、府院联动、约谈提醒等制度，开展失信修复，出台“一窗受理、一网通办、一件通用”的《镇江市企业信用修复办法（试行）》，行政处罚等一般性失信实现应修尽修，修复申请6481件，增长466%，列全省第1名；退出严重失信主体3646家，严重失信占比从2.94%下降至1.07%，分别低于全国1.14%和全省1.33%的平均水平，镇江市全国城市信用监测排名从上年的第97名提升至第31名。

（黄　伟）

镇江市“四群八链”发展情况综述（摘要）

一、特点成效

1. 规模支撑作用实现新提升。高端装备制造、新材料、数字经济和生命健康四大主导产业集群，占全市规模以上工业比重为73%，比年初提升10.5个百分点，其中高端装备制造、新材料率先超千亿，分别为1404亿元、1271亿元；八条重点产业链占全市比重为59.4%，提升10.4个百分点。152个重点产业链项目完成投资313.7亿元，占制造业项目投资量的66.2%。新签约“四群八链”项目139个，占项目总数的63.2%。

2. 企业梯次培育实现新提升。新增百亿企业3家；4家企业跻身“2021中国民营企业500强”；新增4家主板上市企业。新增6家国家级专精特新“小巨人”企业、2家国家“制造业单项冠军示范企业（产品）”、1个国家级工业设计中心。

3. 协同创新能力实现新提升。新认定“四群八链”高企242家，占认定总数的64.3%；80个“金山英才”计划支持人才（团队）项目中，76个属于“四群八链”，占比95%。新增8家省级、37家市级企业技术中心；鱼跃医疗、和成显示、鼎胜新材上榜“2021江苏省百强创新型企业榜单”，获评“潜在独角兽企业”2家、“瞪羚企业”13家。

4. 数字赋能链群实现新提升。全年创成省级示范智能车间（工厂）23家，创历史新高，2家企业入选国家2021年度智能制造试点示范工厂揭榜单位和优秀场景名单。新增国家两化融合贯标企业20家、省级星级上云企业86家，中节能被列为工业和信息化部2021年工业互联网平台创新领航应用案例。

5. 绿色安全水平实现新提升。组织实施“四群八链”绿色化改造项目16个，占项目总数的38.1%；创建省、市级“四群八链”绿色工厂28家，占总数比重为87.5%。

二、主要工作

1. 链长负责，“链长制”工作机制夯实。市委、市政府高度重视，市委财经委员会第六次会议专题研究重点产业链培育，夯实“三个一”的“链长制”工作机制。出台“一个方案”，即《关于实施重点产业链“链长制”的工作方案》。搭建“一个体系”，即“链长＋链长办＋八个工作专班”推进体系。制定“一套制度”，即半月简报、月度会商、季度调度、半年通报、全年总结等5项制度。

2. 顶层谋划，产业链培育路径清晰。坚持规划导链，制定“十四五”制造业高质量发展规划和船舶海工装备、新一代信息技术、航空航天产业专项规划，出台“产业强链”三年行动计划，组织编写《重点培育产业链指导手册》。坚持专业育链，编制重点产业链“五图”（产业链条图、区域分布图、重大项目图、重点企业图、产品品牌图）、“六清单”（重点企业、项目、产品、基地、长板、短板等清单）。坚持合力强链，全市先后成立智能农机装备、高性能合金材料、新一代信息技术、船舶海工装备和新型电力（新能源）装备产业联盟。

3. 务实高效，产业链专班工作有成效。“链长”负责，各专班开展现场走访、座谈交流、专家咨询等形式的调研活动，在摸清产业链家底的基础上，研究制定推进方案和工作计划，编制“五图六清单”，成立产业联盟，并结合各产业链发展实际推进工作。8个产业链专班召开专班会议49次，8条重点产业链2021年销售增幅“七升一降”。智能农机装备产业链实现应税销售216.9亿元，增长29.8%；航空航天产业链实现应税销售106.5亿元，下降6.6%；医疗器械和生物医药产业链实现应税销售131.1亿元，增长18.1%；海工装备产业链实现应税销售122.6亿元，增长24.9%；高性能材料产业链实现应税销售936.3亿元，增长50%；新一代信息技术产业链实现应税销售505.3亿元，增长20.3%；新型电力（新能源）装备产业链实现应税销售424.4亿元，增长23%；汽车及零部件（新能源汽车）产业链实现应税销售383.2亿元，增长33.3%。

4. 聚焦重点，帮办服务深入。建立分层挂钩机制。“链长”负责，八条重点产业链分别建立骨干企业挂钩联系服务机制，编制挂钩服务联系表。精准办理企业诉求。通过市企业网络服务平台、企业家早餐会等形式，累计帮助解决企业诉求363个。6月，举行全市重点产业链融资服务对接会，80家重点产业链企业、34家金融机构参会，授信总额485.63亿元，现场签约162.33亿元。强化政策扶持，建立专项资金申报服务“三项制度”，针对“四群八链”骨干企业开展政策宣贯活动20余场，工信类专项资金80%用于扶持“四群八链”企业。帮助企业兑现国家、省、市降本减税政策，全年降低企业生产经营成本100亿元。

三、存在问题

“链长制”实施以来，“四群八链”建设有一定成效，但相比周边地区，镇江市的“四群八链”创新发展基础还不够强，掌握行业核心技术的领军企业和标杆型企业还较少，产业链规模亟须加快扩张，产业链结构亟须加速向高端攀升。

1. 项目支撑不足。
2. 企业规模不大。
3. 创新能力不强。
4. 运行压力加大。

（市工信局）

乡村振兴战略实施情况综述

2021年，镇江市实施产业升级行动，推进农业高质高效。以稳产保供扛牢“三农”使命。坚持粮食安全党政同责，农业稳产保供推进，印发《镇江市发展粮食生产若干政策措施》，对种粮大户给予一定的财政和信贷补贴。2021年，镇江市粮食生产种植面积、总产量、水稻单产实现“三超”。全市粮食种植面积201.78万亩（13.45万公顷）、总产量96.02万吨、单产607.06公斤/亩（9105.9千克/公顷），分别比上年增长1.64%、0.43%、0.16%。年末，生猪存栏23万头，蔬菜总产量95万吨，均高于上年同期水平，保障市场的正常供应。遏制耕地“非农化”、防止耕地“非粮化”，印发《关于进一步加强耕地保护工作的实施意见》《镇江市防止耕地“非粮化”稳定粮食生产实施方案》等文件。全年建成验收高标准农田5万亩（3333.33公顷），新增高效节水灌溉任务0.9万亩（600公顷），分别完成任务的108.7%、450%。以种业创新发展解决“卡脖子”问题。提升现代种业发展能力，印发《加快推进镇江市现代种业产业高质量发展行动方案（2020—2022年）》，开展种业创新攻关，制定镇江市稻麦良种补贴方案，开展市级种子种苗中心认定工作。加强具有镇江地方特色的扬中现代渔业园区长江刀鲚、市农科院抗病稻麦和特色果树品种、丹徒区凤头鸭、润州区蔬菜黄苗不育等种质资源保护利用。推进15个省级现代农业产业体系项目和11个市级“1＋1＋N”农技推广项目实施，建立80余个新品种、新技术推广示范基地，新增3个省级现代农业产业技术体系推广示范基地。以重大项目带动产业转型升级。全市以“扩大农业农村有效投资年”等活动为依托，建立专班推进、部门联动、领导挂钩、月度调度、定期通报“五项机制”，推进重大项目建设。全市招引0.1亿元以上乡村产业项目94个，协议投资总额87.18亿元，完成全年目标任务的290.6%。全市开工建设农业农村重大项目99个，总投资150.91亿元，2021年完成投资62.05亿元，完成年度投资计划的97.16%。句容市天王镇、丹徒区宝堰镇获批2021年中央农业产业强镇，丹徒区世业镇（鲜食玉米）、扬中市新治村分别获全国一村一品示范村镇、2021年中国美丽休闲乡村称号，句容市应时鲜果被省评为县域特色优势产业。以推广戴庄经验推进农业绿色发展。下发《镇江市放大“戴庄经验”示范效应推进生态循环农业发展的通知》，落实省市县级财政扶持资金1520万元，将12个省市级生态循环农业试点村建设纳入镇江亚夫科技服务团为民办实事项目，遴选确定13个第二批市级生态循环农业试点村。全市建成“五有”标准废旧农膜回收网点37个，废旧农膜回收率88%以上。主要涉农市区开展农药包装废弃物回收处置，监测评价良好率70%以上。推广“戴庄经验”的工作做法被省委改革办列入全省改革经验典型案例，推荐戴庄村申报全国农业绿色发展典型案例。以品牌建设提升农产品价值。坚持培优品种、提升品质、打造品牌，全市“两品一标”总数259个。“丁庄葡萄”出口新加坡、马来西亚，成为全省首家葡萄类出境农产品；“金山翠芽”获评2021全国茶叶品质评价排行榜第1名。丹阳嘉贤稻鸭共作大米登上央视；句容草莓在全国精品草莓擂台赛上获5个金奖；扬中咸秧草上榜中国农产品好品牌；丹徒世业镇先锋村四季春农业园被

《人民日报》头版头条报道。

实施乡村建设行动，推进乡村宜居宜业。规划引领，乡村建设行动由“散”到“统”。推进镇村布局规划实施和动态更新，统筹镇村布局规划和实用性村庄规划编制，重点突出规划发展村庄，形成“多规合一”的统筹规划体系，确保严守生态保护红线、永久基本农田和城镇开发边界3条控制线，并满足“十四五”规划建设需求，做到规划先行，避免反复拆建。满足群众需求，指导加强重要节点空间、公共空间、建筑和景观的详细设计，保护自然肌理和传统建筑，彰显乡村地域特色。2021年，全市编制村庄规划43个。建立“共绘苏乡”规划师下乡工作站4个，实施村庄规划精品工程。抓好环境整治，村容村貌由“净”到“美”。开展村庄清洁行动，全年清理农村生活垃圾25.93万吨、村内水塘7201口、沟渠2596.69千米。常治长效，开展随机暗访，实行村庄环境月度暗访，季度通报，对全市41个乡镇、100个行政村长效管护情况进行检查计发现具体问题79个，全部完成整改。推进农村厕所革命，对全市2013年以来各级财政支持改造的119165座农村户厕进行摸排，新建成农村公厕44座，完成农村厕所革命相关职能交接工作。推进农村生活污水治理，新建成生活污水治理设施161个，全市农村生活污水治理设施正常运行率84.9%，农户覆盖率30.62%。市级投入农村河道疏浚整治及农村生态河道建设补助资金399.2万元，引导疏浚农村河道土方221万立方米，建设生态河道26条。办好为民实事，基础设施由“有”到“好”。抓好农村道路改造、村内亮化等农村公共基础设施改造提升。2021年，全市实施村内道路改造项目43个，总长度24.157千米；文化体育场所建设项目11个，总面积10372平方米；村内亮化项目15个，新增路灯1617盏；村容村貌改造项目2个，总面积1000平方米；小型水利设施建设项目3个。加大农村垃圾清运设施改造提升，全市新建成农村垃圾房884个、购置（改造）垃圾清运车辆121辆，实施垃圾转运站提标升级5个，在5个镇开展生活垃圾分类试点。印发《镇江市深化农村公共基础设施管护体制改革行动方案》，成立市农村公共基础设施管护领导小组，在丹阳市、丹徒区开展改革试点工作。编制市农村公共基础设施管护清单，围绕清单中13个大类、22项子类，安排管护资金，年度安排财政预算资金6248.2万元，实际支出2959万元。全国首创农村公共基础设施管护一体化平台，抓住管护重点，破解管护难点，突出管护亮点，打造村民指尖上的“12345”。《人民日报》对镇江市管护工作进行宣传报道。建好田园美景，乡村面貌由“表”及“里”。印发《关于开展镇江市特色田园乡村综合创建工作的通知》，建立县级筛选、市级培育、省级创优的三级创建模式，按照“串点连线成片”的原则，综合筛选和指导地方积极性高、特色资源丰富、工作基础良好的村庄开展培育创建。2021年，全市建成省级特色田园乡村4个、省级绿美村庄18个、市级特色田园乡村10个。加快推进美丽宜居乡村建设，印发《关于进一步加快推进美丽乡村建设有关工作的通知》，全市新建美丽宜居村159个，累计建成美丽宜居村庄898个。强化传统村落保护和发展，开展全市传统村落历史遗存核验，建立市级传统村落保护名录，入选江苏省传统村落35个，命名镇江市首批传统村落34个。强化和谐共治，文明乡风由“点”到“面”。完善“党委筑牢支部、支部严管党员、党员带动群众”机制，构建党建引领城乡基层治理新格局。推行“四议两公开”民主决策程序，创新民主协商“五方七步工作法”；建立村务监督委员会，重大事项及时公开，常规事项每季度公开。开展文明实践活动，宣讲习近平总书记在庆祝中国共产党成立100周年大会上的重要讲话精神，开展“四史”宣传教育。印发《镇江市文明村镇测评体系》（2021年版），持续推动文明村镇制度化、常态化建设。开展第三届镇江市文明家庭评选。印发《关于加强新型农村社区治理与服务的实施意见》，提出健全治理、服务、保障三大体系共14项政策措施，新型农村社区基本公共服务设施覆盖率100%。丹阳市九里村、句容市何庄村、扬中市新治村及利民村获评第二批全国乡村治理示范村。

实施富民强村行动，推进农民富裕富足。做好政策衔接，守住底线防止返贫。健全防止返贫动态监测机制，完成原建档立卡对象动态调整，加强对“两类人”常态化帮扶，制定并落实“一对一”帮扶措施，全市425户、911名“两类人”全部消除新致贫、返贫风险。配合做好低收入人口认定，在认定未结束前，按照“四不摘”要求落实各项帮扶政策措施未出现返贫、新致贫人员。印发《关于开展富民强村帮促行动接续推进乡村全面振兴的实施方案》，构建农村低收入人口增收和经济相对薄弱村发展的长效机制。创新帮促举措，壮大村集体经济。市委书记马明龙把发展壮大村级集体经济助力全面推进乡村振兴作为乡村振兴“书记领航”项目。印发《镇江市富民强村帮促行动“六个一”挂钩帮促方案》，采取“六个一”挂钩模式机制（一名市领导挂、一名机关干部领、一个机关部门帮、一个服务团队助、一家优质企业带、一组金融资源推），对全市98个村集体稳定性收入120万元以下的经济相对薄弱村开展帮促。印发《关于发展壮大新型农村集体经济的实施意见》，通过物业经济、服务经济、项目经济、融合经济、“飞地”经济、资源经济等6种发展路径，壮大新型农村集体经济。2021年，市级振兴发展茅山革命老区专项资金1000万元、省级财政衔接推进乡村振兴补助资金1010万元，全部拨付到位，全市落实各类产业项目46个。开展消费帮促，多渠道促进农民增收。2021年，镇江市围绕农民收入稳步增长的目标，通过行政推动、落实政策、项目招引，促进农民增收。举办消费帮促暨经济相对薄弱村农产品推介会，完成市级消费帮促农产品目录更新，新增98个经济相对薄弱村产品。全市各部门单位消费帮促采购额1400余万元。开展"就业援助月""春风行动"等公共就业服务活动，新增转移农村劳动力5900人，为913名创业农民发放富民创业担保贷款1.16亿元，扶持农民创业4506人，比上年增长56.6%。"三专"建设推进，6个专馆13个专区全部建成挂牌到位。实现农村居民人均可支配收入31354.3元，增幅10.4%，收入水平列全省第5名。

实施改革攻坚行动，推进"三农"工作创新。申报部省改革任务。2021年7月，"农村普惠金融服务发展"项目获批农业农村部农村改革试验任务，为全国唯一以金融支持农业为主题承担农村改革试验任务项目的地级市。扬中市承担农业农村部"县域内城乡基础设施一体化建设管护机制创新"改革试验项目。句容市入选江苏省第四轮农村改革试验区，承担"探索农村普惠服务发展机制""创新全域农产品质量安全追溯机制"两项改革试验任务。丹阳市"推广涉农贷款保证保险探索金融支农新模式"入选江苏省改革试验典型案例。深化农村产权制度改革。印发《关于进一步完善农村集体产权制度改革工作的实施方案》，指导各地完善重点环节，推进创新举措，实施试点示范，巩固改革成果。全市范围内的村级集体经济组织全部完成改革任务，注册登记赋码100%。集体经济组织成员界定完成率100%，界定农村集体经济组织成员178.3万人。农村集体经营性资产折股量化全部完成，量化集体经营性资产51.16亿元。2021年，农村产权交易平台共进场交易10449个，成交10288个，成交金额9.13亿元，土地流转交易14.59万亩(9726.67公顷)。推进宅基地审批管理。7月23日，召开全市农村宅基地审批管理工作推进会。开展全市农村宅基地需求情况及闲置宅基地(农房)调查，采集518个行政村的数据。在5个镇开展一个窗口对外受理、多部门内部联动运行的农村宅基地建房联审联办试点。实现涉农市(区)全部出台农村宅基地审批管理文件；全市38个镇(街道、园区)开展宅基地审批，占具有审批权限乡镇的92.68%，占比列全省第1名。开展乡村公共空间治理。通过明晰公共资源产权，盘活闲置低效的资源资产。督促各地对照排查问题，制定年度整治计划表，建立专项治理工作月报告机制，每月调度汇总各地进展情况。排查问题基本整改到位，清理集体土地面积约17307.039亩(1153.80公顷)，盘活经营性建设用地约4316.52亩(287.77公顷)，减支增收2884.04万元。

落实落细保障措施，筑牢"三农"发展保障线。加强第一责任人。实施乡村振兴"书记领航"项目，印发《镇江市推进乡村振兴"书记领航"制度》，全市共确定"书记领航"项目625个，实现市、县、镇、村四级书记全覆盖。对5480名全市新一届村(社区)"两委"干部开展轮训。开展市委农村工作领导小组成员单位为"三农"发展办实事活动，49家成员单位领办"三农"实事124件。强化要素保障。加大财政支持，各级财政部门把农业农村作为优先保障的重点，公共财政加大向"三农"倾斜的力度。2021年，镇江市农林水支出年初预算数比上年增加32271万元，占一般公共预算支出数比重提高0.36个百分点。开展金融支持乡村振兴"金穗行动"，推动各银行机构加大金融支农力度，选派54名金融干部"下乡"挂职，发布60项金融为农办实事项目，推进财政金融助力贷产品合作协议签订、农村普惠金融服务点提质增效、整村授信等工作。全市涉农贷款余额2566.48亿元，增长11.94%，新增265.82亿元。加大用地保障，安排农村一、二、三产业融合用地436亩(29.07公顷)，做好项目跟踪服务，保障项目依法依规用地。加强人才培养。联合农业农村部干部管理学院，举办全面推进乡村振兴暨乡村产业招商引资能力提升培训班。全市举办各类培训76期，培育高素质农民6151人。新增省级田间课堂8家，评选出27家市级田间课堂，48名"土专家""田秀才"等实用技术人才被纳入市级农民培训师资队伍。市亚夫科技服务团出动专家1200人次，服务经营主体465家，帮助农户解决难题293个，培训农民4000人次。加大督查推进力度。围绕全面推进乡村振兴"书记领航"制度落实、人居环境整治提升五年行动、乡村产业项目建设等重点工作任务，成立"市乡村振兴重点工作推进办公室"。全年召开2次乡村振兴观摩推进会。制定出台《2021年度镇江市推进乡村振兴战略实绩考核工作方案》，市委农办每月调度考核指标，市委、市政府分管领导双月推进，全市乡村振兴考核获评全省"进位第一等次"；引入第三方机构，开展乡村振兴战略实施情况调查评估，提升农民群众参与度和满意度。

（卢更生）

1月

5日 中共镇江市委副书记、市委统战部部长巩海滨会见同济大学化学科学与工程学院院长张弛，双方就加深产学研合作等事项进行交流。

10日 镇江市举行庆祝首个“中国人民警察节”活动。

12日 镇江市首家市级政府性融资担保机构——江苏镇江信用融资担保有限公司揭牌成立。

18日—21日 中国人民政治协商会议镇江市第八届委员会第五次会议举行。

19日 镇江市举办资本市场工作座谈会。市委副书记、市委统战部部长巩海滨会见江苏股权交易中心董事长李筠、安信证券首席风险官赵敏、开源证券副总裁杨彬、华金证券副总裁胡旭一行。

19日—22日 镇江市第八届人民代表大会第六次会议举行。

20日 “西理（镇江）智造园项目签约仪式”举行。润州区政府、镇江交通产业集团、西安理工大学校企联盟代表共同签署正式合作协议。

24日 镇江二重港发港务有限公司成立揭牌仪式在国机重装二重出海口基地码头举行，国机重装总经理王平参加会议。

2月

2日 镇江新区举行亿元以上制造业项目集中签约暨全球招商合作发布会，签约亿元以上项目25个，总投资152亿元。

4日 镇江市政府召开全市土地卫片执法暨2019年耕地保护督察整改工作推进会。

同日 诺贝丽斯轻量化高端汽车铝板项目在镇江签约落户。中共镇江市委书记马明龙在签约前会见诺贝丽斯中国区董事总经理、亚洲副总裁、爱励铝业（镇江）公司总经理刘清一行。

同日 中共江苏省委常委、省委政法委书记、副省长费高云到镇江开展节前走访慰问活动。

5日 镇江市公安工作会议召开，江苏省副省长、省公安厅厅长刘旸做出批示。

18日 镇江市委、市政府召开镇江市产业强市暨优化营商环境大会。

19日 镇江市委、市政府举办2021年镇江市重点产业项目“云签约”活动。

3月

1日 江苏省生态环境厅、镇江市政府举行共建生态环境治理体系和治理能力现代化试点市合作框架协议签约仪式。江苏省生态环境厅党组书记、厅长王天琦参加会议。

3日 镇江市“产业强市”招商引资工作现场推进会召开。

5日 中共镇江市委召开全市党史学习教育动员会议。

8日 “光荣与梦想”——镇江市纪念“三八”国际妇女节111周年活动举行。

9日 中共江苏省委常委、省委政法委书记费高云到镇江调研，推动落实习近平法治思想和政法领域改革部署。省委政法委常务副书记朱光远随同调研。

18 日 江苏省副省长赵世勇到镇江调研乡村振兴工作。

24 日 镇江市委、市政府召开全市加强耕地保护暨违法违规用地整改工作推进会。

25 日 新华社、《人民日报》、中央广电总台、《光明日报》、《中国日报》、“澎湃新闻”等 40 家国内各大媒体记者到镇江参加“春风又绿江南岸”2021 助力镇江加速跑媒体见面会。

26 日 2021 年江苏省老年太极健身推广活动在镇江市举行。

同日 镇江市委、市政府举行全市人才“镇兴”大会，“镇江人才码”服务平台、“镇江市人才服务专窗”、“镇江市人才政策一本通”同步开通上线。

30 日 镇江市政法队伍教育整顿领导小组办公室召开全市政法队伍教育整顿警示教育大会。

31 日 江苏省副省长陈星莺到镇江调研新冠病毒疫苗接种工作。

4 月

2 日 镇江市在烈士陵园举行“清明祭英烈”活动，市委理论学习中心组开展现场教学。

6 日 江苏省副省长齐家滨到镇江调研重点企业和科研平台建设。

8 日 党史学习教育省委宣讲团宣讲报告会在镇江举行，省委宣讲团成员、省委党校常务副校长、省行政学院常务副院长桑学成做宣讲报告。

9 日 总投资 50 亿元的日丰集团新型应用材料华东研发生产基地项目签约落户镇江新区。日丰企业集团有限公司董事长许伟钊参加签约活动。

11 日 扬州市政协主席陈扬率考察团到镇江就大运河文化带建设和汽车产业项目发展进行考察交流。

14 日 镇江市旅游协会、连云港市旅游协会共同主办的“我乘高铁游山海连云”暨连淮扬泰镇五市旅游协会战略合作推进会在镇江举行。

15 日 中共江苏省委常委、省委宣传部部长，省委党史学习教育领导小组副组长、办公室主任张爱军在镇江调研宣传思想文化工作和党史学习教育开展情况。

16 日 镇江市举办“镇等你来”人才交流大会，会上发布《大学生“聚镇”计划》。

17 日 镇江市中级人民法院、镇江市法学会、丹阳市政府联合举办“保障破产管理人依法履职与优化营商环境”专题论坛，省法学会副会长，省社会科学院党委书记、院长夏锦文参加论坛。

19 日 镇江市党史学习教育汇报会召开，省委党史学习教育第三巡回指导组组长葛平参加会议。

20 日 江苏省政协副主席王荣平率队到茅山革命老区开展“学党史缅先烈传承红色基因”主题党日活动。

21 日 中共江苏省委常委、省委统战部部长杨岳到镇江调研宗教工作。

22 日 镇江市举行金融服务乡村振兴工作推进会暨金融为农办实事“金穗行动”启动仪式。

23 日 第二届长三角自驾游产业发展大会暨 2021 中国大运河“驰骋文旅”启动仪式在镇江举行。江苏省副省长马欣、中国旅游协会副会长兼秘书长张润钢、省旅游协会会长张卫国等参加活动。

同日 中共江苏省委统战部、省工商联和市委统战部、市工商联联合在句容茅山启动民营经济领域“万人重走长征路公益徒步接力赛（镇江专场）”活动。省委统战部副部长、省工商联党组书记顾万峰参加活动。

26 日 镇江市旅游学会成立，丁钢当选为会长。

29 日 镇江市委、市政府举行全市抗击新冠肺炎疫情表彰大会。

30 日 镇江市庆祝“五一”大会举行。

同日 商务部副部长王炳南到镇江调研新能源汽车发展等工作。商务部特派员王选庆、商务部服贸司副司长王东堂、江苏省商务厅厅长赵建军参加调研。

5 月

10 日 中共镇江市委书记马明龙会见香港中华煤气有限公司行政总裁、港华燃气董事会主席陈永坚一行。

11 日 第五届丝绸之路国际博览会暨中国东西部合作与投资贸易洽谈会在西安开幕。市委常委、常务副市长郭建参加开幕式。

13 日 致公党镇江市委会举办“学中共党史，谈党派履职”学习教育专题讲座，致公党中央常委、江苏省主委，省政协副主席麻建国做专题讲座。

14 日 镇江市举行“助力‘镇合意’，服务先锋行”行动启动仪式。

17 日 江苏省政协主席黄莉新与省政协机关离退休老干部一行到句容市茅山革命老区，以“回望百年路，助力新征程”为主题开展党史学习教育。

18 日 江苏省政协副主席姚晓东率领调研组到镇江调研长三角旅游一体化工作。

22 日 镇江市深入打好污染防治攻坚战重点工

作推进会议召开。

24 日 句容市政府和江苏省国信集团有限公司在宝华镇举行“句容石砀山抽水蓄能电站”项目签约仪式。省国信集团党委书记、董事长谢正义参加活动。

24 日—27 日 由中共镇江市委、镇江市政府主办，农业农村部管理干部学院承办的全面推进乡村振兴暨乡村产业招商引资能力提升培训班在镇江市、无锡市两地举行。

25 日—26 日 全国工商联副主席谢经荣到镇江调研民营企业参与乡村振兴工作情况。

26 日 镇江市政府与大连海事大学签署战略合作协议，推动双方在科研合作与技术交流、科技成果转化、智库研究、人才培养、高层次人才培训以及资源共享等方面开展深入合作，探索市校合作新模式。签约前，市委书记马明龙会见大连海事大学校长孙玉清一行。

28 日 国务院国资委党委委员、副主任翁杰明到镇江调研孚能科技（镇江）有限公司，了解企业发展情况及需求。

同日 江苏省政协副主席、民盟省委主委、南京中医药大学校长胡刚率领调研组到镇江调研新能源发展情况。

6 月

1 日 中共镇江市委书记马明龙会见华电江苏能源有限公司党委书记、董事长戴军一行，围绕新能源及清洁能源领域的合作项目开展交流。

7 日 “镇江味道 · 招牌菜”大赛颁奖典礼在苏宁广场举行。中国饭店协会副会长张景富等参加活动。

8 日 中共镇江市委书记马明龙会见上海外交团团长、丹麦驻上海总领事林朗一行，双方就进一步加强合作开展交流。

9 日 镇江市“6 · 9”国际档案日活动启动仪式举行，“档案话百年——镇江市红色档案图片展（1919—1949）”同步展出。

11 日 镇江市第十六届运动会龙舟比赛暨镇江新区第二届心湖龙舟邀请赛开赛。

12 日 中共拉萨市委常委、常务副市长占堆率领拉萨市调研组到镇江考察。

19 日 中共镇江市委、江苏省委党校、中国新四军研究会、江苏省旅游协会在句容苏南抗战胜利纪念碑广场举办全国革命根据地红色文化研学大会。

22 日 江苏省副省长陈星莺到镇江调研宗教工作。

23 日 中国共产党镇江市第七届委员会第十三次全体会议召开，讨论确定召开中国共产党镇江市第八次代表大会有关事项。

同日 江苏省副省长潘贤掌到镇江调研农业农村工作。

24 日 江苏省副省长胡广杰到镇江开展安全生产专题宣讲，推进镇江深化安全生产三年专项整治工作。

30 日 《镇江党史知识简明读本》首发暨《风雨百年逐梦征程——镇江党史文献纪录片》首映仪式在中共镇江地方史馆举行。

7 月

1 日 镇江市举行庆祝中国共产党成立 100 周年座谈会暨市“两优一先”表彰会议。

3 日 中共镇江市委宣传部、市应急管理局、市总工会、市消防救援支队联合举行镇江市首届“最美应急人”颁奖典礼暨庆祝建党 100 周年文艺作品展演。

6 日 中共镇江市委组织部、市地方金融监管局联合举办的“镇江市企业上市与资本运作高级研修班”在长三角资本市场服务基地开班。

7 日 中共镇江市委书记马明龙一行参观考察中国商用飞机上海飞机制造有限公司。公司党委常委、副总经理周新民，中国工程院院士、中国商用飞机有限责任公司首席科学家吴光辉参加考察活动。

同日 扬中企业威腾电气集团股份有限公司在上海证券交易所举行科创板上市仪式，股票简称“威腾电气”，股票代码“688226”。

9 日 镇江市首届直播带货大赛举行。

15 日—17 日 中共镇江市委副书记、市委统战部部长巩海滨带队赴陕西省渭南市调研苏陕协作工作。

19 日 中共镇江市委书记马明龙在镇江新区会见十九届中共中央候补委员，中国航天科工集团有限公司董事、总经理、党组副书记刘石泉一行，双方围绕航空航天产业发展开展交流。

20 日 镇江市委、市政府召开数字镇江发展大会。

同日 镇江市政府与华为技术有限公司签署战略合作协议，共同推进数字城市建设发展。

同日 安徽省科技厅党组书记蒋曦一行到镇江市调研科技创新工作。

23 日 镇江市委、市政府、镇江军分区召开“八一”军政座谈会暨新一轮全国双拥模范城创建动员会。

8月

3日 全市减税降费工作推进会召开。

7日 全市涉外联防联控专项指挥部会议召开。

11日 文化和旅游部国际交流与合作局公布2023年至2025年“东亚文化之都”初审结果，镇江市入选2023年“东亚文化之都”候选城市，成为江苏省唯一入选城市。

12日 镇江市农业农村重大项目建设暨农村疫情防控推进会召开。

16日 江苏省副省长储永宏到镇江调研推进应急物资中转调运镇江站建设。

27日 中国共产党镇江市第七届委员会第十四次全体会议召开。

9月

1日—2日 中共江苏省委书记娄勤俭到镇江市调研，考察丹徒区高资街道水台村、京杭运河水上服务区等地。

6日 镇江市非公经济综合服务中心揭牌仪式举行，省委统战部副部长、省工商联党组书记顾万峰等参加活动。

8日 镇江市政府与国网江苏省电力有限公司举行战略合作协议签约仪式，国网江苏省电力有限公司董事长、党委书记唐屹峰等参加活动。

14日 江苏省政协副主席洪慧民到镇江市调研“有事好商量”协商议事工作。

14日—15日 全国人大常委会委员、农工党中央专职副主席杨震率农工党中央调研组到镇江调研长江生态环境保护工作，省政协副主席、农工党省委主委周健民参加调研。

15日 江苏省人大常委会副主任、党组副书记王燕文带领执法检查组到镇江开展《中华人民共和国消防法》执法检查。

17日 “喜迎中秋庆丰收，助力振兴再出发”劳模优质农产品直销会在镇江市举办，到镇江参加长三角城市工会工作联盟“工会助推乡村振兴”研讨会的15个城市的工会代表、劳模代表观摩活动。

17日—18日 江苏省省长吴政隆在常州、镇江检查调研新冠肺炎疫情防控、重大项目建设、企业创新发展、生态环境保护、粮食生产和安全生产等工作。

19日 镇江市举行文旅消费优惠券发放暨夜经济品牌活动启动仪式。

22日 中国共产党镇江市第七届委员会第十五次全体会议召开。

24日 312国道宁镇段快速化改造工程正式开工建设。

同日 农业农村部法规司二级巡视员王晖率队到镇江市开展农业农村普法和农业综合行政执法工作调研。

26日—28日 中国共产党镇江市第八次代表大会在镇江影剧院召开。大会应出席代表450人，实到437人，符合法定人数。中共镇江市委书记马明龙代表中共镇江市第七届委员会向大会做报告，中国共产党镇江市第七届纪律检查委员会工作报告以书面形式提请大会审议。

29日 镇江市政府、省文化和旅游厅联合主办的2021(第十五届)中国镇江金山文化艺术·国际旅游节开幕式举行。

10月

8日 镇江市市长徐曙海会见中国电子信息产业集团有限公司党组成员、副总经理陆志鹏一行，双方围绕数字城市建设开展交流。

12日 江苏省副省长惠建林率领省相关部门负责人到镇江市调研和推进诺贝丽斯汽车板冷轧铝卷制造项目。

13日 江苏省副省长马欣率领省相关部门负责人到镇江市调研和推进鱼跃集团全球制造基地二期项目。

15日 第五届国际低碳(镇江)大会暨碳达峰碳中和2021金山峰会展览活动启幕。

16日 中共镇江市委书记马明龙、市长徐曙海会见中共中央政策研究室原副主任、中国绿色供应链联盟专家委员会主任郑新立等参加第五届国际低碳(镇江)大会暨碳达峰碳中和2021金山峰会绿色金融高端研讨会宾客。

17日 江苏省文明委在南京举办“美德之光”——第八届江苏省道德模范颁奖仪式。镇江市糜林、张叶宏分别当选“诚实守信”“助人为乐”模范。第五届全国道德模范赵亚夫作为颁奖嘉宾，受邀出席颁奖仪式。

18日 镇江市市长徐曙海率团赴深圳开展招商工作。

19日 镇江市哲学社会科学界第七次代表大会召开，于伟当选第七届理事会主席。省社科联党组书记、常务副主席张新科参加会议。

26 日 江苏省商务厅厅长陈涛带队到镇江调研商务工作。

27 日 镇江市第六届“全民健康节”开幕。

同日 镇江市青年联合会第八届委员会全体会议召开。

30 日 镇江市第十六届运动会在市体育会展中心体育馆开幕。

11 月

1 日 2021 镇江·长三角台商投资推介会举行。现场 12 个台资项目集中签约，总投资额超 30 亿元，涉及文创产业园、高端塑胶新材料、芯片设计及制造、眼镜电商研发生产等多个产业领域。

2 日 镇江市公务员“三强三比加速跑”主题活动部署会召开。

同日 江苏省人大常委会副主任、全省市县乡人大换届选举工作办公室主任邢春宁率队到镇江调研市和各市(区)、镇三级人大换届选举工作。

3 日—4 日 中共江苏省委副书记、代省长许昆林到镇江调研。

6 日 镇江市市长徐曙海赴上海参加第四届中国国际进口博览会活动，其间，会晤微软全球资深副总裁、微软大中华区总裁侯阳，双方围绕数字经济发展开展交流。

9 日 江苏省政协副主席、省法学会会长周继业一行到镇江调研法律服务和社会治理工作。

11 日 陕西省渭南市市长陈晓勇率渭南市政府代表团到镇江考察，两市召开对口协作联席会，签署战略协作框架协议。

15 日 2021 年“交通强国战略下智能交通持续高质量创新发展”高级研修班在句容市开班。省综合交通运输学会理事长史和平等参加开班仪式。

16 日 中共镇江市委书记马明龙、市长徐曙海会见到镇江考察的华为高级副总裁、全球供应链管理总裁熊乐宁一行。

18 日 “‘镇’在奔跑 ‘浙’里出发”浙商银行入驻镇江暨银企合作签约仪式在镇江市举行。

23 日 出席中国共产党江苏省第十四次代表大会的镇江代表团举行全体会议，省党代表、市委书记马明龙主持会议。会上，镇江代表团全体代表选举马明龙为镇江代表团团长，省党代表、市委副书记、市长徐曙海为副团长。

24 日—26 日 宿迁市政协主席王益率领考察组到镇江市考察学习政协工作和民宿经济发展情况。

25 日 江苏省生态环境厅环境督查专员尹荣尧率督查组到镇江市开展河湖长制工作专项督查。

29 日 中共镇江市委召开传达学习省第十四次党代会精神大会。

12 月

8 日 2021 中国·镇江国际菁英创业大赛总决赛举行。

同日 江苏省副省长马欣到镇江调研乡村振兴工作。

11 日 镇江“双十二”·金山消费节在苏宁广场启动。

13 日 学习贯彻党的十九届六中全会精神省委宣讲团报告会在镇江市举行。省委宣讲团成员、省委组织部常务副部长王立平做宣讲报告。

15 日 “学习强国”镇江学习平台上线仪式在南山艺术剧院举行。市委书记马明龙，省委宣传部副部长、省政府新闻办主任杨力群出席上线仪式并共同启动镇江学习平台。

16 日 明月镜片股份有限公司举行创业板上市仪式，证券简称“明月镜片”，证券代码“301101. SZ”。

22 日 镇江市新一代信息技术产业联盟成立。

24 日 镇江市关工委成立 30 周年纪念会议召开，省关工委常务副主任张艳等参加会议。

27 日 全市领导干部警示教育大会召开。

28 日 中国共产党镇江市第八届委员会第二次全体会议召开。

镇江概览

责任编校：杨正宏

自然环境

【地理位置】 镇江市地处江苏省西南部，位于长江下游南岸、长江三角洲顶端，北纬 31°37′～32°19′，东经 118°58′～119°58′。东西最大直线距离 95.5 千米，南北最大直线距离 76.9 千米。东南接常州市，西邻南京市，北与扬州市、泰州市隔江相望。 （叶 卜）

【土地面积】 镇江市土地总面积 3840 平方千米，占全省土地总面积的 3.58%，其中水域面积 470.8 平方千米，占全市总面积的 12.3%；市区 1088 平方千米，丹阳市 1047 平方千米，句容市 1378 平方千米，扬中市 327 平方千米。 （叶 卜）

【地貌】 镇江市地貌走势为西高东低、南高北低，大部分地区属宁镇—茅山低山丘陵，沿江洲滩属长江新三角洲平原区，丹阳东南部则属太湖平原区。宁镇山脉境内大体为东西走向，有山峰 114 座，其中市区 62 座、句容市 45 座、丹阳市 7 座。主要山峰高度：大华山 437 米，九华山（句容）433.4 米，高骊山 425.5 米，宝华山 396.4 米，十里长山 349 米，五州山 306 米。茅山山脉境内略呈南北走向，是秦淮河水系和太湖水系的分水岭。主要山峰高度：丫髻山 410.6 米，大茅峰 372.5 米，马山 362.8 米，瓦屋山 357 米，方山 307.6 米，凉帽山 307 米。

江中洲地自西向东有世业洲、征润洲、新民洲、和畅洲（今江心洲）、顺江洲（今高桥镇镇域）和太平洲（今扬中市全境）。

镇江市区地貌南高北低，北部沿江分布着心滩、洲滩、边滩以及冲积平原，海拔 5 米～10 米。市区南部为低山残丘，自西向东分布着五州山、十里长山、东山、九华山、黄山、观音山、鸡笼山、磨笄山等，东郊零星分布着汝山、横山、京岘山、雩山等残丘，除五州山、十里长山高度超过 300 米，其余山丘高度均为 100 米～200 米。城区内分布着金山、焦山、北固山、云台山、象山等高度低于 100 米的孤丘，总体上形成“一水横陈、连岗三面”的独特地貌。 （叶 卜）

【资源】 土地资源。镇江市有耕地、园地、林地、牧草地、居民点及工矿用地、交通用地及水域等各种土地资源类型。据镇江市第三次全国农业普查主要数据公报，2016 年年末，全市实际经营耕地面积 11.80 万公顷，其中，灌溉耕地面积 10.52 万公顷；实际经营林地面积（不含生态林防护林）2.54 万公顷。

水资源。镇江是水资源较为丰富的城市，长江和大运河在这里交汇，秦淮河、太湖湖西、沿江 3 个水系在这里集聚。水资源主要有地表水、过境水、地下水、回归水等 4 种形式。长江流经境内长 103.7 千米。京杭大运河境内全长 42.74 千米，在京口区谏壁街道与长江交汇。全市有流域面积 50 平方千米及以上河流 32 条（其中跨省 2 条），流域面积 50 平方千米以下至乡镇级主要河流 328 条。常年水面面积 1 平方千米及以上湖泊 2 个，0.5 平方千米～1 平方千米湖泊 2 个，均为淡水湖泊。有水库 141 座，塘坝 3.97 万处；地下水取水井 13.49 万眼，取水量 1321.25 万立方米。

矿产资源。镇江发现金属矿产有铁、铜、铅、锌、钼、钨、金、银、铼及镉等 10 余种，矿床（点）47 处。非金属矿产有白云石、石灰石、大理石、膨润土、珍珠岩、沸石、耐火黏土、硅石、型砂及红柱石等，化工非金属矿产有硫铁矿、岩盐、泥炭、磷及含钾岩石等。温泉资源及地热资源丰富，包括地下热水和地温异常两类。

生物资源。植物方面，木本树种有74科、183属、394种及变种。自然植被分为针叶林、落叶阔叶林、落叶与常绿阔叶混交林、竹林、灌丛、草丛和水生植被等7个类型，栽培植被则包括大田作物、蔬菜作物、经济林、果园和绿化等5个类型。针叶林有马尾松林、黑松林、湿地松、杉木林、侧柏林等常绿针叶林和水杉林、池山林等落叶针叶林，落叶阔叶杂木林有栓皮栎林、麻栎林、白栎林、黄檀林、枫香林、刺槐林等，落叶、常绿阔叶混交林有短柄枹树和青冈栎林、黄檀及石栎林等。常见植物种类有苔藓植物、蕨类植物、裸子植物、单子叶被子植物和双子叶被子植物，其中，被列为国家一级保护植物的有珙桐、红豆杉、金钱松、银杏、苏铁等。动物方面，镇江市常见主要动物分为无脊椎动物与脊椎动物两大类，无脊椎动物有原生动物、多孔动物、腔肠动物、扁形动物、原腔动物、环节动物、软体动物和节肢动物等，其中节肢动物种类占整个动物种类的85%。脊椎动物有鱼类、两栖类、爬行类、鸟类及哺乳类动物，被列为国家一级保护动物的有白鱀豚、鹳、丹顶鹤、中华鲟等。鱼类资源丰富，境内长江鱼类分19个科。青鱼、草鱼、鲢鱼、鲤鱼、鲇鱼、鳝鱼等淡水养殖鱼类均有大量出产，其中，刀鱼、鳗鱼、河豚是名贵品种。（叶　卜）

【气候】　镇江市属北亚热带季风气候，常年（1981年—2010年30年平均）平均气温15.7℃、降水1085.4毫米、日照1972.4小时。2021年，全市平均气温17.4℃，平均降水量1248.9毫米，日照时数2020.1小时。

气温。2021年，全市年平均气温17.4℃，较常年偏高1.7℃，异常度值为2.47，属异常偏高年份，为镇江有气象记录以来的历史极值纪录。全年（2021年1月—12月）各站平均气温为17.1℃（镇江市区、句容）~17.7℃（丹阳），比常年偏高1.4℃~2.0℃，扬中、丹阳、句容年平均气温均为当地有气象记录以来的历史极值纪录。3月10日进入春季，比常年平均（3月19日）早9天。春季75天，较常年平均63天多12天。5月24日入夏，较常年平均（5月23日）晚1天。夏季140天，较常年平均124天多16天。10月11日入秋，比常年平均（9月24日）晚17天，为镇江有现代气象记录以来最晚入秋记录。秋季50天，比常年平均60天少10天。2020年—2021年冬季108天，比常年平均116天少8天。镇江市区11月30日入冬（扬中11月30日，丹阳12月1日，句容11月22日），较常年平均的11月23日晚7天。11月9日出现初霜，比常年平均初霜日（11月13日）早4天。

降水。全市年平均降水量1248.9毫米，比常年平均多15.1%，属正常年份。全市各站降水量为1164.1毫米（镇江市区）~1313.0毫米（扬中），比常年多5.3%~24.7%。多个月份出现降水的极值情况。(1)6月：丹阳月降水量39.3毫米，为当地有现代气象记录以来历史同期倒数第3位。(2)7月：扬中月降水量556.3毫米，为当地有现代气象观测记录以来的历史同期极值。7月28日，镇江、丹阳日降水量为有现代气象记录以来历史同期第2位；29日，扬中日降水量为有现代气象记录以来历史同期第3位。(3)10月：扬中月降水量77.6毫米，为当地有现代气象记录以来的历史同期第2位；句容月降水量95.6毫米，为当地有现代气象记录以来的历史同期第3位。

梅雨。全年梅雨总体特点：(1)入梅偏早、出梅正常、梅期偏长。6月13日入梅（常年平均6月19日），7月11日出梅（常年平均7月12日），梅雨期29天，较常年偏长。(2)梅雨量明显偏少，雨量分布不均。降水量116.6毫米~228.3毫米，平均梅雨量160.3毫米（常年平均253.9毫米）。各地区梅雨量分别如下，镇江市区116.6毫米、丹阳123.9毫米、句容228.3毫米、扬中172.5毫米。(3)降水呈过程性、间歇性特征，局地多强对流天气。梅雨期内分别在6月13日—18日、6月25日—27日、7月3日—5日、7月6日—10日期间出现连续降水天气，其间多次出现短时强降水、雷雨大风等局地性对流天气。

日照。全年日照时数为1909.0小时（镇江市区）~2206.3小时（扬中），与常年同期相比，前者偏少116.7小时，后者多159小时。全市年累计日照时数为2020.1小时，比常年同期偏多2.4%，属正常范围。（张晨昕）

2021年镇江市区气候资料分月统计表

表3-1

月份	1	2	3	4	5	6	7	8	9	10	11	12
气温(℃)	3.7	9.1	11.4	15.7	21.7	26.2	28.1	27.4	26.0	19.1	11.7	5.4
降水量(毫米)	26.1	38.4	68.3	50.1	177.9	41.6	432.1	189.0	45.2	69.2	23.5	2.7
日照(小时)	158.8	150.5	127.4	130.2	171.1	153.5	135.6	125.9	180.4	170.6	196.8	208.2

（张晨昕）

【重要天气气候事件】 1. 暴雨(大暴雨)。2021年,暴雨日镇江市区3天、扬中4天、丹阳2天、句容4天;大暴雨日镇江市区1天、扬中2天、丹阳1天、句容1天。5月15日受强对流影响,全区出现明显降水,其中镇江市区日降水量67.9毫米。暴雨日主要在7月和8月:7月10日,句容站24小时降雨量89.5毫米;7月27日,扬中站24小时降雨量71.7毫米;8月11日,丹阳站24小时降雨量71.1毫米;8月25日,镇江市区、扬中和句容均出现暴雨,雨量分别为68.5毫米、60.1毫米、54.1毫米。大暴雨日都发生在7月。10月15日,受台风外围和西风槽影响,句容出现暴雨,24小时降水量53.2毫米。

2. 短时强降水。全市短时强降水均发生在7月和8月。(1)7月特别是月末,受台风影响,多次出现破纪录的短时强降水。28日00:00—01:00,丹阳20.7毫米;02:00—03:00,丹阳21.1毫米;03:00—04:00,扬中28.7毫米,丹阳37.8毫米;04:00—05:00,丹阳51.5毫米;15:00—16:00,句容34.3毫米;16:00—17:00,句容21.8毫米;17:00—18:00,镇江市区76.7毫米;20:00—21:00,扬中61.2毫米;21:00—22:00,扬中31.5毫米,丹阳25.1毫米;22:00—23:00,扬中25.6毫米;23:00—24:00,扬中33.2毫米。镇江站60分钟雨量85.2毫米,破镇江市区73.1毫米(2014年)极值;扬中站10分钟雨量31.7毫米,破扬中29.7毫米(2019年)极值;扬中站60分钟雨量82.8毫米,破扬中74.9毫米(2011年)极值(从1980年开始统计)。区域站小时雨量导墅(M5714)104.0毫米(7月28日21:00),列第2位。(2)8月,短时强降水主要是受局地热对流影响,3日午后,扬中出现对流天气,15:00—16:00降水量22.4毫米。11日午后,丹阳出现对流天气,13:00—14:00,降水量52.9毫米。18日午后,扬中出现对流天气,14:00—15:00,降水量41.3毫米。

3. 高温。全市高温日集中在夏季,另外5月和9月各有一个高温日。5月10日,句容出现35.0℃高温。6月,高温日镇江市区1天,扬中2天,丹阳2天:6日,扬中35.5℃;7日,镇江市区、扬中、丹阳出现高温天气,分别为35.4℃、35.8℃、35.1℃。7月,高温日镇江市区6天、扬中6天、丹阳4天、句容6天。其中镇江市区、扬中和句容11日至15日连续5日高温。8月,高温日镇江市区1天,扬中、丹阳、句容各2天。具体为:30日,扬中35.8℃、丹阳35.8℃、句容35.3℃;31日,镇江市区36.2℃、扬中36.2℃、丹阳36.3℃、句容36.7℃。9月,镇江市区和句容有高温日1天,9月23日,镇江市区35.0℃,句容35.0℃。

4. 降雪和积雪。全年出现1个降雪日,且为雨夹雪:12月25日受寒潮影响,镇江市区和丹阳在降水趋于结束时毛毛雨转为雨夹雪,无积雪。

5. 大雾和霾。全年霾天数镇江市区32天、扬中29天、丹阳39天、句容26天。雾日数41天。

2021年镇江市区雾霾天气分月统计表

表3-2

月份	霾(天)	雾(天)
1	5	3
2	1	3
3	7	6
4	2	4
5	0	4
6	0	2
7	0	4
8	2	1
9	2	1
10	2	3
11	4	5
12	7	5
合计	32	41

6. 大风。全年大风天气3次,具体为4月29日、9月29日、11月8日。

7. 台风。受6号台风"烟花"影响,全市7月27日—29日出现大风,最大风力7级,7月28日—29日出现区域性大暴雨。

8. 浮尘。3月30日—31日,受北方输送影响,丹阳出现浮尘天气。

9. 低温冰冻。2021年,日最低气温小于等于0℃的日数镇江市区38天、扬中24天、丹阳24天、句容32天。镇江市区、扬中、丹阳的极端最低气温均出现在1月8日,镇江市区-11.3℃、扬中-9.1℃、丹阳-8.3℃;句容出现在1月9日,为-9.4℃。(1)1月,日最低气温小于等于0℃的日数镇江市区16天、扬中13天、丹阳13天、句容17天。有低温过程4次:1日—3日,极端最小日最低气温出现在镇江市区1日,为-9.0℃。7日—14日,极端最小日最低气温出现在镇江市区8日,为-11.3℃。14日—19日,极端最小日最低气温出现在镇江市区17日,为-4.9℃。29日—30日,极端最小日最低气温出现在镇江市区29日,为-3.7℃。(2)2月,日最低气温小于等于0℃的日数镇江市区2天、扬中2天、丹阳1天、句容3天。有低温过程2次:2月9日,极端最小日最低气温出现在句容-0.7℃。17日—19日,极端最小日最低气温出现在镇江市区18日,为-2.4℃。(3)11月,日最低气温小于等于0℃的日数镇江市区3天、句容2天。有低温过程2次:9日,极端最小日最低气温出现在镇江市区，为 -0.2℃。23 日—24 日，极端最小日最低气温出现在镇江市区 23 日，为 -2.1℃。（4）12 月，日最低气温小于等于 0℃的日数镇江市区 17 天、扬中 9 天、丹阳 10 天、句容 10 天。有低温过程 5 次：1 日—4 日，极端最小日最低气温出现在镇江市区 2 日，为 -4.2℃。13 日—14 日，极端最小日最低气温出现在镇江市区 13 日，为 -1.0℃。18 日—19 日，极端最小日最低气温出现在镇江市区 18 日，为 -5.3℃。22 日—23 日，极端最小日最低气温出现在镇江市区 22 日、23 日，为 -0.3℃。25 日—31 日，极端最小日最低气温出现在镇江市区 27 日，为 -7.3℃。 （张晨昕）

【水文水情】 2021 年，长江大通站全年径流量 9697 亿立方米，较 2020 年（11081 亿立方米）偏少 12.5%，较常年（9066 亿立方米）偏多 7.0%。长江大通站全年水位过程总体呈单峰型。全年流量过程与水位过程总体一致，最大流量 61100 米^3/秒（5 月 28 日 20 时），最高水位 13.36 米（5 月 28 日 20 时）；最小流量 10000 米^3/秒（12 月 25 日 5 时），最低水位 4.49 米（12 月 30 日 20 时）。

长江镇江（二）站全年平均潮位 4.63 米，较多年平均偏高 0.91 米。年最高潮位 7.77 米（7 月 28 日），最低潮位 2.09 米（12 月 26 日）。全年潮位超警戒天数 14 天。扬中站 7 月 26 日出现全年最高潮位 7.24 米，全年潮位超警戒水位天数 39 天。

全市主要河湖平均水位：大运河（丹阳站）3.74 米，香草河（旧县站）3.75 米，句容河（赤山闸下站）7.28 米，较多年平均分别偏低 0.09 米、0.02 米、0.23 米；赤山湖（赤山闸上站）9.89 米，偏高 1.51 米。7 月 25 日—28 日降雨开始后，内河湖水位迅速上涨，均出现超警戒水位现象。大运河（丹阳站）超警戒水位 3 天，香草河（旧县站）超警戒水位 2 天，赤山湖（赤山闸上站）超警戒水位 2 天，句容河（赤山闸下站）超警戒水位 4 天。

谏壁闸引水 17.3 亿立方米，排水 0.036 亿立方米；九曲河闸引水 4.53 亿立方米，排水 0.57 亿立方米；谏壁抽水站引水 1.53 亿立方米，排水 1.07 亿立方米；九曲河抽水站排水 0.38 亿立方米；赤山新闸排水 1.42 亿立方米；新孟河闸排水 0.53 亿立方米。

2021 年 1 月 1 日，全市 16 座报汛水库总蓄水量 101.07 百万立方米。前期呈平稳趋势，汛期 5 月—6 月水库蓄水量下降，其中 6 月受农业大用水影响，加之长期干旱少雨，下降加剧，7 月 4 日，出现汛期最低值 83.11 百万立方米。7 月—8 月，长江流域暴雨频发导致蓄水量上升，8 月 25 日，蓄水量达汛期最高值 121.12 百万立方米，之后逐步减少。截至年底，总蓄水量 105.2 百万立方米，比上年下降 4.1%。 （蒋闻雨）

区划人口

【行政区划】 至 2021 年年底，镇江市辖 56 个镇（街道）。其中镇 31 个、街道 25 个。丹阳市辖 10 个镇、2 个街道；句容市辖 8 个镇、3 个街道；扬中市辖 4 个镇、2 个街道；丹徒区辖 6 个镇、2 个街道；京口区辖 3 个镇、8 个街道，其中镇江新区代管 3 个镇、2 个街道；润州区辖 8 个街道，其中镇江高新区代管 1 个街道。

（市民政局）

2021 年镇江市行政区划情况表

表 3-3

市（区）	镇	街　道
丹阳市	丹北、司徒、延陵、珥陵、导墅、皇塘、吕城、陵口、访仙、界牌	云阳、曲阿
句容市	下蜀、宝华、边城、白兔、郭庄、后白、天王、茅山	华阳、崇明、黄梅
扬中市	八桥、西来桥、油坊、新坝	三茅、兴隆
丹徒区	谷阳、辛丰、上党、宝堰、高桥、世业	高资、宜城
京口区	—	正东路、健康路、大市口、四牌楼、象山、谏壁
润州区	—	宝塔路、和平路、七里甸、金山、官塘桥、韦岗、南山
镇江新区	丁岗、大路、姚桥	大港、丁卯
镇江高新区	—	蒋乔
合　计	31	25

（市民政局）

【人口】 2021年,镇江市常住人口321.72万人,比上年增加0.62万人,其中城镇人口256.99万人,常住人口城镇化率79.88%;常住人口中60岁及以上人口占比为23.92%,比上年上升0.36个百分点。常住人口出生率4.29‰,死亡率7.53‰,自然增长率-3.24‰。年末全市户籍人口268.10万人,比上年减少1.16万人;出生人口1.22万人,死亡人口2.18万人,户籍人口出生率4.6‰,死亡率8.1‰,自然增长率-3.55‰。户籍人口中男性132.16万人,比上年减少0.66万人;女性135.93万人,减少0.50万人。 (市统计局)

历史人文

【建置沿革】 据考古,“宜”为镇江最早地名,是3000余年前周康王封给宜侯的领地名称,春秋时称朱方,后曾用谷阳、丹徒、京口、润州等名称。北宋政和三年(1113年)建镇江府,始称镇江,历经两宋、元、明、清。辛亥革命后称丹徒县,1928年改为镇江县。1929年至1949年2月为江苏省政府所在地(其中1937年至1945年镇江沦陷,省政府迁往苏北)。1949年4月23日镇江解放后,划城区和近郊为镇江市,四乡为丹徒县,均隶属于苏南行政区镇江专署。1953年苏南行政区、苏北行政区合并建江苏省后,设镇江专员公署。后区划多有调整,至1983年实行“地市合并、市管县”新体制前,辖镇江市和10个县,镇江为县级市和专署所在地(其中1958年9月至1959年9月,专署迁至常州,改称常州专员公署)。1983年3月,镇江市改为省辖市,含4县、2区。1987年、1994年、1995年,所含丹阳、扬中、句容先后撤县设市;2002年,丹徒撤县设区。现镇江市含丹阳市、句容市、扬中市和丹徒区、京口区、润州区以及镇江新区、镇江高新技术产业开发区。 (叶 卜)

【历代名人】 镇江扼南北要冲,得山水之胜,钟灵毓秀,代不乏才,历代文人墨客纷来寻幽探胜,寄情抒怀,其中有李白、杜牧、范仲淹、王安石、苏轼、陆游、辛弃疾等才士名贤,在此耕耘风雅,播种斯文。王昌龄的“洛阳亲友如相问,一片冰心在玉壶”、王安石的“春风又绿江南岸,明月何时照我还”、辛弃疾的“何处望神州,满眼风光北固楼”等成为千古绝响,流风遗韵,至今袅袅不断。李白的“丹阳北固是吴关,画出楼台云水间”、杜牧的“青苔寺里无马迹,绿水桥边多酒楼”、王湾的“潮平两岸阔,风正一帆悬”、范仲淹的“山分江色破,潮带海声来”,是一幅幅活色生香的有声画、无声诗。东晋时期,中原鸿儒显宦纷纷南下,移居京口者众多,或完成大业,或著书立说,著名的有:南朝宋开国皇帝刘裕(寄奴),撰有《世说新语》的刘义庆,著有《晋书》的臧荣绪,选编《玉台新咏》、诗文与庾信齐名的徐陵,中国第一部诗文总集《昭明文选》的编纂者萧统,著有中国第一部系统文艺理论巨著《文心雕龙》的刘勰等。宋代移居镇江的有:著有被誉为“十一世纪的科学坐标”——《梦溪笔谈》的作者沈括,制造世界上最早天文钟“水运仪象台”的科学家苏颂,书画家米芾,抗金名将宗泽等。明清两代镇江名人有:官居华盖殿大学士、内阁首辅的杨一清,主持编修《大清一统志》《佩文韵府》《康熙字典》的张玉书。近现代以来有:著有《铁云藏龟》和《老残游记》的刘鹗,著有第一部汉语语法专著《马氏文通》的马建忠,历史学家柳诒徵,飞机制造专家巴玉藻,世界语运动开创者之一的符恼武,金融家陈光甫,辛亥广州起义总指挥、南京临时政府追授上将军的赵声,辛亥革命著名将领李竟成、解朝东,爱国民主人士冷遹,诗人闻捷,桥梁专家茅以升等。此外,丹阳市为三国吴大帝孙权和南朝齐高帝萧道成、梁武帝萧衍故里,近现代有爱国人士马相伯、美术家吕凤子,当代有语言学家、语文教育家吕叔湘;句容市有晋朝道教理论家、炼丹家和医药学家葛洪,南朝道教思想家、医药学家陶弘景。 (叶 卜)

【历代兵事】 镇江扼水陆交通要冲,地理形势险要,自古以来就是军事重镇。春秋时吴楚争霸,发生朱方之战。东晋隆安五年(401年),孙恩领导农民起义军在镇江大战蒜山。南宋建炎四年(1130年),韩世忠率水兵8000名在江面截击金兀术的10余万大军,金兵被围困在黄天荡48天。元至元十二年(1275年),南下元军打败宋军,南宋抵抗力量受挫。清顺治十六年(1659年),郑成功北伐直抵焦山,与清军在城下大战,后郑成功据守镇江城38天,因南京战事失利退出镇江。清道光二十二年(1842年)六月,英国侵略军侵入镇江,遭镇江军民誓死抵抗,英军虽破城,但伤亡惨重,恩格斯在《英军对华的新远征》中对镇江人民给予高度评价。清咸丰三年(1853年)二月,太平天国军队攻占镇江,进行了4年9个月的镇江保卫战。清宣统三年(1911年),驻镇江新军起义,光复镇江。1937年12月,日本侵略军攻占镇江,镇江城蒙受巨大损失。1938年5月至6月,新四军先遣支队和一支队、二支队进入苏南,6月17日在韦岗伏击日军车队,打响新四军苏南抗战第一枪,随后创建以茅山为中心的苏南抗日根据地,领导苏南人民进行7年多的顽强抗战,直至取得胜利。1949年4月21日,中国人民解放军发动渡江战役,22日晚驻镇江城内国民党军队不战而逃,23日镇江获得解放。 (叶 卜)

【方言】 镇江话属于北方方言江淮次方言,位于北方方言与吴方言两大方言接合部,大致以谏壁为东界、上党为南界。古代镇江话属吴方言，由于特殊的政治、社会、交通等原因，导致方言属性产生变化。镇江话虽属北方方言范畴，但构成复杂，其中既有吴方言的遗痕，又有旗腔（类似京腔）的影响。与普通话相比，镇江话没有全浊声母和舌尖后音声母；鼻化元音介于前鼻音韵母与元音韵母之间，(in)(ing)、(en)(eng)、(n)(l)不分；有入声调。词汇中保留着丰富的吴方言词。句容、丹徒、扬中的方言类似镇江话，虽构成复杂，但均属北方方言系统。大港以东、宝堰以南、句容傍茅山一线及至丹阳西部的语言自西向东渐次出现吴方言特点，多文白异读，说话音接近吴语，读书音接近官话；全浊声母消失，舌面声母多，没有舌尖后音声母；单元音韵母多；读书音 4 个声调，说话音 6 个声调。丹阳东部则进入吴语区。

随着语言不断丰富和变化，镇江方言也在渐渐变化。声母方面，新派音中“然染燃”从老派音的[ø]声母变为[l]母；“姐且写谢”的声母新派已将舌尖前音成系统地换成舌面音，只是韵母还没有到位，发作[iɪ]；“暑族随邪斜”的老派读音，声母是[ʦ·]，“纯瑞垂”的声母是[s]，读音不稳定；“浙江、彻底、电风扇”中的“浙、彻、扇”在新派音中已舌尖化，只是还没有舌尖后化，但是这一组声母字中口语色彩浓的字，如“折头、舌头、沾光”中的“折、舌、沾”则还保存着老派音；老派音“家”读作[ʨia]，新派音则作[ka]。韵母方面，新派镇江人学习普通话的时候，把[õ]说成[ɛ̃]，如“半搬盘潘判满漫断段短端锻团乱卵暖管观官灌冠款宽换欢缓转撰篆专传穿船川串喘钻窜算酸蒜碗丸玩宛软”；把[ĩ]说作[ɛ̃]，如“然染沾缠蟾闪扇善”的韵母。声调方面，镇江话也有趋向于普通话的细微变化，如部分[æʔ]韵变为[əʔ]韵；新派音中部分镇江人会把阴平提高，从而使镇江话更接近普通话。（叶　卜）

民族宗教

【民族】 2021 年，镇江市有 47 个少数民族，少数民族人口 29118 人，占全市总人口的比例为 0.907%。少数民族人口中，人数排在前 5 名的是回族 7628 人、苗族 3601 人、土家族 2768 人、彝族 2698 人、壮族 1647 人，以上 5 个少数民族人口占全市少数民族人口的 62.99%。全市有少数民族村 3 个、省级民族工作示范社区 8 个、民族学校 2 所、市级社会团体 1 个、对口支援学校 1 所、清真寺 4 座、清真食品网点 10 家、清真食品基本供应点 2 家。有全国民族特需商品定点生产企业 6 家。全市有民族公墓 4 处。

（曹祥清　黄萍萍）

【宗教】 镇江市是江苏省宗教工作重点城市之一，有佛教、道教、伊斯兰教、天主教和基督教。2021 年，全市有依法登记的宗教活动场所 154 处，其中佛教 62 处、道教 15 处、伊斯兰教 4 处、天主教 1 处、基督教 72 处。金山江天禅寺、焦山定慧寺、宝华山隆昌寺和茅山道院为国务院批准开放的全国重点寺院宫观，绍隆寺为省重点寺院。全市有宗教团体 21 个，有登记备案的宗教教职人员 316 人。

（潘煜龙）

名城撷英

【历史文化遗存】 镇江是国家历史文化名城，有深厚的文化积淀。全市有各级文物保护单位 299 处，其中国家级 13 处：焦山碑林、丹阳和句容南朝陵墓石刻、镇江英国领事馆旧址、昭关石塔、大运河（包括大运河镇江段、虎踞桥、江河交汇处、新河街一条街、西津渡古街等 5 个点）、甘露寺铁塔、隆昌寺、城上村遗址、葛城遗址、铁瓮城遗址、宋元粮仓遗址、春城土墩墓群、烟墩山墓地等。焦山碑林中有“大字之祖”瘗鹤铭以及苏轼、黄庭坚、米芾、陆游的墨迹碑刻和摩崖石刻。南朝陵墓石刻（现存丹阳 8 处 24 件、句容 1 处 4 件）是南朝石刻瑰宝；省级文物保护单位 54 处，包括焦山古炮台遗址、相传为孔子所书的延陵季子碑（唐拓本）、被誉为“江南第一钟”的唐中和铜钟、宋抗金名将宗泽墓、圌山炮台遗址等；市、县级文物保护单位 232 处。

白蛇传传说、镇江恒顺香醋酿制技艺、古琴艺术（梅庵琴派）、扬剧、灯彩（秦淮灯彩）、酿造酒传统酿造技艺（封缸酒传统酿造技艺）、董永传说、佛教音乐（金山寺水陆法会仪式音乐）、道教音乐（茅山道教音乐）等 9 个项目先后被列入国家级非物质文化遗产名录，有国家级非物质文化遗产代表性项目代表性传承人 6 人。（叶　卜）

【城市发展定位】 2013 年，国务院批复印发的《苏南现代化建设示范区规划》，对镇江的城市分工和发展定位为：发挥产业基础较好、自然生态良好的优势，建设全国重要的高端装备制造、新材料产业基地和区域物流基地、技术研发基地、创意生活休闲中心，成为现代山水花园城市与旅游文化名城。根据《江苏省城镇体系规划（2012—2030）》和 2017 年修订的《镇江市城市总体规划（2012—2020 年）》，镇江市为“国家历史文化名城，长三角重要的港口、风景旅游城市”。根据《镇江市国民经济和社会发展第十四个五年规划和二〇三五年远景目标纲要》，

"十四五"时期,镇江经济社会发展主要目标:国内地区生产总值年均增长6%左右,研发经费投入年均增长7%左右,高新技术产业产值占规模以上工业产值比重48%,常住人口城镇化率75%,居民人均可支配收入年均增长略高于经济增速。(叶　卜)

【交通】　镇江临江近海,水陆交通便利快捷。镇江为国家级水路主枢纽和省级公路枢纽城市。世界闻名的"黄金水道"——长江和京杭大运河在此交汇,沪宁高速公路、扬溧高速公路、京沪高速铁路、沪宁城际铁路、京沪铁路傍市而过。润扬长江公路大桥、泰州长江公路大桥为横跨长江的快速通道,五峰山长江大桥是长江江苏段第3座公路铁路两用大桥。104、312国道和122、231、238、241、243、337、340省道构成镇江与外省、市连接的公路网络。2021年,镇江市有公路总里程6873.82千米,其中高速公路210.45千米。镇江至南京高速公路行程45分钟,高速铁路行程20分钟。距南京机场和常州机场均为60千米,至扬州泰州国际机场70千米。2021年12月底,宁句城际快轨建成通车。(叶　卜)

【口岸】　镇江港是全国主枢纽港之一、长三角组合港主要成员、国家一类开放口岸。镇江市长江自然岸线长270千米,其中,深水岸线长87千米。高资港区、龙门港区、谏壁港区、高桥港区、大港港区、扬中港区、新民洲港区构成镇江港口群体。2021年,全年完成港口货物吞吐量2.47亿吨,下降31.5%,其中长江港口吞吐量2.37亿吨,下降32.4%;港口集装箱吞吐量43.55万标准箱,增长16.9%。苏南运河镇江段42.74千米,是全国第一条国家级文明样板航道。(叶　卜)

图3-1　2021年12月28日,宁句城际快轨建成通车

(谢道韫　供稿)

【风景名胜】　镇江为中国优秀旅游城市,是一座天然的风景名城,具有"城市山林"和"真山真水"的独特风貌,以"天下第一江山"闻名于世。主城区多佳景,城北有金山、焦山、北固山,或屹立江中,或雄峙江岸,沿长江组成天然三山图,为国家AAAAA级旅游景区;城南有起伏的南山,掩映着鹤林、竹林、招隐诸寺,并由西向东嵌入城中,构成"城市山林"景观。古运河从镇江进入江南,由北往南折东,逶迤城中,汇入江南运河。西津渡古街全长1000米,存有六朝至清代的历史踪迹。有保存完好的三国东吴铁瓮城遗址,还有宝塔山公园、伯先公园、河滨公园、梦溪园、赛珍珠公园等景点。镇江市区东部有山上矗立"万里长江第一塔"——报恩塔的圌山风景名胜区。句容市有佛教"律宗第一山"隆昌寺和以"宝华玉兰"著称的宝华山国家森林公园,有集江南名山、道教圣地、革命根据地于一体的茅山风景名胜区。镇江的宗教活动在全国乃至东南亚有广泛影响,金山江天禅寺、焦山定慧寺、宝华山隆昌寺、茅山道院为全国重点寺院宫观。(叶　卜)

【市树】　广玉兰。1985年3月,镇江市第一届人大第三次会议决定以广玉兰为市树。广玉兰属于木兰科木兰属,长绿乔木,叶长10厘米~20厘米。花大白色,清香,直径20厘米~30厘米,通常6瓣,5月—7月为花期。种子外皮红色,9月—10月果熟。树冠呈卵状圆锥形,小枝和芽均有锈色绒毛,树形优美,是优良的庭院树与观赏树。(叶　卜)

【市花】　杜鹃花。1985年2月,镇江市第一届人大常委会第十二次会议决定以蜡梅为市花。1994年11月,市第三届人大常委会第十三次会议重新决定以杜鹃花为市花。杜鹃花别名映山红、山石榴,杜鹃花科杜鹃花属,多为灌木或小乔木,因生态环境不同,有各自的生活习性和形状,喜阴凉、湿润,耐寒。杜鹃花分落叶和常绿两大类。落叶类叶小,常绿类叶片硕大。花的颜色有红、紫、黄、白、粉、蓝等。(叶　卜)

【镇江名特产——镇江"三怪"】
20世纪80年代以来,镇江市面上形成"肴肉不当菜,香醋摆不坏,面锅里煮锅盖"的"三怪"俚谚。

肴肉不当菜。肴肉也称"肴",为镇江传统名特食品,"蹄肴"首见于《清稗类钞》,特点是酥嫩易化,食之不腻;胶冻柔韧透明晶亮,故又曰"水晶肴蹄"。镇江肴肉选用猪前蹄,用传统工艺腌制后经烹饪煮

制而成。镇江人有吃早茶、品肴肉的习惯，食用时配上姜丝、香醋，“肴肉不当菜”故成镇江“一怪”。

香醋摆不坏。香醋是镇江传统名特产品，色、香、酸、醇、浓俱全，酸而味鲜，香而微甜，存放愈久味道愈醇，不易变质，“香醋摆不坏”遂成镇江“一怪”。镇江恒顺香醋采用优质糯米为原料，历经“制酒、制醅、淋醋”三大过程、大小40多道工序，其独特固态分层发酵工艺被列入首批国家级非物质文化遗产保护名录。

面锅里煮锅盖。锅盖面是镇江人的日常面食。镇江位于南北交通要冲，由于面条洁净，制作方便，成为镇江大众化的餐饮。锅盖面原名火（伙）面[“火面”一词最早见于北宋张洎（934—997）的《贾氏谭录》，或因“是北方移民带来的，具有军营编制带过来的遗迹”，故名“火面”]，也称小刀面、跳面，在镇江本地至少有150年历史，属浓碱型面条。下面条时将小锅盖滂在大锅里，面条在小锅盖下面，面锅不漕，“面锅里面煮锅盖”遂成镇江“一怪”。镇江锅盖面汤汁和浇头品种较多。（叶　卜）

国民经济和社会发展

【概况】　2021年，镇江市实现地区生产总值4763.42亿元（统计公报数。下同），按可比价格计算，比上年增长9.4%。其中，第一产业增加值157.02亿元，增长3.4%；第二产业增加值2319.73亿元，增长10.7%；第三产业增加值2286.67亿元，增长8.6%。三次产业比例调整为3.3∶48.7∶48.0。全市人均地区生产总值14.82万元，增长9.2%。全年居民消费价格指数（CPI）101.2，比上年上涨1.2%，其中消费品价格指数101.6，上涨1.6%；服务项目价格指数100.6，上涨0.6%。食品中，粮食上涨0.7%，食用油上涨5.9%，鲜菜上涨12.6%，蛋类上涨13.2%，干鲜瓜果类上涨1.2%，水产品上涨14.3%；畜肉类下跌16.5%。（市统计局）

【农林牧渔业】　2021年，镇江市粮食播种面积201.78万亩（13.45万公顷），比上年增加3.26万亩（0.22万公顷），增长1.6%。粮食总产量96.02万吨，增加0.41万吨，增长0.4%，其中夏粮总产量24.32万吨，增加0.64万吨，增长2.7%；秋粮总产量71.69万吨，减少0.23万吨，下降0.3%。油料总产量4.30万吨，增长27.0%。蔬菜总产量96.79万吨，下降0.1%；瓜果类产量11.82万吨，与上年持平。

全年肉类总产量8.01万吨，比上年增长8.3%，其中，猪肉产量2.16万吨，下降10.5%；禽肉产量5.79万吨，增长18.3%。禽蛋产量4.32万吨，增长141.6%；牛奶总产量0.95万吨，增长10.0%。生猪出栏量27.35万头，下降11.2%；家禽出栏量3533.87万只，增长18.6%。水产品产量9.68万吨，增长0.7%。全市有高效设施种植业面积55.60万亩（3.71万公顷），比上年增加1.2万亩（0.08万公顷）。全市上图入库高标准农田160.49万亩（10.70万公顷）。农作物耕种收综合机械化率88.5%，年末有省级以上农业产业化龙头企业47家、省级示范家庭农场165家、农民专业合作社2819家。有省级数字农业农村基地42家，其中包括“一村一品一店”示范村20家。全市有农产品地理标志产品5个、绿色食品222个、有机农产品41个。1家农机合作社创成国家级“全程机械化+综合农事”服务中心。（市统计局）

【工业】　2021年，镇江市规模以上工业增加值比上年增长15.1%，其中大中型企业增长18.8%。分轻重工业看，轻工业增长11.7%；重工业增长16.3%。分经济类型看，国有及国有控股企业增长15.7%，集体企业下降13.9%，股份制企业增长18.6%，外商及

2021年镇江市主要工业产品产量情况表

表3－4

产品名称	单位	产量	比上年增长(%)
食醋	万吨	30.33	-5.4
复合木地板	万立方米	4274.20	-9.0
机制纸及纸板	万吨	257.82	0.4
冰乙酸	万吨	106.41	4.3
单晶硅片	万片	85512	79.7
水泥	万吨	1530.10	-1.3
钢材	万吨	565.17	12.6
铝材	万吨	87.31	22.3
金属切削工具	亿件	9.52	18.5
汽车	辆	6489	255.6
汽车仪器仪表	万台	172.46	18.3
电子元件	亿只	20.12	11.9
眼镜成镜	万副	1382.65	22.3
发电量	亿千瓦时	496.36	19.4
母线	万米	190.10	29.5

（市统计局）

中国港澳台商投资企业增长6.4%；民营企业增长19.6%，其中私营企业增长16.2%。全年规模以上工业企业营业收入比上年增长26.2%；利税总额增长21.8%；利润总额增长23.1%。年末成本费用利润率6.3%，比上年下降0.3个百分点。工业产品销售率97.8%，比上年提高0.3个百分点。

规模以上工业高技术制造业增加值比上年增长10.7%，其中医疗仪器设备及仪器仪表制造业、计算机及办公设备制造业增加值分别增长13.2%、20.6%。高新技术产品产量增长较快，其中新能源汽车产量增长255.6%，单晶硅片增长79.7%，碳纤维增长126.2%。新增国家级“专精特新”小巨人企业6家，省级服务型制造示范企业5家。年末拥有省级智能工厂4家，省级智能车间87个。（市统计局）

【建筑业】 2021年，镇江市有资质以上建筑业企业517家。全年实现建筑业总产值645.61亿元，比上年增长8.0%，其中，建筑安装工程产值72.09亿元，增长14.5%；竣工产值389.18亿元，下降8.9%。全市建筑业从业人员期末人数11.5万人，减少0.3万人，下降2.5%。（市统计局）

【固定资产投资】 2021年，镇江市固定资产投资比上年增长8.7%，其中，国有及国有控股投资下降13.3%，中国港澳台及外商投资增长18.9%，民间投资增长8.3%。分三次产业看，第一产业投资增长10.9%，第二产业投资增长22.0%，其中制造业投资增长24.3%；第三产业投资下降0.7%。分别完成高技术产业投资和工业技术改造投资192.50亿元、138.39亿元，占工业投资比重38.0%、27.3%，增长22.3%、4.1%。（市统计局）

【房地产市场】 2021年，镇江市完成房地产开发投资413.97亿元，比上年增长3.3%，其中住宅投资342.58亿元，增长1.1%。商品房施工面积2913.79万平方米，增长1.4%，其中，住宅施工面积2395.58万平方米，增长1.1%。商品房竣工面积377.55万平方米，下降6.3%，其中，住宅竣工面积325.40万平方米，下降0.1%。商品房销售面积695.05万平方米，增长9.9%，其中，住宅销售面积661.36万平方米，增长8.7%。商品房销售额611.22亿元，增长6.6%，其中，住宅销售额581.30亿元，增长5.2%。（市统计局）

【国内贸易】 2021年，镇江市实现社会消费品零售总额1346.83亿元，比上年增长17.9%。按经营单位所在地分，城镇市场零售额1217.66亿元，增长18.2%。乡村市场零售额129.17亿元，增长15.7%。按消费形态分，批发业零售额228.39亿元，增长23.1%；零售业零售额987.44亿元，增长17.2%；餐饮业零售额124.48亿元，增长15.1%；住宿业零售额6.51亿元，增长9.2%。限额以上批发零售业通过网络实现的商品零售额比上年增长11.0%。

在限额以上批发和零售业零售额中，粮油食品、饮料烟酒类增长11.0%；化妆品类增长5.4%；金银珠宝类增长23.7%；日用品类增长100.4%；家用电器和音像器材类下降18.6%；文化办公用品类下降11.0%；通信器材类增长13.1%；石油及制品类增长63.7%；汽车类下降6.1%；建筑及装潢材料类增长35.9%。（市统计局）

【对外经济】 2021年，镇江市实现对外贸易进出口总额129.13亿美元，比上年增长23.9%，其中进口总额36.89亿美元，增长21.6%；出口总额92.25亿美元，增长24.8%。一般贸易出口额82.63亿美元，增长30.5%，占出口总额比重89.6%；加工贸易出口额7.93亿美元，下降15.6%。从出口市场看，对东盟出口13.09亿美元，增长28.3%；对欧盟出口15.18亿美元，增长25.3%；对美国出口19.71亿美元，增长15.0%；对韩国出口3.66亿美元，增长22.2%。对“一带一路”沿线国家出口额31.63亿元，增长32.0%，占全市出口总额的比重为34.3%。

全市工商新注册外资企业100家，新批千万美元以上项目34项。实际使用外资8.09亿美元，比上年增长2.8%；协议使用外资21.40亿美元，下降2.2%。服务外包合同总额37.73亿美元，增长14.4%，其中，离岸外包合同总额13.16亿美元，增长18.2%。执行总额31.88亿美元，增长12.0%，其中，离岸外包执行额11.68亿美元，增长13.5%。（市统计局）

【交通运输】 2021年年末，镇江市有公路总里程6873.82千米，其中高速公路210.45千米。年末全市机动车保有量80.88万辆，比上年增长6.0%，其中私人汽车保有量62.37万辆，增长4.7%。年末，市区拥有公交线路163条，当年新辟优化37条；拥有公共交通车1583辆，其中当年新购13辆。在全省率先实现市、县、乡公交“一卡通”、乘车移动支付全覆盖，公交社会满意率90%。年内，五峰山过江通道接线高速、宁句城际快轨建成通车，312国道宁镇段快速化改造、346国道城区段城市化改造工程开工建设，扬中市创成全国城乡交通运输一体化示范县。

全年公路客运量1661.3万人，下降35.7%。公路旅客周转量7.2亿人千米，下降27.7%。公路货运量6283万吨，增长6.8%；水路货运量1094万吨，增长14.3%。公路货物周转量96.97亿吨千米，增长3.7%；水路货物周转量48.78亿吨千米，增长41.7%。全年完成港口货物吞吐量2.47亿吨，下降

31.5%,其中长江港口吞吐量2.37亿吨,下降32.4%;港口集装箱吞吐量43.55万标准箱,增长16.9%。　　(市统计局)

【邮政电信】　2021年年末,镇江市完成邮政电信业务总量73.28亿元,增长21.6%,其中,邮政业务总量31.72亿元,增长29.7%;电信业务总量41.56亿元,增长27.4%。实现邮政电信业务收入72.66亿元,增长14.5%,其中,邮政业务收入34.31亿元,增长20.7%;电信业务收入38.35亿元,增长9.4%。全年完成快递业务量2.75亿件,增长43.3%;实现快递业务收入27.59亿元,增长30.5%。年末拥有移动电话用户378.59万户,其中5G手机用户89.50万户。年末互联网宽带接入用户185.51万户,增长9.4%。

(市统计局)

【财政】　2021年年末,镇江市实现一般公共预算收入327.59亿元,比上年增长5.1%;实现一般公共预算支出543.40亿元,增长8.9%。　　(市统计局)

【金融】　2021年,镇江市金融机构人民币存款余额6692.67亿元,比年初增加400.62亿元,其中,住户存款3093.96亿元,比年初增加329.61亿元。年末,金融机构人民币贷款余额6958.27亿元,比年初增加852.85亿元,其中,短期贷款301.49亿元,比年初增加36.07亿元;中长期贷款1749.45亿元,比年初增加171.69亿元。年末,全市拥有银行业金融机构35家,其中,政策性银行1家,大型银行6家,股份制商业银行10家,城市商业银行2家,外资银行1家,农村合作金融机构10家,新型农村金融机构5家。年末拥有上市挂牌企业512家,其中当年新增129家。A股上市4家,“新三板”挂牌32家,江苏股权交易中心挂牌企业125家。

年末拥有保险机构63家。全年实现保费收入147.52亿元,比上年增长3.4%。其中,寿险公司114.81亿元,增长3.9%;财产险公司32.71亿元,增长1.5%。全年赔付额40.56亿元,增长10.4%。其中,财产险公司赔付21.10亿元,增长14.4%;寿险公司赔付19.47亿元,增长6.4%。　　(市统计局)

2021年镇江市一般公共预算收入和支出分项情况表

表3-5

指　标	绝对值(亿元)	比上年(%)
一般公共预算收入	327.59	5.1
#税收收入	256.05	8.0
#增值税(50%)	113.92	5.4
企业所得税(40%)	39.21	21.6
个人所得税(40%)	12.18	16.1
房产税	12.55	8.2
印花税	3.88	11.2
契税	27.24	41.1
一般公共预算支出	543.40	8.9
#一般公共服务	49.14	9.9
教育	84.47	4.2
科技	14.32	-13.8
社会保障和就业	65.77	5.5
医疗卫生	37.82	20.8
环境保护	13.98	-8.8

(市统计局)

【科学技术】　2021年,镇江市研究与试验发展(R&D)经费支出占地区生产总值比重2.4%。财政性科技投入14.32亿元,占一般公共预算支出2.6%。全年争取省以上科技计划项目超340项,资金2.4亿元。认定高新技术企业376家,新增进入高新技术企业培育库企业381家。新增省级科技企业加速器2家、省级众创空间3家;新建市级孵化器9家、众创空间8家;新建省级院士工作站1家、省级工程技术研究中心24家、市级新型研发机构2家、企业重点实验室2家。与中国技术交易所联合建设中技所(镇江)绿色技术交易服务中心。

全年专利授权量22695件,其中发明专利授权量2808件。有效发明专利拥有量15561件,比上年增长16.5%;万人有效发明专利拥有量48.46件,比上年增长16.2%。全市拥有国家知识产权示范企业11家。　　(市统计局)

【教育】　2021年,镇江市有普通高校9所,本专科招生4.75万人,在校学生14.43万人,毕业生4.04万人;研究生教育招生0.59万人,在校生1.72万人,毕业生0.38万人。中等职业学校6所,在校学生2万人。普通中学110所,在校学生11.44万人,毕业生3.46万人。小学111所,在校学生16.85万人,毕业生2.47万人。九年义务教育巩固率100%,高中阶段教育毛入学率100%。全市有幼儿园284所,比上年增加11所,在园幼儿8.43万人。　　(市统计局)

【文化】　2021年,镇江市有艺术表演团体5个、文化馆8个、公共图书馆9个、文化站59个、博物(纪念)馆14个、美术馆2个。有线电视用户59.82万户,其中数字电视用户59.34万户。有省级以上重点保护文物单位67处,其中全国重点保护文物单位13处。全年开展“四百”(百场红色演出、百场红色展览、百场唱红歌艺术辅导、百场红色旅游活动)系列红色演出1163场、红色展览2098场、唱革命歌曲艺术辅导2192场、红色惠民旅游活动943场。举办第十五届中国镇江金山文化艺术·国际旅游节,策划“幸会舞台”“全民派对”“寻魅镇江”“焕彩之城”四大板块61项子活动。镇江市入选2023年“东亚文化之都”候选城市,成为江苏省唯一入选城市。 (市统计局)

【旅游】 2021年,镇江市有国家A级旅游景区30家,其中,AAAAA级旅游景区2家,AAAA级旅游景区7家,AAA级旅游景区11家。有省级旅游度假区3家、省星级乡村旅游区72家。有星级旅游饭店22家,其中五星级宾馆3家;有旅行社120家,其中星级旅行社34家。实现旅游业总收入776.39亿元,接待国内游客5563.56万人次,实现国内旅游收入774.51亿元;接待入境过夜游客1.37万人次,实现旅游外汇收入2725.71万美元。 (市统计局)

【卫生健康】 2021年,镇江市有各类卫生机构(医疗卫生机构)1094个,其中,医院57个,卫生院37个,社区卫生服务中心31个,疾病预防控制中心7个,妇幼保健机构8个,村卫生室306个,社区卫生服务站101个。有卫生机构床位1.77万张,其中,医院1.30万张,卫生院0.18万张,社区卫生服务中心0.16万张。有卫生技术人员2.29万人,其中执业医师及执业助理医师9082人、注册护士9980人。投入7269万元完成市传染病医院改造。各村(居)民委员会均设置公共卫生委员会。引进医学领军人才团队6个、医学博士22名。新建农村区域性医疗卫生中心2家、省社区医院4家,新增国家服务能力推荐标准达标基层机构6家。 (市统计局)

【体育】 2021年,镇江市新建镇(街道)及以上规模体育公园5个、健身步道30千米;举办镇江市第十六届运动会;体育会展中心被确定为省公共体育场馆开放使用第一批综合试点单位;在西安举办的第十四届全国运动会上,镇江市运动员获“4金2银1铜”。镇江籍学生连续两年在全省大一新生身体素质测试中列第一名。 (市统计局)

【城市建设】 2021年,镇江市市区实施城建项目87个,完成投资70亿元。新增9个省级美丽宜居城市试点项目,累计省级试点项目为13个。累计新建绿色建筑780万平方米,城镇绿色建筑占新建建筑比重100%,沿金山湖CSO溢流污染综合治理项目大口径管道全线贯通,完成9条劣V类水体治理工作。拆除违建1999起,面积17.79万平方米。新增停车泊位4603个,新增共享单车、共享助力车7700辆。开展安全生产“百日攻坚”行动,开展安全检查187次,发现安全隐患60个,整改率100%。丹徒区上党镇上会村东宝庄(毛家榨)和丹阳市延陵镇西庄湖等4个村庄被命名为江苏省特色田园乡村。推动农村房屋安全隐患排查整治414945户,鉴定为C、D级危房1898户,其中245户完成整治。 (市统计局)

【城乡环境】 2021年,镇江市新增各类城市绿地面积315.6公顷,人均公园绿地面积15.43平方米。林木覆盖率、建成区绿化覆盖率分别为25.6%、42.2%。全社会用电量295.06亿千瓦时,比上年增长10.5%,其中城乡居民生活用电量34.92亿千瓦时,增长7.9%。建成区面积236.23平方千米,比上年增加8.15平方千米。有区域供水厂8座,总供水能力126万立方米/日,其中市区自来水供水能力70万立方米/日。市区管道天然气供气总量5.55亿立方米,家庭天然气用户29万户,家庭液化气用户6.09万户。生态环境整治有成效。全年国控站点$PM_{2.5}$年均浓度为36微克/立方米,比上年下降5.3%;空气优良天数比率79.2%,下降2.2个百分点。地表水国考断面、省考断面优Ⅲ比例分别为100%和95.6%,主要入江支流断面优Ⅲ比例为93.8%,集中式饮用水水源地水质达标率100%。国考断面优Ⅲ比例与上年持平。 (市统计局)

【就业】 2021年,镇江市新增城镇就业5.97万人,新增城镇失业人员再就业4.29万人,新增就业困难人员再就业2.97万人。城镇登记失业率2.5%。扶持成功创业1.8万人,其中引领大学生创业3062人、扶持农村劳动力自主创业5979人。城乡劳动者职业技能培训4.42万人。新增登记注册私营企业从业人员5.08万人、个体工商户从业人员9.42万人。 (市统计局)

【人民生活】 2021年,镇江市常住居民人均可支配收入50360元,比上年增长9.1%,其中,工资性收入31403元,增长8.6%;经营净收入6734元,增长8.9%;财产净收入4754元,增长10.3%;转移净收入7469元,增长10.1%。常住居民人均消费支出30780元,增长21.5%。按常住地分,城镇常住居民人均可支配收入59204元,增长8.5%;城镇常住居民人均消费支出33992元,增长19.8%。农村常住居民人均可

支配收入31354元,增长10.4%;农村常住居民人均消费支出23876元,增长26.3%。（市统计局）

【社会保障】 2021年,镇江市完成一般公共预算民生类支出404.53亿元,占比74.4%。全市职工最低工资标准为2280元/月,城乡居民基础养老金标准提高至每人每月210元,城乡最低生活保障标准提高至每人每月820元,失业保险金最低标准提高至每人每月1230元。全市有1.12万户、1.64万人享受低保,全年发放低保金1.28亿元。基本养老保险参保人数73.5万人;城镇职工基本医疗保险参保人数110.70万人,比上年增加4.32万人;失业保险、工伤保险、生育保险参保人数分别为57.3万人、70.2万人、66.71万人。有养老机构150家,养老机构床位18622张,建成街道老年人日间照料中心30家,实现街道老年人日间照料中心全覆盖,城乡标准化社区居家养老服务中心覆盖率分别为81%和53%。福利彩票全年销售2.27亿元,比上年下降10.8%。（市统计局）

市(区)

·丹阳市·

【概况】 2021年,丹阳市总面积1047.24平方千米。辖10个镇、2个街道,145个行政村、82个居委会。年末户籍人口79.42万人。人口自然增长率-4.49‰。全年实现地区生产总值1300亿元,一般公共预算收入突破70亿元,固定资产投资218.66亿元,城乡居民人均可支配收入分别增长9.2%、10.2%。综合实力、科技创新、绿色发展均入选"全国百强县"前20名。创成省首批创新型示范县(市、区)。2021年2月,商务部公布2020年国家外贸转型升级基地认定名单,丹阳市被认定为眼镜和高端合金钢类国家外贸转型升级基地。4月,2020年度省制造业创新转型成效明显地区名单公示,丹阳市成为榜单中唯一一个县级市;省发改委公布《关于印发〈2021年江苏省服务业重点项目清单〉的通知》,丹阳市眼镜风尚小镇项目入选。9月,省工商联发布"2021江苏民营企业200强""2021江苏民营企业制造业100强"名单,丹阳市7家企业上榜。11月,省水利厅公示首批省级水利遗产名录,丹阳市珥陵灌区和练湖闸上榜。鱼跃集团董事长吴光明被授予"全国抗击新冠肺炎疫情民营经济先进个人"称号;万新光学董事长汤龙保获全国"敬老爱老助老模范人物"称号;延陵派出所所长张叶宏获"江苏省道德模范"称号。（余 婷）

【产业经济】 2021年,丹阳市66个镇江市级以上重点产业项目完成投资149亿元。4个镇江市级重点服务业项目全部开工。国药企服空间基本建成,力合产业园一期主体工程封顶。创新项目招引机制。设立市招商中心,成立上海市首个县级商会。主攻京沪深主题招商,签约亿元以上项目69个,其中10亿元以上项目11个、3000万美元以上外资项目5个,创历史新高。强化资源要素保障,盘活闲置低效用地4400余亩(293.33公顷)。助力企业对接省综合金融服务平台,帮助2559家企业解决资金需求197.7亿元。举办政银企对接活动16批次,集中授信386.1亿元。创成全省首批、镇江市首个眼镜跨境电商产业园。（余 婷）

【农业和农村】 2021年,丹阳市实现农业产值92.45亿元,农业增加值61.06亿元,比上年增长4.5%。农村居民人均可支配收入32538元,增长10.3%。粮食种植面积5.81万公顷,产量42.68万吨,种植面积与产量均列镇江市第1名。蔬菜播种面积8373.3公顷,总产量28.89万吨。生猪出栏9.19万头,存栏10.96万头;家禽出栏1274.55万羽,存栏268.96万羽;肉羊出栏1.28万只,存栏0.97万只;奶牛存栏0.06万头。新增省级1家和镇江市级3家特色优势种苗中心,建成高标准农田533.33公顷,开展水稻绿色高质高效创建和病虫绿色防控示范区建设。水产品养殖面积5760公顷,产量4.53万吨。完成蔬菜播种面积8373.33公顷。注册登记家庭农场491家,其中示范家庭农场201家(省级42家)。组织申报县级示范社85家、市级示范社10家。现代农业产业示范园获评镇江市首个省级示范园。试点绿色种养循环10万亩(6666.67公顷)。完成化肥减量增效示范区建设4万亩(2666.67公顷)。实施省级农业农村重大项目24个。美丽乡村建设完成实用性村庄规划27个,西庄湖创成省级特色田园乡村,建成美丽宜居村庄80个。农村人居环境有效提升。创成全国深化小型水库管理体制改革样板县。东风片区排涝工程投入使用。独山小流域完成综合治理。新(改)建农村垃圾房330座、农村公共厕所20座,4个乡镇实现全域垃圾分类。农村改革创新深入开展。出台宅基地审批管理规范文件。开展承包土地流转风险防范和家庭农场培育行动试点。完成集体经营性建设用地入市12宗156亩(10.4公顷)。农村产权交易市场监测评价连续2年列苏南县(市、区)第1名。（陈 炀）

【工业】 2021年，丹阳市实现工业总产值1936.60亿元，比上年增长20.2%，其中，规模以上工业总产值1522.05亿元，增长22.7%；完成规模以上工业增加值380.53亿元，增长17.4%；完成工业固定资产投资133.72亿元，增长30.8%。扶持以制造业为主体的实体经济发展，推进产业链、价值链向中高端迈进。全市制造业新增省级智能制造示范车间6家、省级企业技术中心3家、省级工程研究中心2家、省级两化融合贯标示范企业7家。鱼跃医疗公司4项产品被列入省重点推广应用新技术新产品（第26批）目录，鱼跃医疗公司获评“2021年国家技术创新示范企业”，也是镇江市唯一入选企业。万新光学公司获评2021年度省工业互联网发展示范企业（标杆工厂类），“常诚车业5G智慧工厂项目”获全国第四届5G应用大赛先进制造专题赛二等奖，“鱼跃信息消费体验中心”和“全真光学—温州医科大学眼健康科普馆”获评江苏省第二批综合类信息消费体验中心。诺得物流公司入选“江苏省首席数据官制度试点企业”，其“制造供应链数字化风控服务平台”入选省大数据产业发展试点示范项目。仅一联合智造公司获评国家级工业设计中心。4家企业被认定为省级工业设计中心，2家服务平台被认定为省级服务型制造示范平台，4家企业被认定为镇江市绿色工厂，3家企业被认定为国家级“专精特新”小巨人企业，4家企业被认定为省级“专精特新”小巨人企业。丹阳市高新技术创业服务中心获评国家级小微企业创业创新示范基地。日本（丹阳）汽车零部件产业园获评省级小微企业创业创新示范基地。（朱栋栋）

【产业转型】 2021年，丹阳市企业智能化改造提档加速，新增省级以上示范智能车间6家、工业设计中心4家、“专精特新”小巨人企业7家。推动“两化”“两业”融合发展，新增省级“两化”融合贯标试点示范企业7家。新（改）建5G基站1014个。鱼跃医疗公司入选省级服务型制造示范企业。严控高耗能、高排放项目盲目发展，对能耗强度和能耗总量进行控制，单位地区生产总值能耗下降率完成目标任务，新增省级绿色工厂5家。民营经济实力增强，入围“中国民营企业500强”3家、“江苏民营企业200强”7家。同力日升、明月镜片公司上市。（余　婷）

【科技创新】 2021年，丹阳市获评全省制造业创新转型、推动科技政策落实和科技体制改革成效明显地区。加快创新主体培育，认定高新技术企业100家。万新光学公司获省长质量奖提名奖。获评国家科技型中小企业507家，总数镇江市第1名。科技项目立项总数镇江市第1名。发挥丹阳（眼镜）知识产权快维中心作用，补强创新领域维权链条。出台“十四五”时期人才新政，实现各类人才全覆盖。新建省级示范博士后科研工作站1家。全市每万人劳动力中高技能人才950人。加强产学研深度合作。汇聚150名海内外大院大所、知名企业专家，举办2021年丹阳国际汽车热系统学术交流会。（余　婷）

【外向型经济】 2021年，丹阳市实现外贸进出口37.5亿美元，比上年增长20.9%，其中出口33.79亿美元。全年对“一带一路”沿线国家实现出口11.06亿美元，比上年增长21.5%。出口前30类外贸商品中实现出口增长；出口前30家企业有26家企业保持增长。批准境外投资项目4个（其中2个增资项目），中方协议投资总额6305万美元。实际使用外资20192万美元，增长8.9%。（朱荣祥）

【城市建设与管理】 2021年，丹阳市强化“一盘棋”空间管控，编制完成国土空间规划近期实施方案。畅通道路“微循环”。东方红桥、尹公桥、丹凤朝阳广场完成改造。普善公交首末站投入使用。312国道桥改建工程加快推进。开展公路沿线环境综合整治。提升国省县道沿线环境209千米。提档升级农村公路5.6千米。完成职中片区、西门大街片区（一期）动迁。实施京杭大运河南段、丹凤路北延段、沪蓉高速丹阳出口等重要节点绿化亮化工程。深化文明城市常态长效治理。推进居民小区生活垃圾分类定时、定点、定人督导，完成23个省级达标小区建设。强化城市保供。新（改）建供水管网75千米、供气管网96千米。（余　婷）

【生态环境建设】 2021年，丹阳市推进污染防治攻坚战，推进突出环境问题整改。实施“河长制”“断面长制”，开展“333”行动（“三消除”“三整治”“三提升”），新建城乡污水管网19.8千米。新桥污水处理厂扩建工程投入运行。整改内河码头30家，清理河塘沟渠4883处，治理农村黑臭河道25千米，13个重点考核断面全面达标，水体优Ⅲ比例92.3%，“幸福河湖”初显成效。实施“春夏攻坚”专项行动，完成大气治理项目654个，空气质量指数列镇江市第1名。深挖造林绿化潜力，完成成片造林472亩（31.47公顷）。建成省级绿美村庄4个。落实长江“十年禁渔”任务，清理整治非法捕捞、违法垂钓行为。（余　婷）

【新冠肺炎疫情防控】 2021年，丹阳市按照“外防输入，内防反弹”要求，落实常态化疫情防控措施，防范多轮疫情输入风险。严格闭环管理，持续加强重点场所和关键环节管控，建立“大数据＋铁脚板＋网格化”工作机制，动员全市6300多名党员干部开展“敲门行动”。开展疫情防控演练17场，完成核酸检测、接种疫苗等工作。抽调医护人员驰援南京、扬州，完成扬州市到丹阳隔离分流人员关爱任务。

（余 婷）

【社会事业】 2021年，丹阳市新增城镇就业14960人，城镇登记失业率稳定控制在2.8％以内。年度城乡低保标准提高至每月每人820元。社会救助服务中心挂牌成立，市、镇、村三级社会大救助系统上线运行。建成8个示范性退役军人服务站，助力140余名退役军人成功就业。有定点医疗机构59家、定点药店310家、医保服务网点34个，构建市、镇、村三级经办服务网络。医疗保险参保83.29万人。全国乡村复兴少年宫试点全面开展。健全公共卫生服务体系。推进丹阳市中医院、丹阳市血站（120急救中心）异地新建。各类养老床位4305张。新（改）建体育小公园3个、多功能运动场2个、笼式足球场1座。承办省级体育比赛2项、镇江市级体育比赛2项、本级体育比赛5项。深化残疾人居家托养服务，惠及千余名残障人士。整合设立人社政务服务“一站式”平台，实现一窗受理、一次办结。 （余 婷）

【文化事业】 2021年，丹阳市文化事业稳步发展。南朝陵墓群入选国家《大遗址保护利用“十四五”规划》。城西文化中心（图书馆）开工建设。工人文化宫正式挂牌。关心下一代工作获省级表彰。

（余 婷）

【安全发展建设】 2021年，丹阳市启动安全发展示范城市创建，深化安全生产三年专项整治。推进电镀行业、“三合一”“多合一”场所、城镇燃气、桥梁隐患、道路运输、交通安全专项整治，开展城区老旧危楼治理和农村危房改造，解危各类建筑5.2万余平方米。推广“智慧用电”、燃气报警装置，“智慧消防”获应急管理部表扬。生产安全事故起数和死亡人数实现“双下降”。做好防汛抗台，实现平安度汛。推进违法违规用地整改销号，完成省违法用地综合整治“三年行动”目标任务。对新增违法用地“零容忍”。推动债务化解，贡献度位居镇江市第1名。稳步推进国资国企改革，全面开展清产核资，67家全民所有制企业完成公司制改革。开展防范涉众金融风险专项行动，打击非法集资和恶意逃废债，维护良好金融生态。稳定社会大局。完成庆祝中国共产党成立100周年等安保任务。引导多元力量参与社会治理，推动自然村村民议事小组建设，村（社区）民主协商议事机构覆盖率100％。打击虚开骗税、电信诈骗违法行为。提升技防能力，新建智能感知点位5000余个。“扫黑除恶”步入常态化，公众安全感超99％。

（余 婷）

【丹阳眼镜跨境电商产业园被认定为省级园】 2021年11月3日，江苏省商务厅发布2021年度江苏省跨境电子商务产业园名单，丹阳眼镜跨境电商产业园上榜成为首批省级跨境电商产业园。丹阳眼镜跨境电商出口以江苏淘镜有限公司、易佰得（丹阳）光学有限公司、江苏万新光学有限公司、丹阳兴洋光学有限公司等骨干企业为重要支撑，以网络平台接受成镜、树脂镜片等订单，以一般贸易方式出口产品为主要特征，同时，还有一大批小微眼镜企业，通过亚马逊、易贝、京东、淘宝、小红书等网络平台接单，镜架、镜布、镜盒、护目镜、太阳镜、隐形眼镜及其护理用品等产品销售较好，主要通过邮政包裹等方式销售到境外。全年丹阳眼镜产业完成跨境电商交易额超11亿元，约占全市眼镜产业销售总额5％，比上年增长8％左右。

（朱荣祥）

·句容市·

【概况】 句容市位于江苏省西南部，地处苏南，东连镇江市区，西接南京，土地总面积1378平方千米。2021年年末，全市常住人口64.08万人，户籍人口58.19万人。全市辖8个镇、3个街道、1个管委会（茅山风景区管委会），有25个社区、152个村。2021年，句容市实现地区生产总值736.75亿元，比上年增长9.3％。其中，第一产业增加值55.54亿元，第二产业增加值313亿元，第三产业增加值368.21亿元。全市人均地区生产总值114973元。全年实现一般公共预算收入57.64亿元，增长5.1％；实现一般公共预算支出85.80亿元。全年全体居民人均可支配收入44497.3元，城镇居民人均可支配收入57253.4元，增长8.4％；农村居民人均可支配收入28387.1元，增长10.6％。全国综合实力百强县排名上升至第49名，列全面小康指数百强县第37名、全国县级市基本现代化第36名。年内，赵亚夫获评“全国脱贫攻坚楷模”，刘树安获评“全国优秀党务工作者”，糜林被追授为“全国道德模范”。全年经济社会稳定发展。石砀山抽水蓄能电站、新加坡立邦新材料等一批重大项目签约落户。骏成电子公司成为本土企业创业板上市“第一股”，宝华镇、下蜀镇、郭庄镇入选“全国千强镇”名单。宁句城际轨道交通开通，南沿江城际铁路句容段加快施工，扬镇宁马铁路句容段规划加快推进，句容至茅山线市域（郊）铁路规划获国家发改委批复。句容站立体综合交通枢纽建设全面启动。水畔新居、贾纪山路幼儿园建成交付，省句中异地新建、福地路小学和宝华新城实验小学加快推进，句容中专获批成立技工学校。 (陈龙浩)

【农业和农村】 2021年，句容市粮食播种面积56.54万亩（3.77万公顷），粮食总产量25.83万吨，比上年增加0.06万吨。全年生猪出栏6.22万头，家禽出栏927万只，水产品产量2.55万吨。全年设施农业面积1.23万公顷，新型职业农民0.18万人。全年种植规模户1739个、畜禽养殖规模户191个、家庭农场1387个、农民专业合作社710个、农业产业园区8个。句容市入选省第四批农村改革试验区，列入国家农业科技现代化先行县，成为全省首批农业现代化示范区。何庄村获评全国乡村治理示范村，戴庄村创成省级生态循环农业试点示范村。 (陈龙浩)

【产业经济】 2021年，句容市实现固定资产投资271.17亿元，比上年增长10.3%，其中工业投资77.76亿元，制造业投资61.19亿元，高技术产业投资39.59亿元。实现规模以上工业总产值485.60亿元，增长19.1%，其中轻工业增长12.8%，重工业增长20.2%。全年实现规模以上工业增加值142.31亿元，增长12.5%。制造业增加值占地区生产总值比重32%。新签约亿元以上项目62个，124个重点产业项目完成投资119亿元。推行“拿地即开工”“一窗受理、集成服务”审批模式，实施企业开办6个环节“一次办结”，90%以上新设企业实现半个工作日办结。全年实际使用外资14210万美元，进出口总额53.0亿元，外贸出口40.30亿元。 (陈龙浩)

【商贸流通】 2021年，句容市实现社会消费品零售总额177.85亿元，批发业商品销售额247.54亿元，零售业商品销售额143.33亿元，住宿业商品销售额2.25亿元，餐饮业商品销售额26.83亿元。批发零售业通过网络实现的商品零售额增长34.0%。全年规模以上服务业实现营业收入38.27亿元。 (陈龙浩)

【旅游】 2021年，句容市旅游业加速发展，截至年末，拥有国家A级旅游景区8家，其中，AAAAA级景区1家，AAAA级景区2家，AAA级景区5家。拥有省级旅游度假区1家。“一山三湖”片区旅游发展总体规划编制完成，总投资5亿元的得撒迎客乡村酒店正式营业，“走进茅山抗日根据地”入选全省20条“永远跟党走”红色旅游线路，茅山镇入选第一批全国乡村旅游重点镇，“伏热花海”创成全国休闲农业与乡村旅游五星级园区，茅山风景区创成低碳景区。 (陈龙浩)

【科学技术】 2021年，句容市研究与试验发展（R&D）经费支出13.77亿元，占地区生产总值比重1.87%。财政性科技投入1.54亿元，占一般公共预算支出1.79%。全年拥有高新技术企业124家，新增高新技术企业培育入库43家。拥有省级以上孵化器6家、省级以上众创空间10家，市级重点孵化器1家、市级众创空间1家。句容高新技术创业园和江苏富达创业园创成省级科技企业加速器，实现全市零的突破。 (陈龙浩)

【社会事业】 2021年，句容市有普通高中3所、中专1所、初中11所、小学28所、九年一贯制学校2所、特殊教育学校1所。有幼儿园56所，其中公办园42所。有文化馆1家，公共图书馆1家，博物（纪念）馆2家，美术馆1家。拥有省级以上重点保护文物单位8处，其中全国重点保护文物单位4处。全年开展全民艺术普及活动1128场次。拥有各类卫生机构（医疗卫生机构）247个，其中，医院8个，卫生院10个，社区卫生服务中心5个，疾病预防控制中心1个，妇幼保健机构1个，村卫生室118个，社区卫生服务站5个，卫生机构床位2389张。通过国家卫生城市复审，获全国健康城市建设样板市称号。 (陈龙浩)

【城乡建设与管理】 2021年，句容市华阳西路、人民路沿街老旧建筑综合改造试点完成，文昌路、华阳北路延伸段路面升级改造全面完工，华阳街心公园、万家河、葛洪里等口袋公园投入使用。长江引水暨城区水厂土建主体施工完成，下蜀水厂工程建设过半。完成老旧小区改造13个，完成都市晴园等10个片区雨污分流工程，城市生活垃圾分类试点小区覆盖率93.5%，农村生活垃圾集中收运处理率100%。城市建成区绿化覆盖率38.7%，人均公园绿地面积11.40平方米。 (陈龙浩)

【生态环境建设】 2021年，句容市生态环境质量显著改善。实施蓝天、碧水、净土污染防治攻坚行动，深化河湖长制、断面长制、“排口长”制，加快幸福河湖示范建设暨河长制主题公园建设，城镇污水提质增效，6个达标区建设完成，地表水国省考断面水质优Ⅲ比例达省考核要求。长江经济带露天矿山生态修复工程全面完成，白兔上荣山工矿废弃地复垦项目通过省级验收。林长制省级试点成果进一步巩固深化，经验做法在全省推广。$PM_{2.5}$年均浓度34.6微克/米^3，比上年下降4.7%；空气质量优良天数比率81.4%，上升3个百分点，首次达到环境空气功能区二类标准。

（陈龙浩）

【社会民生】 2021年，句容市加强民生保障，全市职工最低工资标准2280元/月，城乡居民基础养老金标准提高至每人每月210元，失业保险金最低标准提高至每人每月1230元，城乡低保保障标准提高至每人每月820元。全面开放社保补贴政策，发放资金1150万元，惠及7000余人。推广医保电子凭证，异地就医门诊费用直接结算率86.0%，重大疾病和住院医保待遇提升。开通“12345”儿童救助保护热线，完成特殊困难老年人家庭居家适老化改造150户，为全市近2.5万名80岁以上老人发放尊老金1694万元，80岁以上老人居家养老上门服务率97.0%，60岁以上困难老人意外伤害保险政府统保参保率100%。

（陈龙浩）

【石砀山抽水蓄能电站项目签约】 2021年5月24日，句容石砀山抽水蓄能电站项目在宝华镇签约。项目总投资约50亿元，项目利用废弃露天采石宕口扩建为上水库，利用石砀山铜矿地下开采矿坑建设下水库，实现废弃矿坑绿色开发再利用。（陈龙浩）

【南京至句容城际轨道开通】 2021年12月28日，南京至句容城际轨道交通工程开通仪式在马群站站厅举行。工程起于南京东部综合换乘枢纽马群站，途经麒麟、汤山、黄梅、句容北部新城、句容城区，终于句容高铁站，全长43千米，设车站13座。开通初期首班车双向自马群站、句容站对发，快车单程运营时间约35分钟，常规列车约40分钟。（陈龙浩）

·扬中市·

【概况】 2021年，扬中市总面积327平方千米，辖4个镇、2个街道，其中，行政村58个，社区27个。全市户籍人口279641人，比上年减少1396人，其中，男性136557人，女性143084人，年末全市常住人口31.59万人。全年实现地区生产总值550.77亿元，增长11.1%。其中，第一产业增加值17.51亿元，增长4.5%；第二产业增加值289.07亿元，增长12.8%；第三产业增加值244.19亿元，增长9.6%。三次产业构成比例为3.18∶52.48∶44.34。完成一般公共预算收入38.01亿元，增长8.55%。完成固定资产投资108.77亿元，增长18.1%，其中，制造业投资73.4亿元，增长30.7%。城镇居民人均可支配收入5.37万元，增长9.3%；农村居民人均可支配收入3.58万元，增长10.3%。新冠肺炎疫情防控工作保持“零疑似、零确诊”。扬中市连续4年获评江苏省“推进高质量发展先进市”，以指数值77.84列中国基本现代化百强县第24名，入选2021中国高质量推进基本现代化典型城市；列全国综合实力百强县（市）第23名，全国绿色发展百强县（市）第7名，全国科技创新百强县（市）第36名，中国生活品质百优县（市）第44名，中国工业百强县（市）第85名。

（张　虹）

【产业经济】 2021年，扬中市工业应税销售首次突破千亿关口，完成一般公共预算收入38亿元。规模以上工业总产值684.36亿元，比上年增长40.33%。围绕主导产业，组建社会化招商队伍，开展精准招商。举办河豚文化节集中签约、城市发展推介会等重大招商活动，引进亿元以上项目71个。推进省重点长城汽车核心零部件项目，DHT变速器、EG发动机等板块投产，形成应税销售61亿元。33个镇江市级重点产业项目、83个扬中市级重点产业项目开工建设，美科35吉瓦一期、云企智造等40个项目竣工投产。产业转型以“链长制”为切入点，编制新型电力、新能源“五图六清单”（产业链条图、区域分布图、重大项目图、重点企业图、产品品牌图，重点企业、项目、产品、基地、长板、短板清单）。四大主导产业（智能电气、新能源、临港装备制造、汽车零部件）实现销售700亿元，增长40%。战略性新兴产业、高新技术产业产值占规模以上工业产值比重分别为50%、72.4%。支持工程电气产业转型发展，组建新型电力（新能源）装备产业联盟，引导企业组团发展，合作共赢。吾悦广场、红星美凯龙家居广场建成运营，社会消费品零售总额稳步增长。企业上市获历史性突破，大全能源、威腾电气、通灵股份相继在科创板、创业板上市。开展规模企业培扶、高新技术企业培育等提升行动，新增“四上”企业（规模以上工业企业，房地产企业和资质等级以上建筑业企业，限额以上批发零售业、住宿和餐饮业企业，规模以上服务业企业）173家，通过高新技术企业认定99家，士林电气公司获评国家级“专精特新”小巨人企业，6家企业获国家“两化融合”贯标评定，香江科技公司获评省级服务型制造示范企业，通过省星级“上云”企业认定22家。（张　虹）

【改革创新】 2021年，扬中市推进国企改革三年行动，完成企业公司制改革任务。实施园区整合优化提升行动，“两区多园”（省级高新区、省级经济开发区，临港产业园、现代农业产业示范园、科创产业园、新能源产业园）框架逐步拉开。完成“数字扬中”整体规划纲要。推进基层“三整合”改革（基层整合审批、服务、执法力量），八桥镇域集成指挥中心建设通过省级验收。签约伊顿母线、双扬装备等外资项目7个，实现进出口总额37.5亿元人民币，实际使用外资9000万美元，增长14.6%。创新能力向更高水平迈进。开展扬中—吉林大学、上海高校招才引智等大型产学研活动，新增省级众创空间2家、工程技术研究中心4家，扬中（杨浦）飞地孵化中心挂牌成立，西安交通大学扬中材料应用研究院落户。出台“才聚江洲”人才新政，举办高层次人才创新创业大赛，新引进培育高层次人才（团队）65个、大专以上学历毕业生4000余人、产业工人5000余人。强化知识产权保护和运用，获发明专利授权187件，和成显示公司获中国专利金奖。推进标准领先战略，大全集团获批省智能化工程电气技术标准创新基地，亿阀股份公司主导修订特种阀门领域国际标准。营商环境向更优品质推进。深化“放管服”改革，打造“中意百分百”营商环境服务品牌，人才“一站式”服务中心投入使用，企业开办“0.5个工作日办结”实现常态化，完成全市38个部门、1505项政务服务事项标准化建设，与14省、22地建立“跨省通办”合作机制。推动金融助企惠企，创新“园区保”融资服务模式，实体经济企业贷款增长12.5%。开展“暖企大走访”活动，解决企业诉求300余条。

（张　虹）

【城乡建设与管理】　2021年，扬中市加快编制国土空间总体规划、实用性村庄规划。优化功能布局。划定“三区三线”（根据城镇空间、农业空间、生态空间3种空间类型，对应划定城镇开发边界、永久基本农田保护红线、生态保护红线3条控制线）。对接宁镇扬一体化战略，策应扬中—丹阳—镇江新区“金三角”区域融合发展，与常高新集团跨江联动。优化城西片区路网，新民南路、联盟路、南江路延伸工程基本建成。高效运营扬中至镇江市区通勤公交，城北公交次枢纽投入使用，创成全国城乡交通运输一体化示范县、“四好农村路”全国示范县。城市管理推进综合整治“六大攻坚行动”（背街小巷整治、犬类管理整治、工地围挡整治、户外广告整治、广场道板改造、居民小区“四创建三表彰”），通过国家卫生城市复审。推进统购商品房安置，加快征收拆迁扫尾。实施老旧小区微改造，推进幸福花苑一期维修加固，完成综合管线整治项目33个，基本完成二次供水设施改造和铁皮港应急水源地达标建设，自来水深度处理工程投入使用，节水型社会示范地区创建通过省级验收。加强既有房屋安全管理，解危D级危房4.26万平方米，建成应急避难场所6个，普及安装燃气泄漏保护装置，启用幸福二桥治超点，应对“7·28”强降雨内涝险情。出台农村宅基地建房管理办法，完成“房地一体”农村不动产登记2.2万户。查处各类违法建设，拆除违法面积2.5万平方米。实施增绿补绿行动，建成区绿地率提升至36.8%。乡村振兴局正式挂牌。加强农田水利建设，新增高标准农田2平方千米。基本建成何家大港、兴隆港闸站，疏浚城乡河道259条，农村河道长效管护工作绩效评估连续3年列全省涉农县（市、区）前列，承担农业农村部县域内城乡基础设施一体化建设管护机制创新任务。推进现代农业产业示范园建设，刀鱼养殖有技术性突破。常态化推进长江禁捕退捕工作，组建专职巡防队伍，启用沿江视频监控系统，禁捕成效明显。开展农村人居环境整治，农村生活污水治理覆盖率35%，完成农村户厕“回头看”整改，获评全国村庄清洁行动先进县，创成全国乡村治理示范村2个、省级特色田园乡村1个。　（张　虹）

【生态环境建设】　2021年，扬中市打好污染防治攻坚战，制定全市突出环境问题项目化整改清单，省考断面水质达标率、$PM_{2.5}$平均浓度等指标向好，获评省生态文明建设示范县（市、区）。加强走航溯源监测，开展挥发性有机物、扬尘治理、电镀行业专项整治，完成一批重点大气污染防治项目。城区水环境综合治理工程基本竣工，推进排水许可证发放，加快城镇污水提质增效达标区建设，建成区黑臭水体全面消除。推进一公里化工企业整治，完成兴隆港务生态环境问题整改。落实能耗“双控”政策，单位地区生产总值能耗下降2.8%。12个园区完成规划环评编制，探索建立企业“环保脸谱”评价体系，首批602家企业参评。

（张　虹）

【社会事业】　2021年，扬中市民生实事除祁家路未建设外，其他均有序实施，民生支出占一般公共预算支出比重的80%。新增城镇就业7000余人，城镇登记失业率控制在2.01%以内。发挥富民创业贷稳市场、稳就业作用，发放创业贷款4057万元，扶持创业2109人，创业带动就业8751人。推进义务教育“双减”试点工作。第二幼儿园、云腾幼儿园、市二中教学综合楼建成使用。人民医院提档扩能，缓解停车难题。城西社区卫生服务中心交付使用，市精神病防治院、中医院综合楼、八桥区域医疗卫生中心项目开工建设。建成“互联网+医养结合”病床262张，公益性肺癌筛查8926人。医保异地直接结算实现全国联网，城乡居民基本养老保险保障水平列镇江市首位。新增标准化居家养老服务中心3家，获评全省残疾人工作先进市。完善市、镇、村三级退役军人服务保障体系。完成低收入群体认定工作。文化馆、图书馆城东分馆搬迁入驻。新增体育公园6

座、健身步道10千米。开展文化惠民活动300余场,原创锡剧《太平洲上》入选江苏省艺术基金2021年度资助项目、江苏紫金艺术节会演剧目。“江岛一日游”入选省乡村旅游精品线路。落实常态化新冠肺炎疫情防控措施,防范多轮疫情输入风险,支援南京、扬州抗击疫情。推进安全生产“三年大灶”,生产安全事故起数和死亡人数实现“双下降”,创建首批省级安全发展示范城市。常态化开展“扫黑除恶”斗争,重拳出击电信网络诈骗。完成行政复议体制改革,出台“八五”普法规划,扬中市获评全省争创全国法治政府建设示范县(市、区)。国家督办信访案件基本化解。第七次全国人口普查收官。

(张　虹)

【第十八届河豚文化节】 2021年3月13日—4月30日,扬中市举行第十八届河豚文化节。文化节以“正是河豚欲上时”为主题,举办文娱互动、经贸招商、美食文化、旅游推介等4个方面、60余场活动。文娱活动方面,河豚节开幕式首次添加直播带货环节,在开幕式后放流河豚等鱼苗20万尾;以“唱支山歌给党听”为主题举办闭幕式晚会。经贸招商方面,秉持“节庆搭台、经贸唱戏”的办节宗旨,重点实施专场对接和项目集中签约活动。美食文化方面,以“展现扬中风貌、弘扬河豚文化”为主题,举办全国养殖河豚烹饪大赛、书画摄影作品展、户外运动嘉年华,开展市外扬中河豚美食旅游文化节、“美食之旅”扬中专列一日游等旅游推介活动。文化节期间,招商专业团队先后赴北京、上海、苏州、武汉等地开展集中招商推介;邀请日本丸红、宝能集团等“世界500强”,中铁工业、中储粮等知名央企到扬中参观考察,坚持招大引强、招新引优,深化产业链招商,与伊顿、奥克斯、中储粮等企业举办多场专题招商活动;与清华、复旦、华东理工、上海电力等高校达成合作意向。集中签约项目37个,总投资116亿元,其中总投资1亿美元或10亿元以上产业项目5个;由乡贤引进或直接投资的项目16个,投资33亿元。

(张　虹)

【长城汽车蜂巢动力第1000万台发动机下线】 2021年6月17日,长城汽车蜂巢动力第1000万台发动机下线仪式及未来规划发布会举行。此次下线的第1000万台发动机是长城汽车蜂巢动力自主研发的1.5T缸内直喷汽油发动机,型号为4B15C,拥有连续可变气门升程、VGT(可变截面涡轮增压系统)增压器、热管理模块、350巴中置直喷、缸盖集成排气歧管等发动机领域前沿技术。活动中,中国内燃机工业协会秘书长邢敏作《推进内燃机产业高质量发展》报告,长城汽车蜂巢动力研究院院长李健介绍企业在全球化战略、各平台产品技术优势和研发布局,为24家供应商代表颁发“真心伙伴奖”。

(张　虹)

图3-2 2021年6月17日,长城汽车蜂巢动力第1000万台发动机下线仪式及未来规划发布会举行　　(扬中市融媒体中心　供稿)

【“才聚江洲”系列人才新政发布】 2021年6月4日,扬中市委、市政府印发《扬中市关于实施“才聚江洲”助力产业强市的若干意见》《大学生“荟扬”计划(2021—2025)》《产业工人“聚扬”计划(2021—2025)》。扬中市推出的“才聚江洲”系列人才新政,通过生活补贴、项目激励、服务优化等组合而成的“大礼包”,吸引人才特别是全国高校毕业生到扬中市就业创业。符合条件的,可以享受每月最高1500元的生活补贴、1000元的租房补贴,最高100万元的购房补贴、全额契税补贴等政策;到扬中创业的人才除享受各种补贴外,还享受项目资助、创业资助、金融贷款、场租优惠等扶持政策;扬中籍毕业生返乡就业创业,可以享受最高一次性奖励6000元。

(张　虹)

·丹徒区·

【概况】 2021年年末,丹徒区总面积617.08平方千米,其中土地面积541.58平方千米(耕地面积2.42万公顷、水面75.5平方千米)。全区总户数10.41万户,常住人口34.8万人。辖6个镇、2个街道和2个园区(江心洲生态农业园区、荣炳盐资源区)。有83个村、18个社区。设有江苏丹徒经济开发区、世业洲旅游度假区、高新技术产业园、上党生态汽车产业园和高桥临港经济产业园、镇江高校园区，另有农林场圃4个。年内，丹徒区应对新冠肺炎疫情和复杂多变的外部环境，经济运行保持在合理区间。全年新增市场主体17270户，为各类市场主体减税降费2.35亿元，安排各级涉企扶持资金1.13亿元；新增规模以上工业企业43家，总数258家。全年地区生产总值461.07亿元，比上年增长9.5%；一般公共预算收入24.38亿元，增长2%；规模以上工业增加值123亿元，增长12.8%；固定资产投资103亿元，增长12.2%；规模以上工业总产值452亿元，增长23.4%；工业应税销售547亿元，增长27.3%；社会消费品零售总额73亿元，增长16.3%；城镇和农村居民人均可支配收入分别为57971元、28258元，增长8.2%、10.2%。先后入选全国绿色发展百强区、全国新型城镇化质量百强区、全国百强新城区，列“中国生活品质百优县市”第38名。（李东东）

【农业和农村】 2021年，丹徒区实现第一产业增加23.04亿元，比上年增长4.4%。全年粮食播种面积1.87万公顷，粮食总产量13.33万吨。生猪出栏24814头，家禽出栏970.42万羽。新建168.4公顷高效设施园艺面积，园艺作物总产量19.74万吨，总产值9.74亿元。新建13.33公顷高效设施渔业面积，全区高效设施渔业总面积513.33公顷，水产品产量16526吨。划定粮食生产功能区和重要农产品生产保护区2.05万公顷；新建高标准农田1300公顷。全区秸秆机械化还田率74%，秸秆综合利用率97.18%。建设农膜回收原位监测点15个，农膜减量替代实验技术试点1个，废旧农膜回收率74.47%。制定“一场一策”清单，整区推进畜禽养殖场改造工程，规模养殖场治理率100%、畜禽粪污综合利用率98.52%。开展农药化肥减量行动，实施农作物病虫绿色防控示范区6个，落实缓控释肥等新型肥料试验5组。全年认证绿色食品4个、有机农产品91个。发展休闲观光农业，申报省级主题创意农园1家（世业镇开心农场）、市级休闲农业精品村1家（荣炳盐资源区胜利村），全区有休闲渔业水面近400公顷、各类型休闲渔业基地45家。截至年底，全区农业机械总动力26万千瓦，有大中型拖拉机1098台、小型拖拉机468台、灌排动力机械7735台、水稻插秧机1168台、联合收割机644台。全区有农业龙头企业48家，其中国家级1家、省级6家、市级19家、区级22家。全区区级以上龙头企业固定资产总额18.27亿元，增长4.81%；实现全年销售总额33.27亿元，增长11.74%；实现利润4.45亿元，增长19.99%；带动农户13.48万户，增长8.03%。其中省级以上产业化龙头企业销售额22.09亿元，增长12.70%。培训新型职业农民1845人，承担2021年省级高素质农民培训任务1241人。另外完成2020年省级高素质农民培训任务352人，由相关院校完成培训252人。（李东东）

【营商环境】 2021年，丹徒区推进“放管服”改革，出台优化营商环境十条举措，在全市率先推出“轻微违法首次免罚”清单，规范各类涉企行政执法检查。常态化开展“暖心助企”大走访，建立“一件事一次办”清单110项，首创税务“个体新办套餐”并在全市推广，企业开办时间缩短至0.5个工作日以内，全年新登记法人企业3247家。坚持创新驱动引领，完成44家全民所有制企业改革任务，新认定高新技术企业43家、科技型中小企业181家，“材智汇”获批国家级众创空间，江苏恒顺集团获AAA级两化融合贯标试点企业认定，大力液压马达公司获国家级制造业“单项冠军”，希西维轴承公司获评国家级“专精特新”小巨人企业。（李东东）

【城乡建设与管理】 2021年，丹徒区优势互补、协同联动，城乡融合发展步伐加快。提升公共服务功能，新增城区公共停车位500个，新建健身步道5千米、健身公园14个，丹徒区体育馆完成升级改造，城西公园对外开放。完成312国道、346国道丹徒段改扩建工程搬迁工程，改造提升长香中大道、谷阳大道慢车道，265省道丹徒段（镇荣公路）全线贯通。提升人居环境，城镇污水处理提质增效，完成上级下达的农村生活污水治理目标，世业洲水源地达标建设通过技术验收。落实村庄环境长效管护机制，启动基础设施管护改革，整治铁路、公路沿线散坟、豪华墓，创成省级特色田园乡村1个、市级特色田园乡村2个、区级美丽宜居村庄61个。新四军四县抗敌总会纪念馆入选首批江苏红色地名，江心园区御隆河创成省级水利风景区，宝堰镇创成全国农业产业强镇，世业镇入选全国“一村一品”示范村镇。（李东东）

【外向型经济】 2021年，丹徒区激活招商体制机制，完善项目快速预审评估和信息共享系列政策，开展产业链招商、平台招商、以商引商，签约亿元以上项目56个、总投资287亿元，项目落地率、列统率均高于全市平均水平。外贸进出口总额67.9亿元，比上年增长38.5%。新增服务外包列统企业37家，其中注册资本1000万元以上企业9家。（李东东）

【社会事业】 2021年，丹徒区以人为本、民生优先，提升人民群众幸福指数。加大公共服务供给，强化市政设施养护，做好城区重点路段道路维修，实施路灯智能化改造，排查更换21条照明路段6000余盏路灯。规范停车秩序，城区范围内新增停车泊位500个以上。扩大餐厨废弃物收运范围，建成垃圾分类达标小区20个。推进优质文体资源共享，更新健身路径40条，新建健身步道5.4千米，完善体育场地设施面积2万平方米。丹徒区政府严控“三公”经费和一般性支出，把更多资源和财力用在改善民生上。做好重点群体就业帮扶，支持灵活就业和自主创业，全年提供就业岗位1.3万个（次），新增城镇就业4400人，城镇登记失业率控制在4%以内，保持城镇零就业家庭、农村零转移家庭动态清零。落实社会救助、抚恤优待、大病保险等托底政策，支持慈善等公益事业发挥更大作用，困难群众生活基本稳定。推进长香翠庭、景泉印象二期等安置项目建设，全年竣工交付1500套以上。加强煤电油气运等保障供应，强化涉企及民生价费监管，维护生活物资价格稳定，营造安心放心的消费环境。落实全面“三孩”政策，促进人口均衡发展，建立健全基本养老服务体系，新建城区综合为老服务中心、农村区域性养老服务中心各1家。提升教育服务质量，规范民办义务教育发展，推进省义务教育优质均衡发展区创建。完善特殊教育体系；落实“双减”政策，加强校外培训机构整治，开展课后延时服务；完成茅以升实验学校二期工程规划设计。深化医药卫生体制改革，加强医联体内涵建设，推进医共体实体化运行，新建区人民医院发热门诊和核酸检测基地。

（李东东）

【建华科创园建设】 2021年2月26日，建华科创园奠基仪式在丹徒开发区举行。该项目总投资50亿元，用地73.33公顷，重点建设绿色建材智能制造工厂，打造“生态环保绿色”的现代化码头、全封闭智能化仓储、智慧物流大数据中心以及新材料及环保装备产业园。该项目是江苏省和镇江市重大产业项目丹徒建华高性能工程建设复合材料的载体，10月底完成一期大桩生产线项目建设，11月初实现投产、开票销售。

（李东东）

【北汽蓝谷麦格纳汽车有限公司（镇江）新一代智能豪华纯电动车阿尔法S上市】 2021年4月17日，北汽蓝谷麦格纳汽车有限公司（镇江）新一代智能豪华纯电动车阿尔法S上市。该车型由北汽集团、华为集团、麦格纳合作研发。其中，智能车机OS、智能座舱、自动驾驶等部件和解决方案由华为提供，配备华为鸿蒙OS智能互联座舱，座舱搭载麒麟990A芯片，具有3.5TOPs算力，支持5G网络连接。在非城市道路、高速道路，阿尔法S可以实现高速公路自动变道辅助、CBC智能弯道续航、RCTA后向行人/车辆穿行预警等高级辅助驾车功能。

（李东东）

【2021年丹徒区重点产业投资推介暨项目集中签约活动】 2021年5月10日，丹徒区重点产业投资推介暨项目集中签约活动在世业洲举行，集中签约项目20个，总投资156亿元，其中包括规划投资55亿元的高效节能装备制造基地及研发中心项目、总投资30亿元的调峰燃机投资合作项目、总投资30亿元的世业洲康养农旅项目、总投资18亿元的天安智能制造产业园项目、总投资10亿元的顺丰丰泰智慧仓储物流项目、总投资10亿元的奥克斯产业园项目等一批高质量项目。

（李东东）

·京口区·

【概况】 2021年，京口区总面积95.98平方千米，辖6个街道、2个园区、56个社区（含18个“村改居”社区）、5个建制村。2021年年末，总户数129030户，户籍人口31.27万人。人口自然增长率0.04‰。全区实现地区生产总值509.3亿元，比上年增长10.8%，一、二、三产业比例为0.2∶25.8∶74。社会消费品零售总额285.7亿元。城镇居民人均可支配收入59510元，增长8.4%。地方财政一般预算收入22.35亿元，增长3%。

（段广凤）

【农业和农村】 2021年，京口区粮食总产量0.97万吨，粮食面积2.3万亩（1533.33公顷），其中，水稻0.91万亩（606.67公顷），小麦播种面积0.855万亩（570公顷），玉米等播种面积0.39万亩（260公顷）。蔬菜播种面积为4065亩（271公顷），产量8621吨。水产品养殖面积1300亩（86.67公顷），产量683吨。速测农产品600批次，合格率100%。新增6家家庭农场，其中区级示范家庭农场1家，总数12家。清理“空壳”农民合作社，销户17家，县级以上农民专业示范社4家。开展农产品生产主体入网102家，监督巡查入网主体100%，入网主体合格证打印使用100%，抽检率100%。全年完成农业重大项目7个，总投资7.13亿元。开展长江禁捕执法整治行动16次，渔政执法艇巡航140次，出动执法人员602人次，办理涉渔案件14起。

（段广凤）

【城乡建设与管理】 2021年，京口区完成老丹徒医院、绿竹巷拓宽改造工程、新河街一期等项目。组织实施市政基础设施建设、宜居工程建设、生态环境工程建设等三类城建重点项目24个，年度投资约21.82

亿元。区级城建重点项目 14 个，年度投资约 1.61 亿元。完成老旧小区改造、索普集团职工家属区分离移交维修改造、谏壁工人村分离移交维修改造等项目。改造老旧小区 8 个，面积 26.5 万平方米。以“红色物业”为切入点，分步实施“物业管理提升工程”三年计划。55 个试点小区物业党组织和业主自治组织组建率、市场化物业管理覆盖率、物业费收缴率、居民满意率有提升。“我家山水”等 3 个小区获“省级党建引领物业管理服务工作示范点”称号。老北门片区等 3 个项目入选省级宜居示范居住区。完成绿竹巷、东吴路（禹山路—滨水路）、上隍路（老镇大公路）、老山路（学府路—焦顶山路）、文华路等改造项目。推动全区 55 个试点小区物业提升，完成硬件设施改造 1626 万元；成立业主自治组织 33 个，44 个试点小区引进市场化物业公司进行管理。对市区 92 个市场化住宅小区、8 个安置房小区、167 个老旧小区开展检查，下发整改单 4276 个，完成整改 2749 个。2021 年，处理“12345”投诉 615 件，比上年上涨 32%。完成物业管理区域备案、物业管理委员会备案等 50 件。实施火坛楼巷、文昌宫等 8 个片区的改造，建筑面积 26.5 万平方米。（段广凤）

【外向型经济】 2021 年，京口区实际使用外资 2668 万美元，比上年增长 34%；进出口总额 94.5 亿元，增长 6.8%。诺贝丽斯汽车板冷轧铝卷制造项目签约落户，总投资 3.75 亿美元，被省发改委列入年度省级重大项目。（段广凤）

【科学技术】 2021 年，京口区申报省、市科技项目 32 个，立项 11 个，高新技术企业新增 6 家；科技型中小企业备案数 128 家，全市排名前列；10 家企业获评“省民营科技型企业”；创成 3 家市级科技孵化载体和 1 家市级新型研发机构，新增 1 家市级公共服务平台。京口区规模以上工业中有研发活动企业数 27 家，全区全社会研发投入占地区生产总值比重提高 0.1 个百分点。开展“亲商惠企”活动，及时兑现区级科技政策奖励经费 400 万元。完善科技金融体系，帮助企业申请“苏科贷”740 万元。（段广凤）

【教育】 2021 年省教育现代化监测数据中，京口区综合得分 92.57 分。新增 1 所省优质幼儿园，优质园占比 98%，列镇江市第 1 名，1 所学校获评江苏省教育工作先进集体，江科大附属小学二期校安工程和中建大观幼儿园二期装饰工程竣工，秋学期投入使用，完成江科大附属小学、市实验小学、恒顺实验小学、学府路小学、香江花城小学、谏壁小学 6 所学校照明改造和北固湾配套幼儿园移交。全面推动“双减”工作，全区课后延时服务实现全覆盖，参加课后服务教师有 1392 名，占教师总数的 93.3%，参加课后服务学生 15051 名，占比 68.3%；64 家学科类校外培训机构通过转型或停办学科培训，全部退出学科培训市场，压减率 100%。（段广凤）

【文化旅游】 2021 年，京口区完成宝塔山、酒海街、象山等社区综合性文化服务中心提档升级，京口区 24 小时城市书房正式对外开放，全年开展“魅力京口”广场文化活动 53 场，基本公共文化服务满意度 89.1%。出台《京口区“四百”文化活动方案》，围绕庆祝中国共产党成立 100 周年，开展红色演出 182 场、红色展览 117 场、唱红歌艺术辅导 40 场、红色旅游 45 场。实施“村（社区）文艺播种计划”志愿辅导 207 场；举办全民艺术普及讲座 12 场、培训 947 场、展示活动 29 场；开展社教活动 134 场，其中“从小爱场馆”文化活动 24 场；落实千场文化活动进农村，开展主题文艺展演 16 场、戏曲演出 16 场、艺术普及 60 场、人才培训 207 场。人均接受文化场馆服务 4.47 次。全区新建、续建重点文化旅游产业项目 5 个，云时代中心、大禹智谷科技产业园等 3 个项目被列入市重点文旅产业项目。（段广凤）

【新冠肺炎疫情防控】 2021 年，京口区指挥体系高效运转，区、街道两级指挥机构保持 24 小时激活状态，时刻保持信息互通、协调联动，形成防控合力。分类管理人员，严格规范、细致摸排中高风险和重点地区到镇江人员，均第一时间落实居家或集中医学隔离观察等管控措施。开展网格化核酸检测实战演练（压力测试），分别在全区两个板块进行网格内全员核酸检测。推进新冠病毒疫苗接种。（段广凤）

· 润州区 ·

【概况】 2021 年年末，润州区土地总面积 113.36 平方千米，其中，耕地面积 1489 公顷，茶园面积 98 公顷，果园面积 5.20 公顷。辖七里甸、官塘桥、宝塔路、和平路、金山、韦岗、南山等 7 个街道和镇江市黄山园艺良种场、镇江市水产养殖试验场、润州茶场等 3 个场圃，共 4 个行政村、48 个社区。年末实有人口户数 104821 户、户籍人口 241939 人（男性 120544 人、女性 121395 人），死亡人口 1144 人，出生人口 1062 人。全区实现地区生产总值 290 亿元，比上年增长 9%，一般公共预算收入 12.82 亿元，增长 5.1%；社会消费品零售总额 135 亿元，增长 20%。城镇居民人均可支配收入 5.9 万元，增长 20%。（孙 伟）

【城市经济建设】 2021年，润州区签约项目135个，其中亿元以上项目16个，总投资171.6亿元，超额完成年度计划。加快产业转型升级，生产性服务业发展获省政府办公厅督查激励。深化文旅融合，入选省级“文化和旅游消费试点城市”发展数字经济，江苏冬云公司成为省规划布局内重点企业，江苏鼎峰、镇江新创公司入选省“专精特新”名单；严格执行能耗“双控”政策，规模以上工业综合能耗下降5.6%。实施“润州英才”计划（2021—2025），省“双创计划”完成率300%，列全市第1名，累计引进专科及以上人才3302人。优化营商环境，通过完善29条产业政策、制定出台“润十条”、推出政务服务大礼包等举措，实现企业开办“零成本”，开办时长压缩至0.53个工作日，新增企业和注册资本总额分别增长43%、102%；举办城市经济发展大会、发放“润州请您来赏秋”消费券、开展企业大走访等活动。坚持“外防输入、内防反弹”总策略和“动态清零”总方针，处置成功2021年初润州突发新冠肺炎疫情，完成周边城市转运人员集中隔离任务；18岁以上人群首针疫苗接种率全市第1名。 （孙 伟）

【社会民生】 2021年，润州区聚焦群众“急难愁盼”，办好民生实事，区疾控中心实验室标准化建设验收通过，5家标准化居家养老服务中心投入运营，“双减”政策落实初显成效，医疗、养老、教育等方面工作有成效。新增城镇就业5800人，扶持创业1632人，创业带动就业7167人，均超额完成目标任务。美丽宜居城市建设步伐加快，十八进片区入选省级试点，实施老旧小区改造10.22万平方米；开展危房解危1万平方米，惠及居民1696户。生态环境改善，$PM_{2.5}$浓度降幅全市最大，国省考断面、饮用水水源地水质达标率列市（区）第1名，农村污水改造达标率全市领先，跨界河湖联防联治创新实践形成影响。建成三级退役军人服务保障体系，“五站一中心”（文化站、咨询站、信息站、联络站、阵地站和一服务中心）创成全国示范型服务中心（站）；深化安全生产3年专项整治，化解滨江花城消防、黄山夜市用电用气等一批突出隐患。 （孙 伟）

【党建工作】 2021年，润州区开展党史学习教育。创设“三联”润“三心”（党史联学润初心、党群联动润同心、实事联办润民心）党史学习教育品牌，实施“百名干部办百件实事”和幸福“微”实事工程，建设19个党史学习教育基层实践创新示范点。中央第五指导组到西津古渡社区调研指导。全区正科职以上领导干部领办实事项目118件，实事办结率居全市前列。开展庆祝中国共产党成立100周年活动，以“红心向党·犇腾润州”为主题，开展“永远跟党走”群众性主题宣传教育活动。巩固提升文明创建成果，弘扬社会主义核心价值观，常态化开展志愿服务活动，1人获评“中国好人”，2人获评“江苏好人”。创成第三批省书香城市建设示范区，新时代文明实践中心实现三级阵地全覆盖。践行“两在两同”（同人民想在一起、干在一起，风雨同舟，同甘共苦），聚力“三提三促三个走在前”（基层党组织提升“战斗力”，争当“强力堡垒”，在推进高质量发展上走在前；领导干部提升“引领力”，争当“领航表率”，在联系服务群众上走在前；党员队伍提升“源动力”，争当“全域先锋”，在爱岗敬业奉献上走在前），解决基层问题3200余个；实施“红色源动力”项目，做法被《中国组织人事报》报道；全域党建入选全国基层党建与民生发展优秀案例，第四次登上中国浦东干部学院讲台；完成中共润州区委换届、村（居）委员会换届任务。推进西津渡统战特色街区建设，建成新的社会阶层人士统战工作阵地矩阵。区工商联被评为全国“五好”县级工商联，完成换届工作。启动九届区委第一轮巡察，开展政法队伍教育整顿、民生领域专项监督、群众身边腐败和作风问题查处，运用“四种形态”处理113人次，查处违反中央八项规定精神问题9起、13人。 （孙 伟）

·镇江新区·

【概况】 2021年年末，镇江新区总面积222.08平方千米，常住人口26.47万人，户籍人口18.29万人。下辖丁卯、大港2个街道和丁岗、大路、姚桥3个镇。全年完成地区生产总值775.89亿元，可比价比上年增长10.9%；一、二、三产业分别实现增加值6.48亿元、493.47亿元、275.94亿元，三产比例0.8∶63.6∶35.6。实现一般公共预算收入52.8亿元，增长0.6%；社会消费品零售总额138亿元，增长16.5%。城乡居民人均可支配收入分别为57623元、31284元，分别增长8.1%、10.5%。 （新区经济发展局）

【农业和农村】 2021年，镇江新区实现粮食种植面积12.31万亩（0.82万公顷），增长1.6%；粮食总产量5.82万吨，增长0.5%；蔬菜播种5.01万亩（0.33万公顷），与上年基本持平；生猪存栏1.6万头。新建高标准农田7000亩（466.67公顷），特色农业机械化率63%，打造农产品追溯示范单位15家。4家农业企业挂牌江苏股权交易中心“农业板”，润果公司创成省级数字农业农村基地，亚夫兴农、原味生活电商服务模式被评为省级数字农业农村典型案例。农村常住居民人均可支配收入排全市第2名。改善农村人居环境,创建农村人居环境综合整治示范村4个。发展壮大村级经济,实现村均集体经营性收入增长超8%。全区村均集体经营性收入154万元,比上年增长9.71%。在全市率先构建长江禁捕网格化管理体系,承接渔政执法委托,长江禁捕管理工作机制进一步完善。(新区社会发展局)

【产业发展】 2021年,镇江新区实现工业应税销售1104亿元,比上年增长9.8%。入库培育高新技术企业69家,新增高新技术企业79家,累计218家。建有市级及以上研发机构319个,其中当年新增省级工程技术研究中心5个、市级工程技术研究中心16个。新增省级绿色工厂2家、市级绿色工厂4家,累计培育市级以上绿色工厂34家,居全市第1名。项目招引发力,全年新签约10亿元以上项目16个,30亿元以上项目6个,英科康复医疗器械、双峰格雷斯海姆等一批优质大项目落地。产业投资有效释放,新开工亿元以上产业项目50个,完成固定资产投资187亿元、制造业投资140亿元,新竣工项目42个。

(新区科学技术和信息化局 招商中心 经济发展局)

【城乡建设】 2021年,镇江新区组织实施58个新建、续建城建类政府投资项目,完成年度投资11.74亿元,比上年增长8.7%。一批政府投资项目[高楼路市政公用管网项目、孩溪路西延、亨通配套污水管网、临江东路(港中路—烟墩山路)大中修工程、消防等安全设施设备普查及维修改造、危桥改造等]完成建设。推进新"7+2"民生实事行动,实施"港中新村西四区综合改造",建设"星卯路体育公园改造提升项目"等,打造"纬五路特色街区一期项目",实施"葛村环境整治项目""大路镇主入口街景提升工程""东岳村徐家组特色田园乡村建设""儒里老街环境提升项目"等村镇建设工程,改建新区41个门户公交站台。

(新区城乡建设局)

【生态环境建设】 2021年,镇江新区环境质量改善,$PM_{2.5}$浓度35微克/米^3,比上年下降5.4%,达到国家环境空气质量二级标准,市区排名第1名;空气质量优良天数比例为78.9%,全年实现零重污染天,市区排名第2名。5个国、省考断面水质稳定达到Ⅲ类水标准以上,连续5年达标率100%。全年开展天然气锅炉低氮改造、有机废气末端治理、企业结构关停、污水处理厂提标升级等污染物减排工程12项,全年减排氮氧化物145吨、VOCs226吨、化学需氧量91吨、氨氮4.2吨。建成省危险废物全生命周期监控系统视频监控智能分析平台镇江新区边缘节点平台,全区330余家涉废企业全部被纳入危废全生命周期监控系统管理,33家重点企业255路涉废视频监控全部对接省级监管平台。

(新区生态环境和应急管理局)

【城市管理】 2021年,镇江新区实施城市美化亮化工程,通过增加夜景灯光照明、悬挂仿古灯笼等,打造"宜"文化特色的城市新形象。落实省级垃圾分类达标小区创建工作,完成36个小区设备投放、垃圾收运工作。成立"宜地清"环境卫生志愿服务队,开展多次志愿活动;深入开展"宜地清尘"行动、新"7+2"民生实事重点工作。解决停车难问题,在10多家企业周边新增停车位534个,实现车辆"短停快走";对1484个道路临时停车泊位开展智慧停车收费管理,新投放2000辆共享助力车,拓展停车电子围栏至800个,形成3200辆共享助力车、1360辆永安行单车的共享出行体系。

(新区综合行政执法局)

【文化旅游】 2021年,镇江新区接待游客550.07万人,比上年增长83.85%;旅游过夜接待人数180.02万人;全年旅游总收入69.96亿元,增长78.83%。举办第四届中国镇江黄明文化旅游节,吸引游客超10万人。镇江新区获批江苏省第一批省级文化和旅游消费试点单位。姚桥镇儒里村获批镇江市乡村旅游特色村;心湖景区和赵伯先故居国家A级旅游景区通过复核;光大环保新能源工业旅游点通过复核。(新区宣传统战部)

【社会事业】 2021年,镇江新区新增城镇就业7038人,城镇失业人员再就业3854人,扶持创业1510人,指导帮扶94人申领富民担保贷款2222万元。做好常态化新冠肺炎疫情防控,推动医疗卫生服务质量不断提升,姚桥镇、大路镇分别创成国家级卫生镇和省级卫生镇;全区全人群新冠病毒疫苗首针接种率列全市第2名。拓展教育资源,心湖高中二期交付使用,丁卯第三中心小学启动建设,12所义务教育阶段公办学校完成"区管校聘"改革,义务教育阶段学校课后服务学生、老师参与率90%以上;新增省特级教师1名、高级教师29名。养老服务水平和专项社会事务管理水平有提升,有养老机构7家,拥有各类养老床位2292张,平均每千名老人拥有养老床位45张,养老机构入住率超过50%;探索"互联网+"社区居家养老服务新模式,完成适老化、无障碍居家环境改造113户。

(新区人力资源和社会保障局 社会发展局)

【全球招商合作发布会】 2021年2月2日，镇江新区举行“聚焦重大项目，聚力外资突破”亿元以上制造业项目集中签约暨全球招商合作发布会，会上新签约亿元以上项目25个，总投资152亿元，其中10亿元以上项目4个。世邦魏理仕、高力国际、戴德梁行等9家国际咨询机构在线与新区共同发布全球招商合作方案。 （解茗宇）

【日丰集团新型应用材料华东研发生产基地项目落户镇江新区】 2021年4月9日，日丰集团新型应用材料华东研发生产基地项目签约落户镇江新区，项目计划年产6亿米各类新型管材及相应配套零件。 （解茗宇）

图3－3 2021年2月2日，“聚焦重大项目，聚力外资突破”亿元以上制造业项目集中签约暨全球招商合作发布会举行 （马镇丹 供稿）

【“一窗一网一专区”线上线下融合服务】 2021年5月，镇江新区“一窗通办”综合受理窗口正式运行。按照《镇江市深化“放管服”改革三年行动方案》文件精神，新区打破行政部门界限，设置20个以项目审批全周期服务为主线的对外服务综合窗口，按照“一窗受理、收审分离、窗口出证”的要求，推行事项“收”“审”分离，无差别受理涉及商事主体变更、工程建设类等50项审批事项。 （王 钰）

【《企业安全风险点管控责任手册》发布】 2021年12月9日，镇江新区召开重点企业安全风险点管控责任手册发布动员会，发布《企业安全风险点管控责任手册》。该手册对新材料产业园内重点化工企业的产品、规模、风险点分布等情况进行详细描述，明确三大责任，对企业、部门和属地（领导）的安全责任进行明确划分，提出具体要求，指导规范各类主体、各级人员精准开展安全风险点管控工作，形成可视、可追溯的安全责任体系。 （杭茹萍）

【镇江大路机场】 2021年12月17日，镇江—新沂、镇江—黄山航线开通仪式在镇江大路通用机场举行。至此，镇江大路通用机场同时运营3条（镇江—千岛湖、镇江—新沂、镇江—黄山）短途运输航线，成为省内运营短途运输航线最多的通用机场。新航线的开通将使镇江至新沂的交通时间从4小时缩短至1小时，镇江至黄山的通达时间从5小时缩短至1.5小时。 （仇家鹏）

·镇江高新技术产业开发区·

【概况】 镇江高新技术产业开发区（以下简称“镇江高新区”）位于镇江主城区西侧。2021年，全区下辖1个街道、9个村（社区），区域面积39.38平方千米。全区有14290户，户籍人口3.19万人，常住人口6.25万人，人口自然增长率2.98‰。全年全区实现地区生产总值131.95亿元，按可比价计算，比上年增长9.1%。其中，第一产业增加值0.68亿元，增长2.3%；第二产业增加值51.65亿元，增长11.8%；第三产业增加值79.61亿元，增长7.5%。一般公共预算收入6.68亿元，增长5.1%。固定资产投资50亿元，增长17.2%。居民人均可支配收入57071.5元，增长8.1%。 （殷 博）

【农业】 2021年，镇江高新区挖掘农业产业潜力，加强农产品质量监管和技术指导服务。全区有市级农业龙头企业4家、合作社28家，其中，国家级示范社1家，市级示范社1家，区级示范社1家。推进“一村一特色产业”，发展“五洲”茶叶、“超群”蝴蝶兰、“嶂山”水蜜桃、“希望”葡萄、“皇冠”梨、“源春”肴肉等农业特色品牌。加快引入农业新业态、新模式，推广“合作社＋专业技能人才”模式，农民果品亩产收入实现翻番，村级集体经济平均增长12%。 （殷 博）

【工业】 2021年，镇江高新区规模以上工业增加值比上年增长8.5%。实现工业总产值95.69亿元（含中船动力8.4亿元），增长13.2%。规模以上工业用电量1.40万千瓦时,增长3.1%。其中,船舶海洋工程配套产业完成产值25.23亿元,工程机械产业完成产值16.15亿元,电子电器产业完成产值15.45亿元。工业发展有新突破,半导体及通信产业园全面开园,芯视达、印势材料等10家企业"拎包入住",7个项目建成投产。高新技术产值占规模以上工业总产值比重65%,高技术产业投资增长50.6%,居全市前列。凯德电控、兆能电子公司入选省级高新区"瞪羚"企业名单。践行绿色发展理念,全年单位地区生产总值能耗下降3%以上。 （殷　博）

【外向型经济】 2021年,镇江高新区进出口总额65312万美元,比上年增长50.3%,其中,出口33281万美元,下降20.5%;进口32031万美元,增长606.9%。全年实际使用外资1543万美元,下降17.26%,其中制造业实际使用外资1298万美元,下降8.1%。全年完成服务外包合同额3.72亿美元,增长9.3%;执行额3.06亿美元,增长16.6%,其中离岸外包执行额3203.4万美元,增长15.9%。 （殷　博）

【创新创业】 2021年,镇江高新区"创新积分制"工作试点方案获科技部火炬中心批复。制定出台《加快打造人才集聚创新发展活力标杆17条》政策,联动"团山英才""才聚高新"形成"1+2"人才政策支持体系。"镇江高新区杯"创新创业大赛在澳门、杭州、大连举办。新增科技型中小企业110家、高企培育库企业24家,科技创新券使用量比上年增长51%。中国自主研发的首台低速双燃料发动机在中船动力交付,国内第一艘自主设计建造的液态硫黄运输船在镇江船厂下水。通过省知识产权示范园区复核验收,惠龙易通成为中国驰名商标。中船动力公司、江苏科技大学海洋装备研究院获江苏省首届科技创新奖。江苏科技大学海洋装备研究院、南京师范大学创新发展研究院获批省级中小企业公共服务示范平台。 （殷　博）

【城市建设和生态环境】 2021年,江苏佛学院项目举行奠基仪式,开启嶂山—东山片区建设序幕。推进江苏省城镇污水处理提质增效精准攻坚"333"行动,在全市率先完成达标区建设。312国道快速化改造、346国道城市化改造开工建设,春晓路、彭公山路北延、疏港路南段等城建项目加快推进,区域交通内外循环逐步完善。龙门片区、金牛山片区人居环境综合整治工作基本完成,沿江湿地公园、金牛山城市公园、东篱春晓绿地广场对外开放。打好污染防治攻坚战,$PM_{2.5}$平均浓度36微克/米^3,优良天数比率76.2%,省考断面水质优Ⅲ比例保持100%,污染地块安全利用率均为100%。 （殷　博）

【民生改善】 2021年,镇江高新区民生支出占财政一般公共预算支出比重72.3%,实施"我为群众办实事"项目94项,"12345"热线办理满意率96.8%。做好常态化新冠肺炎疫情防控,制定《关于鼓励在镇外地人员就地过节的八条措施》,落实在镇江外地人员春节专项补贴,完成"敲门行动"(到居民家了解新冠肺炎疫情防控情况)和全员核酸检测应急演练任务。城乡标准化社区居家养老中心加快建设,乔家门AA级、五洲山村AAA级养老服务中心投入使用。做好农村人居环境综合整治,5个行政村、15个自然村完成整改任务。开展"文心"系列文化活动120场,开展各类文学艺术文化系列活动137场,覆盖区域内27.66万人次。 （殷　博）

图3-4　2021年3月底,国内第一艘自主设计建造的液态硫黄运输船在镇江船厂下水 （石小刚　供稿）

【全球最小缸径船用低速双燃料机CX40DF交付】 2021年4月2日,中国自主研发的全球最小缸径船用低速双燃料机CX40DF首台机在中船动力公司交付使用。该机型采用天然气作为主要燃料,相比柴油机,碳排放降低20%以上,顺应全球绿色节能、低碳环保的发展趋势。该次交付意味着中国自主掌握中小缸径船用低速发动机设计、制造和试验验证的技术,初步构建起船用低速机研发技术体系。批量应用后,该功率段船用低速机基本可以摆脱国外专利许可生产模式。 （殷　博）

【2021年“镇江高新区杯”创新创业大赛】 5月14日,2021年“镇江高新区杯”创新创业大赛启动仪式暨新闻发布会在镇江高新区举行。大赛在全球范围征集151个人才项目,涉及智能装备、新材料、现代物流、新一代信息技术、生物医药与健康产业等新兴产业领域。历经澳门、杭州和大连分站赛,12月5日,大赛总决赛在镇江高新区举行,“桥梁建设与运维安全风险智能管控技术装备及产业化”“光子探测器与计数器”“麦作仕光电光刻项目”等18个项目获奖。

（殷　博）

【金牛山公园】 金牛山片区环境整治项目是市政府实施的“一山一景”改造工程,被市、区两级列入2021年民生实事项目,也是镇江高新区重点实施的“城市绿肺”绿地系统建设项目。该项目总占地面积21.2万平方米。2021年10月,金牛山公园建成对外开放,主要景点包括彩云廊桥、樱花谷、亲子游乐园等区域,绿地率81.54%,成为居民休憩、娱乐、健身、交流的重要生态空间。（殷　博）

【高新区企业家沙龙】 2021年,镇江高新区创新服务中心从企业、新型研发机构、创新创业团队需求出发,整合区内外优质配套资源,举办高新区企业家沙龙活动17场,内容涉及政策宣讲、企业资本运作、联合党建、技术诊疗、用工招聘、融资路演等,线上、线下参与人数超2000人次。（殷　博）

【“文明高新”品牌建设】 2021年,镇江高新区评选四期“高新好人”8人,打造“好人工作室”1个,增设12个“文明楼道”、2组“善行义举榜”,实现区、街道、村居新时代文明实践三级服务体系全覆盖标准化建设。结合党史学习教育、文明创建、疫情防控,开展理论宣讲、清洁家园、核酸演练等志愿服务,凝聚“德亮高新”正能量。深化“德元国学诵读”“老年小学”等社会组织品牌项目建设,提升社会主义核心价值观引领力和影响力。（殷　博）

·市(区)经济社会发展基本情况·

2021年丹阳市各镇(街道)经济社会发展基本情况一览表

表3-6

镇(街道)名称	土地面积(平方千米)	户籍人口(人)	地区生产总值(亿元)	工业总产值(亿元)	一般公共预算收入(万元)	实际利用外资(万美元)	农村居民人均可支配收入(元)
司徒镇	91.65	44955	64.54	103.58	31337.46	1099.20	27587
延陵镇	115.52	59754	52.98	62.20	16912.10	304.95	27618
珥陵镇	83.67	46855	29.10	40.70	6742.64	—	28896
导墅镇	80.60	46000	41.44	49.46	16900.42	—	28876
皇塘镇	80.44	47608	76.56	193.08	17936.15	301.50	34402
吕城镇	68.01	46654	44.81	76.25	19443.40	300.00	33632
陵口镇	64.40	40503	29.81	46.67	8535.01	—	30651
访仙镇	73.80	47131	37.56	75.72	12605.76	—	32017
界牌镇	23.63	21434	68.42	142.20	22012.16	302.50	54999
丹北镇	114.91	74084	276.56	608.24	140184.35	5042.45	40254
云阳街道	72.01	183214	232.48	109.67	136066.85	6606.71	32662
曲阿街道	78.63	136004	369.75	428.84	264942.32	6235.31	27923

（丹阳志办）

2021 年句容市各镇（街道、园区、管委会）经济社会发展基本情况一览表

表 3－7

镇（街道、园区、管委会）名称	土地面积（平方千米）	耕地面积（公顷）	户籍人口（人）	地区生产总值（亿元）	地方一般公共预算收入（万元）
华阳街道	119.97	5189	64801	101.03	62235
下蜀镇	96.44	2642	34082	81.32	43779.8
宝华镇	103.06	981	28750	61.77	88900
白兔镇	115.5	4903	39177	40.93	6370
边城镇	109	4102.8	34102	43.55	12342
郭庄镇	150.55	7854	66262	75.33	17801
后白镇	143.28	7761	57221	61.24	10442.4
天王镇	131.54	8173	53071	57.02	5500
茅山镇	81	4667	28745	32.80	3455
句容经济开发区	144	2785	72683	151.35	175149
茅山风景区管委会	153	4585	32220	30.76	4261

（句容志办）

2021 年扬中市各镇（街道、园区）经济社会发展基本情况一览表

表 3－8

镇（街道、园区）名称	土地面积（平方千米）	耕地面积（平方千米）	户籍人口（人）	人口自然增长率（‰）	规模以上工业总产值（亿元）	地方一般公共预算收入（亿元）	地区生产总值（亿元）
新坝镇	74.11	16.17	44249	－6.12	185.3	8.38	209.28
三茅街道	78.12	17.95	123432	0.31	87.55	11.97	170.04
油坊镇	50.27	20.85	38418	－7.68	48.75	2.29	50.25
八桥镇	56.92	14.85	30511	－6.72	99.70	1.98	53.49
西来桥镇	30.97	6.88	16614	－6.62	66.12	1.02	19.23
扬中经济开发区	36.96	10.12	26417	－7.53	196.93	4.75	56.06

（扬中志办）

2021 年丹徒区各镇（街道、园区）经济社会发展基本情况一览表

表 3－9

镇（街道、园区）名称	土地面积（平方千米）	耕地面积（公顷）	户籍人口（人）	地区生产总值（亿元）	一般公共预算收入（万元）	到账外资及港澳台资（万美元）	外贸进出口总额（万美元）	农民人均纯收入（元）	参加农村社会养老保险（人）
高桥镇	42.79	1098	19175	16.49	4603	10	8500	28912	9025
辛丰镇	79.4	2708	47156	65.42	11330	—	—	32524	—
谷阳镇	57.45	1578	27342	30.67	9714	—	—	29036	2886
上党镇	112.6	3459	48775	55.92	8000.4	—	36964	27829	25781
宝堰镇	40.19	1786	23215	17.6	3692	—	—	—	9935
世业镇	53	1303	13926	10.29	3742	—	—	28257	8783
高资街道	93.66	1718	42803	103.69	41083	1050	—	28257.5	25344
宜城街道	58.3	1863.5	42477	47.87	23305	—	—	37710	—
江心洲生态农业园区	38.79	652.46	7431	4.84	2719	—	—	25225	—
荣炳盐资源区	45	1617	18829	16.16	4843	—	—	25224	6587

（丹徒志办）

2021年京口区街道(园区)经济社会发展基本情况一览表

表3-10

街道(园区)名称	土地面积(平方千米)	户籍人口(人)	人口自然增长率(‰)	地区生产总值(亿元)	地方一般公共预算收入(万元)	社区居委会(个)	村委会(个)	城镇居民人均可支配收入(元)
谏壁街道	32	24626	-19.55	94.02	60300	6	3	—
象山街道	26.04	49668	1.32	143.11	28233	15	0	69383
正东路街道	5.6	34786	0	—	13707	7	0	59510
健康路街道	6.82	83539	2.05	—	14800	9	0	—
四牌楼街道	3.572	79818	36.41	—	28400	10	0	—
大市口街道	2.7	41000	-30.85	—	18400	7	0	-
京口经济开发区	7	4542	-2.53	—	10400	1	2	—
新民洲临港产业园	22.5	1028	-4.9	—	5650	1	0	—

(京口区志办)

2021年润州区各街道经济社会发展基本情况一览表

表3-11

街道名称	土地面积(平方千米)	户籍人口(人)	财政收入(万元)	现代服务业产业投资(万元)	社会消费品零售总额(亿元)	固定资产投资(亿元)
宝塔路街道	5.08	102423	37326	400.3	51.7	12.61
和平路街道	57.19	52646	13611	5.0	17.3	12.65
七里甸街道	14.21	31973	38161	201.2	20.8	12.93
金山街道	5.6	38589	16000	300	9.2	6.61
官塘桥街道	12.64	7730	9073	670.3	3.7	9.51
韦岗街道	10.48	4261	9860	112	1.1	0.75
南山街道	16.81	7503	5000	250.2	30.6	1.48

(润州区志办)

2021年镇江新区各镇(街道)经济社会发展基本情况一览表

表3-12

镇(街道)名称	土地面积(平方千米)	户籍人口(人)	一般公共预算收入(万元)	工业应税销售(亿元)	产业类实际到位外资(万美元)
丁岗镇	35.49	23463	31436	58	7876.3
大路镇	41.67	28822	8162	24.11	503
姚桥镇	55.88	44580	15200	34.59	—
大港街道	66.3	51915	69900	376.6	11700
丁卯街道	20	34998	102264	134.3	6264.75

(新区各镇、街道)

2021年镇江高新区街道经济社会发展基本情况一览表

表3-13

街道名称	土地面积(平方千米)	户籍人口(人)	地区生产总值(亿元)	地方一般公共预算收入(亿元)	工业应税销售(亿元)	进出口总额(亿美元)	居民人均可支配收入(元)
蒋乔街道	44.03	31000	131.95	6.68	50	41.8	57071.5

(殷　博)

中共镇江市委员会

·综　述·

【概况】 2021 年，镇江市贯彻中共十九大和十九届历次全会、中央经济工作会议、江苏省第十四次党代会、江苏省委经济工作会议精神，围绕“三高一争”（高质量发展、高品质生活、高效能治理，在谱写“镇江很有前途”新篇章中争得城市荣光）目标，推动全市发展。

战略规划。围绕现代化新镇江“六大愿景”（产业发达、创新引领，区域协调、融合发展，美丽宜人、绿色低碳，共同富裕、充满温度，文化兴盛、风骨独特，秩序优良、活力彰显），部署推动“五大关键战”（提升产业能级、推动共同富裕、建强战略载体、紧抓“双碳”落地、统筹发展和安全）。统筹新冠肺炎疫情防控和经济社会发展大局，高水平全面建成小康社会。

党的建设。开展党史学习教育，凝聚“三高一争”力量。开展“我为群众办实事”实践活动，融合推进“两在两同”建新功行动；完成市、县、乡三级党委、村（社区）“两委”换届；开展农村基层党建标准化国家级试点；推进“书记项目”、“两红一优”（组织红、党员红、环境优）行动。

产业强市。产业升级步伐加快。实施“链长制”，出台重点产业链“五图六清单”，“四群八链”应税销售有增长。举办上海、深圳等系列招商活动。与微软、华为、阿里等公司深化合作，新增国家两化融合贯标企业 18 家。营商环境优化。开展人才“镇兴”行动，“1 +8”政策矩阵落地；举办系列“招才引智”活动。实施“扬帆计划”，新增上市公司 4 家。启动“金穗行动”，“农村普惠金融服务发展”项目成为全国唯一获批地级市试点。打造“镇合意”服务品牌。创新能力增强。科技型中小企业备案增长 172%，鱼跃医疗、和成显示等公司获全国专利金奖；健全“揭榜挂帅”机制，举办首届南京都市圈创新合作大会暨高校院所走进镇江产学研对接活动。镇江经开区、镇江高新区被纳入江苏自贸区联动创新发展区，镇江市列国家级服务外包示范城市综合评价第 14 名。推进能耗“双控”，保障有序用电。举办第五届国际低碳（镇江）大会暨碳达峰碳中和 2021 金山峰会。

民生保障。巩固小康成果，实施稳就业保用工专项行动，出台支持灵活就业政策，新增城镇就业 5.9 万人，帮扶困难群体再就业 2.9 万人，城乡居民收入增长。市县两级乡村振兴局挂牌。开展富民强村帮促行动。完善公共服务，实施 11 类民生实事；推进全省“双减”试点，教育现代化建设水平和人民群众满意度较高。深化医药卫生体制改革，推出“镇江惠民保”。全面落实“三孩”政策，成立市老龄协会，建成 3 个全国示范性老年友好型社区。举办市第 16 届运动会。增强文化软实力，推进全国文明城市建设，创成国家公共文化服务体系示范区，入围“东亚文化之都”候选城市，公共数字文化服务效能列全省第 1 名。赵亚夫获评“全国脱贫攻坚楷模”，糜林获评第八届“全国诚实守信模范”。

美丽镇江建设。优化空间布局，《镇江市所辖市（区）国土空间规划近期实施方案》获省级批复；查纠整治侵占耕地行为，盘活处置各类批而未供、闲置用地 1.5 万亩（1000 公顷）。改善生态环境，一批突出环境问题整改销号；发布“建设美丽镇江、打造幸福河湖”总河长令，地表水国考断面优Ⅲ比例列全省第 1 名，$PM_{2.5}$改善率 5.3%。加快城乡建设，五峰山过江通道接线高速、宁句城际快轨建成通车，312 国道宁镇段快速化改造工程、346国道城区段城市化改造工程开工建设,推进南沿江城际铁路等一批重大基础设施建设。开展危房解危、老旧小区改造、“断头路”整治等工程,改善农村人居环境。

安全保障。强化新冠肺炎疫情防控,开展应急演练及“敲门行动”,健全“外防输入、内防反弹”防控网;推进疫苗接种,控制年初输入性疫情,防范疫情输入风险。化解政府债务,优化金融生态环境。做好“防汛抗台”工作。创建安全发展示范城市,生产安全事故起数和死亡人数连续20年保持“双下降”。推进市域社会治理现代化试点建设,常态化开展“扫黑除恶”斗争,完成政法队伍教育整顿任务。在全省首家成立党内法规研究中心,推进行政复议体制改革,“七五”普法收官。完善矛盾纠纷多元化解机制,平安镇江、法治镇江建设有进展。（符　浩）

【政策研究工作】 2021年,镇江市委政策研究系统贯彻中共十九大和十九届历次全会精神,围绕中央、省、市各项决策部署,发挥职能作用。全年市委研究室负责起草市第八次党代会、市委全会、全市产业强市暨优化营商环境大会等会议文稿,完成各类文稿145篇、52.6万字。建立《创新》杂志质量品控体系,优化编发机制,每期投递3850本;微信公众号“创新镇江”关注人数8000余人,单日最高阅读量14307人次。

市委研究室围绕贯彻落实市第八次党代会精神、“‘三高一争’奋斗指向”、“产业强市、创新驱动、融合发展”战略路径、“一体、两翼、三带、多片区”发展布局、现代化新镇江“六大愿景”和长江经济带、长三角一体化、宁镇扬一体化等重大战略落地落实等重大问题,以及制约镇江经济社会发展的关键性问题开展调查研究。全年形成调研成果85篇,《调查研究》刊发35期,7篇典型案例入选省委研究室《高质量发展案例汇编》。

筹备召开市委深改委会议4次,研究审议国资国企改革、“放管服”改革等改革文件17个。制定《市委深改委2021年工作要点》,明确9大领域、28个方面重点改革任务。健全领导干部联系重点改革任务制度,完善定期通报机制,推动市县两级100多名领导挂钩联系100多项重点改革任务。建立重点改革任务“责任制+清单制”管理模式,细化年度改革要点,形成130项具体任务,完备改革推进“路线图”“时间表”。严格审核把关,全年对上会文件提出各类修改意见70条。加大改革宣传推广,人才“镇兴”计划、党建引领乡村振兴、金融资源优化配置等内容被《新华日报》头版头条报道;“考准考实推动改革走深走实”获评“全省服务推进改革特色做法示范案例”,2个案例入选省委改革办《改革拓新路 发展开新局》案例汇编;2篇改革经验做法获《江苏改革简报》刊发推介。在《调查研究》开设《深化改革专栏》,刊发特色经验做法3期。

召开市委财经委会议2次,推动宏观财经信息收集分析工作,加强信息收集筛选,结合实际进行研判。完善重点经济指标数据库,每月收集统计部门数据、其他部门重点经济数据以及相关核心指标细分数据,形成《经济数据快报》11期。拓展经济运行观测点,开展实地调研10余次。征集147家企业生产经营中的难点、堵点,及时反馈责任部门,推动加快解决。（白登峰）

【保密工作】 2021年,镇江市未发生失泄密事件。市委、市政府将保密工作纳入市级党政机关作风效能考核范围,明确具体实施方案。4月,召开市委保密委员会全体会议,印发工作要点。5月,组织庆祝中国共产党成立100周年保密知识竞赛,41126人参赛。6月,举办机关单位保密管理人员培训班;镇江市保密技术服务中心被命名为市级爱国主义教育基地。7月,组织涉密资质(资格)企业“三员”培训。10月,组织《中华人民共和国保密法》网上知识竞赛,11062人参赛。11月,组织全市涉及保密工作相关人员参加全省保密技能竞赛,3人进入总决赛;对市级党政机关进行保密大检查。市保密技术服务中心全年接销纸质载体418吨。（蒋　楠）

【政务接待】 2021年,镇江市合作交流中心完成接待任务540批次,其中,等级任务3批次、省部级领导385人次;各级各类巡查巡视组、考核督导组、学习调研组17批次。报送全市重要客情报告单628份。

全年市合作交流中心重点保障第五届国际低碳(镇江)大会暨碳达峰碳中和2021金山峰会、2021(第十五届)中国镇江金山文化艺术·国际旅游节开幕式、北汽麦格纳阿尔法S华为版新车发布会、华电综合能源项目签约仪式等30余项重要政务、商务活动;协同保障威腾电气、通灵电器、明月镜片和同力日升等4家公司上市仪式的接待服务;保障省安全生产第十一督导组、省委第七巡视组、全国党史学习教育巡回指导组、中央第六督导组驻江苏工作组等单位在镇江期间的后勤服务工作。

2021年,市合作交流中心保障市委主要领导到基层调研产业项目、检查新冠肺炎疫情防控、推进乡村振兴和调研社会民生等出行活动92次,到上海、北京、陕西等地开展商务出访活动6次。9月和11月,分别完成省委书记娄勤俭和代省长许昆林到镇江调研活动保障任务。

2021年,市合作交流中心整理和完善224名镇江旅外知名人士的信息名录,代表家乡人民通过电子邮件和书面信件相结合的方式向147人发出新春慰问。会同市发改、商务和统战部门遴选招商对象，协调参访事宜，推进国家电力投资集团能源科技工程公司光伏项目在镇江市落地。协同做好中共中央组织部派遣的镇江籍院士段正澄（伽马刀发明者）生平成就调研组在镇江调研期间的联络服务工作。

（谢青松）

·重要会议和决策·

【产业强市暨优化营商环境大会】 2021年2月18日，镇江市委、市政府召开镇江市产业强市暨优化营商环境大会。会议确定当年的产业强市建设关键是“突破”。要求项目工作要有新突破，目标上要体现奋进性，工作上要注重科学性，考核上要强化激励性；产业提升要有新突破，放大特色优势，深化融合发展，加快数字转型，持续提升产业竞争力；创新驱动要有新突破，强化战略引领、平台支撑、人才集聚、机制建设；改革开放要有新突破，坚持以改革促开放、以开放促改革，不断增强发展的活力和动力；载体建设要有新突破，国家级园区要提高引领力，省级园区要提高支撑力，“小散低”园区要提高集聚度。会议表彰制造业“金山奖”、科技创新“梦溪奖”、优化营商环境“甘露奖”、金融服务贡献奖、重大产业项目招引奖以及2020年度“十佳书记项目”等。同时，会上印发《镇江市“十四五”重点产业发展规划（征求意见稿）》《镇江市打造“镇合意”服务品牌优化营商环境的工作方案》。

（符　浩）

【党史学习教育动员会议】 2021年3月5日，中共镇江市委召开全市党史学习教育动员会议。会议要求深入学习贯彻习近平总书记在党史学习教育动员大会上的重要讲话精神，在全市上下迅速兴起党史学习教育热潮，突出学党史、悟思想、办实事、开新局，在学史明理、学史增信、学史崇德、学史力行中全面开启现代化建设新征程。会议以视频形式召开，各市（区）和镇江新区、高新区设分会场。 （符　浩）

【全市人才“镇兴”大会】 2021年3月26日，镇江市委、市政府举行全市人才“镇兴”大会。会议启动人才“镇兴”行动，发布“人才引进倍增、人才培育提质、人才兴业扶持、人才乐居保障”四大工程，同步开通“镇江人才码”服务平台、“镇江市人才服务专窗”，并印发《镇江市人才政策一本通》。会上，播放镇江人才发展环境专题片《镇江有你才荣光》和各市（区）人才新政介绍短片《八方热土诚邀八方英才》。大会在碧榆园设主会场，同时，中国移动平台、“一起镇江”、金山网、抖音、“今日头条”等同步直播。 （符　浩）

【庆祝中国共产党成立100周年座谈会暨市“两优一先”表彰会议】 2021年7月1日，镇江市委、市政府举行庆祝中国共产党成立100周年座谈会暨市“两优一先”表彰会议。会议要求认真学习贯彻习近平总书记在庆祝中国共产党成立100周年大会上的重要讲话精神，以习近平新时代中国特色社会主义思想为指引，在镇江这方红色热土上甩开膀子“跑起来”，扛好“争当表率、争做示范、走在前列”的重大使命，创造不负革命先辈先烈、无愧党和人民的崭新业绩。会上表彰镇江市优秀共产党员、优秀党务工作者和先进基层党组织，获奖代表做交流发言。

（符　浩）

【中共镇江市委七届十四次全会】 2021年8月27日，中国共产党镇江市第七届委员会第十四次全体会议召开。会议学习贯彻习近平总书记“七一”重要讲话精神，落实省委十三届十次全会要求，总结全面建成小康社会及2021年度工作，谋划部署开启现代化建设新征程及下一阶段任务。全会强调，新的赶考路上，必须把营造良好政治生态作为党的政治建设的一项长期性、基础性、经常性工作，更好地做到讲政治、重团结、干实事、扬正气，努力实现干部清正、政府清廉、政治清明，以“正本清源”“清朗空气”“洁净土壤”“奔跑风尚”为现代化建设保驾护航，跑好镇江现代化建设的新征程。全会审议并通过《中国共产党镇江市第七届委员会第十四次全体会议决议》。市委委员出席会议，市纪委委员和有关方面负责人列席会议。全会以视频会议形式召开，各市（区）和镇江新区、高新区设分会场。 （符　浩）

【中国共产党镇江市第八次代表大会】 2021年9月26日—28日，中国共产党镇江市第八次代表大会在镇江影剧院举行。大会的主题是：高举习近平新时代中国特色社会主义思想伟大旗帜，弘扬伟大建党精神，勇担“争当表率、争做示范、走在前列”镇江使命，锚定“三高一争”扎实奋斗，向着现代化新镇江激情奔跑。会议强调，今后五年要围绕产业发达、创新引领，区域协调、融合发展，美丽宜人、绿色低碳，共同富裕、充满温度，文化兴盛、风骨独特，秩序优良、活力彰显的“六大愿景”，推动现代化新镇江建设取得明显进展。要以重点突破带动全局发展，奋力打好提升产业能级、推动共同富裕、建强战略载体、紧抓“双碳”落地、统筹发展和安全“五大关键战”。市委书记马明龙代表中共镇江市第七届委员会向大会做题为《勇担使命 扎实奋斗 向着现代化新镇江激情奔跑》的报告。会上，中国共产党镇江市第七届纪律检查委员会工作报告以书面形式提请大会审议。 （符　浩）

【中共镇江市委八届二次全会】 2021年12月28日，中国共产党镇江市第八届委员会第二次全体会议召开。全会以习近平新时代中国特色社会主义思想为指导，贯彻中共十九大和十九届历次全会、中央经济工作会议、省第十四次党代会、省委经济工作会议精神，落实市第八次党代会部署，总结当年、部署下一年。会议动员全市上下切实扛起“争当表率、争做示范、走在前列”光荣使命，在新征程上跑出昂扬态势，奋力谱写“镇江很有前途”现代化建设新篇章。全会审议通过《中国共产党镇江市第八届委员会第二次全体会议决议》。市委委员、候补委员出席会议。市纪委委员、市委巡察组组长和有关方面负责人列席会议。全会以视频会议形式召开，各市（区）和镇江新区、高新区设分会场。（符　浩）

【“镇合意”服务品牌工作方案】 2021年2月17日，镇江市委办公室、市政府办公室印发《镇江市打造“镇合意”服务品牌优化营商环境的工作方案》，营造市场化、法治化、国际化营商环境，激发市场主体活力和社会创造力。方案聚焦办事“减事项、减环节、减时间、减材料、减跑动、减费用、增便利度”，明确“开办企业全程网上办、全面推广电子营业执照”等90项目标任务，提升企业和群众获得感、满意度，推动营商环境优化。（符　浩）

【镇江市资本市场扬帆计划】 2021年3月5日，镇江市委、市政府印发《镇江市资本市场扬帆计划》，明确资本市场工作目标，围绕加强企业上市梯队建设、推动上市公司做优做强、推进提升直接融资比重、优化资本市场良好发展环境、增强资本市场高质量发展合力、完善资本市场组织领导体系等方面，提出促进镇江资本市场发展工作举措16条，每一条具体措施都对应到相关责任部门，确保政策落实落细。（符　浩）

【关于实施人才“镇兴”行动建设人才集聚福地的若干意见】 2021年3月17日，镇江市委、市政府印发《关于实施人才“镇兴”行动建设人才集聚福地的若干意见》，提出“人才引进倍增、人才培育提质、人才兴业扶持、人才乐居保障”四大工程，包含20条政策和52项细则。该人才政策，在之前“金山英才”计划基础上进行提档升级，提出“十四五”时期，引进约600名（个）产业和社会事业发展重点领域急需紧缺高层次人才（团队），储备培养约1600名本土高层次学术技术人才。其中，顶尖人才每人给予1000万元项目支持，创新创业团队每个给予300万元支持，教育领军人才给予最高100万元安家补贴，医卫领军人才给予最高300万元资金资助，文化领军人才给予最高80万元资金资助。（符　浩）

2021年中共镇江市委常委会会议情况表

表4－1

纪要文号	主要内容	会议时间
第1号	传达学习中共中央政治局民主生活会会议精神，传达学习省委常委会会议关于新冠肺炎疫情防控工作精神，听取全市疫情防控工作情况汇报，传达学习全国市县乡换届工作电视电话会议精神，传达学习全国、全省宗教工作督查整改经验交流会会议精神，传达学习江苏深化安全生产专项整治动员部署会精神，研究全市安全生产工作，研究并原则通过《中共镇江市委常委会2021年工作要点》，听取市人大常委会、市政府、市政协、市中级人民法院、市检察院党组工作汇报，研究《镇江市国民经济和社会发展第十四个五年规划和二〇三五年远景目标纲要草案》，讨论政府工作报告，研究《2021年主要指标、政府投资项目和重点产业项目计划安排》，研究并原则通过《镇江市2020年度打好污染防治攻坚战市、区成效考核实施方案》，研究并原则通过《关于在市级机关开展“争当三个表率、争当模范机关”活动的实施意见》《2021年全市机关作风效能建设工作要点》，研究2021年市直预算安排建议方案，会议强调要高度重视省党政主要领导经济责任审计和自然资源资产（任中）审计整改工作，会议还研究其他事项	1月13日
第2号	传达学习习近平总书记在省部级主要领导干部学习贯彻党的十九届五中全会精神专题研讨班开班式上的重要讲话精神，传达学习十九届中纪委五次全会、十三届省纪委六次全会精神，听取全市纪检监察工作汇报，研究并原则通过《2021年度落实全面从严治党党委主体责任清单和纪委监督责任清单》，传达学习中央、全省农村工作会议精神，传达学习全国、全省宣传部长会议和“扫黄打非”工作电视电话会议精神，传达学习中央、全省政法工作会议精神，传达学习省十三届人大四次会议和省政协十二届四次会议精神，听取2020年度产业强市相关奖项评选工作汇报，研究并原则通过《关于加强和改进征兵工作的意见》，会议对疫情防控、安全生产、稳产保供等工作作出安排	2月3日
第3号	传达学习省委书记娄勤俭在2020年度设区市市委书记抓基层党建述职会议上的讲话精神，传达学习江苏省推动长江经济带发展领导小组会议精神，研究并原则通过《关于进一步深化安全生产三年专项整治工作的实施意见》《2021年各市（区）党委政府和市安委会成员单位履行安全生产工作责任考核评价指标》，学习《中国共产党统一战线工作条例》，会议还研究其他事项	2月9日
第4号	传达学习习近平总书记在党史学习教育动员大会上的重要讲话精神，研究并原则通过《关于实施人才“镇兴”行动建设人才集聚福地的若干意见》，研究并原则通过《镇江市资本市场扬帆计划》，研究《2021年拟举办的重要会议和活动》，会议还研究其他事项	2月24日
第5号	传达学习习近平总书记在全国脱贫攻坚总结表彰大会、春季学期中央党校（国家行政学院）中青年干部培训班开班式上的重要讲话精神，研究并原则通过《关于开展党史学习教育的实施方案》，传达学习全国、全省组织部长会议及全省市县乡领导班子换届工作会议精神，传达学习全国、全省统战部长会议精神，学习贯彻全省政法队伍教育整顿动员部署会议精神，研究并原则通过《关于开展全市政法队伍教育整顿的实施方案》，研究全市乡村振兴先进集体、先进个人、“十佳”村书记推荐名单、全市农村工作暨乡村产业发展推进会有关事项	3月5日

续表 4－1

纪要文号	主要内容	会议时间
第 6 号	传达学习习近平总书记在中共中央政治局第二十八次集体学习时的重要讲话精神，传达学习十三届省委第十一轮巡视动员部署会、全省巡察工作座谈会会议精神，研究并原则通过《关于扎实开展乡村振兴示范建设加快推进农业农村现代化的实施意见》，研究并原则通过《"宜游镇江"三年行动计划（2021—2023）》，听取市慈善总会工作汇报，听取市旅游协会工作汇报	3 月 11 日
第 7 号	学习贯彻全国"两会"精神和省委常委会扩大会议精神，传达学习中央、全省对台工作会议精神，研究并原则通过《关于2020 年市委常委会贯彻执行中央八项规定精神和省委、市委十项规定情况的报告》，听取文明城市创建工作有关事项汇报，研究并原则通过全国文明城市创建工作先进集体（个人）评选推荐方案和《镇江市深化新时代更高水平文明城市建设行动纲要（2021—2023 年）》，听取推荐评选 2021 年江苏省劳模和先进工作者工作汇报，听取市关工委工作汇报，听取市扶贫"三会"工作汇报	3 月 15 日
第 8 号	学习习近平总书记在中央财经委员会第九次会议上的重要讲话精神，研究庆祝中国共产党成立 100 周年活动安排相关事项，会议还研究其他事项	3 月 23 日
第 9 号	学习习近平总书记在福建考察时的重要讲话精神，听取全面依法治市工作汇报，研究并原则通过《法治镇江建设规划（2021—2025 年）》《镇江市法治社会建设实施方案（2021—2025 年）》，学习全国和省疫苗接种工作部署电视电话会议精神，研究并原则通过《"七一"前市委常委会党史学习教育集中学习会学习计划》等党史学习教育有关文件，研究并原则通过《关于加强新时代退役军人工作的实施意见》，会议还研究其他事项	4 月 9 日
第 10 号	学习习近平总书记在清华大学考察时的重要讲话精神，听取党史学习教育工作汇报，听取全市政法队伍教育整顿工作汇报，听取一季度全市经济运行情况汇报，听取《镇江市扬尘污染防治条例》制定情况汇报，研究并原则通过全市抗击新冠肺炎疫情表彰推荐对象名单，研究并原则通过入股江苏信保集团方案	4 月 22 日
第 11 号	学习习近平总书记在博鳌亚洲论坛 2021 年年会开幕式和领导人气候峰会上的重要讲话精神，传达学习中共中央政治局委员、国务院副总理胡春华到镇江考察时的讲话精神，传达学习全国全省产改工作会议精神，传达学习省委统战工作领导小组专题会议精神，研究《镇江市行业协会商会专项整改提升行动实施方案》，研究防汛抗洪省级表彰推荐名单，听取党建考核工作汇报，研究《关于在全市开展助力镇合意服务先锋行的行动方案》，会议还研究其他事项	4 月 29 日
第 13 号	学习习近平总书记在广西、河南考察和中共中央政治局第二十九次集体学习时的重要讲话精神，传达学习国家和省安全生产工作有关会议精神，听取全市安全生产工作汇报，传达学习全省农业农村工作座谈会精神，研究并原则通过《长江三角洲区域一体化发展规划纲要镇江实施方案》等文件，听取全市生态环境保护工作汇报	5 月 19 日
第 14 号	学习习近平总书记在两院院士大会和中国科协第十次全国代表大会上的重要讲话精神，听取全面从严治党汇报，学习2021 年度省综合考核办法，研究全市 2021 年度综合考核"1＋5"文件，会议还研究其他事项	6 月 4 日
第 16 号	学习习近平总书记在庆祝中国共产党成立 100 周年大会上的重要讲话精神，研究市第八次党代会代表名额分配建议及选举安排，会议还研究其他事项	7 月 5 日
第 18 号	学习习近平总书记在中共中央办公厅《关于贯彻新发展理念专项督查调研的情况报告》上的重要批示和该报告精神，学习中共中央、国务院《关于新时代加强和改进思想政治工作的意见》精神，传达学习省委、省政府应对新冠肺炎疫情有关会议精神，听取全市贯彻落实工作汇报，研究市委七届十四次全会方案和工作报告，会议对防汛防灾工作做出强调	7 月 22 日
第 20 号	学习习近平总书记在中央财经委员会第十次会议上的重要讲话精神，研究并原则通过《镇江市"十四五"重点产业发展规划》，研究并原则通过《关于开展富民强村帮促行动接续推进乡村全面振兴的实施方案》，听取全市食品安全工作汇报，听取全市产改工作汇报，研究并原则通过《中共镇江市人大常委会党组关于做好市和各市（区）、镇三级人民代表大会换届选举工作的意见》，研究并原则通过《关于深化司法责任制综合配套改革的实施意见》，研究并原则通过《2020 年镇江市本级决算草案》，会议还研究其他事项	8 月 20 日
第 21 号	学习习近平总书记在河北承德考察时的重要讲话精神，研究全市出席省第十四次党代会代表候选人初步人选，会议还研究其他事项	8 月 31 日
第 24 号	学习习近平总书记在中央党校（国家行政学院）中青年干部培训班开班式上的重要讲话精神，研究并原则通过《关于坚决遏制"两高"项目盲目发展的实施方案》，研究并原则通过《关于进一步推进镇江市服务业改革开放促进高质量发展的实施方案》，会议还研究其他事项	9 月 9 日
第 25 号	传达贯彻全省市域治理现代化试点工作推进会精神，会议还研究其他事项	9 月 16 日
第 26 号	传达学习习近平总书记在陕西榆林考察时的重要讲话精神，传达学习省长吴政隆在镇江检查调研时的讲话精神，讨论七届市委报告和七届市纪委工作报告，听取市第八次党代会议程、日程和市委七届十五次全会议程汇报，会议还研究其他事项	9 月 24 日
第 27 号	学习习近平总书记在中央人才工作会议上的重要讲话精神，传达贯彻省委涉粮问题专项巡视巡察动员部署会议精神，听取全市粮食购销工作汇报，传达学习全省海外引才工作推进会会议精神，学习省委办公厅《关于贯彻〈中国共产党统一战线工作条例〉的实施方案》精神，研究《镇江市法治宣传教育第八个五年规划》《镇江市"八五"普法规划实施意见》，研究《镇江市全面推行林长制工作方案》，研究《关于发展壮大新型农村集体经济的实施意见》，会议还研究其他事项	10 月 11 日
第 28 号	学习习近平总书记在中央人大工作会议上的重要讲话精神，研究并原则通过《贯彻落实市第八次党代会〈报告〉重点任务分解方案》，研究并原则通过《镇江市贯彻落实省第二十安全生产巡查组反馈意见整改方案》，研究并原则通过《关于进一步减轻义务教育阶段学生作业负担和校外培训负担的实施方案》《镇江市规范民办义务教育发展实施方案》，听取《镇江市住宅物业管理条例》《镇江市人民代表大会常务委员会关于加强跨市域轨道交通运营和执法管理若干问题的决定》制定情况汇报，听取市法学会换届筹备工作汇报，研究并原则同意全省乡村振兴先进集体和先进个人表彰推荐名单，研究并原则同意全市脱贫攻坚暨对口帮扶支援合作工作表扬推荐名单，研究并原则同意 2020 年市级防汛抗洪先进集体和先进个人表扬推荐名单，会议还研究其他事项	10 月 26 日
第 29 号	学习习近平总书记在中共中央政治局第三十四次集体学习时的重要讲话精神，传达贯彻全国、全省政协系统党建工作经验交流会精神，学习中共中央《关于加强新时代检察机关法律监督工作的意见》精神，研究并原则通过《中共镇江市委关于贯彻落实〈中国共产党领导国家安全工作条例〉的实施办法》，研究并原则通过《镇江市"十四五"科技创新规划》，听取全市生态环境工作汇报，会议还研究其他事项	11 月 1 日
第 30 号	学习党的十九届六中全会精神，传达学习省委副书记、代省长许昆林在镇江调研时的讲话精神，传达学习省委关于换届风气监督工作有关精神，研究并原则通过《关于贯彻〈中国共产党统一战线工作条例〉的实施办法》，会议还研究其他事项	11 月 15 日

续表 4－1

纪要文号	主要内容	会议时间
第 31 号	学习习近平总书记在第四届中国国际进口博览会开幕式上的重要讲话精神，传达学习省委十三届十一次全会精神，传达学习中央巡视办关于市级巡察机构在上下联动中更好发挥作用试点调研座谈会会议精神，听取全市人才"镇兴"行动实施情况汇报，研究并原则通过《镇江市"十四五"人才发展规划》《2021 年度"金山英才"产业强市领军人才引进计划支持方案》，听取进一步加强和改进市（区）委党校（行政学校）工作汇报，会议还研究其他事项	11 月 19 日
第 34 号	学习中央、省委经济工作会议精神，学习习近平总书记关于食品安全工作的重要论述，传达学习全省 2021 年度年终综合考核工作动员部署会会议精神，讨论市委八届二次全会方案和工作报告，听取市人大常委会 2022 年度立法计划编制情况汇报，听取市九届人大一次会议、市政协九届一次会议筹备工作汇报，会议对加强基层人大、政协工作力量等人大、政协有关工作做出强调，会议还研究其他事项	12 月 25 日
第 36 号	学习习近平总书记在中国文联第十一次全国代表大会和中国作协第十次全国代表大会开幕式上的重要讲话精神，传达学习全国老干部工作先进集体、先进个人表彰大会精神，传达学习省委人才工作会议精神，听取全市疫情防控工作汇报，研究并原则通过《镇江市"十四五"生态文明建设规划》，听取全市安全生产工作汇报，听取全市信访工作汇报，听取市级机关党建工作和全市作风效能工作汇报，研究中共二十大代表酝酿推荐事宜，会议还研究其他事项	12 月 31 日

（符　浩）

·组织工作·

【概况】 2021 年，镇江市各级组织部门落实中央、省委、市委决策部署，为推动镇江党员干部人才"跑起来"、投身"三高一争"新实践提供组织保证。

政治建设工作。学习贯彻中共十九届六中全会、省第十四次党代会精神，引导党员干部把捍卫"两个确立"、做到"两个维护"作为最高政治原则。开展庆祝中国共产党成立 100 周年系列活动，深化"重走习近平总书记视察路"教学行动，为 1.8 万名"光荣在党 50 年"老党员拍摄政治纪念照。出台《党委抓换届风气监督工作责任清单》，全年违反换届纪律"零报告"。推动"政治体检"贯穿考察全过程，中共中央组织部推介镇江市换届考察做法。镇江市 3 名全国"两优一先"推荐对象全部入选。

干部队伍建设工作。完成市县乡领导班子换届，市（区）党政班子完成年轻干部配备要求，中共中央组织部《组工信息》同期刊用镇江市 2 例做法。制定"三项机制"（干部鼓励激励、容错纠错、能上能下机制）细则，向省委组织部报送案例 105 个，比上年增长 38%。开展"一创八争"［县处级领导班子争创"忠诚团结创新担当好班子"，各市（区）党政正职争当"发展富民好搭档"、市级机关部门"一把手"争当"服务基层好班长"、镇（街道、园区）正职争当"扎根一线好先锋"、市属国有企业正职争当"转型升级好标兵"、市管事业单位正职争当"又红又专好行家"、所有副职领导干部争当"勇于担当好助手"、村（社区）党组织书记争当"头雁领航好支书"、"两新"组织党组织书记争当"融合发展好能手"］活动，启动公务员"三强三比加速跑"（强使命、强责任、强本领；比履职、比争先、比服务；激情加速跑，跑出个人更佳风采、跑出集体更优形象、跑出社会更好氛围）主题活动，考录报名初审工作在全省会议上作交流发言。选派 188 名机关干部驻村任第一书记、103 名优秀年轻干部到经济一线、艰苦岗位挂职锻炼。

基层建设工作。推进"抓党建促乡村振兴"工作，赵亚夫获评全国脱贫攻坚楷模，对口帮扶渭南工作组获评全国脱贫攻坚先进集体。农村基层党建标准化项目获国家市场监督管理总局认定党建项目唯一国家级试点。落实"两在两同"建新功行动，1.1 万名党员志愿者开展"敲门行动"。完成当年发展党员指标计划，中共中央组织部《党建研究》刊载镇江市相关做法。154 个"书记项目"全部结题，组建功能型支部、服务先锋队，开设"红色专窗"，《中国组织人事报》报道句容现代农业产业党建联合体做法。人才"镇兴"行动启动，入选省"双创计划"人才比上年增长 170%。　（朱　涛）

【庆祝中国共产党成立 100 周年"两优一先"推荐评选工作】 2021 年，镇江市开展庆祝中国共产党成立 100 周年"两优一先"推荐评选工作。全市评选 99 名优秀共产党员、100 名优秀党务工作者和 100 个优秀基层党组织，入选省优秀共产党员 5 人、优秀党务工作者 4 人、先进基层党组织 5 个，入选全国"两优一先"推荐对象 3 个。（参见第 46 页）　（王志诚）

【省、市党代表选举工作】 2021 年，镇江市按照"自下而上、上下结合、反复酝酿、逐级遴选"办法，经酝酿推荐、联审、考察、公示等程序，选举产生 450 名镇江市第八次党代会代表和 40 名出席省第十四次党代会代表。其中，市党代会代表中，各级领导干部占 62%，各类专业技术人员占 23%，各条战线先进模范人物占 13%，解放军、武警部队代表占 2%。代表中，工人代表不少于 5%，农民代表不少于 2%，女代表不少于 26.1%，年龄在 50 岁以下的代表占 50% 以上。省党代表中，各级领导干部 25 人，占 62.5%；生产和工作一线人员 15 人，占 37.5%。各类专业技术人员 10 人，占 25%。各条战线先进模范人物 5 人，占 12.5%。女党员 12 人，占 30%。50 岁以下的党员 25 人，占 62.5%。　（王志诚）

2021 年镇江市党员和党组织情况表

表 4－2

单位	党员队伍(人)					发展党员(人)				基层党组织(个)			
	党员数	女党员	少数民族党员	35 岁以下	大专文化以上	发展数	女党员	35 岁以下	大专文化以上	总数	党委	党总支	党支部
市直	46138	15932	803	18846	38794	5507	2779	5083	2125	2661	96	286	2279
中共丹阳市委	55253	11103	59	9803	23610	1035	482	716	877	2917	217	116	2584
中共句容市委	38073	8818	68	7167	16661	950	374	683	781	1954	97	216	1641
中共扬中市委	23906	6032	24	4655	12027	679	241	517	623	1236	118	66	1052
中共丹徒区委	21654	5567	58	3739	9335	698	330	454	586	1130	67	97	966
中共京口区委	16296	5614	211	2224	8791	350	177	221	308	694	63	31	600
中共润州区委	13290	4240	200	2087	7222	390	210	268	343	632	76	33	523
中共镇江新区工委	12427	2971	48	2655	6075	600	192	422	536	628	41	48	539
中共镇江高新区工委	2161	486	22	379	1038	102	40	62	83	146	11	7	128
合　计	229198	60763	1493	51555	123553	10311	4825	8426	6262	11998	786	900	10312
所占比例(%)	100	26.51	0.65	22.49	53.91	100	46.79	81.72	60.73	100	6.55	7.5	85.95

（市委组织部组织处）

【市县乡换届工作】 2021 年，镇江市完成 6 个市（区）党委换届工作，市委提名的 64 名党委班子成员全部当选，268 名出席镇江市党代会的代表全部当选，实现年轻干部、女干部等结构性配备要求。市第八次党代会中新一届市“两委”委员和出席省第十四次党代会代表全部当选。市委八届一次全体会议选举马明龙、徐曙海、巩海滨、秦海涛、詹立风、李迎久、许文、陈可可、宋祥林、张娟、周凯为市委常委；马明龙为市委书记，徐曙海、巩海滨为市委副书记。全会通过市纪委八届一次全体会议选举结果，宋祥林任市纪委书记。（李绍华　祝　嵩）

【“助力‘镇合意’，服务先锋行”行动】 2021 年，镇江市以“两红一优”（组织红，项目建支部；党员红，服务当先锋；环境优，惠企办实事）助力“产业强市”一号战略。市县两级建立 120 余个功能型党支部，覆盖全市所有亿元以上新招引项目。组建 18 支“镇合意”服务先锋队，设立 10 个线上、线下红色专窗，组织 72 个市级机关部门党组织与全市 72 家重点企业党组织结对共建。帮办项目总投资为 517 亿元，推进解决重难点问题 40 余个，结对帮扶企业 135 次，解决难题 213 个。（王志诚）

【“两新”组织党务工作者专业化建设】 2021 年，镇江市印发《关于加强全市非公有制企业和社会组织党务工作者专业化建设的实施意见》《全市非公有制企业和社会组织党务工作者专业资格认证管理办法》，各市（区）结合实际制定落实办法及配套政策“1＋N”文件，构建“四级五专”“两新”组织党务工作者体系。先后召开部署会、培训会、推进会，开展“两新”组织党务工作者资格等级认证，评定初、中、高级党务工作者 470 余人，市场化选聘专职党务工作人员 54 人。实施队伍长效管理 5 项举措，编印《镇江市“两新”组织党务工作者专业化建设工作手册》，建设 8 个党务工作者之家，实施高级党务工作者绩效项目化管理，推动 24 个“两新”工委委员单位建立党建联系点，开展 50 项服务创新试点项目。（杨　阳）

【公务员管理工作】 2021 年，镇江市强化公务员队伍规范管理，出台《关于科级及以下公务员交流的若干规定》，印发《关于开展公务员“三强三比加速跑”主题活动的实施意见》。全年，全市各级机关面向社会公开招录 412 人，招录定向考录人员 37 人；培训新录用公务员和新任职科级公务员 400 余人次，培训基层公务员 400 余人次，培训科级及以下 1 万余人次。开展全市规范公务员工资津补贴工作。（公务员处）

【干部监督工作】 2021 年，镇江市召开全市换届风气监督工作会议，出台《党委抓换届风气监督工作责任清单》。各级组织部门细化分解工作方案，成立换届风气监督工作组，制作编印《严肃换届纪律文件选编》《严肃换届纪律提醒卡》《严肃换届纪律承诺书》等。开展第一轮选人用人专项检查，开展个人有关事项报告专项提升行动，编印《填报指南》对干部进行书面培训。全年组织 1124 人进行集中填报，186 人集中补报，查核个人有关事项 339 人次，查核一致率比上年增长 6.1%。（刘嘉畅）

【综合考核工作】 2021 年，镇江市制定 2021 年度“1＋5”综合考核政策文件，以 1 个办法管年度、5 个方案管指标，增加产业强市“公示栏”、营商环境“通报制”、债务化解“贡献度”、真抓实干“创新力”4 个专项加减分项，规范指标管用，健全管控机制。市委、市政府主要领导先后 7 次专题研究综合考核工作，考核牵

头部门开展“四不两直”督查10余次,“清单式”解决问题50余个。 (朱健宇)

【人才“镇兴”行动】 2021年,镇江市启动实施人才“镇兴”行动。出台“1+2+3”(《关于实施人才“镇兴”行动建设人才集聚福地的若干意见》、“金山英才”“聚镇”计划、“政策一本通”“服务一窗办”“权益一码清”)人才新政,举办各类招才引智活动93场,建设人才工作站225家。有效申报国家级人才25人,入选1人;入选省“双创计划”人才24人、团队1个;入选省“333工程”第六期培养对象192人;新引进市“金山英才”产业强市领军人才92人,民生保障领军人才72人;新选拔市第六期“169工程”人才1357人;新引进大专以上学历人才3.86万人,其中本科以上学历1.91万人。“中国城市人才吸引力”排名由第55名上升至第41名。

(王如东)

【市级机关党建工作】 2021年,镇江市市级机关有基层党组织76个,其中,机关党委48个、党总支12个、党支部16个;党员9525人(预备党员124人),女党员1899人,少数民族党员118人。大专以上学历党员6511人,占党员总数68.3%;35岁以下党员1700人,占比17.8%;离退休党员2767人,占比29%。

党员教育培训。向51个基层党组织发放党史学习教育指定教材10371套;举办党史学习教育市级机关专场报告会,开展专题学习研讨;举办市级机关党建成果展;举办6期市级机关“初心·使命·担当”讲坛,推进“两在两同”建新功、“双争”活动;开展“不忘初心、奋力奔跑”庆祝建党百年主题征文活动;举办市级机关“品味书香·畅享悦读”主题读书分享会和市级机关“学百年党史 开一流新局”党史知识竞赛;举办“红心向党 争做模范”市级机关文艺会演和“百年奋斗路、奔跑‘镇’当时”主题党日活动;组织800名机关党员干部在烈士陵园参加“清明祭英烈”活动和烈士纪念日公祭活动;组织机关党员干部到南京参观“百年征程 初心永恒——中国共产党在江苏历史展1921—2021”;在徐州、六安、茅山等地举办市级机关作风效能、党务干部、意识形态工作培训班,培训机关党务干部240人次;开展“‘两在两同’建新功、文明健康进万家”志愿服务行动,组织101个单位在20条主次干道开展集中文明引导行动,推动市级机关73个部门与45个社区结对共建,帮助解决群众“急难愁盼”问题;开展“全民艺术普及进机关”活动,开办各类培训班32课次,培训机关党员200余人。

意识形态工作。落实市级机关意识形态领域情况分析研判制度。强化“学习强国”学习平台使用的日常督促工作。强化镇江机关党建网站建设。发布微信公众号42期,编发各类党建信息336条。组成5个督查组对市级机关57个党委(党组)理论学习中心组学习情况开展巡学旁听。

党建助推解难题。开展“助力‘镇合意’,服务先锋行”活动,组织72个部门与72个重点企业结对,帮办项目投资总额超230亿元,为企业解难题560多个。开展志愿服务,推动市级机关76个党组织落实疫苗接种工作;开展禄口机场往返人员摸排工作。组织2400多名党员志愿者下沉20个镇街140多个社区,服务一线开展“敲门行动”。组织市级机关100多名党员志愿者参加新冠肺炎疫情防控应急演练。组织101个单位在20条主次干道开展集中文明引导行动。

组织规范化建设。制定实施《2021年度机关党建目标管理考核指标》,共3类25条,征集机关党建和业务工作融合发展优秀案例30个。选举产生出席市第八次党代会代表57人。召开基层党建“书记项目”推进会,推动市级机关35个党组部门实施“书记项目”。组织星级支部创建和评先评优工作,新增15个“四星”先进党支部。评选60名优秀共产党员、20名优秀党务工作者和20个先进基层党组织,命名60个党员示范岗和40个市级机关示范党小组,评选10个争创模范机关先进单位。组织市级机关5个代表队参加全市第十六届运动会。开展线上“慈善捐款”,捐款647.95万元。

作风效能建设。深化机关作风效能建设,修订作风效能目标考核实施细则。加强社会监督员队伍建设,组织开展营商环境专项监督和“七心”优质服务体验检查。加强正向激励,开展“三个争创”工作。

廉政建设。组织纪检监察干部参观党风廉政警示教育馆和党性教育馆。纪监工委依托镇江机关党建微信公众号发布廉政教育信息30余篇。开展专题作风督查4次。完善经费内审。规范案件审理,推进案件会商机制,与派驻纪检监察组开展案件会商20余次,审理违纪违法案件78起。 (丁纳微)

·宣传工作·

【概况】 2021年,镇江市宣传思想文化战线围绕“举旗帜、聚民心、育新人、兴文化、展形象”的使命任务,围绕开局“十四五”、开启新征程主基调,围绕庆祝中国共产党成立100周年主线,推进高质量文化发展、创造高品质文化生活、实施高效能文化治理,为建设“强富美高”新镇江提供思想文化保障。

思想理论武装。推动党委(党组)理论学习中心组制度化、规范化建设,举办中心组学习会6153场。组织“学党史 悟思想 办实事 开新局”专题读书调研活动,形成300余篇理论成果。开展冬训骨干培训班、专题讲座等100余场次,开设冬训“情境课堂”4000余场,录制党员冬训微视频100余部,开放网络实时直播、视频点播功能。依托双"十百千"理论宣讲团队,举办专题宣讲3000余场次,参与人员20余万人次。立项社科应用研究精品工程选题177项、专项研究课题291项。《江苏智能农机装备产业高质量发展研究》获省委书记吴政隆批示,"镇江实现'双碳'达标路径研究"等被列入2021年度省市协作项目选题。

舆论宣传工作。围绕长三角区域一体化发展、大运河文化带建设、产业强市等省市重大战略,开展宣传报道。全年,《新闻联播》《人民日报》报道镇江28次,《新华日报》用稿347篇,其中头版稿件63篇,江苏广电总台用稿1200余篇,省级主要媒体网站、新媒体平台用稿5200余篇。建立市外媒体良性合作机制,举办"春风又绿江南岸"市外媒体见面会,推出"家在镇江""爱在镇江""走进镇江"城市外宣品牌,组织镇江外事好礼发布活动,上线"iZhenjiang"海媒账号。深化赛珍珠文化品牌建设,举办"三方四国"赛珍珠国际学术研讨会。出台《关于加快推进媒体深度融合发展的实施方案》,推动4家县级融媒体中心提质增效。"学习强国"镇江学习平台上线,PC端和手机客户端同步开放,适龄党员注册覆盖率100%,学习参与度约90%。召开新闻发布会47场。

精神文明建设。开展"我推荐我评议身边好人"活动,发布"大爱镇江"品牌建设项目,承办江苏省道德模范与身边好人(镇江·丹阳)现场交流活动,建成一批"好人公园""好人广场""好人一条街"。建立全民推荐、跟踪培育、立体宣传、学习礼遇4项机制,培树江苏"最美基层共产党员"刘树安、江苏"最美教师"汪素英、江苏"最美法治人物"周秀琴等优秀典型。制定《镇江市深化新时代更高水平文明城市建设行动纲要(2021—2023年)》,组织2018年度—2020年度市级文明系列单位评选,开展"文明进万家"群众性创建活动。推动新时代文明实践中心(所、站)建设全覆盖,"'八礼四仪'养成教育课程"入选全省中小学社会实践基地特色课程,丹阳市乡村"复兴少年宫"建成开班。命名镇江市文明行业101个、文明单位603个、文明社区146个、文明校园142个、文明镇28个、文明村198个。

文学艺术事业。由镇江市出品的音乐剧《九九艳阳天》青春版在全国巡演;锡剧《太平洲上》获省文化艺术基金并登上省"紫金文化艺术节"舞台,全年巡演50余场次。镇江市推出图书《中国精神》,广播剧《金剪刀》《写给大地的情书》,纪录片《陈光甫》等一批作品。扬剧《茶山女人》获第五届江苏省"文华大奖",小扬剧《革命媳妇》获第五届江苏省"优秀节目奖"。农村题材电影《寻人启示录》在全国公映,扶贫题材电影《彩云深处》(2020年12月)获评中国国际儿童电影展"我最喜爱的中国故事片"。举办第九届镇江文心阅读节、第四届"米芾杯"青少年书法大赛;组织第十一届江苏书展镇江分展场、"书香八进"评选、"优秀阅读推广人"评选等全民阅读活动;建成3座"阅读e栈"、6家乡镇影院;组织参加省第五届"紫金合唱节",获"优秀组织奖"等5个奖项。推动"乡村(社区)文艺播种计划",开展文艺志愿课程800余次,超13万人次接受培训。

意识形态工作。深化意识形态领域"668"工作模式,制定意识形态工作"责任清单""任务清单",对10个市级单位、4个镇(街道)进行专项检查,对8个县市(区)、6个重点部门和8所在镇江高校进行专项督查,把落实意识形态工作责任制情况纳入党史学习教育巡回指导内容。举办意识形态工作专题培训班2次;指导推动各市(区)开展意识形态工作专项检查、专项督查;建立意识形态工作专项检查人才库。

(于芳 凌霄 刘尧 孔鑫)

【"文化金山"IP品牌暨新媒体矩阵】 2021年,镇江市汇聚全市文化资源,搭建"文化金山"微信公众号等媒体矩阵。推出《千年文脉》《风雅之城》《国潮国风》三大子栏目。上线"一眼千年"(历史人文)、"呦呦鹿鸣"(文艺评论)、"书法之城"(书画展览)、"金山文化艺术节"(活动动态信息)、"诗酒年华"(诗词文学)、"席间花影"(摄影及影像)、"听见青螺"(有声书籍)等文化板块,同步上线"文化金山"微视号、抖音号、微博官方号等。(高小琪)

【镇江市庆祝中国共产党成立100周年文艺演出】 2021年,"红心向党 奔跑镇江"镇江市庆祝中国共产党成立100周年文艺演出举行,该演出以音舞、诗画、歌咏以及群众广场文艺演出为主体形式,分为序"觉醒"、上篇"人间正道"、中篇"红色礼赞"、下篇"还看今朝"4个部分,讴歌中国共产党走过的百年辉煌历程。市各界党员干部、群众4000余人参与文艺演出。(高小琪)

【"百年风华·镇出发"献礼建党百年群众歌咏大会系列活动】 2021年3月—6月,中共镇江市委宣传部组织各乡镇、街道自下而上举行一系列歌咏比赛及展演活动,先后举办11场比赛、展演,1万余名群众参与。6月5日,总决赛暨颁奖典礼在西津音乐厅举行,华彩飞扬合唱团、园丁合唱团获团队组一等奖;杨文、刘洋获个人组一等奖;张涛、孔得裔组合获"最佳风度奖"。(高小琪)

【乡村(社区)文艺播种计划】 2021年,镇江市梳理610个村约620项文艺需求,组建300余人的市、县(区)两级文艺志愿者队伍,开展800余次文艺志愿课程,超13万人次接受文艺志愿服务。在"金山文化艺术·国际旅游节"期间推出"焕彩之城"板块,将各市

（区）文艺播种计划成果展演由村（社区）、乡镇（街道）改至市一级进行以赛代演。（高小琪）

【2021 年度重大文艺创作生产项目资助申报工作】 2021 年，中共镇江市委宣传部印发《关于组织 2021 年度镇江市重大文艺创作生产项目资助申报工作的通知》，鼓励全市文艺工作者围绕庆祝中国共产党成立 100 周年等重要时间节点，以讴歌党、讴歌祖国、讴歌人民、讴歌英雄为主题开展文艺创作，通过遴选、签订协议进行扶持，并对上年度项目进行结项审批、审核监督，资助文艺作品 21 部，发放资金 60.5 万元。（高小琪）

【“金山文化人才”引进培养计划】 2021 年，镇江市制定《镇江市金山文化人才计划实施办法（试行）》，将文化人才引进培育设立“金山文化名家”“金山文化英才”“金山文化优青”3 个层次，划定社科理论、新闻出版、文化艺术、文化创意 4 个主体专业领域，计划在“十四五”期间引进 20 名左右高层次领军人才，培养 80 名～100 名本土优秀人才。2021 年，引进文化领军人才 3 人，择优选拔首期培养人才 63 人。（蒋　立）

【先进模范评选活动】 2021 年，镇江市开展“我推荐我评议身边好人”与“微美人物”评选活动，推荐产生“中国好人”4 人、“江苏好人”18 人，评选产生“镇江好人”40 人、镇江市“微美人物”38 人。4 月，镇江市启动第八届全国和江苏省道德模范申报工作，糜林获评“全国诚实守信模范”；张叶宏获评“江苏省助人为乐模范”；吕汉成、施文进、高贵芬获江苏省道德模范提名奖。其中糜林是镇江市第一位“全国诚实守信模范”。7 月 31 日，句容市天王镇唐陵村党委书记刘树安获评江苏“最美基层共产党员”。9 月 23 日，镇江实验学校官塘分校教师汪素英获评江苏“最美教师”。10 月，镇江市组织开展“2021 大爱镇江年度人物”评选活动，10 人（团队）获评“2021 大爱镇江年度人物”（镇江市道德模范），10 人（团队）获“2021 大爱镇江年度人物提名奖”。12 月 16 日，镇江新区丁卯街道人民调解员周秀琴获评江苏“最美法治人物”。（张金强）

【第七届金山文化创意设计大赛】 2021 年 9 月 23 日，由中共镇江市委宣传部、市文广旅局等 7 个部门主办的 2021 镇江市第七届金山文化创意设计大赛启动。赛事分文创产品、公益传播、建筑及环境、工业设计、服装设计等类别，同时特设“十佳‘最镇江’文创设计奖”。大赛收到作品 1590 件，比上年增长 16.8%。大赛评出“金山创意设计奖”金山奖（金奖）2 人、银山奖（银奖）9 人、玉山奖（铜奖）11 人、优秀奖 100 人；“十佳‘最镇江’文创设计奖”10 人，“金山大学生创意奖”60 人。（张　萌）

【江苏省道德模范与身边好人（镇江·丹阳）现场交流活动】 2021 年 6 月 25 日，江苏省道德模范与身边好人（镇江·丹阳）现场交流活动在丹阳市举行。活动分为乐善丹阳、和美丹阳、诚信丹阳、毅勇丹阳、敬业丹阳 5 个篇章，现场发布 6 月“江苏好人榜”、“新时代江苏好少年”名单。江苏省委宣传部副部长、省文明办主任葛莱出席活动。（张金强）

【2021（第十五届）中国镇江金山文化艺术·国际旅游节】 2021 年 9 月 29 日，2021（第十五届）中国镇江金山文化艺术·国际旅游节在金山景区开幕。（参见第 174 页）（高小琪）

【“百年风华——第四届‘米芾杯’国际青少年书法大赛”】 2021 年，“百年风华——第四届‘米芾杯’国际青少年书法大赛”在江苏镇江中国米芾书法公园主赛场，北京、上海、西安、绍兴等分赛场及 70 余处分赛点举办。（参见第 271 页）（高小琪）

【志愿服务】 2021 年，镇江市印发《关于进一步深化新冠肺炎疫情防控志愿服务专项行动的通知》《全市疫情防控志愿服务活动指引（40 条）》《镇江市新冠肺炎疫情防控志愿者招募公告》。10 月 23 日，“共同守护精神家园”2021 镇江大运河文化保护志愿者日系列活动在西津渡鉴园广场启动。活动持续一个月，包括大运河文化进校园巡回讲座、“古道·今生——寻访大运河记忆”短视频大赛、“江河交汇·我爱运河”全市少儿书法大赛、“古运文脉”丹阳运河文化书法篆刻作品展等多项活动。镇江市社会儿女公益服务社入选“2020 年度全国学雷锋志愿服务最佳志愿服务组织”、润州区金山街道西津古渡社区入选“2020 年度全国学雷锋志愿服务最美志愿服务社区”。扬中市“一双球鞋的暴走”助学志愿服务项目和句容市“绿梦”生态文明志愿服务项目，在 2021 年江苏省志愿服务展示交流会中分别获银奖和铜奖。镇江市助苗公益志愿服务队志愿者杨志江等 4 人、丹阳市蒲公英关爱留守儿童志愿者协会等 3 个组织、润州区金山街道杨家门社区等 2 个社区分别入选 2021 年度江苏省优秀志愿者、优秀志愿服务组织、优秀志愿服务社区。“戎南楼”、镇江市蓝天救援队、镇江市三院“畅快呼吸”志愿服务项目、丹阳经济开发区锦湖社区等 50 个先进典型入选 2020 年度镇江市学雷锋志愿服务先进典型。（王景英）

【未成年人思想道德建设】 2021 年，镇江市“‘八礼四仪’养成教育课程”入选全省中小学社会实践基地特色课程。张禹谟等 3 人获评“新时代江苏好少年”，董宇翔等 81 人入选 2021 年镇江市“新时代好少年”。全市 42 所中小学被认定为 2019—2021 年度江苏省文

明校园(中小学),142 所中小学被认定为 2018—2020 年度镇江市文明校园。（王景英）

【新时代文明实践所(站)建设】 2021 年,镇江市印发《关于健全完善新时代文明实践中心建设工作市级推进制度机制》和《开展镇江市新时代文明实践站示范站建设工作》。截至 2021 年 11 月底,建成新时代文明实践中心 8 个、新时代文明实践所 47 个、新时代文明实践站 646 个,实现全覆盖。（张金强）

【文明城市创建工作】 2021 年 4 月 26 日,中共镇江市委、市政府召开深化全国文明城市创建动员部署大会,表彰镇江市全国文明城市创建工作先进集体 50 个、先进个人 60 人。同年,镇江市印发《镇江市深化新时代更高水平文明城市建设行动纲要(2021—2023 年)》,该纲要明确 5 大方面、20 项重点任务,聚焦道德内涵建设、文明风尚培育、城市精神塑造等方面,旨在深化长效管理、精细管理,推动建设信仰坚定、崇德向善、文化厚重、和谐宜居、全域协调、常态长效的文明城市,以及推动创建人民满意的全域全国文明城市群,提高社会文明程度,实现“十四五”时期全市精神文明创建提质。（孔　鑫）

【“扫黄打非”工作】 2019 年 3 月,中共镇江市委宣传部职能配置、内设机构经过调整,承担市“扫黄打非”工作领导小组办公室的日常工作。2021 年,承办国家级督办案件 2 件,核查涉嫌境外寄递非法出版物线索 8 起,组织专项检查 80 余次,查办案件 63 起,收缴非法违禁出版物 7400 余件,润州区西津渡社区获评全国“扫黄打非”基层示范点。（凌　霄）

· 统战工作 ·

【概况】 2021 年,镇江市委统战部以习近平新时代中国特色社会主义思想为指导,学习贯彻《中国共产党统一战线工作条例》(以下简称《条例》),召开市委统战工作领导小组会议和市委民族宗教工作领导小组会议。

大统战工作格局建设。镇江市委常委会专题研究统战工作 9 次,市委、市政府主要领导参加统战活动 16 次,市委书记对统战工作批示“很好”11 次。开展党史学习教育,举办“同心向党 砥砺前行”镇江统一战线庆祝中国共产党成立 100 周年图片展,举办党史学习教育报告会 26 场。推动《条例》学习、宣传、贯彻,市委常委会、市委统战工作领导小组、市委理论学习中心组分别召开会议专题学习《条例》,举办全市统战干部学《条例》专题培训班,在《镇江日报》、统战部网站开辟学习贯彻《条例》专栏,出台《条例》贯彻实施办法。

多党合作工作。完成民主党派市级组织换届,市各民主党派领导班子 34 名人选均全票当选;首次举办全市民主党派骨干成员培训班,市委书记以“民主党派讲政治”为题主讲开班第一课。制定《2021 年度中共镇江市委与市各民主党派政治协商计划》,召开专题民主协商会、通报会 5 次。提升民主党派参政议政工作质效,提交各类提案议案 530 余件,部分提案内容被吸纳到市委市政府的政策文件中。

民营经济工作。开展“五送五助”民营企业服务活动并将其纳入全市“十四五”规划、市委常委会 2021 年工作要点和市委深改委 2021 年重点工作;召开“五送五助”民营企业服务月总结暨常态化推进部署会,并出台《关于常态化开展“五送五助”民营企业服务活动的意见》。实施“扬帆计划”推动 4 家民营企业 A 股上市。成立非公经济综合服务中心,创办《非公经济信息速递》简报,开展“优化营商环境 365 行动”。邀请全国工商联副主席谢兴荣出席“中国礼赠品企业 100 强(镇江)峰会”。承办“民营企业家心向党 新长征路上奋力跑”万人重走长征路活动。举办市年轻一代民营企业家培训班。

民族宗教工作。承办全省“颂百年党恩 永远跟党走”政策法规宣讲会;打造“0511 石榴镇红”民族工作服务品牌,为民族村争取乡村振兴补助资金 400 万元,帮助少数民族特需商品定点生产企业申请贴息贷款 180 余万元。开展非法宗教活动依法治理。支持举办江苏佛学院(本部)项目建设奠基仪式。开展全市宗教界庆祝中国共产党成立 100 周年“百年芳华沐党恩”主题活动。市道教协会完成换届工作。

侨务工作。举办“2021 海外华侨华人高层次人才江苏行暨华侨华人创新创业镇江洽谈会”,签约 5 个落地项目;举办镇江国际菁英创业大赛海外赛区选拔赛。举办“江山月明 · 侨海情深”2021 年镇江侨界迎中秋文艺演出,向 1000 余人寄送市委书记和市长联名的《致镇江在外乡贤的一封信》。承办中共江苏省委统战部“为侨企服务系列活动”镇江专场,举办“凝侨聚力 服务发展”侨资企业家沙龙暨人社政策专场活动;开展“暖侨关爱——送医进侨企义诊”活动,召开中医惠侨工作推进会。

党外知识分子、新的社会阶层工作。召开市无党派人士党外知识分子主题教育推进会,打造党外知识分子实践教育基地。开展“学条例 学楷模 产业强市跑起来”主题日活动。承办江苏省“新阶层儿女心向党”庆祝中国共产党成立 100 周年主题活动,印发《2021—2025 年镇江市新的社会阶层代表人士培训规划》,举办全市党外知识分子、新的社会阶层人士培训班,打造西津渡统战特色示范街区,开展自由职业人员统战工作。

中国港澳台工作。组织澳门镇江联谊会到粤港澳大湾区开展参观考察;组织香港镇江同乡会义工队开展“撑全国人大决定 完善选举制度”街站签名活动；邀请“澳苏大学生阳光成长”2021年文化交流营到镇江交流；开展澳门镇江联谊会成立3周年庆祝活动；举办2021台湾大学生镇江实习就业体验营。

欧美工作。承办省欧美同学会“法律知识大讲堂”，开展“产业链+法律服务”等品牌活动，邀请丹麦王国驻华大使馆卫生参赞到镇江参观考察。

机关建设工作。开展“机关干部下基层”活动；领办“解难题”项目5件，办结率100%；组建“学亚夫、做亚夫”先锋团队3个，推进镇江市富民强村帮促行动。推进“苏统云”平台建设推广工作。全年报送各类信息400余篇，其中，中央级刊物采用7篇，中共中央办公厅采用2篇，《我国多党合作的基本经验》被中央统战部《调研参考》采用；编发18期《镇江统战工作专报》。（赵正杰）

【镇江统一战线庆祝中国共产党成立100周年图片展】 2021年6月30日，“同心向党 砥砺前行”——镇江统一战线庆祝中国共产党成立100周年图片展在市民大厅开展。市委书记与市委统战部“光荣在党50年”纪念章获得者代表共同为图片展揭幕。图片展设15组展板、295张图片，以“同心圆”的形式展现镇江统一战线同心向党、风雨同舟、砥砺奋进的历程。（赵正杰）

【江苏省“新阶层儿女心向党”庆祝中国共产党成立100周年主题活动】 2021年5月20日，江苏省“新阶层儿女心向党”庆祝中国共产党成立100周年主题活动在镇江举行。活动分“红色礼赞”“信念·开创新天地”“党旗·引航新阶层”“号角·奔跑新时代”等篇章，并举行系列活动。中共中央统战部、中共江苏省委统战部、中共镇江市委部分领导出席活动并为首批“江苏省新的社会阶层人士统战工作实践创新示范基地”授牌。全省各设区市统战部门负责人，省、市新的社会阶层人士联谊会代表等参加活动。（赵正杰）

·台湾工作·

【概况】 2021年，面对新冠肺炎疫情和复杂多变台海形势，镇江市对台工作坚持把服务中央对台工作大局和服务全市经济社会高质量发展紧密结合起来，发挥镇江、台湾融合发展新优势，工作有成效。

经贸合作。制定《市委台办2021年度招引活动计划》和《镇江市台资招引工作评价办法》，开展项目招引。全年邀请7批次、200人次台企台商到镇江考察，商谈投资合作事宜；组织招商人员到上海、苏州、昆山等台资密集区对接台企台商、宣传镇江；举办2021镇江·长三角台商投资推介会；举办2021台商中秋座谈会。全年实到台资4800余万美元；协议台资1.8亿美元。全市台企全年销售（营业）收入400多亿元，比上年增长42.3%；纳税总额30多亿元，比上年增长42.3%。

交流交往。举办“明月千里寄相思 我在镇江好想你”2021镇台中秋联谊活动、“吴韵汉风·云聚江苏”2021海外台湾青少年“云中看江苏”网上冬令营活动、“相约醋都 放飞梦想”2021台湾大学生镇江实习就业体验营活动等；组织在镇江台胞到延安参加红色游，组织8名台谊会骨干到世业洲参加“重走总书记视察路”活动；邀请台属参加“我把青春献给党”主题演讲比赛。

惠台服务。开展“镇惠台”品牌创建工作，推动“有问题到台办，到了台办马上办”“365天全天候服务”“台企台胞求助事项有求必应”等政策实施。开展镇江市台资企业疫情防控暨安全生产宣传月活动；举办台企能源“双控”（能源消费强度和总量双控制度）说明会；推动解决台资企业申请台商基地更改土地性质、用水超标、环保验收等难题；帮助台资企业申请成功第130届广交会展位。全年受理涉台权益保护求助35件，办结率100%。（祝锦江）

2021年台湾重要团组考察访问镇江情况表

表4-3

到访日期	重要团组及领队	参观访问内容
7月14日	“相约醋都 放飞梦想”2021台湾大学生镇江实习就业体验营一行30人	创业实习
9月1日	全国台企联常务副会长、江苏工作区区长陈锦龙一行2人	经贸考察
9月15日	镇江、台湾两地举办中秋联谊活动迎佳节叙亲情活动线上线下百余人	民间交流
12月23日	2021海外台湾青少年“云中看江苏”网上冬令营线上近80人	青年交流

（祝锦江）

【2021镇江·长三角台商投资推介会】 2021年11月1日，中共镇江市委、市政府举办2021镇江·长三角台商投资推介会。全国台湾同胞投资企业联谊会以及上海、江苏、浙江等地的70余名台商参会。会上，镇江市为招引台资工作顾问颁发聘书；12个台资项目集中签约，总投资额超30亿元，涉及文创产业园、高端塑胶新材料、芯片设计及制造、眼镜电商研发生产等多个产业领域；台商代表做交流发言。（李强华）

【2021镇江台湾中秋联谊活动】 2021年9月15日，2021镇江台湾中秋联谊活动在镇江西津渡历史文化

街区举办。活动以“明月千里寄相思 我在镇江好想你”为主题，以线上、线下互动的方式，开展中秋联谊。活动中，《月亮代表我的心》《白蛇传》等节目参加演出；镇江、台湾两地亲人通过微信视频连线互致中秋佳节的问候；在镇江台商代表分享在镇江生活、工作、学习的感受。全市台商、台胞、台属和镇江有关家庭代表等百余人参加活动。台湾中国统一联盟首任主席、《观察》杂志社社长、台北镇江同乡会会员纪欣等参加线上交流活动。 （章邦勇）

【“云中看江苏”网上冬令营】 2021 年 12 月 23 日，2021 海外台湾青少年“云中看江苏”网上冬令营活动在镇江江南中学开营。活动历时 9 天，美国、加拿大、菲律宾、马来西亚等国家的近 80 名台湾青少年参加。冬令营以“吴韵汉风 · 云聚江苏”为主题，活动内容包括文博篇、汉文化篇、非遗篇、美食篇、山水文化篇等 7 个专题，通过网上授课、互动、完成作业等形式，对营员们进行文化课程辅导，帮助营员们体验中华优秀传统文化魅力，提高学习汉语和中华文化的兴趣。 （龚文斌）

· 机构编制工作 ·

【概况】 2021 年，镇江市推进党政机构改革、事业单位改革，统筹配置各类编制资源，为全市发展提供体制机制保障。

2021 年，镇江市推进开发区去行政化改革试点工作。完成《全市开发园区机构和管理体制改革实施意见》的起草，在体制上去行政区化，管理上去机关化，运行上去“固化、僵化”，赋予开发区更多经营、用人和分配的自主权。调查各类开发区、功能园区的数量规模、空间布局、产业定位、未来发展方向等情况，研究机构设置、人事管理及职能配置模式，发挥主园区对各功能园区的规划布局、产业定位、土地资源的统一安排功能，推动“小散低”园区撤并整合，推动园区集约集聚发展。

2021 年，镇江市被省委编办确定为开发区权力清单编制试点市之一，并完成开发区权力清单编制试点工作。镇江经开区、丹阳经开区承担具体试点工作，镇江经开区完成权力清单 11 个职能机构 2704 项权力编制工作。市委编办组织和指导各市（区）委编办开展并完成镇（街道）权力清单编制工作，经市（区）政府常务会议审议通过后以政府名义印发。

2021 年，镇江市开展 2020 年度事业单位信用等级评价工作，组织 10 个监管部门对全市事业单位进行信用等级评价，完成 2020 年度事业单位年度报告公示工作。在《镇江市事业单位登记管理标准化规范》基础上，重新细化并制定《镇江市事业单位登记管理规定》和《镇江市事业单位分支机构赋码办法》。全年办理事业单位设立登记 7 家，变更登记 64 家，注销登记 14 家。 （李　凯）

【“大数据 + 指挥中心 + 综合执法”新模式】 2021 年，镇江市整合分散在多部门或部门内设机构及其所属事业单位的执法职责，推进部门领域内，以及跨领域、跨部门（城市管理、生态环境、交通运输、农业、文化市场、应急管理、市场监管等）的综合执法改革，解决多头执法和权责不明等问题。完成市域治理现代化指挥中心验收，推动机构升格为正处级。运用新信息技术推动管理理念、管理手段、管理模式创新，推进城市治理体系和治理能力的现代化，构建共建、共治、共享的市域治理体系新格局。 （李　凯）

【机构编制规范化管理工作】 2021 年，镇江市委编办牵头构建“1 + N”机构编制政策制度体系，在机构编制评估检查工作方面，对教育、卫生、发改等 8 个部门开展评估检查；在机构编制核查工作方面，开展全市第二次机构编制核查工作；在计划管理工作方面，根据部门编制申请，制定用编计划和编外用工指标。市委编办建立周转编制管理机制，运用核定临时性、过渡性的行政编制帮助部分市级部门解决因机构整合等原因长期满编、超编，人员结构性矛盾突出，重点领域、重点工作人员队伍不平衡、不充分的问题。 （李　凯）

· 老干部工作 ·

【概况】 2021 年，镇江市老干部工作在《中国组织人事报》《中国老年报》等媒体报道 30 余次，在省级会议上 2 次做经验交流，1 人获评全国老干部工作先进工作者。

镇江市委老干部局组织离退休干部收看庆祝中国共产党成立 100 周年大会；举行 10 场离退休干部专题报告会，学习习近平总书记重要讲话精神和中共十九届六中全会精神。新建“永远跟党走”党建墙，开展“熔铸”“五个红色”“回首百年路，助跑加速度”等主题党日 3000 余场。市银发宣讲团开展“你点单，我宣讲”宣讲 500 余场，参与群众 2 万余人次。开展“百名老党员对话新青年”“百名大学生对话百名银发先锋”“曦 · 夕”行动等活动。办结“我为群众办实事”项目 10 余件，相关做法被《人民日报》客户端、党史学习教育官网报道。镇江市委老干部局获全国涉老工作部门庆祝建党 100 周年暨党史学习教育宣传工作优秀奖。

镇江市委老干部局召开市离退休干部党建工作议事协调会议，分批试点党员记实管理，获评省、市“两优一先”4 个，省“双百佳”9 个；召开老干部党建融入城市基层党建推进会 3 场，新建支部 30 余个；实行“集中述职+三步考评”机制，推动支部建设。分6类建立536人的全市银发人才库，建成市级中心1个、县级中心12个、基层分中心39个；建立高校老年人才服务中心，获评全省老干部工作创新“最佳项目”。实施“银辉闪耀”项目89个，评选27个市级优秀项目并进行奖补。开展“百名银发人才服务百个企业”“百名老专家助力乡村振兴”“百名教授老区行”等活动。退休干部孙国忠推动引进20亿元大项目；百岁老干部姜佩芳慈善捐赠20万元。　（黄志清）

【老干部助力社区治理】 2021年，镇江市出台《镇江市发挥老干部作用助力社区治理指导意见》，构建老干部部门与机关企事业单位、街道社区统筹联动机制。对123个市级示范党支部集中授旗“支部+志愿服务分队”，建成30个社区“银辉驿站”，举办3场志愿服务能力提升培训班，开展“百支团队助力社区治理”活动1000余场。　（黄志清）

【老干部服务工作】 2021年，中共镇江市委、市政府主要领导为老党员颁授“光荣在党50年”纪念章。镇江市委老干部局组织300余名老干部参加“建党百年、见‘镇’发展”参观考察活动，并上门慰问异地居住离休干部。做好离休干部“三有一落实”工作，提供医疗保健、健康咨询、精神慰藉等服务，落实提高享受医疗待遇、提高生活补贴和高龄护工费补贴标准等政策。市老干部活动中心推进“政治、文化、服务”建设，建成“红色印记”摄影棚，开展老干部智能技术培训100余场，并赠送1000份喜马拉雅阅读礼包。镇江市老干部活动中心获评“江苏省文明单位”。由市关工委、市委老干部局选送的原创诗剧《长大后，做赵爷爷一样的人》获全省庆祝中国共产党成立100周年老少同台节目展演特等奖。　（黄志清）

·史志工作·

【概况】 2021年，镇江市史志系统开展党史编研、方志编修、年鉴编纂、宣传教育等各项工作。党史工作方面，推进《中国共产党镇江历史（第三卷）》编写，截至2021年年底，完成初稿汇编工作；编印《镇江党史学习教育地图册》；举办镇江市红色资源调研普查工作部署会。志鉴编纂方面，完成《美丽镇江·一馆三千年》地方全史简明读本印刷出版，推进《江河交汇 群星璀璨——镇江籍院士风采》《我在，我们在——2020镇江抗疫实录》出版工作；指导全媒体《江苏名村·下甸村志》《江苏名镇·下蜀镇志》编纂工作；推动《镇江市工商业联合会 镇江市总商会志》《镇江茶叶志》《镇江公安志》等编纂工作；编纂、出版《镇江年鉴（2021）》《镇江图鉴（2021）》。信息宣传方面，发挥中共镇江地方史馆、镇江方志馆（以下简称“两馆”）宣传教育作用，开展“党史馆里学党史”活动；4月—12月，相关报道获“学习强国”学习平台转载5次、中央电视台播报1次。“两馆”入选镇江党史研学精品线路、省妇联发布的“江苏亲子红色研学线路”。市史志办、市委网信办、共青团市委联动开展“打卡地图学党史，传承思想献爱心”主题网络活动和红色地图“镇”研学——镇江市“暑期青少年党史学习不间断”活动等。“两馆”挂牌“镇江市党外知识分子实践教育基地”“镇江市社科普及基地”“市级机关党建文化示范点”。市史志办组织各市（区）申报、命名第一批镇江市党史教育基地，推荐上海战役总前委旧址纪念馆入选第三批江苏省党史教育基地。　（宗晨婕）

2021年镇江市离休干部情况表

表4－4　　单位：人

单位	离休干部总人数	参加革命工作时期				享受待遇情况							
		红军时期	抗战前期（1937年7月7日至1942年12月底）	抗战后期（1943年1月1日至1945年9月2日）	解放战争时期（1945年9月3日至1949年9月底）	享受副省长级医疗待遇	享受地（厅）级待遇	享受副地（厅）级待遇	享受地（厅）级医疗乘车待遇	享受副司局级医疗待遇	享受县（处）级待遇	享受副县（处）级待遇	享受科级及以下待遇
镇江市	621	—	22	73	526	14	1	1	36	53	11	251	254
市直单位	352	—	9	46	297	10	1	—	28	23	11	162	117
丹阳市	92	—	4	10	78	1	—	1	7	8	—	18	57
句容市	54	—	4	4	46	1	—	—	—	7	—	21	25
扬中市	31	—	1	4	26	—	—	—	1	4	—	9	17
丹徒区	48	—	3	5	40	1	—	—	—	7	—	21	19
京口区	25	—	1	3	21	1	—	—	—	3	—	13	8
润州区	15	—	—	—	15	—	—	—	—	—	—	7	8
镇江新区	4	—	—	1	3	—	—	—	—	1	—	—	3

（黄志清）

【第一批镇江市党史教育基地命名】 2021年4月9日，镇江市史志办命名第一批镇江市党史教育基地，分别是：上海战役总前委旧址纪念馆、句容市烈士陵园、新四军句容抗日斗争历史陈列馆、句容第一农村党支部——大支里党支部旧址、扬中市渡江文化园、上党镇烈士陵园。 （宗晨婕）

【百名党员"夜读党史"系列活动】 2021年4月12日，《夜读党史——百名党员读镇江党史》庆祝中国共产党成立100周年特别栏目在"一起镇江"App正式上线。市史志办提供包括《中国共产党镇江史第一卷（1919—1949）》《中国共产党镇江历史第二卷（1949—1978）》《镇江改革开放实录》等党史资料，形成100篇文稿；市文广集团组织100名党员进行诵读。该活动总阅读量40万余人次，文稿被"学习强国"学习平台采用75篇。 （宗晨婕）

【"点亮红色镇江"全媒体新闻行动启动仪式】 2021年4月23日，由镇江市史志办公室、镇江日报社联合开展的"奋斗百年路 启航新征程"——"点亮红色镇江"全媒体新闻行动启动仪式在"两馆"举行。对照《镇江党史学习教育地图册》，报社记者选取采访点位，走访革命历史纪念设施、遗址和爱国主义教育基地，采取纸媒图文、视频号、抖音直播相结合的报道方式，开展党史学习教育。同时，镇江市史志办公室、镇江日报社联合向社会各界推荐"镇江党史研学精品线路"。 （宗晨婕）

【"红领"联合志愿讲解团成立暨党史讲解志愿服务启动仪式】 2021年4月28日，"红领"联合志愿讲解团成立暨党史讲解志愿服务启动仪式在"两馆"举行。"红领"联合志愿讲解团由共青团润州区委和城建集团、华润燃气公司、市港口发展集团、索普集团、中行镇江分行、中船动力公司6家市级国有企业团委共同建设成立。"红领"联合志愿讲解团以"两馆"为主阵地，以党史志愿讲解为主要形式，组织党员、团员青年宣讲地方党史。 （宗晨婕）

【《镇江党史知识简明读本》首发暨《风雨百年 逐梦征程——镇江党史文献纪录片》首映仪式】 2021年6月30日，《镇江党史知识简明读本》首发暨《风雨百年 逐梦征程——镇江党史文献纪录片》首映仪式在"两馆"举行。《镇江党史知识简明读本》内容包括"铁军"精神等时代精神7种、党史事件27件、英雄楷模59人、革命遗址70多个以及党史研学精品线路3条，含照片50多张、文字约10万字。《风雨百年 逐梦征程——镇江党史文献纪录片》时长57分钟，分"星火·燎原""红心·向党""凝心·聚力""江山·人民"4个篇章，展现中国共产党在镇江地区萌芽、建立、发展和壮大的过程。 （宗晨婕）

【《镇江年鉴》创刊30周年暨《镇江图鉴》《美丽镇江·一馆三千年》首发】 2021年12月31日，由镇江市史志办公室主办的《镇江年鉴》创刊30周年暨《镇江图鉴》《美丽镇江·一馆三千年》首发式在"两馆"举行。活动中，市史志办介绍《镇江年鉴》创刊30周年和《镇江图鉴（2021）》《美丽镇江·一馆三千年》编辑出版及"两馆"运营管理等有关情况，并向各市（区）史志部门、学校、社区、企业等单位赠书。《镇江年鉴》1992年创刊，至2021年连续出版30部，总字数3000多万字，累计发行7万多册。《镇江图鉴（2021）》是市史志办首次编辑出版，围绕镇江市经济、政治、文化、社会、生态文明建设"五位一体"总体布局，以落实创新、协调、绿色、开放、共享五大发展理念取得的突出成就为主线，以"跑动镇江"为主题总领6个篇章，展现全市年度发展的情况；《美丽镇江·一馆三千年》是由"两馆"展陈内容编辑形成的地方全史简明读本。 （宗晨婕）

【史志成果"六进"活动】 2021年，镇江市史志办开展史志成果"进社区、进学校、进乡镇、进军营、进企业、进机关"活动，赠送史志成果进官塘桥社区、索普

图4-1 2021年4月28日，"红领"联合志愿讲解团成立暨党史讲解志愿服务启动仪式举行 （宗晨婕 供稿）

集团、八叉巷小学、宝塔路小学、中华路小学、句容市白兔镇中心村等。4 月，在中华路小学设立“红色读物”图书角，成立中华路小学红领巾党史宣讲团，为红领巾宣讲员讲授《镇江的革命斗争史(1919—1949)》培训课程。 （宗晨婕）

·党校工作·

【概况】 2021 年，镇江市委党校(市行政学院)学习贯彻习近平新时代中国特色社会主义思想，落实习近平总书记关于党校办学治校系列重要讲话指示精神，推进各项工作。市委党校获江苏省党校(行政学院)系统第十届优秀科研工作组织奖。

教育培训工作。市委党校举办主体班 13 期，对外培训班 101 期，完成干部教育 8100 人次。全年“线上＋线下”全渠道干部教育培训超 20 万人次。开展领导干部上讲台 9 次，开设新专题 49 讲，培训满意度为 98%；举办各类备课会 10 场。党性教育中心服务党员群众 8900 人次。开展志愿宣讲 360 场，服务群众 35000 人次。“党校云学”“高清在线课堂”点播量超 15 万次。开展“四史”教育，推出“四史”专题库 40 讲、“立体党课”14 讲；升级党史实境教学线路 5 条，服务学员 1300 人次。发布“党史星分享”16 讲，组织红色经典进高校系列活动。举办“建党百年研学视听大课堂”“中共党史人物肖像展”等活动。承办外地到镇江、垂直系统到镇江培训班 16 期。强化调研，形成镇江高质量发展主题方面成果汇编 7 册，并获市委主要领导批示。

科研资政工作。全年市委党校立项各级、各类课题 131 项，其中省级以上课题 13 项。发表各级、各类论文 149 篇，其中，省级以上 68 篇，3 篇在《学习时报》刊登。出版专著 1 部，编印干部教育读本 1 本。获全省党校(行政学院)系统第十届优秀科研成果二等奖 2 项、三等奖 1 项，优秀科研工作组织奖 1 项，优秀科研管理工作奖 2 项，优秀决策咨询二等奖 2 项、三等奖 2 项；获省委研究室调研报告优秀奖 1 项；获评全省党校(行政学院)系统第十届省委党校优秀课题 2 项。编报《决策参考》7 期，某内参获市委主要领导批示 7 次。全年上报信息 60 余篇，被省委信息专报采用 2 条。建立市情研究共研共享机制，举办市情研究工作方法与经验交流会，开展学科工作坊活动 7 场、重点课题调研活动 8 场，新聘 5 名校外特约研究员。 （宋凌宇）

【红色经典进高校】 2021 年 5 月 29 日，“信仰·力量·希望”党校联盟红色经典进高校系列活动正式启动，市委党校联合 6 所驻镇江高校开展红色经典进高校系列活动。在江苏科技大学、江苏大学、江苏航空职业技术学院和江苏科技大学深蓝学院开展巡讲(播放)等活动，内容包括音乐剧《九九艳阳天》、歌舞《在党的旗帜下》、电影党课《我和我的信仰——中国共产党辉煌百年光影记忆》、党课《中国共产党的百年奋斗历程》等，线下及线上收看人数 11 万余人次。5 月—12 月，通过“党校云学”等线上渠道，面向社会大众推出红色经典学习资源，并免费送课 40 余节。 （宋凌宇）

【“学四史、守初心”——发展壮大党校红色阵地联盟交流研讨会】 2021 年 6 月 9 日，由中央党校学习时报社与中共镇江市委联合举办的“学四史、守初心”——发展壮大党校红色阵地联盟交流研讨会在镇江市委党校举行。中央党校学习时报社社长许宝健、省委党校(省行政学院)常务副校(院)长桑学成出席会议。武汉、吉安、古田、韶山、延安、石家庄、常州、镇江的 8 家党校与会代表围绕合作发展进行交流研讨；中央党校学习时报社副总编辑何忠国，中国浦东干部学院教授、上海市党建研究会特邀研究员吴涛作点评。同时，与会代表一行重走习近平总书记视察镇江路，考察镇江经典红色阵地资源，现场听取赵亚夫讲授《坚守为农民服务的初心》。 （宋凌宇）

【《镇江很有前途》读本首发】 2021 年 12 月 29 日，《镇江很有前途》读本首发式在镇江市委党校举行。该书由市委党校牵头，联合近 30 家机关企事业单位合编，并由江苏人民出版社出版发行。该书以习近平总书记视察镇江时寄语“镇江很有前途”为统领，以“讲好镇江故事，读懂城市精神”为主线，立足镇江经济、社会、文化等方面，从“希望之城、创业之城、幸福之城、大爱之城、绿色之城、文化之城、美丽之城、英雄之城”8 个方面记录镇江广大干部群众践行习近平总书记嘱托的实践。 （宋凌宇）

·档案工作·

【概况】 2021 年，镇江市档案工作有新进展。全年接收 26 万余卷、17 万余件档案进馆，各级综合档案馆和城建档案馆馆藏总量 209 万余卷、163 万余件，其中，市档案馆馆藏 279603 卷、370236 件。全市档案馆接待社会各界利用者 1.8 万余人次，查阅档案数量 5.3 万卷(件)、提供复制件 37 万余张，其中，市档案馆查档 1176 人次，查阅 12913 卷(件)，提供复制件 10314 张。编制并印发《镇江市档案事业发展“十四五”规划》。10 月，国家档案局副局长付华带队到镇江市开展档案工作综合检查。

依法治档工作。市档案局定期维护网上权力事项,办理事项融入“一网通办”。开展“互联网 + 监管”,全年报送 78 条行政检查数据。开展档案执法检查 6 次,做好行政执法公示、执法全过程记录、行政执法决定法制审核等工作。利用“八五”普法、“6·9”国际档案日等活动,开展新《中华人民共和国档案法》知识宣传。

服务大局工作。完成精准扶贫档案移交进馆工作,中国共产党为接管镇江形成的调研材料《镇江概况》等 6 组档案入选“江苏省百件红色珍档”。全年全市档案部门独立或联合编印图书 7 册,拍摄制作《档案里的红色记忆》《六十年青春路》等 9 部纪录片。市档案馆摄制的纪录片《陈光甫》在中央电视台等媒体播放,该片获“第 27 届中国纪录片学术盛典”长片十优作品称号。完成国家档案局“抗日战争档案汇编”重点项目《高彦文抗战日记档案汇编》四卷本和《馆藏民国时期句容抗战财产损失、人员伤亡、日军在句容罪行调查档案》两卷本的编纂工作。开展庆祝中国共产党成立 100 周年档案系列宣传活动。

档案工作规范化建设。全市各级综合档案馆以省档案业务建设评价为切入点,按照考核标准评价 4 大类 70 条标准,逐条对照,查漏补缺,市档案馆通过省规范档案馆验收;市档案局以规范化创建为突破口,通过典型引领、统一标准、业务培训、督促检查,带动全市档案工作补短板、强弱项、破难题、提质量。全年 35 家单位档案室完成等级测评验收,其中,创建省四星级档案室 3 家、省三星级 12 家、省二星级 20 家。

档案信息化建设。创成省数字档案室 3 家,其中,AAAA 数字档案室 1 家、AAA 数字档案室 2 家。全年各级档案馆新增数字化扫描 231 万余页,全市各档案馆平均数字化率为 83%。丹阳建立覆盖所有乡镇的远程查档系统,实现“就近查档、异地出证”。

档案队伍建设。组织开展档案培训 18 次,参训 1200 余人次。市档案局与市档案馆联合举办档案基础业务培训和信息化专题培训。新增档案初级职称 14 人、中级职称 20 人、高级职称 5 人。

重大活动和重要事件档案管理。市档案部门专题发文部署,梳理年度活动清单,包括中国共产党成立 100 周年、党史学习教育、新冠肺炎疫情防控、产业强市、乡村振兴、第八次党代会等,明确活动档案的处置要求、责任部门、完成时间;同时,除纸质材料外,重视对照片、音视频、实物等档案的归档。 (吉星昇)

【档案工作首次被纳入市级机关部门单位综合考核】 2021 年,镇江市档案工作被纳入市级机关部门单位高质量考核的作风效能范畴,明确对存在档案违法违规事件以及重大安全风险隐患整改不到位的单位进行扣分。市档案部门组织对全市 73 家机关单位开展考核检查,完成考核工作,推动市级部门档案工作规范化。 (吉星昇)

【1 项案例获全国经济科技档案资源开发利用案例二等奖】 2021 年,镇江市报送的国网镇江供电公司案例“奋楫笃行续辉煌——档案讲述五峰山大跨成长的光辉历程”获国家档案局经济科技档案资源开发利用案例二等奖。该案例从档案视角讲述 60 多年里,一代代江苏电网人与“长江电力哨兵”五峰山大跨越之间的故事。 (吉星昇)

【句容馆藏 4 件档案入选“江苏省百件红色珍档”】 2021 年,句容市档案馆馆藏的 4 件红色档案入选“江苏省百件红色珍档”,分别是中共茅山工委副书记洪天诚宣传“和平、民主、团结”政策的亲笔信(1947 年 4 月)、新四军茅山留守处江句分处《告民众书》(1947 年 6 月)、中国人民解放军布告(1949 年 4 月)和全国脱贫攻坚楷模赵亚夫档案(1978 年—2020 年),入选数量列全省县级档案馆之首。 (吉星昇)

镇江市人民代表大会

·综　述·

【概况】 镇江市第九届人民代表大会代表名额为 355 人;各市(区)人民代表大会、解放军驻镇江部队军人代表大会选举产生市人大代表 351 人。经市八届人大常委会代表资格审查委员会审查,确认 351 名代表资格全部有效。2022 年 1 月以后,曹丽虹(女)、张新祥调离该市,根据代表法的有关规定,2 人代表资格终止。至市九届人大一次会议,实有代表 349 人。完成省人大常委会交办的各项任务,受省人大委托征求法规草案意见 14 次,围绕年度重点工作到各市(区)和镇江新区、镇江高新区调研 100 多次。

2021 年,镇江市人大常委会开展“服务‘三高一争’、助力产业强市”人大行动。举办优化营商环境专题询问会,办理“关于加快镇江创新资源整合优化”议案,督办“做大做强文化旅游产业”等重要建议,组织 312 国道产业创新走廊和官塘创新社区建设专题考察;出台《国民经济和社会发展计划审查监督暂行办法》,监督《中华人民共和国外商投资法》等政策执行情况。开展“荣誉市民”评选,20 人获镇江市“荣誉市民”称号。助力乡村振兴全面实施,督办相关重要建议,调研《江苏省农民专业合作社条例》实施情况,监督《镇江市农村公路条例》执行情况,围绕集体经济发展等工作开展调研。助推生态环境改善，制定《镇江市扬尘污染防治条例》，审议市政府环境工作报告，开展《中华人民共和国固体废物污染环境防治法》执法检查，调研长江经济带废弃露天矿山生态修复情况。

2021 年，镇江市人大常委会做好换届选举工作，开展换届选举专题培训；市人大、中共镇江市纪委监委、市委组织部等联合开展督导，全市选举产生镇人大代表 2218 人、各市（区）人大代表 1399 人。组织“镇江立法，请您来点单！”活动，镇江市人大、南京市人大协同制定《关于加强跨市域轨道交通运营和执法管理若干问题的决定》，完成《镇江市节约用水条例》第一次审议。开展“房屋安全”“农贸市场管理”立法调研，建成全省人大首家“江苏省研究生工作站”。提升治理效能，审议“七五”普法工作情况报告并作出关于“八五”普法决议；听取市纪委监委关于整治群众反映强烈问题的专项工作报告；审议“两院”涉法涉诉信访案件处理情况，首次开展员额法官、检察官述职评议；听取市政府关于宗教事务管理工作的汇报，出台《规范性文件备案审查办法》《关于推行街道议政代表会制度的实施意见》。

图 4－2　2021 年 5 月 21 日，镇江市人大常委会开展“12345”政务服务热线调研　（赵敬敬　供稿）

2021 年，镇江市人大常委会开展“12345”政务服务热线调研，组织网络公开征集活动 12 次、代表小组活动 72 次，收到群众意见 1000 余条；“五级人大代表统一接待选民日”活动现场接待选民 7741 人、收集意见建议 4480 件。审议预算执行情况、国有自然资源资产管理情况报告，制定《关于进一步加强审计查出突出问题整改情况监督的实施意见》。出台《镇江市住宅物业管理条例》，“二次审议”《中华人民共和国安全生产法》和《江苏省安全生产条例》执法检查意见落实情况，开展《中华人民共和国精神卫生法》执法检查，推进《镇江市消防条例》实行。推动办好群众身边事，市八届人大六次会议上提出的 241 件建议全部办结，其中 170 件获解决，解决率 70.5%；开展八届代表建议办理“回头看”，制定《镇江市民生实事项目人大代表票决制实施办法（试行）》，审议民生实事完成情况报告，开展群众满意度测评。　（赵敬敬）

【“民呼我应”主题实践活动】　2021 年 4 月 8 日，镇江市人大常委会召开“民呼我应”主题实践活动动员大会。“民呼我应”主题实践活动由听民声、察民情、问民需、办民事 4 个板块、40 项系列活动组成。市民把自身诉求反映给所在选区的人大代表、人大代表联络工作站、镇江人大网《民呼我应》专栏等。其中，属于人大职能的，人大系统主动办理；属于其他部门职能的，及时进行交办、督办、协办、联办等，并做好跟踪推动。12 月 16 日，市人大常委会召开“民呼我应”主题实践活动总结大会，省人大常委会副秘书长、办公厅主任曹远剑参加会议。　（赵敬敬）

· 重要会议 ·

【市八届人大六次会议】　2021 年 1 月 19 日—22 日，镇江市八届人大六次会议举行，会议应到代表 354 人，实到代表 345 人，组成 8 个代表团。会议举行 3 次全体会议、4 次主席团会议。会议表决通过王常生请求辞去镇江市八届人大常委会副主任、市八届人大财政经济委员会主任委员，丁羽如请求辞去镇江市八届人大常委会秘书长的职务案，并宣读相关决定。会议补选孙晓南、薛峰、卜晓放为镇江市八届人大常委会副主任，宋祥林为镇江市监察委员会主任，张伟清为镇江市八届人大常委会秘书长，卫锁宏、毛健、胡高云为镇江市八届人大常委会委员。会议表决通过镇江市八届人大法制委员会、财政经济委员会、监察和司法委员会、社会建设委员会主任委员人选名单。

会议听取和审议《政府工作报告》《镇江市人民代表大会常务委员会工作报告》《镇江市中级人民法院工作报告》《镇江市人民检察院工作报告》，审查和批准《镇江市 2020 年国民经济和社会发展计划执行情况及2021年国民经济和社会发展计划草案的报告》《镇江市2020年预算执行情况和2021年预算草案的报告》《镇江市国民经济和社会发展第十四个五年规划和二〇三五年远景目标纲要》,并做相应决议。

会议收到市人大代表提出的议案和建议242件,其中"关于加快镇江创新资源整合优化,全力支撑产业'强起来'"被确立为议案,交市人大常委会审议决定。其余241件作为建议处理,其中,"统筹'三山一湖一渡'景区管理,做大做强我市文化旅游产业""加强垃圾综合处置能力建设""加快住宅物业管理立法""精准帮扶重点群体,确保就业形势总体稳定""支持民营企业发展,壮大镇江税源经济""提升农业产业园区发展水平"等6件为重要建议,交由市人大常委会主任会议处理。

（赵敬敬）

2021年镇江市人大常委会会议情况表

表4－5

时　间	会议名称	会议内容
1月12日	市八届人大常委会第三十一次会议	会议补选马明龙、徐曙海为江苏省第十三届人民代表大会代表;听取和审议关于评选优秀市人大代表、优秀代表小组组长、优秀议案和建议、市人大代表活动先进小组的情况报告,并通过评选结果;讨论市人大常委会工作报告(讨论稿),市八届人大六次会议主席团和秘书长、主席团常务主席、副秘书长等建议名单,市八届人大六次会议选举办法(草案)、有关专门委员会主任委员人选通过办法(草案);审议通过代表资格审查报告,市八届人大六次会议列席人员名单,市人大常委会各工作委员会、新区工作委员会2020年度书面工作报告;表决通过有关人事任免
3月12日	市八届人大常委会第三十二次会议	会议听取和审议"关于加快镇江创新资源整合优化,全力支撑产业'强起来'"议案的处理意见,并通过有关决议;审议通过市人大常委会2021年工作要点;表决通过有关人事任免
4月28日	市八届人大常委会第三十三次会议	会议邀请全国人大环境与资源保护委员会法案室原主任、宁波大学特聘教授翟勇专题解读《中华人民共和国长江保护法》;听取和审议市政府2020年环境状况和环境保护目标完成情况及依法打好污染防治攻坚战情况的报告;审议《镇江市扬尘污染防治条例(草案)》,表决通过《镇江市扬尘污染防治条例》,并报请省人大常委会批准;表决通过有关人事任免
6月28日	市八届人大常委会第三十四次会议	会议审议市政府关于提请审议《镇江市住宅物业管理条例(草案)》的议案;听取和审议市人大常委会执法检查组关于检查《中华人民共和国固体废物污染环境防治法》实施情况的报告;审议"两院"涉法、涉诉信访处理情况书面报告;表决通过《市人大常委会规范性文件备案审查办法》和有关人事任免
8月25日	市八届人大常委会第三十五次会议	会议听取和审议市政府关于2020年镇江市本级决算草案的报告、镇江市2020年度市本级预算执行和其他财政收支的审计工作报告,表决通过关于批准2020年镇江市本级决算的决议;审议市政府关于镇江市2021年上半年国民经济和社会发展计划执行情况、上半年预算执行情况的书面报告;听取和审议全市关于"七五"普法实施情况暨"八五"普法启动工作的报告,表决通过关于开展第八个五年法治宣传教育的决议;听取和审议关于提请审议《关于市和各市(区)、镇三级人大换届选举决定(草案)》的议案,并表决通过相关决定;听取和审议市政府关于产业链和创新链融合发展推进情况的报告;审议全市教育高质量发展情况的书面报告;表决通过有关人事任免
9月23日	市八届人大常委会第三十六次会议	会议听取关于各市(区)人大代表名额具体分配方案的说明,审议各市(区)人大代表名额分配方案,表决通过相关决定;听取和审议市人大常委会任命的部分法官、检察官履职情况的报告,对履职情况进行满意度测评
10月27日	市八届人大常委会第三十七次会议	会议听取和审议魏红军等16名省人大代表的履职报告,并进行测评;听取和审议市监委关于整治群众反映强烈问题工作情况的报告;听取和审议市政府关于2020年国有自然资源资产管理情况的专项报告;听取和审议市政府关于《中华人民共和国安全生产法》和《江苏省安全生产条例》执法检查意见落实情况的报告;听取和审议关于《镇江市住宅物业管理条例(草案)》审议结果的报告,表决通过《镇江市住宅物业管理条例》;听取、审议和表决通过《镇江市人大常委会关于进一步加强审计查出突出问题整改情况监督的实施意见》和《镇江市国民经济和社会发展计划审查监督暂行办法》;听取、审议和表决通过《镇江市人民代表大会常务委员会关于加强跨市域轨道交通运营和执法管理若干问题的决定》;听取和审议《镇江市节约用水条例(草案)》;听取和审议《镇江市人民政府关于提请审议2021年镇江市"荣誉市民"拟授荣名单的议案》,表决通过《关于授予2021年镇江市"荣誉市民"称号的决定》;审议市政府关于2020年国有资产管理情况的书面综合报告、关于检查《中华人民共和国精神卫生法》实施情况的书面报告;表决通过关于接受郭建辞去镇江市副市长职务请求的决定、关于任命秦海涛为镇江市副市长的决定、关于接受汤小夫辞去镇江市中级人民法院院长职务请求的决定、关于刘亚军代理镇江市中级人民法院院长的决定以及其他人事任免
12月29日	市八届人大常委会第三十八次会议	会议听取和审议关于市八届人大六次会议代表建议办理情况的报告;听取和审议市政府提请审议《2021年镇江市本级预算调整方案(草案)》的议案,表决通过关于批准2021年市本级预算调整方案的决议;听取和审议关于市九届人大一次会议筹备工作意见,表决通过关于召开市九届人大一次会议的决定;审议镇江市2020年度市本级财政预算执行和其他财政收支审计发现问题整改情况的书面报告;审议2021年法官检察官述职评议意见整改情况的书面报告;表决通过相关人事任免

（赵敬敬）

2021年镇江市人大常委会主任会议情况表

表4－6

时　间	会议名称	会议内容
1月11日	市八届人大常委会第四十九次主任会议	会议讨论市人大常委会2020年工作报告(讨论稿),代表资格审查情况的报告,市八届人大六次会议主席团和秘书长等建议名单、选举办法(草案)及有关专门委员会主任委员人选的通过办法(草案);听取关于评选优秀市人大代表、优秀代表小组组长、优秀议案和建议、市人大代表活动先进小组的情况汇报
1月22日	市八届人大常委会第五十次主任会议	会议讨论对省人大编制"十四五"工作规划的意见和建议;研究部署近期重点工作

续表 4－6

时 间	会议名称	会议内容
2 月 25 日	市八届人大常委会第五十一次主任会议	会议讨论市八届人大六次会议议案和重要建议的处理意见；讨论市人大常委会 2021 年工作要点和立法、监督、代表工作的三个计划
3 月 29 日	市八届人大常委会第五十二次主任会议	讨论市八届人大六次会议议案和重要建议的督办工作方案以及《市人大常委会关于开展“服务三高一争 助力产业强市”人大行动的实施意见》
4 月 25 日	市八届人大常委会第五十三次主任会议	讨论《镇江市扬尘污染防治条例（草案修改稿）》和《关于推行街道议政代表会制度的实施意见》，传达学习省人大深入学习贯彻习近平法治思想推动地方人大工作实现新发展座谈会、设区市人大外事工作座谈会、全省人大民宗侨台工作座谈会和全省人大社会建设工作座谈会精神，通报全市一季度经济运行情况
5 月 28 日	市八届人大常委会第五十四次主任会议	听取市中级人民法院关于人民法庭建设情况的汇报
6 月 28 日	市八届人大常委会第五十五次主任会议	听取市政府关于“统筹‘三山一湖一渡’景区管理，做大做强我市文化旅游产业”重要建议的办理情况；讨论市政府关于提请审议《镇江市住宅物业管理条例（草案）》的议案，听取关于“加快住宅物业管理立法”重要建议办理情况的汇报；讨论并通过法官、检察官述职评议方案；讨论《市人大常委会规范性文件备案审查办法（草案）》和关于检查《中华人民共和国固体废物污染环境防治法》实施情况的报告
7 月 27 日	市八届人大常委会第五十六次主任会议	听取市政府关于“支持民营企业发展，壮大镇江税源经济”重要建议办理情况的汇报；讨论优化营商环境专题询问会实施方案
8 月 24 日	市八届人大常委会第五十七次主任会议	听取市政府关于“提升农业产业园区发展水平”重要建议办理情况的汇报；讨论政情通报会人大代表专题发言材料；讨论《关于市和各市区、镇三级人民代表大会换届选举问题的决定（草案）》，决定提请市八届人大常委会第三十五次会议审议；讨论法官、检察官履职情况调查报告
9 月 14 日	市八届人大常委会第五十八次主任会议	听取市政府关于宗教事务管理和《江苏省宗教事务条例》贯彻实施情况的汇报；听取市政府关于“精准帮扶重点群体，确保就业形势总体稳定”重要建议办理情况的汇报；讨论《镇江市民生实事项目人大代表票决制实施办法（试行）》
10 月 18 日	市八届人大常委会第五十九次主任会议	听取《镇江市住宅物业管理条例（草案修改稿）》和《市人大常委会主任会议关于提请审议〈镇江市人民代表大会常务委员会关于加强跨市域轨道交通运营和执法管理若干问题的决定（草案）〉的议案》的准备情况汇报
10 月 21 日	市八届人大常委会第六十次主任会议	讨论《镇江市节约用水条例（草案）》；听取市政府关于整合提升开发园区情况的汇报；讨论《镇江市国民经济和社会发展计划审查监督暂行办法（草案）》和《镇江市人大常委会关于进一步加强审计查出突出问题整改情况监督的实施意见（草案）》
11 月 23 日	市八届人大常委会第六十一次主任会议	听取市政府关于“加强垃圾综合处置能力建设”重要建议办理情况的汇报
12 月 15 日	市八届人大常委会第六十二次主任会议	听取市政府关于民生实事完成情况的汇报；听取市政府关于 2021 年政府投资项目实施情况和 2022 年政府投资项目计划安排情况的汇报

（赵敬敬）

【党史学习教育动员暨党建工作会议】 2021 年 3 月 9 日，镇江市人大常委会党组召开党史学习教育动员暨党建工作会议。会议学习贯彻习近平总书记在党史学习教育动员大会上的讲话精神，对在市人大常委会全体党员中开展党史学习教育进行集中动员部署。会议要求，市人大常委会各级党组织和全体党员，要认真学习领会习近平总书记在党史学习教育动员大会上的重要讲话精神，压实工作责任、细化工作举措、强化组织保障，用好镇江大地上的党史资源、红色基地，高标准、高质量地完成各项目标任务，确保党史学习教育取得实效。同时，会议部署市人大常委会机关党建工作；通报市人大机关 2020 年度优秀共产党员、优秀党务工作者、优秀志愿者人员名单，并颁发证书。

（赵敬敬）

·人大监督·

【概况】 2021 年，镇江市人大常委会聚焦产业强市、乡村振兴、生态文明建设等重点工作，运用调研、考察、听取审议工作报告等形式助推实施。助推产业强市，开展“服务‘三高一争’、助力产业强市”人大行动。举办优化营商环境专题询问会，交办的 15 件问题获解决；办理关于“加快镇江创新资源整合优化”议案，督办“做大做强文化旅游产业”“支持民营企业发展”等重要建议；审议产业链和创新链融合情况，组织 312 国道产业创新走廊和官塘创新社区建设专题考察；出台审计查出突出问题整改和计划审查监督规范性文件，深化国有资产和政府投资项目监督；推动《中华人民共和国外商投资法》和惠台政策的执行。助推乡村振兴战略实施，督办“提升农业产业园区发展水平”重要建议，调研《江苏省农民专业合作社条例》实施情况，监督《镇江市农村公路条例》执行情况，开展农村生活污水治理工作专项监督，组织农药化肥减量增效专题考察，开展集体经济发展、特色田园乡村建设等工作调研。助推生态环境改善，制定《镇江市扬尘污染防治条例》，推动《镇江市山体保护条例》全面实施；审议环境状况和环境保护目标完成情况的报告；督办“加强垃圾综合处置能力建设”重要建议；组织《中华人民共和国长江保

护法》专题培训，调研长江经济带废弃露天矿山生态修复情况。（赵敬敬）

【优化营商环境专题询问】 2021年3月，镇江市人大常委会开始对“一府两院”和与优化营商环境相关的18个部门进行专题询问。10月27日，市人大常委会召开优化营商环境专题询问会，市政府做全市优化营商环境工作报告，朱立荣等8名市人大常委会组成人员和市人大代表围绕“镇合意”服务品牌建设、签约项目落地开工、政务数据共享应用、中小微企业融资、职业院校资源配置、知识产权保护和应用、法院审理案件周期、释放司法善意助力企业发展等工作开展询问，相关部门负责人对委员和代表们提出的问题进行回答。出席会议的市人大常委会组成人员和市人大代表对18个职能部门进行满意度测评。市政府对提问委员和代表做回应讲话。2022年1月，市八届人大常委会第三十九次会议审议关于优化营商环境专题询问会问题办理情况的书面汇报，并进行第二次满意度测评。两次测评结果以4∶6进行加权后计入相关单位年终考核。（赵敬敬）

【法官、检察官述职评议】 2021年6月—12月，镇江市人大常委会首次对市人大常委会任命的市中级人民法院3名中层正职员额制法官、市人民检察院3名中层正职员额制检察官进行述职评议。9月23日，市八届人大常委会第三十六次会议听取和审议市人大常委会任命的部分法官、检察官履职情况的报告，对履职情况进行满意度测评；9月—12月，述职人员根据市人大常委会的评议意见进行整改；12月29日，市八届人大常委会第三十八次会议审议2021年法官、检察官述职评议意见整改情况的书面报告。（赵敬敬）

【《中华人民共和国固体废物污染环境防治法》执法检查】 2021年，镇江市人大常委会开展关于《中华人民共和国固体废物污染环境防治法》执法检查。5月26日，召开执法检查工作会议；6月11日，执法检查组到各市（区）开展现场检查，实地察看医疗废物收集、旧机动车拆解、电镀废液处理等方面的固废污染防治利用情况。6月28日，市八届人大常委会第三十四次会议听取和审议市人大常委会执法检查组关于检查《中华人民共和国固体废物污染环境防治法》实施情况的报告。（赵敬敬）

·人大代表工作·

【概况】 2021年，镇江市人大常委会发挥代表主体作用，组织代表列席常委会，参与执法检查、立法和专题调研等活动。发挥人大代表履职服务平台作用，实时记载代表在大会期间履职和闭会期间活动情况；组织省直镇江组、15名在镇江的省人大代表、80名市人大代表报告履职情况。制定市人大常委会领导挂钩联系服务企业工作方案，市人大常委会全体组成人员分别走访在镇江的全国、省和市人大代表所在企业50多家，收集意见建议200多条。开展“我为选民代言”活动，收集78名代表建议意见127条，编发《代表之声》2期。开展以“民呼我应——听民声、解民忧、聚民心”为主题的“五级人大代表统一接待选民日”活动，接待选民7741人，收集意见建议和诉求4480件。组织、指导全市20个代表小组开展以“四个一”（各代表小组每年组织一次专题学习、开展一次专题调研、参加一次接待选民活动、联系一个村或社区）为主题的活动60次，代表参加率平均为85%。当年，镇江市人大常委会出台《关于推行街道议政代表会制度的实施意见》，5月12日，市人大常委会组织召开全市街道议政代表会制度推进会；9月，全市27个街道（园区）街道议政代表会制度实现全覆盖。（赵敬敬）

【民生实事项目人大代表票决】 2021年，镇江市人大常委会制定《镇江市民生实事项目人大代表票决制实施办法（试行）》，市、县、乡三级全覆盖推行民生实事项目人大代表票决制，构建起群众“点单”、代表“定单”、政府“领单”、人大“验单”的为民办实事全新模式。审议民生实事完成情况报告，并首次进行满意度测评，组织人大代表票决产生2022年市政府民生实事项目。（赵敬敬）

·议案和重要建议·

【概况】 2021年，镇江市八届人大六次会议期间，人大代表提出建议241件。其中，政府系统主办228件、市中级人民法院主办2件、市检察院主办1件、市党群部门主办10件，均办结并答复代表。截至2021年年底，建议解决170件，占70.54%；正在解决47件（承诺两年内解决的18件、需要两年以上解决的29件），占19.5%；因条件限制暂时难以解决或作为工作参考的24件，占9.96%。代表对建议办理结果表示满意的231件、基本满意10件。9月—11月，市人大常委会开展八届代表建议办理“回头看”活动，督促各承办单位对历年来答复代表的承诺事项进行落实。通过“回头看”活动，前4年代表建议新增解决102件，解决率由65.7%提高到76.22%。推动餐厨废弃物处置项目二期工程、和平路改造、346国道城区段城市化改造等问题解决；改造桃花坞路（梦溪路—小米山路）、庄泉路（北府

路—南徐大道）等建议办理有进展，可行性研究报告获批准。（赵敬敬）

【关于加快镇江创新资源整合优化，全力支撑产业“强起来”的议案】 2021 年 1 月 21 日，在镇江市八届人大六次会议上，大会主席团将艾顺刚等 10 名代表提出的“关于加快镇江创新资源整合优化，全力支撑产业‘强起来’的议案”确定为大会议案，交市人大常委会审议。议案建议：统筹规划布局，引导特色差异发展，深入实施区域融合发展战略，积极融入宁镇扬一体化发展格局，加快与周边城市在重点产业、创新资源方面的对接，推动城市间创新载体的融合发展。完善载体功能，推动产教融合协作，注重 312 国道创新走廊中句容宝华镇、镇江高新区、镇江大学园区、官塘创新社区等节点的建设，针对单个项目、单个企业、产业园区、区域板块等不同规模、不同类别创新载体特点，完善其职能作用。优化管理机制，增强扶持引导实效，构建创新载体多维度考核评价体系，按照科技园和产业园、孵化项目和产业项目的不同特点，制定创新载体考核评价标准。（赵敬敬）

【关于“统筹‘三山一湖一渡’景区管理，做大做强我市文化旅游产业”的重要建议】 2021 年 1 月 21 日，在镇江市八届人大六次会议上，宜建美等 10 名代表就“统筹‘三山一湖一渡’景区管理，做大做强我市文化旅游产业”提出建议：深化改革，实现统筹管理，实现区域内的土地、景区、交通、建筑、寺庙等资源的统一调度和管理。整合资源，打造系列产品，丰富研学旅游、康养旅游、主题公园游等供给。完善配置，优化旅游要素，科学组织旅游线路、设立统一的游客集散中心等。强化项目落地，助推全市旅游业做大做强，狠抓项目招引建设，着力提升产业层次。（赵敬敬）

【关于“支持民营企业发展，壮大镇江税源经济”的重要建议】 2021 年 1 月 21 日，在镇江市八届人大六次会议上，朱爱萍等 12 名代表就“支持民营企业发展，壮大镇江税源经济”提出建议：放宽融资渠道，让民营企业放手发展，设立政府引导的市场化运作的优质民营企业纾困基金等。规范行政收费、行政处罚和征信管理，大力缩减各类行政事业性收费等。构建民营企业信息服务平台，打造一体化的政务服务信息系统等。平衡镇江市企业与到镇江发展的企业关系，加快建立面向本土企业的公共技术服务平台等。打造新型“亲清”政商关系，定期听取民营企业发展工作情况汇报等。（赵敬敬）

【关于“提升农业产业园区发展水平”的重要建议】 2021 年 1 月 21 日，在镇江市八届人大六次会议上，刘树安等 10 名代表就“提升农业产业园区发展水平”提出建议：规范园区管理机制，加强园区管委会机构建设，落实配套经费和专职人员。加大政策扶持力度，加大园区财政投入力度，制定奖补政策，对现代农业产业示范园区和在建设发展上有突破性进展的园区给予奖励，加强园区用地保障。大力引导社会资本投入，把现代农业产业园区作为农业产业招商引资的重要承载区，招引的重大项目要优先向园区导入。（赵敬敬）

【关于“精准帮扶重点群体，确保就业形势总体稳定”的重要建议】 2021 年 1 月 21 日，在镇江市八届人大六次会议上，张宜英等 12 名代表就“精准帮扶重点群体，确保就业形势总体稳定”提出建议：以精准施策保障就业稳定，进一步加强就业政策与财税、金融、产业、投资、贸易等宏观经济政策以及人才、教育、培训、社会保障等社会政策的统筹协调；以产业强市拓展就业增量，坚持将更加充分、更高质量就业作为经济社会发展的优先目标；以人才供给提升就业质量，健全职业培训体系，缓解就业结构性矛盾。（赵敬敬）

【关于“加强垃圾综合处置能力建设”的重要建议】 2021 年 1 月 21 日，在镇江市八届人大六次会议上，周岳新等 10 名代表就“加强垃圾综合处置能力建设”提出建议：建设大件垃圾拆解中心，进一步提升镇江市垃圾分类处理水平。提升餐厨废弃物处置能力，实现餐厨废弃物收集处理全覆盖。规划建设建筑垃圾处置场，合理布局建筑垃圾运输、中转、回填、倾倒、消纳、利用等设施和场所。深化垃圾分类试点，到 2022 年，全市至少有一个区实现生活垃圾分类全覆盖，其他各市（区）至少有一个街道基本建成生活垃圾分类示范片区。（赵敬敬）

镇江市人民政府

·综　述·

【概况】 2021 年，镇江市实现地区生产总值 4763 亿元，比上年增长 9.4%，增幅列全省第 3 名；一般公共预算收入 327.6 亿元，增长 3.5%。镇江市推动长江经济带建设、长三角一体化发展、全面乡村振兴、碳达峰碳中和等，落实粮食安全、能源保供、长江禁捕退捕等。聚焦“创新创业福地，山水花园名城”城市愿景和“一体两翼三带多片区”发展布局，推进解决空间优化、园区整合、主导产业培育、人才人口导入、科技机制创新等问题，构筑土地、人才、金融、科技等要素。

110 项重点任务和 39 项民生实事落实见效。固定资产投资增长 8.7%，增幅为全省第 1 名；社会消费品零售总额增长 17.9%，增幅为全省第 5 名；进出口总额每月比上年增幅均为 10% 以上。规模以上工业增加值增长 15.1%，“四群八链”应税销售增长近 30%。

镇江市新签约亿元以上项目当年入库列统率为 54.5%，增长 13.9%。华为（镇江）数字创新中心在京口区大禹山数字文创区落户，数字经济产业项目“品牌方阵”扩容。丹阳市国药医疗康复器械项目企业服务中心建成投用，扬中市长城汽车核心零部件一期竣工投产。新认定国家高新技术企业 376 家，新增国家级“专精特新”企业 6 家，科技型中小企业备案数量增长 172%；列统新型研发机构 22 家，增幅全省第 2 名；万人发明专利拥有量 48 件；镇江经开区、镇江高新区获批江苏自贸区联动创新发展区，丹阳市创成全省首批创新型示范县；引进培养大专学历以上人才 3.9 万余人、领军人才 164 人，市外迁入户籍人口增长 12.8%。单位地区生产总值能耗下降 3.2%，新增省级“绿色工厂”12 家。举办第五届国际低碳（镇江）大会暨碳达峰碳中和 2021 金山峰会。推进“放管服”、国资国企、财税金融、科技创新、农业农村、资源环境、区域融合等领域改革。出台支持企业健康发展 10 条政策，打造“镇合意”服务品牌，全年降低企业成本超 100 亿元；帮助市场主体修复信用 6000 余件，严重失信企业数占比降至 1.1%，低于全国、全省平均水平，全国城市信用状况监测评价排名从年初的第 97 名上升至第 31 名。镇江市完成国有企业剥离办社会职能等重点任务，市属国有企业利润增长 91%。

开展违法用地整治，推动征地拆迁扫尾工作及 30 个闲置项目地块清盘交地，盘活闲置低效建设用地 9093 亩（606.2 公顷）。推进交通基础设施互联互通，五峰山过江通道接线高速、宁句城际快轨建成通车，312 国道宁镇段快速化改造、346 国道城区段城市化改造工程开工建设；扬中市创成全国城乡交通运输一体化示范县。居民就业稳定，新增城镇就业 5.9 万人，零就业家庭动态清零，城镇登记失业率低于 3%。基础保障有力，“两类人员”致贫返贫风险消除，城乡低保标准提高至每人每月 820 元，“镇江惠民保”覆盖人群超 50 万人。安居环境提升，改造老旧小区 65 万平方米；腾空有人居住的“D 级危房”，推进“解危改造”；城镇污水治理提质，农村生活污水治理自然村覆盖率为 35.6%。教育“双减”、“三孩”生育等政策落实，义务教育质量监测、普通高中教育教学质量较好，养老服务体系健全。（钱　智）

【富民强村帮促行动】 2021 年，镇江市启动富民强村帮促行动，农村集体经营收入平均为 160 万元，丹徒区世业镇入选全国“一村一品”示范村镇，句容市茅山镇入选首批全国乡村旅游重点镇。推动实施“扬帆计划”和“金穗行动”，新增上市企业 4 家，成为全国唯一的“农村普惠金融”项目试点市。（钱　智）

·重要会议和政务·

【市政府全体（扩大）会议】 2021 年 7 月 12 日，镇江市政府全体（扩大）会议召开。会议主要任务是贯彻落实习近平总书记在庆祝中国共产党成立 100 周年大会上的重要讲话精神，确保完成全年目标任务。会上，市长徐曙海总结上半年工作，从重大项目建设、违法用地整治、园区整合提升、国资国企改革、拆迁地块扫尾、遗留问题化解、污染防治攻坚、重大风险防控等方面对相关部门做下半年工作部署。（钱　智）

【政务公开】 2021 年，镇江市以贯彻落实《中华人民共和国政府信息公开条例》为切入点，落实国务院办公厅、省政府办公室年度工作要点，政务公开各项工作有新进展。全年市政府网站信息公开栏目公开各类政府信息 900 余件。全市行政机关发布政策解读信息 484 条，新制发行政规范性文件 46 件，公开行政许可 1681997 件、行政处罚 1385138 件、行政强制 6518 件、行政事业性收费项目 83930.89 万元。《镇江市人民政府公报》出刊 4 期。全市行政机关收到政府信息公开申请 988 件，其中，予以公开的 480 件。

镇江市推进政务新媒体建设，全市 170 家政务新媒体合格率为 100%。编制《政务公开文件汇编》，每季度开展一次政务新媒体运行情况检查，全年下发各类通报或限期整改通知 10 余份。（吴丰成）

2021 年镇江市人民政府常务会议情况表

表 4－7

文　号	主要内容	会议时间
常务会议纪要 59 号	学习习近平总书记在中央农村工作会议上的重要讲话精神；审议并原则同意《政府工作报告》；审议并原则同意《镇江市国民经济和社会发展第十四个五年规划和二〇三五年远景目标纲要草案》等	1 月 6 日
常务会议纪要 60 号	学习习近平总书记在省部级主要领导干部学习贯彻中共十九届五中全会精神专题研讨班开班式上的重要讲话精神；听取全省农村工作会议精神贯彻落实情况；审议并原则同意《关于进一步深化安全生产三年专项整治工作的实施意见》《2021 年各市（区）党委政府和市安委会成员单位履行安全生产工作责任考核评价指标》等	2 月 2 日

续表 4－7

文　号	主 要 内 容	会议时间
常务会议纪要 61 号	学习习近平总书记在中共中央政治局第二十七次集体学习时的重要讲话精神；审议并原则同意《中共镇江市委、镇江市人民政府关于实施人才“镇兴”行动建设人才集聚福地的若干意见》等	2 月 23 日
常务会议纪要 62 号	学习习近平总书记在 2021 年春季学期中央党校（国家行政学院）中青年干部培训班开班式上的重要讲话精神；审议并原则同意《关于扎实开展乡村振兴示范建设加快推进农业农村现代化的实施意见》等	3 月 10 日
常务会议纪要 65 号	学习习近平总书记在中央财经委员会第九次会议上的重要讲话精神；审议并原则同意《镇江市行业协会商会专项整改提升行动实施方案》等	4 月 19 日
常务会议纪要 67 号	学习习近平主席在全球健康峰会上的重要讲话精神；审议并原则同意《镇江市产业项目招引信息流转管理办法（试行）》等	5 月 27 日
常务会议纪要 68 号	学习习近平总书记在中国科学院第二十次院士大会、中国工程院第十五次院士大会、中国科协第十次全国代表大会上的重要讲话精神；审议并原则同意《关于支持多渠道灵活就业的实施意见》等	6 月 11 日
常务会议纪要 69 号	学习习近平总书记在中共中央政治局第三十一次集体学习时的重要讲话精神；审议并原则同意《关于推进全市开发园区整合优化提升的工作方案》等	6 月 30 日
常务会议纪要 70 号	学习习近平总书记在中国共产党与世界政党领导人峰会上的主旨讲话精神；审议并原则同意《关于加快推进数字经济发展的实施意见》等	7 月 21 日
常务会议纪要 71 号	学习习近平总书记关于新冠肺炎疫情防控工作的重要批示精神；听取全市新冠肺炎疫情防控工作汇报	8 月 10 日
常务会议纪要 72 号	学习习近平总书记在《中共中央办公厅关于贯彻新发展理念专项督查调研的情况报告》上的重要批示精神；审议并原则同意《关于推进镇江市生态环境治理体系和治理能力现代化的实施方案》《镇江市生态环境保护责任清单》等	8 月 19 日
常务会议纪要 73 号	专题审议《关于应对疫情影响支持企业健康发展的若干举措》	8 月 25 日
常务会议纪要 74 号	学习习近平总书记在中央民族工作会议上的重要讲话精神；研究坚决遏制“两高”项目盲目发展、加强能耗“双控”工作等	9 月 3 日
常务会议纪要 75 号	学习习近平总书记在 2021 年秋季学期中央党校（国家行政学院）中青年干部培训班开班式上的重要讲话精神；传达学习市第八次党代会精神；会议审议并原则同意《镇江市全面推行林长制工作方案》等	9 月 29 日
常务会议纪要 76 号	学习习近平总书记在《求是》杂志上发表的署名文章《扎实推动共同富裕》；审议并原则同意《关于进一步减轻义务教育阶段学生作业负担和校外培训负担的实施方案》等	10 月 26 日
常务会议纪要 77 号	学习习近平总书记在深入推动黄河流域生态保护和高质量发展座谈会上的重要讲话精神；学习省委副书记、代省长许昆林在镇江调研指示精神；审议并原则同意《关于深化新时代教育督导体制机制改革的实施方案》等	11 月 4 日
常务会议纪要 78 号	学习习近平总书记在第三次“一带一路”建设座谈会上的重要讲话精神；审议并原则同意《关于深化医疗保障制度改革的实施意见》等	12 月 1 日
常务会议纪要 79 号	学习中央经济工作会议精神；审议并原则同意《关于加快推进农业机械化和农机装备产业转型升级的实施意见》等	12 月 14 日
常务会议纪要 80 号	学习习近平总书记在《求是》杂志上发表的署名文章《深入实施新时代人才强国战略加快建设世界重要人才中心和创新高地》；审议并原则同意《镇江市“十四五”生态文明建设规划》等	12 月 21 日

（钱　智）

【政务督查】 2021 年，镇江市政府督查工作以高效能督查助推高质量发展。全年编发《督查专报》19 期；以《政府工作报告》明确的 110 项重点工作和 11 类 39 件民生实事为主线开展定期督查，按季度通报进展情况。围绕省重大项目开工建设、根治拖欠农民工工资、违法违规用地整改、长江经济带废弃露天矿山整治、市区征收拆迁地块扫尾等重点难点工作开展专项督查。建立并完善市长批示交办督办机制，跟踪督办市长批办件 286 件。组织开展“食品安全水平”“乡村振兴实绩水平”等省高质量发展考核重点指标督导活动。协助做好省政府办公厅对镇江市开展的“长江生态环境系统保护修复”“深化放管服改革优化营商环境”等各项督查工作。开展现场督查 100 余次。围绕推进高品质高中建设（建成）大件垃圾拆解中心、棚户区改造等民生实事任务召开专项督办会 10 余场。核查回复国务院、省“互联网＋督查”平台留言办件 97 件，即交即办“省长信箱”转交件及“市长信箱”来信 830 件；协调有关部门、地区办理办结人大代表建议 228 件、政协提案 338 件，代表委员满意率、基本满意率为 100%。南京、扬州爆发新冠肺炎疫情期间，开展疫情防控督查 40 余次、检查点位 100 余个、交办解决问题 20 余个。

（施　群）

【机关事务管理】 2021 年，镇江市机关事务管理部门做好全市党政机关新冠肺炎疫情防控，确保党政机关安全运转。完成 1100 余场重大会议活动保障任务。推进 2021 年度市级行政事业单位闲置资产处置工作。推动办公用房管理、公务用车管理、公共机构节能管理纳入全市作风效能考核。

办公用房集中统管。制定出台《镇江市党政机关办公用房专项巡检暂行办法》等制度；市级办公用房权属统一登记有新进展，完成市行政中心约14万平方米的权属登记；巡检、抽查20余家单位办公用房管理情况，审核办理20余家单位办公用房维修改造事宜；建成200平方米市级机关资产“公物仓”，为6个临时机构调剂150余件(套)办公设备，价值150余万元，节约财政资金38.6万元。

公车改革工作。推进公务用车管理信息平台升级项目建设；完成公务出行社会车辆租赁招投标工作，确定6家定点服务商，印发《关于2022年度镇江市市级行政事业单位公务出行车辆租赁定点服务有关事项的通知》；审核并批准党政机关8辆车以及15个事业单位19辆车的购置申请。指导丹徒区事业单位公务用车“三化”管理列入省级公务用车管理示范点建设项目。

节能节约工作。制定出台《镇江市公共机构节能管理办法》；做好机关食堂厉行勤俭节约、反对餐饮浪费工作，配合市纪委监委开展监督检查；完成市行政中心综合能源服务项目建设，建成能耗监管平台，能耗比上年下降24.6%；公共机构生活垃圾分类实现全覆盖。全市293家县级及以上机关单位创成节约型机关，创成率为60.1%。6家单位创成“2021年度省级节能低碳示范单位”，4家单位获评“2021年度江苏省节水型机关”。

安全生产工作。细化“两个清单”，推进实施“安全生产全员行动”。制定印发《机关事务应急保障响应工作流程》；推进市行政中心智慧安防系统升级改造项目建设，截至2021年年底，完成指挥中心、室内视频监控、门禁、LED屏、人脸识别、地下停车场车牌识别系统等，为总工程量的80%；开展行政中心院内及周边管理秩序整治，推进“平安大院”建设。

基础设施建设。完成市行政中心直饮水机、水泵房、EPS应急电源设备等设施设备维修保养和部分办公用房维修工作；推进市行政中心交通优化提升、非机动车停车场迁址、市政府常务会议室改造、第三会议室市政府新闻发布厅改造等项目建设。建成会务线上服务系统平台，推动建设“智慧食堂”。

服务保障工作。引进上海锦江餐饮公司入驻市行政中心机关食堂，提升菜肴质量；开展外包服务监管考核，提升服务质量和服务满意度；做好易地交流领导干部周转房管理服务工作；做好财务核算服务、会务保障、物业管理、设施设备维保、绿化保洁等工作；完成应急出车保障1300余次、安全行车14万余千米；做好医疗保障服务2.8万人次；承印各类文件材料8000余件。市机关事务管理局获评“2019—2021年度江苏省文明单位”。 （胡福乾）

·政务服务·

【概况】 2021年，镇江市政务服务管理部门贯彻落实全国深化“放管服”改革优化营商环境电视电话会议精神，推动市委办公室、市政府办公室印发《镇江市深化“放管服”改革三年行动方案(2021—2023年)》，解决影响和制约政务服务高质量发展的矛盾和问题，构建政务服务新发展格局。

2021年，镇江市政务服务管理部门深化“一窗通办”改革，实行“受审分离”改革，完善“一窗通办”体制机制，打造“一窗受理”综合受理队伍，落实“三集中、三到位”要求，提高“现场办结”率，建立“小窗口大服务”格局。19个部门、40个窗口、579项业务，被压缩至14个窗口“一窗通办”。截至2021年年底，办理业务1283件。深化“一网通办”改革。建立全市一体化标准体系，完善市数据共享交换平台，推进全市一体化在线政务服务平台与市数据共享交换平台对接贯通，实现数据共享应用；升级优化服务平台，推进政务服务一体化平台向基层延伸。深化“一端通办”改革。依托“智慧镇江”建设，整合全市政务服务App应用，形成集聚效应，打造移动端服务“掌上办”；依托银行网点，部署自助服务一体机，设立专柜提供帮代办等服务，构建便民服务圈“就近办”；依托自助终端，拓展“24小时自助服务超市”功能，向镇(街道)延伸，实现延伸自助端服务“自助办”。深化“一次办好”改革。运用“一窗通办”“一网通办”“一端通办”成果，在线上线下推动“一次办好”集成服务，打造“一次办好”新模式。多部门推行“退役一件事”服务，开发“占道挖掘一件事”服务并开发“一件事远程踏勘”等功能；实现“我要开卖医疗器械的药店”一件事服务在线申报和审批。推动企业、群众自选“一次办”和“AI智能办”，深化“互联网+监管”系统数据融合。建立健全审管信息交流与反馈工作机制，创新和完善事前审批和事中事后监管联动方式，63条信息被省“互联网+监管”平台录用并推送至全国一体化在线监管平台。 （吉 利）

【企业“拎包开业”服务】 2021年，镇江市打造“拎包开业”服务品牌，当地新设企业一次性免费领取包含营业执照、公章、银行U盾、税控设备等企业开设的证照，并可获各类优惠政策汇编的“创业包”。截至2021年年底，镇江市为22698家新设企业免除41757枚公章刻制费用，降低开办成本291.81万元。

（吉 利）

【公共资源交易体制创新】 2021年，镇江市与阿里巴巴集团开展合作，提高国有资产处置增值率和透明度，推动国有资产处置全流程标准化、线上化、高效化。在住建工程项目、水利工程项目领域推行电子保险保函业务，为392家企业、257个招投标项目提供电子投标保证保险服务，承保保单1282张，释放投标保证金3.68亿元。（吉　利）

【"五办"帮代办服务机制】　2021年，镇江市立足省、市重大、重点项目，组建帮代办服务队伍，开展"全程办、代你办、陪你办、指导办、自助办"的"五办"服务，助力解决企业难题，推动项目快建快成、达产达效。全年，帮代办服务队伍联合服务、协调推进、督促指导各类服务事项121个，帮代办事项11041件。（吉　利）

【"三全"治理模式】　2021年，镇江市解决积压及新产生疑难工单1234件，解决率为98.79%。全层级协同，推动疑难工单"高效办"。制定"12345"在线服务平台运行管理系列制度，建立以分管市领导为召集人，57家市级部门和企业、8个板块协同的联席会议组织架构，为疑难工单办理提供保障。全流程闭环，推动疑难工单"规范办"。优化完善疑难工单处置流程，建立"研判—会商—交办—督办—考核"全流程闭环机制，召开研判、会商会议20场。疑难工单比上年下降47.45%。全领域创新，推动疑难工单"兜底办"。先后出台涉及公共设施、绿化管养、交通设施"三大领域"问题工单的专项处置规范，明确处置依据及流程，解决相关问题70件。（吉　利）

【政务服务"好差评"评价工作】　2021年，镇江市政务服务管理办公室与市"12345"热线建立联动工作机制，定期梳理企业群众高频诉求，提升政务服务质量，提高办事群众的获得感和满意度。"好差评"办件评价量1794069条，"好评率"99.99%。办件、窗口和人员评价所有"差评"的回复率、回访整改率、回访整改满意率，以及市（区）、镇（街道）、村（社区）四级政务服务"好差评"覆盖率均为100%。（吉　利）

2021年镇江市政务办各窗口办件情况表

表4－8　　　　单位：件

部门名称	即办件		承诺件		汇　总		办结率（%）
	受理数量	办结数量	受理数量	办结数量	受理数量	办结数量	
公安局	230469	230469	8550	8550	239019	239019	100
不动产登记交易中心	129232	129232	30	30	129262	129262	100
税务局	71032	71032	0	0	71032	71032	100
京口区行政审批局	12902	12902	12666	12666	25568	25568	100
润州区行政审批局	10697	10697	11514	11514	22211	22211	100
交通运输局	9558	9558	12214	12214	21772	21772	100
发改委（信用办）	10474	10474	0	0	10474	10474	100
自然资源和规划局	0	0	5344	5344	5344	5344	100
审批一处	920	920	3608	3608	4528	4528	100
财政局	3440	3440	2	2	3442	3442	100
卫健委	1415	1415	280	280	1695	1695	100
城管局	13	13	1578	1578	1591	1591	100
住建局	615	615	754	754	1369	1369	100
自来水公司	766	766	331	331	1097	1097	100
审批二处	0	0	1053	1053	1053	1053	100
供电公司	700	700	100	100	800	800	100
教育局	31	31	744	744	775	775	100
司法局	0	0	504	504	504	504	100
科技局	0	0	458	458	458	458	100
烟草局	376	376	0	0	376	376	100
工信局（中小企业）	363	363	0	0	363	363	100
生态环境局	3	3	232	232	235	235	100

续表 4－8

部门名称	即办件		承诺件		汇　总		办结率(％)
	受理数量	办结数量	受理数量	办结数量	受理数量	办结数量	
应急管理局	0	0	207	207	207	207	100
民政局	0	0	125	125	125	125	100
华润燃气	123	123	0	0	123	123	100
消防救援支队	2	2	102	102	104	104	100
审批三处	6	6	95	95	101	101	100
农业农村局	0	0	91	91	91	91	100
水利局	20	20	49	49	69	69	100
金融监管局	0	0	20	20	20	20	100
气象局	0	0	4	4	4	4	100
安全局	0	0	0	0	0	0	—
档案局	0	0	0	0	0	0	—
机关事务管理局	0	0	0	0	0	0	—
民宗局	0	0	0	0	0	0	—
统计局	0	0	0	0	0	0	—
文广旅局	0	0	0	0	0	0	—
合计	483157	483157	60655	60655	543812	543812	100

（吉　利）

·外　事·

【概况】 2021年，镇江市外事部门围绕国家总体外交和全市中心工作，加强涉外新冠肺炎疫情防控，开展对外交流交往，服务高质量发展，推动镇江外事工作发展。

涉外疫情防控。市外办、市公安、市卫健委、市交通运输等部门，以“人、车、点、线、物”等方面为切入点，梳理排查，落实责任，堵塞漏洞，做好疫情防控和安全转运工作。2021年，安全转运入境到镇江人员1500人次，保持安全接转“零事故”、数据对接“零差错”、工作人员“零感染”、入境旅客“零投诉”。落实“宁镇扬一体化联动机制”，保障南京禄口机场到镇江分流2412人次。

服务产业强市工作。开展“推进‘外事＋’服务送到家”活动，先后走访多家重点涉外企业，协助企业解决困难；实施“企业走出去畅通工程”；牵头完善有关应急预案，试行APEC商务旅行卡“白名单”企业直报制度，指定专人对接，并同步为企业提供“快捷通道”和便利服务。全年向各市（区）提供项目信息10条，为涉外企业提供点对点服务30余次，解决难题5件，为基层招商部门“精准招商”提供个性化“订单式”服务10次。为“镇江（上海）产业项目暨人才招引推介会”“第五届国际低碳（镇江）大会暨碳达峰碳中和2021金山峰会”“2021中国镇江文化艺术·国际旅游节”等重点活动提供外事服务和保障。2021“镇江高新区杯”创新创业大赛澳门分站赛暨中国·镇江国际菁英创业大赛选拔赛在中国澳门举办，推进国际文化创意产业项目洽谈。

合作交流工作。市委、市政府主要领导人以信件、视频致辞等方式参与德国曼海姆市“中国园”开园20周年庆典等外事活动。邀请瑞士、斯洛文尼亚、加纳等驻华使领馆代表团17批次到镇江访问，深化双方交往。开展“镇江市荣誉市民”推荐和评选活动，向20名在镇江投资兴业、科技创新、项目建设、对外交往、公益慈善等方面做出突出贡献的个人授予“荣誉市民”称号。参加美国西弗吉尼亚大学举办的2021赛珍珠国际学术线上研讨会，推动构建赛珍珠国际研究中心。举办“中国镇江市·日本仓敷市青少年线上交流”活动。参加中国—土耳其民间友好合作对话会。5月19日，镇江市委书记马明龙会见瑞士联邦驻上海总领事曾礼惟一行；6月8日，市委书记马明龙会见上海外交团团长、丹麦驻上海总领事林朗一行。10月15日—16日，上海外交团团长、丹麦驻上海总领事林朗一行到镇江参加第五届国际低碳（镇江）大会暨碳达峰碳中和2021金山峰会。

城市国际化促进工作。开展“规范外文标识 提升城市形象”活动，上线“公共场所外文标识规范小程序”，每月评选“规范达人”，发动志愿者参与全市外文标识对标纠错活动。编写《镇江市公共场所标识外文译写指导手册》，筹备制定《全市公共场所外语标识管理规定》，建立健全外文标识规范化、标准化长效管理机制。开展“外事好礼”评选活动，举办“外事好礼”发布之夜活动，通过 YouTube、“脸书”等海外媒体面向全球发布 2021 年度“十佳镇江外事好礼”，助力更多“镇江声音”“镇江符号”“镇江故事”登上国际舞台。举办镇江市首届英语能力大赛，鼓励市民、在镇江的外国人士“讲好镇江故事，传播城市形象”。

涉外管理工作。开发因公出国（境）审批管理系统，因公出国（境）审批实现“不见面审批”和“无纸化办公”。把预防性领事保护工作纳入出国（境）团组的日常教育工作，牵头完善有关应急预案，做好突发领保事（案）件的应对处置工作。印发《关于进一步加强因公临时出国（境）事中事后监督管理工作的通知》，设立因公出国（境）违规、违纪举报电话和邮箱，强化出访团组的事中事后监管。加强与镇江市涉外管理工作网络单位沟通与协调，提高涉外案（事）件应急处理能力。与市司法局、市贸促会、市律协等单位共同发起成立市涉外法律服务中心，构建涉外法律服务网络。（张忠华）

【“规范外文标识 提升城市形象”系列公益活动】 2021 年 7 月 8 日，镇江市启动“规范外文标识 提升城市形象”系列公益活动，“镇江市公共场所外文标识规范小程序”上线运行。“镇江市公共场所外文标识规范小程序”有多个入口，可分别通过镇江市“镇合意”App、镇江外事微信公众号和微信扫码等途径进入小程序。市民发现不规范外文标识或存疑时，可通过该小程序拍照、上传，帮助相关单位和部门发现问题。该次活动召集以高校学生、酒店及景区工作人员为代表的外文规范标识志愿者赴相关公共场所进行集中走访，推广“镇江市公共场所外文标识规范小程序”，同时，提供现场翻译和校对服务。（邵文卿）

【2021 中国镇江市 · 日本仓敷市青少年线上交流活动】 2021 年 7 月 25 日，2021 中国镇江市 · 日本仓敷市青少年线上交流活动举行。镇江市实验高级中学 8 名学生与日本仓敷市 10 名青少年以视频会议方式集中进行交流。活动中，两市青少年观看城市宣传片和自我介绍视频，并就“学习与生活”“城市与文化”等主题进行交流发言；同时，两市青少年就各自感兴趣的话题进行友好互动。（赵雅洁）

【APEC 商务旅行卡“白名单”企业直报制度试行】 2021 年 10 月，镇江市发布《镇江市 APEC 商务旅行卡“白名单”企业直报工作实施办法（试行）》。通过审核的镇江市企业可进入“白名单”，直接向市外办申办 APEC 商务旅行卡。市外办组织专人对接服务，指导和帮助企业办理，并同步为企业在因私护签、领事认证、翻译服务等方面提供“快捷通道”和便利服务。市外办每两年对“白名单”企业进行一次评估，适时调整“白名单”。（蔡　燚）

【2021 年“十佳镇江外事好礼”面向全球发布】 2021 年 12 月 15 日，2021 年“十佳镇江外事好礼”发布之夜暨“iZhenjiang”海媒账号上线仪式举行。仪式上，唐琴“云泉”模型、恒顺百花伴手礼盒，“宜”系列、“西津福赐”礼盒，《瘗鹤铭》丝巾等“十佳镇江外事好礼”向全球发布，助力更多的“镇江声音”“镇江符号”“镇江故事”登上国际舞台。同时，镇江在海外社交媒体上的城市账号——“iZhenjiang”正式上线。该账号立足于镇江历史人文、美景美食、民俗民艺的推介和全市重点工作、活动的发布，旨在建立镇江走向国际、国际了解镇江的新窗口。省委宣传部副部长、省政府新闻办主任杨力群参加活动。（沈　伟）

图 4－3　2021 年 12 月 15 日，2021 年“十佳镇江外事好礼”发布之夜暨“iZhenjiang”海媒账号上线仪式举行　（笪俊杰　供稿）

2021 年镇江市外事接待情况表

表 4－9

到访日期	团　组	主要访问事项	主要访问点
2 月 20 日	康士伯海事中国区总裁马丁·温里一行	经贸考察	镇江高新区
4 月 2 日	麦格纳斯太尔亚洲副总裁 Klaus Drobnak 一行	交流合作	丹徒区
4 月 8 日	斯洛文尼亚共和国驻沪领事馆馆长李美霞一行	推进通航产业园项目	句容市蝙蝠通航科技公司
4 月 20 日	丹麦驻华大使馆卫生参赞孔田一行	对接医疗产业项目	江滨医院、鱼跃医疗公司
5 月 13 日	日本驻沪总领馆副总领事福田高幹一行	经贸考察	句容市
5 月 15 日	加纳驻华大使馆公使(代办大使)约翰·夸西·博阿基耶一行	出席江苏大学第十一届国际文化节开幕式	江苏大学
	赞比亚驻华大使馆公使衔参赞杰弗里·班达一行	出席江苏大学第十一届国际文化节开幕式	江苏大学
	津巴布韦驻华大使馆教育参赞普瑞莎丝·卡沃察一行	出席江苏大学第十一届国际文化节开幕式	江苏大学
5 月 19 日	瑞士驻沪总领事曾礼惟一行	调研瑞士相关企业	镇江新区
6 月 8 日	上海外交团团长、丹麦驻沪总领事林朗一行	经贸考察	镇江高新区、丹徒区
6 月 21 日	康士伯海事中国区总裁马丁·温里一行	经贸考察	镇江高新区
9 月 29 日—30 日	日本驻沪总领馆新闻文化部部长米田麻衣一行	出席第十五届中国镇江金山文化艺术·国际旅游节开幕式	西津渡、醋文化博物馆
10 月 15 日—16 日	上海外交团团长、丹麦驻沪总领事林朗一行	参加第五届国际低碳(镇江)大会、丹佛斯二期项目竣工暨镇江低碳绿色园区开园仪式	丹佛斯、西津渡、醋文化博物馆、镇江高新区
10 月 18 日—19 日	美国驻沪总领馆领事、外联处处长贝家明一行	参加“发现江苏·走进福地名城镇江”活动	西津渡、镇江博物馆、醋文化博物馆
	韩国驻沪总领馆文化领事金瑟琪一行	参加“发现江苏·走进福地名城镇江”活动	韩国临时政府史料陈列馆、西津渡、醋文化博物馆

（笪俊杰）

·侨　务·

【概况】　镇江市是江苏省重点侨乡之一。2021 年，全市旅居海外的华侨华人约有 3.66 万人，分布在美国、加拿大、澳大利亚、日本等国家和地区；全市范围有归侨侨眷约 6.18 万人，大部分于抗日战争前后回国定居；海外留学人员约 1.2 万人。全市正常运营侨资企业 940 余家，签约海外人才联络站、海外友好社团 100 余家；获批全国侨务示范单位、为侨服务站 14 家，中华文化海外交流基地 6 家，华文教育基地 4 家。

侨务品牌活动。举行“2021 华侨华人高层次人才江苏行暨华侨华人创新创业镇江洽谈会”。举办“中国·镇江国际菁英创业大会海外赛区选拔赛”，14 个国家和地区 20 名海联会会员单位选手通过初赛。举办“为侨企服务系列活动镇江专场”，搭建转型升级资源整合、加速发展政策服务、快捷方便协调保障 3 个为侨服务平台，开展人才引进、项目合作、技能培训等 10 方面服务工作。

暖侨关爱行动。实现困难归侨走访慰问全覆盖，全年走访慰问 39 户，为 26 户困难归侨争取爱心年夜饭，发放慰问金 4 万多元。开展“暖侨关爱——送医进侨企义诊”活动，组织镇江瑞康医院到涉侨企业开展病情诊断、医学检测、健康指导、医务咨询等服务，该活动连续开展 12 年。

为侨服务活动。组织“银企对接”活动，镇江市 11 家侨企与 8 家银行签订总额 33.71 亿元战略合作协议；引进 5 个固定资产投资 1 亿元以上项目；引导侨商侨领助力社会公益事业，扶贫、助学、抗疫捐赠钱物折合人民币总额为 436 万元，贡献志愿者服务约 50 万小时。服务侨资企业，举办 5 场“侨资企业家沙龙”等侨资海归企业家及海外高层次人才座谈会、学习会，走访调研侨企 40 余家，为 3 家侨企提供维权服务。服务海外侨胞，新冠肺炎疫情防控期间，通过微信“点对点”发送慰问信、“不见面”邮递寄送慰问品等方式开展关爱行动；先后与全球 30 多个国家和地区侨社侨团建立联系机制，向海外侨胞提供远程服务近百次。

对外文化交流。市侨务、市外办、市商务、市文广旅等部门联合出台《进一步推进全市“中餐繁荣”海外推广工作的实施意见》，在镇江高等职业技术学校设立“中餐繁荣培训基地”，在镇江观海楼大酒店设立首批“中餐繁荣实践基地”，在日本东京青莲健康美食馆、韩国首尔东方明珠号游轮餐厅等设立首批“海外中餐繁荣推广基地”；市侨务、市外办、市卫健委等部门联合出台《镇江市“中医惠侨”工程的实施意见》，在市中医院、第二人民医院设立“中医惠侨基地”；遴选镇江市 15 所院校与海外 11 所华文学校开展“百所华校云对接”活动。

侨务机制建设。建立市海外统战工作协作机制，全市有 27 家单位和部门作为机制成员单位。召开市海外统战工作推进会暨海外统战协作机制工作会议，形成领导小组议大事、协作机制抓日常、成员单位通力配合的工作格局。拓展江苏发展大会、海联会、华商会资源，新增江苏发展大会镇江籍嘉宾 23 人；截至 2021 年年底，市海外人才工作站为 53 家，海外友好社团为 56 家。

海外宣传工作。拓展海外宣传路径，运用与海外华文媒体联系优势，在各大洲海外华文媒体刊登海外版本宣传内容。全年在海外报纸刊发专版 3 个，澳大利亚《大洋时报》刊发《镇江高新区加快成为镇江发展活力标杆》，日本《中文导报》刊发《镇江新区：“长三角”锦绣衣襟上的璀璨明珠》，法国《欧洲时报》刊发《中国镇江：低碳发展走在全国前列》。

（刘　彪　张伯华）

【“归乡”主题活动】 2021 年，镇江市侨务系统向 1000 余名在外游子和侨界重点人士寄送一封家书，送上家乡亲人关心和问候；向在外乡贤发送《家乡的味道——一桌镇江团圆饭》视频，唤醒在外乡贤故乡记忆和乡土情结；举办“江山月明 · 侨海情深”2021 年镇江侨界迎中秋文艺演出活动，多家中央和省级媒体进行报道，网络点击量 80 余万次；开通“E 侨家 · 归乡”网页，实现海外有价值侨情信息、经贸合作、项目投资意向“一点即通”，镇江投资环境、技术需求、人才政策“一键查询”。（刘　彪　张伯华）

【第十三届“镇江华创会”】 2021 年 12 月 13 日，“2021 华侨华人高层次人才江苏行暨华侨华人创新创业镇江洽谈会”以视频会议形式举办。15 个国家和地区的 100 余名侨领、侨商和华侨华人高层次人才线上参与，镇江各市（区）政府和人才、侨务、商务等部门单位及园区代表线下参加。活动中，新能源电力储能舱智能制造、基于大数据优化的创新药研发等 5 个落地项目与镇江新区签约，俄罗斯华侨华人联合总会、北美精英创业家协会等 5 家海外社团与市人才办签订人才合作协议，美国南加州经贸联合会、老挝国家工商会等 5 家海外社团与市海外联谊会签订友好协议。会议同时举行“镇江华创苑”创建启动仪式。

（张伯华）

· 港澳事务 ·

【概况】 2021 年，镇江市政府加强与香港特区政府之间的交流与沟通，深化与香港特别行政区政府驻上海经济贸易办事处交流合作。加强与澳门贸易投资促进局杭州代表处的联络沟通，推动镇江与澳门在科技、人才、文创等领域的交流与合作。市港澳办多次走访重点企业，保障港澳居民在镇江合法权益。3 月 30 日，镇江市委、市政府以“沪镇融合 通江达海”为主题，在上海浦东新区举办 2021 年镇江（上海）产业项目暨人才招引推介会，香港特区政府驻沪办主任蔡亮等应邀参加会议。7 月 16 日，庆祝中华人民共和国香港特别行政区成立 24 周年暨香港特别行政区政府驻上海经济贸易办事处成立 15 周年酒会在上海举行，镇江市参加活动。（周文军）

【江苏省港澳投资企业法律服务月活动】 2021 年 10 月 26 日，“江苏省港澳投资企业法律服务月”在镇江举行启动仪式。“法律服务月”镇江专场活动旨在帮助镇江的港澳资企业应对经济全球化和日益增多的涉港澳法律纠纷等困难。活动中，省港澳办解读《关于深化苏港澳多领域合作 26 条措施》。在镇江期间，涉港澳政策法律专家到香港合资企业举办专场宣介活动，解读国家和江苏省最新涉港澳法律法规和有关政策，并对涉港澳典型案例进行分析，为企业提供面对面的法律咨询服务。（周文军）

2021 年港澳人士访问镇江情况表

表 4－10

到访日期	团　组	主要访问事项	主要访问点
1 月 7 日	全国人大代表、澳门新闻工作者协会会长、澳门日报社社长陆波一行	考察调研	镇江新区规划展示厅、孚能科技公司
2 月 9 日	澳门镇江联谊会常务副会长娄传奎一行	文化交流	镇江市港澳办
3 月 1 日	香港创意产业及科技创新委员会主席（内地事务）张建韬一行	访问交流	镇江市港澳办
3 月 24 日	全国政协常委、粤港澳大湾区企业家联盟主席、香港新华集团主席蔡冠深一行	经贸考察	润州区、镇江新区丁卯街道

续表 4－10

到访日期	团　组	主要访问事项	主要访问点
4 月 21 日—22 日	澳门贸促局杭州代表处主任陈英英一行	推进交流与合作	江苏恒顺集团有限公司、北汽蓝谷麦格纳汽车有限公司
5 月 31 日	澳门镇江联谊会会长马志强一行	文化交流	镇江市港澳办
6 月 9 日	澳门江苏联谊会监事长、澳门科技大学前校长、"澳苏大学生阳光成长"2021 年文化交流营名誉团长许敖敖一行	文化交流	镇江市港澳办
7 月 8 日—10 日	香港中国探险协会会长黄效文一行	访问考察	镇江市
11 月 23 日	香港镇江同乡会执行会长吴玉平一行	文化交流	镇江市港澳办
12 月 21 日—22 日	香港特别行政区政府驻沪经济贸易办事处副主任翁荣桢一行	访问交流	镇江市

（周文军）

政协镇江市委员会

·综　述·

【概况】 2021 年，政协镇江市委员会发挥协商民主重要渠道和专门协商机构作用，为经济社会发展做出贡献。全年召开全委会议 1 次、常委会会议 4 次、主席会议 12 次、双月协商议政会 5 次，开展立法协商 2 次。征集提案 393 件、立案 368 件；向各级反映社情民意信息 252 件。

庆祝中国共产党成立 100 周年系列活动。举办"百场宣讲 · 千场议事"活动，组织政协委员面向基层、面向群众宣讲习近平总书记"七一"重要讲话精神，开展宣讲活动 132 场；组织民生专题协商议事 1137 场，各级政协委员参与活动 2375 人次、各界群众参与活动 26873 人次。举办"风雨同舟 · 筑梦同心"诗书画印联展活动。"七一"前夕，组织市各民主党派、工商联和无党派知识分子联谊会联名向中共镇江市委致贺信，并赠送《高山流水》书画作品；中共镇江市委回赠"风雨偕行，共济同舟者胜；休戚与共，齐心奔跑者兴"楹联。举办"同话合作史 · 共植同心林"活动。

创新提效工作。市政协系统开展以"政治同心好伙伴、思想引领好标兵、基层组织好堡垒、服务大局好帮手、务实创新好作风"为主题的"创五好党建、助聚力同心"活动，推进政协系统党的建设。健全市政协党组领导下的机关党组织和"市政协委员联合党委—专委会委员党支部—界别党小组"委员党组织体系，形成"上下衔接、立体覆盖、各尽其责、无缝对接"的组织网络，发挥政协党组织的整体功能。创"五好党建"经验在全国政协系统党的建设工作经验交流会上做交流，"创五好党建、助聚力同心"入选全省政协工作"最佳创新案例"。开展"有事好商量"协商议事标准化建设，实施一座联合体、十家精品店、百个样板田、千树梨花开、万人群英会"个十百千万"工程，探索协商议事工作综合考核、星级评定新模式。在西津渡建成全省首个开放式协商议事联盟，接待省内外参观考察 30 多批次，相关工作做法入选全省政协工作提名创新案例。树立"政协好声音"机关服务品牌，依托"一人一重点、领办解难题"活动，帮助委员、企业和基层群众解决 26 项难题；政协委员依托"有事好商量"协商议事平台，推动解决 3017 个群众"急难愁盼"问题。市政协遴选"加强人才靶向性引进""发挥行业商协会在优化营商环境中的作用"等 16 件重点提案，交由镇江市委书记、市长带头开门办案，市委、市政府领导全

图 4－4　2021 年 8 月 13 日，"有事好商量"开放式协商议事联盟首场议事会举行　　（梅　平　供稿）

员领衔督办，市政协领导协助督办，形成抓重点、促全面、有实效的工作局面。（梅　平）

【协商议政活动】　2021 年，政协镇江市委员会围绕“建设一流营商环境，打造创新创业福地”和“加快推进镇江市数字产业融合发展”召开议政性常委会会议；围绕“全域旅游示范区建设”“茶产业高质量发展”等 7 个课题召开主席会议；围绕“扬尘污染防治”“全民健身场地建设”等 5 个课题召开双月协商议政会；围绕“推动数字经济发展”召开政企协商座谈会等各类协商议政活动 17 次。相关提案、专项建议、社情民意信息等获镇江市委、市政府主要领导批示 14 次，建言成果获市委、市政府及相关部门采纳。围绕“共抓长江大保护”开展民主监督，组织 1400 多名四级政协委员分 8 路“出击”、40 个小组履职，解决党委政府交办的 80 余个项目难题。（梅　平）

2021 年政协镇江市委员会重要会议情况表

表 4 – 11

时　间	会议名称	会议内容
1 月 18 日—21 日	市政协八届五次会议	听取和讨论中共镇江市委书记马明龙讲话；听取和审议政协镇江市第八届委员会常务委员会工作报告、提案工作情况报告。列席市八届人大六次会议，听取并讨论政府工作报告及其他有关报告，会议选举李健为市政协主席，张军为市政协秘书长，汤光强、杜官军、张峥、周德荣、魏弘扬为市政协常委，李国忠不再担任市政协主席职务，何培树不再担任市政协秘书长职务
5 月 31 日	市政协八届二十三次常委会会议	开展“加快推进镇江市数字产业融合发展”专题协商议政
9 月 24 日	市政协八届二十四次常委会会议	听取市政府关于全市 2021 年上半年经济社会发展情况的通报，审议通过有关人事任免事项
10 月 25 日	市政协八届二十五次常委会会议	围绕“建设一流营商环境，打造创新创业福地”进行专题协商议政；听取市政府关于市政协八届五次会议以来提案办理情况的通报
2 月 19 日	市政协八届四十八次主席会议暨助推“三高一争”动员会	传达学习中纪委十九届五次全会、省纪委十三届六次全会和市纪委七届六次全会精神，学习贯彻全市产业强市暨优化营商环境大会精神；通报表彰市政协 2020 年度绩效管理考核先进处室、优秀等次人员、优秀共产党员等
3 月 12 日	市政协八届四十九次主席会议	传达学习全国“两会”精神，审议《镇江市政协集体提案征集和办理办法》、《关于镇江市政协实施“有事好商量”协商议事工作标准化的意见》、市政协八届二十三次常委会会议议题以及有关委员调整事项
4 月 14 日	市政协八届五十次主席会议	围绕长江禁渔工作进行专项考察监督
7 月 12 日	市政协八届五十一次主席会议	考察并推进镇江市“雪亮工程”建设工作
7 月 13 日	市政协八届五十二次主席会议	围绕推进全域旅游示范区建设进行专题协商议政
7 月 23 日	市政协八届五十三次主席会议	围绕“全面提升小区物业管理水平，不断改善居民生活品质”进行协商议政；审议通过关于召开市政协八届二十四次常委会会议的有关事项
9 月 22 日	市政协八届五十四次主席会议	围绕推进茶产业高质量发展进行专题协商
9 月 30 日	市政协八届五十五次主席会议	集中学习习近平总书记在陕西榆林考察时的重要讲话精神，传达贯彻市第八次党代会精神，研究部署近期重点工作；审议通过《市政协提案审查工作细则》和《市政协反映社情民意信息工作条例》等
10 月 22 日	市政协八届五十六次主席会议	围绕“减负增效，促进青少年身心健康”开展协商议政；审议通过市政协《“有事好商量”协商议事标准化工作质效评价实施细则（试行）》以及关于召开市政协八届二十五次常委会会议的有关事项
11 月 30 日	市政协八届五十七次主席会议	专题考察推进官塘创新社区建设
3 月 25 日	双月协商议政会	围绕扬尘污染防治工作开展专题议政和立法协商
4 月 29 日	双月协商议政会	围绕“推进全民健身场地设施建设”开展专题协商，会议通过网络视频、线上线下互动的形式开展协商议政
8 月 24 日	双月协商议政会	围绕“加快推进文化产业建设”开展专题协商议政
10 月 15 日	双月协商议政会	围绕“新侨海归企业家队伍培养”开展专题协商议政
12 月 23 日	双月协商议政会	围绕“加强残疾人基本保障和特困人员供养服务工作”开展专题协商议政
9 月 23 日	政企协商座谈会	邀请镇江市数字经济领域 10 名企业家代表与市政府相关部门互动交流

（梅　平）

·重点建议选刊·

【推进镇江市数字产业融合发展的建议】 2021年5月31日，镇江市政协召开八届二十三次常委会会议，就推进全市数字产业融合发展进行专题协商议政，提出四方面建议：一是聚焦基础支撑，打造数字产业融合发展公共底座；二是聚焦跨界融合，坚定数字产业融合发展主攻方向；三是聚焦创新驱动，增创数字产业融合发展先发优势；四是聚焦智慧治理，激活数字产业融合发展内生动力。 （梅 平）

【建设一流营商环境，打造创新创业福地的建议】 2021年10月25日，镇江市政协召开八届二十五次常委会会议，就优化市营商环境进行专题协商议政，提出以下几方面建议：一是积极构建健康政治生态，保障一流营商环境行稳致远；二是创新给市场主体“松绑”，增强一流营商环境硬核实力；三是大力推进社会共育“宜商文化”，挖掘一流营商环境动力源泉。 （梅 平）

纪检监察

·综 述·

【概况】 2021年，镇江市纪检监察机关在省纪委监委和中共镇江市委领导下，推动纪检监察工作高质量发展，引领正风肃纪反腐工作不断开创新局面。

2021年，镇江市纪检监察机关学习贯彻中共十九届六中全会精神，学习习近平总书记重要讲话精神，把党史学习教育作为一项重大政治任务贯穿全年，探索形成“五机制四阵地三实践”（巡学、述学、赛学、考学、评学“五机制”，红色、网络、文化、活动“四阵地”，立足主业、服务群众、助力发展“三实践”）工作模式。新建机关党建活动中心，市纪委机关党委获评江苏省机关党建工作先进集体。配合中共镇江市委制定《2021年度落实全面从严治党“两个责任”清单》，运用履责记实平台，以督查考评督促担责尽责。开展新冠肺炎疫情防控专项督查，排查风险隐患600余处，处置问题线索62件。开展“打伞破网”行动，查处“涉黑涉恶”党员干部和公职人员54人，以案促改典型案例被《新闻联播》报道。开展农村乱占耕地建房专项整治，建立党员干部问题台账，查处45人，守护耕地保护“红线”。清查整治顶风违建别墅问题，推动4个违建项目、289户全部清空。开展“双减”工作监督检查，督促建立“双减”工作联席会议机制，推动压减校外培训机构90家，“双减”做法获教育部在全国推广。开展年度政治生态监测评估，实施精准“画像”，市委主要领导专题召开情况通报会。强化派驻“嵌入式”监督，建立“室组”联合监督机制，发现问题线索135件，立案64件。成立换届纪律监督组，推进市、区风清气正的换届氛围。做好1928名干部和214个集体党风廉政意见回复，对16人提出不宜或暂缓使用建议，做好选人用人政治关、廉洁关、作风关。

2021年，镇江市纪检监察机关将履行监督职责与服务发展要务相结合，以监督推动发展。助推产业强市“一号战略”，落实政商交往“正面清单”；召开民营企业家座谈会，市、区两级纪委领导班子“一对一”挂钩联系企业，协调解决难题36件。召开监督推进优化营商环境新闻发布会，开通营商环境信访举报“绿色通道”，建立部门协作配合、问题协调办理、涉企线索处置、综合分析研判、以案促改促治“五大机制”，查处懒政怠政、吃拿卡要等侵害企业利益问题，党纪政务处分52人。运用“四种形态”处理3229人次，前两种形态占比91.5%。健全回访教育、澄清正名工作机制，开展容错纠错工作“回头看”，为25名党员干部进行失实举报澄清，对13起、20人和2家国有企业容错纠错。运用精简发文监测点，动态研判减负实效，推动出台“减负50条”、督查检查考核事项管理办法等“小特精”制度，让干部“轻装上阵”。开展安全生产专项监督，运用监管平台督促处置隐患问题5.9万条，制发纪检监察建议6份，问责55人，监督推进“三年大灶”工作有实效。推进污染防治专项监督，与镇江市打好污染防治攻坚战指挥部办公室建立“双通双联”协作机制，制发8份“污防专项督办函”，警示约谈三市（区）、两部门“一把手”。做好融资领域腐败案件查处“后半篇文章”，找出5大类24项“出血点”，向市委、市政府提出一系列制度建议；开展政府隐性债务监督，对平台融资成本实行“日监测、周起底、月会商”。

2021年，镇江市纪检监察机关将严惩腐败与严密制度、严肃教育紧密结合，巩固反腐败斗争成果。全年立案1482件，比上年增长4.3%；留置95人，移送66人，挽回经济损失4.08亿元。严惩政法领域腐败问题，对政法干警问题线索实行“四集中”（线索集中管理、集中分析评估、集中力量办案、集中审核把关）管理。严惩土地领域腐败问题，全面起底征地拆迁领域腐败问题，化解一批多年信访问题，以及因腐败推高土地成本、加重政府债务负担的问题。严惩金融领域腐败问题，推动挽回巨额经济损失。严惩国企领域腐败问题，整治“靠企吃企”、设租寻租等经营乱象。建立惩治、剖析、警示、建议和整改“五个全覆盖”机制，制发纪检监察建议100份，推动发案地区和部门以案促改、建章立制。做到受贿行贿一起查，推进全市行贿人信息库建设，入库行贿信息1446条，构建联合惩戒工作格局。打造廉政教育“说说”系列活动品牌，镇江市廉洁微电影《呼吸》获全国“玉琮杯”优秀奖。举办“百年镇江、清风正气”廉洁文化周活动，浓厚崇廉尚洁的社会风气。开展“学亚夫、做亚夫——把成绩写在大地上”先锋行动。（范文涛）

图4－5　2021年5月21日，“学亚夫、做亚夫——把成绩写在大地上”先锋行动启动仪式举行（范文涛　供稿）

【群众身边腐败和作风问题整治工作】 2021年，镇江市纪检监察机关以“小切口”治理解决群众“急难愁盼”等问题。构建市、区联动“4＋8＋N”整治格局，查处群众身边腐败和作风问题310人。严防医保基金“跑冒滴漏”，建立问题线索移送机制，处置违规基金1.15亿元，以案促改推动医保智能监控系统建设。规范集体资产出租交易，盘点集体资产出租交易情况，挂牌督办重点问题，催缴陈欠租金1.34亿元。开展养老惠民专项整治行动，全覆盖排查镇（街道）专项资金发放使用情况，通报曝光典型案例5起。开展公共停车收费管理专项整治，开通举报专线，开展专项审计，追缴资金43万余元；推动修订《镇江市市区机动车停车场管理办法》，全市新增停车位4500余个。实施“三查一监督”（日常自查、专项检查、重点督查和社会监督），开展市级机关部门、国企下属单位专项督查，查处违反中央八项规定精神问题226起、320人。推进公务加油卡、苏通卡专项清理，清理收缴3522张，盘活资金196万元。开展违规配备使用公车专项监督，通报典型案例8起，推动出台《公务用车租赁管理办法》。开展“我为群众办实事”活动，市纪委监委县处级以上干部领办难题，其中，推动解决丹阳市界牌镇安置房工程整改难题，停工安置房项目重新开工建设，相关信访数量下降近90%。（范文涛）

【监督保障民营企业持续健康发展的8条措施】 2021年6月24日，镇江市纪委监委召开新闻发布会，发布监督保障民营企业持续健康发展8条措施。8条措施为：嵌入监督“镇合意”落地见效；保障重大项目有力推进；深化联系服务企业制度；开展营商环境监测分析；挂牌督办典型问题线索；严格规范执纪执法办案；宣传引导“亲清”互动交往；营造宽容纠错良好氛围。8条措施着力解决营商环境短板弱项和市场主体“急难愁盼”问题，支持保障民营企业健康发展。（范文涛）

·巡察工作·

【概况】 2021年，镇江市纪检监察机关开展对各市（区）巡察工作指导督导、巡察整改专项督查，对4个镇（街道）提级巡察“回头看”、涉粮问题专项巡察和八届市委第一轮巡察等。七届市委巡察工作全覆盖。

2021年，镇江市委常委会4次召开会议学习中央、省委关于巡察工作的新部署、新要求，研究部署巡察工作。市委书记专题会4次听取巡察工作汇报，市委主要领导对巡察工作作出批示12次。对4个镇（街道）开展提级巡察“回头看”后，市委主要领导约谈相关市（区）负责人，要求召开相关市（区）委常委扩大会，压实整改责任。市委巡察工作领导小组4次听取巡察工作情况。

2021年，镇江市纪检监察机关深化运用“市级统筹、市县联动、力量混编、提级交叉”专项巡察模式，开展涉粮问题专项巡察。通过巡察发现突出问题421个，移交问题线索44件，推动立案31人，其中，留置6人，提交专题报告3份、巡察监督建议4份。对标中央和省委巡视工作要求，加大对各市（区）巡察工作指导督导力度，发现各市（区）需重点关注的问题111个，推动健全完善制度48项，规范工作流程、提升工作质效。

2021年，镇江市纪检监察机关对9个党组织巡察整改落实情况进行专项督查，除面上通报、发放督办函外，对日常监督责任落实不到位的问题，向市纪委监委分管领导进行通报；对移交问题线索未处置的，提出问责建议。市纪委监委对69家市级被巡察党组开展巡察整改专项检查，七届市委巡察反馈问题整改完成率97.4%。

2021年，镇江市纪检监察机关加强巡察业务培训，提升集中业务培训质效。推进党史学习教育，领导干部领办难题13个，全部解决到位，受益16900余人次。市委巡察机构党支部“让党旗飘扬在巡察一线”经验做法在《党的生活》刊发，“坚持党建引领 铸造巡察利剑”入选市级机关党建与业务融合发展优秀案例。（汤　云）

【巡视巡察联动】 2021年，镇江市制定《关于深化巡视巡察上下联动的若干措施》《关于纪检监察监督和巡察监督统筹衔接实施办法(试行)》，从具体操作层面对上下联动贯通进行制度规范。发挥巡察系统作用和组织优势，健全巡察与纪检监察、组织、宣传、审计、信访等部门协作配合机制，强化巡前协调、巡中协作、巡后协同和巡察整改日常监督责任落实。（汤　云）

·重要会议和活动·

【七届市纪委六次全会】 2021年2月5日，中共镇江市第七届纪律检查委员会第六次全会召开。出席会议的市纪委委员29人，列席会议230人。全会学习贯彻习近平总书记在十九届中央纪委第五次全体会议上的重要讲话和中央纪委五次全会、省纪委六次全会精神。总结2020年全市纪检监察工作，部署2021年任务。全会审议通过由市委常委、市纪委书记、市监委主任宋祥林代表市纪委常委会所做《推动新时代纪检监察工作高质量发展，以正风反腐新成效护航“三高一争”新实践》工作报告和《中国共产党镇江市第七届纪律检查委员会第六次全体会议决议》。（范文涛）

【七届市纪委七次全会】 2021年9月18日，中共镇江市第七届纪律检查委员会第七次全会召开。全会审议通过《中共镇江市第七届纪律检查委员会向市第八次党代表大会的工作报告》，并将工作报告提交市委全会审议。（范文涛）

【八届市纪委一次全会】 2021年9月28日，中共镇江市第八届纪律检查委员会第一次全会召开。35名市纪委委员参会。会议选举产生由宋祥林、周奇恒、庄旭、聂美红、许志民、朱海生、傅裕、陈功、骆俊组成的市纪委常务委员会，选举宋祥林为中共镇江市纪律检查委员会书记，周奇恒、庄旭、聂美红为副书记。宋祥林代表新一届市纪委常委会讲话。（范文涛）

【市监委首次向市人大常委会报告专项工作】 2021年10月27日，在镇江市第八届人大常委会第三十七次会议上，市监委主任宋祥林代表市监委做《关于整治群众反映强烈问题工作情况的报告》，这是市监委首次向市人大常委会报告专项工作。报告中展现市监委自2018年1月组建后，依法履行宪法和法律赋予的职责，整治群众身边腐败和不正之风所取得的成效。（范文涛）

【镇江市领导干部警示教育大会】 2021年12月27日，镇江市领导干部警示教育大会召开，会议以电视电话会议形式进行。各市(区)和镇江新区、镇江高新区设分会场。会上，参会人员观看警示教育片《知敬畏、守底线，维护风清气正的发展环境》。会议要求全市各级领导干部要汲取教训、自省自警，知敬畏、存戒惧、守底线，坚决打赢党风廉政建设和反腐败斗争攻坚战、持久战，不断巩固发展风清气正的政治生态和发展环境，在现代化新镇江建设的新征程中再立新功，以优异成绩迎接中共二十大胜利召开。（范文涛）

综 述

【概况】 2021 年，镇江市各民主党派、工商联以中共十九届六中全会精神和习近平新时代中国特色社会主义思想为指导，结合各党派章程，把思想建设放在首位，围绕加强领导班子建设、组织发展工作、党派机关建设等方面内容，开展民主党派调研，建言献策。市各民主党派、工商联负责人和无党派代表人士参加中共镇江市委组织召开的民主协商会、情况通报会 5 次。各民主党派在省政协提交提案 22 件，市政协集体提案 42 件、个人提案 300 件；在省人大提交议案 2 件，市人大议案 64 件；社情民意信息被中央、省、市级采用 447 条，市委主要领导批示 7 次。全年各民主党派发展新成员 177 人，截至年底，全市有民主党派成员 4181 人。

市各民主党派将政治建设放在首位，开展中共党史学习教育。开展“不忘合作初心，继续携手前进”主题教育活动，围绕学习贯彻中共十九届六中全会精神、《中国共产党统一战线工作条例》等主题，开展骨干培训班、知识竞赛、座谈研讨、实地参观等系列活动。首次举办全市民主党派骨干成员培训班，各民主党派市委新一届领导班子成员和新任市委委员 81 人参加培训，中共镇江市委书记马明龙以《民主党派讲政治》为题主讲开班第一课。《镇江市党史学习教育简报》刊发民主党派专刊，《镇江日报》刊登 2 期民主党派专版。

市工商联发挥桥梁纽带作用，构建“亲清”新型政商关系，服务“两个健康”（非公有制经济健康发展、非公有制经济人士健康成长），被省工商联评为创新示范引领单位。各市（区）工商联均被全国工商联评为“五好工商联”。全市镇（街道）商会依法登记注册率为 65% 以上。全年工商联系统提交各级各类议案、提案 100 余件，调研报告 30 余篇，政协会议发言 1 篇。累计建立党支部 19 个，覆盖率为 75.6%。开展党史学习教育，编修《镇江市工商业联合会 镇江市总商会志》，编发《学党史、明会史》专刊68 期。举办以“民营企业家心向党、新长征路上奋力跑”为主题的“万人重走长征路公益徒步接力赛——镇江专场”活动，约 300 名民营企业家重走红色之旅。联合市委统战部启动第二轮市级民营经济人士理想信念教育基地评定工作，评定市级教育基地 9 家。承办“学史力行乡村振兴推进会暨中国礼赠品企业 100 强（镇江）峰会”。推进“五送五助”（送服务、助发展，送政策、助落地，送科技、助创新，送法律、助诚信，送保障、助亲清）民营企业服务月活动，举办 3 期企业家沙龙，开展“优化营商环境 365 行动”，市工商联受理企业家各类建议和意见 50 余件。引导会员企业履行社会责任，在“学习党史办实事、救助急难防返贫”主题活动中捐款 2010 万元；各市（区）工商联对陕西捐赠款物共计 142.481 万元。刊发 13 期《非公经济信息速递》，2 次获中共镇江市委主要领导批示。 （赵正杰）

【中共镇江市委专题民主协商会召开】 2021 年 8 月 19 日，中共镇江市委召开专题民主协商会，围绕市委七届十二次全会确定的 2021 年度 8 个方面重点工作，听取市各民主党派、工商联和无党派人士意见、建议。会上，市各民主党派、工商联主要负责人和无党派人士代表围绕会议主题，分别从加强知识产权保护、推动汽车及零部件产业发展、纵深推动“放管服”改革、促进文旅资源高质量融合发展、完善应急管理体系、用好非物质文化遗产“金矿”、提升校地合作水平、在“双碳”背景下推动镇江产业健康发展、推进美丽镇江幸福河湖建设等方面做交流发言。 （赵正杰）

2021年镇江市各民主党派及工商联组织、成员、参政情况表

表5-1

党派名称	组织情况(个)				成员情况(人)			参政情况(人)										集体提案件数(件)	个人提案件数(件)
								人大代表				政协委员				任处级以上实职数	市特邀(约)人次数		
	市委会	总支部	基层委员会	支部(支社)	总数	高级职称	新成员	县(市)区	市	省	全国	县(市)区	市	省	全国				
民革	1	1	1	16	416	147	22	5	6	0	0	24	17	1	0	2	20	8	83
民盟	1	2	6	55	1075	615	35	9	7	0	0	60	26	2	0	4	8	6	83
民建	1	2	4	34	584	108	30	1	5	0	0	51	17	1	0	3	8	6	20
民进	1	0	1	21	474	143	18	6	0	0	0	38	23	3	0	1	10	7	27
农工党	1	0	6	30	759	335	32	5	4	1	0	39	19	1	0	0	11	4	26
致公党	1	2	5	23	341	93	17	6	4	0	0	37	14	1	0	1	10	14	99
九三学社	1	0	4	25	532	373	23	3	0	1	0	40	15	1	0	0	6	5	21
工商联	—	—	—	—	—	—	—	—	—	—	—	—	—	—	—	—	—	7	100
合计	7	7	27	204	4181	1814	177	35	26	2	0	289	131	10	0	11	73	57	459

(赵正杰)

民革镇江市委员会

【概况】 2021年,民革镇江市委员会以“作风建设年”为契机,加强自身建设,为推进镇江高质量发展贡献力量。民革组织和成员获民革中央、民革江苏省委各类荣誉表彰35个。

思想建设。举办读原著写感悟、“中山博爱讲堂”、“永远跟党走”文艺会演、“百年礼赞 风雨同舟”书画作品展等活动,召开各类学习会60多次,600多人次参加,撰写征文18篇。组织全体成员参加民革中央和省委统战部线上中国共产党党史知识竞赛。镇江民革网站和微信公众号全年发图文消息400余篇次,中央级媒体采用117篇、省级媒体采用136篇、市级媒体采用130余篇。

组织建设。全年发展新党员22人,其中科级干部3人,截至年底,全市有民革党员416人。开展2020年度示范支部的评比和表彰工作,成立民革镇江市高专支部,对江苏大学二支部和丹徒一支部领导班子进行个别调整和增补。完成民革镇江市委换届工作。制定“作风建设年”工作实施意见,成立领导机构和工作机构。

参政议政。镇江市“两会”期间,提交各级议案、建议和提案83件,其中,省政协提案3件、市政协集体提案8件,1件提案获评“2020年度省政协好提案”,2件议案被市人大评为重要建议,4件建议被市人大评为优秀议案(建议)。完成民革江苏省委立项课题、中山议政厅课题等4件。各支部和专委会完成26篇调研报告。全年信息被中共中央统战部《零讯》采用1篇,被民革中央采用10篇,被省委办等省级组织采用61篇。

社会服务。筹集善款1.5万元,为贵州纳雍蛇场村15名学生发放奖学金;助力纳雍弯子村农民专业合作社发展,购买蜡染包453个、近3万元。捐款2.4万元,慰问句容袁相村24名因病致贫的村民。开展情暖校园捐赠活动,组织民革企业家联谊会和基层支部到江南学校、中山路小学等学校开展送“益生菌菌粉”和图书等活动4次。开展送医、送法以及关爱贫困群体等各类公益活动20多次,捐款5万多元,关爱各类人员600多人。 (陈 梅)

【民革镇江市第十一次代表大会】 2021年11月7日—8日,民革镇江市第十一次代表大会召开,100名代表参加会议。大会学习习近平总书记在纪念辛亥革命110周年大会上的重要讲话精神和中共镇江市第八次代表大会精神;审议和通过民革镇江市第十届委员会工作报告;选举产生14名委员组成的民革镇江市第十一届委员会;选举产生出席民革江苏省第十三次代表大会的7名代表;选举主委、副主委,王加友当选为主任委员;审议通过民革镇江市第十一次代表大会决议。 (陈 梅)

【加强知识产权保护的建议】 2021年,民革镇江市委主委王加友在中共镇江市委专题民主协商会上,对加强知识产权保护提出四点建议:一是强化政策引领。科学编制好“十四五”知识产权发展规划;加强知

识产权领军企业培育，落实人才“镇兴”行动。二是构建保护格局。制定《关于强化知识产权保护的实施意见》，加快成立镇江知识产权保护中心，推进知识产权维权援助中心、仲裁调解机构建设。三是增强转化效能。为高校、科研院所、企业以及各类创新创业主体提供全方位知识产权转化服务，建设一批知识产权保护示范园区，发挥市场激励机制，允许、鼓励科研人员利用自己的知识产权。四是提高保护水平。开展知识产权执法保护专项行动，加大对商标、专利、地理标志等关键领域的行政处罚力度；支持企业开展自主创新活动，开发具有自主知识产权的关键技术和核心技术；创建社会共治模式，探索建立区域性知识产权纠纷仲裁、调解平台。（陈　梅）

民盟镇江市委员会

【概况】 2021年，民盟镇江市委员会以促进发展为参政议政要务，履行参政党职能，以中共党史学习教育活动为主线，强化自身建设，各项工作有新成绩，获评民盟江苏省委“庆祝中国民主同盟成立80周年先进集体”。全年新发展盟员35人，平均年龄36.6岁，其中教育文化及相关科技主界别24人，占比71.43%。截至年底，全市有盟员1075人。

加强对基层换届工作指导，12个基层组织换届成功，扬中支部升格为总支。推进“四好”基层组织创建活动，5个基层组织获民盟省委表彰。围绕庆祝中国共产党成立100周年和中国民主同盟成立80周年，开展以“风雨同舟　砥砺前行”为主题的中共党史学习教育“六个一”系列活动。全市各基层组织通过组织专题学习、开展现场教学、举办主题宣讲会等各种形式开展党史学习教育，共举办各类党史学习活动127场，参加盟员2200多人次，覆盖人群14800多人次。全年在各级媒体上发表新闻稿件323篇，被《团结报》、民盟中央网站、新华网等省级以上媒体采用211篇。通过镇江民盟公众号平台推送重要盟务讯息85条，27条登上团结报团结网民主党派微信热文榜。

镇江市“两会”期间，向市政协提交集体提案6件，其中“关于系统提升我市乡村振兴战略”提案被列为市领导重点领办督办提案。提交个人建议案24件、个人提案83件。《关于推进镇江数字产业融合发展的建议》《推进低温烘干工艺让百姓吃上高品质大米》《建议我市利用中蚕所原址讲好蚕桑文化故事》获中共镇江市委主要领导批示。《大运河文化保护创新实践与思考》获第四届江苏文化发展研讨会暨第八届江苏生态文明建设研讨会一等奖。举办以“教育供给侧结构性改革——教师篇”为主题的镇江民盟第十一届教育论坛。参加第十二届江苏教育改革与发展论坛，获一等奖1篇、三等奖2篇。向省、市部门报送各类信息95条，其中，中共中央办公厅采用1条，全国政协办公厅采用1条，民盟中央采用1条，省有关部门采用31条，市有关部门采用31条。

开展“农村教育烛光行动”、“进监帮教黄丝带行动”、服务进社区行动、扶残助残献爱心行动等社会服务品牌活动，针对镇江市企业用工难和大学生就业难问题，与镇江高职校联合举办“助你启航”专场校园招聘会。2名盟员获评民盟中央“民盟脱贫攻坚先进个人”；民盟市委获评民盟江苏省委“2020—2021年度社会服务先进集体”、“黄丝带”行动（社会帮教）先进集体。（胥云飞）

【中国民主同盟镇江市第十四次代表大会】 2021年11月5日—6日，中国民主同盟镇江市第十四次代表大会召开。大会审议和通过民盟镇江市第十三届委员会工作报告；选举产生民盟镇江市第十四届委员会；选举出席民盟江苏省第十三次代表大会代表；选举主委、副主委，杨晓勤当选为主委；审议通过民盟镇江市第十四次代表大会决议。（胥云飞）

【推进镇江数字产业融合发展的建议】 2021年5月31日，民盟镇江主委杨晓勤在市政协常委会会议上，围绕乡村振兴主题，就推进镇江数字产业融合发展，提出三点建议：一是适应新要求，加大农业数字化推动力。强化顶层设计，科学谋划“十四五”数字农业发

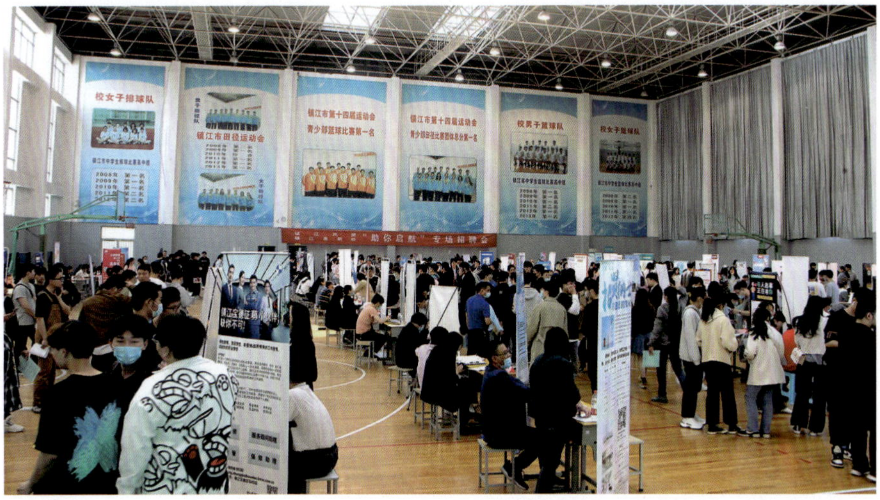

图5-1　2021年5月21日，民盟镇江市委、镇江高等职业技术学校举办“助你启航”专场校园招聘会　（胥云飞　供稿）

展规划；加强平台整合，建立市级平台间、辖市（区）平台的数字农业联动机制；强化属地推动，加大农业数字化投入，强化组织推动和宣传推广，促进转型升级。二是夯实新基础，提高农业数字化支撑力。加大数字农业信息系统研发与建设力度，建设农业大数据服务平台、公共数字农业创新与服务平台、农业数字化政府治理平台、智能农机系统。三是打造新示范，扩大农业数字化影响力。根据规模大小，坚持量力而行，打造有影响的示范样板。（胥云飞）

民建镇江市委员会

【概况】 2021 年，民建镇江市委员会完成市级组织换届，全年发展新会员 30 人，《嵌入式视角下社会工作介入民主党派社会服务工作的路径选择》获民建中央社会服务工作征文优秀论文二等奖。围绕庆祝中国共产党成立 100 周年，开展中共党史专题学习教育 30 余次，开设 79 期“中共党史微课堂”，参加镇江统一战线庆祝中国共产党成立 100 周年图片展。

组织建设。对 6 个专门工作委员会人员进行调整充实，增设企业工作委员会和法制工作委员会。民建扬中市支部、交通支部、市直支部完成换届，城建、企业的总支部的下设支部领导班子动态调整。

思想建设。组织骨干会员参加省、市民主党派骨干成员培训班学习；组织中青年专家学者和企业家会员参加民建省委培训；组织开展新会员学习教育活动，到民建中央爱国主义教育基地——冷遹纪念馆参观；组织专委会、监督委员会到丹阳许杏虎纪念馆、丹阳市党员实践教育基地进行专题工作调研；组织老会员开展“不忘合作初心 继续携手前进”茶话会；组织全体女会员到黄花塘新四军军部纪念馆开展中共党史学习教育活动。

参政议政。全年上报信息、宣传稿件 300 余条（篇），市级以上“两会”集体提案 6 件。3 条信息被全国政协采用、1 条信息被中共中央统战部联合采用、3 条信息被民建中央采用，5 篇信息获评民建江苏省委 2021 年度参政议政优秀信息。民建镇江市委获民建省委参政议政集体二等奖。

社会服务。为河北省承德市丰宁满族自治县胡麻营镇塔黄旗捐款 1.1 万元，为失独母亲举办以“民间有爱 · 温馨母亲节”为主题的感恩母亲节艺术插花专场活动。民建镇江市城建总支部委员会“向阳计划”获民建省委社会服务品牌创新奖。（赵　红）

【民建镇江市第十三次代表大会】 2021 年 11 月 8 日—9 日，民建镇江市第十三次代表大会召开。大会审议和通过《中国民主建国会镇江市第十二届委员会工作报告》；选举产生民建镇江市第十三届委员会、第十三届委员会监督委员会，以及出席民建江苏省第十次代表大会的 7 名代表。选举主委、副主委，夏军当选为主委；审议和通过《中国民主建国会镇江市第十三次代表大会决议》。江苏省政协副主席、民建江苏省委主委洪慧民出席会议。（赵　红）

【助力产业强市的建议】 2021 年 1 月，在镇江市政协八届五次会议上，民建市委会就产业强市提出三点建议：一是在指导思想上保持战略定力，聚焦“4 + 8”主导产业集群和重点产业链，把发展先进制造业作为产业强市正面战场，把发展现代服务业和特色农业作为产业强市侧翼阵地；在工作方法上坚持多措并举。强化创新驱动、项目建设、载体建设。二是在聚力高端化发展中打赢产业强市攻坚战，突出区域融合，向东融入长三角一体化战略，向西融入宁镇扬一体化战略，向内推进市域一体化战略；突出两化融合，建立信息化与工业化深度融合机制，推动产业从价值链中低端向中高端攀升；突出产城融合，产业发展与城市生态有机融合。三是在深化市场化改革中汇聚产业强市新能量，优化营商环境、强化考核激励、凝聚智慧共识。（赵　红）

民进镇江市委员会

【概况】 2021 年，民进镇江市委员会获评“民进全国反映社情民意信息工作先进集体”、民进中央宣传部“《民主》宣教工作优秀集体”，1 名机关干部获评“民进全国反映社情民意信息工作先进个人”，1 名会员获评民进中央宣传部“宣教工作优秀个人”；2 个支部获评“民进省委反映社情民意信息先进集体”，5 名会员获评“民进省委反映社情民意信息先进个人”。

学习教育。为庆祝中国共产党成立 100 周年，民进镇江市委会带领骨干会员到湖州和江阴两地开展“学党史会史 · 固初心筑同心”培训活动；举办“红色的记忆”系列主题讲座活动；开展学习习近平总书记“七一讲话”征文活动等；推进“不忘合作初心，继续携手前进”主题教育活动；三八妇女节期间开展“茶香丽人行”活动；教师节期间开展“油画新起点”美育讲座活动等。镇江民进悦读会举办多期“学中共党史，读红色经典”阅读分享活动。

参政议政。市政协八届五次会议上，民进镇江市委员会提交集体提案 7 件。镇江民进经济界会员联谊会完成民进江苏省委招标课题 1 件。镇江叶圣陶研究会申报成功省教科院课题2项。镇江民进参政议政沙龙分别到句容、泰州等地开展调研座谈活动。

组织建设。全年发展新会员18人,全部具有本科以上学历。举办民进镇江市委会2021年新会员培训班,加强会员思想建设和提升履职能力。推进“虚拟机关”建设工作,市委会获评“民进江苏省先进地方组织”,1个基层委员会获评“民进江苏省先进基层组织”,2名会员获评“民进江苏省先进个人”。推进“会员之家”建设工作,市委会获评“民进江苏省先进地方组织”,2个支部获评“民进江苏省先进基层组织”,2名会员获评“民进江苏省先进个人”。

社会服务。助力脱贫攻坚,1个支部获评“民进全国脱贫攻坚先进集体”,1名会员获评“民进全国脱贫攻坚先进个人”。做好金沙县沙土镇第二幼儿园结对帮扶工作,联合市教育局组织教育界会员开展送教育和赠书活动;幼儿园8名教师到镇江参加为期一周的跟岗培训学习。打造“关爱残障儿童,扶志扶技伴成长”社会服务品牌,联合京口区合熙社会服务中心,向京口区特教中心捐赠价值1.88万元的“云听卡”,品牌获评“江苏民进社会服务暨脱贫攻坚工作优秀成果”。 (郭新辰)

【民进镇江市第八次代表大会】 2021年11月3日—4日,民进镇江市第八次代表大会召开。大会审议和通过民进镇江市第七届委员会工作报告;选举产生中国民主促进会镇江市第八届委员会和出席民进江苏省第十一次代表大会代表;选举产生主委、副主委,陈红当选为主委;审议和通过民进镇江市第八次代表大会决议。 (郭新辰)

【加大镇江市农业保险特色需求供给的建议】 2021年1月,在市政协八届五次会议上,民进镇江市委会就加大镇江市农业保险特色需求供给提出三点建议:一是研究拓展政策性农业保险模式,推广地方特色产品。各市(区)根据实际情况,对具有新亮点、增长点的种植业、养殖业及与其相关的服务业,因地制宜开展特色优势农产品保险,探索天气指数保险、价格指数保险等。二是加大农业保险政府补贴占比,减少农户生产成本,发挥政府对农业保险主导作用,加大支付力度,提高政府保费补贴比例,实行差异化政策补贴制度。三是拓展宣传渠道,丰富宣传形式,提升农民保险意识,引导农民通过投保降低生产风险,提高参保率。 (郭新辰)

【关于推动镇江市科普产业发展的建议】 2021年1月,在市政协八届五次会议上,民进镇江市委会就推动镇江市科普产业发展提出五点建议:一是探索设立科普产业发展专项资金,将其列入镇江市文化产业发展专项资金和科技创新年度预算,扶持重大科普项目和科普企业。二是完善科普文化产业税收优惠政策,财税部门在税收扶持上,加大向科普产业倾斜力度。三是探索建立各具特色科普旅游产业集群,如依托黄墟组地层、北固山公园等特殊地质景观资源,开发地质科普知识宣教产品。四是引导高校科研院所依靠各自优势开发特色科普产品。五是挖掘农、牧、渔业和矿产资源的科普产业业态。 (郭新辰)

农工党镇江市委员会

【概况】 2021年,农工党镇江市委员会践行“四新”(多党合作要有“新气象”、思想共识要有“新提高”、履职尽责要有“新作为”、参政党要有“新面貌”)“三好”(好参谋、好帮手、好同事)要求,以基层组织建设年为契机,履职尽责,各项工作有新进展。

思想建设。学习贯彻习近平总书记“七一”重要讲话、中共十九届六中全会等精神,引导农工党党员将思想和行动统一到中共中央、省委、市委的决策部署上来。以中国共产党成立100周年庆祝活动为契机,开展“百年党史”专题学习、“百年之路”现场实践教学、“百年红船歌声扬”音乐党史宣教等系列活动。加强市委会“一网一刊一号”宣传平台建设,“镇江农工”微信公众号推送文章139篇,开设《百年党史》专栏。镇江市委会获农工党江苏省委“百年辉煌,百年祝福”祝福语征集活动优秀组织奖,2个作品入选农工党江苏省委庆祝中国共产党成立100周年“百人百幅”艺术作品网络展。

组织建设。全市有6个基层委员会、30个支部委员会,扬中支部委员会、第一人民医院支部委员会升格为基层委员会。全年发展新党员32人,其中,博士研究生2人、硕士研究生12人,医卫界党员占比47%;组织新党员参加各类培训班,组织党员干部开展廉政警示教育活动。

参政议政。举办社情民意及宣传工作培训班,全年上报社情民意信息190条,省政协采用6条,省委统战部采用2条,农工党江苏省委采用77条。“两会”期间,农工党界别人大代表、政协委员提出集体提案4个、个人提案26个、人大建议8个。申报省级调研课题,立项并完成4项。组织党员参加农工党省委2021年“农工论坛——建设美丽江苏”联合调研征文活动,获一等奖1篇、二等奖2篇、三等奖2篇、优秀奖2篇,镇江市委会获优秀组织奖。

社会服务。建设“农情心连心”社会服务品牌,市委会机关、经济支部获评“农工党中央脱贫攻坚工作先进集体”,4名党员获评“农工党中央脱贫攻坚工作先进个人”。全年开展社会服务活动38场次,参加党员200余人次,服务群众9000余人次,捐资捐物合计2.5万余元。与市总工会联合开展专题讲座;在镇江技师学院启动2021年未成年人心理健康教育宣传月等活动;在镇江市丁卯第二中心小学开展庆祝中国共产党成立100周年——书法讲座进校园活动。丹徒基层委员会为社区居民开展集中义诊和上门问诊活动,江苏大学三支部联合市红十字会开展“学史力行博爱送健康”活动,市第四人民医院支部到江苏科技大学、镇江高专开展情绪管理知识讲座和个体心理辅导。 (周　萍)

【农工党镇江市第十一次代表大会】 2021年11月2日—3日,农工党镇江市第十一次代表大会召开。会议审议和通过《农工党镇江市第十届委员会工作报告》;选举产生农工党镇江市第十一届委员会和出席农工党江苏省第十三次代表大会代表;选举产生主委、副主委,蒋鹏程当选主委;审议并通过《农工党镇江市第十一次代表大会决议》。 (周　萍)

【农工党中央调研组到镇江调研长江生态环境保护工作】 2021年9月14日—15日,全国人大常委会委员、农工党中央专职副主席杨震率农工党中央调研组到镇江调研长江生态环境保护工作。调研组一行到世业洲调研沿江船厂关闭和生态修复工作;参观市餐厨废弃物及生活污泥协同处理项目和镇江茂源化工地块整治提升工程现场;到镇江新区新材料产业园调研智慧园区平台运行情况。省政协副主席、农工党省委主委周健民参加调研。 (周　萍)

【重视基层公共卫生服务能力的提案】 2021年1月,在镇江市政协八届五次会议上,农工党镇江市委就新冠肺炎疫情防控期间,暴露出镇江市公共卫生领域的短板和不足提出三点建议:一是加大政策对基层公共卫生经费投入。建立财政投入稳定增长机制,落实公共卫生单位全额拨款政策,保障卫生应急管理工作开展。二是加强基层人才队伍建设。加大人才招聘力度,增加基层疾控中心和社区卫生服务中心公共卫生人才招聘名额;出台优惠政策,提高基层待遇。三是完善卫生应急体制机制。健全部门协作、上下联动工作机制,在市(区)级层面设置公共卫生应急办公室,在街道层面设置综合应急办公室,在社区卫生服务机构设立公共卫生应急管理科,做好风险评估,定期开展应急演练,完善应急预案。 (周　萍)

致公党镇江市委员会

【概况】 2021年,致公党镇江市委员会学习贯彻中共十九大及十九届历次全会精神,对标“四新”“三好”要求,围绕中共镇江市委、市政府中心工作,立足致公党特色,履行参政党职能。

思想建设。开展《中国共产党统一战线工作条例》专题学习。以庆祝中国共产党成立100周年为契机,加强“四史”学习教育,组织开展庆祝中国共产党成立100周年征文、参观红色教育基地、中共党史知识竞赛、红色歌曲演唱会等活动;组织骨干党员到泰州中国人民解放军海军诞生地纪念馆等红色教育基地参观学习。参加致公党江苏省委举办的“共圆中国梦——庆祝中国共产党成立100周年百幅作品献礼百年华诞书画作品展”等活动。邀请全国政协常委、江苏省政协副主席、致公党江苏省委会主委麻建国作《学中共党史 悟党派履职》专题讲座。

组织建设。全年发展新党员17人,平均年龄37.8岁,其中,女党员6人,具有硕士及以上学历6人,本科学历11人,留学人员2人,区政协委员1人,全部有侨海关系。截至年底,全市有党员341人。成立丹阳基层委员会和丹徒区基层委员会,完成京口区基层委员会、镇江新区总支、江苏大学总支及江苏科技大学支部的换届选举工作。举办“新党员培训班”,11名新任领导班子全员参加2021年全市民主党派骨干成员培训班。建成京口和新区“致公之家”,截至年底,全市建成6家“致公之家”。

参政议政。全市上报各类参政议政调研课题20个,省委会立项4个;在各级“两会”上提交集体和个人议案、提案120件;上报社情民意、信息158条。2个调研课题获致公党省委“汇智论坛”三等奖。2020年度的4篇调研报告获评致公党江苏省委优秀调研报告,并被转化为全国政协和省政协提案。

社会服务。参与句容袁相村“同心工程”实验区建设,捐赠2万元购买榉树苗;结对丹徒区上党镇江河汇家庭农场开展消费帮扶活动;联合相关部门开展“疫起助农 葡写爱心”视频直销活动;参与“助力渭南农副产品推广活动”等活动;组织党员筹集1500箱矿泉水、600箱方便面、450箱八宝粥等物资支援受灾的河南新乡市辉县,发动党员以市场半价向河南提供30台双液注浆泵支援灾后重建。

海外联谊。将推动沈括故居扩建和与赛珍珠故居(纪念馆)合作共建作为重点工作,推动镇江历史文化资源发掘利用。联合侨务“5+1”部门开展“侨心永

远跟党走"——市侨界庆祝中国共产党成立100周年暨"四史"宣传教育座谈会。（蒋　薇）

【致公党镇江市第八次代表大会】　2021年11月4日—5日，致公党镇江市第八次党员代表大会召开，74名党员代表参加。会议审议和通过致公党镇江市第七届委员会工作报告；选举产生致公党镇江市第八届委员会和出席致公党江苏省第七次代表大会代表；选举产生主委、副主委，张红娣当选为主委；审议和通过致公党第八次代表大会决议。（蒋　薇）

【推进5G产业建设及智能化应用的建议】　2021年1月，在镇江市政协八届五次会议上，致公党镇江市委就5G站址资源无法支撑5G的智能化应用、5G网络安全技术开发与推广不成熟等问题提出三点建议：一是完善基础设施建设。增加基站数量，对现有满足5G网络运行要求的基站进行完善和优化；建设一批新基站，推动5G产业建设及智能化应用实现；保障基站铁塔布局和类型与5G网络建设需求相匹配。二是统一技术标准，加快技术转化。构建体系架构，发展密集网络技术。三是完善5G网络安全防范技术。优化组网策略，实现资源共享，针对部分自建网络，优化频谱资源获取渠道、建设高密度站点、为自建网络建设提供财政补贴。电网公司应运用铁塔、站址、机房、信道、光缆等基础设施资源，参与5G网络建设。

（蒋　薇）

九三学社镇江市委员会

【概况】　2021年，九三学社镇江市委员会学习贯彻中共十九大及十九届历次全会精神，开展理想信念教育；开展"致敬新四军，重走抗战路"系列红色研修活动；组织庆祝中国共产党成立100周年理论研讨座谈。微视频《红色印记》获九三学社中央、江苏统一战线等多家新媒体平台转发。全年在省级以上媒体发表宣传稿件38篇。

组织建设。全年发展社员23人，完成扬中支社、丹徒支社、江苏大学委员会换届工作。参展"风雨同舟·筑梦同心"庆祝中国共产党成立100周年诗书画印联展。首次为2户社员申报王选关怀专项基金。九三学社镇江市委第二个"社员之家"在盈科（镇江）律师事务所挂牌成立。推进机关规范化建设，实现机关处室和基层组织社内监督全覆盖，获评"九三学社全国机关建设先进集体"。2名社员率队支援扬州抗击新冠肺炎疫情一线，1名社员筹集副食品支援河南抗洪前线。

参政议政。开展民营经济专项民主监督，向中共镇江市委做专题汇报。全年向省政协提交个人提案1件，向市政协提交集体提案5件、个人提案21件。《关于发展汽车零部件产业的提案》《关于充分挖掘"名山名寺"旅游资源的提案》2件提案入选市领导督办重点提案。省政协理论研究课题招标立项1项，1篇文章获江苏省统一战线理论课题二等奖，2个课题入选九三学社江苏省委参政议政课题。社情民意信息被各相关单位采用61条，其中，中共中央统战部《零讯》采用1条，九三学社中央采用15条，中共江苏省委采用5条。

乡村振兴。推进句容袁相村"同心工程"实验区建设，结对帮扶句容市袁相村2户困难群众。"国际科学与和平周"期间，组织18名社内医学专家到世业镇卫星村开展义诊活动。打造"惠农飞防"公益助农品牌，组织句容支社专家到句容市各乡镇开展无人机虫害防治。打造"百名专家进乡村"服务品牌，组织社内农业专家为丹阳市杏虎村社会服务基地提供农业养殖、疫情防控等技术指导服务。开展农产品消费帮扶工作，开展"爱在镇江·慈善一日捐"活动。九三学社丹阳委员会举办医学、农业等方面的科普讲座6期。1名社员参加镇江市援陕对口帮扶。（孙　凯）

【九三学社镇江市第九次代表大会】　2021年11月1日—2日，九三学社镇江市第九次代表大会召开。会议审议和通过九三学社镇江市第八届委员会工作报告，选举产生九三学社镇江市第九届委员会和出席九三学社江苏省第九次代表大会代表；选举产生主委、副主委，杜秀芹当选主委；审议和通过九三学社镇江市第九次代表大会决议。（孙　凯）

【建好312国道走廊区域创新载体的建议】　2021年1月，在镇江市政协八届五次会议上，九三学社镇江市委就中共江苏省委把312国道走廊建设成为国家综合性科学中心、沿江产业转型发展带和临山创业创新发展带的中心任务，提出六点建议：一是统筹宁镇扬重点产业链，统一三地发展目标，建设促进政府间合作、优化制度供给的示范区；二是落实"放管服"，畅通连接宁镇扬，建设加速要素自由流动、优化资源配置的示范区；三是运用"留白"优势，做好生活配套规划，建设宜居宜业、集聚人才的示范区；四是镇江高新区作为312国道走廊建设端点和重要主体，给予高新区全方位政策倾斜，打造成为312国道产业创新走廊"创新引擎"；五是聚焦"一区一特色"，明确镇江高新区重点承接走廊两端高校园区创新资源，建设战略性新兴产业转化基地；六是加大技术应用平台资金投入，重点引导建设从实验室技术

向产品技术转移的中试系统和产业共性技术供给体系。 （孙　凯）

镇江市工商业联合会

【概况】 2021年，镇江市工商联获评省工商联创新示范引领单位，各市（区）工商联均获评全国工商联“五好工商联”。7家商会获评2019—2020年度全国工商联“四好”商会。

参政议政。全年市工商联系统提交各级各类议案、提案100余件，调研报告30余篇。其中，《关于发挥龙头企业牵引作用，提升产业链现代化水平的提案》作为“一号提案”重点督办。出台《镇江市工商联企业家日接待制度》，撰写《关于推进信用修复工作的情况报告》。召开镇江民营经济形势分析研讨会，开展“优化营商环境365行动”，受理企业家各类建议和意见近50件。

组织建设。成立无锡商会、湖北商会2家党支部，全市主管商会建立中共党支部19个，覆盖率75.6%；设立高新技术企业商会党建联盟；开展第三届商协会“十大亮点”工作评选活动；成立镇江市工商联中小微企业委员会，搭建中小微企业交流平台。推进商会组织党务工作者专业化资质认定，10名商会党务工作者被认定为初级资质。“镇江市商会综合服务中心”更名为“镇江市非公经济服务中心”。

社会服务。各市（区）工商联对陕西捐赠款物共计142.481万元。江苏明月镜片公司为西藏登山学校师生、达孜区中小学生等捐赠防紫外线太阳镜、蓝光眼镜，总价值近400万元。镇江味好果园与陕西省蒲城县签订酥梨产业深加工苏陕园区项目投资协议，计划投资2.4亿元。瑞祥集团与陕西渭南等4家公司达成战略合作，开通线上平台，帮助销售农产品。承办“学史力行乡村振兴推进会暨中国礼赠品企业100强（镇江）峰会”。14家民营企业在“学习党史办实事、救助急难防返贫”主题活动中捐款2010万元。新冠肺炎疫情防控期间，市工商联引导商会和企业组织捐赠，鱼跃医疗公司连续组织3批物资紧急支援南京、扬州等地。

宣传引导。全年发布网站信息197条、微信公众号信息137期。刊发13期《非公经济信息速递》。宣传稿件被国家级媒体采用13篇（次），被省级媒体采用49篇（次）。 （王　芳）

【民营经济服务】 2021年，镇江市工商联现场为5家企业发放960万元信用贷款。联合税务局开展“春雨润苗”专项行动，为小微企业提供15项服务，简化合并申报表单12份，精简证明事项6项，缩短办税申报时长78.7%，缩短退税时长31.6%；专项行动期间，全市新增减税降费11.43亿元。与全市35家银行合作开展“银税互动”。镇江市总商会人民调解中心驻润州区人民法院调解工作站推进商会人民调解工作，接收案件277件，调解71件，涉案标的3254万元。 （王　芳）

【企业家理想信念教育系列活动】 2021年，镇江市工商联举办万人重走长征路公益徒步接力赛（镇江专场）活动，约300名民营企业家重走红色之旅。组织企业家到滁州瞻仰半塔保卫战纪念碑，参观皖东新四军纪念馆，开展“清明祭英烈”活动等。组织2批次、50余家民营企业到理想信念教育实践基地学习调研企业文化建设。联合中共市委统战部启动第二轮市级民营经济人士理想信念教育基地认定工作，认定市级教育基地9家。开展企业文化建设示范单位创建活动，3家企业被评定为第五批省级民营企业文化建设示范单位。开展全市第二批民营企业文化建设示范点创建工作，认定市级民营企业文化建设示范单位11家。举办第三期“双百菁英”特训营，49名“初创型”“成长型”科技企业家参训，助推培育行业“单打冠军”和“独角兽”。 （王　芳）

图5-2　2021年4月23日—24日，万人重走长征路公益徒步接力赛（镇江专场）举行 （王　芳　供稿）

镇江市总工会

【概况】 2021年，镇江市总工会下辖17个行（产）业、局工委（会），4个市属产业集团工会。全市有基层工会组织4581个，其中，独立基层工会3944个、联合基层工会637个；基层工会覆盖单位14538个，会员672796人，其中，女会员279839人、农民工会员218376人。全年劳模创新工作室“传帮带”活动培训500人次；新命名17家镇江市劳模创新工作室、1家劳模创新工作室联盟和10家示范性劳模创新工作室；与云南红河州建立劳模创新工作室战略联盟，围绕提高产品品质、产品品种引进、加强产品销售合作等进行交流合作。

“产改”工作。推进“产改”（产业工人队伍建设改革试点）工作列入市委常委会工作要点、市委党建工作要点、市“十四五”规划。扩大试点范围，明确全市第二批区域、行业、企业的35家试点单位。开展“双结对、双服务”活动，由首批试点与第二批试点进行结对，以示范服务促进共同提升。举办12个市级一类职业技能竞赛以及涉及156个工种的市级二类技能竞赛，产生行业“技能状元”12人，镇江市技术能手、市五一技术标兵、技师、高级工2300多人。推动市职工技术协会成为全省首家具有职业技能等级认定资质的第三方评价机构，并获首批34个工种的中级工、高级工等级证书核发资质。制定印发《关于探索建立非公有制企业党建、产改、工建一体化推进机制的指导意见》，举办一期全市非公有制企业党建、产改、工建一体化建设部署会暨民营企业家产改专题培训班，推动非公企业产改重点目标任务落地见效。

职工权益维护工作。成立企业劳动用工监督评估专家团，制定出台《劳动领域维护政治安全工作实施办法》等系列文件，完善工会劳动关系预警信息员队伍，1个职工维权案例入选“全省工会法律援助十大典型案例”。市职工法律援助工作站为672名职工提供法律服务，为职工挽回经济损失100多万元。推动解决职工“吃饭难”问题，开展“工会食堂”建设，当年建成“工会大食堂”5家，综合评定出首批镇江市星级“工会好食堂”60家；出台《镇江市“工会食堂”建设管理办法（试行）》。向1726名快递员、货车司机、家政人员等赠送价值52.8万元的健康体检。向疫苗接种医护人员赠送20万元慰问金。为1400名家政、环卫等行业女职工申请公益“两癌”筛查。组织27批次、1228名职工开展疗休养活动。筹措帮扶资金819.4万元；托底救助困难职工1441人次；通过助学活动为165人次困难职工子女解决就学难问题；开展医疗救助197人次。实施“镇工惠”职工创业贷项目，发放贷款200余万元。

工会建设。组织开展行业（产业）“四有”（有创新的工作理念，有完善的运行机制，有良好的成效成果，有较强的社会影响）特色项目创建活动和以“组织网络建设好、重点工作落实好、综合测评反响好、亮点特色体现好”为主要内容的工会工作“四好”竞赛活动，实行目标化考核、项目化管理、差异化奖补。在全省率先开展“两新”组织工会干部资质认证工作，86名工会干部申报成功初级、中级、高级资质。成立全国首家依托民营物流平台企业为货车司机组建的工会组织——镇江惠龙易通国际物流有限公司工会联合会。成立市家政服务行业工会，覆盖3000多名家政服务员。开展小微企业集中建会行动，新组建工会102家。推动工会会员实名制工作，实名录入会员52万多人。5月12日、9月10日，镇江市总工会在卫生和教育条口分别举办职工会员入职入会、集中授荣、荣退欢送“三个仪式”现场观摩推进会。经基层申报、初审把关，全年各级工会组织开展申报“三个仪式”特色活动31场次，惠及职工6568人。（方 宸）

【“留镇过大年·工会送好礼”活动】 2021年1月28日，镇江市总工会面向全市职工开展“留镇过大年·工会送好礼”活动，以“留镇过年，群团送福”为主题，筹集资金100余万元采购职工喜爱的视频会员季卡、京东购书卡、饮品券、蛋糕券、游园卡、免费流量包等10万余份，定向发放给外地留在镇江过年的职工。运用“镇工惠”职工网络服务平台和“镇江职工之家”微信公众号平台，开展“疫情防控知识竞答”、“留镇过年抖音比赛”、“留镇过大年 家书传真情”征集评选、“劳模先进喊你留镇过大年”、“过年七天乐 群团云课堂”等活动。（方 宸）

【“两新”组织工会组建和快递员等群体入会工作】 2021年3月1日，镇江市总工会与市14个部门联合出台《关于加强“两新”组织工会组建和快递员等群体入会工作的意见》，召开发文部门联络员联席会议。4月12日，全市家政服务行业工会联合会成立大会举行，覆盖全市3000多名家政服务员。9月30日，全国首家依托民营物流平台企业为货车司机组建的工会组织——惠龙易通国际物流股份有限公司工联会暨镇江惠龙易通货运物流工会成立大会召开。11月17日，丹阳诺得货运物流召开工会成立大会，成为继惠龙易通货运物流公司之后第二家建立工会组织的民营货运物流平台企业。（方 宸）

【全市庆祝“五一”大会】 2021年4月30日，全市庆祝“五一”大会在镇江举行。会议要求全市上下要进一步弘扬劳模精神、劳动精神、工匠精神，在“十四五”规划开局起步的生动实践中凝聚奋进力量、展现昂扬姿态，向着“三高一争”加速奔跑，奋力谱写现代化建设的崭新篇章，争得更大城市荣光。会议表彰3名全国五一劳动奖章获得者、4个全国工人先锋号、49名江苏省劳动模范和先进工作者、25名镇江市五一劳动奖状获得者、56名镇江市五一劳动奖章获得者、48个镇江市工人先锋号。会上，劳模先进代表李迎涛、张奎峰、汤峰做事迹报告，郇金红宣读《传承弘扬劳模精神倡议书》。（方 宸）

【工会助力乡村振兴活动】 2021年5月—11月，镇江市总工会先后在郭庄渔业、丹徒茶叶、句容葡萄、丹徒凤头鸭劳模创新工作室举办6期“高效农业传帮带”——生态鳖、甲鱼、小龙虾、稻鸭草鹅养殖、茶叶、葡萄种植等培训，帮助500名农户提升种植、养殖技能。9月17日，召开长三角15城市工会联盟“工会助力乡村振兴”研讨会，沪浙皖苏15个城市的工会干部代表、农业劳模代表参加会议，发布长三角15城市农业劳模优秀创新成果。举办端午、中秋2场劳模优质农产品展销会，帮助劳模现场销售农产品51万余元，团购额447万余元。引导各级工会组织开展“爱镇江·游镇江”职工春秋（乡村）游活动，发布10条新线路，带动农村经济发展。（方 宸）

【新时代镇江产业工人队伍建设改革工作】 2021年8月11日，镇江市职工技术协会成为技能等级第三方认定机构，为19名通过理论、实际操作双合格的农机司机颁发高级工技能等级证书，全年发放电工、钳工等12个工种的856本高级工技能等级证书。10月18日，举办“民营企业谈产改”沙龙活动。12月27日，市产改办、市总工会命名一批2021年镇江市产改优秀项目，并评选表彰一批产改先进集体和先进个人。（方 宸）

【“零工族”服务点启动仪式】 2021年10月20日，镇江市城市管理局、“12349”为民便民服务平台、市总工会共同举行“零工族”服务点启动仪式，整合全市79个“安康驿站”、230个银行服务网点的户外劳动者休息点，挂牌“零工族服务站”，提供休息场所；对“零

图6－1 2021年4月30日，全市庆祝“五一”大会召开
（方 宸 供稿）

工族”进行订单对接、岗位匹配，实施跟踪评价，提供技能培训、创业辅导，并免费为登记在册的“零工族”办理意外伤害保险。（方　宸）

共青团镇江市委员会

【概况】 2021年，镇江市有团员100355人，各级团组织7293个。其中，团委304个，团总支122个，团工委46个，团支部6821个。各级团干部11664人，其中专职团干部198人。

共青团镇江市委员会开展“百队颂百年 红心永向党”“百年党史青春说”“党团队员手拉手”等系列主题活动，覆盖青少年55.3万人次。录制“百名青年讲百年党史”“党团队员手拉手——空中红色故事会”等，收听、收看36.6万人次。举办学习贯彻中共十九届六中全会精神市委宣讲团报告会。深化青年大学习行动，250多万人次学习网上主题团课。开展“我们身边的好青年”典型推选活动，7名青年入选全省“我们身边的好青年”，1人获评2021年“全国向上向善好青年”，1人获评“全国乡村振兴青年先锋”。推出红色“青年学习社”及线路手绘地图，打造红色“青年学习社”21家、红色“青年学习社”精品线路7条，创成省级“青年学习社”2家、“青年学习社”线路2条、“青年书香号”1家。

共青团镇江市委员会成立“镇合意”青年文明号产业强市服务联盟，举办“镇合意·对话青商”系列活动，为全市284个市级重大项目组建231支青年突击队。推动大学生“聚镇”计划，开展招才引智“镇江日”西安交通大学、西安理工大学专场活动，选聘校园引才宣传大使20人，设立2个青年人才联络站，吸引更多大学生到镇江干事创业。推动181个村企联建合作项目实施，发放“新农菁英贷”736笔、5.2亿元。运用各级“团团直播间”开展助农帮销、乡村推介直播15场。江苏省首届“青绘乡村”青年文化创意设计大赛决赛镇江集训营在宝堰村开营；大赛中，宝堰村规划作品获大赛职业组金奖。服务青年创业就业，推动大学生“聚镇”“青训汇”9+N服务项目，开展“百校千企万岗”等大学生就业帮扶活动，开发实习线上专用平台，募集1300余个实习、见习岗位，就业荐岗数超2850个。关心关爱青少年成长，实施“梦想改造+”计划，建设“梦想小屋”210间，帮助350余名困境儿童、留守儿童实现“微心愿”。组织青年志愿服务，各市（区）建立青年志愿者协会，招募青年志愿者4000余人；开展“镇青春 亮文明”暖冬志愿服务行动。开通免费防疫心理援助热线，作为全省试点单位与省“12355”青少年服务台并线，招募线上心理专家52人。推动对口支援帮扶，开展“镇渭一家亲”东西合作交流暨青商企业“苏陕行”活动；推动建立青商企业联合体；获评“镇江市脱贫攻坚暨对口帮扶支援合作先进集体”。10月20日，“江苏少先队劳动教育全省行”首站活动在镇江新区平昌小学举行，引导少先队员参加劳动实践活动，共青团江苏省委书记司勇参加活动。

共青团镇江市委员会从严建设团组织，推动县域共青团基层组织改革工作，共青团扬中市委作为试点在团中央、全省进行经验交流。落实“团支部工作清单”，评星定级团支部5192家，619个应换届村（社区）团组织集中换届。落实《中共中央关于全面加强新时代少先队工作的意见》，各地党委主要负责人担任同级少工委名誉主任。团市委、市教育局联合印发《镇江市少先队助力“双减”——“红领巾1小时”实践活动指引》，推动全市58个街道、124个社区建立少工委。启动镇江市老干部与青少年“曦·夕行动”，帮助年轻党员干部和青少年健康成长。10月11日，《镇江市“十四五”青年发展规划（2021—2025年）》专题新闻发布会召开，会上发布镇江首个青年发展规划。

（王佳雨）

【“梦想小屋”建设】 2021年，共青团镇江市委员会推动“梦想小屋”项目（主要服务事实无人抚养儿童）纳入市政府民生实事工程，动员全市200余家单位、4500余人次参与捐款捐物，建成“梦想小屋”210间，募集资金410万元、图书2000册、衣物600件。与市民政局联合印发《关于做好全市散居孤儿、事实无人抚养儿童“2+2”结对帮扶工作的通知》，针对全市散居孤儿、事实无人抚养儿童实施“2+2”结对帮扶的关爱机制，为“梦想小屋”受助对象提供生活兜底保障、个案跟踪帮扶、学业辅导、心理疏导等关爱保护服务。

（王佳雨）

【“镇江市青少年网上党史学习教育馆”开馆】 2021年6月30日，“镇江市青少年网上党史学习教育馆”开馆仪式暨“百队颂百年 红心永向党”镇江市少先队主题队会在市敏成小学举办。市青少年网上党史学习教育馆内设学习馆、研学馆、互动馆、影视馆和风采馆。其中，学习馆涵盖大中小学各个学段，普教、职教、特教各种类型，涉及思政、语文、历史、地理、音乐、美术等各门学科，包括主题团、队课等在内近200节党史学习教育精品课；研学馆内可见40余处全市历史类纪念设施、遗址，以及39家爱国主义教育基地的影像资料和馆史介绍；互动馆可以参加党史知识问答活动；影视馆可观看优秀红色题材影视作品；风采馆内展现全市青少年通过学习“红色课程”、参与“红色活动”、熏陶“红色文化”的活动情形，全市青少年可在线进馆游览、学习打卡。主题队会按照“红领巾飘起来”“我们是共产主义接班人”“童心逐梦向未来”3 个篇章推进，全市近百个少先队大队参与活动。会上，同时发布 12 条镇江市青少年红色研学线路和 7 条红色“青年学习社”线路。 （王佳雨）

【“强国有我 号队助跑”先锋行动】 2021 年 7 月 21 日，“强国有我 号队助跑”先锋行动发布暨大学生聚镇“青训汇”服务项目启动仪式举行。活动现场，启动大学生聚镇“青训汇”服务项目，该项目聚焦 8 条重点产业链，通过开展集中宣讲、专题培训、主题研修及交流研学等方式，鼓励大学生青年人才学党史、感党恩，立足岗位建新功。同时，举办首场大学生聚镇“青训汇”市级示范专场培训；参观全市“一线有我号队出列”岗位建功图片展；集中观看《“一线有我号队出列”青春在奔跑中闪光》宣传片。“强国有我 号队助跑”先锋行动围绕“2 + 2 + 1”先锋行动实施，包含“2 项赛事”促岗位建功、寻访“2 类先锋”促岗位育人、实施“1 场结对”促关爱赋能。其中，“2 项赛事”促岗位建功为开展“优化营商环境，服务重大项目”青年文明号优质服务大比武活动、开展青年突击队建功竞赛活动。寻访“2 类先锋”促岗位育人为寻访“项目攻坚青年先锋”、寻访“项目服务青年先锋”。实施“1 场结对”促关爱赋能为促成先进集体与重大项目青年突击队及所在重大项目实施“一号一队一项目”结对，开展关爱赋能活动。 （王佳雨）

【镇江市青年联合会第八届委员会全体会议】 2021 年 10 月 27 日—28 日，镇江市青年联合会第八届委员会全体会议召开。会议要求广大青年以习近平新时代中国特色社会主义思想为指引，高悬理想之帆、树立担当之志、践行奋斗之路、汇聚青春之力，紧紧围绕现代化新镇江“六大愿景”，聚力打好“五大关键战”，充分发挥共青团“号手岗队”作用，主动到条件艰苦的基层、经济社会发展的一线经风雨、见世面、长才干、壮筋骨，敢试敢为、勇当先锋，在“奋斗有我”的火热实践中放飞人生梦想、书写青春华章。全市各级青联组织要紧跟时代步伐，深化改革创新，把握青年工作特点和规律，组织动员广大青年坚定跟党走、奋进新征程，为打造青年发展友好型城市的“镇江样板”做出新的更大贡献。会上，共青团市委书记张冲当选为市青联主席。 （王佳雨）

【镇江市老干部与青少年“曦 · 夕行动”】 2021 年 11 月 11 日，镇江市老干部与青少年“曦 · 夕行动”启动仪式举行，该行动旨在发挥老干部的政治优势、经验优势和威望优势，启迪引导年轻党员干部和青少年健康成长。仪式上，镇江市老年人才服务中心揭牌。11 名老干部被聘为市“青年成长导师团”首批成员；“青年成长导师”代表向青年突击队、青年文明号团队代表赠送汇集有镇江市百名老干部信仰故事的《熔铸》一书。 （王佳雨）

镇江市妇女联合会

【概况】 2021 年，镇江市妇联按照镇江高质量发展新目标，对照深化妇联改革新任务，围绕引领服务联系职能定位，各项工作有成效。镇江市有市、辖市（区）、镇（街道、园区）、村（社区）四级妇联组织 807 个，党政机关、事业单位妇联及妇委会 276 个，“四新”（新领域、新业态、新阶层、新群体）领域妇女组织 240 个。

2021 年，市妇联、市人社局联合开展女性专场招聘会 54 场。市妇联促成金融机构发放“巾帼荣誉贷”956 万元。指导创建 30 个市级巾帼示范基地。开展“十岗百星”技能比武活动，培树 10 名行业标兵、100 名岗位能手。扶持“巾帼新农人”开设“田妈妈”田间课堂，全年新创 10 个样板课堂，开展 106 场培训，惠及 1200 名妇女。新推选市级“最美家庭”“书香家庭”140 户，推进家庭教育指导示范社区建设。开展“心心相印庆百年——中国印进百家”活动，向 100 户获得全国、省“最美家庭”“五好家庭”等称号的家庭赠送“双喜”对章。通过视频号、抖音号开展“联线幸福家 · 维护她权益”线上普法直播 5 场，惠及妇女群众近 4 万人次。全年接待妇女信访 234 起。市未成年人成长指导中心、丹徒区宜城街道宜和社区 2 个公益性心理咨询服务中心相继挂牌，开展公益性心理咨询服务 260 余次。为扬州在镇江隔离的 1542 名妇女儿童构建服务网，提供心理疏导、物质慰问等服务。“镇有一手”巾帼宣讲团成立，150 余名宣讲骨干深入社区、家庭、企业、乡村，开展党史宣讲及各类巾帼宣讲活动 2000 余场次，惠及妇女群众 3 万余人。开展“妇联邀您回娘家”系列活动，先后开展异地商会会长贤内助联谊、邀请优秀女性代表观影、新建妇联组织负责人座谈会等活动。3 月 8 日，以“光荣与梦想”为主题举办纪念“三八”国际劳动妇女节 111 周年活动，表彰 2020 年度巾帼先进个人和集体；活动现场，女企业家讲述创业创新故事。

2021 年，镇江市深化妇联改革，组织召开镇江市妇女第十五次代表大会；编制镇江市“十四五”妇女儿童发展规划。726 个村（社区）“两委”换届，新选举产生 726 名妇联主席、1813 名专兼职副主席、4809 名村（社区）妇联执委，实现女性 100% 进村、社区“两委”。镇江新区公用建设公司、市体产公司、市消防支队成立妇联，市第一人民医院完成“会改联”。市妇联、市文明办共同评选出“巾帼共创文明城”示范“妇女微家”10 个。“新时代女子学堂”先后开设公益性特色课程 10 个。 （郑 丹）

【关心关爱工作】 2021 年，镇江市妇联推进“99”公益“织爱行动”项目，全年项目筹集善款 300 余万元。借助“织爱行动”，全市为 1927 名困境儿童、321 名困境妇女提供现金救助，同时，组织的关爱活动惠及妇女儿童 1530 人。“有福‘童’享”微心愿圆梦行动帮助 330 名困境儿童圆梦“微心愿”。举办女性健康知识讲座 277 场，近 1.5 万人受益。河南暴雨灾害发生后，镇江女企业家第一时间捐助爱心款、物合计 61 万元。 （郑 丹）

【家庭教育指导示范社区创建】 2021 年，镇江市引入“社区全域、家长全程、家庭全类型”的社区家庭教育支持行动模式，在全市推进 45 个家庭教育指导服务示范社区（村）建设，制定建设工作指南，组织专题培训会、工作交流会、现场推进会，提升建设实效。通过建立一套家庭教育档案，绘制一张分龄段家庭分布地图，组建一支家庭教育志愿者队伍，创设一个推门可见、人人可感家庭教育环境氛围，开展一系列家庭亲子活动，突出立德树人导向，唤醒家长主体意识，浓厚社区家庭教育氛围。 （郑 丹）

【“汇爱益她”法律咨询服务中心揭牌】 2021 年，镇江市妇联、镇江汇典律师事务所、江苏大学法学院联合设立镇江市“汇爱益她”法律咨询服务中心，以“妇联组织 + 专业律师机构 + 高校”三方合作模式，提升妇女维权专业化、法律化水平，延伸维权服务链。10 月 27 日，揭牌仪式在江苏汇典律师事务所举行。 （郑 丹）

【科技创新巾帼行动启动】 2021 年，镇江市妇联、市人才办、市科技局、市教育局、市工信局、市人社局、市卫健委、市总工会、市科协等部门研究制定《镇江市科技创新巾帼行动实施意见》，以激活资源流动、促进人才交流、培树新秀典型为切入点，助力女性创业创新。市妇联与市人才工作领导小组对接，围绕优化完善政策、健全评价机制、搭建服务平台、加强关心关爱、加强典型培树，形成 5 项协同推进工作机制；摸清全市 238 名女企业家基本情况，建立女性科技工作者人才库，储备入库人才 96 人。 （郑 丹）

【镇江市妇女第十五次代表大会】 2021 年 12 月 29 日—30 日，镇江市妇女第十五次代表大会召开。会议有正式代表 430 人，选举产生市妇联第十五届主席、副主席、常务委员、执行委员，杨菊兰当选为市妇联主席。会议要求全市广大妇女和各级妇联组织在谱写“镇江很有前途”现代化建设新篇章中激扬巾帼之志、汇聚巾帼之力、再立巾帼之功。大会通过《关于镇江市妇联第十四届执行委员会报告的决议（草案）》，并命名镇江市“三八红旗手标兵”“三八红旗手（集体）”。 （郑 丹）

镇江市科学技术协会

【概况】 2021 年，镇江市科协履行“四服务一加强”（服务科技工作者、服务创新驱动发展战略、服务公民科学素质提高、服务党委政府科学决策，加强自身建设）工作职能，深化科协系统改革，推动科协各项事业新发展。

服务人才工作。资助 50 名学术技术水平在全市同行中具备一定优势、在所在学科领域具有较大发展潜力的青年科技工作者。组织科技工作者申报 2021 年“建言献策”研究课题，形成建言献策成果；评选出一等奖 3 人、二等奖 6 人、三等奖 7 人、优秀奖 8 人。市科协、市工程师学会联合开展镇江市 2021 年度企业科技标兵、杰出创新工程师推荐评选工作，评选出 10 名科技标兵和杰出创新工程师。3 人获省“2021 年人才托举资助培养人员”资助；2 人参加高层次人才研修培训班。成立镇江市“青年科技工作者之家”。

全民科学素质工作。实施镇江市 2021 年度全民科学素质行动计划，该计划由未成年人、农民、城镇劳动者、领导干部和公务员四大人群科学素质行动以及科学教育与培训基础工程、科普产业助力工程等 11 大类、108 项行动构成。制定全民科学素质行动“十四五”规划和 2035 年远景目标。

科普阵地体系化建设。推动科普场馆和阵地建设，润州区新金江渔文化科普馆、温州医科大学眼健康科普馆（丹阳）、蜂巢动力长城汽车科普馆（扬中）等一批社区科普馆、专业（产业）科普馆开馆。开展科普教育基地提档升级行动，打造一批精品科普教育基地。采取动态化管理方式，开展新一轮科普教育基地、科普惠农服务站申报认定工作。开展“慧安科普行动”活动，启动“慧安科普教育基地”的申报认定工作。

重点科普品牌项目。开展“科普迎新年，科学过大年”主题活动。印发《关于做好现阶段新冠疫情防控科普工作的通知》，开展疫情防控科普宣传；举办“新春 i 生活”科普知识竞赛，开展宅家健身线上教学，建立公益科普服务群，编印发放《疫情防控与科学过年》手册等。开展“梦溪科普秀”科普剧创作会演活动，突出安全科普和应急科普，突出创新引领和科普惠民等主题。组织第33届科普宣传周系列活动和科技馆开馆仪式。开展"保护长江'镇'在行动"、"梦溪科普"志愿服务月、院士专家科普乡村行、"慧安科普行动"等十大系列180余场科普主题活动。5月18日,镇江市科技馆开馆仪式与科普宣传周开幕式同时举行。申请注册商标,推动科普工作品牌化。通过"梦溪科普"抖音号向公众推送科普知识,组织开展"梦溪科普"科技志愿服务活动等。组织2021年全国科普日系列活动,开展各类科普活动400余项,活动取得较好反响。镇江市科协被中国科协授予全国科普日优秀组织单位。

科技交流合作。市科协搭建线上平台,保持与海内外科技社团交流联系常态化。组织3场线上活动,对接服务海外人才12人次。举办以"科学过年,快乐健身"为主题的"科技咖啡馆"活动。邀请美国专家开展线上专题讲座,观看人数超过4000人次。主办中日现代有机农业技术线上交流会。市科协、"亚夫团队"、市农科院与日本农文协合作,为江心洲柑橘种植户在冻后科学修剪、加强病虫害防治和"红美人"柑橘大棚管理等方面提供技术支持。做好海外智力为国服务相关工作。开展2021年镇江市创新争先成绩突出科技人物和科技团队选树活动,选树出科学研究、关键技术研发、科技人才培养、科学技术管理和科技成果转化等方面的10名领军科技人物和4个科技团队。组织市优秀科技论文(专著)评选,120篇(部)获评2021年镇江市优秀科技论文(专著)。举办优秀科技工作者风采展。 (夏　凯)

【科普助力乡村振兴行动】 2021年,镇江市科协开展"镇江市科普惠农十佳典型人物"选树活动,评选出芮东明等2020年"镇江市科普惠农十佳典型人物"。举办农业科技嘉年华活动。市科协、市农业农村局、市农科院、市科技局联合在京口区新民洲举办小麦产业新成果推介,开展专题技术讲座、镇江小麦系列品种面粉产品品鉴、现场观摩等活动,种业企业代表、镇江及周边市县小麦经营加工企业、种植大户代表等近百人参会。市科协到江心洲五套村开设"田间课堂";赠送科普大屏、书架以及科普图书资料,帮助五套村建立"梦溪科普"书屋,打造科普阵地。 (夏　凯)

【"慧安"行动】 2021年,镇江市科协推动"慧安"行动,开展省市科技服务进园区、进企业活动。活动邀请省科协、省安全科学技术学会、省化学化工学会相关领导和专家,到惠龙易通公司、镇江新区新材料产业园参观考察,"零距离"对接指导。4月9日,活动启动仪式上,开启安全科普漫画系列丛书编纂工作;签订"灾害早期识别及实时预警应用"和"5G+安全应用"合作协议;省化学化工学会为镇江新区管委会科技服务站授牌。活动现场同时印发《2021年度"慧安行动"实施方案》。 (夏　凯)

【"市会"合作助推G312产业创新发展对接会】 2021年7月18日,镇江市举办"市会"合作助推G312产业创新发展对接会。"市会"合作是"省会"合作衍生,旨在依托省级学会高端人才资源,聚焦镇江产业强市、创新驱动战略,通过领办难题、科技攻关等措施,为镇江经济社会发展提供强有力的智力支持和人才保障。会上,省综合交通运输学会、省水利学会等8家省级学会代表与市科协签订战略合作协议;8家省级学会科技服务团队与8家镇江园区、企业签订项目合作协议。现场发布镇江市生命健康产业专家委员会名单,并为中国预制混凝土绿色低碳研究中心揭牌。市科协负责人介绍"市会"合作有关情况,建华建材(中国)有限公司、镇江高新区管委会负责人做交流发言。省综合交通运输学会理事长史和平等出席会议。 (夏　凯)

镇江市归国华侨联合会

【概况】 2021年,镇江市旅居海外的华人、华侨有3.6万余人,主要分布在美国、加拿大、澳大利亚、新西兰、德国、日本等国家。全市范围内有归侨、侨眷6.18万余人。

服务全局工作。镇江市侨联与省侨联侨界专家委员会联合主办"创业中华·智汇江苏——侨界专家进丹阳"活动,服务涉农企业;举办"学习张謇精神、与镇江同奋进"政企对接交流会;开展"送服务、送政策、送法律"进侨企活动;与省侨联赴上海调研金光集团APP(中国)、世茂集团、弘阳集团;与市发改委、市经济学会开展调研,撰写《镇江市导入年轻人口,增强城市活力的对策研究——以技能型人才为例》报告,报送市领导供决策参考。

海外联谊交流。承办中国侨联"亲情中华·为你讲故事"网上夏令营江苏镇江营;接待意大利那不勒斯工商总会代表团、泰国江苏青年总商会访问团到镇江考察交流;与泰国江苏商会、江苏恒顺醋业股份有限公司等共同举办"认识江苏——走进中国醋都镇江"线上交流活动。

为侨服务工作。联合北京盈科(镇江)律师事务所设立市侨联法律咨询服务中心,建立合力为侨服务常态化机制。与江苏大学附属医院签订老归侨医疗服务合作协议;联合镇江高新区党群工作部与润州工业园区卫生服务中心签订《困难归侨医药帮扶协议》;与江苏大学联合开展大学生"一对一"志愿服务老归侨活动。开展“我爱侨家”“送温暖、献爱心”等活动。

组织建设工作。市侨联被列为江苏省侨联“地方侨联+高校侨联+校友会”工作机制试点单位，《联动机制实施方案》被省侨联转发、推广。开展“两在两同”建新功行动，打造“我爱侨家”工作品牌，办结各类实事12项。（胡其军）

【庆祝中国共产党成立100周年系列活动】 2021年，镇江市侨联开展“侨心永远跟党走”市侨界庆祝中国共产党成立100周年暨侨界“四史”宣传教育座谈会；举办4场“侨心向党 同心筑梦”学党史走基层文艺演出；开展“志青春——传承红色基因 弘扬时代精神”主题实践活动；联合山东省枣庄市侨联等共同举办“侨联四海 德誉五洲”庆祝中国共产党成立100周年苏、鲁两省十一市侨联书画展等。（胡其军）

【“亲情中华·为你讲故事”网上夏令营】 2021年5月11日—25日，江苏省侨联、江苏大学语言文化中心、镇江市侨联联合承办中国侨联2021“亲情中华·为你讲故事”网上夏令营活动。由加拿大慈福公益基金会、加拿大枫雨国际教育中心和巴塞罗那孔子文化学校组织的海外华裔青少年150余人通过网络云端学习中华优秀文化和镇江地域文化。（胡其军）

【加强“靶向”性人才引进、培养的建议】 2021年，镇江市侨联在市政协八届五次会议上就加强“靶向”性人才引进、培养提出两点建议：一是精准绘制需求侧“人才地图”。针对镇江发展重点突破的九大领域，盘点各领域、各企业的人才需求、存量，绘制出需求侧“人才地图”，为人才引进提供“靶向”路径，使人才政策实现由“漫灌”到“滴灌”的转变，提升引才、育才政策的精准性。二是精准绘制供给侧“人才地图”，实现由“上门揭榜”向“登门求贤”的转变，提升人才引进工作效率。针对人才需求缺口，通过大数据检索、专利分析、文献计量、专家发现等方法，挖掘相关人才的职称、获奖、研究方向、专利数等信息，分析这些人才在各地的分布情况，建立各级各类人才的数据库。在此过程中，各级主管部门可发挥自身优势，帮助绘制相关领域供给侧的“人才地图”，助力实施“靶向”人才计划，帮助各用人单位对所需人才进行“靶向”定位。（胡其军）

镇江市台湾同胞联谊会

【概况】 2021年，镇江市台联团结、联谊、服务好镇江市定居台胞和常住台胞，完成各项相关工作，为加快建设现代化新镇江和促进两岸关系和平发展做贡献。

思想教育。举办庆祝中国共产党成立100周年座谈会；编印《市台联庆祝中国共产党成立100周年专刊》；参加“同心向党 砥砺前行——镇江统一战线庆祝中国共产党成立100周年图片展”；参加省台联“两岸关系研讨会”，向台胞宣传中国共产党的对台方针政策。

团结服务。走访慰问“老病困”台胞及老领导9批、38人次，发放省、市两级台联老台胞和困难台胞生活补助费。走访慰问9名自主创业台胞，了解台胞经商情况，颁发3个“自主创业优秀台胞”和1个“台胞创业基地”牌匾。表彰17名优秀青年台胞，推荐2名定居台胞担任新一届政协委员。多次发布有关新冠肺炎疫情消息，提醒、引导台胞做好防范。

沟通交流。动员台胞与岛内亲友加强联系沟通，浓厚亲情友情；春节前对部分台商、两岸婚姻家庭致以新春祝福。走访调研海昌隐形眼镜有限公司等台资企业，了解新冠肺炎疫情影响下台资企业生产经营情况。通过电话、微信方式与镇江台资企业、台商加强联系，帮助台商融入大陆生活。

参政议政。在市、区政协全会上，台联界别政协委员提出提案和社情民意8件，附议1件，包括关于建设镇江名人名诗馆、推进江苏佛学院建设、跨界河湖管护、增加公共停车位等建议。台籍委员与周围群众联系，开展调研。（刘　军）

【建设镇江名人名诗馆的建议提案】 2021年1月，在中国人民政治协商会议镇江市第八届委员会第五次会议上，镇江市台联就建设镇江名人名诗馆提出镇江虽然有历史文化研究会、诗词协会在研究和宣传镇江名人，但还存在不足。一是历史文化分散在各区域、各系统；二是历史文化研究不全面、不透彻；三是未发挥好启迪教育后人、宣传介绍镇江的作用。建议学习徐州名人馆经验，提升镇江知名度、提高人文素养、增强镇江自信。（刘　军）

镇江市文学艺术界联合会

【概况】 2021年，镇江市文学艺术界联合会团结引领广大文艺工作者围绕中心、服务大局，繁荣文艺、服务人民，完成各项目标任务。

系列文艺活动。组织、举办庆祝中国共产党成立100周年“百年辉煌·致敬时代”美术书法作品展、镇江·蚌埠美术作品展、“百年百家”镇江·蚌埠书法作品展、镇江·南通版画交流展、“助力奔跑·美丽镇江”舞蹈大赛、“重温红色记忆·弘扬传统文化”民间艺术作品展等40多场文艺展演展示活动。

文艺品牌创建工作。与中国摄影报社联合举办国家级摄影展赛——“程默杯”首届全国摄影作品展，全国23个省、自治区、直辖市的6900余件作品参评，该展被省文联作为全省文联系统党史学习教育的示范项目。市民协和镇江九墨文化公司联合打造“镇江民协——风吹麦浪”视频号，推出48期“挖掘民间技艺·寻找城市记忆”短视频。

文艺精品创作建设。主旋律院线电影《寻人启示录》在全国院线上映。重点扶持的图书《中国精神》第6次印刷，发行量超过6万册。5件作品获江苏文艺大奖民间文艺奖，舞蹈《二十一酉时》获江苏舞蹈莲花奖优秀创作奖和作品表演奖；22件美术作品入选国家级展赛，短视频作品《镇江战“疫”十二时辰》和《春暖三月·花开镇江》被“学习强国”学习平台刊发。《77人的“78”天》《我在，我们在——2020镇江抗疫实录》等一批反映防疫抗疫题材的长篇纪实文学作品出版。纪实文学《血融大地》、长篇报告文学《溢绿园》、长篇小说《1842镇江绝唱》、长篇传记小说《赵声将军》等一批文学作品出版。

文艺人才培养工程。市文联加大对文艺名家和中青年文艺人才宣传推介力度，举办“春华秋实”历届文艺新秀专场汇报演出，举办“大家风采”镇江老文艺家学术提名展、许志荣西津渡专题摄影展、“我摄影我快乐”镇江影友作品展、国展班成果汇报展、“疫痕”孙悦萌摄影作品展、王筱茹师生书画展、余军师生音乐会等。创新以专业协会为主体的文艺人才培养模式，市美协打造美术人才培训基地，举办5期中国画国展创作班、6期油画高研班。

文艺惠民工程。市文联“文艺轻骑兵”到二重(镇江)公司开展文艺演出，为安徽商会庆祝中国共产党成立100周年文艺演出进行义务辅导。举行“跟着农民拍，帮着农民销”志愿服务活动，助力乡村经济发展。市摄影家协会创作实践基地在句容市龙山湖村挂牌。市民协举办“牵手外地娃·留镇过大年”惠民活动。市剧协与江苏大学合作，开展高雅艺术进校园活动。

组织建设。镇江市新文艺群体联合会成立，并成立镇江市新文艺群体党支部。“加强党对‘文艺两新’领导”工作项目获全省文联工作创新奖。《江苏省镇江市有效加强党对“文艺两新”的领导》获中国文联《调研参考》刊发，并向全国推介镇江文联的经验和做法。3月19日，东南大学原党委书记、省中国特色社会主义理论体系研究中心主任、东南大学中国特色社会主义发展研究院院长郭广银率调研组到镇江调研文艺界党的基层组织建设情况。 (高兴玺)

【市文联五届九次全委(扩大)会议】 2021年3月10日，镇江市文联召开五届九次全委(扩大)会议。会议确定2021年镇江市文联系统“坚持政治统领，全面加强党对文联工作的领导”“以庆祝中国共产党成立100周年为主线，汇聚践行‘三高一争’精神力量”“促进创作繁荣，努力推出一批描绘时代精神图谱的精品力作”“构筑人才高地，不断壮大德艺双馨青蓝相继的文艺队伍”“继续实施品牌战略，努力打造可持续发展的文艺品牌”“创新工作机制，切实营造积极健康的文艺生态”等6项重点工作。同时，会议调整增补镇江市文联委员并表彰全市文联系统2020年度绩效考核和目标管理先进单位、2020年度全市文联系统信息工作先进集体和先进个人、2020年度全市文联系统优秀文艺工作者、2020年全市文联工作创新成果。 (高兴玺)

【新文艺群体党的文艺思想和职业道德座谈会】 2021年9月3日，镇江市文艺界组织召开“修身守正 立心铸魂”新文艺群体党的文艺思想和职业道德工作座谈会。市部分新文艺群体代表30多人参加座谈会。会议对“饭圈”文化、“唯流量论”等不良现象和文艺界及娱乐行业出现的一些违法失德现象进行研讨，对处置违法失德问题、治理不良“粉丝文化”乱象达成共识。会上，文艺界代表学习中国文联发出的《修身守正 立心铸魂——致广大文艺工作者倡议书》。 (高兴玺)

【镇江市新文艺群体联合会成立】 2021年11月26日，镇江市文联召开新文艺群体联合会第一次会员代表大会。各艺术门类新文艺群体代表57人参加会议。与会代表听取并审议《镇江市新文艺群体联合会筹备工作报告》《镇江市新文艺群体联合会章程》，选举产生镇江市新文艺群体联合会第一届理事会、监事会，第一届理事会主席、副主席，镇江东吴书画院院长张洪良当选为主席。 (高兴玺)

镇江市残疾人联合会

【概况】 截至2021年年底，镇江市有残疾人约18.7万人。市残联做好各项残疾人工作，提高残疾人事业发展质量，提升残疾人群众获得感、幸福感和安全感。

2021年，市残联围绕残联改革方案，围绕强“三性”(政治性、先进性、群众性)、去“四化”(机关化、行政化、贵族化、娱乐化)，推进基层残联组织和队伍建设。各市(区)残联均成立党组，市残疾人五大协会、镇江市福利助残基金会设立功能型党支部，助残社会组织聘任10名党建项目指导员。出台《镇江市"十四五"残疾人事业发展规划》。

市残联针对重度精神残疾人托养难题，建成市级精神残疾人托养服务中心，形成居家照护—"残疾人之家"日间照料—市精神残疾人托养中心寄宿托养—居家照护闭环服务模式。针对重度肢体残疾人托养难题，引进社会力量，联合打造医养结合、助残、助老融合体。出台居家托养服务相关政策文件，建立残疾人居家托养服务体系，推进居家托养服务规范化建设。开展"残疾人之家示范点"建设，推进"残疾人之家"日间照料规范运行。全市有托养服务供给机构173家，其中，寄宿制托养服务机构18家、日间照料（残疾人之家）服务机构136家、居家托养服务机构19家。推进残疾人康复服务规范化建设，组织对服务机构督察检查2次、综合考评2次，专门业务培训2次；新建成残疾儿童康复机构7家、成年残疾人康复服务机构2家、辅助器具租赁点9个。民生助残项目"为2800名无业智力、精神和重度肢体残疾人提供托养服务"获评2021年度镇江市"十佳民生实事"。

2021年，镇江市残疾人事业宣传报道在"学习强国"平台刊登20多次，在《新华日报》刊发专题文章1篇。市残联与《镇江日报》《镇江画报》等媒体合作多个版面，制作《拼搏》专刊，拍摄《我们走在大路上》音乐短片。建成5个残疾人文化体育示范点、3个残疾人群众性体育示范基地。在日本东京残奥会上，3名运动员获4枚金牌，其中，打破1项世界纪录、平1项世界纪录。在全国残运会上，5名运动员获4枚金牌、2枚银牌。（王晨沛）

【助残"十大行动"品牌】 2021年，镇江市助残"十大行动"有成效。复明行动：为全市202名贫困残疾人实行免费白内障手术，手术成功率100%；健行行动：为全市71名贫困肢体残疾人免费进行假肢和矫形器安装。天籁行动：与市妇幼保健院联合开展耳聋基因检测106例。安宁行动：为全市3798名贫困精神病人实施免费服药和体检。平安行动：为全市6.3万多名持证残疾人购买人身意外伤害保险。阳光行动：托养服务残疾人3054人，新增托养残疾人1132人；扶持70家（镇江市内17家）"金手指"盲人按摩行业服务品牌，盲人通过培训就业率100%。彩虹行动：建成154个"残疾人之家"。暖心行动：全年全市走访探视残疾人1500多户。护苗行动：将500名残疾儿童全部纳入护苗行动的受助范围，基本实现结对帮扶全覆盖。全年，各类残疾人康复机构康复儿童895人，比2020年增长25%，残疾儿童康复服务覆盖率100%。兜底行动：全市有26659名残疾人享受生活补贴，22931名残疾人享受护理补贴，178名残疾学生和173名贫困残疾家庭子女享受教育补贴。（王晨沛）

【残疾人培训、就业创业工作】 2021年，镇江市组织残疾人专场招聘会17场；举办盲人按摩、手工制作、烘焙、汽车美容等技能培训班30多期，培训1171人；举办镇江市首届残疾人职业技能竞赛。开发40多个辅助性就业项目，推进解决残疾人辅助性就业问题。提升市残疾人"双创基地""残疾人之家"服务功能，建立电商平台和直播带货服务平台。开展"一人一策"残疾人大学生就业帮扶行动，就业服务率100%，就业率93.7%。全年新增残疾人实名制就业916人。（王晨沛）

【"携手一起跑，助残在行动"实事项目】 2021年，镇江市启动"携手一起跑，助残在行动"实事项目。项目包括残疾人基本民生保障、基本公共服务、优化扶残助残社会环境等方面21个项目。市残联党组领办4项难题，解决重度残疾人托养难、孤独症儿童康复水平不高等问题。市残联系统解决12项残疾群众"急难愁盼"事项，组织开展各类帮困活动50余批次。引领社会组织和志愿者团队开展助残活动，向助残社会组织发布14个助残项目，开展各类公益助残活动30多场。（王晨沛）

镇江市红十字会

【概况】 2021年，镇江市有基层红十字会218个、冠名医疗机构10个、团体会员单位94个、会员总数10.3万余人、注册志愿者4545人。市红十字会贯彻落实省、市红十字会改革实施方案，开展"三救三献"（应急救援、应急救护、人道救助，献血液、献造血干细胞、献遗体人体器官组织）等核心业务工作。市红十字会获江苏省造血干细胞捐献工作二等奖，"博爱青春"项目获评镇江第三届慈善奖"最具影响力慈善项目"。

2021年，市红十字会推进应急救援体系建设，制定《镇江市红十字会参与应对突发公共卫生事件应急预案》；与中国邮政集团有限公司镇江分公司签订战略合作框架协议，围绕灾时爱心物资捐赠接受、备灾救灾物资应急仓储配送、灾区贫困地区爱心捐款渠道开设、安全教育宣传4个方面开展合作；成立红十字应急救援队功能型党支部。红十字救援队开展培训演练12场次、参与队员185人次；参与大型活动和赛事服务保障51场次、参与队员102人次，1.4万余人受益。

2021 年，全市新建 14 个“博爱家园”。推动防灾减灾宣传、养老照护服务、应急救护培训、“人道传播”等红十字工作进“博爱家园”，开展人道服务项目 33 个，927 名志愿者参与，8259 人受益。市红十字会实施“红十字‘救’在身边”行动，完成救护员培训 6453 人，普及性培训 72963 人。全市新建 2 个 AAAA 级景区红十字救护站。开展红十字救护师资年度考评、注册和星级评定工作，考核 209 人、注册 207 人，145 人申请星级评定（其中，62 人评定为一星级，45 人评定为二星级，30 人评定为三星级）。

2021 年，镇江市、丹阳市、句容市、扬中市、丹徒区红十字会和镇江新区社会事业发展局分别与渭南市及对口县级红十字会开展对口扶贫工作，支持扶贫款物合计 56 万元。全市红十字会系统动员、组织冠名医疗机构和会员单位成立 10 支红十字志愿服务队，开展健康宣教、健康咨询、义诊筛查、赠送药品、常见急症防治、健康知识讲座、救护普及等送健康服务 114 场次，志愿服务时长 397.5 小时，惠及城乡居民 22157 人。全市新增红十字志愿服务队 16 支、注册志愿者 1026 人，围绕助困、助医、助残等开展志愿服务活动，服务时长 76700 余小时。市红十字“生命永恒”志愿服务队唐元洁获评全国红十字志愿服务先进典型；市红十字“社会儿女”志愿服务团队获“江苏慈善奖”。

（贾建芬）

【红十字会基层组织建设】 2021 年，镇江市批准成立江苏农林职业技术学院红十字会、镇江市青少年活动中心红十字会。扬中市、丹阳市、润州区红十字会召开会员代表大会，依法成立监事会。润州区乡镇（街道）成立红十字会。江苏大学财经学院获评全国红十字模范单位，江苏大学红十字会等 3 家单位获评江苏省红十字会基层组织工作先进集体，董慧等 3 人获评全国红十字“会员之星”，陈静等 6 人获评江苏省红十字会基层组织工作先进个人。 （贾建芬）

【红十字博爱送万家】 2021 年，镇江市红十字会开展“红十字博爱送万家”活动，发放救助款物合计 797.24 万元，其中，元旦、春节期间发放大米、食用油、棉被等救助款物合计 101.16 万元，惠及全市 47 个乡镇、街道 4000 余户；“七一”期间，走访慰问 85 名困难党员，发放救助款物合计 7.3 万元；“乐乐助学”“博爱助学”等项目，资助贫困学生 71 人，发放助学款 16 万元。

（贾建芬）

【造血干细胞捐献】 2021 年，镇江市新报名加入中华骨髓库志愿者 729 人，实现造血干细胞捐献 9 人。开展第十九届“点燃生命的希望”——镇江青年造血干细胞捐献志愿者集中行动。在市中心血站挂设造血干细胞血样采集点牌子。6 名捐献者被江苏省红十字会、江苏省文明办、共青团江苏省委联合授予“江苏省优秀红十字志愿者”称号。 （贾建芬）

【遗体器官（组织）捐献】 2021 年，镇江市新增线上线下遗体、人体器官捐献登记 3608 人，实现遗体捐献 14 例、器官捐献 4 例。清明前夕，市红十字会举办镇江市遗体器官捐献者纪念园落成仪式暨 2021 年清明公祭活动。“生命永恒”志愿服务队到乡村、社区开展遗体器官捐献宣讲 28 次。 （贾建芬）

【红十字青少年工作】 2021 年，镇江市开展第七批江苏省红十字示范学校和第五批镇江市红十字达标示范学校创建活动。镇江市实验高级中学等 7 所学校获评镇江市红十字会“镇江市红十字达标示范学校”。丹阳市横塘中心小学等 5 所学校获评第七批江苏省红十字示范学校。实施高校红十字会“博爱青春”暑期志愿服务项目 22 个，江苏大学获江苏省“十佳”优秀项目奖，市红十字会获优秀组织奖，张明亮等 5 人获评 2021 年江苏省高校“博爱青春”项目优秀指导老师，朱泓鸣等 5 名大学生获评 2021 年江苏省高校“博爱青春”项目优秀志愿者。 （贾建芬）

图 6－2 2021 年 5 月 9 日，第十九届“点燃生命的希望”——镇江青年造血干细胞捐献志愿者集中行动启动 （贾建芬 供稿）

【市红十字会七届二次理事会】 2021年3月12日，镇江市红十字会第七届第二次理事会召开。第七届理事会理事、捐赠企业代表、志愿者等90多人参加。会议表决通过更换理事7人，卸任理事7人，选举殷敏为七届理事会会长。会上，大亚科技集团有限公司等6家单位获"抗击新冠肺炎疫情捐赠特别奉献奖"；博爱赛斯（天津）生物科技有限公司等19家单位和缪志萍获"抗击新冠肺炎疫情捐赠奉献奖"；镇江市红十字应急救援队等10支红十字志愿团队获评2019—2020年度镇江市优秀红十字志愿服务团队，王萍等42名志愿者获评2019—2020年度镇江市优秀红十字志愿者。（贾建芬）

镇江市关心下一代工作委员会

【概况】 2021年，镇江市有各级、各类关工委1538个，辅导站1273个，辅导员队伍5542人，形成覆盖各市（区）、镇、街道、村、社区、机关、学校、企业工作网络，全年有6.5万多名"五老"（老干部、老战士、老专家、老教师、老模范）参与各类关爱活动。在基础设施建设方面，村（社区）辅导站有电子阅览室716个、少儿图书阅览室785个；建有市、各市（区）青少年校外教育基地226个，并配备电教设备和文体活动器材。在基本制度建设方面，学习、培训、工作、活动、财务管理等制度健全。（吴明宝）

【市慈爱关心下一代基金会捐资助学情况】 2021年，镇江市慈爱关心下一代基金会加大资金筹措力度，开展多种形式的捐资助学活动。当年，该基金会资助全市65名特困大中小学生，发放资助款11.9万元。其中，大学生16人，每人3000元；高中生22人，每人2000元；初中生、小学生27人，每人1000元。同时，落实省"千人助学计划"相关助学款的发放工作。（吴明宝）

【"颂建党百年，做时代新人"镇江市老少同台文艺展演】 2021年6月27日，由镇江市关工委、市文明办、市委老干部局联合举办的"颂建党百年，做时代新人"镇江市老少同台文艺展演活动在市第三中学演艺厅举行。先进人物情景剧《戴庄腾飞颂亚夫》、抗疫情景剧《等你回来》、诗剧《长大后，做赵爷爷一样的人》等13个节目参加展演，其中，《长大后，做赵爷爷一样的人》节目参加江苏省庆祝中国共产党成立100周年老少同台节目展演活动。（吴明宝）

【驻镇高校"百名教授老区行"活动】 2021年12月12日，由镇江市关工委牵头，市老区开发促进会、市总工会和市委老干部局联合主办的第21次驻镇高校"百名教授老区行"活动启动仪式在丹徒区宝堰镇举行。江苏大学、江苏科技大学、江苏农林学院、镇江市高等专科学校、江苏航空职业技术学院和金山职业技术学院等6所高校的关工委负责人向宝堰镇生活困难学生所在学校捐款6.4万元，并与宝堰镇政府相关部门签订服务合作协议；市老区开发促进会向宝堰镇、驻镇江高校捐赠一批图书，并为老区10名革命老战士每人发放1000元慰问金。同时，6所高校的师生代表表演音乐、舞蹈、武术、小品、相声等节目。（吴明宝）

【镇江市关工委成立30周年纪念会议】 2021年12月24日，镇江市关工委、市文明办联合召开镇江市关工委成立30周年纪念会议。会议总结市关工委成立30年取得的主要成绩，并对下一个阶段市关工委工作进行全面部署。同时，会议表彰30年里有突出贡献的47个优秀集体和147名个人，向18名优秀单位和优秀个人代表颁发奖牌。省关工委常务副主任张艳、市委书记马明龙出席会议。驻镇江各高校领导和关工委负责人，市关工委成员单位分管领导，市教育、民营经济、农业农村、政法系统关工委主任，各市（区）分管关工委工作的领导、关工委主任、文明办主任和关工委办公室主任，各镇（街道）关工委常务副主任等参加会议。（吴明宝）

镇江军分区

【概况】 2021 年，镇江军分区以庆祝中国共产党建党百年为切入点，提升备战打仗能力、推动改革创新、加强基层建设，各项建设取得成效。中央军委国防动员部部长盛斌中将率领检查组考察镇江。

思想政治建设。镇江军分区用习近平新时代中国特色社会主义思想和习近平强军思想武装头脑、教育官兵，全面贯彻思想建党、政治建军要求，确保部队建设坚定正确的政治方向。开展“我为群众办实事”主题实践、百则故事“颂党恩”、“政治生日”重温入党誓词等活动，提高学习教育的针对性和实效性。贯彻军委主席负责制，落实“请示报告、督促检查、信息服务”三项机制。深化政治整训，围绕军委国防动员部巡察反馈的问题进行整改。清理流毒思想，接受国动部巡视巡查。落实党委意识形态工作责任制，常态化开展“四反”专题教育，重点做好某些网络问题排查整治。召开“八一”军政座谈会、市委常委议军会，解决部队备战打仗的实际需要。推动退役军人安置、随军家属就业、军人子女入学等“三后无忧”工作落地见效，做好军地互办 20 件实事。

练兵备战工作。中共镇江市委 2 次召开常委会、军分区党委 6 次召开专题议训会，研究备战打仗有关工作。组织指导某级根据任务特点修订某些类别的方案计划，采集整理重要防卫目标数据，常态执行战备制度。落实“3 + X”组训模式，加快首长机关训练向强化指挥决策转变，采取课题式、研究式、培训式方法，拓展“ + X”组训模式，深化某课题研究。组织市国动委全体会议暨某指挥所演练，组织全市基层专武干部集训，组织民兵轮训备勤大练兵活动。组织军分区教学法集训并参加省军区比武。

国防动员建设。镇江军分区以某专项动员准备为牵引，建强国防动员基础支撑。镇江军分区为应征青年提供“一站式”服务保障，协调出台大学生征集奖励措施，筹集资金用于征兵奖励。镇江军分区、市纪委联合开展廉洁征兵督导巡察，扬中市人武部代表军分区在全省廉洁征兵工作会议上介绍体检工作、廉洁征兵的经验做法；镇江军分区、市政府联合下发某整顿工作方案，并完成任务。在全省首家建成某训练基地。完成潜力数据采集核查工作。

基层建设。镇江军分区党委常委分片挂钩帮带，落实各项党的组织制度，推进党建工作提质增效。深化党管武装，召开市委常委议军会，协调解决制约驻军单位备战打仗和基层官兵“急难愁盼”的问题，提高武装工作在地方党建考评中分值权重，优化考核方式。贯彻军委基层建设会议精神，指导某级单位开展“四个秩序”建设试点活动暨成果推广现地观摩，推进规范化建设全覆盖。全区休干系统开展“百名战将忆党史”活动，组织参战老干部、老英雄赴学校、社区、党政机关讲述战斗故事，弘扬战斗精神。某所创新服务方式，推进“结对子”服务制度，把“十上门”“三进家”落实到位；某所搭建老干部医疗救治“绿色双通道”的做法获省军区要讯刊发；某所为每名老干部配发“有声读物”。贯彻中央功勋荣誉表彰精神，为 50 名老干部和烈士遗属颁发“光荣在党 50 年”纪念章。全区基层武装部规范化建设全部达标。召开安全形势分析会，排查整治 4 类、32 个问题隐患和薄弱环节。镇江军分区党委机关围绕 7 个方面制定为基层办实事 14 项具体清单。

综合服务保障。严格经费收支管控，组织生活费专项清查，军地打造“收款缴费云平台”；按规定分配公寓住房，清退机关不合理占用住房。制定7条后勤廉政主管责任落实措施，研究出台《镇江军分区营院营房设施设备维修暂行办法》，行业整治有成效。做好新冠肺炎疫情防控，支援扬州市抗疫医用防护服1000套。年度保障工作量化考评成绩列全省第2名，军分区某部门获评军委国防动员部“后勤工作先进单位”。（万俊伟）

【镇江军分区党委十四届四次全体（扩大）会议暨党管武装工作述职会议】 2021年1月31日，镇江军分区党委十四届四次全体（扩大）会议暨党管武装工作述职会议召开。会议总结镇江军分区年度工作经验和成效，强调要深入贯彻习近平强军思想，紧紧围绕打好“两争一前列”镇江使命，积极投身“三高一争”生动实践，全面推进镇江市国防动员和后备力量建设创新发展，甩开膀子让“镇江很有前途”跑进现实，以优异成绩庆祝中国共产党成立100周年。会议传达中央军委、国防动员部党委、东部战区党委和省军区党委扩大会议精神；审议并通过军分区党委、纪委工作报告。各市（区）人武部进行述职。（万俊伟）

【民兵思想政治教育】 2021年3月20日起，镇江市军地联合组织民兵思想政治教育工作队到各乡镇、社区，对民兵集中开展为期15天的全国“两会”精神和“中国共产党的故事、中国特色社会主义的故事、中国军队的故事”宣讲活动；围绕“我是一个兵，投身新伟业”主题，推动新一轮“争当优秀民兵”活动。镇江军地联合建立民兵思想政治教育中心，在一些地方建立“民兵思想政治教育基地”和“青年民兵之家”，定期组织民兵学习习近平新时代中国特色社会主义思想和习近平强军思想，学习党史军史、讲革命光荣传统。针对民兵分布广、难集中、思想需求多元等实际，在政府信息网、国防教育网开辟特色栏目，开通民兵学习教育手机平台。镇江军分区面向社会聘请军地政工干部、院校教员和离退休老干部，组建“民兵思想政治教育讲师团”，巡回宣讲党的创新理论、红色故事、新时代民兵职责。（万俊伟）

【镇江市专武干部集训启动】 2021年4月12日，镇江市专职人民武装干部集训暨资格认证启动，通过系统的军事训练和人民武装工作业务培训，推动新时期基层武装工作创新发展。该次集训在7天时间内安排基本理论、基本业务、基础技能的学习训练，以及参观见学、经验交流活动，提高专武干部履职尽职和遂行任务能力。（万俊伟）

【“八一”军政座谈会暨新一轮全国双拥模范城创建动员会】 2021年7月23日，中共镇江市委、市政府、镇江军分区召开“八一”军政座谈会暨新一轮全国双拥模范城创建动员会。会议交流军地建设先进经验，总结上一轮全国双拥模范城创建工作，部署新一轮创建工作。会议强调要在习近平新时代中国特色社会主义思想和习近平强军思想引领下，奋力推动新一轮创建再创佳绩，为在新征程上更好扛起“争当表率、争做示范、走在前列”的镇江使命，甩开膀子加快让“镇江很有前途”跑进现实做出新的更大贡献。会议表扬奖励镇江市第八次创建全国双拥模范城有关单位和个人。（万俊伟）

【镇江市委常委议军会】 2021年12月2日，镇江市委常委议军会暨过“军事日”活动召开。会前，军地领导开展过“军事日”活动。会议听取2021年度全市国防动员工作开展情况汇报，研究提请会议审议的有关事项。会议要求全市认真学习领会习近平新时代中国特色社会主义思想和习近平强军思想，全面贯彻中共十九届六中全会精神，进一步强化党管武装工作落实，不断推动镇江市国防动员和后备力量建设发展实现新提升、迈上新台阶。（万俊伟）

图7－1　2021年7月23日，“八一”军政座谈会暨新一轮全国双拥模范城创建动员会召开　（万俊伟　供稿）

武警支队

【概况】 2021年，中国人民武装警察部队镇江支队（以下简称武警镇江支队）围绕“凝心聚力开新局、紧张快干抓规范、聚焦大庆保稳定、对照目标求实效”工作思路，做好备战打仗等相关工作。

党史学习教育。2021年，武警镇江支队加强政治能力建设，梯次推进开年教育和主题教育。拓展教育模式。发掘“湾山精神”内涵有成果，专题系列报道在军队多家媒体发表。修订党委常委议事决策规则，签订《精准帮建协议》。用“三种眼光”管好部队带好兵，以“三关”活动推动基层减压释负。4月15日，武警镇江支队与镇江市精神卫生中心举行共建签约仪式，仪式结束后，镇江市精神卫生中心专家开展心理健康知识讲座。5月28日，武警部队党史学习教育宣讲团到镇江支队开展党史宣讲。7月7日，解放军南京军事检察院、镇江市人民检察院一行6人到武警镇江支队开展“送法进军营”活动。春节期间，武警镇江支队走访慰问生活困难群众。

（秦俊杰）

【练兵备战工作】 2021年，武警镇江支队按纲施训、科学组训、依法治训，做好练兵备战工作。开展军事职业教育，拓展联演联训模式。强化综合保障能力建设，组织后勤专业培训，每季度开展岗位练兵比武。组织被装精确申领工作，做好医疗巡诊、装备巡修、官兵体检等工作。

（秦俊杰）

图7－2　2021年7月7日，解放军南京军事检察院等单位到武警镇江支队开展“送法进军营”活动　（秦俊杰　供稿）

军事学院

【陆军军事交通学院镇江校区】 2021年，陆军军事交通学院镇江校区贯彻新时代军事教育方针，全面建设取得成效。

思想政治建设。落实习近平强军思想跟学机制，深化“传承红色基因、担当强军重任”主题教育，开展“学习卫国戍边英雄、争当强军打赢先锋”主题活动；围绕庆祝中国共产党成立100周年等主题，制作军史战史海防史主题雕塑，加快建设荣誉墙、船艇部队发展史馆；做好一人一事思想工作，毕业学员戍边申请率连年提升。

校区管理。围绕安全稳定工作，组织年度队列会操、军容风纪检查，落实“禁酒令”抽查；开展作风纪律整顿活动和某专项行动，督促官兵遵规守纪；突出加强营区内各类人员管控，试行某协作机制，规范“四个秩序”。深化“平安校区”创建活动，开展安全管理领域“六查六看”，突出某领域动态监管，排查隐患风险，保障校区安全发展。

拥政爱民工作。该校区运用特色资源接待地方党政机关和学生到学校开展国防教育活动，帮助驻地多所地方院校完成近万名新生军训任务。常态化开展学雷锋、扶残助民和社会公益活动，投入5万元为桃花坞小学、敏成小学补充教学器材；投入8万元帮助句容市边城镇佴池村翻修卫生所；投入2万元为丹徒区上党镇贫困学生发放助学金和学习用品。夏季汛情紧急时会同驻地有关单位做好防汛演练准备。

（刘登科）

【教学训练活动】 2021年，陆军军事交通学院镇江校区推进“教学评价年”整改任务，提升人才培养力度。聚焦备战打仗急需课目，开展毕业综合演练；开展“军事航海文化月”和船艇“动力杯”等群众性岗位练兵比武活动；组织专业比武竞赛，举办第三届军事体育运动会。做好某课目训练，学员专业素质联考通过率99.28%、军事基础课目毕业联考通过率99.5%、岗位

任职能力综合联考通过率100%；2人获评“陆军2021年度践行强军目标标兵个人”。（刘登科）

人民防空

【概况】 2021年，镇江市人民防空工作围绕有效履行战时防空、平时服务、应急支援的使命任务，推进人防事业融入经济社会和城市建设。1月，市人民防空办公室获评全省“人民防空法治建设先进单位”；12月，市人民防空工程管理处获国家人防工程质量监督站“2021年度人防工程质量监督先进单位”称号（全国24家单位获此称号）。编纂完成《镇江市人民防空“十四五”发展规划》，该规划围绕省人防“十四五”发展规划目标，确定镇江人防科学发展坚持创新驱动、融合发展、精准施策和依法治理的基本原则，要求全面提升实战能力、服务能力、创新能力和行政能力。组建人防专业队伍，5月，在南通市举办人防专业队伍的干部、骨干和联络员培训，开展某任务能力训练，完善人防应急救援体系建设。

依法行政工作。市住建局印发《镇江市居住区人防工程电动汽车自用充电设施安装使用规范（试行）》，完成合法性和公平竞争“双审查”要求。通过法制信息系统报送依法行政、案件管理、行政处罚、法制工作、规范性文件等内容信息，权力事项（行政许可、处罚、强制、征收和其他权力事项）承接和运行较好。市人防办在2021年全省人民防空行政执法案卷评查中，总成绩为第2名。

宣传教育工作。镇江市结合国际民防日、防灾减灾日、防空警报试鸣日、国家公祭日等节点，组织开展专题宣传教育活动。开展人防“9·18”系列活动，开展国防知识竞赛和应急演练，组织人员参加“应急科普进企业”活动，组织人防军事训练和主题国防日活动。（刘　坚）

【《人民防空工程标识服务指南》出台】 2021年，镇江市在全省设区市中率先出台《人民防空工程标识服务指南》，该指南分为管理标识、导引标识、设施标识、管线标识和提示标识等5个章节，从制度层面和规范层面，为建设单位和使用单位提供人防工程标识的制作规范要求和验收标准，明确人防标识标牌、色带墙体、平战转换示意牌、人防警示标语等元素设置。（刘　坚）

【台风“烟花”应急防范工作】 2021年，在台风“烟花”影响镇江期间，镇江市各级人防工程管理部门启动24小时应急值班，所有人员在岗在位。防台风期间，出动人员排查各类人防工程，通过更换水泵、构筑防护沙袋墙、疏通防洪排水沟等举措，消除隐患。同时，加强防台防汛应急物资储备。（刘　坚）

【人防工程充电设施使用管理规定出台】 2021年，镇江市在全省率先出台《居住区人防工程电动汽车自用充电设施安装使用规范（试行）》，该规范对新能源电动汽车的概念进行明确，对人防工程内电动汽车自用充电设施安装使用的具体流程进行规范，对使用人、安装单位、使用单位、主管部门的责任进行细化。（刘　坚）

双拥共建

【概况】 2021年，镇江市双拥工作以服务军地建设和强军备战为重点，开展拥军优属、拥政爱民活动，巩固和发展军政军民团结，推动驻镇江部队强军建设和镇江高质量发展。

制度建设。制定全市年度双拥工作意见，明确高质量推动新一轮全国双拥模范城创建、省级双拥模范城创建、支持服务部队备战打仗、落实双拥优抚安置政策、助推驻地经济社会发展、营造双拥浓厚氛围等重点工作。市双拥工作领导小组会议、“八一”军政座谈会暨新一轮全国双拥模范城创建动员会等会议召开，印发《关于新一轮全国双拥创建工作意见》《省级双拥模范城（县、区）考评推荐工作方案》《镇江市纪念建军94周年活动意见》《镇江市双拥工作领导小组工作规则》《镇江市双拥工作领导小组成员单位双拥工作职责》《镇江市双拥工作领导小组办公室职责和工作制度》等文件，推动双拥工作规范化、制度化开展。

军地互办实事情况。2021年，镇江市推进军地互办20件实事项目。市退役军人事务局协调解决73091部队高压电接引难题，协调完成武警支队官兵新冠肺炎疫苗接种工作，协调市体育局帮助武警支队承办全省武警系统文体骨干培训班，协助73091部队、陆军军事交通学院镇江校区做好房产清理等相关工作，协调相关部门与驻镇江部队结对开展党建融合工作。

拥军慰问情况。“八一”、春节期间，镇江市发动各地、各部门和各基层单位开展拥军优属活动。推进双拥实事办理，落实拥军政策，部署建军节系列活动，慰问驻镇江部队官兵。市退役军人事务系统推进“基层基础基本建设年”活动，开展“军地支部结对共建”行动，常态化为现役军人、退役军人及其他优抚对象做好事、办实事、解难事。

宣传服务工作。市双拥工作领导小组印发《关于给予镇江市第八次创建全国双拥模范城有关单位和个人表扬奖励的决定》，军地30家单位和38名个人获表扬。开展"情系边海防官兵"活动，引导开展形式多样的社会化拥军工作。关注官兵"三后"（退役军人"后路"、随军家属"后院"、军人子女入学入托"后代"）问题，协调解决军人子女入学入托难题。推进光荣牌悬挂工作，全市光荣牌发放率为97.4%，上门悬挂率为97.8%。举办第二届"镇江最美退役军人"评选，并参与省级评选活动，镇江市陈吕荣、张康伟入选全省"最美拥军人物"，崔飞伦入选全省"最美退役军人"。市退役军人事务局、市文联、市书画家协会共同开展送书画进军营活动；市退役军人事务局、团市委、市妇联和73091部队开展"青春有约"军地交友活动。市退役军人事务局在全市开展"军民心连心·共筑双拥城"主题有奖征文活动。全市新命名18个市级双拥示范基地。市退役军人事务局和兴业银行镇江分行合作开发"镇江市军人专属服务平台"，集结社会优质资源，为现役和退役军人提供优先、优质、优惠服务。该平台获"2021年度镇江数字治理优秀实践成果"称号。（张永义）

图7-3　2021年10月12日，镇江市军人专属服务平台启动仪式举行（退役军人事务局办公室　供稿）

【拥政爱民情况】　2021年，驻镇江部队开展精准帮扶工作，助力乡村振兴。陆军军事交通学院镇江校区为边城镇和上党镇生活困难群众建设光伏发电项目、为世业洲援建蔬菜水果大棚。武警镇江支队党委围绕"党建引领、扶贫开发、助学兴教、爱心帮困"四项工程，先后援建结对单位光伏发电项目、为孤寡老人发放救助基金、为厚固村改善党支部活动场所配套设施、慰问困难家庭、资助学生完成义务教育；完成"9·30"烈士纪念日、西津渡灯会、春运执勤等任务，获总队通报表扬。73056部队走访慰问"三老人员"（中华人民共和国成立前入党的农村老党员、老游击队员和老交通员）和烈士家庭，并定期安排军医上门义务巡诊；某队伍连续9年与丹徒区一等功烈士沈国良烈属"结对认亲"；定期在周边中小学开展国防教育，打造以"不忘初心、牢记使命"为主题的红色课堂。部队官兵运用节假日到驻地行政村清扫垃圾、植树造林，美化环境；组织医疗小分队定期义诊送药，为周边群众义务放电影；文艺小分队为驻地周围敬老院义务演出；新冠肺炎疫情防控期间，向驻地周边村（社区）赠送口罩、消毒液等防疫物资，并组织官兵无偿献血。（张永义）

图7-4　2021年9月30日，镇江市在烈士陵园纪念碑广场举行烈士纪念日纪念活动（退役军人事务局办公室　供稿）

综　述

【概况】　2021 年，镇江市政法系统做好护安全、保稳定、促发展各项工作。加强政治建设，防范化解各类风险，维护国家政治安全，推进“扫黑除恶”斗争，布局市域社会治理现代化试点，深化政法领域改革，政法队伍教育整顿，推动“十四五”政法工作开新局。

加强政法队伍建设，推动政法教育贯穿全年、覆盖全警，全市政法机关组织各类宣讲会、报告会、研讨会等 4700 余场次。围绕群众“急难愁盼”和企业“烦怨之事”，创建“镇法同行，助企惠民”服务品牌，涵盖“营商环境 26 条”“安民便民惠民 30 条”等 11 个“我为群众办实事”项目，直接受益群众 14 万余人，“红榴家园”服务站入选全国党史学习教育优秀典型，市车管所获评全国公安机关“我为群众办实事”成绩突出集体。健全政法部门重点岗位定期轮岗交流长效机制，加强廉政风险防控。培育政法创新课题优秀成果 13 项。（莫　凡）

【平安镇江建设】　2021 年，镇江市围绕平安建设体制机制根本性问题，推动平安镇江建设领导小组下设 5 个专项工作组实体化运作，出台实施意见、工作协调机制和考评办法，在全省率先出台《平安镇江（市域社会治理现代化）建设责任制实施办法》。落实总体国家安全观，政治安全工作有成效。推行重大决策社会稳定风险评估，完成稳评项目 314 个。强化常态化疫情防控，加强核酸检测、流调溯源、数据研判和隔离点管理，提升涉疫应对处置能力。常态化开展“扫黑除恶”斗争，推进四大行业领域整治，新侦办黑社会性质组织数、全国扫黑办“红网”交办线索办结率、线索整体成案率、“三书一函”整改到位率均列全省第 1 名，全市群众安全感 99.13%。（莫　凡）

【法治镇江建设】　2021 年，镇江市制定《法治镇江建设规划（2021—2025 年）》《镇江市法治社会建设实施方案（2021—2025 年）》，出台法治镇（街道）建设实施意见，深化法治村（社区）建设，新增省级民主法治示范村（社区）24 个，培育“法律明白人”3700 余人。行政复议体制改革在全省领先，落实行政执法“三项制度”，全市建成三级联动一体化执法办案管控平台。镇江市司法局、扬中市法治宣传教育领导小组获评全国“七五”普法工作先进单位，丹徒区法治宣传教育领导小组获评全国依法治理创建活动先进单位。制定《法治宣传教育第八个五年规划（2021—2025 年）》，启动“八五”普法活动，开展民法典普法宣传。推进公共法律服务体系建设，深化“法援惠民生”系列活动，“一村（社区）一法律顾问”实现全覆盖。推进制度治党、依规治党，实施党委规范性文件备案审查通报考核机制，在全省设区市首家成立校地合作党内法规研究中心。出台《关于进一步加强全市法学会建设的实施意见》，完成市法学会换届，组建立法学研究会、破产法学研究会等 8 个专业研究会。（莫　凡）

【市域社会治理现代化建设】　2021 年，镇江市启动全国市域社会治理现代化试点工作，出台《镇江市域社会治理现代化行动纲要（2021—2025 年）》，细化年度实施项目。开展社会治理现代化先进镇（街道）、平安法治村（社区）建设，分类制定建设指引，首批验收通过先进镇（街道）12 个，夯实社会治理基层基础。出台全省设区市层面首部网格化服务管理政府规章《镇江市城乡网格化服务管理实施细则》，制定网格事项基本清单、准入清单、负面清单等“三张清单”，建成市级综治中心，挂牌成立镇江网格学院，构建具有镇江特色的网格化标准体系。健全社会矛盾纠纷多元预防调处化解综合机制，开展诉前调解2.2万余件，比上年增长263.2%。（莫 凡）

【政法领域改革】 2021年，镇江市树立“法治是最好的营商环境”理念，优化法治化营商环境，制定出台《全市政法机关打造“镇合意”服务品牌优化法治化营商环境的二十六条措施》，推动涉企审批承诺比法定时限提速60%，审批材料压减30%以上；涉企信访案件处理告知时限从2周缩短至7个工作日，办结时限从2个月缩短至1个月。推进企业合规改革试点，办理合规案件10件。健全知识产权互联互通保护、信用惩戒宽限期、企业集中预防教育等便企惠企机制，完成失信企业信用修复2561家。出台《关于深化司法责任制综合配套改革的实施意见》，深化以审判为中心的刑事诉讼制度改革。优化民事案件“分调裁审”机制，组建“审判员＋调解员”速裁团队55个，一审简易程序适用率76.59%，民事案件平均审理天数减少14天。（莫 凡）

地方立法

【概况】 2021年，镇江市围绕“科学、民主、依法立法，确保立法质量”的地方立法主线，推进年度立法工作。制定《镇江市扬尘污染防治条例》，巩固“蓝天保卫战”污染防治成果，擦亮低碳城市名片；制定《镇江市住宅物业管理条例》，围绕业主、业委会、物业公司、主管部门、街道社区等法律主体，规定监管机制、权责对等、突出服务等主要制度，营造宜居宜业良好环境；与南京市共同制定《关于加强跨市域轨道交通运营和执法管理若干问题的决定》，开创区域协同立法先例，成为国内首部跨市域轨道交通执法管理决定，为区域一体化发展及南京都市圈建设提供法治方案。

（赵敬敬）

【民主立法】 2021年，镇江市人大常委会按照地方立法程序，贯彻全过程人民民主。在扬中市、丹徒区等地开展实地调研；发挥基层联系点“立法直通车”作用，对接京口区四牌楼街道江一社区、镇江市印刷行业协会、恒顺集团等21家立法联系点开展调研。全年在“My0511梦溪论坛”5次征集意见，其中住宅物业管理条例征求意见第四稿获2万余次的点击率和400多条的留言。常态化开展立法协商，听取各民主党派、工商联、无党派人士、有关人民团体和相关领域专业人士的意见和建议。全年组织召开419人次参加的22场立法征集意见座谈会和论证会、听证会，征集意见和建议1355条，采用768条。（赵敬敬）

【备案审查】 2021年，镇江市人大常委会牵头制定《市人大常委会规范性文件备案审查办法》，并召开由市人大常委会各相关工作机构、“一府一委两院”、各相关主管部门、各市（区）人大常委会等80多名负责人参加的规范性文件备案审查工作培训暨座谈会。全年向省人大常委会报备规范性文件4件，接收市政府报备的规范性文件7件，以及市检察院报备的文件1件、市（区）人大常委会报备的文件2件。（赵敬敬）

法治政府建设

【概况】 2021年，镇江市将法治建设纳入《镇江市国民经济和社会发展第十四个五年规划和二〇三五年远景目标纲要》和年度工作计划，市委常委会会议、市政府常务会议听取法治政府建设工作汇报，制定依法治市委员会工作要点、法治政府建设工作计划。5月，出台《法治镇江建设规划（2021—2025年）》《镇江市法治社会建设实施方案（2021—2025年）》，推进全面依法治市工作。印发《镇江市深化“放管服”改革三年行动方案（2021—2023年）》，全市政务服务即办件比例42.1%、不见面事项占比98%、最多跑一次事项占比99.9%；制定《镇江市打造“镇合意”服务品牌优化营商环境的工作方案》《优化诚信营商环境专项行动工作方案》，健全优化营商环境长效机制；规范应急预案管理工作，全市制定和修订应急预案1959件，开展各类应急演练321场；制定《镇江市应急救援队伍建设管理办法》，组建专业应急救援队伍。组织实施45个法治惠民实事项目，评选“十佳法治惠民实事”。在全市723个村（社区）开展“援法议事”，8个村（社区）案例获评省“援法议事”工作范例。（夏 玉）

【政府立法制规】 2021年3月，镇江市印发《2021年市政府规章和规范性文件制定工作计划》，确定全年市政府规章制定项目3件，评估项目1件；市政府规范性文件制定项目2件，评估项目1件。对11件省人大地方性法规和6件省政府规章提出修改意见和建议。开展市政府规章、规范性文件常规清理工作。对2020年12月31日之前现行有效的9部市政府规章、63件市政府规范性文件进行清理，市政府规章确认继续有效8件，需要修订完善1件；规范性文件确认继续有效49件，需要修订完善5件，需要延长有效期2件，拟宣布失效和废止7件。制定年度重大行政决策事项目录，推动重大行政决策行为科学化、民主化。做好市政府行政规范性文件合法性审核工作，对《企业信用修复办法》《关于实施人才“镇兴”行动建设人才集聚福地的若干意见》等81件市政府规范性文件出具合法性审核意见。对市政府制定的28件“十四五”规划进行合法性审查，从程序和内容上保证规划制定的合法性。加强法律顾问制度建设，优化法律顾问队伍，提高政府协议审查质量，深化行政立法制规工作。 （夏 玉）

【行政执法监督】 2021年，镇江市开展推行证明事项告知承诺制工作。印发《镇江市全面推行证明事项告知承诺制工作实施方案》，对9个市级部门实行告知承诺制的证明事项清单（共58项），明确规范工作流程、制作格式文本、完善承诺机制、强化风险防范、推动数据共享等重点任务，全年全市申请人选择承诺制方式办理审批26147件。印发《关于推行涉企免罚轻罚清单加强柔性执法进一步优化营商环境的实施意见》，全市12个行政执法部门依法梳理本系统相关法律法规规章条款，结合行政执法实际，制定277项“涉企免罚轻罚清单”。12月12日，市司法局开展全省首家市、县联动全国统一样式行政执法证件换证考试工作，组织全市6个综合执法部门行政执法人员参加考试。 （夏 玉）

【行政复议应诉】 2021年，《镇江市行政复议体制改革实施方案》执行，至10月1日，市、县两级与全省各地集中行政复议职责同步到位。全年市政府本级新收行政复议申请557件，申请人数909人次。其中，受理370件，不予受理18件，告知14件，逾期未补正155件。做出复议决定346件（含上年结转案件），其中，维持252件，驳回16件，直接纠错（撤销、确认违法）36件，调解、自愿撤回申请以终止方式结案42件，制发行政复议意见书10份。案件主要涉及交通运输、发展改革、公安、自然资源、生态环境等领域。办理以市政府为被告的行政应诉案件94件（含旧存），办理以市司法局为被告的行政应诉案件2件，均无败诉案件。报送“吴某诉镇江市政府不履行法定职责及江苏省政府行政复议案”获评全省行政应诉优秀案卷一等奖。 （夏 玉）

公 安

【概况】 2021年，镇江市公安系统做好防疫情、保安全、护稳定、促发展等各项工作，完成全年各项目标任务。保障经济社会发展大局，保持疫情数据联防联控专班运转，做好疫情常态化防控工作；落实“产业强市”战略，惠民助企。市车管所获评全国公安机关“我为群众办实事”成绩突出集体。举行公安武警联合实战演练，新建某警务站，健全完善公安派出所高质量考核评价体系，新建、改建全市10多个派出所，优化调整派出所管辖服务区域；推进实施智慧警务“奔跑计划”，构建智慧警务新体系。深化公安警务改革，出台《关于深化公安改革创新的实施意见》，以6个“十佳”创建评选活动（十佳改革创新项目、十佳精品案件、十佳科创应用、十佳派出所、十佳基层单位、十佳服务效能品牌）为切入点，统筹开展“巡处一体”、“山水警务”、经侦破案、打击实战等不同警务领域改革。提升公安主业质效，完善大要案件侦办牵引机制，侦破“12·01”医保诈骗案、“8·18”系列环境污染案等一批案件；落实“扫黑除恶”常态化工作要求，强化重点案件攻坚，突出行业领域整治，市公安局“扫黑办”被公安部记集体一等功；组织开展打防电信网络诈骗“闪电”行动。举办庆祝中国共产党成立100周年和首个警察节系列活动；推进“我为群众办实事”“两在两同建新功”实践活动；开展队伍教育整顿。设立巡察办，建立巡查督导机制，挖掘警力资源，提升队伍执

图8-1 2021年1月10日，镇江市举办庆祝首个中国人民警察节升旗仪式活动 （尹 鸣 供稿）

行效能，该机制获评全省公安机关重大改革创新奖。1名民警获评平安中国建设先进个人，2名民警获评全国公安机关二级英模，4个集体、21名个人获二等功。（周　帅）

【安保维稳】　2021年，镇江公安系统突出“打击治理、风险化解、动态管控”重点，完成庆祝中国共产党成立100周年等重大安保维稳任务。树立大案攻坚导向，提升对各类违法犯罪的研判打击能力，落实“扫黑除恶”常态化工作，侦破九类涉恶案件185起，抓获犯罪嫌疑人597人，办结各类线索170余条。建强市、县两级反诈中心，破获各类电信诈骗案件2252起，加大反诈信息化建设力度，劝防案件600余起，避免经济损失5000余万元。开展医保反诈“亮剑”行动，“12·01”医保诈骗案全链条打击成功经验被全国推广。夯实社会治安防控体系，出台《关于进一步做强做实城乡社区警务工作的实施意见》，举办首届公安派出所所长“蓝山论剑”比武竞赛，推动派出所工作重心向基础防范管控转移。推行“巡处一体”警务实战机制改革，市区街面6类警情比前3年平均数下降8.8%，“两抢”警情比上年下降67.7%。强化与涉水单位联动，打造智慧“江盾”联防联动指挥体系，构建具有镇江特色的长江水域治安治理体系。推动智慧警务升级工程。（周　帅）

【护航发展工作】　2021年，镇江公安系统加强新冠肺炎疫情防控、助企惠民、打防犯罪等方面工作，营造良好营商环境。加强常态化疫情防控，年初精准封控风险区域，阻断疫情扩散；保持疫情数据专班运转，排查消除重点涉疫输入传播风险隐患61起；联防联控专班做好接驳转运、隔离点规范管理等工作；发挥社会暨社区防控组牵头作用，组织开展封闭封控实战演练；组织警力支援扬州抗疫，完成南京、扬州转运到镇江人员集中隔离任务。丰富便民助企服务，建成派出所综合服务窗口20家，编制100种情形“综合窗口”事项办事指南，做优镇江公安“3千米便民服务圈”；在市级政务服务办事大厅打造公安“一窗受理”升级版，加快推进“一窗通办”服务应进必进、能办即办，行政权力事项办理时限压缩度从62.3%提升至74.5%；出台《镇江市公安局服务全市经济社会高质量发展二十条措施》，创新开展“警企一警通”活动，针对年内新增重点企业和投资项目，设立专职警企联络官，挂牌帮办服务示范点15家，服务企业52家。营造安全发展环境，开展“昆仑2021”“护航2021”专项行动，挽回经济损失2.6亿元，侦破“2·19”特大假冒注册商标名表案。开展“涉民营企业挂案清理”“规范执法纠正偏差”执法监督，整治违规干预经济纠纷，涉企积案清理、问题整改率均为100%；打造涉食品、药品环保领域“山水警务”新机制，加强绿色生态“防护网”，破获“8·18”系列污染环境案。（周　帅）

【安全监管】　2021年，镇江市公安系统出台《进一步深化全市公安机关安全生产三年专项整治的实施意见》《2021年全市公安机关安全生产工作要点》《镇江市公安局贯彻落实省第二十安全生产巡查组反馈意见整改方案》，开展全市公安安全生产专项整治“百日攻坚”行动，开展安全宣讲，压实责任、细化目标、实化举措，国、省、市三级转接、交办问题隐患全部整改完毕，安全生产专项整治有实效。围绕道路交通安全主责和“减量控大”（削减交通事故总量及控制特大交通事故发生）目标，推进道路交通安全专项整治3年行动，依托智慧交通一、二期建设应用，探索实践防控输入型道路交通安全风险本地化路径；深化农村交通安全固本强基攻坚行动、电动自行车常态长效治理等系列专项工作，查处农村地区客车违法超员、机动车违法载人等11类重点违法行为6650起，查处率比上年上升60.28%，完成道路交通事故预防“减量控大”目标，未发生有影响道路交通事故。强化数据赋能，依托“镇江公安微警务”推广应用租赁住房和居住登记自主申报平台，采集登记源头基础信息，及时落实安全监管；开展智慧危险物品治安管理信息系统试点应用工作，将全市2799家公安监管危爆单位纳入监管，查处涉危刑事案件26起；推进安全生产问题处置监管平台运行使用，滚动开展消防安全监督检查和隐患排查整改。全年未发生危险物品、公安消防、群租房等领域安全事故和有影响案件。（周　帅）

【公安法治建设】　2021年，镇江市公安系统制定出台《镇江公安法治建设规划（2021—2025年）》《2021年全市公安法治建设要点》，编制“十四五”法治公安建设规划，明确31项规划和20个要点，将法治政府和法治社会建设的有关要求落实到法治公安建设中。推进执法制度年建设，建立市、县两级专案法制保障机制，制定事前、事中、事后闭环式执法管理规定，做好执法制度保障。深化执法责任体系改革，研发运用全省唯一全市执法办案管控平台；强化执法办案管理中心集约监督职能，推进县级公安执法办案管理中心深度规范应用和等级化评定，打造“执法办案管理＋合成作战”互融互促双提升机制，合成研判140人次，研判指导扩案50余起，打掉电信网络诈骗上下游产业链4条。健全执法培训机制，提升全警执法办案水平，组织旁听庭审活动80余次。建强法治人才队伍，调整完善全市法制员队伍和法治专家人才库，组织全市公安法治人员在西南政法大学进行脱产培训，开展第二批公职律师遴选和法律顾问选聘工作。市公安局执法责任体系改革建设经验做法被省公安厅简报刊载，2 名民警分获全省公安法制民警刑事技能练兵竞赛全省“十佳选手”、全省优秀选手。（周　帅）

【道路交通事故分析】 2021 年，镇江市发生道路交通事故 376 起、死亡 221 人、受伤 218 人、直接经济损失 123 万元，与上年相比，事故起数、死亡人数、受伤人数、直接财产损失分别下降 2.84%、4.74%、6.44%、5.02%。

从事故发生道路看，全市高速公路发案 6 起，致 7 人死亡；国、省道发案 89 起，致 72 人死亡；农村道路发案 142 起，致 79 人死亡；城市道路发案 139 起，致 63 人死亡。

从事故发生时间看，4 月、5 月事故相对多发，发案 88 起，致 55 人死亡；周五事故发案较多，发案 85 起，致 42 人死亡；事故高发时段集中在 6 时—8 时、19 时—20 时，发案 76 起，致 49 人死亡。（周　帅）

2021 年镇江市汽车拥有量和驾驶员情况统计表

表 8－1

名称	单位	合计	丹阳市	句容市	扬中市	丹徒区	京口区	润州区	镇江新区
民用汽车	辆	808765	259140	114189	78659	90812	100074	90271	75620
载客汽车	辆	677642	219694	80174	71690	70020	93114	81132	61818
私人汽车	辆	701895	228145	104777	67954	78385	89988	72318	60328
小型汽车	辆	697280	229540	83359	73132	72245	93753	81656	63595
驾驶员	人	1368872	319851	178856	145244	92075	162126	390186	80534

说明：润州区数据中含镇江高新区数据

（周　帅）

2021 年镇江市暂住人口情况统计表

表 8－2　　单位：人

	合计	性别		暂住时间				来自地区				居住处所						
		男	女	半年以下	半年至一年	一年至五年	五年以上	省内		省外		租赁房屋	单位内部	工地现场	旅店	居民家中	自购房屋	其他
								乡村	城镇	乡村	城镇							
合计	679523	403463	276060	86451	96689	439678	56705	239918	12831	396831	29943	41928	83054	16469	1007	483036	35443	18586
务工	505950	313210	192740	75537	75222	319582	35609	168476	8094	307585	21795	33481	65878	16125	532	352967	25103	11864
录(聘)用	640	364	276	39	206	368	27	255	4	339	42	134	266	15	0	189	21	15
投资经商	22038	13080	8958	1024	1130	15168	4716	6386	413	14019	1220	3003	977	44	40	14204	1963	1807
务农	15562	8569	6993	454	662	10623	3823	5849	536	7784	1393	1409	669	117	14	11069	533	1751
服务	6647	3324	3323	604	830	4253	960	2229	115	3903	400	351	407	10	25	5315	301	238
就读	74104	38712	35392	4324	11829	53575	4376	31333	366	40599	1806	1772	13714	29	307	55268	1951	1063
随迁学龄前子女	999	542	457	132	378	481	8	232	26	677	64	38	69	6	0	811	56	19
治病疗养	204	99	105	36	56	112	0	121	9	68	6	40	9	1	0	134	15	5
投靠亲属	11258	4863	6395	2034	2549	6573	102	5559	395	4917	387	46	86	4	4	9611	1386	121
探亲访友	8084	3489	4595	95	224	5904	1861	4306	270	3221	287	70	70	11	7	7130	641	155
其他	34037	17211	16826	2172	3603	23039	5223	15172	2603	13719	2543	1584	909	107	78	26338	3473	1548

（周　帅）

检　察

【概况】 2021 年，镇江市检察机关办理刑事、民事、行政、公益诉讼等案件 10548 件，32 件案件入选全国、全省典型案例，其中 1 起入选全国指导性案例。市党政主要领导及省检察院领导 16 次批示肯定镇江市检察工作，10 项工作在省级有关会议介绍交流。最高人民检察院副检察长张雪樵、孙谦及全国人大监察司法委相关领导先后到镇江调研。当年全市检察系统有 20 余个集体和个人获省级以上表彰，1 名干警获评“优秀办案检察官”，5 人在全省有关竞赛中获“业务标兵"称号,10 项理论研究成果获省级以上表彰。市检察院以考评分第 1 名的成绩获评全国检察机关"文明接待室"。(吴　敏)

【刑事检察监督】 2021 年,镇江市检察系统出台立案和侦查活动监督工作办法,监督立案 38 人、撤案 144 人,纠正漏捕漏诉 70 人,纠正遗漏罪行 38 人,提出提请抗诉 20 件,纠正侦查、审判活动违法 154 件。准确适用认罪认罚从宽制度,认罪认罚适用率、量刑建议采纳率均在全省前列。推进罪犯减刑、假释案件实质性审查试点工作,金山地区检察院是全省唯一试点单位,对职务犯罪、金融犯罪、涉黑犯罪等 5 类罪犯拟提请减刑、假释案件明确审查内容、规范审查流程、强化调查核实,严防"纸面服刑"。实施试点后,实质性审查案件 44 件,提出变更减刑幅度意见 3 件,均被有关监狱和法院采纳。(吴　敏)

【民事行政检察】 2021 年,镇江市两级检察机关受理民事生效裁判、调解监督案件 191 件,提出抗诉、发出再审检察建议 31 件,发出民事执行监督、审判违法行为监督检察建议 66 件。促进行政争议实质性化解专项活动,化解行政申诉信访积案 6 件。扬中市检察院历时 2 年监督纠正 1 件错误执行案,并为银行挽回损失 260 余万元,该案入选最高人民检察院指导性案例。监督纠正虚假诉讼 24 件,镇江市与丹徒区两级检察院联合办理的 2 件涉民企虚假诉讼案件为企业挽回损失 325 万元。市检察院、市中级人民法院出台加强破产审判监督协作合作意见,对 15 件破产案件中破产管理人履职不规范、财产使用不当等情形进行梳理排查,对审查正确的法院民事行政生效裁判提出的申诉,做好当事人释法说理工作,促成息诉服判 127 件。(吴　敏)

【公益诉讼检察】 2021 年,镇江市检察机关聚焦长江岸线保护、生态环境等民生关切问题,公益诉讼立案 491 件,发出诉前检察建议 392 件,市检察院获评省检察院公益诉讼检察工作贡献奖。金山地区检察院探索"多元化监督 + 法治化服务 + 社会化治理"工作模式,对公安部挂牌督办的 1 件 17 人非法捕捞长江水产品案提起公诉,并与公安及渔政部门开展长江增殖放流活动,投放鱼苗 30 万尾。镇江、扬中两级检察院联合农业农村部门开展"十年禁捕 · 镇益护江"普法宣传,在长江扬中段江面增殖放流 1000 余千克 10000 余尾成鱼,新华网、江苏电视台等 15 家主流媒体现场报道,10.2 万人通过镇江广播电台"法眼新观察"抖音号在线观看。丹徒区检察院与公安、环境资源、渔政监管等部门加强长江江豚保护协同合作,推进生物多样性保护。润州区检察院运用无人机航拍技术,定期对长江、大运河沿岸等重点区域开展巡航监测,强化公益诉讼线索摸排和取证工作。(吴　敏)

【职务犯罪案件办理】 2021 年,镇江市检察机关在办理职务犯罪案件中,受理移送审查起诉 79 人,起诉 69 人,其中,厅级 3 人、处级 8 人,检察环节追缴赃款 2.7 亿余元;办理上级指定管辖交办的职务犯罪大要案数在全省前列。依法行使有关侦查权,结合政法队伍教育整顿,开展司法工作人员职务犯罪侦查百日攻坚,立案查处 5 件、5 人。(吴　敏)

【金融风险防范化解】 2021 年,镇江市检察机关起诉破坏市场经济秩序各类犯罪 165 人。润州区检察院对公安部挂牌督办、以"区块链""虚拟货币"为名进行传销、涉案金额 14 亿元的"双子新约"网络传销案提起公诉。市检察院与公安机关、人民银行建立联席会商机制,加大反洗钱工作力度,市检察院对 1 名为毒贩提供银行卡、洗白毒资的被告人,以洗钱罪提起公诉。结合司法办案,针对侵害民企犯罪、涉众经济犯罪等问题形成专题调研报告,其中 1 份获省检察院检察长刘华批示。(吴　敏)

【企业合规试点改革探索】 2021 年,镇江市检察院草拟的企业合规改革试点工作专题报告获市党政主要领导批示,并纳入市第八次党代会议题。由市委政法委统筹指导,市检察院与工商联、财政局等 8 部门成立第三方机制管委会,完善"1 + 5"配套制度,研发智能辅助系统,镇江市经验做法被最高人民检察院转发推广。丹阳市检察院在办理某汽配公司虚开增值税专用发票案中,引导企业建立合规经营体系,经监督评估、公开听证依法决定不起诉,企业当年销售额增长 119%,该院做法获省检察院肯定。京口区检察院、生态环境部门与辖区有关重点企业联合签署生态环境公益损害风险防控三方合作协议,帮助民营企业加强事前防范,依法合规经营。(吴　敏)

【涉企案件办理】 2021 年,镇江市检察机关依法审慎办理涉企案件,注意加强办案影响评估,做到可捕可不捕的不捕,可诉可不诉的不诉,全年涉企刑事案件不捕 21 人,对 15 家企业、91 名企业人员决定不起诉。丹徒区检察院对 1 名民营企业负责人建议适用缓刑,帮助企业摆脱困境走上正轨。部署涉企"挂案"清理行动,对刑事立案后长期不处理、影响企业正常经营的 26 件涉企挂案集中监督撤案,帮助 22 家企业取消诉讼。(吴　敏)

【知识产权司法保护】 2021 年,镇江市检察系统在丹阳市和镇江经济开发区检察院组建专业化办案团队，推进知识产权检察职能集中统一履行试点，依法审查起诉侵犯知识产权犯罪 79 人。开发区检察院办理的涉案金额 320 余万元的蒋某某等 2 人销售假冒注册商标的面罩、口罩等涉疫防护用品案，入选全国知识产权司法保护典型案例。丹阳市检察院与该市市场监管局、知识产权局、公安局联合会签《知识产权行政与刑事协同保护备忘录》，健全联席会议、线索通报等工作机制。镇江经济开发区检察院发布知识产权司法保护工作报告，探索实施“1 + 1”（检察院和企业一对一签署知识产权相关协议）结对式知识产权检察服务，并与江苏恒顺集团建立长效协作机制，共同加强“镇江香醋”地理标志司法保护。

（吴 敏）

【罪犯减刑、假释案件实质性审查试点】 2021 年 3 月起，金山地区检察院作为全省检察机关严防“纸面服刑”的唯一试点单位，开展罪犯减刑、假释案件实质性审查试点工作。该院会同监狱管理部门出台试点工作办法，制定出台实质性审查工作指引和检察听证工作规定，对职务犯罪、金融犯罪、涉黑犯罪、有重大社会影响犯罪以及有立功表现等 5 类罪犯拟提请减刑、假释案件明确审查内容、规范审查流程、加强调查核实。试点开展后，实质性审查案件 44 件，提出变更减刑幅度意见案件 3 件，均被监狱和法院采纳。

（吴 敏）

【社会和谐稳定维护】 2021 年，镇江市检察机关起诉危害国家、公共安全犯罪 1437 人，故意杀人、抢劫等严重暴力犯罪 84 人。市检察院在嫌疑人翻供情况下，通过现场复勘、侦查实验等方式加强亲历性审查，引导侦查机关补强、完善、夯实证据链条，成功办理 1 起以伪造交通事故方式刻意掩盖杀人行为的故意杀人案，该案入选全省“一体化引导侦查”典型案例。市检察院与公安、法院规范统一电信网络犯罪证据标准。京口区检察院办理全国“扫黄打非”办、公安部挂牌督办的 1 起利用社交软件在网络上猥亵多名幼女、贩卖 400 余部淫秽物品牟利案。常态化推进“扫黑除恶”斗争，起诉 51 人，发现并移送“保护伞”线索 10 条。全市检察机关有 17 个集体和个人获全国、全省专项表彰。（吴 敏）

【简易公开听证】 2021 年，镇江市检察机关实行领导包案，通过跨地域协作、领导释法、公开听证等手段，化解最高人民检察院、省检察院确定的信访积案 72 件。对群众信访事项依法做出处理后，信访人对处理结果不理解、不接受的，按照当场性、简便性和实效性原则，召开简易听证会，并邀请人大代表、政协委员、律师等第三方人士参与听证评议，推动信访矛盾就地解决。全年对争议不大的信访案件进行简易听证 42 场次，息诉化解率 100%。润州区检察院通过简易公开听证化解的 1 起因申请立案监督未获支持而引发的信访案件，获评全国检察机关简易听证典型案例。

（吴 敏）

【未成年人司法保护】 2021 年，镇江市检察机关批捕侵害未成年人犯罪 80 人，起诉 66 人。扬中市检察院办理全省首例检察机关支持起诉异地撤销监护权案，推动省市县三级联动，镇江、扬州跨地协作，支持被害人亲属依法申请撤销对未成年女儿实施强奸、猥亵的亲生父亲法定监护权，并推动民政部门将被害人纳入“事实孤儿”保障体系。坚持宽严相济，涉罪未成年人不诉 45 人，开展不诉帮教 328 人次。扬中市检察院对涉罪未成年人开展异地协作帮教的做法入选全省“优秀帮教案例”。对校外培训、零售餐饮娱乐场所监管等领域开展专项监督。丹阳市检察院针对“落实未成年人票价优惠政策问题”制发检察关注函，获评全省“优秀检察关注函”。扬中市检察院办理的婴幼儿食品安全行政公益诉讼案入选全省首批未检公益诉讼和支持起诉典型案例。

（吴 敏）

【社会监督】 2021 年，镇江市检察机关接受社会各界监督，公开法律文书 3249 份，召开新闻发布会 44 场次，并在当年 8 月面向社会公开发布检察机关落实“三个规定”情况，保障群众司法知情权。开通“12309 律师—检察长”直通热线，受理律师控告阻碍诉权 17 件。句容市检察院办理 1 起阻碍律师会见权监督案，依法纠正办案部门违法行为，并与公安、司法行政等部门制定保障律师执业权利实施细则，被省检察院作为典型案例公开发布。（吴 敏）

法 院

【概况】 2021 年，镇江市法院受理案件 86821 件，审执结 78428 件，有 32 个集体和 87 名个人获中央、省、市级有关部门表彰。

全年全市法院受理一审刑事案件 3295 件，审结 2984 件。严惩严重暴力犯罪，审结故意杀人、伤害等严重暴力犯罪案件 125 件。打击侵财犯罪，审结非法吸收公众存款、集资诈骗等涉众型经济犯罪案件 51 件和“盗抢骗”等多发性侵财犯罪案件 664 件。审结职务犯罪案件 40 件、49 人，其中上级法院指定管辖的重大职务犯罪案件 4 件、4 人。

受理一审民事案件 46865 件，审结 41163 件。促进家庭和谐稳定,化解婚姻家庭纠纷4112件。全市法院少年审判机构设置实现全覆盖,句容法院1人获评全国维护妇女儿童权益先进个人,3起案件分别入选全省婚姻家庭和反家暴典型案例。润州法院"家事纠纷一站式化解"经验做法,获政法队伍教育整顿中央第六督导组肯定。保护劳动者合法权益,审结劳动争议案件1784件,李某某"过劳死"案入选全国劳动人事争议典型案例。撤销老年人因重大误解签订的超高价购房合同,依法确认有瑕疵代书遗嘱的内容。支持业主在小区车位安装新能源汽车充电桩,责令在微信群辱骂物业人员的业主赔偿精神损害抚慰金。

受理一审行政案件755件,审结658件,审查非诉行政执行案件428件。支持行政机关依法履职,判决撤销、变更行政行为或确认行政行为违法46件,变更宅基地上倒塌房屋拆迁补偿协议案,获评全国行政审判业务优秀成果。强化行政争议实质性化解,推动行政机关负责人出庭应诉率100%。市中级人民法院会同市司法局建立涉诉行政争议多元化解机制,178件案件经法院协调后撤诉。加强与行政机关良性互动,协助培训执法人员33场、5500余人次,发送行政审判年报并提出完善行政应诉建议,向行政机关发送司法建议6份,关于加强企业工伤保险缴纳管理的建议获评全省法院优秀司法建议。

执结各类案件23809件,执行到位64.61亿元,有财产可供执行案件执结率100%。常态化开展"见'镇'执行"专项行动,出动法院干警1014人次,决定拘留34人次,罚款1035.49万元,判决"拒执"犯罪14人。市中级人民法院强制拍卖"新三板"上市公司威龙股份40%股票,一次执行到位1.69亿元。优化"互联网+执行"举措,组织司法网拍2933次、网拍直播24次,成交金额20.92亿元。镇江开发区法院采用物联网称重技术,变卖中技公司废旧机器设备1067吨。

(汤雨婷)

【平安镇江建设保障】 2021年,镇江市法院常态化开展"扫黑除恶"斗争,审结"涉黑涉恶"案件8件、51人,对13名被告人判处5年有期徒刑以上重刑。保障群众生命财产安全,审结严重危害社会治安案件125件、非法集资和"盗抢骗"等侵财案件715件。参与净网、禁毒专项行动,审结电信网络诈骗案件30件、毒品犯罪案件100件,1件案件入选全省法院毒品犯罪十大典型案例。审结危害食品药品安全犯罪案件30件。落实安全生产责任,审结重大责任事故等犯罪案件20件,专题调研安全生产领域存在的突出问题,向有关部门发送司法建议6份。维护群众出行安全,审结"醉驾"、违法运输危化品等危险驾驶犯罪案件1025件。

(汤雨婷)

【风险隐患防范化解】 2021年,镇江市法院防范化解司法领域影响安全稳定的重大风险。维护金融安全,市中级人民法院与人行镇江支行、镇江银保监分局建立金融纠纷多元化解机制,审结金融纠纷案件4331件,移送"套路贷"虚假诉讼犯罪线索208条。维护房地产市场健康发展,推进6家房企破产案件办理,借助"府院联动"机制为烂尾楼盘的615名业主办理房产证,协调解决东方诚园学区房认定和盛达房产撤销网签等难题。

(汤雨婷)

【产业强市战略服务保障】 2021年,镇江市法院聚焦产业强市战略,落实打造"镇合意"服务品牌16项具体任务,被《人民日报》全媒体平台推介。促进合同执行工作,维护公平诚信市场秩序,审结商事案件9771件,标的金额45.66亿元。办理破产案件,完善破产审判工作机制,创建"智慧破产"平台,推动89家企业有序退出市场,清理债务41.33亿元,盘活闲置土地708亩(47.2公顷)、厂房19.59万平方米。市中级人民法院将待处置破产资产分类推送政府招商平台,建成规模35亿元的"破产资产池",其经验做法被省政府和省人民法院推广。支持民营经济发展,加强产权司法保护,强化善意文明司法,帮助中小企业减损纾困,1起案件获评全国助推民营经济发展十大民商事案例。

(汤雨婷)

【知识产权保护】 2021年,镇江市法院强化保护知识产权就是保护创新理念,一审审结涉商标权、著作权等知识产权案件715件。镇江开发区法院审结的假冒3M商标防疫物资案,入选中国法院50件知识产权典型案例。落实惩罚性赔偿制度,对侵犯西门子公司商标权的被告依法判赔45万元。依法保护地方知名商标,审结郁某诉"元致亨"系列商标侵权案件,驳回商标"碰瓷者"诉讼请求。构建知识产权协同保护机制,会同市场监管部门统一商标案件执法司法标准,协助"丁庄葡萄"协会防范被侵权风险,建议省通信管理局规范企业域名注册备案审查,发布知识产权司法保护白皮书和典型案例。

(汤雨婷)

【诚信社会建设】 2021年,镇江市法院惩戒失信与褒奖诚信并重,助力诚信社会建设。惩戒失信行为,将11951名被执行人纳入失信名单,限制高消费(以下简称"限高")17990人次。丹阳市法院向国家铁路集团公司发送司法建议,堵塞被执行人被"限高"后利用护照等证件继续购票的漏洞。严惩虚构债权、债务谋取不正当利益行为,审结虚假诉讼刑事案件3件,扬中市法院对伪造借条制造虚假诉讼的当事人罚款9万元。开展企业信用修复专项行动,按照"一企一策"要求为失信企业制定信用修复方案,对2561家失信企业完成信用修复。京口区法院试点个人破产，对6名债务人完成债务集中清理，吕某个人破产案入选全省法院类个人破产程序典型案例。（汤雨婷）

【市域社会治理现代化】 2021年，镇江市法院依托24个诉讼服务点、62个审务工作站和27个巡回审判点，组织全体员额法官常态化开展"法官进网格"活动，推动"无讼村居（社区）"创建。打造全覆盖融入基层治理工作模式，"三全联动"（全系统集成治理合力、全流程强化诉调对接和全方位助建法治乡村）助建法治乡村的做法被《人民日报》全媒体平台推介。健全矛盾风险排查研判机制，扬中市法院主要负责人定期联系乡镇街道负责人会商矛盾化解，丹徒区法院辛丰、宝堰法庭与辖区派出所、司法所定期排查化解突出的矛盾纠纷。落实"谁执法谁普法"责任，组织开展"民法典百场宣讲""法律六进"等线下法治宣讲活动220场，推出《民法典微课堂》《民法典小剧场》等线上普法视频128期，承办《法治第二课堂》直播活动，26万名网友在线观看；在省级以上媒体刊发法治宣传稿件270余篇。（汤雨婷）

【矛盾纠纷多元化解】 2021年，镇江市法院推进诉前调解，设立45个人民调解工作室，选聘93名专兼职调解员驻院调解，诉前分流调解案件8637件，调解成功5299件，成功率61.35%。优化诉调对接机制，推动家事、劳动争议、医患等59个诉调对接平台实体化运行，市中级人民法院与相关部门开展知识产权、行政纠纷联合化解，镇江开发区法院与公安、城管等部门诉前协同化解88%的物业纠纷，全市有5家法院获评全省法院类型化纠纷诉调对接先进集体。推进在线调解，依托"江苏微解纷"平台诉前分流调解纠纷18209件，通过"道路交通事故纠纷处理一体化"平台分流调解道路交通纠纷8615件。（汤雨婷）

【诉讼服务体系建设】 2021年，镇江市法院优化"一站式"诉讼服务体系，升级诉讼服务，集中提供诉前调解、立案登记、速裁快审、送达保全等9项诉讼服务，健全"一站通办、一网通办、一号通办"的诉讼服务。完善集约送达工作机制，在全省法院率先实现"律师固定电子送达地址库"全覆盖。推进"全域诉讼"改革试点，当事人可就近选择法院提交立案申请，通过跨域立案构建"家门口立案"新模式。强化特殊群体权益保护，市中级人民法院推行建设工程案件无争议事项先行判决，保障农民工工资及时支付。润州区法院开展司法助残活动，丹徒区法院开展"法治助力留守儿童健康成长"活动。（汤雨婷）

【诉讼制度改革】 2021年，镇江市法院深化以审判为中心的刑事诉讼制度改革，推进庭审实质化，对34名被告人宣告无罪或依法从轻定罪量刑。落实认罪、认罚从宽制度，对1751件被告人认罪、认罚案件实行快速审理，占刑事案件总数的58.68%。优化民事案件"分调裁审"机制，完善"智能+人工"案件分流模式，组建"审判员+调解员"速裁团队55个，推行类案集中审理、要素式审判等做法，全市法院一审简易程序适用率76.59%，比上年增长14.43个百分点，民事案件平均审理天数减少14天。启动审级职能定位改革试点，推进准确查明事实、统一裁判标准、实质性化解纠纷，提高服判息诉率，实现二审有效终审。（汤雨婷）

【执行工作体制改革】 2021年，镇江市法院推进执行工作统一管理，迭代升级执行指挥中心"854"（将原来由执行法官独自承担的8项事务性工作改由执行指挥中心办理，执行指挥中心为办案人员提供视频会商等5类技术服务，并承担4项管理职能）模式，对组织集中执行、处置执行资产等13个执行关键节点实行全市统一管理，根据"执裁分离"原则，对执行行为实行横向制约和纵向监督，市中级人民法院被最高人民法院确定为执行管理体制改革试点法院。推进执行模式数字化转型，建成全市法院执行卷宗"中间库"，运用"执行财产管理"等4个执行系统和"微执行"等3个辅助系统，开展智能化办案、信息化管理。（汤雨婷）

【司法制约监督机制】 2021年，镇江市法院制定24项举措深化司法责任制综合配套改革。优化审判权运行机制，制定审判人员权力和责任清单，将所有院长、庭长编入审判团队常态化办案，院长、庭长办案数量占结案总数的52.38%。出台实施意见统一法律适用，完善类案检索初步过滤、专业法官会议研究咨询、审判委员会讨论决定的法律适用分歧解决机制，讨论重大疑难复杂案件390件。接受人大监督，出台向人大常委会报备规范性文件的工作意见，配合市人大常委会对员额法官开展履职评议，就人民法庭建设情况向市人大常委会专题汇报。接受政协民主监督，向市政协通报优化法治化营商环境等工作情况，听取意见、建议。加强代表委员联络工作，落实代表委员结对联络、关注案件办理等10项制度，走访代表委员445人次，组织开展"千名代表听百案"活动，见证执行1509人次，办结代表建议6件、委员提案13件，满意率100%。接受社会监督，依托司法公开"四大平台"构建阳光司法体系，召开新闻发布会44场，组织人民陪审员参审案件10443

件，聘请特约监督员18人，畅通民意沟通渠道。

（汤雨婷）

司法行政

【概况】 2021年，镇江市司法行政系统开展政法队伍教育整顿，市司法局下发《镇江司法行政系统队伍教育整顿实施方案》，对司法行政案件线索和顽瘴痼疾基本实现排查整治目的，案件结案率、答复率100%。推动《关于建立企业破产处置协调联动机制的通知》等文件落实，提高破产处置工作效率。公证行业全程参与监督各类建设工程、政府采购、国土招拍挂项目招标518件，合同标的额累计6.3亿元。“七五”普法收官，“八五”普法开启，镇江市司法局、扬中市法治宣传教育领导小组获评全国“七五”普法工作先进单位。推进法律援助全面告知制，推动监所法援工作站实体化运行，全年受理法援案件4291件，法援覆盖人群万人比为13.37，比上年增长16.63%，法援“负面清单”试点建设被中央电视台《社会与法》频道关注报道。建设公共法律服务分中心，接入省政务服务“好差评”平台，提升作风形象和服务效能。建立健全行政审批事项联审会办机制，打造“协同、严管、快捷、公开”审批工作模式。推进人民调解“十百千”工程，调处矛盾纠纷4.6万余件，丹徒宜城司法所获评“全国模范司法所”，周秀琴等3人获评“全国模范人民调解员”。开展医患矛盾纠纷调处，受理各类医疗纠纷72件，实际赔付当事人181万元。镇江市司法局获评江苏省文明委2019—2021年度江苏省文明单位，获评省司法厅全省公共法律服务中心先进集体。

（夏　玉）

【矫正中心阵地建设】 2021年，镇江各乡镇（街道）推进社区矫正中心、分中心建设。丹徒区司法局立足“合署式社区矫正中心”建设思路，建成近1200平方米的社区矫正中心，规划综合管理、监督管理和教育帮扶3个区域和16个功能室，形成集接收、监管、教育、帮扶、应急处置于一体的社区矫正新型工作平台；丹阳市司法局择址新建社区矫正中心；镇江新区司法局结合社区矫正法及其实施办法等法律法规，建成镇江市唯一一家独立式的社区矫正中心（全市有7家社区矫正中心、5家分中心）。镇江各市（区）司法局多方共建社区矫正就业帮扶基地。句容市、扬中市两地经省司法厅验收确认为全省首批安置帮教阳光帮扶基地。截至12月底，镇江市有过渡性安置基地117家（其中政府自建型基地22家，依托企业型基地95家），全市7家社区矫正中心达标率72%，其中有3家达到国家级标准，“社矫安帮”（社区矫正和安置帮教）对象重新犯罪率低于全省平均水平，后续照管对象照管率、操守保持率均在95%以上。

（夏　玉）

【“八五”普法启动实施】 2021年，作为“八五”普法启动之年，镇江市司法局多次召开征求意见座谈会，听取法学专家、机关、社会组织、媒体、市民代表等方面意见与建议，研究制定《镇江市法治宣传教育第八个五年规划（2021—2025年）》和《镇江市法治宣传教育第八个五年规划实施意见》，经市委、市政府审议通过印发全市；组建“八五”普法讲师团，推动“八五”普法工作。印发《全市2021年度普法工作要点》，出台《2021年度普法责任清单和2021年度镇江市“普法月历”》，细化年度普法任务67项。全年发放普法重点工作提示单、督办单319份。市司法局获评司法部2016—2020年度全国普法工作先进集体。

（夏　玉）

【人民调解工作】 2021年，镇江市司法局出台《关于建立非诉讼纠纷解决机制的实施意见》，联合法院制定《关于推进全市诉讼与非诉讼纠纷解决方式对接工作的实施意见》，建立健全“诉与非诉”对接工作机制。全市建成8个非诉服务中心、17个分中心和9个诉讼与非诉讼对接中心。10月，市、县、镇三级司法行政部门结合群众安全感测评契机，组织动员人民调解员、律师、“法律明白人”等参与矛盾纠纷调解宣传活动，在镇（街道）、村（社区）开展指导宣传，发放宣传资料；开展“家门口”矛盾纠纷预防化解，将“援法议事点”设在村（社区），推广“苏解纷”平台使用，引导群众通过移动终端享受非诉讼纠纷化解服务。全年全市各级各类人民调解组织调处矛盾纠纷近57000件，调处成功率99.2%，实现98%以上的矛盾化解在基层。

（夏　玉）

【公证鉴定工作】 2021年3月24日，镇江市司法局、市公证协会、市司法鉴定协会召开公证、司法鉴定专项治理推进会，出台《全市公证和司法鉴定行业突出问题专项治理实施方案》和《各阶段工作任务分解》。邀请省司法厅相关部门到镇江授课，推进全市公证和司法鉴定行业专项治理工作开展。各地、各单位召开推进会、部署会。4月，市公证处结合专项治理要求，进社区、进企业、进校园开展民法典宣讲；推进减证便民服务；推行线上服务；新设便民服务点办理延伸服务等10项“我为群众办实事”举措，在专项治理开展中推进业务发展和服务水平提升，实现业务工作、专项治理“双推进”。全市公证和司法鉴定行业围绕服务民生实事，开展“我为群众办实事”实践活动。

（夏 玉）

【“法援惠民生·拓展工程”】 2021年，法律援助覆盖范围拓展工程列入镇江市民生实事项目。镇江市司法局发挥法律援助职能作用，创新便民利民服务举措，制定《镇江市“法援惠民生·拓展工程”实施方案》，明确“2021年度法律援助我市常住人口受援率不低于万分之十”的工作目标，确定通过“调整经济困难标准”“扩大援助事项范围”“扩大免予经济状况审查范围”“拓展援助服务内容”4大类30多项具体举措，保障惠民工程落实力度，该项目获评镇江市“十佳民生实事”。市司法局联合市律师协会印发《关于加强特殊困难对象法律援助工作的通知》，提高特殊困难对象申请法律援助便捷度，依托公共法律服务中心、司法所、法律援助工作站和司法惠民服务站，掌握社会救助对象法律服务需求，引导符合条件的当事人申请法律援助，提升法律援助惠民力度；运用传统媒体和“两微一端”等新兴媒体，加强宣传报道。

（夏 玉）

【律师行业突出问题专项治理】 2021年3月，镇江市司法局成立市律师行业突出问题专项治理工作组，印发《关于建立全市律师行业突出问题专项治理工作联系点的通知》，举办全市政法干警离任后从事律师或律所行政辅助人员专题培训班。对中共十八大以来律所及律师投诉举报查处情况进行梳理，开展投诉案件复查、评查。对突出问题专项治理工作开展以来的67个投诉进行立案查处，对11条涉嫌违规执业线索进行立案调查。对在联合排查中接受的各类转交24条线索全部答复清零。专项治理工作开展后，行政处罚5人，行业处分15人，党纪处分立案查处5人。市司法局与公安、检察、法院等部门联合出台《关于建立律师规范执业沟通机制的意见》，与纪检、信访、公安、法院、检察院等部门建立维护律师执业权利联动处置机制。省委驻镇江指导组、省律师行业突出问题专项治理工作组对镇江市该项治理工作予以肯定。全市律师行业全年解答群众法律咨询5676人次，举办法治讲座222场，调解矛盾纠纷3396件。截至年底，全市有律师1262人。

（夏 玉）

【“法考”组织工作】 在2021年国家统一法律职业资格考试工作中，镇江市客观题考试首次采取两批次方式，在3个考点分两天进行。9月，镇江市召开该项考试工作的专题部署会，落实考点学校、“法考”组织实施方案、疫情防控方案和应急预案等，做好考试期间交通出行、卫生防疫、食宿等综合保障与服务，为考生提供安全、良好的应试环境。镇江考区客观题考试确认报名1690人，比上年增长5%，客观题考试参考率73.4%。主观题报名747人，考试参考率97.85%。实现零差错目标，市司法局获评司法部全国2021年国家统一法律职业资格考试工作表现突出单位。

（夏 玉）

【镇江公证处】 2021年，镇江公证处办理公证2万余件，其中涉外及涉港、澳、台公证文书2400余件，未出现错、假、伪证。向群众发送“联系卡”“咨询单”4万余份，办理各类公益性服务800余件，收到当事人感谢信及锦旗20余次。公证处获评省司法厅“全省公证行业业务创新服务优化先进集体”，1名公证员获评该奖项先进个人。市公证处选送的“发挥公证力量 护航‘中华老字号’”获评省公证员协会2021年江苏省十大公证案例。 （夏 玉）

【江苏省司法警官高等职业学校】 2021年，江苏省司法警官高等职业学校有教职工187人，专任教师125人，其中有教授、副教授等高级职称的27人，“双师型”教师76人。学校设置刑事执行、社区矫正、法律事务、法律事务（人民调解方向）、法律文秘、司法信息技术、安全防范技术、罪犯心理测量与矫治技术等7个专业、1个专业方向。学校有全日制在校生2449人。校园占地面积537.19亩（35.81公顷），校舍建筑面积17.54万平方米。拥有地下靶场、格斗训练馆等校内实训基地39个，校外教学实习实训基地44家。学校有纸质图书20万册、电子图书30万册。学校固定资产总值1.0349亿元，南京桥林新校区主体工程竣工。

在新冠肺炎疫情防控期间，学校做好校园封闭管理和师生核酸检测、疫苗接种等服务工作。开展线上教学，完成全年授课总时数计划。学校加强网站、校刊的管理和检查，注重“第二课堂”建设，组织学生全员参与安全和禁毒知识竞赛，打造特色社团，“国旗班升旗仪式”获评司法部庆祝中国共产党成立100周年“图·视·文”优秀作品，并在其微信公众号展示。实施“岗课赛证”综合育人新模式，提升学生核心竞争力，420名学生获“1+X”证书和计算机等级证书。提升就业服务能力，打通专转本通道，54名学生通过专转本考试，升学率11%。2021届毕业生就业率为96%，比上年增加3个百分点。加强监所管理本科自考辅导，毕业生自考本科通过率72.2%。强化文化科目辅导和警务技能训练，133名学生通过2021年江苏省公务员招录考试。制定教学质量考核办法，采取多种方式促进课堂教学质量提高，学生对教师测评满意度为92.23%。

加大师资培训培养力度，选拔专业带头人参与联

图 8－2　2021 年，江苏省司法警官高等职业学校外景

（刘保成　供稿）

院专业建设，5 名教师分别担任联院专业建设指导委员会副主任委员和委员职务，安排骨干教师参加教育厅组织的国培、省培等培训；组织开展“以师带徒”活动，帮助新教师加快成长。举办教师教学业务技能竞赛，2 个教学团队分获省职业院校（中职组）教学竞赛一等奖、二等奖，4 个教学团队在镇江市教学竞赛获奖。注重评先、评优向班主任和一线教师倾斜，评选季度“班主任之星”17 人，表彰校级优秀班主任、优秀教师 18 人，联院优秀班主任、教师、教育工作者 5 人，营造创先争优氛围。

2021 年，学校围绕行业热点、难点开展理论研究，教师发表知网可查论文 44 篇，申报市级以上课题 48 项，比上年增长 50%。参与省监狱管理局重新犯罪调查、长三角刑罚执行一体化等重点课题研究 50 多人次。全年研究课题和论文获市级以上奖项 16 个，其中，培养安防多元复合型人才的案例获全国安防职业教育联盟首届“产教融合典型案例”评选一等奖、基于大数据建模的财产性判项与减刑关联实证研究获省法学会优秀论文二等奖、服刑人员法律援助面临的困境及对策获镇江法学会年度优秀立项课题一等奖。举办警衔晋升、科监区长、重新犯罪调查等培训班 17 期。加强新警入职培训，微视频《新警的一天》被司法部微信视频号转发。（刘保成）

仲　裁

【概况】　2021 年，镇江仲裁委受理仲裁案件 528 件，比上年增长 23.90%，案件标的额 8.04 亿元，增长 63.40%。受理案件类型包括商品房买卖、工业品买卖、建设工程、承包租赁、借款股权和土地出让等。全年没有案件被人民法院裁定撤销或不予执行。

仲裁委将仲裁纳入 2021 年全市“镇合意”服务品牌创建工作，并在各类媒体上宣传仲裁制度，推行仲裁一次性告知提示。升级镇江仲裁案件管理系统，监督每一起案件的关键环节，提升案件精细化管理水平。开通网上立案系统，实现不见面立案，以提高立案效率和适应疫情常态化局面。（陈　浩）

【网上立案平台上线】　2021 年 12 月 25 日，镇江仲裁委开通镇江仲裁网上立案平台，通过平台，案件当事人可通过网络完成立案、案件材料递交、办案进度查询等事项，为群众仲裁立案提供便利。平台分为电脑端与微信端，平台数据互联。当事人登录镇江市司法局网，点击镇江仲裁版块的“镇江仲裁委员会网上立案”可登录电脑端网上立案平台；同时可以关注“镇江仲裁委员会”微信公众号，点击首页右侧“网上立案”图标登录网上立案小程序。

该平台与镇江仲裁委办案系统平台互联，当事人提交的网上立案信息会自动交换进入镇江仲裁委办案系统等待审核，审核情况及立案后的办案进度均可在网上立案平台查询。网上立案系统操作便捷，当事人一次实名注册即可永久登录电脑端与微信端进行操作与查询，24 小时均可提交立案材料。（陈　浩）

信　访

【概况】　2021 年，镇江市信访系统开展集中治理重复信访化解信访积案、城乡建设领域信访问题等专项整治。完成全国两会、中国共产党成立 100 周年庆祝活动、上海第四届进口博览会、中共十九届六中全会等重要日期信访接待任务。江苏阳光信访系统全年登记镇江市、县两级群众来信、网上投诉、来访来电等 14653 件次，其中市信访局受理人民来信 3680 件、12632 人次，受理网上信访投诉 11942 批、12224 人次。市人民来访接待中心接待群众来访 976 批、5057 人次。信访诉求主要涉及城乡建设（拆迁安置、土地征收、产权证办理等）、生态环境、劳动保障、农村农业等问题。

镇江市委常委会每半年、市政府常务会每季度听取一次信访工作情况汇报，研究部署信访工作。全年市、县两级党政领导接访1303批次，化解信访问题476批次。建立市领导接待案源库，梳理32件重点来访事项交由市领导包案。6月22日—23日，市信访局承办《江苏省信访条例》修订座谈会、定稿会，省政府副秘书长、信访局局长姜金兵，省人大常委会法工委主任王腊生出席会议。8月，市委巡察组到市信访局开展“回头看”，上年巡察整改反馈的11个问题全部整改到位。城乡建设领域信访问题专项整治推进。省信访局交办681件信访问题，化解615件，化解率为90.3%。

全市信访系统完善领导接访下访和包案制度，制定完善信访处置、信访约谈等内部文件。市信访局向市委、市政府上报55期重要信访信息，报送信访情况分析研判报告102篇，研判各类风险隐患351个，其中，交办87件、化解61件。启动“人民满意窗口”建设质量提升工程。（谢华明）

【重复信访化解信访积案专项整治】 2021年，镇江市信访局贯彻落实中央和省市“治理重复信访化解信访积案”专项工作要求，加强工作指导和督查，坚持日通报和视频点调，推进全市重复信访件加快办理。第一批国家信访局交办875件重复信访件结案率为99.3%，完成省信访局结案率90%的指标要求；第二批国家信访局交办284件重复信访件全部交办；省信访局交办811件重复信访件结案率为69.7%。（谢华明）

【网上信访“人民满意窗口”创建活动】 2021年，镇江市信访局结合镇江实际，依托互联网推行“网上信访代理”，创新建立“镇信服”信访服务模式，在全市开展网上信访“人民满意窗口”创建活动。市信访局建立网上信访调度办理中心，各市（区）信访部门初步构建网上信访大厅矩阵，建成志愿人士参加的网上信访代理服务队伍，做到村（社区）配有代理员、镇（街道）设有代理点、各市（区）信访机构有网上信访代理工作站。全市网上信访占比为83.3%，超过省信访局60%的指标要求。网上信访一次性化解率为84.8%。阳光信访“四率”中信访事项及时受理率、按期办结率均为100%。

（谢华明）

【《镇江市信访稳定约谈办法（试行）》印发】 2021年9月，镇江市信访工作联席会议印发《镇江市信访稳定约谈办法（试行）》（以下简称《办法》），压实属地、属事和责任人工作责任，做好信访保障工作。《办法》分总则、约谈范围、约谈形式及程序、约谈整改和附则，共5章、15条。（谢华明）

图8－3 2021年12月3日，镇江市网上信访“人民满意窗口”创建工作推进会举行（谢明华 供稿）

发展规划管理

【概况】 2021年，镇江市完成地区生产总值4763亿元，比上年增长9.4%；一般公共预算收入327.6亿元，增长5.1%；固定资产投资增长8.7%；规模以上工业增加值1240.9亿元，增长15.1%；社会消费品零售总额1346.8亿元，增长17.9%；城乡居民人均可支配收入分别为59204元、31354元，分别增长8.5%和10.4%。

镇江市围绕长江经济带、长三角一体化、宁镇扬一体化建设等战略机遇，举办首届南京都市圈创新合作大会；开工建设312国道宁镇段快速化改造、346国道城区段城市化改造工程。宁句城际快轨建成通车。出台《全市开发园区整合优化提升工作方案》，确立未来10年~15年重点打造的重点片区。编制镇江市“十四五”时期规划纲要，统筹推进56个“十四五”市级专项规划。市发改委打造“镇合意”服务品牌，梳理31条“干货”举措，打造“周六我在岗”等特色做法。强化社会信用体系建设，清理退出严重失信主体3646个，严重失信主体占比率下降至1.07%，低于全国、全省平均水平，全国城市信用监测排名升至第31名。推进人才“镇兴”计划，建设人才工作站225家，新增省“双创计划”人才24人、团队1个，新引进市“金山英才”计划人才92人，实施项目80个。稳就业、保就业，城镇新增就业59749人。

镇江市统筹发展与安全，应对输入性新冠肺炎疫情和周边地区聚集性疫情，防范化解社会风险。生态环境质量提升，$PM_{2.5}$年均浓度改善5.3%，地表水国考断面优Ⅲ比例全省第1名。做好长江大保护工作，扬中兴隆港环境污染等19项国家、省级长江经济带生态环境存量问题整改完成。举办第五届国际低碳(镇江)大会暨碳达峰碳中和2021金山峰会，园区低碳循环化改造经验全国推广。实施乡村振兴战略，教育、医疗水平有提高，推进文化、体育等与人民生活相关的重点工作。 （邱玉珊）

【产业能级提升工作】 2021年，镇江市构建项目全生命周期管理体系，全年新签约项目257个、计划总投资1433亿元，当年入库列统项目占比54.5%，比上年提高13.9个百分点；日丰新型应用材料华东研发生产基地、华为(镇江)数字创新产业园等项目落地。284个市重大产业项目完成投资575亿元。释放科技创新带动力，发布“揭榜挂帅”重大技术需求17项，发榜金额1700万元，实施关键核心技术攻关项目180余项。新认定高新技术企业376家，鱼跃医疗、和成显示等企业获全国专利金奖。启动资本市场“扬帆计划”，新增上市企业4家，上市挂牌企业实现股票融资57.6亿元。 （邱玉珊）

财　政

【概况】 2021年，镇江市开源节流并重，财政平稳运行。全年完成一般公共预算收入327.6亿元，比上年增长5.1%。

服务发展工作。落实国家出台的各项减税降费措施，对先进制造业按月退还增值税增量留抵税额，全市累计办理留抵退税近20亿元。全面取消港口建设费，延续实施阶段性降低失业保险费率、工伤保险费率等政策，市直全年减轻企业负担4.2亿元。市直安排专项资金3亿元，加大对重点产业集群、“镇江制造”大企业培育等投入力度，推动《关于实施人才“镇兴”行动建设人才集聚福地的若干意见》等政策落地。引导金融资源服务实体经济，在建成全省首个财政金融运管服系统的基础上，开展财政金融“助力贷”第二轮签约，全年发放贷款超过22亿元。

民生保障工作。落实各类民生保障政策，将城乡居民基本养老保险基础养老金财政补助标准、城乡低保补助标准分别提高至人均210元/月和820元/月，将基本公共卫生服务财政补助标准、城乡居民基本医疗保险财政补助标准分别提高至人均88元/年和680元/年。支持疫情防控和疫苗接种工作，设立2021年度镇江市新型冠状病毒肺炎疫情防控专项资金数千万元。实现城乡居民医疗保险市级统筹，支持传染病医院应急病房楼建设，加快推进医院高层次人才引进。完善常态化财政资金直达机制，发挥直达资金惠企利民作用，中央财政全年下达镇江直达资金12.2亿元，年度支出进度为94.8%。安排扶贫资金1.55亿元，支持茅山老区强村富民项目，推动全市建成扶贫项目427个。支持教育事业发展，保障义务教育“双减”落实。围绕“美丽镇江”建设，统筹债券及省市专项资金，支持和平路、新马路等城市路网建设，做好街巷改造、积水区整治和镇江主城区雨水泵站维修改造工程等方面的资金保障。通过争取省补资金、债券资金，推动312国道宁镇段快速化改造、346国道城区化改造项目等重大交通基础设施建设。

财政改革工作。市财政局加强内审监督，制定印发《财政监督工作操作规程》《财政监督结果跟踪落实办法》《财政监督管理考核实施细则》等制度，建立健全财政“大监督”体系。强化资产管理，将通用类办公资产处置审批权限“下放”至主管部门，办理周期缩短至10天。创新行政事业性国有资产出售、出租数字化交易模式，与“阿里拍卖”合作采用全网竞价交易方式，提高资产处置效率。深化政府采购领域改革，建成政府采购“不见面”开评标平台，支持12项政府采购“不见面”交易清单项目实行全流程“不见面”办理。制定新一轮市区财政体制调整完善方案，建立健全市对区转移支付机制，通过“托底”与“激励”相结合方式，提升区级保基本民生、促产业发展的承载能力。实施绩效评价管理，全年开展支出绩效评价项目184个，涉及财政资金超过27亿元。提升项目评审效能，全年完成评审项目137个，累计审减、节约资金超10亿元。

（徐萩晗）

2021年镇江市财政收支情况表（按项目）

表9－1　　单位：万元

项　目	2021年	同口径增幅（%）	项　目	2021年	比上年增长（%）
一、公共财政预算收入	3275910	5.1	一、公共财政预算支出	5429544	8.83
（一）税收收入	2560537	8.0	一般公共服务支出	487430	10.44
#增值税	1139239	5.4	公共安全支出	322406	14.90
企业所得税	392144	21.6	教育支出	843362	9.53
个人所得税	121839	16.1	科学技术支出	143250	－13.32
城市维护建设税	160355	5.8	文化旅游体育与传媒支出	99073	18.91
土地增值税	159986	－16.6	社会保障和就业支出	654143	6.82
契税	272359	41.1	卫生健康支出	379181	16.09
其他各项税收收入	314615	－3.9	节能环保支出	139280	－8.24
（二）非税收入	715373	－4.1	城乡社区支出	984212	－3.04
#专项收入	148908	－16.1	农林水支出	366465	5.82
行政事业单位收费收入	142731	5.4	交通运输支出	212836	59.44
罚没收入	155626	81.9	资源勘探工业信息等支出	107198	36.28
国有资源（资产）有偿使用收入	169088	－31.3	住房保障支出	358190	23.24
二、政府性基金收入	3946915	13.7	其他各项支出	332518	13.30
三、社保基金收入	902460	－25.0	二、政府性基金支出	6067477	－2.37
四、国有资本经营预算收入	338364	－30.3	三、社保基金支出	902460	－24.96
五、上划中央收入	1983842	10.9	四、国有资本经营预算支出	21947	－81.67

（曾逸初）

2021 年镇江市财政收支情况表(按地区)

表 9 – 2　　　　　单位:万元

地　区	公共财政预算收入		公共财政预算支出	
	2021 年	同口径增幅(%)	2021 年	比上年增长(%)
镇江市	3275910	5.1	5429544	8.83
市级	1608365	1.9	2837838	6.51
县级	1667545	8.4	2591706	11.50
镇江市本级	994548	1.2	1923095	0.21
市直	399707	1.3	1342906	1.20
镇江新区	528016	0.6	525749	-1.28
镇江高新区	66825	5.1	54440	-8.47
京口区	223441	3.0	296067	40.64
润州区	146623	5.1	227158	5.13
丹徒区	243753	2.0	391518	22.81
丹阳市	711076	11.1	1075154	13.17
扬中市	380065	8.6	658553	12.67
句容市	576404	5.1	857999	8.61

(曾逸初)

【农业农村及水利建设财政保障】　2021 年,镇江市安排市级农口政府性专项资金 17395 万元,支持提升农业综合生产服务能力和乡村振兴工作,支持水利工程建设和维修养护、水资源保护、防汛防旱等。支持粮食安全和乡村产业振兴,保障农业稳产增效。支持高标准农田建设,提升农业生产基础设施水平,下达市区高标准农田建设资金 5934 万元。落实耕地地力保护补贴等惠农政策,巩固粮食产能,市区发放耕地地力保护补贴资金 2980.51 万元,对拥有耕地承包权的种地农民给予每亩 120 元(每公顷 1800 元)耕地地力保护补贴;下达市区农机购置补贴 518 万元,下达市区农作物秸秆机械化还田补贴资金 191 万元,下达市区中央财政实际种粮农民一次性补贴资金 526.66 万元,对镇江市市区 37.06 万亩(24706.67 公顷)粮食种植面积进行补贴。出台规模种菜补贴等政策,支持农产品增产保供,下达新增蔬菜基地风险补贴 4.5 万元、规模蔬菜基地种菜补贴 104.3 万元。加大投入,促进乡村产业振兴发展,预算安排乡村产业发展项目扶持专项资金 2320 万元;市区争取到省级现代农业发展资金 1740 万元、中央级现代农业发展资金 1168 万元,支持镇江市特色种苗中心建设、畜禽标准化生态健康养殖和规模猪场扩能增量、渔业生态绿色发展等项目。落实资金保障长江流域禁捕工作;下达中央农业资源及生态保护补助 1665 万元,并安排市级专项资金预算 100 万元,支持长江"十年禁捕"各项措施。巩固拓展脱贫攻坚成果,推动茅山老区精准扶贫与乡村振兴有效衔接,市级安排茅山老区振兴发展资金 1000 万元,用于支持茅山老区 101 个脱贫的经济薄弱村发展强村富民项目;支持乡村振兴和农业农村可持续健康发展,市级安排农村人居环境整治资金 2586 万元。支持水利发展各项工作,市级预算安排水利专项资金 8505 万元,争取省级以上各类水利资金 8300 万元。集中力量支持重点水利工程、除险加固及水毁应急修复工程建设,市级安排重点水利工程及水毁修复工程资金 2887 万元;水利工程建、管、养并重,安排市级水利发展资金 1235 万元,对市区河道、江洲港堤防、省湖泊保护名录在列湖泊、在册水库、市直单位管辖的闸站、55 万平方米绿化等养护进行补助;安排市级资金 1000 万元专项用于农村河道疏浚整治、水土保持小流域治理、农水重点建设项目补助;安排市级资金 1152 万元,支持实施水资源保护、水环境治理和水生态修复等项目。　(郭奇志)

【公共卫生及民生普惠财政保障】　2021 年,镇江市基本公共卫生服务财政补助标准提高到 88 元/人·年;市级安排基本公共卫生服务补助 3902.98 万元,用于补助基层医疗机构开展国家基本公共卫生项目。落实经费保障常态化疫情防控。安排 2021 年度镇江市新型冠状病毒肺炎疫情防控专项资金,主要用于疫情防控能力建设,急救车等相关设备、物资采购;疫情防控常态化下的涉外防控支出、转运车辆租赁支出;应检尽检人员核酸检测费用等。2021 年疫苗费用分 4 批上缴省级财政专户,接种费用拨付到位。强化预算约束,保障社保基金平稳运行。调度资金保障社会保险待遇发放,企保基金全年保障待遇支出75亿元。落实中央和省疫情应对期间为企业减负要求,阶段性降低失业保险、工伤保险费率的执行期限后延1年至2022年4月,全年减收4.2亿元。开展社保基金参保扩面专项行动,出台《镇江市区企业职工基本养老保险省级统筹激励实施办法》,市本级设立专项激励资金1923万元,市本级企保基金实现征收收入39亿元,超收1.4亿元。贯彻就业优先政策,推进就业创业工作。开展职业技能提升行动计划,分配下达2021年度职业技能提升行动专项资金使用计划,市直列支各类培训费用4500余万元。市财政局、人社局修订出台《关于印发镇江市社会保险补贴政策三个实施细则》《关于进一步落实灵活就业社会保险补贴政策的通知》《镇江市公益性岗位开发管理实施细则》等若干实施细则,全年市区灵活就业人员社保补贴支出5304万元,惠及18232人。落实民政各类福利对象生活补助,2次调整城乡居民基本养老保险基础养老金财政补贴标准,从2021年1月1日起,财政补贴标准从人均170元/月提高至210元/月,比省定最低标准(173元/月)高37元/月,全市新增财政支出2亿元,其中市区新增4700万元。从2021年7月1日起,每月城乡低保从790元提高至820元、城市特困人员提高至1745元、农村特困人员提高至1070元、集中供养孤儿提高至2642元、分散供养孤儿提高至1982元。（钱国云）

【经济建设生态环境财政保障】 2021年,镇江市推进交通强市建设,推动312国道和346国道项目建设,市财政下达一般债券资金13亿元;支持“四好农村路”建设,安排专项资金2700万元,下达农村公路建设省级补助资金469万元;重点保障国省干道、航道正常运转,下达省级交通养护专项资金3.12亿元;下达省级交通发展专项资金4571万元,支持干线航道基础设施建设、港口发展、客货运发展等项目;下达省级交通执法专项资金679万元,推动镇江市交通运输综合行政执法工作高质量实施。加强“美丽镇江”建设,安排城市运营类政府专项资金9亿元,支持公共交通运行、市政养护、园林管护、污水处理、垃圾分类等方面;安排政府一般债券资金3.3亿元,支持和平路、新马路等城市路网建设,同时,在街巷改造、积水区整治和镇江主城区雨水泵站维修改造工程等方面加强保障性安居工程资金保障;安排市级住房保障专项资金8000万元、保障性安居工程中央基建投资预算12334万元、中央财政城镇保障性安居工程补助资金4574万元、省级保障性住房建设引导资金929.87万元,保障低收入家庭住房需求。支持生态文明建设,安排市级生态环境保护专项资金1430万元,支持环境执法平台建设、碳达峰行动方案编制、低碳城市试点创建、水质自动监测站等运行维护、大气污染防治专家团队服务等;下达中央土壤污染防治资金147万元,支持辖区开展污染地块调查工作;下达太湖流域水污染环境综合治理专项资金2159万元,支持丹徒区开展水污染防治工作。强化政府投资项目资金管理,当年市级政府投资项目104个,其中,续建项目35个、新建项目39个、备选项目30个,安排财政资金24.25亿元。（殷文玺）

【金融服务财政保障】 2021年,镇江市财政部门和各行业主管部门与银行开展第二轮签约,合作银行增加至11家,同时,新增市商务局、文化广电和旅游局、知识产权局等3家行业主管部门。当年“助力贷”发放贷款22.5亿元,发放笔数(包括企业和个人)915笔。2019年11月签约至2021年年底,累计发放贷款33.41亿元,发放笔数1912笔。市财政局做好省级“小微贷”“苏科贷”的签约工作,完成与市区2家担保公司、17家银行的签约工作,中信银行发放的80万元“小微贷”成为全省首笔“小微贷”贷款。推动企业上市运用资本市场融资,拨付9家省和市级上市企业奖励资金396.3万元。推进农业保险高质量发展,当年,镇江市拨付农业保险上级及本级资金799万元,其中,预拨中央资金253万元、省级资金246万元,拨付本级专项资金300万元。（万　晶）

【教育科学文化事业财政保障】 2021年,镇江市推进学前教育优质普惠发展,安排学前教育优质普惠及改革发展试点专项资金300万元。推动义务教育优质均衡发展,市直初中生均公用经费1250元/年、普高1350元/年,高于全省平均水平。加快发展职业教育,安排镇江高职校“省中等职业学校领航计划”专项经费1000万元,安排900万元专项资金支持镇江高专实训室建设。保障教师收入待遇,足额安排教师队伍建设专项和教师人才培养奖励费,建立教师与公务员工资收入比对机制,安排1亿多元资金用于教育改革发展考核奖。强化科技投入,推动创新驱动发展,争取省级以上科技资金2.4亿元;全年达成产学研合作协议500多项,合作金额超2亿元;发布“揭榜挂帅”重大技术需求17项,发榜金额1700万元,其中,13项揭榜,4项签约成功。稳定公共文化投入,推动文旅事业高质量发展,安排博物馆新馆改扩建工程债券资金计划3000万元;安排“文化惠民”和“全民艺术普及”专项预算130万元,丰富公共文化服务产品供给;安排乡村旅游发展引导资金200万元,并连续3年举办“美丽镇江乡村游”嘉年华活动。全年安排文物保护及考古经费3700万元,同时,向上争取资金约1700万元,推进实施一批文物保护工程和项目。（李金华）

税 务

【概况】 2021年,镇江市税务系统组织各项税费收入660.96亿元,比上年增长17.81%。其中,税收收入465.9亿元,增长9.05%;社会保险费收入172.4亿元,增长43.36%;其他非税收入22.66亿元,增长67.06%。完成地方一般公共预算税收256.31亿元,增长8.02%。

从中央税看,消费税实现增长,车辆购置税小幅下降。2021年,消费税入库7.2亿元,增收0.5亿元,增长7.45%。从消费税征收品目看,卷烟批发入库消费税59678万元,增长6.95%;燃料油入库消费税6274万元,增长59.52%;实木地板入库消费税2914万元,增长19.36%;金银首饰、铂金首饰和钻石及钻石饰品入库消费税2077万元,增长26.68%;润滑油入库消费税1253万元,增长23.03%。车辆购置税入库9.05亿元,减收447万元,下降0.49%。

从共享税看,增值税增幅平稳,企业所得税、个人所得税增幅相对较高。2021年,增值税入库228.14亿元,增长5.54%,其中,全年实现免抵调库30.9亿元,增收6.85亿元,增长28.48%。剔除免抵调库因素,增值税直接收入较上年增加5.13亿元,增长2.67%。2021年,企业所得税入库99.95亿元,增长21.26%。其中,2020年度汇缴入库23.49亿元,下降29%;预缴入库71.16亿元,增长47.31%。2021年,个人所得税入库30.71亿元,增收4.3亿元,增长16.28%。

从地方税看,2021年,地方"十税"6增4降,入库收入90.84亿元,增长5.09%。分税种看,税收超过10亿元的税种有4个,其中增长的有:契税入库27.24亿元,增长41.08%;城市维护建设税入库16.07亿元,增长5.87%;房产税入

单位：亿元

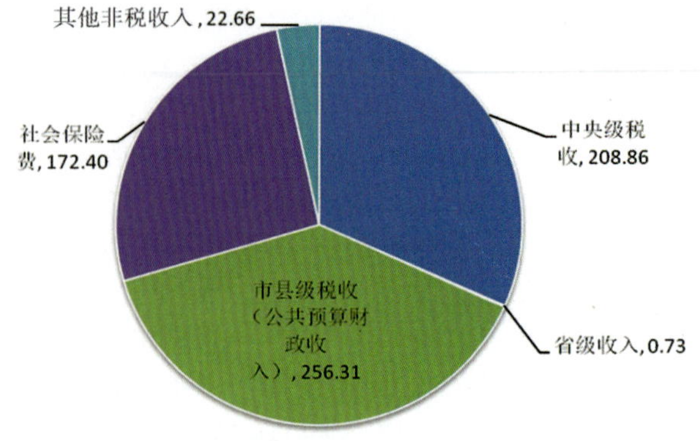

图9－1　2021年镇江市税收收入构成统计图（束飞亚　供稿）

单位：亿元

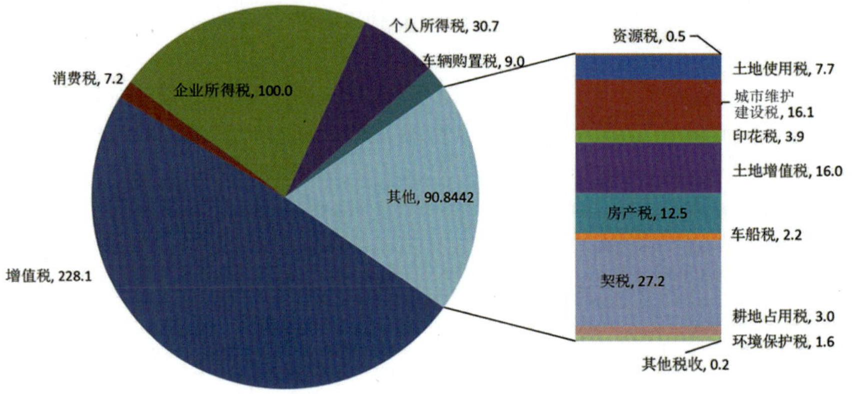

图9－2　2021年镇江市税收收入分税种统计图

（束飞亚　供稿）

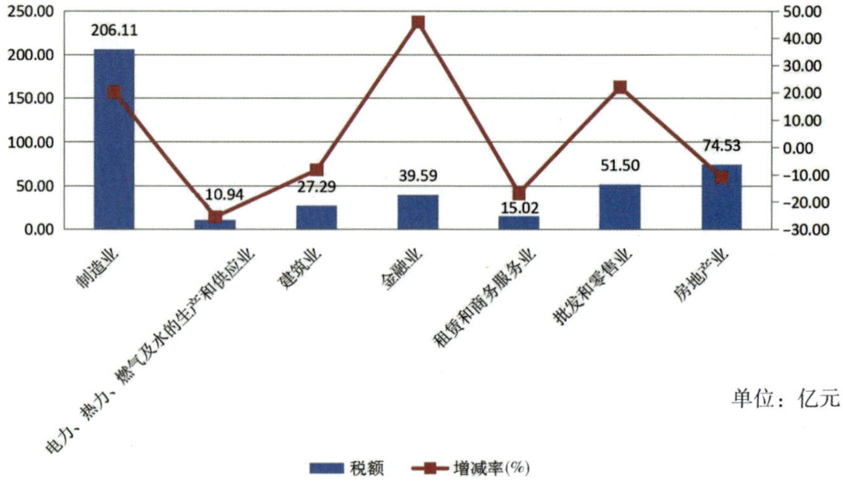

图9－3　2021年镇江市重点行业税收情况统计图

（束飞亚　供稿）

库12.55亿元，增长8.17%。下降的有：土地增值税入库16亿元，下降16.58%。其余税种按照收入规模，分别为：土地使用税入库7.7亿元，下降12.75%；印花税入库3.88亿元，增长11.23%；耕地占用税入库2.97亿元，下降35.14%；车船税入库2.19亿元，增长3.61%；环境保护税入库1.62亿元，下降7.21%；资源税入库4786万元，增长29.63%。

从行业看，制造业、批发和零售业、金融业贡献最多的税收增量，房地产业，租赁和商务服务业，电力、热力、燃气及水的生产和供应业税收减收较多。2021年，全市税收增量贡献最多的行业依次分别为制造业、批发和零售业、金融业，分别入库税收206.11亿元、51.5亿元和39.59亿元，分别增收34.68亿元、9.32亿元和12.47亿元，3个行业合计增收56.48亿元，对全年税收增长贡献较大。房地产业，租赁和商务服务业、电力、热力、燃气及水的生产和供应业分别入库74.53亿元、15.02亿元和10.94亿元，下降10.86%、16.57%和25.43%，减收幅度较为明显。从2021年税收总体情况看，全市第二产业税收收入245.92亿元，增长13%，税收占比52.78%（其中工业税收218.63亿元，增长16.35%）；第三产业税收收入219.64亿元，增长4.97%，税收占比47.14%。（来飞亚）

2021年镇江市主要税种收入统计表

表9－3　　单位：万元

税　种	合　计	市　区	丹徒区	丹阳市	句容市	扬中市
增值税	2281396.05	842601.81	156982.62	651215.29	351917.21	278679.12
比上年增收	119796.55	55142.44	－29988.84	103440.33	2209.93	－11007.30
增长(%)	5.54	7.00	－16.04	18.88	0.63	－3.80
消费税	72041.97	61284.54	6407.26	3639.17	178.23	532.77
比上年增收	4996.63	1966.47	2308.66	622.42	28.37	70.70
增长(%)	7.45	3.32	56.33	20.63	18.93	15.30
企业所得税	999533.19	552122.11	67243.38	160858.94	152640.97	66667.79
比上年增收	175275.68	217777.95	－19816.19	32846.62	－72559.28	17026.58
增长(%)	21.26	65.14	－22.76	25.66	－32.22	34.30
个人所得税	307117.56	120772.92	13526.45	61620.23	28109.81	83088.15
比上年增收	43003.62	1931.42	1038.74	27682.09	762.62	11588.75
增长(%)	16.28	1.63	8.32	81.57	2.79	16.21
资源税	4785.65	1812.25	575.14	0	2398.26	0
比上年增收	1093.22	381.22	－14.61	－1.89	728.51	0
增长(%)	29.63	26.64	－2.48	－100.00	43.63	—
土地使用税	77031.54	24591.91	9866.83	16559.95	8878.71	17134.14
比上年增收	－11255.75	－155.22	1344.08	－9132.54	－188.20	－3123.86
增长(%)	－12.75	－0.63	15.77	－35.55	－2.08	－15.42
城市维护建设税	160697.65	67437.96	12081.91	43474.84	19040.67	18662.27
比上年增收	8911.71	7642.45	－1220.34	4786.21	－3642.42	1345.81
增长(%)	5.87	12.78	－9.17	12.37	－16.06	7.77
印花税	38831.08	16181.18	3045.67	8537.61	5748.65	5317.97
比上年增收	3922.58	1156.53	42.30	1543.59	－246.94	1427.10
增长(%)	11.23	7.70	1.41	22.07	－4.12	36.68
土地增值税	159985.52	43741.21	4724.87	29798.01	70331.29	11390.14
比上年增收	－31800.35	－30085.04	－2134.60	－1383.23	369.44	1433.09
增长(%)	－16.58	－40.75	－31.12	－4.44	0.53	14.39

续表 9－3

税　种	合　计	市　区	丹徒区	丹阳市	句容市	扬中市
房产税	125469.63	48818.95	13669.26	32930.02	15953.99	14097.41
比上年增收	9478.40	2201.23	3080.51	1623.31	883.81	1689.52
增长(%)	8.17	4.72	29.09	5.19	5.86	13.62
车船税	21889.13	10889.10	2361.40	3791.68	2734.93	2112.02
比上年增收	763.51	341.21	92.96	160.23	127.69	41.43
增长(%)	3.61	3.23	4.10	4.41	4.90	2.00
车辆购置税	90499.20	45527.86	3522.66	25597.69	9645.38	6205.61
比上年增收	-446.93	-1004.60	166.02	1664.11	-307.47	-964.98
增长(%)	-0.49	-2.16	4.95	6.95	-3.09	-13.46
契税	272358.51	84109.93	11065.39	56234.56	86805.53	34143.10
比上年增收	79300.19	6364.53	-4722.85	19498.18	34158.31	24002.02
增长(%)	41.08	8.19	-29.91	53.08	64.88	236.68
耕地占用税	29650.96	103.58	7935.98	1760.63	18735.02	1115.75
比上年增收	-16064.82	-4680.13	5276.62	-4795.45	-3334.02	-8531.83
增长(%)	-35.14	-97.83	198.42	-73.15	-15.11	-88.43
环境保护税	16171.32	6146.57	2143.99	2049.05	4971.98	859.73
比上年增收	-1255.74	-66.50	-3.88	-453.88	-477.19	-254.29
增长(%)	-7.21	-1.07	-0.18	-18.13	-8.76	-22.83
其他税收	1568.62	1007.87	-13.85	551.91	1.16	21.53
比上年增收	932.36	991.51	-78.04	54.13	-55.82	20.58
增长(%)	146.54	6060.57	-121.58	10.87	-97.96	2166.32

（朿飞亚）

2021 年镇江市税收分地区收入统计表

表 9－4　　单位：万元

地　区	合　计	市　区	丹徒区	丹阳市	句容市	扬中市
税收总额	4659028	1927149	315139	1098620	778092	540028
比上年增收	386651	259903	-44629	178155	-41542	34764
增长(%)	9.05	15.59	-12.4	19.35	-5.07	6.88
其中：中央级税收	2088601	932689	137129	488608	294233	235942
比上年增收	196221	161003	-23634	90351	-42280	10781
增长(%)	10.37	20.86	-14.7	22.69	-12.56	4.79
省级税收	7298	7298	0	0	0	0
比上年增收	187	187	0	0	0	0
增长(%)	2.63	2.63	—	—	—	—
公共财政预算收入	2563129	987162	178010	610012	483859	304086
比上年增收	190244	98714	-20995	87804	738	23983
增长(%)	8.02	11.11	-10.55	16.81	0.15	8.56

（朿飞亚）

【依法治税工作】 2021年，镇江市税务系统推行行政执法“三项制度”（行政执法公示制度、重大执法决定法制审核制度、执法全过程记录制度），加强规范性文件制定管理，规范执法辅助人员管理，强化合法性审核，全年审结重大案件19件。落实“首违不罚”制度，推进税务领域“放管服”改革，全年办理“首违不罚”13886件。在市、县两级成立风险分析研判团队，排查突出问题，分级分类处理应对。完善行业风险识别库，全面实施提示提醒策略应用，全年实现风险应对总成效15.75亿元。推进“双打”两年专项行动，打击各类涉税违法犯罪活动，全年稽查查补税款6691万元。 （张铁良）

【减税降费】 2021年，镇江市税务系统落实研发费用加计扣除、制造业中小微企业延缓缴纳部分税费等优惠政策，建立健全减税降费政策直达惠企机制，全年全市新增减税降费53.42亿元；支持外贸发展，办理出口退税45.2亿元。 （张铁良 陈 丹）

【营商环境建设】 2021年，镇江市税务局通过推进党史学习教育与税收工作共融互促，开展“我为纳税人缴费人办实事暨便民办税春风行动”、助力小微企业“春雨润苗”等活动，推进“镇合意”服务品牌建设。制定优化税收营商环境全面整改提升方案，开展营商环境“百日竞赛”，增强服务意识和服务技能。在全省税务系统纳税服务大比武中，镇江市税务局获团体第1名。增值税申报时长和留抵退税时长压减明显，窗口平均办理时长、纳税人平均等候时长下降幅度在全省最大，一至三类出口退税企业退税平均办理时长降至1个工作日内。向纳税人推送宣传辅导提醒信息22万余条，举办112场线上线下税收新政纳税人培训。全市“不见面”办税事项覆盖面96%以上，“非接触办税”比例接近95%。纳税人综合好评率99.96%，纳税满意度提升。 （蔡苏蘅）

【征管改革】 2021年，镇江市税务系统围绕“四精”改革目标，制定《进一步深化新征管体系建设方案》，并获市委市政府主要领导的批示。推动税费服务新体系建设，加快税费服务一体化建设步伐，推广非接触式办税，优化税收营商环境，提升纳税人、缴费人的获得感和满意度。推动税务执法新体系建设，健全完善执法分类分级管理体制，发挥比较优势，倡导柔性执法方式，强化税务执法内部监督。全年全市实现纳税评估成效16.53亿元。推动税务监管新体系建设，推进机关业务部门职能实体化转型，强化重点领域税务监管，打造税务监管“双循环”运行，营造人性化、现代化的税收监管环境。推动智慧税务新体系建设，建成税收大数据风控中心，完善“智慧镇江税务”平台建设，常态化开展区域经济分析以及专题经济分析，提升税务部门以税资政能力。2021年，镇江市税务系统有9篇税收分析报告获市委、市政府主要领导批示。

（吴浩伟 刘艺淳）

国有资产监督管理

【概况】 2021年，镇江市人民政府国有资产监督管理委员会（以下简称市国资委）以国企改革三年行动为统领，推动改革措施落实落地，市属企业主要经济指标向好发展。2021年年末，市国资委监管企业的资产总额5012亿元，比上年增长5.50%；负债总额3104亿元，下降0.03%；所有者权益1908.2亿元，增长15.92%；平均资产负债率61.93%，下降1.29个百分点；全年实现营业收入486亿元，增长34.86%；利润总额46.4亿元，增长80.54%；上缴税费18.8亿元，增长40.3%。市国资委组织开展镇江市第六期“169工程”人才选拔申报工作，获评学术技术带头人8人、学术技术骨干35人和学术技术新秀31人。

国有企业制度体系建设。镇江市国资系统推动国有企业任期制和契约化管理，为9家一级企业、113个内设机构的196人次下发聘文，明确聘期，签订目标责任书；91家充分竞争商业类子公司层层签订经营业绩责任状，164人次经理层成员落实聘用合同；8家职业经理人试点企业的25名职业经理人重新签订劳动合同、聘用合同书、承诺书。推行员工公开招聘、管理人员竞争上岗、末等调岗和不胜任退岗等制度，一级企业新进员工全部通过公开招聘产生；实现内部选聘与公开竞聘相结合，公开竞聘上岗产生中层及后备人才22人。修订完善监管企业经营业绩考核与薪酬管理暂行办法和实施方案，强化分类管理，将监管企业分为竞争性企业和专项性企业，考核指标实行“一企一策”，突出不同类型企业的考核重点；强化激励约束，按类别对考核结果进行排名，排第1名的绩效年薪上浮5%，排倒数第1名且总分低于100分的绩效年薪下浮5%；对副职负责人考核结果实行强制分级。深化分配制度改革，指导企业建立以岗位管理和合同管理为核心的薪酬制度体系，推行全员绩效考核，分类确定可量化的绩效考核指标，按业绩贡献决定薪酬。明确分配导向，引导企业优化内部员工薪酬分配，强化核心关键人才薪酬激励，注重向生产一线工作岗位倾斜。

重点项目发展情况。市属企业64个对外投资项目中80%以上都是主业投资或主业上下游产业链拓展项目。推进国控集团金融板块投资、城建集团尾矿砂取砂销库、索普集团基地选址、恒顺集团黄酒料酒、泓润科技餐厨二期等项目。东普科技公司由国控集团整合至索普集团，推动上下游产业链延伸发展；海纳川公司重组整合完成。专业化公司运行较好，全年实现营收32.8亿元，比上年增长97.6%，利润3亿元。运用镇江央(国)企合作联盟平台，举行数字化转型赋能产业强市发展推进会。市委主要负责人与国机集团、中国航发等央(国)企主要负责人通过视频连线方式会晤洽谈，促进项目合作。总投资258亿元的华电综合能源示范项目签约。

资产证券化发展情况。镇江市国资系统完成索普股份重大资产重组和非公开发行A股股票工作，发行股票1.19亿股，募集资金总额9.93亿元，主要用于醋酸造气工艺技术提升建设项目，优化持股比例和资产负债结构。推动恒顺醋业实施股权激励计划，围绕“做深醋、做高酒、做宽酱”三大核心主业发展，提升公司产品市场竞争力。实施索普非公开债券发行、恒顺非公开股票发行。做强金融投资，国控集团参与股权和基金投资，投资和公允价值变动收益超10亿元。

监管效能建设。镇江市国资系统修订监管事项责任清单、投资负面清单、经营业绩考核与薪酬管理等多项制度。加强投资监管，落实前期投资尽职调查、专家评估等工作，按照“三重一大”规定履行投资决策程序。加大项目后续监管力度，对新增项目和续建项目的工程进度、形象，按时间节点予以督查，实现对外投资全过程监管。建立完善镇江国资监管信息平台，对企业产权登记数据信息、资产情况进行全面自查。加强融资平台公司全口径债务监测管控，将债务约束指标纳入企业年度经营目标责任状，开展“融资成本削峰计划”，降低存量债务融资成本，在保持流动性的前提下，优化市属企业融资成本、品种、期限结构。做好融资平台公司融资分类管控，设定企业资产负债率上限，将资产负债率保持在一定区间。加强对高成本融资、担保、借款的审核把关。强化安全生产监管，制定完善“共性+个性”安全生产责任考核评价体系，常态化开展安全隐患排查整治，开展各类安全检查25次，发现问题和隐患329条，全部整改完成。　（周光恒　陈　莲）

【国企改革三年行动】　2021年，镇江市在全省率先成立市委、市政府主要领导担任“双组长”，相关部门主要负责人为成员的国企改革领导小组，召开全市国资国企改革推进会，将国企改革纳入市委、市政府主要工作任务，构建形成市委、市政府、相关部门、市(区)、市属企业“一把手”合力攻坚的工作机制。制定出台国企改革三年行动实施方案，根据实施方案8个方面、36项工作任务提出122条具体措施，整体工作推进情况每半个月召开工作进展通报会，难点工作每周召开专题推进会，进展情况动态监测、在线跟踪、实时督导、每月通报。组织3个专项督查小组，对8个市(区)和9家市属企业开展专项督查，召开现场观摩推进会，以标杆示范带动整体提升。截至12月底，国企改革三年行动完成任务总量87%，细化分解的122项改革任务完成较好的有95项，获省国有企业改革领导小组办公室书面表扬。经验做法在《新华日报》专版和《国企管理》期刊刊发。

（周光恒　陈　莲）

【国有企业治理体系建设】　2021年，镇江市国资系统推进现代企业制度建设，制定党委前置研究讨论重大事项规程和责任清单，并全面实施，各治理主体权责边界更加清晰。董事会制度体系基本形成，一级企业本部董事会、监事会实现应建尽建，78家重要子公司中，60家设立董事会，18家设立执行董事。落实董事会职权试点工作，9家一级主体企业全部制定董事会向经理层授权办法及清单、董事会议事规则、总经理工作规则、总经理向董事长报告等制度规范。出台外部董事管理、选聘系列配套文件，建立外部董事人才库，从驻镇江高校、驻地中介机构、行业协会和央(国)企中，遴选85人纳入外部董事人才库，9家一级企业、22家重要子企业、3家直接列名监管企业全部实现董事会“外大于内”。健全以公司章程为核心的企业制度体系，并将党建工作写入公司章程，把党的领导融入公司治理各环节。推进全民所有制企业公司制改革，全年完成公司制改革255家。　（周光恒　陈　莲）

【国有企业历史遗留问题化解处置】　2021年，镇江市国资系统开展低效、无效资产清理工作，完成71家“僵尸企业”清理处置，完成2家重点亏损企业整治。完成韦岗铁矿、德龙港务等企业的破产终结工作；华通重工、联合水泥等企业资产处置到位；安达机械、索普船厂等企业分流结束；清理煤矿企业4户。国有企业办社会职能剥离工作基本完成，19家中央、省属和市属企业家属区“三供一业”(供水、供电、供热、物业)分离移交；47家中央、省属和市属企业1.8万名退休人员人事关系全部移交到街道社区；71家关闭破产企业30多万卷档案移交市档案馆。　（吴光明　冼俊干）

【国有企业党建工作】　2021年，镇江市国资系统推动党建工作与生产经营深度融合，召开全市党建工作推进会，出台“国企党建16条”，完善党建考核制度，将党建责任考核结果按“0.9～1.1”的浮动比例系数与企业经营业绩挂钩。以“国资骄傲”党建品牌为引领，创成8个“五星”党支部、84个“四星”党支部；获评省级“先进集体”2个、“先进个人”2人。推进“党支部质量提升工程”创建活动，城建集团西津渡党支部“社企互融共建让城市名片更闪亮”党建案例获全省一等奖。通过理顺隶属关系、党组织整合调整等措施优化基层党组织结构，实现国有企业及子公司、混合所有制企业党组织全覆盖。　（翟昌高　齐小强）

2021 年镇江市国有及国有控股企业基本情况表

表 9 – 5

地区	企业数(家)		国有资产总量(万元)	年末在岗职工人数(人)	职工人均工资(元)
	合计	其中:大中型			
镇江市国有企业汇总	214	47	33594203.30	20579	85547.36
镇江市市直汇总	135	30	18759159.88	13599	94380.33
丹阳市汇总	12	5	5487784.13	2709	54742.84
句容市汇总	17	5	1889240.77	1857	64158.13
扬中市汇总	2	1	23382.80	275	47830.98
丹徒区汇总	19	3	1967914.11	850	67744.25
京口区汇总	2	1	602435.70	61	148098.29
润州区汇总	7	0	253327.63	145	86014.90
镇江市新区汇总	20	2	4610958.27	914	119747.90

(宋鹏程　刘　艳)

2021 年镇江市国有资产监管企业经济效益指标表

表 9 – 6　　单位:万元

企业名称	资产总计	净资产	营业总收入	利润总额	上缴税费	工业总产值
镇江市国资委监管企业汇总	50124709.08	19081871.78	4858780.59	463515.75	187615.50	1252559.26
镇江国有投资控股集团有限公司	4581439.42	2424920.79	770368.10	49530.80	4939.82	122995.49
镇江城市建设产业集团有限公司	21313018.24	7347445.35	1024115.80	–20223.13	21184.95	44162.32
镇江交通产业集团有限公司	12303746.52	4490323.59	760285.36	64996.39	44311.46	0
镇江文化旅游产业集团有限责任公司	8158944.67	3032609.24	698727.18	60535.64	12420.63	0
江苏索普(集团)有限公司	973133.37	718703.63	923888.17	255087.69	74419.54	823884.48
江苏恒顺集团有限公司	511799.91	119239.64	295863.80	12737.09	19637.46	261516.97
镇江市高校投资建设发展(集团)有限公司	1160473.70	381964.17	97487.15	3237.02	1131.23	0
镇江市港口发展集团有限公司	101107.50	63538.15	61567.40	4057.98	2913.94	0
镇江市金信融资担保有限公司	344410.20	334429.17	18606.11	15188.17	4624.00	0
镇江体育产业发展有限公司	2189.24	341.51	2117.69	13.08	0.14	0
镇江市金信资产经营有限公司	50897.29	20622.14	578.46	511.25	132.79	0
镇江智慧停车有限公司	61897.38	8015.23	4889.47	9.99	23.24	0
镇江金港产业投资发展有限公司	466212.75	76186.96	175131.32	16421.76	173.13	0
镇江市规划勘测设计集团有限公司	40621.94	40222.52	10489.02	651.93	941.96	0
镇江市交通规划设计院有限公司	3250.05	1990.95	1337.49	196.89	76.88	0
江苏泓润生物质能科技有限公司	28566.77	17812.93	4000.60	52.69	27.35	0
镇江市交通工程建设管理有限公司	7126.84	4531.23	6564.81	695.03	369.55	0
镇江宾馆有限责任公司	15873.30	–1025.41	2762.64	–184.53	287.41	0

(宋鹏程　刘　艳)

2021 年镇江市国有及国有控股企业经济效益情况表

表 9 – 7　　单位:万元

分　类	营业收入		利润总额		上缴税金		净资产收益率(%)	
	全　市	市　直	全　市	市　直	全　市	市　直	全　市	市　直
工业企业(全市 14 家,市直 11 家)	1434404.87	1336430.03	312748.03	293103.69	100037.40	94484.10	22.33	29.17
投资公司(全市 22 家,市直 9 家)	2753732.65	764953.39	255062.79	164089.74	68709.42	20915.79	0.83	1.12
贸易及餐饮业(全市 22 家,市直 15 家)	935422.99	831965.37	–554.77	556.31	3347.92	3023.68	–2.09	–1.35
房地产业(全市 29 家,市直 18 家)	277310.03	213621.04	–25231.72	12823.60	12568.31	10739.40	–0.95	0.63
服务及其他(全市 127 家,市直 82 家)	1928209.99	1730515.89	–92579.31	–7944.04	80406.10	58654.46	–0.86	0.06
合计(全市 214 家,市直 135 家)	7329080.53	4877485.72	449445.02	462629.30	265069.15	187817.43	1.00	2.13

(宋鹏程　刘　艳)

2021 年镇江市国有及国有控股企业资产负债结构表

表 9－8　　单位:万元

分　类	资产总计		负债合计		净资产		国有资本金	
	全　市	市　直	全　市	市　直	全　市	市　直	全　市	市　直
工业企业(全市 14 家,市直 11 家)	2557649.64	1841298.95	1196852.86	835493.12	1360796.78	1005805.82	323957.82	287978.07
投资公司(全市 22 家,市直 9 家)	75028362.21	35555295.60	46502395.81	21467806.56	28525966.41	14087489.04	3152994.48	898191.71
贸易及餐饮业(全市 22 家,市直 15 家)	1238905.29	1041447.14	1155888.90	999192.73	83016.40	42254.40	59606.43	48040.35
房地产业(全市 29 家,市直 18 家)	10843293.51	4964397.04	7718072.89	3326337.04	3125220.62	1638060.00	536221.00	233970.00
服务及其他(全市 127 家,市直 82 家)	8787192.19	6798707.74	6752586.79	4494842.57	2034605.38	2303865.19	-352397.64	275982.03
合计(全市 214 家,市直 135 家)	98455402.84	50201146.47	63325797.25	31123672.02	35129605.59	19077474.45	3720382.09	1744162.16

(宋鹏程　刘　艳)

【镇江国有投资控股集团有限公司】　2021 年,镇江国有投资控股集团有限公司(以下简称"国控集团")以"降债务、调结构、活机制、控风险、出效益"为主线,推动改革转型发展。全年实现营收 113 亿元、利润总额 6.95 亿元,完成项目投资 9.3 亿元。

改革转型与升级。开展国企改革三年行动,出台《国控集团国企改革三年行动实施方案》及相关任务清单,形成八大项目标任务、139 项具体改革举措。编制完成集团"十四五"时期总体规划、人才发展规划、信息化建设规划等。拟定金投集团实体化运营工作方案。推动下属企业改革重组,东普科技公司由亏转盈,并划转索普集团,实现股权投资收益 1.66 亿元。强化集团"瘦身强体",实施"两非"(非主业、非优势)企业和僵尸企业归并重组,完成 4 家"四类企业"(停业、连续 3 年亏损、资不抵债、第三层级以下的控股企业)、"三类参股投资"(连续 3 年无收益、净资产 300 万元以下、第三层级及以下企业的参股投资)的清理处置工作。

资本投资与运营。服务省重点项目,做好北汽麦格纳项目的资金调度、还本付息、工程结算、竣工验收等服务保障工作,全年投入帮扶资金 8 亿元。统筹推进企业技改扩能项目,完成东普科技氯磺酸项目、车驰房曼项目、恒达扩建项目等新项目论证工作。加快资本投资布局,参与江苏索普定增,完成港股天工国际投资,参与天工工具境内 IPO 项目;筛选优质项目,新投资中金康瑞、天广实生物等项目;投资的威腾股份科创板挂牌上市,通灵电气登陆创业板。围绕市委、市政府的"扬帆计划",筹建总规模 10 亿元、首期 5 亿元的"银河扬帆基金 1 号"。

资产管理与运营。推进在手地块上市工作,8 月 30 日,北京华联地块挂牌上市;9 月 30 日,完成竞拍工作,成交楼面地价 10720 元/平方米。加强蚕种场规范治理工作,通过农业招商等形式,推进蚕种场土地资源集约利用和管理。加大解危工作力度,完成总建筑面积为 3842 平方米的危房改造,朱方路 92 号、211 号危房改造项目竣工验收。　(吴春明)

【镇江城市建设产业集团有限公司】　2021 年,镇江城市建设产业集团有限公司(以下简称"城建集团")推动国企改革三年行动,把防范化解债务风险作为第一要务,完成全年化债任务,保障资金安全底线。

产业发展情况。资产运营板块,会莲庵北地块以 12100 元/平方米的楼面地价成交;财富广场"一馆两中心"项目开馆运营。建设开发板块,清河湾二期安置房项目实现开发施工一体化并交付安置。绿色发展板块,长山环境公司获取 1100 万吨矿权,少姑山矿产资源开采加工一期项目启动招标;毛竹湾尾矿库取砂销库工程获"安全生产许可证"并正式启动。城市服务板块,百姓汇公司食材配送中心项目投入运营,启动"智慧农贸"系统,试点"直供代销",推进菜场从传统模式向供应链盈利模式转变。网络科技业务获涉密信息系统集成资质乙级证书。完成索普集团股权并购,上市公司江苏索普市值最高为 293 亿元。

城建项目情况。全年完成代建项目 10 个、代建投资额 4.09 亿元。市监委留置场所及周边地质灾害治理项目、第三人民医院解危项目、镇江市实验高级中学篮球场改造工程项目、镇江市江南学校原建筑改造工程项目、江苏省镇江第一中学运动场改造工程项目、市健康科普布展项目竣工。完成太古山地块、鲇鱼套等地块 49 户、4.98 万平方米的拆迁扫尾工作。

"瘦身强体"情况。城建集团推进非主业剥离工作,完成 3 家全民所有制公司制改革,清理 4 家子公司。完成集团下属子公司劳务派遣用工模式的规范整改工作,劳务派遣用工模式转为服务外包。商务 A 区 C 楼通过海关总署项目验收并签订置换协议。完成政府投资遗留问题财务决算审计项目 86 个。

(王雅琦)

【镇江交通产业集团】　2021 年,镇江交通产业集团(以下简称"交通集团")实质化运营的 11 家子公司全部实现盈利。该集团深化改革，以制度建设提升治理能力，从“交通基础设施产业链、汽车服务产业链、环卫综合服务链、园区投资运营链、港口物流产业链、金融服务产业链”6条产业链优化产业布局，建立完善市场化经营机制，构建中国特色现代国有企业制度，市级重点改革任务完成率90%。强化“五化管理”（标准化、系统化、数字化、改进化、创新化），以资产变现和出租盘活运营存量资产，全年实现资产变现总额21.91亿元，经营性总资产出租率为80.18%，有证资产盘活接近95%，经营性资产出租率有提升。加强风险管控，把保流动性放在首要位置，强化底线思维，资金运行平稳安全，经营性债务没有增长。推进官塘创新社区建设，以312国道产业创新走廊、346国道城区段改造工程建设为切入点，促成联东·官塘创新港、阿里·和润数字产业园、国网现代服务基地等一批项目落户；东南大学校友经济产业园先导区开园。全年制定（修订）制度、办法20余项，推动集团管理规范、效率提升。强化法务、财务审计监督力量建设，保障国资安全。杜绝非必要支出，完成4家未实际运营企业的注销工作，精简“瘦身”37人，管理费用较上年压降5.1%。（彭夏菊）

【镇江文化旅游产业集团】 2021年，镇江文化旅游产业集团（以下简称“镇江文旅集团”）在产业建设上围绕“文旅产业、文旅衍生产业、综合板块产业”三大主业，推进国家AAAAA级旅游景区品质提升，完成北固山古城墙修缮提升、揽云桥维修改造等重点项目；推出“大江见证、红色传承”水上红色教育线路，获评“江苏文旅消费新场景”。解决南山绿道照明提升等一系列焦点问题。一泉国宾馆改造和迎宾馆提升工程竣工，金山东片区开街。签约加入“南京都市圈文化产业创新联盟”。加快提升市场化专业化运营能力，做好常态化新冠肺炎疫情防控工作，按市政府要求设置隔离点。推进“领办解难题”“为民办实事”等主题活动，办结领办难题26件；镇江文旅集团5家支部获评“四星”先进党支部，8家单位获评市级文明单位，3家获评省级文明单位。（庞晓蕾）

自然资源·规划

【概况】 2021年，镇江市自然资源和规划部门以“优空间、护资源、促发展”为工作主线，围绕资源保护、规划编研、节约集约、改革创新等方面开展工作。

资源要素保障。《镇江市所辖市（区）国土空间规划近期实施方案》经省政府批准，全市土地征收成片开发方案分2次经省政府批准，全年审查上报27个用地批次（项目），用地总面积8089亩（539.27公顷）；审核上报使用林地项目40个批次，用林面积3312.06亩（220.804公顷），保障312国道宁镇段改扩建工程等省市重大项目用地、用林需求。全市供应各类建设用地517宗、24975亩（1665公顷），土地出让金373.19亿元。市政府出台《关于完善建设用地使用权转让、出租、抵押二级市场的实施意见》，规范土地二级市场交易。盘活处置批而未供土地14861亩（990.73公顷）、闲置土地1126亩（75.07公顷），盘活利用城镇低效用地7967亩（531.13公顷）。丹阳市挂牌成交集体经营性建设用地12宗164.96亩（10.997公顷）、土地出让金4634.07万元。丹徒区深化定期巡查督促和实时平台跟踪项目用地动态监管，压缩闲置低效用地空间。市自然资源和规划局获2020年度市级机关帮办服务优秀部门；扬中市自然资源和规划局获2020年度全省自然资源节约集约利用进步奖。

执法监管工作。开展历年耕地保护督察、土地卫片执法、农村乱占耕地建房、违建别墅清查整治、“扫黑除恶”、“清零”行动等专项整治，全市整治各类违法违规用地1.3万余亩（866.67公顷），拆除建筑面积40余万平方米。全市新发生违法占用耕地案件数量比上年较大幅度下降，2020年土地例行督察发现问题在全省率先实现整改销号。完成耕地卫片监督问题图斑核实举证，认定问题图斑198个、826亩（55.07公顷）。完成“大棚房”问题整治“回头看”工作，排查各类设施用地33321个53368.91亩（3557.9公顷）。完成国家下发2021年150个森林督查图斑现场核实。全面清查2013年—2020年林业违法案件268件，案件查处率100%，销号率100%。发布《关于依法撤回野生动物人工繁育行政许可决定的公告》，依法撤回并注销人工繁育行政许可16家。市自然资源和规划局办理行政争议案件88件，其中，行政复议33件、行政诉讼55件，审结行政诉讼案件无一败诉。组织开展全市系统执法案卷质量评查工作，报评的句容市违法开采矿产资源案卷获评全省唯一的全国自然执法查处优秀卷宗。

营商环境建设。开展“多测合一”改革，采取“减、并、调”等措施，将改革前15项测绘业务精简为3项，业务精简70%以上，工作时间压缩50%以上，测绘费用降低30%，同一工程建设项目中涉及规划、土地、房产等测绘服务，实施一次委托全程办理。建成市区工程建设项目“多测合一”管理系统，提供线上服务，实现各部门管理信息和成果数据互联互通。完成测绘资质复审换证，镇江市原有65家测绘单位，有44家通过省、市批准换证。市自然资源和规划局核发建设工程规划许可102份、总建筑面积542.75万平方米；核发规划核实322份、总建筑面积921.03万平方米。全年受理各类登记552511宗，发放证书（证明）

415453本；解决256574户历史遗留普通住宅、安置房、部队用房等发证问题和421家企业办证难题。完成农村不动产登记294423宗，完成比例95.26%，超额完成省自然资源厅下达“应登尽登”90%的任务。加强美国白蛾监测和联防联治，完成年度松材线虫病清理防治任务。设立新民洲林业植物检疫办证点，实行就近随时办证。市不动产登记交易中心业务受理科获评全市“十佳市级机关服务先锋岗”。市自然资源和规划局经开分局与属地政府、用地单位无缝对接，联席会议、方案上报、方案批准同步进行，提升土地上市效率；高新区分局的“融合西餐”项目2个工作日内“五证”联发，实现“拿地即开工”。

安全生产情况。推进安全生产示范城市创建工作，落实重点行业领域专项整治和国务院安委会深化整治指导涉及镇江市自然资源和规划系统的工作任务，组织开展消防安全知识培训、“森林防火宣传月”等活动，防范全市系统安全事故发生。全市各林区、林场、森林公园全面推广使用“互联网+森林草原防火督查系统”及“防火码”微信小程序，“防火码”新码启用率100%；加强专业扑火队伍建设，配足森林防火装备；排查森林火灾隐患256处，清理林下可燃物3000多亩（200多公顷）。连续14年未发生较大级以上森林火灾和人员伤亡事故。市自然资源和规划局编制《镇江市地质灾害防治部门工作职责分工方案》，颁布《镇江市2021年度地质灾害防治方案》，对全市1150平方千米范围开展汛前排查，排查出171个地质灾害隐患点，完成96个地质灾害危险性评估项目；推进利用社会资金开展地质灾害治理，完成太古山地块（崇实女中）、信缘康养老院等2个由地质灾害危险性评估报告提出治理工程的验收；连续18年未发生一起地质灾害伤亡事故。市自然资源和规划局获评市委、市政府“年度防汛先进集体”。

管理服务工作。市自然资源和规划局印发《镇江市自然资源调查监测体系构建实施方案》，完成第三次全国土地调查任务，2020年度全市土地变更调查成果通过省、部级核查。市自然资源和规划局与南京大学合作申报的市自然资源和城建档案升级与整合项目入选省自然资源厅科技指令性项目。推进国土空间规划一体化建设，国土空间基础信息平台、“一张图”实施监督系统试运行。第52个世界地球日宣传（活动）中，市自然资源和规划局、丹阳市自然资源和规划局分别获评全省自然资源系统优秀组织奖、宣传好项目奖。市自然资源和规划局获全市档案管理先进集体称号。市自然资源和规划局全年办理群众信访2655件（批）次，比上年下降14.4%。扬中市自然资源和规划局、市自然资源和规划局丹徒分局获评全省自然资源信访工作成绩突出集体。市自然资源和规划局加快推进全市基层所标准化建设，出台《关于进一步加强全市自然资源和规划系统基层所标准化建设的实施意见》。市自然资源和规划局京口分局创成2019—2021年度江苏省文明行业，市不动产登记交易中心、市征地事务所、市土地勘测事务所获评2018—2020年度市文明单位。　（巫少群　傅　琰）

【生态保护修复】　2021年，镇江市完成土地复垦项目123个，新增耕地4487亩（299.13公顷）。长江经济带全市废弃露天矿山107个生态修复图斑全部通过省竣工验收；获中央和省财政资金支持的34个废弃露天矿山地质环境治理历史遗留问题项目完成省级销号27个。完成赤山湖国家湿地公园、宝华山国家森林公园等4个保护地3条河流的自然资源统一确权登记单元范围划定及核实工作。镇江市圌山生态修复、句容市北山水库水源地保护区矿山生态修复2个案例入选省首届“最美生态修复案例”名单。3家国家级“绿色矿山”通过省自然资源厅复检，新创省级“绿色矿山”1家。推行林长制，建立市、县、镇、村四级林长体系，划定14个市级林长责任区域，设立公示牌，出台《镇江市林长制市级会议制度（试行）》等4项配套制度。组织开展义务植树79场次，新增造林14422.95亩（961.53公顷），其中新造长江沿岸景观防护林1780亩（118.67公顷）；长江两岸1000米范围内完成森林质量提升面积2800亩（186.67公顷）。19个省级“绿美村庄”全部通过验收，全市林木覆盖率提升至25.57%。修复湿地1602亩（106.8公顷），全市自然湿地保护率提升至60.3%。市自然资源和规划局润州分局开展实时违法行为智能监管试点工作，自然湿地保护率77.7%、林木覆盖率32.66%，两项指标均列全市第1名。成立全国首个地方性江豚保护联盟，举办“留住江中那一抹微笑——保护长江江豚 共建生命长江”活动，获评中科协2021年度全国科普日优秀活动。　（巫少群　傅　琰）

【国土空间规划】　2021年，镇江市自然资源和规划部门推进国土空间总体规划编制工作，形成规划成果方案。推进“一张图”（指国土资源“一张图”工程，是遥感、土地利用现状、基本农田、遥感监测、土地变更调查以及基础地理等多源信息的集合，与国土资源的计划、审批、供应、补充、开发、执法等行政监管系统叠加，共同构建统一的综合监管平台）实施监督信息系统项目修改完善和自评定工作。推进一体化规划研究，开展长三角一体化、南京都市圈相关规划研究。推进312国道产业创新走廊规划研究，提请省自然资源厅将312国道产业创新走廊纳入省级国土空间规划方案。推进多领域专题专项规划，完成韧性城市研究、国土空间风貌特色塑造研究等8项专题研究，编制《国土空间生态保护和修复专项规划》《镇江市历史文化名城保护规划》《镇江市综合交通体系规划》《城市地下空间专项规划》等 28 项专项规划。推进官塘创新社区核心区城市设计，完成大运河镇江段核心监控区、滨河生态空间管控范围划定，起草《大运河镇江段核心监控区国土空间管控细则》。开展控制性详细规划调整 33 次，其中，一般调整 4 次、动态维护 29 次。推进“十四五”时期矿业、林业、测绘、地灾防治、海洋经济发展等规划编制工作。编制实用性村庄规划。通过“共绘苏乡”规划师下乡活动，完成 43 个“多规合一”实用性村庄规划编制工作。 （巫少群　傅　琰）

【用地审批工作】 2021 年 5 月 31 日，镇江市各市(区)国土空间规划近期实施方案全部获省政府批复同意，作为国土空间规划编制过渡期内用地审批和规划许可等各类开发利用活动的审查依据，方案预支各市(区)规划新增建设用地规划 6260 亩(417.3 公顷)，保障 596 个省、市重大产业项目及各市(区)重点项目用地，安排空间规模指标 1.7 万亩(1133.3 公顷)。9 月 2 日、9 月 15 日，镇江市土地征收成片开发方案分 2 批经省政府批复同意，获批 89 个开发片区，总面积 10.7 万亩(7133.3 公顷)；拟征收土地 4 万亩(2666.67 公顷)，保障 242 个项目用地。落实“要素跟着项目走”，对总投资 10 亿元(或 1 亿美元)以上、有用地需求的 25 个项目，用地计划实行市级保障，在用地报批阶段直接核销。11 月，镇江市政府办公室印发《关于明确承接省政府委托用地审批部门会审工作流程的通知》，明确各部门审查职责、工作流程及相关要求，提高审批效率，将内部会办审查时间压缩在 5 个工作日内。落实《关于推进全市开发园区整合优化提升的工作方案》，新增建设用地计划分配向整合优化的开发园区倾斜。2021 年，保障 312 国道宁镇段改扩建工程等 221 个项目用地需求。 （巫少群　傅　琰）

【长江经济带废弃露天矿山生态修复工作完成】 2021 年 7 月 7 日，镇江市最后一批长江经济带 10 平方千米范围废弃露天矿山生态修复项目通过省自然资源厅组织的专家验收，自 2019 年 8 月启动的全市长江经济带废弃露天矿山生态修复工作全面完成。该次修复规模为全省最大，全市实际完成 107 处废弃露天矿山的生态修复，修复面积 505.87 公顷，其中句容市占总数的 58%；项目数占全省总数的 50%，修复面积占全省总面积的 45%，均为全省第 1 名。根据废弃矿山生态环境现状，镇江市因地制宜采取不同的矿山生态修复方法，其中，采取工程措施修复矿山 57 个、简单措施修复矿山 40 个、自然复绿矿山 10 个。修复后形成可供利用状态的耕地 31.45 公顷、林地 171.46 公顷，扩充镇江市耕地和林地后备资源，其中可复垦为耕地指标一项价值 1.27 亿元。 （巫少群　傅　琰）

【林长制工作】 2021 年，镇江市委、市政府印发《关于镇江市全面推行林长制工作方案》《关于成立镇江市林长制工作领导小组的通知》，林长制工作领导小组办公室出台《镇江市林长制市级会议制度(试行)》《镇江市林长巡林制度(试行)》《镇江市林长制信息报送和公开制度(试行)》《镇江市林长制办公室工作制度(试行)》4 项配套制度。10 月 27 日，镇江市相关领导对镇江长江豚类省级自然保护区开展巡林。10 月 28 日，镇江市政府召开全面推行林长制暨森林防灭火工作会议，部署林长制工作。11 月 18 日，镇江市相关领导对镇江“三山”风景名胜区开展林长制工作专项调研。截至 12 月底，镇江市建立起市、县、镇、村四级林长体系，全市设立市级林长 16 人、县级林长 111 人、镇级林长 511 人、村级林长 762 人。 （巫少群　傅　琰）

【“共绘苏乡”规划师下乡活动】 2021 年 9 月 29 日，镇江市自然资源和规划局在扬中市八桥镇利民村委会举办“共绘苏乡”规划师下乡工作站授牌暨党建共建签约仪式。签约仪式对新设立的句容茅山镇何庄村、扬中八桥镇利民村、丹阳延陵镇柳茹村、丹徒荣炳盐资源区曲阳村 4 个省级驻村工作站进行授牌。该项活动由省、市、县 3 级规划下乡团队联合开展定点帮扶、驻村服务，为相关村镇量身打造相关规划；由规划师下乡党支部、工作站所在村党组、基层国土所党支部三方签订结对共建协议，统筹考虑宅基地制度改革、集体经营性建设用地入市、国土空间全域综合整治、产业融合发展等工作，发挥“策划 + 规划 + 建筑 + 景观 + 市政”业务融合的综合性优势。市自然资源和规划局在全市全面推广规划师下乡工作，从为基层“编制规划”转变为帮助基层“实施规划”，鼓励打造精品乡村规划工程。 （巫少群　傅　琰）

【“镇合意 · 自然行”服务品牌建设】 2021 年，镇江市自然资源和规划局印发《全市自然资源和规划系统打造“镇合意 · 自然行”服务品牌优化营商环境行动方案》，旨在聚焦社会关切的难点、热点，提升服务效能和水平。优化审批环节，制发《建设工程规划许可证“豁免”项目清单》，对 24 类工程项目免于办理建设工程规划许可证；在京口区新民洲港设立林业植物检疫办证点，实行就近随时办证，截至 12 月底，办证 2845 件；全面开展“周六我在岗”延时服务，全市 6 个中心设置“同城通办”专窗，实现市内非涉税业务同城通办，完善“一窗受理一窗结”、房屋转移登记与抵押登记合并办理等便民举措，一般不动产登记 0.5 个工作日内办结比例 90% 以上；探索复合用地供地政策，拟定《关于推行工业用地“标准地 + 承诺制”出让的实施意见(试行)》，实现用地报批申请内部审查 5 个工作日内完成。从精准保障产业用地、提供更优规划服

务、信息化建设再提速、确权更加惠企利民等4个方面优化营商环境。（巫少群 傅 琰）

市场监督管理

【概况】 2021年，镇江市市场监管领域安全形势总体平稳，未发生重特大事故和较大影响事件。市市场监管局获镇江市优化营商环境"甘露奖"等；江苏和成显示、江苏鱼跃医疗2家企业的成果获中国专利金奖，惠龙易通公司获评驰名商标1个，万新光学公司获评省长质量奖提名奖；餐饮安全"文俊'镇'好"服务品牌被中国食品安全大会评为2021年度"推进食品安全社会共治"优秀案例，市消协被中国消费者协会评为2020—2021年度消费维权先进集体。

营商环境建设。市市场监管部门全面推行经营范围规范化登记，落实"双告知"制度，规范统一外资企业登记管理。简易注销登记公告时间由45天降至20天。截至2021年年底，全市实有各类市场主体54.17万户；新增市场主体79666户，其中新增企业27701家，比上年增长39%；新设立外商投资企业89家，增长7.23%。加强竞争执法，对KKR经营者并购等行为进行反垄断调查取证。指导全市查办不正当竞争案件14件，涉案金额265万元。将公平竞争审查纳入全市法治政府考核范畴，增量审查涉及市场主体和市场准入的政策措施1026件，存量清理政策措施1152件，废止妨碍公平竞争文件1件。公平竞争审查提质增效"四化"（职能化管理、全面化审查、数据化监测、常态化督导）工作法获市领导批示。在春节、中秋等重要节日期间，在公共停车和殡葬等重点领域，加强执法检查，稳定价格秩序。对商业银行、中介服务、行业协会、公用事业等19个行业的178家单位收费行为进行规范。全市清理规范5G基站转供电主体710户，清退电费120万元，减少电费支出315万元，推动"转改直"213例。

监管执法工作。市市场监管部门开展长江禁捕、"雳剑行动"等10多项专项整治和执法，维护市场经济秩序。"铁拳"行动有较大成果，办结食品类、知识产权类、特种设备类案件800余件。在2021"网剑"行动中，润州区市场监管局查办"刷单炒信"和侵害消费者"人脸信息"案，其中，"刷单炒信"案入选省市场监管局典型案件；新区市场监管局查办的侵犯注册商标专用权案被列为省知识产权保护"十大涉外典型案例"，网络平台餐饮单位无证经营案被国家市场监督管理总局挂牌督办。执法方式有突破，市市场监管部门、公安部门成立"融合战队"，共同打击食药领域违法犯罪行为，"行刑移送"案件30起。（张婷婷）

【食品安全监管】 2021年，镇江市市场监管部门强化食品安全组织领导，发挥统筹协调作用，党政同责落实食品安全"四个最严"（最严谨的标准、最严格的监管、最严厉的处罚、最严肃的问责）要求。推进市场快速检测室规范化建设，8家快检中心和85家快检室提档升级，全年快检超12万批次，比上年增长100%。强化食品小作坊监管，培育江苏省"名特优"食品作坊22家。抽检经费增长53.4%，完成食品监督抽检24298批次。严格进口冷链食品及从业人员监管，对251户进口冷链食品经营主体、789名从业人员，实施全流程管理。落实"四早"（早部署、早培训、早指导、早检查）要求，对监管仓的人、物、环境同防，相关人员实施闭环管理；丹阳集中监管仓消杀和核酸检测进口食品1.8万吨；处置85起突发事件。食品安全监管"4321"（"4"为"四个最严"，"3"为"三个责任"，"2"为"两个文件"，"1"为"社会共治"）工作法在全市推广，"智慧模拟厨房监管示范中心"获评第四届市场监管领域社会共治政府类案例。（张婷婷）

【药品安全监管】 2021年，镇江市市场监管部门开展药品、药械日常监管，排查经营企业1056家、使用单位146家，责令整改57家。组织中药饮片、互联网售药等专项行动，检查药品经营单位2437家次、药品使用单位179家次。市市场监管局、市医保局、市政务服务管理办公室建立执法协同工作机制。推进"幼安生物制药"等3个项目的建设。新冠肺炎疫情防控期间，强化药械和疫苗监管，及时处置相关药品；严格落实实名信息登记制度。全年检查零售药店1147家，约谈415家次，责令整改12家，责令停业整顿29家，立案查处9家。对全市疾控中心、新冠疫苗接种单位等进行2轮检查，检查疾控中心26家次、疫苗接种单位142家次、临时接种点59家次，保障疫情防控期间疫苗质量安全。（张婷婷）

【特种设备安全监管】 2021年，镇江市市场监管部门推进安全生产"三年大灶"专项整治工作，排查重点领域和冬季特种设备安全风险隐患，并开展市场监管领域燃气和压力管道专项整治。推进电梯"智慧监管"，将全市29983台乘客电梯全部纳入"96333"平台救援范围，全面实施无纸化维护保养和"一梯一保"模式。整治门式起重机违法违规使用行为，排除隐患226条。全省率先在政府层面发文明确流动叉车监管部门职责。推行气瓶"阳光充装"，查处气瓶充装违法违规行为18起。丹徒液化气站违法充装案入选全省"铁拳"行动十大典型案例。丹阳市丹北镇"监管与检验"一体化工作模式获省市场监管局推介，镇江新区率先实施特种设备风险分级管控。（张婷婷）

【重点产品质量安全监管】 2021年,镇江市市场监管部门做好中国强制性产品认证、自愿性认证、绿色认证监管工作,对全市122家持工业产品生产许可证企业全覆盖检查。开展机动车检验检测机构和检验检测报告违法行为专项整治,督促企业履行质量主体责任。强化产品监管,新增质量缺陷信息监测点100家,对非医用口罩、燃气器具及配件产品、电动自行车及附属器材等产品的质量安全隐患等进行排查,实施重点领域质量抽查425批次。 (张婷婷)

【质量发展工作】 2021年,镇江市市场监管部门围绕镇江市制造业"四群八链"建设要求,组织汽车零部件等4个行业150家重点企业开展质量提升行动,为企业培训质量管理人员100人。指导企业争创各级质量奖,丹阳万新光学公司获江苏省省长质量奖提名奖,3家企业获镇江市市长质量奖。组织省质量信用AAA级企业、AA级企业申报工作,新增AAA级企业3家、AA级企业6家。培育龙头骨干企业、中小企业"隐形冠军"参加"江苏精品"创建,2家企业通过"江苏精品"认证。"小微企业质量管理体系认证提升'扬中路径'"创新工作有成效。 (张婷婷)

【标准化工作】 2021年,镇江市市场监管部门发挥标准引领作用,服务产业强市。2项国家高端装备制造标准化试点和4项省级标准化试点通过验收,大全集团获批省智能化工程电气技术标准创新基地,"螺栓连接阀盖钢制闸阀"标准填补中国在该领域的空白,天奈科技股份有限公司获2020年度企业标准"领跑者"称号。围绕打造地域特色,制定"镇江肴肉"团体标准,规范生产工艺,夯实行业质量基础。句容"实施综合标准化,打响乡村产业品牌"入选国家市场监管总局"国家农业标准化示范区典型案例"。农村基层党建标准化和"服务到家"服务标准化获批国家级试点。发布"低碳学校建设指南""环保示范性企业建设规范"等市级地方标准,立项编制"低碳景区建设规范"地方标准。镇江市低碳领域的标准化工作获评全省服务"双碳"典型案例。 (张婷婷)

【消费者权益保护工作】 2021年,镇江市市场监管部门受理消费者投诉、举报、咨询42135件,为消费者挽回经济损失1359万元,比上年增长73%。对社区团购、扫码点餐、校外培训、网约车等行业进行消费调查,整改9家网约车平台电子服务协议中的37条"霸王条款";建议人行、商务等部门就扫码点餐中的"强制关注"和"拒收现金"行为加强监管,3家连锁企业全国481家店铺取消"强制关注"。整治"联联周边游"侵权热点问题,对沃尔特教育培训中心等2家企业的失信行为进行认定并公示。开展放心消费创建活动,新认定市级放心消费先进示范单位105家,申报省级先进示范单位47家,摘牌39家。倡导线下"无理由退货",新增承诺"无理由退货"实体店135家(总数1211家)。宣传推介镇江特色商品,组织评选36件"镇江好礼",4件产品获评"江苏好礼",2件入选"长三角伴手礼"。 (张婷婷)

【民营经济情况】 2021年,镇江市有各类市场主体54.17万户,注册资本15662.56亿元,其中,民营经济体52.17万户、注册资本9880.05亿元,分别占市场总量的96.30%和63.08%,比2020年年底增长3.17%和8.87%。镇江市民营经济体中,有私营企业12.54万户、个体工商户39.35万户、农民专业合作社2783户。镇江市民营经济体一、二、三产业的分布比例分别为3.82%、17.67%、78.51%;行业主要集中在批发零售业、制造业、住宿餐饮业,占比分别为45.90%、13.11%、8.48%。全市新增民营经济体7.47万户,注册资本1128.91亿元,分别占新增市场主体的93.77%和64.87%。其中,新增私营企业2.27万户、个体工商户5.18万户、农民专业合作社120户。 (刘凌雪)

审 计

【概况】 2021年,镇江市审计机关以细化落实"五个强审"(党建强审、改革强审、质量强审、科技强审、人才强审)行动为切入点,推进审计监督体系和监督能力现代化建设。监督"六稳"、"六保"、长江流域禁捕退捕、土壤污染防治等重大政策贯彻落实,集中力量开展跟踪审计。开展减税降费、战略性新兴产业发展专项资金、抗疫特别国债管理使用、存量土地绩效管理和重点市属国有企业等专项审计,盘活闲置资源,激发市场主体活力。开展领导干部经济责任与自然资源资产审计,落实"三个区分开来"。加大对"一老一小"(城镇无保障老人、在校学生及学龄前婴幼儿)、城市运营专项资金、社保民政补贴等惠民政策、民生资金和公共项目的审计力度,重点跟进分配、拨付、使用等关键环节。制定《镇江市审计局2021—2025年审计全覆盖规划》,构建集中统一、全面覆盖、权威高效的审计监督体系。动态管理市本级预算单位、国有企业、经济责任审计对象、政府投资项目4个数据库,分领域确定审计项目滚动计划,做到年度审计项目计划与中长期审计项目规划相衔接。全市审计机关完成审计项目(调查)176个,查出主要问题金额697.89亿元,审计处理处罚金额85.1亿元,促进整改落实问题金额53.29亿元,审计建议获采纳406条。落实审计实务"导师制"人才培养方案,对全市26名年轻审计人员开展“导师制”结对，增强审计人员的实战能力，2 人入选联合国审计人才库，1 人连续两年赴联合国实施审计项目。（甘 永）

【审计业务质量建设】 2021 年，镇江市审计机关制定《镇江市审计局审计项目后评估办法(试行)》，对完成的审计项目设立评分标准，进行分析评价，并开展优秀审计组评选，提升计划管理绩效。成立审理咨询专家库，提高审理复核工作质量和效率，强化“质量强审”人才支撑。开展全过程跟踪审理，提前介入重点项目，从审计源头上把控审计项目质量。开展全市审计项目质量互评，通过随机抽、交叉评、全员参与等方式，推动审计执法行为规范和审计项目质量提高。印发《审计项目统筹工作要点》和《2021 年度审计项目统筹融合实施方案》，整合各类审计资源，全市 1 个项目获评全省优秀统筹审计项目。开展优秀审计项目评选，发挥示范引领作用，全市 2 个项目获评全省优秀项目。（田佳羽）

【内部审计】 2021 年，镇江市出台《镇江市人民政府关于加强内部审计工作的意见》。市审计机关深化内审业务指导，印发《内部审计业务操作指导意见》，为全市内审工作提供标准化、规范化业务操作指引；编写《审计发现行政事业单位常见问题指导手册》，从问题性质、表现形式、定性依据、建议措施 4 个方面“以案释法”，增强履职能力和水平。建立跨部门协作、跨行业交流的合作机制，市审计局、市国资委、市教育局等行业主管部门签订框架合作协议，通过项目互补、人才互用、成果互惠等手段，汇聚监督合力。开展全市内审机构业务质量专项检查，摸清制约内审发展的短板和不足，推动完善内审体制机制。举办全市内审人员培训班，所有项目均向内审机构开放，以审代训、以审代培提高内审人员实战能力。（邵佳莹）

【全市检察院领导干部经济责任审计】 2021 年，镇江市聚焦全市检察院主要领导干部权力运行和责任落实，开展 6 个市(区)检察长经济责任审计工作，细化《镇江市辖市区检察院主要领导干部经济责任审计工作方案》，统一审计目标、主要审计内容、认定及处理尺度等相关要求，突出重大经济事项决策、政法专项经费使用、涉案款物管理等方面的内容。针对审计发现的问题，提出审计处理意见及建议，督促整改问效，并形成综合报告和审计专报，推动主管部门及被审计单位“废改立”制度 8 个。（周祥燕）

【部门预算审计】 2021 年，镇江市审计机关对市直 289 个部门预算单位进行全覆盖审计调查，重点关注编制外用工、行业协会(商会)遵守财经政策、工会经费收支管理、公车运行费是否合规等 4 个方面专题。按照“总体分析、分散核查”的方式，筛选出审计疑点后再对相关单位进行现场核查，剖析共性问题产生的深层次原因，提出针对性的审计建议。撰写《建议规范行政事业单位工会经费管理》专报，提出设立工会账户、独立核算及加强对行政经费补助工会经费的财政审批等审计建议，获市委、市政府主要领导批示。推动市委市级机关工委、市财政局、市总工会联合下发《关于明确市级行政事业单位工会经费管理使用有关政策的通知》，在开设工会经费账户、编制工会经费预算、规范行政拨款行为以及强化监管力度等 4 个方面做出具体规定。（张 琛）

【国有企业审计】 2021 年，镇江市审计机关实施国有企业经济责任审计项目 6 个，涉及企业 3 家；国有企业财务收支审计项目 3 个，涉及企业 3 家。在审计中就加强资产管理、提高投资效益、强化内部控制等方面提出审计建议，促进被审计单位规范招投标程序和“三重一大”议事程序、规范会计核算方式、改进商品出入库流程，提高企业抗风险能力和国有资产保值增值能力。（王 涵）

【投资审计】 2021 年，镇江市审计机关重点关注市级投资和以市级投资为主的建设项目，以及其他关系民生领域的重大公共工程项目。依照投资审计转型要求，做好政策落实跟踪，创新实施工程预算执行审计，全年实施各类项目 9 个，涵盖城市道路、学校、城市海绵改造等多个民生领域方面，审计核减投资额 13475.3 万元；促进被审单位上缴财政资金 274 万元，追缴相关单位漏缴规费 377.36 万元。注重成果转化，加强审计机关与相关单位的联动，根据审计结果向市纪委监委报送案件线索 2 条，向主管部门移送线索 2 条；撰写审计专报 4 篇，获市委、市政府主要领导批示，推动被审计单位建章立制。（魏媛媛）

【自然资源资产和生态环境审计】 2021 年，镇江市审计机关开展土壤污染防治专项调查和实施地方领导干部自然资源资产离任审计项目，审计发现存在自然资源实物量不实、土地出让金缴库不及时、项目建设运行进展缓慢和后期管护不力、生态保护专项资金拨付不到位等问题。市审计机关从体制、机制层面分析问题产生的原因，针对性提出相关工作的建议，并跟踪督促整改，促进地方党政领导干部强化责任担当，推动地方生态文明建设高质量发展。（刘应满）

【长江流域禁捕退捕政策落实情况跟踪审计】 2021 年，镇江市审计机关开展润州区长江流域禁捕退捕政策落实情况跟踪审计，发现润州区存在尚未制定及发布地区天然水域垂钓管理办法、长江流域润州段重点部位监控点位不足等问题。针对反映问题,推动润州区委、区政府分别出台《关于开展“强化党建引领落实长江禁捕退捕长效管理”项目的实施办法》《长江干流润州段水域垂钓管理暂行办法》,建立“专管+群管”“人防+技防”长效监管机制,保障和巩固长江禁捕退捕成果。 (夏 颖)

【审计整改工作】 2021年,镇江市审计局、市考核办建立联动机制,向审计查出问题整改不到位的单位下达审计整改督办函,将整改情况纳入部门年度绩效考核,结果抄送市委组织部门,作为领导干部任免奖惩的重要依据。市审计局加强与纪检监察机关移送前的沟通,定期跟踪了解掌握移送事项处理情况及进度,倒逼问题整改落实。构建人大监督参与审计整改的联动机制,推动人大出台《关于进一步加强审计查出突出问题整改情况监督的实施意见》。全市有到整改期项目49个,其中,2020年度实施、2021年度到整改期的25个,2021年度实施并到整改期的24个。应整改到位的问题为557个(2020年结转问题249个),整改到位的问题538个(2020年结转问题243个),整改率96.59%。 (甘 永)

【审计信息化建设】 2021年,镇江市完成“金审工程”三期任务,人员部署覆盖率100%。市审计局强化数据采集报送工作,完成财政电子数据报送,分别与市医疗保险基金管理中心、市社会保险基金管理中心签订数据采集协议,实现审计与医疗保险数据、养老保险数据的共享;推广大数据在审计项目中的应用,市级实施的5个大数据审计项目分别涵盖部门预算审计、财务收支审计、“上审下”、平台公司及地方部门经济责任审计,大数据分析应用率在计算机中级通过人员中为100%;市审计局、市总工会联合举办市大数据审计技能竞赛,1人获镇江市五一劳动奖章,5人获镇江市五一技术标兵称号。 (唐正晔)

统 计

【概况】 2021年,镇江市统计系统按照经济发展新阶段和统计现代化改革新要求,以提高数据质量为中心,强化统计监督,夯实基层基础,增强统计服务能力。

统计法治建设。镇江市将习近平总书记关于统计工作的重要讲话指示、批示和统计重要文件精神纳入全市各级党校(行政学院)主体班次的“必修课”。镇江市统计局、扬中市统计局共同打造全省首家统计法治主题公园,向基层和企业发放6000余本统计法律法规读本和工作日志。市统计局审查近5年统计执法案卷及相关资料,先后制定“省统计督察准备工作清单”和“督察准备工作完成情况周报告清单”,对账销号。全年对3个批次、200家企业开展“双随机”执法检查,检查覆盖全市8个板块和40余个乡镇(街道)。市统计、发改、市场监管等部门对8家粮食企业春粮、秋粮收购情况开展联合执法检查。

统计服务工作。市统计局全年呈报重点领域关键指标监测简报24期、各类报表近2500张,撰写各类监测分析100余篇,其中18篇次分析汇报材料获市领导批示。研究制定《镇江市“四大产业集群八条产业链”统计监测实施方案》,构建投资项目“招引签约—落地开工—入库列统—产出质效”闭环统计机制,探索研究数字经济核算方法制度,开展现代化建设进程统计监测评价方法研究探索,为镇江市决策提供统计保障。

统计基层基础建设。镇江市成立“四上”(规模以上工业企业、资质等级建筑业企业、限额以上批零住餐企业、国家重点服务业企业)企业培育工作专班,市统计、税务、工信、商务、住建等部门联合,分地区、分行业建立企业培育库;建立1900余家“准四上”单位的培育监测库。全年新增入库法人单位21876家,维护更新率近100%。市统计局修订出台《镇江市统计质量管理体系(2021)》,印发《镇江市一套表调查单位数据质量核查实施方案》。举办“数海扬帆党旗红基层业务培训班”“强基强企”培训班,全年完成面向市、县、乡、社区四级统计部门统计人员的业务培训,培训预算支出近80万元。

重点领域监测工作。镇江市强化高质量发展监测工作,深化“挂钩、讲评、预警、函告”4项工作机制。市统计局制定市对板块、镇(街道)差别化的高质量发展评价指标体系,助推全市域高质量发展。举办全市高质量考核业务培训班,介绍考核方案,解读考核指标。开展公共服务监测,测算分析全市基本公共服务体系建设监测统计11个大类的水平指数、发展指数、满意度得分和目标完成情况,分析报告先后获市领导批示4次。12月,镇江社情民意调查中心成立并独立运行,承接完成2次专项调查及结果分析。(王玉凤)

【第七次全国人口普查工作】 2021年,镇江市发布《镇江市第七次全国人口普查公报》。普查期间,市统计局2次修订全市的常住人口、城镇化率、就业人口等历史数据;对人口普查的组织工作和业务工作进行总结,撰写人口普查成果等内容的报告书。镇江市统计局获“第七次全国人口普查先进集体”称号,林海赴北京人民大会堂接受国家表彰。开展市级人口普查先进的推荐、公示、通报工作,产生28个市级先进集体、639名市级先进个人。 (王玉凤)

农 业

综 述

【概况】 2021 年，镇江市粮食种植面积 201.78 万亩(13.45 万公顷)，比上年增长 1.64%；粮食平均单产 475.86 千克/亩(7137.9 千克/公顷)，下降 1.2%；实现粮食总产量 96.02 万吨，增长 0.43%。生猪存栏 27.45 万头；蔬菜总产量 95 万吨左右，高于上年同期水平，保障市场的正常供应。全市招引 0.1 亿元以上乡村产业项目 94 个，协议投资总额 87.18 亿元；开工建设农业农村重大项目 99 个，总投资 150.91 亿元。发布各类涉农经营主体 272 个项目近 15 亿元的融资需求，落实贷款金额 5.3 亿余元。对全市 98 个村集体稳定性收入 120 万元以下的经济相对薄弱村开展帮促工作。印发《关于发展壮大新型农村集体经济的实施意见》，通过物业经济、服务经济、项目经济、融合经济、“飞地”经济、资源经济等 6 种发展路径，壮大新型农村集体经济。在全市建立推进乡村振兴“书记领航”制度，确立“书记领航”项目 625 个，其中，市、县两级书记项目 9 个，镇书记项目 54 个，村书记项目 562 个，市、县、镇、村四级书记每人确立至少 1 个乡村振兴难点问题。推动全系统打造形成“党旗飘红 ·‘镇’兴三农”党建品牌，举办庆祝中国共产党成立 100 周年主题活动。创新制度安排，成立“一办四组”，发挥调度推进办的督促落实作用，发挥综合调研组、专家(改革)组、科技(创新)组、宣传(创新)组的智囊助手作用。镇江“金山翠芽”获评 2021 全国茶叶品质评价排行榜第 1 名。全市有“两品一标”(绿色食品、有机农产品和农产品地理标志)259 个，句容市“丁庄葡萄”出口新加坡、马来西亚，成为全省首家葡萄类出境农产品；应时鲜果获评省县域特色优势产业。句容市天王镇、丹徒区宝堰镇获批 2021 年国家“农业产业强镇”。在全省示范带头推广“戴庄经验”，累计投入各级财政扶持资金 1840 万元。句容戴庄村、丹徒先锋村 2 个省级和首批 10 个市级生态循环农业试点村完成年度建设任务，打造形成一批“戴庄经验”推广示范村。镇江市推广“戴庄经验”工作做法被省委改革办列入全省改革经验典型案例。成立市级智能农机装备产业联盟；丹阳市、句容市各建成 1 家省级粮食生产“全程机械化 + 综合农事”服务中心；全市农作物耕种收综合机械化率 88% 以上，特色农业机械化率为 65% 左右。全市确认农村集体经济组织成员 178.3 万人，农村集体经营性资产折股量化全部完成，量化集体经营性资产 51.16 亿元。全年农村产权交易平台进场交易 10449 个，成交 10288 个，成交金额 9.13 亿元，土地流转交易 14.59 万亩(9726.67 公顷)。全市农药生产企业全部录入江苏省危险化学品使用专项治理信息系统，6 家农药生产企业、7 家畜禽屠宰企业完成风险评估报告。 (施星宇)

【乡村振兴工作】 (参见第 8 页)

【农村水利】 (参见第 229 页)

【农产品质量监管】 2021 年，镇江市农产品质量监测总体合格率为 99.62%。全市有绿色农产品 222 个、有机农产品 41 个、农产品地理标志 5 个。新建成 11 个乡镇绿色优质农产品基地 1.93 万公顷；全市有 30 个乡镇绿色优质农产品基地 5.32 万公顷，绿色优质农产品占比 65.1%。推进农产品质量安全县建设工作，丹徒区创建成功省级“农产品质量安全县”。推进农产品质量安全追溯工作，全市 6243 家生产单位注册使用省级追溯信息平台，其中，省级绿色优质农产品基地规模生产单位上线率为 100%，实现“带证明上网、带编码上线、带标识上市"。开展定量检测6796批次,其中,种植业6350批次、畜禽产品300批次、水产品146批次,镇(街道)快速检测177958批次。实施"治违禁 控药残 促提升"3年行动,对地产韭菜、芹菜、豇豆、鸡蛋、牛肉、羊肉、乌鸡、鲈鱼、鳊鱼、乌鳢开展重点专项整治;实施"乡镇农产品质量安全监管能力再提升"项目,全市2个镇级农产品质量安全监管站获评省级五星级,13个农产品获评市级四星级。

(庄　磊)

【镇江市农业科学院】 2021年,镇江市农科院申报各级项目57项,其中主持43项;新增合同经费1600万元。发表论文35篇,其中,学报级15篇、SCI论文3篇,出版专著1部。申请专利11件,授权专利14件。9个品种通过省级审定(登记),镇稻31号通过国家审定。获植物新品种权授权7项;制定省级地方标准5项、市级地方标准4项。镇麦10号、12号、13号、15号被列入省级主推品种,镇麦18号被列入市级主推品种。主持项目获江苏省农学会科技创新奖一等奖、江苏省农科院科技奖二等奖各1项,合作项目获江苏省科技进步二等奖1项;"绿色高产优质食味水稻新品种选育与应用"和"优质、多抗设施专用甜瓜新品种选育及产业化开发"等2个项目获省种业振兴"揭榜挂帅"项目二类项目立项支持。

科研进展。水稻育种方面,研究不同糯稻品种的品质特征,明确符合个性化加工需求的糯稻品种的品质特性,镇糯系列品种在适宜地区种植面积占比超过7成,镇糯19号连续4个年度的年种植面积超100万亩(6.67万公顷),保持全国年种植面积最大的晚粳糯稻品种地位。以镇糯19号为骨干亲本,选育出镇糯20号和镇糯762等2个旗舰品种。小麦育种方面,小麦新品种镇麦168、10号、12号、13和15先后被纳入江苏省粮油作物主推品种名录,镇麦12号种植面积270万亩(18万公顷),成为江苏淮南麦区第一大小麦种植品种。果树研究方面,开展草莓、葡萄、桃、梨的品种选育和技术优化工作,新筛选出软枣猕猴桃优株10个、中华猕猴桃优株10个。进行大樱桃促花稳产技术研究,引进的12个大樱桃品种获丰产、稳产,产量、品质与主产区高水平种植水平相当。蔬菜花卉研究方面,创制出结球甘蓝、青花菜、羽衣甘蓝、辣椒、西甜瓜等蔬菜花卉优异育种材料113份,筛选出综合性状优良的杂交组合14个。植保研究方面,形成以水稻种子处理为基础的两迁害虫防控创新联合体,开展基于种子处理控制的小麦多种叶部病害等方面的基础研究。生态研究方面,与省农科院资源环境研究所加强合作,围绕丘陵地区土壤修复和改良,在土壤培肥、有机质提升、水肥一体化、微肥应用等领域集成多项实用技术和模式。天然载脂蛋白A1/B制备工艺建立,免疫佐剂(替代进口)研制成功,抗体从血清中提取工艺完善。

平台建设。新建成1个省级作物种质资源库和3个市级种质资源圃。学院与中国农业大学合作,建立镇麦系列品种重测序基因库,与省农科院果树所合作共建江苏丘陵地区桃联合创新中心,新建60亩(4公顷)桃创新基地。新挂江苏省农作物病虫绿色防控指导站和江苏省农业现代产业(桃)体系推广示范基地。加快推进院投资企业清理关停工作。

科技服务。服务丘陵地区和全市乡村振兴发展需求,加速科技成果转移转化,科技推广和服务工作有新进展。科技人员对接农业新型经营主体,开展各类科技培训活动50多场次、现场指导200多场次,培训农民5000多人次。推广示范新品种、新技术32项,推广面积15万亩(1万公顷)。免费向农户发放20多万元农资。组织14名科技骨干对接镇江市27个经济相对薄弱村,推进产业发展。由农科院指导服务的科技示范户生产的草莓、葡萄、桃、梨等产品,在省级以上行业评比中获金、银奖20项。全年实现知识产权转让收入1100万元。争取到9个科技服务项目,资金260多万元。与各级地方政府、农业经营主体等签订各类科技服务协议35项。接待省内外专家、科技人员、种植户考察学习交流1000余人次。相继在句容丁庄村、后白镇,丹徒江心洲挂牌"亚夫工作

图10-1　葡萄下面套种猕猴桃立体栽培技术实施现场

(王敬根　供稿)

站”，帮助培训贵州、湖北等中西部地区农业带头人400多人次。举办第四届镇江农业科技嘉年华小麦专场活动。

人事人才。加强青年人才培养，新引进13名青年科技人才，其中博士后1人。有1人晋升研究员，1人晋升副研究员；5人入选镇江第六期“169工程”学术技术带头人，23人入选技术骨干，27人入选技术新秀。

2021年，农科院获评全省脱贫攻坚工作“记大功”单位，赵亚夫获评全国脱贫攻坚楷模，已故专家糜林获评全国道德模范、江苏省道德模范、江苏省优秀共产党员，1人获评“江苏省乡村振兴先进个人”。

（王敬根）

种植业

【概况】 2021年，镇江市种植粮食134517公顷，比上年增长1.64%；粮食平均单产7137.87千克/公顷，下降1.2%；实现粮食总产量960167吨，增长0.43%。播种夏粮48130公顷，增长4.25%；单产5053.42千克/公顷，下降1.48%；总产243221吨，增长2.71%。其中，种植小麦46440公顷，增长3.5%；单产5128.96千克/公顷，下降1.19%；总产238189吨，增长2.26%。播种秋粮86387公顷，增长0.24%；单产8299.21千克/公顷，下降0.56%；总产716946吨，下降0.32%。其中，种植水稻72419公顷，增长0.16%；单产9105.74千克/公顷，增长0.16%；总产659426吨，增长0.32%。播栽油菜14611公顷，增长27.64%；油菜籽单产2730.02千克/公顷，增长1.6%；总产39887吨，增长29.66%。 （张 行）

【园艺业】 2021年，镇江市果品总面积11420公顷，比上年增长0.06%；总产量18.33万吨，增长1.1%；总产值21.57亿元，增长31.68%。茶园总面积5167公顷，下降0.05%，其中，开采茶园面积4500公顷，无性系茶园面积1907.47公顷，良种率36.9%；总产量1597吨，降低0.81%；总产值5.33亿元，增长10.27%。中药材总面积406公顷，增长5.18%；产量1456吨，下降12.61%；产值3875万元，下降10.34%。观赏苗木总面积4508公顷，销售总额4.32亿元。草坪草皮面积9245公顷，销售总额4.77亿元。盆栽、盆景、花坛植物等其他园艺作物销售总额2.2亿元。 （茅蓉芳）

【园艺产品获奖情况】 2021年，镇江园艺产品参加省级多场评比活动并获奖。5月24日—25日，由省农业技术推广总站、省太湖常绿果树技术推广中心、省园艺学会等单位联合举办的第四届江苏省精品枇杷评比暨2021年江苏枇杷产业大会在苏州举行，镇江市3家枇杷生产单位选送的3个枇杷样品在第四届江苏省精品枇杷评比中获特等奖、金奖、银奖各1个。7月16日—17日，由江苏省农业技术推广总站、江苏省现代农业（梨）产业技术体系集成创新中心举办的江苏省第三届优质早熟梨品鉴活动暨梨产业发展研讨会在张家港市举行，镇江市选送的“苏翠1号”“翠玉”“早生新水”等早熟梨品种获4个金奖、7个银奖。7月17日—18日，由江苏现代农业（桃）产业技术体系、江苏省园艺学会、江苏省农业科学院果树研究所等单位联合主办的2021年江苏省桃产业发展论坛暨第四届优质桃果评比活动在常州市武进区举行，镇江市选送的桃样品在全省321个样品中获4金、3银。12月17日—19日，由江苏省草莓协会、江苏省农业技术推广总站、江苏现代农业（草莓）产业技术体系在南京联合举办江苏省草莓产业“十四五”高质量发展研讨会，在大会组织的第九届江苏“紫金杯”优质草莓擂台赛中，镇江市选送的草莓获金奖5个、银奖4个。12月21日，由南京农业大学、江苏省农业技术推广总站联合主办的江苏省第二届“红美人”柑橘优质果品鉴推介活动在溧水举行，镇江市3家单位选送的3个“红美人”果样获2个金奖和1个优秀奖，其中丹徒区江心园区五套村村民委员会选送的“红美人”柑橘以全省第1名的分数列金奖榜首。

江苏特色园艺活动中获奖情况：2021年4月8日—10月8日，在扬州世园会江苏特色园艺活动中，镇江室内展馆以“山水镇江、江河交汇”为主题，集中展示蝴蝶兰、空气凤梨和镇江市花杜鹃等特色花卉；镇江“金山翠芽”、“茅山长青”、“长山剑毫”等3个茶叶区域公用品牌产品；食用菌以及扬子柳编等，宣传推介镇江市特色园艺产品和品牌。4月7日，在扬州世界园艺博览会插花花艺国际竞赛中，镇江市的1名插花花艺选手作品“喜迎百年华诞，圆梦盛世中华”，获金奖1个、大奖1个。5月11日—12日，在第六届江苏省手工制茶职业技能大赛扁形茶组竞赛中，1人获大赛一等奖，被授予“江苏省农业技术能手”“江苏省技术能手”“江苏省五一创新能手”称号，1人获二等奖、1人获三等奖。镇江市农业农村局获优秀组织奖。7月9日—10日，镇江市6家桃生产单位选送的“霞脆”“镇桃3号”“白凤”“中桃金蜜”等桃品种在江苏省桃产业发展专题研讨暨江苏省优质桃品鉴推介活动中获特等奖1个、金奖4个、银奖2个，获奖率77.8%。4名选手在2021年江苏省茶席设计大赛中获铜奖、优秀奖各1项，人气奖2项，镇江市园艺技术指导站获优秀组织奖。9月27日—28日，3名选手在第二届江苏省组合盆栽大赛中获花卉植株类和多肉植物类铜奖各1项，镇江市农业农村局获评优秀组织奖。9月28日—30日，镇江市选送的阳光玫瑰葡萄在江苏省葡萄产业发展大会暨江苏省优质葡萄品鉴推介活动中获银奖1个。10月6日—8日，镇江市3家梨生产单位选送的“秋月”“丰水”等梨品种在全国梨产业发展大会暨“中华好梨”品鉴推介活动中获金奖3个、银奖1个。　（茅蓉芳）

【茶叶品牌建设】　2021年，镇江市农业农村局加强“镇江金山翠芽”区域公用品牌建设。3月28日，在镇江市南山农业科技示范园举办2021“镇江金山翠芽”茶风大赏活动，健全生产经营体系，明确品牌保护措施，维护“镇江金山翠芽”的口碑。3月—4月，开展镇江金山翠芽地理标志商标保护行动，市农业部门先后3次赴各茶场、销售点开展联合检查，没有发现擅自使用或伪造“镇江金山翠芽”地理标志商标标识和可能误导消费者的违法行为。5月20日—25日，镇江市“镇江金山翠芽”和“茅山长青”2个区域公用品牌及12家企业参加第四届中国国际茶叶博览会，“镇江金山翠芽”茶获第四届中国国际茶叶博览会“推荐产品”，并参展扬州世界园艺博览会“园艺精品展”。7月4日，在西津渡组织举办以“党旗飘红·‘镇’兴三农”为主题的“共享共品镇江茶”活动，评选出2021年“镇江十佳名优茶”，以及“最佳外形奖”“最佳滋味奖”“最佳香气奖”各3个。现场开展镇江茶业宣传、名优茶叶展示、茶艺表演、古琴表演、特色茶品鉴、市民品尝等活动。镇江金山翠芽茶业有限公司分别向3家茶文化推广基地代表签发品鉴点授权书，3对茶叶生产企业与销售单位达成共同推介镇江地产茶协议。开展全市茶产业发展调研，9月28日，召开“镇江金山翠芽”品牌建设研讨会，摸清全市茶产业发展基本情况和发展制约关键，在基地规模、品种、品牌、龙头企业培育等方面提出茶产业高质量发展建议。中国茶叶学会发布《2021全国茶叶品质评价排行榜（第一阶段）》，句容市下蜀茶场生产的金翠牌金山翠芽茶以总分第1名获全国茶叶五星级品质评价；全市有7家茶场选送的产品入围排行榜。　（茅蓉芳）

【农作物病虫草害防治】　2021年，镇江市开展农作物病虫草害化学防治66.7万公顷次，水稻亩均施药5.6次、小麦亩均施药2.8次，挽回粮食损失33.8万吨，有效控制主要农作物病虫草危害。新建19个省级农作物病虫害绿色防控示范区、6个市级绿色防控示范区，农作物病虫害绿色防控覆盖率56.4%。推进“千村万户百企”农药减量增效行动，全市农药使用量1993吨，比上年下降1.3%。推行统防统治，创建省级统防统治“星级服务组织”4家、“四星级服务组织”2家，全市主要农作物重大病虫害统防统治覆盖率70.9%。桔小实蝇、加拿大一枝黄花等农业检疫性有害生物发生程度获有效控制。　（朱友理）

【水肥一体化】　2021年，镇江市运用省耕地质量提升示范区和化肥减量增效示范区建设项目资金，在果菜茶等经济作物上重点示范推广水肥一体化技术，通过新建和改造利用设施农业既有喷滴灌系统，完善配套施肥新系统，筛选水溶肥产品和配施方案，推进水肥一体化技术示范推广。全年全市新增水肥一体化技术推广面积960公顷，覆盖草莓、葡萄、柑橘、梨，茶叶以及设施蔬菜等作物。各级耕保（土肥）部门开展水溶肥筛选、肥水运筹等多项试验，完善草莓、葡萄等水肥一体化技术栽培模式，促进节水、节肥、节工和优质、高效。　（狄　霖）

畜牧业

【概况】　2021年，镇江市出栏生猪25.53万头、家禽4294.22万羽、肉羊3.99万只；年末存栏生猪27.45万头、家禽1159.094万羽、奶牛2270头、肉羊3.35万只；肉、蛋、奶产量分别为8.5万吨、3.2万吨、0.85万吨。7家万头猪场生猪存栏量占全市存栏量超过50%，2021年新建存栏10万羽以上蛋鸡场3家、年出栏30万羽肉鸡场1家，畜禽养殖的规模化程度不断提高。2021年年末，全市有畜禽规模养殖场415家，省级生态健康养殖场48家，其中当年新创建4家、复检合格7家；推广应用生态健康养殖技术358家，其中当年推广应用60家，全市生态健康养殖比重为97.83%。镇江市有畜禽屠宰企业7家，其中6家生猪定点屠宰场、2家羊集中屠宰场、1家禽集中屠宰场（江苏富康公司猪羊禽兼有）。屠宰生猪64.74万头，屠宰肉羊2.3万只。全市规模养殖场畜禽粪污处理设施装备配套率100%，畜禽粪污综合利用率98.72%。“润州凤头白鸭”入选《中国畜禽遗传资源（2011—2020）》。　（陈　曦　祝　威）

【重大动物疫病防控】　2021年，镇江市组织实施春、夏、秋、冬季重大动物疫病集中防疫行动，落实强制免疫、免疫监测为主的防控措施，全市未发生重大动物疫情。牲畜口蹄疫、高致病性禽流感、猪瘟、高致病性猪蓝耳病、羊小反刍兽疫畜禽群体应免密度保持90%以上。强化非洲猪瘟防控，落实“网格化”精准防控措施。安排动物疫病防控应急物资采购专项资金20万元，用于采购消毒药品、消毒器械、防护服、扑杀器等应急物资。全年实施生猪产地检疫

20.4 万头，屠宰检疫 64 万头，检出病死猪和病害肉产品折合为 1207 头，检出率 0.25%；抽检肉羊、肉牛尿样 3.1 万只，未发生瘦肉精中毒事件。实施病死猪无害化处理 19688 头，通过"一卡通"形式发放无害化处理财政补助资金，确保病死猪全部实施无害化处理。（戎沿华）

【畜产品监管工作】 2021 年，镇江市农业农村局、市交通运输局、市公安局、市市场监管局、市邮政管理局等 5 部门联合组织开展打击违法违规调运生猪行为百日巩固行动，在高速公路、国道等交通要道出入口设立 5 个生猪进出检查卡口，查验生猪运输车辆 1325 台，调运生猪 12.74 万头，监测网络平台 722 家（次），立案查处违法违规调运生猪案件 2 起。对饲料、兽药、生鲜乳、畜产品（猪肝、猪肉、牛羊肉、禽蛋）等各类样品开展饲料成分分析值、兽药残留、卫生指标、重金属等检测，畜产品及畜牧投入品检测合格率 100%。（戎沿华）

渔　业

【概况】 2021 年，镇江市水产养殖面积 1.27 万公顷，实现水产品总产量 9.68 万吨，比上年增长 0.7%；实现渔业总产值 64.99 亿元，增长 4.05%。（马　梁）

【增殖放流活动】 2021 年 3 月 24 日，镇江市农业农村局在陆军军事交通学院镇江校区船艇教练大队码头放流鲢鱼、鳙鱼鱼种 51.32 万尾。6 月 16 日，市农业农村局组织人员在扬中国家级暗纹东方鲀种质资源保护区放流河豚鱼苗 27.75 万尾。7 月 2 日，2021 年镇江市长江渔业资源增殖放流活动举行，增殖放流活动向长江投放流鲢鳙、长吻鮠等鱼种 1000 余万尾。（马　梁）

【长江禁渔工作】 2021 年，镇江市各级渔政部门同步开展"中国渔政亮剑 2021"系列执法行动，增加渔政船的出航频率，组织开展检查、督查、巡查、互查，定期开展全市巡航执法行动。公安、渔政等部门出动执法人员 3592 人次，出动执法艇 838 艘次，取缔违规渔具簖网、刀鱼网、地笼共计 1261 张（只），查办涉渔违法行政案件 360 起，刑事移送案件 10 起、12 人；联合海事等部门集中开展锚地商船执法检查 16 次，检查商船 128 艘；公安部门出动执法力量 4828 人次、巡逻艇 1860 余航次，破获非法捕捞案件 21 起，提起公诉 18 起。（韦　龙）

农村经济管理

【概况】 2021 年，镇江市有农民专业合作社 2819 家。国家、省、市、县四级示范社总量为 488 家，其中，国家级 35 家、省级 67 家，县级以上示范率 17.3%，省级以上示范率 21%。句容市润民食用菌专业合作社"'科研院所 + 公司 + 合作社 + 农户'铺就合作社转型升级之路"、纪兵农业机械服务专业合作社"'万亩良田'全程托管 破解农户'种田难'"入选全省农民专业合作社和社会化服务典型案例。丹阳市新星土元专业合作社、句容市纪兵农业机械服务专业合作社入选 2021"中国农民合作社 500 强"。（滕士安）

【农村集体经济】 2021 年，镇江市下发《关于发展壮大新型农村集体经济的实施意见》，通过物业经济、服务经济、项目经济、融合经济、"飞地"经济、资源经济等 6 种发展路径，壮大新型农村集体经济，推动农村集体经济发展。市农业农村局与市县农商行、江苏银行、农业银行、建设银行、邮储银行合作，在 179 个村开展"银农直连"试点，强化集体资金的全流程监控，杜绝基层收不入账、坐收坐支等违法违纪行为，推动农村集体"三资"监管平台规范高效运行。（郭冬楠）

【农村集体产权制度改革】 2021 年，镇江市村级集体经济组织注册登记赋码率 100%，集体经济组织成员界定完成率 100%，经营性资产折股量化全部完成。镇江市下发《关于进一步完善农村集体产权制度改革工作的实施方案》，指导各地完善重点环节，推进创新举措，实施试点示范，巩固改革成果，做好各类重复成员排查处置工作。全市 12 个村开展"政经分开"改革试点。全市村级集体经济组织股份分红 1081.33 万元。（郭冬楠）

【农村集体产权交易】 2021 年，镇江市农村产权交易县、镇全覆盖，进场交易项目 12833 个，成交 12640 个；交易农村集体资产 309 万平方米，土地规模流转 18.39 万亩（1.23 万公顷），成交 11.1 亿元，溢价 2006 万元；推进农村土地经营权抵押贷款业务，完成土地抵押贷款 1 笔，涉及土地经营权 105 亩（7 公顷）、农户 1 户、贷款金额 15 万元。丹阳市在全省率先开通农村产权交易线上"e 融"支付功能，支持各类农业经营主体通过手机 App 完成完整交易流程。（李彦奇）

农业科技和绿色发展

【概况】 2021年,镇江市培育各类农业科技示范主体2200户,其中,丹阳市360户、句容市210户、扬中市930户、丹徒区700户。举办高素质农民培训83期,培育高素质农民6260人;新增省级“农民培训田间课堂”7家,累计14家,评选市级“农民培训田间课堂”27家,48名实用技术人才被纳入市级培训师资队伍;句容市举办第四届“十佳”美丽农民评选。开展“青春振农”——在镇高校大学生暑期为农服务实践活动,组织驻镇江5所高校100余名大学生进行农村学习实践,遴选15个大学生乡村振兴实践基地。新增产业研究院(共建试验示范基地)4个,句容市入选全国农业科技现代化先行县。推进生态循环农业试点村建设,放大“戴庄经验”示范效应,实施并完成2个省级、10个首批市级生态循环农业试点村建设任务,遴选13个市级第二批生态循环农业试点村。推进受污染耕地安全利用工作,全市受污染耕地安全利用率99.8%;句容戴庄村有机农业合作社、句容市丁庄村葡萄合作联社、镇江大全现代农业发展有限公司入选全国首批“生态农场”。

(刘常珍)

【现代农业政产学研合作平台建设】 2021年,镇江市鼓励支持涉农企业与省农科院等科研院校开展合作,共建产业研究院或试验示范基地,推进科研成果转化。全年共建产业研究院等平台4个,江苏绿舟梨果业发展有限公司与江苏省农科院共建果园农机农艺融合新装备新技术示范基地,句容厚朴生态农业有限公司与华南农业大学共建火龙果产业研究院,镇江农谷农业科技园有限公司与扬州大学共建试验示范基地,江苏新禾润世家食品有限公司与江苏省农科院共建功能性发酵主粮制品加工工程技术研究中心,全市累计共建示范基地或产业研究院12个。

(刘常珍)

【农业技术推广体系建设】 2021年,镇江市以省、市级农业技术示范基地为载体示范推广农业主推技术,组织实施15个省级农业产业体系推广示范基地项目、16个农业科技示范基地项目(粮食类基地8个)。推进市级“1+1+N”[1个首席专家(团队)+1个本地农技推广服务小组+若干新型农业经营主体]新型农技推广体系项目建设,2019年度4个项目实施完成并通过验收,2021年全市新增新型农技推广项目团队项目9个,全市累计组建“1+1+N”项目团队38个。通过省、市级项目的实施,全市建立90余个新品种、新技术推广示范基地;依托项目举办农业技术相关观摩培训,培训农民5000余人次。

(刘常珍)

【句容市入选全国农业科技现代化先行县共建名单】
2021年,农业农村部科技教育司发布《关于公布全国农业科技现代化先行县共建名单》,句容市入选全国农业科技现代化先行县。全国有72个县(区)被列为全国农业科技现代化共建先行县,其中江苏入围7家。句容市国家农业科技现代化共建先行县对口技术单位为江苏大学,重点在推广“戴庄经验”、开展丘陵地区农业生产机械化科技短板攻关、建立智慧农业试验区、推进农产品精深加工高质量发展、加强政产学研联合协作、开展生态环保技术革新、建设高素质人才队伍培育平台等7方面开展合作。

(刘常珍)

【“戴庄经验”发展生态循环农业】 2021年,镇江市把推广“戴庄经验”,建设生态循环农业试点村纳入市委、市政府工作要点,列入农业农村重点改革内容。制定出台《镇江市放大“戴庄经验”示范效应推进生态循环农业发展的通知》,对2个省级和10个市级试点村实施方案开展专家论证,省、市、县投入财政扶持资金1520万元,把12个试点村建设纳入为群众办实事项目,定期督导推进,帮助村里发展主导产业,壮大村集体经济;举办生态循环农业技术培训,邀请5名国内外专家授课,联合江苏省农村经济中心举办放大“戴庄经验”专题研讨会。2个省级、10个市级生态循环农业试点村全部完成年度建设任务,打造形成一批示范村;确定13个第二批市级生态循环农业试点村,分别为丹阳市金桥村、大圣村、管山村,句容市东霞村、解塘村、徐巷村、天王村,扬中市永胜村、长胜村,丹徒区世业村、上党村、曲阳村、四方桥村。“创新增动力 绿色促发展——镇江市‘戴庄经验’注入农业农村发展新动能”被省委改革办列入全省改革案例汇编发表。

(刘常珍)

【亚夫科技服务团为农服务】 2021年,镇江市制定印发《关于进一步提升镇江市亚夫科技服务团服务能效的通知》,组织科技团挂钩试点村,每个村选派3名~5名农技专家指导试点村建设,发展绿色农业;组织亚夫团专家深入基层和利用9个微信群开展线上或线下科技帮扶,帮助农民办实事、解难题。全年镇江市亚夫科技服务团出动专家1200人次,指导试点村50余次,服务经营主体465家,帮助农户解决难题293个,培训农民4000人次,形成产业调研报告6篇。

(刘常珍)

【农业绿色发展】 2021年，镇江市围绕化肥农药减控，开展示范区建设，推广运用农药化肥减量增效技术、模式和高效机械。全年建设化肥减量增效和耕地质量提升示范区8个、农作物病虫害绿色防控示范区25个；建立水稻新型缓释肥料示范点6个、测土配方施肥新"五个一"模式示范点4个；建立耕地质量监测点82个、农药使用量监测点200个。句容市创成全国绿色防控示范县。配方施肥技术覆盖率95%以上，肥料利用率提高至40%左右，全市化肥使用量（折纯）45925吨，比上年下降1.7%；农药使用量1993吨，下降1.3%。开展畜禽粪污资源化利用巩固提升行动，落实省、市专项资金673万元，建立年度规模场整治提升清单和小规模场配套治理清单，推进畜禽粪污利用整治提升，新增省级生态健康养殖示范场5家，全市累计有55家，生态健康养殖比重98%；全市规模养殖场设施配套率100%，全市畜禽粪污综合利用率97.76%。推行渔业健康生态养殖，推广生态健康的绿色养殖、工业化循环水养殖、稻田综合种养、池塘养殖尾水处理等模式面积10万余亩（6666.67公顷），工厂化养殖面积30余万平方米，实施完成池塘生态化改造5059亩（337.27公顷）；打造生态化改造示范点10个、达标排放试点示范面积1157亩（77.13公顷）。加强秸秆综合利用，争取省级秸秆综合利用资金1100万元，落实秸秆机械化还田补贴政策，秸秆机械化还田地块补贴实现全覆盖；增加秸秆离田扶持资金，采取按量补贴形式鼓励和支持经营主体开展秸秆收储、加工等综合利用。全市稻麦还田面积139.43万亩（9.30万公顷），稻麦还田率为76.19%，全市秸秆综合利用率为97.1%。启动农药包装废弃物回收处置行动，投入财政资金350余万元，建立农药包装废弃物回收站点547个、储存站31个，回收各类农药包装废弃物105.3吨，处置69.74吨。推进农膜回收利用网点建设，巩固提升38个镇级以上回收网点分类施策利用废旧农膜，对再利用价值高的废旧棚膜、可再次利用的加厚地膜进行资源化利用，对无法再次利用的地膜碎片纳入农村生活垃圾处理体系进行无害化处理；设立45个地膜残留监测点，定期跟踪监测农田土壤中地膜残留量动态变化。全年全市回收废旧农膜842.21吨，废旧农膜回收率90.41%。

（刘常珍）

农业产业化发展

【概况】 截至2021年年底，镇江市有市级以上农业龙头企业139家，其中国家级5家、省级42家、市级92家。2021年，省级以上农业龙头企业主营业务收入608.12亿元（其中非市场类361.76亿元），科研投入3.58亿元。全市有休闲农业经营主体687家，其中，国家级休闲农业与乡村旅游示范县1个、示范点（园）21个，中国美丽休闲乡村2个，全国十佳休闲农庄1个，省级示范村20个，省级主题创意农园26个，乡村休闲旅游农业农耕实践基地和康美基地12个。休闲农业综合收入20.22亿元，有从业人员16107人，全年接待游客1188.69万人次。推进出口农产品示范基地（区）建设，巩固提升产品外向化、基地规模化、技术标准化、管理规范化的发展模式，加大出口农产品示范基地（区）建设。"丹阳市出口农产品（特色粮油制品）省级示范区"通过省级复评。

（毕凤兰）

【农业招商】 2021年5月24日—27日，推进乡村振兴暨乡村产业招商引资能力提升培训班在镇江、无锡两地举办。市、县（市、区）两级农业农村系统乡村产业招商人员，镇（涉农街道、园区）、重要现代农业产业园区的负责人参加培训。10月15日，"2021中国镇江乡村产业项目招商推介会"召开，大会签约项目33个，总投资额72.46亿元，其中，大会集中签约项目15个，总投资额26.8亿元；发布招商项目61个，总金额98.36亿元。9月下旬至10月，组织丹阳市金丹阳酒业有限公司、句容市茶叶协会、恒顺醋业股份有限公司、镇江金山翠芽茶叶股份有限公司等4家企业几十种特色产品在"苏韵乡情"系列活动期间展示销售。7月10日，在丹阳举办"2021'苏韵乡情'乡村休闲旅游农业（镇江）专场推介暨第三届'杏虎仙桃'采摘旅游节"及专场推介活动，展示镇江休闲农业旅游特色。组织企业、合作社、家庭农场等农业经营主体参加各级农产品展示展销活动，先后参加第十八届中国西部博览会、第二十三届江苏农洽会、第二届长三角自驾游产业发展大会暨2021中国大运河"驰骋文旅"活动等农产品展示展销活动。

（毕凤兰）

农田建设

【概况】 2021年，镇江市高标准农田建设项目立项治理面积3066.67公顷，建设高效节水灌溉面积133.33公顷，项目总投资10017.5万元，其中中央财政资金4327万元、省级财政资金1243万元、市级财政配套资金2453.89万元、县级财政配套资金1993.61万元。其中，高效节水灌溉资金投入150万元，市、区两级财政提升标准资金投入1817.5万元。

（尚　颖）

【国家高标准农田建设项目】 2021年，镇江市新建高标准农田3066.67公顷。项目新建塘堰9座、小型拦河坝6座、泵站47座，疏浚沟渠5.71千米，修建水闸194座、渡槽2座、农桥3座、涵洞830个；修建田间道路80.41千米、衬砌渠道122.41千米；管灌面积133.33公顷、硬化机耕道路79.63千米，农田林网工程14251米、岸坡防护工程5378米、低压输电线路0.05千米。新增和改善灌溉达标面积1453.33公顷；新增和改善排水达标面积1753.33公顷；新增节水灌溉面积200公顷，其中，高效节水灌溉面积133.33公顷，年节约水量270.85万立方米；增加农田林网防护面积20公顷；新增粮食生产能力409.69万千克。

（尚 颖）

【市级高标准农田提升项目】 2021年，镇江市级高标准农田建设提升项目在国家高标准农田建设项目投资的基础上，每亩增加750元，提升面积1733.33公顷，总投资1817.5万元。其中，市级财政资金1544.89万元，区级财政配套272.61万元，项目分别位于丹徒区和镇江新区。镇江市在2021年度国家级高标准农田项目亩均1750元的基础上，按照“缺什么补什么”原则，对丹徒区和镇江新区项目追加每亩750元左右的投资，推动建设亩均投资2500元左右的高标准农田。

（尚 颖）

农业机械化

【概况】 2021年，镇江市农机总动力151.9万千瓦；全市有大中型拖拉机4981台、收割机2674台、插秧机63117台、烘干机1536台、自走式植保机743台、秸秆还田机5794台。水稻机插面积94.6万亩（63093公顷），水稻机播面积101.09万亩（67394公顷）。小麦机收面积69.54万亩（46366公顷），机收率为99.9%；水稻机收面积108.5万亩（72354公顷），机收率为99.5%。全年稻麦秸秆机械化还田面积139万亩（85333公顷），秸秆机械化还田率76%。粮食产地烘干能力接近80%。设施农业、畜牧业、渔业、林果业等农产品初加工机械化率65%以上。镇江市“两大工程”（设施农业“机器换人”工程、绿色环保农机装备与技术示范工程）项目，以林果和蔬菜为主要方向，推广机械化生产，重点在种植、运输、保鲜、采收及除草用药施肥等环节提高时效性、精准性、统一性。加强“双优加油卡”等系列优质服务活动，市农业农村局、市中石化公司、市中石油公司联合发布“三优一免农用柴油供应公告”，设立59个办卡点，开辟89个农机“双优”加油“绿色通道”。

（仇 毅）

【农机化扶持政策落实工作】 2021年，镇江市实施农机购置补贴和报废更新政策。通过政策引导，推广应用高效节能、先进适用的农机具。全年全市新增各类农机具1162台，实施中央及省级农机购置补贴资金2454万元。全市争取省级秸秆机械化还田资金803万元，各市（区）制定实施方案，推进和完善“行政检查、社会监督和第三方核查”相结合的考核督查机制。落实《农作物秸秆机械化还田作业补助政策信息公开指导意见》，推进信息公开。市级安排农机化发展资金300万元，对大功率拖拉机、高效植保机等机具和项目进行配套扶持；开展烘干机清洁能源改造、植保无人机试点补贴，促进农机化、智能化、绿色化协调发展。

（仇 毅）

【粮食生产全程机械化推进工作】 2021年，镇江市新增大中型拖拉机188台、收割机102台、插秧机489台、高效植保机37台。全市主要粮食作物耕种收综合机械化水平为96.9%。丹徒区获评农业农村部全国主要农作物生产全程机械化示范县。

（仇 毅）

【农机安全生产网格化监管】 2021年，镇江市根据“一年小灶三年大灶”安全专项整治要求，在全市推广把农机安全生产融入基层社会治理综合网格，确定农机安全生产监管内容网格服务管理事项清单，在网格化平台设立农机安全监管模块。1月28日，市农业农村局与市委政法委联合印发《镇江市农机安全生产网格化实施办法》；9月22日，市农业农村局与市网格化服务管理中心联合印发《关于全面启动农机安全生产网格化管理工作的通知》；9月27日，全市农机安全工作会议召开，进行工作部署和网格员培训，实现镇村级农机安全生产属地责任具体化、规范化，破解农机安全监管“最后一公里”难题。全市拖拉机和联合收割机检验率80%以上。

（仇 毅）

综 述

【概况】 2021 年，镇江市实施产业强市“一号战略”，提升发展质量和效益，转变发展方式，推动质量变革、效率变革、动力变革。全市规模以上工业增加值比上年增长 15.1%，增幅列全省第 2 名。分轻重工业看，轻工业增长 11.7%，重工业增长 16.3%。分经济类型看，国有及国有控股企业增长 15.7%，股份制企业增长 18.6%，外商及港澳台商投资企业增长 6.4%，民营企业增长 19.6%。规模以上工业企业营业收入增长 26.2%，利税总额增长 21.8%，利润总额增长 23.1%。工业产品销售率 97.8%，比上年提高 0.3 个百分点。制造业投资增长 24.3%，列全省第 4 名，增速高于固定资产投资的 15.6 个百分点，占固定资产投资比重的 42.3%，较上年提升 5.3 个百分点。全市 233 个市级制造业重点项目完成投资 473.7 亿元。其中，属于四大产业集群的 198 个项目，完成投资 390.8 亿元，占制造业项目投资量的 82.5%；属于 8 条重点产业链的 152 个项目，完成投资 313.7 亿元，占制造业项目投资量的 66.2%。海昌隐形眼镜“彩片”、蜂巢传动“年产 10 万台 DHT 变速器”、赢创新安“气相二氧化硅”等一批“四群八链”［高端装备制造、生命健康、数字经济、新材料 4 大产业集群；智能农机装备、新一代信息技术、高性能材料、航空航天、新型电力（新能源）装备、海工装备、汽车及零部件（新能源汽车）、医疗器械和生物医药等 8 条产业链］项目竣工或基本竣工。截至 2021 年年末，全市制造业贷款余额 1259.2 亿元，增长 14.5%，近 3 年增速首次高于各项贷款平均水平。实施资本市场“扬帆计划”有成效，新增主板上市企业 4 家。从业扩报装看，全市大工业业扩报装申请户数和容量分别增长 0.9% 和 69.4%。

2021 年，镇江市制造业增加值占地区生产总值比重较上年提高 1.1 个百分点，占比列全省第 4 名。督促各地压实企业疫情防控主体责任，推动“平急机制”无缝转换，实现疫情防控平稳安全，保障产业链、供应链稳定。组织开展企业大走访活动，围绕工业“百强”企业、信息化领域重点企业和“专精特新”中小企业开展走访服务。围绕企业疫情防控，先后制定《企业疫情常态化防控指南》《聚集性疫情处置企业防控细化方案》等文件，并派出 8 个指导督查组，督促指导企业编制应急预案、开展应急演练。实施“留镇过年”鼓励政策，留住 60% 的外地员工在镇江过年。建立健全工业经济运行监测分析机制和“工业监测云”等平台，加强运行态势综合研判，帮助企业纾困解难。推动落实减税降费政策和应对疫情影响支持企业健康发展各项措施。全年，帮助企业降低成本 100 亿元，向上争取“工信类”专项资金 2.3 亿元。

2021 年，镇江市加大制造业项目和技改项目的跟踪服务力度，挂图上墙推进项目，并到项目一线，组织“看进度、看投量、看安全环保，问问题、问技术、问市场、问达效”的“三看四问”活动，加快推进项目早开工、快建设。建立“一项目一清单”，实行市区两级协调解决机制。全市工业投资占固定资产投资比重的 45.6%，较上年提高 5.1 个百分点，拉动固定资产投资增长 9 个百分点；高技术制造业投资占制造业投资比重 32.5%，提高 0.5 个百分点，拉动制造业投资增长 8.4 个百分点。新签约亿元以上产业项目 257 个，增长 17.4%；总投资 1432.6 亿元，增长 42.1%；10 亿元以上重大项目 52 个；列统项目 140 个，列统率 54.5%。

（曹小波）

【制造强省战略落实情况】 2021 年，镇江市聚焦重点产业链群培育、技术改造、数字赋能，加快推进重点产业、重点企业、重点项目的试点示范建设，推动制造强省战略落实到位。

发展规划制定情况。编制出台《镇江市"十四五"制造业高质量发展规划》《镇江市"十四五"新一代信息技术产业发展规划》《镇江市"十四五"航空航天产业发展规划》《镇江市"十四五"船舶与海洋工程装备产业发展规划》《镇江市"十四五"节能规划》等"1 + X"系列规划，以顶层设计引导企业转型发展。

发展责任落实情况。制定出台"双链长"挂钩重点产业链、市领导挂钩重点产业项目、常态化分层分级挂钩服务企业等一系列制度，加强高位协调，解决突出问题。围绕制造业高质量发展要求，编制 2021 年度全市工信工作"一本通"，组织实施 14 项年度重点工作，加快制造业高端化、智能化、绿色化发展；细化分解重要指标、重点项目、重大活动到各个市（区）、重点园区和具体企业，项目化、清单化推进制造业发展；健全完善定期调度、问题交办、跟踪推进、督查考核等工作机制，加强市委、市政府对制造业发展的组织和领导。

发展环境优化情况。围绕企业需求，打造"镇合意"服务品牌。建立常态化政企沟通制度，定期召开中小微企业座谈会、企业家早餐会；围绕 8 条重点培育产业链成立由市领导挂帅，市政府各职能部门相关人员组成的 8 个工作专班，下沉到企业和项目现场，实现服务全覆盖。开展招引项目建支部、在建项目派干部、重点企业解难题三项行动，以服务推动企业高质量发展。运用"互联网 +"、大数据等信息化手段，依托企业网络服务平台，整合全市 72 个涉企部门的政务服务资源，形成"一门帮办"工作机制。协助企业解决融资、失信修复等问题。举办镇江市重点产业链融资服务对接会等活动，通过"信易贷"、知识产权质押等渠道，解决企业资金需求 650 多亿元。（曹小波）

【制造业技术创新情况】 2021 年，镇江市强化创新主体培育，加快产学研深度融合，优化创新创业生态，制造业创新水平有提升。加快培育以高新技术企业为主体，科技型中小企业、研发型企业、创新型领军企业、"独角兽企业"、"瞪羚企业"相互补充的科技企业梯队，提升创新主体质量。优化《镇江市高新技术企业培育管理实施细则》，强化高新技术企业培育，增设"市级科技型中小企业创新项目专项"，认定高新技术企业 376 家，新增 381 家企业进入高新技术企业培育库。鱼跃医疗、和成显示、鼎胜新材等企业入选"2021 江苏省百强创新型企业榜单"；鱼跃医疗公司入选国家技术创新示范企业（全省 2 家）；8 家企业被认定为省级企业技术中心；威腾电气公司在科创板上市；备案科技型中小企业 2163 家，获评"潜在独角兽企业"2 家、"瞪羚企业"13 家。建成龙头企业与省产研院共建联合创新中心 5 家。新建省级企业院士工作站 1 家、省级企业工程技术研究中心 24 家；新建市级新型研发机构 2 家、企业重点实验室 2 家、工程技术研究中心 99 家。

2021 年，镇江市围绕"四大产业集群和八条重点产业链"供需两侧发展需求，举办高校院所走进镇江、新型研发机构推广会等产学研合作对接活动 20 多场，发布科技成果 1000 多项，达成合作协议 500 余项、合作金额超 2 亿元。镇江市与中国技术交易所联合建设中技所（镇江）绿色技术交易服务中心。落实人才"镇"兴行动，制造业入选人才项目数量比上年增长 143%，为制造业创新发展提供支撑。组织开展海外引才工作。打造"千名学子百企行"活动品牌，组织开展"千名学子百企行"感受"四群八链"系列活动，推动产业链人才链深度融合。实施关键技术攻关，围绕 8 条重点培育产业链，梳理短板技术清单 155 项；组织实施省、市技术创新项目 118 个，其中，49 个项目列入省重点技术创新导向计划，38 个项目纳入关键核心技术项目储备库。3 家企业中标省关键核心技术（装备）攻关专项，2 年累计有 6 个项目入选。

（曹小波）

【制造业转型升级情况】 2021 年，镇江市聚焦高端化、智能化、绿色化、服务化，提高技术装备水平，促进产品升级换代；推进绿色低碳制造、推动集约集聚发展、推动产业加快转型升级。

实施技术改造工程。引导企业围绕"三化一补两提升"的技改方向，应用新技术、新工艺、新材料、新装备，以及智能车间建设、装备工艺改造、产品档次提高、安全环保升级等重点领域，组织实施技术改造工程。同时，统筹运用能耗"双控""双碳"落地，"两高"项目清理，节能监察等杠杆，倒逼企业实施技术改造，推动产业结构、能源结构、税收结构调轻、调优、调高。聚焦产业链"卡脖子""填空白"领域以及"专精特新"发展等方向，发挥国家工业基础再造项目、省市技术改造专项等支持政策作用，引导企业提升产品层次。通过升级智能装备、优化生产工序、采用工业管理软件等途径，推进智能车间建设，提高企业生产效益；以钢铁、有色、化工、建材、水泥等高耗能、高排放企业为重点，倒逼企业实施高效用能设备应用、能源梯级利用、用能信息化管控等节能改造，推动清洁能源替代、资源综合利用等清洁生产改造。全年组织实施重点高质化、绿色化、智能化技改项目近百个，帮助企业获国家、省、市支持资金 2.3 亿元。

工业企业资源集约利用综合评价工作。组织工业企业资源集约利用综合评价工作，首次在全市范围以市（区）为主体开展综合评价，变"全市统一评"为"各地自己评"。在规模以上工业企业、占地 3 亩（0.2

公顷)以上的规模以下工业企业、重点排污企业的基础上,由各地拓展评价对象。当年纳入评价范围的工业企业有7479家。加强企业综合评价结果运用,推动供给侧结构性改革,建立部门协同机制,畅通举报机制,运用综合标准体系,严格常态化执法和强制性标准实施,依法依规淘汰落后产能。组织开展重点行业落后工艺装备排查,限期完成淘汰落后工艺装备。推进铸造、钢铁、稀土、铝加工(深井铸造)等行业规范管理,促进重点行业转型升级,帮助2家企业完成铸造、钢铁行业产能置换,指导3家铝加工(深井铸造)企业开展自查自纠。实施去产能项目12个,拆除项目主体设备,加快退出低端产能。推进低端低效企业"三个一批"(依法关闭一批、整改规范一批、调迁入园一批)处置工作,3年累计处置低端低效企业353家,盘活利用土地7844.4亩(522.96公顷)。

绿色低碳转型工作。推进能耗管控,做好有序用电,全市能耗强度实现由"红"转"绿",单位地区生产总值能耗比上年下降3.2%。落实国家对碳达峰碳中和、能耗"双控"等部署,将能耗"双控"目标任务等分解至22个市级部门和8个市(区)板块,对20家年耗能5万吨标煤以上的重点企业,下达年度"双控"目标。推进能耗在线监测系统建设,将23家年耗能5000吨~10000吨标煤的企业纳入建设计划。对钢铁、建材、有色等行业的7家重点用能单位开展节能诊断,助力企业节能增效。市政府办印发《"十四五"绿色制造体系建设实施方案》,启动新一轮绿色工厂培育计划。年内,新认定市级"绿色工厂"20家、省级"绿色工厂"12家。开展"两高"(高耗能、高排放)技改项目摸排,建立在建、拟建及2020年以来投产的"两高"项目清单库,并对清单库中的34个项目开展现场核查,形成分类处置意见并推进问题整改;组织对2016年以来市级层面备案的69个"两高"技改项目节能审查手续履行情况进行"回头看"。举办全市节能宣传周系列活动,以线上节能有奖竞答、制作发布沙画宣传短片等形式,开展节能降碳宣传。举办重点用能单位能管员培训班,120余家企业参加培训。

(曹小波)

【重点产业本质安全建设】 2021年,镇江市推动安全发展示范城市创建工作,加大制造业领域技改升级,保障制造业领域安全生产形势。推进"一年小灶"转"三年大灶",17项专项整治重点任务全部完成。其中,化工领域:市工信局、镇江新区修编新材料产业园产业发展规划,加强安全风险评估和"一园一策"处置意见整改,争创安全生产D类园区。督促沿江1千米内园区外7家化工企业完成搬、改、关处置方案,推动按期实施。围绕"百日攻坚"行动中,省化工行业专项整治工作领导小组办公室交办镇江市整改隐患1223条、问题989条,全部销号。关闭2家化工生产企业。民爆和船舶领域:开展隐患排查和整治工作,出动检查组44个,发现整改各类安全隐患97条,整改率为100%。4家民爆企业均通过省行业主管部门组织的安全生产标准化达标现场考评,全部达到安全生产标准化二级;2家重点船舶企业达到二级安全生产标准化,1家达到三级安全生产标准化。围绕省安全生产第十一督导组反馈9项问题,分解11项工作任务,推动问题整改落实。推进危化品使用安全专项治理,录入危险源117个,排查出危险化学品409种,其中重点监管品种35种。鼓励引导企业实施技术改造,将安全技术改造作为重要内容纳入工业企业技术改造支持范围。全年推动实施147个安全环保改造和智能化提升等技术改造项目,完成投资291.3亿元。执行产业政策,强化负面清单管理。推动重点行业领域安全生产责任保险试点工作。全市民爆企业安全生产责任险实现全覆盖。引导船舶修造业、化工行业企业参加安责险。

(曹小波)

【先进制造业集群培育和产业强链行动】 2021年,镇江市以产业基础高级化、产业链现代化为目标,以"链长制"为切入点,聚焦先进制造业集群培育,落实产业强链行动计划。镇江市建立"三个一"的"链长制"工作机制,即出台"一个方案",搭建"一个体系",建立"一套制度",形成领导挂帅、上下联动、合力推进的工作格局。全年,四大主导产业集群实现应税销售3503亿元,占全市规模以上工业比重的73%,较年初提升10.5个百分点,其中,高端装备制造、新材料突破千亿元,分别为1404亿元、1271亿元。8条重点产业链完成应税销售占全市规模以上工业比重的59.4%,较年初提升10.4个百分点。

实施产业链培育。制定"十四五"制造业高质量发展规划和海工装备、新一代信息技术、航空航天产业专项规划,出台"产业强链"三年行动计划,编写《重点培育产业链指导手册》,明晰产业链培育的目标、路径和方法。各产业链专班增强专业能力,通过编制重点产业链"五图六清单"(产业链条图、区域分布图、重大项目图、重点企业图、产品品牌图;重点企业、项目、产品、基地、长板、短板等清单),实施"强链、延链、补链"。4月,全市先后成立智能农机装备、高性能合金材料、新一代信息技术、海工装备和新型电力(新能源)装备产业联盟,调动和发挥政府部门、骨干企业、高校和研发机构、金融机构的作用,实现"产业链、供应链、人才链、技术链、资金链"协同发展。

推进帮办服务。以"聚焦产业链,帮办服务行"为主题,提高服务产业链培育、服务产业链企业的工作水平。8条重点产业链分别建立骨干企业挂钩联系服务机制,编制挂钩服务联系表,明确挂钩联系部门与具体联系人。市“链长办”通过市企业网络服务平台向全市工业企业发放问卷,并对照需求清单开展精准对接。建立专项资金申报服务“三项制度”,针对“四群八链”骨干企业开展政策宣传贯彻活动20余场,“工信类”专项资金80%用于扶持“四群八链”企业。

(曹小波)

【自主品牌本土企业培育】 2021年,镇江市实施品牌发展战略,推进质量强市建设,深化质量提升行动,夯实质量发展基础,品牌建设整体水平有提升。

消费品“三品”建设。贯彻“增品种、提品质、创品牌”的三品战略部署,在全省率先出台关于推进服务型制造高质量发展工作方案,构建服务和制造融合发展的生态体系,召开全市服务型制造现场推进会。开展工业设计进企业活动,组织专家走进企业开展政策宣传贯彻、项目辅导和问题诊断服务。推广一批服务型制造新模式、新业态。推动历史经典产业传承,开展第二届工艺美术大师暨传统特色产业(香醋、眼镜)制作大师评定工作。开展“三品战略”行动,重点聚焦香醋、眼镜等传统特色产业,推动产业提质增效发展。全年,建立服务型制造培育库企业41家,创成国家级工业设计中心1家、省级4家,新增省级服务型制造示范企业(产品)5家。

建设品牌质量标杆。“惠龙易通”文字及图商标被作为驰名商标扩大保护,江苏亿阀股份有限公司制定发布的国际标准《螺栓连接阀盖钢制闸阀》,填补中国在该领域的技术空白;明月镜片、江苏天奈科技等公司先后获企业标准“领跑者”称号;完成2项国家高端装备制造标准化试点项目和4项省级标准化试点验收。截至2021年年底,全市有中国质量奖提名奖1个、省长质量奖4个、“江苏精品”5个、市长质量奖26个;拥有“中国驰名商标”49件。

骨干优势企业培育。2021年,镇江市新增百亿企业3家,累计10家;4家企业入选“中国民营企业500强”,11家企业入选“江苏民营企业200强”。截至2021年年底,全市有国家级“单项冠军”企业8家、“专精特新”小巨人企业10家,有省级“专精特新”小巨人企业66家。市工信局、发改委、税务局、统计局等部门联合建立年销售1500万元~2000万元企业培育库,围绕竣工项目、科技孵化项目,推动企业进入“规模以上”门槛。全年新增工业“小进规”(小微工业企业成长为规模以上工业企业)企业423家。

企业股改上市。按照《镇江市资本市场扬帆计划》提出的促进镇江资本市场发展的16条工作举措,镇江市加强企业上市梯队建设,推动上市公司做优做强,增强资本市场高质量发展合力。2021年,新增同力日升、威腾电气、通灵股份、明月镜片等4家上市企业,全市累计拥有本地A股上市公司19家、“新三板”挂牌企业25家。其中,明月镜片公司成为国内镜片行业首家上市企业。

(曹小波)

2021年镇江市制造业重点项目情况表

表11-1

地　区	项目名称	地　区	项目名称
丹阳市	电梯驱动总成	丹阳市	铝合金延伸应用产品
丹阳市	高档汽车灯具	丹阳市	黑科技新材料
丹阳市	汽车零部件制造项目	丹阳市	生物医药基地
丹阳市	智能研磨设备项目	丹阳市	年产600万台医用雾化器及制氧机生产线
丹阳市	仅一实验配套基地	丹阳市	树脂砂轮
丹阳市	国药(丹阳)智能康复医疗器械产业基地	丹阳市	新型环保包装材料
丹阳市	雷登科技智造园	丹阳市	新型承插式盘口脚手架
丹阳市	力合江苏工业机器人研发中心及制造基地	丹阳市	卫生材料及医药用品生产线项目
丹阳市	隐形眼镜彩片项目	丹阳市	新建硬质合金工具及刀片
丹阳市	丹凤工业园新建项目	丹阳市	显示模组及部件制造基地
丹阳市	年产20万立方米装配式建筑墙板ALC板材和年产20万立方米陶粒生产线新建项目	丹阳市	户外物联网高压真空断路器生产线项目
丹阳市	江苏标龙(丹阳)智能制造产业园	丹阳市	新型环保除尘设备生产线建设项目
丹阳市	沃得先进农机装备生产项目(二期)	丹阳市	新型防火装饰板生产线建设项目
丹阳市	万洋众创城项目(丹北)	丹阳市	医用手套生产线建设项目
丹阳市	高端汽车零部件生产	丹阳市	年产1000吨超纯净高性能高温合金材料、年产3300件复杂薄壁高温合金结构件建设项目
丹阳市	智能家居	丹阳市	年产100万套车载高效节能无刷直流电机系统新建项目

续表 11－1

地　区	项目名称	地　区	项目名称
丹阳市	特种新能源整车项目	句容市	新型储能设备制造
丹阳市	年产5000吨汽车钣金、模具	句容市	粉体智能装备研发及制造
丹阳市	年产8万吨高合金工模具钢技改及年产3000吨粉末冶金二期项目	句容市	中圣精密硅钢卷板
丹阳市	年产15万吨BOPA新型高性能包装材料(一期4.5万吨)	句容市	立邦新型材料华东区域生产基地建设
丹阳市	年产50万套新能源汽车智能仪表及配件	句容市	5G智慧产业园
丹阳市	电摩生产项目	句容市	中节能3GW光伏组件
丹阳市	数控机床主轴生产项目	句容市	年产2GW太阳能电池组件
丹阳市	超薄铝箔生产线技改扩能建设项目	句容市	第一工园·句容氢能源主题产业园
丹阳市	高档合金锯片	句容市	年产2GW太阳能电池组件
丹阳市	年产300套智能化仓储设备生产及25套相关控制系统开发建设项目	句容市	低空探测雷达配套设备及集成化微波模块生产
丹阳市	新型电子变压器、电源适配器生产线建设项目	句容市	原燃材料存储及物流通道环保技改
丹阳市	醋自动翻坯车间技改项目	句容市	自供电芯片感知型智能绝缘子关键技术研发及产业化
丹阳市	PC镜片	扬中市	长城汽车核心零部件项目
丹阳市	康复医疗器械	扬中市	数字扬中
丹阳市	香港Eyelock医用安全镜	扬中市	数据中心云计算配套智慧能源与机房环境系统
丹阳市	CGO取向硅钢	扬中市	智能装备制造
丹阳市	智能档案柜和智能药房生产线	扬中市	船舶脱硫脱硝系统设备
丹阳市	树脂镜片生产扩建项目	扬中市	年产1500节云轨高地铁内饰零部件
丹阳市	新型建材生产	扬中市	35GW绿色高效超薄硅片
丹阳市	空调出风口新材料新建项目	扬中市	装配式产业园及二期码头项目
丹阳市	高电阻电热合金丝生产线项目	扬中市	6000吨/天蛋白饲料加工
丹阳市	高温合金丝生产线	扬中市	巡检机器人及跟踪支架
丹阳市	年产35万套新能源汽车灯具及智能车载设备配件	扬中市	环保材料脱硫钙粉项目
丹阳市	年产150万米交通安全护栏生产线新建项目	扬中市	铜基轻金属复合材料
丹阳市	年产100万平方米幕墙装饰铝单板生产线新建项目	扬中市	工业4.0智能智造共享工厂
丹阳市	年产800万个激光发射器生产线	扬中市	智能断路器及智能家居电器
丹阳市	具有仿生分形结构的高效板式换热器关键技术研发与产业化	扬中市	智能电气产品研发、产品升级
丹阳市	可控式靶向精准给药气溶胶呼吸治疗设备研发及产业化	扬中市	ACM复合材料电力塔杆生产
丹阳市	新一代汽车智能座舱关键技术研究及产品开发	扬中市	特种超高分子系列
句容市	句容(台湾)半导体产业园	扬中市	中低压智能输配电设备研发制造
句容市	果饮浓浆和植物酵液	扬中市	环网柜及充气柜技能改造
句容市	碳纤维新材料	扬中市	铁路接触网紧固安全装置
句容市	和能人居装配式装修系统部件	扬中市	高效多主栅光伏组件生产线绿色化提升改造项目
句容市	年产5GW高效光伏组件	扬中市	激光热熔增材制造用铜及铜合金粉末
句容市	智能防护设备生产	扬中市	医学生物发酵设备
句容市	50万台新能源国民车(不含底盘)	扬中市	国内最大口径高压流体泵制造测试装备中心项目
句容市	航科专用汽车及负压换气系统	扬中市	牙科器材专用产品
句容市	车载显示屏	扬中市	年产10万台DHT变速器
句容市	LCD驱动芯片封装	扬中市	年产10万台EG发动机装配
句容市	AMOLED金属掩膜版框架生产	扬中市	智能型配网三相不平衡治理装置制造

续表 11－1

地 区	项目名称	地 区	项目名称
扬中市	LNG储卸装置用大口径高磅级超低温阀门关键技术研发及产业化	镇江新区	年产555架份A320等飞机厨卫内饰项目
扬中市	基于人工智能的自适应高效长寿命混合储能关键技术研发	镇江新区	钢研热等静压服务中心项目
丹徒区	比泽尔旋转式、涡旋式压缩机生产项目	镇江新区	金东纸业转型升级项目
丹徒区	年产150万平方米洁净墙板项目	镇江新区	年产1900套装配式住宅产品项目
丹徒区	工程建设高性能复合材料项目	镇江新区	太阳能股份年产1.5GW太阳能电池组件项目
丹徒区	高性能沥青材料及配套仓储项目	镇江新区	联东U谷镇江新区智能制造产业园建设项目
丹徒区	碳纤维产品制造项目	镇江新区	威泽高端装饰新材料总部基地项目
丹徒区	年产10万吨高端香醋和年产10万吨料酒黄酒扩产项目	镇江新区	东方雨虹绿色新型建材研发生产基地
丹徒区	70万吨新型环保建材项目	镇江新区	生泰尔动物疫苗和宠物保健食品研发及产业化项目
丹徒区	智能汽车制造项目	镇江新区	维克节能环保空调产品及配套压力容器制造项目
丹徒区	健力宝(镇江)饮料有限公司扩建项目	镇江新区	年产6亿米新型管材管件华东研发生产基地
丹徒区	塑料光纤光缆研发、生产项目	镇江新区	年产20架份C919大型客机后机身后段、后机身前段、垂尾项目
丹徒区	新建植物药制剂车间及研发实验室项目	镇江新区	集成电路测试服务项目
丹徒区	IBC集装桶生产项目	镇江新区	年产5万吨功能性薄膜材料项目
丹徒区	通信5G与高精密零件项目	镇江新区	天奈碳纳米管与副产物氢及相关复合产品生产项目
丹徒区	高可靠、长寿命特种精密轴承的研发和生产	镇江新区	普耀年产1026.5吨半导体光电新材料项目
丹徒区	智能制造工业互联协同平台的研发及产业化项目	镇江新区	悠果维有机食品研发及生产总部基地项目
丹徒区	镇江市车载电子信息系统重点实验室	镇江新区	海飞生物氨基葡萄糖、虾青素、透明质酸生物产品
丹徒区	5G基站用高性能原位纳米强化铝合金板材的研发及产业化	镇江新区	草甘膦生产节能减排项目
京口区	先进制造中小企业基地	镇江新区	2000吨/年RC型高分子橡胶助剂扩建项目
京口区	高端医疗设备及压力装备制造(一期)	镇江新区	每天科技年产3万吨非金属矿物纳米材料项目
京口区	诺贝丽斯汽车板冷轧铝卷制造	镇江新区	亿虎道路材发检测及应用中心项目
京口区	高强度铝合金航空板	镇江新区	年产900万支阶梯钻头项目
京口区	船用救生设备及多用途起重机生产线技术改造	镇江新区	苏恒智能电力科技项目
京口区	年产5万吨动力电池电极用铝合金箔	镇江新区	矽晶半导体硅片项目
京口区	高端彩色铝质轻合金材料智能加工工厂	镇江新区	Miyabi指纹模组项目
京口区	新型高精度车用管件智能加工制造	镇江新区	扩建年产4万吨改性PC/ABS合金塑胶项目
京口区	高端汽车零配件	镇江新区	海宏中药创新制剂项目
京口区	关于高精度高智能轨道式集装箱起重机及远程操控系统的研发与产业化	镇江新区	东方电热年产350万套新能源汽车PTC电加热器
京口区	某防护材料项目	镇江新区	飞机厨房盥洗室及预浸布技改项目
镇江新区	年产24GWH锂离子电池项目	镇江新区	奥音年产3000万只专业声学扬声器产品
镇江新区	创新生物药研发综合服务平台建设项目(传奇生物科技项目)	镇江新区	丽莎精密数控机床项目
镇江新区	药业生产基地及研发中心项目	镇江新区	启航必达航空材料精密加工项目
镇江新区	台佳年产10000台中央空调项目	镇江新区	年产千件粉末高温合金包套项目
镇江新区	年产800万平方米金属面装饰保温板和新型建筑节能保温材料项目	镇江新区	铠茵世德高端电动工具项目
镇江新区	年产22.8万吨超高纯湿电子化学品、副产0.7万吨工业级化学品及再生项目(一期)	镇江新区	TO管座光电子封装元器件项目
镇江新区	中新智地智能制造产业园项目	镇江新区	中外合资新区固废物料综合处置中心二期项目
镇江新区	赢创新安气相二氧化硅项目	镇江新区	凯博斯防爆电加热器项目
镇江新区	年产3000吨碳纳米管与8000吨导电浆料及年收集450吨副产物氢项目	镇江新区	26000吨/年湿电子化学品技改项目

续表 11－1

地　区	项目名称	地　区	项目名称
镇江新区	阿雷蒙金属紧固件生产工艺改造项目	镇江高新区	高性能电源模块研发生产
镇江新区	太白集团钛白粉绿色生产升级改造及低温余热回收项目	镇江高新区	半导体测试和系统解决方案
镇江新区	年产153万只新基建用光模块项目	镇江高新区	融合高端西餐原料及专业设备研发制造升级项目
镇江新区	道达尔年产3万吨汽车用聚丙烯增强改性塑料颗粒项目	镇江高新区	中集半挂车箱体灯塔生产线改造升级
镇江新区	年产22000吨杀菌剂技改项目	镇江高新区	柳工东部研发制造基地
镇江新区	贝斯特新材料	镇江高新区	图像处理芯片设计及测试
镇江新区	彤程年产4万吨酚醛树脂复产提升	镇江高新区	年产150万平方米装配式建筑
镇江新区	杰缘年产3200万平方米高强度瓦楞纸板	镇江高新区	半导体储能芯片全产业链
镇江新区	超长定向碳纳米管阵列关键技术研发及产业化	镇江高新区	分布式综合能源生产
镇江新区	基于供应链管理的物流大数据处理平台研发及产业化	镇江高新区	LED照明研发制造
镇江新区	高频、超高频隧道通信天线的关键技术研发	镇江高新区	激光光学元件及子系统研发生产
镇江新区	高效高精度异形大幅面动态聚焦激光除锈装备研发	镇江高新区	松协电器
镇江新区	基于节能环保的高效净化NOx－PM集成催化装置的关键技术研究	镇江高新区	邮轮动力系统及辅助系统集成及调试技术研究
镇江新区	绿色轮胎用超高强度钢帘线的研发	镇江高新区	镇江智能制造创新研究院
镇江新区	硫酸法钛白粉生产过程中废硫酸资源化利用研究	镇江高新区	中澳(镇江)人工智能研究院
镇江新区	电力电子式电源快速切换装置研发和产业化	镇江高新区	镇江哈工大高端装备研究院
镇江高新区	中船海洋电气科技产业园	镇江高新区	万吨级甲板运输船的设计和全电力推进应用研究
镇江高新区	华纳智能装备孵化产业园	镇江高新区	船岸双向供电智能并网控制技术开发
镇江高新区	高端装备制造产业园	镇江高新区	丹佛斯动力系统产品升级及全球研发中心
镇江高新区	钙钛矿先进电子薄膜研发生产	镇江高新区	多式联运大数据处理平台及其产业化
镇江高新区	高纯纳米电子专业材料	镇江高新区	高端节能制冰系统关键技术及其智能制造装备研发
镇江高新区	新能源汽车高压加热器产业化		

（朱　卯）

2021年镇江市工业应税销售百强企业名单

表11－2

地　区	企业名称	地　区	企业名称
丹阳市	江苏沃得集团有限公司	丹阳市	江苏鱼跃医疗设备股份有限公司
镇江新区	镇江奇美化工有限公司	句容市	华电江苏能源有限公司
京口区	江苏鼎胜新能源材料股份有限公司	丹阳市	丹阳龙江钢铁有限公司
丹阳市	天工国际有限公司	丹阳市	大亚科技集团有限公司
丹阳市	江苏鑫海高导新材料有限公司	京口区	国家能源集团谏壁发电厂
镇江新区	金东纸业(江苏)股份有限公司	扬中市	蜂巢动力系统(江苏)有限公司
京口区	江苏索普(集团)有限公司	镇江新区	镇江江南化工有限公司
京口区	中储粮镇江粮油有限公司	扬中市	江苏环太集团有限公司
句容市	建华建材(中国)有限公司	镇江新区	镇江联成化学工业有限公司
扬中市	大全集团有限公司	镇江新区	江苏通达铜材有限公司
京口区	江苏鸿泰钢铁有限公司	镇江新区	镇江均和重工有限公司
丹阳市	江苏飞达集团	润州区	江苏船山集团有限公司

续表 11－2

地 区	企业名称	地 区	企业名称
扬中市	江苏中海粮油工业有限公司	丹阳市	江苏锐升新材料有限公司
丹徒区	镇江焦化煤气集团有限公司	丹阳市	海昌隐形眼镜有限公司
句容市	句容宁武新材料股份有限公司	丹徒区	江苏镇江燃气热电有限公司
句容市	句容毅马五金制品有限公司	镇江新区	巴斯夫造纸化学品(江苏)有限公司
镇江新区	中节能太阳能科技(镇江)有限公司	丹阳市	江苏辰阳电子有限公司
丹徒区	江苏镇江发电有限公司	扬中市	江苏利民纸品包装股份有限公司
丹阳市	大力神科技集团有限公司	丹徒区	二重(镇江)重型装备有限责任公司
镇江新区	镇江东方电热科技股份有限公司	丹阳市	江苏彤明高科汽车电器有限公司
扬中市	香江科技股份有限公司	镇江新区	太白集团有限公司
扬中市	江苏新韩通船舶重工有限公司	丹徒区	江苏振光电力设备制造有限公司
丹徒区	江苏恒顺集团有限公司	丹阳市	恒宝股份有限公司
镇江新区	道达尔润滑油(中国)有限公司	丹阳市	常诚车业江苏有限公司
扬中市	江苏天舜金属材料集团有限公司	丹阳市	江苏恒神股份有限公司
镇江新区	索尔维(镇江)化学品有限公司	京口区	镇江强凌电子有限公司
丹阳市	江苏同力日升机械股份有限公司	丹阳市	万新光学集团有限公司
句容市	巨宝精密加工(江苏)有限公司	镇江新区	镇江大东纸业有限公司
镇江新区	镇江南帝化工有限公司	丹阳市	江苏华凯比克希线束有限公司
丹阳市	江苏新泉汽车饰件股份有限公司	丹阳市	迅驰车业江苏有限公司
丹阳市	江苏长丰纸业有限公司	丹阳市	冈田精机丹阳有限公司
句容市	句容协鑫光伏科技有限公司	镇江高新区	中船动力镇江有限公司
丹徒区	北汽蓝谷麦格纳汽车有限公司	丹阳市	江苏申阳集团
镇江新区	凯迩必机械工业(镇江)有限公司	扬中市	江苏亿能电气有限公司
润州区	镇江华润燃气有限公司	丹阳市	江苏超力电器有限公司
句容市	句容台泥水泥有限公司	京口区	诺贝丽斯铝业(镇江)有限公司
丹徒区	金海宏业(镇江)沥青有限公司	扬中市	江苏天辰新材料股份有限公司
丹阳市	大赛璐安全系统(江苏)有限公司	镇江新区	江苏常青树新材料科技股份有限公司
镇江新区	江苏正丹化学工业股份有限公司	镇江新区	恩坦华汽车零部件(镇江)有限公司
丹徒区	帝高力装饰材料(江苏)有限公司	丹阳市	丹阳港华燃气有限公司
丹徒区	镇江李长荣高性能材料有限公司	丹阳市	江苏巨贸康万家医疗设备有限公司
镇江新区	优利德(江苏)化工有限公司	丹阳市	江苏文光集团有限公司
扬中市	江苏威腾电气集团	丹阳市	丹阳荣嘉精密机械有限公司
丹阳市	江苏肯帝亚木业有限公司	扬中市	江苏大津重工有限公司
镇江新区	江苏天奈科技股份有限公司	丹阳市	江苏图南合金股份有限公司
丹徒区	江苏捷诚车载电子信息工程有限公司	镇江新区	瑞肯耐特流体控制系统(镇江)有限公司
镇江新区	江苏超跃化学有限公司	丹阳市	丹阳市华一医疗器械有限公司
镇江新区	孚能科技(镇江)有限公司	扬中市	中电电气集团有限公司
镇江高新区	江苏省镇江船厂(集团)有限公司	扬中市	扬中市大地水泥有限公司
扬中市	江苏通灵电器股份有限公司	丹阳市	江苏仅一联合智造有限公司

（孙一皓）

2021年镇江市生命健康集群应税销售50强企业情况表

表11－3

地　区	企业名称	地　区	企业名称
丹阳市	江苏鱼跃医疗设备股份有限公司	丹阳市	江苏新视客光电科技有限公司
丹徒区	江苏恒顺醋业股份有限公司	丹阳市	江苏海伦隐形眼镜有限公司
丹阳市	海昌隐形眼镜有限公司	丹阳市	江苏华洪药业科技有限公司
丹阳市	江苏万新光学有限公司	丹阳市	江苏鸿晨集团有限公司
丹阳市	江苏巨贸康万家医疗设备有限公司	镇江新区	镇江味佳园食品有限公司
丹阳市	丹阳市华一医疗器械有限公司	丹阳市	丹阳丹耀光学有限公司
镇江新区	江苏吉贝尔药业股份有限公司	镇江新区	江苏富林医疗设备有限公司
丹阳市	江苏淘镜有限公司	丹徒区	江苏中兴药业有限公司
丹阳市	明月镜片股份有限公司	丹阳市	江苏双盛医疗器械有限公司
丹阳市	视悦光学有限公司	丹阳市	江苏鱼跃泰格精密机电有限公司
丹阳市	易佰得(丹阳)光学有限公司	句容市	天宁香料(江苏)有限公司
镇江新区	江苏英科医疗制品有限公司	丹阳市	江苏汇鼎光学眼镜有限公司
镇江新区	江苏金斯瑞生物科技有限公司	丹徒区	江苏力凡胶囊有限公司
镇江新区	镇江长兴酒精有限公司	丹阳市	江苏东方光学有限公司
丹阳市	江苏康尚生物医疗科技有限公司	丹阳市	江苏奥天光学有限公司
镇江新区	镇江艾康医疗器械有限公司	镇江新区	双峰格雷斯海姆医药包装(镇江)有限公司
丹阳市	江苏优立光学眼镜有限公司	丹徒区	镇江恒顺米业有限责任公司
镇江新区	先进光电科技(镇江)有限公司	丹阳市	丹阳市金星光学仪器有限公司
丹阳市	双峰格雷斯海姆医药玻璃(丹阳)有限公司	丹阳市	利康医药科技江苏有限公司
镇江新区	荣海生物科技有限公司	丹阳市	丹阳颐和食品有限公司
镇江新区	江苏海宏制药有限公司	句容市	江苏天晟药业股份有限公司
丹徒区	镇江恒顺酒业有限责任公司	丹阳市	江苏明月光学眼镜有限公司
丹阳市	江苏黄金屋光学眼镜有限公司	丹阳市	江苏天润光学镜片有限公司
扬中市	镇江苏惠乳胶制品有限公司	丹阳市	江苏视无界光学眼镜有限公司
丹徒区	健力宝(镇江)饮料有限公司	丹阳市	镇江万新光学眼镜有限公司

（王云山）

2021年镇江市新增国家、省中小企业公共服务示范平台和省小型微型企业创业创新示范基地情况表

表11－4

地区	企业名称	所获称号
镇江新区	江苏畅远信息科技有限公司	国家中小企业公共服务示范平台
镇江高新区	江苏汇智知识产权服务有限公司	国家中小企业公共服务示范平台
丹阳市	丹阳高新技术创新园	国家小型微型企业创业创新示范基地
扬中市	江苏大航电子商务有限公司	江苏省中小企业公共服务示范平台
京口区	江苏智融高科信息科技有限公司	江苏省中小企业公共服务示范平台
润州区	镇江易创投资发展有限公司	江苏省中小企业公共服务示范平台
镇江高新区	江苏道博信息技术有限公司	江苏省中小企业公共服务示范平台
镇江高新区	南京师范大学镇江创新发展研究院	江苏省中小企业公共服务示范平台
镇江高新区	江苏科技大学海洋装备研究院	江苏省中小企业公共服务示范平台
镇江新区	镇江太谷电力有限公司	江苏省中小企业公共服务示范平台
丹阳市	日本(丹阳)汽车零部件产业园	江苏省小型微型企业创业创新示范基地

（陈砚琳）

2021 年镇江市新增国家级制造业“单项冠军”企业(产品)

表 11 －5

地区	企业名称	所获称号
丹徒区	镇江大力液压马达股份有限公司	制造业“单项冠军”示范企业
镇江新区	江苏天奈科技股份有限公司	碳纳米管导电浆料获制造业“单项冠军”产品

(赵雅婕)

2021 年镇江市新增国家级“‘专精特新’小巨人”企业、省级“专精特新”产品和“小巨人”企业情况表

表 11 －6

地区	企业名称	所获称号
丹阳市	琦瑞科技(江苏)有限公司	国家级“‘专精特新’小巨人”企业
丹阳市	江苏新通达电子科技股份有限公司	国家级“‘专精特新’小巨人”企业
丹阳市	冈田精机丹阳有限公司	国家级“‘专精特新’小巨人”企业
扬中市	江苏士林电气设备有限公司	国家级“‘专精特新’小巨人”企业
丹徒区	江苏希西维轴承有限公司	国家级“‘专精特新’小巨人”企业
镇江新区	航天海鹰(镇江)特种材料有限公司	国家级“‘专精特新’小巨人”企业
京口区	江苏天海特种装备有限公司	省级“专精特新”产品
京口区	镇江立达纤维工业有限责任公司	省级“专精特新”产品
京口区	镇江蓝舶科技股份有限公司	省级“专精特新”产品
丹徒区	江苏中兴药业有限公司	省级“专精特新”产品
镇江新区	镇江贝斯特新材料有限公司	省级“专精特新”产品
丹阳市	江苏洪旭德生科技有限公司	省级“专精特新”产品
丹阳市	江苏乐能电池股份有限公司	省级“专精特新”产品
扬中市	威腾电气集团股份有限公司	省级“专精特新”产品
扬中市	江苏美科太阳能科技股份有限公司	省级“专精特新”产品
句容市	江苏联博精密科技有限公司	省级“专精特新”产品
句容市	江苏南瓷绝缘子股份有限公司	省级“专精特新”产品
丹徒区	上豪包装机械(镇江)有限公司	省级“小巨人”企业
丹徒区	江苏力凡胶囊有限公司	省级“小巨人”企业
镇江新区	镇江三维输送装备股份有限公司	省级“小巨人”企业
镇江新区	镇江康飞汽车制造股份有限公司	省级“小巨人”企业
丹阳市	江苏仅一联合智造有限公司	省级“小巨人”企业
丹阳市	丹阳丹耀光学股份有限公司	省级“小巨人”企业
扬中市	江苏和成显示科技有限公司	省级“小巨人”企业
扬中市	长江三星能源科技股份有限公司	省级“小巨人”企业
扬中市	江苏锋芒复合材料科技集团有限公司	省级“小巨人”企业
扬中市	上迈(镇江)新能源科技有限公司	省级“小巨人”企业

(陈　斌)

2021 年镇江市新增省级“绿色工厂”名单

表 11 －7

地　区	企业名称	地　区	企业名称
丹阳市	大亚人造板集团有限公司	扬中市	江苏扬中印刷有限公司
丹阳市	丹阳龙江钢铁有限公司	扬中市	江苏美科太阳能科技有限公司
丹阳市	双峰格雷斯海姆医药玻璃(丹阳)有限公司	扬中市	江苏通灵电器股份有限公司
丹阳市	江苏鱼跃医疗设备股份有限公司	京口区	江苏鼎胜新能源材料股份有限公司
丹阳市	江苏鑫海高导新材料有限公司	镇江新区	优利德(江苏)化工有限公司
句容市	句容台泥水泥有限公司	镇江新区	镇江同舟螺旋桨有限公司

(吴　江)

装备制造业

【概况】 2021年,镇江市加强规划引领、强化政策扶持、突出创新驱动,加快装备制造业创新步伐,高端产业加速集聚。全市有高端装备制造规模以上企业652家,实现应税销售1404.8亿元,比上年增长23.8%。全年新增"接触网悬挂状态检测监测装置""4GQ-1A型智能(丘陵)甘蔗收获机"等"首台(套)"认定产品15个。推进智能制造建设,滚动实施智能制造储备项目库,组织企业线上学习观摩智能制造进化工园区等活动,全年为24家企业提供智能制造诊断费用补助,为航发优材(镇江)高温合金有限公司"粉末高温合金盘形件省智能工厂项目"争取资金支持2000万元。鱼跃医疗、索普化工2家企业分别入选国家智能制造试点示范工厂"揭榜单位"和"优秀场景"名单。全年新增省"智能制造示范工厂"1个,累计打造省"智能制造示范工厂"4个,列全省第5名。新增省"智能车间"22个,累计打造省"智能车间"87个,列全省第6名。新增省"智能制造领军服务机构"1家,累计3家。新增国家"道路机动车辆产品"86款,累计818款。全市有装备制造业项目99个,占市级重点项目比重43%。2月,工业和信息化部产业发展促进中心公示4项"高档数控机床与基础制造装备"科技重大专项,冈田精机丹阳有限公司申报的"数控机床刀库及自动换刀装置关键技术研究与应用"入选。 (栾 蕾)

2021年镇江市高端装备制造集群应税销售50强企业情况表

表11-8

地　区	企业名称	地　区	企业名称
丹阳市	江苏沃得农业机械股份有限公司	丹阳市	江苏天工精密工具有限公司
扬中市	蜂巢动力系统(江苏)有限公司	丹阳市	常诚车业江苏有限公司
扬中市	江苏美科太阳能科技有限公司	丹徒区	沃得重工(中国)有限公司
镇江新区	镇江均和重工有限公司	丹阳市	大力神铝业股份有限公司
镇江新区	中节能太阳能科技(镇江)有限公司	丹阳市	江苏华凯比克希线束有限公司
扬中市	江苏新韩通船舶重工有限公司	丹阳市	迅驰车业江苏有限公司
扬中市	镇江西门子母线有限公司	丹阳市	冈田精机丹阳有限公司
丹阳市	江苏新泉汽车饰件股份有限公司	丹阳市	江苏沃得农业机械配件制造有限公司
丹徒区	江苏沃得高新农业装备有限公司	扬中市	江苏亿能电气有限公司
句容市	句容协鑫光伏科技有限公司	丹阳市	江苏超力电器有限公司
丹徒区	北汽蓝谷麦格纳汽车有限公司	镇江新区	江苏彤明汽车电子科技有限公司
镇江新区	凯迩必机械工业(镇江)有限公司	京口区	诺贝丽斯铝业(镇江)有限公司
丹阳市	大赛璐安全系统(江苏)有限公司	镇江新区	恩坦华汽车零部件(镇江)有限公司
镇江新区	镇江东方电热科技股份有限公司	丹阳市	江苏同力日升机械股份有限公司
丹阳市	江苏大力神科技股份有限公司	丹阳市	丹阳荣嘉精密机械有限公司
扬中市	镇江默勒电器有限公司	丹阳市	大亚车轮制造有限公司
丹阳市	沃得精机(中国)有限公司	扬中市	江苏大津重工有限公司
扬中市	蜂巢传动系统(江苏)有限公司	镇江新区	瑞肯耐特流体控制系统(镇江)有限公司
丹阳市	江苏沃得机电集团有限公司	丹阳市	江苏仅一联合智造有限公司
扬中市	江苏大全长江电器股份有限公司	扬中市	威腾电气集团股份有限公司
镇江新区	孚能科技(镇江)有限公司	句容市	句容市天工新材料科技有限公司
镇江高新区	江苏省镇江船厂(集团)有限公司	丹阳市	江苏林泉汽车装饰件有限公司
扬中市	江苏通灵电器股份有限公司	丹阳市	江苏海德莱特汽车部件有限公司
丹阳市	江苏沃得植保机械有限公司	句容市	句容协鑫集成科技有限公司
丹徒区	江苏振光电力设备制造有限公司	镇江新区	江苏东方瑞吉能源装备有限公司

(王云山)

【海工装备产业链】 2021年，镇江市科技部门牵头组建由市人才办、市发改委、市工信局等11家单位为成员的产业链工作专班，制定《2021年海工装备产业链"链长制"工作方案》；专班成立后，试行"揭榜挂帅"新机制，加强海工装备产业关键核心技术攻关。9月18日，市科技局举办海工装备产业链专题讲座，邀请国际标准化组织船舶与海洋技术委员会主席、中国船舶工业行业协会秘书长李彦庆等担任主讲嘉宾，分析海工装备产业发展现状和趋势，并结合镇江市海工装备产业发展实际提出相关对策建议。市科技部门编制完成"五图六清单"；建立海工装备产业链重点企业、重点项目挂钩联系服务机制；召开海工装备产业链工作调度会。8月，市科技局、江苏科技大学调研相关海工装备链主企业，并推介相关科技创新政策。10月16日，中国船舶工业行业协会会长郭大成到镇江船厂（集团）有限公司调研。 （卢永慧）

【《镇江市"十四五"航空航天产业发展规划》】 2021年11月9日，《镇江市"十四五"航空航天产业发展规划》正式发布。该规划明确"十四五"期间，镇江市航空航天产业将以"两核心、六领域、双特色"为主攻方向，即围绕航空航天关键零部件和航空航天新材料两大具有关键和带动作用的核心产业，培育壮大通航产业、无人机产业、动力产业、航天产业、配套设备制造产业、航空航天关联产业等6个细分领域，打造通航运营服务与航空教育产业两大特色产业板块，形成集研发、制造、运营服务、人才培育于一体的航空航天全产业链。重点打造"一中心、三片区、多点"的空间布局（"一中心"为镇江新区，"三片区"为丹阳市、京口区、句容市，"多点"为散布于全市范围内的涉航企业、科研机构等主体）。按照规划要求，到2025年，全市涉航企业销售规模超500亿元。 （栾 蕾）

【镇江市海工装备产业联盟成立】 2021年10月29日，镇江市海工装备产业联盟成立。产业联盟成员由全市规模以上海工装备配套企业、科研院所、高校、产业链工作专班成员单位、金融机构等50家机构组成。联盟的成立旨在推动产业链上下游合作，推进海工装备产业关键核心共性技术协同创新；加强政府、企业、高校院所和研发机构、金融机构等组织间交流合作，为海工装备产业发展提供技术研发、人才培养、金融支持、政策保障；推动全市海工装备产业高质量发展。 （卢永慧）

【镇江船厂石油平台起锚供应船参与苏伊士运河堵塞救援】 2021年，江苏省镇江船厂（集团）有限公司（以下简称"镇江船厂"）制造的"MARIDIVE 703"船参与苏伊士运河堵塞救援工作。"MARIDIVE 703"船是2011年由镇江船厂为埃及船东批量建造的71米石油平台起锚供应船之一，无限航区航行，GPS二级定位，无人机舱，满足船东个性化要求，可以任意点回转，可以为海洋石油平台提供起锚、拖带作业，并拥有物资供应、对外消防等一系列辅助功能。该产品的技术创新成果，先后获全国工商联"科技进步一等奖"、江苏省科技进步三等奖等奖项。 （栾 蕾）

【大津重工交付700吨自升式风电作业平台】 2021年8月，大津重工有限公司在青岛海西重机有限责任公司交付700吨自升式海上风电作业平台"港航平7"。该平台甲板面积2200平方米，设有4圆柱桩腿及完全自主设计制造的液压插销式升降系统，桩腿长度90米，可满足最大作业水深50米的施工要求；可进行海上风电装置的吊装作业、风电基础施工作业、货物运输作业、风电叶轮预装作业；同时，可满足86人居住作业需求，具有在作业区域移泊功能和DP－1动力定位功能。 （栾 蕾）

【中国带脱硝装置最大功率全回转拖船下水】 2021年11月6日，由江苏省镇江船厂（集团）有限公司为深圳盐田拖轮有限公司设计建造的"盐田拖21"下水，成为国内市场带脱硝装置的最大功率全回转近海拖船。该船由镇江船厂自主设计，设计功率5884千瓦（8000马力），不仅可用于港内作业，还可满足近海拖带需求，配有发动机尾气排放处理脱硝装置（SCR），满足国际海事组织第Ⅲ级（Tier Ⅲ）氮氧化物排放标准。 （栾 蕾）

【"全国百家优秀汽车零部件供应商"入选企业】 2021年12月，第18届"全国百家优秀汽车零部件供应商"榜单正式发布。镇江市的江苏新泉汽车饰件股份有限公司、江苏超力电器有限公司、江苏新通达电子科技股份有限公司等3家企业入选，其中，超力电器公司和新通达电子公司获评"优秀汽车电子电器供应商"，新泉汽车公司获评"优秀通用件、车身附件供应商"。 （栾 蕾）

【智能制造试点示范工厂入选企业】 2021年12月28日，工业和信息化部公示2021年度智能制造试点示范工厂"揭榜单位"和"优秀场景"名单。江苏鱼跃医疗设备股份有限公司入选2021年智能制造试点示范工厂，揭榜"高端医用诊疗设备智能制造示范工厂"任务。该项目自2019年实施，预计2023年结束。通过自建工业互联网平台，采购和实施自主品牌的智能制造关键技术装备、核心支撑软件、网络基础设施和信息安全系统，基于工业互联网平台，打造用户直连制造、采购策略优化、智能仓储、物流实时监测与优化、离散新工艺数字化设计、生产计划优化、先进过程控制、智能在线检测和在线运行监测与故障诊断9大典型应用场景集于一体的高端医用诊疗设备智能制造示范工厂。江苏索普化工股份有限公司的"安全风险实时监测与识别"入选"优秀场景"名单。

（栾　蕾）

新材料业

【概况】 2021年，镇江市高性能材料产业链围绕高性能合金及碳纤维材料产业链和高分子材料产业链2条主线，加快培育一批"链主企业""隐形冠军"和"专精特新"产品，打造一批示范项目，突破一批关键技术，发挥新材料产业集群优势和龙头骨干企业的带动作用，提升镇江市新材料产业的发展水平和核心竞争力。全市有新材料产业规模以上工业企业181家，应税销售1271.2亿元，比上年增长41.7%。全年组织实施建华科创园高性能复合材料、江苏德晴新材碳纤维产品制造、镇江普耀新材料半导体光电新材料、天工爱和特钢高合金工模具钢技改及粉末冶金等新材料重点项目52个，其中，亿元以上项目47个，总投资286.8亿元，占全市项目总投资的17.6%，当年完成投资101.1亿元。对新材料领域的"金山英才"项目实施倾斜，对20个项目奖补资金2650万元。全年新材料行业新增省级以上企业技术中心2家（累计23家），新增省级以上"绿色工厂"5家（累计9家），新增国家级"单项冠军"企业1家（累计4家），新增省级以上"专精特新"小巨人企业6家（累计15家），新增省级"示范智能车间"4家（累计17家）。

（丁　琦）

2021年镇江市新材料集群应税销售50强企业情况表

表11－9

地　区	企业名称	地　区	企业名称
镇江新区	镇江奇美化工有限公司	丹阳市	江苏恒神股份有限公司
京口区	江苏鼎胜新能源材料股份有限公司	丹徒区	镇江龙源铝业有限公司
丹阳市	江苏鑫海高导新材料有限公司	扬中市	江苏天辰新材料股份有限公司
京口区	江苏索普化工股份有限公司	镇江新区	江苏常青树新材料科技有限公司
镇江新区	镇江江南化工有限公司	丹阳市	江苏图南合金股份有限公司
镇江新区	镇江联成化学工业有限公司	扬中市	江苏锋芒复合材料科技集团有限公司
镇江新区	江苏通达铜材有限公司	丹阳市	江苏瑞美福实业有限公司
句容市	建华建材（中国）有限公司	丹阳市	丹阳市永达模塑有限公司
丹阳市	江苏天工工具有限公司	扬中市	江苏天舜金属材料集团有限公司
丹阳市	天工爱和特钢有限公司	丹阳市	丹阳市助剂化工厂有限公司
句容市	句容宁武新材料股份有限公司	镇江新区	山特维克材料科技（中国）有限公司
镇江新区	道达尔润滑油（中国）有限公司	丹阳市	江苏三鑫铝业有限公司
镇江新区	索尔维（镇江）化学品有限公司	镇江新区	江苏新越高新技术股份有限公司
丹徒区	镇江源龙铝业有限责任公司	镇江新区	托尔专用化学品（镇江）有限公司
镇江新区	镇江南帝化工有限公司	丹阳市	江苏飞亚金属制品有限公司
扬中市	江苏森林建筑新材料股份有限公司	丹阳市	江苏凯伦铝业有限公司
丹阳市	丹阳飞达重工有限公司	扬中市	江苏省福达特种钢有限公司
镇江新区	江苏正丹化学工业股份有限公司	丹徒区	镇江原轼新型材料有限公司
丹徒区	帝高力装饰材料（江苏）有限公司	丹阳市	江苏瑞文新材料科技有限公司
丹徒区	镇江李长荣高性能材料有限公司	丹阳市	江苏大亚铝业有限公司
镇江新区	优利德（江苏）化工有限公司	句容市	江苏兆鋆新材料股份有限公司
镇江新区	江苏天奈科技股份有限公司	丹徒区	镇江利德尔复合材料有限公司
镇江新区	江苏超跃化学有限公司	镇江新区	壳牌（镇江）沥青有限公司
丹徒区	江苏苏亚迪炭材有限公司	镇江新区	亚世科（镇江）新材料科技有限公司
丹阳市	江苏华力金属材料有限公司	丹徒区	镇江市润发铝业有限公司

（王云山）

【天工国际关键技术打破国际垄断】 2021年2月8日，镇江市的天工国际有限公司建设的中国首条粉末冶金工模具钢生产线经过技术探索和科研攻关，破解第三代粉末冶金技术的多项“卡脖子”关键核心技术，开发生产高纯净的TGP39、TGE25、TSFX42、TSFX22、TPMB44、TPM638等10余个品种的粉末工模具钢材料及粉末不锈钢材料，并实现全流程规模化稳定生产，制粉成品率有较大提高，打破同类粉末材料的国际垄断，填补国内粉末冶金工模具钢规模化生产空白，为高端复杂刀具制造、热喷涂、激光表面熔覆与修复、3D打印、注塑成型、精冲模具、高端机械零件制造等提供高端的先进材料。同时，天工国际该类产品成功打入国际市场。 （丁 琦）

【江苏恒神股份有限公司】 2021年3月，镇江市的江苏恒神股份有限公司收到国际认证机构DNV·GL颁发的24K碳纤维、碳纤维织物和碳纤维拉挤板的TYPE APPROVAL证书以及SHOP APPROVAL证书；该公司的“中模高强碳纤维预浸料”产品，入选中国纤维流行趋势2021/2022——高性能碳纤维类代表产品名单。9月，该公司以自产碳纤维生产的拉挤碳板在国内首支百米级大型海上风电叶片上应用，开创国产碳纤维在百米级大叶片应用的先河。12月，某公司对碳纤维舷梯扶手栏杆项目进行验收，这是碳纤维复合材料在多功能舷梯上的首次应用。 （丁 琦）

【高性能合金材料产业联盟成立】 2021年10月22日，镇江市举行高性能合金材料产业联盟成立大会。该联盟由江苏鼎胜新能源材料股份有限公司等9家单位发起，由60家骨干企业、高校和科研院所、金融机构等组成，包含“产业链、供应链、人才链、技术链、资金链”各环节。联盟的成立旨在搭建“链主”单位引领、产业链骨干企业集聚、科研院所人才支撑、金融机构高效服务的合作交流平台，促进各成员单位间的优势互补、互惠互利，为镇江高性能合金材料产业高质量发展提供“产学研用服”集成服务。

（丁 琦）

【2021中国石油和化工企业“500强发布会”入选企业】 2021年11月29日—30日，2021中国石油和化工企业“500强发布会”在线上举行，会议发布2021中国基础化学原料制造业“百强企业”名单，镇江市的江苏索普化工股份有限公司（第49名）、江苏正丹化学工业股份有限公司（第99名）入选；会议同时发布2021中国合成材料制造业“百强企业”榜单，镇江市的江苏恒神股份有限公司（第42名）、江苏铁科新材料股份有限公司（第56名）、江苏建亚环保科技股份有限公司（第87名）入选。 （丁 琦）

电力工业

【概况】 2021年，镇江市发电总装机容量1042.78万千瓦，其中统调燃煤电厂3家，总装机容量820万千瓦，新增统调燃气热电企业1家，装机容量92万千瓦；公用热电厂4家，总装机容量9.6万千瓦；生物质发电企业1家，总装机容量3万千瓦；垃圾发电企业3家，总装机容量6.1万千瓦；新增地面光伏2家，累计15家，总装机容量11.335万千瓦。截至年底，镇江市各类光伏发电累计装机容量110.08万千瓦，在2020年的基础上，新增装机容量19.81万千瓦；新增风力发电企业1家，装机容量2万千瓦。 （杨正跃）

【国能江苏谏壁发电有限公司】 2021年，国能江苏谏壁发电有限公司（以下简称谏壁公司）与国家能源集团江苏电力有限公司签订谏壁电厂委托谏壁公司管理协议。谏壁公司接手管理后，健全完善公司事项决策机构，规范各级主体在法人治理体系中的职责边界，推动建立“各司其职、协调运转、有效制衡”的公司治理结构。2021年，该公司年发电量156.69亿千瓦时，比上年增加23.84亿千瓦时，增长17.95%；年供热量222.25万吨，增加27.34万

图11-1 2021年，天工国际有限公司粉末冶金厂车间现场

（天工集团办公室 供稿）

吨,增长14%,年上缴税费2.13亿元。

安全生产。推进安全生产专项整治,发现问题285项并闭环整改。组织协理员、安全管理人员创新成立5个安全再监督再检查组,发挥技术优势、管理优势,对工程建设项目加强安全监督管理,检查发现、及时整改不符合项90处。健全承包商管理机制,全面投用自主开发的全员安全教育信息化管控平台,落实承包商主体责任。组织接种新冠病毒疫苗13场次,其中涉外码头高风险人员100%完成疫苗接种。强化涉外码头管控,全年50条外轮靠泊,均实行"一船一档"。

经营管理。全年百万机组实施外部替代9.7亿千瓦时,集中竞价电量和增量挂牌电量28.03亿千瓦时。加大高性价比经济煤种采购调运,长协煤采购比为69.64%,低成本进口煤202.54万吨,控制标煤单价,压降燃料成本,全年节约成本超3亿元。跟踪周边固弃物市场动态,拓展远端优质客户,拓宽省外销售渠道,提升"苏源"牌粉煤灰的知名度。固弃物销售综合单价149.67元/吨,销售收入1.41亿元,固弃物经营销售有所增长。

绿色发展。推动绿色低碳转型,年投产光伏项目61.39兆瓦,其中,贞观山光伏项目(33.35兆瓦)为国家能源集团火电板块首个、江苏省第一批平价上网地面集中式光伏项目,获江苏省质量管理协会"2021现场管理诊断评价五星级"。该公司协助推动国家能源集团江苏电力有限公司与镇江市政府签订战略合作框架协议;协助推动国家能源集团江苏电力有限公司与扬中市政府、京口区政府、镇江新区管委会、镇江高新区管委会签订屋顶分布式光伏合作框架协议,推进整县制开发,先后完成京口区、镇江高新区备案,整县制开发项目于12月28日开工。

企业管理。制定"一流企业、一流部门、一流班组、一流现场"评价要求,建立精益化对标小组18个,形成精益化对标成果22个,获评江苏公司"精益化对标优秀单位"称号。制定(修订)公司标准制度156项,完善流程70个,获评中电联"AAAAA级标准化良好行为企业"。加强班组"生力军"队伍建设,4人获江苏省质量管理协会QC评委证书,1人获中国水利电力质量管理协会QC评委证书;QC成果连续3年获国家能源集团QC成果特等奖。开设"法治讲堂",推动形成全员知法、守法、用法良好环境。

文化建设。举办5期"道德讲堂"。4名员工完成造血干细胞血样采集,加入中华骨髓库。开展"企业文化周""身边的榜样"主题宣传等系列活动,通过线上培训和企业文化讲座,增强员工对企业文化的理解与认同。11人次获国家能源集团、国家能源集团江苏电力有限公司、镇江团市委表彰,公司团委获镇江市"五四红旗团委"称号。 (丁　健)

【国网镇江供电公司】 2021年,镇江市全社会用电量295.06亿千瓦时,比上年增长10.49%;供、售电量分别为272.33亿千瓦时和265.6亿千瓦时,分别增长11.78%和12.04%;调度最高用电负荷497.76万千瓦,增长8.16%。全市有35千伏及以上变电站152座,其中,500千伏4座、220千伏31座、110千伏95座、35千伏22座;变压器290台,主变容量2687万千伏安;35千伏及以上输电线路长度5315千米,其中,500千伏661千米、220千伏1693千米、110千伏2043千米、35千伏918千米。2021年,公司连续安全生产6120天。截至2021年年底,该公司服务电力客户221.29万户。全市累计申请业扩报装容量2664.9兆伏安,完成3008块电能表的远程费率设置以及587块电能表的现场调试和更换工作。

供电公司应对台风"烟花"等恶劣天气影响,先后做好对南通风雹、郑州暴雨等援助救灾任务。完成庆祝中国共产党成立100周年系列活动、第五届国际(镇江)低碳大会等260余项重要保电任务。升级改造3家基层公司应急指挥中心,建成输电集中监控中心和变电智能运检管控中心,连续42个月保持220千伏及以上线路"零外破"。实施分界开关加装项目,组织4期重要用户电工培训,加强客户侧安全。

供电公司编制"双碳"行动方案和重点任务清单,发布《镇江电力能源低碳转型发展蓝皮书》,并上线全省首个地市级能源大数据中心。供电公司、镇江新区管委会、金东纸业公司签订三方合作备忘录,一体化推进五峰山交改直工程换流站落点、金东自备电厂关停、金东纸业屋顶光伏、用户工程接入等项目。孚能科技公司分布式光伏(二期)项目并网,丹阳帷瑞、贞观山灰场等光伏配套送出工程实现"当年核准、当年开工、当年投产"。梦溪变220千伏配套送出工程按期投运。220千伏南沿江牵引站配套工程开工建设。供电公司落实输配电数字化提升专项行动,实现500千伏线路可视化全覆盖,并完成8000余台融合终端接入配电云主站工作。建设农网项目1145个,改造低压线路918千米。

供电公司深化现代服务体系建设,在健全"营配"(营销专业、配电专业)融合的"3县3区+1中心"服务管控新模式的基础上,推进农电领域属地化管理,实现"营配"全业务有机融合、城乡配农网一体化管理,提升服务质效和运营效率。推动市、县两级政府出台电力接入工程政企共担管理机制实施办法。推出"抢修式"低压报装和"套餐式"高压报装服务。当年,该公司完成镇江大照科创产业园项目开工建设全部手续。2021年,该公司党委获评"中央企业先进基层党组织""国网公司红旗党委",公司员工方美芳获评"全国优秀共产党员",该公司获2020年度镇江市优化营商环境"甘露奖"。 (陈　虎)

【电力供应保障】　2021 年 9 月下旬开始，镇江市电力供需较紧张。国网镇江供电公司对全市 2691 户企业按照“分级分类、一类一策”方式进行管理，合理安排电网运行方式。在镇江市政府的领导下，自 9 月 22 日起至 11 月 4 日，实现有序用电 27 天，最大错峰 58 万千瓦，未发生“拉闸限电”情况，保障电网安全防线和民生用电底线。（孟学阳）

【“开门接电”示范区建设】　2021 年，国网镇江供电公司围绕省、市级重点园区，开展“开门接电”示范区建设。推进电网规划与城市规划深度融合，将配电网提前延伸建设至待开发用电地块红线外；属地政府加大电力接入土建工程投资，推动建立政电共担电力接入工程的局面。该公司与镇江新区管委会签订“开门接电”示范区建设合作协议，建立政企长效协作机制，同步建设“开门接电”示范区和“零计划停电”示范区，提升供电服务质量。截至年底，全市建设镇江新区大港商贸核心区、扬中市高新创业产业园、句容市临港工业集中区等 6 个“开门接电”示范区。（张　翔）

【能源和碳排放管理平台建设】　2021 年，国网镇江供电公司受镇江市发改委委托，开展全省首个镇江市能源大数据中心（能源和碳排放管理平台）建设。该中心以服务政府治理能力提升、服务企业转型升级为核心，汇集煤、电、油、气等能源数据，部署应用碳排放分析及管理、重点项目碳评估、重点碳排放企业监管等功能模块，旨在为“摸家底、评现状、测未来、寻潜力、强监管、碳金融”等提供全面技术支持，为如期实现碳达峰碳中和提供科学决策依据。10 月 16 日，镇江市能源大数据中心碳达峰碳中和管理平台在第五届国际低碳（镇江）大会暨碳达峰碳中和 2021 金山峰会上发布。12 月 6 日，中央电视台《新闻联播》播放该中心画面。（张　翔）

【中国能源建设集团江苏省电力建设第三工程有限公司】　2021 年，中国能源建设集团江苏省电力建设第三工程有限公司完成营业收入 51.1 亿元，全年在建项目 235 个，分布于国内 28 个省（自治区、直辖市），以及巴基斯坦、马尔代夫和孟加拉国等 3 国。投产移交火电机组 7 台，计 3513 兆瓦；风电机组 115 台，计 257.3 兆瓦；投运变电站 8 个，投运线路 8 条，计 67.99 千米。该公司推进自主创新和科技进步，16 项 QC 成果获省部级以上奖项、1 项研究获中国电力行业科技进步奖。公司重视安全质量环保管理，承建的红星国际生活广场二期工程获评省级建筑施工标准化星级工地（一星），陕西德源府谷电厂“2 × 660MW 扩建工程Ⅱ标段建筑安装工程”等 3 个项目获评中国工程建设焊接协会“2021 年度优秀焊接工程”，国家能源集团宿迁公司“2 × 660MW 机组工程”等 3 项工程获评中国电力优质工程，“三峡新能源江苏大丰 300MW 海上风电工程”获国家优质工程奖。2021 年，该公司地方及行业资信等级保持“AAA”级水平，并获镇江市建筑业发展专项引导资金。同时，公司先后获评中国施工企业管理协会“2021 年度电力建设领域诚信典型企业”“江苏省建筑业百强企业”“镇江市建筑业最佳企业”“镇江市职业病防治先进单位”等。（汤　杰）

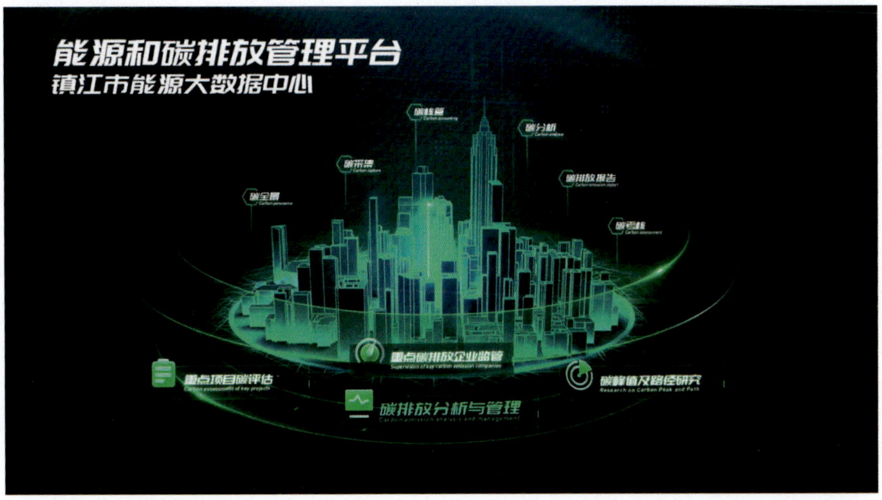

图 11－2　镇江市能源大数据中心（能源和碳排放管理平台）页面截图
（张　翔　供稿）

综　述

【概况】 2021 年，镇江市受新冠肺炎疫情、城建投资规模控制和房地产市场下行等因素影响，全市完成建筑业总产值 773 亿元，比上年下降 1.2%。组织工程建设领域平安建设暨“治乱出清”专项整治行动，开展建筑市场综合执法检查，规范建筑市场秩序。修订建筑业企业信用评价细则，完善企业信用评价体系，实施施工现场和招标投标市场的“两场联动”。落实《保障农民工工资支付条例》，保障农民工合法权益。推进“不见面”开标，优化营商环境。强化建筑工程安全生产和扬尘管控，提升安全生产文明施工管理水平。强化工程质量标准化管理，推行工程质量安全手册制度和工程质量检测综合报告制度，全年质量安全形势总体平稳。

2021 年，纳入镇江市地区生产总值核算建筑业总产值 645.65 亿元，比上年增长 8%。全年签订的合同额 1278 亿元，下降 5.1%，其中当年新签合同额 567 亿元，下降 15.2%；缴纳税金 45 亿元，其中在镇江市纳税 27.8 亿元，下降 3.9%；房屋建筑施工面积 2302 万平方米，增长 2.3%，其中当年新开工面积 741 万平方米，下降 7%；市外产值 461 亿元，占全市建筑业总产值的 60%，增长 1%；省外产值 231 亿元，占全市建筑业总产值的 30%，下降 6.1%。

2021 年，镇江市有 4 家企业入选 2020 年度江苏建筑业“百强企业”，分别是：江苏合发集团有限责任公司（装饰装修类），中国能源建设集团江苏省电力建设第三工程有限公司（建筑安装）、江苏省交通工程集团有限公司（基础设施类）、中交二航局第三工程有限公司（基础设施类）。市促进建筑业发展领导小组对 2020 年镇江市优秀建筑业企业进行表彰：江苏省交通工程集团有限公司等 4 家企业获“龙头企业”称号，江苏山水环境建设集团股份有限公司等 10 家企业获“骨干企业”称号，江苏省交通工程集团有限公司等 10 家企业获“建筑市场开拓有功企业”称号，江苏地质基桩工程公司等 10 家企业获“十佳专业企业”称号。同时，江苏省交通工程集团有限公司等 33 家建筑业企业获财政奖励资金 292 万元。　（鲍习文）

【建筑业企业资质情况】 2021 年，镇江市住建局核准建筑业企业资质 14 批、310 家，其中，首次申请 202 家、增项申请 108 家。住房和城乡建设部核准资质升级企业 3 家，江苏拓科集团有限公司通过建筑工程施工总承包特级核准；句容市新华建筑工程有限公司、句容市银鹏建筑安装工程公司建筑工程晋升施工总承包一级资质。江苏省住建厅核准镇江市建筑业企业 419 家，其中，首次申请 361 家、增项申请 50 家、升级申请 8 家，江苏友达建设有限公司、江苏大金建设集团有限公司通过建筑工程施工总承包一级核准。全市备案劳务资质企业 482 家。截至 12 月底，全市具有建筑业资质企业 3645 家，比上年增长 63%；具有施工总承包资质项 1994 个，其中特级资质 2 个、一级资质 71 个、二级资质 202 个、三级资质 1719 个；具有专业承包资质项 4124 个，比上年增长 46.5%，其中一级资质 264 个、二级资质 1608 个、三级资质 1383 个、不分等级资质 869 个；具有劳务资质项 898 个。当年，镇江市统计联网直报平台新增规模以上企业（有资质建筑业企业）85 家。　（鲍习文）

建筑市场监管

【概况】 2021 年，镇江市住建部门结合工程建设领域平安建设暨“治乱出清”专项整治行动，对市区在建工程进行拉网式检查，上半年检查 51 个项目标段，总建筑面积约648.72万平方米，总工程造价162.61亿元，涉及施工单位47家、监理单位17家，发出安全隐患整改通知书36份、工程质量监督抽查整改通知书3份、局部停工整改通知书1份、全面停工整改通知书10份。下半年检查47个项目标段，总建筑面积约409万平方米，总工程造价约94.4亿元，涉及施工单位41家、监理单位22家，发出安全隐患整改通知书27份、工程质量监督抽查整改通知书1份、局部停工整改通知书8份。（鲍习文）

【建设领域根治欠薪工作】 截至2021年12月底，镇江市纳入省实名制信息化管理平台的在建项目183个，实名制用工总人数21万人，登记在册用工总人数8.7万人；在建项目考勤覆盖率100%、专户开通覆盖率97.95%、工资代发覆盖率98.95%；工资代发总额36.8亿元。2019年—2021年，全市建筑工程累计开设农民工工资专户1127个、办理建工卡16.5万余张、代发工资98.52亿元。2021年春节后到12月底，全市住建系统受理拖欠农民工工资问题信访526批次、8622人，协调解决拖欠农民工工资1.76亿元，其中，市建管处受理拖欠农民工工资问题信访240批次、4661人，协调解决拖欠农民工工资0.94亿元。

2021年，市住建局印发《关于加强施工现场管理人员到岗履职管理工作的通知》，将建设、施工、监理单位管理人员纳入实名制管理范围，并要求项目经理、总监每月考勤率不得低于70%；市建筑领域实名制管理推进工作联席会议办公室印发《关于加强建筑领域实名制技术服务单位管理的通知》，明确技术服务单位服务能力要求和登记办理流程，同时对技术服务单位实施红、黄牌信用管理制度，督促技术服务单位规范经营。通过政府采购确定市实名制管理平台升级改造实施单位，主要内容包括App开发、投诉管理、黑名单管理，与省住建厅平台、银行业务系统、智慧工地系统等进行对接，当年完成并通过验收。

2021年，市住建部门对全市建管机构监管人员、合作银行工作人员、在建项目参建各方项目负责人及施工单位劳资员开展培训，参培人员超过1000人，主要培训实名制管理、保障农民工工资支付政策，考勤和管理系统操作应用等内容，提升参建各方思想认识和实名制管理技能。定期对全市在建项目实名制管理情况进行通报，对项目经理、总监及劳务人员考勤，工资发放、专户设置等不到位项目进行预警，要求限期整改，对整改不到位项目实施单位进行信用惩戒，在信用评价系统中记入不良记录，扣减信用分。全年通报4次，对249个项目进行预警，实施信用惩戒52家，其中施工单位38家、监理单位14家。

（鲍习文）

【企业信用评价工作】 2021年，镇江市住建部门规范建筑业企业信用评价工作，印发《关于加强建筑业企业信用评价管理工作的通知》，修订印发《镇江市建筑业企业信用管理实施细则（试行第八版）》，对信用评价系统进行升级改造，强化企业信用信息录入管理，加大对虚报、漏报、瞒报企业信用信息或其他造假行为的惩戒力度，每次公布评价结果前对企业工程业绩、具体获奖信息等进行公示，通过社会监督保障企业信用评价结果公开、公平、公正。全年开展4次建筑业企业信用评价、2次监理企业信用评价工作，并将信用评价结果应用于招投标，实现施工现场与招投标市场的“两场联动”，督促建筑行业企业提高现场管理水平。（鲍习文）

【建筑领域营商环境建设】 2021年，镇江市住建部门建设不见面开标系统，完成虚拟现实场景、数字地图、无人值守、同步多开等7个核心技术研发；建立工程项目、企业、人员3个基础数据库，开发标准化招投标文本模板、网上投标系统、工程量清单清标系统，实现数字证书（CA）自行在线解密，招标文件自动导入，即时网上唱标、交流与协调；升级硬件设施，在市公共资源交易中心改建“不见面开标”室；建设工程领域施工、货物、监理项目全面实行“不见面开标”，“不见面”开标覆盖率84.7%。推进保证金缴纳方式改革，建筑业企业可自愿选择银行保函、保险公司保险单或现金方式缴纳农民工工资保证金，全年有174家建筑施工企业办理农民工工资保证保险，释放农民工工资保证金6880万元；2019年—2021年，有309家建筑施工企业办理农民工工资保证金，释放保证金12360万元。（鲍习文）

【“治乱出清”专项整治】 2021年，镇江市住建局印发《关于印发〈镇江市工程建设领域平安建设暨“治乱出清”整治工作方案〉的通知》，建立领导小组和工作专班，细化任务清单，制定检查表格，开展专项整治。11月—12月，全市建筑业企业报送自查情况表489份，招投标、质量和安全监管机构排查在建项目760个，排查行业“乱点”161个，其中下发整改通知书84份、停工通知书30份，移交行政处罚案件19个，执法机构立案查处案件12件。当年，市城建监察支队受理各类案件80件，立案查处68件，办结64件，收缴罚款299.49万元。立案查处的案件中，扬尘类案件47件、施工许可类案件7件、房产类案件2件、人防类案件2件、消防类案件3件、燃气类案件2件、施工图变更后未经审查类案件2件；未组织竣工验收、擅自交付使用、工地安全措施不到位、肢解发包各1件。

（鲍习文）

质量安全监管

【概况】 2021年，镇江市新报监房屋建筑单位工程1633项，比上年下降8%；建筑面积1131万平方米，增长6%。新报监市政工程149项、总造价16亿元，分别下降32%、11%。竣工房屋建筑单位工程1113项、建筑面积989万平方米，分别增长11%、14%；竣工市政工程24项、总造价4.9亿元，分别增长500%、218%。全市质量监督机构受理质量投诉3028起，增长14%。其中市区795起、句容市1240起、丹阳市176起、扬中市66起、镇江新区693起、丹徒区58起，投诉处理率100%。当年，镇江市建筑业领域相关成果获评省级以上QC小组成果75项、省级工法31项，获评省新技术应用示范工程11项。推进精品工程创建，124个项目获市优质工程奖“金山杯”；申报“扬子杯”优质工程19项；获评省级“标准化文明工地”32个。

质量管理标准化建设。市住建局印发《关于进一步贯彻落实工程质量安全手册制度的通知》，在镇江市区范围内选取5家施工企业和3家监理企业编制工程质量安全手册企业手册，选取4个房屋建筑工程作为手册细则落地的项目试点。制定《镇江市提升住宅工程渗漏问题综合治理水平试点工作方案》，在市区（京口区、润州区、镇江高新区）新建及既有住宅工程中，选择保障性住房中基础条件比较好的项目和企业作为试点，落实建造过程各环节渗漏防控措施，减少质量通病。

安全专项整治。市住建局印发《安全生产专项整治重点工作职责任务清单》，落实安全生产责任考核、层级督查、领导带队检查等安全管理制度，确保住建系统安全生产专项整治工作有实效。全年市区建筑施工领域发现安全隐患1562条，下发整改通知书277份、停工整改通知书300份，对15家企业进行立案查处，处罚金额98.32万元。

绿色智慧工地创建。2021年，镇江市创建2个江苏省绿色智慧工地示范片区——镇江市级片区和句容市片区，片区内有37个在建项目，其中，市区21个、句容市16个。项目现场监控系统与全市绿色智慧工地监管平台数据实现实时对接，基本实现施工项目、县、市、省四级监管数据共享，并为监管机构提供辅助监管的数据分析和图形展示等功能。 （鲍习文）

【扬尘专项治理】 2021年，镇江市住建部门印发《2021年全市建筑施工工地扬尘专项治理工作方案》，召开市区和各市（区）扬尘污染防治专项工作会议、市区扬尘治理工作现场会，传达中央、省、市有关扬尘整治工作要求，约谈被督查组点名企业，不定期开展扬尘督查并印发通报，推进中央环保督察问题销号工作。全年市区开展10轮建筑工地扬尘专项检查，下发扬尘类整改通知书197份、停工通知书205份，保持建筑工地扬尘管控的高压态势。针对扬尘污染反复、扬尘整改不力的行为实行“零容忍、严处罚”，约谈扬尘问题项目实施主体负责人55次，对44家企业进行立案查处，罚款金额105.5万元，同时，按规定记入企业信用档案，扣减企业信用分。 （鲍习文）

2021年镇江市新开工建设工程报监项目情况表

表12－1

地区	市政设施						房建项目合计					
	数量（项）			造价（万元）			数量（项）			面积（万平方米）		
	2020年	2021年	增长（%）	2020年	2021年	增长（%）	2020年	2021年	增长（%）	2020年	2021年	增长（%）
市　区	17	12	－29.41	27148.74	33141.42	22.07	247	142	－42.51	162.04	127.25	－21.47
丹阳市	30	16	－46.67	16829.72	17075.76	1.46	417	409	－1.92	265.62	318.7	19.98
句容市	28	13	－53.57	48542.26	57054.94	17.54	638	576	－9.72	357.06	377.39	5.69
扬中市	130	97	－25.38	80044	47531	－40.62	99	120	21.21	69.15	70.91	2.55
丹徒区	1	0	－100	1108	0	－100	201	153	－23.88	93.66	94.21	0.59
镇江新区	15	11	－26.67	12479.66	9594.29	－23.12	177	233	31.64	118.68	142.9	20.41
合　计	221	149	－32.58	186152.38	164397.4	－11.69	1779	1633	－8.21	1066.21	1131.36	6.11

（鲍习文）

2021 年镇江市建设工程竣工情况表

表 12－2

地区	市政设施						房建项目合计					
	数量(项)			造价(万元)			数量(项)			面积(万平方米)		
	2020 年	2021 年	增长(%)	2020 年	2021 年	增长(%)	2020 年	2021 年	增长(%)	2020 年	2021 年	增长(%)
市　区	1	3	200	7800	35311.16	352.71	214	354	65.42	171.33	280.61	63.78
丹阳市	3	19	533.33	7717.93	11579.7	50.04	245	205	-16.33	226.23	178.26	-21.20
句容市	0	0	—	0	0	—	233	120	-48.50	216.59	205.28	-5.22
扬中市	0	0	—	0	0	—	63	62	-1.59	80.91	60.18	-25.62
丹徒区	0	0	—	0	0	—	70	148	111.43	28.27	102.26	261.73
镇江新区	0	2	—	0	2536	—	176	224	27.27	139.48	162.33	16.38
合　计	4	24	500	15517.93	49426.86	218.51	1001	1113	11.19	862.81	988.92	14.62

（鲍习文）

建筑产业现代化和绿色建筑

【概况】　2021 年，镇江市新开工装配式建筑面积 315.6 万平方米，新开工装配化装修住宅面积 22.97 万平方米。申报成功省级示范基地 1 家、示范项目 2 个。组织装配式建筑从业人员培训 310 人次。镇江市明确 2021 年—2023 年建筑产业现代化主要技术指标，推动高预制装配率项目落地；印发《镇江市 2021 年度建筑产业现代化工作要点》，分解下达建筑产业现代化目标任务，协同推进镇江市装配式建筑发展；制定《镇江市装配式混凝土叠合楼板标准平面模块应用技术导则》，初步形成装配式建筑预制构件设计、生产、施工全行业管理体系；以装配式住宅楼梯、叠合板为切入点，探索从标准化到部品化，以标准化推动产业化。开展 2021 年度镇江市预拌混凝土及装配式建筑构件生产企业专项检查，支持行业协会参与对构件和部品生产企业综合评价，增强企业自律意识，规范 PC 构件生产企业的市场行为，促进健康发展。

2021 年，镇江市新建民用建筑 780 万平方米，城镇绿色建筑占新建建筑比重 100%；既有建筑节能改造 85.7 万平方米，可再生能源建筑应用面积 285.25 万平方米。强化绿色建筑全过程监管，各市(区)开展绿色生态城区示范创建工作，推进高星级绿色建筑集聚；加强施工图审查关，加强对设计变更降低建筑节能、绿色建筑工程技术标准行为的监督管理，加大对违规行为的查处力度；实施绿色建筑专项评估，落实绿色建筑设计标准和关键技术措施。加快新建建筑绿色性能提升，12 月 1 日起，报送施工图审查的新建居住建筑执行 75% 节能率；深化可再生能源建筑应用，支持开发可再生能源新技术和新产品，推广应用能源塔热泵系统、地源热泵系统，建设太阳能应用示范工程。（鲍习文）

【既有建筑节能改造】　2021 年，镇江市行政中心能源费用托管型合同能源管理项目等 4 个省级既有建筑节能改造示范项目完成验收。镇江市制定并部署示范城市验收计划，落实成果画册及总结资料的编制，完成所有奖补项目剩余资金发放，并向省住建厅提交既有建筑节能改造示范城市验收申请。加强推广新技术科技成果，全年申报部、省、市各级科技项目 25 项，立项成功 18 项，立项率 72%，项目研究类型多样，质量有所提高。其中，获江苏省建设优秀科技成果二等奖 1 项、省建设系统科技项目 3 项、市级社发领域指令性项目 4 项、市社会发展指导性项目 8 项、市地方标准项目计划 1 项、市政策引导计划项目 1 项，争取各类专项补助资金 127 万元。完成“硫酸法钛白企业钛石膏无害化处理及资源化利用关键技术应用研究”等 16 个科技项目的验收或鉴定工作。评选年度优秀科技论文 36 篇。（鲍习文）

综 述

【概况】 2021 年，镇江市社会消费品零售总额 1346.8 亿元，比上年增长 17.9%，高于全省增幅 2.8 个百分点，增幅列全省第 5 名。其中，限额以上企业单位消费品零售额 422.53 亿元，增长 17.4%；限额以下企业消费品零售额 924.30 亿元，增长 18.2%。按经营单位所在地分，城镇消费品零售额 1217.66 亿元，增长 18.2%；乡村消费品零售额 129.17 亿元，增长 15.7%。按消费形态分，批发业零售额 228.39 亿元，增长 23.1%；零售业零售额 987.44 亿元，增长 17.2%；住宿业零售额 6.51 亿元，增长 9.2%；餐饮业零售额 124.48 亿元，增长 15.1%。按限额以上批发和零售业分类商品零售情况分，食品饮料、烟酒类上涨 11%，服装、鞋帽、针纺织品类增长 18.2%，家用电器和音像器材类下降 18.6%，汽车类下降 6.1%。

（黄　昕）

【镇江味道·招牌菜大赛】 2021 年 4 月 13 日，镇江市商务局首次主办镇江味道·招牌菜大赛，并以镇江“本帮菜”概念开展评选，旨在发掘出更多的镇江特色菜肴。活动历时近 2 个月，最终产生镇江市“金奖本帮菜”“银奖本帮菜”“金奖、银奖、铜奖招牌菜”等 50 道菜。

（黄　昕）

【“双十二”·金山消费节】 2021 年 12 月，镇江市商务局主办的“双十二”·金山消费节活动启动。活动采取市县联动方式，通过银联“云闪付”发放 1000 万元政府消费券；联动全市各大商圈发放商家消费券 5000 万元，吸引 6600 家企业和商户参与开展 88 场次的消费促进活动，直接撬动消费约 1.5 亿元。金山消费节启动仪式现场通过“交汇点”直播、移动和商务直播平台，与全省“苏新消费·冬季购物节”活动联动，吸引 30 余万人点击观看。

（黄　昕）

【成品油专项整治】 2021 年，镇江市商务局、市公安局、市交通运输局、市市场监管局、市税务局、镇江海关等部门共同开展全市成品油市场综合整治行动。成立 4 个专项整治行动工作专班，建立定期例会和月度简报制度，多部门协调非法整治中遇到的法律瓶颈问题，并处置查获的油品。全年摸排清查涉及非法加油线索 133 处，打击流动加油 59 起、自建罐 27 起、非法运输 13 起、走私油 1 起、偷漏税 4 起。其中，查处行政案件 96 起，行政拘留 68 人，罚款 49 人，罚款金额 133.84 万元；查处刑事案件 13 起，取保候审 37 人，移送起诉 9 人；打击非法流动加油车 138 辆，非法储油罐 91 个，缴获柴油 476 吨、汽油 52 吨。

（黄　昕）

【安全生产工作】 2021 年，镇江市商务部门开展经济开发区安全专项整治，指导和推动各经济开发区完成集约化可视化安全监管信息共享平台建设工作和整体性安全风险评估工作。开展商贸领域危险化学品（燃气）使用专项整治；开展餐饮燃气联合执法检查；召开餐饮燃气安全使用培训会，鼓励各地出台补贴政策，并多次召开专题研究，推动市住建局以城镇燃气专项整治工作组名义在全省率先制定印发《燃气泄漏安全保护装置安装基本规范》。截至年底，全市餐饮燃气用户安装燃气泄漏安全保护装置总体比例 97.6%。11 月，《江苏省商务发展参考》刊发镇江餐饮燃气安全专项治理工作经验。

（黄　昕）

餐饮服务业

【概况】 2021年，镇江餐饮业面对新冠肺炎疫情的冲击，经营出现新模式、新变化。全市餐饮业收入124.48亿元，比上年增长15.1%；住宿业收入6.51亿元，增长9.2%。3月16日，镇江市餐饮、烹饪协会召开会员大会，会议主题为“犇跑吧，镇江餐饮”。在江苏省餐饮协会主办的匠厨峰会上，全市有10名大厨获“匠厨”称号。市餐饮协会线上召集会员单位开展腾讯“99公益”一日捐网上捐赠活动，线下连续14年与《镇江日报》报社联合组织开展为贫困家庭送年夜饭活动；参与镇江市委宣传部组织的第五届国际低碳（镇江）大会，并开展倡导“光盘行动”宣传活动；在启明星幼儿园，举行关爱残疾儿童“六一”活动。

（何绍珍）

【镇江水晶肴蹄团体标准发布会】 2021年，镇江市餐饮、烹饪协会召开第四届理事会暨镇江水晶肴蹄团体标准发布会。“镇江水晶肴蹄”团体标准对镇江水晶肴蹄的定义、要求和检验方法等都进行明确规定。选用猪蹄制作是镇江肴肉的特色，标准将肴蹄和普通肴肉进行区分；同时，该标准明确镇江水晶肴蹄以猪前肘为主要原料，经过腌制、烧煮、压制、烫油、硬化等主要工艺制作而成。通过“标准化”的方式，水晶肴蹄的制作工艺被固化下来，有利于强化对非物质文化遗产肴肉制作工艺的保护和传承。

（何绍珍）

【镇江味道·招牌菜大赛】 （参见第162页）。 （何绍珍）

【行业交流】 2021年，镇江市餐饮、烹饪协会受江苏省餐饮行业协会的邀请，组织会员单位参观南京国际展览馆2021第十一届中国·江苏国际餐饮博览会。组织参加扬中协会河豚文化节和句容餐饮商会成立大会，加强协会之间的互动和交流。召开镇江、丹阳市、扬中市三地协会工作交流会。2次组织部分餐饮企业参加南京都市圈特色产品展览展销活动。组织参加西津古渡非遗产品展示活动。

（何绍珍）

烟草专卖

【概况】 2021年，镇江市烟草专卖局（公司）在卷烟经营方面，全年销售卷烟12.25万箱，比上年增长0.74%；实现税利16.97亿元，增长9.01%。人均销量、单箱结构、重点品牌占比率均较高。专卖管理方面，履行监管核心职责，全年查获各类案件1236起，总案值4362万元。企业管理方面，以推进企业治理体系和治理能力现代化为目标，统筹做好企业管理各项工作，推进数字化转型工作，提升创新工作水平。全年完成创新及QC课题27项，其中1项课题获全省系统2021年优秀质量管理小组成果三等奖；相关成果获国家授权专利5项、软件著作权9项。

（蒋辰颖）

【烟草专卖管理】 2021年，镇江市烟草专卖局（公司）统筹推进市场监管、打假破网、证件管理、案件管理等重点工作，加大对涉烟违法行为的打击力度，组织开展“利剑7号”、“利剑8号”、海上打假打私等专项行动，全年出动执法人员13350人次，立案查处各类案件1236起，查获各类违规卷烟3723.5万支，总案值4362万元。拘留35人，逮捕15人，判刑29人。申报符合国标的网络案件4起，联合公安部门侦办的“10·10”特大售假网络案侦办纪实——《“钓鱼”66天》在中央电视台“社会与法”频道《天网》栏目播出。

（蒋辰颖）

图13-1　2021年10月15日，镇江市餐饮协会组织会员参加第十一届中国·江苏国际餐饮博览会　（何绍珍　供稿）

粮　食

【概况】 2021年，镇江市粮食工作贯彻落实国家粮食安全战略和乡村振兴战略、加强粮食安全责任制落实等重点工作，推进粮食购销领域腐败问题专项整治，构建粮食安全保障体系，提升全市粮食保供能力。

地方储备粮管理加强。执行国家收购标准和地方储备粮管理办法，规范储备粮轮换流程，指导、督促承储企业加强质量关，确保储备粮数量真实、质量良好、储存安全。

国有粮食企业公司制改革推进。制定市直国有粮食企业公司制改革总体方案，市粮食中转库、市军粮供应、市润州粮油供应总公司、市粮油供应连锁中心等4家企业完成公司制改革，各市（区）国家粮食企业全部完成公司制改革。

粮食收储调控能力增强。发挥国有粮食企业主渠道作用，全市粮食收购平稳有序。全年收购小麦约21万吨、稻谷约20万吨。促进农民增收，保证“种粮卖得出”。 （智宝定）

【粮食监督检查工作】 2021年，镇江市加强粮食安全整改工作，市粮食安全责任制考核联席会议办公室履行职能，督促各市（区）加快推进粮食安全责任制遗留问题的整改。存量问题整改有进展，粮食库点数据互联互通，基本达到省市县储备粮存储企业全覆盖，基本实现联通率、数据准确率要求。解决一批历史遗留问题。推进市质检体系建设“十二五”项目、“十三五”项目，成立项目建设推进领导小组，及时解决项目建设中存在的问题，截至年底，项目完成验收。 （韦广星）

【粮油产业发展情况】 2021年，镇江市粮油加工企业工业总产值88.38亿元，主营业务收入90.02亿元，销售收入86.58亿元，3项指标均比上年增长10%以上。实施品牌战略，参与“苏米”品牌建设，提升“好吃苏米十大优秀产品”茅峰牌软米等粮油产品的知名度，提升优质粮油产品市场占有率。有关行业协会牵头注册和规范使用“戴庄大米”等地理标志商标，强化地理标志商标保护运用。 （韦广星）

供销合作

【概况】 2021年，镇江市供销系统实现销售257.68亿元，报表利润5808万元；资产总额12.23亿元，比上年增长1.72%；所有者权益4.88亿元，增长8.94%，各项经济指标实现稳中有进。全市创建3家现代农业综合服务中心、5个乡镇为农服务综合体。领办、参办农民专业合作社11家，创成中华全国供销合作总社农民专业合作社示范社3家。新增基层社员1.3万人，社员总数3.1万人。全年开展农业社会化服务48万亩（3.2万公顷），3项环节（统防统治、农机作业、测土配方）服务104万亩次（6.93万公顷次），销售化肥53000吨、农药468吨、农膜435吨，供销系统农资销售在全市占比60%以上。 （李　辰）

【基层组织建设】 2021年，镇江市供销系统在实现县级以上“三会”制度（供销合作社实行社员代表大会领导下的理事会、监事会制度）全覆盖基础上，加快“三会”制度向基层社延伸，强化基层社民主管理，新增扬中兴隆、西来桥以及丹徒上党、高桥4家基层社，累计23家，占比50%。投入350万元，改造提升丹徒辛丰等4家基层社，改造面积2100平方米，提升基层社综合实力。生产、供销、信用“三位一体”综合合作试点获省供销合作总社通过，并同步在句容市、扬中市、丹徒区开展申报“三位一体”试点。12月底，市供销社与市委农办、人行镇江支行、镇江银保监分局等部门联合印发实施意见，启动全市“三位一体”综合合作试点工作。 （颜　光）

【为农服务工作】 2021年，镇江市开展“放心农资惠万家”行动，开展农资打假专项治理，确保农资质量安全。推广扬中市供销社“放心农资先行镇”试点经验，打造标准化放心农资体系。推进农资应急储备建设，丹阳市供销社率先建成化肥应急储备中心，句容市、扬中市供销社分别建成储备库。拓展农业社会化服务。丹阳市供销社试点推进县、镇两级农业社会化服务模式；句容市供销社依托纪兵农机合作社，做好郭庄“万亩良田托管”工作，“‘万亩良田’全程托管 破解农户‘种田难’”入选全省15家农业社会化服务典型案例；扬中市供销社以“零差率”农药配供、“飞防植保”等形式试点“大田托管”模式，首年突破2万亩次（1333.33公顷次）；丹徒区供销社做好农产品收储、烘干、加工、销售等“后半程”服务。镇江市供销社推动农药集中采购统一配供工作，集中配供农药61.7吨，突破100万亩次（6.67万公顷次），为农户节约成本550余万元；依托系统经营网络，参与农村人居环境整治，全年回收农药废弃包装物310万件、废旧农膜208吨，降低农业面源污染。

（曹尧东）

【助农销售工作】 2021 年,镇江市供销系统组织全市系统内超市、电商、农贸市场和加工企业,加强与农民合作社、种植大户的产销对接,重点开展日用消费品、生产资料和应季鲜活农产品保供促销。句容市供销社针对当地应时鲜果滞销难题,联合市总工会,发动电商平台、连锁超市助农销售。丹徒高桥供销社通过大港汽渡“绿色通道”调拨输送各类物资,化解当地“孤岛困局”。新冠肺炎疫情防控期间,全系统保供促销农产品约 1500 吨、2200 万元。打造农产品广场集市产销对接品牌,分别联合丹徒区、扬中市政府,推进农产品广场集市下乡,销售额超 200 万元。培育系统电商,依托逸宁电子公司,打造京东镇江特产馆、丹徒特产馆,年销售额 2800 万元。句容便民优选公司开展微信社群团购工作,先后承办“‘疫’起助农,‘葡’写爱心”大型助农公益直播、句容优质农产品展销暨年货跨年直播,实现销售额 150 万元。全市组织培训农产品经纪人 213 人次。

（颜　光）

【社有经济发展】 2021 年,镇江市供销系统招商引资,强化战略合作,带动社有企业转型升级,开拓发展空间。丹阳市、丹徒区供销社应对环保、安全和竞争压力,加强对烟花爆竹企业的规范化管理,保障企业利润。扬中市供销社指导扬中商城压降债务、分流员工,并引入奥特莱斯品牌,推出“扬中 e 商城”线上平台,发展势头较好。推进“项目兴社”,向上争取资金和政策支持,推进项目建设。句容区域性再生资源回收利用中心、丹阳农资储备中心、扬中农资配送中心等一批项目建成并投入运营,为农服务能力有所提升。丹阳丹北现代服务中心、丹徒高桥日用品综合楼、丹徒区农业社会化服务中心等一批项目先后启动,总投资超千万元。

（李　辰）

图 13－2　2021 年 8 月 18 日,“‘疫’起助农,‘葡’写爱心”助农公益直播活动启动仪式　（李　辰　供稿）

石　油

【中国石化销售股份有限公司江苏镇江石油分公司】

中国石化销售股份有限公司江苏镇江石油分公司是中国石化在镇江地区唯一以经营成品油、天然气业务为主的全资子公司,下辖谏壁油库及丹阳、句容、扬中三个县级分公司,工作人员约 800 人。2021 年,全市中石化旗下加油站 130 余座,成品油销售总量超 55 万吨,销售额近 42 亿元,汇缴各类税费近 5000 万元,市场占有率 66%。中石化镇江分公司拓展非油品业务,经营易捷便利店 110 多个,线上线下并举,与市内多家银行、保险、旅游等单位合作,实现非油品销售额近 1.5 亿元。

（邓　璇）

【中国石油天然气股份有限公司江苏镇江销售分公司】 中国石油天然气股份有限公司江苏镇江销售分公司是中国石油天然气股份有限公司的全资子公司。2021 年,公司销售成品油 14.64 万吨,其中纯枪销量 10.02 万吨;非油收入 5360 万元。全年实现销售收入 10.53 亿元,上缴利税 242.68 万元。公司生产经营稳定有序,安全环保零事故,员工队伍稳定和谐。

（仲志栋）

综　述

【概况】 2021 年，镇江市产业招引有成效，新签约 1 亿元以上产业项目 257 个，比上年增长 17.4%；总投资 1432.6 亿元，增长 42.1%；10 亿元以上重大项目 52 个，超上两年之和；列统项目 140 个，列统率 54.5%。在新冠肺炎疫情期间招商不放松，春节后第 1 个工作日和南京、扬州疫情缓解后第 1 周，分别举办“云签约”活动。在上海、深圳举办综合性招商活动。全程帮办，招引项目建支部作为“助力‘镇合意’·服务先锋行”专项行动之一，列入市委书记项目。市级层面建成 3 批、47 个功能型党支部，帮办解决 86 个问题；举办 6 次项目银行对接会，26 个签约项目获融资近 40 亿元。强化招商基础，创新及时奖励形式，开展“重大产业项目招引奖”“十佳招商能手”评选。市国投中心获固定投资亿元以上项目信息 30 多条，签约固定投资 43 亿元，当年到位 16 亿元。

对外贸易。全市进出口总额 834.4 亿元（129.1 亿美元），增长 15.5%。苏美达贸易平台公司落地，华润总部同意当年镇江发电厂煤炭自营进口。各地培育超过 10 家外贸新增长点，全市有 75 家企业当年进出口增量超过 5000 万元。举办 12 场跨境电商“云展会”，600 多家企业参加 690 场次“云对接”。丹阳眼镜跨境电商产业园入选首批省级跨境电商产业园。市商务局与人行镇江中心支行等部门，推动 9 家银行为中林、中储粮等 48 家外贸企业新增授信 26.6 亿元。梳理出 48 家企业、156 项困难和诉求，反馈给相关部门推动解决。助力诺贝丽斯铝板两用物项获批、华梓车业临时出口获取许可。口岸进口、出口整体通关时间分别压缩到 74 小时、2 小时。国家贸促会批复成立自贸协定（镇江）服务中心，举办 35 场线上、线下 RCEP 等自贸协定政策培训。

使用外资。全省确认实到外资 8.09 亿美元，增长 2.8%；制造业外资占比 62.9%，超过省平均 28.6 个百分点，列全省第 1 名。新宇环保公司创成省级跨国公司地区总部，海昌隐形眼镜公司获批省级外资研发中心。推动索尔维、山特维克等 50 多家外资企业增资，增资量占全市总量近 70%。帮助解决容泰公司资本金账户、恒达利外轮进港等难题。建立外资月通报、季会商、半年督查和年终考核等 4 项机制，市商务局、市委督查室、市考核办开展 2 次外资专项督查，下发市委主要领导督办函 1 次。（秦锐文）

【对外开放情况】 2021 年，镇江市发展服务贸易，国家级服务外包示范城市综合评价列第 14 名。北汽蓝谷公司入围商务部技术服务出口典型案例。深化与微软、华为、阿里等企业战略合作。推动鼎胜、孚能、肯帝亚、鱼跃等企业“走出去”。境内、境外合作，建立外经企业家“沙龙”交流机制，引导企业合作开拓国际市场。开放载体能级提升，开发区转型升级创新发展获省政府办公厅督查激励。全省首创将经开区和镇江高新区纳入统一考核范围，使用一套考核指标体系；两个国家级开发区获批江苏自贸区联动创新发展区。推进码头开放，句容华电码头储运 1 号泊位、镇江港四期工程码头 14 号、15 号泊位对外开放获省级批复。（秦锐文）

对外及对港澳台贸易

【概况】 2021 年，镇江市有进出口实绩企业 3072 家，比上年新增 522 家，其中超 1000 万美元企业有 206

家。全年进出口总额834.4亿元，占全省进出口总额的1.6%。全年对外贸易有4个特点：单月进出口稳中有进，月均远超上年平均。全年有5个月（6月、8月、10月、11月、12月）单月进出口超70亿元；12月，首次超过80亿元，增长27.6%。全年月均进出口69.5亿元，比上年增加9亿元；其中，出口月均49.7亿元，增加7亿元；进口月均19.8亿元，增加2亿元。重点市场保持良好增势，对"一带一路"沿线国家或地区增速较快。全市对前三大市场美国、东盟、欧盟进出口分别增长7.7%、23.1%、17.3%，合计进出口388.48亿元，占全市进出口的46.6%，合计增长16.2%。其中，出口299.7亿元，占全市出口的50.3%，增长15.1%；进口88.8亿元，占全市进口的37.2%，增长20.1%。对日本、韩国、中国台湾进出口分别增长8.8%、26.9%、31.7%。对"一带一路"沿线国家进出口增长23.9%，合计进出口271.7亿元，占全市进出口的32.6%。一般贸易增速领跑，加工贸易回升。全市一般贸易进出口690.4亿元，占全市进出口的82.7%，增加2.5个百分点，增长19.1%，领先全市进出口增幅3.6个百分点。其中，出口533.9亿元，增长21.7%；进口156.5亿元，增长10.8%。加工贸易进出口94.5亿元，占全市进出口的11.3%，增长7.2%。其中，来料加工装配贸易增长24.1%，进料加工贸易下降9.1%。保税区进出境仓储或转口货物下降8.5%。民营企业增长，外资企业增速较快。全市民营企业进出口423.3亿元，占全市进出口的50.7%，增长11.9%，拉动全市进出口增长6.2个百分点，其中，出口增长9.9%，进口增长20.5%；外资企业进出口348.9亿元，占全市进出口的41.8%，增长21.8%，拉动全市进出口增长8.7个百分点，其中，出口增长20.9%，进口增长23.4%；国有企业进出口56.9亿元，占全市进出口的6.8%，增长7.0%。

2021年，市商务部门多次带领诺贝丽斯有限公司代表赴省商务厅专题汇报，寻求专业指导，助力企业铝板两用物项获批，扩大两用物项产品合规出口；帮助华梓车业获批商务部整车临时出口许可，6500辆乘用车（货值约1亿美元）分批出口；多次牵头组织召开融资政策宣讲、对接会，推动9家银行为中林、中储粮等外贸企业新增授信26.6亿元。

市商务部门指导康飞汽车、华梓车业、飞驰汽车、鸿天洋等企业申报汽车和摩托车出口资质；组织省级跨境电商产业园项目申报，丹阳眼镜跨境电商产业园入选首批省级跨境电商产业园。组织省级公平贸易工作站申报和考核，推动圣象集团有限公司公平贸易工作站、丹阳市超硬材料工具商会公平贸易工作站提档升级；开展跨境电商产业园（孵化园）、海外仓和跨境电商示范企业梯次培育，为跨境电商发展提供支撑。（洪　靓）

【线上展会组织与培训】 2021年，镇江市商务部门印发《2021年贸易促进计划》，引导企业线上、线下参展，重点组织广交会、进博会，以及日用品非洲专场、五金工具越南专场、车辆及配件俄罗斯专场等8场线上展会，合计参展企业近600家次，参展人员1600人次；先后5次举办跨境电商专题对接会，聘请亚马逊、谷歌等跨境电商与第三方对接制刷、眼镜等镇江特色产业，近200家企业参与对接。（洪　靓）

【重点外籍来华人员邀请审核报批】 2021年，镇江市商务部门在加强新冠肺炎疫情防控措施的情况下，做好外籍重点来华人员邀请函的审核报批工作，确保重点外贸企业人员往来畅通。全年服务105家重点企业、254名外籍客户办理来华邀请函，有91家企业、共234人获批。（洪　靓）

【贸易便利化工作】 2021年，镇江市商务部门宣传贯彻RCEP等自贸区协定优惠政策，对企业申报海关AEO认证给予支持，帮助、引导企业运用自贸协定优惠政策和便利化措施；推广应用国际贸易"单一窗口"，推行数字办证，实行原产地证企业自主打印，提高货物通关效率；实施新冠肺炎疫情防控措施，减少疫情防控措施对企业正常生产经营、产业链供应链畅通稳定的影响。（洪　靓）

2021年镇江市进出口分企业性质情况表

表14－1　　单位：万元

企业性质	进出口		出口		进口	
	金额	比上年增长(%)	金额	比上年增长(%)	金额	比上年增长(%)
进出口贸易总值	8343555	15.5	5961023	16.4	2382532	13.3
国有企业	568920	7.0	337572	78.1	231347	-32.4
外商投资企业	3488930	21.8	2177301	20.9	1311630	23.4
集体企业	11165	64.1	11152	65.1	13	-74.0
私营企业	4233155	11.9	3393769	9.9	839385	20.5
其他	2	134.8	1	—	1	50.6
民营	4285703	12.0	3446149	10.1	839554	20.5

（洪　靓）

2021 年镇江市进出口贸易方式情况表

表 14－2　　单位：万元

贸易方式	进出口			进　口			出　口		
	累计数	比上年增长（%）	占比（%）	累计数	比上年增长（%）	占比（%）	累计数	比上年增长（%）	占比（%）
进出口贸易总值	8343555	15.5	—	5961023	16.4	—	2382532	13.3	—
一般贸易	6903762	19.1	82.7	5339060	21.7	89.6	1564703	10.8	65.7
加工贸易	944796	7.2	11.3	513218	－21.4	8.6	431578	88.9	18.1
来料加工装配贸易	537127	24.1	6.4	225501	－25.8	3.8	311626	141.2	13.1
进料加工贸易	407669	－9.1	4.9	287717	－17.6	4.8	119952	20.8	5.0
加工贸易进口设备	0	－100	0.0	0	—	0.0	0	－100.0	0.0
外商投资企业作为投资进口的设备、物	21872	－42.4	0.3	0	—	0.0	21872	－42.4	0.9
保税仓库进出境货物	21660	77.6	0.3	36	－99.2	0.0	21624	183.6	0.9
保税区进出境仓储或转口货物	441306	－8.5	6.4	101954	45.9	1.9	339353	－17.7	21.7
出口加工区进口设备物品	237	－44.9	0.0	0	—	0.0	237	－44.9	0.1
其他贸易统计货物	9922	－10.3	1.8	6756	－12.7	3.0	3166	－4.7	1.0

（洪　靓）

2021 年镇江市进出口主要国别（地区）情况表

表 14－3　　单位：万元

国家（地区）	进出口		出　口		进　口	
	金额	比上年增长（%）	金额	比上年增长（%）	金额	比上年增长（%）
进出口贸易总值	8343555	15.5	5961023	16.4	2382532	13.3
中国香港	68297	－51.5	66855	－52.3	1442	108.5
日本	551562	8.8	327538	15.7	224024	0.1
韩国	498468	26.9	236756	13.9	261712	41.6
中国台湾	611204	31.7	189835	33.0	421370	31.2
东盟组织	1318513	23.1	846025	19.5	472488	30.0
欧盟组织	1201862	19.7	877268	20.2	324594	18.5
美国	1364433	7.7	1273722	7.2	90710	14.9
南美洲	607637	11.7	490833	46.9	116804	－44.3
大洋洲	231777	3.8	154216	9.4	77562	－5.8
“一带一路”沿线国家	2717344	23.9	2043932	23.1	673412	26.7

（洪　靓）

使用外资及港澳台资

【概况】　2021 年，镇江市实际使用外资 8.09 亿美元，比上年增长 2.77%；占全省比重为 2.36%，下降 0.41 个百分点。协议注册外资 21.36 亿美元，下降 2.90%。新批准设立外资企业 100 家，增长 25.00%，其中，新批及净增资 3000 万美元以上企业 20 家，增长 25.00%。

全市实际使用港资 4.25 亿美元，下降 24.73%，占全市比重的 52.46%；实际使用英属维尔京群岛、萨摩亚等自由岛地区外资 0.39 亿美元，占全市比重为 4.86%；实际使用欧洲、美国和日韩等到位资金 0.82 亿美元，占全市比重为 10.19%。中国香港、中国澳门、中国台湾地区新批项目 71 个，占全市比重的 71.71%；日本、韩国、新加坡新批项目 6 个，占比 6.06%；欧洲新批项目 7 个，占比 7.07%。

（夏　旭）

【制造业实际使用外资情况】 2021年，镇江市制造业实际使用外资5.09亿美元，比上年增长3.24%，占全市比重的62.91%，提高0.30个百分点。金东纸业、山特维克、英科医疗、天忠九州商业保理、海嘉建设等多个项目到位外资1000万美元以上；新引进立邦新型材料、伊顿母线、高创科技园、玖龙包装等总投资超3000万美元的制造业项目。

（夏 旭）

【服务业实际使用外资情况】 2021年，镇江市服务业实际使用外资2.49亿美元，比上年下降0.12%，占全市比重的30.77%，下降5.12个百分点。其中，房地产业使用外资4841万美元，增长3.56%；科学研究、技术服务和地质勘查使用7953万美元，增长1.04%；租赁和商务服务业使用6381万美元；信息传输、计算机服务和软件业使用1925万美元，分别下降0.23%、0.75%。

（夏 旭）

2021年镇江市外商及港澳台商直接投资情况表

表14－4　　单位：万美元、家

地 区	实际利用外资及港澳台资		协议注册外资及港澳台资		新注册企业数	
	当年数	比上年增长(%)	当年数	比上年增长(%)	当年数	比上年增长(%)
全 市	80949	2.8	213676	－2.9	100	25.0
丹阳市	20192	8.9	46735	－11.2	16	－36.0
句容市	14210	20.3	46308	0.4	13	44.4
扬中市	9935	34.7	22481	－45.8	19	171.4
丹徒区	1825	－82.1	2127	－86.8	7	—
京口区	2668	34.5	18407	864.6	14	180.0
润州区	1977	6.0	2786	－13.0	7	40.0
镇江新区	28704	14.3	70508	28.6	18	28.6
镇江高新区	1543	－17.3	4324	11.4	6	－25.0

（夏 旭）

2021年镇江市实到外资及港澳台资1000万美元以上企业情况表

表14－5　　单位：万美元

企业名称	实际投资额	企业名称	实际投资额
金东纸业(江苏)股份有限公司	7190	句容海嘉建设有限公司	2464.88
江苏天工精密工具有限公司	5540.23	江苏英科医疗制品有限公司	2000
玖龙智能包装(镇江)有限公司	4991.27	江苏九天供应链管理有限公司	2000
伊顿母线(江苏)有限公司	3925.73	江苏银河众力实业发展有限公司	1800.91
扬中市高创园科技有限公司	3918.88	立邦新型材料(江苏)有限公司	1497.04
山特维克材料科技(中国)有限公司	3737.31	句容海悦建设有限公司	1341
丹阳海盛房地产开发有限公司	3040.34	镇江全捷浦国际贸易有限公司	1110.38
容泰半导体(江苏)有限公司	3028	江苏艾达新材料有限公司	1100.01
江苏英科医疗器械有限公司	3000	华君智慧能源(句容)有限公司	1050
天忠九州商业保理(江苏)有限公司	3000	彤程电子材料(镇江)有限公司	1000

（夏 旭）

服务外包

【概况】 2021年，镇江承接服务外包执行额31.88亿美元，比上年增长12.0%。其中，离岸外包执行额11.68亿美元，占外包执行额的36.64%。新增服务外包从业企业84家，新增从业人员0.64万人。截至年底，全市有服务外包企业1120家，从业人员11.15万人。新增服务外包企业注册资金超过千万元的企业38家，占全市新增服务外包企业的45.24%。

（刘千驰）

【国家级服务外包示范城市建设】 2021年，国家9部委发布国家级示范城市综合评价结果，镇江市综合评价结果列全国31个示范城市第14名，列16个东部地区示范城市第12名；北汽蓝谷新能源整车技术出口入选商务部技术贸易示范案例。全年镇江市服务外包执行总额列全省第6名，离岸外包执行额列全省第7名，增幅分别列全省第5名和第7名；市商务局连续2年获评省级服务贸易和服务外包统计工作先进单位，1人获评省级服务贸易和服务外包统计工作先进个人；4家省级服务外包示范区通过2021年度综合考评；累计10家企业获评为省级重点服务贸易企业，获评企业数量列全省第4名。（刘千驰）

【服务外包建设纳入全市高质量发展考核指标】2021年，镇江市将服务外包建设情况纳入全市高质量发展考核序列，考核货物和服务贸易总额占全省比重及增速。各市（区）重视服务外包考核工作，均超额、超序时完成工作目标。全年全市服务外包执行总额31.88亿美元，比上年增长12%；其中，离岸外包执行额11.68亿美元，增长13.5%；执行总额增幅超全省均幅1.14%，离岸执行额增幅超全省均幅3.69%；执行总额增幅列全省5个示范城市第2名，离岸执行额增幅列第2名；执行总额列全省第6名，离岸执行额列全省第7名。全市服务外包产业规模逐年上涨。（刘千驰）

【省级服务外包示范区建设】2018年开始，江苏省商务厅对全省47家省级服务外包示范区开展综合评价工作，分为苏南和苏北2个地区实行末位淘汰制。镇江市商务部门对接上级部门，梳理全市4家省级示范区具体情况，在考核中展现工作成绩、体现地域特色。2021年，镇江市4家示范区连续3年（2018年—2020年）通过考核，京口区、镇江国家大学科技园、句容市、镇江高新区创意产业园分别列苏南地区47家示范区第15名、18名、30名、36名；镇江国家大学科技园和句容市比2019年排名均提升3名。（刘千驰）

2021年镇江市服务外包情况表

表14－6　　单位：万美元

市（区）	服务外包执行额					
	总金额			其中：离岸外包		
	工作目标	当年数	比上年增长（%）	工作目标	当年数	比上年增长（%）
全　市	310100	318809.4	12.0	109900	116759.5	13.5
丹阳市	42550	43005.8	11.2	28500	28693.4	6.7
句容市	30100	33393.5	22.0	7150	8220.0	26.6
扬中市	41450	42905.6	11.8	14750	16808.8	23.2
丹徒区	26000	26829.6	13.6	3230	4509.9	54.0
京口区	63600	64084.9	8.8	33800	35689.1	11.9
润州区	9450	9910.1	15.6	920	1102.4	32.4
镇江新区	68050	68080.9	8.1	18500	18532.5	6.4
镇江高新区	28900	30599.0	16.6	3050	3203.4	15.9

（刘千驰）

对外及对港澳台经济技术合作

【概况】截至2021年年底，镇江市批准339个境外项目，分布在全球65个国家和地区，镇江方协议投资20.38亿美元。全年新批及增资境外投资及港澳台资项目15个，比上年下降31.8%；镇江方协议投资9315.7万美元，比上年下降70.8%。其中，5家企业在“一带一路”沿线的泰国、新加坡、越南等5个国家投资设立5个项目，镇江方协议投资额5500万美元。

主要投资项目有江苏锐升新材料有限公司增资越南锐升新材料有限公司3000万美元；江苏新泉汽车饰件股份有限公司增资新泉（墨西哥）汽车零部件有限公司3000万美元，建华建材（中国）有限公司并购建华地越管桩有限责任公司1800万美元。

全市6家企业有对外承包工程经营权（镇江国际公司有劳务合作和工程承包双权）。工程承包市场分布在欧盟、东南亚、南亚、非洲等10多个国家和地区。劳务市场分布在31个国家和地区，有建筑工、缝纫工、计算机工程师、机械工程师、石油勘探工等工种。全年全市新签订对外承包工程合同额3059万美元，下降67.6%；完成营业额2.17亿美元，下降11%；新派劳务110人，下降87.3%。

主要工程承包项目有中国能源建设集团江苏省电力建设第三工程有限公司巴基斯坦卡拉奇 K2/K3 核电项目常规岛土建、安装工程，营业额 6119 万美元；江苏省交通工程集团有限公司大达卡可持续发展项目盖资浦至机场快速公交 2 标项目，完成营业额 3324 万美元；喀麦隆雅温得新马兰机场高速公路项目，完成营业额 1658 万美元。（孙标艳）

【外经服务工作】 2021 年，镇江市对外投资和经济合作联合会引导优势企业，开展信息共享和业务合作，为全市企业“走出去”提供政策咨询、投资分析研究、境外投资考察、国际法律服务、会计税务咨询等配套服务，打造全市外经企业的交流服务平台。下发市级外经专项资金 87.4 万元。（孙标艳）

2021 年镇江市对外投资及对港澳台经济合作情况表

表 14 – 7　　　　单位：万美元、人

市(区)	境外投资			
	项目数(个)	比上年增长(%)	镇江方协议投资额	
			累计数	比上年增长(%)
全　市	15	-31.8	9351.7	-70.8
丹阳市	4	-60.0	6305.0	-26.9
句容市	1	—	1800.0	1700.0
扬中市	2	-33.3	76.7	-94.2
丹徒区	3	200.0	900.0	260.0
京口区	1	-50.0	150.0	91.4
润州区	1	—	100.0	—
镇江新区	2	-60.0	0	-100.0
镇江高新区	1	—	20.0	—

市(区)	承包工程				外派劳务		
	新签合同额		完成营业额		当年新派人数及期末在外人数		
	累计数(个)	比上年增长(%)	累计数	比上年增长(%)	新派人数	比上年增长(%)	期末在外人数
全　市	3059	-67.6	21786	-11.0	110	-87.3	2282
丹阳市	0	—	0	—	18	-67.9	88
句容市	0	—	0	—	0	—	0
扬中市	0	—	0	—	0	—	0
丹徒区	0	—	5040	-13.6	34	54.5	104
京口区	0	—	0	—	6	-95.5	934
润州区	3059	-67.6	10031	15.7	35	-52.1	485
镇江新区	0	—	6527	-23.0	5	-99.1	659
镇江高新区	0	—	188	-87.4	12	—	12

（孙标艳）

国际及港澳台贸易促进工作

【概况】 2021 年，镇江市贸促会签发原产地证 24973 份，比上年增长 7.5%，其中一般原产地证 18434 份，涉及出口额 17.13 亿美元；优惠产地证 6539 份，涉及出口额 3.02 亿美元，帮助企业减少关税 1510.7 万美元。办理商事证明书 1628 份。使馆认证 543 份。新注册会员企业 92 家。完成线上展览（线上配对）项目 11 个、线下展览项目 4 个，参展企业 438 家，线下参展面积 278 平方米。举办各类线上、线下经贸培训 35 场次，参加人数超过 2000 人次。

帮办服务。市贸促会先后召开8次行业企业座谈会，并到企业调研，了解企业在外贸经营中遇到的困难。对发现的企业困难，建立专班服务制度，帮助企业解决困难。与省商务厅、市外办等部门协调，帮助镇江日盛公司协调解决俄罗斯客商到中国考察的邀请函和签证等困难；与沙特有关机构驻华办事处联络，帮助企业拓展中东市场；出具履约敦促函帮助丹阳奥瑞德机械、江苏大力神等企业追收境外货款；对苏伊士运河“长赐”号事件，组织镇江俊鑫汽配等相关企业参加索赔听证，帮助企业降低损失。提升便利化服务水平，推行数字办证“互联网＋”服务模式，完善“24小时全天候”网上办证。

外贸新业态培育。推进跨境电商培育工作，上半年召开4次专题座谈会，近百家企业参加。9月，举办“2021镇江跨境电商国际企业对接会”，30家镇江企业与跨境电商平台进行对接洽谈；12月，到深圳、广州开展跨境电商专题考察、调研，实地考察深圳前海自贸区以及敦煌网、优合集团等跨境电商平台，参加跨境电商企业深圳交流会，为镇江企业开展跨境电商搭建合作平台。举办“2021年江苏品牌产品线上丝路行（镇江）伊拉克专场”，镇江市的120家外贸企业的千余件商品上线云数字化展览平台，并开辟镇江品牌展示专区，实施在线集中配对；省贸促会通过“中国贸促会企业跨境贸易投资法律综合支援平台”（贸法通）和专设的法律咨询热线，为参展企业提供免费法律咨询服务。举办“2021镇江出口网上交易会（沙特专场）”，52家镇江企业通过ZOOM在线对接297场次，意向成交额1698.5万美元。市贸促会与省商务厅贸促中心、江苏贸促展览公司等有关展览机构合作，组织240多家镇江企业参加9场线上展览（配对）活动，与国际采购商进行线上配对洽谈。开展对接服务，在组织企业参加法兰克福（成都）汽配展、重庆西洽会等展会期间，与展会举办方合作，组织镇江汽配企业与展会采购商进行对接，并推动企业与成都汽配研发部门合作，促进企业产品升级提档。组织企业参加首届中国进口博览会，赴海南自由贸易港进行学习交流。

法律服务。执行涉外认证新规定，围绕国际商事证明书、优惠产地证制单审单等出台的一系列新规定，举办辅导培训，帮助企业掌握新规定和流程；按照规定做好认证审核，实行“零差错”，赴企业进行原产地实地核查，指导企业办理涉外文件认证。中国贸促会自贸协定（镇江）服务中心获中国贸促会批复同意成立，服务中心加强对自贸协定各项政策的研究分析和培训宣传推广，帮助镇江企业了解RCEP等自贸协定各项优惠政策和协定项下的成员国货物通关便利措施，提升企业自贸协定利用水平；帮助企业用好自贸协定项下关税优惠政策，开拓国际市场，扩大镇江产品出口。举办首次企业合规建设培训，讲解外贸企业可能面临的法律风险点，并通过案例重点介绍合规建设对企业发展的重要性，对企业如何进行合规建设提供具体建议，100多家企业代表参加培训学习。开展知识产权保护服务，邀请知识产权法律专家向企业讲解贴牌加工企业的侵权风险、跨境电商品牌推广及保护等内容，并为江苏鸿程光学公司等企业代理申请注册境外商标。成立镇江涉外法律服务中心，为推动镇江实现高水平对外开放提供法律服务。（沈为民）

【经贸合作平台搭建工作】 2021年，镇江市贸促会与境外商协会合作，组织江苏上钺等汽配企业与韩国大田广域市有关部门就汽车部件的智能技术、汽配企业拓展韩国市场等方面合作进行洽谈；与泰国江苏商会进行视频会晤交流并签订战略合作协议，为镇江企业拓展泰国等RCEP市场创造条件；扩大与香港贸发局合作，发挥香港贸发局全球海外买家资源优势，通过线上和实体双轨模式，推动镇江区域品牌走向国际市场。与央企单位签订战略合作协议，共同开展贸易促进活动，宣传推广“镇江制造”，促进镇江产业转型升级。市贸促会与江苏大学海外学院、镇江经济发展研究会、镇江国际交流中心、镇江翻译协会等4家机构签订合作协议，共同搭建“高校—企业—商协会”合作平台，推动镇江与“一带一路”共建国家在经济、教育、人文等各领域开展交流与合作。（沈为民）

【经贸信息服务】 2021年，镇江市贸促会举办线上、线下RCEP等自贸协定政策培训，并2次举办RCEP等新兴市场经贸形势宣讲培训，帮助企业了解国际经贸形势，运用自贸协定和出口信用保险等政策开拓市场，提升竞争力；利用微信工作群、微信公众号、QQ工作群等载体向企业发布国家及地方支持外经贸发展的政策措施、各国（地区）因新冠肺炎疫情采取的限制性措施、经贸预警信息、原产地规则、境外经贸信息等，为企业提供信息服务。（沈为民）

综 述

【概况】 2021 年，镇江市接待国内游客 5563.56 万人次，全年实现旅游业总收入 776.39 亿元。截至 2021 年年底，全市有国家 A 级旅游景区 30 家，其中，国家 AAAAA 级旅游景区 2 家（“三山”、茅山）；国家 AAAA 级旅游景区 7 家（西津渡、南山、宝华山国家森林公园、镇江博物馆、镇江醋文化博物馆、米芾书法公园、江苏茶博园）。有省级旅游度假区 3 家（茅山湖旅游度假区、世业洲旅游度假区、水晶山旅游度假区）；有全国乡村旅游重点村镇 3 家（句容市丁庄村、丹徒区五套村、句容市茅山镇），省级乡村旅游重点村 7 家（丹阳市柳茹村，句容市戴庄村、陈庄村、丁家边村，扬中市利民村，丹徒区卫星村、世业村）。全市有旅行社 120 家，其中，出境社 12 家、国内社 108 家；江苏省星级旅行社 34 家，其中，五星 1 家（江苏省镇江中国旅行社有限责任公司）、三星 26 家、二星 6 家、一星 1 家。有旅游星级饭店 22 家，其中，五星级 3 家（镇江国际饭店置业有限公司、镇江万力酒店管理有限公司富力喜来登酒店分公司、江苏水中仙东雅国际酒店有限公司）、四星级 5 家（镇江观海楼酒店有限公司、丹阳市新世纪国际大酒店有限公司、江苏金陵融锦饭店有限公司、句容曙光国际大酒店有限公司、江苏长江大酒店有限公司）、三星级 13 家、二星级 1 家。全市有导游 2537 人，其中高级 15 人、中级 85 人、初级 2437 人。

乡村旅游典型培育。镇江市推动乡村旅游从碎片化、零散化向集聚化、品牌化转变，举办第三届“美丽镇江乡村游”嘉年华。镇江市入选世界乡村旅游产业示范城市，句容市天王镇入选世界乡村旅游产业示范乡镇。句容市茅山镇创成全国首批乡村旅游重点镇（全省 4 家）；丹阳市柳茹村、句容市陈庄村等 4 家创成省乡村旅游重点村；丹徒“山水间 · 又见浮玉”民宿获评全国首批乙级民宿。

智慧服务情况。全市国有 A 级景区全部实现在线预约服务，“三山”、茅山景区启动景区客流采集与引导系统、智能票务系统等景区智慧系统改造升级工作。加大“宜游镇江”微信公众号电商平台及“镇江转转卡”营销推广力度，提高城市营销及数字文旅服务和消费质量。“宜游镇江”微信公众号及电商平台获评 2021 年度江苏省智慧文旅培育项目，“镇江转转卡 2.0”获“水韵江苏 · 苏心产品”创新大赛二等奖。

旅游对外宣传。市文广旅局、江苏旅游日韩推广中心开展合作，在日韩主流媒体、主流旅行商门店加大镇江文化旅游宣传力度。加大对外旅游产品开发，邀请驻上海的日本旅行商、韩国旅行商到镇江实地考察，开发旅游线路 5 条。镇江市参加澳门国际旅游产业博览会展览，举办主舞台、小舞台专场推介 2 场，接待游客咨询 2200 余人次，发放宣传资料 1200 余册；与当地 10 余家旅行社进行现场洽谈，推介镇江旅游资源与线路。 （许 婷）

【全域旅游建设】 2021 年，镇江市推进全域旅游示范区创建，推动“宜游镇江”建设。丹徒区、润州区通过省级全域旅游示范区创建会议评审。整合景区、乡村、文化遗址等文化旅游资源，推出一批精品文化旅游产品，西津渡历史文化街区、大运河文化带研学游等 9 个项目入选江苏“运河百景”标志性运河文旅产品。“扬中特色文化探寻自驾游”“丹徒江岛水乡田园文化体验之旅”2 条线路入选 2020 年度十大长三角自驾游（短线类）线路；“‘千年吴楚秀，百年醋香醇’文化之旅”“舳舻千里，诗意江南——镇江、扬州、苏州三市品质游”2 条线路入选 2020 年度十大长三角自驾游（文旅融合类）线路。“镇江市福地养生一日游”入选全国“体验脱贫成就 助力乡村振兴”乡村旅游学习体验线路，句容丁庄村"葡萄串起产业链 丁庄致富'金果果'"入选全国"体验脱贫成就·助力乡村振兴全国乡村旅游扶贫示范案例"。茅山新四军纪念馆入选全国"建党百年红色旅游百条精品线路"之"致敬新四军·不忘革命路"线路的首发站,"走进茅山抗日根据地,重温东进序曲"线路入选江苏省文旅厅"永远跟党走"红色旅游线路。 (许 婷)

【节庆活动开展情况】 2021 年,镇江市举办第十五届中国镇江金山文化艺术·国际旅游节。市文广旅局、市旅游协会举办第二届长三角自驾游产业发展大会暨 2021 中国大运河"驰骋文旅"启动仪式,承办江苏省政府"水韵江苏 有你会更美"文旅消费第一季成果发布暨第二季启动仪式。全年开展中国农民丰收节(丹阳主场)、句容草莓文化旅游节、扬中河豚文化节、丹徒"米芾杯"国际青少年书法大赛、京口首届吴文化旅游节、润州"HIFI 西津渡"、镇江新区黄明文化旅游节等活动。 (许 婷)

【重点风景区旅游活动】 2021 年,镇江金山、焦山、北固山、南山景区总游客量数据分别为:金山景区 247.25 万人次、焦山景区 122.72 万人次、北固山景区 61.15 万人次、南山景区 117.93 万人次。镇江"三山"、南山景区结合自身文化特点开展多项活动。2020 年 12 月 31 日—2021 年 1 月 1 日,金山景区举办"福钟辞旧岁·祥瑞迎新年"——镇江金山新年线上撞钟 H5 互动活动。4 月 20 日—5 月 20 日,南山景区举办"花漾南山"——第 22 届杜鹃花节。5 月 1 日—4 日,北固山景区举办"刘备招亲"实景演出,再现刘备迎娶孙尚香的故事情节和婚庆场景。5 月 1 日—3 日、6 月 12 日—14 日,焦山景区分别举办"缤纷五一,相聚浮玉"节庆活动和"粽"情端午互动活动。9 月 19 日—10 月 7 日,南山景区举办第 16 届长寿节系列活动。9 月 20 日—10 月 7 日,焦山景区举办"金秋桂花 浮玉飘香"桂花节系列活动。(庞晓蕾)

【2021(第十五届)中国镇江金山文化艺术·国际旅游节】 2021 年 9 月 29 日,由镇江市政府、江苏省文化和旅游厅联合主办的 2021(第十五届)中国镇江金山文化艺术·国际旅游节开幕式在金山景区佛教广场举行,开幕式以"英雄镇江 满眼风光北固楼""宜游镇江 春风又绿江南岸""开放镇江 一片冰心在玉壶"3 个演出篇章,展现镇江"大爱之城""创新创业福地、山水花园名城"的魅力。该届旅游节举办时间为 9 月 29 日—10 月 29 日,以"一座城市的文化温度"为主题,策划"幸会舞台""全民派对""寻魅镇江""焕彩之城"四大板块、61 项子活动,采取线下线上融合、全市全域联动、白天夜晚"不打烊"的方式举办。该届旅游节以庆祝中国共产党成立 100 周年为主线,将镇江金山文化艺术节、镇江金山文化旅游节 2 个镇江代表性节事活动融为一体,串联全市文化艺术旅游优势资源,促进文化艺术旅游消费,全方位展现镇江文艺、镇江美景和镇江美味,提升镇江的知名度、美誉度和影响力,助力镇江"跑起来"。 (许 婷)

旅游规划与建设

【概况】 2021 年,镇江市以全域旅游建设为切入点,编制《"三山一湖一渡"旅游规划》,印发《"宜游镇江"三年行动计划(2021—2023)》,推进"宜游镇江"建设。推进旅游区提档升级工作,开展丹阳"香海琴枫"、丹徒开心休博园 AAA 级旅游景区创建,扬中园博园等 8 家景区通过国家旅游景区评定性复核。打造"中国休闲城市",镇江西津渡历史文化街区入选首批省级旅游休闲街区,句容宝华山千华古村民俗文化街区入选培育单位名单。加强丹阳"配镜游"品质化建设,句容市开展系列乡村旅游活动,扬中市推进滨江休闲带建设,丹徒区发展香醋工业旅游,京口区推进网红特色步行街建设,润州区发展夜间旅游经济,镇江新区体验式、沉浸式旅游消费业态被中央电视台《新闻联播》等栏目集中报道,镇江高新区推动农业旅游转型。市文广旅局举办"镇江市全域旅游示范区建设培训班"。 (许 婷)

【《"宜游镇江"三年行动计划(2021—2023)》】 2021 年 4 月 13 日,镇江市委办、市政府办下发《"宜游镇江"三年行动计划(2021—2023)》,围绕推出创新宜

图 15-1 2021 年 9 月 29 日,第十五届中国镇江金山文化艺术·国际旅游节开幕式举行 (王瑞稼 供稿)

游“休闲产品”、开发特色“休闲餐饮”、打造温馨“休闲居所”、构建便捷“休闲通行”方式、开发优质“休闲商品”、建设信息化“休闲城市”、提供优质“休闲服务”、维护平安“休闲环境”等8个方面、20项重点任务，实施2021年“宜游镇江”十件实事，提升镇江旅游接待服务能力，打造一批“吃住行游购娱”旅游新产品，推进全市旅游供给侧结构性改革。（许　婷）

【《镇江市“东亚文化之都”中长期发展规划(2021—2030年)》】 2021年12月15日，《镇江市“东亚文化之都”中长期发展规划(2021—2030年)》发布，该规划从城市概况、文化底蕴深邃丰厚、文化载体资源丰富、东亚文化交流丰硕等4方面阐明创建基础；从加强文化资源保护传承、深化文化旅游融合发展布局及产品打造、打造系列文化体验路线、建设一批文化利用新项目、推出一批特色文化招商项目等5方面阐明文化资源保护传承和利用。同时，该规划以春、夏、秋、冬为纵轴，全方位、立体式策划29项活动，涵盖乡村风貌、年俗非遗、文学艺术、旅游观光、休闲运动、书香之城、文创设计等元素。（许　婷）

【《镇江市“十四五”文化广电和旅游发展规划》】 2021年12月29日，《镇江市“十四五”文化广电和旅游发展规划》发布。该规划阐明镇江市“十四五”时期文化广电和旅游发展目标、发展任务，明确到2025年，镇江市人均接受公共文化场馆服务7次以上，全市接待游客0.85亿人次左右，旅游业总收入1250亿元左右，基层公共数字文化服务覆盖率、现有省级以上文物保护单位“四有”基础工作完成率、国家AAAA级及以上旅游景区和省级及以上旅游度假区智慧化转型升级覆盖率均达100%。规划提出，围绕镇江市“创新创业福地，山水花园名城”城市定位，打响镇江市“一主三副”文化旅游品牌：即配合江苏省“水韵江苏”品牌，打造“水韵江苏 山水镇江”主品牌；兼顾打造“中国醋都”“镇江，一个美得让您吃醋的地方”“文旅‘镇’加速”3个副品牌。根据品牌建设，明确10项具体品牌任务：在公共文化服务体系建设上，打造“全民艺术普及”品牌；在沪宁线重要休闲旅游目的地上，打造“中国休闲城市”品牌；在全域旅游示范区建设上，打造“文旅融合示范区”品牌；在文艺精品生产推广上，打造“书法之城”品牌；在文化遗产保护传承上，打造“无限定空间非遗进景区”品牌；在文旅产业发展转型升级上，打造“镇江夜美好”夜经济品牌；在科技创新引领上，打造“数字文旅”品牌；在城市宣传推广上，打造“全媒体‘秀’镇江”品牌；在文化旅游市场管理上，打造“文旅信用”品牌；在文化旅游人才队伍建设上，打造“文旅人才素质提升”品牌。（许　婷）

【第三届“美丽镇江乡村游”嘉年华】 2021年4月7日，由中共市委网信办、市文广旅局、市农业农村局和扬中市政府联合主办的2021镇江市第三届“美丽镇江乡村游”嘉年华——乡村游·跑出温度启动仪式在扬中市渡江文化园举行。启动仪式上，发布乡村红色游、乡村研学游、乡村文化游3个类型、10条乡村旅游精品线路，宣布2020年度市乡村旅游民宿名单并授牌，启动2021宜游·乡村文创产品评选、宜游·乡村美食评选、宜游·乡村民宿评选、宜游·乡村美景评选等系列活动，举行第四届“美丽镇江乡村游”嘉年华主办地授旗交接仪式。启动仪式现场，播放《美丽镇江乡村游》中央电视台宣传片，展示镇江乡村旅游自然人文情况。在乡村市集上扬中竹编、丹阳封缸酒等300余件乡村文创产品集中展示，并组织开展现场直播带货活动。400余名游客现场观摩扬中市三江湾乡村旅游集聚区建设，实地体验梓阳园民宿、陈履生博物馆群、渡江文化园和新治村旅游中心等乡村景点。（许　婷）

【旅游厕所建设】 2021年，镇江市新改建旅游厕所25座，包括AAA级3座、AA级11座、A级11座。加强示范性旅游厕所建设引导，使用和推广厕所生态、环保等新技术，采用感应垃圾桶、智能除臭设备、空气监测、人流监测统计系统等智能设施。全市旅游厕所百度地图、高德地图定位标注基本完成。推进金山、焦山、北固山、茅山开展“一厕一码”游客满意度在线评价活动，游客对旅游厕所5分好评率为96%。（许　婷）

旅游营销

【概况】 2021年，镇江市在山东省、陕西省、江苏省的部分城市举办旅游推介会12场。举办对口合作城市文旅推介会，与渭南市、连云港市、拉萨市达孜区、宜昌市秭归县签订《“十四五”文化旅游合作协议》。市文广旅局为高铁镇江站与旅行社团体票营销搭建平台，解决旅行社团体票购票难问题；在连镇高铁55个车次上开展“中国醋都·镇江”形象宣传；为地接旅行社开展中远程旅游专列业务提供支持，首批四川省的“玉龙号”旅游专列抵达镇江。镇江市申报的《山水名城》短视频获“运河家乡美”第三届大运河文化旅游博览会短视频大赛一等奖(全省唯一)，《带你领略镇江运河家乡美》获三等奖，《大运河畔，美丽镇江》《一首〈归乡〉，怀念大运河畔的镇江》获优秀奖。中国醋文化博物馆入选省网红打卡地，并在2021第十届南京国际度假休闲及房车展览会获最佳展示奖。2条线路入选2020年度十大长三角自驾游(短线类)线路、2条线路入选2020年度十大长三角自驾游(文旅融合类）线路。镇江市入选线路数量列长三角各城市第 1 名。市文广旅局开展各类传统媒体、新媒体宣传，在国家、省、市广播、电视、报纸、网络等各类媒体报道 1000 多篇，推送“镇江文旅”微信 648 条，发布文化旅游手机信息 48 条，发布“玩转镇江”抖音短视频 78 条；新浪微博开展话题宣传——“去镇江的 100 种理由”，话题阅读量近 1200 万人次。（许　婷）

【第二届长三角自驾游产业发展大会暨 2021 中国大运河“驰骋文旅”活动】 2021 年 4 月 22 日—24 日，第二届长三角自驾游产业发展大会暨 2021 中国大运河“驰骋文旅”活动在镇江市举办。江苏省副省长马欣、中国旅游协会副会长兼秘书长张润钢、江苏省旅游协会会长张卫国等参加活动，联合国世界旅游组织专家委员会委员等 10 多名专家、学者和相关人士做专题演讲。该活动由长三角三省一市旅游协会、镇江市人民政府共同主办，旨在推动长三角区域一体化发展，宣传大运河沿线文化旅游资源，促进文旅融合发展。启动仪式为“长三角自驾游示范目的地”“长三角自驾游红色精品线路”“长三角自驾游推荐民宿”“长三角自驾游推荐餐饮场所”“长三角自驾游推荐汽车服务企业”授牌；同时，长三角、大运河沿线部分省市自驾游俱乐部的代表签署游客互送协议。该次活动涵盖 2021 长江三角洲 · 中国大运河“驰骋文旅”发车仪式、“百车千人游镇江”、百辆房车嘉年华展示巡游等 6 项子活动。（许　婷）

【镇江市文化旅游（日韩）线上推介会】 2021 年 10 月 13 日，由镇江市政府、江苏省文化和旅游厅联合主办，镇江市文化广电和旅游局承办的“镇江市文化旅游（日韩）线上推介会”举行。推介会分两场举办，上午在日本、下午在韩国，以线上线下相结合的方式，在日本东京和韩国首尔设主会场，在镇江设分会场，开启全程连线对话交流。推介会旨在提升镇江文旅品牌在国际市场的影响力；加强与日本、韩国各城市的旅游互促宣传，加深在文化、旅游、商贸、教育等多领域合作。日韩嘉宾在发言中，表达出对加强业界联系、推动旅游业共同发展的展望，并对镇江申报“东亚文化之都”表示支持。镇江与日本东京和韩国首尔分别签署《东亚文化互促互进长期合作备忘录》，就市场情报提供、文旅资源共享、客源互送等达成合作共识。（许　婷）

旅游行业管理

【概况】 2021 年，镇江市加快推进旅游市场信用体系建设，强化旅游行业监管。开展清理文化旅游市场“经营异常企业”专项行动。开展未经许可经营旅行社业务、“不合理低价游”业务、旅游包车安全相关专项行动 24 次，检查旅游业务经营单位 153 家次，查办旅游市场案件 20 起。统计旅行社涉疫情地组团游客信息，督促全市旅行社及行业主管部门压实责任，落实疫情防控各项工作。镇江国际雷迪森广场酒店通过五星级评定性复核检查，丹阳环球时代旅行社创成江苏省三星级旅行社。推进绿色旅游饭店创评工作，镇江佰润粤海国际酒店创成全市首家“银树叶”级绿色旅游饭店。举办全市旅行社业务娱乐场所、营业性演出场所业务培训会，提升从业人员服务水平。开展“您旅游我护航诚信文明在镇江”主题宣传活动。举办 2021 镇江导游员、讲解员技能大赛暨红色故事宣讲大赛。指导建立“金牌导游”工作室，培养旅游人才，提升导游服务水平。（许　婷）

【全国文旅市场信用经济发展试点地区创建情况】 2021 年 11 月 30 日，文化和旅游部公布首批文化和旅游市场信用经济发展试点地区名单，全国有 14 个地区入选，镇江市成为江苏省唯一入选地区。镇江市文广旅局信用工作领导小组围绕信用经济发展试点工作任务，制定实施方案。2021 年，镇江市文广旅局为全市存在信用问题的 60 家文旅企业开展信用修复培训，指导 127 家文旅企业完成信用修复；联合市信用办为全市 95 家旅行社进行信用体检，同时，共同制定评价标准，进行信用评级，根据信用评价结果对旅行社实施分类监管。9 家文旅企业被列入省文旅市场“红名单”。（许　婷）

【风景名胜区管理】 2021 年，镇江市文广旅局、市自然资源和规划局联合启动南山风景名胜区详细规划编制工作。指导开展“三山”风景名胜区地质灾害和风险点专项治理，保护风景名胜资源。协调推进市区风景名胜区林长制工作，提升区内林业资源保护水平。开展风景名胜区内事项前置审核工作，全年办理区内项目许可 22 件，规范市区风景名胜区保护利用秩序。加大风景名胜区法规及资源的宣传力度，提升社会知晓度和相关单位的法治意识。加大风景名胜区执法力度，开展联合执法 13 次。（许　婷）

【镇江市导游员、讲解员技能大赛暨红色故事宣讲大赛】 2021 年 6 月 25 日，由镇江市文广旅局、市人社局、市总工会、市妇联共同举办的“2021 镇江市导游员、讲解员技能大赛暨红色故事宣讲大赛”在镇江市举行。为庆祝中国共产党成立 100 周年，竞赛内容除景区讲解外，还围绕镇江历史文化中的红色资源展开，并从个人展示、故事内容、演讲技巧、演讲效果 4 个方面进行综合评分。全市选拔 21 名选手参加决赛，大赛评选出一、二、三等奖共 10 人，镇江市优秀导游员 10 人。（许　婷）

综　述

【概况】　2021 年，镇江市以“四群八链”为重点，以基础设施建设、数字化转型、工业信息安全、信息消费升级为切入点，深化“互联网 + 先进制造业”，加快推进制造业数字化发展。

2021 年，全市新建 5G 基站 2591 个，累计 6866 个。大全集团、恒顺集团、旺捷大数据等企业上线工业互联网标识解析二级节点。新增国家“两化融合贯标企业”29 家、省级“星级上云企业”86 家、省级“工业互联网标杆工厂”3 家；2 家企业分别入围国家 2021 年度智能制造“试点示范工厂揭榜单位”和“优秀场景名单”，创成省级“示范智能车间（工厂）”23 家。当年，市工信局完成 3 家工业和信息化部工业互联网企业网络安全分类分级试点自评级和现场评级等工作；组织培育“星级安全防护企业”，指导企业落实与自身等级相适应的安全防护措施；对 71 家重点工业企业开展 7×24 小时常态化安全风险检测，并组织开展工业信息安全应急演练活动。

2021 年，镇江市举办首届直播带货大赛颁奖典礼暨直播基地签约活动，推动形成具有镇江特色的“直播 +”产业体系。市工信局对照省级信息消费体验中心建设标准，指导江苏鱼跃医疗设备股份有限公司和江苏全真光学有限公司开展省级信息消费体验中心建设创建工作。大全集团、安用座椅、丹毛纺织、江苏索普等 4 家企业入选江苏省工业电子商务发展示范（应用创新类）名单。　（朱瑜慧）

【镇江市工业信息安全应急演练】　2021 年，镇江市加快构建工业信息安全保障体系，强化工业企业网络信息安全防护保障能力建设。12 月 28 日，市工信局组织开展 2021 年镇江市工业信息安全应急演练活动。会上，发布《2021 年镇江市工业信息安全测试评估报告》，并开展工业信息安全培训。市工信局联合镇江电信、怡通科技、索普集团、菲舍尔、恒顺集团等企业开展工业信息安全应急演练，通过 4 个工业信息安全场景演练应急安全事件从响应到处置再到恢复的全过程。　（朱瑜慧）

【“四群八链”企业数字化转型对接活动】　2021 年，镇江市推进“四群八链”企业数字化转型，加快推进“互联网 + 先进制造业”融合创新。市工信局、市企业信息化协会联合组织数字化技术专家团队，分别深入丹阳市、扬中市、京口区、丹徒区、镇江新区等 5 个市（区）的 50 多家企业，开展“四群八链”企业数字化转型对接活动。通过现场交流座谈、线上评估等方式，为企业信息化建设现场把脉问诊，帮助企业明确数字化转型方向及路径。同时，向企业宣传贯彻工业互联网平台、“标杆工厂”、“企业上云”、智能制造等有关政策，提升企业两化融合发展水平。　（朱瑜慧）

【大数据管理】　2021 年，镇江市加快推进“数字政府”建设，成立镇江市市域治理现代化工作领导小组。出台《镇江市“十四五”数字政府建设规划》，以数字化技术为支撑，以数字化思维为引领，明确“十四五”期间镇江市数字政府建设的目标任务、总体架构、推进计划。市大数据共享交换平台接入 40 多个部门的信息资源，归集数据 10 多亿条，提供数据共享服务超 500 万次。建成镇江市公共数据开放平台，第一批开放 10 多个部门的数百万条公共数据，对外服务 280 万次。市大数据中心可服务 1000 多台云主机，党政机关的信息系统集中部署运行。“镇合意”App 新增服务功能 67 项，累计为 130 项，注册用户超过 76 万人，月使用量近百万人次；上线全省首个“人才码”功能，为3000多名人才发放“人才码”；围绕疫情防控、低碳发展等重点工作推出特色服务功能。成立大数据运营管理公司——江苏开物科技发展有限公司，代表政府管理运营、开发利用政务数据资源。（陶迪明）

新一代信息技术产业

【概况】 2021年，镇江市加快推动新一代信息技术产业链高质量发展，围绕大数据、云计算、集成电路、区块链等信息技术热点，打造“有技术、有产品、有特色、有场景”的产业生态圈，新一代信息技术产业发展态势较好。全市新一代信息技术产业实现营业收入505.3亿元，比上年增长20.3%。全年新增省重点领域首版次软件产品1个，省级区块链产业发展试点示范项目1个，省级大数据产业发展试点示范项目2个，省首席数据官制度试点企业2家，省规划布局软件企业2家，省“专精特新”软件企业7家。

宏观引导情况。镇江市制定《新一代信息技术产业链“链长制”工作推进方案》，成立由市工信局、大数据局、发改委、科技局等11个部门和8个市（区）参与的工作专班，明确全年11项工作重点和具体推进计划、运行机制、工作职责等内容；根据重大项目进展和上中下游企业配套协作情况，形成新一代信息技术产业链“五图六清单”；分层分类建立产业链“链主企业”、骨干项目挂钩联系服务机制，落实产业链专班企业挂钩服务工作责任。镇江市出台《镇江市“十四五”新一代信息技术产业发展规划》，并完成新一代信息技术产业招商图谱，围绕大数据产业、信创产业、集成电路产业、5G产业等制定产业链补链、强链、延链招商清单，明确招引方向。2021年，镇江市成立新一代信息技术产业联盟，搭建产业交流合作平台，助力产业高质量发展。联盟首批成员包括企业、高校院所、金融机构、会计律师事务所等70余家单位。

产业服务保障体系建设。市工信局为企业产业互联网平台建设、人才引进等工作做好服务保障，针对部分企业反映的芯片及器件短缺问题，开展专项对接服务，指导帮助赛达电子等企业寻找到替代产品；开展重点企业能耗“双控”调研，选取产业链骨干企业、“专精特新”小巨人企业、初创企业等40余家，联合人社局、科技局针对性解决企业反馈的人员短缺、关键技术攻关等问题。市工信局、人才办、税务局、科技局、市场监管局等部门举办多场送政策服务进园区活动，解读软件企业产品评估、人才奖励补贴、技术合同认定、税收优惠等各项惠企政策，为新一代信息技术企业提供精准服务。全年新增软件企业20家、软件产品100个。

新兴业态发展。加快推进大数据、云计算、区块链、信息技术应用创新、直播经济等关键领域和新兴业态发展，培育新一代信息技术产业新增长点。举办第七届“i创杯”互联网创新创业大赛镇江区选拔赛，营造创新创业环境，孵化创新型信息技术企业。举办全省首场智能农机领域信创对接会，指导推荐京口区大禹山创意新社区申创省级信创先导区（智能农机方向），大禹山进入省级信创先导区储备培育库。市工信局、市委宣传部、市委网信办等多部门举办镇江市首届直播带货大赛，对23家企业及产品重点集中推介，推动形成具有镇江特色的“直播+”产业体系。

产业人才队伍建设。镇江市依托“金山英才”计划，引进一批带技术、带项目、带资金到镇江实施科技成果转化的新一代信息技术产业领域高层次人才。市工信局组织数十家企业参加省“育鹰计划”工业软件、人工智能高研班培训，提高当地人才专业水平。推进完成软通学院人才培养补充协议签订工作，服务当地新一代信息技术人才培养工作，全年为高校和企业开展线上、线下培训服务约2000人次。市工信局、人社局联合举办软件人才双选会、人才交流会，为企业与学员搭建就业交流的平台，缓解当地软件企业“招聘难”问题。镇江市组织2021年全国计算机技术与软件专业技术资格考试，全年总报考人数1438人，比上年增长173%，为产业发展提供人才支撑。

（王泽原）

2021年镇江市数字经济集群应税销售50强企业情况表

表16－1　　单位：亿元

地　区	单位名称	地　区	单位名称
句容市	巨宝精密加工（江苏）有限公司	丹阳市	中国移动通信集团江苏有限公司丹阳分公司
润州区	中国电信股份有限公司镇江分公司	镇江新区	江苏彤明汽车电子科技有限公司
润州区	中国移动通信集团江苏有限公司镇江分公司	丹阳市	中国电信股份有限公司丹阳分公司
扬中市	香江科技股份有限公司	镇江高新区	镇江强凌电子有限公司
丹阳市	江苏辰阳电子有限公司	句容市	江苏骏成电子科技股份有限公司
丹阳市	恒宝股份有限公司	镇江新区	镇江朋信教育咨询有限公司

续表 16－1

地　区	单位名称	地　区	单位名称
句容市	中国移动通信集团江苏有限公司句容分公司	丹徒区	江苏领先电子有限公司
京口区	江苏惠通集团有限公司	镇江高新区	江苏弘信华印电路科技有限公司
镇江新区	镇江香江云动力科技有限公司	扬中市	镇江远东电讯电机有限公司
丹徒区	中国移动通信集团江苏有限公司丹徒分公司	扬中市	江苏海天微电子股份有限公司
扬中市	江苏和成显示科技有限公司	镇江新区	镇江贝斯特新材料有限公司
丹阳市	江苏新通达电器有限公司	镇江高新区	江苏莫仕天安连接器有限公司
镇江新区	江苏逸飞激光设备有限公司	丹徒区	海纳川海拉电子(江苏)有限公司
句容市	中国电信股份有限公司句容分公司	丹阳市	丹阳市智达软件科技有限公司
丹阳市	江苏富联通讯技术有限公司	扬中市	江苏正能电子科技有限公司
镇江新区	江苏南锦电子材料有限公司	京口区	江苏金亿达能科技有限公司
句容市	江苏久正光电有限公司	句容市	江苏久禾光电有限公司
丹阳市	江苏爱仕达电子有限公司	句容市	江苏赛达电子科技有限公司
镇江新区	先进光电科技(镇江)有限公司	镇江新区	恩华(江苏)光电有限公司
扬中市	中国移动通信集团江苏有限公司扬中分公司	镇江新区	江苏金海创科技有限公司
丹阳市	丹阳亿诺光电科技有限公司	京口区	江苏正恺电子科技有限公司
扬中市	中国电信股份有限公司扬中分公司	镇江新区	系统电子科技(镇江)有限公司
句容市	江苏壹度科技股份有限公司	丹阳市	丹阳市会文软件科技有限公司
镇江新区	科雅光电(镇江)有限公司	丹阳市	江苏法拉电子有限公司
润州区	中国联合网络通信有限公司镇江市分公司	镇江新区	前瞻科技有限公司

（王云山）

【第七届“i 创杯”互联网创新创业大赛镇江站开赛】 2021 年 7 月 1 日，由镇江市工信局、镇江团市委联合主办的江苏省“i 创杯”大赛镇江选拔赛暨镇江市互联网创新创业大赛在京口大禹山开赛。大赛以路演方式进行，19 支互联网企业、创业团队参赛，参赛项目涉及大数据、云计算、人工智能、5G、工业互联网等新一代信息技术领域，通过 5 分钟展示和 3 分钟答辩，向投资人展示各自项目的创新元素、市场前景等。“Desty 东南亚社交电商工具平台”项目以全场最高分拿下直通决赛的“Pass”卡，“基于安全可控超高清视频通信云平台及应用”和“结合工业 AI 与分布式网络的多线多点电池片工艺质量感知系统”2 个项目晋级复赛，现场有 6 个项目获 8 张投资邀请函。

（王泽原）

【《镇江市“十四五”新一代信息技术产业发展规划》】 2021 年 9 月 23 日，《镇江市“十四五”新一代信息技术产业发展规划》(以下简称《规划》)正式印发。《规划》提出，到 2025 年，全市新一代信息技术产业规模将突破 800 亿元，年均增速将超过 13%。按照《规划》，镇江市提出立足新一代信息技术产业发展趋势，结合国家、江苏省“十四五”总体发展思路以及对新一代信息技术产业的发展要求，

图 16－1　2021 年 7 月 1 日，第七届“i 创杯”互联网创新创业大赛镇江站开赛

（王泽原　供稿）

形成“一廊牵引，两核示范，四翼齐飞”的发展格局。《规划》提出，到“十四五”期末，全市新一代信息技术产业自主创新能力得到较大提升，龙头企业引领带动作用开始凸显，产业布局更加科学，产业生态更加优化，基本形成具有全面竞争力的新一代信息技术产业体系，产业高质量发展水平处于全省前列。同时，《规划》从加强组织领导、加大政策支持、优化发展环境、强化监测考核四个方面提出保障规划实施的措施，为新一代信息技术产业高质量发展保驾护航。“十三五”期间，全市新一代信息技术产业整体发展态势较好。截至2020年年底，全市拥有规模以上新一代信息技术企业180家，实现营收420亿元。初步形成高端软件、云计算与大数据、集成电路等特色板块。其中，软件和信息服务业收入规模列全省第6名。（王泽原）

【镇江市首届直播带货大赛】 2021年10月12日，由镇江市工信局主办的“中国电信杯”镇江市首届直播带货大赛闭幕，闭幕式现场，江苏冬云文化、上海来呀文化、南京电鳐直播基地等3家直播公司签约建立镇江直播基地，5名获奖主播以及5家镇江单位签约入驻基地。该次大赛历时3个月，10名主播分别获一、二、三等奖以及“人气王”、“互动王”、新秀奖等奖项。该次大赛将全市56家企业的132个产品纳入数据库，并对23家企业及产品进行重点集中推介。其中，鱼跃医疗、恒顺集团、北汽麦格纳等11家企业获评“金牌供应商”。（王泽原）

【新一代信息技术产业联盟成立】 2021年12月22日，镇江市新一代信息技术产业联盟成立。会议现场，举行联盟揭牌仪式，发出联盟倡议，并为专家代表颁发聘书。该联盟的成立旨在聚集全市新一代信息技术产业生态各方力量，推动产业链区域合作和上下游衔接，促进新一代信息技术产业高质量发展，促进相关主体之间的交流与深度合作，促进供需对接和知识共享，打造产业发展共同体，推进产业链、创新链、政策链、人才链、资金链融合，为镇江市新一代信息技术产业高质量发展做出贡献。（王泽原）

图16－2 2021年12月22日，镇江市新一代信息技术产业联盟成立
（王泽原 供稿）

通信服务业

【概况】 2021年，镇江市电信业务总量41.56亿元（统计公报数），比上年增长27.4%；电信业务收入38.35亿元，增长9.4%。移动电话用户378.59万户，其中5G手机用户89.50万户；互联网宽带接入用户185.51万户，增长9.4%。

2021年，镇江市新建5G基站2591个，累计建设6866个，实现市区及省级以上工业园区信号全覆盖，农村地区5G信号覆盖率50%。召开5G融合应用现场会。全市有17个1000万元以上的“5G＋工业互联网融合应用”在建项目，列全省第3名。中节能、常诚汽车2家企业获省级专项资金1373万元，镇江市项目数量占获省级专项资金项目总数的22.2%、资金占比27.1%，项目数及资金量均列全省第1名。全市有5家企业进入工业和信息化部“绽放杯”5G应用征集大赛总决赛。恒顺、大全、旺捷大数据等企业通过工业和信息化部标识解析二级节点建设资质审查，涵盖物流、电器、数据服务、快速消费品四大领域。镇江市标识解析二级节点在注册量、标识量、解析量3个指标方面均列全省第5名。2021年，镇江市大全集团、旺捷大数据2家企业获省级专项资金800万元。大全集团获工业和信息化部“工业互联网创新发展主动标识载体”专项资金6000万元，是全省唯一获该类别扶持资金的企业。

2021年，镇江市新设台站178个、撤销台站116个，换发电台执照32个；业余无线电台执照核发新增10个、换发6个、变更6个；实施监测监听7160小时，受理干扰投诉3起；完成普通高考，法律资格考试，公务员考试，英语四、六级考试等重要考试无线电安全保障近30场次；查获“黑广播”14个，排除干扰投诉3起，快速处置省工业和信息化厅一级干扰排查任务1件；完成在用无线电台站检查4家、销售无线电发射设备企业备案行政检查3家。（郑耀威）

【中国电信股份有限公司镇江分公司】 2021年，中国电信股份有限公司镇江分公司落实中国电信数字经济行动计划，推进“云网融合”“云改数转”战略，各项建设有成效。加快新型信息基础设施建设，打造5G精品网络，建成5G站址2339个，实现市(县)城区、沪宁高铁、连镇高铁沿线5G全覆盖；将5G技术与工业互联网、智能化应用相融合，5G技术应用于智慧园区、智慧港口、智能监控等领域。打造“云资源池”，建设智慧城市“大脑”(智慧镇江大数据中心)，具备超过12000核vCPU计算能力，行业云资源具备3000核vCPU能力。打造高速宽带光网，全域具备千兆带宽提供能力，城域网出口带宽为1.9Tbps，IDC出口超4T，数据中心具备近千个机架服务能力。实施“云改数转”战略，在政府服务信息化建设方面，做好智慧镇江大数据中心建设与维护，累计承接48个部委办局的175个业务系统。在智慧城市综合治理方面，推进智慧水利、智慧医疗、智慧校园等项目，自主建设的“翼安居”平台，为社区、物业、居民提供社区精确治理、政务信息实时发布、物业综合管理、居家养老等综合服务。在助推产业数字化发展方面，聚焦化工、光伏、机械加工等重点行业，“5G+工业互联网”助力智能制造加快发展。加强网信安全工作，净化网络安全环境，完成三年专项整治攻坚工作。完成中国共产党成立100周年等各项重点保障任务。完成全网风险隐患排查整治工作，防范各类重大网信安全事件，保持连续多年的“HW”演习系统“零攻陷”，在全市网络安全大检查中总分列第4名。围绕互联网应用系统、DCN内网应用系统、政企客户应用系统三方面开展漏洞挖掘工作，参与工业互联网安全平台建设。推进优质服务活动，重点开展宽带满意度提升服务攻坚、重复投诉分场景服务攻坚、营业厅服务提升专项活动、客户室内布线整理和网络诊断等工作，服务工作有效申诉量45件，比上年下降22.8%，携号转网重点纠风指标“零申诉”。开展防诈反诈工作，开展“断卡”行动，做好实名制源头管控，防范网络诈骗，涉案举报工单量较整治前下降45%。

(谢月珍)

【中国移动通信集团江苏有限公司镇江分公司】 2021年，中国移动通信集团江苏有限公司镇江分公司推进数智化转型，推进新型信息基础设施建设，全年投资超4亿元，实现镇江市区、县(市)、景区等热点区域的5G网络覆盖和农村区域的700兆打底覆盖；扩大千兆光网覆盖范围，达成“双千兆”网络建设目标。推进“民生工程”电梯地下室覆盖项目，参与城区老旧小区改造工作。服务地方政府，完善“智慧镇江”城市体系，保障市级重大产业活动。为相关单位提供“一站式”疫情防控解决方案和5G热成像测温服务，服务全市疫情防控工作。参与镇江市智慧农业平台建设，为全市农业产业升级转型提供大数据整合研判信息。推进“5G+工业互联网”发展，在汽车配件制造、矿山智能驾驶、林区智能监控、智慧医疗等领域实现5G专网应用突破，加快传统企业的“智改数转”进程，帮助企业降本增效、提升安全管理效能。“常诚车业5G智慧工厂”项目获全国第四届“绽放杯”5G先进制造赛道二等奖、“镇江台泥5G智慧矿山”项目获全国第四届“绽放杯”智慧矿山赛道优秀奖。

(杨 欣)

【“5G智慧矿山”项目】 2021年，中国移动通信集团江苏有限公司镇江分公司与句容台泥水泥有限公司联合打造“5G智慧矿山”项目，采用自研模式，以物联网、三维GIS、VR技术为核心，构建虚拟矿山模型，实现可视化管控。利用5G低延时和大带宽特性，基于车载5G视频回传和毫米波雷达，完成对矿卡车辆的改造，实现无人驾驶，解决驾驶员劳动强度大、危险系数高等问题；建立部署指挥中心、控制平台以及远程驾驶舱环境，提升可控性。同时，车载定位和安全帽定位系统能在矿山爆破作业期间，精确划分电子围栏，提升安全性。该项目获第四届“绽放杯”5G应用征集大赛智慧矿山专题赛优秀奖、第二届促进金砖工业创新合作大赛优秀奖。

(杨 欣)

【中国联合网络通信有限公司镇江市分公司】 2021年，中国联合网络通信有限公司镇江市分公司(以下

图16-3 5G远程驾驶舱现场 (杨 欣 供稿)

简称“镇江联通”)推进5G网络延设和融合应用,参与镇江的数字经济建设,强化通信供给创新。加速5G基础设施升级,截至2021年年底,完成2448个(含562室分系统)5G站的建设,城区覆盖率75%;开展“社区宽带服务行”活动,覆盖全市80%社区。经过全屋光纤和智能布线服务提升后,全屋实际近端测网速可达千兆。开展通信信息诈骗治理工作,落实“断卡”行动。全流程管控高风险电话卡,以“GOIP”诈骗预警模型,助力“打猫行动”;开展诈骗电话、骚扰电话、垃圾短信等专项行动治理。推进规模以上企业“智改数转”工作,宣传推广新理念、新技术,配合各级工信部门做好工业互联网标识解析二级节点的科普和前期指导,支持并参与诺得物流、大全集团、旺捷大数据等企业的3个二级节点的建设。免费为上百个行政村部署数字乡村平台。运用现代信息化手段推进乡村信息化建设,赋能乡村基础设施建设、治理模式创新、生产方式升级、生活方式改善。当年,镇江联通获评“江苏省文明单位”“镇江市文明行业”;中国联通江苏镇江LTE900新建一期工程获2021江苏省优质通信工程一等奖。（成　玺）

【中国铁塔股份有限公司镇江市分公司】 2021年,中国铁塔股份有限公司镇江市分公司(以下简称“镇江铁塔”)以面向通信行业的运营商业务为“一体”,以面向社会的智联业务和能源业务为“两翼”,深化实施“一体两翼”战略。

通信基础设施建设。镇江铁塔转变建设模式和服务模式,围绕5G建设新特点,发挥资源统筹共享和专业化运营优势,加快推进移动网络覆盖综合解决方案和共享室分方案落地,助推镇江市通信基础设施建设。全年完成基站建设1751个,其中,4G基站210个、5G基站1541个。依托存量站址资源和储备的社会杆塔资源,新建基站共享率为85%,其中5G站址95%以上利用原有站址资源改造实现,节约土地及投资。截至年底,实现市、县、主城区和重点乡镇的全面覆盖,主城区的道路、车站、大型商业广场、政府办公楼宇及校园等重点场所5G网络的全覆盖。当年完成室内分布系统建设项目45个,覆盖410万平方米,隧道长度14.7千米。

重点项目建设。S6号线(宁句地铁)句容段网络信号覆盖工程:S6号线句容段长17.34千米,其中,高架与地面过渡段长约12.22千米、地下段长约5.12千米。在S6号线句容段地面高架部分,建设23个室外站点对沿途地铁进行网络信号覆盖,其中,有4个楼顶站点、19个落地塔站;S6号线句容段地下轨行区采用4条泄漏电缆的方式进行覆盖,站台站厅采用传统室内分布系统和新型室内分布系统相结合的方式进行覆盖。项目总投资约1200万元。

智联业务。在电力、水利、环保、国土等多领域强化融合发展,助力“数字镇江”建设。参与镇江市内电力专网全覆盖、长江镇江段非法采砂监控试点、环保$PM_{2.5}$及VOC监测监控落地工作;推进“高空抛物+消防通道+电瓶车入梯监控+充电桩”四位一体建设,助力“智慧社区”建设;新冠肺炎疫情防控期间,通过“高音大喇叭+无接触高精度测温+铁塔亮化宣传”综合解决方案,助力政府疫情防控工作。

能源业务。推进换电柜、共享新能源电池等为民服务,服务快递员骑行充电难问题;建设2处“骑手之家”,为骑手及户外劳动者提供休息驿站;联合市总工会向“骑手”免费提供爱心体检服务;向有换电需求的物流行业提供更安全、环保的锂电池,淘汰高污染铅酸电池。（傅　蓉）

广电网络

【概况】 2021年,江苏省广电有线信息网络股份有限公司镇江分公司打造“一云、双网、三用、四统、5G、多屏”产业平台。推进“光进铜退惠连万家”项目,提升江苏有线高速光纤入户率,夯实发展数字经济的基础。全省首发推广电视端平台“强国TV”。贯彻落实国家乡村振兴战略要求,建成“智慧广电乡镇”10个。完成中国共产党成立100周年庆祝活动等安全播出传输重要保障工作。开展各类公益活动,向符合条件的优秀共产党员赠送2200台4K超高清互动机顶盒。当年,该公司入选江苏省放心消费创建先进单位、镇江市文明单位,并获江苏省广播电视行业职业技能竞赛网络安全专业三等奖。句容分公司获评中宣部“全国服务农民、服务基层文化建设县级单位”(该称号全国3家、全省1家)。“广电智能感知网”项目获2021年度江苏省工信厅、广电局“智慧广电”示范项目。“一云多屏”在线教育模式的本地化应用、智能站台应急广播发布系统项目获省广播电视局科技创新三等奖。（王　磊）

【“二级播控改造”应用项目】 2021年,江苏省广电有线信息网络股份有限公司镇江分公司完成丹徒区广电网络公司前端的二级播控改造工程,丹徒区广电网络公司的所有直播调制设备全部上移至地市公司,前端设备由地市公司统一管理,使用1550纳米调制信号直接覆盖丹徒片区。扬中市广电网络公司采用远程网管的形式进行前端集中管理,并在地市部署一套调制系统,使用1550纳米传输方式,为扬中异地备份信号。经过改造后的区(县)前端系统运行稳定,提高直播系统安全保障能力。（王　磊）

综 述

【概况】 2021 年，镇江市银行业金融机构存款余额 6801.48 亿元，比上年增加 416.82 亿元，增长 6.53%；贷款余额 6989.32 亿元，新增 855.7 亿元，增长 13.95%。保险公司保费收入 147.52 亿元，增长 2.2%（省银保监局数据）。全年新增 A 股上市公司 4 家、江苏股权交易中心挂牌企业 125 家，新增股票融资 57.60 亿元。全年新立非法集资案件数、涉案金额、参与人数分别下降 10.53%、45.46%、24.37%。

（丁长华 王 凯 孙凡钦）

【银行保险服务】 2021 年，镇江市强化金融招商引资。加大与省级金融机构合作，做好金融机构招引工作，壮大信贷主渠道。争取省级金融资源向镇江倾斜，市政府与建设银行江苏省分行、江苏省农村信用联社、苏州银行等 3 家省级金融机构签订战略合作协议，"十四五"期间，按照协议预计为镇江提供合计超 2000 亿元的信贷支持。11 月 18 日，浙商银行镇江分行入驻镇江，全市银行业金融机构总数为 35 家。

落实"六稳""六保"任务。组织召开金融工作座谈会，举办政银企融资对接活动，将金融资源配置到服务实体经济的主战场。强化精准投放，将融资服务用于重大产业项目招引、建设和运营全过程，为 284 个省市级重点产业项目发放贷款 93.17 亿元。发挥市综合金融服务平台在线融资对接作用，帮助 3396 家企业在线获取授信 4700 笔，授信金额 214.21 亿元。

助力乡村振兴。实施"金穗行动"，强化"六有"（有专职机构、有创新产品、有专项活动、有特色品牌、有项目支持、有在线服务）举措，完成 60 项金融为农办实事项目。申请成为全国唯一承担农村普惠金融服务发展改革试验任务的地级市。开展"金穗行动镇镇行"，组织送金融政策、送金融产品、送金融服务、送金融知识、送金融人才等金融"五送"活动 63 次。选派 65 名金融骨干到镇江任"金融助理"、到村任"金融村官"。

创新金融服务。市地方金融局联合市财政局、市知识产权局、市版权局、市人行、镇江银保监分局等 6 部门出台《镇江市关于加强知识产权质押融资工作的指导意见》，完善知识产权质押融资工作体系，与 11 家银行签订合作协议，将知识产权质押融资纳入财政"助力贷"风险补偿机制。帮助困难民营企业解决融资难题，协调 10 家省级金融机构对大力神铝业公司调整还款计划，相关工作被中央和省两级党史学习教育指导组宣传。

推动保险行业稳健发展。推动农业保险经营模式全覆盖，市金融监管局与银保监局、保险协会等引导全市保险机构强化组织领导；"镇江惠民保"上线，参保人数突破 45 万人，保费总计 6940.9 万元。全市保险业风险保障能力提升。

（丁长华）

【资本市场】 2021 年，镇江市实施上市公司倍增计划。出台资本市场"扬帆计划"，印发《关于进一步推动企业上市挂牌的通知》。5 月、7 月先后组织企业赴深圳、上海参加资本市场业务培训，观摩科创板企业上市仪式；9 月，举办北交所上市政策宣介会；同力日升、威腾电气、通灵股份、明月镜片等 4 家企业在沪深交易所上市。

推进提高直接融资比重。3 次拜访沪深交易所，专题推动直接融资工作，召开债券业务座谈会，搭建企业与资本市场相关机构的沟通交流平台。全年新增股票融资 57.60 亿元，新增公司债券融资 293.93 亿元，直接融资规模提升。

开展上市公司质量提升行动。市金融监管局与中国证监会、中国资本市场学院、中证金融研究院、中金所、江苏证监局等20余家单位通过工作座谈、走访调研、政策宣讲等形式,为上市公司问诊帮扶、现场指导。全市A股上市公司总市值2121.52亿元,比上年增长60.25%,7家上市公司入围全国行业大类“50强”,天奈科技公司入围“科创50”指数。

提升资本市场服务质效。工作重心下移,深入基层和企业,精细服务,全年走访调研沃得农机、大全凯帆等20余家重点后备企业,了解企业上市进展及需求,帮助天工股份、沃得农机等企业解决资本市场发展过程中涉及的历史沿革问题,加快企业上市步伐。印发《企业上市挂牌工作指引》300余本。同时,加快资本市场人才培养,选派干部赴江苏证监局挂职锻炼。（王　凯）

【金融风险防范处置】　2021年,镇江市健全风险防控体制机制。制定金融突发事件应急预案,市金融局联合人行等单位开展金融突发事件模拟应急演练。完善金融领域风险防范四项机制,推动建立重大金融风险问责制度。贯彻落实《防范和处置非法集资条例》,市、区、镇三级均明确处置非法集资工作牵头部门或牵头人员。完善金融领域工作协调和风险防控各项工作机制。

强化金融风险监测预警。依托涉众型金融风险监测预警联席会,组织月度风险研判6次、专题研判6次。做好风险源头防控,推进投融资服务企业商事登记注册会商机制,组织事前会商63次,防范新增输入风险。开展农民资金互助社风险防范化解处置集中攻坚专项行动,推动丹徒区高资互助社、京口区文广互助社2家互助社注销和丹阳练湖兴农互助社资金清退工作。

推进非法金融乱象治理。梳理突出风险点,实施清单管理,持续跟踪推进处置。围绕重点领域加大风险排查整治力度,对21家私募基金管理人、800余家涉嫌非法私募基金机构、14家金融字样企业、10家财富管理公司、40余家风险机构进行风险摸排,分类推进问题处置。对派克保险、汇中普惠、恒昌财富等公司的风险点进行防控。全年办理信访件42起,涉及信访人数323人,对群众反映的非法金融等线索进行调查,做好信访接待和答复,解决突出矛盾和问题,依法维护群众合法权益。

提升风险防范宣教质效。创新“部门联动,基层发声”工作机制,推进防范非法集资宣教工作。组织8个市(区)共同开展防范非法集资宣传活动。在万达广场、苏宁广场、江苏科技大学、平昌中心社区、三茅宫社区、大钱村等人流集中地,开展群众宣传活动,做到防范非法集资宣传进机关、进校园、进广场、进企业,进商超,进社区,进农村,调动群众和社会各界参与防范和打击非法集资的积极性。（孙凡钦）

【银行保险监督与管理】　2021年,镇江银保监分局支持重点领域融资。加强监管引领,督促银行机构支持重大产业项目融资,对辖区内银行机构小微企业、制造业、民营企业和普惠型涉农贷款等指标完成情况按月监测、按季通报,对未完成序时目标的机构开展监管约谈。截至年末,银行机构对100个重大产业项目贷款余额157.45亿元,比年初增加90.39亿元,增长134.81%。全市制造业贷款占各项贷款比重18.02%,全省排名第4名。

加大民营企业融资帮扶力度。指导银行业协会按照依法合规的原则,协调成功3家银行机构对大力神集团1笔银团贷款进行转贷,帮助企业稳定生产经营,维护地方经济稳定。稳定企业25亿元存量授信。截至年末,全市银行业民营企业贷款余额(含私人控股企业贷款和个人经营性贷款)1690.16亿元,比上年增加207.25亿元,增长13.98%。全年新发放民营企业贷款平均利率为4.22%,下降0.46个百分点。

提升普惠领域融资对接工作质效。制定“落实‘六稳’‘六保’,金融助力‘双循环’”政银保企合作活动方案,推动地方政府出台金融惠企“白名单”管理办法,筛选优质“无贷”小微企业名单,与京口区、丹徒区、镇江高新区政府联合举办3场对接会。建立跟踪督导机制,定期对企业进行回访。推出“白名单”客户893户,成功授信515户、36.56亿元,其中有96户系首次从银行获得贷款。截至年末,全市银行业普惠型小微企业贷款余额771.2亿元,增长30%,高于各项贷款增幅16.4个百分点;贷款户数66829户,增加10644户;新发放普惠型小微企业贷款平均利率4.8%,下降0.27个百分点,全年为普惠型小微企业减免费用2079万元。

优化信贷期限和担保方式。引导辖区内银行机构结合企业经营周期和资金需求特点,优化贷款期限管理,探索无还本续贷、转贷、“随借随还”等信贷服务模式,降低企业资金周转成本。截至年末,公司类、小微企业中长期贷款余额占比分别为57.83%、44.73%。督促银行机构解决企业抵押担保难题。小微企业信用贷款余额193.76亿元,增长52.7%。

推动金融支持乡村振兴。银保监分局以及有关部门联合开展金融为农办实事“金穗行动”,与7家主要涉农金融机构签订支持乡村振兴工作责任状,明确60项具体工作任务。推动法人农商行“整村授信”工作,截至年末,辖区内4家法人农商行对93%的行政村建档36.1万户,授信30.02万户、375.78亿元。银保监分局、市农业农村局开展金融支持乡村振兴提质扩面行动,构建市、区、镇三级联动的工作架构,建立金融服务顾问专班。截至年末,辖区内4个试点乡镇贷款余额60.76亿元,增长48.71%。

支持绿色低碳经济发展。出台政策引导银保机构建立高效绿色金融服务体系，加强对绿色金融情况的统计监测，控制高能耗、高排放的新增项目融资。截至年末，全市绿色制造重点项目贷款余额26.44亿元，增长12.46%。全年环污责任险签单保费160.08万元，增长1.18%；保障金额2.65万元，增长3.16%。

服务社会治理。银保监分局、市应急管理局联合发布《镇江市安责险白皮书》，推动保险业制定九大行业风险评估和隐患排查导则，组织安全培训8次，参训人员1600余人次，为100余家企业提供风险辨识与隐患排查服务。协助建设安责险信息平台，形成对高危行业风险评估地图和保险保障指数，倒逼企业履行安全生产主体责任。银保监分局、市应急管理局制定《镇江市安全生产责任保险事故预防技术服务评估考评管理办法》，推动安责险事故预防技术服务考评制度化。银保监分局、市医保局推动中国人寿等7家保险公司组成共保体，实施“惠民保”项目，拓展全市医疗保障体系的广度和深度。

防范化解区域金融风险。督促银行机构加大对重点地区、重点领域和重点机构不良贷款处置化解力度，促进全市金融生态环境不断改善。全年全市银行业处置不良贷款37.14亿元，其中，核销18.26亿元，现金清收17.43亿元。截至年末，全市银行业表内不良贷款余额56.34亿元，不良贷款率0.81%，下降0.05个百分点。

提升银行保险机构合规经营意识。开展“内控合规管理建设年”活动，开展法人银行机构制度“废改立”，建设“周五两点半”保险合规阵地，开展36期合规培训，累计培训逾1200人次。召开银行业、保险业清廉金融文化建设推进会暨警示教育大会，推动机构以案为鉴。全年实施行政处罚28件，其中，对12家银行保险机构罚没658.03万元，对1家机构及16名责任人给予警告，同时对5名责任人罚款23万元。

健全金融纠纷多元化解机制。指导银行、保险行业协会完善调解委员会的架构、制度、流程，建立健全在线诉调对接相关制度。引导投诉人或被投诉机构针对较为复杂的投诉纠纷向行业协会调解组织申请调解，实现应调尽调。全年银行、保险行业协会调解成功投诉案件55件、324.86万元，其中，出具正式协议的12件、85.01万元。通过在线诉调对接系统调解成功15件、217.71万元。 （赵晓雯）

银 行

【概况】 截至2021年12月末，镇江市有银行业金融机构35家，其中，政策性银行1家（农业发展银行），国有商业银行6家（工商银行、农业银行、中国银行、建设银行、交通银行、邮储银行），股份制商业银行10家（华夏银行、浦发银行、民生银行、招商银行、中信银行、兴业银行、广发银行、光大银行、平安银行、浙商银行），外资银行1家（大新银行），城市商业银行2家（江苏银行、南京银行），法人农村商业银行4家（镇江农商行、丹阳农商行、句容农商行、扬中农商行），异地农村商业银行分支机构6家（紫金农商行、常熟农商行、丹阳张家港农商行、丹阳江南农商行、句容苏州农商行、扬中太仓农商行），村镇银行5家（丹徒蒙银、丹阳苏银、句容苏南、扬中恒丰、润州长江），下设分支机构649个，银行从业人员11162人。全市银行业金融机构各项存款余额6801.48亿元，比上年增长6.53%；各项贷款余额6989.32亿元，增长13.95%。

（宋 静）

【存款】 截至2021年12月末，镇江市本外币各项存款余额6801.48亿元，比年初增加416.82亿元，比上年少增354.36亿元，增幅为6.53%。分部门看，各部门存款增幅均低于全省平均水平。1月—12月，住户存款增幅11.83%，低于省均0.03个百分点，增幅基本持平；非金融企业存款增幅4.62%，低于省均3.54个百分点，其中，非金融企业活期存款增幅低于全省10.03个百分点，定期及其他存款低于全省1.37个百分点；机关团体存款下降5.96%，低于省均7.18个百分点；财政性存款下降5.14%，低于省均69.34个百分点；非银行业金融机构存款增幅13.64%，低于省均10.53个百分点。

（宋 静）

【贷款】 截至2021年12月末，镇江市本外币各项贷款余额6989.32亿元，比年初增加855.69亿元，比上年多增6.64亿元，增幅为13.95%，低于全省平均增幅1.35个百分点。分部门看，1月—12月，住户贷款余额2051.01亿元，增加207.77亿元，多增9.75亿元，增幅11.27%；企事业单位贷款余额4934.66亿元，增加646.31亿元，少增5.09亿元，增幅15.07%。分区域看，全市贷款余额及新增贷款在各区域间延续以往分布态势。市区各项贷款余额3318.88亿元，新增372.94亿元，占全部新增贷款的43.58%；丹阳市各项贷款余额1481.25亿元，新增190.32亿元，占全部新增贷款的22.24%；句容市各项贷款余额1454.8亿元，新增180.17亿元，占全部新增贷款的21.06%；扬中市各项贷款余额734.39亿元，新增112.26亿元，占全部新增贷款的13.12%。

（宋 静）

2021 年镇江市主要金融机构主要经营指标情况表(本外币合计)

表 17 －1　　单位:亿元

金融机构	各项存款余额	比年初增减额	比上年同期增长(%)	各项贷款余额	比年初增减额	比上年同期增长(%)
农业发展银行	39.61	-9.90	-20.00	275.52	14.33	5.49
中国工商银行	583.78	27.23	4.89	681.58	75.80	12.51
中国农业银行	866.44	54.67	6.73	706.24	113.00	19.05
中国银行	578.30	59.57	11.48	572.25	67.04	13.27
中国建设银行	523.11	31.63	6.44	573.10	62.94	12.34
交通银行	336.34	22.43	7.15	296.95	35.17	13.43
中信银行	304.83	18.45	6.44	439.18	46.66	11.89
中国光大银行	135.55	-42.94	-24.06	229.42	52.49	29.67
华夏银行	157.52	31.42	24.92	158.21	28.13	21.62
广发银行	48.01	4.36	9.98	51.80	-12.05	-18.87
平安银行	16.57	14.29	627.15	37.75	33.27	741.44
招商银行	82.70	4.98	6.41	80.87	3.45	4.46
浦东发展银行	110.17	-23.83	-17.78	181.22	9.15	5.32
兴业银行	191.18	-13.04	-6.38	232.58	28.67	14.06
中国民生银行	250.39	-18.43	-6.86	263.16	1.56	0.60
浙商银行	5.46	5.46	—	18.73	18.73	—
江苏银行	647.12	71.63	12.45	541.80	86.10	18.89
南京银行	282.88	41.10	17.00	262.13	57.71	28.23
农村商业银行	1170.96	93.75	8.70	1014.96	105.95	11.66
中国邮政储蓄银行	355.77	29.44	9.02	327.09	23.32	7.68
村镇银行	39.94	3.14	8.53	47.49	3.41	7.73
大新银行有限公司	13.33	1.21	10.01	5.89	0.05	0.81

(宋　静)

2021 年镇江市贷款分行业统计表

表 17 －2　　单位:亿元

行　业	贷款余额	比上年增减	增幅(%)	行　业	贷款余额	比上年增减	增幅(%)
A. 农、林、牧、渔业	80.71	2.43	3.11	M. 科学研究和技术服务业	11.01	3.38	44.30
B. 采矿业	1.12	0.16	16.72	N. 水利、环境和公共设施管理业	1317.42	239.30	22.20
C. 制造业	1026.28	101.33	10.96	O. 居民服务、修理和其他服务业	11.30	-1.40	-11.00
D. 电力、热力、燃气及水生产和供应业	78.58	14.90	23.40	P. 教育	5.65	-1.66	-22.69
E. 建筑业	283.42	25.68	9.96	Q. 卫生和社会工作	43.51	3.43	8.55
F. 批发和零售业	421.59	81.73	24.05	R. 文化、体育和娱乐业	23.36	0.12	0.52
G. 交通运输、仓储和邮政业	66.25	-4.44	-6.27	S. 公共管理、社会保障和社会组织	3.60	-7.05	-66.20
H. 住宿和餐饮业	16.14	0.82	5.33	T. 国际组织			
I. 信息传输、软件和信息技术服务业	10.60	1.69	19.04	对境外贷款	1.66	-0.39	-18.92
J. 金融业	26.86	-1.17	-4.16	个人贷款及透支	2051.01	207.77	11.27
K. 房地产业	169.99	-3.09	-1.79	贷款总计	6633.53	793.98	13.60
L. 租赁和商务服务业	983.47	130.43	15.29				

说明:不含票据融资

(宋　静)

【经营效益】 截至2021年12月末，镇江市不良贷款余额为56.34亿元，比年初增加7.05亿元；不良贷款率为0.8%，与年初持平。关注类贷款余额91.96亿元，下降26.07亿元，信贷资产质量总体稳定。分地区看，除市区外，县域不良贷款率均比年初下降（或持平）。市区、丹阳、句容、扬中不良贷款率分别为0.71%、1.32%、0.49%、0.79%，分别上升0.08个百分点、下降0.13个百分点、持平和下降0.05个百分点。全年辖区内各金融机构强化信贷资产质量风险管控工作，加大不良资产处置力度，不良资产核销、转让、清收力度加大，截至12月末，处置不良资产36.51亿元，其中贷款核销16.92亿元，信贷资产质量总体保持稳定态势。 （宋 静）

【跨境人民币业务】 2021年，镇江市办理跨境人民币结算业务260亿元，比上年增长35.06%。其中，经常项下结算业务84.77亿元，下降13.36%，资本项下结算业务175.22亿元，增长85.11%。经常项下跨境人民币结算业务中，货物贸易结算金额45.43亿元，下降7.61%，服务贸易及其他经常项目结算金额39.34亿元，下降19.17%。1月—12月，离岸转手买卖合计8.06亿元，下降32.19%，其中，收入4.06亿元、支出4.00亿元。资本项下跨境人民币结算业务中，直接投资结算金额140.33亿元，增长95.71%；其他投资结算金额76.30亿元，增长232.35%。跨境融资结算金额31.74亿元，增长44.71%。跨境融资结算业务中收入业务20.84亿元，支出业务10.90亿元。 （宋 静）

【国际收支】 2021年，在国内经济稳定恢复、外需改善的共同作用下，镇江市进出口规模创历史同期新高，跨境收支和结售汇顺差大幅增长。1月—12月，镇江市外贸进出口总额128.24亿美元，比上年增长33.32%；出口93.21亿美元，增长25%；进口35.03亿美元，增长34.41%；净出口58.18亿美元，增长32.04%。1月—12月，镇江市银行结汇82.54亿美元，增长40.57%，售汇29.72亿美元，增长10.2%；结售汇顺差为52.82亿美元，增长66.36%。 （宋 静）

【货币信贷工作】 2021年，镇江市强化信贷政策执行，增强地方经济活力。结合辖区实际，强化货币政策执行的灵活精准、合理适度，优化信贷结构，落实减费让利政策。金融总量增长，截至12月末，全市各项存款余额6801.5亿元，各项贷款余额6989.3亿元。存量和新增存贷款比例分别为103.2%、240.5%，均列全省第2名。扩大直接债务融资工具规模，全年发行债务融资工具748亿元，列全省第5名。信贷结构优化，强化窗口指导，加大对重点领域和薄弱环节的支持，支持镇江“产业强市”战略实施。举办全市重点产业链融资服务对接会，涉及授信总额485.63亿元，为284个省市级重点产业项目发放贷款93.17亿元。融资成本降低，规范金融机构信贷融资收费、优化存款利率定价管理。12月，全市金融机构人民币贷款加权平均利率、普惠小微利率、银票贴现率分别为4.86%、4.6%、2.15%，分别比年初下降1个、27个、98个基点，全年为企业让利20.2亿元。

稳保工作务实有效，引领金融服务实体经济。用好两项直达实体经济货币政策工具，1月—12月，对21617家中小微企业的303.29亿元贷款进行展期、续贷、无还本付息，延期率80.32%；新增普惠小微信用贷款53.92亿元，近24931家企业受益。举办“两绿”融合政银企专题对接会，启动“金山绿金”计划，推出一批服务“双碳”的绿色金融创新产品，支持镇江绿色低碳发展。全市绿色贷款余额496.24亿元，增长42.79%，高于全部贷款增速29.42个百分点。扩大直接融资，12月末，绿色债券余额14亿元。服务个体小微企业，市人行、市工商联组织开展金融支持小微企业、个体工商户“甘露行动”，12月末，小微企业主和个体工商户经营性贷款增长25.97%，高于各项贷款增速12.02个百分点。支持乡村振兴战略实施，制定《镇江市金融服务乡村振兴机制创新试验方案》，申报国家和省级农村金融改革试点项目，组织开展为农办实事“金穗行动”，引导金融机构创新支持“三农”发展。12月末，全市涉农贷款增长13.15%，其中，农户贷款增长14.72%，高于各项贷款增速0.77个百分点。 （宋 静）

【金融稳定工作】 2021年，镇江市防范化解金融风险，优化金融生态环境。加强金融风险监测和处置，关注辖区内不良贷款、重点房地产企业等领域风险情况；对辖区内1家法人机构采取“一对一”通报、联合约谈高管、下发风险提示函等多种早期纠正措施，确保高风险机构“不反弹”；开展全市金融机构突发事件应急演练，健全金融机构风险应急处置长效机制。加大金融监管力度，完成对银行业金融机构1家分行、3家支行的开业对接和对28家银行业金融机构2020年度综合评价工作；推动3起洗钱罪案件进入法院审理阶段，其中2起宣判；市人行协助公安机关破获买卖账户案件105起、涉赌案件2起、买卖银行卡案件24起；打击地下钱庄。优化辖区金融生态环境，推进全市金融生态环境建设“八城同创”工作，部署辖区金融生态达标县申报及金融生态环境评估工作，开展金融生态环境建设现场督导。 （宋 静）

【金融服务】 2021年，镇江市开展法治央行建设和消费者权益保护工作，实施“查处分离”试点，完善综合执法检查数据分析系统，促进综合执法检查跨条线协同化。推进宁镇扬一体化金融纠纷多元化解机制建设，强化金融消保区域合作，处理投诉75起，调解成功率100%。打造镇江市首家金融教育示范基地，组织成立“金融之声”讲师团。开发金融基础数据审核系统，推广至全省人民银行分支机构及法人金融机构使用，提高数据的审核效率与质量。多篇文章在省级以上刊物及核心期刊发表。

支付便民工程情况。加快打造“农民身边的银行”，截至12月末，全市建成各类服务站(点)778个，发生取款、转账、代理缴费等业务254.3万笔，金额超13亿元。开展优化账户服务工作，全年无一起开户服务投诉。推进降费政策惠企利民，减免支付手续费1728.5万元，惠及13.2万家企业。

科技赋能成果。成立金融科技党建联盟，促进党建与金融科技相融相促。开展金融科技赋能乡村振兴示范工程建设，助力农村建设数字化。筑牢网络安全防线，建立业务网准入规范化管理系统。拓展金融科技创新应用场景，推动“刷脸乘车”为代表的人脸识别应用项目在市区公交领域全覆盖。

现金服务与流通环境建设。开展“提高流通中人民币整洁度”活动，12月末，全市人民币回残率36.1%，比上年增长21.4个百分点。开展整治拒收现金工作，处理拒收现金投诉21起。开通“人民币现金服务邮路”，提升农民现金服务水平。

经理国库能力建设。全年办理各级预算收入576万笔、1248.8亿元；办理预算支出73万笔、1790.6亿元；办理个税汇算清缴退税30.49万笔、金额121亿元。推进“送国债下乡”，全市乡镇地区销售4.67亿元。优化升级“TC日志监督系统”，制定印发《镇江市商业银行代理国库业务非现场监督管理办法》，推进国库非现场监管体系建设。

征信助融促融工作。“政采贷”业务实现扩面增量，截至12月末，全市发放4.97亿元，列全省第2名。完善农村信用体系，开展信用乡镇的评价工作，截至12月末，全市整村授信建档119万户，授信245亿元，完成“全市整村授信总额过百亿”目标，其中信用授信占比94.85%。推动动产融资统一登记系统业务量快速增长，截至12月末，发生动产和权利担保融资登记596.36亿元，增长104.45%。贴近民生优化征信服务，市区实现5千米范围内查询覆盖面。全年对外提供个人和企业信用报告查询19.41万笔、处理异议核查46笔。 （宋　静）

【外汇管理与服务】 2021年，镇江市深化外汇领域改革，助推实现稳外资、稳外贸目标，支持涉外经济平稳运行。西港特区“跨境人民币结算直通车”创新示范项目有实绩，按照“一企一策”原则，在全省率先为“柬埔寨西港”的镇江企业开辟跨境人民币“绿色通道”，设计“海外订单”专项贷款产品，建立央行票据再贴现专项通道，为全市优质可信“走出去”企业提供低成本资金，以上创新做法在全省推广。外汇便利化试点政策红利释放，新增贸易便利化试点银行网点6家，推动银行落实收入支付便利化政策，办理外汇项下便利化业务3211笔、5.9亿美元。按照“放管服”要求，贸易外汇行政许可业务在线办理比例91%。市人行、商务局联合开展疫情防控期间外贸企业融资现状调查，帮助95家外贸企业获融资18.8亿元。 （宋　静）

【中国农业发展银行镇江市分行】 2021年，农发行镇江市分行发放贷款88.71亿元，比上年增加20.23亿元，其中发放粮油类贷款37.49亿元，占比42.2%；发放基础设施类贷款43.34亿元，占比48.9%；发放产业类贷款7.88亿元，占比8.9%。年末，各项贷款余额275.52亿元；各项存款余额39.61亿元，存款日均余额49.95亿元；实现考核利润2.98亿元；未发生新的不良贷款。全年发放中央储备粮贷款26.15亿元，发放市场化调销贷款1.5亿元。发放夏粮收购贷款10.63亿元，发放秋粮收购贷款11.27亿元。发放农地贷款6.75亿元。农发行镇江市分行服务全市乡村振兴战略，服务巩固拓展脱贫攻坚成果和乡村振兴衔接，服务长江大保护战略，服务城乡融合发展。

（张书源）

【中国工商银行股份有限公司镇江分行】 2021年年末，中国工商银行镇江分行有支行9家、网点56家。本外币各项存款余额583.78亿元，比年初增加27.23亿元，各项贷款余额681.58亿元，增加75.80亿元。全年实现营业收入24.53亿元，拨备前利润18.58亿元，实现净利润10.1亿元。不良贷款余额4.2亿元，不良率0.64%，下降0.03个百分点。工行镇江分行立足地方经济，银监口径普惠贷款比年初新增10.78亿元，增长60.56%。聚焦乡村振兴，涉农贷款余额248.7亿元，增加22.31亿元。为全市小微企业提供金融服务。 （陈学荣　许　凯）

【中国农业银行股份有限公司镇江分行】 2021年年末，农业银行镇江分行总资产894.11亿元，总负债884.27亿元；设有支行7家、营业网点91家；全行在编职工总人数1676人。本外币各项存款余额866.44亿元，比年初增加54.67亿元。各项贷款余额706.24亿元，增加113亿元。不良贷款余额4.62亿元，不良率0.66%。全行普惠贷款余额91.25亿元，增加

30.33 亿元，增长 49.79%；涉农贷款余额 310.46 亿元，增加 20.89 亿元。优化金融服务流程，加快场景金融生态建设，全市首家将远程公共资源交易中心功能引入网点，上线全市首台政务自助服务一体机。

（鄢楚慧）

【中国银行股份有限公司镇江分行】 2021 年年末，中国银行镇江分行实现本外币存款余额 578.30 亿元，比年初新增 59.57 亿元；本外币贷款余额 572.25 亿元，新增 67.04 亿元。全行不良贷款余额 4.36 亿元，下降 1.61 亿元，不良率 0.76%，下降 0.42 个百分点。普惠贷款余额 63.15 亿元，新增 23.45 亿元，贷款增长近 60%；普惠客户数新增 787 户，普惠贷款利率 3.92%，实现对小微企业让利。绿色信贷新增 23.13 亿元，增长超过 360%；涉农贷款余额新增 26.52 亿元，增长 23%。

（束谊滢）

【中国建设银行股份有限公司镇江分行】 2021 年年末，建设银行镇江分行总资产 580 亿元，总负债 567 亿元；设有 8 个支行（含营业部），53 个营业网点。本外币各项存款余额 523.11 亿元，比年初增加 31.63 亿元。各项贷款余额 573.10 亿元，增加 62.94 亿元。普惠金融贷款余额 72.08 亿元，增加 12.78 亿元，增长 21.56%；涉农贷款余额 128.86 亿元，增加 5.57 亿元，增长 4.52%。实现账面拨备前利润 12.78 亿元。全年对接全市重点产业项目 14 个，发放贷款 26.82 亿元，制造业贷款（不含票据贴现）比年初新增 9.19 亿元。普惠贷款余额突破 70 亿元，普惠客户超过 7000 户。涉农贷款余额 138 亿元。全年撤并 3 个网点，完成 3 个网点装修改造；迁址新建离行式自助银行 1 家，撤销离行式自助银行 6 家。

（乔　欢）

【交通银行股份有限公司镇江分行】 2021 年年末，交通银行镇江分行有本外币总资产 352.02 亿元，本外币总负债 342.92 亿元；有支行 19 家。本外币各项存款时点余额 336.34 亿元，比上年增加 22.43 亿元，增长 7.15%；本外币各项贷款时点余额 296.95 亿元，增加 35.17 亿元，增长 13.43%。全年经营利润 7.33 亿元。全年制造业贷款余额 65.27 亿元，增加 11.3 亿元，增长 20.95%。普惠“两增”口径客户数、贷款余额分别新增 319 户、5.85 亿元。涉农贷款余额 72.78 亿元，增长 8.58 亿元，增长 14.08%。全年压降存量高风险资产 2.58 亿元，核销资产处置 2.08 亿元，不良实质性清收 2.22 亿元。不良贷款余额 1.16 亿元，不良率 0.38%，保持低位水平。

（朱　超）

保险·证券

【保险概况】 截至 2021 年 12 月 31 日，镇江市级保险机构有 63 家，其中，财险公司 29 家，寿险公司 34 家。全市保费收入 146.66 亿元，比上年增长 3.40%。其中，财险公司保费收入 32.73 亿元，增长 1.49%；寿险公司保费收入 113.93 亿元，增长 3.96%。全年财险、寿险赔款与给付支出 38.34 亿元，比上年增长 9.74%。其中，财产险赔款支出 20.33 亿元，增长 12.63%；人身险给付支出 18.01 亿元，增长 6.63%。全市保险深度 3.08%，保险密度 4568.26 元。

（尹　旻）

【保险行业协会】 2021 年，镇江市保险行业协会协调推进“两客一危一货”评估试点工作，组织相关财险公司完善《镇江市“两客一危一货”风险评估指引（试用版）》，按季进行风险评估分析及工作开展情况通报，报政府相关部门参考；推进监控设备安装、监测平台数据对接和风险预警预防工作。制定镇江保险业深化落实内控合规管理建设年工作方案，结合镇江实际，制定《镇江市保险公司合规管理工作指导手册》，推动保险公司加快合规长效机制建设。开展各类风险排查，确保不发生区域性系统性风险。开展打击“退保黑产”专项行动，组织各保险公司对 2020 年 1 月至 2021 年 5 月投诉案件进行梳理排查，收集 4 家公司报送线索 20 条。配合镇江银保监分局开展履职回避风险排查，对 64 家保险公司主要负责人的任职年限、成长地、履职回避报告等情况进行统计排查。开展老年投保人交费风险排查，对于缴费期间年满 65 岁男性和年满 60 岁女性的投保人，排查其保单是否存在销售误导、异化产品和管理失当等行为。开展销售行为可回溯管理检查，通过抽检视频，发现 18 家公司存在 8 方面问题，通过督促整改，17 家公司的人工质检率提升至 100%。开展寿险公司银保渠道客户经理绩效考核及经营风险排查，防范和遏制银保合作中存在的利益输送等违规现象，在此基础上，34 家寿险公司共同签署《镇江地区银保业务非现场数据监测办法》，每月召开会议对监测结果异常情况和相关投诉举报及时处理，促进公平竞争，防范经营风险。开展假保单排查，消除利用保险公司名义非法集资的风险，保护投保人及保险公司合法权益。开展网络安全监测，加强保险机构远程操作安全管理和网络安全防控，提升网络安全运维及应急管理水平。

保险市场改革和管理。推动车险综合改革各项工作，开展车险市场数据旬监测、月通报，保持自律调整强度与频度，保持车险综合成本率锚定全省平均水平。全市车险综合成本率97.55%，低于全省平均水平0.2个百分点；车险综合费用率20.87%，低于全省平均水平1.94个百分点；车险综合赔付率76.7%，高于全省平均1.75个百分点。车险综合改革后，各产险公司业务转型，加大非车业务发展的要求，协会组织行业研讨制定非车险自律公约，促进非车险产品创新和服务领域拓宽，推进传统非车险转型发展。开展寿险经营管理有关数据监测工作，预防化解风险。对保险销售人员留存率和举绩率进行监测，督促各寿险公司清虚销售人员4200多人；对销售人员流动情况进行监测，对入职不满6个月和2年内跳槽过3家公司的人员进行限制，提升销售队伍稳定性；开展销售人员出勤、培训档案自律检查，推动公司落实主体责任，从“强管理、提素质、促转变、树形象”等方面加强保险销售从业人员管理。

保险消费者权益保护工作。完善投诉处理制度机制，理顺镇江市金融消费者权益保护中心（消保中心）、镇江市保险纠纷人民调解委员会（人调委）和协会消保部之间的关系，对于复杂疑难投诉案件，由人调委按照人民调解相关规定流程进行调解并出具调解书；对于一般案件，由消保中心进行纠纷化解或联系相关保险公司处理，协会消保部对相关工作负责业务指导。开展消费者权益保护教育宣传活动，协会组织保险公司开展“3·15”保险业消费者权益保护教育宣传周活动，保险业193个网点、3590名保险从业人员参与活动；开展各类线上、线下活动121场，发布线上、线下各类宣传资料58万份，受众32万人次。提升投诉处理水平，协会和消保中心接待全市保险消费者电话、上访投诉262件（寿险投诉152件，财险投诉110件），通过人民调解委员会调解成功并签订人民调解协议案件12件，涉及金额71.2万元。所有投诉回复、处理、调解完毕，结办率100%，收到保险消费者锦旗10面。

其他工作。协会对《保险新观察》栏目整合编排。组织开展“7·8”全国保险公众宣传日活动。协会与市发改委、市经济学会牵头开展“加快推进保险资本助力镇江市生命健康产业高质量发展的对策研究”课题研讨会，并形成课题研究报告；加强与相关保险公司总部对接合作与联系，吸引更多产业基金、风险基金、保险资金以合资、合作形式投资全市生命健康产业。加快城区道路交通事故矛盾纠纷调处中心建设，与市公安交警支队及市司法局联合探讨建立市区交通事故纠纷调解机制。加强与法院沟通协调，推动诉调机制建设，就涉及道路交通案件处理中关注及有争议的4大专题、12个具体问题以及道路交通案件裁判理念、原则、尺度与方法等进行专题研讨交流，完善道路交通事故快赔、快处机制，提高调解效率。落实《关于建立银行保险领域纠纷在线诉调对接机制的通知》要求，在银保监分局指导下，从9月开始，通过人民法院调解平台开展保险纠纷诉前调解工作，截至12月20日，接受线上调解96件，完成调解86件，其中，调解成功3件，撤销起诉2件，调解不成功81件退回进入诉讼。完善涉保司法鉴定沟通协调机制，市保险协会与司法鉴定协会召开司法鉴定专项治理座谈会，联合印发《关于建立涉保司法鉴定投诉协调机制的通知》，完善涉保司法鉴定沟通协调机制。推进大数据反保险欺诈工作，构建大数据反欺诈工作机制，与公安部门及第三方公司合作，开展打击车险诈骗专项行动，确定风险筛查规则，提取人保财险等5家公司相关数据进行筛查分析。贯彻“乡村振兴”战略部署和“我为群众办实事”实践活动，在银保监分局指导下，联合银行业协会共同构建银行保险机构—亚夫兴农地产优质农产品集中采购服务平台—农业合作社“产、供、销”长期合作渠道，全行业参与合作的公司有54家，合作金额51万余元。（尹　旻）

图17－1　2021年10月20日，镇江市保险机构与亚夫兴农合作共建签约
（尹　旻　供稿）

2021 年镇江市财产保险业务统计表

表 17－3　　　　单位：万元

单位		累计承保金额	保费收入																			比上年增减（%）	赔款支出		赔付案件（件）	市场份额（%）
			企财险	家财险	工程险	总车辆	商业车辆险		交强险				运输险	船舶险	责任险	保证险	人意险	健康险	信用险	农险	其他险	累计保费		累计	赔付率（%）		
								其中：新车	汽车	其中：新车	摩托车	拖拉机															
人保财险	市区	102782481	2434	252	222	47790	36659	8748	11052	1869	69	10	791	82	3375	－723	1758	2080	109	1707	3128	63005	1.0	38889	61.7	77575	37.39
	丹阳	64809681	1403	378	17	27757	20874	3307	6773	736	77	33	155	0	2909	3	1188	7080	17	3574	1	44482	2.7	33368	75.0	83534	48.01
	句容	26941837	147	125	2	8607	6397	1167	2120	271	64	26	170	0	1135	0	335	3577	0	3500	0	17598	32.0	8518	48.4	8794	45.57
	扬中	27611521	211	97	3	5705	4232	658	1448	125	17	8	51	0	691	25	327	2769	25	610	55	10569	5.3	9297	88.0	180902	38.39
	合计	222145520	4195	852	244	89859	68162	13880	21393	3001	227	77	1167	82	8110	－695	3608	15506	151	9391	3184	135654	5.1	90072	66.4	350805	41.44
太平洋产险	市区	82498300	1590	5	156	14531	10998	2462	3492	450	41	0	476	178	819	－354	730	950	51	392	0	19524	－10.9	11340	58.1	11967	11.59
	丹阳	10388678	937	10	51	5669	4228	1013	1422	300	19	0	60	0	369	63	268	271	92	990	0	8780	－13.7	4415	50.3	5227	9.48
	句容	5261844	253	5	0	2893	2133	325	747	57	13	0	8	0	126	22	107	98	0	558	0	4070	－3.4	1917	47.1	2340	10.54
	扬中	5843267	420	10	0	3284	2441	339	830	67	13	0	78	9	61	12	175	110	0	136	0	4295	－0.3	2335	54.4	2875	15.60
	合计	103992089	3200	30	207	26377	19800	4139	6491	874	86	0	622	187	1375	－257	1280	1429	143	2076	0	36669	－9.7	20007	54.6	22409	11.20
平安财险	市区	290388659	615	179	4	21110	15958	4377	5108	926	44	0	85	64	2222	－222	1481	509	0	0	0	26047	0.1	13012	50.0	15290	15.46
	丹阳	116910711	1244	145	3	14208	10620	1930	3561	368	27	0	120	1	1119	0	983	366	0	0	0	18189	0.0	11492	63.2	11075	19.63
	句容	65105225	131	53	0	5473	4012	619	1423	112	38	0	6	0	250	0	458	152	0	1	0	6524	0.0	3701	56.7	4308	16.89
	扬中	10685414	85	19	0	2492	1823	204	669	27	0	0	2	0	147	0	239	84	0	0	5	3073	－0.2	2652	86.3	2068	11.16
	合计	483090009	2075	396	7	43283	32413	7130	10761	1433	109	0	213	65	3738	－222	3161	1111	0	1	5	53833	2.2	30857	57.3	32741	16.45
国寿财险	市区	11373435	414	175	36	7036	5132	641	1887	117	17	0	60	394	2326	23	567	19	0	90	6	11146	－13.3	7053	63.3	10499	6.61
	丹阳	5266036	323	18	18	6095	4454	251	1632	49	9	0	2	1	405	3	275	4	0	0	5	7149	22.2	4410	61.7	5648	7.72
	句容	1631366	45	14	3	1739	1244	25	478	7	17	0	0	0	438	2	100	1	0	329	3	2674	4.5	1673	62.6	3521	6.92
	扬中	2279791	74	7	3	2024	1493	50	524	8	7	0	2	0	103	0	104	0	0	0	1	2318	2.6	1480	63.8	1953	8.42
	合计	20550628	856	214	60	16894	12323	967	4521	181	50	0	64	395	3272	28	1046	24	0	419	15	23287	－1.0	14616	62.8	21621	7.11
阳光财险	市区	5401913	152	2	10	4073	2867	391	1197	124	9	—	3	—	212	－147	809	—	—	—	—	5114	1.9	3975	77.7	5305	3.03
	丹阳	1178192	62	—	—	1311	928	11	383	2	—	—	—	—	20	—	169	—	—	—	—	1562	9.3	1476	94.5	1391	1.69
	句容	740194	13	—	11	1352	952	—	400	—	—	—	—	—	48	2	127	—	—	—	—	1553	9.1	1013	65.2	1390	4.02
	扬中	715897	20	—	—	1230	856	4	374	1	—	—	—	—	3	—	113	—	—	—	—	1366	8.0	933	68.3	1463	4.96
	合计	8036196	247	2	21	7966	5603	406	2354	127	9	0	3	0	283	－145	1218	0	0	0	0	9595	5.0	7397	77.1	9549	2.93
中华财险	市区	4647506	325	4	16	2220	1607	253	613	60	—	—	70	8	709	31	390	391	—	3	—	4167	－0.4	2524	60.6	4551	2.47
	丹阳	1358898	125	—	—	884	640	47	244	10	—	—	—	—	25	—	69	11	—	—	—	1114	5.3	792	71.1	1383	1.20
	句容	677655	46	1	—	474	336	21	138	6	—	—	—	—	27	—	99	7	—	—	—	654	－5.6	492	75.2	769	1.69
	扬中	368031	6	—	—	269	184	3	85	1	—	—	—	—	41	—	28	6	—	—	—	350	－21.0	225	64.3	449	1.27
	合计	7052090	502	5	16	3847	2767	324	1080	77	0	0	70	8	802	31	586	415	0	3	0	6285	－1.4	4033	64.2	7152	1.92
太平财险	市区	420309659	104	2	11	1978	1379	121	590	43	9	—	1	51	142	6	3344	9	6	—	—	5654	80.0	2262	40.0	4599	3.35
	丹阳	875832	13	—	—	905	652	53	253	16	—	—	5	—	105	—	49	8	—	—	—	1085	－26.0	1512	139.4	4071	1.17
	句容	423413	26	—	—	367	264	4	103	1	—	—	—	—	21	—	119	—	—	—	—	533	－19.0	364	68.3	609	1.38
	扬中	344998	5	—	—	432	316	28	116	9	—	—	—	—	5	—	31	1	1	—	—	475	－38.0	530	111.6	830	1.73
	合计	421953902	148	2	11	3682	2611	206	1062	69	9	0	6	51	273	6	3543	18	7	0	0	7747	28.6	4668	60.3	10109	2.37
天安财险	市区	1820141	210	2	11	1333	994	220	334	50	5	—	511	—	629	—	127	47	—	—	—	2870	15.7	1860	64.8	2315	1.70
	丹阳	972746	121	—	—	826	595	35	231	10	—	—	189	—	259	—	21	26	—	—	—	1442	－5.9	996	69.1	1125	1.56
	句容	1520582	39	—	—	712	511	22	201	6	—	—	165	—	229	—	8	17	—	—	—	1170	－16.4	677	57.9	713	3.03
	扬中	873756	65	—	—	561	395	17	166	6	—	—	154	—	134	—	19	19	—	—	—	952	－4.7	540	56.7	687	3.46
	合计	5187225	435	2	11	3432	2495	294	932	72	5	0	1019	0	1251	0	175	109	0	0	0	6434	0.3	4073	63.3	4840	1.97
大地财险	市区	5958181	234	2	2	1529	1095	48	434	13	—	—	23	19	277	－472	477	18	139	—	—	2248	－18.1	1159	51.6	1720	1.33
	丹阳	1260515	4	—	—	733	510	16	223	4	—	—	9	—	24	—	83	9	—	—	—	862	－35.1	673	78.1	954	0.93
	句容	910465	7	—	—	604	432	5	172	1	—	—	2	—	28	—	73	18	—	—	—	732	－11.5	331	45.2	663	1.90
	扬中	725229	90	—	10	421	298	22	123	6	—	—	—	75	45	—	29	4	21	—	—	695	－1.6	381	54.8	406	2.52
	合计	8854390	335	2	12	3287	2335	91	952	24	0	0	34	94	374	－472	662	49	160	0	0	4537	－19.0	2544	56.1	3743	1.39
紫金保险	市区	10386629	404	1199	39	1987	1442	276	524	102	10	11	22	37	418	62	324	470	—	309	—	5271	－16.0	3935	74.7	10396	3.13
	丹阳	3131651	387	12	29	1821	1368	215	453	66	—	—	—	—	260	8	115	87	—	495	—	3214	－0.1	2334	72.6	3228	3.47
	句容	1094648	32	1	1	841	634	30	206	5	1	—	—	—	28	1	63	50	1	142	—	1160	－8.3	919	79.2	1853	3.00
	扬中	8992094	289	8	4	1012	776	146	230	19	1	5	101	54	138	—	232	73	—	69	—	1980	11.5	1052	53.1	1653	7.19
	合计	23605022	1112	1220	73	5661	4220	667	1413	192	12	16	123	91	844	71	734	680	1	1015	0	11625	－8.4	8240	70.9	17130	3.55
英大财险	市区	1269760	60	2	178	1284	1002	—	282	—	—	—	—	—	536	103	24	12	—	—	41	2240	—	1150	51.3	1161	1.33
	丹阳	408891	19	1	53	309	237	—	72	—	—	—	—	—	397	—	7	46	—	—	—	832	—	—	0.0	—	0.90
	句容	—	—	—	—	0	—	—	—	—	—	—	—	—	—	—	—	—	—	—	—	0	—	—	0.0	—	0.00
	扬中	—	—	—	—	0	—	—	—	—	—	—	—	—	—	—	—	—	—	—	—	0	—	—	0.0	—	0.00
	合计	1678651	79	3	231	1593	1239	0	354	0	0	0	0	0	933	103	31	58	0	0	41	3072	23.5	1150	37.4	1161	0.94

续表 17－3

单位		累计承保金额	保费收入																				比上年增减（%）	赔款支出		赔付案件（件）	市场份额（%）
			企财险	家财险	工程险	总车辆	商业车辆险		交强险				运输险	船舶险	责任险	保证险	人意险	健康险	信用险	农险	其他险	累计保费		累计	赔付率（%）		
								其中：新车	汽车	其中：新车	摩托车	拖拉机															
永安产险	市区	1155542	65	—	1	2143	1545	71	594	20	4	—	33	—	56	102	144	4	—	—	—	2548	5.3	1236	48.5	1574	1.51
	丹阳	181329	3	—	—	510	363	25	147	6	—	—	—	—	35	—	21	2	—	—	—	571	－13.9	414	72.5	383	0.62
	句容	306355	—	—	—	681	492	94	189	28	—	—	1	—	36	—	23	6	—	—	—	747	－9.8	449	60.1	351	1.93
	扬中	267433	—	—	—	467	320	9	147	3	—	—	—	—	13	5	23	—	—	—	—	508	6.5	234	46.1	360	1.85
	合计	1910659	68	0	1	3801	2720	199	1077	57	4	0	34	0	140	107	211	12	0	0	0	4374	－0.3	2333	53.3	2668	1.34
中银保险	市区	4233522	888	19	14	1277	917	241	354	81	6	—	93	34	948	21	262	412	258	—	—	4226	13.3	1550	36.7	4297	2.51
	丹阳	792342	258	—	2	250	185	13	65	3	—	—	—	—	331	—	3	87	—	—	—	931	－12.2	285	30.6	649	1.00
	句容	—	—	—	—	0	—	—	—	—	—	—	—	—	—	—	—	—	—	—	—	0	—	—	0.0	—	0.00
	扬中	—	—	—	—	0	—	—	—	—	—	—	—	—	—	—	—	—	—	—	—	0	—	—	0.0	—	0.00
	合计	5025864	1146	19	16	1527	1102	254	419	84	6	0	93	34	1279	21	265	499	258	0	0	5157	7.6	1835	35.6	4946	1.58
长安责任	市区	1040607	71	—	1	998	687	133	310	36	1	—	—	—	204	17	99	4	—	—	—	1394	12.8	697	50.0	912	0.83
	丹阳	303109	18	—	—	332	247	20	85	3	—	—	—	—	33	2	16	8	—	—	—	409	－29.6	404	98.8	222	0.44
	句容	320140	3	—	—	363	237	58	126	24	—	—	—	—	9	—	34	2	—	—	—	411	147.6	168	40.9	261	1.06
	扬中	—	—	—	—	0	—	—	—	—	—	—	—	—	—	—	—	—	—	—	—	0	—	—	0.0	—	0.00
	合计	1663856	92	0	1	1693	1171	211	521	63	1	0	0	0	246	19	149	14	0	0	0	2214	11.6	1269	57.3	1395	0.68
都邦财险	市区	870285	36	1	2	1165	738	81	405	17	22	—	1	5	167	—	152	5	—	—	—	1534	8.0	883	57.6	1183	0.91
	丹阳	257537	16	—	1	392	252	—	140	—	—	—	3	—	5	—	31	—	—	—	—	448	13.7	166	36.6	359	0.48
	句容	—	—	—	—	0	—	—	—	—	—	—	—	—	—	—	—	—	—	—	—	0	—	—	0.0	—	0.00
	扬中	—	—	—	—	0	—	—	—	—	—	—	—	—	—	—	—	—	—	—	—	0	—	—	0.0	—	0.00
	合计	1127822	52	1	3	1557	990	81	545	17	22	0	4	5	172	0	183	5	0	0	0	1982	9.3	1049	52.9	1542	0.61
安诚财险	市区	1020306	102	—	71	725	519	—	205	—	1	—	40	—	25	—	32	—	—	—	—	995	1.0	591	59.4	997	0.59
	丹阳	—	—	—	—	0	—	—	—	—	—	—	—	—	—	—	—	—	—	—	—	0	—	—	0.0	—	0.00
	句容	—	—	—	—	0	—	—	—	—	—	—	—	—	—	—	—	—	—	—	—	0	—	—	0.0	—	0.00
	扬中	265137	7	—	1	333	237	—	96	—	—	—	—	—	2	—	9	—	—	—	—	352	23.1	217	61.6	357	1.28
	合计	1285443	109	0	72	1058	756	0	301	0	1	0	40	0	27	0	41	0	0	0	0	1347	6.0	808	60.0	1354	0.41
华泰财险	市区	2042756	3	84	—	356	253	—	102	—	1	—	5	—	3	9	27	39	—	—	—	526	－44.2	860	163.5	1133	0.31
	丹阳	—	—	—	—	0	—	—	—	—	—	—	—	—	—	—	—	—	—	—	—	0	—	—	0.0	—	0.00
	句容	—	—	—	—	0	—	—	—	—	—	—	—	—	—	—	—	—	—	—	—	0	—	—	0.0	—	0.00
	扬中	—	—	—	—	0	—	—	—	—	—	—	—	—	—	—	—	—	—	—	—	0	—	—	0.0	—	0.00
	合计	2042756	3	84	0	356	253	0	102	0	1	0	5	0	3	9	27	39	0	0	0	526	－44.2	860	163.5	1133	0.16
华安财险	市区	561488	8	—	1	528	359	—	169	—	—	—	1	48	64	—	124	5	—	—	—	779	27.7	292	37.5	680	0.46
	丹阳	623435	5	—	—	424	289	—	135	—	—	—	—	—	14	—	150	6	—	—	—	599	—	243	40.6	612	0.65
	句容	923895	—	—	—	264	176	—	88	—	—	—	76	—	4	—	22	11	—	—	—	377	—	305	80.9	325	0.98
	扬中	2166749	1	—	4	83	59	—	24	—	—	—	3	—	247	—	102	—	—	—	—	440	—	186	42.3	138	1.60
	合计	4275567	14	0	5	1299	883	0	416	0	0	0	80	48	329	0	398	22	0	0	0	2195	27.7	1026	46.7	1755	0.67
亚太财险	市区	658935	2	2	—	370	259	4	111	1	—	—	—	—	78	—	89	—	—	—	—	541	370.4	116	21.4	105	0.32
	丹阳	737505	79	—	—	420	323	—	97	—	—	—	—	—	65	—	103	2	—	—	—	669	－32.1	237	35.4	285	0.72
	句容	—	—	—	—	0	—	—	—	—	—	—	—	—	—	—	—	—	—	—	—	0	—	—	0.0	—	0.00
	扬中	—	—	—	—	0	—	—	—	—	—	—	—	—	—	—	—	—	—	—	—	0	—	—	0.0	—	0.00
	合计	1396440	81	2	0	790	582	4	208	1	0	0	0	0	143	0	192	2	0	0	0	1210	10.0	353	29.2	390	0.37
大家财险	市区	1041357	2	—	1	123	86	—	35	—	2	—	—	1	77	—	423	1	—	—	—	628	0.5	180	28.7	318	0.37
	丹阳	71287	—	—	—	298	234	—	64	—	—	—	—	—	5	—	5	1	—	—	—	309	－14.0	312	101.0	551	0.33
	句容	303076	1	—	—	388	306	—	82	—	—	—	—	—	20	—	6	1	—	—	—	416	25.3	316	76.0	611	1.08
	扬中	160429	—	—	—	134	90	—	44	—	—	—	—	—	7	—	6	1	—	—	—	148	－19.1	88	59.5	293	0.54
	合计	1576149	3	0	1	943	716	0	225	0	2	0	0	1	109	0	440	4	0	0	0	1501	－0.3	896	59.7	1773	0.46
永诚财险	市区	450623	88	—	—	5	2	—	3	—	—	—	1	—	81	—	12	2	—	—	—	189	－39.4	63	33.3	66	0.11
	丹阳	—	—	—	—	0	—	—	—	—	—	—	—	—	—	—	—	—	—	—	—	0	—	—	0.0	—	0.00
	句容	—	—	—	—	0	—	—	—	—	—	—	—	—	—	—	—	—	—	—	—	0	—	—	0.0	—	0.00
	扬中	—	—	—	—	0	—	—	—	—	—	—	—	—	—	—	—	—	—	—	—	0	—	—	0.0	—	0.00
	合计	450623	88	0	0	5	2	0	3	0	0	0	1	0	81	0	12	2	0	0	0	189	－10.0	63	33.3	66	0.06
安信农保	市区	40688	4	—	—	0	—	—	—	—	—	—	—	—	12	—	26	—	—	4	—	46	－19.3	40	87.0	16	0.03
	丹阳	—	—	—	—	0	—	—	—	—	—	—	—	—	—	—	—	—	—	—	—	0	—	—	0.0	—	0.00
	句容	—	—	—	—	0	—	—	—	—	—	—	—	—	—	—	—	—	—	—	—	0	—	—	0.0	—	0.00
	扬中	—	—	—	—	0	—	—	—	—	—	—	—	—	—	—	—	—	—	—	—	0	—	—	0.0	—	0.00
	合计	40688	4	0	0	0	0	0	0	0	0	0	0	0	12	0	26	0	0	4	0	46	－19.3	40	87.0	16	0.01

续表 17－3

单位		累计承保金额	保费收入																			比上年增减（%）	赔款支出		赔付案件（件）	市场份额（%）
			企财险	家财险	工程险	总车辆	商业车辆险		交强险				运输险	船舶险	责任险	保证险	人意险	健康险	信用险	农险	其他险	累计保费		累计	赔付率（%）		
								其中：新车	汽车	其中：新车	摩托车	拖拉机															
泰山保险	市区	73693	—	—	—	55	23	—	12	—	20	—	3	—	20	—	40	—	—	—	—	118	－41.6	163	138.1	100	0.07
	丹阳	—	—	—	—	0	—	—	—	—	—	—	—	—	—	—	—	—	—	—	—	0	—	—	0.0	—	0.00
	句容	—	—	—	—	0	—	—	—	—	—	—	—	—	—	—	—	—	—	—	—	0	—	—	0.0	—	0.00
	扬中	2054	—	—	—	2	—	—	1	—	1	—	—	—	—	—	1	—	—	—	—	3	－97.8	77	2566.7	57	0.01
	合计	75747	0	0	0	57	23	0	13	0	21	0	3	0	20	0	41	0	0	0	0	121	－64.4	240	198.3	157	0.04
浙商财险	市区	672137	125	—	—	708	519	372	188	—	1	—	5	—	113	—	37	—	—	—	—	988	－3.1	511	51.7	428	0.59
	丹阳	—	—	—	—	0	—	—	—	—	—	—	—	—	—	—	—	—	—	—	—	0	—	—	0.0	—	0.00
	句容	—	—	—	—	0	—	—	—	—	—	—	—	—	—	—	—	—	—	—	—	0	—	—	0.0	—	0.00
	扬中	—	—	—	—	0	—	—	—	—	—	—	—	—	—	—	—	—	—	—	—	0	—	—	0.0	—	0.00
	合计	672137	125	0	0	708	519	372	188	0	1	0	5	0	113	0	37	0	0	0	0	988	－3.1	511	51.7	428	0.30
渤海财险	市区	1282670	15	—	6	1589	1097	30	492	12	—	—	—	42	159	—	222	3	—	—	—	2036	15.2	1698	83.4	1187	1.21
	丹阳	—	—	—	—	0	—	—	—	—	—	—	—	—	—	—	—	—	—	—	—	0	—	—	0.0	—	0.00
	句容	—	—	—	—	0	—	—	—	—	—	—	—	—	—	—	—	—	—	—	—	0	—	—	0.0	—	0.00
	扬中	—	—	—	—	0	—	—	—	—	—	—	—	—	—	—	—	—	—	—	—	0	—	—	0.0	—	0.00
	合计	1282670	15	0	6	1589	1097	30	492	12	0	0	0	42	159	0	222	3	0	0	0	2036	15.2	1698	83.4	1187	0.62
国任财险	市区	906172	12	—	24	1526	1034	124	492	42	—	—	9	—	92	17	92	—	—	—	—	1772	23.2	966	54.5	1575	1.05
	丹阳	—	—	—	—	0	—	—	—	—	—	—	—	—	—	—	—	—	—	—	—	0	—	—	0.0	—	0.00
	句容	—	—	—	—	0	—	—	—	—	—	—	—	—	—	—	—	—	—	—	—	0	—	—	0.0	—	0.00
	扬中	—	—	—	—	0	—	—	—	—	—	—	—	—	—	—	—	—	—	—	—	0	—	—	0.0	—	0.00
	合计	906172	12	0	24	1526	1034	124	492	42	0	0	9	0	92	17	92	0	0	0	0	1772	23.2	966	54.5	1575	0.54
安盛天平	市区	1049712	6	—	—	669	459	11	209	3	1	—	—	—	30	—	59	13	—	—	—	777	－27.7	640	82.4	1291	0.46
	丹阳	—	—	—	—	0	—	—	—	—	—	—	—	—	—	—	—	—	—	—	—	0	—	—	0.0	—	0.00
	句容	—	—	—	—	0	—	—	—	—	—	—	—	—	—	—	—	—	—	—	—	0	—	—	0.0	—	0.00
	扬中	—	—	—	—	0	—	—	—	—	—	—	—	—	—	—	—	—	—	—	—	0	—	—	0.0	—	0.00
	合计	1049712	6	0	0	669	459	11	209	3	1	0	0	0	30	0	59	13	0	0	0	777	－27.7	640	82.4	1291	0.24
富德财险	市区	1195561	100	—	3	608	402	4	206	1	—	—	17	—	292	52	132	3	—	—	—	1207	50.1	579	48.0	713	0.72
	丹阳	—	—	—	—	0	—	—	—	—	—	—	—	—	—	—	—	—	—	—	—	0	—	—	0.0	—	0.00
	句容	—	—	—	—	0	—	—	—	—	—	—	—	—	—	—	—	—	—	—	—	0	—	—	0.0	—	0.00
	扬中	7826	—	—	—	7	4	—	3	—	—	—	—	—	—	—	1	—	—	—	—	8	－97.6	70	875.0	112	0.03
	合计	1203387	100	0	3	615	406	4	209	1	0	0	17	0	292	52	133	3	0	0	0	1215	6.7	649	53.4	825	0.37
长江财险	市区	927209	163	—	—	552	368	2	184	1	—	—	—	—	97	—	123	—	—	—	—	935	30.0	409	43.7	738	0.55
	丹阳	—	—	—	—	0	—	—	—	—	—	—	—	—	—	—	—	—	—	—	—	0	—	—	0.0	—	0.00
	句容	—	—	—	—	0	—	—	—	—	—	—	—	—	—	—	—	—	—	—	—	0	—	—	0.0	—	0.00
	扬中	—	—	—	—	0	—	—	—	—	—	—	—	—	—	—	—	—	—	—	—	0	—	—	0.0	—	0.00
	合计	927209	163	0	0	552	368	2	184	1	0	0	0	0	97	0	123	0	0	0	0	935	—	409	43.7	738	0.29
合计	市区	956059927	8232	1930	809	118268	88400	18610	29584	3968	263	21	2250	963	14183	－1475	12126	4996	563	2505	3175	168525	1.1	98570	58.5	162691	100.00
	丹阳	209528375	5017	564	174	63144	46999	6936	15980	1573	132	33	543	2	6380	79	3556	8014	109	5059	6	92647	－0.3	63529	68.6	120697	100.00
	句容	106160695	743	199	17	24758	18126	2370	6473	518	133	26	428	0	2399	27	1574	3940	1	4530	3	38619	10.9	20843	54.0	26508	100.00
	扬中	61309626	1273	141	25	18456	13524	1480	4880	272	39	13	391	138	1637	42	1439	3067	47	815	61	27532	－2.0	20360	74.0	194603	100.00
	总计	1333058623	15265	2834	1025	224626	167049	29396	56917	6331	567	93	3612	1103	24599	－1327	18695	20017	720	12909	3245	327323	1.5	203302	62.1	504499	100

（尹 旻）

2021 年镇江市人寿保险业务统计表

表 17－4 单位：万元

单位		累计保费收入								比上年增减（%）	累计给付金额			累计给付案件（件）	累计退保金额	累计承保人次（人）	保户储金	市场份额（%）
		合计	其中								理赔给付	其他给付	合计					
			首年新单	首年期缴	续收	团险	营销	银邮	其他业务									
中国人寿	市区	111862	25597	18886	86265	3779	101499	6584	—	5.85	7763	9692	17455	25634	5735	1473873	135446	17.27
	丹阳	116191	23988	17338	92203	4122	105276	6793	—	1.1	7365	12176	19541	19975	10505	1278828	—	45.90
	句容	75320	18674	13125	56646	3657	62395	9268	—	4.59	5427	4226	9653	12103	4808	1645666	—	64.48
	扬中	73169	19771	15916	53398	2346	61773	9050	—	8.44	4524	4965	9489	19074	3212	1061671	—	60.12
	合计	376542	88030	65265	288512	13904	330943	31695	0	4.56	25079	31059	56138	76786	24260	5460038	135446	33.05

续表 17－4

单位		累计保费收入								比上年增减（%）	累计给付金额			累计给付案件（件）	累计退保金额	累计承保人次（人）	保户储金	市场份额（%）
		合计	其中								理赔给付	其他给付	合计					
			首年新单	首年期缴	续收	团险	营销	银邮	其他业务									
平安人寿	市区	38094	8497	7156	29597	3857	33515	721	0	－5.6	3719	5392	9111	3692	7336	5801	—	5.88
	丹阳	53310	11889	10014	41421	5400	46900	1010	0	2.2	4571	1940	6511	5373	3461	10782	—	21.06
	句容	10225	2281	1921	7944	1036	8996	193	0	－0.9	957	353	1310	593	654	2855	—	8.75
	扬中	6897	1538	1296	5359	698	6069	131	0	－2.1	661	588	1249	613	513	1138	—	5.67
	合计	108526	24205	20387	84321	10991	95480	2055	0	－1.2	9908	8273	18181	10271	11964	20576	—	9.53
阳光人寿	市区	4641	754	512	3887	443	1753	1063	1382	－26.2	607	1995	2602	236	1014	467	—	0.72
	丹阳	2636	244	202	2392	—	2636	—	—	－8.9	195	—	195	102	310	191	—	1.04
	句容	772	46	43	726	—	772	—	—	6.3	35	—	35	29	127	40	—	0.66
	扬中	3289	468	414	2821	—	3289	—	—	4.4	369	—	369	166	347	372	—	2.70
	合计	11338	1512	1171	9826	443	8450	1063	1382	－13.2	1206	1995	3201	533	1798	1070	—	1.00
太保人寿	市区	33554	5507	4314	28047	1027	32460	66	—	0.0	2864	4866	7730	35834	4048	225420	7	5.18
	丹阳	11950	2896	1637	9054	433	11384	133	—	0.1	795	1560	2355	9906	821	476231	2	4.72
	句容	8555	1675	1352	6880	147	8388	20	—	0.0	689	566	1255	3544	1221	55468	1	7.32
	扬中	7365	1324	1093	6041	72	7264	30	—	0.0	840	1041	1881	6354	801	43283	27	6.05
	合计	61424	11402	8396	50022	1679	59496	249	0	0.0	5188	8033	13221	55638	6891	800402	37	5.39
人民人寿	市区	23140	12645	3532	10495	803	4768	17569	—	59.2	348	2034	2382	2380	5688	24201	—	3.57
	丹阳	59	28	27	31	—	59	—	—	－75.1	1	—	1	231	4	963	—	0.02
	句容	724	124	122	600	—	724	—	—	－41.2	34	12	46	587	19	796	—	0.62
	扬中	1375	401	396	974	—	1375	—	—	－13.7	59	22	81	381	30	1642	—	1.13
	合计	25298	13198	4077	12100	803	6926	17569	0	43.8	442	2068	2510	3579	5741	27602	—	2.22
利安人寿	市区	62443	34552	17291	27891	770	1042	60625	6	20.1	252	450	702	145	1528	600355	103	9.64
	丹阳	3185	972	922	2213	30	3129	26	—	16.0	46	244	290	62	393	6067	149	1.26
	句容	1264	279	259	985	2	1262	—	—	15.2	15	90	105	8	263	2051	43	1.08
	扬中	2978	650	543	2328	99	2879	—	—	7.1	44	226	270	131	404	6568	172	2.45
	合计	69870	36453	19015	33417	901	8312	60651	6	19.2	357	1010	1367	346	2588	615041	467	6.13
君康人寿	市区	35743	9657	7271	26086	—	82	35659	2	－42	435	47	482	62	3610	3209	－21	66.00
	丹阳	0	—	—	—	—	—	—	—	—	—	—	0	—	—	—	—	—
	句容	0	—	—	—	—	—	—	—	—	—	—	0	—	—	—	—	—
	扬中	0	—	—	—	—	—	—	—	—	—	—	0	—	—	—	—	—
	合计	35743	9657	7271	26086	0	82	35659	2	－42	435	47	482	62	3610	3209	－21	66.00
太平人寿	市区	31740	5921	4744	25819	441	26194	5105	—	2.6	1872	1230	3102	1294	2608	43105	—	4.90
	丹阳	4530	679	333	3851	38	4492	—	—	－9.6	503	793	1296	109	1240	2126	—	1.79
	句容	1409	238	122	1171	16	1393	—	—	－0.2	67	166	233	25	228	1048	—	1.21
	扬中	1457	154	42	1303	31	1426	—	—	－6.9	150	136	286	41	122	424	—	1.20
	合计	39136	6992	5241	32144	526	33505	5105	0	0.5	2592	2325	4917	1469	4198	46703	—	3.44
生命人寿	市区	16454	5637	2414	10817	—	11947	4305	202	－4.7	247	4034	4281	18	5134	524	3083	2.54
	丹阳	4285	411	287	3874	—	3229	1031	25	－2.6	104	634	738	8	197	297	—	1.69
	句容	2297	256	130	2041	—	1472	801	24	－1.4	34	439	473	7	203	197	—	1.97
	扬中	7594	3155	1614	4439	—	6373	1173	48	－2.5	79	2123	2202	7	1790	397	—	6.24
	合计	30630	9459	4445	21171	0	23021	7310	299	－11.2	464	7230	7694	40	7324	1415	3083	2.69
新华人寿	市区	22307	9042	1758	13265	542	11776	9989	—	12.4	1279	1627	2906	3879	1935	18671	—	3.44
	丹阳	12505	3101	957	9404	—	12505	—	—	38.7	1018	1463	2481	3491	643	5380	—	4.94
	句容	4752	1472	881	3280	—	4752	—	—	14.1	537	798	1335	1903	198	9779	—	4.07
	扬中	1668	989	53	679	—	1668	—	—	137.9	78	123	201	288	123	1123	—	1.37
	合计	41232	14604	3649	26628	542	30701	9989	0	22.3	2912	4011	6923	9561	2899	34953	—	3.62
泰康人寿	市区	25003	3678	2925	21325	65	20139	4551	249	－0.7	1213	3979	5192	831	1248	7570	12907	3.86
	丹阳	13160	2230	1922	10930	—	13159	—	—	8.2	766	1121	1887	459	564	3965	—	5.20
	句容	6150	1257	1145	4893	—	6150	—	—	10.6	216	529	745	205	303	2798	—	5.26
	扬中	2996	553	523	2443	—	2996	—	—	4.1	168	189	357	158	100	1505	—	2.46
	合计	47309	7718	6515	39591	65	42444	4551	249	3.3	2363	5818	8181	1653	2215	15838	12907	4.15
建信人寿	市区	12731	9903	2195	2828	32	210	10765	1724	23.9	36	401	437	19	6107	—	—	1.97
	丹阳	0	—	—	—	—	—	—	—	—	—	—	0	—	—	—	—	0.00
	句容	0	—	—	—	—	—	—	—	—	—	—	0	—	—	—	—	0.00
	扬中	0	—	—	—	—	—	—	—	—	—	—	0	—	—	—	—	0.00
	合计	12731	9903	2195	2828	32	210	10765	1724	23.9	36	401	437	19	6107	0	—	1.12

续表 17－4

单位		累计保费收入								比上年增减（%）	累计给付金额			累计给付案件（件）	累计退保金额	累计承保人次（人）	保户储金	市场份额（%）
		合计	其中															
			首年新单	首年期缴	续收	团险	营销	银邮	其他业务		理赔给付	其他给付	合计					
人保健康	市区	7067	6837	6832	230	6792	65	142	68	114.2	5822	691	6513	23	144	683486	—	1.09
	丹阳	0	—	—	—	—	—	—	—	—	—	—	0	—	—	—	—	0.00
	句容	0	—	—	—	—	—	—	—	—	—	—	0	—	—	—	—	0.00
	扬中	0	—	—	—	—	—	—	—	—	—	—	0	—	—	—	—	0.00
	合计	7067	6837	6832	230	6792	65	142	68	114.2	5822	691	6513	23	144	683486	—	0.62
农银人寿	市区	10983	4573	1211	6410	121	1062	9794	—	28.0	326	511	837	51	1714	126	—	1.70
	丹阳	186	18	9	168	3	189	—	—	—	—	—	0	—	—	—	—	0.07
	句容	0	—	—	—	—	—	—	—	—	—	—	0	—	—	—	—	0.00
	扬中	0	—	—	—	—	—	—	—	—	—	—	0	—	—	—	—	0.00
	合计	11169	4591	1220	6578	124	1251	9794	0	28.0	326	511	837	51	1714	126	—	0.98
东吴人寿	市区	11166	6869	1288	4297	417	5302	5447	—	16.1	285	128	413	—	543	—	1742	1.72
	丹阳	544	121	97	423	—	543	—	—	—	46	12	58	—	13	—	—	0.21
	句容	511	115	107	396	—	512	—	—	—	81	11	92	—	22	—	—	0.44
	扬中	561	132	115	429	—	561	—	—	—	22	2	24	—	5	—	—	0.46
	合计	12782	7237	1607	5545	417	6918	5447	0	16.1	434	153	587	0	583	0	1742	1.12
国华人寿	市区	5421	4269	895	1152	—	14	5407	—	26.7	58	63	121	—	10314	—	—	0.84
	丹阳	0	—	—	—	—	—	—	—	—	—	—	0	—	—	—	—	0.00
	句容	0	—	—	—	—	—	—	—	—	—	—	0	—	—	—	—	0.00
	扬中	0	—	—	—	—	—	—	—	—	—	—	0	—	—	—	—	0.00
	合计	5421	4269	895	1152	0	14	5407	0	26.7	58	63	121	0	10314	0	0	0.48
华夏人寿	市区	78705	24986	15703	53719	57	49058	29583	7	198.0	344	29428	29772	919	6182	5585	53094	12.15
	丹阳	17812	4872	3177	12940	—	17812	—	—	-76.0	358	3457	3815	820	1052	5082	—	7.04
	句容	1571	281	110	1290	—	1571	—	—	1988.0	95	296	391	381	252	1758	—	1.34
	扬中	5408	1803	1022	3605	—	5408	—	—	402.0	131	1171	1302	211	263	1902	—	4.44
	合计	103496	31942	20012	71554	57	73849	29583	7	25.3	928	34352	35280	2331	7749	14327	53094	9.08
民生人寿	市区	2007	102	88	1905	—	1871	6	131	-8.4	152	624	776	88	293	448	106	0.31
	丹阳	1016	92	82	924	—	1034	—	—	6.6	42	66	108	23	57	163	15	0.40
	句容	157	0	0	157	0	156	—	—	-14.2	21	31	52	4	67	63	1	0.13
	扬中	276	2	1	274	0	258	—	—	-19.1	24	41	65	4	37	93	3	0.23
	合计	3456	196	171	3260	0	3319	6	131	-5.8	239	762	1001	119	454	767	125	0.30
华泰人寿	市区	546	15	15	531	—	534	10	2	-1.2	45	492	537	—	43	13	—	0.08
	丹阳	4056	696	676	3360	24	4024	8	—	—	264	217	481	—	252	439	—	1.60
	句容	632	48	36	584	1	631	—	—	—	72	459	531	—	57	39	—	0.54
	扬中	1453	220	220	1233	17	1436	—	—	—	103	117	220	—	110	104	—	1.19
	合计	6687	979	947	5708	42	6625	18	2	-1.2	484	1285	1769	0	462	595	—	0.59
中宏人寿	市区	7411	1150	1150	6261	154	6972	253	32	7.0	463	249	712	1790	360	5483	120	1.14
	丹阳	—	—	—	—	—	—	—	—	—	—	—	0	—	—	—	—	0.00
	句容	—	—	—	—	—	—	—	—	—	—	—	0	—	—	—	—	0.00
	扬中	—	—	—	—	—	—	—	—	—	—	—	0	—	—	—	—	0.00
	合计	7411	1150	1150	6261	154	6972	253	32	7.0	463	249	712	1790	360	5483	120.00	0.65
信泰人寿	市区	33928	18913	7655	15015	—	8776	21624	3528	0.3	125	2991	3116	159	994	1587	14642	5.24
	丹阳	164	164	164	—	—	164	—	—	-1.8	—	—	0	—	—	411	—	0.06
	句容	319	319	319	—	—	319	—	—	24.6	—	—	0	—	—	582	—	0.27
	扬中	0	—	—	—	—	—	—	—	—	—	—	0	—	—	—	—	0.00
	合计	34411	19396	8138	15015	0	9259	21624	3528	0.4	125	2991	3116	159	994	2580	14642	3.02
长城人寿	市区	673	85	71	588	—	670	3	—	-17.8	38	299	337	19	129	3133	71	0.10
	丹阳	697	50	35	647	—	697	—	—	-11.1	13	—	13	18	66	2500	—	0.28
	句容	983	98	84	885	—	983	—	—	-4.1	70	—	70	12	153	2994	—	0.84
	扬中	1454	356	312	1098	—	1454	—	—	16.9	55	—	55	35	113	2826	—	1.19
	合计	3807	589	502	3218	0	3804	3	0	-1.6	176	299	475	84	461	11453	71.00	0.33
中信保诚	市区	3948	1066	929	2882	104	981	2858	5	-17.0	279	361	640	678	390	9204	15956	0.61
	丹阳	2550	612	601	1938	0	2550	0	0	15.0	—	—	0	—	—	—	—	1.01
	句容	1	0	0	1	0	1	0	0	-99.0	—	—	0	—	—	—	—	0.00
	扬中	0	0	0	0	0	0	0	0	0.0	—	—	0	—	—	—	—	0.00
	合计	6499	1678	1530	4821	104	3532	2858	5	-8.2	279	361	640	678	390	9204	15956	0.57

续表 17－4

单位		累计保费收入								比上年增减(%)	累计给付金额			累计给付案件(件)	累计退保金额	累计承保人次(人)	保户储金	市场份额(%)
		合计	其中								理赔给付	其他给付	合计					
			首年新单	首年期缴	续收	团险	营销	银邮	其他业务									
合众人寿	市区	262	88	85	174	2	260	—	—	－8.5	49	518	567	—	44	—	—	0.04
	丹阳	73	1	1	72	—	73	—	—	—	—	9	9	—	—	—	—	0.03
	句容	151	2	2	149	—	151	—	—	—	—	1	1	—	1	—	—	0.13
	扬中	0	—	—	—	—	—	—	—	—	—	—	0	—	—	—	—	0.00
	合计	486	91	88	395	2	484	0	0	－8.5	49	528	577	0	45	0	—	0.04
同方人寿	市区	3503	1781	813	1722	—	724	2779	—	－35.0	266	428	694	—	29	—	—	0.54
	丹阳	0	—	—	—	—	—	—	—	—	—	—	0	—	—	—	—	0.00
	句容	0	—	—	—	—	—	—	—	—	—	—	0	—	—	—	—	0.00
	扬中	0	—	—	—	—	—	—	—	—	—	—	0	—	—	—	—	0.00
	合计	3503	1781	813	1722	0	724	2779	0	－35.0	266	428	694	0	29	0	—	0.31
国泰人寿	市区	3271	429	409	2842	3	3263	—	5	5.3	150	86	236	—	43	—	—	0.51
	丹阳	0	—	—	—	—	—	—	—	—	—	—	0	—	—	—	—	0.00
	句容	0	—	—	—	—	—	—	—	—	—	—	0	—	—	—	—	0.00
	扬中	0	—	—	—	—	—	—	—	—	—	—	0	—	—	—	—	0.00
	合计	3271	429	409	2842	3	3263	0	5	5.3	150	86	236	0	43	0	—	0.29
友邦人寿	市区	9452	3904	2929	5548	44	9120	288	—	30.0	740	17	757	—	188	—	—	1.00
	丹阳	0	—	—	—	—	—	—	—	—	—	—	0	—	—	—	—	0.00
	句容	0	—	—	—	—	—	—	—	—	—	—	0	—	—	—	—	0.00
	扬中	0	—	—	—	—	—	—	—	—	—	—	0	—	—	—	—	0.00
	合计	9452	3904	2929	5548	44	9120	288	0	30.0	740	17	757	0	188	0	—	0.83
英大人寿	市区	6129	2450	1294	3679	2	4285	1842	—	15.6	159	107	266	43	124	—	—	0.95
	丹阳	3800	1321	1213	2479	—	3800	—	—	—	93	33	126	25	90	—	—	1.50
	句容	1020	336	322	684	—	1020	—	—	—	50	7	57	12	32	—	—	0.87
	扬中	3433	1564	1550	1869	—	3433	—	—	—	88	1	89	25	29	—	—	2.82
	合计	14382	5671	4379	8711	2	12538	1842	0	15.6	390	148	538	105	275	0	—	1.26
百年人寿	市区	14474	4116	3465	10358	6	1178	13290	—	－37.3	173	583	756	1436	1965	1532	255	2.23
	丹阳	310	65	65	245	—	310	—	—	—	1	1	2	6	74	86	—	0.12
	句容	0	0	—	—	—	—	—	—	—	—	—	0	—	—	—	—	0.00
	扬中	0	0	—	—	—	—	—	—	—	—	—	0	—	—	—	—	0.00
	合计	14784	4181	3530	10603	6	1488	13290	0	－37.3	174	584	758	1442	2039	1618	255	1.30
国联人寿	市区	26061	21423	2415	4638	206	3163	22692	—	18.8	501	202	703	—	1253	2818	3	4.02
	丹阳	116	116	74	—	—	116	—	—	—	—	—	0	—	—	—	—	0.05
	句容	0	—	—	—	—	—	—	—	—	—	—	0	—	—	—	—	0.00
	扬中	332	332	298	—	—	332	—	—	—	—	—	0	—	—	—	—	0.27
	合计	26509	21871	2787	4638	206	3611	22692	0	18.8	501	202	703	0	1253	2818	3.00	2.33
中英人寿	市区	1258	465	465	793	—	1258	—	—	11.9	29	—	29	—	48	—	204	0.19
	丹阳	0	—	—	—	—	—	—	—	—	—	—	0	—	—	—	—	0.00
	句容	0	—	—	—	—	—	—	—	—	—	—	0	—	—	—	—	0.00
	扬中	0	—	—	—	—	—	—	—	—	—	—	0	—	—	—	—	0.00
	合计	1258	465	465	793	0	1258	0	0	11.9	29	0	29	0	48	0	204.00	0.11
平安养老	市区	2589	2589	—	—	2589	—	—	—	7.4	1431	2	1433	—	—	—	—	0.40
	丹阳	0	—	—	—	—	—	—	—	—	—	—	0	—	—	—	—	0.00
	句容	0	—	—	—	—	—	—	—	—	—	—	0	—	—	—	—	0.00
	扬中	0	—	—	—	—	—	—	—	—	—	—	0	—	—	—	—	0.00
	合计	2589	2589	0	0	2589	0	0	0	7.4	1431	2	1433	0	0	0	—	0.23
德华安顾	市区	1051	801	778	250	1	1050	—	—	157.0	93	—	93	16	37	2845	161	0.16
	丹阳	0	—	—	—	—	—	—	—	—	—	—	0	—	—	—	—	0.00
	句容	0	—	—	—	—	—	—	—	—	—	—	0	—	—	—	—	0.00
	扬中	0	—	—	—	—	—	—	—	—	—	—	0	—	—	—	—	0.00
	合计	1051	801	778	250	1	1050	0	0	157.0	93	0	93	16	37	2845	161.00	0.09
合计	市区	647617	238301	121488	409316	22257	344991	273020	7343	3.5	32163	73527	105690	79246	70828	3119456	237878.89	100
	丹阳	253135	54566	39833	198569	10050	234081	9001	25	3.6	16181	23726	39907	40608	19742	1793511	166	100
	句容	116813	27501	20080	89312	4859	101648	10282	24	3.4	8400	7984	16384	19413	8608	1726134	45	100
	扬中	121705	33412	25408	88293	3263	107994	10384	48	7.5	7395	10745	18140	27488	7999	1123048	202	100
	总合计	1139270	353780	206809	785490	40429	788714	302687	7440	4.0	64139	115982	180121	166755	107177	7762149	238291.89	100

（尹　旻）

【中国人民财产保险股份有限公司镇江市分公司】 2021年年末，公司有营业网点27个，从业人员476人。全年保费收入13.57亿元，比上年增长5.1%。其中，车险实现保费收入8.99亿元，下降0.7%；非车险保费收入3.64亿元，增长20.8%；农险保费收入0.94亿元，增长11.36%。市场份额41.44%。全公司处理赔案35.08万件，支付各险赔款9.01亿元，赔付率66.4%，比上年增加11.15个百分点。重要保险项目6件，重大保险赔案2件，分别赔付1528万元、190万元。（刘海燕）

【中国人寿保险股份有限公司镇江市分公司】 2021年年末，公司有营业网点46个，从业人员4425人。全年实现保费收入37.65亿元，比上年增长4.56%，市场份额33.05%。其中，营销业务保费收入33.09亿元。给付案件7.68万件，给付金额5.61亿元，获赔率98.68%。30万元以上大额案件44件，赔付金额1892.12万元。（袁 慧）

【中国太平洋财产保险股份有限公司镇江中心支公司】 2021年年末，公司有营业网点10个，从业人员182人。全年保费收入3.67亿元，比上年下降9.7%。其中，车险实现保费收入2.64亿元，下降1.2%；非车非农险保费收入0.82亿元，下降31.81%；农险保费收入0.21亿元，增长12%。市场份额11.2%。全公司处理赔案2.24万件，支付各险赔款2.0亿元，赔付率54.56%。重要保险项目70个，保费收入3800万元；重大保险赔案200件，赔付金额3200万元。（朱 彤）

【中国太平洋人寿保险股份有限公司镇江中心支公司】 2021年年末，公司有营业网点15个，从业人员960人。全年实现保费收入6.14亿元，比上年增加0.08亿元，其中个人业务保费收入5.94亿元。市场份额5.39%。给付案件5.56万件，给付金额1.32亿元，给付率21.5%，下降5.5%。重大保险给付案件5件，给付金额360.96万元。（钱 雯）

【太平财产保险有限公司镇江中心支公司】 2021年年末，公司有营业网点4个，从业人员68人。全年保费收入7747万元，比上年增长28.58%。其中，意健险完成保费3565万元；车险完成保费3680万元，下降31.75%。全公司处理赔案1.01万件，支付各险赔款4668万元，赔付率60.3%。重大保险赔案366件，赔付金额3325万元。（季 青）

【太平人寿保险有限公司镇江中心支公司】 2021年年末，公司有营业网点5个，从业人员827人。全年实现保费收入3.91亿元，比上年增长0.51%，其中个险保费收入3.35亿元。市场份额3.44%。给付案件1469件，给付金额4917万元。（郭 青）

【中华联合财产保险股份有限公司镇江中心支公司】 2021年年末，公司有营业网点7个，从业人员56人。全年保费收入6285万元。其中，车险实现保费收入3847.43万元，比上年下降7.17%；非车财产险保费收入602.69万元，下降24.85%；责任险保费收入802.01万元，增长0.87%；意健险保费收入1000.58万元，增长164.57%；农险保费收入3万元，下降94.57%，市场份额1.92%。全年处理赔案7152件，支付各险赔款4033万元，车险综合赔付率（含费用）79.90%，增长24.11%。重要保险项目3件，重大保险赔案89件，赔付金额1782.53万元。（唐国卿）

【紫金财产保险股份有限公司镇江中心支公司】 2021年年末，公司有营业网点9个，从业人员115人。全年保费收入1.16亿元，比上年下降8.4%。其中，车险实现保费收入5661万元，下降6.6%；财意险保费收入4949万元，下降18.93%；农险保费收入1015万元，下降2.7%。市场份额3.55%。全公司处理赔案1.71万件，支付各险赔款8240万元，赔付率70.9%。重要保险项目37件，保费收入1461.4万元。重大保险赔案7件，赔付支出812.32万元。（王 跃）

【证券概况】 2021年，镇江市证券公司盈利水平比上年小幅下降。截至年末，全市有证券公司13家，设证券营业部25家，其中，丹阳市6家、句容市3家、扬中市2家、京口区7家、润州区6家、丹徒区1家。账户数223.86万户（其中，资金账户60.37万户，A股证券账户107.97万户，B股证券账户0.52万户，基金账户55万户），指定与托管证券市值827.41亿元。全年市场交易量上升，净利润下降，股票基金交易量12563.61亿元，手续费及佣金收入2.57亿元，全行业实现净利润0.62亿元。（宋 静）

2021年镇江市证券经营情况表

表17－5　　单位：万元

证券机构	手续费及佣金收入	增幅(%)	交易金额	增幅(%)
安信证券	1355	－1.02	6364331	－1.28
东吴证券	684	35.98	3880952	81.92
中信证券黄山路(原中信华南)	128	85.51	415627	102.74
国联证券	733	－11.58	2795983	1.87
银河证券	504	－21.74	8254707	107.10
南京证券	1496	－8.05	6419469	－7.55
中信证券正东路	1013	15.64	4247836	24.00

续表 17－5

证券机构	手续费及佣金收入	增幅(%)	交易金额	增幅(%)
金元证券	83	-2.35	409334	-4.52
华林证券(2021年11月裁撤)	—	—	—	—
海通证券	433	0.46	2058389	12.56
申银万国	2013	-1.28	8223802	-3.19
中金财富(原中投证券)	264	0.38	1530025	4.48
华泰证券(镇江)	4479	4.28	27043913	-4.58
光大证券(镇江)	137	42.71	396199	22.09
华泰证券(丹徒)	976	6.32	8339661	22.30
海通证券(丹阳)	1818	13.41	10331619	1.31
光大证券(丹阳中新路)	3038	-1.49	7400678	12.90
光大证券(丹阳东方路)	803	13.58	2009046	16.24
西部证券(丹阳)	'1267	-8.32	3134811	1.95
华泰证券(丹阳)	406	-2.17	2399898	-15.49
国联证券(丹阳)	129	16.22	541061	16.00
南京证券(句容)	160	11.11	680531	26.77
申银万国(句容)	771	0.92	2142718	-1.66
华泰证券(句容)	844	11.64	6960339	23.14
南京证券(扬中)	637	9.64	1847590	19.91
华泰证券(扬中)	1532	11.09	7807579	17.60

(宋　静)

地方金融从业机构

【概况】　截至2021年年末，镇江市有地方金融组织111家，分别为小额贷款公司43家、典当行26家、融资租赁公司14家、商业保理公司4家、小微企业转贷公司6家、担保及再担保机构17家、交易场所1家。

(冯凯茜　孙凡钦)

【小额贷款公司】　截至2021年年末，镇江市有开业的小额贷款公司43家，其中，农贷公司39家，科贷公司4家。发放各类贷款841.58亿元，比年初增加贷款38.86亿元；累计支持客户16127户，增加796户，平均年利率为10.98%。贷款余额52.26亿元，减少0.37亿元，其中，涉农、涉科贷款占比97.04%，小额贷款(单笔50万元以下)占比44.74%，中长期贷款(3个月以上)占比98.55%；营业收入2.62亿元，下降3.16%；不良贷款总额16.98亿元，不良贷款率32.49%。(冯凯茜)

【典当行业】　截至2021年年末，镇江市有26家典当行及分支机构。典当总额7.41亿元，比上年增长37.5%；典当余额5.59亿元，增长5.23%；业务笔数12414笔，增长28.3%；营业收入3007.75万元，增长31.48%；绝当金额2961.7万元，下降0.4%。

(冯凯茜)

【融资租赁行业】　截至2021年年末，镇江市有14家融资租赁公司，其中开展业务的7家。资产总额67.16亿元，融资租赁资产额65.69亿元，当年融资租赁投放额58.27亿元，客户数975个，不良租赁资产余额2.16亿元，不良租赁资产率3.20%。(冯凯茜)

【商业保理行业】　截至2021年年末，镇江市有4家商业保理企业，其中开展业务的4家。资产总额14.045亿元，发放保理融资款本金7.91亿元，客户数40个，受让应收账款余额16.13亿元；不良保理资产余额3.92亿元，不良保理资产率49.50%。

(冯凯茜)

【小微企业转贷公司】　截至2021年年末，镇江市有6家转贷服务公司，总规模3.55亿元。当年转贷资金57.54亿元，为1266家企业和个人提供转贷资金服务，户均转贷额454.45万元，不良率为0.26%。

(冯凯茜)

【融资性担保公司】　截至2021年年末，镇江市有11家融资担保法人机构，担保余额104.55亿元，比年初增加25.33亿元，增长31.97%；在保户数899户，增加340户，增长60.82%，放大倍数1.74倍，担保代偿率0.96%。4家政府性融资担保机构在保余额15.76亿元、在保企业473户，其中，小微企业占比分别为91.37%和83.72%，综合担保费率0.95%。

(孙凡钦)

综　述

【概况】　2021年，镇江市商品房批准预售面积518.63万平方米，比上年下降2.56%。其中，市区商品房批准预售面积196.00万平方米，增长3.39%。全市商品住房批准预售面积449.42万平方米，下降3.89%。其中，市区商品住房批准预售面积170.81万平方米，增长4.32%。全市商品房年末累计可售面积为996.21万平方米，下降7.98%。其中，市区商品房年末累计可售面积427.93万平方米，下降5.87%。全市商品住房年末累计可售面积为575.81万平方米，下降16.02%。其中，市区商品住房年末累计可售面积为204.38万平方米，下降15.11%。镇江市制定“一城一策”实施方案，落实城市主体责任；修订《镇江市市区商品房预售款监管办法》及其细则，强化商品房资金监管；修订《镇江市房地产开发企业信用管理暂行办法》，规范房地产开发企业信用行为；出台《镇江市市区存量房交易资金监管办法》，规范存量房交易市场秩序。开展全市房地产市场整治，规范房地产市场秩序，打击房地产企业和中介机构侵害群众利益违法违规行为。　（张世顺）

【房地产销售情况】　2021年，镇江市商品房销售面积591.56万平方米，销售金额537.40亿元。其中，市区商品房销售面积225.16万平方米，比上年增长8.55%；销售金额234.54亿元，增长15.08%。全市商品住房累计销售43780套，销售面积537.81万平方米，销售金额494.52亿元。其中，市区商品住房销售16715套，增长9.09%；销售面积205.88万平方米，增长9.37%；销售金额为217.11亿元，增长16.75%。截至年末，全市商品住宅去化周期约为13个月，市区商品住宅去化周期约为12个月。　（张世顺）

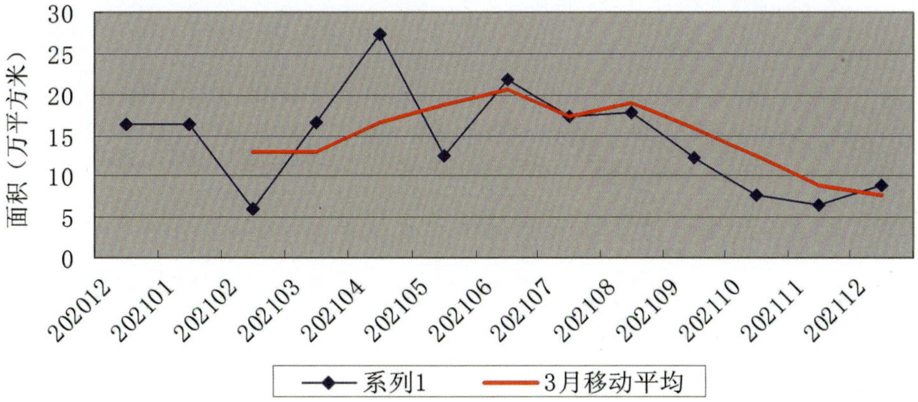

图18－1　2020年12月—2021年12月市区商品住宅月度新增供应情况图　（张世顺　供稿）

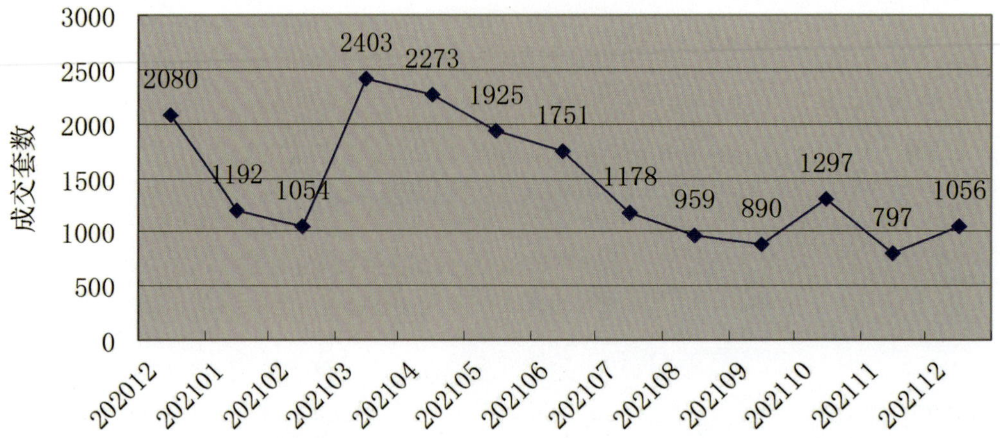

图 18－2　2020 年 12 月—2021 年 12 月市区商品住房月度成交情况图　（张世顺　供稿）

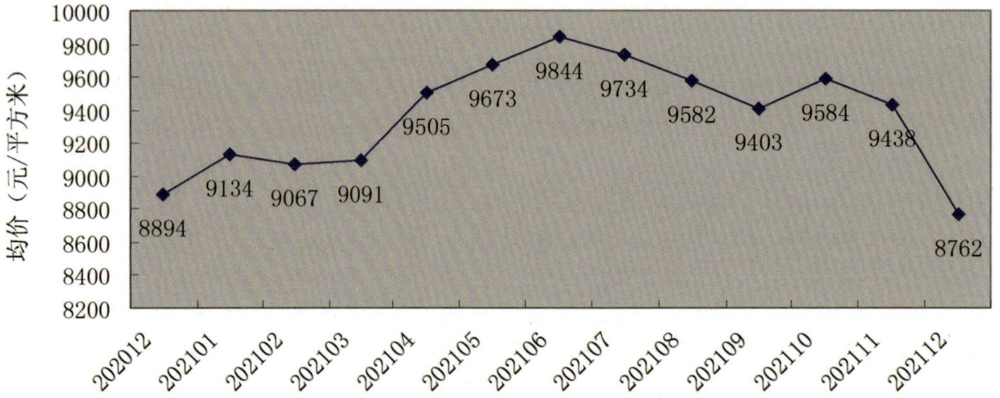

图 18－3　2020 年 12 月—2021 年 12 月市区商品住房（不含政策性、别墅）月度算术均价走势图
（张世顺　供稿）

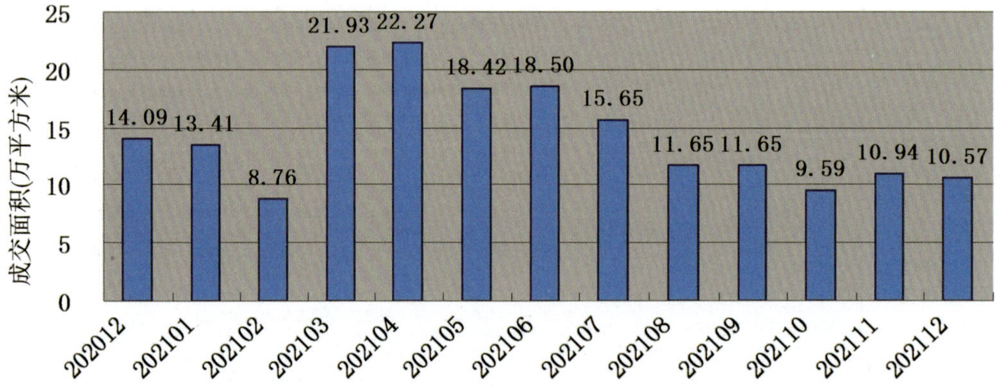

图 18－4　2020 年 12 月—2021 年 12 月市区二手住房成交走势图　（张世顺　供稿）

物业管理

【概况】　2021 年，镇江市有物业服务企业约 320 家，实行物业公司管理的住宅小区有 794 个，总建筑面积约 9500 万平方米；老旧小区实行政府托底的基础性物业服务，全市所有住宅小区实现物业管理全覆盖。推进物业管理考核工作，通过第三方考核，对市区 720 个住宅小区开展检查，其中，市场化小区 277 个、老旧小区 350 个、安置小区 93 个；对毁绿种菜、飞线充电、堵塞消防通道等行为下发整改单 10693 件；每季度对问题突出的小区和物业企业进行通报，并对各辖区物

业管理工作情况进行排名，促进镇江市物业服务水平的提升。市住建局印发《关于开展党建引领物业管理服务工作市级示范点创建工作的通知》，制定《党建引领物业管理服务工作市级示范点评价标准》，打造9个党建引领物业管理省级示范点和40个市级示范点；对符合条件的物业服务企业建立党组织，不符合成立条件的选派党建指导员。推进“双向交叉”任职，逐步建立健全党组织领导下的物业企业、社区居委会、业委会等多方联动运行机制。京口区“红色物业”入选全国基层党建与民生发展优秀案例。（夏保华）

【《镇江市住宅物业管理条例》】 2021年，镇江市人大常委会将《镇江市住宅物业管理条例》作为立法正式项目，先后完成条例草案的起草、召开座谈会、征求意见会、网上征求意见、召开专家论证会等工作；12月2日，条例经省十三届人大常委会第二十七次会议审查批准，于2022年3月1日开始施行。该条例8章84条，是镇江市第一部内容最多、涉及面最广、惠及全市城市居民的物业管理法规。（参见第383页）

（夏保华）

住房公积金管理

【概况】 2021年，镇江市住房公积金管理部门立足“房住不炒”定位，深化改革创新，推进建制扩面，落实惠民举措，各项工作有成效。市住房公积金管理中心获评第20届全国青年文明号、江苏省文明单位、江苏省巾帼文明岗等，并连续4年获全市“十佳服务先锋岗”（“十佳群众满意窗口”）称号。

服务保障工作。市住房公积金管理部门实施源头引领建制、宣传助推建制、执法保障建制的工作机制，为住房公积金制度运行提供支撑。修订和完善住房公积金缴存、提取、贷款3项实施细则，出台职工家庭加装电梯提取住房公积金相关文件；对符合人才政策的职工，从提取和贷款两方面强化保障，支持人才引育工作。完善贷款调控政策和轮候措施，暂停“商转公”贷款业务，实行贷款贴息，保障刚需及改善型住房贷款需求。加快扩大住房公积金按揭贷款份额，选择优质楼盘引进，构建“公积金中心、住建、委办银行、开发企业”四方联动机制，增加职工购房选择范围。2021年，全市归集住房公积金70.21亿元，新增开户5.47万人，提取住房公积金50.16亿元；向9123户职工家庭发放住房公积金贷款32.01亿元。截至年末，全市累计缴存总额577.93亿元、缴存余额180.26亿元；累计提取总额397.67亿元；累计贷款总额376.32亿元、贷款余额172.96亿元；累计提取廉租房住房补充资金12.05亿元。实施住房公积金服务质量提升项目，以住房公积金服务“好差评”制度体系为切入点，通过组建窗口服务内训师团队、建立第三方服务评测机制、开展“服务之星”评比等形式，提升服务质量。市住房公积金管理中心、市总工会联合举办2020年度困难职工住房公积金贷款贴息集中发放专项活动。

安全监管工作。市住房公积金管理部门以信息化审计为主线，围绕财务银行账户管理情况、银行授信资金、市直住房公积金贷款等方面开展“住房公积金体检”，注重舆情管理，优化考核机制，提升整改质量。加强住房公积金贷款风险控制，对评估机构进行公开招标；启动逾期贷款专项法律顾问服务采购工作，完善借款合同条款，严格按揭楼盘风险管控；建立住房公积金贷款逾期诉讼案件联动协作机制，形成“公积金中心、执行法院、委托律所”三级联动协作格局；开展逾期贷款清收专项行动。推进资金计划管理工作，压减在用授信资金规模，规范大额资金调拨规程，完善资金全程监控机制，提高预算管理水平。截至12月末，全市住房公积金逾期贷款86户，逾期金额432.95万元，逾期率0.25‰；住房公积金个贷比率95.95%，比上年下降6.72个百分点；全年开展逾期贷款电话催收100余户，发送律师函250份，组织上门催收60余次；全市在用授信资金余额1.2亿元，下降72.73%。（孙媛媛）

【便民服务情况】 2021年，镇江市住房公积金管理中心在提供业务服务时长上做“加法”，在“中午不断岗”的基础上，提供“周六不打烊”延时服务；构建互联网渠道线上提取业务“7×24小时”全天候受理模式，“12329”热线人工服务实行“7×8小时”延时服务。在办事环节上做“减法”，正式推行“综合柜员制”服务模式，将住房公积金缴存、提取、贷款贴息3项业务职能合并为综合业务窗口，提高业务办理效率。在提升效能上做“乘法”，深化“放管服”改革部署，提前完成国务院下达的全部8项“跨省通办”工作；融入长三角住房公积金一体化进程，优化“一网通办”。截至12月末，市住房公积金管理中心实现缴存、提取业务办理“一次不用跑”。2021年，全市有4574家单位签约网厅，办理缴存业务2.88万笔，涉及金额12.9亿元；有32.2万名职工通过互联网渠道完成签约，办结提取业务近6万笔，涉及金额近9.5亿元。（孙媛媛）

交通运输综述

【概况】 2021年，镇江市辖区内公路总里程6873.8千米，公路网密度178.7千米/百平方千米，其中，高速公路210.5千米、一级公路985.0千米、二级公路892.4千米、三级公路758.1千米、四级公路4027.9千米。公路二级以上客运站场5个，长江汽渡4个（镇扬汽渡、新扬高汽渡、五峰山汽渡、江心汽渡）。内河航道（不含长江）70个，总里程597.2千米，航道网密度15.5千米/百平方千米，其中，三级航道61.1千米，六级航道27.9千米，七级航道22.4千米，等外航道485.9千米。通航船闸1座。港口2个（镇江港、镇江内河港），码头泊位331个，码头总延长31407米。其中，万吨级以上深水泊位52个、5万吨级以上深水泊位25个、专业化集装箱泊位5个。铁路里程339.6千米，其中，客运314.6千米、货运25千米，车站8个。通用机场1个。

全市境内公路客运量0.17亿人次，旅客周转量7.20亿人千米；公路货运量0.63亿吨，货物周转量96.97亿吨千米。水路货物运输量0.11亿吨，货物周转量48.78亿吨千米。全市港口货物吞吐量2.47亿吨，集装箱吞吐量43.5万标准箱。内河港口（不含长江）货物吞吐量0.10亿吨。

基础设施建设。全年完成交通建设投资70亿元。南沿江城际铁路路基基本完成，宁句城际快轨道开通运营，扬镇宁马城际铁路镇江段完成工程可行性研究编制工作。五峰山过江通道接线高速通车，312国道宁镇段快速化改造工程开工建设，丹金高速工程可行性报告获批。镇江港建成5个5万吨级码头泊位；全省首座LNG岸基式加注站码头建成投运；苏南运河"四改三"整治工程竣工，绿色现代航运综合整治工程全省率先开工。大路机场开通"新沂—镇江—黄山"全省首条短途通勤航线。《镇江市"十四五"交通运输发展规划》印发，连镇铁路南延、宁镇城际铁路、仪禄高速等一批项目前期工作推进。

港产城融合发展情况。全市港口完成货物吞吐量2.47亿吨，同口径比上年增长18.4%，其中，外贸吞吐量4892万吨，增长12.3%，集装箱吞吐量43.5万标准箱，增长16.9%。谏壁船闸船舶通过量首次突破2亿吨。海轮锚地全年调度海轮1500余艘次，锚地利用率142%。丹阳陵口港被纳入省港口集团整体发展规划，加速成为招商引资、对外开放新窗口。长江LNG接收站项目加快推进，打造华东地区最大的新能源产业基地。全年招引重大港口物流项目3个，投资总金额约50亿元。

物流运输情况。优化枢纽体系布局，上隍物流园项目加快推进，惠龙港智慧物流枢纽、宝华物流中心建设完工。深化多式联运发展，新辟联运线路2条，完成多式联运量452万吨，比上年增长6.3%。新开公铁联运班列108列，完成集装箱公铁联运量3万标箱，增长10%。推进"物联网+物流"产业升级，新培育1家网络货运企业，整合车辆数超30万辆，完成在线交易额11亿元以上。

公众出行服务。推进公交优先，新辟优化公交线路35条，解决焦山、"美的城"片区群众出行"最后一公里"问题。镇村公交覆盖率保持100%，市、县城乡交通运输一体化评价全部实现"AAAAA级"。促进客运转型升级，新增定制线路10条，创新"门票+车票"模式，开通运游直通车线路9条。推动网约车健康发展，出台《镇江市网络预约出租汽车经营服务管理办法》，纳入规范管理平台企业19家、车辆600余辆。推进"四好农村路"建设，出台《农村公路路长责任制考核方案(试行)》《深化农村公路管理养护体制改革实施方案》,扬中创成第二批“四好农村路”全国示范县。出台全省首个城乡物流一体化实施方案,新布设县、乡、村三级农村物流节点263个,县乡物流服务站覆盖率100%,村级物流服务点覆盖率84%,丹阳、扬中创成全省首批农村物流达标县。实施快递服务现代农业项目3个,直接服务农业累计产值1000万元以上。加快“放管服”改革,道路运输高频服务事项实现“跨省通办”,办理成功率98.4%,列全省第1名;省内首创船舶国籍证书和配员证书“并联办理”新模式,审批时限缩短1/2。推出300辆“舒心的士”,新建“司机之家”3个,312国道“美人谷服务区”创成省级“公路驿站”品牌。

高效能治理能力建设。安全形势总体平稳。全年排查整改各类安全隐患2200余个,全行业未发生重特大事故,镇江市籍车辆道路运输事故起数、死亡人数分别下降70.6%和60%。落实铁路沿线安全环境“双段长制”,完成零龙路、左湖道口“平改立”改造提升工程。查清全市4396座桥梁安全底数,制定“一桥一策”整治方案。查处违法超限超载车辆3400余辆,超限率控制在0.5%以内。强化“科技兴安”,建成全省首个公交行车安全大数据平台,“两客一危”驾驶员行前安全测评系统实现全覆盖。完成自然灾害承载体信息普查工作,组织港口生产、公路和水上交通、网络安全等领域应急演练,交通应急水平提升。

污染防治成效。实施港口污染专项治理,整治提升港口码头84个,整改各类环保问题251项,港口环境改观。出台长江岸线利用评价指标体系,完成4个小散码头兼并重组。推进船舶污染防治,免费接收垃圾、污水3.6万吨。推广绿色能源、载具,新改建标准岸电167套,装备环保专用货车420辆,淘汰高耗能车辆800余辆、老旧单壳船33艘,市区营运公交车实现清洁能源、新能源全覆盖。

执法监管建设。全年依法办理行政许可2.2万余件、行政处罚4700余件,无复议、诉讼败诉案件。开展执法领域突出问题专项整治,形成3条省级典型做法。注重科技融合,普通国省道重要节点视频实时监测率100%,运用AI技术实现在火车站等重点场所智能化打击非法营运。深化信用监管,记录失信行为1700余条,评定“黑名单”企业8家,下调174家企业信用评价。

(陈伊洋)

【五峰山过江通道南北公路接线通车】 2021年6月30日,全国首条“未来高速公路”、江苏首条新建双向八车道高速公路——五峰山过江通道南北公路接线通车,长江南北公路互通增加一个新通道。

五峰山过江通道南北公路接线,是长三角高速公路网和江苏省“十五射六纵十横”高速公路网规划中“纵四”的重要组成部分,是北接京沪高速、南连沪蓉高速的江苏“南北中轴”,也是京津冀和长三角之间南北向最便捷的过江通道。它起自京沪高速正谊枢纽,途经扬州市江都区仙女镇、滨江新城、广陵区李典镇、头桥镇和镇江市丹徒区高桥镇,止于镇江新区大港枢纽,全长约33千米。五峰山过江通道南北公路接线建设过程中运用5G、车路协同、雾天诱导等技术,是江苏省现代交通体系建设最新成果。项目的建成,加强镇江与苏北、苏中地区的联系,改变丹徒区高桥镇仅靠轮渡过江的历史,优化镇江东部地区路网布局。

(陈嘉卉)

【312国道宁镇段快速化改造工程开工】 2021年9月24日,312国道宁镇段快速化改造工程开工典礼在丹徒区高资街道巢凰村举行。312国道宁镇段快速化改造项目东起镇江戴家门,向西沿312国道至宁镇交界处,全长35.12千米,主路采用双向六车道一级公路标准,全线不设红绿灯,设计速度100千米/小时,估算总投资68亿元,预计2024年建成通车。

(朱　文　陈嘉卉)

【省市县三级铁路机构党建联合体启动】 2021年5月21日,江苏省铁路系统首个省、市、县三级铁路机

图19-1　2021年6月30日,五峰山长江大桥南北公路接线开通

(陈伊洋　供稿)

构党建联合体启动——省铁路办公室机关党委第三党支部、省铁路集团有限公司工程技术部党支部、镇江市铁路建设指挥部党支部、句容市双铁建设工程指挥部办公室党支部代表在中铁二十四局南沿江城际铁路句容段项目部签订联建共建协议，树立"三级联动·融创争先"党建旗帜。南沿江城际铁路正线全长278.53千米，是长三角核心区域城际铁路网的重要组成部分。省、市、县三级铁路机构联建联动，打破原有党建各自为政的旧格局，构建资源共享、优势互补、共同发展的新格局。（陈嘉卉）

【镇江市综合交通运输学会（协会）铁路分会成立】2021年6月4日，镇江市综合交通运输学会（协会）铁路分会召开第一次会员代表大会，选举产生第一届分会领导机构。该学会由30余家成员单位组成，旨在团结动员会员和铁路交通科技工作者，聚焦镇江铁路中心工作，促进铁路交通科学技术的普及和推广，促进铁路安全绿色发展，促进铁路交通科技人才的成长和提高。（陈嘉卉）

【镇江铁路安全教育基地揭牌】 2021年10月26日，在镇江市智慧大道铁路道口附近的丁卯第二中心小学，省、市两级铁路办，铁路上海局工务段，南京铁路公安处，镇江市综合交通事业发展中心，镇江市综合交通运输学会铁路分会共同为"镇江铁路安全教育基地"揭牌。该基地是江苏建立的首个铁路安全教育基地，旨在把铁路安全教育送进学校、社区、铁路道口，落实铁路环境安全"双段长"制，实现铁路安全监管制度化、规范化、网格化和常态化，打造镇江铁路安全示范防线。（陈嘉卉）

【《镇江市深化农村公路管理养护体制改革实施方案》出台】 2021年12月31日，镇江市发布《镇江市深化农村公路管理养护体制改革实施方案》（以下简称《方案》）。《方案》明确，到2022年，全市要建立权责清晰、齐抓共管的农村公路管理养护体制机制，形成财政投入职责明确、社会力量参与的格局；到2035年，要建成体系完备、运转高效的农村公路管理养护体制机制，实现城乡公路交通基本公共服务均等化。《方案》要求各地政府（管委会）落实主体责任，发挥镇、村两级作用和农民群众积极性、主动性，强化管理养护资金保障，加快开展试点工作，实行考核激励，加强舆论宣传引导。（朱　文）

【镇江市交通工程建设管理有限公司】 2021年，镇江市交通工程建设管理有限公司围绕生产经营中心工作，开拓市场，谋划转型升级，启动新建科技创新大楼项目，推进高新技术企业申报；与江苏大学开展校企合作，进行关键技术公关。辖属子公司江苏润通项目管理有限公司新增市政公用工程监理乙级、房屋建筑工程监理乙级资质，中标宿泗高速、洋口港高速公路、杨锦公路、镇江312城区段检测和句容段监理项目等省、市重点工程；适应网上投标新形式，入驻广东网上超市平台，成立广东、连云港分公司，公司全年新签经营目标产值8189万元。完成党总支换届选举工作，拟定"十四五"发展规划，梳理和优化公司内部各项规章制度，深化内部核心机制改革，对标国企改革三年行动计划逐条推进落实。公司推进监理项目工作质量提升，承监的丹金溧漕河金坛段航道整治及丹金船闸工程获评2020—2021年度国家优质工程奖，宿州至扬州高速公路江苏段工程获江苏省优质工程奖"扬子杯"，海安至启东高速公路工程获评"公路水运平安工程"，丹阳市丹金溧漕河桥梁工程获评2021年度镇江市优质工程奖"金山杯"获奖项目；江苏润通项目管理有限公司获"江苏省交通建设有功集体""城市经济发展贡献奖优秀企业"等称号；同时，有10余个项目和80余人次获省市各级表彰。（陈　虹）

【镇江市交通规划设计院】 截至2021年年底，镇江市交通规划设计院完成各类规划、设计、咨询等项目千余项。其中，镇大公路（金港大道）、338省道拓宽改造工程、茅以升大道等多个设计项目获省、市级奖项。规划代表性项目有镇江市县道网规划、乡道和村道网规划、邮政规划、镇江渡区规划等项目。设计代表性项目方面，国省干线改造设计完成233国道镇江段"畅安舒美"、338省道拓宽改造工程、265省道镇江至荣炳段改扩建工程、241省道和243省道镇江段安全生命防护（保障）工程、丹阳市国省干线沿线环境综合整治等项目、2021年普通国省道桥梁预防养护工程、2021年普通国省道安全生命提升工程；农村公路改造设计完成句容农路三年滚动计划、句容市农村公路安全生命防护工程"十四五"项目库编制及路段排查、扬中市农村公路提档升级"三年行动计划"、丹徒区农村客运（校车）线路（县道）隐患整改工程等项目、镇江市高新区蒋乔街道X105和高线交通安全设施提升工程；市政项目设计完成茅以升大道、上党大道、镇江官塘新城宝珠路与官平山路建设工程、长江路（润州路—太平北路）污水管道工程安全性评价等项目；产业园及与其他院合作项目设计完成创普大道、238省道上隍互通、镇澄路中段（谏壁闸桥至莺歌桥段）拓宽改造工程、312国道东延建设工程、358省道丹徒及句容段养护改善工程、312国道镇江段"畅安舒美"示范路创建、新建热网（新纳、全邦段）管道钢结构安全评价、镇江高新区半导体产业园电力管道定向钻穿越243省道(戴家门路)安全影响评价等项目。

(陈宽长)

铁路运输

【概况】 2021年,中国铁路上海局集团有限公司镇江站做好站车新冠肺炎防疫工作,保障旅客和市民身体健康。为应对疫情和市场环境的影响,增运增收、节支降耗。推行列车晚点线上退票业务及自动售票机“售退改”一体式服务,同步建成镇江南、丹阳北、大港南、丹徒等4个站点的“12306”服务台。当年,镇江火车站、镇江市委宣传部、上海局集团公司文联联合开展“城市记忆——镜头中的百年镇江站”照片视频征集大赛,用镜头记录城市的发展变迁。同时,镇江火车站、镇江电视台联合推出《见证跨越式发展》《探访百年新丰站》专题访谈,展现城市的温度与历史。车站获评“2019—2021年度江苏省文明单位”。

7月20日起,南京市、扬州市相继出现新冠肺炎疫情,镇江火车站第一时间建立三级防疫指挥系统,落实24小时值班值守,根据现场防疫专班需要,成立引导组、宣传组、消毒组和测温组,落实测温、消毒、口罩佩戴以及健康监测等常态化防控措施,保障出行旅客安全。

(陈 鹏)

【团体票营销推介】 2021年6月4日,镇江火车站组织召开团体票营销推介会,镇江市文旅集团及16家旅行社的代表参加该次主题推介活动。镇江火车站就加强站企联系、实现互赢共赢等内容与参会代表进行座谈交流,共同分析研究各个时期旅客出行特点和旅游市场热点,团体票营销成为售票服务亮点,当年办理团体票100批、5300余人。

(陈 鹏)

2021年铁路镇江站技术指标完成情况表

表19-1

项目	单位	实绩	比上年增长(%)
旅客发送量	万人	801.84	11.47
货物发送量	万吨	130.49	-12.80
客运收入	万元	70483.05	10.19
日均装车	车	82.21	-6.61
日均卸车	车	41.02	22.67
货车静载重	吨/车	43.71	-5.90
货车停留时间	小时/次	19.4	16.87

(陈 鹏)

公路运输

【概况】 2021年,镇江市开展“路网建设与养护、公路法治与服务、绿色智慧与安全、党建创新与改革”4项行动,完成省、市目标任务。全年实施89.3千米国省干线公路养护大中修工程项目,农村公路改造道路17千米、农桥3座。围绕宁镇两地“主城对接”需求,开工建设312国道宁镇段快速化改造工程项目。创成省级“美丽农村路”样板路4条、“平安放心路”4条、“水韵江苏”最美乡村桥3座。新增130路视频上云,其中10路农村公路视频上云,是全省首批农路视频上云的单位之一。全市普通国省道重要节点实时监测覆盖率100%。全年全市境内公路客运量0.17亿人次,旅客周转量7.20亿人千米;公路货运量0.63亿吨,货物周转量96.97亿吨千米。水路货物运输量0.11亿吨,货物周转量48.78亿吨千米。

5月,市交通执法部门梳理并完成整改5类、48条具体问题,制定实施年度执法检查事项、执法隐患点纠纷点矛盾点、执法评查要点易错点等“三张清单”。8月至9月,镇江市丹徒区交通运输综合行政执法大队、丹阳市交通运输综合行政执法大队、句容市交通运输综合行政执法大队先后挂牌成立,市县级交通执法机构改革初步完成。11月,《镇江市交通运输机动车维修企业危险化学品使用安全管理操作指南》出台,对各机动车维修企业的危险化学品安全使用、日常管理工作起指导作用,也为交通执法部门对机动车维修行业危化品使用安全监管工作提供统一标准。

市公路中心党委获评全国公路交通行业先进基层党组织,市公路中心保持“全国交通运输文化建设卓越单位”称号;创成镇江市和省交通运输行业“文明单位”,并获评省交通建设有功集体和市脱贫攻坚先进集体。312国道镇江段公路中心党支部创成全省公路系统先进党支部。312国道“美人谷驿站”创成省级“公路驿站”品牌。

(朱文 朱彤)

【客运发展】 2021年,镇江至扬州、江都、泰州、丹阳等10条客运班线开展定制化改造,投入21辆定制客运车辆。依托汽车客运站开通镇江市至舟山嵊泗列岛、扬州世园会、无锡拈花湾等多条运游结合线路,发送旅客7356人次;对镇江至苏州、无锡、南通、泰州等多条客运班线,通过增设途中站点等形式进行运营整合，同时引入绍兴、天长等3条线路在镇江增设停靠点。将镇江城市候机楼纳入客运站管理体系，并按照“告知承诺制”办理三级客运站经营许可。市交通、文旅、公安部门，指导旅行社、车站、旅游包车企业签订三方安全管理协议，截至12月底，全市进站发车123车次，安检旅客3732人次，车辆例检7222辆次。（鲍金萍）

【货运发展】 2021年，惠龙港电子商务及智慧物流与站场枢纽项目获交通运输部货运枢纽（物流园区）投资补助资金2500万元。全市新辟多式联运线路2条，完成多式联运量451.7万吨，比上年增长6.3%。新增网络货运企业1家；在线交易货运量510万吨以上，产生交易额11亿元以上，分别增长13.1%和16.3%。推广“互联网+挂车共享租赁”新模式，全年新增租赁挂车517辆。货运装备技术加速升级，发展清洁能源、专用货车520辆，淘汰老旧货车1080辆。实施运输结构调整，铁路发送量130.66万吨，集装箱多式联运量3.41万标准箱。加快城乡物流统筹，印发《镇江市城乡物流服务一体化发展三年行动计划（2021—2023年）实施方案》，丹阳、扬中完成省级农村物流达标县建设，全市县级物流中心、乡镇物流服务站覆盖率100%，村级物流服务点覆盖率87%。（陈晓明）

【汽修和驾培行业发展】 2021年，镇江市推进多项“放管服”改革工作，启用发放道路运输电子证件，实现道路运输驾驶员高频服务事项“跨省通办”；取消机动车综合性能检测经营许可，推进道路运输车辆“三检合一”改革落地；实施机动车驾驶员培训经营备案改革、道路货运驾驶员从业资格考试制度改革等。升级推广驾培智能化车载计时终端系统。提升从业人员素质，开展机动车驾驶培训质量提升和货车驾驶员培训机构整治提升专项行动。督导开展汽车维修行业危化品使用安全专项整治，规范全流程管理，强化维修企业主体责任落实。组织维修、驾培行业信用等级评定、红黑名单认定及结果应用等工作。（冯　杨）

【265省道镇江至荣炳段改扩建三期工程交工验收】 2021年2月14日，265省道镇江至荣炳段改扩建三期工程交工验收。该工程是镇江市国省干线公路建设重点推进项目，项目全长约35.26千米，该次交工验收的三期工程是该项目最后建设的段落，起点位于丹徒上会集镇，终点位于丹徒与金坛交界处，全长约19.26千米。主线采用双向四车道一级公路标准建设，设计时速100千米/小时。该工程A3、A4标创成省公路水运工程平安工地建设省级“示范工地”。（朱　文）

【3家“司机之家”通过验收】 2021年2月20日，交通运输部办公厅、中华全国总工会办公厅公布2020年验收合格“司机之家”建设项目名单，镇江市“中国石化江苏镇江G312沪霍线镇江超群加油站（镇江—丹阳方向）‘司机之家’”“镇江丹阳市佳鼎物流‘司机之家’”通过验收。句容新运程物流有限公司升级改造服务设施，新建的“司机之家”通过省级验收。（陈晓明）

【源头治超监测预警平台试运行】 镇江市源头治超监测预警平台于2020年开始组建，2021年3月，完成全市所有重点货物装载源头单位接入，并开始试运行。该平台通过对全市重点货运源头单位出厂货车的称重和监控数据进行采集，运用云计算和大数据分析技术将确认的超限超载违法行为自动生成预警信息推送至监管部门，实现非现场治超与针对性现场治超相结合的科技治超。同时，《镇江市源头治超监测预警平台运行管理办法（试行）》出台，该办法旨在明确市治超办、市级行业主管部门、各地治超办以及相应监管部门的职责分工，运用平台的信息化智能监管作用，发挥对治超工作的事中事后监管效能。（朱　彤）

【道路运输电子证照启用】 2021年6月10日，镇江市启用道路运输电子证照，证照启用是道路运输行业实现“互联网+政务服务”一网通办的关键节点，也是镇江交通综合执法提升行业数字化治理能力的重要基础。该次启用的主要是车辆道路运输证和从业人员从业资格证两种，覆盖全市经营性道路客货运输、道路危险货物运输、巡游出租汽车和网络预约出租汽车等8个重点领域、25类证照类别。（朱　彤）

【镇宁城际公交616路开通】 2021年9月3日，镇江开通至南京经天路地铁站公交616路。新线路全长59千米，中途设置56个公交站，单程运行时间100分钟左右，日发班次24班。全线路无人售票，全程票价5元，途中翻牌票价，并执行江苏省交通一卡通和镇江公交IC卡刷卡优惠政策。（朱　彤）

【全省公路养护工职业技能大赛】 2021年10月30日—31日，江苏省公路养护工职业技能大赛在镇江举行。全省13市和省交通控股集团的15支代表队共30人参赛。该次公路养护工竞赛采用团队比赛的方式进行，竞赛内容包括理论知识和技能操作两部分，包括桥梁病害检测与评定、坑槽修补和波形防撞护栏增设等。竞赛技术方案参照全国总决赛技术方案。大赛的裁判队伍由省内外相关行业企业、科研院所的技术专家和高等院校教师组成。江苏现代路桥有限责任公司代表队获团体第1名。（朱　文）

【全市普通国省道重要节点实时监测全覆盖】 2021年11月20日，镇江路网监测设施建设项目完工并投入运行。全年市公路部门建设监测点34处，升级改造交调站3处、视频监控2处，改建车检器4处。截至年底，全市普通国省道有视频监控271处、车辆检测器69处、交调站39处，路网监测视频图像和交通流量数据上传到江苏公路视频监控系统、交通运输部交调系统和省交通运输厅交调系统，实现省、市、县三级数据互联互通。全市有243路视频上云，普通国省道重要节点实时监测覆盖率100%，其中，10路农村公路视频上云，是全省首批农路视频上云的单位之一。（朱　文）

【隧道消防实战演习】 2021年11月21日，镇江市公路部门、消防部门、交警部门在238省道观音山隧道开展2021年度隧道消防实战演习。该次消防演习假设丁卯往南徐方向隧道内汽车追尾，燃油泄漏引发起火，导致车辆堵塞，道路交通阻断。参演各部门接警后，立即赶赴现场有序开展交通管控、秩序维护、车辆分流、火情处置、伤员救治等工作。演习持续30分钟，隧道管理、消防、医疗救护、交警共40余人参演，投入多台各型车辆，成功扑灭火情，隧道内滞留车辆和人员安全疏散，道路交通恢复正常通行。（朱　文）

【312国道"美人谷服务区"获评省级"公路驿站"品牌】 2021年12月3日，312国道"美人谷服务区"的"美人谷驿站"获评普通国省道公路服务设施省级"公路驿站"品牌。该驿站位于312国道与243省道交会处，依托美人谷森林公园的历史人文和生态景观，作为干线公路服务枢纽向外辐射，有停车位43个、卫生间39个，绿化率48.8%。服务区推进"驿站+"模式，设置特产超市、旅游服务台、低碳科技馆和红色党建长廊，集停车充电、餐饮购物、休闲旅游、红色教育等功能。（朱　文）

【农路(农桥)参与省级评选情况】 2021年12月24日，江苏省交通运输厅公路事业发展中心发布2021年农村公路品牌提升成效和"水韵江苏"最美乡村桥评选结果。扬中市滨江大道、句容市有机农业圈线、金山线、丹徒区高水线获评省级"美丽农村路"样板路，丹徒区高水线、扬中市环岛线、丹阳市丁延线、句容市有机农业圈线获评"平安放心路"样板路。句容市秦淮源大桥获评省级农村公路"平安放心桥"，丹徒区辛丰公路桥获评省级农村公路"致富小康桥"，句容市固江口水库桥获评省级农村公路"诗情画意桥"。（朱　文）

内河水路运输

【概况】 2021年11月26日，苏南运河丹阳市区段三级航道整治工程通过竣工验收；7月2日，丹金溧丹阳段航道完成剩余段交工验收，由丹阳包干建设的7座桥梁全部完工并通过交工验收。镇江港航部门加强"品质工程"创建，做好312国道公路跨丹金溧漕河桥续建半幅施工，珥陵船厂尾留段地板完成30米。全年完成2500万元投资目标。镇江港定易洲锚地、高资海轮锚地建设工程通过交工验收；京杭运河长江口门船闸船舶待闸停泊区提升示范工程完工；京杭运河江苏段绿色现代航运综合整治工程（江南段）镇江段工程建设项目启动。提高内河养护管理水平，干线航道通航保证率、三级航道达标率有提升。京杭运河谏壁口门上线运行普货船舶电子排号调入系统，改变以往船舶进入口门前通过电话申请和实行人工排号登记的弊端，每日节约船舶调度时间10小时以上。推进安全标准化建设，制定《镇江港航安全生产专项整治三年行动工作方案》，对港航基础设施安全、航闸运行安全重点方面开展专项行动，推进谏壁船闸安全生产基础建设；8月5日，谏壁船闸实现安全运行15000天。做好沿江港口源头治超和环保巡查工作，做好船舶和港口污染突出问题整治工作与港口安全管理重点工作的落实。实施"三引导、三免费、三提升"，做好港航各项污染防治及船舶污染物接收工作。推广船舶岸电建设及使用，服务区增设12套低压岸电桩，共有设备22套，可同时供44艘船舶接电使用。加快智慧港航建设，明确建设框架和需求，召开智慧港航建设推进会，优化建设方案内容。申报1个省交通运输厅科研项目"基于智能视觉的航运场景全景技术研究与应用"。完成由镇江市港航事业发展中心联合江苏物联网研究发展中心共同承担的数字云河工程项目的验收，并签署共同战略合作协议。镇江市港航事业发展中心与江苏移动信息系统集成有限公司签订智慧港航建设5G战略合作协议和智慧运河工程航道外场感知设施施工项目协议。结合京杭运河江苏段绿色现代航运综合整治工程镇江段（江南段）建设，推进5G通信在智慧船闸中的应用。9月2日，江苏省委书记娄勤俭到镇江调研大运河文化带建设工作，并巡查苏南运河镇江段。9月8日，镇江市丹徒区港航事业发展中心举行揭牌仪式。镇江市丹徒区港航事业发展中心主要承担港口、航道公益服务和事业发展职责。（姚晶晶）

【数字云河工程项目通过竣工验收】 2021年10月20日，镇江港航部门联合江苏物联网研究发展中心开发的“数字云河工程”项目历经2年建设通过竣工验收。谏壁船闸实现对内河船舶通航相关的水文、气象条件的实时监测，实现对闸门、泵房等设备设施运行状态与养护历史数据的快速查询和精准记录，实现对船舶过闸安全条件、船舶数量的精准判断与统计，提高现场人员对船闸运营相关的各类安全风险的感知与把控能力。构建航运数据采集、传输、存储、管理及服务体系，实现对船闸基础设备、设施、运行环境的数字化感知，对船闸日常业务（调度、养护）数据的自动化处理，并开展船闸自动化控制、精细化养护等智能化场景相关技术示范验证。借助三维孪生、手机App等多种方式，实现对船闸运行状态展示。该项目为江苏物联网研究发展中心在水运交通领域重点扶持的工程项目，项目以谏壁船闸作为示范应用点，开展物联网、大数据、人工智能、数据驱动、数字孪生等相关技术的研究与验证。该项目形成专利5项、软件著作权4项、自主可控传感器8类、智能识别算法3种、软件系统平台4个。 （朱训松）

【京杭运河江苏段绿色现代航运综合整治工程（江南段）镇江段工程指挥部揭牌仪式】 2021年11月17日，京杭运河江苏段绿色现代航运综合整治工程（江南段）镇江段工程指挥部举行揭牌仪式，镇江市交通运输局、港航事业发展中心领导为指挥部揭牌。京杭运河江南段运河，北起镇江长江谏壁口门，南至江浙交界的鸭子坝，全长约212千米，贯穿苏州、无锡、常州、镇江4市，是江苏省航运体系的核心组成部分。京杭运河江苏段绿色现代航运综合整治工程（江南段）镇江段工程，建设工期为3年，建设内容包括航道完善工程、绿化环境提升工程、锚地服务区提升工程、导助航设施提升工程、保障体系建设工程、桥梁提升工程、航运文化工程以及智慧运河工程建设和打造谏壁船闸航运文化标识，沿线适当布设航运文化宣传设施等方面内容。 （王晔晨）

【苏南运河丹阳市区段三级航道整治工程竣工验收】 2021年11月26日，苏南运河丹阳市区段三级航道整治工程通过省交通运输厅组织的竣工验收。验收的苏南运河丹阳市区段三级航道整治工程整治里程28.57千米。其中包括新建护岸54177米，修复护岸2760米，建设锚地3个，航道管理锚地2个，以及航道标志标牌及环保、绿化等配套工程；改建北二环桥、人民桥、云阳桥、中山桥、陵口大桥、吕城桥、新泰定桥等7座桥梁，新建人渡桥1座。工程批复概算投资为14.32亿元。航道整治工程完工，航道通航能力和船舶流量密度均有所提高。 （姚晶晶）

【京杭运河江苏段绿色现代航运综合整治工程（江南段）镇江段智慧运河工程航道外场感知设施施工项目开工】 2021年11月29日，京杭运河江苏段绿色现代航运综合整治工程（江南段）镇江段智慧运河工程航道外场感知设施施工项目开工仪式在镇江航道4K+217地点举行，参加开工仪式的有镇江市港航事业发展中心、施工单位江苏移动信息系统集成有限公司、监理单位江苏雨田工程咨询集团有限公司。该项目主要建设包含监控摄像机、AIS基站、能见度、气象仪、流速流向、交通量观测、北斗基站、无人机等外场感知设备，布设点位33个；镇江市港航事业发展中心和江苏移动信息系统集成有限公司签订的智慧港航建设5G战略合作建设，成为全省首个5G应用工程。 （朱训松）

【谏壁船闸】 截至2021年12月1日零时，谏壁船闸过闸费征收7110万元，比上年增长5.4%。当年，谏壁船闸面对常态化新冠肺炎疫情防控、一号闸应急抢修停航、长江汛期提前等情况，船舶通过量受到影响。谏壁船闸通过完善制度加强单位内部管理能力，对运行模式进行优化和创新，提高船闸运行效率，减少船舶积压，保持安全高效运行，将放闸效率提升28%。同时，依托新版便捷式过闸系统（水上ETC），船民可采取手机远程操控，并通过网银、支付宝、微信等多样化的支付手段付费过闸，全年公共支付6341万元，占过闸费比重近90%，实现“一站式”服务。落实各级政府关于“优化营商环境”“放管服”及“减税降费”政策，对集装箱货运船舶免收近60艘，优惠单机船16.44万艘、船队2644拖，减免船舶过闸费1777万元。 （范胜澜）

【全省首本内河船舶安全环保证书发放】 2021年1月4日，“苏镇江货1888”在镇江领取全省首本“内河船舶安全与环保证书”。旧版证书由“内河船舶检验证书簿”“内河船舶适航证书”“内河船舶载重线证书”“内河船舶防止油污证书”等多种证书组成，共有22页。新版证书将其中的16份单页证书整合为1份，是镇江市交通执法支队船检服务“多证合一”的重要举措。 （朱　彤）

【单壳化学品船和油船拆解】 2020年10月1日起，江苏省全面禁止单壳化学品船和单壳油船在内河水域航行、停泊。2021年，镇江市经过前期宣传发动、中期核实信息和拆解验收、后期淘汰补贴资金发放等步骤举措的实施，提前完成34艘镇江市籍内河单壳船的淘汰拆解工作，其中，机动船32艘、非机动船2艘，拆解总吨数9790吨。 （朱　彤）

【船舶受电装置改造启动】 2021年,镇江市交通运输部门启动船舶受电装置改造工程,经过低压岸电系统改造后的船舶,能在确保安全的基础上提高节能和环保水平。按照测算,项目运行后,每船全年可减少使用燃油10余吨,减少二氧化碳排放近40吨。当年,全市有14艘既有船舶完成改造,获带有“船舶岸电系统”标注的船舶检验证书,镇江市在全省率先完成年度任务。 (朱 彤)

【船务“并联办理”模式】 2021年3月,镇江市交通执法支队将原先按照正常流程需依次申办、多次提交材料的“船舶国籍证书”和“船舶最低安全配员证书”的“串联办理”模式合二为一,合并成一次收件、一次发证的“并联办理”模式,办理、审批时限由原14个工作日缩短至7个工作日以内,既简化证书办理环节,又提高证书核发效率,同时使船运企业加快周转时间和营运周期,节省更多的运营成本。

(朱 彤)

【《镇江市船舶远程检验工作指南(试行)》出台】 2021年8月,《镇江市船舶远程检验工作指南(试行)》由镇江市交通执法支队制定出台,在全省率先为远程检验提供镇江标准。该指南就远程开展普通货船年度检验工作进行说明,为水运单位实施远程船舶检验提供便利,同时规范申请方、船舶检验人员的操作流程。 (朱 彤)

【镇江市内河危险化学品船舶火灾事故应急救援演练】 2021年11月2日,镇江市内河危险化学品船舶火灾事故应急救援演练在苏南运河镇江船闸水域举行。该演练由政府救援、社会救援及运输企业三方共同参与,以“绿色协调 精准高效”为主题,分为落水人员搜救、船舶消防灭火、船舶污染应急处置三个科目。演练出动救助船艇5艘、无人救生艇1艘、无人救生机1架、多功能消防救援艇1艘、消防车2辆、救护车1辆,直接参演单位8个、参演人员50余人。

(朱 彤)

城市公共交通

【概况】 2021年,镇江市获评全省城乡交通运输一体化发展水平AAAAA级。新辟、优化城乡公交线路35条;新能源公交车占比75%,万人标台数24.31,出行分担率25.6%。丹阳市启动城乡公交一体化示范县建设。新增句容郭庄至南京江宁1条毗邻公交。

镇江市区有巡游出租汽车企业11家,巡游出租汽车1623辆,出租汽车驾驶员3000余人。网络预约出租汽车企业22家、车辆699辆、驾驶员6300余人。2021年,市区出租车年客运量3458.8万人次,其中,巡游出租车客运量为2071.8万人次,网约车客运量1387万人次。4月20日,《关于镇江市市区巡游出租汽车运价机制改革和运价调整的通知》出台,巡游车运价改革实施。5月17日,《镇江市网络预约出租汽车经营服务管理办法》实施,为推动网约车合规化奠定政策基础。 (鲍金萍)

【镇江市公共交通有限公司】 镇江市公共交通有限公司成立于1962年9月,是以经营城市公共交通为主的国有企业,主要承担京口区、润州区、丹徒区和镇江新区等市区范围内的公共交通运输任务。2021年,公司有从业人员约2500人;公交车辆1270辆,其中,纯电动公交车818辆,油电混合公交车282辆;营运线路115条,线路长度超2200千米,实现营运线路新能源车辆的全覆盖。全年客运量为0.65亿人次。在第六届(2021)“宇通杯”全国公交驾驶员节能技术大赛中,镇江公交选手庄巍获评10.5米纯电动车型“节能明星”(第2名)。 (朱之豪)

【公交5路三八班获评“全国三八红旗集体”】 2021年1月14日,“全国三八红旗集体”——镇江公交5路三八班授牌仪式在大东公交枢纽站举行。市妇联、市交通运输局分别为5路三八班颁发“全国三八红旗集体”奖牌和证书。5路线是镇江公交的品牌示范线路,也是敬老文化公交专线。 (朱之豪)

【第三届中国城市公共交通暨江苏镇江第五届“520公交驾驶员关爱日”活动】 2021年5月20日,由中国土木工程学会城市公共交通分会、中共镇江市委宣传部、镇江市总工会、共青团镇江市委、镇江市公安局、镇江市交通运输局、镇江市文明办等单位联合主办的2021年第三届中国城市公共交通暨江苏镇江第五届“520公交驾驶员关爱日”活动在镇江市南山北入口广场举行。活动分“爱同行·情暖人心”“爱传承·薪火相传”“爱坚守·笃定前行”“爱奉献·无私付出”等4个篇章,有镇江公交“善行员工”颁奖、公交驾驶员“薪火相传”仪式、驾驶员伉俪“爱文化”创意快闪、镇江公交行车安全大数据管理平台上线运行等议程。活动主会场设在镇江,另在上海、天津、济南、合肥等地设立多个分会场,全国有150余个城市参与,活动规模比上年扩大。 (朱之豪)

【公交行车安全大数据管理平台上线】 2021年5月20日,镇江公交行车安全大数据管理平台上线,为全省首个公交行车安全大数据平台。镇江公交行车安全大数据管理平台集驾驶员安全行为主动预警系统、驾驶员技能评价系统、驾驶员岗前值勤签到系统与驾驶员关爱手环四大系统为一体，帮助公交企业实时掌握驾驶员身心健康数据、车辆行车记录，预防安全隐患，提高公交企业安全水平。（朱之豪）

【71 路“党史学习教育宣传专线”开通】 2021 年 6 月 30 日，镇江公交 71 路“党史学习教育宣传专线”开通。整车以明亮的红色为主基调，车厢外部采用“红船”设计，寓意着“以车为船、扬帆起航”。车厢内部在手拉环、座椅背板以及风道装饰展板等处以图文结合的方式，展示中国共产党成立百年、南湖红船和红色精神等元素。同时，印有“学党史、践初心”“党旗‘镇’红，交通先行”字样的“红色书袋”内摆放有《论中国共产党历史》《毛泽东邓小平江泽民胡锦涛关于中国共产党历史论述摘编》《习近平新时代中国特色社会主义思想学习问答》《中国共产党简史》等书籍。71 路“党史学习教育宣传专线”往来金山公园—凤凰家园公交站，线路长度 7.7 千米，在填补七里路、金蚕路等道路的公交线网空白的同时，完善镇江高新区的公交线网布局。（朱之豪）

2021 年镇江市城市公共交通情况表

表 19－2

项目	计量单位	2021 年	2020 年
运营车辆	辆	1270	1653
新能源车辆	辆	1100	1075
运营线路网长度	千米	618.15	616.35
公交专用道长度	千米	69.7	69.7
客运总量	亿人次	0.65	0.97
线路情况	条	115	117
站点数	个	1760	1800

（朱之豪）

2021 年镇江市新开通和优化线路公交情况表

表 19－3

项目	线路名称	开通时间	基本走向
新辟线路	江心洲短驳线	2 月 11 日	江心汽渡北—江心洲（五套村）
	高桥短驳线	2 月 11 日	大港汽渡北—高桥（花木公司）
	71 路	6 月 30 日	金山公园—凤凰家园公交站
	K10 路	7 月 16 日	焦山风景区—三茅宫公交站
	K83 路	7 月 16 日	迎江桥—公交丹徒新城枢纽站
项目	线路名称	优化时间	具体优化情况
优化线路	70 路	1 月 15 日	由公交丹徒新城枢纽站恒顺公交站运行，新增恒顺集团、丹徒工业园区等 20 对站点
	23 路	2 月 5 日	新增京口大润发 1 对站点
	39 路	2 月 5 日	新增京口大润发 1 对站点
	59 路	2 月 5 日	新增京口大润发 1 对站点
	84 路	2 月 5 日	新增京口大润发 1 对站点
	113 路	2 月 5 日	新增京口大润发 1 对站点
	213 路	2 月 11 日	由行政中心公交站—镇江新区公交站运行
	215 路	2 月 11 日	由行政中心公交站—江心汽渡运行
	51 路	4 月 8 日	新增吾悦广场东站 1 对站点
	10 路	7 月 16 日	起点站由党校调整为焦山风景区，新增合山公园、中南世纪城东站、焦山路北站 3 对站点
	16 路	7 月 16 日	撤销 6 对站点，新增中南世纪城、江滨大道、沧浪桥、我家山水、松盛园 5 对站点

续表 19－3

项目	线路名称	优化时间	具体优化情况
优化线路	18 路	7 月 16 日	起点站由我家山水调整至江山名洲，新增江滨大道、沧浪桥、我家山水 3 对站点
	32 路	7 月 16 日	撤销 5 对站点，新增米山人家、党校（更名为小米山路北站）等 5 对站点。起点站由宗泽路停车场变更为焦山风景区
	33 路	7 月 16 日	撤销米山人家 1 对站点，新增方家湾、京口区检察院等 5 对站点。起点站由党校变更为宗泽路停车场
	112 路	7 月 16 日	新增焦山路北站、中南世纪城东站、合山公园 3 对站点，终点站由焦山风景区调整至京口中学公交站
	130 路	7 月 16 日	撤销象山 1 对站点，终点站由焦山风景区调整为江山名洲
	21 路	8 月 18 日	由丁卯桥路—谷阳路—官山路运行，撤销 6 对站点，新增青年广场东站、宝塔山公园（公交驾校）等 8 对站点
	56 路	8 月 18 日	由学府路—谷阳路—官山路运行，撤销 8 对站点，新增 16 对站点
	59 路	8 月 18 日	由恒运路—谷阳路—官山路运行，撤销 9 对站点，新增 9 对站点
	17 路	8 月 28 日	起点站由公交官塘新城枢纽站变更为南门汽车客运站
	73 路	8 月 28 日	起点站由火车站南广场变更为林隐路公交停车场
	221 路	8 月 28 日	起点站由火车站南广场变更为林隐路公交停车场

说明：优化线路不含加密调整的公交线路

（朱之豪）

现代物流业

【概况】 2021 年，镇江市围绕现代物流高质量发展的工作任务，在推动物流降本增效、转型升级、融合发展等方面有成效。编制中长期物流规划，加大重点物流项目的培育引导；结合全市产业发展特点，支持多式联运、智慧物流等发展。

货运总量。全年全市公路货运量 6283 万吨（按新统计口径，下同），比上年增长 6.8%，公路货物周转量 969661 万吨千米，增长 3.7%；水路货运量 1094.4 万吨，增长 14.3%，水路货物周转量 487824.8 万吨千米，增长 41.7%。长江货物吞吐量 23706.3 万吨，增长 19.3%，长江港集装箱 43.54 万标准箱，增长 16.9%。全市快递服务企业业务量完成 27523.62 万件，增长 43.26%；业务收入完成 27.59 亿元，增长 30.49%。

物流主体。全市有省级示范物流园区 2 个，占地 8900 亩（593.33 公顷），货物吞吐量 2320 万吨；省市级重点物流基地 6 个，运营面积 296 万平方米；省市级重点物流企业 30 个。全市有 A 级物流企业 8 家，其中 AAAA 级以上企业 5 家。根据 30 家省市重点物流企业自报数据显示，全年实现营业收入 189.63 亿元，实现利税总额 7.24 亿元。

重点项目。全市 10 个重点物流项目投资额度 30.88 亿元。其中，孟家港国际物流园进入码头交工验收阶段；镇江港高桥港区 LNG 加注站码头 12 月投入运行，计划 2022 年一季度开港运营；中储粮百万吨仓储基地的 18 万吨浅圆仓、14 万吨浅圆仓、10 万吨油罐和 12 万吨油罐竣工；港务集团临港产业物流基地建设完成，3D 可视化制造业供应链服务中心项目基本结束，处于设备调试阶段。推进新能源汽车零配件供应链管理华东基地、船港物流生产资料智能集散中心综合技改工程项目等重大项目。

供应链创新应用。诺得物流公司自主研发的多式联运业务管理云平台，在线整合联运设备、设施、业务等数据信息，实现联运环节对接、运转，在全行业率先打造道路货运数字化设施节点平台，通过物流资源、业务全程数字化标识，实现物流运转“一码通用”，资源对接、业务运转、运营管理高效便捷。宏马物流公司基于供应链管理的公铁联运项目，通过开通“丹阳—北京”货运专列，实施“干线跑铁路，两端循环甩挂”的公铁联运模式，铁路运输以铁路棚车为载运单元，每周发一班，铁路全程无须重新编组，提升运营效率。

（唐艺荣　邱　杲）

【城乡物流】 2021 年，镇江市在全省率先印发《镇江市城乡物流服务一体化发展三年行动计划（2021—2023 年）实施方案》，启动丹阳市、句容市、扬中市、丹徒区农村物流达标县创建，丹阳市、扬中市通过全省首批农村物流达标县验收。客运站升级改造的乡镇运输服务站由上年的 2 个增至 5 个，县、乡物流服务站覆盖率 100%，村级物流服务点覆盖率 84%。全市开通“交邮快融合”公交线路5条，投入车辆4辆，乡村快递配送时间缩短50%以上，配送成本下降20%左右。（唐艺棠　邱　果）

邮　政

【概况】　截至2021年年底，镇江市邮政企业和规模以上快递服务企业业务收入（不包括邮政储蓄银行直接营业收入）34.31亿元，比上年增长20.73%；业务总量完成31.72亿元，增长29.69%。

市邮政部门落实监管责任，督促企业落实主体责任，开展镇江市“清风·实名寄递”专项行动、邮政行业“安全生产月”活动、邮政行业“百团进百万企业千万员工”安全宣讲活动、全市邮件快件处理场所“四不”（设备设施不达标、现场管理不到位、员工着装不规范、作业操作不合规）问题整治行动等。通过发挥寄递渠道安全领导小组协调机制作用，强化寄递安全防控体系建设，开展全市寄递渠道禁毒百日攻坚行动、打击寄递渠道涉烟违法活动专项行动等。全年市邮政局出动执法人员476人次，执法检查211次，检查单位211家，出检70天，纠正和查处违法违规行为122次，下达责令改正通知57件，做出行政处罚决定41份，罚没款金额26.501万元。

加强邮政与农村电商协同发展，全市实现农产品项目销售收入2818万元，带动包裹业务寄递业务量2.5万件，实现寄递业务收入17.8万元。市邮政局、市商务局、市邮政分公司出台《关于加强合作推进协同发展的工作意见》，并成立三方协商工作小组，建立联席会商制度，推动邮政企业服务农村电子商务发展，推动镇江地区农村市场体系建设。以邮政网点和加盟店为平台，推动普遍服务向公共服务延伸，累计建成警邮网点41个，实现区县覆盖率100%；代办各类交管业务10648笔，收寄法院专递邮件37.34万件，实现收入498.34万元，比上年增长62.98%。推进新建小区智能信报箱建设，市邮政局、市自然资源和规划局、市住房和城乡建设局印发《关于进一步推动我市智能信报箱建设的通知》，保障小区居民便民服务的需求。市邮政局与市“扫黄打非”工作领导小组办公室、市公安局、市国家安全局、市文化广电和旅游局印发《关于完善寄递渠道“扫黄打非”联协工作机制的意见》，建立联动协作工作机制，压实企业主体责任，加大监督检查和举报线索查处力度，防范非法有害出版物经寄递渠道、图书报刊发行销售渠道传播。提升农村地区邮政服务能力，促进乡镇邮政局（所）全面达标，实现2021年全市建制村投递实地打卡率100%。做好“高录书”寄递服务，组织开展“高录书”寄递服务满意度电话回访，保证高校录取通知书安全送达。做好报刊发行工作，加强报刊寄递服务质量监督检查和时限监测工作，督促邮政企业提高投递服务质量。（宋　健）

【中国邮政集团有限公司镇江市分公司】　中国邮政集团有限公司镇江市分公司（以下简称“镇江邮政分公司”）下辖镇江市寄递事业部，丹阳市、句容市、扬中市3个县级邮政分公司和城区、丹徒区、镇江新区等3个区邮政分公司。2021年，镇江邮政公司有员工2368人，有营投部23个、网点109个。投递线路485条，日均总里程2.19万千米，其中，城市段道158条、农村段道327条。邮路339条，邮路总长度（单程）2.32万千米。

2021年，镇江邮政分公司实现业务收入7.51亿元。1人获“江苏省五一劳动奖章”，1人获“镇江市五一劳动奖章”以及获评“镇江市行业技能状元”，4人获“镇江市五一技术标兵”称号。20名党员、5名党务工作者以及综合职能第一党支部等2个基层党组织获江苏省邮政分公司表彰。

2021年，镇江邮政分公司线上以“邮乐网”“邮乐小店”平台销售地方特色农产品；线下建有近万平方米的电商仓储，建成2007个“邮乐购”加盟店。联合句容白兔镇政府举办江苏邮政首个区域特色农产品项目——白兔草莓挂牌仪式，并开展“24节气·寻鲜记”之“大寒·白兔”草莓营销活动。在天王镇戴庄白沙村建立千亩邮政惠农有机大米基地，解决农户“融资难”“销售难”“寄递难”问题。推进农村地区普惠保险工作。加快推进邮政公益项目，捐赠“爱心包裹”“母亲邮包”价值1.36万元。推进绿色邮政“2582工程”[开展重金属和特定物质超标包装袋与过度包装专项治理；力争年底可循环快递箱（盒）使用量500万个；电商快件不再二次包装率80%；新增2万个设置标准包装废弃物回收装置的邮政快递网点]，电商快件不再二次包装率95%，可循环邮袋使用率99%，设置包装废弃物回收装置的网点59个。

镇江邮政分公司对全市信箱筒进行改造升级，加装智能信箱筒设备。安装邮政营业叫号系统，要求营业员及时响应客户。应用邮政普遍服务管理系统，推动新一代营业渠道系统上线。开展“普遍服务提质达标专题月”活动。开展网点“洗脸”（网点环境清理；小广告、不规范文件清理规整）工作。制作修订《邮政营业非常见业务操作口袋书》和《邮政服务礼仪口袋书》，提升员工业务操作技能。开展客户体验工作，复制推广“五满意”服务模式。

镇江邮政分公司函件、报刊发行、物流收入完成率列全省前3名，代理金融、函件、报刊发行、分销、增值收入增幅列全省前3名。发挥邮政网点优势，组织“惠农大讲堂”讲座活动9场，联合广电开展夏日观影120场，开展“送健康下乡”活动109场，组织客户联谊及精品网络沙龙活动40场。开展县域政务市场拓展活动，县域政务寄递量比上年增长59%。联合西津渡镇江书画院举办《辛丑年》特种邮票首发暨“迎新春”镇江书法双年展。以“网络+活动+服务”的模式，推动集邮业务网上营业厅建设。落实“网点+站点”管理模式，实现邮政网点和“邮乐购”加盟店双向引流。

镇江邮政分公司建成1个市级邮件处理中心，日均进出口邮件处理能力20万件、峰值30万件，年均处理邮件超过3350万件；在3个县市分别建成邮件处理中心。试点“交邮合作”(将快递服务延伸到乡镇和建制村，解决末端配送的难点问题)，打造句容天王镇仓配运营中心，将“天王”“磨盘”2个支局的投递功能整合，实现公交车带运邮件下乡。加强网运现场管控，设立现场调度“巡更制”。制定全市常态化管控体系，针对重点指标建立反馈预警制度。融入“宁镇扬”一体化，重塑邮运组织，减少邮件回流、经转，提高全程时限效率。

镇江邮政分公司、独角兽文娱有限公司共同举办“携手并进、共创未来”直播招商推介会，邀请50余名电商客户参加。以“为群众办实事、助本地农产品销售”为主题，联合市农业农村局开展“区域优质农副产品社区行”活动，每月举办线下“社区行”活动和线上“社区购”活动。联合江苏大学举办江苏大学组建20周年暨办学119周年纪念封首发仪式，发行纪念封1套2枚，主题为“百年芬芳两秩辉煌”；镇江邮政分公司还设计纪念明信片一套11张，选用5张手绘图案、6张实景图案。

(陆　斌)

【“云药房”处方药寄递当日达业务】 2021年，镇江邮政分公司、上海医药集团共同推出镇江“益药·云药房”处方药同城寄递业务。患者通过医院App挂号，线上就诊、医保脱卡支付；医院开出药方并将信息发送至云药房。镇江邮政分公司将医院信息导出打印成面单，生成药品邮件，并张贴红色专用胶带。邮政公司组建专业团队，每天上午、下午两个频次上门揽收药品；所有上午揽收的药品邮件，第一时间分发至各营投部，确保下午投递，下午邮件第二天上午优先投递，方便客户取药。(陆　斌)

【邮政惠农有机大米基地揭牌】 2021年6月7日，邮政惠农有机大米基地揭牌仪式在句容天王镇戴庄白沙村举行。仪式现场，句容邮政分公司与戴庄村委会进行战略合作签约，在党建引领、销售服务、寄递服务、金融服务、农资供应、集邮与文传等方面开展合作，对建立的1000亩(66.67公顷)有机稻米基地，由邮政公司负责主导销售，推动解决大米生产销售过程中“融资难”“销售难”“寄递难”问题。当日，举办“学亚夫精神，品戴庄特‘惠’”专场直播活动，直播带货成交线上订单200单。(陆　斌)

【“寻味家乡·大美镇江”直播活动】 2021年9月16日，镇江邮政分公司开展“寻味家乡·大美镇江”直播活动。活动前期，镇江邮政分公司成立专项小组，以“游三山美景，品三怪美食”为主题做好宣传筹备工作；选取句容戴庄越光有机大米、“镇江三怪”等多种当地特色产品进行推广。直播过程中，采用“1元秒杀”、问答抽奖、“无门槛券”等多种形式；直播观看人数7000余人次，订单3000余笔，助销金额10万元。

(陆　斌)

【“现金服务邮路”品牌建设】 2021年10月21日，人民银行镇江中心支行、镇江邮政分公司、邮储银行镇江市分行共同举办“现金服务邮路”推进仪式，部署“现金服务邮路”建设推进工作，并向投递员代表授予“现金服务邮路”品牌旗。该品牌统筹发挥102个邮政金融网点、485条投递段道邮路、1500辆邮政车辆、1000余名网点和投递员、2000余家“邮乐购”加盟店优势，帮助城乡居民了解人民币防伪知识、残损币兑换常识、现金消毒知识，整治拒收现金行为，解决群众现金使用中的各类问题。(陆　斌)

【“五峰山大桥”邮政风景日戳入选“全国十佳风景日戳”】 2021年10月，“2020年度全国十佳风景日戳”评选揭晓，江苏镇江“五峰山大桥”邮政风景日戳入选，其获选票最多。镇江邮政分公司制作“五峰山大桥”金山邮资片2枚、启用“五峰山大桥”邮政风景日戳1枚，直径30毫米，主体画面凸显公铁两用悬索大桥风貌，远山、引桥、航船，动静虚实融合。

(陆　斌)

【“退休一件事”项目】 2021年8月，镇江邮政分公司、市社会保险基金管理中心联合推出“退休一件事”项目。该项目依托省一体化信息平台系统，企业养老保险参保和灵活就业到龄退休人员办理退休，携带必备材料，到区人社服务大厅综合窗口申请，完成审批后，由邮政EMS将相关材料直接寄送给单位或个人，实现市民办退休，“跑一次”完成。该项目推出后办理邮寄1011人次。(陆　斌)

快递业

【概况】 2021 年，镇江市快递服务企业业务量完成 27523.62 万件，比上年增长 43.26%；业务收入 27.59 亿元，增长 30.49%。快递业务量累计突破 200 万件的企业有 23 家。快递业务收入累计突破 2000 万元的企业有 27 家，比上年增加 5 家。全市规模以上快递服务企业快递业务投递量 27885.30 万件，增长 28.99%，日均投递量 76.40 万件。11 月 11 日—16 日，日均处理量 282.5 万件，日均收件量 148.6 万件，日均派件量 133.9 万件。同城快递业务量、收入分别完成 1371.56 万件和 0.17 亿元，分别下降 15.96% 和 1.03%；异地快递业务量、收入分别完成 26079.80 万件和 19.38 亿元，分别增长 49.21% 和 32.52%；国际及中国港澳台快递业务量完成 72.26 万件，下降 28.48%，国际及港澳台快递业务收入完成 1.84 亿元，增长 7.19%。 （吉　源）

【快递业监管】 2021 年，镇江市依法取得快递业务经营许可证的企业有 34 家、一级分支机构有 15 个、二级分支机构有 81 个、末端网点有 909 个。经营体制有国有、民营和外资 3 种，分属 22 个品牌。全年开展市邮政快递业安全生产专项整治三年行动、快递市场秩序整顿专项行动、2021 年快递业务旺季服务保障等工作。通过“邮快合作”“交快合作”“快快合作”等形式推进快递进村，破解农村邮政快递服务“最后一公里”难题，逐步完善农村物流配送体系。加强交通运输与邮政快递合作，建立县级共配中心 5 个、村级共配点 173 个，资源整合复用效果扩大。 （吉　源）

2021 年镇江市快递企业情况表

表 19－4

企业名称	企业品牌	注册地址
丹阳市申通快递有限公司	申通快递	丹阳市开发区大亚东路东侧
丹阳市韵达快递有限公司	韵达快递	丹阳市开发区金陵西路 8 号
扬中市韵达快递有限公司	韵达快递	扬中市三茅街道职中路 285 号（生美集团院内）
扬中市申通快递有限公司	申通快递	扬中市三茅镇中桥村
丹阳市天翼速递有限公司	速尔快递	丹阳市开发区希望路 16 号（1 号楼 1 楼）
镇江市申通快递有限公司	申通快递	镇江市丹徒新城工业园瑞山东路 98 号
丹阳市瑞顺快递有限公司	百世快递	丹阳市开发区六纬路北侧陈家工业园 2 号
句容市申通快递服务有限公司	申通快递	句容市经济开发区通宁路之江商贸城南申通快递仓库 1 号
扬中市瑞达快运有限公司	天天快递	扬中市三茅街道中兴路 91 号
丹阳市中通速递有限公司	中通速递	丹阳市开发区希望路 16 号
镇江市顺丰速运有限公司	顺丰速运	镇江市丹徒新城长香东大道 78 号 8 号楼一层
镇江中通速递有限公司	中通速递	镇江市京口区扬帆路 3 号
扬中市中通快递服务有限公司	中通快递	扬中市扬子西路联盟桥东侧
句容天天快递有限公司	天天快递	句容市开发区通宁路 127 号 3 号楼
镇江新区韵达快递有限公司	韵达快递	镇江新区大港街道龙溪路
江苏江韵物流有限公司	韵达快递	句容市空港新区塘西路 66 号
句容市韵达快运有限公司	韵达快递	句容市经济开发区文昌西路 2 幢
扬中市润通物流有限公司	百世快递	扬中市三茅街道环城南路 36 号
丹阳浩宇物流有限公司	丹阳浩宇物流	丹阳市开发区市门一路东侧
句容中通快递有限公司	中通速递	句容市经济开发区西转盘西 300 米处 104 国道南侧 01 幢
镇江新春货运服务有限公司	韵达快递	镇江市京口区京岘山庄 2 幢 105 室
镇江指针物流有限公司	韵达快递	镇江市京口区学府路恒美嘉园 B 区 21 幢 104～105 室
镇江金韵达货运代理有限公司	韵达快递	镇江高新区蒋乔街道蒋家门社区凤凰山西路润州开发区钢模出租站内
镇江通用物流有限公司	韵达快递	镇江新区潘宗田田工业园内第 6 编号区域和第 7 编号区域

续表 19－4

企业名称	企业品牌	注册地址
句容大众快递有限公司	百世快递	句容市开发区世茂路万珂机械院百世快递
镇江琼华速递有限公司	圆通速递	镇江市丹徒工业园区华园路 57 号
丹阳市优速快递有限公司	优速物流	丹阳市丹北镇后巷济德村
句容市运通物流有限公司	圆通速递	句容市经济开发区西环路 02 栋 1 层
镇江天达物流有限公司	天天快递	镇江市京口区宗泽路北星光电器 2 幢 1～2 层
镇江罗文供应链管理有限公司	极兔速递	镇江市丹徒新城谷阳大道 35 号院内
丹阳市天天骏驰快递物流有限公司	天天快递	丹阳市开发区希望路 99 号
镇江百润物流有限公司	百世快递	镇江市丹徒区谷阳镇冷遹路 88 号中靖集团内 4 号门
句容市海通国际货运代理有限公司	冠跃物流	句容市开发区赤岗社区隆昌路南侧，宁杭北路西侧研发楼第 1 层
扬中市古德速运有限公司	圆通速递	扬中市三茅街道风华路 24 号

（宋　健）

2021 年镇江市快递企业分支机构情况表

表 19－5

企业名称	分支机构名称	企业地址
中国邮政速递物流股份有限公司	中国邮政速递物流股份有限公司镇江市分公司	镇江市丹徒新城金润大道 201 号
江苏京迅递供应链管理有限公司	江苏京迅递供应链管理有限公司镇江分公司	镇江市京口区秋山路 102 号秋山小区 11 幢 102～105 室
南京德邦物流有限公司	南京德邦物流有限公司镇江分公司	镇江市京口区兴泽路 12 号 33 文化文旅创业园 5 号楼
江苏慧达供应链有限公司	江苏慧达供应链有限公司镇江分公司	丹阳市开发区通港路与北五路交会处天工工业园区内
申通快递有限公司	申通快递有限公司句容分公司	句容市郭庄镇空港大道 3 号
言林供应链管理（上海）有限公司	言林供应链管理（上海）有限公司镇江分公司	丹阳市开发区农商批发大市场 B 区 B1 幢 15 室
优比速包裹运送（广东）有限公司	优比速包裹运送（广东）有限公司丹阳分公司	丹阳市开发区八纬路 1 号（南侧）房屋
中国外运长江有限公司	中国外运长江有限公司镇江分公司	镇江市戴家门路 6 号金山物流园内
江苏优亦速物流有限公司	江苏优亦速物流有限公司镇江分公司	镇江市丹徒区高新技术产业园（冷路 88 号 4 幢）中靖厂区外 1 楼
江苏众邮物流科技有限公司	江苏众邮物流科技有限公司镇江分公司	句容市郭庄镇花茂路协鑫物流园 A2 库
联邦快递（中国）有限公司	联邦快递（中国）有限公司镇江分公司	镇江市丁卯桥路 239 号 106 室
南京跨越速运有限公司	南京跨越速运有限公司镇江分公司	镇江市蒋乔街道秀山村雷家组（沿江公路北侧 90 号）
南京苏宁物流有限公司	南京苏宁物流有限公司镇江分公司	镇江市京口区金润大道南 50 米镇江美润仓储有限公司
中外运—敦豪国际航空快件有限公司	中外运—敦豪国际航空快件有限公司镇江分公司	镇江市丹徒新城瑞山东路 9 号 3# 楼西段
杭州佳成国际物流股份有限公司	杭州佳成国际物流股份有限公司镇江分公司	镇江市丹徒区谷阳大道 3 号

（宋　健）

综 述

【概况】 镇江港是长江三角洲地区综合运输体系的重要枢纽和中国沿海主要港口之一，是上海国际航运中心集装箱运输体系的重要组成部分和集装箱支线港，是长江沿线能源、原材料海进江运输的主要中转港之一和长江中上游地区内外贸物资江海转运的重要口岸。镇江港形成包括大港、谏壁、龙门、高资、高桥、扬中和新民洲等“一港七区”的港口布局，建有生产性码头泊位 176 个，设计通过能力总计 1.59 亿吨。按泊位性质分，公用码头 87 个，设计通过能力 8916 万吨；货主码头 89 个，设计通过能力 7071 万吨。按靠泊能力分，万吨级以上泊位 58 个，其中 5 万吨级以上泊位 37 个；专业化集装箱 5 万吨级泊位 3 个，设计通过能力 100 万标准箱。镇江港拥有堆场约 400 万平方米，集装箱堆存能力 5 万标准箱，装卸线 4 个。镇江港具有公铁水联运的集疏运通道优势，与京沪铁路、沪宁高速、扬溧高速、镇泰高速和 312 国道、338 省道、138 省道等连接，京沪铁路支线接入大港港区，港区内有润扬大桥、泰州大桥等过江大桥，贯通南北。镇江港拥有的沿江港口岸线总长度 126 千米、占全省 6.5%，其中深水岸线 75 千米，占全省 12.3%，水深条件和岸线的稳定性有利于建设 5 万吨～7 万吨级大型港口码头。其中，具备建设 10 万吨级码头的岸线 3.5 千米。镇江港吞吐量主要以矿石、煤炭、粮食等大宗散货和件杂货为主，其中煤炭、矿石等散货吞吐量占比 84%。江海中转运输是镇江港发展的特点之一。中转货物吞吐量占比为 52%，本地货物吞吐量占比为 48%。中转运输主要由公用码头承担，以煤炭、矿石等货类为主，主要服务长江中上游。其中，在矿石运输系统布局中主要以接卸中转二程进江的外贸矿石为主，兼顾接卸直达进江的外贸进口铁矿石。

2021 年，镇江港完成港口项目投资计划 10.5 亿元。高桥港区 LNG 加注站码头建成并投入运营；高桥港区荷花池作业区一期散货码头 3 个 5 万吨级泊位建成，陆域部分完成 90%；扬中港区长旺作业区一期工程、中交二航三公司码头建成投运。推进《镇江港总体规划》修编工作，结合宁镇扬一体化规划，以全市生产力布局规划为指导，落实“共抓大保护、不搞大开发”，坚持“生态优先、绿色发展”，规划港口岸线规模由 126 千米降至 108 千米；结合港口资源分布，谋划沿江港口规划修订工作，推进各港区形成发展新格局。《镇江港总体规划（修编）》报省政府并通过省级审查。扬中港区华和粮食码头 7 万吨级散粮泊位获交通运输部批准使用港口岸线。镇江全市港口完成货物吞吐量 2.47 亿吨，同口径比上年增长 18.4%。成立水路口岸新冠肺炎疫情防控实体化工作专班；完善工作机制，指导各市（区）成立工作专班，压实属地责任。组织开展水路口岸疫情处置应急演练。启用口岸疫情防控追溯管理系统，提升监管智能化水平。

镇江市水运口岸有对外开放泊位 53 个，与世界 70 多个国家近 300 个港口建立外贸运输业务，建有镇江综合保税区、中国镇江外轮代理有限公司公用型保税仓库、江苏润华物流有限公司公用型保税仓库、江苏扬子公路沥青有限公司沥青专用型保税仓库等特殊监管区域和保税监管场所，拥有 5 个海关指定监管场地，其中，3 个进境粮食指定监管场地，1 个进境肉类指定监管场地，1 个进境原木指定监管场地。推进码头对外开放工作，江苏华电句容发电有限公司码头（储运 1 号泊位）和镇江港大港港区四期码头（14 号、15 号泊位）对外开放获省政府批复。对接口岸查验机构，推进镇江电子口岸平台建设，重点完成开发国际航行船舶代理信用记分管理系统、口岸商品资料库

管理系统和水路口岸疫情防控追溯管理系统三大系统。（仇　诚　周平平）

【绿色港口建设】　2021年，镇江市开展船舶和港口污染突出问题专项整治，实现三个“全覆盖”，一是码头的船舶污染物接收设施全覆盖，实现固定接收和流动接收；二是建设码头岸电99套，实现沿江、沿河全覆盖；三是建设粉尘在线监测系统145套，实现沿江、沿河全覆盖。完成内河港口码头环保手续补办工作。（梅　霆）

港口生产经营和服务

【概况】　2021年，镇江市港口企业加强新冠肺炎疫情防控、安全生产和污染防治等工作，港口生产运行总体平稳增长。全市港口完成货物吞吐量24664万吨，比上年下降31.5%（从2020年12月起，镇江市全面取消水上过驳作业，相应矿建材料吞吐量大幅度减少），同口径比上年增长18.4%。其中，进港货物吞吐量14790万吨，下降22.8%，同口径增长21.2%；出港货物吞吐量9874万吨，下降37.9%，同口径增长14.4%。沿江港口完成货物吞吐量23706万吨，下降32.4%，同口径增长19.3%。全市内河港口完成货物吞吐量958万吨，下降0.6%。镇江港完成外贸吞吐量4892万吨，增长12.3%。其中，进港外贸货物吞吐量4200万吨，增长13.6%；出港外贸货物吞吐量692万吨，增长5.2%。镇江港完成集装箱箱运量43.5万标准箱，增长16.9%。其中，外贸箱量13.6万标准箱，下降7.5%；内贸箱量为29.9万标准箱，增长32.3%。完成集装箱重量654.9万吨，增长10.2%，其中，外贸集装箱重量227.8万吨，下降3.6%。

主要货种运输发展情况。镇江市进出港货种以煤炭、金属矿石、矿建材料、非金属矿石、粮食等为主。2021年，主要货种完成吞吐量有：完成煤炭吞吐量6837万吨，占全港货物吞吐量的27.7%，增长21.8%。其中，内贸吞吐量6243万吨，增长20.6%；外贸吞吐量593万吨，增长36.5%。完成金属矿石吞吐量7167万吨，增长8.9%。其中，外贸吞吐量1878万吨，占金属矿石总吞吐量的26.2%，增长17.9%。铁矿石完成吞吐量6668万吨，增长4.7%，其中，外贸量1809万吨，增长14.8%。完成矿建材料吞吐量3703万吨，占全港货物吞吐量的15.0%，下降78.5%。完成粮食吞吐量1001万吨，增长13.8%。其中，外贸量582万吨，增长13.0%。完成非金属矿石吞吐量888万吨，下降2.3%。其中，外贸量373万吨，下降9.7%。完成化工原料及制品855万吨，增长6.3%，其中，外贸吞吐量229万吨，下降7.9%。

港口经济运行特点。剔除江中过驳取消因素，港口总体保持平稳增长。全港17大货类中，除矿建材料下降78.5%、木材下降9.0%、盐下降7.2%、石油制品下降7.1%、非金属矿石下降2.3%外，其余12大货类均实现增长，其中煤炭、有色金属、轻工医药产品等增长较快，增幅均超过20%。公用码头保持平稳增长，货主码头有较大幅度提升。沿江港口公用码头完成吞吐量15537万吨，增长6.1%；货主码头完成吞吐量8169万吨，增长56.2%。港口外贸吞吐量保持较快增长。金属矿石、煤炭、粮食仍是全市港口外贸吞吐量的主力，全年完成吞吐量3054万吨，占镇江市港口外贸吞吐量的62.4%，增长20.1%。（吕敬忠）

【镇江港务集团有限公司】　镇江港务集团有限公司下辖生产性泊位21个，其中万吨级以上泊位12个（以7万吨级泊位为主，最大靠泊能力15万吨级减载），码头总长度3840.7米，设计通过能力2944万吨。全年完成货物吞吐量12978.8万吨、自然吨6059.4万吨，比上年分别增长19.12%、18.30%，列全国重点港口企业第19名。

2021年，集团融入全省港口一体化发展大格局，构建宁镇扬散杂货中心主体港、枢纽港，推进基于“大泊位、大设备、大船舶、高效率”的基础设施建设，培育新的经济增长极，先后注册成立镇江高新港务有限公司、江苏港口检测有限公司、扬中苏港国际港务有限公司、溧阳苏港国际港务有限公司、江苏港口矿业科技有限公司。

集团贯彻国企改革三年行动方案，以“三能机制”激发企业活力、以体系管理提高运营效能、以技术创新提升生产效率。以打造绿色平安智慧港口为目标，推进5G新基建，覆盖全港的“5G+MEC”专网建设完成，运用大数据、AI、数字孪生、物联网、泛在感知等技术“减人、降本、增效”，探索5G赋能散杂货智慧港口新模式。集团获评2021年度“江苏省服务型制造示范平台”、2021年度首批省级4星级“上云企业”。（张　俊）

【中石化长江燃料有限公司镇江分公司】　中石化长江燃料有限公司镇江分公司（以下简称中长燃镇江分公司）隶属于中石化长江燃料有限公司（以下简称中长燃公司）。是由招商局集团和中国石化销售有限公司共同投资组建的水上成品油销售企业。公司业务以长江干线及其支流，湖泊和沿海的水上成品油及国际船舶保税油销售、运输、储存专业化经营为主，拥有跨区域开展保税油连锁经营的资质，担负地方港口、运输船舶、燃润料供应等多项业务。

2021年，中长燃镇江分公司围绕中心工作，以绿色发展为主题，推进高桥水上绿色服务区建设，拓展经营。全年完成经营总量9万吨，其中，内贸销量4.7万吨、外贸销量4.3万吨。安全生产局面稳定，未发生等级以上安全责任事故。中长燃镇江分公司是国家计量合格单位、百家诚信单位，是首批通过江苏省海事部门考核认定的长江水上服务区建设单位，也是江苏省石油化工码头安全生产标准化二级企业标准单位、镇江市“平安港口”创建文明单位。

（阙　蕾）

【镇江中联理货有限公司】 2021年，镇江中联理货有限公司完成理货船舶120艘次，件杂货理货量295.96万吨，集装箱装拆箱理货量0.83万标准箱。当年，中标新民洲码头后场收发货业务，完成后场装船量13.03万吨，装车量62.45万吨，服务满意率、制单合格率均为100%。该公司还开展油品计量、水尺计量、监装监卸、危险品、煤炭采样取样等检验业务。在提升理货服务质量的同时，公司重点推进木材智能理货系统的建设，加快服务方式的转型升级。推进与多家客户的数据联网工作，实现理货信息网上实时查询，为口岸涉外单位、码头及各代理提供理货服务。

（付馨慧）

【镇江中远海运物流有限公司】 2021年，镇江中远海运物流有限公司作为综合物流服务企业，践行央企与地方协同发展、融合发展的战略，在保障镇江市外贸进出口产业链、供应链畅通中发挥作用。以国际全程物流供应链产品服务地方龙头骨干企业促进地方经济产业发展，全年公司实现营业收入5.13亿元，比上年增长153%。

公司依托中远海运全球航运优势、海内外网络优势和镇江当地仓储资源优势，完善国际全程物流供应链服务功能，帮助企业克服由于新冠肺炎疫情造成供应链不畅的困难，保障企业掌控运输主导权和产业链、供应链畅通，为企业全球化快速发展提供保障。

公司位于镇江综保区内的保税和跨境电商综合物流基地，占地5.6公顷，仓储面积4.2万平方米，堆场面积2万平方米。2021年，基地投产运营。公司聚焦石化、新能源、新材料、半导体等重点产业，为65家企业打造特色项目和产品，提供仓干配物流服务，填补全程物流供应链服务的空白，完善保税与非保税货物实现同仓共存的分类监管功能；公司运用云计算、大数据、物联网、人工智能等新兴数字技术，打造数智化现代仓库。

公司与镇江综合保税区续签公共服务平台委托管理协议，发挥仓储资源作用吸引企业物流业务进出综保区，全年进出口额约3亿美元，比上年大幅增长，在镇江综保区列第1名。（黄英华）

【中国外运长江有限公司镇江分公司】 2021年，中国外运长江有限公司镇江分公司在新冠肺炎疫情防控常态化的前提下，围绕管理助推转型、项目创新、孵化项目营销群体、激活市场的目标，自身经营管理水平有提升，发展健康有成效。以庆祝中国共产党成立100周年为契机，推动企业稳定运行、疫情防控有序，经营发展平稳。全年实现营业收入14498万元，代理集装箱7497标准箱，代理海运大宗散货489万吨，各业务板块发展稳定。（汤　蓉）

港口运行和管理

【概况】 2021年，镇江市加强港口建设管理，强化港口规范经营，推进绿色港口建设，确保港口运营和管理的规范有序。推进《镇江港总体规划》修编工作，《镇江港总体规划（修编）》报省政府并通过省级审查。扬中港区华和粮食码头7万吨级散粮泊位获交通运输部批准使用港口岸线。推进污染防治，加大环保投入力度。开展港口环保专项攻坚行动，成立由交通运输、生态环境部门组成的领导小组和工作专班，开展为期3个月的攻坚行动，发现问题79个，涉及码头37家，形成问题清单，下发整改通知，建立一企一档，逐一跟踪整改，形成闭环，其中2家企业未按期完成整改工作被停业整顿。12月，实施为期半年的驻点攻坚行动，巩固整改成果，市级工作专班对全市10个重点码头实行专人驻点，每周督查。各地明确辖区所有码头的驻点人员，专人推进港口环保工作。实行分片包干，“一对一”“人盯人”式管理。对逾期未完成整改的港口停产停业，推动港口日常环保水平提升。全市港口码头逐一签订环保改造目标责任状，加大投资力度，添置雾炮260余台、洒水车130余辆，建设防风抑尘网超30000余米；句容华电、港务集团码头建设全封闭库棚，惠龙、台泥等码头升级装卸工艺，实现全封闭皮带机输送。通过购置雾炮车、雾炮机、洒水车、车辆清洗系统等设施以及采取建设防风抑尘网、及时覆盖堆场等措施，降低港口码头扬尘污染。

（梅　霆）

【智慧港口打造】 2021年，镇江市打造智慧港口，提升环保监管效能。利用船舶污染物电子联系监管平台，实现船舶污染物接收转运处置全过程、多部门联合监管；粉尘在线监测监管平台实现全覆盖，实时监控干散货码头扬尘数值，若达到限值，自动预警；推进港口3D可视化监测平台的建设，实现港口基础信息整合，作业流程实时监控。（梅　霆）

【黄金水道功能建设】 2021 年，镇江市港口建设项目投资计划完成 10.5 亿元。推进高桥港区荷花池作业区一期散货码头工程，3 个 5 万吨级泊位建成。扬中港区长旺作业区一期工程、中交二航三公司码头建成投产。高桥港区 LNG 加注站码头建成并投入运营。扬中港区兴隆作业区联合动力码头工程建成 1 个万吨级泊位。 （仇 诚）

口岸监管与服务

【概况】 2021 年，镇江口岸查验机构及口岸服务单位升级服务机制，强化新冠肺炎疫情防控措施，优化口岸营商环境、缩短通关时间、提高通关时效。全年镇江口岸完成货物吞吐量 18230.76 万吨，比上年增长 3.21%，其中，完成外贸货物吞吐量 4730.57 万吨，增长 1.49%；完成集装箱吞吐量 435942 标准箱，增长 17%，其中，外贸集装箱吞吐量 136267 标准箱，下降 7.07%。

口岸服务效能建设。江苏华电句容发电有限公司码头储运 1 号泊位，镇江港四期工程码头 14 号、15 号泊位对外开放获省级批复。评估和审议鼎盛重工码头临时停靠外轮，助力企业按时装运，维护企业国际声誉。开展口岸开放码头开放条件核查，帮助企业完善升级码头现场查验配套设施。成立“跨境贸易”服务先锋队，推进口岸通关一体化改革，优化通关监管方式，打造优质口岸营商环境。

口岸疫情防控防线建设。市“外防输入”联防联控机制口岸工作组各部门联动，建立市、区两级口岸疫情防控机制，定期开展开放码头疫情防控督查；组织口岸一线人员进行新冠病毒防护原理及防护用品使用专业培训，推进高风险岗位人员专班管理；按医疗废弃物标准对开放码头涉外防疫废弃物实行闭环管理、日产日清，严格管理船员换班及就医。编制水路口岸突发疫情应急预案，处置“银鹰轮”“胜利轮”等口岸突发涉外疫情事件。为海关、边防、海事和引航站协调争取防疫物资，发放口罩、护目镜、防护服等各类防疫用品。

智慧口岸建设。推行集装箱设备交接单无纸化系统，打通码头管理系统与联检单位的数据交换通道，提升口岸办事效率。国际航行船舶代理信用记分管理系统、口岸商品资料库管理系统和水路口岸疫情防控追溯管理系统平台上线运行，其中水路口岸疫情防控追溯管理系统是全省首个专门应对水路口岸突发疫情的信息化服务平台。借助该系统，实现水路口岸突发涉外疫情应急处置，提高突发疫情处置的精准性、时效性。 （周平平）

【长江航运公安局镇江分局】 2021 年，长江航运公安局镇江分局以战疫情、保安全、护稳定、促发展为重点，推进长江大保护和服务保障长江经济带高质量发展，维护长江干线水域政治治安稳定。全年接处警 1634 起，破获刑事案件 50 起，打击处理 191 人，抓获网上逃犯 44 人；查处行政案件 235 起，处罚 199 人，行政处罚单位 40 家；查处交通违法行为 1028 起；处置水域未知名尸体 20 具，查清尸源 15 具。

维护网上、网下稳定，践行“枫桥经验”，围绕重点人群、重点环节、重点关注问题开展矛盾纠纷排查调处，化解矛盾纠纷 92 起。推进长江大保护工作，全年破获非法捕捞水产品案 5 起，非法采矿类案件 9 起。其中“6·20”非法采矿案获公安部“长江大保护”领导小组办公室贺电表扬、“3·20”非法采矿案被公安部列为“打击长江非法采砂犯罪专项行动十大典型案例”。警务协作，通过江苏省公安厅搭建的警务合作架构，深化完善警务合作、综合执法协作机制，推进治安防控体系建设。政治建警，开展政法队伍教育整顿和党史学习教育。 （褚 特）

【长江镇江航道处】 2021 年，长江航道处强化公益服务的职能定位，围绕“推进新一流航道处建设”，聚焦公益服务，推进公共服务体系建设，提高公共服务能力、助推深水航道发展。当年，长江镇江航道处获评“江苏省文明单位”“镇江市文明单位”。

公益服务。全年为 140 艘 15 万吨级以上开普型海轮进出镇江港提供航道基础服务，镇江港实现“双过亿”目标。开展和畅洲北汊常态化大型海轮实船测试，释放深水航道黄金效能。优化数字航道监控值班工作机制，落实 24 小时盯屏值守制度，分级、分类及时处理各类异常信息，全年辖区航道畅通安全。强化疏浚现场监管，建立日跟踪、月度审核的工作机制，确保辖区重点航段每月达标，全年完成航道疏浚方量 697 万立方米。

综治平安工作。做好新冠肺炎疫情常态化防控工作。开展安全生产“集中攻坚年”行动，开展长江干线船舶碰撞桥梁隐患专项治理，完成 10 座跨江桥梁桥区航道安全风险排查和“一桥一档”建档工作。完成 169 座航标上岸维修保养工作。开展环保设施改造，实现船舶污染物“零排放”；落实船舶污废物处置“船 E 行”应用，实施船趸过驳“船 E 行”在线交付。加强节假日和特殊时段值班值守和应急处置工作。整合全处互联网出口，降低网络链路维护成本，增加网络管控能力；部署企业网络版防病毒软件，定期开展网络安全隐患自查，提高网络防御能力。

绿色环保发展。依托数字航道优势，实现保畅公共服务与地方经济发展深度融合、互利共赢，先后为 6 项重大工程项目做好技术服务。开展疏浚土生态化利用，配合镇江港发集团启动镇江区域内长江航道疏浚土综合利用试点工作，提供技术服务，打造好长江航道疏浚土生态化利用"镇江模式"，全年完成航道疏浚土利用200万立方米；首次启动泰州鳗鱼沙区域航道疏浚土综合利用工作，全年完成疏浚土利用40万立方米。深入132家服务对象，制定航道服务实施方案；依托镇江市政务大厅、六圩绿色水上综合服务区"行畅江海"服务平台，推广航道信息服务。

智慧科技应用。优化AIS航标发射基站站点布控，太平洲捷水道下段实现AIS信号全覆盖，"五站一中心二监测"总体布局形成；在重点水域、桥区航道设置合成AIS航标50座次，辖区航标失常率、航标碰损率降低；在和畅洲北汊设置实船测试虚拟AIS航标8座，协助完成4条225米～229米8万吨级以上外轮实船实验性上行通过和畅洲北汊直达南京港。运用"视频监控无人机观测"构建要素感知体系，在航道码头、桥区和部分重点航段布设高清摄像头；布设无人机观测长期像控点，提升观测精准度，为后期辖区航道整治建筑物高效快捷观测提供保障；长江扬中航道处初步完成全航段可视化、标志大型化和虚实一体化建设。深化与地方单位、高校合作交流，与镇江港发集团围绕疏浚土利用联合开展科技创新中心和水文泥沙实验室建设达成合作意向。（朱华阳）

【长江引航中心镇江引航站】 2021年，长江引航中心镇江引航站统筹做好新冠肺炎疫情防控和引航服务工作，确保镇江港进出口外贸货物的水上运输畅通。

全年引领中外籍船舶11517艘次，总吨位2.41亿吨，净吨位1.35亿吨，比上年分别增长1%、10.7%、12.3%。镇江引航站优化服务举措，对接服务需求，畅通防疫、民生物资运输"绿色通道"，对符合夜航条件的船舶全面放开夜航，满足港航企业生产需求。优化营商环境，与辖区主管机关形成每日引航计划联动机制，为港口重点项目、特殊船舶提供个性化引航服务。全年引领受限船3877艘次，增长12.9%，其中，开普型船舶693艘次、夜航引领船舶7414艘次、夜航率64.4%。镇江引航站作为船舶应急救助专业力量，配合海事部门做好船舶应急抢险工作，履行社会公共安全责任，保障长江镇江辖区水上安全形势稳定。（王霁雯）

【镇江海事局】 2021年，镇江海事局聚焦水上安全治理，建成2个港区类、2个交汇水域类、1个长江支流类快反处置中心，运行"1131"（1套建设运行标准、1项值班运行方案、3本操作指南、1项监督检查机制）快反处置中心工作模式，落实24小时监控值守制度。实施汛期裕隆洲口防控机制，防范化解险情45起，连续4年实现裕隆洲口"零事故"，事故4项指标保持低位运行。开展长江全面禁捕工作，推动从市级层面出台"三无"（无船名船号、无船舶证书、无船籍港）船舶长效治理意见，建立水上交通安全工作联席制度。2个水上临时过驳区138台浮吊"清零"。督促辖区56家砂石码头单位签订信用承诺书，查处涉海运输过境违章船舶2艘。实施渡船航行密度控制，健全"一渡一策"机制，指导完成"江苏路渡2032"等船体亮化。完成庆祝中国共产党成立100周年大会、第二届联合国全球可持续交通大会等重点时段水上安全监管工作。开展镇江籍船舶远程视频检查52艘次，实施建造船舶重要日期确认56艘次、吨位丈量8艘次。

船舶污染防治。常态化开展"124"（"一零""两全""四免费"）明察暗访，实施"扫盲打假"行动，打通油污水本地上岸处置通道，全年接收船舶垃圾279吨、生活污水3.5万吨，分别比上年增长43.1%、8.4%。推广使用船舶岸电管理信息系统，推动34家非液货码头、165个泊位安装岸电设备，辖区码头岸电覆盖率100%、泊位覆盖率95%。全年靠港船舶岸电使用超过2万艘次，用电量195.6万千瓦时，分别增长136.8%、206%。查处长江保护法颁布实施后江苏辖区首例外国籍船舶未按规定使用岸电的违法行为。打造危化品监管模范区。推动辖区污染物接收船

图20－1 2021年7月8日，镇江多部门开展汛期水上安全联合执法检查 （秦锐文 供稿）

CCTV 安装运行全覆盖，构建油类污染物接收"自主监控、存量核查、违规熔断"全过程闭环监管机制。优化完善危化品货主（码头）高质量选船机制，实施 CCSI 第三方选船 133 艘次，淘汰低标准船舶 19 艘次。打造服务区管理示范区。支持六圩水上绿色综合服务区打造船员社会化服务"水上社区"，启动高桥水上绿色综合服务区建设，规范化、集群化发展。协同推进定易洲锚地提升工程，建设系泊浮筒和小型定位浮，落实船舶定点锚泊，锚地分区管理能力提升。

海事监管服务效能建设。巩固提升以信用为主题的新型监管机制，与京杭运河管理部门实现信用互认、资源互通、执法互助，实时交互船舶信用信息 5600 余艘次，联合对 14 艘失信船舶、85 艘诚信船舶落实差异化奖惩措施，相关经验做法在全省法学会海商法研究会年会上汇报交流。对 11 家违反信用承诺的码头单位实施熔断惩戒，完成江苏海事信用管理领域首例黑名单修复。推进法治海事建设，开展执法领域突出问题自查，12 项问题全部整改销号。开展"问计问需问效"座谈调研活动，将企业、船员的意见、建议转化为服务举措。运行水上交通事故"一站式"解纷中心，调解矛盾纠纷。全年实施行政处罚 2262 件、罚款 1248 万元，船员违法记分 1519 人次。提升海事智慧监管能力，补点升级视频监控平台，集成应用卡口抓拍、锚泊调度、信用管理等信息化系统，初步实现监控指挥、违章识别、锚泊管理和信用信息综合显示。（马守营）

【镇江出入境边防检查站】 2021 年，镇江出入境边防检查站出动执勤警力 21000 余人次，检查出入境（港）船舶 2066 艘次、出入境人员 38788 人次，办理出入境证件 10689 份。发现违法违规行为 24 起、案情线索 19 条，先后开通紧急通道 13 次，协助辖区码头解决恶劣天气船舶滞港、中国船员换班纠纷、外籍船员登陆就医等困难 9 个，保障新造船出口 9 艘，完成镇江首艘集装箱班轮出入境检查和最大货轮出境检查勤务。

镇江出入境边防检查站做好大港四期、句容华电 2 个码头对外开放省级验收工作。推动长三角地区边检行政许可"一地办证、区域通用"，减少服务对象办证频次，年内缩短申请办理时间 4000 余小时，帮助企业避损营收超过 2000 万美元，实现船舶靠港停留时间下降近 20%。推行便捷通关、优先验放、快速办证、专班服务、24 小时热线等 5 项承诺和一般业务网上办、特殊业务预约办、批量业务错峰办、紧急业务绿色通道办的"四办"服务便民措施。推行"单一窗口""登轮码"等线上平台应用，细化互联网申请、公安网审批、移动端反馈等流程环节，实现电子化申报、网络化流转、无纸化查验。

镇江出入境边防检查站发挥科技信息化的先导性和支撑性作用，提高维护政治安全和社会稳定的能力，推进智慧边检建设。推进智能科技支撑体系建设，投入专项资金建设某指挥中心，调整优化"滤网"工程相关建设方案，打造立体化、全水域的口岸管控体系。推进梯口智能精准管控服务系统实战应用，研究形成一项制度、两套流程、三张清单、四个确保"四步查缉"技战法。

镇江出入境边防检查站推行"服务不缺位"的新时代"枫桥经验"，深化"放管服"改革成效，实施"我为群众办实事"活动，开展"开门纳谏、共谋发展"意见征求活动，安排专人对接辖区台资企业李长荣码头，协助解决环评验收等难题 4 项。在全省率先做好船方自管、港区协管、边检监管"三方共管"综合管控模式，与口岸系统相关单位、码头企业协管单位签订安保协作协议、联勤联动协议 40 余份，走访涉外企业 37 家、200 余次，编制印发应急处突应知应会手册 110 份，提供政策咨询讲解 30 余次，开展联合登临检查 8 次，开展常态化实战演练 5 次。加强普法宣传，推出"30 分钟法律服务圈""普法宣传进码头"等举措，发放宣传册 700 余份，解答问题咨询 100 余人次，发布普法短信 600 余条，普法宣传覆盖 4000 余人次。

（王美晨）

海　关

【概况】 2021 年，镇江海关完成税收入库 63.44 亿元，比上年增长 18.72%；审结报关单 3.42 万份，下降 19.4%。监管货运量 3442 万吨，下降 2.9%；监管货物总值 114.49 亿美元，增长 33.1%；备案加工贸易合同 380 份，增长 0.26%；合同备案金额 14.19 亿美元，增长 100.36%；新增注册企业 540 家，下降 21.17%。签发各类原产地证书 2.24 万份，签证货值 12.62 亿美元。

镇江海关对接服务镇江市年度重大产业招引项目，推进减免税政策办理。加大企业信用培育力度，形成 2 家重点培育、6 家意向申请的企业梯队，新增高级认证企业 1 家。推进 RCEP（区域全面经济伙伴关系协定）实施准备工作，推进原产地自主打印，原产地签证 2.24 万份，实现关税优惠 5048.68 万美元。助力镇江港近 20 年来首次开通国际集装箱班轮。

镇江海关开展"我为群众办实事"活动，指导革命老区句容市茅山镇丁庄葡萄合作社开展葡萄出口，获江苏省内首个出口葡萄果园和包装厂资质，保障 2 批葡萄出口新加坡和马来西亚。跟进指导拟开展新品种出口、输入欧洲米制品出口等业务企业，新增 3 个出口食品新品种。做好码头"一船一议"工作，助推辖区企业高货值港口机械出口"一带一路"国家。

镇江海关推动出口原产地签证集约化改革落地运行，实施验估集约化改革，统一执法标准。推动智能查验车现场应用，强化智慧监管能力。创新构建知识产权海关保护产地共同治理机制，与丹阳市2家汽配企业签订知识产权海关保护合作备忘录。开展生物医药海关加工贸易企业产业链情况改革调研，为推广生物医药"全产业链保税模式"改革提供数据参考。

（张亚军　高义军）

【口岸疫情防线】　2021年，镇江海关组建"14+7+7"天封闭式管理卫生检疫专班，强化预备、应急队建设；加强辖区口岸码头疫情防控督导检查，推进问题整改；坚持"人物同防"，做好进口冷链食品和进口高风险非冷链集装箱货物采样检测和预防性消毒；防范非洲猪瘟、松材线虫等外来疫情。全年镇江口岸船员换班实现新冠肺炎疫情"零输入、零感染"。

（高义军）

【走私违法活动打击】　2021年，镇江海关开展"国门利剑2021""蓝天2021"等反走私专项联合行动，侦办刑事案件11起，其中2起为一级挂牌督办案件。围绕突出走私问题，打击洋垃圾走私，查扣国家禁止进口的固废"硫黄"1起，并全部退运出境；打击象牙等濒危物种及其制品走私，查获非洲灰鹦鹉1只；打击淫秽物品走私，查获大量淫秽书籍；打击涉枪涉毒走私，查获枪管1支。（高义军）

【国门生物安全监管】　2021年，镇江海关开展国门生物安全主题活动，赴街道社区、辖区小学开展知识科普，为企业送政策、解难题。开展红火蚁、沙漠蝗集装箱查验口岸（周边）监测以及舞毒蛾检疫抽查、进境集装箱装载动植物产品及木质包装检疫查验，提高疫情检出率。全年截获有害生物275种、14678种次，其中截获检疫性有害生物26种、2212种次。开展国门生物辐射探测检测833批次。（高义军）

【海关通关工作】　2021年，镇江海关落实属地纳税人管理工作改革，强化税政调研，全年税收征管指标良好。推广大宗散货"船边直提""运抵直装"业务，涉及进口货物395.52万吨、出口货物129.54万吨。对铁矿等商品实施"先放后检"，对粮食、木材实施查验集中统筹派单和查检多项作业融合新模式，提升通关时效。

（高义军）

【海关正面监管】　2021年，镇江海关查获进口医疗器械无注册证、出口"煤沥青"逃检、出口汽车零配件侵权等一批典型案例。实施大宗散货法定检验商品重量鉴定业务551批次、1612.69万吨，查获短重58批次，帮助企业对外索赔334万美元。实验室完成化矿、食品各类样品检测3060批，保健中心完成体检1783人。

（高义军）

【镇江综合保税区相关工作】　2021年，镇江海关推进海关特殊监管区域监管模式改革，货物分类管理、一单多报、整报分送、无感卡口等10项内容在综保区落地生效。针对2020年度综合保税区发展绩效评估短板，撰写《关于推动镇江综合保税区高水平开放高质量发展的调研报告》，获市委书记马明龙批示。

（高义军）

【镇江海关缉私分局】　2021年，镇江海关缉私分局刑事立案11起（含情报立案1起），抓获犯罪嫌疑人12人，案值572.2万元，涉税183万元。2起案件被海关总署缉私局挂牌督办，分别是"8915"涉嫌走私普通货物案、"81019"涉嫌走私废物案，均为一级挂牌督办案件。行政立案105起，案值5.60亿元，涉税105.42万元。全年行政罚没363.64万元，刑事追缴543.99万元。

开展"蓝天2021"专项行动，立刑事案件1起，抓获犯罪嫌疑人2人，破获1个走私固废团伙，现场查扣国家禁止进口的固体废物"硫黄"460.095吨。立行政案件1起，现场查获花鼓和罗拉刹各144个，两批固废均全部退运出境。开展打击成品油走私"守卫2021"专项行动，现场查获过驳免税成品油190余吨，抓获犯罪嫌疑人2人，案值约100万元，涉税约43万元。打击淫秽物品走私，立刑事案件2起，抓获犯罪嫌疑人4人，破获1个走私淫秽物品团伙。

推进"智慧缉私"新模式建设，以传统缉私为基础，借助大数据和高科技手段，推动情报研判、查缉装备的更新和升级，加强与公安、国安等部门的情报合作，接入海事部门长江航道监管视频局，提升各类数据挖掘应用水平，推进"智慧缉私"新模式。

（张倩　沈苗苗）

综　述

【概况】　2021 年，镇江市住房和城乡建设部门围绕“一号战略”实施，参与打造“镇合意”营商环境品牌，建立“一次申报、联合验收、限时办结”联合竣工验收审批管理模式，提高审查服务效率，优化营商环境；成立项目帮办功能型党支部，牵头帮办日丰年产 6 亿米新型管材管件华东研发生产基地项目、远大年产 1900 套装配式住宅产品项目等重大项目，其中，日丰项目实现“拿地即开工”。统筹房地产市场供需双向调节、分类调控、精准施策，加大风险楼盘矛盾化解力度，加强商品房预售款和存量房交易资金监管，全市房地产市场总体实现平稳健康发展。镇江市活动断层探测与地震危险性评价项目通过验收，建成系统完备、科技先进、服务高效、管理科学的现代智慧防震减灾体系，实现全国分钟级仪器地震烈度速报与重点地区秒级地震预警。

宜居城市建设。推进“美丽宜居城市”试点建设，全市实施城建项目 138 个，完成投资 156.2 亿元，其中，市区实施城建项目 87 个，完成投资 70 亿元；4 个省级首批“美丽宜居城市”建设试点项目通过验收，9 个省级第二批试点项目加快实施。

项目建设。346 国道城区段城市化改造工程开工建设，和平路完成出新改造，象山路西段、京江路、朱岗路、回龙路等项目竣工。新（改）建“DN75”以上城镇供水管网 24.9 千米、燃气管网 56 千米；改造 8300 平方米街巷、32 个积水区，新建污水管网 51 千米；完成金西水厂深度处理改造工程，“沿金山湖 CSO 溢流污染综合治理”项目大口径管道全线贯通。

居住质量建设及服务保障。加强城镇困难家庭住房保障工作，扩大保障范围。出台危房解危意见及配套制度文件，全市有人居住的 378 户在册 D 级危房完成“清零”。开展新一轮老旧小区改造，全市完成改造 65 万平方米，其中市区改造 36.72 万平方米，8 个项目入围省级“宜居示范居住区”。加大房屋征收拆迁扫尾力度，完成 34 个项目、248 户。全市新建绿色建筑 780 万平方米，城镇绿色建筑占新建建筑比重 100%；完成既有建筑节能改造 85.7 万平方米，可再生能源建筑应用 285 万平方米，新开工装配式建筑面积 315.6 万平方米。　（蒋昊持）

2021 年镇江市房屋征收拆迁户数情况表

表 21－1　　单位：户

序号	区域	实施户数	完成户数	完成率（%）	国有			集体			其中当年项目			其中结转项目		
					实施户数	完成户数	完成率（%）	实施户数	完成户数	完成率（%）	实施户数	完成户数	完成率（%）	实施户数	完成户数	完成率（%）
一、市　区																
1	京口区	52	50	96.2	52	50	96.2	0	0	0.0	0	0	0.0	52	50	96.2
2	润州区	214	90	42.1	208	84	40.4	6	6	100.0	209	85	40.7	22	19	86.4
3	丹徒区	299	291	97.3	0	0	0.0	299	291	97.3	263	263	100.0	36	28	77.8
4	镇江新区	309	309	100.0	0	0	0.0	309	309	100.0	304	304	100.0	5	5	100.0

续表 21－1

序号	区域	实施户数	完成户数	完成率(%)	国有			集体			其中当年项目			其中结转项目		
					实施户数	完成户数	完成率(%)	实施户数	完成户数	完成率(%)	实施户数	完成户数	完成率(%)	实施户数	完成户数	完成率(%)
5	镇江高新区	98	81	82.7	8	0	0.0	90	81	90.0	78	65	83.3	20	16	80.0
	市区合计	989	835	84.4	283	146	51.6	706	689	97.6	854	717	84.0	135	118	87.4
二、市(区)																
1	丹阳市	721	721	100.0	92	92	100.0	629	629	100.0	701	701	100.0	20	20	100.0
2	扬中市	128	49	38.3	1	1	100.0	127	48	37.8	124	45	36.3	4	4	100.0
3	句容市	327	322	98.5	9	9	100.0	318	313	0.0	297	292	98.3	30	30	100.0
	市(区)合计	1176	1092	92.9	102	102	100.0	1074	990	92.2	1122	1038	92.5	54	54	100.0
	全市总计	2165	1927	89.0	385	248	64.4	1780	1679	94.3	1976	1755	88.8	189	172	91.0

（薛伟忠）

【自来水】 2021年，镇江市自来水有限责任公司实现售水量1.34亿立方米，最高日供水量47.29万立方米，服务用户67.9万户；自来水水质综合合格率、管网水余氯合格率、管网水大肠菌群合格率、管网水浊度合格率和管网水压力合格率均为100%，综合管损率8.76%。推进金西水厂深度处理改造工程；新建和改造“DN75”以上城乡供水管网24.9千米。2021年，公司或其所属部门先后获评全国文明单位，江苏省青年文明号，省“安康杯”优胜单位、优胜班组、组织工作优秀单位，市放心消费创建活动示范单位等。

（郭　皓）

【天然气】 2021年，镇江华润燃气有限公司完成镇江新区东部14千米高压燃气管道续建及姚桥镇高中压站工程，优化供气能力。完成老管网改造26.1千米，老旧立管出户改造11900户，消除安全隐患。完成中山西路燃气管道改造工程，优化太古山、王家湾、朱方路片区管网，供气能力有提升。完成清流路燃气配套工程，打通瓶颈，实现中南片区连通，改善中南片区冬季保供效果。全年销售天然气5.5亿立方米，发展民用户4.5万户、工商业客户370户。全年未发生重大安全责任事故。2021年冬供期间，该公司高价采购天然气气源，保障全市燃气客户用气安全稳定。

（裴文瑾）

【供电】 2021年，镇江市城乡居民生活用电34.92亿千瓦时，比上年增长7.91%，其中，市区用电14.29亿千瓦时（增长7.61%），丹阳市用电9.76亿千瓦时（增长7.36%），句容市用电7.25亿千瓦时（增长9.32%），扬中市用电3.62亿千瓦时（增长7.78%）。全市有城市居民用户99.68万户，其中，市区62.24万户、丹阳市16.94万户、句容市15.50万户、扬中市5.00万户。全市有农村居民用户88.87万户，其中，市区18.85万户、丹阳市28.89万户、句容市32.01万户、扬中市9.11万户。

（孟学阳）

城市建设重点工程

【概况】 2021年，镇江市区实施城建项目87个，完成投资70亿元。其中，实施续建项目31个，完成年度投资36亿元；实施新建项目56个，完成年度投资34亿元；全年竣工项目47个。312国道、346国道镇江段改扩建工程开工建设；和平路完成出新改造；五峰山过江通道南北公路接线、下穿铁路道口建设、京江路、朱岗路、回龙路等项目竣工；改造8300平方米街巷、32个积水区，新建污水管网51千米，完成金西水厂深度处理改造工程，实施餐厨废弃物及市政污泥协同处理二期等工程。开展新一轮老旧小区改造，全市完成改造65万平方米，其中市区改造36.7万平方米。

（沈执中）

【和平路（长江路—中山北路）出新改造工程】 2021年7月，镇江市和平路（长江路—中山北路）出新改造工程开工建设，并于当年12月建成通车。该项目北起长江路，南至中山北路，长704米，道路宽度30米，为城市次干路。由于建设年代久远，道路改造前，部分路段破损严重，使用性能差，车辆行驶平顺性不足，同时因地块开发等多方面原因导致原排水通道受阻严重。该项目重新铺设路面，对人行道、各出入口进行优化处理，着重梳理完善市政配套管网，优化雨污水管网。作为镇江市西片区南北向交通的主要通道之一，该项目完成后，提升道路通行能力、行车舒适性及城市环境，解决周边地块排水出路问题，提升排涝除险能力。

（王　穗）

2021年镇江市区城建重点竣工项目情况表

表21－2

序号	项目名称	新、续建	主要建设内容及规模	建设周期	年度投资（万元）
一、市住建局					
1	京江路道路修复	新建	西起戴家门路，东至润州路，全长3880米，宽40米，对道路车辙病害进行修复	2020年11月—2021年4月	500
2	朱岗路	新建	北起三里岗路，南至莱山路，长约420米，宽40米	2020年11月—2021年10月	1000
3	回龙路	新建	西起和儿庙路，东至宜城大道，长约400米，宽24米	2020年11月—2021年10月	500
4	茶砚山路中段	续建	筑和地块至茶砚山路，长159米，宽16米	2020年11月—2021年4月	250
5	九华山庄东侧泄洪沟水环境综合整治工程	续建	新建D140～200管道887米；1000M3/d泵站1座；绿化恢复825平方米，景观植被提升6638平方米	2020年12月—2021年3月	118
6	镇江市金西水厂深度处理改造工程	续建	增加深度处理工艺，处理能力30万立方米/日，增加生产废水处理工艺，新建一级化验室	2019年1月—2021年12月	9000
7	镇江市餐厨废弃物及市政污泥协同处理二期工程项目	续建	该项目占地约50亩（3.3公顷），建设规模为360吨/日，其中，餐厨废弃物180吨/日、污泥180吨/日	2020年7月—2021年12月	12558
8	街巷改造、积水区整治	新建	街巷改造8000平方米，市区积水区改造，包括市区雨水井达标和完善	2021年4月—2021年12月	3500
9	城市绿地提升改造	新建	一、游园绿地安全隐患整治：1. 中山广场：中山塔、廊架、景墙维修；广场地坪破损修复；2. 跃进河风光带（润州路－环湖路）：更换部分沿河护栏、木平台，亭廊出新，绿化修复；3. 龙湖公园：水上木栈道、木平台修复。二、南徐片区道路绿化缺陷修复：凤凰山路、枣林路北段等道路扩大行道树树池，更换长势不良的行道树，补植缺损灌木	2021年4月—2021年12月	680
10	2021年直管公房修缮	新建	修缮直管公房7060平方米，59处涉及公房210户，修复破损的屋面、墙体、楼板、电线等，同步消除直管公房的房屋安全隐患风险	2021年4月—2021年12月	600
11	和平路出新改造	新建	北起长江路，南至中山北路，长704米，同步改造地下管网	2021年10月—2021年12月	6000
12	西圩区生态补水工程及再生水加水点建设	新建	建设头道河、三道河、五道河、四圩河、银山河生态补水通道，D1000～2000毫米管涵，长410米，同时在污水处理厂覆盖区域周边建设加水点，再生水管网不能覆盖区域利用绿恒设备出水，增加紫外线消毒后供绿化、环卫用水	2021年4月—2021年12月	700
二、市交通局					
13	五峰山过江通道南北公路接线	续建	长14千米，双向八车道，高速公路标准	2018年5月—2021年12月	33000
三、市水利局					
14	谏壁抽水站长江侧引河综合整治工程	续建	清表清杂，清理岸坡总长度为1390米；浆砌石护坡及格梗修复工程；沥青道路工程总长度945米；砼预制块护坡工程	2020年12月—2021年3月	122
15	长江镇扬河段和畅洲西缘2020年度应急护岸工程	新建	工程主要任务是通过对和畅洲西缘已建护岸进行除险加固，维护和畅洲西缘导流岸壁稳定和汊道河势稳定，保障江心洲防洪安全。该次工程主要建设内容为加固护岸长度1570米、面积17.68万平方米，抛石20.75万立方米	2021年1月—2021年12月	4910
16	2020年水毁应急修复项目	新建	为消除险情，确保2021年度汛安全，在镇江新区、镇江高新区以及丹徒区等地开展水毁修复工程，修复因灾受损的重要堤防等	2021年1月—2021年7月	4180

续表 21－2

序号	项目名称	新、续建	主要建设内容及规模	建设周期	年度投资（万元）
四、市国控集团					
17	朱方路 92 号、211 号解危工程	续建	对朱方路 92 号、211 号共 111 户危房实施落地翻建，共 4 幢住宅楼、4115 平方米	2020 年 10 月—2021 年 12 月	3550
18	岗子下路网建设	新建	康平路北起鸿鹤桥路，南至康宁路，全长约 560.5 米，道路红线宽 16 米；康宁路北起康平路，南至丁卯路，全长约 451 米，道路红线宽 16 米	2021 年 5 月—2021 年 12 月	3000
五、市土地储备中心					
19	绿竹巷	续建	北起东吴路，南至梦溪路，长 500 米，宽 8 米～11 米	2020 年 11 月—2021 年 12 月	1200
六、市城管局					
20	2021 年镇江市区夜景亮化工程	新建	主要对南徐片区、官塘片区重要道路节点进行夜景灯光建设，逐步完善城市夜景观	2021 年 1 月—2021 年 12 月	780
七、市交通集团					
21	下穿铁路道口建设	续建	环山路、宜城大道、周湾路下穿京沪高铁	2020 年 9 月—2021 年 12 月	6500
八、市城建产业集团					
22	清河湾二期安置房	续建	13 幢楼（包括 1 个菜市场），安置套数 598 套，总建设面积 10.41 万平方米	2019 年 11 月—2021 年 12 月	15000
九、润州区政府					
23	长江江堤防洪能力提升	新建	堤防培高加厚、迎水坡混凝土护坡、沥青堤顶道路、管理设施等	2021 年 1 月—2021 年 12 月	3396
24	沟西路	续建	北起金润大道，南至鸿润家园用地界限道路建设，长 396 米，宽 32 米	2020 年 11 月—2021 年 12 月	1099
25	润州区老旧小区改造（含示范街区）	新建	实施桃园小区二期、金山西路 3 号院、解放路 10 号、万家庄 200 号老旧小区改造，共 57 幢 10.22 万平方米，同时结合老旧小区改造在桃园片区实施示范街区建设	2021 年 5 月—2021 年 12 月	8800
十、京口区政府					
26	王家花园安置房	续建	17 幢，建设安置房 1092 套	2018 年 12 月—2021 年 12 月	60000
27	京口区老旧小区改造（含示范街区）	新建	对辖区内火坛楼巷、文昌宫片区、新家巷、庙巷、东吴路片区等 5 个老旧小区进行改造，总面积约 26.5 万平方米，同时结合老旧小区改造实施美丽宜居示范街区建设	2021 年 5 月—2021 年 12 月	16000
28	焦南—丹徒镇长江岸线修复工程（二期）	续建	占地 32 公顷，主要工程内容包括现状库区整理、封场覆盖系统、地表水收集导排系统、道路工程、环境监测系统、生态修复及利用等	2018 年 11 月—2021 年 12 月	11080
十一、丹徒区政府					
29	265 省道镇江至荣炳改扩建工程三期	续建	上会加油站—丹徒区与金坛区交界，全长 19.3 千米，道路红线宽 26 米	2018 年 8 月—2021 年 6 月	13000
30	墓东水库溢洪河整治工程	新建	河道清淤拓浚 4.1 千米，新建防汛道路 5.1 千米，打造生态景观河道 0.21 千米，配套灌溉渠 1.18 千米；拆建滚水坝 2 座，新建涵洞 2 座，拆建涵洞 4 座，新建灌溉站 1 座	2021 年 1 月—2021 年 6 月	1785
31	宜东铭苑四期	续建	宜东铭苑四期位于架鼓山路以东、驸马街以南，占地 24.8 亩（1.65 公顷），总建筑面积约 5.9 万平方米，可安置住户 315 户	2019 年 8 月—2021 年 5 月	5000
32	省级特色田园乡村建设	续建	完成上党镇上会村东宝庄特色田园乡村建设	2019 年 1 月—2021 年 6 月	500
33	谷阳东大道等道路慢车道大中维修	新建	长香中大道两侧人非混行道维修，谷阳大道（宜城大道—老 312 国道）慢车道和人行道大中修	2021 年 5 月—2021 年 12 月	1100

续表 21－2

序号	项目名称	新、续建	主要建设内容及规模	建设周期	年度投资（万元）
34	丹徒区美丽宜居示范街区建设	新建	实施1个"美丽宜居示范街区"建设，初步选定为华山街	2021年1月—2021年12月	200
十二、镇江新区管委会					
35	新材料产业园污水管网明管化改造	续建	按照有关文件及环保部门要求，对污水输送的公共管网改造成明管输送，对静脉产业园的污水管道进行改造，以及建设事故应急池	2020年9月—2021年12月	10500
36	临江东路（港中路—烟墩山路）大中修工程	续建	道路全长约880米，宽约40米，对道路进行改造，完善相关排水、交安等设施	2020年10月—2021年5月	1800
37	吾悦西地块配套道路	续建	长约450米，宽约20米，位于珑悦府西侧，为大门开口道路	2020年12月—2021年12月	1800
38	危桥改造	续建	对大武一号桥、莫家桥两座危桥进行改造，拆除老桥	2020年9月—2021年6月	300
39	孩溪路西延	续建	为天奈项目配套，孩溪路与粮山路交界处向西道路的补充建设，长500米，道路红线40米，路面宽度20米	2020年11月—2021年8月	1300
40	御秋路（港南路—宜候路）	续建	新建御秋路（港南路—宜候路），长400米、宽30米，为维克空调项目配套道路	2021年3月—2021年12月	3100
41	镇江新区大路姚桥长江干流堤防提升工程	续建	新建堤防彩色步道、防汛应急道路、救援物资场地及江堤智能化工程，沿线配套驿站、小品、堤防交安设施以及贯通内部道路	2020年5月—2021年12月	5000
42	镇江新区2020年水毁应急修复项目	新建	新生圩岸段应急护岸：护岸范围新CS7＋85～新CS13，长度532米，外侧布置防崩层，宽度20米，抛石厚度1.2米；内侧为近岸护岸，近岸护岸抛宽10米～35米，抛石厚度0.8米，新CS9～新CS9＋60、新CS11～新CS12＋90，近岸以上设抛石护坎，宽9米～20米，抛厚0.6米。护岸面积30563平方米，抛石量27982.6立方米	2021年3月—2021年6月	860
43	民生实事"7＋2"行动	新建	对大路镇、丁岗镇、姚桥镇进行村庄环境改造；对丁卯街道、大港街道进行老旧小区改造，打造特色街区，改建公交站台等	2021年6月—2021年12月	7000
十三、镇江高新区管委会					
44	彭公山路泄洪通道及周边基础设施提升	续建	实施彭公山路泄洪通道及周边绿化的建设，在彭公山路下设置暗涵，建设3.5米×2米的泄洪通道，同时建设为周边居民提供健身、休憩的绿地广场	2020年1月—2021年6月	1500
45	金牛山片区环境综合整治	续建	建设城市印象广场、入口阳光草坪区、亲子游乐区、彩虹廊桥、夜景灯光及公园配套，实施沿南徐大道山坡整治	2020年1月—2021年6月	3000
46	水利提升工程	新建	1.长江沿线（中集段）防汛除险加固（含防汛道路建设）工程；2.运粮河堤防道路（二摆渡—五摆渡段）提升工程；3.江小圩堤防除险加固工程；4.长江两岸龙门泵站30亩（2公顷）造林绿化工程；5.龙门村八分子子江堤防渗处理工程	2021年1月—2021年12月	1700
47	扬溧高速西侧及市特教中心周边绿化提升	续建	项目北至南徐大道、南至团山路、西至美的悦岚山小区和市特教中心、东至扬溧高速，通过场地土方平整、植被清理补植、微地形打造、园路贯通等策略，构建一个经济生态的防护林带和精致休闲的开放绿地	2020年1月—2021年6月	600

（沈执中）

村镇建设

【概况】 2021年，镇江市新建成160个"美丽宜居村"。4个村庄被命名为江苏省特色田园乡村，10个村建成市级特色田园乡村，累计35个村庄入选江苏省首批"传统村落"。全市建制镇用水普及率100%。丹阳市经济开发区祈钦村六都、张巷村张巷、皇塘镇滕村村吕渎，句容市后白镇王庄村王庄、下蜀镇空青村范巷、华阳街道下甸村山芋地，扬中市新坝镇立新村蒲草渲，丹徒区辛丰镇龙山村河达等8个村入选江苏省第四、五批"传统村落"。建立镇江市首批"传统

村落”名录，丹阳市延陵镇柳茹村柳茹等34个村被命名为首批镇江市“传统村落”。（仲　涛）

【特色田园乡村建设】 2021年，丹阳市延陵镇宝林村西庄湖、句容市下蜀镇空青村范巷、扬中市三茅街道明华村居民点、丹徒区上党镇上会村东宝庄（毛家榨）等4个村被命名为江苏省特色田园乡村。丹阳市高新区横塘村有甲、开发区张巷村张巷、开发区祈钦村六都，句容市下蜀镇空青村范巷、天王镇戴庄村白沙、华阳街道钱家边村王许庄，扬中市三茅街道友好村宽新圩、三茅街道明华村居民点（五虎圩），丹徒区上党镇古洞村坞庄、江心园区五套村十五组（橘江里）等10个村入选镇江市特色田园乡村。

（仲　涛）

城市管理

【概况】 2021年，镇江市城市管理系统落实新一轮文明城市创建目标任务，牵头推动成立镇江市文明城市创建工作领导小组，制定印发《2021年深化文明城市创建工作方案》，按照“五化”（净化环境卫生、美化市容环境、优化市政设施、序化公共空间、强化综合督查）标准，细化《全国文明城市测评体系操作手册责任清单（城市管理类）》，推动解决城管领域环卫保洁、市政设施、停车秩序、执法巡查等方面重点问题。全年组织各类集中执法行动526次，出动执法人员24284人次，查处流动摊点、店面外溢、车载占道等21150起。开展城市道路净化行动，排查修复问题井盖6201个，清理“僵尸车”126辆，清理违规接坡100余处。推进“智慧城管”建设，构建横向互联、纵向互通的城市管理智慧系统。优化城市管理网格化服务体系，科学设置管理网格97个，明确网格人员组成、管理区域和管理职责，制定完善《网格化城市管理工作手册》。强化“大城管”考核督办力度，派遣日常考评案件95384个、重点督查案件6346个，平均整改率88.47%。推进“不见面审批”，优化营商环境，网上办理率100%，行政服务事项办理时限压缩率86.3%，即办事项占进驻行政政务中心的行政权力事项的比例增长至30%。4月，在全市首家推行电子许可证，创新实施“静默式、容缺式、变频式”行政审批模式，通过“扫码缴费”“AI审批”等方式方便群众办事。

2021年，镇江市推进垃圾分类工作，编制印发《镇江市城乡生活垃圾分类与治理工作实施方案（2021—2025）》，完成195个垃圾分类达标小区（省级达标小区145个）建设任务，垃圾分类投放设施覆盖居民小区总数为1076个，基本实现全覆盖；在部分条件成熟区域进行“撤桶并点”，实施“居民源头分类，定时定点收运”试点。探索农村生活垃圾分类收集、分类处理体系建设，新（改）建农村垃圾房889座，购置（改造）垃圾清运车辆126辆，改造老旧垃圾转运站7座。推进生活垃圾处置终端设施建设，镇江市大件垃圾拆解中心项目启动建设，餐厨废弃物处理二期项目基本建成。句容飞灰处置等突出生态环境问题整改销号。市城管系统深入防控新冠肺炎疫情一线，参与人员流调、公共设施消杀、废弃物收运处置等工作，制定印发生活垃圾收运处置工作方案，组建工作专班，设置收运专线，收运废弃物；各级环卫部门和保洁单位对全市52422个垃圾箱（房）、2340辆垃圾清运车、82个垃圾中转站、1100座公厕以及街巷盲区死角等公共区域和设施做好预防性消毒工作。市城管局完成新一轮环卫保洁市场化招标，同时，修订完善《镇江市环境卫生作业质量监管考核办法》，提升219条城市道路环卫作业质量标准。加强市政设施管养，镇江市城市桥梁及地下道路信息化管理平台建成试运行。全年道路养护费用2434万元、养护面积10.26万平方米，维修城市桥梁32座，街巷改造9100平方米；完成八角亭片区、京口花园等43项路灯建设工程，主干道平均亮灯率99.18%，次干道及支路亮灯率99.01%，设施完好率96.14%；完成南门汽车客运站、磨笄山、五凤口高架桥亮化景观节点建设，完善桓王亭公园景观照明设施。（李玮琳）

【专项整治工作】 2021年，镇江市城市管理协调委员会办公室制定印发《镇江市区开展无户外商业广告示范街创建工作的实施方案》，拆除违章户外广告设施239块、16829平方米，清理小广告62018处，申请停机号码184个。治理违法建设，制定《镇江市城市建成区违法建设专项整治工作方案》，对存在安全隐患的违法建设、群众反映强烈的违法建设进行全面摸排并实施整治。同时，建立完善基层防违部门与物业企业联动机制，按照“首违必处、首违快处”原则，查处违法建设。全年拆除违建2538处、20.8万平方米，其中，拆除新增违建916处、9.3万平方米；拆除存量违建1622处、11.5万平方米。开展建筑垃圾管理征收和安全运输“百日攻坚”行动，市城管局、市公安局联合查处渣土运输违规行为30辆次。推广使用新型智能渣土车，主城区更新智能渣土车161辆。梳理2017年—2020年主城区建筑渣土处置工程651个，对25个欠缴项目追缴规费619.08万元，另处罚款13万元。开展公共停车收费管理专项整治，排查涉及收费、管理、设施三方面19类、133个问题，全部完成整改。开展安全生产“百日攻坚”行动，暑期台风“烟花”过境期间，对城东垃圾填埋场、飞灰填埋场等重点部位和市区305条主次干道、60座桥梁、1座隧道、6.1万米隔离栏、64196杆路灯、87处景观照明设施、120个社会经营性停车场进行全面巡查，整改安全隐患。市城管局、市应急管理局、市住建局燃气办、市消防支队联合对市区50处疏导点和临时缓冲区的784个摊位进行专项督查，排查整改涉及燃气安全、设施安全问题61个。市城管局、市住建局、市水利局、文旅集团、城建集团和各相关部门联合召开专题会议，制定印发《镇江市市区"毁绿种菜"问题集中整治行动方案》，就市区"毁绿种菜"问题进行专项整治，先后梳理"毁绿种菜"问题208件，督导责任主体完成整改192件。（李玮琳）

【公共供给服务】 2021年，镇江市城管系统提升公共厕所建设管理水平和服务质量，全市新建、改建公厕45座；推进"厕所开放联盟"建设，为群众提供如厕方便。实施"停车便利化"工程，通过老旧小区改造、新增道路临停泊位、设置限时免费停车泊位等举措，全市新增停车泊位4603个，清除影响消防通道以及私设的泊位130个。其中，在石马湾路等区域增设夜间免费停车泊位93个，在镇江第一中学门口等区域设置限时免费停车泊位332个，缓解老旧小区、学校周边停车难问题。全年新增共享单车、共享助力车7700辆。（李玮琳）

水　利

【概况】 2021年，镇江市水利系统围绕"美丽镇江幸福河湖"目标，落实水资源管理制度，提前完成重点河湖生态水位确定任务，万元地区生产总值用水量完成江苏省定指标。完成丹徒世业洲饮用水源地、扬中铁皮港备用水源地的"千吨万人"水源地达标建设，推进丹阳市九曲河备用水源地达标建设。丹徒区、镇江新区创成国家级节水型社会建设达标县（区），扬中市创成省级节水型社会示范区，润州区水利科普馆、镇江新区节水科普中心创成省级水情教育基地，京口区建成节水展示馆。全面完成水资源费审计整改工作。镇江市政府印发针对7条跨市（区）河道的保护规划。镇江市7座中型水库管理保护规划通过水利厅专家审查，丹阳市九曲河枢纽通过国家级水管单位复核，谏壁抽水站创成国家级水管单位，丹阳市创成全国深化小型水库管理体制改革样板县。镇江市智慧水利项目建成，同时，推进重点闸站自动化改造工作。《镇江市节约用水条例》通过市人大常委会一审。2021年，镇江市强化长江禁采工作，全年抓获采砂船15条，整体拆解采砂船15条，"三无"采砂船舶拆解"清零"目标提前完成。规范疏浚砂综合利用监管工作，疏浚上岸江砂128万吨，全部用于支持公益项目。加强水土保持监管工作，239个水土保持遥感监管违规项目全部实现销号。（龚　源）

【水利工程建设】 2021年，镇江市实现水利建设投资约9亿元。新孟河延伸拓浚工程、和畅洲西缘应急护岸工程完工；扬中兴隆港闸站工程，何家大港闸站工程，句容仑山水库工程，丹徒龙山、张寺水库除险加固工程基本完工；丹阳太平港闸站拆除重建工程、扬中六圩港闸站工程开工；润州区启动主城区长江堤防"百年一遇"提升工程。农村水利建设投资稳中有升，全年完成农村河道疏浚土方224万立方米，新建农村生态河道28条，治理水土流失面积20平方千米，新增省级"生态清洁型小流域"3个。全年创成省级文明工地2个。镇江市获评江苏省水利建设质量考核A级。（龚　源）

【河湖长制工作】 2021年，镇江市在全省率先发布总河长令，部署"美丽镇江、幸福河湖"建设；印发镇江市幸福河湖建设行动方案及重点任务，启动新一轮"一河一策"修编工作。建立宁镇扬、镇常泰联合河长制，实现跨界河湖治理全覆盖。对142个长江岸线清理整治项目、356个"两违三乱"整治情况开展"回头看"，完成水利部暗访交办事项整改。全市四级河湖长累计履职超40000人次，推动解决各类问题2200余个。地表水国考断面水质优Ⅲ比例为100%，列全省第1名。全年打造河长制主题公园15个，打造首批"幸福河湖"试点22个，完成"美丽库区 幸福家园"项目8个，新增省级水利风景区2个。2021年，镇江市河长制工作获省政府"落实有关重大政策措施真抓实干、取得明显成效的地方"激励表彰。（龚　源）

生态环境

责任编校：于　薇

综　述

【概况】　2021 年，镇江市加强生态环境保护，基本完成省下达的 2021 年度打好污染防治攻坚战 114 项重点目标任务。截至年底，全市 10 个国考断面Ⅰ～Ⅲ类水比例为 100%；45 个省考断面Ⅰ～Ⅲ类水比例为 95.6%，地表水国考、省考断面优Ⅲ比例分别为 100% 和 91.1%，国、省考断面优Ⅲ类比例分别排名全省第 1 名（与南京并列）、第 2 名；集中式饮用水水源地水质达到规范要求；市区 $PM_{2.5}$ 年均浓度为 36 微克/米^3，优良天数比率 79.2%。加强环境执法监管，全年市生态环境部门下达处罚决定书 543 件，上升 103%；罚款金额 5343 万元，上升 191%。运用环保法配套办法查处案件 62 件，上升 17%，其中，查封扣押 43 件、移送拘留 9 件、环境污染犯罪案件 10 件。创新绿色金融服务政策，市生态环境局与人民银行镇江市中心支行签订助推城市绿色低碳转型和经济高质量发展合作框架协议，发布“金山绿金”计划，推出一批金融服务绿色低碳发展的产品和服务。在全省率先制定环保示范性企业建设地方标准，为企业提供环保标准化的路径。在全省首家推出网站和微信端环境违法行为有奖举报平台，对核实的举报给予奖励；市电视台每周曝光或回访环境污染问题 2 期以上；近 400 家企业通过镇江生态环境微信公众号向社会发布践行绿色低碳发展、争当环保守法诚信企业的承诺。在全省首创突出环境问题整改“绿书包”制度，将环境问题纳入专用“绿书包”，形成闭环式台账，实行“一包两用”。（颜正清）

【环境保护宣传教育】　2021 年第 50 个世界环境日期间，镇江市生态环境局联合中国新闻网、“新华网交汇点”、《扬子晚报》等主流媒体开展“六五”环境日新闻发布会、“我是美丽江苏小主人”主题教育实践活动、“因为有你　镇江更美丽”主题广场活动等，宣传生态文明理念，展现生态环保工作成效；开展品牌性宣传活动，长江江豚保护志愿者行动被央视《新闻联播》报道；组织长江大保护主题儿童绘画大赛、长江江豚文化创意设计大赛、环保设施参访及趣味体验项目、“低碳生活，绿色出行”毅行等活动，各类活动参与者 2 万多人次。12 月，市生态环境公共关系中心通过公开招募，组建由 20

图 22－1　2021 年 6 月 4 日，镇江市举办“‘因为有你　镇江更美丽’人与自然和谐共生”庆祝第 50 个世界环境日主题广场活动

（颜正清　供稿）

名市民组成的全省首个“民间嗅辨师”团队，不定期在全市化工园区开展巡查，进入企业进行检查，并协助做好生态环境知识宣传等工作。（李　媛）

【生态环境治理体系和治理能力现代化试点】 2021年3月1日，江苏省生态环境厅与镇江市政府签署合作协议，共建生态环境治理体系和治理能力现代化试点市，共同开展健全生态环境保护责任体系、绿色低碳发展合作、打好污染防治攻坚战、提升生态环境执法监管能力、完善生态环境监测监控体系、构建生态环境社会行动体系等六大方面战略合作。省生态环境厅指导镇江在全省率先开展碳达峰先行区、源头治理示范区、环境基础设施建设样板区及“金环”对话线上平台、危险废物全生命周期监控系统、工业园区污染物排放限制管理制度等试点。全年实施33项重点共建任务。（殷玉倩）

环境质量

【概况】 2021年，镇江市空气环境中二氧化硫、二氧化氮和$PM_{2.5}$浓度比上年均有削减，一氧化碳浓度与上年持平，臭氧和PM_{10}浓度比上年均有上升，其中，市区$PM_{2.5}$年均浓度为36微克/米^3，下降5.3%，市区环境空气质量优良天数比率为79.2%，下降2.2个百分点。全市酸雨平均发生率为3.0%，降水年均pH值为5.87，全市酸雨平均发生率下降4.1个百分点，镇江市区、丹阳市、句容市、扬中市酸雨发生率分别为6.5%、0.0%、0.0%、0.0%。全市地表水环境质量总体为优，列入《江苏省水污染防治工作计划》地表水环境质量考核的10个国控断面中，水质符合《地表水环境质量标准》（GB3838—2002）Ⅰ～Ⅲ类断面占比为100%，水质考核达标率为100%。省控45个断面中，优Ⅲ类断面占比为95.6%，Ⅴ类断面占比为4.4%，与上年相比，“十四五”期间国省考监测点位有较大调整，省级以上考核断面由20个调整至45个，优Ⅲ类断面比例下降4.4个百分点。（魏建国　邹云娣）

【城市和城镇空气质量】 2021年，镇江市区环境空气中$PM_{2.5}$、PM_{10}、二氧化硫、二氧化氮年均浓度分别为36微克/米^3、58微克/米^3、7微克/米^3、30微克/米^3；一氧化碳24小时平均第95百分位数浓度（以下简称一氧化碳浓度）、臭氧日最大8小时滑动平均第90百分位数浓度（以下简称臭氧浓度）分别为1.0毫克/米^3、175微克/米^3。对照《环境空气质量标准》（GB 3095—2012）二级标准限值，超标污染物为$PM_{2.5}$和臭氧。与上年相比，$PM_{2.5}$和二氧化硫浓度分别下降5.3%和12.5%，PM_{10}和二氧化氮浓度持平，一氧化碳和臭氧浓度分别上升11.1%和6.7%。各市、区$PM_{2.5}$浓度范围为33～40微克/米^3，除丹徒区持平以外，各市、区均有所下降，降幅范围为2.8%～8.3%，其中扬中市降幅最大。各市、区环境空气质量优良天数比率范围为73.2%～81.4%，句容市、扬中市和京口区分别上升3.0个百分点、1.3个百分点和1.5个百分点，其他市、区均有所下降，其中丹徒区降幅最大，为4.2个百分点。（魏建国　邹云娣）

【饮用水和主要水系水质状况】 镇江市区金山水厂和金西水厂2座集中式供水厂共用的1个长江征润洲取水口是全市主要饮用水源地，丹阳市和扬中市的城市（城镇）集中式饮用水取自长江，句容市的城市（城镇）集中式饮用水主要取自北山水库和句容水库。2021年，镇江市区征润洲水源地水质达标率为100%。全市4个县级集中式饮用水水源地，丹阳市长江江心洲水源地、扬中市二墩港水源地、句容市北山水库和句容水库水源地水质达标率均为100%。与上年相比，水质保持稳定。镇江市太湖流域考核断面由10个增至21个，全市21个太湖流域考核断面水质达标率为95.2%，下降4.8个百分点，优Ⅲ类断面占比为95.2%，Ⅴ类断面占比为4.8%，无劣Ⅴ类断面。镇江市长江干流水质为优，3个监测断面水质类别均为Ⅱ类，达标率为100%，水质保持稳定，主要入江支流总体水质为优，监测断面由原先的10个增加至16个，优Ⅲ类断面占比93.8%，下降6.2个百分点，无劣Ⅴ类断面。（魏建国　邹云娣）

【土壤环境】 2021年，镇江市环保部门对全市21个国家网基础点位开展土壤环境质量监测，监测土地均为农用地水旱轮作地类型。监测结果表明：土壤环境总体质量良好，属于清洁水平。全市对10个村庄的农田、菜地等重点区域土壤41个点位开展监测，根据《土壤环境质量 农用地土壤污染风险管控标准（试行）》（GB 15618—2018）和《农村环境质量综合评价技术规定（试行）》，其中39个点位土壤监测指标均低于风险筛选值，农用地土壤污染风险低，低风险占比为95.1%；2个点位土壤监测指标高于风险筛选值，但低于风险管制值，占比为4.9%。（魏建国　邹云娣）

【区域环境噪声】 2021年，镇江市昼间区域声环境质量总体处于一般水平，质量等级为三级，噪声平均等效声级为56.2分贝，比上年下降0.7分贝。市区及3个县级市均为三级（一般）水平。影响城市声环境质量的主要声源为社会生活噪声，占比为71.9%；其余依次为

工业噪声(占比22.0%)、交通噪声(占比5.9%)和建筑施工噪声(占比0.2%)。 (魏建国 邹云娣)

【辐射环境】 2021年,镇江市辐射环境4个国控点和14个省控点监测结果表明,环境γ辐射吸收剂量率、土壤中主要放射性核素浓度值与江苏省环境天然放射性水平调查测量结果处于同一水平。重点饮用水水源地取水口水中放射性指标符合《生活饮用水卫生标准》(GB 5749—2006)要求。环境中电磁辐射监测结果均低于《电磁环境控制限值》(GB 8702—2014)中公众曝露控制限值的要求。 (魏建国 邹云娣)

生态保护

【概况】 2021年,镇江市新增省级生态文明建设示范镇(街道)13个、省级生态文明建设示范村14个,创成省级以上生态文明示范镇38个,占镇(涉农街道)总数的95%,列全省前列。其中,句容市、扬中市实现生态文明建设示范镇全覆盖。建成新造长江沿岸景观防护林1780亩(118.67公顷),修复湿地1602亩(106.8公顷),自然湿地保护率为77.7%。5月,CCTV-13新闻频道、央视新闻客户端《奋斗百年路 启航新征程·今日中国》直播节目和CGTN法语频道报道镇江市长江大保护工作。建立市、县、镇、村四级林长体系。完成造林绿化总面积14422.95亩(961.53公顷)。完成全市长江经济带10千米范围废弃露天矿山生态修复工作,实际修复107处,修复面积505.87公顷,通过生态修复形成可供利用状态的耕地31.45公顷、林地171.46公顷。 (颜正清)

【"三线一单"生态环境分区管控实践运用】 2021年,镇江市对299个环境管控单元建立环境准入清单,提出个性化的准入标准,对不符合生态红线管控要求的招引项目具有"一票否决权",全年否决不符合"三线一单"(生态保护红线、环境质量底线、资源利用上线和生态环境准入清单)要求的铸造、水泥、化工、建材等"两高"项目20余个。运用"三线一单"成果引导产业布局集聚和结构转型,开展全市开发园区整合优化提升,整合资源集中保障高端装备制造、生命健康、数字经济、新材料四大产业集群,打造镇江高新区中集车辆集团KTL喷粉涂装线、丹阳市东部产业园区表面服务中心项目等集中治污项目。注重"多规合一",将"三线一单"成果运用于全市国土空间规划编制中,确保占国土面积27.7%的生态空间保护区域面积不减少、功能不降低,市生态环境、自然资源与规划两部门实施"标准地+承诺制"联动机制,明晰土地流转的环保、能耗、资源利用等要求,推动生态环境资源的价值转化。 (韩 俊)

【句容赤山湖生物多样性保护】 2021年,镇江市实施退渔还湖、退耕还林、水系治理等工程,赤山湖生态得到良好修复,湿地率为89.2%,环湖河道水质为Ⅱ类,生物多样性呈现丰富,物种数目持续增加。赤山湖国家湿地公园有超过700种生物物种,其中,濒危植物4种、国家一、二级保护植物4种、属国家一、二级保护动物的野生鸟类36种。9月10日,句容市与南京市玄武区人民法院签订赤山湖国家湿地公园修复基地共建协议,以赤山湖国家湿地公园为依托,打造集湿地生态环境保护及替代性修复、环境资源司法教育宣传、环境资源执法司法研究平台功能于一体的综合性司法保护基地。 (颜正清)

【全省首个低碳学校建设标准出台】 2021年1月,镇江市生态环境局与世界自然基金会(WWF)合作,导入中国城市科学研究会、德国能源署等专家资源和相关技术、资金,以镇江市教育学会为主体,编制出台《低碳学校建设指南》(DB3211/T 1023—2021)。该指南从中小学低碳建设实际出发,以超低能耗建筑为目标设定校园建筑能效指标和能效提升,从建筑要求、能源资源(空气调节、照明系统、垃圾分类与回收等)、运营管理、教育推广、监督管理与持续改进等五个部分列出要求与规范,通过各种技术措施提高能源系统与设备效率,以最少的能源消耗提供舒适宜人的生态环境与室内空间,使校园内办公、教学、生活等建筑与当地环境形成一个有机结合的整体。该标准是镇江市低碳城市建设的实践成果,也是江苏省首个低碳学校建设标准。 (冯 斌)

【大运河生态长廊建设】 2021年,镇江市出台《大运河镇江段文化保护传承利用规划》,开展镇江运河文化带建设规划基础工作研究,成立江苏省大运河(镇江)文化旅游发展基金,建立大运河重点项目建设库,统筹全市生态类专项资金,重点支持大运河水环境治理。组织开展"守护大运河,志愿在行动"系列活动;在全市中小学校园开展守护大运河主题宣传活动、校园变废为宝创意征集大赛,守护大运河主题演讲比赛等。关停运河岸边2家化工企业;扩建运河沿线丹徒污水处理厂和丹阳市石城、沃特污水处理厂,新建污水管网15千米,完成1198千米排水管网普查,整改问题1083处。建成谏壁船闸、苏南运河水上服务区智能化船舶污染物接收装置、船舶生活污水接收处理设施,实现靠泊、待闸船舶送交的生活垃圾和生活污水、含油污水免费接收。实施苏南运河镇江段21条主要入河支流"一河一策"治理方案,启动水质提升、生态修复、现代绿色航道建设三年行动方案，排定建设项目 23 个，总投资 49.48 亿元，实现运河水质实时监控。镇江市境内大运河水质稳定保持Ⅲ类以上、省考以上断面达标率 100%。（颜正清）

环境管理

【概况】 2021 年，镇江市生态环境局审批建设项目环境影响评价文件 37 个（报告书 10 个，报告表 27 个），全市生态环境部门审批建设项目环境影响评价文件 618 个（报告书 37 个，报告表 581 个），登记表备案 1124 个项目；办理辐射安全许可申领、变更、延续、重领、注销 146 件，办理辐射建设项目环评审批 20 件（核技术应用项目 7 件，电磁类电项目 13 件）。在全省首创"环保疫苗"行动，对 451 家重点排污企业进行调研，指导企业解决环境问题 1233 个，消除隐患 300 多项；推出"一企一信"活动，对全市 1200 多家重点排污企业分门别类制定指导措施，上门指导企业 200 多家次，集中培训企业 400 多家次。9 月 15 日，国网镇江供电公司与镇江市生态环境局签订"生态环境＋电力大数据"战略合作协议，在市生态环境部门与国网镇江供电公司的"预演"合作中，通过对 1.6 万户用电企业实施大数据画像，短时间内筛查出 13 家疑似"散乱污"企业，提高环境监管精准性。12 月 27 日，由市生态环境局、镇江新区管委会、镇江新区生态环境和应急管理局主办，镇江江南化工有限公司承办的 2021 年镇江市突发环境事件应急演练活动在镇江江南化工有限公司举行，该次演练模拟镇江江南化工有限公司有机硅厂区氯甲烷球罐 a 罐底部法兰损坏，导致大量物料泄漏，企业立即开展自救，部分消防废水进入周边水体，企业向镇江新区生态环境和应急管理局请求支援，镇江新区管委会、市生态环境局启动应急预案，关闭新竹河应急闸坝，将进入新竹河的消防废水控制在闸阀以内，对新竹河应急闸坝内、外的水体分段采样分析，完成泄露点堵漏及事故处置产生的氯甲烷废液收集存储，闸坝内受污水委托有资质第三方集中处置。（韩　俊　叶佳周）

【汛期水质安全保障】 2021 年，镇江市下发汛期保水质应对预案，对存在波动可能的 12 个国、省考断面制定实施"一断面一策"，限期完成污染隐患整改，建立河道每日巡查机制；关注重要水系和支流支浜内的各排口，确定各排口类型、规模和排污规律，建立"一口一档"，确保达标排放。提升污水处理能力，开展 4 座污水处理厂提标或扩建工程，在汛期前投运，强化管网检查维护，有条件地区建设排水管网 GIS 系统。突出排涝泵站环境监管，实施清单化管理和加密监测，打击雨天偷排等环境违法行为。加强区域控制断面、支流支浜、入河排污口、排涝泵站及农田退水口的监测监控，建立水质异常预警预报制度，及时采取应对管控措施。（胡纪全）

【危险废物安全生产专项整治】 2021 年，镇江市排查危险废物安全生产整改隐患，排查涉废企业 2110 家次，发现环境安全隐患 2827 个，完成整改 2680 个，鉴定并处置不明固体废物 60.84 吨；查处存在涉危废一般环境违法行为企业 24 家，罚款 356.4 万元，移送公安机关立案环境污染犯罪案件 5 起。加快危废安全能力建设，首批 39 家企业安装危险废物全生命周期视频监控设施并接入网络平台，形成"产生—转移—处置"全流程视频信息监控网。建成 4 家危险废物集中收集贮存试点，收集能力 1.6 万吨/年，为 271 家小微危废产生企业提供服务。强化本质安全机制体制，探索危险废物产品说明书（周知卡）制度，建立全市危险废物危险等级清单，运用"危险废物专项整治三年行动"App 和安全生产监管平台。与江苏科技大学、南大规划院等高校及科研院所开展合作，组建专家团队，开展实验室废弃危险化学品监管处置，辨识 119 个建设项目环境治理设施安全风险，鉴别 4 家危废处置企业 3 大类、38 种危化品。（孙　斌）

【企业"环保脸谱"管理】 2021 年，镇江市生态环境局在全省率先开展企业"环保脸谱"管理系统试点，有 2574 家企业被纳入系统。该系统整合企业环保信用评价、排污许可、监测监控、环境应急、问题整改、危废申报等方面数据，通过"绿色（好）、蓝色（较好）、黄色（正常）、红色（较差）、黑色（差）"五种脸色表情和星级评定综合反映企业污染治理水平，并建立"线上发现、及时整改—线上跟踪、及时调度—线上督查、及时销号"的"非现场"监管模式和"一码通看、码上监督"的公众参与模式。企业可通过登录"环保脸谱"App，进行数据核实和更新，对照评价结果进行问题自查和整改。公众可通过"环保脸谱"App 小程序实时查询企业"环保脸谱"评价结果，并能集中了解企业依法应当公开的基本档案、污染排放、执法、处罚等信息，进行投诉或反馈。（朱发斌）

【生态环境损害赔偿】 2021 年，镇江市生态环境局启动办理生态环境损害赔偿案件 35 件，签订生态环境赔偿协议 12 份，缴纳生态环境赔偿（修复）资金 334.22433 万元，办结台州市铝灰跨省倾倒生态环境损害赔偿等一批案件。出台《镇江市生态环境损害赔偿制度改革实施方案》以及生态环境损害赔偿资金管理办法、事件报告办法、评估鉴定管理办法、磋商办法、信息公开办法等“1+5”文件。市生态环境局与市公安局食药环侦支队，市、县两级人民检察院建立信息共享和交流会商机制，形成环境污染案件线索互通、联合办理、公益诉讼等环节紧密衔接，实现办理流程规范化、标准化。市生态环境局与南京大学环境规划设计研究院、江苏环保产业技术研究院等技术单位进行合作，提供多方的环境损害检测鉴定费用价格供各地参考选择。在办理“909”非法处置废塑料造成水、土壤环境损害案件赔偿过程中，在赔偿义务人完成应急处理、评估鉴定、清理处置等工作后，考虑到义务人赔付能力不足的实际，对剩余6.4万元生态损害修复资金由赔偿义务人以环境公益劳务形式代偿。（张　琦）

污染防治

【概况】　2021年，镇江市实施年度大气污染防治工程538项、水污染防治项目37项，削减化学需氧量1020吨、氨氮54吨、总氮121吨、总磷14吨，挥发性有机物减排957吨、氮氧化物减排1906吨。镇江高新区中集车辆集团建设的KTL涂装生产线，采用“阴极电泳涂装+喷粉技术”全自动化节能环保工艺，在企业保障自身生产的同时，为园区内其他6家中小企业喷涂工段提供集中外协加工服务，解决中小企业喷涂工艺落后、治理设施不完善带来的分散性VOC_s排放问题。市生态环境局开展丹阳市电镀园区专项整治，查出各类问题227个、责令整改24个、立案处罚17件、罚款金额306.075万元，同时与属地、园区、企业面对面沟通会商十余次、现场指导解决问题51个，47家企业园区内开展整治提升行动；开展入江支流永红河消劣Ⅴ类专项执法帮扶，推动属地取缔“散乱污”企业（作坊）29家，对25家企业实施纳污接管，扩容泵站污水负荷运输量2万吨/日。推进农村生活污水治理，全市年内新增自然村生活污水治理数1106个，自然村生活污水处理覆盖率35.6%。截至年底，全市危险废物经营单位有23家，危险废物收集利用处置能力52.8万吨，其中，焚烧5.04万吨/年，填埋12万吨/年，综合利用27.16万吨/年，收集能力8.6万吨[其中包括废铅酸蓄电池收集能力6万吨，废矿物油收集能力1万吨，4家危险废物集中收集贮存试点核发危险废物（收集贮存试点）经营许可证，收集能力1.6万吨]。全市医疗废物年处置能力3380吨，其中高温蒸煮3300吨，焚烧80吨。重点危险废物产生单位规范化管理抽查合格率和经营单位规范化管理抽查合格率分别为100%和95%。（王飞燕　柳彩娟）

【污染防治综合监管平台运行情况】　2021年，镇江市污染防治综合监管平台纳入问题线索19159条，办结18697条，其中“12345”政务服务热线15166条，占比79.16%；日常检查和环保移动执法1493条，占比7.8%；数字城管1150条，占比6%；工况异常和在线监控超标736条，占比3.8%。问题线索涉及大气污染占比41.36%；涉及噪声污染占比27.94%；涉及固废污染占比11.76%；涉及水污染占比10.9%；涉及土壤污染占比0.2%，涉及其他污染占比7.84%。线索处置过程中产生预警16个，预警率0.09%；截至12月底，所有预警均消除。（阙　薇）

【臭氧污染防治】　2021年，镇江市生态环境局实施源头替代，以减少苯、甲苯、二甲苯等溶剂和助剂的使用为重点，实施50项低VOCs含量、低反应活性原辅材料和产品替代项目，培育15家源头替代示范型企业。开展排查清理，完成2808家涉VOCs企业和5个园区排查整治，整改完成问题219个；动态化加强“散乱污”企业整治力度，清理关闭违法违规小喷涂、小炼油作坊点位30多个；依法查处喷涂工序未按要求密闭、汽修行业专项整治超标排放以及涂料中有害物质超限值等行为5起。推进工程减排，在石化、化工、工业涂装、包装印刷、油品储运销等重点行业中实施VOCs综合治理项目119个，开展508个挥发性有机物液体储罐排查整治。强化油品管控，开展打击取缔黑加油站点及劣质油品生产加工销售专项行动，取缔无证无照经营的黑加油点4个，船舶加油站、水上服务区等供油单位的油品抽测率不低于50%，建设3座储油库油气回收在线监控系统。强化监测监控，对全市32个市级及以上工业园区开展排查或“回头看”，督促石化、化工类园区建立健全监测预警监控体系，开展走航监测、网格化监测以及溯源分析等，完善园区统一的LDAR管理系统，并纳入园区环保监控管理平台。（马万祥）

太湖流域水污染防治

【概况】　2021年，镇江市20个太湖流域考核断面水质达标率95%，全面消除劣Ⅴ类断面，完成主要水污染物总量减排任务。推进产业转型升级，完成51家重点企业强制性清洁生产审核。实施城镇生活污染治理，完成污水管网新建53.67千米，市政污水管网检测428千米，劣Ⅴ类水体整治9条。实施农业农村面源污染治理，对全市现存养殖场重新摸排，完善养殖场粪污处理利用基本情况，建立年度规模场整治提升清单和小规模场配套治理清单，全市规模场、小规模场分别为416家、549家，通过检查认定场数分别为398家、522家，配套率分别为95.7%、95.1%。推进生态农业建设，完成12个生态循环农业试点村建设，实施池塘生态化改造面积1906亩(127.07公顷),建设池塘尾水达标排放示范试点4个。实施流域湖泊生态修复工程,练湖生态湿地恢复工程项目和练湖水环境综合整治工程项目纳入丹阳市“十四五”太湖综合治理规划,完成设计方案修改和部分手续审批。

(林宇杰)

2021年度镇江市太湖流域水污染防治重点工程(当年投资500万元以上)完成情况表

表22-1

项目名称	实施地点	主要建设内容及规模	年内实际投资(万元)	2021年目标	完成情况
石城污水处理厂一期改造工程	丹阳市	将原1号、2号、3号氧化沟改造成A2O生化池处理工艺,改造鼓风机房、加药间、接触池,规模4万吨/日	1000	完成	完成
沃特污水处理厂改造及扩建工程	丹阳市	将污水处理厂一、二期2万吨/日改造为A2O处理工艺,扩建三期2万吨/日工程	2800	完成	完成
丹阳市城镇污水处理设施配套污水管网工程	丹阳市	新建15千米污水管网	4000	完成	完成
农村生活污水处置工程	句容市	新建13个村级污水处理设施,配套污水收集管网	3744	完成	完成
丹阳市生活垃圾焚烧发电渗滤液处理项目	丹阳市	重点开展生活垃圾及餐厨垃圾渗滤液达标回用处理,实现渗滤液处理零排放。建设处理规模500吨/日	3695	完成	完成
丹阳市2021年农村黑臭河道清淤整治工程	丹阳市	完成5条河道疏浚及配套建筑物,疏浚长度41.1千米	1713	完成工程量40%	完成
京杭大运河支流上下湖水环境综合整治工程	丹徒区	完成上湖0.28平方千米的生态清淤,清淤量约46.2万立方米。实施周边西囡、前韦、陆家村农村污水截留及处理设施建设	1410	完成	未完成

(林宇杰)

环境监测与科研

【概况】 2021年,江苏省镇江环境监测中心发布空气质量日报365期,微博预报更新365条,环境空气质量月报12期,水环境质量报告12期。编写二号彭桥、永红河桥、东港桥、鹤溪河桥、香草河、前塍庄、紫阳桥等断面溯源分析报告;开展颗粒物网格热点、VOCs污染源点巡查41次;开展国、省控站点防止人为干扰巡查154次;完成国家网土壤监测、省控风险点土壤监测、地下水省控点和污染企业(园区)试点监测、水功能区和太湖流域水生态监测、镇江市遥感解译现场核查,生态遥感试点监测、全市噪声质量控制等监测工作。完成国家级化工园区新区新材料产业园地下水环境状况调查,排查该园区11.6平方千米范围内139家企业,布设20个地下水采样点、13个土壤采样点和7个地表水采样点,监测地下水样品26个、土壤样品64个、地表水样品9个,采样井深6米~12米。配合开展丹阳市优力光学有限公司火灾事故应急监测。配合省生态环境监测中心对鱼类环境DNA和水中抗生素开展监测。全年市级科技项目立项1个、省监测基金立项资助课题立项3个。首次设立江苏省镇江环境监测中心监测科研基金20万元,基金项目研究方向侧重于监测溯源分析结果应用、热点前瞻性问题的研究等,全年6个申报基金项目课题通过专家评审立项。 (邹云娣 魏建国)

【镇江中心土壤专项监测特色实验室建设】 2021年,镇江市启动实验室土壤分析能力建设工作,完成《建设用地土壤污染风险管控标准》《农用地土壤污染风险管控标准》两项标准除二噁英类外共88项分析能力的新项目开发,形成满足支撑土壤调查、污染普查、科研、监测、预警及决策等需要的土壤分析测试能力。购置46台土壤监测设备,自动化、智能化设备占比超过85%。实现现场采样点位信息收集和影像数据自动采集保存、样品全自动制备、样品测试全流程自动化处理与分析功能。其中,土壤全自动研磨设备在全国环境监测系统是首套,实现土壤样品制备全自动化。全年,该实验室承担并完成全省196个国家网监测点位的常规5个参数和重金属8个参数的分析任务。 (邹云娣)

【环境监测能力与科研】 2021年,江苏省镇江环境监测中心启动土壤专项监测特色实验室建设工作,完成土壤特色实验室设备采购1625万元,编制完成《2021年土壤新项目开发计划》;全年申报成功课题3项,验收课题8项,发表论文18篇,其中该中心主持的镇江市社会发展项目《富马酸废液生产功能性聚合物树脂新技术的应用研究》获江苏环境保护科学技术奖三等奖;开展《$PM_{2.5}$、臭氧及其前体物监测体系、质控质保体系研究及示范应用》协作课题的VOCs连续加密采样工作,挖掘数据分析利用,为环境管理决策提供支撑。 (邹云娣)

综　述

【概况】 2021年，镇江市有省级及以上开发区9个。其中，国家级经济技术开发区（以下简称经开区）和高新技术产业开发区（以下简称高新区）各1家（镇江经开区、镇江高新区），省级经开区5家（丹阳经开区、句容经开区、扬中经开区、丹徒经开区、京口经开区）、省级高新区2家（丹阳高新区、扬中高新区），另有国家级综合保税区（以下简称综保区）1家（镇江综保区）。全年全市9个省级及以上开发区实现地区生产总值2039.4亿元，占全市比重42.8%。实现工业应税销售收入2797.7亿元，占全市比重46.5%。完成一般公共预算收入136.9亿元，占全市比重41.8%。实际使用外资63707.6万美元，占全市比重60.1%。（冯　涛）

【招商引资】 2021年，镇江市开发区新签约257个亿元以上产业项目，其中147个落户9个省级及以上开发区，占比接近60%。（冯　涛）

【项目建设】 2021年省、市重点产业项目投资计划中，镇江市开发区重点产业项目170个，占全市比重60%；计划项目总投资1386.3亿元，占全市比重68.8%；年度投资359.2亿元，占全市比重64.9%。项目个数占全市比重与上年持平，计划总投资、年度计划总投资分别比上年提高10.8个和7.5个百分点。（冯　涛）

【科技创新】 2021年，镇江市开发区建有孵化器32家，孵化器内企业1499个。高新技术企业958家，比上年增长6.2%。省级及以上研发机构452家，年度PCT（《专利合作条约》）专利申请31件，年度发明专利授权1166件。（冯　涛）

【营商环境】 2021年，镇江市开发区推动开发区区域评估工作，将“单个项目评”改为“区域整体评”，将“企业付费”改为“政府买单”，将“申请后审批”改为“申请前服务”，通过政府购买或委托完成项目建设涉及的评审审批事项评估，形成整体性、区域性评估成果，由区域内投资项目共享并免费使用。全年全市开发区近400个产业项目免费运用该成果。（冯　涛）

【载体建设成果】 2021年，镇江经开区和镇江高新区成功获批中国（江苏）自贸区联动创新发展区。丹阳经开区日本（丹阳）汽车零部件产业园创成省级小型微型企业创业创新示范基地；生命健康产业园创成国家级安全应急示范产业基地和省级大中型企业融通发展产业基地；丹阳经开区获批第四批省级智慧园区。丹阳高新区获评省“双创”发展生态成效明显地区。句容经开区被省知识产权局列为江苏省知识产权示范园区；句容经济开发区光电子产业园创成省级特色创新示范园区。（冯　涛）

国家级开发区

【镇江经济技术开发区】 中国镇江经济技术开发区（以下简称镇江经开区）面积223平方千米，辖3个镇、2个街道，有行政村23个、社区28个，常住人口26.38万人。2021年，完成地区生产总值775.9亿元，比上年增长10.9%。其中，第一产业增加值6.48亿元，增长0.7%；第二产业增加值493.47亿元，增长

11%；第三产业增加值275.94亿元，增长11.2%。实现一般公共预算收入52.8亿元。社会消费品零售总额138亿元，增长16.5%。全年新增上市挂牌企业3家。新增服务外包企业4家，完成服务外包执行额6.8亿美元，增长8%。城乡居民人均可支配收入分别增长8.1%、10.5%。

产业建设。强化"十四五"规划引领，完成"十四五"规划纲要编制工作，明确"智造高地，宜创新城"总体定位、"一带一路一轴一组团"产业布局。打造引领镇江东翼发展先进制造业园区、现代服务业发展集聚区、现代农业田园休闲区和高层次研发社区，成为镇江东翼产业协同发展区核心。加快企业智能化转型，新增省级示范智能车间5家，累计21家。航发优材（镇江）高温合金公司"粉末高温合金盘形件智能工厂"获当年全市唯一一家省级智能制造示范工厂项目；新增省星级上云企业14家，新增省工业互联网星级服务商4家，优利德公司创成省级互联网标杆工厂，安用座椅公司被认定为工业电子商务发展示范企业。加快建设绿色制造体系，新增省级绿色工厂2家、市级绿色工厂4家，累计培育市级以上绿色工厂34家，列全市第1名。统筹各类金融机构资源，助力产业高质量发展，搭建政银企对接交流平台，推出"园区保"综合金融服务产品，建立小微企业"白名单"库，设立风险补偿资金池，放宽反担保措施，综合融资成本降至5%以下。

招商引资。始终坚持产业强区，在项目招引上发力，全年新签约亿元以上项目数完成市下达目标任务。签约项目总投资412.9亿元，比上年增长17.4%；新签约10亿元以上项目16个、30亿元以上项目6个。产业链项目招引有新突破，总投资超3亿美元的英科医疗公司康复器械研发生产项目、总投资2亿美元的双峰格雷斯海姆疫苗玻璃瓶生产基地暨格雷斯海姆中国区总部项目等一批补链、延链、强链、扩链项目签约落户。在全周期推进服务项目基础上，构建项目网格、组建服务专班，覆盖全区所有亿元以上产业项目；推行网格帮办、集成交办、调度会办和督查督办"四项机制"，实现项目快开工、快建设、快投产。全年新开工亿元以上产业类项目50个，完成固定资产投资187亿元、制造业投资140亿元，实际使用外资完成市下达目标任务。

科技创新。坚持量质并举，深化高企培育工作，全年入库培育高新技术企业69家，新增高新技术企业79家，累计218家。加强科技研发平台建设，累计建有省级及以上孵化器7家、众创空间4家，新增市级孵化器2家、市级众创空间1家；建有市级及以上研发机构274个，其中当年新增21个。全年新增省企业技术中心2个、市企业技术中心21个，认定数全市第1名。激发省市企业技术中心创新活力，以关键共性技术突破、新产品研发和质量提升为核心，新增入库市级及以上重点技术创新导向计划40个，入库数全市第1名。新增首批市首台（套）重大装备企业4家。新增国家级小巨人企业1家、"单打冠军"1家，新增市级"专精特新"小巨人企业8家、省级"专精特新"小巨人企业3家。开展"企业进高校""专家赴企业"活动10余场，新签订产学研合作协议58项；新聘任"科技副总"59人。联合省生产力促进中心、江苏银行等单位开展"科技金融进园区"等活动，解决园区中小企业融资难题，全年为科技类企业发放科技贷款超1亿元。在全市率先试点开展专利质押反担保业务，2家企业获省知识产权战略推进计划支持，获批省级项目2个、市级项目19项，9个市级项目通过验收。

城乡建设与管理。全年组织实施58个新建、续建城建项目，完成年度投资11.74亿元，高楼路市政公用管网项目等一批政府投资项目完成建设。培育10家规模以上建筑业企业和房地产企业，完成公租房清理盘活9万平方米，任务完成率100%。推进建成区污水管网建设，新建污水管网4.5千米。强化建筑市场管理，推进住宅工程和市政基础设施质量常见问题专项整治。获评市级优质结构工程13个、市优质工程奖"金山杯"项目22个。通过国家级县域节水型社会达标县验收。实施城市美化亮化工程，通过增加

图23-1　2021年4月9日，总投资超60亿元的日丰集团新型应用材料华东研发生产基地项目落户镇江新区　（新区招商中心　供稿）

夜景灯光照明、悬挂仿古灯笼等，打造“宜”文化特色城市新形象。落实省级达标小区创建工作，完成36个居民小区设备投放、垃圾收运工作。通过在企业周边新增停车位、开展智慧停车收费管理、投放共享助力车等方式进一步解决群众停车、出行问题。开展“宜地清尘”、专业园区环境整治等行动，强化防违拆违力度，美化城市环境。

社会事业。推进新“7+2”民生实事，完成老旧小区改造2.74万平方米，建成“家门口的”公园广场6.2万平方米。开展“急难愁盼、宜网通办”行动，解决活禽经营点扰民等一批群众反映强烈的问题。落实稳就业举措，聚焦重点群体就业，全年新增城镇就业7038人，城镇失业人员再就业3854人，扶持创业1510人。拓展教育资源，镇江心湖高级中学二期交付使用，丁卯第三小学启动建设，15所义务教育阶段公办学校完成“区管校聘”改革。瑞康医院和新区分院通过二级甲等医院评审，新创成省健康促进医院1家、四级中医馆1家、省市基层特色科室3个，创成国家卫生镇1个、省卫生镇1个、省卫生村6个、省健康村（社区）2个。完成适老化、无障碍居家环境改造113户。建成全省首个部级大田数字农业项目，4个省级农村人居环境综合整治示范村通过验收。

管理与服务。打造“企业安全风险点管控责任手册”机制，在44家危化品企业试点运行，逐步向全区各类制造业、服务业企业及人员密集场所推广，淘汰退出低端低效产能，推动传统产业绿色低碳转型。推进遏制“两高”项目盲目发展和能耗“双控”工作，帮助协调重点保障类企业有序用电豁免，优化企业有序用电方案。深化“证照分离”全覆盖试点改革，推广企业开办“全链通”绿色通道，推行“宜路通”重点项目及人才服务专区新区品牌服务，为重点企业、项目提供全生命周期审批服务。在全市率先推行“一窗通办”改革，设立20个综合窗口统一收件和出件，按照“一窗综合受理、部门审核审批、统一窗口出件”的要求，无差别受理50项行政备案类和许可类事项。

（杭茹萍）

【镇江综合保税区】 中国镇江综合保税区（以下简称综保区）占地面积2.53平方千米。2021年，主要经济指标稳速增长，全区完成一般公共预算收入2894万元，比上年增长9.7%；关税及代征税8.8亿元，增长72.7%；工业应税销售12.9亿元，增长15.3%；服务外包执行额1703.6万美元，增长13.6%；固定资产投入4.26亿元；盘活区内闲置厂房和国有载体2.6万平方米。外贸进出口稳中提质，全年进出口9.19亿美元。其中，围网内7.5亿美元；海关监管货值实现31.7亿美元。区内企业中远海仓公司业务快速拓展，全年进出口增长180.6%；南锦电子公司通过高新技术企业认定，申请成功保税研发账册并启用，实现综合保税区保税研发新业态零的突破。

机制建设。市政府专题召开促进综保区发展工作会议，形成镇江市促进综保区发展工作专班，初步建立与各市（区）联络机制，镇江综保区作为全市功能型政策平台定位进一步明晰，市级部门合力初步形成；会同镇江新区党政办、经济发展局，研究编制《镇江综合保税区绩效提升整改方案》，在全区范围内摸排适合进入综保区的外贸企业，提升进出口总额，争取集聚市域内相关企业入驻综保区发展。

招商引资。全年完成服务业项目招引1个、亿元及以上产业类项目招引1个。下半年签约的深圳远信智能电网储能技术服务系统解决方案项目于年内实现开工建设，盘活综保区闲置载体资源3000平方米。全年实现产业类实际使用外资2604万美元，增长270.1%，均为制造业；其中，山特维克公司增资2.38亿元，将镇江公司作为山特维克材料科技事业部大中华区总部，对中国区下属5家公司提供相关管理及服务支持。

重点项目实施。网营智能城市仓储物流项目、3D可视化制造业供应链服务中心建设项目、临港产业物流园项目竣工运行；数字化绿色港口联运中心项目启动建设；协助智慧多功能玻璃项目完成新审批；协助远信智慧储能项目办理项目立项、环评、能评手续，实现当年招引、当年开工建设；山特维克公司下半年投资盘管二期，完成线二期项目，其中，盘管二期项目年底实现试生产。

改革创新。南京海关启动关区内监管模式改革，镇江综合保税区被列入第三批试点单位，其中，无感卡口项目运行后，车辆入区只需5秒钟；“二线出区整报分送”改革平均为区内企业节省报关成本超60%，通关效率提高70%，且区内大宗货物可以分批出区。此外，免收企业进（出）口核放单费用，海关查验率显著下降，场站平台关联核放时间由6~7分钟缩减为2~5分钟。

（黄婷婷）

【镇江高新技术产业开发区】 2021年，镇江高新技术产业开发区（以下简称镇江高新区）围绕“城市发展新空间、新兴产业承载地、创新驱动主引擎”的发展定位，做好规划引领、项目建设、功能配套、能力提升四项重点工作，实现“十四五”良好开局。镇江高新区全年实现地区生产总值131.9亿元，比上年增长9.1%；一般公共预算收入6.7亿元，增长5.1%；一般公共预算税收收入5.4亿元，增长18.5%；固定资产投资增长17.2%；居民人均可支配收入57071.5元，增长8.1%；全年新登记各类市场主体增长44%。

产业建设。32个市重点产业项目完成年度投资计划,新建项目开工率94.4%,当年签约项目落地率86%。船舶海工装备产业、新一代信息技术产业延链强链补链,形成集聚优势。丹佛斯全球研发中心、柳工高工作业平台等项目投产运营,团山睿谷主体建筑实现封顶。半导体及通信产业园开园,芯视达、印势材料等10家企业“拎包入住”,7个项目建成投产,新增“四上”企业3家,激光光学元件研发生产项目实现当年签约、当年落地、当年投产。优化营商环境,建立年轻干部派驻挂钩企业机制,融合国际西餐项目在2个工作日实现“五证联发”。

招商引资。围绕“1+4”产业发展定位,对外关注欧美、日韩等区域,对内围绕北京、上海、深圳、杭州等重点城市,开展境内外精准招商、上门请商和委托招商。招引亿元以上产业项目29个,总投资131亿元,其中,签约引进50亿元以上项目1个、50亿元以下10亿元以上项目2个。签约当年落地项目21个,落地率72%。全年新设外资企业6家,增资1家,新增合同使用外资4787万美元,实际使用外资1543万美元,其中制造业实际使用外资1298万美元。

科技创新。企业创新积分制试点工作获科技部批复,通过省级知识产权示范园区复核,创成省级“双创”示范基地,科技型中小企业入库110家。南京邮电大学(镇江)半导体产业技术研究院揭牌成立,南京师范大学(镇江)创新发展研究院被认定为省级中小企业公共服务示范平台。5家落地研究院面向长三角企业组织专场路演对接会11场,走访企事业单位300余家,签订产学研合作协议106项。国家高创中心连续3年获省科技企业孵化器绩效评价A等级,入孵科技型企业增长33%。企业研发中心建设有成效,丹佛斯全球研发中心加快建设,锐光凯奇公司与英国卢瑟福国家实验室共建国际联合实验室,凯德电控测试中心德国VDE－TDAP实验室授牌启用。

商贸流通。镇江高新区获批“中国(江苏)自贸区联动创新发展区”和“数字智慧园区”。全年完成进出口总额41.8亿元,增长40.7%。7家单位进入全市进出口总额90强名单。完成社会消费品零售总额23.1亿元,增长15.9%,新增18家规模以上批发零售住宿和餐饮企业。推进美的悦然广场商圈建设,肯德基、麦当劳、万达影城等一批知名连锁企业相继落户。推进品牌建设,惠龙易通获“第二批江苏省数字商务企业”授牌,镇江佳峰儿童用品有限公司获镇江市外贸品牌称号。全年为24家“四外”企业、32个项目争取中央、省、市和区级开放发展专项扶持资金353.6万元。

服务外包。全年完成服务外包执行额3.1亿美元,增幅16.6%;离岸外包执行额3203万美元,增幅15.9%。新增注册资本超千万元服务外包企业5家,矽佳测试公司进入全省服务贸易重点企业库。高新区创意产业园通过省商务厅综合评价考核验收。全年为11家企业争取中央、省、市和区级服务外包专项资金207.9万元。

对外协作。坚持外事工作服务高质量发展指导方针,邀请美国、丹麦、挪威等制造业发达国家访问团到高新区开展招商和考察交流活动。全年为7家企业办理外国人来华签证14批次、29人次,办理APEC商务旅行卡1批、1人次,协助丹佛斯、长城海工申报APEC商旅卡“白名单”,2人获镇江市“荣誉市民”称号。

(殷　博)

省级经济开发区

【江苏省丹阳经济开发区】 江苏省丹阳经济开发区(以下简称丹阳经开区)行政区域面积179.1平方千米,下辖20个行政村、18个社区,常住人口222261人。2021年,全区完成地区生产总值369.7亿元,比上年增长11.2%;一般公共财政预算收入20.7亿元,增长8%;完成工业应税销售472亿元,实现制造业投资37.4亿元,实际使用外资6235万美元。丹阳经济开发区建有日本(丹阳)汽车零部件产业园、生命科学产业园、精密制造产业园、高新技术创业园、中小企业众创园等特色产业园区,形成以视光学、木业加工、五金工具、汽车零部件为代表的四大传统特色产业,以生物医药及医疗器械、高端智能装备制造、航空航天新材料为代表的三大战略性新兴产业,有鱼跃医疗、恒神碳纤维、吉凯恩粉末冶金、仅一联合智造、同力日升、明月镜片等上市公司、“独角兽企业”和创新型企业。

产业建设。2021年,丹阳经开区实施50个市级重点产业类项目。签约获取指标的13个项目中有12个项目开工。7.1亿元专项债落地;投入超2000万元推进区域评估工作;日本(丹阳)汽车零部件产业园创成省级小型微型企业创业创新示范基地;生命健康产业园创成国家级安全应急示范产业基地和省级大中型企业融通发展产业基地。落实能耗“双控”,全区工业综合能源消减量占全市60%以上。日本(丹阳)汽车零部件产业园南区(二期)1.4兆瓦屋顶太阳能发电项目投入运营,预计每年可节省2376吨标准煤,减少碳排放6576吨。全年盘活各类项目用地86.6公顷。“开发区园区保”发放贷款给41家企业,金额5.7亿元;银行授信或放贷企业560家,授信金额380.5亿元,放贷金额161.1亿元。同力日升、明月镜片公司上市,全市储备拟上市企业6家。

招商引资。签约引进宁波视睿迪显示模组及部件制造基地项目和美境车用锂离子电池项目。全年洽谈项目100余个。建立区级项目分级评审推进机制，完成亿元以上项目招引13个，总投资137.8亿元，占全市39.3%，其中70亿元、30亿元以上项目各1个。恒美偏光片项目实现投资总量超50亿元，并实现“引、融和投”的突破。12月24日，丹阳市营商环境监督联系点集中授牌仪式在丹阳经开区举行，全区营商环境监督联系点正式启用。

科技创新。丹阳经开区聚焦“双招双引”，推荐申报丹阳市科技项目21个，申报成功“312人才”（到2025年，培养30名左右丹阳市学术技术带头人、100名左右科技骨干、200名左右乡村优秀科技人才）项目22个、“169工程”人才12人、“金山英才”6人、“丹凤朝阳”11人。全区有101家中小型科技企业入库，高新技术企业89家、专利授权1120件、发明专利授权93件。鱼跃集团引进镇江“金山英才”顶尖人才团队——北理工冯霄教授团队。重点建设航空航天产业园、生命科学产业园、精密制造产业园；整合碳纤维及其复合材料重点实验室、国家级眼镜检测中心、院士工作站、国家级专家工作站等平台资源，释放“叠加效应”；推动明月光学院士工作站、上海交大技术转移中心及金属基复合材料国家重点实验室落地。精细服务。天润光学、壹家园科技公司、琦玉公司等企业申报市级智能车间，肯帝亚、同力、华昌等企业申报省级企业技术中心；完成两化融合体系贯标试点企业申报，开展2021年度首批省星级上云企业认定；开展镇江市级“专精特新”科技小巨人申报，以及企业投融资需求调查；完成2021年度江苏省工业设计中心（示范园区）认定及复合工作（大亚车轮、明月股份为认定，仅一公司、鱼跃医疗为复核）；完成国药项目省级现代服务业发展专项资金申报。

城乡建设与管理。丹阳经开区完成沃特污水处理厂三期扩建工程；完成精密制造产业园4号~7号厂房建设工程；完成开发大厦1号楼、2号楼周边停车场及北部打通改造工程；完成汇金天地0.87公顷存量土地上市交易，亩均900多万元，土地出让金成交总额1.2亿元；完成马相伯小学建设工程，该项目获评江苏省建筑施工标准化星级工地和主体优质结构工程。完成天波城北侧、眼镜小镇、练湖片区、联江项目、兰陵路西延搬迁房屋搬迁项目，搬迁162户，搬迁面积20.46万平方米，所有可挂牌土地及道路全部“清零”；办理云天花园，嘉荟新城一期、二期、三期安置房不动产证3573份；完成河阳新城一期、胡桥新镇、荷花池二期初始登记，基本具备办证条件。完成北苑路交通隔离栏拆除、九曲河南岸文化广场栏杆扶手维修等14项民心工程，对建成区19条道路进行修缮，面积6850平方米；对金陵西路、云阳路、九曲路、丹桂路雨水管网进行疏通清淤，长度11635.3米；对辖区内269座大小桥梁进行检测，将危桥移交相关部门进行整改。建立城管同步指挥平台，对玉泉路商业街西侧公厕和大泊集镇农贸市场旁公厕分别进行新建和改造，建立城区智慧公厕，实现公厕信息化管理；在辖区内40%物业小区和40%无物业小区建立生活垃圾分类“三定一督”分类投放制度，垃圾分类清洁小屋运营有成效。创建成功18个宜居村庄、1个全国美丽乡村、1个特色田园乡村；开发区省级绿色优质水稻基地通过验收；满分通过国家级“全国小型水库管理样板”验收，二级沟管护有成效；举办开发区首届农民丰收节、祁钦樱花节、“美丽中国行·走进丹阳”——2021香海琴枫浪漫文化旅游节等活动。

社会文化事业。以民生工程为切入点，统筹推进疫情防控、教育卫生、社会保障等工作，民生建设与社会管理有改善。疫情防控平稳向好。民生工程快速推进。总投资498万元八中操场改造项目、六中道路改造项目完成建设；总投资1.3亿元丹阳新区实验小学分校投入使用；推进马相伯中学（含幼儿园）迁建项目、河阳中心幼儿园建设项目；完成练湖新城社区和嘉荟社区家庭医生工作室建设；挖掘历史文化资源，推进练湖闸遗址保护和三城巷南朝石刻群保护工作。实现“阳光扶贫”App及国家扶贫网数据动态管理，确定第二批110户因病等致困困难户；完成留守和困境儿童一人一档建档工作，并分类

图23-2　2021年10月30日，丹阳经济开发区农民丰收节开幕
（丹阳经开区招商局　供稿）

施策做好帮扶；开发区敬老院完成公建民营改革，2家民营托老机构通过民政局审批，全区90%以上村（社区）建成村（社区）居家养老服务中心；完成省级标准化镇（区）级退役军人示范服务站建设，完成高楼和联观2个双拥示范村建设。在全区范围内开展安全生产大检查，排查安全隐患1517个并全部完成整改，对“小散乱污”采取断电措施取缔43家；开展桥梁隐患、道路交通隐患、燃气安全、“三合一”、“多合一”等专项整治，并督促隐患单位整改到位。信访矛盾形势平稳，赴京、赴省、赴镇江上访批次人数分别比上年下降65%、54%、80%。

管理与服务。丹阳经开区将开发区、曲阿街道相对分设，并对开发区、曲阿街道职责和内设机构进行调整，把原来开发区下属城市管理分局划归到曲阿街道，更名为综合行政执法局，新成立“为民服务中心”，将城市管理、为民服务等管理职能归到曲阿街道，明晰“开发区主抓经济发展、曲阿街道主抓社会治理”导向。优化社会治理格局。落实“大数据＋网格化＋铁脚板”机制，创新开展村级网格特色工作，涌现出联观“指尖上的网格”、晓墟社区网格服务驿站、高楼“七位一体”网格等成功案例；完成曲阿街道社工站建设，将全区250余个社会组织纳入统一管理；曲阿街道为民服务中心投入使用，并在全市创新建设为民服务中心分站（高楼社区、联观村）。（杨　超）

【江苏省丹阳高新技术产业开发区】 江苏省丹阳高新技术产业开发区（以下简称丹阳高新区）重点建设区域49平方千米，辖16个行政村、28个社区，总人口约21万人。2021年，丹阳高新区实现地区生产总值232.5亿元，比上年增长9.6%。一般公共预算税收收入9.2亿元，增长15.9%。全年招引亿元以上项目9个，培育高新技术企业12家、科技型中小企业72家，创成全市首家国家级小微企业双创示范基地。中医院移址新建，高新区实验小学、幼儿园，吕叔湘中学新建项目在建。

产业建设。对接省科技厅、省生产力促进中心、省高新技术创业服务中心等政府平台和南京高校科研院所，建设飞地孵化器，形成医疗器械和视觉健康、新材料、高端装备制造三大百亿产业集群。制造业投资完成9.8亿元，工业应税销售125.5亿元，实际使用外资6607万美元。19个市级重点产业类项目开工18个，新建成载体面积24.4万平方米。

招商引资。招引亿元以上项目9个，其中包括江苏达仁鼎壹新能源科技有限公司总投资30亿元高端铜箔配套产业项目、常州日研精密机械有限公司总投资10亿元高端数控机床核心部件项目、上海东方世贸投资管理集团有限公司总投资10亿元东方世贸·彩虹湾项目。

科技创新。申报省“双创”人才2人、“金山英才”创新创业人才5人。园区有1个国家级科技企业孵化器、2个省级众创空间，先后引进北航（丹阳）研究院等高端技术服务平台5家，建立省级以上企业研发中心21家，激光智创园、力合产业园为各类人才创新创业提供空间。园区企业相关成果先后获国家科技进步二等奖、国家技术发明二等奖，丹阳高新区获评镇江地区唯一省“双创”发展生态成效明显地区。

城乡建设与管理。打造丹阳市美丽宜居村庄6个、镇江市特色田园乡村1个、省级特色田园乡村1个。聚力“面上成景”，建设迈村新城东侧至南二环桥沿河凤凰步道。聚力“全域提升”，对丹金漕河东侧二黄线、横松线等农村道路实施提档升级；做好农村道路临水安保和桥梁检测维护工作；组织城镇污水提质增效“333”行动，确保污水管网改造等按时完工；开展国省干道沿线整治，对沿线违章全面拆除，对沿线大棚统一规划退让红线，对沿线立面统一出新。

社会文化事业。打好新冠肺炎疫情防控阻击战。优化公共资源供给，推进学校、医院等重点民生类工程，建设商住项目代建配套设施。办好民生实事，新建3家村（社区）居家养老服务中心，横塘敬老院实现“公建民营”。全年走访特殊人群2122次，为民办实事1944件。

管理与服务。完善为民服务中心建设，全年接待群众3万人次，受理办件39758件，群众满意度评价100%；突出集成管理，深化政务体制改革，推动相关职能整合集聚，加快形成简约高效的管理服务机制，践行“最多跑一次”服务目标；通过“互联网＋政务服务平台”与实体智能政务大厅相结合，建立“前台受理—后台审批—全程监控”事项受理模式，窗口立即办结业务量突破80%。（陈韶宇）

【江苏省句容经济开发区】 江苏省句容经济开发区（以下简称句容经开区）行政区划面积134.3平方千米，下辖20个村（社区），常住人口约11万人。2021年，句容经开区完成一般公共预算收入17.5亿元，比上年增长10.6%；完成工业应税销售134.8亿元，增长8.4%；完成工业税收13.7亿元，增长95.9%，占全市比重48.1%；完成地区生产总值151.3亿元，增长8.8%；完成固定资产投资60.5亿元，其中，完成制造业投资18.8亿元，增长14.6%，高技术产业投资占比26%；实际使用外资5869.6万美元。

产业建设。全区信息技术行业规模企业实现应税销售43.5亿元，比上年增长14.2%；数字经济产业（含光电子、半导体、显示技术、通信技术等细分行业44家企业）实现应税销售72.6亿元，增长10.1%，占全区比重54.5%;智能电网行业规模企业实现应税销售17.3亿元;新材料行业规模企业实现应税销售13.1亿元。

招商引资。“容泰半导体集成电路芯片级封装项目招引团队”在镇江市产业强市暨优化营商环境大会上获“重大产业项目招引奖”。全年开展各类招商活动250余批次,通过产业评估并签约落户智慧冷链、容泰半导体、晶度半导体、易容光电、中德智能制造基地、中新智地、中南高科、诚进盛电子、盛永立电子、宁速精密、德湾数控、中科瑞博、陈桥食品、深商产业园、台湾联恒、磁瓦及永磁电机、伟健二期等17个制造业项目,总投资138亿元。盘活原天洋汽车、宝宝金水、伟建工具等闲置低效项目用地37.33公顷;对正常生产但有闲置厂房企业局部切割盘活,将闲置厂房转租容泰半导体、盛永立电子、联炜诚电子、诚进盛电子、易容光电、晶度半导体、晶能半导体、宁速精密等重点项目,盘活园区闲置厂房约5万平方米,其中容泰半导体、诚进盛电子、盛永立电子、晶度半导体、易容光电、宁速精密6个项目实现当年签约当年投产。

科技创新。在2020年全省开发区综合评价中,句容经开区总排名列第17名;2021年句容经开区被江苏省知识产权局列为江苏省知识产权示范园区,创成省级特色创新示范园区——句容经济开发区光电子产业园;骏成电子公司实现句容主板上市企业“零的突破”,园区沃土基金投资的四方光电、实朴检测等公司在主板上市;句容高新技术创业园、江苏富达创业园创成省级科技企业加速器园区;江苏易恒自动化公司产品入选镇江市首台(套)重大装备;江苏晶度半导体公司创成江苏省级智能制造示范车间;江苏三超金刚石工具公司再次创成江苏省“小巨人”企业;江苏壹度科技股份有限公司“12寸晶圆显示驱动芯片国产化项目”成为省级“双创”项目;金合能源入选江苏省博士后创新实践基地;兆鋆、三斯达、大华激光等9家企业创成省级三星上云企业,江苏晶度半导体公司创成省级四星上云企业;绿色动力、华桑食品创成镇江市级“绿色工厂”;全区有国家级人才9人,省双创人才11人,省“双创博士”7人,镇江“金山英才”30人,“福地英才”89人,“科技副总”26人。

城乡建设与管理。雨污分流一期、二期工程基本完成,实现10个污水泵站在线视频监控及运行监控;完成开元酒店、天悦容城、国家电网三处液位在线监测点,句容河二平台一处污水主管网流量、液位在线监测点。城区排口应急整治完成沿河截污管道2.6千米,55个排口实现晴天无污水下河。建立河道排口整治专项档案,对3000余个污水管道检查井构建身份标识。完成瓜子沟河、黄金河干流、杜家山河黑臭水体整治工作,整治河流长度7.5千米。完成园区给水管网改造工程,解决开发区西部工业园区供水来源问题。新建福地路西延、亭子路、文昌西路西延、石狮路、致远路及连接线等道路给水管道约2万米,改造给水管道449米,新增增压设备1台以及其他附属设施。

社会文化事业。加快征迁扫尾攻坚。推进安置房清查行动,收回主房、附房及车库1.2万平方米,盘活资产近7000万元;加快安置房办证进度,为黄梅新村安置房居民办证4778本,化解历史遗留难题。在2021年度法治建设满意度测评中获100%满意度。统筹推进危化品、消防安全、“散乱污”、建筑施工、燃气安全等专项治理,打造“智慧消防”和综合执法平台,推动“一年小灶”“三年大灶”无缝衔接。推进乡村振兴,光伏绿色农业种植示范项目落户园区。金香樟安置房、下荫安置房主体封顶,三台阁、三里井、西庙改造和新建医务室投入使用,黄金花园残疾人之家正式运营,三台阁社区、新塘村、后塘村道路施工如期交付;黄梅街道办事处首获江苏省文明单位、镇江市文明单位和句容市文明单位,兆鋆科技、盛邦家俱、智达电气等多家实体企业和科创平台创成镇江市文明单位、句容市文明单位,乡村文明指数达标。

(林　桢)

图23-3　2021年1月8日,2021年句容市智能制造重点项目签约暨国民新能源车项目开工仪式举行　(杨　光　供稿)

【江苏省扬中经济开发区】 江苏省扬中经济开发区（以下简称扬中经开区）下辖8个村（社区），总面积27.4平方千米，常住人口4.2万人，拥有深水岸线7.2千米。2021年，扬中经开区实现工业应税销售227亿元，比上年增加超80亿元，增幅58%；一般公共财政预算收入4.8亿元，增长10%；工业固定资产投资完成近24亿元，占扬中市比重30%以上。

产业建设。排定重点项目19个。其中，省重点产业项目1个，镇江市重点产业项目7个，新建项目开工率100%。蜂巢传动DHT、9（H）DCT变速器、9AT壳体、蜂巢动力EG发动机、酵诚生物菌剂、通灵接线盒扩能、蕴能电力塔杆等项目竣工，美科35吉瓦项目有15吉瓦生产能力，蜂巢智能转向EPS项目投产。主办首届汽车产业发展论坛，牵头组建成立扬中市汽车零部件产业协同创新联盟，推动扬中汽车零部件产业持续、高效、健康发展。

招商引资。深化"产业链"招商，组建汽车零部件、临港装备、生物医药、新能源等四大产业链招商攻坚先锋队。全年认定有效项目信息32条，签约项目24个，其中，30亿元以上项目1个，10亿元项目1个，亿元以上项目15个，签约项目投资总额76亿元。

科技创新。认定高新技术企业11家，高新技术企业培育入库11家，科技中小型企业85家，发放"高企贷"1500余万元、"专利贷"1.2亿元，创成省级"留创园之家"。美科公司入选2021全球独角兽榜，获评国家级高新技术企业、省级绿色工厂。亿能集团获评省科技小巨人企业、镇江市"市长质量奖"。士林电气公司获评国家"专精特新"小巨人企业，入选省两化融合试点。通灵电器公司创业板上市。加强高端人才引进，6人入选"江雁计划"，新增镇江"金山英才"3人、"169"培养工程8人、省"双创"人才1人。

城乡建设与管理。完成兴隆集镇道路修复、三跃集镇基础设施维修。推进港湾新城PPP安置房项目，港湾新城二期2号、3号地块建设工程完成。加强水环境治理，完成45个自然垛600余户农村污水治理，疏浚整治光明河、三跃港、永站河等骨干河港以及各村（社区）河道。开展金刚石等重点行业环保整治提升工作、燃气锅炉超低排放改造通过验收，巩固餐饮行业油烟治理成果。开展沿江环境整治，兴隆港务通过省级销号验收，沿江16家"散乱污"企业集中整顿，推进沿江1千米化工企业整治。

社会文化事业。2021年，扬中经开区完成城镇新增就业近2600人，城镇登记失业率2%，完成就业困难人员再就业440余人。做好各类救助对象动态管理，发放救助资金420万元，开展慈善救助28万元，开工建设扬中市精神病防治院（兴隆街道社区卫生服务中心）迁建项目，运营管理兴隆街道残疾人之家。全年发放优待抚恤金200余万元。新建健身广场2个、健身路径1条，新增健身步道2500平方米。开展庆祝中国共产党成立100周年、第二届太平文化旅游周、重阳节等系列活动，服务群众超10万人次。

管理与服务。深化网格化管理，兴隆街道被评为镇江市社会治理现代化先进街道。优化港湾新城智慧技防改造项目。强化安全责任网络，压实党政领导责任、部门监管责任、企业主体责任，全年布置各类检查300余次，检查企业250余家，完成30家执法线索上报任务。落实常态化新冠肺炎疫情防控措施，开展全员核酸检测。深化"周行一善"品牌，全区新增法治文化阵地9个。信访工作连续3年在全市考核中列第一名，创成省级"人民满意窗口"。 （郭厶源）

【江苏省扬中高新技术产业开发区】 江苏省扬中高新技术产业开发区（以下简称扬中高新区）核心面积3.12平方千米，实际管辖总面积22.8平方千米。辖行政村12个、社区3个，常住人口5.5万人。2021年，扬中高新区完成一般公共预算收入8.4亿元，比上年增长7.9%；工业申报销售270亿元，增长17.9%；固定资产投资18亿元，增长39.5%；外贸进出口总额10.5亿元，实际使用外资3800万美元。累计入驻企业836家、高新技术企业162家。全社会研究与开发投入占地区生产总值比重2.9%。有院士工作站7家、博士后工作站6家、国家级技术研发中心1家，国家"863计划"成果转化基地1家、建有国家级孵化器1家、省级孵化器2家、省级众创空间3家，累计孵化企业超200家，万人发明专利拥有量100件。扬中高新区在全省国家和省级高新区中排名第22名，省级高新区中排名第8名。

产业建设。大全集团入选2021年"中国制造业民营企业500强"，获中国电气工业领军企业称号；扬中基地工业申报销售突破80亿元。威腾电气、大全能源公司登陆科创板。6家企业入选三星级上云企业。先后两次承办市级项目招引建设专场活动。创新推出项目攻坚"铁堡垒"工程，成立临时党支部19个，解决项目建设、企业培扶过程中难点、堵点问题60余个。双扬特种精密轴承等3个项目实现"拿地即办证、办证即开工"。18个在册市级以上重点项目均开工建设。其中，吾悦广场、云企智造等12个项目陆续竣工投产，竣工率66.7%。项目服务满意率98%。牵头成立镇江市新型电力（新能源）装备产业联盟，推动产业生态健康发展。

招商引资。招引25个优质项目，总投资50亿元。其中，14个项目实现"当年签约，当年开工"；奥克斯元器件产业园项目落户，双扬特种轴承项目填补扬中精密制造业空白。

科技创新。扬中高新区获评"省级创新创业示范基地"，智能电器科技创业服务中心连续3年获国家级、省级孵化器绩效评价优秀(A类)。大全集团“大全智慧工业云”平台获评工业和信息化部“两化融合优秀解决方案”,大全凯帆开关KFM5－250产品获国家级绿色设计产品称号,大全长江电器获国家级绿色供应链称号;威腾电气获评“中国电器工业最具影响力品牌”,低压母线市场占有率和出口量蝉联民族品牌第1名,上榜2020—2022年度江苏省培育重点国际知名品牌名单。镇江大全赛雪龙、士林电气等企业先后入选国家“专精特新”小巨人企业,威腾电气、和成显示、锋芒新材料等企业入选2021年度省级“专精特新”小巨人企业;和成显示公司入选2021年江苏省百强创新型企业;扬中印刷厂获江苏省第二批绿色工厂称号。成立“雁巢HOME”青年人才俱乐部,举办10场人才活动,服务人才350余人(次)。联合金融机构打造园区人才金融一站式服务品牌“融亿创”。引进国家级人才2名,西安交通大学国家技术转移中心扬中材料应用研究院、上海电力大学扬中高新区研究生工作站暨产教融合联盟、淮阴工学院—扬中高新区研究生工作总站落户,创成省级众创空间1家。入选省“双创计划”3个,省“科技副总”2人。与上海电力大学联合举办2021年“大航杯”飞地孵化项目路演评审活动;华电研究中心与CCF计算机应用专业委员会共同承办第36届中国计算机应用大会。通过江苏省知识产权示范园区复核。开展知识产权惠企助企行动系列活动,系列活动包括知识产权优势企业培育推进会、大全集团高价值专利培育提升项目启动仪式、知识产权综合服务活动等。和成显示公司再次获第二十二届中国专利奖金奖。大全集团入选2021年江苏省高价值专利培育计划升级项目。

城市建设与社会文化事业。加快光伏、风能等可再生能源在区内推广和循环利用,区内工业厂房安装并网32兆瓦,居民户安装并网2800余户。完成2条主干道路建设工程。完成4条主干道路雨污管网建设,改造提升区内农贸市场、卫生院等中心场所周边环境;对区内主干道路、弱电管线、市政设施进行拉网式整治维护。编制完成国土空间规划。落实助学兴教28条政策,兑现奖励资金近300万元;先后开展“我们的国歌”“火红的时代”等大型群众性文化活动20余场。建成扬中市党史学习教育馆、郭克生事迹陈列馆、陈履生博物馆群教育中心。举办“绿色骑行”等公益活动56场,参与群众1.8万人次。开展“双百双高”产学研对接活动,与上海电力大学、河北工业大学、中国药科大学等高校开展以企业为主体的产学研对接。打造人才服务超市,做实“一站式”服务中心线上线下平台。 (朱　慧)

【江苏省丹徒经济开发区】 江苏省丹徒经济开发区(以下简称丹徒经开区)园区总体规划面积25平方千米,完成开发面积12.5平方千米。辖1个街道,有行政村12个、社区2个,常住人口4.27万人。拥有长江优质深水岸线6.3千米,建成5万吨级以上码头9座、千吨级内河码头11座。丹徒经开区是省级装备制造业特色基地、省级临港物流特色园区、国家级循环经济标准化示范试点园区、江苏省循环化改造示范试点园区、国家级循环经济标准化示范试点园区、江苏省知识产权示范园区。2021年,丹徒经开区完成规模以上工业产值175亿元,实现利税37亿元。完成社会固定资产投资19.1亿元,增长5.6%,其中规模以上工业固定资产投资5.3亿元,下降6.2%。实际使用外资1049万美元。完成公共财政预算收入4亿元。区内有国机二重(镇江)、中盐盐化(镇江)、鹤林水泥、中建科技、金海宏业、镇江建科、建华科创园等骨干规模企业入驻。截至年底,园区有法人单位企业238家、规模以上企业72家,形成较为完善的绿色建筑、装备制造、现代物流等特色产业。

招商引资。2021年,丹徒经开区被列入省、市、区重点产业项目10个,分别为:总投资5.3亿元船港物流生产资料智能集散中心综合技改工程项目、总投资2亿元塞维尔环保纤维项目、总投资50亿元省重点产业项目建华科创园工程建设高性能复合材料项目、总投资10.9亿元晋得高性能沥青材料及配套仓储项目、总投资3.05亿元江苏格瑞普拉德70万吨新型环保建材项目、总投资1.1亿元先锋植保新型制剂复配自动化生产线及智能化升级改造项目、总投资1.4亿元智农食品现代农业综合开发项目、总投资1.1亿元金华普年产75000吨钢结构项目、总投资1.5亿元建科预制件扩建及技改项目、总投资0.3亿元璞圜园艺综合项目。其中,建华科创园部分竣工投产,塞维尔环保纤维项目建成投产。

科技创新。实有高新技术企业78个,实现产值162亿元,完成应税销售166亿元。全年完成科技中小企业申报24家,完成高新技术企业申报12家,完成研发投入2.1亿元,新认定省级研发机构1个。全年完成专利授权量232件,其中,企业发明专利授权量10件,有效发明专利总数286件,万人发明专利拥有量62件。中铸新材工业(江苏)有限公司获镇江市科技小巨人奖,镇江建科建设科技有限公司获镇江市“专精特新”奖。建成长山青年党建工作站。

城乡建设与管理。完成29.5平方千米开发建设规划初步成果和中期成果方案编制、18平方千米雨污水初步方案和中期成果编制、25平方千米开发区水系规划初步方案和中期成果编制。强化园区基础及市政设施建设,投资128万元完成一清路污水管网工程建设,建设污水管道2.8千米。投资223万元实施清淤及岸坡治理、排口治理、水生态修复等工程,对双仙河水环境进行整治。投资35万元完成梓里路西段和迎宾南路道路维修。对建成区范围8类、42家经营户排水进行专项整治,新建污水管网实现片区覆盖。对建筑工地、道路施工、地下污水管网、企业燃气等方面安全和园区内建筑工地防尘降尘实行闭环管理。做好312国道快速化改造工程杆(管)线迁改工作,核查312国道快速化改造(高资段)供电线路67条,通信线路迁改总长800千米,自来水迁改主管道约10千米。

管理与服务。通过成立功能性临时党支部、环保服务、安全生产服务、科技创新服务等4个服务团队,为企业开展包办、代办、会办等驻企便企服务。对57家危化品使用企业落实管控措施,提升各企业危化品使用规范化水平。组织开展2场安全事故应急救援演练。组织3场企业管理知识讲座会、2场业务知识培训、1场企业家走进新农村活动。组织1场财务专题讲座。

(贡　献)

【江苏镇江京口经济开发区】 江苏镇江京口经济开发区(以下简称京口经开区)占地面积6.9平方千米,辖左湖村、上埠村和李华社区3个村(社区),总人口4542人。有各类企业218家。鼎胜新材、诺贝丽斯、中集车辆、海龙核科等一批国内外行业龙头企业落户开发区。在2020年度江苏省经济开发区高质量发展综合考核中,京口经开区排名全省第37名,较上年度提升11名。

经济发展。完成一般公共预算收入14600万元,比上年增长16.4%。产业类投资完成11亿元,占年计划104%;制造业投资完成7.4亿元,占年计划110%;高技术产业类投资7.2亿元,占年计划127%;制造业实际使用外资4500万美元,占全区比重86.5%。工业总产值完成160亿元,增幅超50%;规模以上工业应税销售收入完成165亿元,增幅超50%。

招商引资。“产业链招商”“以商引商”“机构招商”等多模式并重,实现新签约产业类项目11个(亿元以上项目6个),总投资41.76亿元。11个项目中,重大项目1个,重点类项目6个,一般类项目4个。与江苏大学共建的智柔机械电子产业技术研究院项目签约。

项目建设。纳入区级重点产业类项目20个,其中续建12个、新建8个,总投资51.5亿元,年度计划投资11.1亿元,完成投资10.5亿元。年产5万吨动力电池电极用铝合金箔等7个项目被列为省、市级重大项目。芯航东方航空零部件及半导体设备材料精深加工项目、万京技术车辆轮端研发项目、航空航天中小企业基地三期项目竣工投产。鼎胜新材高端彩色铝质轻合金材料智能加工工厂项目建成5条生产线并试生产;诺贝丽斯高强度铝合金航空板项目厂房竣工,部分设备进入安装调试阶段。航空航天中小企业基地二期人才公寓部分封顶;三期竣工后,明诚管业新型高精度车用管件智能加工制造三期项目竣工,开始搬迁。友穗集团完成厂房及配套设施改造。冈山电子及无锡工厂搬迁完毕,进入试生产阶段,项目建成后将成为新的经济增长点。

科技创新。泊菲莱公司引进中科院理化所人才、鼎胜新材公司引进日本专家入选省“双创计划”;1人入选市“金山英才”先进制造业领军人才;5人入选市“169工程”培养对象;中江材料技术研究院被评为市级新型研发机构,友穗集团高精度长寿命灰尘传感器被认定为镇江市“专精特新”产品;鼎胜新材公司获第22届国家专利优秀奖、市级高价值专利示范中心获评省工程技术研究中心绩效优秀,公司2件产品获中国铝箔创新奖;金亿达能公司入选省级智能制造车间;新申报高新技术企业7家,通过5家。

基础设施建设。投资5000万元实施高压杆线迁改工程。启动56万平方米场地平整工程,总造价2400万元。航二项目倒班楼部分规划建筑面积2栋1.2万平方米;厂房规划10栋,总建筑面积6.5万平方米。航三项目8月经市住建局质监部门验收合格。

社会文化事业。信访事件呈逐年下降趋势,无非法上访和闹访事件。投入100余万元实施农村人居环境改善提档升级和加强长效治理。上埠村被命名为江苏省美丽家园省级示范点。李华社区被命名为镇江市文明社区。

生态文明建设。贯彻“碳达峰、碳中和”部署要求,完成区下达任务。投入近千万元,启动农村生活污水整治专项工程。落实河长制,加强老鼠山河、华村沟长效管护。做好全国文明城市创建复查迎检工作。拓展“红色物业”内涵,华诚新村小区、航空航天中小企业基地一期、左湖高创中心“一体化物业服务”建设有成效。

(史安琪)

科技综述

【概况】 2021年，镇江市科技工作立足“产业强市一号战略”，以加快建设“创新创业福地”为目标，围绕国家创新型城市和苏南自创区建设，强化创新主体培育，加快产学研深度融合，优化创新创业生态，科技引领经济社会高质量发展的带动力增强。

科技创新资源。5月29日，镇江市围绕“共建共享，共融共赢”主题，举办首届南京都市圈创新合作大会，发布《南京都市圈创新合作（镇江）宣言》，共建“南京都市圈科技创新智库联盟”，上线“南京都市圈科技创新生态图谱”，达成外国人来华工作许可互认、伙伴园区框架协议，探索南京都市圈创新券通用通兑。围绕“四大产业集群和八条重点产业链”供需两侧开展工作，举办产学研合作对接活动20多场，发布科技成果1000多项，达成合作协议500余项、合作金额超2亿元。与中国技术交易所联合建设中技所（镇江）绿色技术交易服务中心。组建海工装备产业链“链长制”工作专班，制定海工装备产业“五图六清单”，完善产业招商图谱，推动成立镇江市海工装备产业联盟。10月底，在召开的镇江海工装备产业（上海）招商会暨产业联盟与中船协知识产权分会成立大会上签约产业、科技、人才招商项目15个。全年海工装备产业落户亿元以上投资项目7个，总投资69亿元。82人入选省“双创人才计划（科技副总）”，比上年增长86.4%。镇江高新区“创新积分制”工作试点方案获科技部火炬中心批复，并创成省级“双创示范基地”；南京邮电大学半导体产业技术研究院挂牌成立；中船动力、江科大海装院获省首届科技创新奖。丹阳市创建成功首批省“科技创新示范县”，建设“丹阳—上海交大科技园飞地孵化器”和丹阳市科技人才（北京）工作站，丹阳高新创新园通过国家小型微型企业创业创新示范基地认定。

企业创新能力。优化《镇江市高新技术企业培育管理实施细则》，强化高新技术企业培育，增设“市级科技型中小企业创新项目专项”，全年组织申报高新技术企业765家、认定公示376家，总数为1222家，比上年增长2.86%；新增381家企业进入高新技术企业培育库，备案科技型中小企业2163家，增长171%。鱼跃医疗、和成显示、鼎胜新材等企业入选“2021江苏省百强创新型企业榜单”。威腾电气公司在科创板上市。全市获评“潜在独角兽企业”2家、“瞪羚企业”13家。引导企业加大研发投入，各类企业与省产业技术研究院共建联合创新中心5家；新建省级企业院士工作站1家（总数增至5家），省级企业工程技术研究中心24家（总数增至209家），市级新型研发机构2家，企业重点实验室2家，工程技术研究中心99家。新增大仪器入网71台（套）、省科技创新券服务机构5家。全年实现社会研发投入约120亿元。

创新创业生态。制定出台《关于全市科技孵化载体高质量发展实施意见（试行）》《镇江市科技企业孵化载体高质量发展综合评价办法（试行）》《镇江市科技企业孵化器和众创空间管理办法（试行）》等文件。开展“高企融资服务直通车”“科技金融进孵化器”等活动，构建“金融惠企”绿色通道，“苏科贷”“高企贷”等科技金融产品为190余家企业提供科技贷款近10亿元。推动“双创”载体建设，新增1家国家级孵化器、3家国家级“众创空间”、2家省级“科技企业加速器”、3家省级“众创空间”。新认定9家市级孵化器、8家市级“众创空间”，集中资源支持建设4家重点科技企业孵化器、4家科技企业孵化公共服务平台。全市34家省级以上科技企业孵化器绩效评价全部合格,其中,4家孵化器获评优秀、12家良好。支持建设市级脾胃病、妇科病中医临床医学研究中心。帮助企业享受"政策红利",全年高新技术企业所得税优惠减免税额12.28亿元,研发费用加计扣除金额54.01亿元。举办科技政策辅导会、"双百菁英"培训班等,培训企业300余家次,科技服务覆盖超5000人次。制定"十个一"外国专家工作室建设标准,打造"镇舒心"外国专家服务品牌,来华工作许可审批时限由20个工作日压缩至5个工作日;设立"外国人来华工作、居留联办专窗",外国高端人才和急需紧缺人才享受"一窗通办、只跑一次、时限压缩"3大便利。（许开飞）

【产业技术攻坚成效】 2021年,镇江市聚焦"四群八链"探索技术攻关"揭榜挂帅",建立"寻榜、建榜、发榜、揭榜、评榜、奖榜"六步工作法,鼓励企业全球发榜、高校院所应征揭榜,发布重大技术需求17项、发榜金额1700万元;揭榜13项,其中4项形成创新成果;帮助丹佛斯与南京工业大学等对接,破解企业"卡脖子"关键技术难题。"中国—古巴蚕桑科技创新合作"项目获国家政府间国际科技创新合作项目立项,成为"一带一路"在拉丁美洲的典型案例。江苏大学丁建宁教授团队获国家技术发明奖二等奖。江苏科技大学外籍教授获江苏友谊奖。钱京、李国权、朱勇以及丹阳市科技局、江科大海装院、建华建材公司、鱼跃医疗公司、大全集团、中船动力公司获首届省科技创新发展奖。全年获省科学技术奖31项,其中,一等奖3项、二等奖9项、三等奖17项、企业技术创新奖1项(鱼跃医疗)、青年科技杰出贡献奖1项(李国权)。立项市科技计划项目227项,其中支持重大科技专项项目10个。（许开飞）

科技管理

【概况】 2021年,镇江市深化科技体制机制改革,围绕产业链部署创新链对接资金链,加快科技创新政策落地,推动科技工作迈向新台阶。年内,完成《镇江市"十四五"科技创新规划》编制工作,提出"六个坚持""六个目标""六项工程",明确成为"特色产业创新高地、长三角科技成果转移转化重要基地、沪宁线上重要的创新创业城市"的发展定位。全年完成27个科技创新重点项目年度目标任务,完成投资4.14亿元。全年向69家企业兑现2020年度科技创新券,下达创新券兑现资金710万元。申领2021年度科技创新券的企业有242家。（宋胡生）

【科技与人才】 2021年,镇江市完成柔性引才计划项目的组织申报,受理柔性引才项目12个,资助7家企业共9人,下拨补助费用76.12万元。完成国家、省人才项目的组织申报,组织全市符合条件的人才和团队申报科技部"青年拔尖人才"3人、"科技创新创业领军人才"2人、省"双创团队"5项,入选省"双创团队"项目1个,参加科技部"创新创业领军人才"答辩1人。市科技局做好84名省"333高层次人才培养工程"推荐工作,完成6名"金山英才"产业强市领军人才创新创业团队答辩服务,完成44名市第五期"169"工程项目结题材料审核,完成164名市第六期"169工程"培养对象科研项目申报材料审核。开展科技文献服务企业行动,向企事业科研人员发放文献资源服务卡超200张,年度期刊、论文、专利等检索、下载、传递超2万篇。（王　强）

【国家农业科技园区】 2021年,江苏镇江农业科技园区通过科技部国家农业科技园区年度评估。园区与中国农科院郑州果树研究所合作成立镇江丘陵地区果树研究中心,与华南农业大学合作成立句容市厚朴火龙果产业研究院。（陈　晨）

【镇江市科技平台参加省级评选情况】 2021年,"镇江丹徒虾业星创天地""句容市火龙果产业星创天地"2家"星创天地"通过第五批省级"星创天地"备案。截至年底,镇江有省级以上"星创天地"18家,其中国家级"星创天地"5家。8月,江苏省科技厅公布2021年度江苏省农业科技型企业名单,江苏润果农业发展有限公司、镇江金山寺食品有限公司、标优美工程股份有限公司等3家企业入选。（陈　晨）

【农村科技服务超市】 2021年,镇江市参加年度考核的17家江苏农村科技服务超市分店和便利店均达合格以上标准,其中,句容经济林果产业、丹阳食用菌产业、扬中特种水产产业和丹徒特色畜禽产业等4家分店考评定性为优秀。全年全市科技服务超市组织科技培训指导活动80余场次,培训人数超5000人次;推广新成果、新技术和新品种累计80余项,辐射带动农户3890户,人均增收4027元。（陈　晨）

科技合作

【概况】 2021年,镇江市试行"揭榜挂帅"新机制,破解重大技术难题,并参与区域协同创新体系建设。全年举办线上线下产学研活动320场(次),参与企业

3580家，签约项目543项。举办首届南京都市圈创新合作大会暨高校院所走进镇江产学研活动，发布南京都市圈创新合作（镇江）宣言，上线南京都市圈科技创新生态图谱。截至年底，大会促成产学研合作项目86项，合同总金额5748.9万元。举办镇江市海工装备产业（上海）招商会暨产业联盟与中船协知识产权分会成立大会，15个产业投资、人才落户、产学研合作项目集中签约。全年全市获批省国际科技合作计划项目5项，获省财政拨款400万元；获批国家高端外国专家引进计划项目23项，省外国专家项目3项，获国家、省财政拨款669万元；镇江市7家单位入选2021年江苏省外国专家工作室，7家江苏省外国专家工作室通过绩效考核，1家获评优秀江苏省外国专家工作室；获江苏友谊奖1项；组织实施市级国际科技合作计划项目15项，年度下达市财政拨款250万元；完成外国人来华工作许可审批602件，引进外国来华工作人员136人。丹阳市入选首批江苏省创新型示范县（市、区）建设名单［全省10家县（市、区）入选］。

（卢永慧　唐　蕊）

【《2021年镇江市产学研工作要点》发布】 2021年3月3日，镇江市发布《2021年镇江市产学研工作要点》。要点围绕“四群八链”，部署创新链、人才链。通过推进产学研、科技招商“二轮驱动”，落实区域创新“三项机制”，实施科技合作“四新工程”、开展院所联姻“八大行动”，确保全年产学研工作有特色、出实效。要点明确产学研工作与科技招商融合发展、协同推进，搭建与高校校友会交流平台，开展校友企业专题招商，推进东南大学校友经济产业园（镇江）先导区、东南大学国家大学科技园镇江双创基地建设；落实探索南京都市圈创新券通用通兑试点、各区域产学研协同创新、建设科技创新生态图谱三项机制；试行“揭榜挂帅”新机制，发挥市场在创新资源配置中的决定性作用，坚持企业创新主体地位，围绕重大“卡脖子”技术难题，打破条件门槛限制选用人才。搭建合作交流新平台，坚持“引进来”“走出去”并举，利用市内市外两种资源，深化与驻镇江高校合作的同时，加强南京都市圈区域内的科技协作。要点还围绕汽车零部件、新型电力（新能源）装备等8条产业链建设，开展院所联姻“八大行动”，联合各相关板块及龙头企业，引进、消化、吸收更多高校院所成果。（卢永慧）

【镇江—东北高校产学研对接会】 2021年4月16日，镇江市举办镇江—东北高校产学研对接会。市技术交易所向校方介绍镇江产业情况，并播放宣传片。校方向与会人员介绍各自与地方产学研合作情况及自身优势领域，企业方代表依次提问并提出技术需求，随后校企双方开展对接交流。（卢永慧）

【高新园（区）共建对接交流活动】 2021年4月27日，南京、镇江两市高新园（区）共建对接交流活动在南京麒麟高新区举行。南京江宁高新区、江宁开发区高新园、栖霞高新区、麒麟高新区等4家高新园区及园区企业代表与镇江句容临港工业园、丹徒高新园等6家园区代表应邀参加活动。会上，南京4家高新园（区）分别围绕主导产业、人才合作、项目建设、管理体制、校企合作等方面介绍情况，江苏苏博特新材料、信通院（南京）信息科技等5家企业介绍各自业务和人才培养、技术研发等情况。随后，双方就伙伴园区建设需求进行对接探讨。

（卢永慧）

【2021年镇江—中南大学产学研对接活动】 2021年5月11日—12日，镇江市举办镇江—中南大学产学研对接活动。中南大学专家教授、镇江市科技系统和“科技镇长团”部分成员、15家镇江科技企业代表参加活动。活动中，中南大学材料学院、机电学院专家分别就研究成果进行推介；江苏鼎胜新能源、江苏蓝圈新材料2家企业发布技术需求。其他企业代表与中南大学与会专家进行一对一交流。会后，与会人员参观中南大学高性能复杂制造国家重点实验室和粉末冶金国家重点实验室。（卢永慧）

【2021年高校院所走进镇江产学研对接活动】 2021年5月29日，江苏省科技厅与镇江市政府联合主办2021年高校院所走进镇江产学研对接会，科技部成果转化与区域创新司副司长张勇强、镇江市委书记马明龙，省科技厅厅长王秦应邀出席。活动围绕海工装备、新一代信息技术等领域发布近40家高校院所的600余项最新科技成果，邀请南京大学、东南大学、中科院系统院所、省产业技术研究院等知名高校院所的100余名专家教授与全市250余家相关企业负责人进行一对一对接洽谈。活动现场达成合作意向220余项，47名专家受邀赴企业参观考察。

（卢永慧）

【南京都市圈创新合作（镇江）宣言发布】 2021年5月29日，由南京都市圈科技专委会牵头，南京、镇江、扬州、淮安、芜湖、马鞍山、滁州、宣城8市全域以及常州市的金坛区和溧阳市等10市联合发布南京都市圈创新合作（镇江）宣言，就夯实创新合作基础、共享科技统计数据、深化技术市场互通、创新券通用通兑等6点达成共识。（卢永慧）

【南京都市圈科技创新智库联盟建设】 2021年5月29日，南京都市圈科技创新智库联盟启动建设，联盟由都市圈内高校、科研院所及高端科技服务机构等组成，旨在围绕区域协同创新，开展前瞻性、应用

性研究和相关咨询活动,促进都市圈协同创新与管理创新。（卢永慧）

【南京都市圈科技创新生态图谱上线】 2021年5月29日,南京都市圈科技创新生态图谱上线运行。图谱作为在线展示、检索、链接一体化平台,涵盖都市圈各地高校院所、创新平台、重点企业、产业园区等科技创新资源。图谱的建立,有利于加强"圈内"创新资源的统筹布局,方便企业快速链接所需创新资源。在图谱帮助下,都市圈创新主体可享受"同城待遇",实现创新服务"24小时不打烊"。（卢永慧）

【"揭榜挂帅"机制试行】 2021年,镇江市深化科技体制改革,按照"谁能干,让谁干"原则,征集全市17项重大技术需求,悬赏总金额1700万元。通过企业发榜,高校院所揭榜,发挥市场在科技创新资源配置中的决定性作用。实施一批"揭榜挂帅"技术攻关项目,根据前期征集的技术榜单,开展遴选工作。支持镇江港务集团与交通运输部天津水运工程科学研究院联合开展"粉尘多维度云监测与智能控制系统研发",镇江合力消防公司与江苏科技大学开展"输水管线用碳素结构钢焊接新技术研发"。市科技计划拨付各50万元资金支持。（卢永慧）

【镇江获省产学研合作指导性项目立项28项】 2021年12月17日,江苏省科技厅印发《关于2021年江苏省产学研合作项目立项的通知》,镇江市江苏润模汽车检测装备有限公司等单位申报的28个项目获省科技厅立项,立项数比上年增长64.7%。其中,由江苏大学、江苏科技大学等驻镇江高校作为承担单位的项目有19项,占比67.9%。（卢永慧）

【中国—古巴蚕桑科技创新合作项目获国家立项】 2021年,由江苏科技大学牵头申报的中国—古巴蚕桑科技创新合作项目获2020年国家重点研发计划(政府间国际科技创新合作项目)立项。中古双方分别在哈瓦那设立"古巴—中国蚕业科技合作中心"、在江苏科技大学设立"中国—古巴蚕业科技合作中心"。（唐 蕊）

【"镇舒心"外国专家服务品牌】 2021年,镇江市打造"镇舒心"外国专家服务品牌。市科技局与市公安出入境管理支队共同设立"外国人来华工作、居留许可联办专窗"试点,实现"一窗通办、只跑一次、时限压缩"三大便利;江苏大学外国专家书屋获批设立,成为镇江首家获批国家级的外国专家书屋;签署南京都市圈外国人才工作许可互认框架协议,方便外国人到镇江工作。（唐 蕊）

2021年度镇江市承担江苏省产学研合作指导性项目情况表

表24－1

项目编号	项目名称	项目编号	项目名称
BY2021520	基于微生物活化和矿化的混凝土再生利用新技术开发	BY2021534	毫米波通信系统三维信道模型建模与开发
BY2021521	汽车车窗升降系统性能智能检测装备的技术研发	BY2021535	一种基于人脸检测和跟踪的技术研发
BY2021522	灭火器壳体自动化焊接工艺及质量控制关键技术开发	BY2021536	混合电容去离子海水淡化智能设备技术研发
BY2021523	汽车智能大灯控制系统及新型光源开发	BY2021537	基于表面氧化处理的轻量化高强度铝合金型材的开发
BY2021524	合拢管测量软件系统研发	BY2021538	燃气轮机进气系统及滤芯声学特性调控技术研究
BY2021525	高稳定性多面低聚倍半硅氧烷杂化碳硼烷聚烯烃复合材料的研发	BY2021539	有机污染物土壤的原位热脱附技术与装备研究
BY2021526	低密集度冰况下冰区船用螺旋桨关键技术开发	BY2021540	面向精益生产的母线集成化智能制造技术及生产管理系统开发
BY2021527	太阳能电池片多节点全线工艺质量感知系统研发	BY2021541	苹果果实快速识别定位与避障抓取技术研发
BY2021528	锂电池高速自动装配控制系统研发	BY2021542	LNG动力船低压燃气供应装置集成设计技术研究
BY2021529	危险废物填埋场地下水环境评估及管控研究	BY2021543	新能源汽车驱动电机定转子制造关键技术开发
BY2021530	家用电器耐热塑料泡沫的研发及应用	BY2021544	功能性海藻生物肥料的产业化生产
BY2021531	酸化农田土壤改良调节剂的研发及应用	BY2021597	基于小样本迁移学习模型的销售预测技术的研究开发
BY2021532	船舶智能航行控制系统开发	BY2021598	中压配电系统的在线监测与诊断技术研发
BY2021533	稀有人参皂苷的高效制备提纯技术开发	BY2021599	空间复杂结构九轴联动磨抛机器人研究开发

（卢永慧）

2021 年度镇江市承担江苏省国际科技合作计划项目情况表

表 24－2

项目编号	项目名称
BZ2021053	先进电子装备用高气密、高可靠性包覆铜芯可伐合金复合线材关键技术的联合研发
BZ2021076	江苏恒神股份有限公司澳大利亚研发中心建设
BZ2021065	基于知识图谱的游戏行业数据中台联合研发
BZ2021050	深海大颗粒矿浆泵关键技术及新产品的联合研发
BZ2021051	HFC 系列大功率船用发电机技术引进及国产化

（唐　蕊）

科技计划

【概况】 2021 年，镇江市科技部门获省级以上科技计划项目立项超 350 项，获上级科技拨款 2.6 亿元。全年下达市级科技创新专项资金 9761 万元，立项市级科技计划项目 227 项。（宋胡生）

【2021 年度“百城百园”行动项目】 2021 年 8 月 14 日，江苏省科技厅、省财政厅联合印发《关于 2021 年度“百城百园”行动项目立项的通知》，镇江市的利康医药科技江苏有限公司“感染控制、消毒灭菌制剂与装备的研发及产业化”和威特药业有限责任公司“畜禽场疫情防控成套智能洗消设备”等 2 个项目获立项支持，各获 150 万元。2020 年年底，镇江入选“科技抗疫‘百城百园’行动”城市。（卢永慧）

【镇江获省重点研发计划（现代农业）项目立项 17 项】 2021 年，镇江市“丘陵山区林果业智能高效精准灌溉水肥药一体化关键技术”等 17 个项目获省重点研发计划（现代农业）项目立项，获省支持经费 1370 万元，争取经费数列省各设区市第 2 名。（陈　晨）

2021 年镇江市获省重点研发（产业前瞻与共性关键技术）项目立项情况表

表 24－3

项目编号	项目名称
BE2021071	柔顺抓取高精度驱控一体化灵巧手关键技术研发
BE2021072	航空构件脉冲电流复合激光冲击深度强化关键技术研发
BE2021073	南水北调东线二期工程特大型生态友好型贯流泵机组研发
BE2021074	新型高效能双速内曲线式柱塞马达关键技术研发
BE2021075	船用低速双燃料发动机故障诊断与智能运维技术研发
BE2021076	柔性复合材料电热防除冰设计、制造与验证技术研发
BE2021077	近红外脑功能定量成像的认知障碍筛查与脑机接口训练系统研究
BE2021078	航空热端部件增材制造用 O 相合金粉末高效制备技术研发
BE2021079	新型高效乘用车混合动力发动机研发
BE2021080	时速 350 千米标准动车组智能高压电缆终端及其监测装备研发
BE2021016－3	果、茶采摘机器人智能精准感知与定位系统研究
BE2021011－2	面向车路云协同的智能网联客车超视距环境感知关键技术研究
BE2021011－3	面向车路云一体化的智能网联客车协同生态驾驶
BE2021133	稀土元素掺杂 PIN－PMN－PT 单晶的生长和性能优化研究

（张秀芳）

2021 年度镇江市获省重点研发计划(现代农业)项目立项情况表

表 24－4

项目编号	项目名称
BE2021338	循环式谷物干燥机稻谷干燥过程智能控制技术研究
BE2021339	稻麦油联合收获机无人驾驶与自主作业关键技术及装备研发
BE2021340	基于空—地多源信息感知的茶园水肥精准管控技术及装备研发
BE2021341	丘陵山区林果业智能高效精准灌溉水肥药一体化关键技术
BE2021342	高效密植自动移栽机关键技术及装备研发
BE2021343	水磨糯米粉中重要污染物的快速智能化检测技术研发
BE2021344	桑园害虫绿色高效防控关键技术研发
BE2021345	石墨烯电热膜设施种养殖精准智能控温技术研究
BE2021346	适合工厂化饲养的优质高产蚕品种培育
BE2021347	小麦糊粉层的静电场富集关键技术研究及健康主食创制
BE2021348	超声波强化高支链淀粉糯米浓醪发酵关键技术研究及营养米酒创制
BE2021349	薄壳山核桃油脂提取及其副产物的功能与富集研究
BE2021350	新型储热式太阳能粮食产地烘储一体化系统及装备的研发
BE2021399	优质、抗病早熟圆球甘蓝“瑞甘 30”的选育与应用
农业科技社会化服务后补助	丹阳食用菌产业分店
农业科技社会化服务后补助	句容经济林果产业分店
农业科技社会化服务后补助	句容市现代农业电子商务星创天地

(陈　晨)

2021 年度镇江市获省重点研发计划(社会发展)项目立项情况表

表 24－5

项目编号	项目名称
BE2021689	hucMSC 外泌体对糖尿病及糖尿病肾病的时空网络防治策略研究
BE2021690	USP9X 修饰脐带间质干细胞外泌体抑制肝窦毛细血管化的应用基础研究
BE2021691	木质素生物质资源生物转化天然香兰素的关键技术研发
BE2021692	基于非线性脑电信号分析建立抑郁症客观评价指标及其在无抽搐电休克治疗中的应用
BE2021693	缺血事件诱发抑郁结局(缺血性卒中后抑郁症)的预警策略和干预措施攻关:影像学证据链驱动的一体化研究
BE2021694	基于固有淋巴细胞的变化探讨肺高压患者的免疫炎症机制

(陈　晨)

【镇江市获自然科学基金项目资金支持情况】 2021 年,镇江市争取到国家自然科学基金项目资金支持 8004 万元。全市获省基础研究计划(自然科学基金)项目立项 89 项,获省自然基金项目经费支持 1760 万元,其中,省杰出青年基金项目立项 1 项,省优秀青年基金项目立项 2 项,获省经费支持共 200 万元。

(陈　晨)

【镇江成立 2 家中医临床医学研究中心】 2021 年,镇江市在全省率先设立 2 家市级中医临床医学研究中心,分别是由镇江市中医院承建的“镇江市中医脾胃病临床医学研究中心”和由江苏大学附属医院承建的“镇江市中医妇科病临床医学研究中心”,市级财政分别支持 2 家研究中心经费 150 万元、100 万元。10 月 12 日,镇江市分别在市中医院和江苏大学附院召开临床医学研究中心建设现场推进会并举行揭牌仪式。

(陈　晨)

高新技术产业化

【概况】 2021 年,镇江国家高新区在全国 169 家国家级高新区中综合评价位列第 76 名,比实体化运作之前上升 49 名,在全省 50 家省级以上高新区列第 27 名,比上年上升 2 名。镇江高新区连续举办五届

“镇江高新区杯”创新创业大赛，累计吸引780个创业团队和企业报名，辐射范围涵盖国内外60家高校院所，40个大赛获奖项目获超过5000万元的科技人才扶持资金；对上争取国家、省、市人才计划政策支持，累计引进、培育各类高层次人才156人；“创新积分制”工作试点方案获科技部火炬中心批复；创成省级“双创示范基地”、省“众创社区”；江苏科技大学海洋装备研究院、南京师范大学创新发展研究院相继获批省级中小企业公共服务示范平台；落实碳达峰、碳中和部署要求，深化高新区绿色转型发展，编制完成《镇江高新区绿色发展五年行动计划》。丹阳高新区获评全市唯一一家省双创发展生态成效先进区，并入选国家小型微型企业创业创新示范基地，在国家级科技企业孵化器2020年度考核评价中获评优秀（A类）；探索建设丹阳—上海交大科技园飞地孵化器和丹阳市科技人才（北京）工作站。扬中高新区培育壮大主导产业，新增“瞪羚企业”3家；大全集团有限公司相关成果连续获国家技术发明二等奖、国家科技进步一等奖和国家科技进步特等奖；镇江大全赛雪龙、士林电气等企业先后被评为国家“专精特新‘小巨人’企业”；和成显示公司获中国专利金奖；壮大创新创业载体，建有院士工作站7家、博士后工作站6家，国家级技术研发中心1家，国家“863计划”成果转化基地1家，国家级孵化器1家、省级孵化器2家、省级“众创空间”3家；国家级科技企业孵化器连续3年获评科技部火炬中心国家级科技企业孵化器综合评价A类和省科技厅科技企业孵化器绩效评价A类。（卢永慧）

【创新创业生态建设】 2021年，镇江市出台《关于全市科技孵化载体高质量发展实施意见（试行）》《镇江市科技企业孵化载体高质量发展综合评价办法（试行）》《镇江市科技企业孵化器和众创空间管理办法（试行）》等政策措施，推动构建“要素集聚、载体多元、服务专业、开放共享”的创新创业生态。推动孵化载体梯度培育，新增1家国家级孵化器、3家国家级“众创空间”，2家省级科技企业加速器、3家省级“众创空间”；新认定9家市级孵化器、8家市级“众创空间”。（张秀芳）

【科技金融】 2021年，镇江市在科技金融工作中创新支持模式，引导“苏科贷”“高企贷”“创新领军企业贷”“中小微企业助力贷”等科技金融产品，围绕“高精尖缺”科技成果转化和“自立自强”产业研发项目，为企业开展关键核心技术攻坚提供资金支持，助力产业加快提质培优、做精做强。科技金融产品为190余家企业提供科技贷款近10亿元。梳理企业融资需求和银行特色金融产品，组建联动服务小分队，分领域、分片区组织“政银企”精准对接。搭建“线上＋线下”互动平台，畅通“供需匹配”信息共享机制，增强企业的服务“获得感”。市科技局与江苏银行镇江分行合作实施“科技领跑者”计划，联合中国银行镇江分行开展“高企融资服务直通车”活动，搭建政银企绿色通道，解决科技企业融资难题；加强与相关部门和金融机构合作，推动金融资本流向“有技术、有前景、缺抵押”的科技中小企业、初期创业企业、新兴产业企业；先后组织“科技金融进孵化器”活动9场，银企对接活动4场，帮助科技企业解决融资问题。（张秀芳）

【高新技术企业培育】 2021年，镇江市组织申报高新技术企业765家，认定公示376家，总数为1222家；381家企业进入高新技术企业培育库，2163家企业备案为国家科技型中小企业；97家企业新增为省民营科技企业。（张秀芳）

【企业创新能力建设】 2021年，镇江市做好省级企业工程技术研究中心申报指导工作，全年新建省级企业工程技术研究中心24家，总数增至209家。鼓励企业建立市级企业工程技术研究中心，全年新建市级工程技术研究中心99家，总数增至946家。推动企业建设省产业技术研究院企业联合创新中心，组织明月镜片公司等细分行业的龙头企业与省产业技术研究院开展精准对接，全年新建省研院企业联合创新中心5家，总数为21家。（马　弋）

【科技服务业】 2021年，镇江市引导中小企业使用公共科技资源开展研发创新，推进科研设施和仪器开放共享，适时开展大型科学仪器开放共享用户补贴申报工作，省级、市级各下达补贴资金18173万元。征集驻镇江高校院所、检测机构等管理的大型科学仪器，更新充实大仪器设备平台库，全年市大仪器平台新增大型科学仪器71台（套）、省科技创新券服务机构5家；加大政策宣传，开展大仪器共享政策宣传及培训活动6场次，培训企业100余家。（马　弋）

科技成果

【概况】 2021年，镇江市获省科学技术奖励29项，其中，省科学技术一等奖2项、二等奖9项、三等奖16项；江苏鱼跃医疗设备股份有限公司获省企业技术创新奖，江苏恒顺醋业股份有限公司李国权获省青年科技杰出贡献奖。（郭秋丽）

2021 年镇江市获省科学技术奖项目表

表 24－6

奖励名称	项目名称
省科学技术一等奖	复杂系统的级联失效行为分析及优化
省科学技术一等奖	客车用高效能功率分流型混动专用变速器
省科学技术二等奖	高端装备构件热态激光喷丸抗疲劳制造关键技术与应用
省科学技术二等奖	废水中污染物监测、降碳及高值回收的创新技术与规模应用
省科学技术二等奖	船舶动力装备全系化工艺设计关键技术及应用
省科学技术二等奖	深海潜水器耐压结构关键技术及应用
省科学技术二等奖	固态酿造食醋智能化装备关键技术及产业化
省科学技术二等奖	特大型加氢反应器关键技术研发与应用
省科学技术二等奖	高效高可靠性开关磁阻电机系统关键技术及应用
省科学技术二等奖	绿色生物发酵装备创制及应用
省科学技术二等奖	水稻主要病虫害防控精简用药关键技术创新与应用
省科学技术三等奖	大型智能化谷物联合收获关键技术与装备
省科学技术三等奖	智能高效大型叶片泵基础理论和关键技术及推广应用
省科学技术三等奖	基于力控制的复杂工件表面精整机器人关键技术及应用
省科学技术三等奖	高性能分布式光伏并网逆变器关键技术与产业化
省科学技术三等奖	基于超低排放约束下的火电机组灵活性运行及深度调峰关键技术与装备
省科学技术三等奖	原电池高速精准制造智能成套装备研发及产业化
省科学技术三等奖	具有仿生分形结构的高效板式换热器关键技术研发及产业化
省科学技术三等奖	移动式生物安全高等级实验室关键技术与应用
省科学技术三等奖	高效节能型循环带式焙烧机成套装备关键设计及制造技术
省科学技术三等奖	智能精密伺服压力机成套装备关键技术研发及应用
省科学技术三等奖	塑料固废再生建筑模板工艺及其成套生产装备
省科学技术三等奖	高效能复合式物理处理船舶压载水处理装备
省科学技术三等奖	多功能高热防护有机特种纤维的关键技术与应用
省科学技术三等奖	第三代核电站核级阀门电动装置关键技术研发及产业化
省科学技术三等奖	HPV 感染与盆底疾病以肛门直肠及宫颈病变为主的相关性系列研究
省科学技术三等奖	浆果花青素功能解析及产品创制关键技术

（郭秋丽）

【技术合同成交情况】 2021 年，镇江市推进技术合同登记认定工作，出台《镇江市技术转移奖补资金实施细则（试行）》，全市技术合同成交金额 100.16 亿元，增幅列全省第 2 名。全年签订技术合同 3303 项，成交总金额 100.16 亿元。其中，技术开发合同 1380 项，合同成交金额 66.95 亿元；技术转让合同 363 项，合同成交金额 5.09 亿元；技术咨询合同 133 项，合同成交金额 1.12 亿元；技术服务合同 1427 项，合同成交金额 27 亿元。（曹宏兵）

科技招商

【概况】 2021 年，镇江市科技局按照全市《关于加强重点产业链招引的工作意见》要求，实施海工装备“链长制”与产业链招商双轮驱动工程，全年备案亿元以上产业项目信息 7 个，海工装备产业亿元以上项目落户 7 个，比上年增长 75%，项目总投资近 70 亿元。举办镇江市海工装备产业（上海）招商会，“沪东重机船用低速柴油机生产转移”等 5 个产业投资项目签约，总投资超 14 亿元。3 月 3 日，镇江市召开产业项目招引工作现场推进会。

（卢永慧）

【5 个海工装备领域项目签约】 2021 年 10 月 29 日，镇江市海工装备产业招商会暨产业联盟与中船协知识产权分会成立大会在上海召开。5 个海工装备产业重大项目签约，总投资超 14 亿元。其中“沪东重机船用低速柴油机生产转移”项目是镇江市承接上海市产业转移项目的典型代表。

（卢永慧）

【镇江市海工装备产业招商图谱】 2021年10月29日，镇江市海工装备产业招商图谱编制完成并对外发布。图谱编制围绕《镇江市国民经济和社会发展第十四个五年规划和二〇三五年远景目标纲要》《镇江市"十四五"船舶与海洋工程装备产业发展规划》《关于加强重点产业链招引的工作意见》要求，分为高技术与特种船舶建造、船舶关键配套、海工关键配套等10个章节，对产业链、企业分布、核心技术、市场分布、高端人才等情况做详细介绍。 （卢永慧）

【镇江市—沪东中华造船（集团）产业链合作对接会】 2021年10月29日，镇江市—沪东中华造船（集团）产业链合作对接会在上海举办。镇江部分海工装备企业负责人，沪东中华造船（集团）配套部、开发研究所、LNG技术研究所、科技管理部代表参加会议。会上，镇江市科技局向沪东中华造船（集团）企业代表介绍镇江海工装备产业发展总体情况，表达承接上海产业、项目、人才资源的对接合作愿望。沪东中华造船（集团）介绍企业发展历程、主要产品、技术研发及人才培养情况及产品配套需求。镇江船厂、现代造船、中船日立、船舶电器、天海特种设备等整船、配套企业负责人介绍各自企业和产品情况。 （卢永慧）

知识产权工作

【概况】 2021年，镇江市深化知识产权工作体系建设，加强顶层设计，强化保护链条，发布镇江市"十四五"知识产权发展规划，出台《镇江市市级知识产权专项资金管理办法》《镇江市知识产权战略推进计划项目管理办法》等文件。当年，全市专利授权总量22692件，比上年增长14.54%。有效发明专利总量15561件，增长16.5%。商标注册量11455件，增长28.29%。万人高价值专利拥有量14.29件，列全省第4名。镇江市获第二十二届中国专利奖金奖2项、优秀奖8项，发明专利金奖数与苏州并列全省第1名。在省第三届专利发明人奖评选中，全省10名获奖人员中镇江市占2人。

2021年，镇江市将专利导航工作列入《镇江市"产业强链"三年行动计划》，融入镇江产业强市"一号战略"，对接"四群八链"的规划和建设，从产业布局结构优化、企业整合及引进培育、技术引进及协同创新、人才培育及引进合作、专利布局与市场运营等角度，发挥专利导航在产业规划布局、重大项目分析评议中的决策支持作用，推动专利导航成果落地实施。围绕"四群八链"中的重点产业，探索知识产权支撑区域发展的有效模式，推动高价值专利培育与产业的深度结合。发挥高价值专利培育、审核和运营平台作用，引导全市知识产权创造成果向高质量产出和产业化应用发展。选择智能农机等产业，形成产业专利导航分析报告、产业专利导航图谱、产业发展导向目录等成果，为产业的联动合作、重构升级等提供数据支持。

2021年，镇江市加强商标、地理标志品牌建设，印发《镇江市商标品牌培育指导站建设工作指引》，依托园区、产业聚集区、行业协会及重点企业等开展商标培育指导站建设工作。服务乡村振兴，加强地理标志保护，"镇江香醋""金山翠芽"获地理标志运用和促进项目立项；推进"镇江肴肉""镇江凤头白鸭"等地理标志的注册工作。印发《关于加强知识产权优势企业培育工作的意见》，以战略实施能力强、布局效果好、专利密集度高、人才队伍建设成效明显为培育目标，发挥优势企业示范引领作用，激发市场主体的创新活力和内生动力。市知识产权部门与市金融监管局联合对全市52家拟上市企业开展知识产权情况调查，推进完善拟上市企业的知识产权制度运用，指导企业规避知识产权风险。实施知识产权战略推进计划，开展企业知识产权管理标准化工作，培育高新技术企业、知识产权密集型企业，激发市场主体的创新活力和内生动力，助推重点产业链和重点领域发展。全年立项战略推进、高价值专利示范、产业专利导航等市级项目18项，其中，江苏恒顺醋业股份有限公司获批高价值专利培育新建项目，大全集团有限公司获批高价值专利培育升级项目，江苏天奈科技股份有限公司等3家企业获批企业战略推进计划项目。新增知识产权贯标备案企业225家，通过认证或绩效评价企业72家。 （施　萌）

【知识产权保护工作】 2021年，镇江市知识产权部门牵头制定《镇江市关于加强知识产权保护的实施意见》，出台《关于规范知识产权民事纠纷诉前调解工作的指导意见》。推进中国（镇江）知识产权保护中心申报工作。加强8个维权分中心建设，强化非诉调解机构建设，完善知识产权维权援助体系建设，指导知识产权纠纷调解组织开展诉调对接。全年受理72件调解案件，调解成功率72.2%；办理电商平台知识产权纠纷案件591件。知识产权保护社会满意度超过85分，高出全国平均满意度5分。强化地理标志保护，对全市12件地理标志商标的权利人协会进行走访调研，了解地理标志保护需求。以镇江"金山翠芽""镇江香醋"为重点，开展地理标志专项检查，检查企业22家，完成"镇江香醋"许可使用企业验收3家，查处涉嫌侵犯镇江"金山翠芽"地理标志案件1件。同时，注意突出重点领域知识产权保护。聚焦全市四大主导产业集群和8条重点产业链，出台《镇江市2021年重点商标保护名录》，全市86家驰名商标企业、链主企业、龙头企业的商标列入重点保护名录。“惠龙易通”“镇研”获驰名商标保护，全市驰名商标总数为50件。全年全市处理专利侵权纠纷行政裁决案件50件，比上年增长61%；查办商标侵权案件159件，增长59%；查办假冒专利案件9件，增长350%。向省知识产权局推荐专利、商标行政保护典型案例6件，其中2件入选国家知识产权局推荐案例。（施　萌）

【知识产权服务体系建设】　2021年，镇江市知识产权部门加强知识产权服务体系建设，打造镇江知识产权公共服务体系，完善知识产权公共服务网络平台，打通知识产权运营服务全链条。推进镇江新区省级知识产权服务业集聚区建设，集聚区内有线下服务机构63家、线上服务机构109家。指导原镇江知识产权服务联盟转型升级，成立市知识产权促进会。组织相关机构申报省级知识产权信息公共服务网点，入选数量列全省第5名。强化知识产权服务机构监管，开展非正常专利申请代理行为整治工作，优化知识产权服务环境。围绕“四群八链”，按照“产业基础高级化、产业链现代化”发展要求，开展全市专利转化运用促进项目，开发专利收储托管服务平台，提高专利与市场、企业、产品的匹配效率。《镇江市关于加强知识产权质押融资工作的指导意见》出台，将知识产权贷款纳入财政助力贷款体系中，探索知识产权反担保模式。开展企业知识产权质押融资需求调研，并举办多场知识产权质押融资银企对接活动，为企业融资搭建高效通畅的沟通平台。2021年，全市知识产权质押融资金额7.2亿元，比上年增长494%。（施　萌）

气象科技与服务

【概况】　2021年，镇江市气象部门编制《镇江市“十四五”气象事业发展规划》，谋划镇江“十四五”期间气象事业发展。镇江市政府印发《镇江市人民政府关于推进气象事业高质量发展的意见》，明确“十四五”时期和2035年全市气象事业高质量发展的具体目标和发展要求。推进镇江市气象灾害监测预警与应急中心项目建设。

基础业务情况。市气象部门综合气象业务数据观测质量99.79%，列全省第2名。在全市范围内开展气象观测铁塔安全状况巡查，完成扬中测风塔拆除；完成丹徒某雷达报废工作。开展台站资料直传CTS工作；组织各台站完成ISOS软件和主采集器程序升级；开展农业气象人工观测标准格式数据业务试运行，年内完成6次农业气象业务软件升级。成立镇江市气象灾害综合风险普查工作领导小组。开展风险普查工作，完成全市9个气象灾害致灾因子的数据核查汇交工作。建设农业气象观测站，完成首次水稻生育期的农业气象自动观测。市气象局参加2021年镇江市防汛抢险军地联合演练，配合完成气象系统及公安部组织的2次演习。

气象宣传工作。市气象部门联合新华日报社镇江分社合作开辟《谈天说地》栏目，在交汇点新闻App以及“新华镇江观察”视频号发布12期，平均播放量过万次。官方微博在台风“烟花”影响期间，开辟“烟花”动态跟踪栏目，及时更新“烟花”路径位置，雨情风情实况等，发布相关信息微博29条，阅读量45万人次。运用“镇江气象”微信公众号和“镇江预警发布”抖音号在强对流、台风等灾害性天气期间开展科普和应急避险宣传。运用“3·23”世界气象日、“5·12”防灾减灾日、第33届科普宣传周、全国科普日等时间节点开展气象防灾减灾科普宣传。

基层预警传播工作。市气象部门将3000多名网格员纳入预警发布系统，完成微信机器人对接，实现农业、防汛、交通和市气象局内部等4个群预警信号自动发送，预警信息发布准确率100%。市气象局、市应急管理局、市文广旅局联合对接市应急广播系统，实现全市56个街道(乡镇)、768个社区(村)全覆盖。（张晨昕）

【气象服务工作】　2021年，镇江市气象部门做好春、夏、秋季农事关键节点气象服务工作。在新型农业经营主体基础上，将农机手、种粮大户(20公顷以上种植面积)纳入直通式服务。在小麦生长关键期、水稻生长关键期开展专项服务，首次开展无人机飞防精细化气象保障服务。制作服务材料10余期，制作水稻穗期专题服务材料4期。针对灾害性天气制作农用天气预报材料5期，并及时进行灾情调查。将200多家茶叶大户纳入气象服务对象，联合省气候中心发布特色农业气象服务材料3期，制作茶叶霜冻气象服务。开展花期预报，针对该年暖冬的气候特征，提前发布2021年度樱花观赏期预报服务材料。制定针对各市(区)特色农产品葡萄、水蜜桃、茶叶、水产等服务方案，提高特色为农服务能力。

农险服务保障。市气象部门推动开发桑葚气象指数，省内首单商业性桑葚气象指数保险落地句容，为句容市茅山镇农户投保的18亩(1.2公顷)桑葚提供总价值45000元的风险保障。台风“烟花”影响过后，开展灾情调查，为农户获得理赔提供第一手资料。探索卫星遥感技术在农户理赔方面的应用。

公众气象服务。市气象部门运用“镇江气象”微信公众号和“镇江预警发布”抖音号开展公众气象服务。制作农业、交通等行业服务专报3期，开展农业灾情调查1次，联合相关部门发布预警2条，发布预报服务宣传相关报道4篇。做好海事、供电、农业、交通等行业气象服务，制作行业服务专报18期。向公众发布气象灾害短信、电话服务24次。（张晨昕）

【气象应急管理】 2021年，镇江市启动3次气象灾害应急响应。台风“烟花”应急响应期间，全网发布相关信息，做好预警工作。深化气象领域军地交流合作，参加2021年防汛抢险军地联合演练；与市应急管理局、市文广旅局联合印发《关于进一步做好重大灾害预警信息广播电视播发工作的通知》。全年预警中心发布预警信息544条，其中，气象类预警541条、地质灾害预警1条、洪水预警2条。市应急管理局、禁放办在气象“12379”平台发布重要通知短信16条。（张晨昕）

【人工影响天气工作】 2021年，镇江市人工影响（以下简称为“人影”）气象作业点精简为6个，人影作业人员备案率、作业人员意外保险覆盖率、公众责任险作业点覆盖率均为100%。以桌面推演的形式，开展省、市、县气象局及公安部门共同参与的“人影”安全应急演练。年内组织全市6人参加省气象局举办的“人影”上岗培训。全年组织开展人工增雨作业16次，其中，“人影”成功作业9次；累计发射火箭弹36枚，作业安全零事故。（张晨昕）

【防雷安全监管】 2021年，镇江市气象部门落实135家重点单位的防雷安全行政检查工作，其中，对69家单位下发53份整改意见书、144条的整改意见。全市升放气球巡查106次，现场处置违规行为6次。与市有关部门展开联动，开展烟花爆竹专项检查、旅游景点的“双随机”检查。（张晨昕）

【气象科研情况】 2021年，镇江市气象部门成立以“精细化预报订正技术及服务产品应用团队、气象为农服务适用性技术研发、生态气象服务创新团队”等研究方向的3个创新团队。1人入选镇江“金山英才”计划暨第六期“169工程”培养对象。全市完成省气象局课题验收1项，完成待验收市科技局课题1项；在研市科技局项目1项、省气象局2项；发表论文12篇，被气象相关学术论坛收录论文10余篇，获实用新型专利1个、软件著作权1个。（张晨昕）

水文科技与服务

【概况】 2021年，镇江市推进地表水、地下水基本和专用水文站网体系建设，强化布局，完善项目。全市有地表水基本站19处、专用站29处；浅层地下水监测井11处、深层地下水监测井11处；水量巡测断面沿江口门8处及市界口门4处、水质监测断面131处。镇江水文部门全年编制《镇江市湖泊水生态监测简报》4期，《2021年度深层地下水动态监测报告》季报4期、年报1期，《句容市水功能区水质、湖泊水生态通报》12期；编制《2021年镇江市水资源公报》。（蒋闻雨）

【水文监测】 2021年，镇江市完成国家基本水文监测站年数如下：降水18站年、蒸发1站年、水位10站年、流量6站年；浅层地下水逐日水位13站年、水温13站年；深层地下水逐日水位7站年、人工十五日水位4站年、水温4站年；另有中小河流水文监测系统以及市水文现代化站网中降水23站年、水位13站年、流量2站年、墒情3站年。其他监测站年数：自记雨量（镇江、句容）降水2站年、地方水库站降水18站年、沿江巡测站水位3站年、市界口门巡测站流量7站年。（蒋闻雨）

【水文情报】 2021年，镇江市雨水情遥测站运行稳定，向水利部、省水文局、市防汛防旱指挥部发送雨水情遥测数据4100多万个，数据完整率在99.9%以上。全年编发水情月报12期、周报19期、分析快讯10期。开展长江镇江（二）站潮位日常化预报工作，开展及发布镇江（二）站潮位预报730多潮次（含修正预报）。参加市防汛抗旱指挥部防汛防台会商9次，发送雨水情短信3万多条。（蒋闻雨）

【水资源监测】 2021年，镇江市加强湖泊水生态、饮用水源地、地下水、入河排污口、边界河道、长江、大运河、运粮河支流等水质监测工作。全年监测项目50多个，监测站点272个，取水样4200多个，获水质数据8万多个。（蒋闻雨）

综 述

【概况】 2021 年，镇江市成立教育工作领导小组，围绕教育资源规划、义务教育优质均衡创建等事项出台相关政策文件，保障教育事业优先发展战略地位，加快破解人民群众关注的教育“急难愁盼”问题。全市创成省“一校一品”党建文化品牌 8 个，打造青少年党史学习教育品牌，开设网上党史学习教育 3D 馆。全市义务教育优质均衡发展达标比例全省第 1 名，义务教育质量监测初中、小学学业水平名次在全省靠前；扬中市和丹徒区义务教育优质均衡发展达标比例均超过 90%。把教育发展主要目标纳入经济社会发展规划，深化教育领域改革，完善各项配套制度，推动改革向纵深发展。推动育人方式、评价方式的转变，深化教育教学改革和评价改革，学生全面发展的评价办法更加多元。围绕义务教育“双减”、中小学“五项管理”、课后服务、体育工作、师德师风、义务教育教师工资待遇保障等热点问题，开展专项督导。做好义务教育优质均衡发展、学前教育普及普惠发展、义务教育质量等各项评估监测工作，为教育改革决策提供科学依据。镇江作为江苏省“双减”试点市，在提升课后服务水平、初中生综合素质评价、学生成长导师制、小幼衔接教育等方面做出探索。

加强未成年人思想道德建设，成立党史宣讲团，开发网上教育馆，推出 200 节党史精品课，组建 7 个大中小学一体化思政联盟，开展各类寻访研学、志愿服务和社会公益活动 1 万余场次，参与青少年近 80 万人次，德育工作品质提升。镇江新区探索“劳动教育”见成效，开展“校村牵手兴农育人，亚夫精神薪火相传”教育实践活动，开展“小桶种植水稻”项目。丹阳市推进《家庭教育指导手册》应用，按家长所需推出“点单式”家庭教育志愿服务，承办江苏省小学心理健康教育优质课展评活动，1 名教师获一等奖。开展教育领域人民群众反映强烈突出问题专项治理，督查校外机构违规办学、在职教师有偿家教等问题。丹徒区制定《师德师风建设“五项工程”实施方案》，提升师德素养。

启动“十四五”教育布局规划，注重教育公平，加大资源建设。丹阳市重点推进高新区实验中学、高新区实验小学（幼儿园）、丹北实验中学、马相伯中学（幼儿园）、省丹阳高级中学、吕叔湘中学迁址新建等 6 个学校建设工程，化解部分学校规模超标问题。句容市加快推进省句容高级中学异地新建，落实学位有限使用方案，科学安排中小学教师流动，缓解热点学校招生压力。 （裴 伟）

【教育投入】 2021 年，镇江市地方教育经费总投入 102.57 亿元，比上年增加 9.21 亿元，增长 9.87%。全市国家财政性教育经费总投入 89.64 亿元，增加 6.82 亿元，增长 8.23%，其中，镇江市本级国家财政性教育经费 15.04 亿元，增加 1.91 亿元，增长 14.55%；民办学校举办者投入 0.55 亿元，减少 0.12 亿元，下降 15.81%；捐赠收入 596 万元，减少 0.0426 亿元，下降 41.63%；事业收入 11.11 亿元，增加 2.25 亿元，增长 25.31%；其他教育经费收入 1.22 亿元，增加 0.3 亿元，增长 33.07%。全市教育经费投入以政府财政投入为主，其他教育经费投入作为有效补充，国家财政性教育经费投入比例为 87.38%。

2021 年，全市一般公共预算教育经费（包括教育事业费、基本建设经费、教育费附加）81.37 亿元，增加 4.94 亿元，增长 6.47%。其中，镇江市直、润州区、丹徒区、丹阳市、扬中市、句容市分别增长 16.72、5.95、20.44、5.25、4.53、4.64 个百分点。

各地各学段生均公用经费拨款比省定标准提高10%以上，其中，学前教育、普通小学、普通初中、普通高中、中职校每生每年分别不低于650元、770元、1100元、1100元、1500元。特殊教育学校和随班就读学生按生均公用定额的8倍安排。

全市重视家庭经济困难学生上学问题，学生资助政策体系实现学前至高等教育阶段全覆盖，从制度上保障家庭经济困难学生均能入学。全年全市发放学生助学金5450万元，其中市直发放1323万元。学前教育财政投入为6.68亿元，学前教育财政投入占全市财政性教育投入7.45%，超过省定标准2.45个百分点。（蒋　峰）

【招生考试】 2021年，镇江市组织各类考试26次、教师资格面试2次，总规模为29.72万人次。普通高考：全市12126人参加新高考适应性考试，13770人参加普高学业水平合格性考试；13435人参加普高信息技术合格性考试；高职院校单独招生文化测试816人；专转本考试2814人；参加省美术类专业统考814人；参加省广播电视编导专业统考198人；报名参加高考12244人，高职院校提前招生录取1156人。2021年是江苏省高考新方案首次落地之年，高校录取分本科提前批次、本科批次和专科批次3个批次录取，志愿填报采用“院校专业组＋专业（类）”模式，录取工作结束后省教育考试院首次未向各设区市下发高校录取结果。硕士研究生：1919人参加全国硕士研究生考试。成人考：全市报考人数10962人，录取人数8978人。中考：全市参加中考考生数为22589人，初二考生数为24124人。全市高职、普通中专录取新生1945人。23850人参加市中考艺术学测考试。对口和中职：全市有3130人报考对口单招，录取2832人；4543人报考中职学考。全年自学考试和社会考试报考规模149829人次，其中，学历考试25327人次，毕业生为2315人，非学历考试124502人次。（张小兰）

【特殊教育】 2021年，镇江市把专业职业资源引入特殊教育学校，建成4所职业学校融合教育资源中心，组建镇江高职院校和市特教中心特职融合班。完善资源中心相关制度，启动27所“融合教育基地校”培养工作，举办融合教育专题培训，规范资源中心运行。强化项目建设，推进区域融合教育内涵式发展，开展融合教育优秀案例、融合好课堂评比等活动，推进落实“一人一案”（给一名随班就读学生建立专项档案），“送教上门”项目被列入市政府残工委“携手一起跑，助残在行动”实事项目。申报省特殊教育发展工程项目4个、前瞻性项目1个，2个项目获省基础教育教学成果二等奖。（赵丽娜）

【语言文字工作】 2021年，镇江市开展第十二届“我们的节日·京江明月中秋韵”经典诵读活动，9月17日，该活动总决赛结束，大赛3个组分别评出一等奖3个、二等奖8个、三等奖11个。组织参加“诵经典习党史”2021年度全省中华经典诵写讲系列活动。12月，市教育部门组织语言文字工作专题培训班，学习国务院办公厅《关于全面加强新时代语言文字工作的意见》，并到茅山革命老区小学、幼儿园调研学校语言文字工作。全年3000人参加普通话水平等级测试。（裴　伟）

教师队伍

【概况】 2021年，镇江市有教职工46300人，其中专任教师36220人。高校教职工9529人，其中专任教师6413人；中职学校教职工1951人，其中专任教师1873人；普通中小学教职工23341人，其中，专任教师21599人，包括小学阶段专任教师10872人，初中阶段专任教师6818人，高中阶段专任教师3909人；幼儿园教职工11294人，其中专任教师6169人；特殊教育学校教职工185人，其中专任教师166人。镇江市市属学校教职工总数2244人，其中专任教师2077人。中职学校教职工448人，其中专任教师402人；普通中学教职工1735人，其中，专任教师1617人，高中专任教师761人；特殊教育学校教职工61人，其中专任教师58人。

师德建设。加强全市中小学师德专题教育，实施中小学有偿补课和教师违规收受礼品礼金问题专项整治工作。以“赓续百年初心，担当育人使命”为主题开展“师德建设主题月”活动。教育行政部门与学校签订师德师风建设目标责任书620份（含民办），各校与专任教师签订拒绝从事有偿补课、拒收礼品礼金承诺书23393份。

师能建设。组织召开镇江市“四有”（有理想信念、有道德情操、有扎实学识、有仁爱之心）好教师团队建设交流推进会，探索新时代中小学立德树人的“镇江经验”“镇江模式”。启动实施镇江市中小学教师信息技术应用能力提升工程2.0，组建18门学科专家团队，采用“集中培训＋线上学习＋返岗教研”的方式，帮助学员克服“工学”矛盾，全市中小学、幼儿园教师23000多人集中参训。强化各级教师发展示范基地校建设，完善教师发展体系建设。强化年轻教师的基础培训，全市通过跟岗实践、浸入式学习等形式培训新招聘青年教师1000多人。依托国培、省培、市培和校本培训开展教师全员培训，全市年度培训教师超过32000人次。

师资队伍建设。推进教师“县管校聘”管理改革，启动教师素养提升工程，均衡人才资源配置。2021年，全市招聘教师1995人，交流教师1589人，交流教师占符合交流条件教师比例为18.6%，其中，骨干教师占比为35.4%。遴选65名教师赴新疆、西藏、陕西支教。培育建立11家乡村教育带头人和骨干教师培育站，培育一线教师，打造业务精、能力强、观念新、师德好的“双师型”教师队伍。（王俊义　裴　伟）

【拔尖人才培养】　2021年，镇江市7人获评江苏省教育系统先进个人，1人获“2020江苏教师年度人物”，1人获评“江苏最美教师”，1人获“感动江苏最美人物——最美中学教师”提名奖，1人入选教育部乡村优秀青年教师奖励计划，2人担任省名师名校长工作室领衔人，2人入选“苏教名家”培养对象，1人获省五一劳动奖章，5人入选江苏省乡村优秀青年教师奖励计划。新晋正高级、特级教师28人。市属学校（单位）16名教师入选江苏省第六期“333高层次人才培养工程”第三层次培养对象，147名教师入选镇江市第六期“169工程”（169跨世纪学术技术带头人培养工程）培养对象，16个项目获“169工程”培养对象科研项目资助。市教育部门组织基础教育“169”人才高级研修班、特级教师后备人才暨教育系统领军人才培训班、市中青年教师高级研修班、市属初中校长任职资格培训班等教师培训活动20余次，1000多人次参训。（王俊义）

【教育协作与援助】　2021年，镇江市教育部门与新疆生产建设兵团四师、西藏拉萨、陕西渭南等地教育部门加强对口支援协作合作交流，择优遴选65名教师赴新疆生产建设兵团、西藏自治区、陕西省支教。安排6名新疆生产建设兵团第四师优秀教师，3名长三角教育系统校长、教师在全市跟岗培训。组织28名优秀教师、管理人员赴新疆可克达拉市参加第十届疆内外教学周活动。市教育局人事处被市委、市政府授予全市脱贫攻坚暨对口帮扶支援合作先进集体称号，4人获省级先进个人称号。（王俊义）

学前教育

【概况】　2021年，镇江市有幼儿园283所，在园幼儿84224人，学前3年毛入园率为99%，普惠性幼儿园覆盖率（在公办园和普惠性民办园就读幼儿占比）、优质幼儿园覆盖率（在省市优质幼儿园就读幼儿占比）均为90%以上，公办幼儿园覆盖率（在公办园就读幼儿占比）在67%以上。教职工总数11193人，其中专任教师6433人。

全市以项目建设为切入点，提升幼儿园保教质量，推动学前教育高质量发展。全市完成7所幼儿园新建改扩建任务，9所幼儿园开园，新增学位2500余个；完成8所省优质幼儿园复审，新增省市优质幼儿园13所；争创省基础教育内涵建设项目4个、省幼小衔接试点区2个和试点校（园）10组。扬中市和丹阳市普惠性幼儿园覆盖率分别为95%和94.51%，京口区优质幼儿园覆盖率最高，为97.44%。全市推进幼儿园内涵提升领衔人培养计划，启动第五批《3～6岁儿童学习与发展指南》实验基地建设，申报成功省前瞻性重大项目2个，省课程游戏化项目2个；获省基础教育教学成果奖一等奖2个、省教育科研成果奖三等奖3个，学前教育改革发展经验在国家、省、市级媒体报道。（凌云朵　裴　伟）

【全国学前教育宣传月江苏启动仪式】　2021年5月19日，由江苏省教育厅主办的全国学前教育宣传月江苏启动仪式在丹阳市举行，该次活动以“砥砺十年，奠基未来”为主题，旨在聚焦学前教育十年砥砺奋进之路，展现江苏省新时代学前教育深化改革、规范发展的新面貌。会上，省教育厅为23个首批省级幼小衔接实验地区授牌，镇江市做学前教育改革发展的经验介绍，南京师范大学教授做幼小衔接专题报告。会议同时召开“江苏学前教育这十年”新闻发布会，总结回顾江苏省学前教育普及普惠发展的重大成果，要求以更新的理念、更高的起点、更强的责任、更高的目标推动江苏省学前教育高质量发展。省教育厅厅长葛道凯做视频讲话，各设区市教育局，以及幼儿园教师、家长代表、媒体记者等数百人参加。（裴　伟）

基础教育

【概况】　2021年，镇江市有201所义务教育学校，其中，小学107所，初中61所，九年制学校28所，十二年制学校3所，完全中学2所。义务教育阶段在校生24.11万人，其中，小学在校生16.85万人，专任教师1.06万人；初中在校生7.26万人，专任教师0.65万人。

全市有公办普通高中学校17所，其中，省高品质示范高中建设立项学校1所，省四星级高中14所，三星级高中2所；1所新建公办高中未达三星级。在校生4.1572万人。有特殊教育学校5个，特殊教育指导中心8个，有学前阶段特殊教育学生172人入学、义务教育阶段1775人入学、高中教育阶段167人入学，基本普及残疾学生15年教育。全市配备22名教科研中心组成员、67名巡回指导教师及159名融合教育资源教师。全市建成融合教育资源中心159个,实现所有镇(街道)各学段融合教育资源中心全覆盖。

义务教育学生学业质量有提升,省基础教育青年教师基本功大赛中25人获一等奖,其中丹阳市18人。丹阳市集团化办学推进力度加大,新增11个省级内涵建设项目,16个项目获市级立项。京口区和润州区依托集团化办学,健全质量协同机制,校际差异缩小。 (顾正勇 马继红)

【义务教育阶段“双减”工作】 2021年,镇江市被江苏省列为义务教育阶段“双减”试点市,市委常委会会议研究《关于进一步减轻义务教育阶段学生作业负担和校外培训负担的实施方案》《镇江市规范民办义务教育发展实施方案》,强调落实好“双减”工作、规范民办义务教育发展,是2021年教育改革发展的重点任务。镇江市成立“双减”和“规范民办义务教育发展”工作专班,分别负责减轻义务教育阶段学生作业负担和减轻义务教育阶段学生培训负担,以及规范民办教育发展工作。市委、市政府多次召开会议听取“双减”工作进展。要求通过校外与校内相结合、减负与增效相结合、当前与长远相结合,实现学生过重作业负担和校外培训负担、家庭教育支出和家长相应精力负担1年内有效减轻、3年内成效显著,计划到2022年年底,全市民办义务教育在校生规模占比控制在5%以内,各市(区)控制在15%以内。全年市委教育工作领导小组联合各地、各部门开展督查1000人次,查处违规培训14起。压减学科类校外培训,全市384家学科类培训机构注销、转型380家,压减比例为98.96%。 (裴 伟)

【中小学“五项管理”】 2021年,镇江市教育局印发《关于进一步推进“双减”工作落实“五项管理”促进中小学生身心健康发展的通知》,对作业、考试、手机、读物、体质等5项管理做出明确要求,促进“双减”落地生效。11月上旬开始,市教育局组织170多名骨干教师为初中学生提供在线答疑,科目包括语文、数学、英语、物理、化学。11月中旬,开展“五项管理”专项检查,并进行通报。市教科研中心开展“研学课堂”教学改革实践,有70所中小学被命名为“研学课堂”实验学校。 (顾正勇)

【“深化评价改革提升学校办学品质”入选全国落实“双减”典型案例】 2021年11月1日,教育部基础教育司组织遴选第二批学校落实“双减”工作典型案例18个,第18个为“江苏镇江市深化评价改革提升学校办学品质”。镇江市出台义务教育学生综合素质发展性评价方案,形成内容具体、学段衔接、注重发展的评价体系。推行教研组发展性评价,出台镇江市教研组发展性评价方案,重点评估教师专业素养提升、研学课堂推进、资源建设和使用等方面。出台《镇江市高品质学校评选标准》,通过材料评审与实地检查、终结性评估和随机专项性检查相结合的方式,开展市、县两级高品质中小学校创建工作,提升学校内涵品质和教育教学质量。

9月13日起,全市所有义务教育学校实施“5+2”模式的课后服务,学生参与率超过92%,学生、家长满意率超过97%。市教育局组织课后服务“一校一案”和精品活动案例评选,促进义务教育学校课后服务提高质量,同时启用信息平台,并开展使用试点工作,以强化课后服务、作业管理资源供给和实施情况监管。 (顾正勇)

【初中学生综合素质发展性评价】 2021年,镇江市教育部门出台《镇江市初中学生综合素质发展性评价实施方案(试行)》,建设学生综合素质评价信息平台。该方案突出“五育”并举,引导学生养成守信、友善和担当等道德品质,养成良好锻炼习惯和健康生活方式,参加艺术课程学习和实践活动,按照学段劳动清单参加力所能及的社会实践和校内、家务劳动;尊重原有基础,改变只重标准不顾现状的评价方式,既设置定向评价,引导学生与统一评价标准比,明确进步方向,又设置定性评价,引导学生与自己原有基础比;注重成长过程,改变只重结果不看过程的评价方式,建立过程性评价与结果性考核相结合的学业考评制度,关注课堂、作业、守纪、团队意识等方面表现,引导学生端正学习态度,锤炼学习意志,促进主动学习。全市9所初中参与试点工作。 (顾正勇)

【义务教育集团化办学】 2021年,镇江各市(区)均出台义务教育集团化办学实施方案,全市义务教育学校(含民办学校)全部纳入集团化办学框架,组建47个教育集团,其中,25个独立小学集团、18个独立初中集团、4个九年制学校集团。5月,市教育局在丹阳召开集团化办学现场推进会,宣传区域集团化办学经验做法,鼓励各地集团化办学改革探索实践,推动校际合作办学,缩小校际差距,发挥资源集聚效益,使学生可以享受公平优质的义务教育。 (顾正勇)

【民办义务教育】 2021年,镇江市有民办义务教育学校8所,就读的学生数占全市义务教育阶段学生总数的2.39%。全年组织开展规范民办义务教育发展专项治理,完成全市民办义务教育学校的章程核查、校名规范、财务审计调研、举办者资质审查、教育教学检查、基本办学条件核查,规范全市民办义务教育学校发展。 (郑学斌)

【江南学校改扩建工程竣工】　2018年，江南学校改扩建工程为市区“八校联动、三大工程”之一，列入市政府“百项工作目标”和为民办实事项目，当年开始土地平整，2019年9月动工。改扩建总投资1.6亿元，2021年上半年竣工并投入使用。原有的2幢教学楼实施加固与外立面改造，新建实验楼、体育馆、食堂、图书艺术楼、报告厅、阶梯教室以及田径场、篮球场等建筑场馆，主校门入口移至古城路。竣工后的校园面积扩大2.8万平方米，生均占地面积、建筑面积、绿化面积和活动面积等均达到江苏省义务教育学校办学标准(2015年试行)。截至年底，学校总面积52000平方米，建筑面积38626平方米。

(裴　伟)

2021年镇江市区普通高中录取分数线情况表

表25－1

学　校	统招分数(分)			
江苏省镇江中学	583	—		
江苏省镇江第一中学	587			
镇江市实验高级中学	555	531(美术)	停招(音乐)	495(日语)
镇江崇实女子中学	509	丹徒区534		
镇江心湖高级中学	535	—		
镇江枫叶国际学校	428			
镇江第一外国语学校	503			
镇江正兴学校	450			
镇江江河艺术高级中学	422			

(裴　伟)

【普通高中供给侧改革】　2021年，镇江市教育局组织学科专家团队加大对新高考研究攻关，并把研究成果转化为教学资源供给一线教师使用。高考学科专家团队针对8省模拟的试题开展试题分析，打造高三两轮复习资源，并在3月1日发送至全市各校。5月中旬，对市属高中毕业班254名学科教师及全市教研员进行集训，提升新高考指导与实施水平。开展对新高考的反思及跟进式培训。在暑期对首届新高考背景下教育教学管理情况进行总结与反思，把作业管理作为工作突破点。开展校本化作业管理方案设计与交流。9月，完成2022届全市高三所有学科教师、高二各学科备课组长、高一语数英备课组长约1450人的培训，明确普通高中课程改革和新高考的方向。

(马继红)

【基础教育内涵建设】　2021年，镇江市教育部门完成省基础教育内涵建设项目推荐评选工作；市政府印发市教学成果奖奖励办法，开展市教学成果奖评选，评选出40个项目成果作为市级教学成果奖授予对象和省级教学成果奖培育对象。5个省第三批中小学生品格提升工程项目通过省专家结项评估。完成2019年省教改实验项目，以及2020年中小学课程基地和学校文化建设项目中期调研视导工作。　(马继红)

【学生体质健康水平】　2021年，镇江市教育部门以“大体育观”为主导，提升学生体育核心素养，落实“中小学生每天一小时校园体育活动”要求，构建有学校特色的体育课程体系，实现体育教学小学兴趣化、初中多样化、高中专项化，促动学生熟练掌握1项～2项运动技能，多数学校形成“一校一品”“一精多品”的校本课程，全市初步形成家庭、学校、社区联动共同指导学生体育锻炼的机制。实施学生体质健康报告书制度，学生体质健康监测工作连续8年获省一等奖。全市中小学生体质健康水平合格率为96.72%，优秀率为15.6%；学生体质健康促进工作连续7年获省一等奖。

(裴　伟)

【中高考情况】　2021年，镇江市平稳实施中考和新高考。6月7日—9日，全市12240名考生(市区3456人)在11个考点参加高考。6月17日—19日，全市22589名初三学生、24124名初二学生参加中考；6月22日，完成全部题卡的阅卷工作。6月24日，市教育局专门传达全省规范中、高考成绩发布和招生工作专题会议和全省教育系统安全工作电视电话会议精神，对中、高考成绩发布和招生工作做出规范性要求。

(马继红)

职业教育和社会教育

【概况】　2021年，镇江市有中职和五年制高职学校10所，其中，省中等职业学校领航计划建设单位2所，在校生2.64万人。开设15个专业大类、41个三年制中职专业，53个五年制高职专业。全市有省五年制高职教育高水平专业群1个，省职业学校现代化专业群13个，省职业学校现代化实训基地10个。

镇江市完善工作机制，优化发展环境，增强职业教育适应性，提升内涵质量。建立市职业教育工作联席会议制度，推行现代学徒制，开展“问需于企”大走访活动。在全国职业院校技能大赛中，镇江学生选手获 1 个一等奖。在省职业学校技能大赛中，镇江选手获 16 个一等奖、43 个二等奖、55 个三等奖。在省职业学校教学大赛中，全市教师获 7 个一等奖、5 个二等奖、11 个三等奖。开展职业体验中心建设，全市新建省、市级中小学职业体验中心 20 个，其中省级 5 个，获批现代职业教育体系贯通培养项目 30 个。

全市建成 1 个江苏省"社区教育优质项目化基地"，2 个省级"养教联动"基地、3 个江苏省社区教育"名师工作室"、1 个全国"终身学习品牌项目"、3 个"江苏省社区教育品牌项目"。以智能手机的使用为培训重点，开展老年人智能技术培训。

（许大宏　李欣蔚　裴　伟）

【镇江高等职业技术学校】　镇江高等职业技术学校（江苏联合职业技术学院镇江分院）是一所以五年制高职教育为主、三年制中职教育为辅，兼顾继续教育和职业培训的职业学校。学校占地面积 17.18 万平方米，建筑面积 10.01 万平方米；在校师生 5000 余人，有机电工程系、信息工程系、财经艺术系、旅游系和基础部等 5 个系部。

2021 年，学校毕业生年终就业率为 98.5%；有 198 名学生升入本科院校学习。面向社会开展各级、各类职业技能培训，年培训 6344 人次。重视教学大赛和技能大赛工作，获省职业院校技能大赛 10 个一等奖、23 个二等奖和 20 个三等奖，团体总分列全省第 1 名；省教学大赛获 4 金、4 银、1 铜，其中，2 个团队获一等奖第 1 名。2 名教师获全国新职业和数字技术技能大赛江苏省选拔赛"虚拟现实工程技术人员"项目一等奖第 1 名。FRC6304 团队获 FIRST 评委会大奖——Chairman's Award（主席奖）。

2021 年，该校学生在全国"新时代好少年 · 红心向党"主题教育读书征文评比中，获 1 个特等奖、3 个一等奖、7 个二等奖和 10 个三等奖，学校获先进集体称号。5 件作品获评第十二届省"文明风采"竞赛"最佳作品"。1 人获省关工委"争做党的好少年"主题教育演讲比赛一等奖。在江苏省职业院校创新创业大赛中，获 2 个一等奖和 1 个二等奖。1 人获评"全国技术能手"，1 人获评"镇江市技术能手"。9 人获评镇江市"最美职校生"、1 人获评镇江市"最美职校生标兵"；2 人获评江苏省"最美职校生"、1 人获评江苏省"最美职校生标兵"。学校获评省文明校园（2019—2021 年度）、省职业院校教学大赛最佳组织奖、省职业院校技能大赛中职赛项团体优胜奖。

（居忠诚　刘　春）

【镇江市少年宫】　镇江市少年宫是全市最大的校外未成年人教育机构，2021 年，镇江市少年宫开设 38 门公益课程。市少年宫开展公益品牌活动——"小青蛙"讲故事比赛，参赛人数近 1 万人；组织"欢乐庆五一 师生展风采"文艺会演；举行"童声歌颂 百年辉煌"红歌云传唱活动；承办"江河交汇 我爱运河"少儿书法大赛，参赛人数 350 人；与大市口街道办联合举办庆祝中国共产党成立 100 周年暨"庆六一"文艺演出活动。市少年宫注重建设公益社团，每个党员助推一个公益社团项目，打造"扬州评话少儿社"、古琴、武术等多个传统文化社团项目。"扬州评话少儿社"在"甘露书场"、西津渡"非博中心"演出 12 场，传播非物质文化遗产文化。美术社团参加"永远跟党走 逐梦新时代"全国少年儿童邮票创作设计大赛，获全国及省一等奖。在第四届"米芾杯"国际青少年书法大赛中，市少年宫获评优秀组织单位，学员获最高奖——"米芾奖"1 人、一等奖 2 人、二等奖 2 人、三等奖 1 人。市少年宫瘗鹤铭少儿书法社学员参加第十届全国少年儿童书法、硬笔书法大赛暨规范汉字书写大赛江苏赛区比赛，6 名学员获一等奖，多名学员获二等奖、三等奖。在儿童公益视觉艺术作品（江苏赛区）征集活动评比中，2 名少儿书法社学员获最高奖"卓越奖"，市少年宫获"优秀组织奖"。在江苏省第七届中小学生艺术展演活动中，市少年宫选送书法《红船赋》获省特等奖，绘画《看大戏》获一等奖；语言社团原创节目话剧小品《季子挂剑》获市二等奖。市少年宫注重新课程的研发，当年，劳技课程开发"社区劳动""家务劳动""园艺""烹饪"等 4 门家政新课程，并编写家政课程教材，市少年宫获评镇江市首批中小学生劳动实践教育基地。

（樊　涛）

【镇江市青少年活动中心（江苏省镇江青少年综合实践基地）】　江苏省镇江青少年综合实践基地位于丹徒区世业镇卫星村纸厂公房 49 号，占地 500 亩（33.33 公顷），有教职工 64 人。基地主要承担市属中学和各区小学初中相关年级的综合实践活动课程、市属高中新生国防教育、全市和全国各地中小学生研学实践教育活动等任务。2021 年，基地服务中小学生约 8.8 万人次，建成全省教育系统首个"宪法园"，占地 1800 平方米，分"根本大法""法伴一生""学思践悟"3 个板块。"'八礼四仪'养成教育课程"入选全省基地特色课程。在综合实践活动中融入红色元素，推进青少年党史学习教育，2 条精品线路入选江苏省中小学生"红色之旅"研学线路。基地获中央专项彩票公益金资助。基地与拉萨第一中学对接研学工作，与拉萨基地签订合作协议；资助并组织新疆可克达拉市、镇江市的 180 多名师生到苏州、上海进行研学实践。基地获评"江苏新疆西藏青海少年儿童'手拉手'活动优秀集体""全市脱贫攻坚暨对口帮扶支援合作先进集体"。当年，基地获命名为全国青少年国防体育教育培训基地、江苏省中小学生劳动教育与综合实践优秀基地、省中小学生职业体验中心、市大学生乡村振兴实践基地；同时，创成第二轮“镇江市文明单位”和“江苏省文明单位”。（姜　光）

高等教育

【概况】　2021 年，镇江市有普通高校 9 所，其中，省属本科院校 5 所，省属专科院校 1 所，市属专科院校 2 所，民办专科院校 1 所。

9 所高校中，江苏大学是首批国家重点大学和首批具有博士、硕士学位授予权的高校；江苏科技大学是以工科为主的普通高校，是江苏省重点建设高校；南京师范大学中北学院、江苏大学京江学院、南京财经大学红山学院是普通全日制本科学院；江苏农林职业技术学院是以涉农专业为特色的多学科、综合型高等职业技术院校；镇江市高等专科学校是贯彻“工学结合”培养理念的综合性公办普通高等职业技术院校；江苏航空职业技术学院是江苏省首家航空类专业高等职业教育院校；金山职业技术学院是民办全日制普通高等职业院校。

2021 年，全市高校有在校生 12 万余人，其中，全日制本、专科生 110044 人，硕士研究生 15830 人，博士研究生 1325 人；有教职工 9529 人，其中专任教师 6413 人。专业涵盖工科、理科、医学、农业、管理、经济、法学、文学、哲学、教育、艺术等 10 多个门类、120 余个专业。拥有国家级实验教学示范中心 5 个，国家人才培养模式创新实验区 4 个，部省级重点实验室、工程技术研究中心 24 个，博士后科研流动站 16 个，博士学位授权一级学科 14 个，国家级重点学科 9 个，省部级重点学科 18 个。（张　路　李　娜）

【江苏大学】　2021 年，江苏大学成为江苏省和教育部、农业农村部共建高校，入选江苏高水平大学建设高峰计划 A 类高校。学校在校生 40000 余人，其中，研究生 13000 余人，学历留学生 2300 余人；专任教师 2700 余人，其中具有 1 年以上海外经历的占比 41%。校园占地面积 3000 余亩（200 公顷），各类建筑面积 120 万余平方米；教学科研仪器设备总值 12.1 亿元。学科涵盖工学、农学、理学、医学、管理学、经济学、哲学、法学、文学、教育学、历史学、艺术学等 12 大学科门类。设有 27 个学院、97 个本科专业（其中国家一流专业建设点 30 个）。拥有 15 个一级学科博士点，45 个一级学科硕士点，21 个硕士专业学位类别。设有 13 个博士后科研流动站。拥有 2 个国家重点学科、1 个国家重点（培育）学科、10 个江苏高校优势学科。学校获国家级科技成果奖 16 项，拥有国家水泵及系统工程技术研究中心、混合动力车辆国家地方联合工程中心等一批国家级科技创新平台，建有国家知识产权培训（江苏）基地。学校先后与美国、英国、德国、奥地利、澳大利亚、日本等 57 个国家和地区的 217 所高校及科研机构建立长期合作关系，建有中外合作办学机构克兰菲尔德未来技术研究生院。《2021 中国大学评价》，学校列全国第 38 名；2021 软科世界大学学术排名，学校入选“全球 400 强”。当年，学校研究成果“高效晶硅太阳能电池低成本制造关键技术及装备”获国家技术发明二等奖，“高性能智能喷灌机组与装备关键技术及产业化”获神农中华农业科技一等奖；“绿色高效温室装备与环境智慧管控技术”入选“中国智能制造十大科技进展”。

学校召开贯彻落实习近平总书记给全国涉农高校回信精神，加快推进“095 工程”。农业科学进入 ESI 全球前 1.44‰。食品科学与工程进入“软科中国最好学科”排名全国第 3 名。作为全国 5 所之一、省内唯一高校代表在全国新农科建设推进会上重点发言。与中国机械工业集团签署全面合作协议，与潍柴雷沃、沃得、常发等农机龙头企业共建农业装备研究院。10 项成果参加江苏国际农业机械展览会，新型棉花采摘及残膜回收机推广应用有突破。与宜兴、句容共同推进“全国农业科技现代化先行县”建设，成立江苏乡村振兴研究院、共同富裕研究院，承担省委书记、省长圈定项目等 7 项，提交资政报告 15 篇。建成中国农机文化展示馆。举办“耒耜国际会议”“‘一带一路’农业现代化国际合作发展论坛”以及赞比亚农业机械培训，与联合国亚太经社理事会签署合作备忘录，组建“一带一路”国际智能农机装备科技创新院、中国—巴基斯坦现代农业区域创新院等平台。10 月 24 日，举行江苏大学组建 20 周年暨办学 119 周年创新发展大会以及系列学术文化活动，总结办学成就和发展经验。

学校新增国家级一流本科专业建设点 17 个，人工智能与智能制造学院获批首批国家级现代产业学院。学校获批机器人工程、农业智能装备工程、微电子科学与工程、数据计算及应用等 4 个新专业。10 项成果获省教学成果奖，其中，特等奖 1 项、一等奖 2 项。入选教学案例国家库 7 项，获批省一流本科课程 42 门。获批省重点应急管理学院。5 件作品入围“挑战杯”全国终审决赛，获中国国际“互联网 +”大学生创新创业大赛银奖 3 项、铜奖 1 项。

学校获批国家自然科学基金项目 173 项、社会科学基金项目 15 项。新增国防重点项目 2 项，省部级项目 198 项。新增 4 个省部级科研平台，共建 2 个国家级平台。12 项成果通过江苏省科学技术奖评审公示。授权发明专利 1118 项、海外发达国家发明专利 78 项，完成专利转让许可 443 项；获江苏省专利发明人奖，获批国家中小企业公共服务示范平台。新增校地校企服务平台17家；与丹徒区共建智能电动汽车研究院，与仲恺高新区共建惠州创新港；获批江苏省新材料产业政策评估中心；获评省技术转移工作先进集体，成果转移转化连续3年进入“全国高校50强”。

学校工程学ESI排名进入全球前0.67‰，4个学科进入前2‰，新增2个ESI前1%学科；15个学科进入“软科世界一流学科”排名，其中，2个学科进入“全球50强”、4个学科进入“100强”；21个学科进入USNews世界大学学科排名，列全国第34名；13个学科获评泰晤士中国学科评级A类学科，列内地高校第24名。“十三五”省重点学科通过验收，2个学科获评优秀。新增数学一级学科博士学位授权点，实现理学门类一级学科博士点突破。

学校全年全职引进加拿大皇家科学院院士1人，新增各类国家级人才12人次，1人获国家级教学名师奖；新增全国优秀教师1人，入选年度“高被引科学家”9人次。新增省“333工程”第一、二层次以及江苏特聘教授省部级人才32人，新增省级人才团队2个。部分个人获评“全国巾帼建功标兵”“江苏省先进工作者”。获批省首批海外高层次人才重点引育基地。

学校克兰菲尔德未来技术研究生院实质运行，7个专业通过英国CVP认证，获准使用英国高等教育质量QAA认证标志。新增双学位项目2项，获批江苏高校国际化人才培养品牌专业、国际合作联合实验室。新增科技部“高端外国专家引进计划”等11项。53人获国家公派出国留学项目，1718名学生赴境外学习交流(含线上)。9名学生获联合国专家推荐，2名学生进入国际组织实习。到中国留学教育学历留学生规模列江苏省第1名，留学研究生比例首次超过50%。学校获评省来华留学教育先进集体、外国文教专家管理工作先进单位。

学校丁建宁教授团队与美国得克萨斯州立大学达拉斯分校院士雷伊·鲍曼课题组等国际团队合作，在国际学术期刊《Science》杂志上刊文，提出一种新型高性能电化学驱动人工肌肉，探索人工肌肉全新的驱动机理，推动纤维人工肌肉的应用。丁建宁教授团队完成的“高效晶硅太阳能电池低成本制造关键技术及装备”核心参数屡破世界纪录，获国家技术发明二等奖。

(李普华)

【江苏科技大学】 江苏科技大学有镇江长山、梦溪2个校区和张家港校区以及上海办事处，占地3979亩(265.27公顷)。2021年，学校有教职员工2290余人，其中专任教师1570余人。有正高职称人员240余人、副高职称人员750余人、博士1020余人。在校普通本科生20000余人，博士、硕士研究生4700余人，博士、硕士、本科学历留学生600余人，苏州理工学院(独立学院)在校学生7800余人。学校综合实力在第三方评价机构USNews2022世界大学综合排名列中国内地高校第120名。

学校有博士后科研流动站3个，一级学科博士学位授权点5个，一级学科硕士学位授权点25个，硕士专业学位授予类别14个，国家国防特色学科5个。工程学、材料科学、化学等3个学科进入ESI学科全球排名前1%。学校有16个学院、66个本科专业、12个国家级一流本科专业建设点、6个省级一流本科专业建设点、3个教育部“卓越工程师教育培养计划”试点专业。有国家级、省部级实验教学示范中心15个，国家级、省部级重点实验室和工程实验室11个，国家级、省部级研究中心22个，江苏省高校哲学社会科学重点研究基地1个和江苏省高校哲学社会科学重点研究(建设)基地1个。

学校形成船舶、海洋、蚕桑三大办学特色，参与国家重要项目的研究工作。学校蚕业研究所(中国农业科学院蚕业研究所)研发提供世界主要蚕桑品种与栽桑养蚕技术。学校建有海外教育学院，与五大洲16个国家41个单位开展科研与办学合作。中乌(中国、乌克兰)、中澳(中国、澳大利亚)合作办学项目为江苏高校中外合作办学高水平示范性建设工程项目。中国船舶工业工程师继续教育学院设在学校。

人才培养。学校在全国性竞赛中获各类奖项333项。学校获第七届中国国际“互联网+”大学生创新创业大赛金奖3项，金奖数列江苏高校第4名。全国大学生数学建模竞赛获国奖数列江苏高校第3名。获“挑战杯”全国大学生课外学术科技作品竞赛主体赛省级特等奖2项，4项作品入围全国赛。1名研究生获第十一届江苏省“大学生年度人物”称号，1人获“中国大学生自强之星”称号。

教学师资。学校新增省级一流本科专业建设点19个。31门课程获认定为首批省一流本科课程；获批省课程思政示范课程2门。获批2021年省高校重点产业学院。获省教学成果奖特等奖1项、一等奖1项、二等奖3项。获教育部首批新文科研究与改革实践项目1项。新增双聘院士2人，获批国务院政府特殊津贴专家1人、江苏特聘教授3人、省“外专百人计划”1人、省“333高层次人才培养工程”第二层次4人。新增省级优秀教学、科研团队2个。签约博士131人，入职博士102人。

学科建设。学校新增系统科学博士学位授权一级学科点，填补江苏省该学科博士点的空白；新增硕士学位授权一级学科点5个，硕士学位专业类别4个；自主设置1个博士交叉学科、2个硕士交叉学科。获评“十四五”省重点学科9个。学校10个学科上榜2021年软科“中国最好学科排名”，比上年增加3个，其中，船舶与海洋工程学科排名列全国第6名、全球排名第 14 名；海洋科学学科首次入选“软科世界一流学科”排名。ESI 综合排名列国内高校第 162 名，提升 11 名。

科技工作。学校获批科技部重点研发计划政府间重点专项 1 项、军委科技委科技创新工程项目 1 项。2 项科技部重点研发计划先后完成结题验收准备。学校获各类科技奖励 35 项，其中，以第一单位获省科学技术奖二等奖 2 项、国防科技进步奖二等奖 1 项，中国专利奖优秀奖 1 项，中国造船工程学会科学技术奖一等奖 1 项、二等奖 1 项。2 个国际科技合作平台纳入科技部国际科技合作基地信息管理系统管理。获批江苏省产学研项目 38 项（“揭榜挂帅”项目 4 项），列全省高校第 1 名。授权国家发明专利 436 件，累计许可转让专利 673 件，学校列“中国高校专利转让排行榜（TOP100）”第 20 名、江苏高校第 8 名。牵头研制的电磁感应加热矫平机、智能喷涂机器人、升空回收系统、救生筏、特种电源等装备系统实现产品化应用。

国际交流合作。学校获批科技部“高端外国专家引进计划”4 项、某计划项目 10 项，获批江苏省“十四五”首批高校国际合作联合实验室立项建设项目 1 项、省外国专家工作室建设期绩效考核优秀 1 个。1 名外籍专家获 2021 年“江苏友谊奖”。学校获评“江苏高校中外合作办学高水平示范性建设工程先进单位”，成为国家留学基金委“促进与俄乌白国际合作培养项目”申请受理单位。连续 4 年获评“江苏省来华留学生教育先进集体”。

学校入选江苏高水平大学建设高峰计划建设高校名单（B 类建设高校）。围绕“六高一化”建设任务，统筹推进 17 项重点建设项目，完成 12 项成果。

（张　静）

【南京师范大学中北学院】 南京师范大学中北学院成立于 1999 年，由南京师范大学与南京师范大学教育发展基金会共同创办，是首批经教育部批准成立的独立学院和经江苏省事业单位登记管理局批准成立的公益性事业单位。2021 年，学院有在校生 10752 人、教职工 441 人；可招生本科专业有 39 个，涉及 8 个大学科门类，基本形成以文学、法学、管理学、经济学、艺术学见长的多学科协调发展的整体专业格局，日语和环境设计 2 个专业获批为江苏高校一流本科专业。

科学研究。全年遴选出第二批 4 个院级科研机构，分别是全球价值链研究中心、能源互联网研究所、音乐应用研究所和美术教育研究所。学院获批江苏省高校哲学社会科学研究项目一般项目 10 项、思政专项项目 7 项，江苏省社科联应用研究课题 1 项，江苏高教学会高校“大学劳动教育”“基础课课程群”专项课题 2 项，镇江市社科各类应用课题 11 项，教育部“产学研”项目 3 项；立项院级科研项目 12 项。

人才培养。在大学生创新创业方面，组织 37 支队伍参加丹阳市第六届青年创业大赛，获 2 个三等奖和 4 个优秀奖。全年项目立项 162 项，其中，院级创新项目 132 项，省级创新项目 30 项，覆盖 710 余名在校生、136 名指导老师。在各级、各类学科竞赛方面，8 人次在二类竞赛中获奖，60 余人次在三类竞赛中获奖，800 余人次在其他国家级、省级比赛中获奖。在暑期社会实践方面，在校学生组建团队 1342 支，学生参与率 100%，到全国近 200 个市（区）开展社会实践活动。

师资队伍。学校做好高层次人才引进和高校退休教师的返聘工作，同时鼓励和支持青年教师在职攻读硕士、博士研究生，提升教育管理水平和学术水平。选派美术系、人文系与音乐系各 1 名教师作为 2021 年度国内访问学者，进行为期 1 年的访问学习。2 人获评 2021 年度省“青蓝工程”优秀青年骨干教师培养对象，1 人获评 2021 年“镇江十佳教师”，3 人获评“丹阳好老师”。

校企互动。学院组建万新科技学院的领导班子，加强对眼视光学等专业的建设和管理。与华为、嘉环科技教育等公司在制定人才培养标准、联合教学创新、多样化人才培养等方面进行合作，成立华为 ICT 学院，组建华为精英班，成立大学生创新中心。与上海发那科机器人有限公司就机械工程、电气工程等专业在工业机器人运行和维护方向的师资培训、人才培养方案修订、共建 FANUC 机器人培训中心方面进行合作，有 27 名学生通过证书考核，获“发那科机器人授权培训中心——南师中北”培训合格证书。与新梅眼科医疗集团、南京同仁医院、广东雷诺医疗科技有限公司就共同开展眼视光产业人才培养、共建实习基地等方面签订协议，与软通动力公司建立创新人才培养基地，与华为生态企业鲲鹏数字技术（南京）有限公司签订鲲鹏人才培养合作协议。

（王　慧　姜　黎）

【镇江市高等专科学校】 2021 年，镇江市高等专科学校占地面积近 1000 亩（66.67 公顷），有 12 个二级学院（部）；设有 36 个专业，其中，中央财经大学支持的提高专业服务产业能力重点专业 3 个，省重点专业（群）3 个，省高水平骨干专业 3 个，省品牌特色专业 2 个，省高水平专业群 2 个。学校有在职教职员工 681 人，其中专任教师 480 人。专任教师中，正高职称教师 31 人、副高职称教师 237 人，“双师型”教师 281 人；副高职称以上专任教师占专任教师的比例为 55.9%；有享受国务院特殊津贴专家 1 人，省“333 高层次人才培养工程”第二层次培养对象 1 人、第三层次培养对象 10 人，省、市“有突出贡献的中青年专家”

2人，省“六大人才高峰”高层次人才团队3个、“青蓝工程”优秀教学团队3个，省高校“青蓝工程”学术带头人、国家和省市优秀青年骨干教师、优秀教育工作者60余人。全年引进博士7人、硕士37人。新增在职攻读博士4人，申请博士后进站2人。新增“青蓝工程”中青年学术带头人培养对象1人、优秀青年骨干教师培养对象2人，市高校“十佳教师”1人。学校入选省高水平高职学校建设培育单位。

学校完成8个校级品牌（骨干）专业第二轮验收，立项校级高水平专业群4个，完成2021级38个普招专业人才培养方案修订和第三批社招人才培养方案制订，获批新专业3个。获江苏省教学成果奖（职业教育类）一等奖1项，省级教学比赛一等奖1项、二等奖2项、三等奖6项。2部教材被评为省重点教材、2部教材入选省优秀培育教材、1部教材被推荐参评首届全国教材建设奖。获批江苏高校助力乡村振兴在线开放课程6门、省职业教育课程思政示范课程1门。与西理智造（江苏）园区发展有限公司、润州区政府签订三方战略合作协议，新聘校级产业教授5人。获评省级三好学生（优秀学生干部）8人、省级先进班集体3个、省级优秀毕业生3人。学校获2020年度全省学生资助工作绩效评价“优秀”。毕业生年终就业率为93.03%。

推进科研与社会服务工作，成立镇江高专长山博士合作社。省文化旅游职业教育行业指导委员会文化服务类专委会、镇江市旅游学会落户学校。全年立项课题145项，其中横向课题立项44项。发表SCI、EI、CSSCI和中文核心期刊论文12篇，省级期刊论文87篇；出版专著教材17部，获政府成果奖10项。全年申请专利28件，授权专利98件。

（何　斌）

【江苏农林职业技术学院】 2021年，江苏农林职业技术学院有在校生约1.2万人，设有农学园艺学院、风景园林学院、畜牧兽医学院、茶与食品科技学院、机电工程学院、经济与人文学院、信息工程学院、国际教育学院、马克思主义学院、继续教育学院等10个二级学院。学校有专业45个，其中，2个国家高水平专业群，2个省级高水平专业群，7个国家重点专业，18个省重点专业，覆盖农林牧渔等12个专业大类。学院入选全国乡村振兴人才培养优质校、国家级现代农林虚拟仿真实训基地、国家职业教育教师教学创新团队；获中国国际“互联网+”大学生创新创业大赛3金、1银、2铜的成绩，获全国首届教材成果奖3项、省教学成果奖特等奖1项，立项国家自然科学基金项目2项。

人才培养。建设“乡村振兴学院”，学院与句容市农业农村局签订《乡村振兴战略合作协议》，完成《句容市“十四五”农业农村发展规划》；建成省级乡村振兴在线开放课程19门；获省委农业农村工作领导小组乡村振兴软科学研究一等奖等成果5项。“三教”（教师、教材、教法）改革成果获省教学成果奖数量列全省高职院校第1名。实施“三自主四结合”（学生跨年级、跨专业、跨方向自主选择课程；教产结合、教创结合、教研结合、教赛结合）人才培养模式，推进31种“1+X”证书制度试点工作。2021届毕业生年底就业率为97.5%，毕业生对学校的总体满意度为98.13%，社会用人单位对毕业生满意度为90.22%。在校生获各类省级以上技能大赛等奖项百余项，学院获江苏省“学生资助绩效优秀单位”称号，并被人力资源和社会保障部、中国轻工业联合会授予“冠军选手单位”称号；学院1个团支部获评全国高校活力团支部。

师资队伍。校企混编组建“学校名师+行业大师”结构化双师型团队，新增国家职业教育教师教学创新团队1个、国家课程思政教学团队2个、省职业教育教师教学创新团队3个、省优秀教学团队1个、省科技创新团队1个、省技能大师工作室1个；新增省高校“青蓝工程”培养对象6人、全国技术能手1人、江苏工匠等省级技能人才7人、镇江“金山英才”1人，镇江“十佳教师”1人；新增江苏省产业教授5人。学校专任教师硕士以上比例81.8%，其中博士比例21.5%。入选教育部就业创业指导委员会1人、全国

图25－1　2021年5月26日，乡村振兴人才培养优质校和农业科研院所推介名单发布活动在江苏农林职业技术学院举行

（王海莉　供稿）

行业职业教育教学指导委员会5人，其中副主任委员3人。

乡村振兴服务。学院当选为长三角地区草坪产业国家创新联盟理事长单位。获省高校科学技术研究成果奖1项、第四届省农学会科技奖5项。立项国家自然科学基金等各类省级以上项目13项，立项省数字农业农村基地平台1个，授权专利47项，技术合同登记128项，自主研发农业采摘机器人等装备3套。组建"亚夫科技服务团队"，设立乡村振兴"亚夫科技服务"专项13个，构建起服务乡村产业振兴"213模式"，推广实用技术45项。学院筹建省电商协会农村电商专委会。全年学院为地方培训、服务3.92万人次，与丹阳、句容、武进等地联合开办乡村人才学历提升定制班。与西部共建乡村振兴人才培养合作基地6个，开展对新疆应用职业技术学院、青海农牧科技职业学院的对口支援帮扶工作。学院获2021年省级高素质农民培育先进集体，并被认定为中国扶贫开发协会乡村振兴人才联合培养院校。

开放办学。学院做强农业职教集团，组织14家涉农职业院校编写全国首套贯彻落实耕读教育的劳动教育教材2本。开发智农职教云平台，成立金课联盟。校企共建中植园林学院、柴米河园艺学院和艾贝尔兽医学院等3个特色产业学院。与南京林业大学院士团队共建现代林业产业创新研究院，与中林集团共建混合所有制产学研基地——中江种业，审定水稻新品种3个、玉米新品种1个，累计推广80余万亩(5.33万公顷)。学院承办2021年农业农村部职业教育活动周活动，牵头组织全省农林牧渔类新设专业的前置论证，编制完成江苏省现代农业专业结构与产业结构吻合度报告，牵头研制全国职业教育农林牧渔类一体化专业简介和教学标准19个。组织全省中职学校农林牧渔类学标贯标用标师资培训班，培训教师7000多人次。学院牵头整合30家职业院校与法国方面常态化开展项目合作交流，为法国艾内邦农业学校编制《茶树栽培》双语培训手册，并开展师资培训。举办"一带一路"豆类遗传育种与综合利用科技创新培训会和国家援外培训项目申报培训会。学院与中航国际、加蓬恩考克职业培训中心合作筹建加蓬江苏农林"神农学院"，与中航国际、教育部中外语言交流合作中心筹建"中文+职业技能"海外培训基地，2名农机专业教师赴加蓬共和国完成援外职教师资培训任务。主编并出版中英文教材(手册)4套，建成8门全英文精品在线开放课程。1门课程入选首批江苏高校外国留学生英文授课精品课程。

(王海莉)

【江苏航空职业技术学院】 江苏航空职业技术学院坐落于江苏省镇江市航空航天产业园，占地46万平方米，建筑面积15万余平方米。截至2021年年底，学院有教职工265人，全日制在校生5618人。学院是全国航空工业职业教育教学指导委员会副主任委员单位、全国航指委无人机专指委主任单位，牵头制定完成全国职业院校无人机应用技术专业教学标准、实训教学条件建设标准，无人机专业群获批省高水平专业群。学院聚焦区域航空产业，打造对接全产业链的专业群。学院是江苏省仅有的航空类高职院校，围绕航空产业发展，对接镇江航空航天产业园，从服务地方区域经济发展角度设置专业。开设的17个专业与航空产业链上中下游专业要求较吻合，其中，5个专业成为江苏省高水平专业群建设专业，飞机机电设备维修、飞行器数字化制造技术等专业与中职学校开展"3+3"中高职贯通培养，无人机应用技术等15个专业与普通本科院校开展专本衔接培养，形成具有航空特色的现代专业体系。

"一校一区一园一镇"融合，打造校企命运共同体。自2016年建校后，学院提出基于三成准则、四位一体的"四有"人才培养模式。截至2021年年末，学院与100多家涉航企业签署校企合作协议，建设60个校外实训基地，校企联合开发课程100余门、教材20余本，共建无人机协同创新实训中心、147航空维修培训中心，与中国商飞领衔的多家涉航企业共同开发基于大飞机综合实训平台的实训项目15个。通过优化与镇江航空航天产业园、航空教育小镇和区域企业的合作机制，创新治理体系，构建无人机、航空制造、航空维修、航空材料、航空服务等覆盖全航空产业链的6大专业群17个涉航专业，成立32个冠名班

图25-2 江苏航空职业技术学院全景图 (刘子琪 供稿)

(定向班),拓展60个校外实训实习基地;18家企业设立400多万元奖学金、奖教金,打造临空经济示范区,推动形成系统供应链。

院士领衔,校企协同打造“双师”队伍。学院实施“名师培养工程”“专业负责人培养工程”“双师型教师培养工程”“优秀教学团队建设工程”“教师全员培训工程”等五大教师培养工程,从购房补贴、科研启动经费、安家费等方面分别给予20万元到200万元不等的补贴和奖励,购置100余套商品房作为引进人才周转房。学院聘请5名中国工程院院士担任专业导师,引进航空产业园区11名企业家担任就业创业导师,校企联手共育人才,促进教育链、人才链与产业链、创新链的衔接。

以学生为中心,“三全育人”体系助力学生。学院遵循“三全育人”的教育理念,形成“一年级适应、规范,二年级提升、拓展,三年级融入、感恩”的年级层级目标,学生的自我管理、自我约束意识,营造良好的校风与学风。以职能部门与二级学院紧密联动为切入点,强化育人实践,实现学生管理由一级管理向二级管理的过渡;使用“年级辅导员主导+班主任负责”的管理制度,确定辅导员、班主任深入宿舍、教室、课堂、学生活动的“四深入”制度。教职工全员坐班,引导、陪伴、服务学生。2021届毕业生就业率98%以上,对口率85%以上,专升本通过率超过全省平均水平。师生在各级、各类技能竞赛中获奖百余项。 (刘子琪)

【金山职业技术学院】 金山职业技术学院是教育部备案、江苏省人民政府批准,独立设置的全日制民办普通高等学校。2021年,学院加强专业建设、课程建设和师资建设,严格常规管理,提高教育教学质量。

招生工作。学院有机电与交通系、建筑与艺术系、经济与贸易系、现代服务与管理系等4个教学单位、30个专业。2021年,学院招收新生人数比上年有增加,在籍学生2592人。

就业情况。学院实施全程化指导就业、全方位服务就业、规范校园招聘、提高招聘会质效、强化就业指导和帮扶等6大工作举措,举办“江苏省百校联动就业活动暨金山职业技术学院2022届毕业生校园招聘会”,70家用人单位在校进行招聘。2021届毕业生年终就业率为96.2%。

教育教学。学院通过实施随堂听课、课堂教学巡查、学生评教、学生座谈会等措施,改善课堂教学方法,提高课堂教学水平,提升人才培养质量。开展各类评比表彰、主题活动,引导学生树立正确的人生观和价值观。学院重视工学结合,结合学生专业、课程实际,选择合作企业,将课程教学对接工学岗位、工作内容和工作过程,提升学生实践能力和岗位技能。

教师队伍建设。2021年,学院引进教职工8人,其中硕士2人。组织师生参加各类培训和教学竞赛,6个学生项目参加省级技能竞赛,1个教师项目参加省级技能竞赛;新申报10项大学生实践创新训练项目,结题9项大学生实践创新训练项目。组织课题申报工作,全年申报成功2个省级纵向课题。开展新老教师结对,提升教师教学水平,1名教师入选2021年江苏省高校“青蓝工程”优秀青年骨干教师培养对象。注重师德师风建设,与教师签订师德师风建设责任状。

学生管理。学院注重思想引领和成长服务,依托教育实践活动提升管理水平和学生满意度。全年学院组织开展党史微故事演讲比赛、团干部思政技能大比武、烈士陵园清明祭扫主题活动等党史学习教育活动;开展“展青春风采,迎建党百年”校园才艺展演活动、第五届校园风筝大赛、“书香伴我行”有奖征文活动、“小小书签情,浓浓书香意”书签设计大赛等大中小型校园竞赛。学院大学生青年志愿者组织和个人先后获评“江苏省博爱青春优秀志愿者”“镇江市无偿献血促进奖”“镇江市艾滋病宣传防治校园行活动‘优秀志愿者’”等省、市级奖项20余项。

技能培训。学院对接各机关企事业单位,开展电工、CAD制图员、育婴员3个工种的校内技能等级认定;与3家企业开展新型学徒制培训。建成扬中退役军人承训基地,并为退役军人举办秋季专场招聘会,搭建就业平台。学院与江苏瑞尔、华太电力仪表等公司合作建立产学研合作基地;与扬中市4家幼儿园合作建立校外实习基地;与1家银行签署“智慧校园”合作项目;引进1家企业入校进行专业共建。(朱禹丞)

综 述

【概况】 截至2021年年底，镇江市有公共图书馆7个、文化馆7个、文化站56个、村（社区）综合性文化服务中心658个、博物（纪念）馆14个、美术馆3个，其中，博物馆、文化馆与图书馆均为国家一级馆。有省级以上文物保护单位67处，其中全国重点文物保护单位13处。累计公布六批市级非物质文化遗产项目名录，认定四批非物质文化遗产代表性传承人。有市级及以上非物质文化遗产项目名录184项。市级及以上“非遗”项目代表性传承人122人。全市有娱乐场所120家、互联网上网服务场所143家、文艺表演团队（营利性）11个、演出场所经营单位4家、演出经纪机构9家、经营性互联网文化单位5家、艺术品经营单位15家。全市有上市文化产业企业34家、国家级数字出版基地1个、省级文化产业示范园区（基地）2个、省级夜间文化和旅游消费集聚区1个、省级文化和旅游消费试点单位2个、省级文化和旅游产业融合发展示范区建设单位1个、省级工业旅游区8个。

2021年，镇江市文广旅局以“公共文化服务示范区深化年”“全域旅游示范区创建突破年”“中国休闲城市打造年”3个“年”为主线，重创新、促融合、求突破，推进各项工作。创成国家公共文化服务体系示范区。每万人拥有公共文化设施面积3826.63平方米。镇江博物馆新馆舍、镇江市美术馆新馆、扬中市文化馆新馆建成并对外开放。公共数字文化服务效能在“江苏智慧文旅数据分析决策中心”显示列全省第1名，“文化在线”公共文化服务产品供给新模式被评为“2021年度江苏省智慧文旅示范项目”。全市7家文化馆均通过第五次全国文化馆评估定级，被评为国家一级馆。13个场馆入选江苏省“最美公共文化空间”。

公共文化领域考核考评。提高全省高质量考核“人均接受文化场馆服务次数”，通过省文旅厅调研和检查。提高全市基本公共文化服务满意度，97.83%的群众对镇江市公共文化服务表示“满意”或“比较满意”。完成京口闸遗址保护工程和镇江博物馆新馆舍建设工程及全市10个智慧广电乡镇（街道）建设任务。

公共文化服务产品供给。开展“我们身边的场馆——从小爱场馆”文化活动1124场，全市各级场馆开展社教活动7355场。举办第二届镇江市群星奖舞台艺术类作品评选，开展“村（社区）文艺播种计划”志愿辅导2496场，开展“千场文化活动进农村”6825场。举办老年艺术大学培训班，两学期开设35个班级。举办“淘文化网——庆祝建党100周年专题演出”60场，吸引4万多名现场观众和61.4万名网民观看。支持经济薄弱地区“送戏下乡”28场。开展“文心”系列活动167场、全民艺术普及活动602场。

文旅消费促进工作。启动文旅消费优惠券发放暨夜经济品牌活动，发放优惠金额超8000万元的文旅消费优惠券。发布“镇江夜美好”系列夜经济品牌，组织开展夜经济“八大主题”征集评选活动。润州区、镇江新区入选省级文化和旅游消费试点单位，西津渡创成省级夜间文化和旅游消费集聚区，第一楼街入选第二批省级夜间文旅消费集聚区建设单位，西津渡中央休闲区、千华古村开展省级文旅消费便捷支付示范区建设工作。

服务企业工作。推动文化旅游产业融合发展，句容市入围首批省级文化和旅游产业融合发展示范区建设单位名单，京口区大禹山创意新社区入选省级文化产业示范园区创建单位，句容江苏容酒文化旅游体验园、丹阳堂皇健康睡眠科技园被评为江苏省工业旅游区。召开2021年省级文化和旅游产业扶持政策培训会，为中国米芾书法公园等10个项目争取省级专项资金700万元。与11家金融机构签署市财政金融“助力贷”产品合作协议，缓解企业融资困难。

文旅市场环境建设。开展文化和旅游市场“经营异常企业”清理行动，公布首批273家“经营异常企业”注销名单。完善行政执法“三项制度”（行政执法公示制度、执法全过程记录制度、重大执法决定法制审核制度），开展文化广电和旅游系统行政执法案卷评查。开展常态化清理和规范全市庆典研讨会论坛活动，调整领导小组成员名单，在全市建立新冠肺炎疫情防控常态化节庆、论坛、展会活动动态调控机制，举办清理和规范庆典研讨会论坛活动业务培训会，贯彻落实节庆论坛管理规定，严格控制活动规模，提高市场运作水平，使节庆活动更趋规范、更具实效。2021年，镇江市文广旅局和扬中市文体广旅局分别被省广电局评为“依法行政示范单位”。市文化市场综合执法支队全年出动执法检查人员1.14万人次，检查文旅企业2810余家次。在全省范围内首家开展文化市场综合执法队伍规范化试验区建设，提升执法能力与水平。

行业安全生产工作。按照“三管三必须”（管行业必须管安全、管业务必须管安全、管生产经营必须管安全）的要求，压紧压实企业主体责任、行业监管责任和属地管理责任。建立安全生产综合监管“1+8”机制，推进安全生产专项整治“六项行动”，开展暑期安全生产工作“八防”活动，分类组织安全生产培训。落实安全播出管理制度和网络安全制度，开展集中打击治理“黑广播”“伪基站”违法犯罪专项行动，查处和取缔“黑广播”15起。开展献礼庆祝中国共产党成立100周年安全播出保障专项行动，维护意识形态安全和播出安全。2021年，镇江市文广旅局成立7个检查组，采取“四不两直”方式出动检查人员732人次，检查文旅企业583家，发现并整改安全隐患327处，确保文旅行业安全稳定。

对外文化交流。镇江市与建立友好城市关系的外国城市加强交流，增进相互间的友谊。邀请日本驻沪总领馆新闻文化部部长米田麻衣参加第十五届中国镇江金山文化艺术·国际旅游节开幕式，邀请日本仓敷市、韩国益山市、德国曼海姆市市长视频致辞。召开文化旅游日本（东京）、韩国（首尔）线上推介会，签署《东亚文化互促互进长期合作备忘录》，就市场情报提供、文旅资源共享、客源互送等达成合作共识。网易、搜狐、腾讯等多家国内媒体，《朝日新闻》等20多家日本媒体以及朝鲜日报网等多家韩国媒体先后报道。

红色文化建设。2021年，镇江市图书馆与市公交公司联合打造“书香红车”。市文化馆开展“庆解放沐党恩”手绘长卷活动。镇江博物馆开展“红色娘子军宣讲团”进社区活动。市美术馆举办第八届“灵秀镇江——百年回眸”美术、书法作品展。市非物质遗产保护中心举办“颂建党百年传梅庵新声”古琴音乐会。焦山碑刻博物馆组织“红领巾少年党史宣讲团”为游客宣讲古炮台史话。茅山新四军纪念馆与省未成年犯管教所（镇江女子监狱）结对共建“党史学习教育实境课堂”。句容市图书馆为城区银行、车站等30个星光阅读角投放红色书籍近200本，并纳入通借通还系统进行流转。扬中博物馆开设线上红色专栏，推出“听红色档案讲党史故事”系列视频。润州区文化馆联合扬州市曲艺研究所开讲红色评话20场。

（许　婷）

【镇江市入选2023年“东亚文化之都”候选城市】 2021年8月11日，文化和旅游部国际交流与合作局公布2023年至2025年“东亚文化之都”初审结果，镇江市入选2023年“东亚文化之都”候选城市。“东亚文化之都”创建自2013年，有3个国家29座城市当选，中国当选城市是：泉州、青岛、宁波、长沙、哈尔滨、西安、扬州、绍兴、敦煌、济南、温州。

（许　婷）

【文化市场整治工作】 2021年，镇江市办理相关文化市场案件100起，出动执法检查人员1.14万人次，检查企业单位2810余家次，巡查网站1707个、网上书店412家次、微信公众号330个，微信小程序203个。全年先后开展网络文化市场、艺术考级市场、交通枢纽出版物经营单位、宗教场所出版物检查、教育培训机构出版物检查、未经许可经营旅行社业务及“不合理低价游”等专项行动10余项，维护文旅市场健康发展秩序。全年处理投诉、咨询119件，其中，旅行社63件、景区9件、其他66件，办结率100%；处理文化举报34起，完成诉转案13件，组织调解7件。

（许　婷）

【广播电视监管】 2021年，镇江市开展广播电视领域专项检查8次，检查宾馆饭店80余家，查处“小耳朵”非法销售点33个，劝阻销售“小耳朵”150余台，发放《拒绝“小耳朵”倡议书》200余份。开展“2021年网络安全执法检查”。开展集中打击治理“黑广播”“伪基站”违法犯罪专项行动，查处和取缔“黑广播”15起。市文广旅局、市市场监管局等部门在全市广电系统开展违规广告排查清理，组织实地检查24次，停播广告7条，整改广告11条。（许　婷）

文学艺术

【概况】 2021 年，第五届江苏省文华奖评选结果揭晓，镇江市的扬剧《茶山女人》获“文华大奖”；领衔主演龚莉莉获“表演奖”，作曲王啸冰获“音乐奖”；小扬剧《革命媳妇》获“优秀节目奖”。面向全国开展“一首歌唱响一座城”镇江主题歌曲征集活动，入选歌曲被第十五届中国镇江金山文化艺术·国际旅游节采用。南京航空航天大学创排的话剧《旋翼人生》、宝应县淮剧团创排的淮剧《浪起宝应湖》、镇江市艺术创作研究中心创排的小扬剧《河约》在镇江参加江苏省庆祝中国共产党成立 100 周年优秀舞台作品展演；孙炜的作品《战淮河》、常卫平的作品《新姿——建设中的五峰山长江特大桥》、张雷的作品《“强富美高”新江苏》入选江苏省庆祝中国共产党成立 100 周年美术书法精品展；王中明的作品《暖冬》、蒋丹东的作品《华彩啷当》入选江苏省文华奖优秀美术书法作品展。 （许　婷）

【镇江市美术馆新馆开放】 2021 年 10 月 12 日，镇江市美术馆新馆面向公众开放。新馆位于润州区长江路 80 号，地处沿江风景带，与老馆相距 500 米。新馆建筑面积 2250.61 平方米，立面呈长方形；建筑内部为两层展厅，面积 2000 多平方米，展线约 300 米，可展出近 200 件大幅作品。新馆开放后，镇江市美术馆的展厅总面积为 3000 多平方米，新旧两处场馆可同时举办展览及社会教育等各项活动。 （许　婷）

【第九届“百花争艳”江苏省女书画家作品展】 2021 年 3 月 16 日—4 月 16 日，由中国女画家协会、中共镇江市委宣传部、镇江市文广旅局、镇江市文联联办的第九届“百花争艳”江苏省女书画家作品展在镇江市美术馆展出。该展览展出中国画作品 41 件、书法作品 40 件，江苏省 13 个设区市的女书画家参展。2013 年到 2021 年，“百花争艳”品牌每年举办一届，参展作者从最初的镇江地区女画家扩展到江苏省各设区市的女书画家。 （许　婷）

【首届江苏省“瘗鹤铭·书法篆刻展”】 2021 年 10 月 12 日，由江苏省书协、中共镇江市委宣传部、镇江市文广旅局、镇江市文联联办的首届江苏省“瘗鹤铭·书法篆刻展”在镇江市美术馆新馆开展。展览面向全省征稿，入展作者可获省书协入会资格。2000 余件作品投稿，作品涵盖篆、隶、楷、行、草、篆刻、册页、手卷等多种书体和形式。展览最终评出成人组入展作品 101 件（其中，获奖、获奖提名作品各 10 件），青少年组入展作品 48 件（其中，获奖、获奖提名作品各 5 件）。 （许　婷）

【第八届“灵秀镇江——百年回眸”美术、书法作品展】 2021 年 2 月 9 日—3 月 14 日，由中共镇江市委宣传部、市文化广电和旅游局、市文学艺术界联合会主办的第八届“灵秀镇江——百年回眸”美术、书法作品展在镇江市美术馆展出。该展览围绕庆祝中国共产党成立 100 周年契机，以“百年回眸”为创作主题，从艺术的视角讴歌中国共产党带领中华民族实现伟大复兴的百年历史。入展作品 133 件，其中，中国画作品 42 幅、书法作品 40 幅，以及油画、版画、水彩、水粉等类作品 51 幅。入展书画作品分为 2 个展区，中国画、书法的 82 件作品在镇江市美术馆展出，西洋画的 51 件作品在镇江焦山书画院展出。 （许　婷）

【“百年风华”——第四届“米芾杯”国际青少年书法大赛优秀作品展】 2021 年 12 月 25 日，由全国教育书画协会、中国国际书画艺术研究会、中国文字博物馆、镇江市政府共同主办的“百年风华”——第四届“米芾杯”国际青少年书法大赛优秀作品展开幕式在镇江市美术馆新馆举行。由于新冠肺炎疫情的影响，该届大赛活动推迟比赛日期并改变比赛模式，以“主赛场 + 分赛场 + 分赛点” + “云直播”的模式进行。全国各地 106 家机构的 830 名选手参加；在镇江米芾书法公园主赛场，北京、上海、西安、绍兴等分赛场及 70 余处分赛点参加决赛。最终确定有效参赛作品 820 件，评选出刘桐均等 8 名“米芾奖”、安思冉等 80 名一等奖、余梓芮等 253 名二等奖以及 479 名三等奖，并评选出优秀书法指导老师 41 人和优秀组织机构 47 个。展览展出“米芾奖”、一等奖作者的作品 88 件；展出“2020 第三届‘米芾杯’国际青少年书法大赛”米芾奖、一等奖作者的作品 108 件。组委会在开幕式上举办展览导览直播活动，并邀请相关嘉宾、专家、获奖学生和优秀指导老师代表到现场为网上观众进行导览解说。 （许　婷）

【“鹤鸣浮玉翰墨芳华”——庆祝中国共产党成立 100 周年长三角女书法家扇面作品邀请展】 2021 年 6 月 6 日—7 月 10 日，由镇江市文广旅局主办的“鹤鸣浮玉翰墨芳华”——庆祝中国共产党成立 100 周年长三角女书法家扇面作品邀请展在焦山书画院展出。展览征集到上海、江苏、浙江、安徽 4 省（市）具备中国书协会员资格的部分女书法家的 80 件扇面作品，这些作品各书体兼备，形式有折扇、团扇等，内

容既有毛泽东诗词等红色主题，也有古今诗词、联赋等。 （许　婷）

【“镇江志”音乐会举办】 2021年12月18日晚，由市文广旅局、市史志办公室主办的“镇江志”音乐会在镇江西津音乐厅举办，上海音乐学院钢琴家陈巍岭领衔的团队通过音乐诠释镇江的魅力，引领听众了解和热爱镇江的历史、现在和未来。音乐会《镇江六景图》组曲作品中，“水”作为其中一个重要“连接”，串联起“文化”“军事”“景致”等段落，为丰富音乐表现形式，末段《诗赋》以钢琴与人声二重奏形式呈现。音乐会邀请部分自闭症儿童和热心网友参加。 （许　婷）

2021年文学艺术界各协会情况表

表26－1

协会名称	会员人数(人)	重点工作及主要成果情况
镇江市作家协会	984	1. 召开第七届四次理事会。2. 组织会员创作报告文学、散文、诗歌以及其他文艺作品500余篇(首)抗击新冠肺炎疫情的宣传作品。3. 王景曙创作出版长篇纪实文学《77人的“78”天》，钟程发创作出版纪实文学《血融大地》，谢立新创作出版纪实散文集《碧水无痕》，郜志坚创作出版纪实散文集《那年那月那些事》，陶然创作出版中篇小说集《天象》，王东海创作散文《我那些逆行的兄弟们》以及报告文学《抗疫英雄司元羽——他错过了春天》《平凡的昌华》，范继平创作长篇报告文学《滥绿园》，马健创作出版长篇小说《1842镇江绝唱》以及长篇报告文学《岛城阳光》《不忘初心的历程》，钱俊梅创作长篇报告文学《我在，我们在——2020镇江抗疫实录》
镇江市戏剧曲艺家协会	244	1. 召开七届三次理事会。2. 复排演出大型扬剧《茶山女人》，创作小扬剧《革命媳妇》等多台剧目，均入选省级以上各类展赛。3. 创作歌曲《万山红遍》、小品《坚守》等20多部抗疫题材作品，组织“戏曲新苗”小学生选手参加江苏省戏曲“小梅花”奖的评选活动；组织参与江苏省第三届“戏剧小戏小品”展演的选拔推送；组织“周周看扬剧”活动；联合江苏大学举办“江苏大学第六届相声小品大会”活动。4. 开展戏剧曲艺“城乡文艺播种计划”志愿服务活动，服务4个社区和3个乡镇，活动20余次；开展传统戏曲传承辅导活动
镇江市音乐家协会	1130	1. 召开七届四次理事会。2. 组织3支队伍参加省第五届紫金合唱节比赛，中共镇江市委宣传部获优秀组织奖，魏星华获优秀指挥奖，周国歧《映山映象红》获优秀作品奖，丹阳五中“梦之韵”合唱团获少年组银奖，镇江市老年大学合唱团获成人B组铜奖；举办“红心向党，放歌镇江”紫金合唱节镇江赛区音乐会；举办“唱响‘春之声’喜迎新一年”镇江慈善爱乐女声合唱团音乐会；举办“艺海耕耘四十载”余军师生音乐会；承办“一首歌唱响一座城”镇江主题歌曲征集活动；主办第十三届中国音乐金钟奖选拔赛，报送钢琴、声乐及古筝选手参加省级比赛；组织选拔声乐选手参加2021江苏省文艺大奖·音乐奖声乐比赛；举办“红豆·和院”杯镇江市青少年钢琴大赛；协办镇江市第十一届青少年新年音乐会
镇江市舞蹈家协会	557	1. 召开七届四次理事会。2. 举办“助力奔跑·美丽镇江”庆祝中国共产党成立100周年舞蹈大赛；举办第二届街舞大赛以及镇江舞蹈“广玉兰奖”第三届少儿舞蹈展演。3. 开设舞蹈公益课堂；联合丹徒区舞协到街道、镇村开展舞蹈辅导志愿服务，全年开展文艺志愿服务300余场次，惠及40余个舞蹈团队和千余名群众。4. 创作健肺养生舞、儿童舞蹈、古典舞、现代舞、街舞等39个抗疫舞蹈作品；推荐2名青年编导参加江苏省舞蹈家协会舞蹈编导人才培训，推荐4个作品参加省第十届文学艺术奖评选；支持和帮助本土舞蹈工作者创作完成《乡醋》《小小从兵梦》《红星闪闪》《葬腾少年·向党敬礼》《少年团》等多个少儿舞蹈作品，并在“桃李杯”全国舞蹈展演、“桃李新苗”全国少儿舞蹈展演等国家级展赛活动中获奖
镇江市美术家协会	892	1. 8件作品入选省级展览，其中2件获优秀奖；19件作品入选国家级展览；4件作品入选省“百年江苏”大型美术精品创作工程；2件作品参展“百年征程”江苏省庆祝中国共产党成立100周年美术书法精品展。2. 举办2021首届镇江市青年美术作品展；在蚌埠市举办“在水一方”镇江、蚌埠两地艺术家美术作品展；在启东市举办“他们·我们——纪念新兴版画运动90周年”南通·镇江版画艺术交流展；与镇江书协联合举办“百年辉煌、致敬时代”——纪念建党100周年美术作品展；举办“京江文脉”镇江市中国画作品学术展；参与承办第八届“灵秀镇江——百年回眸”美术书法作品展、江苏省女书画家作品展、“如诗如歌”——镇江中青年书画名家扇面小品邀请展，以及“笔墨对话回望”——廖松涛吴煜明中国画双人展等多场展览；参与协办中国镇江“城市人才”手绘大赛
镇江市书法家协会	655	1. 组织部分理事赴嘉兴参观红船，并观摩第七届兰亭奖作品展。2. 参与承办“百年辉煌致敬时代”庆祝中国共产党成立100周年镇江美术书法作品展、“江苏瘗鹤铭奖书法展”、“如诗如歌”——镇江中青年书画名家扇面小品邀请展等；举办镇江·蚌埠书法交流展镇江展；遴选作品参加“江苏瘗鹤铭奖书法展”“江苏第三届妇女书法展”，均有作品获奖
镇江市摄影家协会	2236	1. 召开七届四次理事(扩大)会。2. 举办“红红火火过大年”作品征集活动；参与中共镇江市委宣传部等部门组织的“百年百运”等多项活动的拍摄工作；组织举办“程默杯”助力奔跑美丽镇江全国大展，举办赵迎新“透过表象的天空”、薛楠“一起读懂征稿启事”摄影讲座；协助举办“寻找最美‘句容福道’全省摄影展”、“相约香海四季丹阳”全省摄影展；举办第10届摄影创作汇报展。3. 程国玲《城市保洁》入选中国第18届国际摄影艺术展览；余佳虎获“江苏文艺大奖——摄影提名奖”；协会会员许志荣举办西津渡专题展，徐霖、刘利群、宋亚军等8人举办“五月的鲜花”摄影联展

续表 26－1

协会名称	会员人数(人)	重点工作及主要成果情况
镇江市民间文艺家协会	653	1. 召开第七届一次理事会。2. 31件(组)作品参加省第六届民间文艺奖·优秀民间工艺美术作品评奖活动,剪纸作品《幸福新时代》等5件作品获奖;2件(组)参加省第六届民间文艺奖·优秀民间艺术表演评奖活动,“扬中九狮图”获奖。3. 开展“欢欢喜喜过大年”活动;举办“九九重阳节——剪纸体验活动”;开展10场大型民间文艺“六进”活动;举办“品街巷文化寻城市记忆”活动;开展“牵手外地娃留镇过大年”活动;举办“扬州评话少儿书场”活动;开展“一双巧手传廉情廉政剪纸学党史”活动;举办“恰百年风华正茂”——庆祝建党百年献礼作品展;开展“欢欢乐乐闹元宵”活动;举办“大手牵小手文化润童心”活动;参加“江苏科技大学第六届大学生旅游文化节”;举办“扬州清曲”保护与传承情况讨论会
镇江市电影电视艺术家协会	181	1. 召开五届三次理事会。2. 完成新文艺群体重点文艺家调查工作。3. 组织会员参加江苏青年电影编剧集训营;组织创作《镇江战“疫”十二时辰》《春暖三月花开镇江》等短视频作品。4. 镇江本土制作出品的农村题材主旋律电影《寻人启示录》在镇江举行首映;《封神:画圣归来》在腾讯视频上线
镇江市设计艺术家协会	228	1. 召开第二次会员代表大会,选举产生新一届理事会、监事会和主席团,姚庆武当选为新一届镇江市设计艺术家协会主席。2. 组织会员到安徽进行红色文化学习,到景德镇开展艺术考察活动,参加龙脉陶瓷省级非遗刻瓷艺术活动。3. 举办主题沙龙艺术活动;承办镇江市第七届金山文化创意设计大赛
镇江文艺评论家协会	121	1. 开展迎“七一”主题活动。2. 组织3个专业委员会业务骨干开展和参加各项文艺评论、文艺创作;组织文艺评论家做好“文化金山”品牌建设相关工作,参加镇江文化专题《大咖沙龙》的视频录制工作。3. 与镇江市图书馆共同举办“文心品书会”读书沙龙活动;举办“张居正的七张面孔”“感受诗词别样美”“魏晋南北朝漫谈”“价值”等多场活动

(高兴玺)

公共文化服务

【概况】 2021年,镇江市深化国家公共文化服务体系示范区创新发展。7月16日,文化和旅游部、财政部联合公布第四批国家公共文化服务体系示范区(项目)名单,镇江市以43项创建规划任务100%完成、34项国家创建指标100%达到东部地区优秀标准的成绩,被命名为国家公共文化服务体系示范区。

推广经验做法。在全省文化和旅游工作会议上做交流发言,盘点国家公共文化服务体系示范区创建成果,推广建设经验;在全国公共文化领域重点改革工作总结部署会上做经验交流,向全国推广介绍镇江市文化广场管理服务国家标准体系建设成果;《镇江:着力打造提升群众文化获得感的样板》作为省文化馆《文化新世纪》的开篇报道,向全省文化馆站介绍经验,扩大示范效应;向到镇江专题调研公共文化情况的云南省人大代表团介绍示范区创建做法及制定实施《镇江市公共文化服务保障办法》立法经验。开展省千支优秀群众文艺团队培育现场集中辅导试点工作,并将经验推广到全省。

培育示范典型。丹阳市云阳街道灯谜入选“2021—2023年度中国民间文化艺术之乡”。组织开展全省优秀群众文化团队培育对象、“最美公共文化空间”打造对象申报工作,19支团队入选优秀团队培育对象,数量列全省第3名;13家公共文化场馆入选“最美公共文化空间”打造对象。“文化在线”公共文化服务产品供给新模式被评为“2021年度江苏省智慧文旅示范项目”,通过“江苏公共文化云”“文化在线”平台发布活动资讯、艺术鉴赏、抢票活动等1220条,开展在线直播8场,观看人数37万人次,公共数字文化服务效能在“江苏智慧文旅数据分析决策中心”显示列全省第1名。全市文化馆通过第五次全国文化馆评估定级,7家文化馆均为国家一级馆。

文化场馆服务效能建设。镇江市文广旅局印发《镇江市2021年度提高人均接受文化场馆服务次数实施方案》,推动提高人均接受文化场馆服务次数。增强公共文化服务产品供给,完成文化惠民活动,开展“文心”系列活动167场、全民艺术普及活动602场。创新开展“从小爱场馆”文化活动,同时,为吸引群众进场馆、爱场馆,全市各级场馆开展社教活动7355场。向基层宣传推广市级场馆优秀活动案例,向少年儿童提供适合其年龄特点的产品服务。组织开展中央补助地方公共数字文化建设项目验收工作,4家单位通过验收。指导全市文化场所解决老年人运用智能技术困难问题,开辟绿色通道、设置扶老助残公益岗、开展老年人使用智能手机培训辅导等,方便未带手机的老年人入馆。运用各级文化场馆、公共宣传栏、电子显示屏、网站、微信等进行“公共文化在您身边”集中宣传,提高全市基本公共文化服务满意度。建成10个“智慧广电乡镇(街道)”,全面升级改造乡村广播电视有线网络,推动广播电视公共服务由功能业务型向创新服务型升级。

(许　婷)

【公共文化服务体系示范区深化年】 2021年，镇江市文广旅局制定《镇江市国家公共文化服务体系示范区深化年工作方案》，以增强群众文化获得感为目标，围绕知晓度、便捷度、参与度、多样性、吸引力、满意度建设，从基础建设、改革创新、品牌打造等7方面，提出落实公共文化设施布局规划、推广文化广场管理服务国家标准体系落小落实等23项工作任务。以镇（街道）综合文化站、村（社区）综合性文化服务中心为主要对象，排查714家基层公共文化设施运行管理情况，发现并即时整改服务公示不规范等问题43处。择优选取1家县级图书馆文化馆、10家镇（街道）综合文化站和100家村（社区）综合性文化服务中心，作为基层公共文化服务效能提升"一十百"示范单位，创新探索可示范、可复制、能持续发展的公共文化服务经验，以点带面，促进全市公共文化服务水平提升。

（许　婷）

【庆祝中国共产党成立100周年系列活动】 2021年，镇江市文广旅局贯彻《庆祝建党100周年"四百"红色系列主题活动方案》和印发《镇江市文广旅系统庆祝建党100周年系列主题活动方案》。开展"四百"系列红色演出1163场、红色展览2098场、唱革命歌曲艺术辅导2192场、红色惠民旅游活动943场，引导和激励全市民众不忘初心、团结奋进。协调中共中央庆祝中国共产党成立100周年文艺演出《伟大征程》20532套舞台群演服装制作，为演出成功做出贡献。举办"喜迎华诞助力奔跑"趣味运动会和"红心献给党"庆祝建党100周年歌咏比赛，推动党员发扬红色精神，建功新时代。承办江苏省庆祝中国共产党成立100周年"百年百场"优秀群众文艺作品巡演、巡展12场，举办"淘文化网——庆祝建党100周年专题演出"60场，4万多名观众和61.4万网民观看。（许　婷）

【"我们身边的场馆——从小爱场馆"文化活动】 2021年，镇江市面向全市青少年儿童，开展"我们身边的场馆——从小爱场馆"文化活动1124场，通过馆校联动，让孩子进场馆"听一次场馆介绍、与场馆合一个影、走一条场馆参观游线、体验一次场馆服务、推荐一次场馆"。该活动由镇江市文广旅局总体组织，各级、各类文化场馆结合自身社教功能、专业特长和青少年特点，确定100项文化活动供给清单，列入市教育系统"文化进校园"计划，通过全市中小学、幼儿园"点单"，公共文化场馆"接单"，吸引少年儿童有组织地进场馆，参加文化活动，接受书法绘画、舞蹈合唱、讲故事、科学普及和思想品德等教育熏陶。（许　婷）

【"村（社区）文艺播种计划"】 2021年，镇江市文广旅局实施"村（社区）文艺播种计划"和"千场文化活动进农村"活动，征集基层文艺需求608项，选派298名文艺骨干赴基层"结对子、种文化"，开展志愿辅导2496场，打造从"送文化"到"种文化"再到"创文化"的生态链。助力乡村文化振兴，统筹整合各类文化惠民服务，推进优质文艺资源深入基层，走进农村，开展主题文艺展演967场、戏曲演出556场、艺术普及3245场、人才培训2057场。（许　婷）

图书馆事业

【概况】 2021年，镇江市深化国家公共文化服务体系示范区创新发展，推进文化和旅游公共服务机构功能融合试点，推动图书馆事业发展。发挥图书馆的社教职能，推进文旅融合，打造"镇江夜美好"品牌，节假日、周末晚间对读者开放。镇江市图书馆安装并完成客流分析系统，与省文化旅游数字服务平台实现对接。因地制宜推动"公共数字文化进楼宇"、老年人"晚霞"课堂、"书香公交"等有特色、有温度的数字化服务方式。在润州山路社区等5个社区、50栋楼宇固定位置设置"公共文化进楼宇"展板，居民可通过扫描展板上的二维码阅读书籍。针对全市55岁以上老年人，组织策划"e"路晚霞老年人智能手机培训30场，提升老年人利用智能设备获取各类信息的能力。6月，镇江市图书馆与市公共交通有限公司联合打造的"书香红车"正式开通，将纸质图书、电子书、有声书搬进公交车，"红色移动图书馆"开启党史学习教育新模式。"七一"前后，镇江市图书馆为公交车乘客准备1000张"建党100周年阅读卡"，乘客根据卡面提示操作，可在线阅读5000本党建电子书、100份党报和8.4万张红色艺术图片。"4·23世界读书日"期间，举办以"'唱'享阅读"为主题的"图书馆之夜"活动，现场启动"阅读与微笑"摄影作品征集活动。加强政府主导下图书馆服务体系建设，构建完善的图书馆总分馆制，新建新区国企分馆、镇江武警支队分馆、法治分馆、政协分馆、星心分馆、公交公司分馆等特色分馆及8家阅读新空间。在全市范围内举办主题为"我心向党庆百年"红领巾读书征文活动，有100多所学校、13万名学生参与。

开展"阅读+"积分活动，当年"阅读+"少儿积分兑换课程举办21种课程100场，涵盖国际象棋、创意书法、魔方、少儿舞蹈、游泳等，并在原有课程的基础上新开设机器人结构、Scratch编程、乐高、音乐猫、中国舞、跳绳等内容多样的课程。（许　婷）

【镇江市图书馆】 截至2021年,镇江市图书馆有持证读者17.5207万人。全年借还图书82.8389万册,服务人次131.0261万人。赴基层开展流动服务67次。全年举办各类社教活动741场,其中"从小爱场馆"文化活动62场,完成全民艺术普及活动72场。结合庆祝中国共产党成立100周年"四百"红色系列主题活动方案,开展红色"文心"系列活动315场。启动"江苏省立镇江图书馆"旧址建筑改造项目。设立"《民法典》释义系列丛书"专题书架;开设"不忘初心跟党走"红色图书荐读专架。加强对外交流和合作,完善全馆日韩英文标识标牌。 (许 婷)

【《镇江文库·史料编》出版】 2021年10月,镇江市图书馆完成《镇江文库·史料编》编纂工作,并由广陵书社出版。全书30册,16开精装本,每册约750页;收录各类古籍和民国时期文献约260种,涵盖稿本、抄本、刻本、铅印本等各种形式,其中部分是海内外罕见的稀世珍本,展示镇江社会历史文化各方面情况。"史料编"是《镇江文库》第二部分,分为地理游记卷、兵事卷、社会经济卷、教育文化卷、传记资料卷5个部分。其中,地理游记卷收录清代至民国期间关于镇江地理、地质的介绍,以及一些文人的游记、诗歌等;兵事卷记录清代至民国期间历次战争,以及清代旗营在镇江驻防情况的重要史料档案;社会经济卷涉及镇江土地、城建、漕运、司法、财税、慈善等领域的综述与微观记录;教育文化卷包含镇江历史上影响较大的书院、学校、藏书、民众教育、金石碑刻等方面的典籍资料;传记资料卷则收入镇江历代人物合传、个人别传、年谱、日记及少量家谱等。 (许 婷)

【"书香红车"开通】 2021年,镇江市图书馆借助公交车流动性强、覆盖面广的优势,与镇江市公交公司联合打造"书香红车",依托8路党建红色文化专线、特色服务示范线,将"书香"送进8路线13台公交车厢,让乘客在乘车途中,也能利用碎片时间进行党史学习。"书香红车"不仅在车厢内设置杂志架,以供乘客自由取阅红色主题杂志和图书,还在座位椅背和车厢把手上,印制红色电子阅读资源二维码,方便乘客扫码阅读。 (许 婷)

【书香校园·馆校联盟】 2021年,镇江市文广旅局、市教育局联合开展书香校园·馆校联盟活动。活动主要以红色活动、科普活动和传统文化活动三大类为主题,举办52场小学校园活动。活动期间,举办以"做自己的首席安全官""'书香伴我成长'中国儿童文学作品展""好读书,读好书——读书日名家荐书"等为主题的展览,以丰富小学生课余知识,增加校园书香氛围。展览覆盖全市20所小学的52个班级,约2460名学生参与。"书香校园·馆校联盟"是2018年由镇江市图书馆牵头,31所学校参与的省内第一家图书馆与学校联合成立的联盟组织。建立联盟旨在推动阅读资源进学校,整合全市校园"阅读网格",为图书馆和学校之间架起阅读交流平台,为校园阅读奠定软硬件基础。 (许 婷)

【2021年长三角阅读马拉松大赛】 2021年10月23日,长三角阅读马拉松大赛在镇江市图书馆开赛。阅读马拉松简称"阅马",参赛者须在6小时内和伙伴一起完成一本书的阅读。这是镇江第二年举办"长三角阅读马拉松大赛",最终有10支队伍、50位选手参赛,其中年龄最小的16岁。市图书馆通过举办阅读马拉松大赛,旨在把读者聚集在一起,围绕"阅读致用",重构读者和阅读之间的联系。 (许 婷)

【江苏大学图书馆】 江苏大学图书馆由校本部馆、四个学院资料室、北固校区借阅处组成,总面积47270平方米(不含资料室)。截至2021年12月,馆藏中外文纸质图书278.1万册、电子图书122万册(按新统计口径)、中外文纸质报刊1405种、电子报刊34300余种,订阅数据库118个,自建特色数据库9个。

基础服务工作。全年接待读者183万余人次,借还图书16万余册,上机2万余人次,办理各类证件660张。增加CSCD检索服务,提供SCI、ESI、CSSCI、SSCI等数据库查收查引证明11500余条,论文相似性检测469篇。规范新冠肺炎疫情常态化考点考务工作,完成3季、16场次ACCA考试组织工作。校内提供以书换书、循环利用、绿色阅读平台,新建5个图书漂流点,受赠图书近万册,漂出图书近4000册,捐助人数近3000人次。开展读者信息素养教育,举行信息素养讲座22场,3000余人次参加。完成赛珍珠主题文献汇编,从民国时期报纸和期刊收集赛珍珠主题的文章636篇,填补国内该类文献梳理工作空白。

品牌文化活动。开展"最美书房""书香人生""名家讲堂""耶鲁公益课"等品牌活动;开展"读书节""迎新季""毕业季""考试季""节日季"等主题活动;开展"古言今颂·小打卡""立体围读寻迹镇江""非遗文化进校园""国学沙龙""二十四节气签"等传统文化活动;开展"书集""拾光早读会""拾光读书分享会""图书漂流"等阅读活动;开展"徽标征集""图时光影院""我和图书馆的故事""图说纷纭""智在江图"等特色活动。1人获镇江市社科普及先进个人称号,2个阅读推广案例获江苏省图书馆学会学术年会业务案例三等奖。

教学科研工作。获批国家社科项目1项、省高校哲社项目1项、省社科应用研究精品工程项目重点课题1项、国家博士后科学基金面上二等资助1项、省博士后科研资助计划C类资助1项、市社科应用研究“赛珍珠专项”3项,中国学位与研究生教育学会项目1项,1人获CALIS全国农学文献信息中心2020年研究项目三等奖。全馆发表论文33篇,其中,SSCI检索论文3篇、教育部A类论文7篇、CSSCI检索论文21篇。组织知识产权科普竞答,获全国incopat大赛优秀组织单位称号。举办江苏大学首届专利信息素养大赛。省专利信息利用与传播基地项目通过验收。在上海市海峡两岸教育交流促进会新文科专委会发布的“2021图书馆学术能力排名”中,江苏大学图书馆列全国高校图书馆第3名。 (卞丽芳)

【江苏科技大学图书馆】 2021年,江苏科技大学图书馆首次获评“江苏省高校图书馆先进集体”。当年,投入建设经费821万元;汇文系统新增中文图书44713册、外文图书660册;订购中外文纸质报刊759种;新建运行“阿法购”读者荐购平台;完成37个数据库平台的采购和续订。接受镇江美术馆(书画院)等单位图书捐赠。筹资10万元购买电子书数据库平台。编写制作《江苏科技大学电子资源推介手册(2021版)》纸质版和线上PDF版,提供馆藏数据库清单。该馆有馆藏纸质文献238.5万册(系统内174.3万余册)。

2021年,该馆日均开放16个小时,每周开放7天,全年到馆师生1544817人次。面向师生线上线下举办各类主题讲座15次。完成学校科研、职称评审、人才筛选等所需项目科技查新报告23份、科研论文查收查引1600余篇次、社科类论文查重56篇、期刊指南服务13次,推送文献信息资源65358篇。结合学校学科发展,发布ESI学科发展简报6期、计算机ESI潜势学科分析报告6期、ESI校内线上通报2期、ESI高被引论文/热点论文分析报告2期,另向学校和相关学院提供和推送学科发展数据支持服务15次。

在第26个“世界读书日”期间,该馆组织江苏科技大学第五届“悦读·起航”读书节。开展党史阅读马拉松挑战赛活动,全校20余家单位、200余人参加活动。全年先后开展“‘疫’起阅读、‘愈’见美好”——江苏科技大学2020年寒假线上阅读计划,以及“读书消暑、心有所抒”阅读营活动。组织“梦溪读书会”“长山读书会”,邀请专家开设读书讲座,策划“疫情和人类生存发展”“自我管理与提升”“人际沟通与交流”等8场次读书会活动。开展“你选书我买单”活动。发布《踏浪而行悦读起航》图书馆宣传片;设置庆祝中国共产党成立100周年红色读物专题书架、普法教育专栏书架;举办《马克思主义传播在中国》专题图片展;举办“最美图书馆一角”摄影比赛、图书馆文创作品征集活动等,营造书香校园建设氛围。

2021年,该馆上线图书馆个性化资源推荐平台——我的书房,实现期刊扫码借阅。完善入馆教育系统,新添图书馆中外文数字资源介绍短视频、数据库操作指南制作、文献检索课程教学课件,以及梦溪分馆入馆教育视频等内容。完成图书管理系统NLSP图星平台上线工作。举办“协同创新·智慧赋能:2021江苏省高校智慧图书馆联盟创新论坛”,浙江大学、南京大学、东南大学、南京师范大学、河海大学、中国矿业大学等80多所高校图书馆馆长、业内专家及馆员代表200余人参加论坛。 (师衍辉)

【镇江市高等专科学校图书馆】 2021年,镇江市高等专科学校图书馆有建筑面积22500多平方米,分设校本部图书馆、丹阳师范学院图书馆、润州校区图书馆。馆员28人,具有副高及以上职称人员9人;注册读者9000余人。有纸质图书77.2万册、各类电子版图书300万种、中文专业期刊近500种,以及电子期刊全文数据库1万多种、8000多万篇。馆内建有“超星读秀”数据库、知网期刊论文数据库、CALIS外文期刊网、“吕凤子数字图书馆”镇江地方文化数据库、海研全球科研项目数据库、新东方多媒体学习库等,同时,有维普期刊数据库、东篱科研大数据发现系统(DRDS)等试用资源。

2021年,图书馆以微信形式推送《革命与复兴——中国共产党百年珍贵图像展》12期。组织学生参与江苏省高校图书情报工作委员会阅读推广委员会组织的“橙艺杯”庆建党百年、抒爱国情怀美育作品征集活动,全校有1644人参与并提交作品,学校获优秀组织奖;参与江苏省高校图书情报工作委员会组织的《第三届江苏省高校“云舟杯”共读一本书活动》,全校有1758人参与,2人获二等奖,学校获优秀组织奖;组织学生参加2021年“万方杯”江苏省高职院校信息素养大赛,全校有2名学生分获二、三等奖,实现历史性突破,学校获最佳组织奖。同时,图书馆邀请部分高校教授到学校举办历史和艺术方面的学术讲座。 (魏胜宏)

文旅产业

【概况】 2021年,镇江市推动产业招商和项目建设。启动“文旅‘镇’加速”服务品牌建设,举办镇江、玄武(南京)文旅招商推介会暨战略合作签约仪式,两地20家单位签署12项战略合作协议。镇江傲游网络科技有限公司入选2021—2022年度国家文化出口重点企业，镇江电竞文创产业基地、恒大童世界欧宝酒店等2个项目入选全省重点文化和旅游产业项目，计划总投资23亿元。

2021年，镇江市创新打造“文化金山”IP品牌，举办“2021金山文化艺术·国际旅游节”。华为（镇江）数字创新中心、尚云游戏社区、四次元文旅、冬云如懿西津渡产业直播基地等8个项目签约，微软（镇江）数字创新中心、云时代中心、吾悦广场河豚巷等项目建成使用，4家公司挂牌上市。举办镇江市第七届金山文创设计大赛，组织优秀企业参加南京融交会。落实《大运河镇江段文化保护传承利用规划》，推进京口闸遗址展示工程、镇江博物馆改造等项目建设。

（于　芳　许　婷）

【文化产业重点项目建设】　2021年，镇江市40个文化产业重点项目计划总投资669.79亿元，年度计划投资34.42亿元，全年完成投资41.62亿元。其中，27个续建项目全年完成投资30.93亿元；好未来智慧教育、康缘中医药文化产业园等8个项目推进较快。13个新开工项目全年完成投资10.69亿元。博物馆（展览馆）专业展柜研制、新型包装材料生产、激光发射器生产线建设、金色年华（三期）等4个项目序时进度超过125%。

（张　萌）

【镇江、玄武文旅招商推介会暨战略合作签约仪式】2021年7月16日，镇江、玄武文旅招商推介会暨战略合作签约仪式在镇江举行。推介会以“聚焦文旅产业推动融合发展”为主题，镇江市、南京市玄武区分别发布各自文旅招商项目。镇江市重点推出西津渡历史文化街区、睿泰数字产业园等文旅项目。推介会现场，两地20家单位签署12项战略合作协议，涵盖区域协作、艺术交流、产业协同、招商运营、品牌营销、数字化建设等方面，推动两地文化旅游产业互补、行业互联、企业互动。南京一九一二投资集团、南京德必文化产业发展有限公司、南京瑞安知社商业管理有限公司、镇江文化旅游产业集团有限公司、镇江市西津渡文化旅游有限责任公司作为两地企业代表交流发言。

（许　婷）

【文旅消费优惠券发放暨夜经济品牌活动启动仪式】　2021年9月19日，镇江市在苏宁广场举行文旅消费优惠券发放暨夜经济品牌活动启动仪式，宣布发放优惠金额超8000万元的文旅消费优惠券。该次发放的文旅消费优惠券涵盖休闲娱乐、旅游购物、餐饮美食、教育培训、旅游健康、旅游住宿6大类、近80个产品项目，以激发市民及外地游客消费热情，提振假日文旅消费。市民可通过“宜游镇江”公众号预约、线下站点镇江博物馆、市图书馆、西津渡景区、苏宁广场、镇江八佰伴等12处消费券领取点领取实体券。“镇江夜美好”夜经济品牌活动现场发布以各市（区）为单位的8大子品牌，通过推介夜生活新业态、新时尚、新地标，打造镇江夜间消费新模式。活动旨在对冲新冠肺炎疫情影响，激发市场活力。

（许　婷）

文化遗产保护

【概况】　2021年，镇江市按照“保护为主、抢救第一、合理利用、加强管理”的文化遗产保护原则，加强文物保护力度。截至2021年，全市境内有文物保护单位299处，其中，全国重点文物保护单位（含大运河）13处，省文物保护单位54处，市县级文物保护单位232处。有国有博物馆、纪念馆共14家，国有博物馆、纪念馆馆藏文物约4万件（套）。2021年度向上争取文物保护资金1693万元，其中，镇江英国领事馆旧址消防工程、京口闸遗址展示工程等6个项目向国家争取文物保护专项资金1366万元；绍宗国学藏书楼修缮工程、新丰车站抗日战斗旧址保护修缮工程等5个项目争取到省级文物保护专项资金327万元。做好2020年度省级以上文物保护专项

图26-1　2021年7月16日，镇江、玄武文旅招商推介会暨战略合作签约仪式在镇江举行　　（王瑞稼　供稿）

资金绩效评审工作。

非遗保护体系建设。2021 年,全市争取省级以上非遗补助专项资金 29 项、合计 630.9 万元。全市基本形成国家、省、市、区县四级非物质文化遗产保护名录。其中,有国家级名录 9 项、省级名录 39 项、市级名录 136 项、区县级名录 199 项;国家级代表性传承人 6 人,省级代表性传承人 21 人,市级代表性传承人 95 人。市文广旅局对《镇江市非物质文化遗产项目代表性传承人保护条例》执法调研活动发现的问题进行整改提升,规范全市非遗保护工作,更好地传承和弘扬优秀本土传统文化。镇江恒顺醋文化博物馆成为首批 10 个江苏省非遗旅游体验基地之一;孙氏太极拳、唐老一正斋膏药制作技艺、丹阳啷当等 7 个项目获 2021 年省级非遗保护专项资金补助,入选项目数与无锡、常州、南通和扬州等 4 市并列全省第 2 名,争取资金量列全省第 6 名。

文化遗产创新性发展情况。发挥博物馆社教功能,举办"5·18"国际博物馆日、"第七届民俗文化周"、文化和自然遗产日等系列活动,镇江博物馆"运河风物'镇'知道——寻访镇江大运河文化带"项目入选 2021 年度江苏省博物馆优秀教育案例;"奔流——镇江近代历史陈列"入选 2021 年度江苏省"弘扬优秀传统文化培育社会主义核心价值观"主题展览项目。茅山新四军纪念馆新增共建单位 20 家;焦山碑刻博物馆联合金山网小记者部举办"从小爱场馆 童眼看碑林"小小讲解员比赛,并成立焦山碑林小记者讲解员队伍。镇江博物馆与高校联合举办"镇博好声音 用心讲文物"——镇博志愿者红色故事讲解大赛、"第四届'沈括杯'我是小小发明家"比赛,并推出"探沪上足迹,忆峥嵘岁月"——志愿者红色研学游;与镇江高等职业技术学校组建"校外德育实践基地";与江苏省镇江中学组建"校外实践基地"。开展长江文化论文征集活动,加强长江文化挖掘研究工作。 (许 婷)

【非物质文化遗产保护传承工作】 2021 年,镇江市文广旅局开展非物质文化遗产"六进"活动 23 场,惠及群众 32 万人次。"非遗进西津渡景区项目""非遗进宝华山景区项目"入选首批江苏省"无限定空间非遗进景区试点项目",镇江市作为代表在全省做经验分享。中国镇江醋文化博物馆新馆建成对外开放,并入选首批 10 个江苏省非遗旅游体验基地。举办"遇见镇江非凡匠心"2021 镇江微视频大赛和非遗摄影展,华山庙会入选"非遗过大年 文化进万家"全省十项非遗过大年活动。在 2021 年"非遗购物节"期间,镇江市文广旅局与"阿里""京东"等主流电商对接,为非物质文化遗产项目涉及企业、传承人搭建合作平台,指导 13 个非物质文化遗产项目在"淘宝""天猫""京东""快手"等电商平台开设 19 家店铺,上线 109 种非物质文化遗产产品,"非遗购物节"期间完成销售额 298 万元。 (许 婷)

【考古前置和文物资源区域评估工作】 2021 年,镇江市文物局全面推进考古前置工作,制定印发《镇江市文物资源区域评估工作流程指南(2021 版)》《镇江市考古工作流程指南(2021 版)》和《镇江市考古工作流程时间指南(2021 版)》,协助申请主体明确行政管理流程、掌握时间节点。同时,针对考古工作管理问题,研究制定印发《关于进一步加强考古工作管理的通知》,明确市文物局、各市(区)文物行政部门、考古单位的工作职责,规范相关流程,强化质量监管。全年受理考古调查勘探项目 113 个、文物资源区域评估项目 10 个。考古调查勘探项目中占地 5 万平方米以上的 36 个,5 万平方米以下的 72 个,涉及土地总面积超过 88 平方千米;完成 65 个考古调查勘探项目、17 个文物资源区域评估项目。

(许 婷)

【"白蛇传传说"非物质文化遗产主题活动】 2021 年,镇江市开展"白蛇传传说"非物质文化遗产主题活动 3 场。在端午节期间,举办"粽香端午,情浓白蛇"主题晚会,以传统音乐、曲艺、戏曲多种形式展现"白蛇传传说"保护成果;选择 118 件/组"'白蛇传传说'全国剪纸邀请赛"获奖作品赴四川省乐山市举办"千年等一回——'白蛇传传说'剪纸精品展";举办"白蛇传传说——海宁皮影戏"夜间展演活动,通过人类非物质文化遗产项目"海宁皮影戏"与"白蛇传传说"的创意融合促进"白蛇传传说"的传播度和影响力。

(许 婷)

【"颂建党百年 传梅庵新声"古琴音乐会】 2021 年 6 月 10 日,"颂建党百年 传梅庵新声"古琴音乐会在镇江博物馆举办。音乐会由镇江市文广旅局、中国乐器协会古琴研究会主办,镇江市非遗文化保护中心承办,通过线上线下的方式,旨在让更多古琴爱好者感受非物质文化遗产文化魅力。演奏曲目有《玉楼春晓》《平沙落雁》等古典曲目,同时有《唱支山歌给党听》《映山红》等红色乐曲。该音乐会还通过"国琴网"进行网络直播,当天观看人次超 5 万人。

(许 婷)

【第七届民俗文化周】 2021 年 9 月 30 日,"第七届民俗文化周"系列活动在西津渡历史文化街区举办,该次文化周以"推动'长江经济带'文化高质量发展"为主题,组织南通市、泰州市、嘉兴市、马鞍山市、镇江市等 5 市、22 个非物质文化遗产项目、近 300 名传承人在西津渡景区以非物质文化遗产项目行街展演、传统手工技艺现场展示、皮影戏表演、戏曲联唱等多种形式展现长江流域民俗文化精华。镇江市的省级非物质文化遗产项目"太平泥叫叫",市级非物质文化遗产项目"烙铁画""蛋壳雕画""丝网花编织"等在玉山广场"传统手工技艺展演"区展示。 (许 婷)

【革命文物保护工作】 2021年,江苏省公布第一批革命文物名录,镇江有28处不可移动文物和122件(套)可移动文物入选。镇江市文物局部署革命旧址险情排查工作,落实责任,细致梳理,保证革命文物安全;保护和挖掘本土红色资源内涵,开展茅山抗日根据地核心区遗址保护项目建设,推进文旅深度融合,构建红色文化旅游区;实施许维新烈士故居保护工程,丰富现场教学实境教学点。丹阳红色金融钱币博物馆、茅山抗日核心区保护工程2个项目获评江苏省"十三五"期间红色遗产保护与展示优秀工程项目。镇江市文物局获评"百年百物"革命文物线上故事会优秀组织单位。 (许 婷)

【长江文化遗产保护研究】 2021年,镇江市文广旅局开展长江文物和文化遗产调查工作。挖掘长江文化内涵,梳理摸排全市长江文物和长江文化遗产,汇总以长江水工遗存、长江附属遗存、长江相关遗产为主要构成的遗产清单,形成《镇江长江文化遗产调查研究》调研报告。加强长江文物和文化遗产保护,实施的镇江英国领事馆旧址3号楼砖石文物抢救性保护工程、焦山碑林安防升级改造工程均完工并通过验收;铁瓮城遗址—西门遗址主动性考古发掘有新成果;焦山定慧寺大雄宝殿维修工程开工。镇江市文物局开展长江文化研究论文征集活动,编印《镇江长江历史文化研究征文论文集》,收录关于长江经济、旅游、历史、民俗、音律等方面内容的论文24篇。加强文物宣传解读工作,位于各景区的长江文物点均设解读宣传二维码。 (许 婷)

【博物馆建设】 2021年,镇江市推进博物馆建设,规范藏品管理,举办镇江市博物馆评估定级和藏品管理培训。组织国有文物收藏单位三级文物鉴定工作,全市新增79件(套)三级文物。开展全市博物馆馆藏文物"双随机、一公开"检查及安全防范建设提升两年行动检查。丹阳市总前委旧址革命文物数字化保护传播、镇江博物馆馆藏文物数字化(一期)、茅山新四军纪念馆预防性保护项目通过验收。实施扬中市博物馆数字化保护项目。新四军四县抗敌总会纪念馆、冷遹纪念馆馆藏文物数字化保护等2个方案获省文物局批准。 (许 婷)

【镇江博物馆8号楼新馆开放】 2021年6月26日,镇江博物馆8号楼新馆开馆,展陈主题为"奔流——镇江近代历史陈列",以镇江城市史为脉络、革命史为重点、历史发展阶段为经、重大革命事件为纬,展现镇江人民从1840至1949年,推翻帝国主义、封建主义、官僚资本主义的反动统治,为民族独立、人民解放做出的历史贡献。该展入选江苏省2021年度"弘扬优秀传统文化、培育社会主义核心价值观"主题展。8号楼新馆建筑面积7822平方米,分为地上建筑3层和地下1层。馆内包括基本陈列展厅、临时展厅、青少年活动中心、小影院等,可为镇江博物馆的陈列展示、文化交流、博物馆教育与公共文化服务提供保障。 (许 婷)

哲学社会科学

【概况】 2021年,镇江市社科系统举办习近平新时代中国特色社会主义思想暨党史学习教育理论研讨会、中共十九届六中全会精神等理论研讨会3场,在《镇江日报》发表理论专刊2期,编发《镇江社会科学》4期,举办社科系统集中培训3次。成立全省第一家党内法规研究中心、全省第一家共同富裕研究院,并成立乡村振兴研究院、现代产业经济研究中心。举办第六届镇江智库论坛。设立社科观察点,举办2期社科应用研究专题培训。打造金山学术沙龙活动品牌,举办"深化校地合作、助力乡村振兴""校园诚信文化建设"等4期金山学术沙龙活动。市经济学会研究课题获评省民政厅社会组织2021参与乡村振兴"十佳"案例。市社科联、市委宣传部、市民政局制定《关于加强哲学社会科学学术社团建设的实施意见》,成立镇江市旅游学会、文化资源研究会。当年,市社科联获评全省社科工作先进单位;市赛珍珠研究会、市经济学会分别获全省模范及先进社团称号。

2021年,镇江市在全省创新开设"社科'镇'有料"抖音号,获省社科普及重点资助项目绩效考核第1名。江苏省社会科学普及工作联席会议发文对镇江市多家单位和个人贯彻实施《江苏省社会科学普及促进条例》工作成绩通报表扬;市社科联获全省社科普及宣传周党史知识竞赛优秀组织奖。全市社科普及基地数总数为67家,其中,全国优秀人文社科普及基地1家、省级社科普及示范基地15家;当年,新认定社科普及基地22家。市社科系统开展"我为群众办实事"实践活动,组建"学亚夫、做亚夫"社科服务先锋团队,与银山门社区结对开展理论联学、基地联建、文化联通、智库联动、社科联心"五联"活动。制定镇江市“十四五”社科人才培养计划，建立150余人的正高级社科人才专家库，并成立全市首个社科类优秀文化人才工作室——丁钢社科理论工作室。（刘长韬）

【市哲学社会科学界第七次代表大会召开】 2021年10月19日，镇江市哲学社会科学界第七次代表大会召开。大会审议通过镇江市社科联第六届理事会工作报告和《镇江市哲学社会科学界联合会章程》，选举产生镇江市社科联第七届理事会理事。于伟当选第七届理事会主席。省社科联党组书记、常务副主席张新科出席会议。（刘长韬）

【“五新五百”系列活动】 2021年，镇江市社科联结合党史学习教育，组织开展“五新五百”系列活动，即“学习新思想，百名社科专家说党史”“融入新媒体，百辑红色抖音‘镇’有料”“培育新一代，百场红色经典进校园”“讴歌新时代，百部社科作品讲故事”“开启新征程，百项社科成果助发展”。其中，举办“学习新思想 百名社科专家说党史”专题活动132场；市社科联3人加入市委宣讲团开展党史宣讲30多场次。在“融入新媒体，百辑红色抖音‘镇’有料”活动中，4月2日，“社科‘镇’有料”官方抖音号上线，开辟社科普及新的呈现形式；发布红色抖音视频110辑，其中红色科普抖音98期；开展4期“社科普及基地市民一日行”全媒体互动活动，制作社科普及视频4期。在“培育新一代，百场红色经典进校园”活动中，举办红色讲座、展览266场；组织开展“小小红色社科讲读人”评选活动，全市近6万名中小学生参与。在“讴歌新时代，百部社科作品讲故事”活动中，征集红色社科普及作品103部。通过“开启新征程，百项社科成果助发展”活动，组织实施各项社科课题研究667项。“五新五百”系列活动入选全省社科系统工作创新案例及镇江市级机关党建与业务工作融合发展优秀案例。（刘长韬）

【社科研究成果】 2021年，镇江市社科联承担省社科联、省哲学社会科学规划办公室重点课题2项；承担市委书记、市长圈定课题3项。全年编发《镇江发展研究报告》10期，其中6期以及学会课题成果10余项获市委、市政府领导批示。确定“一体化发展”“高质量发展”“高品质生活”“高效能治理”4类83个社科应用研究精品工程选题，申报课题数376项，立项177项，评选出一、二、三等奖45项。设立大运河、赛珍珠、法学、教育、统战、人才等6个专项研究课题，立项291项，推出优秀成果111项。“江苏智能农机装备产业高质量发展研究”课题研究成果获省委主要领导批示并首次获省智库研究与决策咨询优秀成果一等奖。（刘长韬）

【第六届镇江智库论坛举行】 2021年10月28日，第六届镇江智库论坛举行。论坛以“新旅游 新镇江——谱写镇江旅游高质量发展新篇章”为主题，镇江旅游高质量发展研究课题组做题为《谱写镇江旅游高质量发展新篇章》研究报告。国家全域旅游示范区创建导则实施细则起草专家组组长、中国社会科学院旅游研究中心副主任戴学锋，江苏省旅游学会会长、南京师范大学教授、博士生导师黄震方分别做主题演讲。（刘长韬）

【“小小红色社科讲读人”活动】 2021年，镇江市社科联、市教育局、镇江文广集团联合举办“小小红色社科讲读人”大赛，全市近6万名中小学生参与。同时，组建“小小红色社科讲读人”队伍107支，并选评出“十佳小小红色社科讲读人”和14名“优秀小小红色社科讲读人”。“学习强国”学习平台以《既做党史教育的学习者 更做红色文化的传播者》和《家乡党史我讲述 社科普及我出力》为题2次报道活动情况。该项目获省社科普及优秀项目资助，并入选镇江市委宣传部2021年度宣传思想文化工作创新成果。（刘长韬）

图26-2 2021年4月22日，“培育新一代，百场红色经典进校园”活动启动仪式举行（刘长韬 供稿）

历史文化名城研究

【概况】 2021年，镇江市历史文化名城研究会有会员180人，全年召开会议19次，参加学术会议300人次。学会撰写论文80多篇，在报刊发表作品28篇次。研究会在学术研究、应用性研究等方面获多项成果。与省炎黄文化研究会、扬子晚报社联合在镇江主办“城市更新和文化传承——新时期历史文化名城保护与发展”研讨会。举办庆祝中国共产党成立100周年暨传承红色文化研讨会，编印《镇江市历史文化名城研究会论文集》第22集。成立5个小组围绕历史文化名城保护和建设开展专题调研，召开《镇江通史》第三次主编工作会议，策划出版《镇江，大运河遗产调查与研究》。举办苏颂纪念堂竣工开放仪式；开展镇江东乡地区历史文化资源调研与研究，提出该区域文化遗存保护策略及旅游开发利用的建议；完成镇江东乡历史文化在五峰山长江大桥高速公路接线大港出口展示的专题研究，提出相应的展示方案。（赵康琪）

【市历史文化名城研究会2021年年会暨第二十二次学术研讨会】 2021年3月13日，镇江市历史文化名城研究会2021年年会暨第二十二次学术研讨会在京城饭店召开。会议总结上年工作成绩，研究会获评省炎黄文化研究会“先进集体”，《镇江方志馆展陈大纲研究报告》获评镇江市第十三届哲学社会科学优秀成果。研讨会论文集选收论文57篇，内容涉及红色文化传承与弘扬、山水花园名城建设、水文化建设、文化遗产保护和利用等。

（赵康琪）

【“城市更新和文化传承——新时期历史文化名城保护与发展”研讨会】 2021年5月26日，江苏省炎黄文化研究会、镇江市历史文化名城研究会、扬子晚报社联合主办的“城市更新和文化传承——新时期历史文化名城保护与发展”研讨会在镇江召开。镇江市历史文化名城研究会会员围绕“城市更新和文化传承，深入研究新形势下的历史文化名城保护与发展”课题撰写论文，有7篇论文入选大会论文集。会议发表“城市更新和文化传承——新时期历史文化名城保护与发展”研讨会镇江倡议，表彰“根与魂——新时期历史文化名城保护与发展”研讨会优秀论文，镇江市作者李壮云、张小军获优秀论文奖。（赵康琪）

【庆祝中国共产党成立100周年暨传承红色文化研讨会】 2021年6月8日，镇江市历史文化名城研究会举办庆祝中国共产党成立100周年暨传承红色文化研讨会，30多名专家学者参加会议。研讨会研讨赓续红色精神血脉，传承红色基因的时代意义，探索并弘扬让红色文化成为建设“强富美高”新镇江、促进镇江“跑起来”的精神资源。9篇论文参加交流研讨。编印《庆祝中国共产党成立100周年》专刊。其中，5篇论文被省炎黄文化研究会于2021年10月召开的“红色文化与中华民族伟大复兴”理论研讨会采用，邱隆洪《亚夫精神中所传承的红色文化基因及时代意蕴》做交流发言。（赵康琪）

【市委书记批示专题调研报告】 2021年，镇江市历史文化名城研究会成立5个课题组，分别围绕“打造南山主题文化景区”“镇江公园绿地规划布局研究”“乡村振兴背景下传统村落旅游开发”“镇江市革命遗址遗迹保护利用”“镇江地域文化进校园情况”进行调查研究，形成5篇调研报告。市委书记马明龙批示：“市历史文化名城研究会对南山景区的历史、文化、现状等作了非常深入、全面的调查研究，提出全面、系统的工作建议，我个人感觉是花费了很大的心血和汗水，也体现了对镇江城市的热爱及期盼，对此我真诚致谢。请市文广旅局牵头，商文旅集团及相关部门认真研究，统筹考虑政治效益、经济效益、社会效益、生态效益，统筹考虑投入与产出平衡账，研究需要与可能，研究当前及长远，研究建设与管理，谋定而后动。”

（赵康琪）

【苏颂纪念堂竣工开放】 2021 年 6 月 18 日是北宋名相、杰出科学家苏颂（1020—1101）辞世 920 周年纪念日。由镇江市历史文化名城研究会组织设计、指导布展的位于五州山的苏颂纪念堂竣工开放。该纪念堂运用图文和模型，介绍苏颂生平科技创新和勤政为民、公正廉明的事迹。（参见第 285 页） （赵康琪）

【镇江东乡地区历史文化专题研究】 2021 年，镇江市历史文化名城研究会受镇江市规划勘测设计集团有限公司委托，承担镇江东乡地区历史文化研究课题，对东乡地区的全国和省、市级文物保护单位，市文物控制单位，全国不可移动文物普查单位和登记在册单位，进行全面调查梳理。对该区域古树名木、非物质文化遗产进行普查分类。在充分论证基础上，提出该区域物质和非物质文化遗产保护策略及旅游开发利用的建议，为委托方修订完善该区域规划提供参考。 （罗福春）

【镇江东乡历史文化在五峰山长江大桥高速公路接线大港出口展示研究】 2021 年，镇江市历史文化名城研究会受镇江市五峰山过江通道南北公路接线工程建设指挥部委托，组织课题组，对高速公路接线大港出口如何展现镇江东乡历史文化进行专题研究。该项研究围绕大港区域历史文化资源和现代化发展现状等，搜集、梳理资料，完成调研报告。提出在高速公路接线大港出口展示东乡一带优秀历史文化和地域特色的设想及建议，并绘制初步的展示设计图。

（罗福春）

【《镇江，大运河遗产调查与研究》出版】 2021 年 8 月，《镇江，大运河遗产调查与研究》由江苏大学出版社出版，全书 7 章，26.5 万字。全书参照中国大运河遗产功能划分类别，并对照、梳理、遴选，确认镇江辖区内大运河遗产主要有 42 处；提出增补、扩展到中国大运河世界遗产名录中的遗产段和点，可从以下 10 项中选择：（一）“镇江大运河”，它包括江南运河镇江段和镇江城内古运河段两个部分；（二）江河交汇处（含谏壁口、小京口和丹徒口）；（三）西津渡历史文化街区；（四）新河一条街历史文化街区；（五）虎踞桥；（六）京口闸遗址；（七）铁瓮城遗址；（八）丹阳南朝陵墓石刻；（九）丹阳万善塔；（十）赛珍珠旧居。 （镇　文）

赛珍珠研究

【概况】 镇江市赛珍珠研究会（简称市赛研会）成立于 2003 年，是全国第一个赛珍珠学术研究专业社团，有会员 170 余人，分布于高校、文博、出版、翻译、党政机关、旅游等行业领域。2021 年，镇江市赛珍珠研究会创新工作模式，突出品牌优势，获评第三届江苏省哲学社会科学模范社团、2020—2021 年度镇江市哲学社会科学模范社团。研究会举办的“纪念赛珍珠获诺贝尔文学奖 83 周年珍藏展”项目，获 2021 年镇江市银辉闪耀老年人才服务项目年度二等奖。2021 年是镇江市社科联设立赛珍珠研究专项课题活动第 4 年。当年收到研究课题 39 项，20 项立为专项课题，评出 11 篇优秀论文。

2021 年 5 月，江苏大学赛珍珠研究所所长吴庆宏在线上为奥地利格拉茨大学孔子学院师生做“赛珍珠与中国”英文讲座，组织该校 2020 级中美班学生参观赛珍珠文化公园和崇实女中，并在崇实女中广场开展“学习赛珍珠，讲好中国故事”演讲活动；7 月，在江苏大学外国语学院外国文学硕士在线招生宣讲现场，给考生作“赛珍珠与中国”讲座；10 月，吴庆宏参加在线“第十届文学伦理学批评国际学术研讨会”并宣读论文《论赛珍珠的世界主义伦理观》。2021 年，江苏大学图书馆赛珍珠国际文献资源中心征集到国内研究专著 2 部、布克原版著作 8 部，整理完成民国时期与赛珍珠相关期刊文章汇编 6 册、报纸汇编 2 册、数字化扫描原版图书 4 部、整理收集各平台相关文章 100 多篇，全年为国内外赛研学者提供远程资源服务 40 余人次。2021 年，江苏科技大学赛珍珠研究所有会员 25 人，发表论文 6 篇；镇江高专赛珍珠研究所扩大吸收新会员，共计有成员 25 人。

赛珍珠文化公园普及赛珍珠文化。2021 年 6 月 9 日，“澳苏大学生阳光成长”2021 年文化交流营成员，到赛珍珠文化公园现场参观交流。赛珍珠纪念馆组织赛珍珠文化艺术团和志愿者，走进朱方路社区和部分学校，开展文化宣传普及活动。纪念馆讲解员在珍珠书屋为志愿者开设英语课堂。赛珍珠文化宣传展板首次在镇江南站候车室展示。2021 年，赛珍珠文化公园接待参观者 1.65 万人次。

市赛珍珠研究会以“系统、全面、准确地为后人留下历史资料”为宗旨，广泛征集和系统整理历史资料，研究会历届会长、副会长、新老会员及当地赛珍珠研究开拓者刘龙的亲属等捐赠书刊、信函及会议记录稿等资料。

市赛珍珠研究会与镇江市特教中心合作，在特教中心设立“赛珍珠班”，传承发扬赛珍珠慈善博爱精神。研究会志愿者团队定期走进校园，开设公益课堂，对残障学生进行一对一帮扶，对部分学生进行阅读、朗读、办公自动化学习等培训。依托润州区赛珍珠文化艺术职业培训学校，为残疾人提供融入社会的技能培训。2021 年起，在赛珍珠文化公园珍珠书屋，志愿者每周组织一次残疾人公益茶艺培训，全年为 42 名残疾人进行非营利性技能培训，3 名学员获等级证书。（裴　伟）

【2021 中国镇江赛珍珠国际学术研讨会暨第二届赛珍珠研究学者研习营】 2021 年 8 月 30 日—9 月 1 日，“2021 中国镇江赛珍珠国际学术研讨会暨第二届赛珍珠研究学者研习营”以“云端”形式举行，同时在承办单位江苏科技大学外国语学院和主办单位镇江赛珍珠研究会分别设立地面会场，在跨文化语境下实现多学科交叉的深度探讨，交流国际赛珍珠研究领域前沿新动态。大会融合讲、述、评、论为一体，形成国际、国内老、中、青三代学者多维互动，彰显大会“天下一家和合共生”的主题理念。中国、美国、韩国、日本等国高校、科研院所（社团）以及政府部门等 100 多名专家学者参加。研讨会包括 3 场大会报告、4 场主旨发言、3 场优秀青年学者分享和 5 名优秀营员分享并穿插 4 名专家点评，内容涵盖赛珍珠文学、翻译、慈善思想、国际主义等方面。大会工作语言为汉语和英语。3 场大会报告专家分别为复旦大学中文系副主任、镇江市赛珍珠研究会名誉会长段怀清，美国圣约翰大学语言与文学系、亚洲联合会董事会副会长耿志慧和同济大学外国语学院副院长董琇。此外，美国赛珍珠国际基金会总裁安娜·卡茨介绍基金会中美文化交流情况。与会学者围绕赛珍珠文学、翻译、慈善思想、国际主义等方面进行探讨，从赛珍珠研究国际化与多元化、新文科与跨学科视野下赛珍珠研究、赛珍珠研究新兴增长点三个方面为下一阶段国际赛珍珠研究提示方向。未来赛珍珠研究在英语文学研究视野中的赛珍珠研究、中国文学视野中的赛珍珠研究、侨民文学视野研究中的赛珍珠研究该领域有突破空间。在研究方法上，赛珍珠学术研究越来越呈现出横向研究、关联研究、定量研究特征，而这些都离不开青年人才培育、研究团队打造以及合作平台搭建。大会获美国赛珍珠国际基金会、美国西弗吉尼亚大学、美国圣约翰大学、韩国富川文化财团和韩国赛珍珠研究会、安徽宿州市赛珍珠研究会、镇江市人民政府外事办公室等单位的支持。美国赛珍珠国际基金会前总裁珍妮特·明泽、韩国富川文化财团理事长金廷桓和韩国赛珍珠研究会会长崔锺库、中国人民大学郭英剑，以及宿州市赛珍珠研究会给大会发贺信。全国多所高校、科研院所 100 多名专家学者和研究骨干参加研讨会。（裴　伟）

【“金山学术沙龙”2021 年第 1 期文化专场暨赛珍珠研究会 2021 年学术研讨会】 2021 年 3 月 27 日，镇江市赛珍珠研究会和市社科联联合举办“金山学术沙龙”2021 年第 1 期文化专场暨赛珍珠研究会 2021 年学术研讨会。就“文化基因与城市形象”沙龙主题，南京大学图书馆馆长程章灿作《书香文脉说名山——镇江三山与中国文化传承》主题演讲；市赛研会介绍赛珍珠文化街区建设构想和规划；市历史文化名城研究会、市住建局、江苏大学等单位专家学者分别介绍文化遗产保护、城市建设研究成果。部分赛珍珠专项课题研究的获奖代表现场交流成果。市社科类社团代表、赛珍珠研究会会员 100 多人参加论坛。（裴　伟）

【美国西弗吉尼亚大学 2021 赛珍珠国际学术研讨会】 2021 年 11 月 5 日（北京时间），美国西弗吉尼亚大学轮值举办线上“2021 赛珍珠国际学术研讨会”。镇江市赛珍珠研究会在办公地设分会场。赛珍珠研究会会长卢章平作《中国赛珍珠研究综览》报告；江苏科技大学外国语学院副院长曾景婷作《和谐与共存：中国新时期赛珍珠研究的新趋势》报告。中国、美国、韩国学者在线上研讨。（裴　伟）

【《中国赛珍珠论集》英文版出版】 2021 年，镇江市赛珍珠研究会启动编辑出版英文版《中国赛珍珠论

图 27－1　2021 年 12 月 12 日，英文版《中国赛珍珠论集》首发
（纪　东　供稿）

集》长期计划，组织国内知名专家，从 30 多年里国内公开发表的赛珍珠研究论文中遴选出 20 篇论文，依托市内外高校研究力量等组成翻译团队和工作团队，编辑英文版《中国赛珍珠论集》，由江苏大学出版社出版。12 月 12 日，在赛珍珠获诺贝尔文学奖纪念日活动仪式上举行首发式。人民日报海外网、光明网、中国作家网站等转发报道，新华网点击量 102 万次。福建省社会科学院《学术评论》2021 年第 6 期发表书评《跨文化研究：东西方学生话语交流的一座桥梁》。论集出版创下三个"第一"，即开创镇江人文学术成果第一次集束式外译、国内赛珍珠研究前沿成果第一次外译成书、江苏大学出版社第一次出版英文版系列文集。（裴　伟）

【赛珍珠获诺贝尔文学奖 83 周年纪念活动】　2021 年 12 月 12 日，赛珍珠获诺贝尔文学奖 83 周年纪念日，镇江市赛珍珠研究会在赛珍珠文化公园举办系列活动：赛珍珠资料珍藏展、镇江市赛珍珠研究会英文网站开通、英文版《中国赛珍珠论集》首发、镇江宾馆赛珍珠文化志愿者讲解团队挂牌等。中共镇江市委宣传部领导和宿州市赛珍珠研究会会长居永立分别致辞。镇江市赛珍珠研究会介绍镇江市多年来打造赛珍珠文化品牌、重视赛珍珠文化国际传播等方面的成果。在资料收藏展厅，首次集中展出赛珍珠原版著作及部分语种译本，赛珍珠亲笔签名原版著作，赛珍珠小说代表作瑞典语译本（瑞典驻上海领事馆赠），赛珍珠主编的《亚洲》杂志，以及王蒙、赵启正、王元化、顾浩、高莽、舒乙等文化学术名人题写的墨迹。（裴　伟）

【《赛珍珠的小说中国》首发分享会】　2021 年 4 月 23 日（第 26 个世界读书日），镇江市全民阅读办、市新闻出版局、市赛珍珠研究会和镇江高专、江苏大学出版社等单位在镇江高专举办《赛珍珠的小说中国》线下首发分享会。会前，著者、复旦大学中文系副系主任、教授段怀清作《文学的标准与文学的伟大价值》主旨报告。报告会、新书分享会同步网络直播。作者向镇江市赛珍珠纪念馆及江苏大学、江苏科技大学、镇江市高等专科学校赛珍珠研究所赠送新书，并现场解答对赛珍珠作品价值如何判断以及新时期如何借鉴赛珍珠讲好中国故事等问题。《赛珍珠的小说中国》是赛珍珠研究论文札记结集，分 12 个篇章，由江苏大学出版社出版。（裴　伟）

【《〈大地〉——赛珍珠和中国》讲座】　2021 年 5 月 29 日，中国社会科学院离退休干部工作局与首都图书馆联合举办 2021 年"社科讲堂——'诺贝尔文学奖'"系列主题讲座，中国社会科学院外国文学研究所研究员、《大地》译者王逢振作题为《〈大地〉——赛珍珠和中国》讲座。王逢振认为，今人对《大地》的分析是根据今天的认识来解读的，是对赛珍珠的政治无意识和主叙述思想的理解，而不一定是她自己当时的写作意图；对于任何作品或者文本的解释都只能依据阅读时的思想意识。他还认为，总体而言，《大地》促进中西文化的沟通，使西方人更好地认识到中国文化；同时，赛珍珠在作品中提出妇女地位这个严肃问题，为女权主义提供有力的历史依据；其以白描以及女性独有的细腻手法展现当时中国的历史，为历史研究提供素材。（裴　伟）

三国文化研究

【概况】　镇江市《三国演义》学会（以下简称"学会"）成立于 1992 年 12 月 26 日，基本职责是：组织《三国演义》学术研究、考察活动；开展学术讲座；撰写学术论文，出版学术刊物、学术专著；开展三国文化旅游咨询活动；开展国内外《三国演义》研究交流活动，向国家和有关部门推荐论文。2021 年，镇江市《三国演义》学会有会员 78 人，参加学术会议 4 次。学会撰写学术论文 6 篇，在书刊发表 5 篇次；获奖项 1 项。编印《三国文化》刊物 2 期，增加"中国市县三国文化研究机构联盟"专刊 1 期。5 月 26 日，省炎黄文化研究会、镇江市历史文化名城研究会、扬子晚报社联合主办的"新时期历史文化名城保护与发展研讨会"在镇江碧榆园举行，学会会员提交《镇江大运河遗产研究》《"文物"到"文化舒适物"——城市更新中历史文化遗存保护利用的策略》《浅谈历史文化资源的有效开发利用——以镇江方志馆为例》。参加并完成由市规划设计院委托市名城研究会的"镇江东乡地区历史文化研究"课题。10 月，学会网站增设"中国市县三国文化研究机构联盟"板块。同月，市委组织部、市委老干部局和市委离退休干部工作委员会授予"王玉国保护历史文化团队"铜牌。12 月，镇江市银发生辉志愿服务总队、镇江市老年人才服务中心授予"王玉国保护历史文化团队"2021 年度镇江市"银发生辉"工程突出贡献奖。（镇　文）

【全国市县三国文化研究机构第八届学术会议暨三国东吴与孙权学术研讨会】　2021 年 10 月 15 日—17 日，全国市县三国文化研究机构第八届学术会议暨三国东吴与孙权学术研讨会在杭州市富阳区举行。中国《三国演义》学会和全国市、县《三国演义》研究机构 50 多名专家、学者出席会议，研讨汉文化、东吴文化、三国文化等。该次会议由全国市县三国研究机构学术会议指导，富阳区文学艺术界联合会主办，富阳区《三国演义》学会承办。会议审议通过《关于机构更名的意义及有关建议》《关于机构更名的决定》《联盟简章》等，将“全国市县三国文化研究机构学术会议”更名为“中国市县三国文化研究机构联盟”，王玉国当选为主席。会议收到论文29篇，9篇论文做大会交流。镇江市会议代表苏国宝的《孙坚陵墓——从镇江“双丹”两高陵所想》做大会交流，该文和镇江市参会论文作者赵顺凌的《影响三国历史的关键节点》2篇论文入选论文集。（镇　文）

姓氏文化与名人研究

【概况】 2021年，镇江市姓氏文化活动较活跃，名人研究和名人文化资源保护开发有新成果，家风文化建设有新典型。民间修祠续谱以及寻根祭祖、宗亲联谊和姓氏文化研究活动持续开展。年内有云阳包港何氏等多个姓氏家族完成续谱并举行颁谱庆典。2月19日，镇江法氏姻亲举行新年聚会；3月12日，镇江何氏辛丑年第十届新春团拜会举行；3月27日，2021全球徐氏联谊会辛丑春祭在泗洪举行，镇江市徐氏宗亲代表参加；3月28日，祭拜尹氏江南始祖尹焞活动在丹徒区下堰山祖墓地举行，扬中、丹徒、丹阳和溧水、无锡、江阴、宜兴等地尹氏宗亲代表近百人参加活动；4月3日，镇江、扬州、上海及安徽等地巫氏宗亲代表在句容市边城镇青山村，举行“拜谒青山始祖纪念碑”活动；4月5日，大港赵氏宗亲在始祖志南公墓园举行辛丑年清明祭祖活动，上海、南京、无锡、扬州、泰州、盐城、连云港及镇江市区、丹阳、扬中、句容、丹徒宗亲150多人参加活动；5月，江苏省首届新修家谱评选颁奖大会暨第二届谱牒与家族文化论坛在南京举行，镇江市多部家谱获奖；9月，《我从哪里来——扬中百家姓氏探源（续编）》出版；10月18日，丹徒区辛丰镇河达村朱氏举行纪念朱熹诞辰891周年活动暨铜像揭幕仪式。

名人研究和名人文化资源开发有新成果。6月，位于五州山麓的苏颂纪念堂竣工对外开放，柳诒徵研究分会成立，《吕凤子研究》出版，位于丹徒区荣炳的“吴景崧事迹陈列室”开放；10月，《汪吉麟研究》出版；11月，《吕凤子美术全集》由辽宁美术出版社出版；12月，大型文献纪录片《陈光甫》获“第27届中国电视纪录片盛典”长片十优作品奖，《吉梦熊文存》出版发行。

家风文化建设有成效。3月，市教育局面向全市征集优质家庭教育视频资源；3月，京口区四牌楼街道民主新村社区组织开展“家风、家训、家文化”活动，对网格推荐、支部上报、群众评议评选出的14户“孝贤家庭”集中进行表彰；4月，江苏省镇江第一中学开展“党韵家话”故事征集、宣讲活动，以家校联动学党史的方式，讲好红色家风故事。（邱隆洪）

【优质家庭教育视频资源征集活动】 2021年3月，镇江市教育局办公室发布关于征集优质家庭教育视频资源的通知，面向全市开展优质家庭教育视频资源征集活动。对于征集到的优质家庭教育视频资源，市教育局组织专家进行遴选，提供给全市中小学校，用于举办家长学校或召开家长会时集中收看，并在“镇江智教育”“镇江市中小学幼儿园家庭教育·心理健康教育服务云平台”（润心爱聆）等平台上线展播。部分作品选送上报省教育厅。（邱隆洪）

【多部家谱在江苏省首届新修家谱评选中获奖】 2021年5月29日，江苏省谱牒与家族文化研究会联合江苏省档案馆、江苏省家庭档案研究会举办的江苏省首届新修家谱评选颁奖大会暨第二届谱牒与家族文化论坛在南京金陵图书馆举行。镇江市《大港赵氏宗谱》获一等奖，（大港）《靖家分庆余堂赵氏分谱》获二等奖，（下会）《何氏宗谱》、（大港）《赵氏兴隆分谱》、（横塘、吕城）《储氏支谱》获三等奖，《诚心分积庆堂大港赵家庄赵氏分谱》、（大港）《嘉盛分曲溪堂赵氏分谱》获优秀奖。（邱隆洪）

【苏颂纪念堂竣工开放】 2021年6月18日，苏颂纪念堂竣工对外开放。纪念堂位于镇江城西五州山麓的“宋相魏国公苏颂祠”内，镇江籍航天专家王礼恒题写匾额。堂前有苏颂半身铜像，背景墙上是京口三山图案和《三希堂法帖》收录的苏颂题记。纪念堂有三间展室，以图文并茂的形式展示苏颂的人生事迹。苏颂是北宋时期著名的政治家、天文学家、天文机械制造家、药物学家，官至宰相，徙居镇江直至终老。（参见第282页）（邱隆洪　马彦如）

【江苏省历史学会柳诒徵研究分会成立】 2021年6月，江苏省历史学会柳诒徵研究分会（简称“柳诒徵研究会”）成立，江苏大学原党委书记范明任会长，会员出自各高校及当地文史学界。研究会成立后，组织编撰《柳诒徵编年事辑》并进入出版阶段，同时，筹备成立“柳诒徵先生事迹陈列馆”，筹备举行“首届柳诒徵全国学术讨论会”。盋山书屋在柳诒徵先生事迹陈列馆揭牌，陈列有关柳诒徵文史资料4000余册。学术讨论会征集到近30篇论文。

（高文权　邱隆洪）

【《陈光甫》文献纪录片获奖】 2021年12月11日，第27届中国纪录片学术盛典在深圳启幕，第27届中国电视纪录片十佳十优作品揭晓，由镇江广播电视台和市档案馆联合摄制的大型文献纪录片《陈光甫》获“第27届中国电视纪录片盛典”长片十优作品奖。该片以陈光甫金融实业生涯为线索，挖掘民国时期镇江工商业及相关金融业重要史料，讲述民国时期镇江民族工商业在内忧外患中艰难生存发展的历程。该文献纪录片入选国家档案局“国家重点档案保护与开发任务”项目，于2020年11月完成制作并被国家档案馆收藏。2021年4月，该片在中央新影发现之旅频道和镇江电视台二套播出。 （金　山　邱隆洪）

【《吕凤子美术全集》结集出版】 2021年11月，《吕凤子美术全集》由辽宁美术出版社出版。该书被纳入国家出版基金项目，中央美术学院教授邵大箴担任总顾问并为全集作序；该书由吕凤子孙辈、曾孙辈和镇江高专吕凤子文化教育研究所编撰，集史料整理、创作研究于一体，首次对中国近现代著名美术教育家吕凤子艺术生涯各个阶段创作与研究作全面呈现。《吕凤子美术全集》分“绘画卷”“书法卷”“篆刻卷”“文献卷”“理论卷”五卷，收录吕凤子创作的400余件精品画作、350多件书法手稿、近300方印章，以及与吕凤子有关的1600幅民国旧照和30余万字艺术理论文章，是一部具有开拓性、原创性和鲜明学术特色的中国近现代美术研究重要价值文献。

（王　璐　邱隆洪）

【《吉梦熊文存》出版】 2021年12月，《吉梦熊文存》由江苏人民出版社出版。编者在吉梦熊原有诗文基础上，从家谱、地方志和他人文集中收集到更多作品，把各类文章重新分类、编次、标点、分段，并稍加注释，分为《研经堂文集》《研经堂诗集》《散佚序传略》《家乘传芳集》《壬申登科录》《案牍公文稿》和附录（碑传寿铭文、崇祀乡贤记、诰敕恩荣册、唱和题赠集、吉梦熊年谱）等，全书含诗词400首、文章近300篇。吉梦熊（1721—1794），字毅杨，号渭崖，丹阳人，清乾隆十七年（1752年）进士，曾任广东道监察御史、顺天府尹、太仆寺卿等，去世后入祀江南乡贤祠，著有《研经堂文集》《研经堂诗集》《丹阳见闻录》等。 （邱隆洪）

【《我从哪里来——扬中百家姓氏探源（续编）》出版】 2021年9月，《我从哪里来——扬中百家姓氏探源（续编）》一书由江苏大学出版社出版。该书收录60多条家谱信息，加上首辑收录的50多条，总数超100条；姓氏总数68个。续集沿用首辑体例，每一部家谱对应一个章节，包含原籍、迁居扬中及其繁衍分布、祠堂、辈分排序、人物和家规、家训、家风等内容，是一本较为全面的扬中家谱提要；附录收录与谱牒、祠堂文化相关的若干论文，以及在家谱中新发现的以“扬中家谱艺文录”为总题的扬中籍名人撰写的诗文。

（邱隆洪　孙华丽　徐心俊）

【“吴景崧事迹陈列室”开放】 2021年6月29日，位于丹徒区荣炳的“吴景崧事迹陈列室”正式开放，当地学生、村民、党员干部等200余人参观。通过各方收集和吴景崧后人捐赠，陈列室展示有关图书、杂志、报纸570（本、册、份），图片70余幅，反映吴景崧生平事迹。吴景崧，现代翻译家、编辑家、新闻出版家，荣炳凡石桥村吴家棚人，1906年生，中学时代投入学生运动，自复旦大学毕业后考进商务印书馆，任《东方杂志》编辑。1932年后，任《申报·自由谈》《申报月刊》编辑，参加翻译斯诺著《西行漫记》。抗战胜利后，他主编《中国建设》月刊，并主持世界知识社工作。中华人民共和国成立后，任上海市新闻出版处副处长。1951年调任世界知识社副总编辑，主持图书编辑工作。1967年11月24日，在“文化大革命”中自杀身亡；“文化大革命”后平反，恢复名誉。

（邱隆洪　崔宁华）

闻捷研究

【概况】 2021年，北京联合出版社出版《天山牧歌》、作家出版社出版《复仇的火焰》、百花文艺出版社出版《非洲的火炬》3部闻捷作品。截至年末，闻捷纪念馆网站点击量48万人次，是网站创办后最多的一年。位于高资中心小学的闻捷纪念馆进行重新布展，继续对外开放；位于高资街道水台村的闻捷诗歌馆参观者持续增长，两馆接待参观者6000余人次。9月1日，江苏省委书记娄勤俭一行参观闻捷诗歌馆。9月17日，长三角15市工会联盟会议代表70余人参观闻捷诗歌馆。闻捷研究会组织集资1.20万元，搜集购买140余件文献。闻捷亲属捐献闻捷使用过的皮箱给诗歌馆。全年有《闻捷在抗敌演剧四队》《闻捷在延安的民间文学创作》《闻捷在新疆的新闻作品》《闻捷的珍贵遗物》《闻捷的报头诗（上下）》《长江孕育太阳洲》等10余篇文章在各级媒体发表。 （吴明宝　沈晓昆）

【文献搜集与收藏】 2021年，闻捷研究会搜集到闻捷签赠柯仲平三本书（《河西走廊行》及《复仇的火焰》上下两册）与闻捷给柯仲平的信、诗人张清华的签赠书，新出版的《天山牧歌》《复仇的火焰》《非洲的火炬》。搜集到程君捷编《新疆通讯集》之一至之五共5本(新疆人民出版社1952年12月—1953年4月),其中收入闻捷与他的同事写的新疆通讯51篇,为《闻捷全集》所未见,《闻捷专集》(福建人民出版社1982年出版)亦未收入。北京谢光普捐赠《我思念北京》50年前谢光宇手抄稿《莫高窟之歌》歌曲(《文汇报》1962年3月18日)和朱崇懋演唱该歌曲的光碟。南昌大学田颂云出版《延安时期边区群众研究》(江西人民出版社,2021年出版),其中有闻捷在保卫延安期间的新闻作品。闻捷研究会帮助戴厚英纪念馆搜集到香港出版戴厚英著作4部。

(吴明宝　沈晓昆)

【"青少年精神文明教育基地闻捷纪念馆项目"获奖】

2021年,闻捷诗歌馆成为镇江市青少年爱国主义教育基地。位于丹徒区高资中心小学的镇江市青少年爱国主义教育基地——闻捷纪念馆重新布展。全年闻捷纪念馆和诗歌馆接待青少年3000多人次。"青少年精神文明教育基地闻捷纪念馆项目"获中共镇江市委老干部局2021年度镇江市"银辉闪耀"老年人才项目二等奖。(吴明宝　沈晓昆)

诗词创作与研究

【概况】　2021年,镇江市诗词楹联协会(以下简称"市诗协")注重普及与提高并行,加强与新诗、辞赋、书画等姊妹艺术的联系和合作,开展系列诗词联创作活动,诗联创作质量有新提升,诗教联教工作有新进展。6月,市政协联合市诗协等部门在西津渡举办"风雨同舟·筑梦同心"庆祝建党百年诗书画印联展活动;10月,承办江苏省诗词协会常务理事会暨省市诗词协(学)会会长联席会议。举办醋都镇江·百年恒顺"恒顺杯"诗词联赋大赛。全年编辑出版印刷《多景诗词》4期,新辟《江左联家》栏目,并为多景诗社和老年大学诗词创研班及丹阳、句容、扬中等诗词团体开设专栏。承办江苏省诗词协会公众号"江海诗词",平均2.4天发布1期。全年200多首(副)诗联作品在"江海诗词"公众号和"江苏楹联"公众号刊发。数十位会员作品在《中华诗词》《中华辞赋》《诗刊》《对联》等期刊发表。青年诗人朱思丞获第五届国际诗酒大会金奖、"中国马镇"全国征文大赛一等奖等近10个奖项。(蒋光年)

【"中国楹联文化市"创建工作】　2021年国庆期间,中国楹联学会会长李培隽到镇江调研"中国楹联文化市"创建工作。12月下旬,市委书记马明龙和市政协主席李健分别在创建"中国楹联文化市"报告批示,推进创建工作。(蒋光年)

【"风雨同舟·筑梦同心"市政协庆祝建党100周年诗书画印联展】　2021年6月2日,"风雨同舟·筑梦同心"市政协庆祝建党100周年诗书画印联展启动仪式在西津渡鉴园广场举行。联展展出200多幅诗书画印联作品,以文化文艺形式表达对党的深深祝福。启动仪动上,向模范和谐家庭代表赠送印章,向统战工作先进个人和各民主党派团体赠送书画作品,向党外书画家代表颁发参展证书,同时宣读《致中共镇江市委的一封信》。(蒋光年)

【江苏省诗词协会常务理事会暨省市诗词协会会长联席会议】　2021年10月12日,江苏省诗词协会常务理事会暨省市诗词协(学)会会长联席会议在镇江召开。省诗词协会会长蒋定之参加会议,市诗协会做主题发言。12日下午,参会人员赴中国镇江醋文化博物馆和南山招隐寺等景点现场采风。(蒋光年)

【"醋都镇江 百年恒顺"——"恒顺杯"诗词联赋大赛】　2021年,镇江市诗协、江苏恒顺集团、江苏省诗词协会、江苏省楹联研究会共同举办醋都镇江 百年恒顺"恒顺杯"诗词联赋大赛,大赛收到海内外近2000名作者诗词联赋作品3000多件。评出一等奖3名、二等奖6名、三等奖18名、优秀奖50名。(蒋光年)

出版管理

【概况】　2021 年，镇江市推进江苏国家数字出版基地镇江园区发展，培育镇江数字出版企业集中集约发展，通过吸引上下游企业入驻，助力数字教育出版产业链打造。睿泰数字产业园至当年底入驻，注册单位 382 家，其中，产业链相关企业 296 家。鼓励支持园区内数字经济领军企业强化自身特色、提升产品业态、加强版权保护。截至 2021 年年底，全市有 1 家出版社、7 种报纸、14 种期刊、479 家印刷企业。全市一般作品版权登记数量 2425 件。（赵之辰）

【印刷业管理】　截至 2021 年年底，镇江市有印刷企业 479 家，其中，出版物印刷企业 19 家、专项印刷企业 2 家、包装装潢印刷企业 297 家、其他印刷品印刷企业 154 家、数字印刷企业 7 家。全市印刷业全年工业总产值 88.44 亿元，工业增加值 15.56 亿元，实现销售收入 81.68 亿元，比上年增长 13.6%。全市有亿元以上产值印刷企业 13 家，产值 5000 万元以上印刷企业 24 家。全市印刷业从业人员约 1.2 万人，资产总额 113.63 亿元，实现利润总额 1.62 亿元。市版权局完成全市 479 家印刷企业的年度报告公示、671 家出版物发行单位年度核验工作。举办印刷企业负责人法律法规暨安全生产培训班，提高企业法规意识、安全意识，指导企业转型升级，督促企业规范经营。组织书店参加江苏省“最美书店”评选活动。开展对重点印刷企业、商铺、出版物、音像经营市场的“双随机、一公开”检查。江苏中彩新型材料有限公司和恒宝股份有限公司 2 家企业入选“2021 中国印刷包装企业 100 强”。（赵之辰）

【发行管理】　截至 2021 年年底，镇江市有出版物发行单位 671 家（其中，出版物批发单位 10 家，零售单位 661 家）。全市出版物发行业实现出版物利润总额约 817.62 万元。市版权局开展报纸审读工作，监督报纸出版单位严格落实“三审三校”制度；完成 41 家连续性内部资料出版物的年度核验工作。（赵之辰）

【版权管理】　2021 年，镇江市版权局指导各市（区）做好版权登记和服务，全年完成版权登记 2425 件。以“4·26 世界知识产权日”为切入点，集中开展版权宣传系列活动，联合市知识产权局等部门开展广场宣传活动，普及版权知识。以各市（区）为主体开展系列版权培训，贴近基层开展版权知识普及推广。在门户网站、文化网站和微信平台上普及相关法律法规，推送宣传信息；在文化场馆、闹市区等人流密集地张贴宣传海报；在镇街区文体服务中心、村（社区）综合性文化服务中心服务大厅放置宣传展牌，设立临时版权咨询服务点，为群众提供版权法规咨询服务。当年，镇江市有 38 件作品入选省优秀版权作品产业转化重点培育项目，江苏堂皇集团、镇江傲游网络科技有限公司入选国家版权产业转化项目库。（赵之辰）

【江苏大学出版社】　2021 年，江苏大学出版社上报选题 331 种，其中，首次申报年度选题 143 种、增补选题 188 种。全年出版图书 701 种，其中，新书 198 种、重印书 503 种，重印占比 72%。出版的新书品种包括高等教育教材 108 种、学术专著 63 种、大众阅读 27 种，占比分别为 54%，32% 和 14%。实现营业收入 2300 万元。出版社有员工 53 人，其中，副高级职称 9 人（副编审 5 人）、中级职称 24 人（出版专业中级 20 人）。

2021 年，该社完成国家出版基金项目“泵及系统理论与关键技术丛书”的出版工作，当年 10 月，丛书全套 6 册出版；年内，该丛书获第三届江苏省新闻出版政府奖图书奖提名。同时,该社出版《节水灌溉理论与技术》一书。在教材出版上,该社探索与各学院的合作机制,做好精品特色系列教材的开发与出版。出版“电子电气信息类专业系列教材”7 种、“建筑设备类专业系列教材”8 种。2021 年,该社出版的《中国楹联与诗词文化》获评“2020 苏版好书”;《英语学术论文写作与发表》获评江苏省研究生优秀教材;《阅读感知中国》等 6 种教材入选 2021 年江苏省高等学校重点教材(新编教材);《低压电工实用技术(微课版)》等 4 种教材入选“十四五”职业教育江苏省规划教材;《企业信息系统数据复杂性的度量及应用》获 2021 年江苏省高等学校哲学社会科学研究成果奖二等奖;《粮食补贴政策效果追踪与政策重心漂移研究:基于和谐管理理论的视角》获 2021 年江苏省高等学校哲学社会科学研究成果奖三等奖;《大清律辑注》获镇江市第十三届哲学社会科学优秀成果奖;《新冠肺炎突发疫情的社区防控:实践指南》入选 2021 年全国农家书屋重点图书推荐目录。

重视涉农选题的策划出版工作。9 月,出版《百年目标 小康路上:新农村发展田野调查报告》。10 月 21 日,举行《兴农重器:中国农机文化传承与创新》新书首发式。10 月 22 日,举行国家出版基金项目《泵及系统理论与关键技术丛书》新书发布暨专家校友座谈会。打造反映优秀研究成果的学术专著,出版《油菜毯状苗机械化高效移栽技术》《水稻联合收获机多风道清选装置设计方法及清选损失控制技术》《葡萄标准化栽培技术》等,服务地方农业发展。

向中国共产党成立 100 周年献礼,做好相关主题图书的出版工作。4 月 25 日,长篇小说《大胡庄 · 1941》首发式暨纪念大胡庄战斗 80 周年座谈会在江苏淮安举行。6 月 26 日,“学党史 爱家乡”《高桥镇志》首发式暨新闻发布会在丹徒区高桥镇举行。在首发式上,江苏大学出版社向高桥镇捐赠一批图书。

关注教育事业发展,出版一批反映中国高等教育和中小学教育发展研究的学术专著。出版《新时代高校“三全育人”理论研究与实践创新丛书》《为“领路人”导航:新媒体时代高校辅导员素质建设研究》《高职生“全人发展”的路径探索》《学前儿童品格教育理论与实务:基于和合学习理念的探索》等学术专著,反映教育研究的最新理论和实践成果。

挖掘地方文化资源,打造特色亮点。4 月 23 日,在第 26 个世界读书日,举行《赛珍珠的小说中国》新书首发分享会。12 月 12 日,在江苏镇江举办的赛珍珠获得诺贝尔文学奖 83 周年纪念活动上,《中国赛珍珠论集》英文版首发面世,新华网、海外网、光明网对该活动做专题报道。

做好“农家书屋”推荐工作,有 1 种图书入选 2021 年全国“农家书屋”重点图书推荐目录,《自然田园法》等 17 种图书入选 2021 年江苏省“农家书屋”重点出版物推荐目录。支持青海省、山东省和江苏省等地区图书馆建设,捐赠近 500 册价值约 40000 元的各类图书。

(常　钰)

报业传媒

【概况】 2021 年,镇江报业传媒集团(以下简称集团)将服务市委、市政府中心工作作为宣传重点,《京江晚报》、金山网、“今日镇江”客户端及微信公众号与党报形成差异化报道,体现民生温度,引导社会舆情,营造积极向善社会氛围;引导采编人员开展“四力”(脚力、眼力、脑力、笔力)活动,关注群众切身利益。提升集团媒体融合水平,按照一年打基础、两年求突破、三年上台阶总体思路,推进融合发展。推进“学习强国”镇江学习平台筹备建设,完成申报、评审等各项程序,并于 10 月 29 日获中共中央宣传部宣传舆情研究中心批准,11 月 15 日正式上线。该集团成立“学习强国”编辑部、视频中心、活动中心等部门。该集团注重人才建设,省“333”工程、市“169”工程培养对象和学科带头人等技术骨干人数有增加。

(吴峰云　伍广庆)

【品牌建设与创新】 2021 年,镇江报业传媒集团推进品牌建设和创新。举办第三十四届“增华阁”阅读写作大赛暨第十三届“增华阁”少儿书画大赛;开展“爱心年夜饭”、“书香镇江”、“金山 e 支教 大爱中国行”新媒体网络支教等公益活动;策划组织首届小记者皮划艇大赛。“心语心愿”工作室搭建农产品帮销团,帮助农户解决新冠肺炎疫情防控期间农产品滞销难题。“镇报”全媒体播客中心上线运行,构建起《京晚众议》《京晚八姝》《镇报公益》《镇报书香》《微视评》《镇好拍》等版块。《京晚众议》围绕市民关注的热点话题,每季度上线一期,采用全程现场直播形式,架设党委、政府与群众之间沟通新桥梁;“京晚八姝”记者团,通过抖音号、视频号,参与直播带货、社会公益、新闻发布等活动,作品各平台累计播放量超百万次;“微视评”工作室,创新评论表达方式,对评论进行可视化改造,弘扬主旋律。(吴峰云　伍广庆)

【重要作品获奖情况】 2021 年,《镇江日报》刊出的通讯《縻林病逝,江苏农业界痛失优秀果树专家——果农们永远记得这位“朋友”》获江苏新闻奖。在 2020 年度江苏省好新闻评选中,集团有 3 件作品获一等奖、6 件作品获二等奖、10 件作品获三等奖。在 2020 年度江苏省好新闻其他奖项评选中,集团 1 件作品获媒体融合三等奖,《镇江日报》1 件作品获新闻版面二等奖,《镇江日报》《京江晚报》各 1 件作品获新闻漫画三等奖,《京江晚报》1 件作品获摄影作品二等奖、2 件作品获摄影作品三等奖。在中国晚报好新闻评比中,《京江晚报》5 件作品获 2020 年度赵超构新闻奖。其中,通讯《“流调员”,战“疫”一线的福尔摩斯》获特等奖。 （吴峰云　伍广庆）

【主题宣传工作】　2021 年,镇江报业传媒集团配合“学党史 悟思想 办实事 开新局”主题教育,组织开展“睿智讲堂”、“百年路新征程”百名党员读党史等活动;开展一次新老党员对话,推出一批红色培训项目。邀请中央党史研究室原副主任李忠杰为全市金融、国资系统讲授专题党课。在“我为群众办实事”宣传中,《镇江日报》推出整版 34 个,涉及单位 68 家。在“奋斗百年路,启航新征程”主题宣传中,集团推出“四个镇江”(红色镇江、奋斗镇江、青春镇江、今日镇江)等系列报道,开展“点亮红色镇江”全媒体新闻行动等一批重点活动;以“不忘初心 奋力奔跑”为主题开展征文征集等大型融媒体新闻行动。在“聚焦‘一号战略’持续发力,推动‘很有前途’跑进现实”主题宣传中,集团重点关注产业链“补链延链强链”宣传,关注实体经济宣传。组织长江大保护创新探索、大运河文化带建设镇江实践、低碳城市建设镇江成就等系列宣传。在“乡村振兴”主题宣传中,集团推出“红心向党 奔跑镇江——庆祝建党一百周年主题宣传暨‘乡村振兴村村行’”、金融赋能乡村振兴新闻专题、脱贫攻坚 8 年纪实、赵亚夫扶贫史纪、茅山老区蝶变故事等系列报道。 （吴峰云　伍广庆）

【新冠肺炎疫情宣传工作】　2021 年,镇江报业传媒集团组建抗疫报道专班,整合调度全媒体采编人员,启动创意策划、一线采访和全媒体编发联动的快速反应机制,坚持正面宣传、融合传播,深入报道全市各级党委政府防控疫情的有力举措,全面展示全市社会各界齐心协力防控疫情的最新进展。集团推出的长篇纪实文学《77 人的“78 天”》一书,被茅盾文学奖得主格非、李洱推荐阅读。 （吴峰云　伍广庆）

2021 年镇江报业传媒集团新闻作品获奖情况表

表 28 - 1

2020 年江苏新闻奖			
标题及媒体		类　别	作　者
麋林病逝,江苏农业界痛失优秀果树专家——果农们永远记得这位“朋友”(镇江日报)		通讯	栾继业
2020 年赵超构新闻奖特等奖(晚报)			
标题及媒体		类　别	作者
“流调员”,战“疫”一线的福尔摩斯(京江晚报)		通讯	杨　泠
2020 年江苏省好新闻(新闻论文)			
奖级	标题及媒体	类　别	作者
三等奖	法治新闻规范性与可读性探索与思考——以《镇江日报·法治周刊》为例(城市党报研究)	论文	滕建锋
2020 年江苏省好新闻(报纸副刊)			
奖级	标题及媒体	类　别	作者、编辑
一等奖	不要搞虚无的历史文化背景墙(镇江日报)	评论	滕建锋;笪　伟、花　蕾
2020 年江苏省好新闻			
奖级	标题及媒体	类　别	作者、编辑
一等奖	全省首例新冠肺炎重症患者出院感谢医护人员把他“从死亡边缘拉了回来”(镇江日报)	消息	王　露;刘兰明、周　钥
	弃“江鲜之名”扬“绿色美名” 看全国首个“江鲜之乡”如何保护长江(镇江日报)	通讯	朱　婕、孙　薇、吴延华;张　涛、周　钥
	危中抢机把握发展主动权(镇江日报)	评论	王鹏程、华　翔;吴　斌、张　涛
二等奖	24 小时育秧 300 亩 “3D”打印给大田播种插上科技翅膀(镇江日报)	消息	周　迎、钟志仁;周　钥
	玩抖音拍视频卖山货 63 岁“独臂老汉”直播当网红(京江晚报)	消息	朱美娜、杨曙光、杨志国;徐贤礼
	一手济困一手育人,一群“退而不休的老将”闯出助学新路——茅山老区的教育扶贫足音(镇江日报)	通讯	王鹏程、周　迎;马　坚
	麋林病逝,江苏农业界痛失优秀果树专家——果农们永远记得这位“朋友”(镇江日报)	通讯	栾继业;吴　斌、王鹏程

续表 28－1

2020 年江苏省好新闻			
奖级	标题及媒体	类　别	作者、编辑
二等奖	“制鞋名镇”陵口探索技防智防，化解鞋企火灾隐患 从消防“落后生”到“模范生”的启示（镇江日报）	通讯	曾海蓉、佘记其、祖云峰、蒋亚平；吴　斌、王鹏程
	战“疫”·践行初心使命的时代交响（镇江日报）	系列报道	王景曙、王鹏程、朱　婕、梁和峰、胡冰心；吴　斌、周　钥、马　坚
三等奖	专利侵权技术鉴定有了服务规范 我市发布全国首个地方标准，为知识产权保护提供技术支撑（镇江日报）	消息	朱　婕、黄　莉、夏　莉；王鹏程、马　坚
	我市建成国内首个“5G＋千兆宽带”共享机房（镇江日报）	消息	朱　婕、王　亮；张　涛、吴　斌
	课题研究破解农产品销售难“消销”结合拓展“戴庄经验”（镇江日报）	消息	陈志奎、王小平；刘兰明、吴　斌
	百岁老人千古，后人重信守诺 凌秀英子孙冒雨为无名烈士扫墓（京江晚报）	消息	李国平、曹海滨；张　蓉
	创新招商激发新活力，产业项目落地率翻倍涨前两年的短板，今年缘何“三增长”？（镇江日报）	通讯	朱　婕、秦锐文；徐肖东、周　钥
	借力帮扶闯市场，用好政策造饭碗，这一年大吕村收获满满——年终账单上的“脱贫后”之路（镇江日报）	通讯	梁和峰；周　钥、王鹏程
	丹阳延陵行宫村复垦还田，为何总是臭味熏天？近百亩取土坑竟成垃圾填埋场（京江晚报）	通讯	曹海滨；王爱敏
	从“两圈交汇”到“左右逢源”（镇江日报）	评论	辛　平（华翔）；周　钥
	走向我们的小康生活——“老乡”蝶变故事会（镇江日报）	系列报道	集体；吴　斌、马　坚、周　钥
	2020 我们决胜全面小康——奋斗者说（镇江日报）	专栏	刘兰明、栾继业、周　迎、李　驾

2020 年江苏省好新闻（媒体融合作品）		
奖级	标题及媒体	作者
三等奖	赵亚夫的戴庄一日（镇江日报）	徐红军、刘兰明、王景曙、王鹏程、栾继业、谢道韫、盛林娟

2020 年江苏省好新闻（新闻版面）		
奖级	标题及媒体	编辑
二等奖	4 月 13 日 T1－4（镇江日报）	翟志伟、方　舒、李　驾

2020 年江苏省好新闻（新闻漫画）		
奖级	标题及媒体	作者、编辑
三等奖	我的小康之路（镇江日报）	方　舒；永　奕
	“无处安放”的头盔（京江晚报）	郑海仑；王小月

2020 年江苏省好新闻（摄影作品）		
奖级	标题及媒体	作者
二等奖	嶂山村 30 名特殊村民享受免费午餐（京江晚报）	文　雯
三等奖	长江禁渔 渔民上岸“实地”就业（京江晚报）	文　雯
	五峰山长江大桥建成运营 连淮扬镇铁路全线开通（镇江日报）	谢道韫

（吴峰云）

广播影视

【概况】 2021 年，镇江文广集团坚持正确舆论导向，推进媒体深度融合，实施“媒体＋”战略，推动各项事业、产业发展。

新闻宣传工作。镇江文广集团围绕庆祝中国共产党成立 100 周年，策划“争当表率、争做示范、走在前列”、“奋斗百年路 启航新征程”、党史学习教育、疫情防控、产业强市“一号战略”、乡村振兴、长江大保护、文明城市创建、大运河文化带建设等重大主题宣传，开设《百年记忆》《新时代我为党旗增辉》《“两在两同”建新功》《同心抗疫》《聚力产业强市 奋力争先进位》《“聚焦‘一号战略’持续发力推动‘很有前途’跑进现实”一把手访谈》《奋斗百年路启航新征程——同心奔小康》《文明城市在行动》等专题专栏，制作播出《光辉历程》百集党史特别节目、《夜读党史——百名党员读镇江党史》新媒体产品，推出“学党史 守初心 强党性”音乐党课等新闻产品。制作并在全媒体平台播出《三高一争，镇江能行!》《节约粮食》《拥抱这美好的时代》《初心未变》《加油！脱贫攻坚》《携手奔小康》等公益宣传片。策划开展“信仰之光”庆祝中国共产党成立100周年全媒体新闻行动。发挥舆论监督作用，“政风行风热线”栏目受理有效投诉2143件，办结率97.8%。加强与中央、省级广电媒体、城市台合作联盟及“学习强国”学习平台、新华社、“头条号”、抖音等新媒体客户端的合作，在中央电视台用稿84条，在中央人民广播电台用稿26条，在江苏新闻广播用稿165条，在江苏卫视用稿501条，在“学习强国”学习平台用稿287.5条，在新华社客户端用稿31条，在“荔枝我苏网”用稿1019条。“一起镇江”App发布信息约33670篇，阅读量超826万人次。实现新闻综合频道高标清同播。

精品创作工作。组织音乐剧《九九艳阳天》在全国12个城市的保利大剧院巡演，在江苏大剧院展演。与市档案馆联合摄制专题纪录片《陈光甫》，入选国家档案局“国家重点档案保护与开发任务”项目；同时，该纪录片被国家档案馆收藏，并在《中央新影发现之旅》频道播出。与市文广旅局联合创排的扬剧《茶山女人》参加2021年紫金文化艺术节展演。儿童广播剧《小号手》在全省展播。举办第十二届中国·镇江文物艺术品交流展暨第六届文物商店艺术品拍卖会、镇江市青少年音乐会、镇江少儿春节联欢晚会、镇江市中老年春晚等一系列重点品牌文化活动。

产业拓展工作。镇江文广集团完善产业发展规划，优化产业布局，积蓄核心竞争能力。组建镇江市唯一国有大数据公司——江苏开物科技发展有限公司，强化与阿里、一键未来、科大迅飞等公司合作，推动淘宝直播基地、“淘宝直播村播学院”、跨境电商产业园、镇江电商运营基地、“科大智慧城市”、镇江市企业征信平台等项目的建设落地，打造数字经济生态链。深化与中建科技、ABB集团等企业的合作，实施充电桩项目，做大新能源产业。对市区4G公交站台进行5G升级改造，提升市民公共出行体验。推进“丝路屏媒”项目，完成常州机场项目建设并开展运营，推进北京王府井工美大厦和深圳海上世界大屏项目。加强本地会展市场服务，完成第五届国际低碳（镇江）大会暨碳达峰碳中和2021金山峰会、绿色金融高端论坛、镇江市产业强市暨优化营商环境大会、全市抗疫防疫表彰大会等大型活动的会展服务工作；中标无锡世界物联网博览会主场服务。启动文广·星未来亲子产业园项目，打造亲子经济产业链。镇江文化广电产业集团有限公司通过江苏省文化产业示范基地复核。

2021年，镇江市广播电视台获2021年度中央广播电视总台中国之声新闻报道优秀供稿奖；大型文献纪录片《陈光甫》获“第27届中国电视纪录片盛典”长片十优作品奖；49部作品获江苏省优秀广播电视节目奖。扬剧《茶山女人》获第五届江苏省文华大奖。镇江广电“5G+”融媒体应用项目获评省级现代服务业（广播电视）发展专项资金补助项目；音乐剧《九九艳阳天》入选江苏省建党百年优秀作品展演剧目；与市社科联合作推出的百辑红色抖音视频“说党史”项目被评为“江苏省社会科学普及促进”重点项目；儿童广播剧《小号手》入选江苏优秀广播剧展播剧目；舞蹈《说书人》获江苏艺术基金2021年度小型舞台剧（节）目和作品资助项目。1人获2021年江苏省广播电视行业职业技能竞赛暨2021年（第26届）全国广播电视技术能手竞赛预选赛（江苏赛区）个人三等奖。文广充电桩项目获“中国充电设施行业杰出运营平台”称号，并被国家电网相关专家称为城市充电设施建设运营的“镇江经验”。新闻频道获评江苏省2021年度深入打好污染防治攻坚战宣传工作先进集体。（王　骏）

【电影事业发展】 2021年，镇江市新增影院7家、银幕24块；完成6家乡镇影院建设，乡镇影院总数为18家，覆盖率51.61%。全市影院放映影片46.21万场、观影409.88万人次、票房15568.78万元。农村公益电影放映影片6050场次、观影71.86万人次。（凌　霄）

【“信仰之光”系列新闻行动】 2021年，镇江文广集团围绕庆祝中国共产党成立100周年，开展“信仰之光”系列新闻行动，聚焦重大事件、重大成就和典型人物、动人故事，宣传党的光辉历程和丰功伟绩，传承红色基因，讲好镇江故事。制作推出“光辉历程”百集党史、“融媒体精品党课”、“百名党员读镇江党史”、“一千零一页”、“新时代我为党旗增辉”等一批特别节目、系列短视频、融媒体产品；举办“百年风华·镇出发”献礼建党百年系列歌咏活动，“穿越百年，见字如面”——镇江市庆祝中国共产党成立100周年红色快闪等活动；在市区综合商业体广场打造“百年印记·初心亭”沉浸式主题体验馆。（王　骏）

【亲子经济发展情况】 2021年，镇江文广集团通过举办镇江少儿春晚、引进少儿培训项目、提供一站式少儿教育培训等举措，培育亲子节、少儿主持人大赛、少儿艺术节、书香阅读大赛等文广特色品牌，培育少儿艺术教育市场。以2021镇江第二届亲子节暨镇江儿童博览会活动为切入点，启动文广·星未来亲子产业园项目，打造“亲子经济”产业链条；发挥文广的资源、品牌优势，吸引更多关联要素集聚；盘活文广裙楼闲置资源，打造一站式少儿艺术教育基地。（王　骏）

【音乐剧《九九艳阳天》全国巡演】 2021年3月—5月，由江苏省文化和旅游厅、镇江市政府出品的国家艺术基金重点资助剧目——音乐剧《九九艳阳天》在大连、辽阳、呼和浩特、唐山、保定、衡水、潍坊、淮安、宿迁、株洲、东莞、惠州等全国12个城市的大剧院进行巡演，为庆祝中国共产党成立100周年营造浓厚氛围。同时，该剧入选江苏省庆祝中国共产党成立100周年优秀舞台艺术作品展演剧目，在江苏大剧院展演。该音乐剧根据胡石言1949年创作的小说《柳堡的故事》及1954年上映的同名电影改编，讲述抗战末期，新四军解放宝应县柳堡镇，柳堡村民二妹子和新四军四班长李进之间的爱情故事。（王　骏）

【语音智能化技术引入】 2021年，镇江文广集团引入语音智能化技术，推动广播在内容生产、安全监管等方面的融合创新，实现全业务、全流程、全网络向智能化转型。该技术通过人工智能实现文字快速抓取、稿件智能审核、文字语音双向转换处理、智能语音播报和自动合成AI路况、天气单元等功能，提升广播节目、融媒体产品的制作效率和收听阅读体验，降低节目播报的错误率和制作播出成本，解决主持人短缺及制作能力参差不齐等问题。同时，通过对人群属性、收听习惯等大数据精准分析受众需求，实现内容精准推送。（王　骏）

2021年镇江文广集团新闻宣传创优获奖情况表

表28－2

第27届中国纪录片学术盛典长片十优作品奖	
获奖作品	主创单位
大型文献纪录片《陈光甫》	镇江市广播电视台、镇江市档案馆

2020年度江苏省优秀广播电视节目奖			
奖级	获奖作品	项　目	主创人员(单位)
特别奖	小号手	江苏广播剧奖儿童剧	周　萍、陈辉剑、权　胜、陈　洁
一等奖	妙趣横生，当论语遭遇酒令	江苏彩虹奖对港澳台广播专题	赵　欢、杨　俊、孙文萍、黄　岩
	天堑变通途 五峰山长江大桥创下7项“世界第一”	江苏彩虹奖对外电视消息	凌斌逸、葛　亮、高　婧、陈　进
	糜林：他把“初心”留在大地里	江苏广播电视报刊新闻与专稿奖通讯	高义刚、刘婷婷
	新闻镇江	江苏广播电视播音与主持作品奖电视播音新闻	陈　静
	《空中门诊》——如何让孩子在冬季长得更高	江苏广播电视播音与主持作品奖广播主持社教	高　扬
	长江大保护要践行“中医整体观”	江苏广播电视媒体融合奖短视频评论	范梅源、李　军、马　进、牛小刚、黄　怡、范自强、王姝彤
优秀栏目	一起听镇江	江苏广播新闻奖	镇江市广播电视台
	畅游镇江	江苏电视文艺奖	王　剑、刘博文、鞠文倩、孔维鑫、卢　艺
二等奖	第十四届中国镇江金山文化旅游节开幕式	江苏电视文艺奖综艺节目	周文娟、何广林、王　剑、刘博文、鞠文倩、唐　莉、卢　艺
	医路童行——天使唱给天使听	江苏电视文艺奖音乐节目	梁　慧、姜乐阳、金栩生、金　虎
	“我们桃园——《乖乖隆滴咚》走进镇江市桃园中心小学”	江苏电视社教节目奖少儿节目	刘博文、卢　艺、鞠文倩、王　剑
	追忆糜林	江苏电视新闻奖系列报道	周文超、范梅源、张学明、孟建民、周媛媛、刘　春
	锅盖面里的镇江味道	江苏广播彩虹奖对外广播专题	蒋含蕾、孙文萍、陈　彬、黄　岩
	镇江举行纪念活动弘扬苏颂科技创新精神	江苏广播彩虹奖对港澳台广播消息	杜　娟、孙文萍、黄　岩
	水韵山色 锦绣镇江	江苏电视彩虹奖对外电视文艺节目	沈　卓、李　霞、王　妍、李蔚雯
	数字化时代，别让老年人成为“局外人”	江苏广播电视报刊新闻与专稿奖评论	叶梦琦
	牢记总书记嘱托 带领贫困村脱贫奔小康——访世业镇副镇长、先锋村党总支原书记聂永平	江苏广播电视报刊新闻与专稿奖专访	叶梦琦
	五年磨一剑 天堑变通途	江苏广播电视媒体融合奖短视频新闻	凌斌逸、葛　亮、高　婧、陶　悦、陈　康
	镇江战“疫”十二时辰	江苏广播电视媒体融合奖短视频专题	包雅璐、黄　晖、卢　静、李巍巍、李明秋、石瑾瑜、孙　煜、黄宏斌
	全省首条跨省低空短途通勤航线——镇江大路至浙江建德千岛湖上线运行	江苏广播新闻奖短消息	周　衡、陈　瑜、叶　卉、梁　晨
	为了美丽乡村	江苏广播新闻奖连续报道	沙月莹、孙文萍、黄　岩

续表 28－2

2020 年度江苏省优秀广播电视节目奖			
奖级	获奖作品	项　目	主创人员（单位）
二等奖	禁捕这一年——融媒体 5G 现场直播	江苏广播新闻奖现场直播	孙文萍、陶颖峰、高　扬、翟骏昕、严　悦、张晓梅、沙月莹、杜　娟
	镜头里的新闻镇江——兼论区域电视媒体如何在深化改革中突围	江苏广播电视学术著作奖广播电视应用学科类	李　军、范梅源
	新闻早报	江苏广播电视播音与主持作品奖广播播音新闻类	高　静、宋法敏
	燃尽生命之光	江苏广播电视播音与主持作品奖广播播音社教类	黄　岩
	人生如逆旅，你我皆行人	江苏广播电视播音与主持作品奖广播播音文艺类	周　浩
	新闻相对论	江苏广播电视播音与主持作品奖电视主持新闻类	马　进
三等奖	青春的黑眼圈	江苏电视文艺奖原创歌曲节目	凌斌逸、宦正香、邱　翔、胡煜东
	朽木可雕	江苏电视社教节目奖微纪录片	英国平、李　军、贾　峰、徐雨桐
	守望	江苏电视社教节目奖系列片	镇江市广播电视台
	抗“疫”一线党旗红——百年天井里的特殊党课	江苏电视社教节目奖特别节目	凌斌逸、葛　亮、梁科军、朱正云、朱雨菲、伏　涛、田新春、潘　登
	探秘五峰山大桥	江苏电视社教节目奖科普节目	陆　欣、王双魁、丁伶俐、徐李鹏
	战疫情特别报道 集“赞”的日子	江苏电视新闻奖专题	李　军、范梅源、张　静、张友恒
	金派姚腔	江苏电视彩虹奖对外电视专题	凌斌逸、陶　悦、李祖乐、徐美红
	跳马灯的人	江苏广播彩虹奖对外广播文艺节目	叶　卉、翟天云、孙文萍、黄　岩
	访“镇江智教育・非常云课堂”	江苏广播电视报刊新闻与专稿奖通讯	朱晶晶、叶梦琦
	让生命从容谢幕——访江苏大学附属医院多学科联合诊疗中心暖和安宁疗护团队负责人侯莉	江苏广播电视报刊新闻与专稿奖专访	朱晶晶、陈寅文
	循环再生 让园林绿化垃圾变废为宝	江苏广播电视报刊新闻与专稿奖通讯	刘婷婷
	镇江地名	江苏广播电视媒体融合奖新媒体品牌栏目	镇江市广播电视台
	无以表敬意，唯有诗相赠	江苏广播文艺、广播剧奖文学节目	任　佳、马　苏、孙文萍
	电视连续剧《外科风云》录音剪辑	江苏广播文艺、广播剧奖综艺节目	周　萍、方　芳
	白发戏痴和他的黑发战略	江苏广播文艺、广播剧奖戏曲节目	周　浩、张　旋
	等你回家	江苏广播文艺、广播剧奖单本剧	周　萍、方　芳
	“低速行驶”也是马路杀手	江苏广播新闻奖专题	施梦菲、高　扬
	妙韵金腔——扬剧金派的传承故事	江苏省广播电视少儿精品奖少儿广播节目	成石磊、张煜弘、景韵秋、陈　洁、于建强
	领先播报	江苏广播电视播音与主持作品奖广播主持新闻类	郭　玮
	镇在维权——“天价车位”和“不可续保”的人寿保险	江苏广播电视播音与主持作品奖广播主持社教类	严　冬
	看见大市口	江苏广播电视播音与主持作品奖	曾丽蓉

江苏省第十二届优秀科普作品奖			
奖级	获奖作品	项　目	主创人员
一等奖	奇幻之旅之口罩的秘密	江苏省第十二届优秀科普作品短篇科普佳作奖	陈卓伟、邵长江

2021 年度全省广播电视公益广告优秀作品		
获奖作品	项　目	主创单位
初心未变	全省广播电视公益广告优秀作品广播类庆祝中国共产党成立 100 周年主题专项扶持项目	镇江市广播电视台
感冒，请您自觉戴口罩	全省广播电视公益广告优秀作品广播三类扶持项目	镇江市广播电视台

2021 年江苏省广播电视新闻作品推优		
获奖作品	项　目	主创单位
赵亚夫获“全国脱贫攻坚楷模”称号	第一季度江苏省广播电视新闻作品推优	镇江市广播电视台
连淮扬镇铁路全线暨五峰山长江大桥今天开通运营	第四季度江苏省广播电视新闻作品推优	镇江市广播电视台

2021 年度江苏省广播电视节目录制技术质量奖			
奖级	获奖作品	奖　项	主创人员
二等奖	田田唱田歌	（广播）语言类	陈　倪、吕国钧
	青少年青春音乐会	（电视）图形类	王　婧、刘冰阳、王禹琛

续表 28－2

2021 年度江苏省广播电视节目录制技术质量奖			
奖级	获奖作品	奖　项	主创人员
二等奖	奋斗者	（电视）图形类	潘　杰、顾子健、高宇澄
	诗画田园	（电视）图形类	王　婧、倪　进、沈静怡
	家在润州	（电视）图形类	吕　杰、何　磊、刘　东
三等奖	燃尽生命之光	（广播）语言类	刘胜哲、黄　岩
	共产党员初心未变	（广播）广告类	刘胜哲、张之旭
	新闻镇江	（电视）新闻类	吕　杰、王　婧、潘　杰、张善玉
	2021 年少儿春晚	（电视）综艺类	王　婧、吕　杰、张善玉、潘　杰、朱舒雅、何　磊、刘　东、王怀逸
	镇江宝塔路小学 100 周年校庆	（电视）图形类	高宇澄、顾子健、王怀逸
2021 年度江苏省广播电视科技创新奖			
奖级	获奖作品		主创人员
三等奖	广电级云视频会议系统设计与实现		杨　捷、吕国钧、余建忠、刘　青、何　静、张善玉、潘　杰

（王　骏）

图书发行

【概况】 2021 年，江苏凤凰新华书店集团有限公司镇江分公司（含丹徒）全年销售 1.04 亿元，实现利润 618 万元。该公司开展创建文明单位、创星级门店活动，获江苏省出版物发行业协会“双优诚信发行单位”称号；在省新闻出版局组织的新华书店社会效益考核中获评优秀等次；该公司“望山书局”店获中国新华书店协会“十佳商超店”称号。

2021 年，该公司克服新冠肺炎疫情影响，通过邮寄和分散领取等形式将教材送至学生手上，完成“课前到书、人手一册”的工作任务。大中专教材发放采用新模式，根据学生到校批次，分 4 次到校发放教材，满足学生学习用书的需求。配合党史学习教育，征订发行党史学习图书 32.9 万册，覆盖全市党员干部。推动党史学习教育进校园，发行《写给学生的中国共产党历史》（中、小学版）4 万册、《群星闪耀伴我行》1.6 万册；发行《新征程面对面》3787 册、《中共江苏地方简史》4311 册、《中华人民共和国简史》3781 册、《改革开放简史》3737 册、《社会主义发展简史》3737 册。该公司开展各种社会公益活动。走进社区，给孩子带去凤凰姐姐讲绘本课程；走进军营，配合当地驻军建设“红色书屋”，展示图书品种 5000 余种；走进校园，配合国家延时“5＋2”政策，组织志愿者开展课后读书活动。2021 年，该公司下属“漫书阁”店和“望山书局”店作为第十一届江苏书展镇江分展场，先后开展活动各 10 场；“漫书阁”店获评“第十一届江苏书展优秀分展场”；书展期间，组织镇江市中小学生参加“我心向党全省中小学生诵读大赛”，获中学组特等奖及二等奖。（姚　远）

【假期阅读征文活动】 2021 年，江苏凤凰新华书店集团有限公司镇江分公司、京口区教育局、润州区教育局、镇江新区社会发展局联合举办假期阅读征文活动，引导学生阅读优秀读物。寒、暑假各有 4 万多名中小学生参加活动，收到征文 6000 多篇。活动期间，该公司在各门店设立优秀课外读物专架，方便学生阅读。（姚　远）

2021 年镇江市新华书店经营情况表

表 28－3

店　名	营收总额（万元）	册　数（万册）	利润总额（万元）	劳动生产率（万元/人）	年末固定资产原值（万元）
镇江市	8959.74	735.78	415.49	—	2253.78
丹徒区	1423.58	173.43	202.82	—	559.49
丹阳市	6756.51	503.60	364.09	107.25	3594.19
句容市	4056.12	408.53	436.42	104	4480.12
扬中市	3500.58	187	226.8	112.92	716
合　计	24696.53	2008.34	1645.62	115.40	11603.58

（姚　远）

网络媒体

【概况】 截至2021年12月底，镇江市网民规模为233.8万人，互联网普及率为72.66%。互联网普及率的持续攀升，受互联网自身发展特点和规律的影响外，还与新冠肺炎疫情局部偶发、突发有一定的联系。2021年，镇江市加强网络综合治理，强化互联网行业基础管理，及时清理问题网站，备案网站与备案主体数量呈现双下降态势，全市备案网站数量为10828个，在镇江市内接入的网站总数量为2813个。“健康码”“通信大数据行程卡”等线上防疫手段全面推广与普及，线上办公、线上教育、网络购物、网络支付等互联网应用模式深入发展；即时通信、网络视频（含短视频）、网络支付、搜索引擎、网络购物、网络新闻、互联网政务是镇江市网民使用最为广泛的网络应用，使用率均在80%以上。

2021年，镇江市委网信办落实党委（党组）网络安全工作责任制，对市直机关部门组织督查考核，开展网络安全检查20余次。出台网络安全统筹协同制度，联合多部门开展“网安2021”“护网2021”等专项行动；开展庆祝中国共产党成立100周年活动期间应对网络安全事件的应急演练；建成某网安实验室。举办网络安全宣传周活动，开展网络安全培训竞赛，组织宣传活动近200场。举办互联网人才专场招聘会，牵头2家公司和2所院校开展产学研合作共建，为全市互联网行业提供人才来源。

2021年，镇江市委网信办加强网络宣传策划，“一碗面条”宣传获超千万次阅读量，“一张纸条”故事全网阅读量破亿次。开展“百年铸就辉煌 百网见‘镇’荣光”网络主题宣传活动暨2021镇江网络嘉年华启动仪式。 （张少军）

【网信管理】 2021年，镇江市总体建成全市网络综合治理体系，并形成“五联五导”镇江特色做法。“镇江市探索建立网络综合治理‘共同体’”创新案例，入选全省《在习近平新时代中国特色社会主义思想指导下高质量发展案例汇编》。首次启动网信执法，对属地一家网站违规接入、违规散布某有害信息等相关情况立案查办，开出镇江网信历史上首张罚单。市委网信办常态化开展“网事三部曲”活动，工作品牌作为全省选送的优秀案例在首届全国网络文明大会上展示。

（张少军）

【百年党庆网络主题宣传活动】 2021年4月22日，由中共镇江市委网信办、市住建局、团市委主办的“百年铸就辉煌 百网见‘镇’荣光”网络主题宣传暨2021镇江网络嘉年华启动仪式举行。启动仪式现场为“镇江市十佳好网民”以及“2020年镇江新媒体传播力榜单”平台颁奖，为“网眼看镇江 聚焦加速跑”网络主题宣传活动采访团授旗；同时，上线“打卡红色地图 追忆百年党史”小程序。该网络主题宣传项目分六大主题44个项目，贯穿全年；网络嘉年华项目以“i镇江 E起犇”为主题，分“e心致敬100年”等5大篇章。主题宣传活动汇聚全国、省、市100余家网络媒体，创作、转载图文稿件300余篇、网络短视频20余部，稿件阅读量超亿人次。

（师丹丽）

【《跑起来，“镇”精彩》系列短视频】 2021年9月—10月，中共镇江市委网信办、镇江文旅集团、《现代快报》、市网络社会组织联合会联合出品的《跑起来，“镇”精彩》系列短视频全网播放。短视频由历史文化篇、城市篇、产业篇、人才篇、精神面貌篇、美食篇等6部风格迥异的创意短视频组成，呈现镇江“跑起来”的城市精神。视频上线后，新浪微博相关话题“这就是镇江”曾处于同城热搜榜第1名，阅读量过百万人次，腾讯各平台相关视频、文章话题阅读量9891万人次，全网阅读量超亿人次。 （师丹丽）

【互联网行业“党建沙龙”】 2021年，中共镇江市委网信办、市互联网行业党委以“党建红”引领“网络蓝”，创设互联网行业“党建沙龙”。该沙龙的建立旨在以服务的姿态搭建起企业与政府之间沟通交流的平台，将党的组织优势、资源优势转化为互联网企业的发展优势、竞争优势，把党组织的政治活力转化为企业的发展活力。当年，该沙龙围绕“人才赋能企业发展”“党建工作创新与发展”等主题开展多期活动，通过形式灵活、氛围轻松、内容包容的沙龙活动，为互联网企业解决党组织建设、人才引进、人才培养、人才需求等方面的问题。该创新获2021年度全省网信系统创新奖。

（师丹丽）

【网络安全示范社区建设】 2021年，中共镇江市委网信办按照“先行试点，拓展内涵，标准建设，全域推进”思路，在全国首家出台创建标准，全市域推开网络安全示范社区建设。网络安全示范社区建设旨在把网络安全宣传服务融入群众的日常生活，实现网络安全警示常有、服务常在、作用常现，增强人民群众的获得感、幸福感和安全感。市委网信办结合示范社区创建，以提供“全时在线、处处在位”的网络安全服务为宗旨，多频次开展“您用网 我用心 让您安全更放心”志愿服务活动；通过“键对键”指导、“面对面”互动、“心贴心”服务，提供涵盖网络防诈骗、网络普法、家庭用网安全检测及优化等服务，接受预约服务工单 900 余件，完成上门服务 800 余户，满意率 100%。

（周 琴）

【中网联社会组织会员单位第十协作组交流活动】 2021 年 10 月 19 日—20 日，由中国网络社会组织联合会、江苏省委网信办指导，镇江市委网信办、镇江市网络社会组织联合会主办的“聚网联心 e 路同行”——2021 年中网联社会组织会员单位第十协作组交流活动在镇江市举办。北京、天津、河北、安徽、山东等 11 个省市网络社会组织代表 30 余人参加活动。会议通过并发布“党建共联 云上同频”协作机制；多家会员单位围绕“党建赋能 激发活力”“共话数字文明未来”“深化交流 共谋合作”等主题做交流探讨。

（师丹丽）

【“政校企”合作培育网安行业人才】 2021 年 10 月 12 日，中共镇江市委网信办牵头江苏省交通技师学院与中通服网盈科技有限公司、镇江高等职业技术学校与北京天融信教育科技有限公司分别开展校企合作签约，共建“产、学、研、用”于一体的网络安全产业学院，推进政校企合作培养网络安全技能人才。该项工作围绕“1346”的工作定位系统进行建设，即：建立 1 个网络安全产业学院；围绕网络安全专业确立定向培养方案，制定菜单式培养模式，共同建设信息安全实训、认证培训、科普教育体验 3 个中心；提供师资培养、技能鉴定、岗位技能及赛前实训等 4 项培训；健全人才培养、赛事承办、技能认证、产学研服务、教育培训、专业会议承接等 6 大服务功能。

（周 琴）

【“随手拍”网络征集活动】 2021 年 8 月—9 月，中共镇江市委网信办开展“‘疫’线瞬间 有你‘镇’好”——“随手拍”网络征集活动，旨在用图片或短视频记录防疫一线的感人瞬间，凝聚全市上下打赢新冠肺炎疫情防控阻击战的合力。活动收到视频投稿近 100 部，图片投稿超 500 幅，活动精选其中的优秀作品制作 39 期短视频在各类网上平台发布，全网总播放量超过千万人次。

（师丹丽）

【金山网】 金山网创办于 2002 年 12 月，隶属于镇江日报社，由镇江报业网络传媒有限公司运营，是国家一类新闻网站，也是镇江互联网领域主流传播平台。2021 年，金山网加大短视频报道力度。年初，金山网记者深入抗疫一线，采访并制作多篇新闻稿件，制作“众志成城”系列微视频 12 个。2 月，记者随行采访并制作发布“镇江市委书记马明龙在长申超市下馆子”短视频，引发网友转发，点击量 16 万余人次。镇江市“两会”期间，该网记者专访代表委员 9 人并制作“代表委员说两会”视频；制作“两会 e 访谈”6 期，内容涵盖文化旅游、经济发展、乡村振兴等多方面，解读大会热点，传递大会精神。

2021 年，因新冠肺炎疫情防控影响，网站“镇江论坛”常规线下活动受到影响，转而开展多种形式线上活动，其中有论坛开展的线上“‘晒晒我的新年书单’！让阅读陪您温暖过新年”、“‘喜迎国庆’我和国旗合个影”网络征集活动、“我眼中的全面小康”全媒体视觉作品征稿活动等。同时，加强对“金山公益”“快乐一家人”“爱心妈妈”等网友团队活动的报道，在网上营造公益服务活动的良好氛围。当年，金山网加大宣传力度，安排记者编辑对接“金山公益”“手拉手”“行云户外”等网络公益和户外团队，报道关爱空巢老人、失独家庭、留守儿童等特殊群体爱心公益活动，弘扬“大爱镇江”传统；同时，定期组织热心网友作为网站“市民记者”，发现并记录、传递身边的正能量故事。

（吴 恙）

【“镇江网友之家”】 “镇江网友之家”（my0511.com）创办于 2000 年 5 月，是镇江地区主流社区门户网站。网站致力于发展网络应用服务，为镇江市民提供各类免费信息服务，办有消费娱乐指南、镇江房产介绍、租房售房、婚介交友、便民查询和互动交流等服务版块。截至 2021 年年底，网站有员工 55 人，注册会员 200 万人，日均访问用户 20 万人，日均访问量 300 万人次。全年该网站旗下的移动端产品“my0511”App 装机量 90 万次，“my0511”“我们的镇江”“0511 吃喝玩乐”“镇江房产网”等微信公众号“矩阵粉丝”85 万人，在镇江地区处于较为领先地位。

（张 炜）

综 述

【概况】 2021 年，镇江市卫生健康系统强化新冠肺炎疫情防控工作，“健康镇江”建设有成效，公共卫生基石稳固，医疗服务能力提升，全市卫生健康事业呈现稳中有进的发展态势。

新冠肺炎疫情防控。镇江市推进新冠肺炎疫情精准防控，坚持“外防输入、内防反弹”总策略和“动态清零”总方针，推动各项疫情防控措施落实。高效规范处置疫情，未造成本地传播，保持全年全域低风险；先后派出医护队伍支援南京、扬州疫情处置。落实防控策略，加强疫情分析研判和风险提醒，强化重点人群、重点环境和重点场所监测管理，全年发布健康提醒 200 余篇，完成疫情形势研判报告 65 份，排查密接、次密接及重点地区到镇江人员，检测“应检尽检”重点人群。提升处置能力，投入资金完成市传染病医院水电气改造，并配齐呼吸机、ECMO 等医疗救护设备；分级、分类组建市、县两级流行病学调查队伍、核酸采样队伍、核酸检测队伍、环境消杀队伍、心理健康服务队伍，提升最大核酸检测能力；完善全员核酸检测方案，统一部署全场景疫情病原体检测系统。推进疫苗接种，强化疫苗接种链、畅通调配链、优化服务链、构建安全链、压实责任链；建立疫苗运输绿色通道，成立接种现场工作专班，采取“固定接种点 + 临时接种点 + 移动接种点”的模式扩充接种能力；开通晚间服务，延长接种时间。开展应急实战演练，先后在 43 个镇（街道）组织开展核酸检测警戒式筛查，检测结果均为阴性，实现各市（区）全员核酸检测压力测试全覆盖。市卫健委牵头编制应急处置预案和流程图，在全市范围内开展为期 2 天的疫情防控应急实战演练，全市疫情防控工作成效获省长吴政隆批示。

综合医改工作。完善公立医院绩效考核办法，促进管理模式和运行方式转变，制定《关于加强市区公立医院运营管理的实施办法》，开展 20 个分级诊疗创新孵化项目、21 个运营管理优质项目征集和评审工作。加强 3 个城市医疗集团建设，依托医联体龙头医院，统筹推进病理、影像、检验、消毒供应等资源共享中心建设，完善合作方式和引导机制，强化医联体内同质化服务标准建设。出台《全面推进紧密型县域医疗卫生医共体建设实施意见》，推动县域医共体行政、人事、财务、业务、用药目录和信息系统等 6 个方面统筹管理。明确医疗机构检查结果互认具体办法，实现医疗资源共享、检验检查结果互认。依托 8 个市级专病专科联盟，推动专业技术人才联动和分级诊疗落实。深化“全—专联合门诊”、康复联合病房内涵建设，二级以上医院下派医生（护士）到基层服务 2200 天，接诊患者 4.5 万人次，收治上级医院下转的康复期病人 1000 余人次。镇江市第一人民医院、镇江市中医院、丹阳市人民医院通过现代医院管理省级试点评价验收。推动互联网医院内涵建设，完成云胶片调研报告和市域云影像服务平台建设方案，推动各医疗机构“云胶片”“云影像”服务平台落地。探索“电子处方流转”、拓展“云药房”服务。实现市域远程医疗服务全覆盖，探索实行远程医疗收费和支付政策，促进远程医疗服务可持续发展。 （卫健委办）

【公共卫生服务】 2021 年，镇江市将人均基本公共卫生服务经费补助标准提高到 91 元，全市 731 个村（居）民委员会全部设置公共卫生委员会。有序处置全球首例 H10N3 禽流感。连续 15 年未发生“急感”疫情。艾滋病综合防治示范区 2 项创新项目在全国推广。完成血吸虫病国家监测点任务。为全市适龄儿童免费接种水痘疫苗 7 万余剂次。做好严重精神障碍管理治疗服务工作，全市在册患者管理率为96.89%。建成1个尘肺病康复站，新增2个院前急救站点，公共场所新增投放AED设备20台，连续6届12年获评全国无偿献血先进城市。召开全市健康镇江建设推进会，常态化开展爱国卫生运动，镇江、句容分别获评2020年度全国健康城市建设样板市和县级样板市，句容、扬中通过国家卫生城市复审，新创国家卫生镇2个、省级卫生镇1个、省级卫生村8个。举办第六届“全民健康节”，建成市健康科普馆并向社会公众开放。以世业镇卫生院为载体试点推进体医融合工作，建设6个运动促进健康中心、10个运动促进健康服务站，开展运动促进健康服务。深化全市无烟党政机关建设，创成无烟党政机关313家，覆盖率70.4%，其中市级无烟党政机关实现全覆盖。修订卫生应急工作预案和技术方案，完善卫生应急“一案三制”（应急预案；应急工作的管理体制、运行机制和法制），处置各类预警信息542条，24小时内响应率为99.82%。新建心理援助类紧急医学救援基地1家。完成各类重大会议活动医疗保障156次，出动救护车122辆次，参与保障医务人员约500人次。

（卫健委办）

【医疗服务能力建设】 2021年，镇江市制定《镇江市卫生科技补助资金使用办法（2021版）》，实施临床专科“补短板”项目，遴选18个临床专科予以扶持，推动全市临床专科均衡发展。推进二级以上医疗机构门急诊电子病历系统结构化改造，推进“互联网+护理服务”试点，建立医疗废物追溯信息管理平台，实现医疗废物全程在线监控。开展“千医下乡走万村”大型义诊行动。推进基层医疗卫生机构达标建设，新建省农村区域性医疗卫生中心2个、省社区医院4个、省甲级村卫生室4个。开展优质服务基层行活动，新增国家服务能力推荐标准达标基层机构6家、基本标准达标7家，达标率列全省第2名。新增省级基层特色科室4个，市级基层特色科室20个，70%以上的乡镇卫生院（社区卫生服务中心）拥有至少1个市级以上特色科室。创新家庭医生服务模式，1家基层机构单位获评省“家庭医生签约服务创新”，3个家庭医生工作室获评省星级家庭医生工作室。强化“互联网+签约”系统应用，全年线上签约人数超过20万人。制定《关于中医药传承创新发展的实施意见》，印发《镇江市中医药康复能力提升实施方案（2021—2025年）》，在全省率先设立2个中医临床研究中心项目，建设市级中医优势专科（中医肛肠）诊疗中心；推进市传染病医院中医临床科室的标准化建设，建成4级中医馆8家、3级中医馆36家。完成国家中医治疗艾滋病试点项目，调整43项中医药服务项目价格，新增备案中医诊所12家。建成10个中医药健康文化知识角，开展“中医药就在你身边”“岐黄校园行”等中医巡诊、巡讲活动130场次，服务群众1.6万余人次。

（卫健委办）

【重点人群保障】 2021年，镇江市稳妥实施“三孩”生育政策，全面落实生育登记承诺制，全年办理生育登记8283人次，其中“三孩”生育登记80人次，完成国家人口监测点人口监测调查任务。出台《促进3岁以下婴幼儿照护服务发展实施意见》，拟定《3岁以下婴幼儿托育服务合同》，组建全市3岁以下婴幼儿照护服务专家库，编制《婴幼儿日间照料托育机构服务规范》地方标准，新增普惠托育机构5家，其中1家获评省示范托育机构。每千人拥有3岁以下婴幼儿托位数提高至2.54个。全年发放各类计划生育奖励扶助资金2.35亿元，惠及群众17.1万人，计生奖励扶助政策兑现率100%。制定《镇江市孕产妇、新生儿危急重症救治联络图》，免费为11.74万名城乡适龄妇女开展“两癌”检查，推进出生缺陷综合防治项目，产前筛查和新生儿疾病筛查保持全覆盖。开展儿童听力“防治康管”行动，做好0岁~6岁儿童眼健康和视力筛查工作，全年免费视力筛查87348人。成立镇江市老龄协会。建成全国“示范性老年友好型社区”3个；市中西医结合医院挂牌市老年病医院；新增护理院1家；“老年友善医疗机构”占比为60%，其中5家获评省“老年友善医疗机构优秀单位”。为34.05万名65岁以上老年人提供1次免费健康体检服务。老年人运用智能技术普及培训工程惠及2.2万人次。开展“敬老月”活动，全市举办各类活动376场，投入资金821.91万元，服务老年人6.3万人次。

（卫健委办）

【人才队伍建设】 2021年，镇江市实施“金山英才”医学领域高层次人才引进计划，2010万元引进6个医学领军人才团队、5名医学领军人才个人、10名骨干博士；引进全日制博士21人，其中名校博士3人。出台《镇江市“金山医者”医学领域人才培养计划管理办法》，投入100万元培育10名医学领军人才、25名医学新秀人才、5名公共卫生人才。制定《镇江市市区人才健康保障实施细则》，为全市高层次人才开通就医绿色通道。制定《选拔培养市直卫生健康系统后备干部实施方案》，健全年轻干部培育机制，打造后备干部队伍。全年有69项科研项目获立项，其中，获批国家自然基金项目10项、省卫健委科研项目8项。获省卫健委医学引进新技术奖8项，其中，一等奖3项，二等奖5项。全年申报获准国家级继续医学教育项目13项、省级项目60项，评审公布市级继续医学教育项目250项。1人获评省级“名中医”；100名基层卫生技术人员完成中医药知识与能力培训；推广和培训中医药适宜技术超500人次。监测卫生人才强基工程实施情况,对148名省优秀基层卫生骨干人才进行考核。加强农村订单定向培养,全年招录农村定向培养医学生107人,招聘80名农村定向培养医学毕业生到乡镇卫生院和村卫生室工作,扩充基层卫生人员队伍。（卫健委办）

【公共卫生应急工作】 2021年,镇江市卫健委完善突发公共卫生事件应急处理机制及应急预案,提高突发公共卫生事件预警和应急处理能力。

卫生应急体系。全市卫生应急系统修订卫生应急工作预案和技术方案,完善卫生应急"一案三制",基本形成卫生应急预案体系。同时,根据疫情防控形势要求,联合公安、交通、市场监管等部门,共同制订《镇江市新冠肺炎聚集性疫情处置预案流程图》,为全市新冠肺炎聚集性疫情处置提供技术支撑。

卫生应急处置。开展南京禄口机场新冠肺炎疫情、丹阳"3·9"黄埝桥垮塌事故、诺如病毒感染性腹泻等9起突发事件卫生应急工作;4月底处置成功全球首例H10N3禽流感人间病例。同时,组织实施新冠病毒采样、检测、流调的桌面推演,沪宁高速演练,大型核酸检测演练,观音山隧道演练等17次应急演练,提高应对突发公共卫生事件的能力。

卫生应急保障。全市卫生健康系统完成各类医疗卫生保障工作,完成"两会"、市党代会、中高考、公务员考试、金山文化旅游节等重大活动以及各类政府重大会议和各级重要领导医疗保障156次,出动救护车122辆次,参与保障医务人员约500人次。

自救互救素养培育。12月3日,市卫健委承办"2021年安全应急科普环省行进企业·镇江站"活动,现场普及安全应急、疫情防控等知识,提升安全应急科普知识宣传教育的鲜活性和感染力,提高自救互救能力,有87万人在全网11个平台共同参与收看活动。加强各级、各类应急队伍标准化建设和规范化管理,结合线上培训系统,开展卫生应急知识"六进"活动,组织开展自救、互救线下培训74场;健全卫生应急社会动员机制,全年开展急救系统内部能力提升班12期,350余名急救从业人员接受规范化培训;面向全社会开展应急救护志愿者规范化培训班4期,培养应急救护志愿者110人;在全市公共场所新增投放20台AED,培训设置场所AED使用人员500余人;组建"红细胞'救'在您身边"——急救生命呵护志愿队伍8支,开展各类急救知识宣传18场,发放材料1700份;急救科教体验馆进馆参观1294人次。（刘敬业）

【卫生机构、床位和人员】 2021年,镇江市有各级各类卫生机构1094个,其中医院类单位57个,包括:综合医院29个,中医医院5个,中西医结合医院3个,专科医院11个,护理院9个;基层医疗卫生机构994个,包括:社区卫生服务中心31个,社区卫生服务站101个,乡镇卫生院37个,村卫生室306个,门诊部105个,诊所、卫生所、医务室、村卫生室、护理站共414个;专业公共卫生机构31个,包括:疾病预防控制中心(防疫站)7个,专科疾病防治院(所、站)3个,妇幼保健院(所、站)8个,急救中心(站)2个,采供血机构2个,卫生监督所7个,计划生育技术服务机构2个;其他机构12个。

全市实有床位17707张,比上年增加407张,其中,医院病床13033张,增加556张,占全市病床总数的73.6%。综合医院、中医院、中西医结合医院、卫生院和社区卫生服务中心分别有病床7796张、1277张、430张、1814张和1624张,分别占病床总数的44.03%、7.21%、2.43%、10.24%和9.17%。

全市有卫生人员28016人,增加727人,其中,卫生技术人员22934人,增加622人,占人员总数的81.86%。全市有执业(助理)医师9082人,注册护士9980人,每千人拥有执业(助理)医师和注册护士分别为2.82人和3.1人。（巫　斌）

【卫生收支情况】 财政拨款。2021年,镇江市医疗卫生健康机构争取到各级财政拨款248457.19万元,比上年增加15324.46万元,增长6.57%。其中,医疗机构财政补助144616.58万元,增加2547.55万元,增长1.79%(公立医院增加4497.04万元,增长7.47%;基层医疗机构减少1949.49万元,下降2.38%)。卫生健康机构(非医疗)财政拨款103840.61万元,增加12776.91万元,增长14.03%。

收入情况。全市医疗机构实现收入1002257.55万元,比上年增加103940.18万元,增长11.57%。其中,公立医院医疗收入680508.11万元,占其收入比重的88.09%,与上年相比,增加79525.24万元,增长13.23%;基层医疗机构医疗收入130356.84万元,占其收入比重的56.73%,与上年相比,增加12990.24万元,增长11.07%。全市卫生健康机构(非医疗)总收入106857.72万元,增加11597.42万元,增长12.17%,其中,实现事业收入2432.3万元,减少1289万元,下降34.64%。

支出情况。全市医疗机构实现支出1093000.98万元,比上年增加186795.3万元,增长20.61%。公立医院支出768270.83万元,增加64008.05万元,增长9.09%;其中,医疗业务成本681346.21万元,管理费用75682.61万元,资产处置费用7.29万元,其他费用11234.72万元。基层医疗机构年度支出223361.6万元,增加21418.7万元,增长10.61%;其中,业务活动费用211270.5万元(医疗费用181173.7万元,占业务活动费用85.75%，公共卫生费用30096.39万元，占业务活动费用14.25%），单位管理费用10695.81万元，资产处置费用1.71万元，其他费用1393.58万元。卫生健康机构支出101368.55万元，增加11426.45万元，增长12.7%。

工作量完成情况。全市医疗机构完成门急诊工作量为1966.24万人次，比上年增加223.44万人次，增长12.82%。公立医院实际开放总床日为355.6万床日，实际占用总床日为281.15万床日，病床使用率为79.06%，病床周转次数33.39次。基层医疗机构实际开放总床日为112.77万床日，实际占用总床日为44.75万床日，病床使用率为39.68%，病床周转次数为11.74次。

均次费用。公立医院门诊均次收费水平为294.19元，其中药品费96.41元；每床日平均收费水平1328.4元，其中药品费315.78元；出院者平均医药费用11424.24元，其中药品费2715.71元。基层医疗机构门诊均次收费水平为121.34元，其中药品费66.97元；每床日平均收费水平411.59元，其中药品费101.84元；出院者平均医药费用5132.53元，其中药品费1269.94元。（邵乐婷）

【智慧健康信息化建设】 2021年，镇江市完成医疗废弃物管理(监管)系统建设，统一全市医疗机构医疗废弃物的系统管理软件和硬件标准，强化医疗废弃物的监督管理，累计管理医疗废物140余吨。完成智慧健康管理平台二期建设，接入医疗机构87家，其中二级以上医院17家，完成指标计算110个，实现医疗机构运营数据的汇总分析。完成区域人口健康信息平台电子票据功能改造，完成所有公立医疗机构的票据改革，全年开具电子票据547万余张，开票金额约6亿元。完成镇江市核酸检测平台紧急建设，强化新冠肺炎疫情防控。落实信息安全等级保护工作，加强重大节日安全保障工作，强化网络安全管理和风险排查，定期进行应急演练，开展网络安全培训和督导工作，未发生网络安全事件。（朱月兰）

疾病预防控制

【概况】 2021年，镇江市疾病预防控制系统以新冠肺炎疫情防控为主线，应急处置与常态化防控相结合，加强疫苗接种工作和公共卫生应急能力建设，统筹做好血吸虫病防治、急慢性传染病、慢性非传染病等防控工作，提升疾病防控能力，全力保障居民健康，各项工作有成效。

新冠肺炎疫情防控工作。建立分析研判机制，成立疫情研判专家组，定期召开疫情研判会，进行风险评估，并针对全市实际情况提出调整防控策略建议，全年完成65份研判报告。规范处置境外输入疫情，开展密接、次密接排查并落实管控措施，全市境外输入确诊病例、境外输入无症状感染者、境外输入关联无症状感染者疫情均快速处置，未造成本地传播。根据各地疫情形势，第一时间开展密接、次密接及轨迹交差人员排查，落实集中隔离和居家隔离管控措施。规范开展南京禄口机场入境、上海机场入境到镇江人员集中隔离观察工作。指导督促“两站一码头”、医疗机构、大型农贸市场、农产品批发市场、冷冻食品批发市场，以及其他人群聚集室内公共场所的持续落实测温查码、口罩佩戴、消毒通风、卫生保洁等措施。定期对冷链食品集中监管仓工作进行技术指导，规范集中监管仓作业流程，对集中监管仓的工作人员进行个人防护的培训，提升防护能力。配合口岸防控组定期开展督查和培训工作，全年督查32次，培训300多人。加强国内中高风险地区到镇江人员管理。关注疫情信息及风险等级调整，传达最新的风险等级及管控地区人员管理要求，及时在“健康镇江”公众号上发布中高风险地区到镇江人员健康管理的提醒，配合落实健康监测、核酸检测等管控措施。多轮次开展集中隔离医学观察场所指导、督导等工作，定期通报发现问题。强化重点人群和重点环境监测，对国家、省规定的各类重点人群做到“应检尽检”；每周对辖区内的大型农贸市场、农产品批发市场(海鲜市场)、超市的环境、冷链食品及从业人员进行核酸采样和检测，每周对重点公共场所及从业人员进行核酸检测抽检工作。南京新冠肺炎疫情发生后，镇江市在24小时内陆续启用多家备用集中隔离医学观察场所，开展相关高风险人员的集中隔离医学观察工作。同时，派出数批次流调及消杀队伍支援疫情城市防控工作。

新冠病毒疫苗接种工作。成立以市政府主要领导任组长的疫苗接种工作领导小组，推进新冠病毒疫苗接种工作。成立驻点督导组，尽早发现问题，及时排除风险隐患。全市建成多处接种点，并建立市级机动接种队，用于支援有需要的市(区)开展接种工作。市(区)疫苗接种工作专班收到省疫苗供应计划后，第一时间制定疫苗分配计划，分解到各个接种点，各接种点通过多种形式开展疫苗接种精准预约。疫苗管理人员24小时在岗待命，第一时间开展疫苗配送工作。同时，市疫苗接种工作专班调度库存疫苗，加快库存清零，并向省级部门争取保障疫苗供应。组织二级以上综合医院划分责任区域，做好疑似预防接种异常反应医疗救治保障工作。接种点成立由卫生、公安、街道等部门为成员的工作专班，负责维持接种现场秩序。分步组织推进新冠疫苗接种工作，先后开展重点人群、18岁以上普通人群、65岁以上老年人群、12岁～17岁青少年人群、3岁～11岁人群新冠疫苗接种及重点人群新冠疫苗加强免疫接种。 （寻海占）

【急性传染病防治】 2021年，镇江市报告乙类传染病12种、3615例，比上年增长18.25%；报告丙类传染病3643例，增长24.12%。强化疫情监测，接报、处置突发公共卫生事件及相关信息13起，处置各类传染病预警信息542条，24小时内响应率为99.82%。加强哨点监测，开展流感、禽流感、手足口病、虫媒传染病、住院肺炎、致病菌等疾病监测采样4674份。发现全球首例人感染H10N3禽流感病例；全市肠道门诊登记腹泻病人23033例，检索5562例，病源检索率为24.15%。开展专业技术培训，参训人员7000余人次。 （寻海占）

【计划免疫】 2021年，镇江市开展脊灰疫苗及含麻疹成分疫苗查漏补种活动，接种0岁～5岁儿童脊灰疫苗3389人，接种率为98.46%，0岁～14岁儿童含麻疹成分疫苗7438人，接种率98.33%。根据《关于印发镇江市适龄儿童免费接种水痘疫苗实施方案的通知》要求，推进水痘疫苗免费接种工作。截至12月底，为适龄儿童免费接种水痘疫苗73080剂次。规范开展预防接种异常反应调查诊断。对当年1569例接种疫苗引起的疑似预防接种异常反应的报告个案均进行规范调查、处理与报告。 （寻海占）

【血吸虫病、寄生虫病和地方病防治】 2021年，镇江市编制并印发《镇江市"十四五"血吸虫病防治规划》《镇江市"十四五"重点寄生虫病防治规划》和《镇江市"十四五"地方病防治规划》。全年完成查螺面积1.36亿平方米；成立128支灭螺专业队，出动灭螺水泵、喷粉机368（套），完成灭螺面积3071万平方米。开展门诊发热人员、沿江居民及其他涉水人员的血检工作，完成查病83013人次，其中，阳性299人，阳性率为0.36%。设置"血防"岗哨，加大防"急感"巡查力度，高危重点环境新增安装40台语音警示监控系统（累计76台），全市连续15年未发生"急感"疫情。做好疟疾防治工作，完成"三热病人"血检4866人次，未发现疟疾病例。完成7个市（区）700名孕妇尿样、盐样与1401名8周岁～10周岁学龄儿童尿样、盐样碘盐监测，经实验室检测碘盐覆盖率98.01%，碘盐合格率99.20%。镇江新区完成国家土源性线虫病监测工作。 （寻海占）

【结核病防治】 2021年，镇江市编制并印发《镇江市"十四五"结核病防治规划》。全市确诊利福平敏感肺结核患者886例，比上年下降3.6%；纳入治疗886例，纳入治疗率100%，成功治疗率94%，实施DOT管理（医务人员面视下服药管理）或家庭志愿者管理886例，患者管理率100%。耐药患者筛查登记人数181例，确诊耐药患者22例，纳入治疗21例，纳入治疗率为95.5%。全市报告确诊学校结核病病例85例，增长21.4%。《老年人结核病筛查流程》和《糖尿病患者结核病筛查规范》2个国家标准由中国防痨协会正式发布。12月，结核病患者"易督导"及电子药盒管理项目启动。推进中盖结核病项目四期"医保支付改革试点"、国家科技重大专项"结核病耐多药分子诊断新技术在江苏示范区的推广应用研究"、定点医院结核病感染控制项目、耐药患者基本关怀项目、"长三角地区MDR/RR患者疾病负担与诊疗服务现状策略研究"、"中学生潜伏性结核感染现状及其发病风险评估"等工作。 （寻海占）

【艾滋病防治】 2021年，镇江市编制并印发《镇江市"十四五"遏制与防治艾滋病行动计划》。全市设置各类人群监测哨点8个，建成艾滋病检测网络115个，检测各类人群80余万人次，新报告艾滋病感染者和病人154人，比上年增长2%。感染者和病人CD4检测率、病毒载量检测率、抗病毒治疗覆盖率等指标均为95%以上。开展艾滋病防治知识传播进校园活动，全市9所高校实施艾滋病宣教干预和HIV自助检测材料发放工作，避孕药具和艾滋病检测材料发放设备覆盖率100%，HIV自助检测材料发放3.7万余份，受益人群4万余人次。全市10个社会组织申请国家和省级社会组织参与艾滋病防治基金项目12项，获资助20余万元。2所高校社团（江苏科技大学和江苏农林职业技术学院）获评"江苏省社会组织参与艾滋病防治项目先进集体"。6人参加2021年江苏省艾滋病防治技能大赛决赛，获个人二等奖、三等奖，以及"江苏省五一创新能手"、"江苏省五一巾帼标兵"等称号；团队获团体二等奖，市疾控中心获竞赛组织工作先进单位称号。 （寻海占）

【慢性病防治】 2021年，镇江市开展慢性病监测工作。全市死因监测覆盖率为100%，粗死亡率为799.14/10万人，报告及时性为98.38%。全市完成14955人的死亡漏报摸排工作，发现121人漏报，粗漏报率为0.81%。全市核实网报恶性肿瘤报告卡13992例，报告及时率98.88%；核实网报急性心脑血管事件和慢阻肺病例数分别为20937例和18610例。开展全民健康生活方式行动。组织健康宣传活动和健康讲座37次，利用传统媒体、新媒体开展科普宣传71次；推进"三减三健"专项行动5个，培训健康生活方式指导员856人次；落实慢性病患者自我管理工作，组建自我管理小组60个，完成基线调查问卷765份，开展自我管理小组活动600次，完成评估调查问卷701份。扬中市癌症早诊早治项目完成人群筛查1824例，查出上消化道肿瘤7例，癌前期病变62例，开展"减盐减油"社区人群干预项目，完成调查549份；句容市实施省糖尿病高危人群筛查和干预项目，完成调查3010人，完成率100.3%；京口区组织实施慢性病防控核心信息知晓率及居民营养健康知识知晓率调查，任务完成率为110.5%。

（寻海占）

【精神卫生】 2021年，镇江市编制并印发《镇江市"十四五"精神卫生工作规划》。市卫健委印发"助您健康·从心出发"服务品牌创建实施方案；市精神卫生中心挂牌"镇江市心理健康调适中心""华北理工大学附属镇江精神卫生中心"，启动"镇江精神残疾人托养中心"项目。市卫生健康委等9个部门联合制定下发《转发全国社会心理服务体系建设试点2021年重点工作任务的通知》，指导丹阳市开展社会心理服务体系建设试点工作，开展联合调研和中期评估工作。做好严重精神障碍管理治疗服务工作，全市在册严重精神障碍患者14234人，严重精神障碍患者报告患病率为4.44‰，管理率为96.89%，规范管理率96.89%，精神分裂症规律服药率83.54%。做好新冠肺炎疫情防控心理疏导工作，南京、扬州疫情防控期间，为隔离点配备驻点联系心理健康服务人员，发放心理健康教育与科普宣传资料，进行心理测评、心理疏导及重点人群心理危机干预。丹阳市、京口区完成国家心理健康促进行动基线调查工作。

（寻海占）

【学校卫生】 2021年，镇江市卫健委贯彻落实《镇江市教育局等8部门关于做好儿童青少年近视综合防控工作意见的通知》，在扬中市联合中心小学举办"江苏省儿童青少年近视防控百场讲座进校园公益行动（第二期）——镇江站"启动仪式及首场入校讲座，在扬中市、丹徒区开展讲座10余场。开展江苏省学生常见病和健康影响因素监测项目工作，指导、督促扬中市和丹徒区两个省级项目点开展学生常见病和健康影响因素项目监测工作。加强学生健康监测工作，2021学年，全市324所学校开展学生缺课监测，中小学校覆盖率为100%，网络报告上报率为99.31%，全市预警处置率100%；对253所中小学校、261287名学生进行视力、牙齿、体重、血压等健康体检监测，中小学校覆盖率为107.7%，学生覆盖率为88.6%；完成学校环境卫生监测54所，监测率为24%；学生伤害上报率90.15%，学生伤害发生率4.15%。

（寻海占）

【职业与放射卫生】 2021年，镇江市通过江苏省职业健康检查机构备案工作，完成单位职业健康监护102家、12782人；放射性疾病哨点监测22家单位、设备58台；个人剂量监测132家单位、2847人次；完成430名放射工作人员随访调查工作。完成5家工业单位、15台射线装置检测，完成1家单位、2个项目的放射卫生评价工作。接待职业病咨询350余人次，组织职业病诊断11次，受理诊断申请151人次，确诊职业病人27人。完成229名职业病患者死亡情况调查、347名职业性肿瘤监测、563名近5年接尘人员调查、432名尘肺病人主动筛查，开展职业健康常规监测收集并审核个案卡报告60100份。完成工作场所危害因素监测153例。

（王　华）

【食品、环境卫生】 2021年，镇江市完成空气污染对人群健康影响监测216份，城乡生活饮用水卫生监测186个监测点608份，公共场所健康危害因素监测50家。完成卫生监督监测重点抽检229份。食品安全监测样品完成率为101.74%，87家哨点医院食源性疾病病例报告完成率为111.87%，食品饮用水放射性污染监测样品完成率为100%。

（王　华）

【消毒与媒介生物防制】 2021年，镇江市开展新冠肺炎防控、病媒生物密度和抗药性监测、控制水平现场评估、虫媒传染病综合监测、伊蚊专项监测、蚊虫携带乙脑病毒监测等工作。建成市区28个病媒生物防制示范小区和9个农贸市场病媒生物防制示范点。完成8家医院和10家托幼机构的消毒质量监测、16家单位透析液和透析用水监测、12家单位洁净手术室监测等。

（王　华）

【健康教育】 2021年，镇江市结合新冠肺炎疫情常态化健康教育，通过中心公众号发布健康科普稿件141篇、中心网站发布稿件140篇。在市区69个公交站台宣传栏投放健康生活方式主题宣传内容，在20个居民小区电子屏上刊发疫情防控健康科普内容。完成设计制作疫情防控平面宣传材料44种、微视频2部，下发宣传材料3万余份。全市举办市（区）级以上巡讲49场次、乡镇级讲座815场次、村级讲座2003场次。全市举办爱国卫生月、世界无烟日等各类现场咨询活动70次、乡镇级活动1021次。制作展板2209块，巡展乡镇240个次。全省居民健康素养评估学习系统全市点击量22万余人次，知识知晓率86.38%，行为形成率95.26%。配合省健康科普资源库完成市级层面建设，全市上传188份健康科普材料，发布60份。完成2021年居民健康素养监测。开展"世界无烟日"系列宣传活动，包括摆放吸烟危害主题展板18块，发放宣传折页和物品1000余份，制作分发"我为

控烟发声”公益接力活动材料1.5万份。协助教育部门开展青少年控烟宣传活动。联动实施学校减盐健康教育推广项目。（王　华）

卫生监督

【概况】 2021年，镇江市卫生系统加强机构布局流程标准化建设、硬件装备现代化建设和管理工作制度化建设，安装指挥中心会标显示屏和公告栏电子屏，购买执法办公设备等。修订完善《卫生行政处罚工作程序》等4项制度，以及11个专业、47类卫生监督检查表单。全年举办双随机执法、行政处罚法、信用监管等线下培训8期，参训卫生监督员390余人次，线上网络业务培训2960学时，引进中医专业人才1人。制定《中华人民共和国基本医疗卫生与健康促进法》相关条款的自由裁量基准和《涉企免罚轻罚清单》，申报重大案件法制审查12件。受理处置各类社会投诉25件，处理回复各类网站、电话咨询51条。在“信用镇江”的“双公示”平台公示处罚信息45条、许可信息1931条。加强“双随机”抽查。清理完善检查对象名录库11563个、执法人员名录库113个。开展集中同质化业务培训学习6期、抽检操作实训3期，培训卫生监督员350余人次，公示“双随机”抽查结果1700余条，开展专项监督10余项。全市国家和省级“双随机”任务完结率均为100%，完成率分别为95.71%和98.71%，完成情况全省排名分列第4名和第2名。其中，国抽、省抽查处案件100件，全省排名第4名。“双随机”任务完成率、完结率及案件数在全省领先。

加强信用监管。修订《江苏省医疗卫生行业信用承诺制度》以及11个公共卫生专业的30份信用承诺书示范文本，组织52家健康相关产品企业签订信用承诺书。录入信用失信记录45件，修复办件11件，撰写研究成果论文1篇。（彭林玉）

【卫生专项执法】 2021年，镇江市卫生监督所、市住建局、市体育局、市教育局联动开展“生活饮用水”等3项跨部门专项监督；与市（区）卫生监督所联动，开展医疗机构依法执业等10项全市性专项监督；开展消毒产品生产企业等4项市本级专项监督，查处各类违法违规案件338件，其中，简易程序131件、普通程序207件，罚没款243.66万元。市卫生监督所查处案件94件，罚没款55.33万元，案源结构质量逐年提升。同时，开展日常监督，当年应监督户数8835户，实监督户数5920户，监督总户次数为7682户次，监督覆盖率为67.01%。（彭林玉）

【疫情常态化防控】 2021年，镇江市卫生系统出动卫生监督员2762人次，检查单位1921户次，发现问题1752条，出具意见书858份。同时，参加交通卡口点镇江高速口入镇江人员的体温监测工作。对5个基层医疗卫生机构开展院感防控规范化建设，并逐步在全市基层医疗机构推广实施。（彭林玉）

【卫生普法宣传】 2021年，镇江市卫生系统组建“学亚夫、做亚夫”——“蓝精零卫民健康”普法先锋队，落实“谁执法谁普法”责任制，开展“健康相关产品普法”52次，培训从业人员680余人次，服务指导企业32户次、医疗机构35户次、群众1600余人次，解决群众和企业实际困难35个。（彭林玉）

爱国卫生

【概况】 2021年，镇江市推进“健康镇江”建设，开展爱国卫生运动，巩固提升卫生城镇村创建成果。农村户厕职能移交工作完成；落实公共场所控烟措施。新创建2个国家卫生镇（丹阳市访仙镇、镇江新区姚桥镇）、1个省卫生镇（镇江新区大路镇）、8个省卫生村、1个省健康镇（丹阳市延陵镇）、39个省健康村（社区）；93个省级卫生村通过复审。（姜玲莉）

【“健康城市”建设】 2021年，镇江市卫健委按照《健康中国行动推进健康镇江建设实施方案（2020—2030）》要求，开展“健康城市”建设。开展公益宣传活动，在各类媒体播出健康知识公益广告；主办《健康镇江》电视系列片26期；向市区中小学学生免费发放健康教育读本2万余册；举办第六届全民健康节，举办近百场健康知识宣讲活动；新创建5家省级健康促进医院、2个国家卫生镇、1个省卫生镇、1个省健康镇、8个省卫生村、39个省健康村（社区）。加强公共场所控烟工作，制作烟草危害公益宣传片，在电视台、微信公众号等滚动播出；印发《镇江市关于加强无烟党政机关建设的通知》，市级无烟党政机关全覆盖，全市无烟党政机关覆盖率70.4%。（姜玲莉）

【户厕改造与职能交接】 2021年，镇江市卫健委对照农村人居环境整治工作要求，以农村无害化卫生户厕全覆盖为目标，推进农村户厕改造。全年多次召开全市爱卫工作会议，部署户厕修缮任务。市级农村改厕领导小组以多种形式推进修缮改厕工作。全年完成户厕修缮工作，覆盖率99%以上。11月19日，市卫健委将厕改职能移交至市乡村振兴局。交接之后，农村厕所革命牵头工作由市乡村振兴局负责，市卫健委协助市乡村振兴局加强对厕改技术的指导。

（姜玲莉）

【病媒生物防制】 2021 年，镇江市开展病媒生物防制工作，消除滋生地，杀灭蚊、蝇、老鼠等。集中开展病媒生物灭杀活动 86 次，新增毒饵站 38051 处，投放灭鼠药、杀蟑螂胶饵 56054 处；在城区建设 19 个病媒生物防制示范点，病媒生物密度符合要求。（姜玲莉）

【公共卫生服务能力建设】 2021 年，镇江市加大基本公共卫生服务项目资金投入，全市人均经费补助标准为 91 元。加快项目预算执行进度，各级财政实际下达基本公共卫生服务项目补助资金 2.92 亿元，其中市级资金 3903 万元。印发《2021 年全市基本公共卫生服务项目绩效评价方案》，开展基本公共卫生服务项目督导和绩效评价工作，推进项目任务落实，注重项目实施效果和群众满意度。（谢旭东）

基层卫生

【概况】 2021 年，镇江市基层卫生工作以优质服务基层行活动为切入点，加强基层医疗卫生服务体系建设、能力建设和内涵建设。完善基层卫生服务体系，印发《关于全面推进紧密型县域医疗卫生共同体建设的实施意见》，推动县域医共体实体化运行。推进基层医疗卫生机构达标建设，建成 2 个省农村区域性医疗卫生中心和 4 个省社区医院，省农村区域中心数和省社区医院数累计分别为 5 个和 12 个，省社区医院覆盖率列全省第 2 名。建成省甲级村卫生室 4 个。

（谢旭东）

【基层卫生服务能力建设】 2021 年，镇江市参与国家卫健委开展的优质服务基层行活动，全年有 60 家乡镇卫生院（社区卫生服务中心）达到国家服务能力基本标准和推荐标准，占比 88.24%，列全省第 2 名。开展基层特色科室建设工作，全年新增省级基层特色科室 4 个、市级基层特色科室 20 个；省、市级基层特色科室累计分别有 24 个和 55 个，70% 以上的乡镇卫生院（社区卫生服务中心）拥有至少 1 个市级以上特色科室。实施卫生人才强基工程，组织参加全省基层卫生人才统一招聘，为基层补充 22 名医疗卫生人才。开展农村医学生订单定向培养，招录 107 名农村学生进入医学高等院校学习。（谢旭东）

【基层卫生服务模式创新】 2021 年，镇江市深化家庭医生签约服务内涵建设。1 家基层机构单位获评省“家庭医生签约服务创新”，3 个家庭医生工作室获评省星级家庭医生工作室。强化“互联网 + 签约”系统应用，全年线上签约人数超过 20 万人。深化“全—专联合门诊”、康复联合病房内涵建设。二级以上医院下派医生（护士）到基层服务 2200 天，接诊患者 4.5 万人次，收治上级医院下转的康复期患者 1000 余人次。在 731 个村（居）民委员会依法设置公共卫生委员会，发挥疫情防控和爱国卫生等职能，提升基层治理能力和治理水平。（谢旭东）

健康服务

【概况】 2021 年，镇江市加强老年健康服务体系建设，推进医养结合，营造敬老爱老社会环境。全市建成老年病医院 2 家，其中市中西医结合医院挂牌市老年病医院；全市 11 家二级及以上公立综合性医院开设老年医学科，其中扬中市人民医院设置老年医学科；新增 1 家护理院，全市建成护理院 9 家，1 家护理院被确定为第二批老龄健康医养结合远程协同服务试点机构。开设两证齐全的医养结合机构 32 家，开放养老和医疗床位 7566 张，有 18 家纳入医保定点机构。推动医养签约合作，医疗机构与养老机构签约 134 对。改善老年人就医环境，全市有 56 家医疗机构建成江苏省“老年友善医疗机构”，其中 5 家获评优秀单位。

保健和临床相结合，健全妇幼健康服务体系，保障母婴安全。加强行业监管，加强依法行政和依法执业，保障妇女儿童健康需求。利用“预防出生缺陷日”“母乳喂养周”“早产儿日”“世界避孕日”“世界艾滋病日”等公益宣传日，开展多种形式的宣传科普活动。句容市异地迁建妇幼保健院工程年底完工。扬中市、丹徒区妇计中心通过甲等妇幼保健所评审。

（王　佩　陈媛媛）

【老年健康服务】 2021 年，镇江市强化老年人预防保健工作，落实基本公共卫生老年人服务项目，开展家庭医生签约服务，加强老年人健康管理，全年为 34.05 万名 65 岁及以上老年人免费提供一次基本健康体检服务。推动基层医疗卫生机构为确有需求且行动不便的老年人开展家庭病床及预约上门服务，全年建立家庭病床 321 例，提供上门医疗护理康复服务 13380 人次。提升社区医养结合服务能力，在社区开设家庭医生工作室 80 个，就近、就便为老年人提供健康教育、健康咨询、健康评估、健康指导等健康管理服务。组织开展以“关注口腔健康，品味老年幸福”为主题的老年健康宣传周活动，宣传普及老年健康知识和服务政策。（王　佩）

【老年友好型社会建设】 2021年,镇江市以更好满足老年人在居住环境、日常出行、健康服务、养老服务、社会参与、精神文化生活等方面的需要为导向,建成全国“示范性老年友好型社区”3个。开展“敬老月”活动,发动相关单位、社会组织、志愿服务团队开展健康知识讲座、走访慰问、亲情关爱、法律援助、文艺体育运动等一系列敬老孝老活动。活动期间,全市开展各类敬老爱老助老活动376场次,发放健康宣传资料20000余份,服务老年人63056人;发放慰问金、各类物品及举办活动等共投入821.91万元。开展“智慧助老”行动,帮助老年人解决日常生活、看病就医过程中运用智能技术的难题,培训老年人22789人次。组织参加省第二届老年书画作品展、省第二届老年大学合唱节、省老年太极健身展演、省第一届“老年达人”运用智能技术大赛等活动。市卫健委先后获省老年书画作品展优秀组织奖、省“敬老月”主题宣传活动暨老年太极健身展演优秀组织奖、“老年达人”运用智能技术大赛优秀组织奖。建立健全老龄协会四级网络,镇江市老龄协会成立。 (王 佩)

【妇幼公共卫生项目】 2021年,镇江市卫健委制定并下发《关于做好镇江市2021年度妇女“两癌”检查项目工作的通知》,明确提高农村妇女覆盖率、增加城镇受益人群以及推进女职工“两癌”检查等目标任务;落实强化项目统筹协调、建立部门联动机制、明确财政补助政策以及营造良好社会氛围的保障措施。全年全市“两癌”筛查任务数为11.74万人,完成乳腺癌筛查11.99万人,任务完成率为102.18%;宫颈癌筛查11.86万人,任务完成率为101.09%。各级财政投入检查资金1332.88万元,其中,省级财政346万元、市级财政135.15万元、县(区)级财政851.73万元。叶酸补服项目任务完成率107.7%。孕产妇艾滋病、梅毒和乙肝免费检测率为100%。 (陈媛媛)

【母婴保健服务管理】 2021年,镇江市卫健委加强各级孕产妇和新生儿危急重症救治中心建设。各地以母婴安全行动为切入点,健全机制、完善体系、规范服务、提升能力、强化联动,保障母婴安全。5月、7月,市卫健委先后组织开展全市母婴安全工作专项督导,检查26家助产机构,重点督导孕产妇妊娠风险筛查和评估、高危孕产妇专案管理、高危孕产妇24项制度落实情况,及时发现风险隐患和安全漏洞,督促有关医疗机构立即整改,做到助产机构全覆盖。制定《镇江市孕产妇、新生儿危急重症救治联络图(2021版)》。全年全市婴儿死亡率1.59‰,5岁以下儿童死亡率为3.11‰。 (陈媛媛)

【出生缺陷综合防治】 2021年,镇江市卫健委贯彻执行《江苏省出生缺陷综合防治实施方案》,完善全市出生缺陷防控体系,提升出生缺陷综合防治能力。按照江苏省《儿童听力“防治康管”行动方案》要求,制定全市行动实施方案,提升患儿的健康水平和生活质量。召开全市产前筛查和新生儿疾病筛查工作交流会,总结交流先进地区工作经验和做法。开展免费产前筛查和新生儿疾病筛查工作,实现产前筛查和新生儿疾病筛查全覆盖。 (陈媛媛)

【0岁~6岁儿童近视防控项目】 2021年,镇江市开展幼儿园在园儿童视力健康档案建档工作,提高儿童眼保健和视力检查服务覆盖率,提高儿童眼健康服务能力;同时,加大眼健康科普宣传力度,加强视力筛查经费保障力度。全年全市幼儿园在园儿童参与视力检查87348人,视力筛查覆盖率102.78%。

(陈媛媛)

医政管理

【概况】 2021年,镇江市以新冠肺炎疫情救治和医疗机构院感防控为重心,统筹推进分级诊疗制度建设、医联体建设、现代医院管理制度等工作。落实医改各项任务,优化医疗服务体系。加强临床重点专科建设,全市建成27个省级临床重点专科,3个省级临床重点专科建设单位;36个市级临床重点专科,9个市级临床重点专科建设单位。强化医疗服务综合监管,开展“民营医院管理年”活动,促进民营医院健康发展,加强内涵建设,规范执业行为,提升服务能力和管理水平。 (殷 猛)

【新冠肺炎疫情医疗救治工作】 2021年,镇江市确定传染病医院为第一顺位市级定点收治医院,镇江市中西医结合医院、句容市人民医院分别为第二、第三顺位市级定点收治医院,配备医疗救治床位1338张。做好境外输入及关联确诊病例(无症状感染者)医疗救治工作,确诊患者及无症状感染者全部治愈出院。压实医疗机构院感防控主体责任,落实首诊负责制,加强应急准备和值班值守,做好入口管理、预检分诊、发热患者闭环管理、探视陪护、标准预防等重点环节管控,落细落实医疗机构疫情防控的各项工作措施。对照《江苏省医疗机构发热门诊建设标准(2021版)》相关要求,确定19家发热门诊规划,8家基本达到要求。加强新冠病毒核酸检测设施、设备配置和人员培训,提高医疗卫生机构核酸检测能力。建成城市核酸检测基地1个、县级核酸检测基地1个。 (殷 猛)

【临床专科建设】 2021年，镇江市组织开展市级临床重点专科中期评估工作，建立优胜劣汰、能进能出的动态管理机制，全市有36个市级临床重点专科，9个市级临床重点专科建设单位。实施临床专科"补短板"项目，加强临床薄弱专科建设，遴选18个临床专科进行扶持，推动全市临床专科均衡发展。（彭加茂）

【医患关系】 2021年，镇江市组织2021—2024年度城区二级以上公立医疗机构"两险"（医疗责任保险和基本医疗意外保险）集中采购工作，完善医疗风险分担机制。全年接待当事人到访、投诉81批次；受理各类医疗纠纷78件（含上年未结4件），调解70件（8件在调），结案70件，调解成功63件，调处成功率90%。开展规范医疗行为促进合理医疗检查活动，开展镇江市不合理医疗检查专项治理工作，对全市85家公立医疗机构、56家民营医疗机构开展专项治理工作抽查。（彭加茂）

【医疗质量】 2021年，镇江市落实《医疗质量管理办法》和《江苏省医疗质量管理实施办法》，研究制定《镇江市医疗质量控制中心管理办法（2021版）》。调整成立病案管理、护理管理等28个市级质量控制中心，开展全市专业的医疗质量控制管理工作。全市21所二级及以上医院住院病历200份，其中甲级病历194份，甲级率97%。全市20所二级以上医院开展临床路径管理工作，实施临床路径管理病种962种次，实施临床路径管理病例81880例，其中完成临床路径管理病例72668例，完成率88.74%。（彭加茂）

【医疗服务】 2021年，镇江市开展"千医下乡走万村"大型义诊行动，派出专家311人，深入全市67个乡镇、175个涉农村区域开展义诊活动。义诊线下8036人次、线上1424人，减免患者诊费126035元，减免患者药品费18057.2元。（彭加茂）

【医联体建设】 2021年，镇江市推进城市医疗集团、县域医共体、专科联盟、远程医疗协作网等4种形式的医联体建设。分别召开镇江康复医疗集团、江苏江滨医疗集团和镇江市京江中医医疗集团工作推进座谈会，推进集团建设工作。推动各医疗集团修订集团章程、明确建设方案和理事会成员，推进医联体建设，巩固分级诊疗制度。发挥市级胸痛、卒中、创伤、高危孕产妇、新生儿危急重症、精神专科疾病、传染病救治、中医发展等8个市级专病专科联盟作用，以专科联盟为依托，推动专业技术人才联动和分级诊疗落实。（吴宝林）

【城乡卫生对口支援】 2021年，镇江市落实《镇江市城乡卫生对口支援工作实施方案（2016年版）》，执行城市医院医生晋升职称前到基层服务的制度。全年城区下派108名医务人员、合计125人次，分别支援7家二级医疗机构、21家社区卫生服务中心以及院前急救机构等。开展卫生援新疆、援陕西工作，组织9名医务人员参加镇江市第三批医疗"小援疆"工作。同时，组织做好23名医务人员参加援非医疗及回国后隔离保障工作。（吴宝林）

【基本药物制度】 2021年，镇江市落实《省政府办公厅关于完善国家基本药物制度的实施意见》和《关于进一步加强医疗卫生机构基本药物配备使用管理工作的通知》，加强基本药物采购供应、配备使用、货款结算，推动基本药物制度各项政策的规范执行。加大二级以上医疗机构使用基本药物力度，优化用药结构、配备品种和销售金额达到规定比例，实现与基层医疗卫生机构用药衔接。基层医疗卫生机构根据特色专科建设、慢性病防治、疾病康复治疗以及建立双向转诊、分级诊疗制度需要，按比例配备使用基本药物目录外、医保目录和新农合目录内药品，下发基本药物使用情况通报，督促各医疗机构按要求配备和使用基本药物。（吴宝林）

【药事管理】 2021年，镇江市贯彻落实《国家卫生健康委关于进一步加强抗微生物药物管理遏制耐药工作的通知》有关要求和抗菌药物临床应用管理评价指标，强化医疗机构药事管理，加强抗菌药物临床应用管理，延缓细菌耐药性的产生。根据《关于进一步加强肿瘤治疗药及肿瘤治疗辅助药临床使用管理工作的通知》精神，开展抗肿瘤药物备案审核工作。制定《镇江市医疗机构合理用药考核工作实施方案》，组织专家开展合理用药考核。（吴宝林）

【护理服务】 2021年，镇江市完善护士分层培训体系，推进"年轻护士素质提高行动"，开展护士规范化培训，321名护士通过考核，合格率93.6%；以临床需求为导向，开展市级专科护士培训，开设糖尿病护理、急诊急救护理等8个专科，培训151人，提升专科护理能力；举办"走进基层——护理管理能力提升"专项培训，促进基层医疗机构护理管理水平提升。加强医疗护理员的培训及管理，全市2家医院获批省内首批医疗护理员培训基地；各基地建立健全管理规范，制定培训大纲，选拔培训师资，推动医疗护理员培训工作规范开展。（周 喆）

【院前急救工作】 2021年，镇江市健全院前急救服务网络，根据服务半径，在丹阳市访仙镇、丹徒区上党镇新设置2个院前急救站点，站点基础配套设施等符合建设标准，并通过省级验收。加强急救车辆装备建设，全市新配置救护车11辆，其中负压救护车6辆，随车配备心电图机、监护仪、除颤仪、呼吸机、注射泵等设备，提升现场抢救、途中救治及监护质量。推进急救队伍建设，开展院前急救专业人才培训，做好院前急救从业人员岗前培训工作，开展5期培训，培训211人。

（周 喆）

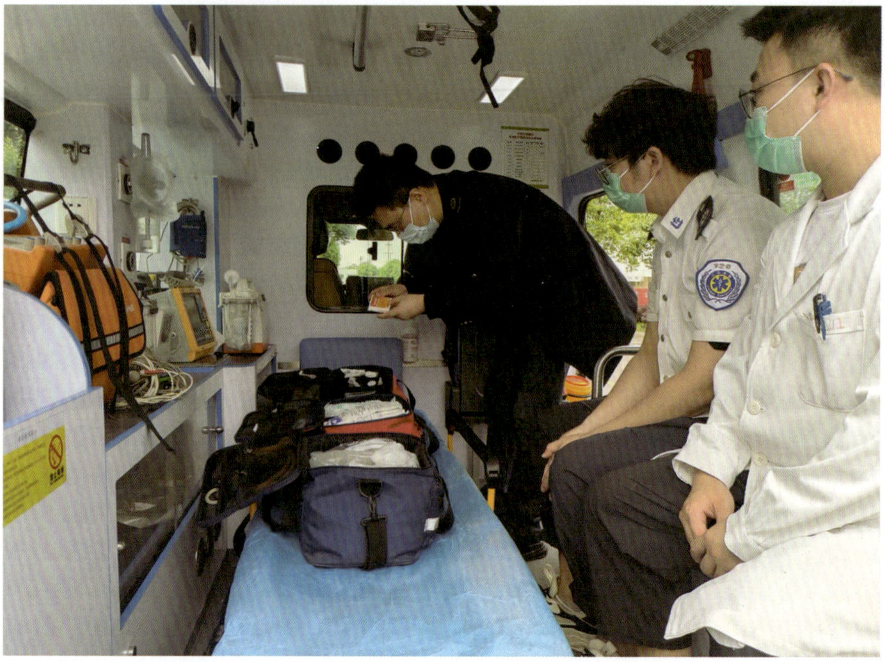

图29－1 2021年5月27日，镇江市急救中心对丹阳市访仙镇卫生院急救点进行实地验收 （盛家鹏 供稿）

【院内感染控制】 2021年，镇江市加强院感防控及监督管理，建立并实施医疗机构感染预防与控制长效工作机制，建立健全全员参与的感控组织体系，落实医院感染预防控制管理制度和工作要求，运用网络平台对全市各类人员开展院感知识培训考核，培训12167人；加强对保洁、保安、后勤等第三方人员的实践考核，确保培训考核全覆盖。组织开展医疗机构新冠肺炎疫情院感防控专项督查10次，做到各类人员排查全覆盖、重点环节排查全覆盖，并适时对疫情防控工作开展回头看，确保各项措施落到实处。建立全市医疗废物智能监管平台，利用电子标签、二维码等技术手段，实现医疗废物全程在线监控，促进医疗废物收集全过程透明化、实时化、可追溯化。

（周 喆）

【血液检验管理】 2021年，镇江市宣传贯彻落实《江苏省献血条例》修正案，通过“6·14”世界献血者日、无偿献血月活动，宣传无偿献血精神。加强采供血分支机构管理，保持血站血液核酸检测全覆盖，提高血液质量安全。落实《医疗机构临床用血管理办法》，加强临床合理用血管理。加强自体血回输技术推广，停止互助献血，提高血液使用效率，保障临床用血安全。召开全市无偿献血工作会议。全年市区无偿献血27741人次（比上年下降0.66%），向临床安全供应血液8.36吨，采集机采血小板3793人份，增长1.08%。

（徐君怡）

【卫生科技与教育】 2021年，镇江市有90项各类科研项目获各级科技部门立项和经费资助，其中，获国家自然基金项目9项、省自然基金项目4项、省级重点研发专项4项、省卫健委医学科研项目12项、市社会发展项目54项、软科学研究1项、市临床医学研究中心2项，获科研资助经费1111.7万元。全市获各类医学科技成果奖12项，其中，获省医学科技奖三等奖奖3项，省卫健委医学新技术引进奖一等奖3项、二等奖5项。全年申报获准国家级继续医学教育项目13项，省级项目60项，评审公布市级继续医学教育项目250项。对284名新招录的住院医师（含中医、全科专业）进行规范化培训。（徐君怡）

【住院医师培训】 2021年，镇江市新招录284名住院医师（含中医、全科专业），安排到江苏大学附属医院、镇江市第一人民医院、镇江市中医院等3家国家级住院医师规范化培训基地及镇江市口腔医院进行培训。市卫健委加大全科、儿科、精神科等紧缺专业住院医师培训力度，新录用临床医师参培率100%。组织建立住院医师规范化培训、助理全科医生规范化培训技能考核考官库，完善技能考核考官选派机制。全年358人次参加住院医师规范化培训和助理全科医生培训（西医）理论考核，通过率为88%；324人参加临床技能考核，通过率为100%。

（徐君怡）

【农村订单定向医学生培养】 2021年，镇江市在丹阳市、句容市、扬中市及丹徒区开展农村订单定向医学生免费培养工作，为农村基层医疗卫生机构培养适宜医学人才。4个市（区）录取107名农村订单定向医学生，其中，本科生65人，专科生42人。

（徐君怡）

中医药事业

【概况】2021年，镇江市推动中医药“传承创新”发展，市委市政府的《关于中医药传承创新发展的实施意见》通过市委深化改革委员会审议。编制中医药事业发展“十四五”规划。市卫健委、市体育局、市医保局、市残联等部门研究制定并印发《镇江市中医药康复能力提升实施方案（2021—2025年）的通知》。市医保局、市卫健委、市中医药管理局联合下发《关于调整部分中医医疗服务项目价格的通知》，对43项中医药服务项目价格进行调整，调整幅度20%以上。市财政局将中医财政预算进行部分单设，市科技局在市级科技发展项目中对中医药科研明确设置比例，设立中医妇科、中医脾胃2个中医临床研究中心项目。提升中医药临床服务水平，市中医院中医肛肠科成为市级中医优势专科诊疗中心。所有公立中医医院参加国家绩效考核。改善中医医院基础设施条件，推进丹阳市中医医院异地新建工程、扬中市中医医院综合楼改造项目。推进村卫生室、社区卫生服务站基层“中医阁”建设，改建基层“中医阁”12家。镇江市中西医结合医院接受省级复核评审。开展乡镇卫生院、社区卫生服务中心中医馆星级建设，确认3级中医馆36家、4级中医馆8家，推荐省5级中医馆4家。开展市传染病医院中医临床科室的标准化建设，完成2021年国家中医治疗艾滋病试点项目，项目试点情况在全省交流。

线上线下结合开展系列中医药文化传播活动，“中医药就在你身边”健康巡讲、“岐黄校园行”、“江苏省中医药宣传月”等活动常态化开展，全年开展中医药各类文化活动130余场次，受益群众16300多人次。开展中医“惠侨”活动，制定出台中医惠侨相关意见，2家中医医院成为首批“中医惠侨”基地，遴选30名中医医师组成市“中医惠侨”专家库。市卫健委在《镇江日报》开设《高质量发展·镇江中医药》专栏，发表主题报道11篇；与镇江日报社开展全市《我和中医药的故事》征文活动。在社区卫生服务中心、基层中医馆、社区居委会、乡村群众活动场所等区域建设10个中医药健康文化知识角，接待群众参观1300余人次。

结合“为民办实事”项目，开展“方便看中医、放心用中药”专项行动，市卫健委、市药监局、市市场监管局等部门联合开展专项检查。落实中医诊所备案制管理，新增加备案制诊所12家。（朱镇鹏）

【中医药参与新冠肺炎防控救治】2021年，镇江市卫生系统组织中医医院医务人员参与新冠肺炎疫情中医药防控专题培训，中医药参与新冠肺炎人员隔离和救治，发放中药汤剂26862剂次，参与率95%以上。（朱镇鹏）

【中医药人员能力培训】2021年，镇江市开展基层卫生技术人员中医药知识与能力培训，培训人数100人，基层中医适宜技术培训推广500人次。开展“中医经典诵读”活动，9名基层“中医馆”中医师参加全省“中医馆”力量培训项目。1人通过省“中医确有专长医师”资格考核。1人获省级“名中医”称号。市中医院国家中医住院医师规范化培训基地通过省级督导，获独立自主招生资格。（朱镇鹏）

医疗集团

【镇江市医疗集团】2021年，镇江市医疗集团立足自身定位，完善集团运行管理机制，做好新冠肺炎疫情防控等工作。健全集团内设机构配置，设立“一办四中心”，明确各部门职责，配强人员力量，并建立和完善相关规章制度、工作机制和业务流程。在市新冠肺炎疫情防控指挥部统一领导下，深入交通卡口、农村地区、海关口岸协助落实联防联控；协助做好全市新冠疫苗接种、防疫措施专项督导、涉疫信息宣传发布等工作。

加强医联体建设，创新医联体分级诊疗实践，实现远程医疗全覆盖。规范医联体制度建设。调研3个城市医疗集团和8个市级专科联盟，协调召开各医联体建设工作推进会，指导成立集团理事会，完善医联体章程，建立健全医联体医疗质量管理制度、双向转诊制度、例会制度等。推进医联体实体化运行，指导各医联体制定2021年医联体运行实施方案，完善组织管理架构和运行机制，明确医联体办公室及相关职能部门，厘清牵头单位与成员单位责任、权利和义务。开展医联体信息报送工作，跟踪考核、督促推进各医联体实体化运行及重点工作落实。创新医联体分级诊疗实践，开展医联体分级诊疗创新项目孵化工作，组织2021年度分级诊疗创新孵化项目申报评审，择优选出指令性项目3项、重点项目8项和指导性项目9项，配套划拨项目资金94万元，跟踪入孵项目的工作落实，督促和培育分级诊疗创新品牌。以3家市域医联体牵头医院为主线，加强远程病理、医学影像诊断和远程会诊中心建设，推动市域各级各类医疗机构远程医疗服务全覆盖。

聚焦成本管控，加强公立医院运营管理，提高医院运营效益效率。针对市区公立医院成本管理的实际情况，制定印发《关于加强镇江市直公立医院运营管理的实施办法》，解决和完善市区公立医院的成本管理中存在的问题，提升运行效率效益。在全省最早启动公立医院运营管理，组织开展市区公立医院运营管理优质项目申报创建工作，经专家现场评审，从21个创新运营管理项目中评选出3类优质项目，按项目不同层次配套划拨项目资金85万元。提升市区公立医院整体医疗服务能力。 （周长兰）

【江滨医疗集团】 2021年，江苏江滨医疗集团以推动资源整合为重点，以"智慧医疗"为切入点，深化医联体内成员合作，下沉优质医疗资源，提升区域内居民就医获得感。

新冠肺炎疫情防控。先后选派医务骨干支援疫情城市；按照市卫健委统一部署，成立疫苗接种队伍进入江苏大学接种点、镇江市流动疫苗接种车等接种点开展接种工作；筹建开放新冠疫苗接种点，手机预约，取号接种；定期开展全院全员分级分层培训及应急演练。

集团内外资源整合。江滨医疗集团新增1家对口协作单位——新区星瑞护养院，2家专科联盟医院——辛丰中心卫生院和句容华阳医院；在镇江第一中学挂牌综合实践基地。推进双向转诊工作，深化康复联合病房和"全—专联合门诊"建设，全年上转患者3500余人次，下转患者155人次；整合资源，制定区域化集中消毒供应的统一运作规范和物品对接流程，当年回收配送复用物品7053包，无菌合格率100%；扩大护理同质化管理，开展院外家庭访视近500人，为患者提供整体护理延伸服务。

优质医疗资源共享。以专科同盟为纽带，带动胸痛救治联盟成员单位进行胸痛中心建设，丹徒区人民医院、镇江市第一人民医院新区分院和扬中市人民医院通过胸痛中心（基层版）认证，句容市人民医院启动胸痛中心建设；新生儿危急重症救治联盟定期组织学术讲座、现场查房、专题讨论，提供24小时即时转诊，全年抢救重症新生儿130余人次。依托互联网医院，推进远程医疗协作网建设，当年远程会诊2400例、远程读片1900余例、病理诊断近30例。

"智慧医疗"建设。"网上江滨医院"累计注册用户接近24万人，日访问量最高8万余次。4月，推出"互联网＋护理"服务。5月，开通新冠疫苗接种线上预约新功能。10月，开通住院预交金充值功能。同时，除智能分诊、预约挂号、门诊缴费、住院服务、自助核酸、检查预约、疫苗接种、报告查询、线上咨询、脱卡支付等基础功能外，还拓展双向转诊、协同检查检验、在线续方、送药到家等核心模块，并强化对助老功能的开发，开通"亲属绑卡"功能，解决老年人等群体运用智能技术的难题。互联网接诊点实现京口区全覆盖，基层医院接诊点可直接预约江大附院专家号源，日均预约数20～40人次；发挥牵头医院全科医学科作用，为患者提供转诊和连续诊疗服务；新增市红旗小学接诊点，将问诊转诊服务延伸至校园。

江苏大学附属医院牵头召开江苏省医院协会医联体建设专业会员第三届学术年会。江苏大学附属医院获评国家卫健委医政医管局"公立医院高质量发展示范医院"、"江苏省医保研究会医院医保专委会先进医院"、全市脱贫攻坚暨对口帮扶支援合作先进集体、脱贫攻坚工作先进集体；妇产医学、新生儿医学获批省妇幼健康重点学科，中医科通过省级临床重点专科复核，麻醉科、核医学科获批省级临床重点专科。医院获批市中医妇科病医学研究中心、市级医疗质量控制中心10个；获批国家心律失常介入（导管消融、器械植入）培训基地、省级护理员培训基地和呼吸护理实习基地；新增MDT多学科诊疗门诊9个，新开设咳喘药学门诊、抗凝门诊，填补镇江空白；在"智慧医院HIC地级城市医院50强"排行榜列第21名；获首届智慧医院HIC案例大赛一等奖和中国医院协会科技创新三等奖；"疫情防控中医院智慧门禁系统的开发与应用"案例获全国"第五季中国医院管理奖"后勤管理组铜奖，"基于人工智能的医院不良事件管理系统自主研发及创新应用""基于SPD模式的医院智慧物流信息化管理"2个案例分获科技创新组与运营管理组全国优秀奖。完成援非、援藏、援疆、援陕等支援工作，第30期援桑11名队员获坦桑尼亚桑给巴尔总统姆维尼授奖。完成基层人员进修65人，基层医疗护理专项培训近200人次；根据各基层单位功能和定位，开展精准帮扶共建。大市口社区卫生服务中心中医内科获评市级基层医疗机构特色科室，康复科年门诊量2688人次；四牌楼社区卫生服务中心康复医学科经省卫健委评估确认为江苏省基层医疗机构康复医学特色科室；健康路社区卫生服务中心建成全市首家基层"360"大健康管理中心和标准化代谢性疾病管理中心，开展血气分析、臭氧雾化妇科治疗、妇儿微量元素检测等项目；瑞康医院妇产科、儿科扩容，重症监护科（ICU）启用，推进二甲综合医院创建工作，医疗服务能力提升；瑞和老年病医院接受急救抢救技能专项培训，并拓展与市残联的合作，将医养康养结合、助老助残融合。 （赵　峰）

综　述

【概况】　2021年，镇江市安装更新334套一代健身路径、7套二代智能路径；安装135张室外乒乓球桌、132副篮球架；新建5块笼式足球场、8个体育公园、58千米健身步道。健康路体育公园新增乒乓馆、羽毛球馆、击剑馆、体能训练馆。全市大型体育场馆获国家及省、市免费或低收费开放补助资金855万元。打造上线“体育大市口”智慧服务平台，采用“体育＋金融＋互联网”的创新模式，实现场地预定、线上直播、赛事报名、消费券发放等多种功能。丹徒区世业镇卫生院入选2021年度江苏省运动促进健康中心试点单位。

全年全市有新注册教练员219人、运动员2022人，11名运动员进入省优秀运动队，2名运动员入选东京奥运会中国体育代表团名单。镇江选手在陕西全运会上获4金、2银、1铜，其中，镇江市运动员徐旭霞为江苏代表队获唯一一块象棋金牌。举办镇江市第十六届运动会，涵盖42项竞赛健身项目。组织9期全市二级裁判员培训班，5期市级及以上教练员培训班。截至年底，全市体育产业增加值占地区生产总值比重1.55%，人均体育场地面积3.17平方米。镇江体育产业发展有限公司全年营业收入2373万元，比上年增长3%，净利润13.07万元，增长26%。丹阳市被认定为首批省级体育消费城市试点单位，扬中市奥体中心创成江苏省体育服务综合体。全年体育彩票总销售额为7.64亿元，市场份额为全省第2名，总销售额为全省第9名。　（王煜琦）

【镇江市第十六届运动会】　2021年10月30日，镇江市第十六届运动会开幕。该次运动会主题为“全民动起来，镇江跑起来”，比赛时间为3月—8月。在新冠肺炎疫情防控常态化的背景下，该届市运会有学生部、群体部42项比赛，比赛采用线上、线下相结合，近万名市民、5000余名学生参与，参与执裁人员482人。　（王煜琦）

【体育相关工程项目获奖情况】　2021年，镇江市健康路全民健身中心等124个工程项目获“金山杯”优质工程奖，其中，房屋建筑工程31项（市区7项、镇江新区4项、丹徒区4项、丹阳市3项、句容市9项、扬中市4项）、市政和交通类15项、园林5项、安装6项、钢结构6项、装饰装修61项。健康路体育公园总投

图30－1　2021年10月30日，镇江市第十六届运动会开幕式举行
（王煜琦　供稿）

资1.78亿元，获评2021年美丽宜居城市建设试点项目和2021年度镇江市夜经济“八大主题”征集活动中的“人气广场”。 （王煜琦）

【市体育赛事活动安全管理暨安全生产工作会议】 2021年7月6日，镇江市体育赛事活动安全管理暨安全生产工作会议在体育会展中心新闻发布厅召开。会议强调体育赛事活动安全管理的严峻性、复杂性；启动开展全市体育赛事安全风险评估排查治理行动，落实赛事活动风险评估和应急防控机制。市级体育部门和市（区）体育部门相关领导和处室人员，体产公司和直属单位领导及部分市属体育社会组织代表等70余人参加会议。 （王煜琦）

【“体育大市口”智慧体育服务平台上线运营】 2021年7月，“体育大市口”智慧体育服务平台采用“体育+金融+互联网”的模式首批上线。该平台的建立旨在提升便民惠民服务水平和体育业务工作治理能力，推动镇江市体育工作转型升级。平台功能包括场地预定、线上直播、赛事报名、消费券发放等10大板块。截至年底，平台入驻全市17家体育场馆、41家协会，访问用户13.7万人。 （王煜琦）

群众体育

【概况】 截至2021年年底，镇江市有体育社会组织648个。新成立镇江市击剑运动协会。丹阳市篮球协会、丹阳市游泳协会、丹阳市社会体育指导员协会和扬中市老年人体育协会获评镇江市民政局AAAA级社会组织。镇江市老年人体育协会、丹阳市社会体育指导员协会和句容市门球协会获评江苏省民政厅AAAAA级社会组织。全市大型体育场馆获国家及省市免费或低收费开放补助资金855万元。全市体质测定活动服务人群2万人次，体质合格率为93.3%，经常参加体育锻炼的人口比例为40.5%。丹徒区世业镇卫生院入选“2021年度江苏省运动促进健康中心试点单位”。 （王煜琦）

【冬泳赛迎接新年活动】 2021年1月1日，“全国冬泳日”系列活动（镇江站）暨“杜康原窖杯”镇江市第三届冬泳迎新年城市邀请赛开赛，该活动由镇江市冬泳协会、镇江市游泳协会主办。比赛在镇江市健康路游泳池举行，近200名冬泳爱好者参加。 （王煜琦）

【西津渡滨江体育公园投入使用】 2021年4月，由镇江市体育局、润州区政府、市足协共同投资建设的西津渡滨江体育公园投入使用，该公园位于镇江北部滨水区“江海之门”附近，占地246亩（16.4公顷）。该公园以足球为主题，足球场占地面积为20000多平方米，包含2片11人制、5片5人制足球场。 （王煜琦）

【江苏省老年人体育节镇江市暨镇江新区分会场开幕式】 2021年4月16日，由镇江市体育局、镇江市卫健委、镇江市老年人体协、镇江新区管委会主办，镇江新区社发局、镇江新区老年人体协承办的江苏省老年人体育节镇江市暨镇江新区分会场开幕式在镇江新区体育公园举行。该体育节以“踏上新征程、健身再出发”为主题，围绕探索适老化健身新模式、新途径，组织展示交流，实行全国、省、市大联动活动，开展各类培训，旨在让更多的老年人参与进来，共享运动带来的欢乐和健康。镇江新区大港街道、姚桥、老体协、老年大学的团队现场进行健身腰鼓、柔力球、功夫扇等健身项目展示，有近千人参加活动。 （王煜琦）

【国际象棋特色学校授牌仪式活动】 2021年5月18日，镇江棋院、镇江市棋类协会与镇江炎黄外国语学校、镇江珺诚棋艺培训中心签订合作协议，并举行“国际象棋特色学校”授牌仪式。该协议旨在打造具有国际象棋特色的优秀体育后备人才的成长平台，提高青少年竞技体育水平，推动校园体育活动开展。 （王煜琦）

【全国老年人太极拳健身推广展示大联动镇江分会场活动】 2021年5月19日，全国老年人太极拳健身推广展示大联动镇江分会场活动在市健康路体育公园举行。全市16支团队、300余名太极拳的爱好者参加活动，活动现场集中展示24式、42式太极拳，功夫扇等项目。 （王煜琦）

【“庆党建 颂祖国”2021年镇江市健身气功交流展示活动】 2021年6月19日，由江苏省体育总会、江苏省发展体育基金会主办，江苏省社会体育管理中心承办的以“庆党建 颂祖国”为主题的2021年镇江市健身气功交流展示活动在健康路体育公园举行。京口区、润州区基层站点的360名健身气功爱好者依次展示八段锦、导引养生功十二法。 （王煜琦）

【省市足球发展健康指数镇江排名第23名】 2021年7月15日，中国足协发布《2020年中国省市足球发展健康指数报告》，在全国306个城市中，镇江足球发展健康指数列全国第23名，江苏第4名。市体育部门推动全市社会足球场地设施建设，在“十三五”期间，新建社会足球场地63块，比“十二五”末增长3倍。 （王煜琦）

【第十三个“全民健身日”系列活动】 2021年8月8日是全国第十三个“全民健身日”，镇江市体育部门创新组织方式，举办“全民健身与奥运同行”主题线上健步走活动，鼓励群众错峰错时锻炼，并科普日常健身知识，有近千人参与；市体育部门指导动员社会组织制作健身培训短视频，科学指导健身，有500条短视频近万人次参与；举办科学健身“云课堂”活动，分享日常健身的知识、运动损伤与防范、科学体育锻炼的方法以及运动饮食指导建议。 （王煜琦）

【第一批定点场馆体育消费券领券活动启动】 2021年8月28日，江苏省启动2021年体育消费券发放工作，以“体育+互联网+金融”的方式，通过“江苏全民健身卡”方式发放体育消费券。江苏省发放6000万元体育消费券，新增1000万元社会体育俱乐部消费券和520万元特定群体消费券。镇江市有8家定点场馆被省体育局认定为社会体育俱乐部，27个体育场馆作为第一批全省体育消费券定点单位启动领券消费。 （王煜琦）

【镇江市全运会群众展演广场舞项目获奖】 2021年8月29日，第十四届全国运动会群众展演广场舞项目结束。全国30个省、自治区、直辖市、生产建设兵团共132支队伍的1904名运动员参赛。镇江丹徒实验学校代表江苏省参加广场舞健身舞自选套路企事业组的展演，获三等奖。 （王煜琦）

【第五届国际低碳（镇江）大会“低碳生活·镇行动”健步行】 2021年10月10日，第五届国际低碳（镇江）大会“低碳生活·镇行动”健步行在镇江市体育会展中心举行。该次活动全程约7千米，从镇江市体育会展中心北广场出发，途经团山路、檀山路、北府路绕镇江市政府一圈，由九华山路、龙脉路再返回到镇江市体育会展中心北广场，1000余名市民参加活动。健步走活动倡导市民树立低碳环保、绿色出行的生活理念。 （王煜琦）

【江苏省广场健身舞百万人大展演镇江分会场活动】 2021年10月16日，“颂歌献给党幸福舞起来”江苏省广场健身舞百万人大展演镇江分会场活动在镇江市举行。活动由省体育局、省文明办、省妇联、省体育总会、省广播电视总台和省体育产业集团等6部门联合主办，省、市、县（市、区）、街道（乡镇）、社区（村）五级联动，共有100万人参加活动。活动现场，京口区、润州区以及市广场健身舞运动协会千名舞者，与全省广场健身舞爱好者展示《最美的歌唱给妈妈》《跟党走》《没有共产党就没有新中国》等3支广场舞。 （王煜琦）

【“体质测定与运动健身指导”服务月活动】 2021年11月18日起，镇江市体育科研所在健康路体育馆开展“体质测定与科学健身指导”服务月活动。活动测试项目主要有血压、体脂率、骨密度、肺活量、平稳能力、反应能力、纵跳能力、俯卧撑、仰卧起坐、身体柔韧度、亚健康等16个项目，活动现场提供个性化、科学化的运动及营养改善方案、健身咨询和健康指导服务，发放科学健身指导手册。 （王煜琦）

【镇江市入选省“最美跑步线路”“最美乡村健身公园（广场）”年度榜单】 2021年12月7日，“魅力江苏 最美体育”2021江苏省最美跑步线路、最美乡村健身公园（广场）颁奖仪式暨江苏省第二届网络全民健身运动会闭幕式在江苏大剧院举行。活动评选出24条“最美跑步线路”、5条网络人气跑步线路和35个“最美乡村健身公园（广场）”。镇江市丹阳马塘桥体育公园跑步线路和句容茅山风景区跑步线路入选“魅力江苏 最美体育”2021江苏省“最美跑步线路”年度榜，镇江市丹阳司徒镇东风社区文体公园入选“魅力江苏 最美体育”2021江苏省“最美乡村健身公园（广场）”年度榜。镇江市体育局获评江苏省第二届网络全民健身运动会最佳组织奖。 （王煜琦）

竞技体育

【概况】 2021年，镇江市有新注册教练员219人、运动员2022人，先后向击剑、游泳、乒乓球、足球、柔道等项目输送11名运动员进入江苏省优秀运动队。镇江籍学生连续2年在全省大一新生身体素质测试中列第1名，青少年体育“5621”计划〔每个县（市、区）至少推动5个运动项目，每个项目至少布局6所小学、2所初中、1所高中〕实施，少儿竞技体适能在幼儿园的普及率90%以上。镇江市有2名运动员入选东京奥运会中国体育代表团，镇江市参赛选手在2021陕西全运会上获4枚金牌、2枚银牌、1枚铜牌。其中，镇江市运动员徐旭霞为江苏代表队获象棋金牌。乒乓球运动员夏小茜、张博海分别入选国家青少年集训队和少儿集训队。丹阳云阳学校选手蒋金燕获“铁人杯”2021年全国竞走锦标赛暨奥运会选拔赛女子10千米竞走个人冠军。 （王煜琦）

【少儿竞技体适能实践观摩会】 2021年，镇江市在全市各类幼儿园和小学中开展少儿竞技体适能暨快乐体操活动。3月25日，镇江市各市（区）小学、幼儿园及体校的校长、园长在体育会展中心参加少儿竞技体适能实践观摩会，内容包含十字跳、一级方程式、少儿标枪等趣味田径、综合体能以及跑酷等融游戏、竞技为一体的项目,观摩人数有100余人。截至年底,全市有90%以上的幼儿园开展少儿竞技体适能暨快乐体操活动。 (王煜琦)

【镇江选手在全国少年乒乓球比赛(南方赛区)获奖】 2021年4月25日—4月30日,全国少年乒乓球比赛(南方赛区)在江西省九江市举行,全国12个省市的25支代表队共200余名少年乒乓球运动员参赛。镇江市乒乓球运动学校运动员夏小茜获混双第2名。 (王煜琦)

【"放飞梦想"全国青少年纸飞机教育竞赛(江苏预选赛)】 2021年5月22日,"放飞梦想"全国青少年纸飞机教育竞赛(江苏预选赛)在镇江市体育会展中心举行,该比赛由江苏省体育局、省教育厅、共青团江苏省委、省科协、省妇联、省关工委主办,省航空运动协会、镇江市体育局、市教育局承办。该次比赛设有悬浮纸飞机绕标挑战赛、纸折飞机直线距离赛、纸折飞机奥运五环靶标赛、纸风火轮单向积分赛、纸飞翼花式三角绕标赛5个项目,全省15所学校的293名青少年选手参赛。 (王煜琦)

【镇江选手在省青少年游泳冠军赛上获奖】 2021年5月14日—21日,"洲克·泳者之星"杯2021年江苏省青少年游泳冠军赛在南通海安举行,全省各市1000多名运动员参赛。镇江市中心业余体校游泳运动员董杨敏慧获13岁~14岁女子组100米自由泳、200米自由泳、100米蝶泳共3枚金牌;谢楚基获12岁男子组100米自由泳、100米蝶泳共2枚金牌;刘禹辰获15岁男子组蛙泳全能银牌。 (王煜琦)

【江苏省拳击俱乐部联赛揭幕战】 2021年5月29日,"拳民运动·通商杯"江苏省拳击俱乐部联赛揭幕战在镇江市健康路体育公园举行。揭幕赛为期2日,总计35场次,70名运动员参与比赛,胜方选手将获取积分并晋级后续比赛。参赛拳手中年龄最小的8岁,最大的51岁。 (王煜琦)

【青少年校园篮球小学生(U8、U9)比赛】 2021年7月3日—4日,由镇江市教育局、镇江市体育局联合主办,镇江市篮球协会承办的镇江市青少年校园篮球小学生(U8、U9)比赛在市体育会展中心举行。该次比赛有18支队伍参赛,100余名小学生运动员参加;分设男子8岁组、女子8岁组、男子9岁组、女子9岁组。丹阳市后巷实验学校包揽男子8岁、9岁组和女子8岁组冠军,镇江新区平昌小学获女子9岁组冠军。 (王煜琦)

【江苏省青少年足球锦标赛】 2021年7月15日,由江苏省体育局、江苏省教育厅、江苏省文明办等部门主办,镇江市体育局、镇江市教育局、镇江体育产业发展有限公司等承办的"体彩杯"江苏省青少年足球(男子、女子16岁组)锦标赛在镇江市体育会展中心举行。该次足球锦标赛为期7天,全省18支代表队近500名运动员、裁判员和工作人员参赛。男子组苏州队获冠军,女子组无锡队获冠军。 (王煜琦)

【镇江选手在"创新杯"全国少儿乒乓球比赛上获奖】 2021年7月10日—16日,"创新杯"全国少儿乒乓球比赛在河北秦皇岛举行。全国57个代表队822名运动员参赛。镇江市乒乓球运动学校的20名运动员获3枚金牌、1枚银牌、3枚铜牌。3枚金牌分别是少儿男子甲组团体冠军、少儿男子乙组团体冠军、单打少儿男子乙组冠军。 (王煜琦)

【镇江选手在江苏省青少年武术(套路)锦标赛获奖】 2021年7月22日—26日,2021年江苏省青少年武术(套路)锦标赛在泰州姜堰举行,全省13个市234人参加,镇江队12人参加18个项目的比赛。镇江市武术运动员获7枚金牌、3枚铜牌。7枚金牌分别是:李文一获男子儿童组剑术、枪术、枪剑全能共3枚金牌,程雨彤获女子少年组剑术、枪术、枪剑全能共3枚金牌,周文韬、孙裕、金永健获少年甲组3人对练金牌。 (王煜琦)

【镇江运动员在陕西全运会获奖】 2021年9月27日,中华人民共和国第十四届运动会闭幕,镇江市运动员在13天的比赛中获4枚金牌、2枚银牌、1枚铜牌。4枚金牌分别是:徐旭霞获象棋女子个人业余组金牌,杨恒郁助力联合队获女子佩剑团体金牌,隋高飞助力联合队获男子田径4×100米接力金牌,庞连康助力江苏队获男子手球金牌。 (王煜琦)

2021年镇江市运动员参加国际及全国大赛成绩表

表30-1

赛事名称	大项	小项	运动员	性别	名次
第三十二届奥运会	击剑	女子佩剑团体	杨恒郁	女	7
第十四届全运会	击剑	女子佩剑团体联合队	杨恒郁	女	1

续表 30 - 1

赛事名称	大项	小项	运动员	性别	名次
第十四届全运会	手球	男子手球	庞连康	男	1
第十四届全运会	田径	男子 4×100 米接力	隋高飞	男	1
第十四届全运会	象棋	群众比赛业余组	徐旭霞	女	1
第十四届全运会	击剑	女子花剑团体	龚 雨	女	2
第十四届全运会	排球(女子成年)	女子成年组	勇 乐	女	2
第十四届全运会	射箭	混合团体	张心妍	女	3

(王煜琦)

【"市长杯"校园足球联赛】 2021 年 11 月 29 日,由镇江市体育局、市教育局主办的镇江市"市长杯"校园足球联赛在市体育会展中心闭幕。该次"市长杯"校园足球联赛为期 6 天,84 支球队近 1100 名球员参赛。各组别冠军队伍分别是:初中男子组为镇江科技新城实验学校、丹阳市建山学校;初中女子组为丹阳市云阳学校、丹阳市第九中学;小学男子甲组为镇江科技新城实验学校、镇江市宜城小学;小学女子甲组为丹阳市云阳学校、镇江市宜城小学;小学男子乙组为丹阳市实验小学;小学女子乙组为丹阳市云阳学校、丹阳市练湖中心小学。 (王煜琦)

【镇江选手在全国象棋业余棋王赛"乐在棋中"江苏赛区获奖】 2021 年 12 月 3 日—5 日,全国象棋业余棋王赛"乐在棋中"江苏赛区比赛在江阴市举行,全省 12 个设区市参赛。镇江选手获 1 枚金牌、3 枚银牌、2 枚铜牌。凌思妍获少年女子组冠军以及江苏省"少年女子棋王"证书,并代表江苏队参加全国总决赛。(王煜琦)

【"奔跑吧 少年"青少年体育健身活动(镇江站)】 2021 年 12 月 13 日,由国家体育总局青少年体育司、江苏省体育局主办,镇江市体育局、镇江市教育局承办的"奔跑吧 少年"青少年体育健身活动(镇江站)举行。该次活动为"奔跑吧 少年"系列活动第一场,有 200 多名儿童接受免费培训。公益培训班体适能项目针对幼儿园孩子身心特点设计,课程含幼儿的跑、跳、爬、穿、投的体育技能知识的传授、模仿等内容。 (王煜琦)

体育产业

【概况】 截至 2021 年年底,镇江市体育产业增加值占地区生产总值比重为 1.55%。在新冠肺炎疫情防控和政策调整下,体彩总销量为 7.64 亿元,市场份额列全省第 2 名,是全省 4 个销量实现正增长的城市之一。全年镇江体育产业发展有限公司营业收入 2373 万元,比上年增长 3%,净利润 13.07 万元,增长 26%。1 月 15 日,江苏省体育彩票管理中心在第 21008 期中开售体彩 7 星彩游戏。扬中市奥体中心被认定为江苏省第四批体育服务综合体。

(王煜琦)

【徐寅获"江苏工匠"等称号】 2021 年 2 月 3 日,第一届全国技能大赛江苏省参赛总结表彰大会在南京举行。97 名江苏选手参加 86 个项目比赛,共获 12 金 10 银 5 铜和 51 个优胜奖。镇江选手徐寅在大赛中获健身项目金牌,在表彰会上获评"江苏工匠""江苏省五一劳动奖章""江苏省技术能手"。 (王煜琦)

【5 家单位入选"江苏时尚体育好去处"名单】 2021 年 5 月,镇江市有 5 家单位入选"江苏时尚体育好去处"名单:镇江句容市茅山风景区入选"春节黄金周"和"国庆黄金周";镇江扬中市滨江运动休闲旅游入选"春节黄金周";镇江市圌山户外休闲风景区入选"五一黄金周体育旅游目的地";镇江高骊山攀爬线路入选"国庆黄金周体育旅游目的地"。 (王煜琦)

【1 个项目获省级体育产业发展专项资金】 2021 年 12 月,江苏圌山旅游文化发展有限公司的"镇江新区体育文化集聚区建设项目"申报成功 2021 年度江苏体育产业发展专项并获 170 万元资金支持,该项目属于体育融合创新类,项目主要含集聚区内基础设施维修、特色体育赛事表演活动开展和体育休闲健身产业规模化开发等内容,旨在推动镇江体育产业的健康发展。 (王煜琦)

2021 年镇江市体育彩票百万元以上大奖情况表

表 30 - 2

时 间	玩 法	奖 期	销售站点	奖 级	中奖注数	中奖总金额(万元)	中奖地区
5 月 1 日	超级大乐透	21048	3211011205	一等奖(含追加)	1	1568	市区

(王煜琦)

民政事务

【概况】 截至2021年年底，镇江市有城乡低保对象11214户、16433人，其中，城市低保5034户、7281人；农村低保6180户、9152人。全年发放低保金1.26亿元。实施临时救助5230人次，支出临时救助资金678.473万元。7月，镇江市城乡低保标准统一提高至每人每月820元，临时救助标准实现同步增长。出台《关于改革完善社会救助制度的实施方案》《镇江市居民最低生活保障实施细则》《低收入人口认定和动态监测工作方案》等政策文件，完善城乡统筹、分层分类、高效顺畅的社会救助制度和路径图谱。建成探访服务信息管理系统，将分散供养特困人员、困境儿童等重点对象“一网覆盖”，实现从问题发现到问题记录、反馈、处置和服务监管的闭环运行和全程留痕。开展低收入人口认定和动态监测，认定低保边缘家庭573户、1177人，支出型困难家庭80户、206人，建成涵盖四类人员约2.4万人的低收入人口数据库。全市享受困难残疾人生活补贴26533人、重度残疾人护理补贴22480人，发放资金23993.25万元。2021年“两节”期间，镇江市向2.38万人次城乡困难群众发放节日补助金1139.6万元，其中市级发放春节专项补助417.76万元。全市建成运行精神障碍社区康复服务点6个，服务人数超1720人次。布局残疾人康复辅具租赁点6个，通过“以租代购”形式让更多半失能老年人和残障人士获益。全市享受惠民殡葬21830人，减免基本服务费3447.95万元。全市火化遗体23745具。完成7个农村公益性骨灰安放（葬）设施改扩建任务，清理整治各类散坟37.3万穴。

截至2021年年底，全市户籍人口60岁以上老年人74.77万人，占总人口的27.91%。其中，65岁以上老年人57.84万人，占总人口的21.59%；100周岁以上老年人377人。2021年，为全市11.86万名80虚岁以上老人发放尊老金8375.03万元。动态发布《2021年镇江市基本养老服务清单》，实施困难老年人家庭适老化改造1520户，该项目获评镇江市“十佳民生实事”。

截至2021年年底，全市有各类养老机构134家，其中，公办养老机构54家、民办养老机构80家；有养老机构床位数18475张。2家养老机构获评省民政厅首批五级养老机构（全省22家）。实施特困人员供养服务设施“双改造双提升”工程，新建2家失能（失智）特困供养机构和5家农村区域性养老服务中心。推进养老护理员队伍建设，举办全市养老护理员职业技能大赛，选拔人员参加省民政行业养老护理职业技能竞赛，3名选手获江苏省民政行业养老护理职业技能竞赛个人二等奖，市民政局获“优秀组织单位”称号。

2021年，镇江市殡葬综合改革工作获省政府“真抓实干”督查激励，市“‘四项机制’清理整治行业协会商会乱收费”经验做法获民政部副部长詹成付批示，并以简报形式在全国推广，市民政局获镇江市优化营商环境“甘露奖”。镇江市“构建‘四位一体’协会商会综合监管体系”“林地生态葬的‘句容路径’”2个项目分别获全省高质量民政事业发展创新成果和优秀成果，京口区“建设‘365’社区治理服务体系”（“3”：社区自治、法治、德治；“6”：社区政务服务、生活服务、法律服务、文体服务、关爱服务、党员服务；“5”：看得见政府部门的公共服务、看得见街道社区党组织的主责主业、看得见社会各方的共治力量、看得见群众的积极参与、看得见信息化手段的运用）获评省基层社会治理创新成果。 （朱　映）

【社区治理与服务】 2021年，镇江市出台《关于加强新型农村社区治理与服务的实施意见》，印发《镇江市美好和谐城乡社区建设评价体系（试行）》，全市475个村委会、251个社区居委会开展美好和谐社区建设工作。全市所有村（社区）完成“两委”换届选举工作，民政系统举办示范培训班10余场次，新一届“两委”成员培训实现全覆盖。完成10个城乡社区综合服务设施提升改造，建成2家中心社区，新增服务面积1.88万平方米。城市社区工作者进入职业体系比例为89.5%。17个城乡社区开展参与式社区治理有成效，京口区建设“365”社区治理服务体系获2019—2020年度江苏基层社会治理创新成果奖，京口路社区党委获中共中央“全国先进基层党组织”称号。市民政局印发《关于明确城乡社区民主协商议事会建成率及协商议事规则的通知》，全市城乡社区民主协商议事机构建成率95%，协商成果转化率高于80%。京口区雩北村、扬中市利民村被确定为全国村级议事协商创新实验试点单位。（朱　映）

【社工人才和志愿者队伍建设】 2021年，镇江市社工考试报名人数2167人，通过人数195人，有2741人获助理社工师以上资格；每万人拥有持证社工数8.54人。实施政府购买民办社工机构社会工作服务，为老年人、护理员和养老机构提供“套餐式”服务。全市民办社工机构为77个。全覆盖建成乡镇（街道）社工站56个，190余名驻站社工为困难群众提供关爱服务10839人次。“江苏志愿服务系统”注册志愿者总数65.98万人、志愿服务组织（团队）4569个；发布志愿服务项目18.36万个。全市130多个志愿组织、200余名社工、3000余名志愿者参与新冠肺炎疫情防控，为“一老一小”提供志愿服务1.5万人次。（朱　映）

【慈善救助】 2021年，镇江市募集各类资金17526.94万元，其中，市本级募集4724.79万元，比上年增长13.71%。全市实施慈善救助支出13155.41万元。其中，市本级实现支出3319.61万元，增长14.13%，其中公益性支出3086.01万元，占上年收入的74.27%。全年有19.37万人次获不同程度的救助。（朱　映）

【城乡特困人员供养】 2021年，城市特困供养镇江市标准（京口区、润州区、丹徒区）为1745元/人（丹阳市1756元/人、句容市1705元/人、扬中市1945元/人）；农村特困供养镇江市标准为1070元/人（镇江新区集中供养1640元/人，分散供养1230元/人）。镇江市首次制定照料护理标准，根据特困供养人员生活自理能力分为全自理、半护理、全护理三档，分别按照上年度当地最低工资标准的5%、20%、30%落实为每人每月100元、400元、600元。全市有特困供养对象6126人，其中，城市特困对象415人（集中供养219人、分散供养196人），平均供养标准为21228元/年·人；农村特困对象5711人（集中供养1352人、分散供养4359人），平均供养标准为13386元/年·人。全年发放特困供养资金8086.83万元。（朱　映）

【流浪乞讨救助】 2021年，镇江市救助城市生活无着的流浪乞讨人员804人次，其中，男性668人，女性136人，未成年人45人，患病、残疾246人；护送返乡179人次；开展寻亲服务23次，寻亲成功9人。3名长期滞留人员获落户。（朱　映）

【社会组织培育】 截至2021年年底，镇江市登记社会组织3500个（市级社会组织631个），其中，社会团体1607个、民办非企业1879个、基金会14个；AAAAA级社会组织11个、AAAA级社会组织104个。市级托底管理的社会组织中建成独立党支部3个、联合党支部1个、非建制功能型党支部9个。全年新增高等级社会组织27个，其中AAAAA级11个、AAAA级16个。89家社会组织获政府职能转移和购买服务资质。新增孵化基地4家，累计建成孵化基地35家；县乡两级孵化培育和活动场所覆盖率42%，镇江市经济学会的“‘地产地销、产地直销，助推农民增收致富路径研究——以戴庄为例’课题研究及成果实践应用”获评2021年江苏省社会组织参与乡村振兴“十佳”案例，句容市茶文化交流协会等9个社区社会组织案例获江苏省高质量发展及优秀项目奖项。

（朱　映）

【行业协会商会专项整改提升行动】 2021年，镇江市开展行业协会商会专项整改提升行动，建立联席会议制度，成立专项行动督导组，围绕7个方面的整改重点发现问题77个，督促整改行业协会商会56家。建立常态化监管机制，全省率先出台《镇江市行业协会商会综合监管实施细则》，构建党建引领、协会商会自律、政府监管、社会监督“四位一体”的综合监管体系。支持社会组织为市场主体减负，全市行业协会商会主动减免会费和降低服务性收费536.8万元，惠及企业2596家。镇江市安徽商会的“点滴汇聚为会员解忧，创新升级促商会发展”获评江苏省行业协会商会“‘我为企业减负担’十佳案例”。（朱　映）

【社会组织综合监管】 2021年，镇江市民政局加强对社会组织的事中事后监管，实施行政指导20次、行政约谈5次、行政执法50次。开展打击整治非法社会组织专项行动，发放知识手册万余册；举办有奖知识答题，3.2万人次参加。全年打击非法社会组织15

家，其中，取缔4家、劝散10家、涉嫌1家。开展“僵尸型”社会组织专项整治行动，整改激活30家，注销20家，撤销10家。（朱　映）

【地名界线管理】　2021年，镇江市命名地名117件，完成市级“扬镇线”、县级“徒句线”界线联检工作；启动乡镇级行政区域界线勘定省级试点工作；完成《江苏省标准地名词典》（第2～8部分）222个词条释文编纂及二审二校工作；完成京口区、润州区、丹徒区、句容市4个地区《标准地名录》编撰出版；推进地名普查成果转化和不规范地名清理整治工作。（朱　映）

2021年镇江市市区标准地名命（更）名情况表

表31－1

标准地名	实体状况说明
望城岗路	原经三路，南起纬一路，北至纬四路，长510米，宽20米
望京楼路	原经三路与经五路之间无名道路，南起纬一路，北至纬二路，长200米，宽20米
东泾路	原经五路，南起纬一路，北至丁卯桥路，长1060米，宽20米
晋元大道	原经七路，南起秀山路，北至纬六路（规划北至学府路），长4200米，宽40米～50米
漕河路	原经八路，南起纬一路，北至纬六路，长1580米，宽20米
车港路	原经九路，南起纬二路，北至纬六路，长1200米，宽25米
正德路	原纬一路，东起智慧大道，西至谷阳路，长2550米，宽20米
玉烛路	原纬二路，东起经九路，西至谷阳路，长1650米，宽20米
溪云路	原纬三路，东起丹南路，西至谷阳路，长3850米，宽40米
育德路	原纬四路，东起经九路，西至经三路，长1500米，宽20米
杜墅湖路	原纬六路，东起锦江花园东北区，西至瑞阳路，长1860米，宽20米
恒运路	原纬七路，东起智慧大道，西至谷阳路，长1580米，宽20米。调整后，恒运路东起智慧大道，西至学府路，长2645米，宽20米
汝山路	原纬八路，东起智慧大道，西至谷阳路，长1150米，宽30米。调整后，汝山路东起智慧大道，西转北至江滨路，长6140米，宽30米～41米
孙家湾路	原楚桥雅苑北侧无名道路，东起武将路，西至楚桥路，长360米，宽30米
汤家湾路	原楚桥雅苑南侧无名道路，东起武将路，西至楚桥路，长360米，宽20米
溪云桥	原纬三路桥，横跨东团结河，长40米，宽20米
春湖锦庐	益华广场部分区域更名为春湖锦庐，春湖锦庐位于镇江新区丁岗镇，郁金香路2号，东至港中路，南至郁金香路，西、北至益华广场，占地面积23281.3平方米，总建筑面积73096.78平方米。变更后益华广场位于镇江新区丁岗镇，港南路399号，东临港中路，南至郁金香路，西至银山南路，北至港南路，占地面积48522.1平方米，总建筑面积220684.9平方米
优步鑫苑	位于镇江新区丁卯街道，秋山路10号，东至智慧大道，南至秋山路，西至绿蒲路，北至四平山路，占地面积76715平方米，总建筑面积228071.63平方米
芸都尚院	位于镇江新区丁卯街道，育德路15号，东至漕河路，南至溪云路，西至晋元大道，北至育德路，占地面积50041平方米，规划总建筑面积162947.29平方米
碧水湾玉园	位于京口区正东路街道，学府路78号，东至恒美嘉园，南至焦顶山路，西至焦顶山，北至学府路，占地面积79789平方米，总建筑面积153849.23平方米
枣林路	原枣林路北起南徐大道，南至团山路，长750米，宽23米。变更起止点后，枣林路跨润州区、丹徒区，南北走向，北起南徐大道，南至马鞍山路，全长4595米，其中，润州段长2471米，丹徒段长2124米，宽23米～40米
创普路	位于谏壁大桥西侧，北起瘸元墩，西转南至上隍路立交桥，长2677米，宽40米
润兴商务大厦	位于镇江市高新区蒋乔街道，润兴路199号，东至团结河，南临五州山路，西至润兴路，北至白龙山路，占地面积8323平方米，规划总建筑面积34410.82平方米
君兰悦花园	位于镇江高新区蒋乔街道，金蚕路33号，东至金蚕路，南邻七里路，西至二道河路，北至蚕桑路。占地面积97866平方米，规划总建筑面积308904.58平方米
悦岚山花园	位于镇江高新区蒋乔街道，东临陈家门路，南至东篱春晓家园，西至彭公山路，北至南徐大道。其中，“悦岚山花园一区”位于润清路10号，“悦岚山花园二区”位于润清路9号，占地面积55864平方米，规划总建筑面积154765.68平方米
百里路	位于镇江新区大港街道，东西走向，东起北山路，规划西至青龙山路，长2000米，宽20米
雍和雅苑	位于京口区象山街道，谷阳路237号，东临谷阳路，南临学府路，西临帝宝花园酒店，北临颐和家园御景苑，占地面积49964平方米，规划总建筑面积88837.30平方米
成蹊路	位于镇江市润州区宝塔路街道，东西走向，东起桃李路，西至李苑路，长208米，宽8米

续表 31－1

标准地名	实体状况说明
柳溪园	位于镇江高新区蒋乔街道，港前路 28 号，北至龙门港路，南至长江路，西至润扬大桥，东至港前路，占地面积 101642 平方米，规划总建筑面积 26492.4 平方米
桃花坞支路	位于镇江市京口区健康路街道，南北走向，南至桃花坞五区 6 号（原市粮食局大院外），北至桃花坞路，长 90 米，宽 6.5 米
桂语兰庭	位于镇江新区大港街道，银山东路 99 号，东至港中路，南至港南路，西至银山南路，北至银山东路，占地面积 120994.01 平方米，规划总建筑面积 387701.95 平方米
尚书坊	位于镇江市润州区七里甸街道，坡岗路 8 号，东至坡岗路，南至南徐大道，西临规划育贤路，北至五里路，占地面积 44713.73 平方米，规划总建筑面积 157734.93 平方米
浙商大厦	位于镇江新区丁卯街道，智慧大道 569 号，东至智慧大道，南至规划正德路，西至绿蒲路，北至镇大铁路，占地面积 6794.7 平方米，规划总建筑面积 40169 平方米
悦园	位于镇江新区丁卯街道，漕河路 18 号，东至车港路，南至溪云路，西至漕河路，北至育德路，占地面积 40340 平方米，规划总建筑面积 105717.98 平方米
通济路	原横山路（金港大道以南路段），位于镇江新区丁岗镇，南北走向，南起瑞城路，北至金港大道，长 3926 米，宽 30 米～40 米。名称变更后，横山路北起兴港东路，南至金港大道，长 2350 米，宽 30 米～40 米
檀悦名居	位于润州区宝塔路街道，中山西路 99－1 号，东至九华山路，南至狮子山路，西至檀山路，北至中山西路，占地面积 27826.2 平方米，规划总建筑面积 105550.59 平方米
宝珠路	位于莱山路北侧，东起宝平路，西至朱岗路，长 397 米，宽 20 米
官平山路	位于官塘桥路西侧，北起环山路，南至罗家头路，长 544 米，宽 24 米
回龙路	位于环山路东、南侧，东起官塘桥路，西转南至罗家头路，长 860 米，宽 24 米
通润大厦	位于镇江市润州区官塘桥街道，金润大道 800 号，东临宝平路，南至金润大道，西临沪宁高速公路，北临规划显洋路，占地面积 14375 平方米，规划总建筑面积 60371.07 平方米
绿港苑	位于镇江新区大港街道，通港路 103 号，东、南临新禧支路，西临通港路，北临新禧路，占地面积 20140.7 平方米，规划总建筑面积 53530 平方米

（市民政局）

2021 年镇江市各市（区）标准地名命（更）名情况表

表 31－2

市（区）	标准地名
丹徒区	都市华庭
丹阳市	新康家园、荷花池小区二村、锦园、和园、胡桥家园、君庭云邸小区、蒋墅佳苑、荷花池小区一村、永嘉花园、杨丰路、泰定南路、泰定北路、水韵路、水韵广场、陈巷路、社巷路、德翔路、武阳河路、香草路、丹凤北路
句容市	隽澜轩、桃花源居、云筑小区、花谷里、湖景苑、兰院、四季澜庭、未来城、颐璟园（“观天下山庄”分片区）、繁华里、凤竹小区、熙樾花园、上清桃里、山湖路、陈武街、圣海路、徐九思路、新和大道、黄金滩路、东衣路、东昌南街、容蓄路、登云路
扬中市	兴隆新村一区、兴隆新村二区、兴隆新村三区、吾悦迎宾府三区、学府家园、新天地小区、新宇雅居、江城壹品、港湾新城三区、港湾新城四区、辰北钰墅、锦尚世家、霞飞雅集、韵湖兰亭、数字大厦、中荣路、光明东路、创业路、永福路、战斗河路、永前路、创新路、永旺路、永丰路、兴港路、港湾路、港新路、港城路、疏港路、荣跃路、兴盛路、梓园路

（市民政局）

【福利彩票发行工作】 2021 年，镇江市彩民约 40 万人。全年完成福彩销售 2.27 亿元，募集福彩公益金 2765 万元。其中，电脑型彩票销售 1.95 亿元，比上年增长 0.05%；即开型彩票销售 3211.51 万元，增长 134.55%。（朱　映）

【婚姻登记工作】 2021 年，镇江市结婚登记人数 14630 对，其中，涉外、涉港澳台、华侨结婚登记 14 对。离婚登记人数 4637 对，其中，涉外、涉港澳台、华侨离婚登记 4 对。全市初婚登记平均年龄男性为 28 岁，女性为 26.5 岁。结婚登记“全市通办”和“跨省通办”474 对。（朱　映）

【未成年人保护工作】 2021 年，镇江市有农村留守儿童 312 人、孤儿 100 人。其中，集中养育孤儿 51 人，集中供养标准为 2642 元/月 · 人；社会散居孤儿 49 人，分散供养标准为 1982 元/月 · 人。市、县两级全部建立未成年人保护工作领导小组，开通“12345”24 小时未成年人救助保护热线。重点开展“大起底＋四色管理”专项行动，变被动审批为“主动发现”，建立完善农村留守儿童、农村留守妇女和困境儿童信息台账。建设 6 个省级儿童“关爱之家”示范项目，总结推广“关爱之家”可持续发展的运行模式。推广散居孤儿、事实无人抚养儿童“2＋2”［乡镇（街道）儿童督导员和团委书记＋长期从事困境儿童关爱服务工作的专业社会组织和高校志愿者团队]结对帮扶机制，以项目化推动"四色管理"工作落实，20 名高风险儿童中 18 人降为低风险。首次为 2204 名困境儿童、农村留守儿童购买意外保险。（朱　映）

人口与家庭

【概况】 2021 年，镇江市落实《中共中央 国务院关于优化生育政策促进人口长期均衡发展的决定》，提倡适龄婚育、优生优育，一对夫妻可以生育 3 个子女。落实生育登记承诺制，办理生育登记 8283 人次，其中，网办 789 人次，"三孩"生育登记 80 人次，出生人口性别比保持正常水平。推进生育服务事项"一网通办"，实现生育登记等多项计生工作"不见面审批"。出台《市政府办公室关于促进 3 岁以下婴幼儿照护服务发展的实施意见》，推进多种形式婴幼儿照护服务发展。全市有托育机构 191 家，提供托位 8164 个，每千人拥有 3 岁以下婴幼儿托位数由 1.8 个提高到 2.54 个。实施省、市政府普惠托育民生实事项目，制定《2021 年普惠托育民生实事项目实施方案》，2020 年以后建成普惠托育机构 9 家，2 家获批江苏省示范性托育机构。全年全市发放各类计划生育奖励扶助资金约 2.35 亿元。完善计划生育特殊家庭联系人制度、就医绿色通道、家庭医生签约服务"三个全覆盖"工作机制。建立健全计生特殊家庭帮扶电子档案，落实帮扶举措。为 6091 名计生特殊家庭成员购买住院护工保险，涉及保费 193.53 万元。镇江市由政府购买养老服务，将市区 60 周岁以上计生特殊家庭人员（含"失独"、伤残）1342 人纳入全市社会养老服务，为城区 941 名"失独"人员购买意外伤害保险。

（胡　乐）

【特殊家庭服务项目获奖情况】 2021 年，镇江市开展计生特殊家庭常态化帮扶活动，开展"暖心行动"，规范建设"连心家园（暖心家园）"，扬中市"康扬杏林"志愿者服务中心、润州区"天使在现"、句容市"暖心家园、让爱满屋"、京口区金山公益"博爱驿站"等项目获评江苏省特殊家庭心理疏导项目。推广金山公益社会志愿组织关爱特殊家庭"334 模式"（拥有"3 个 1"：1 个"金山公益之家"，1 个 QQ 或微信群，1 个"博爱驿站"；建设"3 支队伍"：志愿者队伍、失独家庭互助队伍、有偿家政服务队伍；做好"4 个服务"：暖心陪伴、心理疏导、助医助困、临终关怀服务）。当年，金山公益志愿者团队获市红十字会"2019—2020 志愿服务优秀团队奖"。（胡　乐）

民族事务

【概况】 镇江市有 47 个少数民族，常住人口中少数民族人口 29118 人。少数民族人口中，人数排在前 5 名的是回族 7628 人、苗族 3601 人、土家族 2768 人、彝族 2698 人、壮族 1647 人。全市有 3 个少数民族村：句容市边城镇佴池民族村、丹徒区世业镇卫星民族村、高新区大桥民族村；8 个省级民族工作示范社区：丹阳市云阳镇凤美新村社区、扬中市三茅镇文化新村社区、京口区大市口街道千秋桥社区、京口区四牌楼街道江滨新村第一社区、京口区正东路街道贺家弄社区、润州区金山街道杨家门社区、润州区宝塔路街道同德里社区、丹徒区新城长山社区；2 所民族学校：镇江市民族实验小学、镇江市穆源民族学校；1 个丹阳六中新疆班；10 家清真网点，2 家清真食品基本供应点；6 家全国民族特需商品定点生产企业；1 个市级社会团体：市民族团结进步促进会。全市有 4 处民族公墓，分别是凌家湾回民公墓、王家湾回民公墓、西郊（长青园）民族公墓、句容市回民公墓。

2021 年，全市民族工作围绕铸牢中华民族共同体意识这一主线，以"共同团结奋斗，共同繁荣发展"为主题，贯彻落实中央和省委民族工作会议精神，民族工作有成效。5 月 21 日，镇江市民族团结进步促进会四届一次会员大会召开。会议审议通过第三届理事会工作报告、财务情况通报和新修订的章程，选举产生新一届促进会理事、监事，谈德成当选新一届会长。同时，会议通过"镇江市民族团结促进会"更名为"镇江市民族团结进步促进会"的决定。（曹晓光　黄萍萍）

【民族团结进步宣传月】 2021 年 6 月 10 日，镇江市围绕"民族团结一家亲，同心向党百年庆"主题，在江苏大学举行第十八个"民族团结进步宣传月"启动仪式，活动现场向丹阳市云阳街道凤美新村社区、市穆源民族学校等 6 家获全省首批民族工作"红石榴家园"的单位授牌。同时，举办民族文艺汇报演出活动，用《鼓上舞》《草原恋》《雪莲花的绽放》等民族特色歌舞节目展现全市各民族团结进步、社会和谐稳定的氛围。（曹晓光　黄萍萍）

【镇江市 8 家单位获评省第二批"红石榴家园"】 2021 年，镇江市以"铸牢中华民族共同体意识"为主线，依据《江苏省"红石榴家园"创建活动测评标准》，在全市开展"红石榴家园"创建活动，最终有 8 家单位获评江苏省第二批"红石榴家园"，分别是：丹阳市第六中学、句容市经济开发区(黄梅街道)黄金花园小区、句容市后白镇、句容市边城镇佴池村、京口区四牌楼街道江滨新村第一社区、京口区健康路街道田家门社区、润州区金山街道杨家门社区、润州区宝塔路街道同德里社区。 (曹晓光　黄萍萍)

宗教事务

【概况】 镇江市是江苏省宗教工作重点城市,全市有佛教、道教、伊斯兰教、天主教、基督教等五类宗教。经依法登记的宗教活动场所 154 处,分别是佛教 62 处、道教 15 处、伊斯兰教 4 处、天主教 1 处、基督教 72 处。其中,金山江天禅寺、焦山定慧寺、宝华山隆昌寺、茅山道院是全国重点寺观;山巷清真寺是全国模范清真寺;镇江新区绍隆寺是江苏省重点寺院。全市有宗教团体 21 个,其中,市级宗教团体 5 个、市(区)16 个,有登记备案的宗教教职人员 316 人。教职人员中有 37 人次在各级人大常委会、政协担任职务。其中,全国政协委员 1 人、省政协常委 1 人;市级人大代表 2 人(含常委 1 人)、政协委员 9 人(含常委 4 人);县级人大代表 5 人,政协委员 19 人(含常委 5 人)。

2021 年,镇江市围绕"坚持宗教中国化方向"主线,推动宗教团体加强自身建设,创建良好宗教环境。鼓励宗教界结合各宗教实际,开展"学党史、知党恩、跟党走"主题教育活动;市民宗局通过举办"四史"学习培训、赴红色基地实地参访、组织庆祝中国共产党成立 100 周年文艺会演,引导宗教教职人员知行合一,强化五个认同。贯彻全国宗教工作会议精神,开展"两个专项"工作。推进江苏佛学院(焦山学院)规范办学,7 月,首届 29 名学僧毕业。启动江苏佛学院建设工作,10 月,江苏佛学院建设项目奠基仪式在镇江高新区举行。7 月 9 日,镇江市道教协会第六次代表会议召开,会议选举产生以道长孙敏财为会长的市道教协会新理事会,省民宗委一级巡视员何昌林应邀出席会议并致辞。 (潘煜龙　林　静)

【庆祝建党 100 周年"百年芳华沐党恩"主题活动】 2021 年 5 月 26 日,由市佛教协会、市道教协会、市伊斯兰教协会、市基督教两会主办的"百年芳华沐党恩"主题活动开幕式在南山艺术剧院举行。该活动以启动仪式、党史学习教育、爱国践学、文化展示、讲经交流、公益慈善、总结表彰等系列活动为主线,组织开展 7 大类、28 项、100 场次活动,旨在号召全市宗教界继续高举爱国爱教、团结进步的旗帜,发挥宗教在促进经济发展与社会和谐中的积极作用,为建设"创新创业福地 · 山水花园名城"新镇江贡献宗教界的力量。 (潘煜龙　林　静)

【江苏佛学院建设项目奠基】 2021 年 10 月 10 日,江苏佛学院项目奠基仪式在镇江市举行,中共江苏省委常委、统战部部长杨岳到会讲话并宣布项目奠基,中央统战部十一局二级巡视员左卫国、副省长陈星莺、镇江市相关领导共同为项目培土奠基。中国佛教协会会长演觉出席仪式。江苏佛学院于 2017 年获批设立,总部设在江苏镇江,与焦山学院同址办学,学制为四年制本科和三年制大专,办学规模为 1000 人。

(潘煜龙　林　静)

人力资源

【概况】 2021 年,镇江市围绕"保用工""稳就业"工作主线,稳存量、扩增量、提质量,确保就业形势总体平稳,稳中向好。全市向 10991 家单位发放稳岗返还 9662.88 万元。其中普惠性稳岗返还 10969 家,金额 6180.31 万元。向 4.83 万名灵活就业人员发放社保补贴 1.27 亿元。当年,镇江市城镇新增就业人数 5.97 万人。年末城镇登记失业率 2.5%,城乡就业困难人员再就业 2.97 万人;发放创业担保贷款 4.8 亿元,帮扶创业 17950 人,创业带动就业 75008 人;开展城乡劳动者就业技能培训 4.91 万人,全市零就业家庭连续 192 个月保持"动态清零"。

2021 年,镇江市人力资源和社会保障局首次开展事业单位工作人员定期记功奖励工作,对 2018 年—2020 年连续 3 年年度考核优秀的事业单位工作人员优先给予记功,全市 540 名事业单位工作人员获记功奖励。开展及时奖励工作,给予江苏省第 30 期援桑给巴尔、第 16 期援马耳他医疗队的镇江市 11 名队员个人记功奖励。市人社局、教育局、卫健委、编办等部门做好全市乡村中小学教师和基层医疗卫生机构定向培养计划申报工作,全市有乡村教师培养需求 136 人、农村定向医学生 152 人。选派 90 名基层教育、卫生、农业技术人员对口支援陕西渭南市各区(县)。

(郑仁轩)

【劳动力引进保用工情况】 2021 年,镇江市升级完善就业监测云平台,实现用工监测全覆盖,动态掌握全市用工增减情况。市人社局赴贵州、陕西、宁夏等 10 多个地区开展劳务协作和校企合作工作;为金东纸业、丹盛纺织、孚能科技等 20 多家企业开展用工上门服务。全年新增劳务合作基地 18 家,引进外来优质劳动力 2.6 万人,引进渭南对口协作地区劳动力776人。市人社局开展“全国百所技工院校校长镇江行”活动，组织全国105家技工院校与镇江市百余家重点企业合作对接，签署合作协议40项，发布《全国技工院校校长论坛“镇江倡议”》。（郑仁轩）

【重点群体就业帮扶情况】 2021年，镇江市人力资源和社会保障局开展“就业我帮您——稳就业保用工红色快递员行动”，常态化开展就业创业帮扶服务，受益人次超过11.5万人次。开展春风行动、2021年就业帮扶招聘活动等10余项公共就业服务活动，提供就业岗位10万个以上。举办各类招聘活动348场，进场求职25万人次，达成意向6.9万人；通过专场招聘活动，帮助退役军人、残疾人、困难群体等重点群体达成就业意向378人。创新实施“红色电波”行动，针对失业人员“一对一”发送岗位信息9.5万条，帮助失业人员再就业4.03万人。帮扶城乡就业困难人员就业2.97万人，连续192个月保持城乡零就业家庭动态清零。开发公益性岗位422个，新开发公益性岗位安置就业困难人员人数391人，提前完成省政府民生实事任务。实施失业保险扩围政策，失业人员为1.95万人，发放失业补助金5220.17万元。（郑仁轩）

【创业富民行动】 2021年，镇江市实施“青年创客聚镇行动”，扶持成功创业1.80万人，带动就业7.5万人，分别比上年增长25.6%、17.9%。市人力资源和社会保障局牵头举办南京都市圈首届青年大学生创业计划书大赛启动仪式，2个项目分别获大赛一等奖、二等奖；举办第五届“创响镇江”创业大赛，征集参赛项目216个。开展SYB创业培训10722人，带动就业3573人。镇江市代表队在2021年“创响江苏”创业培训讲师大赛上获基础理论竞赛全省第5名、综合成绩全省“十佳”，在2021年首届“创响江苏”职业指导员大赛中获团体二等奖。举办“创响江苏”创业指导专家团镇江行活动，线上直播讲座有2万人次在线观看。（郑仁轩）

【人才招引与服务】 2021年，镇江市实施大学生“聚镇”计划。制定大学生生活补贴、租房补贴、校企合作办班奖补、高校引才留人工作奖励等实施细则，为到镇江发展的大学生提供安居生活、就业创业、优选培养等全方位政策支持。举办政策发布推介会，面向省内外高校、重点企业、人力资源机构和高校毕业生推介政策，开展“漫”说政策、直播送政策活动，提升政策的知晓度。2021年，市区发放大学生社保、生活、租房、契税、购房补贴4507万元，惠及人才5208人次，分别比上年增长47%、43%。

招才引智系列活动。镇江市举办“‘镇’等你来”人才交流大会、2021人才“聚镇”秋季引才、2021招才引智“镇江日”（上海）硕博人才招聘会、“才漫金山 智汇镇江”全国高校毕业生云对接等招才引智活动，组织6151家次企业分赴上海、河南等地区引才，全市引进培养大专以上人才3.86万人，其中本科以上学历1.91万人。苏南人力资源市场举办线下招聘会62场，进场单位2241家次，提供岗位63267个次。举办首届“中国镇江国际菁英创业大赛”，374个项目参加比赛。

直播带岗活动。市人社局探索新冠肺炎疫情防控常态化背景下招才引智新模式，依托中国移动、抖音等直播平台，参照直播带货模式，开展4场“岗位速递‘镇’等你来”直播带岗活动，有20.1万名大学生交流对接。全市新增见习基地110家，开发青年见习岗位5266个，组织青年见习2650人。

校地校企合作引才。镇江市与重庆大学、电子科技大学、中南大学等18所高校签订人才合作协议，向上海交通大学等14所高校代表颁发大学生“聚镇”联络专员证书，深化校地人才引进、培养合作。新建镇江市企业人才工作站100家，评选2020年度优秀工作站36家，发放5000元/家的一次性建站补贴和4万元/家的优秀工作奖励。建成全省首家“镇江市乡土人才成果展示馆”。新建1家省级乡土人才传承示范基地（万新光学集团有限公司）和2家省级乡土人才大师示范工作室（邵同义大师工作室、蔡平大师工作室），获省级资助120万元。建成207家镇江市人才工作站，评选出2020年度优秀镇江市人才工作站36家，新建镇江市人才工作站100家，分别发放优秀工作奖励（4万元/家）和一次性建站补贴（5000元/家）。

人才服务保障。市人社局创建重点企业人才工作服务群，为全市200余家人才工作服务站所在的企业和部分重点企业，提供“一键咨询”和“打包咨询”服务。组建“镇合意”——大学生“聚镇”服务先锋队、人才招聘红色“快递员”服务团队，开展重大项目“五帮五送”帮办服务。实施流动人员人事档案快办行动，实行档案转递告知承诺制，优化人才集体户落户流程，提高人才流动便捷度。（郑仁轩）

【人事考试和技能鉴定工作】 2021年，镇江市人力资源和社会保障局组织实施2021年度江苏省考试录用公务员面试工作，有1313名考生参加面试；组织实施2022年度江苏省考试录用公务员笔试工作，有17591名考生报名参加笔试。完成江苏省省级及镇江市市级机关公开遴选和公开选调公务员笔试及面试组织工作，有722人报名参加笔试、144人入围面试。完成镇江市市属及部分市（区）事业单位公开招聘工作人员笔试及面试工作，有4081

人报名参加笔试、485 人入围面试。镇江市发布事业单位招聘职位 1883 个，其中，高层次人才招聘职位 133 个、一般人才招聘职位 1750 个。组织实施二级建造师、监理工程师、执业药师等 20 余项执业资格考试工作，2.2 万余人次参加 5.5 万余科次的考试。为有关单位提供 80 余次考试命题服务，笔试命题 90 余套（含教师招聘类学科笔试）、结构化面试命题 50 余套、教育类学科面试命题 120 余套，制卷阅卷 3.4 万份。完成镇江市机关事业单位工勤人员职业素质提升培训考核 2400 余人。当年，新增高技能人才 7394 人，新增技师（高级技师）629 人，职业技能鉴定取证（含职业技能等级认定）3.3 万人次。（郑仁轩）

【专业技术人才队伍建设】 2021 年，镇江市人力资源社会保障局深化人才发展体制机制改革，围绕政策创新、平台搭建、优化服务等方面开展工作，强化专业技术人才队伍建设。新建 6 家江苏省博士后创新实践基地，2 个园区获批“江苏省留学人员之家”。截至 2021 年，镇江市累计设立博士后科研工作站 15 家、江苏省博士后创新实践基地 47 家。镇江市首次入选国家级专家服务基层示范团项目。开展“人社部助力江苏镇江产业发展专家服务基层活动”，邀请省内外高校的 33 名专家学者与镇江市企业开展精准技术对接，达成初步合作意向 22 项。出台《镇江市市区专业技术和技能人才引育奖励实施细则》《镇江市市区留学回国人员项目配套资助实施细则》《镇江市市区博士后人才引培奖补实施细则》，升级人才引育扶持政策，3 名工作站博士后入选中国博士后科学基金面上资助共 52 万元；7 人入选江苏省博士后科研资助计划，并获资助 26 万元；1 人获评“江苏省留学回国先进个人”。加大对优秀民企和乡村振兴人才职称改革力度，镇江市在全省率先下发《关于我市优秀民企专业技术人员申报中级职称的通知》，民企专业技术人员评定专业技术资格享受与国有企业同类人员同等待遇。乡土人才职称评价破除“唯学历”“唯资历”“唯论文”倾向，只要符合条件，没有任何学历、论文的乡土人才也可申报职称。截至 2021 年年底，镇江市获乡土人才高级资格的有 22 人，其中，正高级乡村振兴技艺师 2 人、高级乡村振兴技艺师 20 人。（郑仁轩）

【和谐劳动关系创建】 2021 年，镇江市布置实施劳动关系千户企业培育共同行动计划。13 家企业被认定为“江苏省优秀劳动关系和谐企业”。市人社局召开全市构建和谐劳动关系现场推进会，评定 48 家企业为“镇江市劳动关系和谐企业”。市人社局、市总工会、市工信局、市工商联举办镇江市 2021 年度集体协商“春季要约行动”启动仪式暨健全产业工人薪酬激励机制工作推进会。市人社局围绕农民工在劳动保障、申请落户、子女教育、基本生活等方面的实际需求，强化劳动保障服务、拓展落户管理服务、优化基本生活服务。（郑仁轩）

【企业薪酬制度改革】 2021 年，镇江市推进国有企业工资总额决定机制改革，实行工资总额预算管理、国有企业职工工资与经济效益联动机制，促进同向联动、能增能减，促进收入分配更合理、更有序。市人社局集中对 334 家企业薪酬情况开展调查，向全市发布 6 个职业大类的工资指导价位，管理技术技能岗位平均工资指导价位，不同学历、年龄、工龄劳动者工资指导价位，以及 17 个行业的企业人工成本信息。2021 年市属企业工资指导线为 8.5%。完成 2020 年度市管企业负责人薪酬审核兑现，调控国有企业负责人过高收入和不合理收入。（郑仁轩）

【劳动关系维权】 2021 年，镇江市新签劳动合同 21.23 万份。全市各级劳动人事争议仲裁机构和各类调解组织接处劳动人事争议案件 8465 件。其中，仲裁机构立案受理 3608 件，涉及人数 4180 人、经济标的 11886 万元；调解组织接处案件数 4857 件，涉及人数 4860 人、经济标的 5677 万元。市劳动监察支队获评全省农民工工作先进集体，全市有 5 人获评江苏省优秀农民工。

劳动保障监察工作。按照“双型双式”劳动监察模式，围绕执法维权、根治欠薪、队伍建设三条主线，促进全市劳动关系和谐稳定。市人社局、市场监管局、公安局、总工会等部门组织开展清理整顿人力资源市场秩序、超时加班问题集中排查化解、女职工产假等权益专项执法行动，对重点领域和行业遵守劳动保障法律法规情况进行突击排查。全市书面审查用人单位 10129 家。组织开展春季“安‘薪’·‘镇’在”、夏季“护薪惠民”、秋季“百日攻坚”、冬季“守薪暖民”专项检查，为 6781 名劳动者追发工资 7950.11 万元。市人社局、住建局、公安局等部门化解“倚山雅筑”等项目农民工上访事件。全市公示曝光 21 起重大劳动保障违法行为，将 2 家单位和 2 名个人列入拖欠农民工工资“黑名单”。镇江市制定印发《“护薪 360”服务品牌创建工作方案》《2021 年保障农民工工资支付重点工作安排》等文件，细化 6 项机制、18 条具体举措，连续 4 年对属地政府保障农民工工资支付工作实施考核。

劳动人事争议调处。市人力资源和社会保障局组织劳动维权服务队先后赴多家劳动密集型企业开展送法上门服务活动；组织 40 余家企业代表参加劳动法律适用难题专题答疑和涉疫情劳动政策解读活动。创建"镇和谐"协调劳动关系劳模工作室;与市中院、京口法院联合召开"构建和谐劳动关系,助推产业强市战略"新闻发布会,印发《劳动人事争议典型案例》。选聘退休法官、院校学者、人力资源和社会保障专家组建专家调解团,充实调解力量。全市评定"金牌调解组织"9 家,其中 2 家获"江苏省 2021 年度金牌调解组织"称号。实施专兼职调解员、仲裁员业务提升行动和岗位大练兵活动,在全省仲裁员、调解员业务技能竞赛中,镇江市获调解员团体第 3 名和仲裁员团体第 5 名。市本级全年法律援助 121 件,受援率 50%。2021 年,全市各级仲裁机构受理各类劳动争议案件 3631 件(含上年结转 23 件),结案 3610 件,结案率 99.42%,调解成功率 81.27%,案件终结率 79.5%。 (郑仁轩)

社会保险

【概况】 2021 年,镇江市主要险种参保覆盖率 98% 以上,全市基本养老、失业、工伤保险参保分别为 188.75 万人、58.02 万人、70.19 万人,各类参保人数稳定增长;全市基本养老、失业、工伤 3 项基金总收入 266.33 亿元,总支出 273.07 亿元,累计结余 89.46 亿元,各项基金运行总体平稳,保障能力可持续。实施"人社服务快办行动"和综合柜员制改革,上线省人社一体化信息平台,实现"提速办、网上办、简便办"。市人社综合大厅实行"周六不打烊"延时服务,政务服务好评率 99.74%。 (郑仁轩)

【社会保险制度改革】 2021 年,镇江市企业职工养老保险提升运行质量,健全责任分担和激励约束机制,省级基金净拨付 32.35 亿元。机关事业单位养老保险改革稳步实施,以加快推进"中人"待遇全面落地为重点,解决资格确定、待遇核定等难点问题,做好职业年金归集、退役军人参保接续等工作,全市 2014 年 10 月改革后至 2020 年退休"中人"按新办法核定待遇 11833 人,核定比例 98.22%。2021 年归集职业年金 17.7 亿元,其中市本级 3.30 亿元。发挥工伤保险功能,全年基金收入 2.66 亿元,支出 3.58 亿元,累计结余 1.82 亿元。新冠肺炎疫情防控期间将工伤保险费率降低 20%,2 个月减收 884 万元,为企业减轻负担。市人社局与 20 家市区医疗、康复、辅助器具机构签订服务协议。市人社局为 57 家企业、6079 名职工开展现场互动与持续改善式工伤预防培训。10 月 1 日起,市人社局在市中西医结合医院开通工伤医疗费联网结算业务,从源头上解决工伤职工垫资跑腿问题。为 180 名工伤职工提供"工伤康复送上门"服务,解决工伤职工行动不便"两头跑"难题。 (郑仁轩)

【社会保险扩面征缴】 2021 年,镇江市推进实施全民参保计划,开展专项社保扩面专项行动,通过大数据比对分析,取消灵活就业人员参保户籍限制,实行社保与用工登记统一联动管理,开通线上、线下缴费渠道,依法推动用人单位及时参保,促进新就业形态、农民工、小微企业等群体稳定缴费,推动非全日制从业人员、超龄退休人员和实习生参加工伤保险。市区企业养老保险新增参保缴费 2 万人,总人数 32.8 万人;全年基金征缴收入 44.95 亿元(含清欠收入 3100 万元、补缴收入 3.16 亿元);当年结余 4.4 亿元,期末累计结余 5.78 亿万元。城乡居民养老保险参保缴费 16.14 万人,基金收入 14.41 亿元,待遇支出 14.29 亿元;低保、特困等贫困人员 100% 纳入参保范围,新增人员动态清零。新增被征地农民参保率 100%。退捕渔民基本养老保险参保率 100%。工伤保险参保 70.19 万人,基金收入 2.88 亿元,待遇支出 3.58 亿元;新增建设工程按项目参保 404 个,新增项目参保率 100%。 (郑仁轩)

【社会保险待遇保障】 2021 年,镇江市实施待遇水平稳增长"暖心"工程,调整社保待遇标准。为全市 42.1 万名企业和机关事业单位退休人员按规定调整补发养老金,企业退休人员养老金实现十七连增,人均增幅 4.5%,月人均养老金水平 2841 元,比上年增加 88 元。城乡居民基础养老金通过两次提标实现"十一连增",最低标准由每人每月 170 元提高到 210 元,每人每月增加 40 元,比省定最低标准高出 37 元,惠及全市 42 万人,待遇水平在全省列第 2 名。工伤保险落实法定待遇保障政策,按规定提高工伤职工伤残津贴、供养亲属抚恤金、生活护理费等长期待遇水平;执行国家统一的因工死亡职工一次性补助金标准,并将工伤职工核酸检测费用纳入工伤保险基金支付范围,全年工伤保险各项费用支出 35119 万元。 (郑仁轩)

【社会保险经办服务】 2021 年,镇江市以省人社一体化平台上线为切入点,推进"一窗一网、快办优办",优化综合柜员制窗口服务,90% 事项实现"当场办结",平均办事提速 70% 以上;参保登记、职工退休等 10 个社保"一件事"实现"打包办"。发布"不见面"服务指南,通过网上、掌上、自助等多渠道,实现"全天候、不中断"服务,60 项社保业务实现"一网通办",缴费证明、权益记录等服务事项做到"随心查、随时打、无须跑"。创新养老金待遇领取资格认证方式,采用"周期递延 + 无感智办"方式,市人社、公安、卫健、民政等部门间信息共享，苏康码、医保卡使用数据比对，全年认证22.75万人。丹徒区上会村开展居民养老保险公共服务省级试点工作。开通镇江农商银行社保金融超市。组织市区企业退休人员开展免费健康体检，有2.2万人完成体检。（郑仁轩）

医疗保障

【概况】 截至2021年年末，镇江市参加基本医疗保险（含职工基本医保和居民基本医保，以下简称基本医保）280.94万人，参保率98.5%，其中，参加职工基本医疗保险110.70万人，参加城乡居民基本医疗保险170.24万人。全年基本医保基金总收入79.03亿元，比上年增长18.17%；基本医保基金总支出62.11亿元，比上年增长30.90%；全市基本医疗保险基金累计结余123.2亿元，其中，统筹基金累计结余57.1亿元，个人账户累计结余66.1亿元。

2021年，镇江市做好新冠疫苗和接种费用保障工作，完成11个批次、6224.6万元的费用拨付；先后3次下调新冠病毒核酸检测价格，单人单检由120元降至40元/人次，混检降至10元/人次。落地国家医保谈判药品“双通道”（定点医疗机构、定点零售药店）政策，将106个国家医保谈判药品纳入管理，患者可以通过医疗机构和零售药店两个渠道购药，累计惠及群众3.78万人次。完善医疗救助政策，建立动态管理机制，对各类医疗救助对象名单进行数据比对、更新，全市享受医疗救助待遇5.19万人，医疗救助资金资助40.8万人次，696名退捕渔民实现“应保尽保、应救尽救”。（孙　荔）

【医保制度体系建设】 2021年，镇江市出台《关于深化医疗保障制度改革的实施意见》，明确未来5年～10年全市医保改革主攻方向，确定27项具体改革举措。编制全市首部医保领域专项规划——《镇江市“十四五”医疗保障发展规划》，明确6大发展目标，列出13项重点任务，从顶层设计层面谋划“十四五”期间医疗保障制度改革发展的蓝图，从举措方法上聚焦解决突出问题，为医保高质量发展提供行动指南。当年，镇江市推出首款由政府指导、市场主导的城市定制型商业补充医疗保险“镇江惠民保”，参保人数总计60.95万人，总保费9100万元，参保率21.75%，在同类产品中列全省第1名。以全国“高血压、糖尿病”门诊用药保障专项行动示范城市创建为切入点，强化待遇政策、基层用药、支付方式和“两病”服务4个方面的保障，实施“3个明确+7项服务”的保障措施，“两病”患者门诊享受待遇人数累计87.48万人。将罕见病门诊使用的贵重药、创新药、自费药纳入补充医疗保险基金支付范围，与基本医疗保险有效衔接。（孙　荔）

【医保重点领域改革】 2021年，镇江市各项医保政策统一实施，基本形成“门急诊统筹、住院统筹和大病统筹”的“三个统筹”待遇保障制度。在全市医保定点零售药店开通统一刷卡购药结算，参保群众实现同城就医购药“一卡通刷”。推进以“六统一”（基本制度、待遇标准、基金管理、经办管理、定点管理、信息系统）为标志的医保市级统筹。推进DRG省级试点和DIP国家级试点，发挥医保支付的杠杆作用。落实国家和省多轮药品、医用耗材集中带量采购政策，240多个药品、2000多个品种规格的医用耗材价格下降明显；开展常连扬镇四市联盟（常州市、连云港市、扬州市、镇江市）普通医用耗材联采续约谈判，全年减轻群众费用负担1.88亿元。（孙　荔）

【医疗保障公共服务】 2021年，镇江市在全省率先试点上线“12393”医保服务热线，与“12345”热线双号并行，为参保群众提供全天候一站式专业咨询服务，热线受理各类服务诉求6.6万人次，服务满意率99.99%。提升基层服务能力，将19项经办服务下延，在市区所有二级以上医疗机构建成医保分中心；打造“15分钟医保服务圈”2个省级示范点、11个市级示范点，基本实现基层平台全覆盖。打造“异地就医e路畅通”服务品牌，实施“八个一”（一图读懂、一句承诺、一网通办、一卡结算、一站集成、一次办结、一项政策、一条热线）服务举措，异地结算“版图”拓展至29个省（区、市）和新疆生产建设兵团的331个统筹地区。建成全市医保定点医疗机构外聘专家库，首批集成省内外225名顶尖医疗专家，市民可享受外地优质医疗服务。（孙　荔）

【医疗保障基金监管】 2021年，镇江市贯彻落实国务院《医疗保障基金使用监督管理条例》，组织全市基金监管集中宣传活动。召开全市医保监管与反欺诈工作联席（扩大）会议，编印《违法违规使用医保基金负面清单》口袋书，建强监管队伍。当年，全市现场检查定点医药机构872家，处理定点医药机构754家，追缴医保基金1.36亿元；市医保局、市公安机关共同侦办一起涉及全国11个省市的重大欺诈骗保案件。（孙　荔）

【医保信息化建设】 2021年，镇江市医保局制定全市医保信息化建设总体方案，按照“1+3”的模式集中力量攻坚。12月8日，国家医疗保障信息平台切换上线，镇江医保融入全国“一张网”。市医保局打造“镇江智慧医保”品牌，32 项服务升级到“网上办”“掌上办”；“镇江智慧医保”注册单位 3.9 万家，注册个人 35.7 万人；“镇江智慧医保”在线办理业务 5.4 万条，为参保企业和参保人员提供全流程“智慧服务”。

（孙　荔）

优抚安置

【概况】 2021 年，镇江市享受优抚补助的优抚对象 11717 人，其中，重点优抚对象 4267 人，其他优抚对象 7450 人，当年审核新增优抚对象 213 人。市退役军人事务局组织重点优抚对象短期疗养 352 人次。动态调整镇江市抚恤补助标准，发放抚恤补助 1.39 亿元。全年优抚事业总投入 2.5 亿元，地方配套 1.37 亿元。困难退役军人和其他优抚对象入册“一本账”，投入资金 52.41 万元。全年发放现役军人优待金数千万元。符合政府安置工作条件的转业士官安置率为 100%。计划安置军转干部进党政机关比例 93.06%，符合政府安排工作条件退役士兵进事业单位比例 34.7%。接收市区随军随调家属安置就业。市区发放一次性安置经济补助金 1000 多万元。

（姚　佳）

【退役军人就业创业服务】 2021 年，镇江市在全省率先出台《镇江市退役军人就业创业资金管理暂行办法》《镇江市退役军人就业创业补贴实施细则（暂行）》。全市设立 8 个退役军人就业创业基地，聘请 31 人担任退役军人就业创业导师。举办退役军人专场招聘活动 47 次，提供岗位 1 万余个。开展镇江市首届“优秀退役军人创业之星”评比活动，评选出 29 名优秀退役军人“创业之星”。举办镇江市第二届退役军人创业创新大赛活动，9 个参赛项目进入市级竞赛并获奖励；5 个项目进入省级竞赛，其中 3 个项目获第二届全国退役军人创新创业大赛江苏选拔赛三等奖。开展自主就业退役军人补贴性教育培训工作，认定符合条件承训机构 16 个，有就业意愿者 100% 就业。举办 2021 年度镇江市区军转干部岗前适应性培训班，组织 2021 年度军转干部进高校专项培训，帮助军转干部提升地方工作能力。

（姚　佳）

慈善事业

【概况】 2021 年，镇江市慈善系统联合社会各界力量，以助力脱贫攻坚为重点，开展扶贫济困、救助急难防返贫等行动，各项工作有进展。

镇江市委、市政府举办“学习党史办实事，救助急难防返贫”主题活动，省慈善总会会长、市主要领导参加会议。市政府举行第三届“镇江慈善奖”颁奖仪式，市慈善总会被市政府授予“最具影响力慈善组织”。市慈善总会完成换届；市慈善总会退役军人关爱分会成立。市慈善总会专题歌颂慈善事业，自编、自导、自演的现代锡剧《太平洲上》，获江苏省艺术基金资助项目。镇江市“慈善一日捐”活动募集资金突破 600 万元；网络募捐 2188.91 万元，有 23.8 万人次参与。

2021 年，市慈善系统重点推进镇（街道）慈善服务中心和“幸福家园”村社互助工程建设，提高基层慈善救助水平。全市开展“幸福家园”村社互助工程项目 35 个，新增注册志愿者 19161 人。当年，为慈善志愿者提供意外风险保障，增强全员防护能力。

（汤　敏）

【善款募集工作】 2021 年，镇江市慈善总会募集资金 17526.94 万元，其中，市本级募集 4724.79 万元，比上年增长 13.71%。有 24 家爱心企业向市慈善总会

图 31－1　2021 年 10 月 28 日，全市“学习党史办实事，救助急难防返贫”主题活动在镇江市影剧院举行，图为爱心企业向市慈善总会捐赠现场

（石小刚　供稿）

实施大额捐款或定向捐款，新增 7 家企业认捐 1100 万元；定向认捐 1350 万元。百岁老干部姜佩芳在建党百年庆典之际一次性捐款 20 万元。浙商银行、苏州银行等爱心企业捐款。全市实施救助支出 13155.41 万元，其中，市本级实现支出 3319.61 万元（公益性支出 3086.01 万元，占上年收入的 74.27%），比上年增长 14.13%；约有 19.37 万人次受到不同程度的救助。 （汤 敏）

【慈善救助方式创新】 2021 年，镇江市慈善总会围绕“救助急难防返贫”主题，推动“应急性临时救助”与“救助急难防返贫”无缝对接。对“建档立卡户”中原脱贫不稳定户、边缘易致贫户以及城乡低保户家庭，发生因病、因残和重大突发性意外事件等严重致贫倾向时，在实施“应急性临时救助办法”基础上，按“救助急难防返贫”政策进行救助，救助金额“不设上限”，应救尽救。提升助医、助学、助残、助困等救助质量，聚焦特殊人群，实施慈善公益救助；对困境儿童实施“慈爱困境儿童”保险项目；对环卫工人、公安辅警、快递员提供“慈爱互济添保障”救助；对困难劳动模范、道德模范开展“缘结慈善、情系模范”救助；对特重伤残义务兵和经济困难的义务兵家庭实施“慈善拥军行动”救助；对陷入困境的被害人家庭实施“慈善救助刑事被害人”救助；对建筑工地困难农民工开展“依旧爱公益项目”援助；在市第二人民医院建立镇江市慈善康复中心，对困难群体康复治疗开展救助。

（汤 敏）

收入与消费

【居民收入情况】 2021 年，镇江市居民人均可支配收入 50360 元，首次突破 5 万元，比上年增长 9.1%。在全省 13 个设区市中，镇江市全体居民可支配收入列苏州市、南京市、无锡市和常州市之后，列第 5 名。从增长速度看，镇江市全体居民可支配收入增幅与全省平均水平持平。分城乡看，城镇居民人均可支配收入 59204 元，增长 8.5%；农村居民人均可支配收入 31354 元，增长 10.4%。城乡居民收入比 1.89∶1，优于全省比平均水平（2.16∶1），比上年缩小 0.03，城乡居民收入相对差距缩小。

全体居民收入增长呈以下特点：收入结构优化。镇江市贯彻落实稳岗、稳就业政策措施，居民工资性收入稳定增长。全体居民工资性收入 31403 元，首次突破 3 万元，比上年增长 8.6%，占可支配收入的比重为 62.4%，拉动人均可支配收入增长 5.4 个百分点。全市推进产业强市“一号战略”，突出项目建设引领、改善营商环境，经营净收入较快增长。全体居民经营净收入 6734 元，增长 8.9%，占可支配收入的比重为 13.4%，拉动人均可支配收入增长 1.2 个百分点。全体居民财产净收入 4754 元，增长 10.3%，占可支配收入的比重为 9.4%，拉动人均可支配收入增长 1.0 个百分点。全体居民转移净收入 7469 元，增长 10.1%，占可支配收入的比重为 14.8%，拉动人均可支配收入增长 1.5 个百分点。

增收的主要因素有以下几个方面：推进稳妥就业，稳定收入增长。通过“就业援助月”“春风行动”“2+N”“镇等你来”等公共就业服务活动，增加就业岗位供给，扩大就业增量，全市城镇新增就业 5.97 万人，比上年增长 6.5%；开发公益性岗位 447 个。优化富民创业担保贷款审核程序，由原有 3 家经办银行扩大到全市所有金融机构，发放创业担保贷款 5.37 亿元，惠及人员 4166 人。推进创业扶持，激发收入增长。细化创业扶持政策，印发《镇江市市区创业补贴政策六个实施细则》，全市扶持自主创业 1.51 万人，创业带动就业 6.27 万人，分别比上年增长 60.4%、56.2%。加强创业平台载体建设，为创业者提供创业政策咨询、创业模拟实训、创业资源对接、创业项目申报、创业典型宣传以及法务、财务、知识产权等服务，全年打造 2 家省级创业示范基地，5 家市级创业示范基地。举办第五届“创响镇江”创业大赛，全年遴选 25 个省级大学生优秀创业项目。居民储蓄增加。11 月末，全市金融机构人民币存款余额 6611.34 亿元，增长 5.2%。城乡基础养老金最低发放标准进行二次调标，调整后标准为 210 元/月，全年人均增加 40 元/月，比上年增长 23.5%，惠及人员 42.1 万人。城乡最低生活保障标准提高至每人每月 820 元，失业保险金最低标准提高至每人每月 1230 元。 （市统计局）

【居民消费情况】 2021 年，镇江市全体居民消费支出 30780 元，比上年增加 5443 元，消费支出水平列全省中上游，增长 21.5%，增幅列全省 13 个设区市第 1 名，高于全省平均水平 1.6 个百分点。

居民消费基本情况。恩格尔系数小幅下降。2021 年，全市居民人均食品烟酒类支出 8906 元，比上年增长 20.5%，恩格尔系数为 28.9%，下降 0.3 个百分点。其中，城镇恩格尔系数 28.8%，下降 0.2 个百分点；农村居民恩格尔系数 29.4%，下降 0.3 个百分点。从食品消费构成来看，2021 年，全体居民人均在外饮食 1828 元，占食品消费支出的 21.0%，增长 3.6 个百分点。改善型消费稳步增长。2021 年，镇江市居民人均衣着支出 2223 元，增长 25%，两年平均增长 9.7%。其中，城镇居民人均支出 2514 元，增长 22.2%；农村居民人均支出 1598 元，增长 34.5%。居民人均生活用品及服务支出 1907 元，增长 26.0%。

其中，城镇居民人均支出2133元，增长21.1%；农村居民人均支出1422元，增长44.2%。镇江市居民人均居住支出6718元，增长12.6%，占生活消费支出的比重为21.8%，仅次于食品烟酒类支出。其中，城镇居民人均支出7256元，增长8.9%；农村居民人均支出5563元，增长23.6%。发展型消费延续快速增长势头。2021年，镇江市居民人均交通通信支出4190元，增长19.1%。其中，城镇居民人均支出4618元，增长19.7%；农村居民人均支出3269元，增长17.1%。部分居民选择通过在职教育、技能培训等方式提高自身含金量，家长在子女教育方面的投入增多。2021年，镇江市居民人均教育文化娱乐支出4290元，增长33.8%；教育文化娱乐消费占生活消费支出的比重为13.9%，增长1.2个百分点。其中，城镇居民人均支出4832元，增长32.4%；农村居民人均支出3125元，增长37.7%。医疗保健行业的迅速发展为居民医疗消费提供丰富的选择，加上中医治疗、一般医疗治疗、护理价格上调，助推医疗保健消费支出的增长。2021年，居民人均医疗保健支出1650元，增长26.2%，占生活消费支出的比重为5.4%。其中，城镇居民人均支出1768元，增长30.1%；农村居民人均支出1398元，增长16.7%。

居民消费特点。居民消费倾向走高，农村增速快于城镇。2021年，镇江市居民人均消费支出30780元，消费倾向为61.1%，比上年增长6.2个百分点，其中城镇居民消费倾向为57.4%，农村居民消费倾向为76.1%。分城乡来看，城镇居民人均消费支出33922元，增加5443元，增长21.5%；农村居民人均消费支出23876元，增加4972元，增长26.3%，增速快于城镇居民6.5个百分点。镇江居民八大类消费支出呈全面增长趋势，其中，食品烟酒、衣着、居住、生活用品及服务、交通通信、教育文化娱乐、医疗保健、其他用品和服务分别增长20.5%、25.0%、12.6%、26.0%、19.1%、33.8%、26.2%和36.1%。网购覆盖面和支出持续提升。2021年四季度，镇江市区350户记账户中有185户城乡家庭有网购经历，占总户数的比重为52.9%，比2020年和2019年分别提高6.9和12.6个百分点，呈逐年上升趋势。户均在服装、鞋帽、家用纺织品的花费为1651.5元，占消费总额的25.0%；服务类户均消费1418.6元，占消费总额的21.5%，高于上年4.8个百分点。（市统计局）

应急管理

【概况】 2021年，镇江市安全生产事故起数和死亡人数连续20年“双下降”，工贸行业连续6年未发生较大及以上事故，全年发生各类生产安全事故126起，死亡69人，分别比上年下降27.2%和20.7%，全市安全生产形势总体平稳向好。

镇江市委、市政府召开会议8次，专题研究部署安全生产工作。镇江市委及各级党委理论学习中心组将习近平总书记关于安全生产重要论述作为必学内容，纳入各级党校培训内容和“全市干部培训教育计划”。市、区两级62名党政领导以及市有关部门领导班子成员分赴基层一线开展宣讲，撰写署名文章58篇；征集市安委会重点成员单位主要负责人署名文章40篇。组织开展“百团进百万企业千万员工”宣传贯彻培训近百场，参培企业员工数近3万人。将习近平总书记关于安全生产重要论述作为企业负责人和管理人员安全培训的必学内容，结合“安全生产月”、安全宣传“五进”等工作，开展企业职工安全知识竞赛、征文比赛等活动。组织危化品生产企业负责人和班组长专题培训、矿山企业全员培训，实现危化品、矿山企业相关责任人培训全覆盖。

镇江市围绕“安全生产专项整治三年行动”任务落实，研究制定《“1+2+9”专项整治三年行动总体方案》，形成“20+91+32”深化专项整治任务清单和“3+24+12”落实国务院安委会指导工作任务清单，当年度的任务清单全部整改到位。完成镇江市工业企业安全生产风险报告工作，并组织对规模以下企业报告情况进行核查，实施针对性执法。对镇江市危化品使用单位进行大起底，排查危化品使用单位13982家，核查率超100%，执法立案105起，处罚315万元。开展危化品使用安全治理专项巡查，发现安全生产责任不落实问题56条、风险隐患537条，推动各地落实整改，建立长效机制。召开镇江市安全发展示范城市创建动员大会，发布宣传项目，细化分解199项创建任务，完成对参加创建的丹阳市、句容市、扬中市三地复核工作。

镇江市引入市场机制，将保险业纳入安全生产治理体系，在全省首家完成八大高危行业安责险100%应保尽保，保费累计1900万元，保障从业人员5.8万人，服务企业900余家，培训职工近万人。探索构建“政府主导、市场运作、科技支撑、社会共治”的“智慧消防”运行体系，全年处置初期火情50余起，减少直接经济损失5000万元以上。实施“慧安行动”，开展桥梁防撞水上安全预警系统、化工园区整体性安全风险防控、城镇燃气抢维修管理等百余项安全科技攻关，解决企业安全与管理问题40余项。

镇江市应急管理局完成镇江市总体应急预案及45个市级专项预案修编工作，指导各地完成修订专项应急预案173件，修编完成率74.6%。全市各镇（街道）、村（社区）、企业制定应急预案或现场处置方案

1741 件,形成多层级、多领域的应急预案体系。全市开展各类应急演练321场,推进规范应急演练评估工作。制定《镇江市应急救援队伍建设管理办法》,建设市一级专业应急救援队伍。下拨2020年冬春期间省级补助救灾资金88万元和恢复重建财政补助资金111万元,以及2021年“烟花”台风省级补助资金254万元,安排受灾群众的基本生活。 (吕 菁)

【应急物资保障】 2021年,镇江市加强新冠肺炎疫情防控物资保障,保障防护服3万多件、口罩5万多只等,平均每周调配医疗物资送往全市防疫前线。公开招标医疗物资,及时充实储备。盛夏采购一批新型夏款薄型防护服。制定医疗物资保障应急预案,明确应急保障流程,组织全市疫情防控应急演练,增强协同配合,提升应急保障能力和水平。7月,句容市华阳镇等3镇遭受强对流天气,造成524人受灾,紧急调拨折叠床100张、折叠桌30套、折叠凳30套、薄被300床等送往受灾地区。 (智宝定)

【消防安全建设】 2021年,镇江市消防救援系统深化“放管服”要求,助力优化营商环境。推进消防安全整治三年行动,完成庆祝中国共产党成立100周年、第五届国际低碳(镇江)大会等重大安保任务,全市火灾形势稳定。市消防救援支队获全市高质量发展综合考评“优质服务奖”。推进智慧消防“陵口模式”,工作经验在全国推广。

专业能力建设。突出高层、地震、化工、高速和水域领域专业力量建设,推动专业队伍建设向实战型、综合型、模块化、机动化的转变。全年参与处置各类灭火抢险救援6000余起,完成增援河南、淮安两地抗洪抢险和苏州“7·12”坍塌事故处置等任务。推进支队指挥中心建设,提升消防执法队伍能力素质,在全省指挥中心业务竞赛中获单项第3名、团体第6名;在全省火调岗位比武中获团体三等奖。

体制机制建设。镇江市出台《关于深化消防执法改革的实施意见》,破解消防工作法治性、机制性、体制性问题。出台“十四五”社会消防救援事业发展规划,为消防工作发展指明方向。推行“普通站+小型站(1+N)”建站模式,采取新建、改建等形式,年内部分消防站分别立项、开工建设、投入执勤。

(王 璇)

【火灾情况及分析】 2021年,镇江市发生火灾2807起,直接财产损失约2980.47万元。丹阳市发生火灾845起,句容市发生火灾420起,镇江新区发生火灾389起,丹徒区发生火灾367起,京口区发生火灾310起,润州区发生火灾257起,扬中市发生火灾219起。

居民家庭火灾占主体。非建构筑物火灾1074起,居住场所火灾847起,垃圾废弃物回收处理存放场所火灾317起,交通工具、汽车库火灾292起,商业、办公、娱乐场所火灾84起,厂房火灾72起,物资仓储场所火灾13起。

火灾原因呈多元化。遗留火种引发火灾884起,电气故障引发火灾533起,生活用火不慎引发火灾487起,自燃引发火灾317起,吸烟引发火灾213起,其他原因引发火灾205起,不排除原因引发火灾67起,生产作业引发火灾49起,放火引发火灾19起。

集镇农村火灾占主体。农村发生火灾913起,集镇区域发生火灾752起,城市市区发生火灾591起,县城城区发生火灾283起,开发区发生火灾191起,其他区域发生火灾64起。 (王 璇)

【防汛防旱】 2021年,镇江市各级水利部门全面完成应急水毁修复项目25项,整改度汛隐患41处。推进防汛防旱设备调试、物资储备、队伍演练等工作。面对滞留江苏省台风“烟花”的较大影响,各级防汛防旱指挥部统一指挥,紧急避险转移11600人,停工在建工地695处,排查沿江企业299家。汛期沿江主要闸站引排水超15亿立方米,全市无人员伤亡、无重大损失、无重大险情。 (龚 源)

模范人物

赵亚夫

句容市天王镇戴庄有机农业专业合作社研究员，2021 年获全国脱贫攻坚楷模称号。简介参见《镇江年鉴（2020）》第 281 页。 （江　鉴）

糜　林

生前是镇江市农业科学院果树研究室主任、研究员，2021 年获第八届全国道德模范称号。简介参见《镇江年鉴（2021）》第 385 页。 （江　鉴）

姜建新

江苏江南生物科技有限公司董事长，2021 年获全国五一劳动奖章。

姜建新在食用菌行业辛勤耕耘 40 多年，成功解决草菇、金针菇、鹿茸菇等食用菌工厂化栽培、菌种扩繁、精深加工等一系列技术难题，先后主持完成部级、省级科技项目 12 项，获授权专利 40 余件；主持制定省级地方标准 11 项。2002 年他发起成立丹阳市食用菌协会并担任会长，用专业协会的形式将分散的菇农组织起来，并整合区域食用菌生产及市场资源。2004 年他创办国家农民星火培训学校以及江苏省科技服务超市、企业院士工作站等科技服务平台，以提供菌种、培养料和生产技术服务为主要内容，以订单收购为核心，将最新的新型实用技术传授给农民；同时向菇农提供菌种及食用菌栽培原料，帮助菇农实现产、供、销一体化。他主持的“优质草菇周年高效栽培技术研发与产业化”项目被列为江苏省重大科技成果转化专项，并建立起国内外第一条草菇工厂化生产线，填补国内外空白。2014 年该成果获国家科学技术进步二等奖。他曾获评江苏省劳动模范、江苏省乡土人才“三带”名人、全国优秀科技工作者、国家星火计划先进个人等。 （张冬芹）

李迎涛

国网江苏省电力有限公司镇江供电分公司变电运维室京口变电运维班班长，2021 年获全国五一劳动奖章。简介参见《镇江年鉴（2020）》第 282 页。 （张冬芹）

陈　明

中铁大桥局集团有限公司连镇铁路项目经理部副经理，2021 年获全国五一劳动奖章。

陈明采取大量的“非常规施工工艺”，更换钻机型号、优化钻进流程；按照“岸侧优先，先长桩后短桩，相邻桩不得同时开钻”的施工工法，开展一系列技术攻关，解决五峰山长江大桥钻孔灌注桩施工难题，探索出在复杂岩层中钻孔桩施工的新参数。在南锚碇施工中，他提出“冲击桩引孔加铣槽机成槽”组合施工工法，迅速提高施工工效，获评省级重点工程职工发明创造先进操作法。在五峰山长江大桥主缆施工阶段，面对主缆索股数量多、控制精度高等技术难题，他潜心研究紧缆机、缠丝机、缆载吊机等三大件装备，保证施工环节、质量细节满足现场的要求，主缆安装提前 28 天完成，创造日安装索股 19 根、平均大于 9 根的记录。钢桁梁架设是五峰山长江大桥施工关键节点，吊装安全风险高。在钢桁梁吊装作业前，他每次都要召开安全生产调度会，落实安全生产责任制，在现场跟班作业，用 93 天安全高效完成钢桁梁架设及姿态调整，实现全桥精准合龙。他曾获评安徽省劳动模范、中国鲁班奖项目经理、湖北省优秀项目经理、中国中铁优秀共产党员等。 （张冬芹）

钱 京

恒宝股份有限公司董事长，2021年获江苏省劳动模范称号。

钱京重视公司战略的规划布局，锐意改革创新，推进管理升级。在他的带领下，恒宝公司经受住移动支付对智能卡市场的巨大冲击，业绩保持稳定增长，移动支付产品连续5年列国内第1名，通信SIM卡产品占市场份额第1名。2019年，恒宝公司实现营业收入15.37亿元，上缴利税2.09亿元。公司致力于向数字经济转型，推动数字货币业务及物联网业务的发展。他开展扶贫帮困工作，履行企业的社会责任，公司先后向慈善总会捐款40万元，向外提供各类慰问赞助190余万元。他曾获评“中国长三角青商领袖”、“中国新材料产业技术创新战略联盟优秀企业家奖”、江苏省科技企业家、镇江市劳动模范等。（张冬芹）

李国平

江苏同力日升机械股份有限公司董事长，2021年获江苏省劳动模范称号。

李国平运用长期从事电梯工作的经验，坚持创新，先后获数十项发明专利和几十项实用新型专利，提高工作效率的同时，从加工工艺上提高产品的质量。近年来，公司缴税总额均列丹阳市前50名，并多次获丹阳市优秀纳税企业奖项。他加强对全体员工政治素养的培养，让企业员工更多地参与到企业发展；他关注员工需求，保障员工合法权益。他热衷社会慈善事业，作为丹阳市慈善总会理事，每年向社会慈善机构捐赠款物。他曾获评镇江市优秀共产党员、镇江市劳动模范等。（张冬芹）

符爱芬

江苏丹毛纺织股份有限公司产品研发中心主任，2021年获江苏省劳动模范称号。

符爱芬积极开展技术创新研发，促进该公司精纺面料向高档轻薄、休闲舒适、时尚、个性及功能性、易护理等方向发展；倡导开发生产低碳、绿色环保精梳毛纺时装面料；注重品牌建设，拓展国际市场。她多次参加国家纺织面料设计人员辅导培训班和中国流行色协会举办的“高级色彩”培训班，“羊毛纤维的植物染色及其生态性研究”获中国纺织工业联合会“科技进步二等奖”，“一种羊毛增光精纺面料的制作方法”等3个项目获国家发明专利。她关注国外毛纺科技发展动态和毛纺织产品流行趋势，多次出国实地学习考察，设计生产的精梳毛纺时装面料外销比例最高为90%。她撰写的《“丹毛纺”精纺面料设计与生产》《仪纶羊毛精纺女装面料的开发》等多篇论文在国内、国际杂志上发表并获奖。她率领团队设计的多项面料成果获国家发明专利，并多次在国内、国际大赛中获奖。她曾获评“全国十佳纺织面料设计师”、“江苏省纺织行业十大工匠”、镇江市有突出贡献技师、镇江市有突出贡献中青年专家、首届“十大镇江工匠”、镇江市劳动模范等。（张冬芹）

张智慧

丹阳市荣昌农机专业合作社理事长，2021年获江苏省劳动模范称号。

1996年，张智慧购置2台桂林牌背负式收割机开始从事为农服务，他积极学习新技术，推广新品种，购置先进农机具，让自己成为科技兴农的实践者。他在种植业方面取得一定的成绩，实现粮食产量持续增长。2020年，水稻公顷产9450千克，总产超617000千克；小麦公顷产6000千克、总产392000千克。为提高粮食生产效率，他先后筹集资金近400万元，购进中拖旋耕机3台（套）、水稻播种流水线1套、高速插秧机4台、担架式植保机4台、高地隙植保机2台、植保飞机2台、频振式杀虫灯200盏、联合收机5台、烘干设备4台、农用汽车1辆等，进行田间机械化作业。机械化插秧比例100%，机械化收割比例100%，综合农机化服务水平97%以上。他曾获评全国粮食生产大户、全国农机大户示范点、镇江市致富标兵、镇江市劳动模范等。（张冬芹）

丁建兵

丹阳市丹北镇后巷荣汉苗圃总经理，2021年获江苏省劳动模范称号。

丁建兵采用以农户承包种植为基础，以基地强势拉动为龙头的经营模式，与农户签订产销合同，采取“你种我销，不销我赔，利益共享，风险我来”的模式，带动丘陵山区农业和经济的发展。在他的努力下参加合作社农户种植规模逐年扩大，收入逐年提高。销售公司先后为全村种植户销售各种苗木花卉20万棵（株），户均降低销售成本1000余元，户均年收入8万元～10万元，人均增收1万余元。新冠肺炎疫情防控期间，农户经济利益受到影响，他作为绿源花木党支部书记，加强与农户的沟通，并组织支部党员为疫情捐款。2016年冬天，他去农户田地指导农民培植苗木途中，发现1名落水儿童，他毫不犹豫跳入河中，成功救起这名落水儿童。他曾获评“江苏省最美新型青年农民”、“江苏省农产品营销大户50强”、“镇江市十大杰出青年农民”、镇江市农民创业实训基地带头人、镇江市劳动模范等。（张冬芹）

黄东海

丹阳市陵口镇郑店村党委书记、村委会主任，2021年获江苏省劳动模范称号。

黄东海带领村委会较好地完成土地流转、道路扩建、农村村庄整治、塘沟清理、标准化厂房建设、社会服务大厅改造等一系列民生工程和公益事业。他以“扶村帮户”工程为切入点，新建2800平方米的标准厂房与1500平方米钢架大棚；成立丹阳市柳发包装有限公司，开展各类纸箱包装和木质包装的产品生产。2016年，该项目让郑店村集体经营性收入稳定达到80万元以上，成功摘掉贫困村的帽子。他为村里修建多条灌溉水泥路，在全村主干道与自然村中安装路灯，实现各道路亮化率98%。他在辖区内筹建多个健身广场，活跃农村体育活动。他带领全村完成农村人居环境整治工程，打造优美乡村环境。他根据郑店村的实际和特点，建章立制；他重视党务、村务公开建设，党务、村务定期上墙公布。他曾获评镇江市劳动模范、镇江市村庄环境长效管理工作先进个人等。

（张冬芹）

张小辉

丹阳市中医院重症医学科副主任中医师，2021年获江苏省先进工作者称号。

张小辉参加过全国中医住院医师规范化培训教学培训班，国家级“重症5C”培训，省级“机械通气”“CRRT”等相关培训并取得资质证书；曾在南京鼓楼医院ICU进修半年并取得证书。他在临床上积累大量的救治经验，能熟练运用呼吸机及其他相关抢救设备，综合运用中西医结合诊疗技术，并多次在国家级及省级医学刊物上发表论文。他始终践行“融中西特色，汇仁心仁术”的理念，主动作为、乐于奉献。新冠肺炎疫情防控期间，他工作在疫情防控一线，圆满完成援鄂任务。他先后获评湖北省委、省政府“新时代‘最美逆行者’”、黄石市荣誉市民、大冶市荣誉市民、大冶青年五四奖章等，并获江苏省新冠肺炎疫情防控“嘉奖”。

（张冬芹）

万里香

华电江苏能源有限公司句容发电分公司运行部副主任，2021年获江苏省劳动模范称号。

2010年，万里香成为中国华电集团系统第一批援疆职工。在新疆喀什期间，他和同事克服工作、生活上的各种困难，建成新疆喀什热电项目。他深入现场，排解机组运行中遇到的各类异常和障碍。多年来，他先后成功处理包含母线失电、风机跳闸、空预器跳闸在内的重大事故，消除缺陷500余处，多次避免机组“非计划停运”发生。2019年，他承担该公司优化机组运行方式和调整工艺的重担，牵头制定机组节能降耗技术措施，公司1号、2号发电机组年综合厂用电率由2018年的5.058%降低到2019年的4.99%，实现直接经济效益200余万元。作为公司燃煤掺配小组的核心骨干，他参与制定掺配方案，成功安全掺烧经济煤种300万吨，为企业节约燃料成本6230万元。他积极开展镇江市“六型”班组创建工作，打造优秀班组。他积极筹划“值际竞赛”、“2×1000MW机组仿真机比赛”、“‘四比’劳动竞赛”、“提指标、保安全”迎峰度夏等竞赛活动，提升运行人员的整体技能水平。他曾获评中国华电集团安全生产先进个人、江苏省文明职工、镇江市劳动模范、中国华电集团江苏分公司“技术能手”等。

（张冬芹）

王荣祥

江苏华阳管业股份有限公司生产部副部长，2021年获江苏省劳动模范称号。

王荣祥善于创新，他牵头组织研发的成果获实用新型专利、发明专利等21项，直接为企业降低经营成本、创造利润400万元，为公司做出较大贡献。他主导完成对江苏田湾核电站、福建福清核电站、浙江秦山核电站、海南昌江核电站等工程项目的产品配件供应工作。他开展新材料、新工艺产品的研发，其中，华阳与上海核工院开展的重大专项“42寸大口径弯头成型关键技术”“试验用一回路奥氏体不锈钢管道部件制造”“基于小曲率半径核级带直段弯管的柔性推弯成型技术研发”等，为公司核级产品制造和其他领域高端产品制造提供保障。他曾评镇江市劳动模范等。

（张冬芹）

曲秀鹏

句容市三岔蟹业专业合作社理事长，2021年获江苏省劳动模范称号。

曲秀鹏从事河蟹、青虾生态养殖工作，他认真学习新技术、钻研新模式。2009年4月，他牵头成立句容市三岔蟹业专业合作社，并于2011年3月成功注册“容河”牌中华绒螯蟹商标。合作社坚持“高效、绿色”的理念，科学管理，提升产品品质。2020年，合作社32.4公顷基地销售收入626.12万元，成员亩均效益比周边普通养殖户高出12%左右。作为合作社社长，他带动周边100多名农户从事各类水产养殖，推动句容市及周边地区河蟹与青虾养殖产业的快速发展。2002年，他在句容开设“鱼病医院”，为句容、江宁和丹徒等周边地区的养殖户开展指导服务，平均每年服务渔民超8000人次，为养殖户挽回经济损失500万元以上。他引进“太湖2号”青虾和“长江1号”河蟹新品种，宣传推广微生态制剂的科学使用，推广应用微孔增氧河蟹、青虾养殖技术，河蟹、青虾发病率降低30%以上，水产品品质有较大提高。他曾获评江苏省渔业科技入户工程“优秀指导员”、江苏省水生动物病害测报工作“先进个人”、镇江市劳动模范等。

（张冬芹）

张奎峰

句容市白兔镇致富果业专业合作社社长，2021 年获江苏省劳动模范称号。

张奎峰坚持科学种植，加强葡萄树生根、发芽、成树每一环节的管控。他创立葡萄绿色安全标准化技术体系。他主动与科研院所合作，先后引进筛选阳光玫瑰、甜蜜蓝宝石等 6 个适宜当地丘陵栽培的品种；深入研究生态改土强根技术、生物产品绿色防控技术等 5 项葡萄生产关键技术，并在全市推广应用。在他的带领下，合作社葡萄亩效益 3 万多元，高于周边效益 50% 以上，实现年销售 2 万多箱、利润 100 多万元；种植的葡萄 10 多次获全国、省和市级行业评比金奖。作为全国脱贫攻坚楷模赵亚夫团队成员，他带领合作社葡萄种植户以高标准打造葡萄示范园，走绿色生态发展之路，先后带动就业 287 人。他自费购置条桌板凳，在农场开设田间课堂，分享成功经验。他每年接待到镇江学习的团体（个人）80 多批次、5000 余人，涉及安徽、浙江、贵州、陕西、新疆等 10 余省。他曾获评全国优秀农民工、农民教育培训"百名优秀学员"扶贫先锋、镇江市劳动模范、句容市"最美创业者"等。

（张冬芹）

易善智

句容市公安局党委委员、交通警察大队大队长，2021 年获江苏省先进工作者称号。

易善智曾参与破获各类刑事案件 1000 余起，直接抓获犯罪嫌疑人 200 余人。他先后协调组织解决 7 所学校的停车难问题。2018 年，他牵头开展非标电动三轮、四轮车的整治工作，提高城市车辆通行效率和城市管理水平。在句容城市中心主干道出新工作中，他深入每一条需要改造的路段、路口，与设计单位共同研究道路的实际缺陷，优化设计方案，设计首条右置左转车道，并增加 10 个右转专用道，推动提升城区的通行效率。在他的带领下，大队交管业务综合考核连续 4 年列镇江市第 1 名。新冠肺炎疫情防控期间，他组织句容交警部门负责全市 21 个交通管控点的工作，先后参加实战执勤 130 余次。他曾获评"江苏省最美抗疫先锋"、镇江市优秀共产党员、"江苏好人"、镇江市劳动模范等。

（张冬芹）

张庆朋

向荣集团有限公司售后服务人员，2021 年获江苏省劳动模范称号。

张庆朋勤于钻研，推动解决产品故障问题，圆满完成公司交办的售后服务工作。该公司位于宁夏戈壁滩上的项目——国电方家庄电厂项目，工程周期长、体量较大，涉及公司 500 多台低压配电柜，他深入现场，长期加班加点，解决出现的各种问题 100 多个，现场测量无一错漏，为确保并网发电做出贡献。在巴基斯坦喀喇昆仑公路项目中，他克服恶劣的自然环境等不利因素，为项目如期保质交付做出贡献。2020 年春节前夕，为了确保镇江二重集团项目的相关产品在春节期间能够正常使用，他到现场开展维护保养工作，连续工作 18 个小时，确保产品正常。他曾获评镇江市劳动模范、扬中市"金牌员工"等。

（张冬芹）

姚建明

江苏银佳企业集团有限公司董事长，2021 年获江苏省劳动模范称号。

在姚建明的引领下，银佳集团发展成为集智能制造、工程建设、港口物流、酒店金融四大业务板块于一体的集团公司。他注重品牌合作和技术创新，积极寻求产业转型升级，产品先后与施耐德、ABB 等公司合作；自主研发的智能疏散指示系统及 EPS 应急电源等产品为众多轨道交通行业使用，轨道交通市场占有率 30% 以上。集团旗下华夏安装公司具备消防安装一级资质，先后承接全国数百个重点工程的安装业务。他重视企业的党群建设，注重企业的政治引领作用，推进学习型党组织建设，开展创先争优活动，助推企业健康可持续发展。他重视、弘扬工匠精神，每年都组织集团内部职工开展技能比赛，并选派优秀职工参加扬中市职业技能竞赛，获较好成绩。他热心公益事业，多次冠名各项公益活动；同时，向慈善机构、弱势群体和灾区捐款超过 1000 万元。他曾获评镇江市劳动模范等。

（张冬芹）

顾国祥

扬中市三叶咸秧草有限公司总经理，2021 年获江苏省劳动模范称号。

顾国祥长期扎根农村，热心专注扬中秧草事业，积极开展秧草技术推广，为农民提供技术服务，帮助农民销售，带领农民增收致富。以扬中市万亩秧草产业园等为载体，扬中市成为全国秧草种植比例最大的县（市），全市 3000 多农户从事鲜秧草和咸秧草的种植生产加工。建立大型秧草种植基地，培育秧草种植大户，依靠科技带领广大农户发展生产，增收致富。三叶咸秧草公司有会员和社员 360 余人，建立有 300 多公顷的无公害秧草基地（农业标准化示范区）。公司制定科学的无公害秧草技术省级地方标准和秧草预处理生产技术规程，组织会员、社员进行标准化种植、生产。2019 年，农户人均秧草收入为 18000 多元。他坚持让利惠农，免费提供优质良种、种植技术、腌制配方、腌制标准给农户，2019 年免费发放种子 15 万元（合价）、腌制食盐 100 多吨，为农户培训支出费用近 10 万元。除基地自有秧草外，公司以高于市场价 6% ~10% 的合同订购、协议收购方式收购农户种植的秧草进行市场销售和深加工生产。他曾获评江苏省科普惠农兴村带头人、江苏省第二届“百佳”农产品经纪人、江苏省第三届“创业之星”、镇江市劳动模范等。（张冬芹）

周春燕

扬中市卫生健康委员会党委书记、主任，2021 年获江苏省先进工作者称号。

周春燕牵头组织实施两轮机构改革的相关工作，优化科室职责，理顺工作流程，推动卫生健康事业发展。在新冠肺炎疫情防控期间，她迅速组建防控指挥体系和专业队伍，带领全系统科学有序开展各项防控工作。她坚持靠前指挥，阅办、落实各级、各类指导性文件 2000 余件，支持召开或参与各类会议活动 200 余场次，完善各类方案预案 40 余件；多次深入医疗机构、桥头卡口、复工企业等一线指导工作落实。她在常态化防控阶段，定期向市指挥部报告防控形势，提出合理科学的防控建议。她推动建立医防协同服务体系，积极联系在外地的扬中籍医学专家，柔性引进高层次医学专家团队；成立涵盖内外妇儿多学科的“名医工作站”26 个；引进糖尿病筛查等惠民项目 3 个，方便群众就医的同时，带动专科能力整体提升。她推动肿瘤早筛项目建设，根据当地肿瘤发病情况，积极实施上、下消化道肿瘤、肺癌等重大疾病的早筛、早诊、早治工作。她推进基层医疗机构运行机制体制综合改革，实施“一院一策”，激发基层活力，促进分级诊疗制度落实。她创新开展“互联网 + 医养结合病床”，为失能、半失能等有医疗服务需求的群体提供上门服务和专业指导，该成果获省家庭医生签约服务模式创新奖。她曾获评镇江市优秀党务工作者等。

（张冬芹）

韩庆祝

江苏鹤林水泥有限公司设备工程师，2021 年获江苏省劳动模范称号。

韩庆祝密切掌握现场设备的运行动态，做好设备预维修计划及处置设备隐患的应急预案工作。他不断探索回转窑系统设备运行的原理，总结出一套设备巡检方法，最大限度地降低设备机械故障率，公司 3 条回转窑年均设备机械故障率控制在 0.15% 以内。当生产设备发现隐患或出现故障时，他根据现场设备的实际情况，进行判断、分析与评估，并提出合理化建议，有效处置设备故障，为公司创造经济效益。该公司 1 号回转窑主传动膜片曾发生损坏，窑不能运行，在无备件的情况下，他根据多年的实践经验提出临时处置方案，为公司减少损失 192 万元。他在常规的检查中发现三线原料立磨轴承有点蚀剥落损坏现象，如果停产更换该进口配件，周期至少需 8 个月，企业损失在千万元以上。该公司采纳他的建议，先调整运行压力技术参数，延长轴承使用寿命，确保设备在可控的情况下安全运行至检修期；与此同时，该公司及时采购备件，避免因无生料导致回转窑被迫停窑、停产的重大设备事故，减少经济损失 1536 万元；备件到货后，他总结一套完整的装配方案指导更换，检修时间缩短 8 天，创造效益 1024 万元。他曾获评镇江市劳动模范等。（张冬芹）

蒯忠山

江苏省大港中学副校长，2021 年获江苏省先进工作者称号。简介参见《镇江年鉴（2020）》第 282 页。

（张冬芹）

黄　娟

丹徒区世业镇先锋村党总支书记、村委会主任，2021 年获江苏省劳动模范称号。

黄娟始终坚持把党的建设放在工作首位，创新“三会一课”形式，把支部委员会开在田间地头，哪里有问题将会议开到哪里，现场商议。同时，针对极少数流动党员不能有效参加组织活动的问题，建立起流动党员微信群，定期发布村会议内容、学习资料，以多种形式带动流动党员参与组织活动，共同加强村党组织建设。她带领村委会全体成员通过招商引资加快先锋村产业振兴步伐，通过借力项目资源发展村级经济。她以“四季春农业园”为载体，引进“金色年华健康养生谷”项目，改变先锋村种植结构和群众传统种植理念，增强致富的内生动力，拓宽群众致富渠道，促进群众和集体双增收。她结合党建推进社会服务“网格化”建设，将村党员干部下沉到网格中，将基层党员的力量凝聚起来，构建全方位、贴近群众的党员服务体系，实现“党建引领、多网合一”。她通过树典型的方式，引导广大党员干部强党性、转作风、做表率。她曾获评镇江市劳动模范、“镇江市农村青年致富带头人”等。（张冬芹）

章　伟

镇江市京口区疾病预防控制中心副主任，2021 年获江苏省先进工作者称号。

章伟勤于钻研业务，多次参加省、市组织的“现场流行病学”“卫生应急管理”“突发公共卫生事件应急处理”等项目的系统学习，带领团队成员成功处理突发公共卫生事件、暴发疫情及聚集性疫情事件。在抗击新冠肺炎的工作中，他既当指挥员，又当战斗员，每当出现疑似病例，他第一时间赶医院隔离病房与患者面对面开展流行病学调查；他与时间赛跑，力争在最短时间内找到每一名密切接触者，防止疫情扩散。在新冠肺炎疫情常态化防控工作中，他带领团队成员做好新冠肺炎疫情监测工作；做好入境、中高风险地区返回镇江人员采样监测工作；做好企业复工、学校复学、重要考试、集中医学隔离点等防疫保障和技术指导等。他在腰椎横突骨折的情况下，仍然坚持在工作岗位上。他曾获评全省抗击新冠肺炎疫情先进个人、镇江市血吸虫病防治工作先进个人等。（张冬芹）

江 敏

江苏鼎胜新能源材料股份有限公司运行工程师，2021年获江苏省劳动模范称号。简介参见《镇江年鉴（2020）》第282页。（张冬芹）

郑德明

镇江市润州区环境卫生管理所清洁二队队长，2021年获江苏省劳动模范称号。

郑德明20多年如一日，一直战斗在环卫工作第一线，勤勤恳恳、任劳任怨，为镇江市的市容整洁卫生做出贡献。在工作中他既当指挥员又当战斗员，手把手地将操作技能教给新来的队员；发现队员作业不符合标准时，他加强指导，直到符合作业标准为止。遇到创卫检查及市容整治等特殊任务，他放弃休息，加班加点。卫生中转站地槽堵塞，他不顾沟内腥臭的污水，下到池内清理。队员有困难，他主动关心；队员生病，他送医治疗，并垫付医疗费用。他积极带领全队参加环卫所开展的劳动和技能竞赛活动。他服从单位大局，多次岗位调整毫无怨言。他曾获评全国优秀农民工、镇江市劳动模范等，并获江苏省五一劳动奖章。（张冬芹）

栾立敏

镇江市润州区黎明社区卫生服务中心党支部书记、主任，2021年获江苏省先进工作者称号。

2012年，栾立敏带领10名医护人员组建黎明社区卫生服务中心，并创新实践分级诊疗分工协作和医防融合服务的方式和方法；创新的康复联合病房、“全—专联合门诊”模式被原卫生部专刊全国推广；创新的“首诊点单式”签约服务，获江苏省家庭医生签约创新第1名，并成为签约服务技术标准在全省推广应用；创新的“嵌入式”医养融合服务，盘活存量养老资源，服务“刚需型”养老需求，在镇江产生较大社会影响。社区卫生服务中心先后获评全国首批“百强社区卫生服务中心”、全国首批优质服务社区卫生服务中心、全省卫生健康系统先进工作单位。2020年2月6日，他克服家庭困难，参加驰援武汉抗击新冠肺炎疫情的战斗。在武汉的52天里放弃休息、加班加点开展防控指导和督查工作，其间未发生聚集性疫情，所在团队获评全国卫生健康系统新冠肺炎疫情防控工作先进集体。他曾获评镇江市有突出贡献中青年专家、江苏省卫生计生系统优秀党务工作者等，并获镇江市人民奖章。（张冬芹）

郭 磊

航发优材（镇江）高温合金有限公司工程部部长，2021年获江苏省劳动模范称号。

郭磊曾承担粉末盘建设项目，该项目设计难题多、时间紧、任务重，他带领团队在严格落实关于项目安全、质量和进度的要求下，克服困难，保障项目顺利推进。他严格管理，制定一系列制度，控成本、强质量、保安全，提升现场管理水平。他推进安全生产和质量标准化工作，构建安全质量文化，项目多次获评安全廉政建设方面的表彰。在新冠肺炎疫情防控期间，他担任公司疫情防控办公室副主任，他把职工生命安全放在第一位，组织制定公司疫情防控方案和应急预案，成立基地疫情防控工作组，建立疫情防控专项物资库，设置外地返镇江员工隔离区，保障员工安全。他曾获评镇江市劳动模范等。（张冬芹）

毛建军

镇江经济技术开发区土地储备中心主任，2021年获江苏省先进工作者称号。

毛建军推进镇江新区土地市场健康运作，合理确定年度土地收储计划，发挥储备中心在城市建设发展、政府服务效能提升、营商环境优化以及人居环境改善等方面的职能作用，强化政府土地调控能力，提升储备土地对城市重点发展领域的支撑保障能力。他加强储备土地的日常管理，合理整合土地资源，保障土地有序供给。他配合项目招引，合理运用各类土地空间资源，为项目招引提供资源要素保障。他对低效土地进行收储，按期解决市重点项目——孚能科技镇江公司三期工程项目用地难题。他服务保障产业强区战略部署的推进落实，服务项目开工建设。他强化党建工作，加强分析研判，细化责任目标，增强党组织战斗力；他注重发挥党员先锋模范作用，培养一批能干事、肯干事的业务骨干，推动储备中心各项工作的长期健康发展。他曾获评镇江市劳动模范等。

（张冬芹）

王 萍

江苏润州超群花卉有限公司副经理，2021年获江苏省劳动模范称号。

王萍积极学习蝴蝶兰种苗的生产管理知识，提升蝴蝶兰种苗生产管理的水平。她针对不同蝴蝶兰的生活习性研究出一套蝴蝶兰的种植方法，提高蝴蝶兰的产量，预防病虫害的产生。她带领研发团队培育出的蝴蝶兰品种获第28届中国（翁源）兰花博览会特金奖。她积极为附近花农开展技术培训，把自己多年试验成功的10多个蝴蝶兰品种向广大种植户推广、传授；花农遇到技术上的难题，她现场提供辅导。同时，她为当地想要创业的村民免费提供场所和蝴蝶兰品种，并引导村民借助电商网络平台销售蝴蝶兰。在她的示范带领下，众多花农收入提高，共同致富。她曾获评江苏省人才“三带”新秀、镇江市劳动模范等。

（张冬芹）

贺联中

镇江市商务局组织人事处处长，2021年获江苏省先进工作者称号。

贺联中在商务局开发区处任职期间，牵头编制开发区总体规划，绘制产业招商地图；他做好顶层设计，牵头起草共建园区、开发区改革创新等21个市委、市政府重要文件，明晰“路线图”。新冠肺炎疫情防控期间，他同时担任商务局企业防控组组长，牵头提请市政府办下发《关于印发镇江市生活必需品市场供应应急预案的通知》等文件，并牵头起草印发《外向型经济惠企帮办服务指南》《商贸流通企业帮办服务指南》，助力企业渡过难关。他积极推进国家级综合保税区、国家级高新区平台建设，商务部通报镇江经开区列全国219家国家级经开区综评第30名；省政府批复设立丹阳、扬中等2个省级高新区，商务厅通报丹阳经开区列91家省级经开区第8名，其他4个经开区名次进位；渭南富丹产业园获苏陕扶贫协作共建“区中园”第1名；全市经开区实现省级知识产权试点（示范）园区、特色产业园的“全覆盖”。担任组织人事处处长后，他积极开展“党史‘镇’在学·我学习，我思考，我解难”等党史学习教育活动，党建引领项目获全市2020年度“十佳书记项目”。他曾获全省开发区信息工作先进个人一等奖，并获评镇江市劳动模范、镇江市优秀党务工作者等。

（张冬芹）

赵红文

镇江市财政局机关党委专职副书记，2021年获江苏省先进工作者称号。

赵红文在市财政局工作30多年，立足岗位、勤恳敬业。她积极学习业务知识，成为财政政策的专家。她克服癌症的病痛，坚持服务企业，提高办事效率。2015年至2019年4月，在争取扶持资金的工作中，她为镇江市近550户企业向上争取扶持资金7.4亿元，申报成功率在全省较靠前。2019年5月，她就任市财政局机关党委专职副书记后，坚持主动作为，积极开展党员志愿者服务、“五抓五促”、党建助推企业解难题等专项行动，发挥表率作用。面对新冠肺炎疫情，作为牵头处室负责人，她带头拟方案，抓落实，并与志愿者一起进社区、入企业，所服务的大港街道专门为志愿者送上感谢信。她曾获评镇江市劳动模范、镇江市“服务发展党员先锋”等。

（张冬芹）

卞丽娜

镇江市农业机械技术推广站站长，2021年获江苏省先进工作者称号。

作为一名农机技术推广工作者，卞丽娜长期工作在基层一线。她推进农业生产全程机械化，开展设施蔬菜和水产养殖等方面的“机器换人”工程、农业生产绿色生态环保机械化技术与装备示范工程，总结、推广一批技术成果。全市各类农机保有量10万余台（套），主要粮食作物耕种收综合机械化率96%、秸秆机械还田率74%。她带领的农技站获评江苏省“科技富民”突出贡献单位。她发挥农技站技术优势，联合有关单位申报国家、省、市级科技项目20多项。近年来，她重点开展“稻麦丰产高效全程机械化技术集成应用”“水稻机插秧同步侧深施肥技术集成与示范推广”“植保无人飞机减施增效关键技术集成与产业化推广应用”等项目的研究与推广，并打造“亚夫党员科技工作室”和“农机科技志愿者服务队”。她先后在省级以上刊物发表论文11篇（作为第一作者6篇），参与编写“金阳光”新农村系列丛书1部；获国家实用新型专利10多项。她所在农技站主办的《农业装备技术》杂志是全国地级市农机推广部门唯一国家级科技期刊。她曾获江苏省农业技术推广奖三等奖，并获评镇江市劳动模范、镇江市产学研合作项目突出贡献者等。

（张冬芹）

张久召

镇江市公安局交通警察支队京口大队副大队长，2021年获江苏省先进工作者称号。

张久召扎根基层10多年，没有休过一次年假；每天徒步巡逻平均10千米以上，守护一方平安。新冠肺炎疫情防控期间，他四根肋骨骨折仍然坚守岗位。他是“执法标兵”，创新“说理工作法”和“四四六”工作法，在全市交警部门推广。他查处交通违法4万余起，保持“零”投诉记录。他是“警营工匠”，在镇江市实验小学门前胜利路创新分时限行和禁停举措；在苏宁广场和中山路小学创新交通“微循环”举措，拥堵指数下降10%。他是“平安卫士”，推动建成26个安全劝导站；首创巾帼女子“护学班”；救助困难群众万余人次。2016年，在音乐节安保工作中，他连续工作15个小时，累倒在工作岗位。他曾获评全国优秀人民警察、全国交警系统“执法标兵”、江苏省公安交巡警部门“示范标准岗执勤执法能手”、镇江市未成年人思想道德建设工作先进个人、镇江市劳动模范等。

（张冬芹）

施　琴

镇江高等职业技术学校机电工程系副主任，2021年获江苏省先进工作者称号。

施琴注重学生全面素质和综合能力的培养，善于将多学科进行课程整合，针对中职学生理论基础薄弱、实践能力较强、学习起点不同的特点，制定分层教学方案，发挥学生自身特长。她注重提升学生的实践动手能力，采用项目导向、任务驱动的模式组织教学，并积极开展软件仿真教学和实践操作活动。她带头组建“雏鹰工作室”，带领师生参加各类国际赛事。2011年，她参加江苏省职业学校技能大赛获单片机技术教师组一等奖；2012年获江苏省职业学校技能大赛电子装配教师组二等奖。2011年，她指导学生团队在中芬（江苏）职业院校技能大赛中获第3名；2012年指导学生团队参加全国职业院校技能大赛获中职组一等奖，并获评优秀指导教师；2014年指导学生团队参加全国技能大赛获机器人技术中职组一等奖，并获评优秀指导教师；2015年指导的学生作品获第二十一届全国发明展览会金奖、宝钢青少年发明奖；2017年指导学生团队参加全国三维数字化创新设计大赛获江苏赛区特等奖、全国一等奖；2018年指导学生团队参加全国3D大赛精英联赛获江苏赛区特等奖、全国二等奖；2016年，作为导师指导学生团队参加FRC国际机器人挑战赛，获上海赛区集体“最佳新秀奖”“团队安全奖”；2017年获深圳赛区集体“全明星新秀奖”“亚军联盟”；2018年获集体“工业设计奖”“工业安全奖”，并进入美国休斯敦总决赛；2019年获集体“工程启发奖”、澳大利亚赛区冠军；2020年集体获FRC最高荣誉——“主席奖”。她先后主持完成中医推拿按摩机器人、小广告清洗机、管道除垢机器人、高温合金基自润滑轴承等科研成果；联合8所中小学校组织成立市机器人协作会，开展师资培训，指导机器人社团活动，为江科大附属小学、市第一外国语学校等学生社团义务授课。她牵头组建镇江青少年机器人教育协作会，多次承办镇江市科技比赛，并接待含港澳台胞、美国华侨在内的万余名青少年体验学习。她曾获评全国优秀教师、全国巾帼建功标兵、省青蓝工程中青年学术带头人、省优秀科技工作者、省优秀中小学科技辅导员、镇江市劳动模范等。（张冬芹）

许应坤

镇江市中西医结合医院重症医学科主任，2021年获江苏省先进工作者称号。

许应坤专注医学的发展与教育，培养帮带年轻医师成长。2013年，他推动建立以“高效、严谨、精湛”为核心的急诊、ICU科室文化，科室获江苏省用户满意服务班组称号。2014年，他牵头创建该医院自己的重症医学专科，开展多项医疗新技术、新项目研究，提升医院急危重症患者的救治水平。他承担多项科研课题，撰写多篇SCI及核心期刊论文。2015年，在他的带领下，重症医学科获市青年文明号称号。新冠肺炎疫情防控期间，作为市级新冠肺炎救治专家组成员，他多次参与新冠肺炎患者的会诊、排查、确诊、制定诊疗方案及出院后跟踪的工作；作为院内专家组组长，他带领组员全日制开展新冠肺炎患者的集中筛查工作；他制定诊疗方案、发热门诊的诊疗流程，指导发热门诊普通及重症患者的临床医疗管理。他多次承担省、市级专科的课程培训，并积极开展新冠肺炎援鄂医护人员培训；他曾获评江苏省抗击新冠肺炎疫情先进个人、镇江市优秀共产党员等。（张冬芹）

郁金红

镇江市广播电视台播音组组长，2021年获江苏省先进工作者称号。

郁金红在播音主持一线岗位担任新闻主播30多年，她业务能力强，工作热情，在播音主持岗位起到带头引领作用，培养出一批年轻的播音员、主持人。她创立“金山诵读”文化惠民公益品牌，该品牌成为中共镇江市委宣传部、镇江市教育局重点文化建设品牌项目。2018年，她获评中共江苏省委宣传部、江苏省新闻出版局、江苏省广播电视局、江苏省新闻工作者协会的江苏省“四名人才‘名主持’”。同年，她的播音作品《长风破浪会有时——不忘初心砥砺前行》获江苏省播音主持作品政府奖一等奖。新冠肺炎疫情防控期间，郁金红示范带领播音员、主持人用“声音抗疫”，朗读为武汉人民加油的“抗疫诗歌”和驰援武汉的医护人员的“战地工作日记”，获全国、省、市网络媒体推送。她朗诵的作品《2020我们坚信武汉一定是浪漫的》被中共省委宣传部收录进战疫文艺创作作品库。她曾获评镇江市“有突出贡献中青年专家”、镇江市首届“名主持人”、镇江市劳动模范等。（张冬芹）

李　迪

镇江市自来水公司管道测漏队队长，2021年获江苏省劳动模范称号。

李迪一直从事为城市供水管线测漏工作，近年来，他带领测漏队检测出大小漏点1500余处，其中个人检漏500余处，“DN300”以上大口径管道20余处，节省供水成本数百万元，为该公司降损做出较大贡献。在极寒天气期间，全市各个片区都有他的身影，他通过细致的数据分析测出大口径管道漏损，查水100多处，为全市安全稳定供水做出贡献。新冠肺炎疫情防控期间，他先后对全市30余个小区进行供水管道测听，测得供水管道漏点30处，解决水小、无水的市民用水问题2处，确保居家供水稳定。他曾获评镇江市劳动模范、“镇江市匠人匠心好青年”等。
（张冬芹）

汤　虹

镇江市生态环境局生态环境保护调度中心主任，2021年获江苏省先进工作者称号。

汤虹在环境信访岗位第一线工作10多年，带领处室人员及时处理信访、网络、电话举报等环境信访问题，为促进经济建设健康发展和社会稳定做出贡献。她接待处理镇江市便民河农作物受损、东部地区农作物受损、索普集团周边群众拆迁、兆和皇冠假日噪声扰民、城东垃圾场异味、华东泰克西异味等多起疑难信访事项，积极发挥自身法律专业基础的优势，全力做好矛盾化解工作，提升群众满意度。在2016年中央环保督察组、2018年省级环保督察组、2018年中央环保督察组“回头看”交办信访事项办理报结工作中，她埋头苦干、连续加班加点，圆满解决各项工作任务。尤其是针对2016年中央环保督察组交办115件信访件、2018年中央环保督察组“回头看”交办224件信访件的工作，她积极会同属地政府，及时调查处理，及时报送办理情况；对每件信访件做到现场核查、跟踪督办、严格销号、保证质量。她曾获评省生态环境系统先进工作者、镇江市信访工作先进个人、镇江市“12345”政府服务热线优秀个人等。
（张冬芹）

杨　毅

江苏恒顺集团有限公司生产管理部原辅料库班长，2021年获江苏省劳动模范称号。

杨毅钻研现代仓储的管理方法，制定和整理一整套关于仓储的相关规章制度和岗位职责；梳理和制定17大类仓储流程，覆盖该公司仓储所有业务，形成工作制度化、制度流程化、流程表单化的格局。每年物料入库与出库业务1万多笔，大到每年数百万吨原料，小到一只瓶盖，他都会仔细谨慎收发，保障公司生产物资供应。他大胆提出制醋醅楼卸货和投料流程再造方案并积极实施，对麸皮和大糠的储运方式进行全面改进，由原先的“人工转驳，多次码垛”变成“电动转驳，一次码垛”，公司长期“原料卸货、投料”工序劳动强度大的问题获根本解决，降低人工成本，提升劳动效率；同时，提高麸皮大糠在储运过程中的安全性、可靠性。2020年，在恒顺集团实施的全数字化项目中，他身兼流程用户与关键用户两个岗位的职责，从蓝图设计到系统上线再到后续开发的整个过程中，克服困难、加班加点，保障系统衔接；通过全数字化重塑项目的契机，全面升级仓储管理。经过一系列数字化赋能，仓储内部推动物料的批次管理与库龄、货龄管理处于同行业较领先水平，仓储批次管理的准确率为90%以上。他曾获评镇江市劳动模范、镇江市技术能手等。
（张冬芹）

梁丽丽

镇江市规划勘测设计集团有限公司环境设计分院景观设计师，2021年获江苏省劳动模范称号。

梁丽丽积极探索景观设计与海绵城市建设的契合点，将专业知识应用到海绵城市建设的具体项目中。她积极参与各类课题研究，以研究推进项目，以项目检验研究成果。她先后完成“长沙市望城区海绵城市建设适应性研究”“句容市海绵城市建设适应性研究”“河道水体的内源治理及生态修复研究”3项课题研究，主持编制《长沙市望城区海绵城市建设适生植物应用指南》，参编由该单位主编的省级技术标准《海绵城市设施通用图集》、由中国建筑工业出版社出版的《海绵城市规划设计案例集》，先后完成生态化景观设计项目16项，发表论文2篇。2019年5月，连镇铁路两侧绿化及环境整治工程、长江两岸造林绿化工程、镇江市老旧小区改造工程、镇江市慈善公园4个项目同时展开，她克服时间紧、任务重的困难，白天在工地现场踏勘并和相关部门沟通，晚上加班加点完成图纸绘制，保证项目完成的序时进度和质量。她在连镇铁路两侧绿化及环境整治工程中，经常沿着未建成的铁路沿线跑现场，有一次在确认绿化范围的时候，陷进泥潭里，拉出来的时候，整个人变成泥人，她马上回家换衣服，并重新返回工作岗位。在镇江市老旧小区改造（2018年—2020年）项目中，她在现场服务做到随叫随到，保证项目进度不延误。在该单位内部，她与规划、建筑、道路、排水、交通等专业部门紧密合作，完成《黄鹤山、磨笄山花海主题规划》《大禹山北片区主江堤外湿地公园规划》《镇江运河文化带建设规划研究》《镇江市主城区“一山一景”整治规划研究》《镇江市三山一湖一渡旅游规划》等多项规划任务。她曾获评镇江市劳动模范等。
（张冬芹）

马海燕

江苏索普（集团）有限公司工会副主席，2021年获江苏省劳动模范称号。

马海燕勇于开拓、敢于创新，把实现和维护职工群众合法权益作为各项工作的出发点，不断强化工会自身建设，全力打造职工信赖的“职工之家”。她每年坚持推进各类技能竞赛、岗位练兵和“名师带徒”活动，提升职工技能素质；开展“安康杯”系列活动，提升职工安全、环保意识，助推企业生产运行安全稳定。她深入基层，坚持“一线工作法”，组织工会干部到基层工会、一线班组开展工作调研和走访，听取职工意见。她20年如一日坚持开展“三年一轮转”活动，通过贯穿全年的生产运动会、体育运动会、文化艺术节等活动，密切联系职工群众。她心系职工，每年积极组织开展“送清凉、送温暖”及“为民办实事”活动，帮助职工解决各类难题。在她的助推下，集团工会多项工作受到全国总工会、省总工会表彰。她被推举为中国工会十七大代表、江苏省七届女职工委员会委员。她曾获评全国能源化学系统“先进女职工”、全国优秀工会工作者、镇江市优秀基层工会主席等，并获江苏省五一劳动奖章。（张冬芹）

丁 琼

镇江市公共交通有限公司驾驶员、线路班长，2021年获江苏省劳动模范称号。

2014年，丁琼进公交公司后一直从事204路驾驶服务工作，2018年被选为线路班长，她被誉为公交线路上的“铿锵玫瑰”。她安全驾驶30万千米无事故，平安运送80万名乘客无投诉，车次执行率和服务合格率每年均为100%。她创立“一、四、五、七”特色工作法，即：“一”为坚持微笑服务；“四”为“开安全车、文明车、温馨车、放心车”；“五”为“乘客上车说问候语、行驶途中说安全提示语、乘客多时说疏导语、遇到特殊群体说照顾语、乘客下车说欢送语”；“七”为对老人、小孩、病人、残疾人、孕妇、体弱者、外地人给予特殊关心和照顾。她先后收到表扬信30多封和多面锦旗。她热心助人，同事生病，她看望慰问；同事遇到急事，她帮助顶班开车。她是社会公益志愿者，利用业余时间，积极参加公交“善行先锋”“工人先锋队”“善行青年志愿服务队”等公益行动。新冠肺炎疫情防控期间，她主动请缨，白天利用休息时间从事随车安保和防护工作；晚上参加社区疫情防控工作。她和该公司的另一名同事被赞为公交线路上的“战疫双美姐妹花”。她曾获评全国“最美公交驾驶员”、镇江市劳动模范、镇江市“巾帼建功岗位能手”等。（张冬芹）

赵永军

江苏省交通工程集团有限公司副总工程师，2021年获江苏省劳动模范称号。

赵永军作为一名专业技术人员，仔细把控在建项目的技术规范。2000年—2002年，他担任润扬长江公路大桥F1标（南索塔）项目技术科长，主管技术、质量和安全工作。施工过程中，他在参阅大量相关资料并请教多名专家后，通过手算、电脑绘图，设计横梁支架，复核整体式提升爬架，编制塔柱和横梁施工方案，为工程的按序时推进做出贡献。该项目获中国土木工程詹天佑奖。2007年—2009年，他担任泰州长江公路大桥C06标（南索塔）项目副总工程师兼安技部部长，负责编制的试桩方案和桩基施工方案、承台施工方案、塔座施工方案等数个重大施工方案，获设计院的采纳。2019年—2020年，他担任厦门山海健康步道节点桥梁项目技术顾问，他带领项目部工程技术人员重点完成节点2桥梁缆索安装方案，获建设单位认可。他积极推动技术创新，通过劳模团队工作室，组织团队开展技术攻关，帮助该集团公司60余个项目部远程解决施工现场的各种技术问题，并开展远程培训。他曾获评镇江市劳动模范等，并获江苏省五一劳动奖章。（张冬芹）

杨 刚

金东纸业（江苏）股份有限公司车间主任，2021年获江苏省劳动模范称号。

杨刚围绕该公司生产任务和经济指标要求，努力提升各类产品的品质和设备的运行效率；他强化车间基础管理工作，提升车间创新能力。2020年，在他的带领下，车间提升一号机的单铜得率，改善二号机静电复印纸的品质、三号机纸品的印刷品质。同时，各机台在A级率、直包率、单铜得率、断纸次数、平均车速等方面屡次突破该公司的历史生产纪录，2020年4月和7月，PM3机台2次突破纸机世界车速纪录，4月—7月，A级率连续4个月为100%。2020年，受新冠肺炎疫情影响，该公司产品外销量下降、产销失衡，他制定《关于生产各部针对新冠疫情升级应急预案》《关于生产各部加强新冠疫情防范措施补充要求》等规定，确保生产正常运行；他统筹安排生产部的运作，带领生产团队围绕转型升级、结构调整开展工作，短期内生产出本白双胶、高白双胶、静电复印纸等产品并推向市场，保证公司的产销平衡。2020年，车间超额完成集团下达的产量目标，吨纸盈利增加53%。他曾获评镇江市劳动模范等。（张冬芹）

范明华

江苏恒信咨询集团党委书记、理事长，2021年获江苏省劳动模范称号。简介参见《镇江年鉴（2020）》第283页。（张冬芹）

田宏伟

国家能源集团谏壁发电厂副厂长兼科技部首席专家，2021年获江苏省劳动模范称号。

田宏伟坚持科学发展、绿色发展和创新发展理念，主持并参与企业多项科技创新和机组设备重大项目技改等工作，推进“安全生产环保”“科技创新”等重点工程。他完成“外围灰库安全评价”“20万吨圆形煤场建设”“#6煤场封闭改造”等项目，企业未发生一起环境污染事件。他全程主持推进“330MW亚临界机组综合升级改造”，改造后2台机组年节约标煤5万余吨。他研发的“一种有利于空气预热器安全经济运行的新型传动和漏风控制装置”被中国电力技术市场协会授予2019年火电企业超低排放及节能改造创新成果一等奖；“一种用于生产系统的多方位智能管控平台”被江苏省企业联合会评为2019年江苏省企业管理现代化创新成果一等奖。近年来，他带领科技人员获发明和实用专利48项、省部级以上科技创新及QC成果300余项，完成利税80多亿元，投入环保资金6.75亿元，为推动企业转型发展、创新发展和高质量发展做出贡献。他曾获评中国国电集团公司“优秀共产党员”、第五届全国电力行业设备管理先进工作者等，并获“国电一级红旗奖章”。（张冬芹）

范公良

中国石化销售股份有限公司江苏镇江石油分公司扬中三茅加油站经理，2021年获江苏省劳动模范称号。

2014年，范公良带领团队开发扬中市的新增长市场，通过不断研究和推进，该团队获新增站点的布点权；2017年新增站点全部投产运营，其中一个站点实现当年获地当年投产运营；2019年，该团队与当地单位探索创新合作模式，确定长期经营合作关系，巩固扬中市场份额。他在经营上精心谋划，开设零售大讲堂，组织“一站一策”培训，提升一线服务水平，提高“加满率、回头率、满意率”。在他的带领下，扬中加油站单站直销业务量年均增长17%以上，市场占有率87.2%；2020年，扬中加油站单站零售量5000多吨。他做大非油品规模，率先示范开设自己的线上微店，个人微商销售累计近30万元。2020年，扬中公司所有非油品门店均跨进百万元门店行列，有非油品千万元门店3个、500万元门店4个；非油品销售额3000万元以上，是他刚接手扬中公司时非油品总量的10倍以上。他曾获评中国石油化工集团公司“劳动模范”、江苏石油分公司“优秀共产党员”等。（张冬芹）

梁赛蕾

中国移动通信集团江苏有限公司镇江分公司集团客户部副经理，2021年获江苏省劳动模范称号。简介参见《镇江年鉴（2021）》第381页。（张冬芹）

金　晶

中国电信股份有限公司镇江分公司政企客户支撑中心副主任，2021年获江苏省劳动模范称号。

金晶是政企客户服务支撑中心重要的技术骨干，曾参与“政府网站群”“地税组网”“工商机房优化”等重点项目。他坚持“用心服务”的理念，为客户提供专业、优质的服务，多次在“江苏电信用心服务大赛”中获较好成绩。在市场部和创新业务与电子渠道运营中心工作期间，他先后负责电信基础业务和“号码百事通”增值类创新产品；他积极开展产品模式创新，为镇江电信打造客户端“人来风”和“镇江翼支付”公众号品牌。他积极参与技术及管理创新，O2O（Online To Offline）模式创新入围省电信公司“管理创新奖”。他带领团队竞聘成功该公司的“翼支付”业务承包总监后，攻坚克难完成R1档承包目标。2017年，他带领团队加快“云”业务的规模拓展，组织各类“云”专项营销活动，实现千核规模突破；在他的推动下，该公司获中国电信集团公司“天翼云”示范基地授牌。他按照中国电信集团公司“云改数转”战略要求，打造镇江“云网”专业支撑体系，建设基层“云”专业技术人才梯队，支撑该公司的高质量发展。他曾获评中国电信集团“劳动模范”、镇江市五一技术标兵、镇江市技术能手等。（张冬芹）

徐莲红

镇江港务集团有限公司大港分公司带班长，2021年获江苏省劳动模范称号。

徐莲红业务技能水平高，2013年在市级职业技能竞赛获个人第1名；2014年作为镇江市代表队选手参加省叉车司机项目职业技能竞赛，镇江代表队获团体总分第2名，他获个人第3名；他代表江苏省参加在广东深圳举行的第六届全国交通运输行业港口领域职业技能竞赛，晋级全国16强，并被授予“全国交通技术能手”称号。新冠肺炎疫情防控期间，他发动身边亲朋等社会资源，无偿向公司捐赠900只医用口罩及25千克“84消毒液”，缓解公司疫情防控压力。在工作中，他以高标准严格要求自己，完成各项工作任务；他开展以“学先进，对标杆，岗位成才”为主题的青年员工实践活动，激发调动青年员工工作积极性。他曾获评“全国港口青年岗位能手”、江苏省技术能手、镇江市劳动模范等。（张冬芹）

丁和金

镇江三新供电服务有限公司辛丰业务所所长，2021年获江苏省劳动模范称号。

丁和金在基层业务所工作，每遇抢修都坚守现场，确保线路尽快恢复供电。2019年夏季的一个夜晚，由于暴雨，丹徒区辛丰镇农村地区大面积停电，接到报修电话后，他组织协调材料和人员，第一时间赶赴现场，连续工作24小时，竖立电杆30余根，架设线路1900米，修复变压器2台，在很短的时间内恢复供电，把损失降到最低。2020年，新冠肺炎疫情后，辛丰镇各企业准备恢复生产，部分企业由于停工期间机械锈蚀，设备零部件、电线等被鼠啮等原因，影响复工进度。他主动与镇政府加强工作对接，走访50余家企业，了解实际情况和困难，制定一系列修复办法，带领党员服务队深入厂房车间，免费检修受损电器设备65处，修复受损电线500余米，帮助调试各类仪器仪表20余只，助力企业复工复产。他带领团队立足农电实际，开展农电管理创新和技术攻关活动，通过小发明、微创新、微管理破解生产现场技术难题，并获8项国家实用型新型专利和“省质协杯”QC小组成果发布二等奖。2017年，他研制成功“脚扣防滑套”，有效解决脚扣登杆防滑问题，增强施工安全性，该创新成果获国家实用型专利并在全市推广使用。他曾获评江苏省农网建设与改造先进个人、江苏省农电有限公司综合类农电优秀人才、镇江市劳动模范等。 （张冬芹）

朱万喜

可克达拉市镇江高级中学党委书记、校长，2021年获江苏省先进工作者称号。

朱万喜在担任可克达拉镇江高级中学首任校长的3年中，扎实工作、主动作为，学校发展快速，在当地形成一定的影响，打造出“镇江教育组团式援疆”的特色品牌。他有近40年的从教经历，主持多项国家级、省级重点课题，并领衔名师（名校长）工作室；他发表40余篇学术论文，并应邀在全国10多个省、市做专题讲座50余场次。2011年，他被列入“江苏人民教育家培养工程”培养对象，先进事迹被《中国教育报》《中国商报》《江苏教育研究》《江苏教师》《教育科学论坛》等报刊刊载。他曾获评江苏省优秀教育工作者、江苏省民族团结进步先进个人等，并获第二届全国教育改革创新优秀校长奖、镇江市五一劳动奖章等。 （张冬芹）

杨恒郁

击剑运动员，2021年与队友合作获第十四届全运会女子佩剑团体冠军；入选东京奥运会中国体育代表团击剑项目运动员名单；获全国击剑锦标赛女子佩剑个人第2名。简介参见《镇江年鉴（2019）》第285页。 （王煜琦）

郑 雨

羽毛球运动员，与队友合作获2021年苏迪曼杯混合团体冠军、尤伯杯女子团体冠军、羽毛球丹麦公开赛女双冠军。

郑雨7岁起开始羽毛球启蒙训练，2004在镇江市体育运动学校训练，2008年进入八一队，先后3次进入国家队。2006年、2007年，她先后获江苏省羽毛球锦标赛单打、双打冠军；2018年，与队友合作获世界羽联世界巡回赛德国公开赛女双亚军、雅加达亚运会羽毛球女团亚军。 （王煜琦）

蒋金燕

竞走运动员，2021年获全国竞走锦标赛暨奥运会选拔赛（安徽黄山）女子青年组10公里竞走第1名，2021年全年世界排名第一名（2003年组10公里竞走）。

蒋金燕2018年进入镇江市体育运动学校，2019年进入江苏省专业队。2019年3月获全国竞走大奖赛暨世锦赛50公里选拔赛女子少年组10公里第1名；6月，与队友合作获全国青年运动会“多威杯”竞走比赛女子青年组10公里竞走团体第1名；2020年获全国竞走锦标赛（山东泰安）女子青年组10公里竞走第1名。 （王煜琦）

镇江名人

贾伟平

上海市糖尿病研究所所长、国家基层糖尿病防治管理办公室主任。江苏镇江人。2021年11月，贾伟平当选中国工程院院士。

贾伟平长期致力于糖尿病精准诊疗、预警筛查、发病机制的研究及防治工程管理，曾获国家科技进步二等奖2项、省部级科技进步一等奖5项，主持国家重点基础研究发展计划及国家重点研发计划等项目，主编国际首部持续葡萄糖监测中英文专著。她曾获何梁何利科学与技术进步奖等。 （江 鉴）

逝世人物

王 元

中国科学院院士，中国科学院数学研究所原研究室主任、所长，中国科学院数学与系统科学研究院研究员。2021年5月14日，王元在北京逝世。

1930年4月30日出生于浙江省兰溪市，原籍江苏镇江，博士生导师。1952年毕业于浙江大学，毕业后在中国科学院数学研究所工作，历任助理研究员、副研究员、研究员等。1980年，当选为中国科学院学部委员（院士）。王元主要从事解析数论研究，在解析数论、代数数论以及数论方法应用等方面均有突出贡献。他关于哥德巴赫猜想的研究成果使中国学者首次在该研究领域处于世界领先地位；他与华罗庚一起开拓高维数值积分的研究方向并创造“华—王方法”，并出版专著《数论在近似分析中的应用》；他在代数数域上的丢番图分析以及数论方法在统计中的应用方面做出杰出的贡献。王元的成果曾获国家自然科学

一等奖、陈嘉庚物质科学奖、何梁何利奖、华罗庚数学奖等。（江　鉴）

黄选能

镇江市政协原党组书记、主席，2021 年 12 月 14 日在镇江逝世。

1932 年 1 月 28 日出生于江苏南通。1950 年 5 月加入中国共产党。1947 年 11 月参加工作，在原南通市启西区从事党的教育工作；1949 年 9 月起，历任启西区教联组长、启东县民众教育馆宣教股长、扬州苏北区党委宣传部干事、省纪委办公室机要干事、省委组织部办公室秘书；1966 年 3 月起，历任句容县委副书记兼大卓公社党委书记、陈武公社主任、县革委会卫生局局长；1974 年 2 月至 1975 年 9 月，任镇江地区五七干校党支部书记、校革委会副主任；1975 年 9 月至 1979 年 3 月，任丹徒县委副书记、县革委会副主任；1979 年 3 月至 1980 年 7 月，任丹徒县委第二书记、县革委会主任兼镇江市委副书记；1980 年 7 月至 1981 年 12 月，任镇江地委常委兼丹徒县委书记；1981 年 12 月至 1983 年 3 月，任镇江地区专员公署副专员；1983 年 3 月至 1987 年 12 月，任镇江市副市长；1988 年 1 月至 1998 年 1 月，任镇江市政协党组书记、主席；1998 年 4 月离休。

黄选能少年时期接受革命思想，积极参与并组织抗日宣传和慰问烈军属活动。青年时期，他投身革命教育事业，中华人民共和国成立后长期从事基层社教工作。“文化大革命”期间，他受到错误批判和审查，但始终保持着对党和人民的绝对忠诚。在句容和丹徒工作期间，他积极推动当地的建设和发展。在担任镇江市副市长期间，他指挥建设中山路、商业城、华东制罐总厂、312 国道等多个项目。在担任市政协主席期间及离任后，牵头重建芙蓉楼、江天禅寺大雄宝殿、焦山山门和万佛塔，治理古运河，拓宽运河路，改造解放桥、虎踞桥、南水桥、宝塔山桥。他总结自己的实践经验，思考镇江的未来发展，整理出版《探索集》《实践集》。（市政协办）

戚中立

镇江市人大常委会原副主任，2021 年 5 月 27 日在镇江逝世。

1939 年 11 月生，江苏常州人。1960 年 8 月参加工作，1964 年 3 月加入中国共产党。1960 年 8 月至 1961 年任常州医学专科学校政治教师；1962 年至 1968 年 3 月任中国人民解放军守备 48 团战士、文书代理干事；1968 年至 1969 年 12 月任常州卫生学校总务；1969 年 12 月至 1973 年 4 月在丹阳荆林公社洪家大队干部下放；1973 年 4 月至 1977 年任镇江地区轮联公司丹阳站政工干部；1977 年 11 月至 1980 年 1 月任丹阳县交通局秘书、人秘股副股长；1980 年 1 月至 1981 年任丹阳县工调办公室工作人员；1981 年 1 月至 1982 年 8 月任丹阳县劳动局调配股副股长；1982 年 8 月至 1984 年 2 月任丹阳县委组织部秘书；1984 年 2 月至 1984 年 5 月任中共丹阳县委常委、纪委书记；1984 年 5 月至 1989 年 12 月任镇江市京口区委副书记、区长；1990 年 1 月至 1990 年 12 月任镇江市京口区委书记、人大常委会主任、人武部书记；1991 年 1 月至 1997 年 12 月任镇江市人事局局长兼市委组织部副部长；1997 年至 2003 年任镇江市人大常委会副主任；2003 年 7 月退休。戚中立在工作期间，积极提升京口区的城市品质，改善城乡面貌，城市建设和治理水平迈上新台阶；推进机构、人事制度、工资制度三大改革，培育发展人才市场，创新人事工作；围绕“三农”工作依法履职，助推全市农业农村工作稳步发展；聚焦人大职能完善代表工作机制，推动人大代表工作实现新提升。（赵敬敬）

刘　承

镇江市第三届人大常委会副主任，政协镇江市第二届委员会副主席，民革镇江市委第四届、五届主委，第六届、七届名誉主委。2021 年 6 月 5 日，刘承在镇江逝世。

1926 年 7 月生，湖南隆回人。1951 年 7 月参加革命工作，1984 年 12 月加入中国国民党革命委员会。1951 年 7 月至 1952 年 8 月任南京大学教师；1952 年 9 月至 1953 年 8 月任南京农学院教师；1953 年 9 月至 1955 年 8 月在中国人民大学马克思主义研究院进修研究生；1955 年 9 月至 1958 年 10 月任南京林学院马克思主义教研室助教；1958 年 10 月至 1964 年 7 月在东台弶港滨海农场劳动教养；1964 年 8 月至 1983 年 3 月任镇江环境卫生管理处行政科长；1983 年 8 月至 1986 年 7 月任镇江市政协文史资料研究委员会编辑（正科级）；1986 年 7 月至 1990 年 10 月先后任镇江市民革副主委、主委、市政协副主席；1990 年 10 月起先后任镇江市政协副主席、市民革主委、市人大常委会副主任；1999 年 1 月退休。刘承拥护中国共产党的领导，工作期间，他坚决贯彻落实中国共产党统一战线政策，选拔一批优秀知识青年加入民革；积极建言献策，向中共镇江市委提出许多具有建设性的意见建议；重视民主法治建设，为发展社会主义民主、健全社会主义法治做出突出贡献。退休后，他先后担任镇江市诗词协会副会长、顾问，镇江市法学会顾问，镇江市台属联谊会会长，为镇江市的文化事业、法治事业发展做出贡献。（赵敬敬）

书　目

2021 年江苏大学出版社出版图书书目一览表

表 33－1

ISBN	书　　名	第一责任者	出版月份	字数(千字)
978－7－5684－0728－1	卓越·标杆：江苏省省长质量奖企业管理模式集锦	江苏省市场监督管理局，编	2	428
978－7－5684－1231－5	通信原理实践教程	张银胜，单慧琳，编著	3	312
978－7－5684－1293－3	字体设计	方　艳，胡　巍，主编	1	259
978－7－5684－1315－2	学前儿童品格教育理论与实务：基于和合学习理念的探索	甘剑梅，著	6	368
978－7－5684－1329－9	信号与系统实践教程	武　丽，裴晓芳，编著	2	270
978－7－5684－1346－6	新时代综合交通运输理论与实践	镇江市综合交通运输学会，编	3	553
978－7－5684－1347－3	稚幼艺术小画家作品评析	孙　霞，沈　荣，赵家兴，编著	1	320
978－7－5684－1439－5	积极心理学视角下大学生极端心理危机的影响因素与干预机制研究	董秀娜，编著	1	230
978－7－5684－1455－5	通风空调管道工程	申欢迎，张丽娟，夏如杰，主编	1	507
978－7－5684－1460－9	热工学基础	夏如杰，徐红梅，主编	1	268
978－7－5684－1462－3	建筑电气消防技术	侯文宝，李德路，张　刚，主编	1	305
978－7－5684－1473－9	基于用户体验的学术搜索引擎设计及优化路径	刘　敏，著	1	138
978－7－5684－1481－4	公司理财	谢竹云，徐惠珍，张　华，李靠队，万　武，编著	6	438
978－7－5684－1483－8	基于软件无线电的综合系统设计实践教程	单慧琳，张银胜，王　波，主编	1	371
978－7－5684－1484－5	建筑给排水与施工技术	高　将，丁维华，主编	1	328
978－7－5684－1487－6	江苏专转本高等数学考前冲刺强化宝典	张国昌，主编	9	454
978－7－5684－1488－3	供热工程	张丽娟，相里梅琴，申欢迎，主编	1	490
978－7－5684－1490－6	安装工程施工组织与管理	王晓玲，高喜玲，张　刚，主编	1	480
978－7－5684－1494－4	PETS－3 融媒体高分教程	黄雅丹，丁娓娓，纪　燕，张　钰，主编	1	680
978－7－5684－1495－1	安装工程计量与计价	高喜玲，王晓玲，主编	1	563
978－7－5684－1496－8	回望：难以忘记的三滘中学	奚华新，主编	4	407

续表 33－1

ISBN	书　名	第一责任者	出版月份	字数(千字)
978－7－5684－1498－2	温州乡土语文读本	黄华伟，主编	3	430
978－7－5684－1499－9	台州乡土语文读本	项香女，主编	3	476
978－7－5684－1505－7	物联网技术仿真实训教程	裴晓芳，编著	3	284
978－7－5684－1515－6	光电技术实践教程	刘　罡，王　伟，主编	2	235
978－7－5684－1516－3	国际金融学(第2版)	谭中明，徐文芹，江红莉，编著	1	595
978－7－5684－1518－7	电子工艺实训教程	裴晓芳，编	6	334
978－7－5684－1519－4	货币、银行和金融市场(*Monetary, Banking and Financial Markets*)	丁国平，主编	3	650
978－7－5684－1523－1	判断推理	心竺公考教研组，编著	5	357
978－7－5684－1524－8	网络文案策划与写作	凌珂极，朱　峥，吴惠燕，主编	1	230
978－7－5684－1525－5	言语理解	心竺公考教研组，编著	10	220
978－7－5684－1526－2	资料分析	心竺公考教研组，编著	5	310
978－7－5684－1527－9	常识判断	心竺公考教研组，编著	9	485
978－7－5684－1528－6	申论	心竺公考教研组，编著	5	250
978－7－5684－1530－9	出境导游英语(*English for Outbound Tour Guides*)	鲍旦旦，孙建中，徐军飞，主编	10	530
978－7－5684－1532－3	数量关系	心竺公考教研组，编著	6	272
978－7－5684－1535－4	文科高等数学:课程思政与数学实验版	张丽萍，主编	12	200
978－7－5684－1537－8	国际技术贸易(*International Technology Trade*)	张　鸾，主编	12	562
978－7－5684－1538－5	中国赛珍珠论集(*A Collection of Pearl S. Buck Studies in China*)	镇江市赛珍珠研究会，编	12	450
978－7－5684－1540－8	腐植酸钠复合吸收剂脱硫机制研究	赵　宇，著	12	156
978－7－5684－1541－5	管理学(第2版)	张建贵，周万中，主编	11	175
978－7－5684－1542－2	商务礼仪与沟通	盛　莉，张馨仪，主编	12	335
978－7－5684－1543－9	转型期俄罗斯国立大学治理变革研究	解瑞红，著	11	250
978－7－5684－1544－6	虚拟仪器技术在工程教育实践中的应用研究	潘雪涛，姚　俊，郭　杰，著	12	188
978－7－5684－1545－3	汪达之评传	刘友开，著	5	350
978－7－5684－1546－0	介观太阳能电池电极材料研究	郑　敏，著	11	158
978－7－5684－1547－7	无锡明清墓考古报告(一)	无锡市文化遗产保护和考古研究所，编著	6	410
978－7－5684－1549－1	外贸参展实务	渠小玉，张　静，主编	2	323
978－7－5684－1550－7	黄河三角洲民间舞蹈文化研究	舒永智，著	5	215
978－7－5684－1551－4	面向蚕桑全产业链培养复合型创新人才的思考与实践	江苏科技大学生物技术学院，著	3	225
978－7－5684－1552－1	经济应用数学	谢金云，汤玉荣，牟树杰，主编	4	429
978－7－5684－1553－8	学前教育专业英语	罗润乾，王　悦，樊　薇，主编	5	347
978－7－5684－1554－5	延陵季子　光照千秋	中国共产党镇江市委员会，镇江市人民政府，编	5	210
978－7－5684－1555－2	小学英语课程与教学	荆睿丽，王志超，张　静，主编	9	358
978－7－5684－1557－6	宴会设计与管理	胡以婷，施　丹，王香玉，主编	2	347
978－7－5684－1559－0	幼儿园玩教具制作和环境创设	贠红松，主编	6	258
978－7－5684－1560－6	书籍设计	荆世鹏，主编	7	423
978－7－5684－1562－0	为“领路人”导航:新媒体时代高校辅导员素质建设研究	谢志芳，魏　鹏，著	5	260
978－7－5684－1563－7	健康教育	刘宪魁，于志磊，徐金华，主编	3	10.75

续表 33－1

ISBN	书　名	第一责任者	出版月份	字数(千字)
978－7－5684－1565－1	会计基础(第 2 版)	李　岚，边　语，谢淑芬，主编	11	439
978－7－5684－1566－8	高职生“全人发展”的路径探索	李传刚，著	8	350
978－7－5684－1567－5	小学语文课程与教学	岳　强，王　梅，赵晓霞，朱奇涵，主编	8	381
978－7－5684－1568－2	赛珍珠的小说中国	段怀清，著	4	216
978－7－5684－1569－9	生态圈视角下 P2P 网络借贷信用风险研究	谭中明，王书斌，谢　坤，谭　璇，著	5	397
978－7－5684－1570－5	江苏省水利防汛物资储备单位安全生产标准化指导手册	江苏省水利防汛物资储备中心，编	12	844
978－7－5684－1571－2	餐饮服务与管理实务	李　艳，康桂敏，谭玉林，主编	12	377
978－7－5684－1572－9	电子商务基础(第 2 版)	赵　胜，主编	11	462
978－7－5684－1573－6	新时期教育基本理论的马克思主义传统发展研究	艾　子，著	6	253
978－7－5684－1575－0	新时代　新思想　新飞跃：当代中国马克思主义教学案例	夏　芸，主编	4	200
978－7－5684－1576－7	牡丹的绽放：服务型政府的知识扩散	杨　妍，著	10	170
978－7－5684－1577－4	政府债务预算绩效管理路径探索：基于代际公平和投融资机制的视角	孙晓霞，黄　超，刘　敏，编著	12	350
978－7－5684－1581－1	节水灌溉理论与技术(*Water-saving Irrigation Theory and Technology*)	刘俊萍，郑　珍，王新坤，袁寿其，主编	9	432
978－7－5684－1582－8	深度学习：初中数学教学案例研究	朱建良，著	12	206
978－7－5684－1583－5	政府购买服务绩效评价：理论、实践与技术	熊　羽，罗　杰，刘　敏，编著	12	325
978－7－5684－1584－2	全面实施预算绩效管理实践指导(第 2 版)	刘国永，李文思，王　萌，编著	12	433
978－7－5684－1585－9	掺铥无序晶体锁模激光器研究	孔令臣，著	12	126
978－7－5684－1586－6	政府特许经营合同专题研究	谢仁海，陈士林，刘　森，著	12	400
978－7－5684－1591－0	物流运输管理实务	高　红，范　丹，张晓磊，主编	8	441
978－7－5684－1592－7	内分泌科规范化培训手册(第 2 版)	刘　彦，张真稳，吴　蔚，主编	3	347
978－7－5684－1593－4	破产管理人理论认知与实务策略(全二册)	孔宪根，谢仁海，张海勇，主编	5	660
978－7－5684－1594－1	跨越海峡的历史田野：杨彦杰自选集	杨彦杰，著	6	390
978－7－5684－1595－8	陪伴孩子成长这条路，我们一起走	夏建平，蒋　静，编著	3	236
978－7－5684－1596－5	哲学与人生	陈前昌，王利屏，曹思云，主编	3	184
978－7－5684－1597－2	单招新学径：专题集锦与高考领航卷. 英语	《单招新学径：专题集锦与高考领航卷》编写组，编	3	600
978－7－5684－1598－9	新时代高校管理育人理论与实践	石宏伟，主编	4	367
978－7－5684－1599－6	新时代高校实践育人理论与实践	李　红，王　谦，主编	4	248
978－7－5684－1600－9	新时代高校“三全育人”理论与实践	杨道建，主编	4	303
978－7－5684－1601－6	新时代高校课程育人理论与实践	王　谦，李　红，主编	4	310
978－7－5684－1602－3	新时代高校心理育人理论与实践	陈　权，杨道建，主编	4	290
978－7－5684－1603－0	新时代高校资助育人理论与实践	张　芬，杨道建，主编	4	325
978－7－5684－1604－7	新时代高校科研育人理论与实践	任旭东，马国建，主编	4	187
978－7－5684－1605－4	新时代高校文化育人理论与实践	吴　奕，金丽馥，主编	4	286
978－7－5684－1606－1	新时代高校组织育人理论与实践	马志强，周国华，主编	4	232
978－7－5684－1607－8	新时代高校服务育人理论与实践	吴春笃，陈　红，主编	4	257
978－7－5684－1608－5	新时代高校网络育人理论与实践	王玉忠，金丽馥，主编	4	325
978－7－5684－1609－2	高桥镇志	《高桥镇志》编纂委员会，编	5	580

续表 33－1

ISBN	书　名	第一责任者	出版月份	字数(千字)
978－7－5684－1610－8	大学物理开放实验教程(第3版)	董正超，施建珍，薛同莲，董小燕，方靖淮，缪世群，主编	5	644
978－7－5684－1611－5	百年目标　小康路上:新农村发展田野调查报告	庄晋财，黄　曼，著	9	257
978－7－5684－1612－2	江苏产业结构的投入产出分析	金春鹏，徐爱军，著	4	325
978－7－5684－1613－9	米园精帖(全六册)	米芾书法公园，编	6	180
978－7－5684－1614－6	高等数学习题册.上	张燕艳，张　锦，葛亚平，李　苗，杨　浩，主编	6	82
978－7－5684－1615－3	高等数学习题册.下	张燕艳，张　锦，葛亚平，李　苗，杨　浩，主编	6	72
978－7－5684－1616－0	小学教育心理学	朱晓玲，邓　敏，主编	4	352
978－7－5684－1617－7	0～3岁婴幼儿心理发展与教育	张　妍，李　静，主编	5	231
978－7－5684－1618－4	在线教学模式创新实践与探索	曹　杰，主编	4	216
978－7－5684－1619－1	文学欣赏	王丽娜，赵　欣，孙雪梅，主编	7	370
978－7－5684－1620－7	应用写作与文案策划实训	王敏杰，主编	5	445
978－7－5684－1621－4	大学生心理健康教育实践手册	杜富裕，主编	6	302
978－7－5684－1622－1	麦家作品的世界之旅	季　进，姜智芹，编	6	300
978－7－5684－1623－8	幼儿教师口语	徐　超，李　妍，田海杰，主编	6	323
978－7－5684－1624－5	中国绘画史	张同标，著	8	360
978－7－5684－1625－2	江苏省水利防汛物资储备安全生产标准化及常见隐患图集	江苏省水利防汛物资储备中心，编	10	140
978－7－5684－1626－9	系统功能语言学视域下中轻度阿尔茨海默病言语失调研究	潘　玥，著	6	252
978－7－5684－1627－6	0～3岁婴幼儿保育与教育	秦婧妍，马　琳，周　霞，主编	7	266
978－7－5684－1628－3	红色摇篮梦:盐城市幼儿园文化建设的追寻	祁晓霞，主编	6	368
978－7－5684－1629－0	Forte数值模拟柴油机	冯是全，张盛龙，张红梅，著	12	155
978－7－5684－1630－6	雅思口语教程	薛玉秀，李　勃，主编	8	330
978－7－5684－1631－3	镇江大运河遗产调查与研究	王玉国，编著	8	265
978－7－5684－1632－0	一水间:金陵八家、扬州八怪和京江画派书画特展精品图录	镇江博物馆，编	8	200
978－7－5684－1633－7	疑难复杂病例汇编	江苏大学附属医院，编	8	571
978－7－5684－1634－4	互换性与测量技术实验教程	王亚元，王春艳，杨建风，徐红兵，主编	8	249
978－7－5684－1635－1	向着“三高一争”加速奔跑:2020年镇江发展研究报告	于　伟，主编	7	290
978－7－5684－1636－8	空间网格结构工程施工	戚　豹，康文梅，叶　军，编著	7	357
978－7－5684－1637－5	大学数学.微积分	李志林，黄清龙，吴建成，主编	8	680
978－7－5684－1638－2	旅游管理学	向柳如，牛　萍，康　杨，主编	8	329
978－7－5684－1639－9	0～3岁婴幼儿卫生与保健	易　宵，冯永娜，主编	7	260
978－7－5684－1640－5	光纤通信接入与传输实验教程	左官芳，张银胜，编著	9	325
978－7－5684－1641－2	节流式流量计特性及应用	童良怀，郑苏录，张玉良，著	11	222
978－7－5684－1642－9	绿色公路品质工程施工关键技术研究与示范	刘荣桂，延永东，主编	9	262
978－7－5684－1643－6	润物无声:思政课程与课程思政“江大元素”汇编	金丽馥，王玉忠，吴　奕，王雪娇，主编	9	269
978－7－5684－1644－3	公共管理教学案例解析	周绿林，陈　浩，许远旺，王　森，白光林，著	10	464
978－7－5684－1645－0	我从哪里来:扬中百家姓氏探源(续编)	朱怀林，主编	9	420

续表 33－1

ISBN	书　名	第一责任者	出版月份	字数(千字)
978－7－5684－1646－7	销售管理	范保珠，徐星星，潘泉宏，主编	8	234
978－7－5684－1647－4	中职物理	汪育丰，覃　悯，韩贵红，主编	8	256
978－7－5684－1648－1	诗画镇江　遇见江大	江苏大学文学院，编著	8	240
978－7－5684－1649－8	大学语文(第2版)	刘传勇，马春娜，唐　斐，主编	8	372
978－7－5684－1650－4	手工制作(第2版)	陆　辉，孙　巍，韦　慧，主编	9	306
978－7－5684－1651－1	钢琴	苏　鹏，黄琳娜，贾　蕾，主编	9	387
978－7－5684－1652－8	组合桁腹梁桥桁箱等效理论研究	薛东焱，宛青云，潘志宏，著	10	160
978－7－5684－1653－5	旅游类大学生职业生涯规划与拓展	陈　萍，著	9	230
978－7－5684－1654－2	声乐	杜虹景，吴禹冬，邓艺君，主编	8	341
978－7－5684－1655－9	工程化学基础	江苏大学化学化工学院大化部，编著	8	495
978－7－5684－1656－6	有机化学实验(*Experimental Organic Chemistry*)(第2版)	陈秋云，主编	11	338
978－7－5684－1657－3	文化润校：名篇经典诵校园	林　枫，张永刚，主编	8	340
978－7－5684－1658－0	文化润校：中国精神沐校园	林　枫，王桂龙，主编	9	250
978－7－5684－1659－7	教育智库的理论研究与建设策略	全守杰，著	8	168
978－7－5684－1660－3	酒店服务心理学	韩燕妮，韩　宏，刘　聪，主编	10	343
978－7－5684－1661－0	PLC应用综合实训教程(第2版)	肖　凤，丁艳华，主编	8	292
978－7－5684－1662－7	葡萄标准化栽培技术	芮东明，周启宏，编著	12	194
978－7－5684－1663－4	职业素养提升(第2版)	兰　琳，胡永华，孙永旺，主编	9	266
978－7－5684－1664－1	建筑模型设计	金　卓，李梦黎，张　瑶，编著	12	223
978－7－5684－1665－8	税法	张晓亮，主编	8	500
978－7－5684－1666－5	互联网金融	魏　玮，郝扬洋，何潇伊，主编	11	493
978－7－5684－1669－6	双语者第二语言词汇加工的认知神经机制	李　敏，著	10	228
978－7－5684－1670－2	初中数学"一·二·四"思维课堂的建构	韦丽云，著	8	259
978－7－5684－1671－9	江苏大学年鉴(2020)	江苏大学档案馆，编	12	1450
978－7－5684－1672－6	印·像：江苏大学发展历程中的记忆	江苏大学党委宣传部，编	9	320
978－7－5684－1673－3	江河交汇看镇江：运河人家	钱　兴，顾海萍，高逸凡，主编	12	280
978－7－5684－1675－7	旅游职业道德	何　涛，黄淑梅，皮　琳，主编	8	266
978－7－5684－1676－4	易溶性导电N－取代苯胺共聚物的研究	周海骏，著	12	260
978－7－5684－1677－1	新一代300Mvar双水内冷调相机设备检修手册	马　龙，代海涛，宋臻吉，主编	11	253
978－7－5684－1680－1	文化润校：正则文化浸校园	丁　钢，张永刚，主编	9	260
978－7－5684－1682－5	高职语文	董金凤，付　卉，王丽芳，李　娜，主编	10	341
978－7－5684－1683－2	有色冶金课程实验教程	李家元，梁之凯，主编	9	162
978－7－5684－1684－9	兴农重器：中国农机文化传承与创新	江苏大学党委宣传部，编著	9	145
978－7－5684－1685－6	浙江省普通高中学业水平考试导引：新教材新学考试题演练．物理	江潮编写组，编	9	178
978－7－5684－1687－0	消防无人机应用	周　详，主编	9	164
978－7－5684－1689－4	电子通信系统综合设计教程(LabVIEW版)	郭业才，刘　冬，编著	11	326
978－7－5684－1690－0	新时代高校思想政治教育管理体系的构建研究	邵泽义，著	12	256
978－7－5684－1691－7	水稻联合收获机多风道清选装置设计方法及清选损失控制技术	梁振伟，著	12	205

续表 33－1

ISBN	书　名	第一责任者	出版月份	字数(千字)
978－7－5684－1692－4	主动配电网断线故障快速监测技术	许继和，韩　坚，刘　松，主编	12	215
978－7－5684－1693－1	作文审题漫谈	刁　斌，姚　宇，编著	11	180
978－7－5684－1694－8	兰心蕙质：蔡兰生平往事追忆	尹家明，编著	10	380
978－7－5684－1695－5	全面实施预算绩效管理专业基础(第 2 版)	刘国永，李文思，王　萌，编著	12	405
978－7－5684－1696－2	地方文化图景的建构	张淑云，著	11	230
978－7－5684－1697－9	统计基础	彭　珊，主编	11	416
978－7－5684－1698－6	经济学基础(第 2 版)	郝天军，杨卫东，主编	10	427
978－7－5684－1699－3	经济法基础(第 2 版)	曹　佩，朱军兰，刘兆侠，主编	11	462
978－7－5684－1700－6	商务数据分析与应用	张　璐，宋佳珍，主编	11	312
978－7－5684－1701－3	图形图像处理项目式教程	邱春红，主编	11	343
978－7－5684－1704－4	情系教育：续编	奚华新，主编	11	271
978－7－5684－1705－1	人力资源管理	林　洁，李　欢，主编	12	375
978－7－5684－1706－8	中国优秀传统文化(第 2 版)	和彦硝，贾建红，肖兰萍，主编	12	358
978－7－5684－1707－5	网店运营与管理(第 2 版)	喻红艳，禹　云，周党华，主编	10	329
978－7－5684－1708－2	简笔画教程(第 2 版)	齐立坚，梁　英，张和胜，主编	10	292
978－7－5684－1710－5	油菜毯状苗机械化高效移栽技术	吴崇友，蒋　兰，汤　庆，吴　俊，张　敏，著	12	287
978－7－5684－1711－2	应用文写作(第 2 版)	卢志宁，唐贵英，罗卫红，主编	8	427
978－7－5684－1713－6	学前儿童游戏指导(第 2 版)	刘　宇，杨　洋，罗金艳，主编	10	335
978－7－5684－1714－3	网络营销(第 2 版)	胡　莹，张冠凤，主编	10	318
978－7－5684－1715－0	应用型本科新生态培养模式研究	刘　欣，著	11	237
978－7－5684－1716－7	演讲与口才(第 2 版)	于　靓，袁红兰，刘成刚，主编	12	318
978－7－5684－1718－1	客户服务与管理	李清文，主编	11	200
978－7－5684－1721－1	全球价值链视角下中国制造业价格贸易条件影响路径研究	陈春华，著	12	233
978－7－5684－1724－2	0～3 岁婴幼儿游戏设计与指导	张新华，主编	11	243
978－7－5684－1739－6	誉满杏林：走南闯北仙居人	仙居县政协文化文史和学习委员会，编	12	212
978－7－5684－1744－0	全面实施预算绩效管理案例解读(2021)	信俊汝，朱　文，王春影，梁园园，编著	12	360
978－7－5684－1758－7	未成年人不良行为自我预防	张东生，李凤奎，主编	12	118
978－7－5684－1767－9	自动控制系统	丁世宏，主编	12	332

(常　钰)

2021 年镇江市部分作者编著出版图书书目一览表

表 33－2

书　名	编著者	出版者	出版年月	字数(千字)
寿宁待志校译	〔明〕冯梦龙著 陈元度译 李安编校	海峡文艺出版社	2018 年 1 月	177
桑榆匪晚集：朱杰人学术论文自选集	朱杰人	上海古籍出版社	2018 年 6 月	216
朱子学论集	朱杰人	北京大学出版社	2018 年 10 月	449
中国结：朱杰人时论散文集	朱杰人	华东师范大学出版社	2018 年 11 月	240
我从哪里来——扬中百家姓氏探源	《我从哪里来——扬中百家姓氏探源》编纂委员会	广陵书社	2019 年 4 月	365

续表 33－2

书　　名	编 著 者	出 版 者	出版年月	字数（千字）
曾布研究文萃	曾　萍	中华传媒出版社	2019 年 6 月	240
丹阳姓氏寻踪. 第五辑	丹阳市档案局	中华出版社	2019 年 6 月	200
砥砺奋进 任重道远：江苏省古籍保护事业发展：2007—2018	江苏省古籍保护中心（南京图书馆）	国家图书馆出版社	2019 年 7 月	250
中国少数民族设计全集土族卷	陈见东	山西人民出版社　人民美术出版社	2019 年 10 月	261
1983 年镇江市管县口述史	李国忠	江苏人民出版社	2019 年 12 月	260
范文澜《文心雕龙注》研究	李　平	中华书局	2020 年 1 月	400
城市湿地公园灯光互动景观设计与应用	石海啸	吉林美术出版社	2020 年 5 月	225
丹阳姓氏寻踪. 第六辑	丹阳市档案局	中华出版社	2020 年 8 月	302
农村基层治理法治化问题研究——以“法治中国”为视角	牛玉兵	中国政法大学出版社	2020 年 12 月	300
大美无言——全国大书法正书作品展览作品集	张华庆	开明出版社	2020 年 12 月	—
大美无言——全国大书法行草书作品展览作品集	张华庆	开明出版社	2020 年 12 月	—
大美无言——全国大书法篆刻、刻字艺术作品展览作品集	张华庆	开明出版社	2020 年 12 月	—
镇江年鉴（2021）	镇江市史志办公室	方志出版社	2021 年 1 月	1094
中式中央厨房装备	邹小波	中国轻工业出版社	2021 年 1 月	590
圈地运动与英国文学的乡村叙事	吾文泉	南京大学出版社	2021 年 1 月	521
民国《文心雕龙》研究论文汇编	周兴陆	东方出版中心	2021 年 1 月	507
用药基础	叶宝华	华中科技大学出版社	2021 年 1 月	414
十万个为什么	张　琳	江苏凤凰文艺出版社	2021 年 1 月	251
镇江文库·史料编·地理游记卷	马明龙	广陵书社	2021 年 1 月	—
镇江文库·史料编·兵事卷	马明龙	广陵书社	2021 年 1 月	—
镇江文库·史料编·社会经济卷	马明龙	广陵书社	2021 年 1 月	—
镇江文库·史料编·教育文化卷	马明龙	广陵书社	2021 年 1 月	—
镇江文库·史料编·传记资料卷	马明龙	广陵书社	2021 年 1 月	—
小微企业安全生产市场化服务研究	梅　强、刘素霞	科学出版社	2021 年 2 月	360
Sprinkler Irrigation Hydraulic Performance and Jet Characteristics	蒋　跃	中国水利水电出版社	2021 年 2 月	248
姜氏家珍集	丹阳市皇塘镇村村委会	中华传媒出版社	2021 年 2 月	215
吕凤子美术全集	本书编委会	辽宁美术出版社	2021 年 2 月	—
镇江市图书馆藏珍贵古籍图录	褚正东	广陵书社	2021 年 2 月	—
商务沟通与礼仪	陶　薇、孙艳平	华中科技大学出版社	2021 年 3 月	467
数据复杂网络构建及在管理科学中的应用	田立新	科学出版社	2021 年 3 月	420
计算智能与深度学习	吴　陈	西安电子科技大学出版社	2021 年 3 月	360
Thermotechnical Measurements and Instruments in Ship Power Plants	温华兵	上海科学技术出版社	2021 年 3 月	350
《文选》所存六朝时语研究	吴晓峰	花木兰出版社	2021 年 3 月	198
雁歌短诗选	曾景婷	银河出版社	2021 年 3 月	60
拓扑与变分方法及应用	张志涛	科学出版社	2021 年 4 月	280
人口老龄化背景下城乡居民基本医疗保险财务可持续性研究	张心洁	江苏人民出版社	2021 年 4 月	198
JavaEE 程序设计	张道海	东南大学出版社	2021 年 5 月	275

续表 33－2

书　名	编著者	出版者	出版年月	字数（千字）
创业文化	丁　钢	高等教育出版社	2021 年 5 月	239
Predictive Modelling of Building Energy Systems	李康吉	LAMBERT Academic Pu	2021 年 5 月	235
Marine Power Plant	杨宗明	Springer	2021 年 5 月	100
范文澜《文心雕龙注》版本研究	李　平	光明日报出版社	2021 年 6 月	305
浮式防波堤水动力及消波性能试验技术	嵇春艳	科学出版社	2021 年 6 月	280
文学改变指南	阎海英	中国华侨出版社	2021 年 6 月	269
Development and Implementation of Ship BWMS	陈　宁	Springer	2021 年 6 月	100
张况短诗选	曾景婷	银河出版社	2021 年 6 月	70
吕凤子研究	杨　潮	中国文联出版社	2021 年 6 月	—
便携式微流控检测技术及其在农业工程领域的应用	杨　宁	江苏凤凰科学技术出版	2021 年 7 月	360
绿碳行为经济学：汲取增长与濡化发展	田立新	科学出版社	2021 年 7 月	310
履带式联合收割机（英文版）	唐　忠	清华大学出版社	2021 年 8 月	541
Rapid Damage－Free Robotic Harvesting of Tomatoes	刘继展	Science Press and Springer	2021 年 8 月	500
NDT Technology for the Quality and Safety of Cereal	江　辉	LAMBERT Academic Pu	2021 年 8 月	415
绿碳行为经济学：交互度量与边际响应	田立新	科学出版社	2021 年 8 月	340
卡通帝国：动漫品牌可持续发展研究	肖　晨、李　莎	吉林美术出版社	2021 年 8 月	313
知识管理关键技术及应用研究	傅　柱	兰州大学出版社	2021 年 8 月	308
FE Computation on Accuracy Fabrication of Ship and Offshore Structure Based on Processing Mechanics	周　宏	Science Press and Springer	2021 年 8 月	300
大学生健康教育与促进	林　枫、卢　兵	上海交通大学出版社	2021 年 8 月	272
柴油机喷雾燃烧光学诊断技术及应用	玄铁民	机械工业出版社	2021 年 8 月	245
凤凰高职英语综合教程拓展实训手册 1（第二版）	蔡专林	江苏凤凰教育出版社	2021 年 8 月	230
Advanced Control Methods Applicable to Industrial Processing System	徐　松	Scholars' Press	2021 年 8 月	100
扬中年鉴（2021）	扬中市史志办公室	方志出版社	2021 年 9 月	613
大学生计算机信息技术教程	樊为民	中国铁道出版社	2021 年 9 月	458
三维变革视角下的江苏文化产业高质量发展研究	黄雪丽	吉林大学出版社	2021 年 9 月	430
蚕桑产品深加工技术	桂仲争	中国农业出版社	2021 年 9 月	425
烟雨鹤林	茅福顺	中华传媒出版社	2021 年 9 月	340
大学生职业生涯规划第 2 版	李大洪、吴建强	上海交通大学出版社	2021 年 9 月	289
月池内流体运动机理及波浪砰击特性	谷家扬	哈尔滨工程大学出版社	2021 年 9 月	266
凤凰高职英语综合教程拓展实训手册 2（第二版）	蔡专林	江苏凤凰教育出版社	2021 年 9 月	230
高等院校意识形态教育与工匠精神融合研究	杨　虎	北方文艺出版社	2021 年 9 月	230
马克思主义国家治理理论的历史逻辑	李晓乐	吉林大学出版社	2021 年 9 月	230
社群经济时代自媒体平台营销策略研究	沈中奇	中国原子能出版社	2021 年 9 月	211
应用语言学理论与应用	包　懿	中国原子能出版社	2021 年 9 月	211
20 世纪俄罗斯汉学研究中的词汇学研究	王丽媛	华中科技大学出版社	2021 年 9 月	201
冯梦龙研究（第 7 辑）	王　尧、顾建宏	苏州大学出版社	2021 年 9 月	149
Research on fault diagnosis of permanent magnet synchronous motor	李垣江	Scholars' Press	2021 年 9 月	100
Alternative Fuels in Ship Power Plants	杨兴林	Science Press and Springer	2021 年 10 月	251
中国饲料科技史研究	杨　虎	吉林大学出版社	2021 年 10 月	250

续表 33－2

书　　名	编著者	出版者	出版年月	字数（千字）
惩罚和改造的哲学思考	马金虎	江苏人民出版社	2021 年 10 月	233
High Resolution Greenhouse Environment Modeling and Optimization	李康吉	LAMBERT Academic Pu	2021 年 10 月	215
耕地空间特征对流转市场耕地资源配置的影响	郭　阳	经济科学出版社	2021 年 10 月	200
河长制中的集体行动研究	余益伟	经济科学出版社	2021 年 10 月	180
钢纤维自密实混凝土力学性能研究	马　剑	化学工业出版社	2021 年 10 月	161
Research on Problems of Permanent Magnet Synchronous Motor Based on Discrete Hall Position Sensors	魏海峰	Scholars' Press	2021 年 10 月	100
Research on Some Key Problems in AC Servo System of Robot Joint	张　懿	Scholars' Press	2021 年 10 月	100
Soft－Sensor Modeling and Predictive Control for Fermentation Process	王　博	LAMBERT Academic Pu	2021 年 10 月	98
汪吉麟研究	杨　潮	中国文化出版社	2021 年 10 月	—
润州年鉴(2021)	镇江市润州区史志办公室	方志出版社	2021 年 11 月	709
丹徒年鉴(2021)	镇江市丹徒区史志办公室	方志出版社	2021 年 11 月	509
现代机械设计方法及其应用	刘志强	哈尔滨工业大学出版社	2021 年 11 月	445
温室自动作业装备与技术——草莓实例	刘继展	科学出版社	2021 年 11 月	375
绿色产品的市场竞争决策研究——企业可持续发展视角	李　真、孟庆峰	上海三联书店	2021 年 11 月	280
谈判中的城市空间：城市化与晚明南京	王兴亮	浙江大学出版社	2021 年 11 月	235
新时代大学生思想道德教育研究	肖建国	吉林人民出版社	2021 年 11 月	180
社会养老与照护改革创新	代宝珍、周建再	科学出版社	2021 年 11 月	174
不确定信息下的案例推理决策方法及应用研究	李　鹏	经济科学出版社	2021 年 11 月	158
膜材本构关系及膜结构风致振动特性研究	刘　平	中南大学出版社	2021 年 11 月	152
Portable Spectroscopy and Spectrometry	颜　辉	John Wiley & Sons Ltd	2021 年 11 月	40
主持人情感立场管理的互动语用研究	夏　秸	兰州大学出版社	2021 年 11 月	17.7
美国驻中国镇江领事馆领事报告(1864—1902)	周振鹤	广西师范大学出版社	2021 年 11 月	—
江南文化百科全书	唐力行	上海光启书局有限公司	2021 年 12 月	976
丹阳年鉴(2021)	丹阳市史志办公室	方志出版社	2021 年 12 月	899
句容年鉴(2021)	句容市史志办公室	方志出版社	2021 年 12 月	720
镇江新区年鉴(2021)	政协镇江市委员会新区工作委员会办公室	广陵书社	2021 年 12 月	620
京口年鉴(2021)	镇江市京口区史志办公室	江苏人民出版社	2021 年 12 月	505
推进绿色发展的路径选择与保障机制研究	杜建国、许玲燕、金　帅	上海三联书店	2021 年 12 月	460
吉梦熊文存	［清］吉梦熊著	江苏人民出版社	2021 年 12 月	405
船舶综合电力系统	庞科旺	海洋出版社	2021 年 12 月	370
镇江图鉴(2021)	镇江市史志办公室	广陵书社	2021 年 12 月	320
新时代制造企业工匠精神培育研究	朱永跃、张书凤、邹家峰(外)	经济科学出版社	2021 年 12 月	310
构建城乡融合发展的利益分享机制研究——基于收入和公共品两个维度的分析	杨美成	东南大学出版社	2021 年 12 月	220
城市有毒污染土壤快速修复技术	解清杰	化学工业出版社	2021 年 12 月	210
县域健康与医药卫生改革	代宝珍	科学出版社	2021 年 12 月	160

说明：本表补录了往年出版的部分图书书目　　　　（史　图　犀　泽　叶　卜）

文 摘

镇江大地·诗意栖居

马明龙

江河奔流，楼山映照，章句舒卷，豪情纵横，镇江是当仁不让的诗意之城。

《全唐诗》《润州唐人集》中，与镇江有关的诗近2000首；宋朝时有340余位诗人、词人在镇江留下名篇；翻一翻入选全国中小学语文教材的诗文，江河交汇的镇江在城市中独占鳌头。

这一方并不辽阔的江东吴地，文人墨客们前赴后继、浩浩荡荡竟挥就了一万多首诗词。

《尚书》云，诗言志，歌咏言。三千年的日月星河，这座古老的城市见证过热血沸腾的时代，崛起过昂扬融通的文明，迎送过壮怀激烈的身影。

雨打风吹的千古风流，栏杆拍遍的江山咏叹，抑扬跌宕的家国梦想，在这里都化成一阕诗行、一盈诗风，如痕，如尘，如露。

王昌龄观夜雨，枕孤山，是寂寂寒江上朗照的明月，是不曾黯淡飞将龙城、剑指楼兰的雄心，无论时局如何艰难，只道“一片冰心在玉壶”；

陆游会旧友，著危楼，是“千里曜戈甲，万灶宿貔貅”的抗金誓约，饱蘸热血却数度遭贬，也熄不灭“楼船夜雪瓜洲渡，铁马秋风大散关”的豪情；

王安石拂杨柳，越重山，是玉宇澄清的抱负，是富国强兵的梦想，纵然披荆斩棘，仍要执守信念、砥砺而行；

龚自珍逢盛会，参神祭，是悲愤激昂的浩然天问，更是蛰惊九州的风雷，是万籁俱寂之中“我劝天公重抖擞”的呼号；

辛弃疾临舞榭，望歌台，是神鸦社鼓，更是“天下英雄谁敌手”的叩问，即便壮志未酬、悲歌未彻，仍要向往“封狼居胥”的功业，“气吞万里如虎”的风姿；

陈毅元帅赴江南，抗日寇，是“弯弓射日”的倚天抽剑，更是“脱手斩得小楼兰”的豪气干云，在血与火的战争年代，以革命乐观主义精神披肝沥胆，勠力前行。

江苏大学的学者曾对宋代镇江诗词做过一次图谱研究，发现“江山”“英雄”这些词语高频出现。镇江的诗意中，自有杏花烟雨、杨柳残月、长河落日，更有一种别样的俊逸、深沉与豪迈。

这是历史赋予镇江的特殊标签，是超越时代高度的城市自信，更是她区别于世间别处的独特风骨。

在这方土地上，诗人们将纯粹真挚的肝胆，将炽热滚烫的心魂，将热血难凉的赤诚统统写进了诗意。

一个时代有一个时代的命题，一个时代也有一个时代的诗篇。习近平总书记曾说，“时代是出卷人，我们是答卷人”“我们有责任写出中华民族新史诗”。三千年的镇江城，已经为我们写下了关于历史、风貌、人文精神的诗篇。

我们必须不辜负这样一座诗意盎然的城市，不辜负她给予我们的精神与情怀；

我们必须以全力奔跑的姿态，肩挑起我们对这片土地的应有责任，无愧于这个崭新的时代；

我们必须向着新的百年的光辉历程秉火追光，以溯流而上的激越，以劈波斩浪的豪迈，谱写一曲“奔跑镇江”的华章，一曲历经江河涤荡、时光磨洗而愈加熠熠生辉、气象磅礴的奋斗华章！

潮平两岸阔，风正一帆悬。这片诗意的大地，正在呼唤我们续写新的壮美诗篇。

（摘自《镇江日报》2021年5月25日）

加快推进镇江数字产业化融合发展的对策

镇江市政协课题组

近年来，镇江市委、市政府高度重视数字经济发展，取得较好成效。一是数字产业融合发展具备基础。2020年，镇江市数字经济总量1709.2亿元，占地区生产总值40.5%，列全省第7位。镇江市入选全国数字经济百强城市，位列第50位。二是数字产业融合典型不断涌现。全市制造业企业两化融合发展水平指数60.7，列全省第7位，涌现出大全集团、江苏鱼跃、仅一包装、江苏润果、瑞祥科技等一批行业龙头企业。三是数字产业融合范围逐步扩大。数字农业、数字金融、文化创意、社交电商等新业态新模式加快发展，微软、华为、阿里巴巴等一批数字经济龙头项目招引落地。智慧镇江大数据中心投入运行，智慧教育、医疗、交通、旅游等智慧应用日益广泛。

与此同时，镇江数字产业融合发展中存在的问题亟须引起重视：一是思想认识高度需要进一步提升。相当一部分企业经营者缺乏数字化转型整体战略规划，企业数字化发展路径尚不明晰。二是数字产业融合程度需要进一步深化。数字产业化方面，电子信息和软件产业规模体量偏小，信息管理系统集成应用水平偏低，缺“核”少“芯”问题突出；产业数字化方面，企业内部及企业之间、产业内部及产业之间、园区内部及园区之间数据融合缺乏广度、深度，网络化研发、智能化生产、协同化制造水平不高。三是政策支持力度需要进一步加大，发展数字经济的体制机制有待完善。

数字经济时代，“得数据者得天下”。镇江如何将发展数字经济作为产业强市的战略引擎?

第一,聚焦基础支撑,打造数字产业融合发展公共底座。要推进新基建。制定出台5G产业发展规划和政策措施,加快推进5G、大数据中心、工业互联网等新一代数字经济基础设施建设,实现全市范围内数据传输和网络互连的低成本、高速度、广覆盖。要做强新产业。培育壮大5G应用、北斗导航、车联网新型元器件等先导产业,加快发展量子通信、虚拟现实、区块链、人工智能等未来产业。依托句容台湾半导体产业园、镇江新区集成电路产业园、镇江高新区半导体产业园等科技园区,打造具有区域影响力的集成电路产业基地。要推广新应用。加快推动"大数据+服务业"深度融合,推动车联网、无人机、无人驾驶、无人配送等场景试验和应用,加快发展智慧旅游、智慧物流、网络视听、数字贸易等领域平台经济。加快推动"大数据+农业"深度融合,实现现代农业生产实时监控、精准管理、远程控制和智能决策。

第二,聚焦跨界融合,坚定数字产业融合发展主攻方向。要打造"未来工厂"。依托长三角和南京都市圈优势产业集群,结合设备研发、生产制造、销售运维、物流运输等场景布局人工智能应用,探索建立集远程监控、实时通信、免提监控、人机协作、精度操作、智能维护、智慧管理等于一体的新一代5G智能工厂。要搭建融合平台。按照"大企业做平台,小企业上云端"的整体思路,建设"企业上云"服务平台、工业互联网平台、公共服务平台,形成制造业领域优势互补、强强联合、跨界合作的优良生态。要强化标杆引领。定期遴选数字产业化重点企业和产业数字化重点企业,培育一批创新能力强、品牌贡献大、发展速度快的数字经济龙头企业。通过政策引导、现场观摩、示范培训等,引导广大中小企业加快数字化转型步伐,加快构建梯次分明、相互衔接、具有镇江特色的数字经济企业梯队。

第三,聚焦创新驱动,增创数字产业融合发展先发优势。要汇聚数字人才。健全"柔性引才"机制,引育镇江急需的数字经济领军人才、创新创业团队和数字工匠;加快推进产教融合,支持驻镇高校、职业院校优化数字经济相关学科设置,建立校企人才合作订单式培养机制;以镇江技师学院承建"华为数字化人才培养基地"为契机,培养一批本地数字技术应用型人才。要招引数字项目。主动承接长三角一体化溢出效应,引进区块链、物联网、大数据、云计算等数字经济行业领军企业。发挥商务成本低、生态环境优等优势,招引软件外包、呼叫中心、电子商务、影视制作、数字出版等人才密集型企业。要建设数字园区。围绕G312产业创新走廊、镇江高新区、高校园区、官塘创新社区等科创载体,重点布局新一代信息技术、智能制造、集成电路、人工智能等战略性新兴产业,以及科研机构、协同创新平台等产学研创新载体,打造"园区+校区+社区"三区融合发展的现代创新知识城区。要攻克数字瓶颈。鼓励企业采取"揭榜挂帅"等方式,与高校院所、专家团队开展供需对接,对标关键技术,设立研发目标,破解产业链"断供"难题。抢抓国产替代机遇,实施大数据应用关键核心技术攻关,加快突破"卡脖子"的核心基础零部件、关键基础材料和基础技术。

第四,聚焦智慧治理,激活数字产业融合发展内生动力。要优化政策供给体系。强化顶层设计,成立由书记、市长为双组长的镇江市数字经济发展工作领导小组,研究制定数字经济发展战略、总体规划和政策措施;深化"放管服"改革,加快政务流程数字化再造,打响"镇合意"服务品牌;设立数字经济产业引导基金,组建国有或混合所有制公司进行整体运作,发挥财政资金撬动引领效应;深化"数字镇江"建设,组建镇江市大数据运营公司,推动政府决策科学化、社会治理精准化、公共服务高效化。要完善统计考评机制。在先行先试数字经济统计体系的基础上,结合全省数字经济统计要求,建立完善具有镇江特色的分行业监测体系。开展数字经济专项考核,提高考绩分量,完善绩效评价,形成比学赶超浓厚氛围。要提升全民数字素养。成立镇江市数字经济专家咨询委员会,为政府决策、产业发展提供咨询服务;加强政策解读和宣传引导,提升各级党政干部的大数据思维和全民数字素养;建立全市数字经济发展行业协会,推动建立数字经济产业联盟,促进全市数字经济产业健康规范发展。

(课题组成员:吴彤、谈德成、蒋平权、周德荣、解志勇、钱志俊、胡元威;执笔:解志勇 钱志俊 胡元威)

(摘自《镇江社会科学》2021年第3期)

镇江市第七次全国人口普查数据浅析

黄 自

结合2010年第六次全国人口普查(简称"六普"),对比江苏省和全国人口普查相关数据,对2020年镇江市第七次全国人口普查(简称"七普")简析如下:

一、总人口和家庭人口规模

"七普"查明,截至2020年11月1日零时,镇江市常住人口为3210418人。与"六普"相比,10年增加96313人,增长3.09%,年均增长率3.1‰。

1. 人口增长率明显低于全省和全国水平,人口年均增长率不足全省的一半。2010年以来,江苏省和全国人口年均增长率分别为7.5‰和5.3‰,全市人口年均增长率低于全国2.2个千分点、低于全省4.4个千分点。

2．家庭规模不断收缩，全市户均人口分别低于全省0.09人和全国0.11人，户均人口降幅低于全国（减少0.48人），高于全省（减少0.34人）。2020年，全市有家庭户1144197户，家庭户人口2870233人，户均家庭人口2.51人，比“六普”减少0.41人。

3．全市5个地区人口增加，3个地区人口下降，4个地区人口占比下降。镇江新区、丹徒区、丹阳市、句容市和镇江高新区总人口分别增加5.02万人、4.49万人、2.82万人、2.16万人和1.9万人，京口区、扬中市和润州区总人口出现负增长；镇江新区、丹徒区、高新区和句容市人口占镇江市总人口比重分别提升1.36、1.11、0.55和0.07个百分点；京口区、扬中市、润州区和丹阳市占镇江市总人口比重分别下降1.39、0.93、0.73和0.05个百分点。

二、人口性别结构

4．“七普”显示，镇江市人口性别结构合理，性别比与全省持平。2020年，全市男性与女性人口占比分别为50.82%和49.18%。除润州区女性人口多于男性，其余各地区男性人口略多于女性。丹徒区、镇江新区和镇江高新区性别比较高，分别达107.51、106.87和106.74。

三、人口年龄构成

5．少儿人口比重过小，老年人口比重较大。2020年，全市0岁～14岁少儿人口38.17万人，占总人口11.89%，比重显著低于全省和全国水平；60岁及以上老年人口75.64万人，占总人口23.56%（其中65岁及以上人口56.22万人，占总人口比重17.51%），比重明显高于全省和全国水平；15岁～59岁劳动年龄人口207.24万人，占总人口64.55%（15岁～64岁人口，占总人口比重70.60%），比重均高于全省和全国平均水平。

2020年镇江市与江苏省和全国人口年龄构成表

表33－3　　单位：%

地　域	比　重			
	0岁～14岁	15岁～59岁	60岁及以上	其中：65岁及以上
镇江市	11.89	64.55	23.56	17.51
江苏省	15.21	62.95	21.84	16.20
全　国	17.95	63.35	18.70	13.50

6．少儿人口增长缓慢，老年人口增长强劲，劳动年龄人口下降明显。10年间，0岁～14岁人口比重从10.30%增长到11.89%，增加1.59个百分点，年均增长1.75%；60岁及以上和65岁及以上人口比重分别从16.26%和10.35%增加到23.56%和17.51%，分别增长7.30和7.16个百分点，年均增长率分别为4.09%和5.72%，直接跨入深度老龄化（60岁以上人口超过20%或65岁以上人口超过14%即为深度老龄化）门槛；15岁～59岁和15岁～64岁劳动年龄人口比例分别下降8.89和8.75个百分点，年均分别下降0.98%和0.86%。

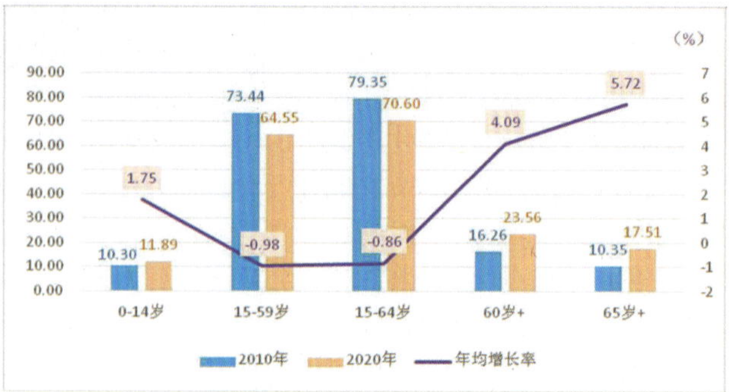

图33－1　2010—2020年镇江市人口年龄构成及年均增长图　　（黄　自　供稿）

2010—2020年镇江市与江苏省和全国分年龄组人口增长率表

表33－4　　单位：%

年龄组	镇江市	江苏省	全　国
0岁～14岁	1.75	2.34	1.31
15岁～59岁	-0.98	-0.46	-0.49
15岁～64岁	-0.86	-0.29	-0.31
60岁及以上	4.09	3.94	4.04
65岁及以上	5.72	4.84	4.84
总人口	0.31	0.75	0.53

7．全市除高新区外，其他地区全部步入深度老龄化阶段。扬中市、句容市老年人口比重较大，京口区、丹徒区受高校影响老年人口比重有所稀释。

8．少儿人口比重极不合理。2020年，各地区0岁～14岁人口比重均低于15%，处于严重少子化（14岁以下人口比重低于20%为少子化，低于15%为严重少子化）状态。镇江新区0岁～14岁人口比重稍高，为13.20%，丹徒区比重最小，仅为10.77%。

9．15岁～59岁和15岁～64岁劳动年龄人口比重分别为64.55%和70.60%。镇江高新区和镇江新区劳动年龄人口比重相对较高，15岁～59岁劳动年龄人口占比分别达到68.02%和66.06%（15岁～64岁劳动年龄人口分别占比73.65%和71.96%）；扬中市和句容市劳动年龄人口比重相对较低，15岁～59岁劳动人口占比分别为62.58%和63.90%（15岁～64岁劳动年龄人口占比分别为69.27%和69.38%），且低于全市平均水平。

四、社会抚养比变化

10．在社会总抚养比上升的同时，镇江市老年抚养比增长显著快于少儿抚养比增长。以60岁及以上人口作为老年人计算，与“六普”相比，2020年，全市少儿抚养比（0岁～14岁人口与15岁～59岁人口之比）上升

4.39个百分点,达18.42%;老年抚养比(60岁及上人口与15岁~59岁人口之比)上升14.36个百分点,达36.50%。社会总抚养比上升18.75个百分点,达54.92%。以65岁及以上人口作为老年人计算,与“六普”相比,2020年,全市少儿人口抚养比(0岁~14岁人口与15岁~64岁人口之比)上升3.86个百分点,达16.84%;老年人口抚养比(65岁及上人口与15岁~64岁人口之比)上升11.76个百分点,达24.80%。社会总抚养比上升15.62个百分点,达41.64%。

11. 少儿人口抚养比显著低于全省和全国平均水平,老年人口抚养比显著高于全省和全国平均水平,社会总抚养比低于全省和全国平均水平。以60岁及以上人口作为老年人计算,2020年,全市少儿抚养比(0岁~14岁人口与15岁~59岁人口之比)分别低于全省和全国5.74和9.91个百分点;老年抚养比(60岁及上人口与15岁~59岁人口之比)分别高于全省和全国1.81和6.98个百分点;由于“小的太少,老的较多”,社会总抚养比分别低于全省和全国3.93和2.93个百分点。以65岁及以上人口作为老年人计算,2020年,全市少儿抚养比(0岁~14岁人口与15岁~64岁人口之比)分别低于全省和全国5.34和9.35个百分点;老年抚养比(65岁及上人口与15岁~64岁人口之比)分别高于全省和全国1.18和5.11个百分点;除了“老少”人口结构不合理以外,全市社会总抚养比分别低于全省和全国4.16和4.24个百分点,说明现阶段全市劳动力人口比重高于全省和全国平均水平。

五、人口受教育情况

12. “七普”查明,2020年镇江市每10万人口拥有文化程度占比,从高到低依次为初中、小学、大专及以上和高中(中专),分别为3.52万人、2.10万人、1.91万人和1.73万人,初中和小学文化程度人口占比高于大专及以上和高中(中专)文化程度人口占比。

2020年镇江市各地区拥有各类受教育程度人数表

表33-5　　单位:万人/10万人

地区	大专及以上	高中(中专)	初中	小学
京口区	3.56	1.95	2.56	1.32
润州区	2.60	2.16	3.04	1.50
丹徒区	1.98	1.46	3.51	2.27
镇江新区	1.92	1.91	3.48	1.93
高新区	1.95	1.85	3.54	1.89
丹阳市	1.31	1.64	4.16	2.20
扬中市	1.88	1.62	3.24	2.49
句容市	1.65	1.70	3.39	2.39
全　市	1.91	1.73	3.52	2.10

13. 人口素质总体高于全省和全国平均水平。2020年,全市每10万人口中,拥有大专及以上文化程度人口占比分别高于全省和全国0.04万人和0.36万人;拥有高中(中专)文化程度人口占比分别高于全省和全国0.11万人和0.22万人;拥有小学文化程度人口占比分别低于全省和全国0.17万人和0.38万人。

14. 人口素质持续提升,大专及以上学历人数大幅增加,高中(中专)及以下学历人数全面下降。与10年前相比,2020年,全市每10万人中拥有大专及以上学历人数增加7621人,高中(中专)、初中和小学文化程度人数分别减少1216人、5254人和1042人。

15. 人口平均受教育年限继续高于全省和全国平均水平,但提高幅度低于全省和全国平均水平。2020年,全市15岁及以上人口平均受教育年限分别高于全省和全国0.1年和0.4年,与10年前相比,提高0.73年,低于全省(0.89年)和全国(0.83年)的平均水平。

16. 15岁及以上人口不识字人口占比(文盲率)继续低于全省和全国平均水平。2020年,全市15岁及以上人口文盲率分别低于全省和全国0.59和0.65个百分点,比10年前降低0.85个百分点。

六、城乡人口分布

17. 城镇化率继续提升。与2010年相比,全市城镇人口比重上升17.48个百分点,乡村人口比重下降17.48个百分点,城镇化率达79.45%。

18. 城镇人口占比高于全省和全国平均水平。2020年,全市城镇人口比重分别高于全省和全国6.01个百分点和15.56个百分点。

19. 人口流动性较大,人户分离人口占比和市辖区内流动人口占比均高于全省和全国平均水平。全市人户分离人口占总人口比重分别高于江苏省和全国6.74和7.22个百分点,市辖区内流动人口占总人口比重分别高于江苏省和全国6.99和8.29个百分点。

2020年镇江市与江苏省和全国流动人口情况表

表33-6　　单位:万人

地　域	人户分离	市辖区内流动	其中外省流入
镇江市	135.22	112.08	41.85
江苏省	2997.99	2366.38	1030.68
全　国	49276.25	37581.68	—

2020年镇江市与江苏省和全国流动人口占总人口比重表

表33-7　　单位:%

地　域	人户分离人口	市辖区内流动人口	其中外省流入人口占比
镇江市	42.12	34.91	37.34
江苏省	35.38	27.92	43.56
全　国	34.90	26.62	—

(摘自《江苏老年学研究》2021年第5期)

报刊文章题录

经济和政治

题名/作者/文献来源

长三角区域一体化发展背景下镇江产业高质量发展路径研究/周秋琴/镇江高专学报 2021 年第 4 期

移动互联网时代纸媒创新自救探究——以京江晚报“书香镇江,关爱学子”活动为例/邱隆洪/新闻研究导刊 2021 年第 20 期

镇江港对接长江经济带发展策略研究/仇诚、马林、王驰/创新 2021 年第 4 期

如何放大“戴庄经验示范效应?”/赵亚夫/创新 2021 年第 4 期

高质量打造资本市场“镇江板块”/郑涵、王凯、张凤春/创新 2021 年第 5 期

抢抓长江经济带机遇,推动镇江制造业数字转型/李霞明/创新 2021 年第 8 期

“四个聚焦”加快推进镇江数字产业融合发展/谢志勇、钱志俊、胡元威/创新 2021 年第 8 期

勇担使命,扎实奋斗,向着现代化新镇江激情奔跑——在中国共产党镇江市第八次代表大会上的报告/马明龙/创新 2021 年第 10 期

镇江市发展绿色低碳循环产业研究/市社科联、江苏大学联合课题组/镇江社会科学 2021 年第 1 期

扬优展长,新路超越——镇江跑起来的优势分析和对策建议/市委研究室、市社科联、江苏大学联合课题组/镇江社会科学 2021 年第 1 期

供给侧结构性改革背景下中小制造业企业降本增效实证研究/胥畅/镇江社会科学 2021 年第 1 期

长三角一体化背景下镇江产业布局研究/市社科联、江苏大学联合课题组/镇江社会科学 2021 年第 1 期

镇江与长三角城市经济发展比较分析/王玉凤/镇江社会科学 2021 年第 2 期

镇江市汽车及零部件产业发展情况调查/潘大春、许峰/镇江社会科学 2021 年第 2 期

新发展格局下镇江工业供给侧结构性改革探析/陈书娴/镇江社会科学 2021 年第 3 期

推进新一代信息技术产业链发展,壮大数字经济集群/孙勇/镇江社会科学 2021 年第 3 期

加快推进镇江数字化产业融合发展的对策思考/镇江市政协课题组/镇江社会科学 2021 年第 3 期

“十四五”扬中光伏产业高质量发展路径研究/张克祥/镇江社会科学 2021 年第 3 期

依托数字化技术,助力农业腾飞/杨晓勤/镇江社会科学 2021 年第 4 期

数字化赋能实现镇江制造业转型/姚震球/镇江社会科学 2021 年第 4 期

(沙　跃　犀　泽　叶　卜)

社　会

题名/作者/文献来源

镇江市异地就医结算现状分析及对策建议/杨毅/中国医疗保险 2021 年第 9 期

京杭大运河国考吕城镇断面水体污染反演研究/殷伟庆/镇江高专学报 2021 年第 2 期

京杭大运河镇江段流域夏季水质变化原因调查/刘学卿/镇江高专学报 2021 年第 1 期

厚植宜居宜业城市魅力/谢立新/创新 2021 年第 6 期

“后撤并时代”,同步发展路在何方?——丹阳市被撤并乡镇的发展困境与对策/阮婷婷、韦登朝/创新 2021 年第 8 期

镇江如何加快人口导入步伐?/杨猛/创新 2021 年第 9 期

服务镇江籍院士,助推高质量发展/市史志办课题组/镇江社会科学 2021 年第 1 期

镇江高层次人才引进中的问题与对策建议/杨天長/镇江社会科学 2021 年第 1 期

镇江市域社会治理体系法制化路径研究/市委办课题组/镇江社会科学 2021 年第 2 期

镇江市低碳发展的路径探索和对策建议/颜正清/镇江社会科学 2021 年第 3 期

镇江市住房公积金 2020 年年度报告/市住房公积金管理中心/镇江日报 2021－03－18

2020 年度镇江市生态环境状况公报/镇江日报 2021－06－05

镇江市住宅物业管理条例/镇江日报 2021－12－10

(沙　跃　犀　泽　叶　卜)

文　史

题名/作者/文献来源

镇江英国领事馆馆舍数量及重建史实考述/陆为中、连小刚/中国国家博物馆馆刊 2021 年第 2 期

唐李华《润州鹤林寺故径山大师碑铭》再探讨——兼与顾伟康先生商榷/张荣(寂静)、杨维中/宗教学研究 2021 年第 4 期

唐人如何描写金山寺的“难写之景”——读张祜《题润州金山寺》/莫砺锋/古典文学知识 2021 年第 5 期

陆游撰并楷书《焦山题名》摩崖石刻/方爱龙/杭州师范大学学报(社会科学版)2021 年第 1 期

镇江句容市陈氏灯彩非遗文化艺术研究/汤广志/美术教育研究 2021 年第 3 期

元代丹阳贡氏《汇兰集》本事考/翟朋/上饶师范学院

学报 2021 年第 5 期
《光绪丹徒县志》所录六朝诗探微/杨贵环/文化学刊 2021 年第 1 期
大运河与江苏古代城市空间分布/王健/江苏地方志 2021 年第 3 期
大运河江南长江运口文化内涵初析/霍义平/江苏地方志 2021 年第 3 期
中国历史地理中的运河/葛剑雄/江苏地方志 2021 年第 4 期
京杭大运河镇江段流域夏季水质变化原因调查/刘学卿/镇江高专学报 2021 年第 1 期
东晋京口—广陵战略格局的形成与演变/谈益群/镇江高专学报/2022 年第 1 期
从唐人诗文略探甘露寺的始建时地/乔长富/镇江高专学报 2021 年第 2 期
论东晋南北朝时期镇江文化特征/巫彩云、曹丙贵/镇江高专学报 2021 年第 3 期
论宋代京口澳闸系统的地位/张小军/镇江高专学报 2021 年第 4 期
科学技术视角下江南运河镇江段的开凿/孙洪军、李英姿/镇江高专学报 2021 年第 4 期
大运河镇江段入江口文化遗产的利用研究/高逸凡/镇江社会科学 2021 年第 4 期
黄源与丹阳的不解之缘/项强/大江南北 2021 年第 2 期
江苏句容城上村遗址 2014 年考古勘探与发掘简报/陈钰、甘恢元、林留根/东南文化 2021 年第 1 期
中共镇江地方史概述/市史志办/创新 2021 年第 7 期
镇江旧记(组诗)/黄劲松/金山 2021 年第 3 期
三重隐喻:点亮新时代道德风尚——简论镇江本土电影《寻人启示录》/秦安国/金山 2021 年第 10 期
镇江藏书文化知多少/于萌/创新 2021 年第 8 期
京地名山京岘山——兼说“京”地的得名时间/乔长富/镇江日报 2021－01－15
细数三山五岭八大寺/崔园秋/镇江日报 2021－01－31
万岁楼史话/孟宪威/镇江日报 2021－02－19
中唐崛起话金山/乔长富/镇江日报 2021－03－05
多景楼,一个王朝的悲情/侯军/镇江日报 2021－05－07
1944,粟裕率新四军一师南进经镇江始末(上)/孟宪威/京江晚报 2021－01－30
当江沙头说何氏/仲荣山/京江晚报 2021－04－30
北宋苏氏三望族与镇江/吴斌/京江晚报 2021－05－01
东晋谢氏与镇江/朱昌勤/京江晚报 2021－05－05
镇江英国领事馆馆舍数量及重建史实考述/陆为中、连小刚/中国国家博物馆馆刊 2021 年第 2 期
“大字无过瘗鹤铭”的歧异与流变/石身志/荣宝斋 2021 年第 9 期

(沙跃犀泽叶卜)

镇江人物研究

题名/作者/文献来源
柳诒徵《历代史略》的教育学与史学意义——兼谈《历代史略(点校本)》的价值/王子今/教育研究与评论 2021 年第 1 期
米芾姓氏、族属及其反映的民族交融/张祥瑞/广播电视大学学报(哲学社会科学版)2021 年第 3 期
沈括诗学观之“造微”说探赜/蒋思翔/哈尔滨学院学报 2021 年第 11 期
柳诒徵人伦观探析/肖朝晖/湖北工程学院学报 2021 年第 5 期
浅析米芾书画艺术及其美学思想/徐燕琪/湖北美术学院 2021 年第 9 期
米芾的刻帖观对宋代尚意书风的影响/杨豪良/湖北文理学院学报 2021 年第 7 期
人民性:当代新疆汉语诗歌成功的基本经验/欧阳伟、艾欣/喀什大学学报 2021 年第 4 期
论沈括《梦溪笔谈》中的艺文思想/高翔/齐齐哈尔师范高等专科学校学报 2021 年第 3 期
无心插柳——《马氏文通》对汉语韵律语法研究的贡献/李果/韵律语法研究 2021 年第 1 期
论元代诗人萨都剌的镇江诗歌创作/姜云峰/镇江高专学报 2021 年第 2 期
从米芾的《画史》《书史》和《宝章待访录》浅谈档案鉴定思想/韩桐/才智 2021 年第 18 期
林语堂英译刘鹗《老残游记》之考证/陈智淦/东方翻译 2021 年第 2 期
刘铁云多职业,心怀医药/胡正旗/家庭中医药 2021 年第 6 期
管文蔚与通如靖泰临时行政委员会/蒋淑颖/江苏地方志 2021 年第 5 期
《莫高窟之歌》背后的故事/沈晓昆/金山 2021 年第 11 期
长江孕育太阳洲——浅析闻捷长诗《长江万里》/吴明宝、沈晓昆/金山 2021 年第 8 期
米芾与镇江/宇文家林/老年教育(书画艺术)2021 年第 8 期
以书法为线索看李之仪与米芾的交游/庞迪/美与时代(下)2021 年第 8 期
笪重光艺术思想探析/张晓静/内蒙古师范大学 2021 年第 9 期
唱一曲时代的情歌——评《苹果树下》的主题思想及表现/袁宁/青年文学家 2021 年第 20 期
《老残游记》与刘鹗的忧国情思/张常奥/青年文学家 2021 年第 6 期
《马氏文通》与中国近代语言哲学的开新/彭传华/社会科学战线 2021 年第 8 期
王文治的书画鉴赏观/郭德法/书法 2021 年第 12 期

功名皆一戏 未觉负平生——略论米芾书画艺术的成就、价值及其影响/罗泽群、赵启斌/书画世界 2021 年第 9 期
民国图书馆学家柳诒徵的阅读推广思想研究/张行、谷娜/图书馆 2021 年第 3 期
《老残游记》《警世通言》中的"文人音乐"探究/吕力/文学研究 2021 年第 2 期
"立国以人道为本":马相伯的政治思想及其当代意义/孙钦香/学海 2021 年第 2 期
从米芾的书学观念及书法实践以辨其颠/戎恺凯/中国书法 2021 年第 3 期
米芾"颠行"论/程源源/中国书法 2021 年第 4 期
米芾《书史》与黄伯思《东观余论》书法鉴定思想比较研究/雒三桂、钟宇欣/中华文化论坛 2021 年第 6 期

(沙 跃 犀 泽 叶 卜)

刘勰与《文心雕龙》研究

题名/作者/文献来源
《文心雕龙》意象论的易学阐释/李瑞卿/古代文学理论研究 2021 年第 1 期
从《文心雕龙·诔碑》看蔡邕碑文/张星星/吕梁教育学院学报 2021 年第 1 期
《文心雕龙·谐隐》的文体特征/马兰花/焦作大学学报 2021 年第 1 期
《文心雕龙》"物象"说/程修平/辽东学院学报(社会科学版)2021 年第 1 期
以经为宗:刘勰的建安文学批评略论/金珂、赵栋栋/长治学院学报 2021 年第 1 期
中国文学批评体系的生成——《文心雕龙》与早期文献中的文学观/蔡宗齐、李卫华/北方工业大学学报 2021 年第 1 期
《文心雕龙》中的作家创造性考辨/安岚/河池学院学报 2021 年第 1 期
复古与新变——从《文心雕龙》诗乐关系看南朝乐府学的两种路线/舒乙、姬毓/贵州社会科学 2021 年第 1 期
"草木意象"与《文心雕龙》文学理论的展开/林木阳/绵阳师范学院学报 2021 年第 1 期
辨与变——《文心雕龙·辨骚》篇主旨探微/李金秋/内蒙古师范大学学报(哲学社会科学版)2021 年第 1 期
齐梁乐府下萧统和刘勰的乐府观/蒋聪慧/成都理工大学学报(社会科学版)2021 年第 1 期
在经学与文学之间 重读刘勰辨骚论和宗经论/李智星/古典学研究 2021 年第 2 期
浅析刘勰的《文心雕龙·知音》:"知音之难"/周娜/焦作大学学报 2021 年第 2 期
《文心雕龙》之校刻与明末清初东南地域诗人间之互动/汪春泓/汉语言文学研究 2021 年第 2 期
寻通求变:《文心雕龙》的研究方法/曲秀文/辽宁工业大学学报(社会科学版)2021 年第 2 期
"风骨"之含混性——刘勰阐释"风骨"不明之因探析/余贝贝/安顺学院学报 2021 年第 2 期
《文心雕龙》批评老子及《道德经》研究/胡辉/重庆第二师范学院学报 2021 年第 2 期
《文心雕龙》创作构思论中"理性思维"的演绎及评析/王敏/顺德职业技术学院学报 2021 年第 3 期
从《文心雕龙》《二十四诗品》看物色观理论的发展/朱敏洁、蒋振华/邵阳学院学报(社会科学版)2021 年第 3 期
论刘勰"通变"说对中国古代文论的影响/平雷/太原学院学报(社会科学版)2021 年第 3 期
《文心雕龙·诔碑》"诔"之概念探析/佟子璇/广西科技师范学院学报 2021 年第 3 期
百年来美国学派探究可比性的历程——以跨文化《文心雕龙》研究为中心/冯斯我、王毓红/外国语文研究 2021 年第 3 期
《文心雕龙》创作理论生成的基础/詹福瑞/首都师范大学学报(社会科学版)2021 年第 3 期
在"负重"与"摘文"之间——论《文心雕龙》对东晋名臣温峤、庾亮的评论/袁济喜/中国人民大学学报 2021 年第 3 期
中国修辞学的现代转型——从《文心雕龙》到《修辞学发凡》/丁金国/烟台大学学报(哲学社会科学版)2021 年第 3 期
韩愈"修辞明道"说心议/张弘韬、张清华/周口师范学院学报 2021 年第 3 期
《文心雕龙·镕裁》知网论文研究综述/高彬倩/开封文化艺术职业学院学报 2021 年第 3 期
清代骈文学上的自然论/曹虹/苏州大学学报(哲学社会科学版)2021 年第 4 期
《文心雕龙》之文体六义及当代意义/丁倩倩/内蒙古电大学刊 2021 年第 4 期
论《文心雕龙》艺术和谐观的实现方式及其对儒经的依立/朱供罗/云南大学学报(社会科学版)2021 年第 4 期
《文心雕龙》的文章分类学"系统论"/程修平/成都理工大学学报(社会科学版)2021 年第 4 期
略论《文心雕龙》之"繁"/黄天飞/宜春学院学报 2021 年第 4 期
刘勰的"六观"说与中国古典诗词翻译批评/冯全功/北京第二外国语学院学报 2021 年第 5 期
《文心雕龙·知音》之"六观说"内涵探微/蔡芹/豫章师范学院学报 2021 年第 5 期
《文心雕龙》中的阐释学观念与理论建树/张楚楚/语文学刊 2021 年第 5 期
《文心雕龙》对先秦文学理论的继承与发展探析/张鲁

明/辽宁经济职业技术学院、辽宁经济管理干部学院学报 2021 年第 5 期
《文心雕龙》“文体论”之批评陆机研究/胡辉/内蒙古师范大学学报(哲学社会科学版)2021 年第 5 期
《文心雕龙》核心范畴“情”的海外书写与误读/戴文静/贵州社会科学 2021 年第 5 期
《文心雕龙·原道》对《周易》的阐释/唐德明/四川文理学院学报 2021 年第 6 期
《文心雕龙·神思》篇“驯致”考辨/王建成/绵阳师范学院学报 2021 年第 7 期
《文心雕龙》文学创作标准研究/赵钦钦/陕西理工大学 2021 年第 8 期
《文心雕龙》中的“言意论”/赵文晶/黑龙江大学 2021 年第 9 期
试论《文心雕龙》“折衷”思想/寇颖超/开封文化艺术职业学院学报 2021 年第 10 期
论《文心雕龙》中“绮”之义涵与美学特质/刘林云/绵阳师范学院学报 2021 年第 10 期
《文心雕龙》与《文选》比较研究/赵亦雅/山东大学 2021 年第 10 期
刘勰评《乘舆箴》“体芜”的辨析/朱芝蓓/宜春学院学报 2021 年第 11 期
浅论汉代经学对《文心雕龙》的影响/于萍/牡丹江大学学报 2021 年第 12 期
陈拱《文心雕龙本义》研究/刘秋姣/江西师范大学 2021 年第 12 期　(沙　跃)

赛珍珠研究

题名/作者/文献来源

赛珍珠跨国书写中的女性口述与文化记忆/王蕾/江苏大学学报(社会科学版)2021 年第 3 期
基于英文文献的赛珍珠研究学术传播模式与区域特色分析/刘竟、崔欣卉、卢章平/江苏大学学报(社会科学版)2021 年第 3 期
赛珍珠的皖北文化适应障碍/赵丽莉/江苏科技大学学报(社会科学版)2021 年第 1 期
赛珍珠融汇中西的女性思想研究——论其对儒家思想的借鉴与反拨/李秀梅/江苏科技大学学报(社会科学版)2021 年第 2 期
中国的赛珍珠研究——以中国知网(CNKI)信息为例/贝莲娜/镇江高专学报 2021 年第 1 期
评台湾版《大地》的哈金序言/孙宗广/镇江高专学报 2021 年第 1 期
论赛珍珠介入公共场域的知识分子书写/叶旭军/镇江高专学报 2021 年第 1 期
赛珍珠小说里的中国道路与命运——以《大地》和《母亲》为例/陆行良/镇江高专学报 2021 年第 3 期
赛珍珠诺贝尔文学奖受奖演说:考证与阐释/段怀清/镇江高专学报 2021 年第 3 期
赛珍珠《大地》中的土地观念研究/延缘/温州大学学报(社会科学版)2021 年第 2 期
论《水浒传》粗俗语的不可译/薛蓉蓉/齐齐哈尔大学学报(哲学社会科学版)2021 年第 7 期
人与土地:《大地》与《生死疲劳》比较研究/方飞、李新东/闽南师范大学学报(哲学社会科学版)2021 年第 2 期
论归化与异化策略的对立统一——以《水浒传》两个英译本的比较研究为例/董秀静/吕梁学院学报 2021 年第 1 期
赛珍珠对中国乡土习俗中“礼物精神”的发现与认知/张莹/大连大学学报 2021 年第 1 期
旅游型服务区的建设研究——以镇江市赛珍珠主题为例/黄凌云/辽宁省交通高等专科学校学报 2021 年第 2 期
《中国的珍珠》中的宽恕思想/董晓烨、李艳萍/兰州职业技术学院学报 2021 年第 6 期
接受理论视角下赛译《水浒传》的翻译策略研究/薛娇/开封文化艺术职业学院学报 2021 年第 7 期
赛珍珠女性主义教育观解读/戚燕丽/开封文化艺术职业学院学报 2021 年第 9 期
皖北文化适应与认同:“准传教士”赛珍珠跨文化书写探源/赵丽莉/淮南师范学院学报 2021 年第 2 期
赛珍珠女性主义思想探微/陈薇/湖北开放职业学院学报 2021 年第 24 期
论赛珍珠小说《大地》中的文化间性书写/刘丹/湖北工业职业技术学院学报 2021 年第 3 期
《大地》的文学伦理学解读/吴远青、罗筱维/黑河学院学报 2021 年第 1 期
“另类”的中国乡土小说:赛珍珠《大地》的皖北地方色彩/赵丽莉/合肥工业大学学报(社会科学版)2021 年第 2 期
后殖民女性主义视角下赛珍珠小说解读——以《大地》为例/左姝斐/鄂州大学学报 2021 年第 6 期
从生态批评的视角解读《大地》中的土地情结/鲍成莲、翟佳丽/中州大学学报 2021 年第 3 期
赛珍珠英译《水浒传》的译者惯习与翻译策略探究/赵祥云/郑州轻工业大学学报(社会科学版)2021 年第 6 期
赛珍珠《大地》中的中国农民形象探析/白佳琪/作家天地 2021 年第 1 期
苏联和俄罗斯对赛珍珠作品的翻译与接受/赵丹/当代外国文学 2021 年第 1 期
赛珍珠文学作品中中国女性形象的误读研究/周琳/青年文学家 2021 年第 2 期　(沙　跃　犀　泽)

说明:《报刊文章题录》收录报刊登刊的研究镇江市情各类文章的题录,收录内容按经济、政治、社会大致分类并按杂志、报纸排序。

重要会议报告

勇担使命　扎实奋斗
向着现代化新镇江激情奔跑

——在中国共产党镇江市第八次代表大会上的报告(摘要)

(2021 年 9 月 26 日)

市委书记　马明龙

一、“强富美高”新镇江建设成效显著

市第七次党代会以来的五年，是全市人民牢记习近平总书记谆谆嘱托，全面贯彻新发展理念，加快推进“强富美高”新镇江建设的五年；是坚定实施产业强市战略，扎实做好“六稳”“六保”工作，转变发展方式，壮大综合实力，步入高质量发展轨道的五年；是决胜高水平全面建成小康社会，历史性解决绝对贫困问题，民生福祉持续增进的五年；是统筹发展和安全，负重前行、攻坚克难，社会和谐稳定日益巩固的五年；是全面加强党的建设，提振比学赶超精气神，“跑起来”深入人心、争先进位起势发力的五年。

五年来，全市干部群众解放思想、创新实干、加压奋进，胜利完成市第七次党代会主要目标任务，高水平全面建成小康社会，为开启现代化建设新征程打下了坚实基础。

——“经济强”的动能加速激发。全市地区生产总值达 4220 亿元，工业应税销售超 4800 亿元，境内外上市公司达 22 家，国家高新技术企业数量翻番，科技进步贡献率达 65.3%。

——“百姓富”的基础持续夯实。城乡居民人均可支配收入达 4.6 万元，年均增长 8.1%。七成以上财政支出用于民生，人民生活日益改善，连续入围“中国最具幸福感城市”。

——“环境美”的成色愈发鲜亮。污染防治攻坚战取得重大阶段性进展，海绵城市试点获评全国优秀，省生态文明建设综合改革试点成效明显，总体环境质量创新世纪以来最高水平。

——“社会文明程度高”的成效显著提升。全国文明城市实现“三连冠”，涌现出赵亚夫、钱云宝、王华、糜林等一批先进典型，创成国家公共文化服务体系示范区，蝉联“长安杯”。

五年来，主要做了以下工作：

(一)以产业强市战略为主抓手，干出了高质量发展奋进态势。完成产业投资 3000 多亿元，蜂巢易创、孚能科技等一批重大产业项目落地投产，镇江新区连续四年进入国家级经开区 30 强，镇江高新区综合排名上升 49 位。明确“四群八链”主攻方向，推进产业转型升级，工业战略性新兴产业产值占比达 34.8%、高新技术产业产值占比达 46.4%，军民融合特色更加彰显。培育壮大市场主体，大全、天工、鱼跃、建华、沃得等行业龙头企业支撑力稳步增强，涌现出鼎胜新材、镇江船厂、航天海鹰等一批“单项冠军”

"专精特新"小巨人企业。谋划推进G312产业创新走廊建设,高校园区投入使用,官塘创新社区开局良好,"金山英才"五年计划圆满收官,人才"镇兴"行动成效初显。打造"镇合意"服务品牌,以"金山奖""梦溪奖"激发企业自豪感、使命感,实施资本市场"扬帆计划",开展"五送五助"活动,"放管服"改革取得新进展。实施乡村振兴战略,重要农产品生产能力保持稳定,国家农业科技园区通过验收,"戴庄经验"全省推广,"丁庄葡萄"获得江苏第一张"葡萄出口证"。

(二)以排查解决突出民生问题为切入点,绘出了高品质生活美好画卷。新增城镇就业38万人,义务教育优质均衡比例、教育基本公共服务水平走在全省前列,医疗、养老、退役军人服务逐步改进,食品药品安全稳定向好,社会保障提质扩面,文艺创作繁荣活跃,城市公益慈善发展指数位列全国第19位。坚决抓好长江大保护,严格落实"河湖长制""断面长制",打好蓝天、碧水、净土保卫战,一批突出环境问题整改到位,生态保护修复一体化推进,美丽镇江建设取得新成效。融入区域协调发展战略,推动基础设施互联互通,连镇铁路、五峰山大桥、镇丹高速、丁卯高架等重大交通设施建成通车,宁句城际轨道即将投入使用。老旧小区改造三年行动任务圆满完成,农村人居环境整治取得重大进展。

(三)以全面深化改革为动力源,迈出了高效能治理坚实步伐。学前教育改革、居家和社区养老服务改革等国家、省改革试点项目创造了"镇江经验",网络综合治理体系建设、党校红色联盟等自主探索的改革成果在全省推广。法治镇江、平安镇江建设持续深化,扫黑除恶专项斗争取得重大成果,政法队伍教育整顿、信访维稳等工作成效显著,连续四次获评全国社会治安综合治理先进市,群众安全感保持全省领先。全国市域社会治理现代化试点城市建设有序推进。建立风险防控"四项机制",全力防范化解重大风险,隐性债务化解取得突破性进展,成功抗击长江超历史水位汛情等自然灾害,生产安全事故起数和死亡人数连续"双下降",社会大局保持和谐稳定。特别是全市上下众志成城,慎终如始做好常态化疫情防控,交出了优异答卷。

(四)以激发担当干事精气神为风向标,取得了全面从严治党明显成效。扎实开展"两学一做"学习教育、"不忘初心、牢记使命"主题教育和党史学习教育,形成"一人一重点、领办解难题"等特色品牌。顺利完成党政机构改革,成立市委国安委、深改委、财经委、网信委等议事协调机构。创新意识形态领域风险防控"668"工作机制,推进群众性精神文明创建,精心组织庆祝新中国成立70周年、中国共产党成立100周年等重大活动。探索领导干部"政治体检",深化拓展"一创八争",注重用好"三项机制",圆满完成县乡党委、村(社区)"两委"换届,干部队伍建设不断加强。对口支援帮扶工作成绩突出。层层压实基层党建"书记项目",村党组织书记专职化管理、社区工作者职业体系建设走在全省前列。严格落实中央八项规定精神,驰而不息纠"四风"、树新风,切实有效为基层减负,精文简会、规范创建达标评比表彰、统筹督查检查考核工作取得实效。开展政治生态监测评估,深化党风廉政建设和反腐败斗争,"巡纪协作"模式获中央纪委推广,省委巡视整改反馈问题全部销号,完成本届市委任期内巡察全覆盖,全面从严治党群众满意度位居全省前列。市委认真执行民主集中制,支持人大、政府、政协依法履职,地方立法质效稳步提升,协商民主建设成效显著。各民主党派、工商联、群团组织作用进一步发挥,爱国统一战线不断壮大,党管武装和双拥共建工作持续加强,全社会凝心聚力推动发展的氛围日益浓厚。

二、全面开启现代化建设新征程

今后五年,要高举习近平新时代中国特色社会主义思想伟大旗帜,坚决贯彻党中央决策部署,全面落实习近平总书记对江苏、镇江工作重要讲话指示精神,坚持稳中求进工作总基调,把握新发展阶段,贯彻新发展理念,融入新发展格局,扛起"争当表率、争做示范、走在前列"镇江使命,锚定"三高一争"扎实奋斗、激情奔跑,推动现代化新镇江建设取得明显进展。

——在建设产业发达、创新引领的现代化新镇江上取得明显进展。经济运行更加稳健、做到"两个高于",经济结构持续优化,重点产业链迈上中高端,创新能力显著增强,内需潜力加快释放,开放发展取得新突破,数字镇江建设形成基本框架,农业基础更加稳固,现代基础设施体系更加健全。

——在建设区域协调、融合发展的现代化新镇江上取得明显进展。产业创新、基础设施、区域市场、绿色发展、公共服务、市内全域"六个一体化"纵深推进,城乡融合发展达到较高水平,战略载体建设强劲起势,一体化发展体制机制更加完善。

——在建设美丽宜人、绿色低碳的现代化新镇江上取得明显进展。生态环境持续向好,资源能源利用集约高效,形成低消耗、少排放、能循环、可持续的绿色低碳发展方式,空间格局、功能品质、城乡面貌显著改善,美丽镇江更加宜居宜人。

——在建设共同富裕、充满温度的现代化新镇江上取得明显进展。力争居民收入增长快于经济增长,中等收入群体比重明显提高,教育现代化继续走在前列,健康镇江建设取得更大成效,多层次社会保障、多元化养老服务体系基本建成,公共服务更加优质均衡,共同富裕迈出坚实步伐。

——在建设文化兴盛、风骨独特的现代化新镇江上取得明显进展。社会主义核心价值观广为弘扬,文化产业发展质量、公共文化服务水平明显提高，人民精神文化生活日益丰富，城市风骨更加彰显，城市软实力、人的现代化水平显著提升。

——在建设秩序优良、活力彰显的现代化新镇江上取得明显进展。重点领域和关键环节改革深入推进，社会治理法治化、科学化、精细化、智能化水平显著提升，防范化解重大风险体制机制不断健全，突发公共事件应急管理能力全面增强，城市更加安全、更有韧性。

到2035年，镇江基本实现社会主义现代化，成为具有重要影响力的长三角区域中心城市；到本世纪中叶，现代化新镇江"六大愿景"全面实现，建成拥有高度物质文明、政治文明、精神文明、社会文明、生态文明的现代化强市。

三、奋力打好"五大关键战"

未来五年，要奋力打好"五大关键战"：

（一）打好提升产业能级关键战。坚定不移抓产业发展，加快做大规模、做优质效、做强动能。积极融入"大循环""双循环"，抢抓全球产业链供应链重构、内需扩大、消费升级等重大机遇，推动本土企业发展壮大，吸引更多企业加入镇江产业链集群。坚持创新驱动发展，完善创新机制，提高自主创新能力，切实用好镇江及周边丰富的创新资源，加快把创新成果转化为现实生产力，为产业强市注入充沛动能。充分发挥成本低、空间足等比较优势，主动对接高能级城市，瞄准高端产业，做强核心配套，在全方位协作中共赢发展。牢牢牵住项目这个"牛鼻子"，在重大产业项目上求大突破、见大成效，为提升产业能级提供坚强支撑。

（二）打好推动共同富裕关键战。坚决扛起政治担当，在推动共同富裕上努力创造"镇江经验"。坚持在高质量发展中促进共同富裕，不断做大经济"蛋糕"、扩大就业总量，鼓励勤劳创新致富。围绕起点公平、机会公平，完善公共政策体系，畅通向上流动渠道，提高基本公共服务均等化水平，推动人与社会协同进步、城市与农村协同提升、物质文明与精神文明协同发展。完善初次分配、再分配、三次分配协调配套的基础性制度，扩大中等收入群体比重，增加低收入群体收入，加快形成橄榄型收入群体结构，促进社会公平正义，使全市人民向共同富裕目标扎实迈进。

（三）打好建强战略载体关键战。全面做强开发园区，以镇江新区、镇江高新区和省级开发园区为主体，推动整合优化提升，明晰产业定位，创新体制机制，提高承载能力。坚持新思想引领，立足镇江实际，围绕"一体、两翼、三带"功能布局，有序谋划打造规划科学、业态领先、治理高效，能够展示镇江现代化建设成效的重点片区。在产业创新发展带和G312产业创新走廊，润州重点推动官塘创新社区高质高效发展，镇江高新区重点建设好金牛山创新核心区，丹徒重点谋划推进长山产教融合发展区建设。在中部城市协同发展区，丹阳重点谋划推进练湖生态新区建设，呼应镇丹一体化发展。在东翼产业协同发展区，镇江新区重点谋划推进心湖人才共享社区建设，扬中重点谋划推进兴隆港产城融合发展区建设。在西翼创新协同发展区，谋划推进句容枢纽经济区建设，更好融入南京、接力镇江。在沿江生态保护和高质量转型发展带，着力打造世业洲生态健康岛，加快发展大禹山数字文创区，高质量推动沿江产业转型升级。重点片区的规划发展，必须坚持实事求是，严控开发规模，明确资金来源，谋定而动、有序推进，蹄疾步稳、久久为功，确保干一个成一个。

（四）打好紧抓"双碳"落地关键战。高起点编制生态文明建设规划，更大力度优化产业结构、能源结构，坚决遏制"两高"项目盲目发展，加强能耗"双控"，组织实施一批减污降碳技术应用示范工程，推动园区循环化改造、企业绿色化转型，有序推广低碳建筑、低碳交通，着力构建绿色低碳循环发展体系。提升全社会低碳意识，加强植树造林，普及低碳生活，让每一名镇江人都成为绿色低碳发展的参与者、推动者、受益者。要高质量办好碳达峰碳中和金山峰会，擦亮国家低碳城市"金字招牌"。

（五）打好统筹发展和安全关键战。坚持总体国家安全观，全力防范化解各类重大风险，建设基础更牢、领域更广、水平更高、群众更认可的安全城市。全面推进公共卫生应急管理体系建设，从本质上提升疫情应急处置水平和基层防控能力，以"防得住"保障"放得开"。严格落实化债方案，全力降总量、压成本、优结构、强基础，早日卸下"沙袋"、轻装奔跑。实施好应急管理"五大提升工程"，深入开展"慧安行动"，坚决打赢"三年大灶"专项整治硬仗，高水平创建安全发展示范城市。统筹做好金融、社会、网络等各领域风险防控，让全体市民有满满的安全感。

四、加快推动各项事业迈上新台阶

加强整体性推进、创造性落实，实现各领域工作更大进步。

（一）深入实施产业强市"一号战略"，加快构建现代化经济体系。着力提高产业链现代化水平。深化落实"链长制"，促进"四群八链"集聚发展。全力推动地标产业加速崛起、主导产业不断壮大、战略性新兴产业蓬勃发展、传统产业转型升级，打造以先进制造业为主体、现代服务业和特色农业协同发展的区域性重要产业基地。更加注重融合发展，促进三次产业交叉融合、军民融合、校地融合等各领域融合，催生新产业、新模式、新业态。做强做大骨干企业，引进培育"专精特新"小巨人企业，扶持发展高成长型初创企业。深化国资国企改革，大力支持民营企业健康发展，激发和保护企业家精神，壮大优秀企业家队伍。

着力推动人才集聚。扎实开展人才“镇兴”行动。大力引进镇江发展所需的各类别、各层次人才，狠抓高校应届毕业生招引，提高在镇高校毕业生留镇率。优化人才政策，建设人才友好型、青年发展友好型城市。着力强化创新“第一动力”作用。实施旗舰型科技高峰企业、创新型领军企业、科技型中小企业梯次培育计划，推动高新技术企业量质齐升。深化国家创新型城市建设，把镇江打造成为长三角科技成果转移转化重要基地。聚焦新型电力装备、智能农机装备等重点领域，攻克一批“卡脖子”关键核心技术。探索产学研用深度融合新机制，实施“企业出榜、政府张榜、校所揭榜、团队挂帅”的“揭榜挂帅”制度，推动科技金融深度融合，构建更具吸引力、竞争力的创新生态。着力促进数字融合发展。加快发展数字经济，坚持数字产业化、产业数字化协同推进，高标准建设华为、微软、阿里和润等项目；系统布局第五代移动通信等信息基础设施项目，打造一批行业性工业互联网平台和数字融合应用标杆企业。积极构建数字社会，聚焦最迫切需求、最高频事项，推出一批应用场景。有序打造数字政府，健全完善“1+1+N”数字镇江体系，建设党政业务综合平台，做强“城市大脑”，实现“数字让镇江更智慧”。着力发展高水平开放型经济。实施“外资量质双提升行动”，招引一批重大外资项目和外资区域总部。培优扶强重点外贸企业，支持眼镜、五金工具等特色产业做大跨境电商业务。引导和支持有条件的企业“走出去”，深度参与国际分工。用好江苏自贸区联动创新发展区政策，提高综保区、国际合作园区建设水平。构建更加开放包容的制度体系，全力保障外资企业合法权益，真正把镇江打造成外商投资福地。着力打响“镇合意”服务品牌。坚持市场化、法治化、国际化方向，对照全省营商环境指标体系，持续拓优势、强弱项、争进位。推进“一窗通办、一网通办、一端通办、一次办好”和“互联网+监管”改革，彰显“放管服”改革镇江特色。积极稳妥推进企业合规改革试点，优化法治化营商环境。推动金融资源向实体经济和普惠领域倾斜。引导企业诚信经营，加强信用修复工作，构建适应高质量发展要求的社会信用体系。健全“镇合意”App服务功能，提高群众“掌上办事”获得感。巩固拓展亲清政商关系，真心诚意与企业家交朋友，帮助企业消除痛点、打通堵点、解决难点，让企业家发自内心地感觉到真合意、真受益。

（二）坚持农业农村优先发展，争做乡村全面振兴的特色示范。促进农业高质高效。毫不放松粮食生产，创新发展现代种业，坚决遏制耕地“非农化”、防止“非粮化”，推动粮食生产功能区高标准农田全覆盖，确保重要农产品有效供给、口粮绝对安全。深化农业供给侧结构性改革，推进一二三产融合、上中下游一体、“产供销加”互促。强化农业龙头企业示范带动，发展高效精品农业和都市农业，推进全程全面机械化，提高农业生产标准化水平，加强现代农业载体建设，打造更多农产品地理标志和区域公共品牌。健全农业专业化社会化服务体系，引导家庭农场、农民合作社等新型农业经营主体健康规范发展。促进农村宜居宜业。实施乡村建设行动，因地制宜推进农村住房改造，建设一批生态循环农业示范村。实施农村人居环境整治提升五年行动，系统推进农村改厕、污水治理和垃圾处理。加快乡村基础设施提档升级，因地制宜推动城乡基础设施建设一体化发展。深化农村改革，完善农村产权制度和要素市场化配置机制，抓好“农村普惠金融服务发展”全国试点，积极推广“戴庄经验”，巩固提升“金穗行动”。健全“1+4+1”乡村治理体系，推进移风易俗，培育文明乡风，塑造农村新风尚。促进农民富裕富足。统筹城乡发展，振兴乡村产业，着力提高农民收入，壮大村级集体经济实力。扎实推进巩固拓展脱贫攻坚成果同乡村振兴有效衔接，继续支持茅山老区发展，坚决守住防止返贫底线。开展富民强村帮促行动。建设完善县乡村三级物流体系，推动城乡生产与消费有效对接，开展消费帮扶行动。大力培养新型职业农民，建强乡土人才队伍。

（三）全面增强城市软实力，展现独具特色的城市魅力和风骨。以山水形胜的灵气彰显魅力和风骨。深化文旅融合，把“三山一湖一渡”串成明珠，提升茅山、南山、宝华山、水晶山、圌山、赤山湖等景区品质，让红色游、乡村游、夜游等特色品牌绽放光彩，打造更具远程号召力和影响力的休闲旅游目的地城市。建设大运河文化带“美丽中轴”，新建江苏佛学院，加强重要文化和自然遗产、非物质文化遗产系统性修缮保护。以崇德向善的温度彰显魅力和风骨。进一步践行社会主义核心价值观，深化新时代文明实践中心建设，传承季子挂剑的诚信友爱，学习践行“亚夫精神”，点亮城市“精神地标”。教育广大青少年扣好人生“第一粒扣子”，让“请党放心、强国有我”成为镇江青少年的最强音。擦亮“大爱镇江”品牌，壮大志愿者队伍，高质量发展慈善事业，弘扬见义勇为精神，创成全域全国文明城市群，争创全国文明典范城市。以辉映古今的故事彰显魅力和风骨。完成《镇江通史》编纂，精心创作有底蕴、有品位的文艺精品力作，打造“文化金山”“书画之城”“诗词之城”“书香镇江”等一批高显示度的人文标识，打响“中国醋都”城市名片。以争雄竞先的活力彰显魅力和风骨。发扬镇江人民在抗疫防汛、化解风险等重大考验时展现出的拼搏精神，迸发抢抓机遇、突破自我、创新创造、敢为人先的蓬勃活力，用现代化建设的新成就不断为城市增添新荣光。

（四）加快提升城市品位，塑造美丽镇江新风貌。优化空间布局。高质量编制国土空间总体规划，科学划定“三区三线”，完善镇村规划体系。坚持精明增长，注重空间“留白”，避免盲目扩张，坚决推进存量违法用地整改，杜绝新增违法用地，有效盘活存量用地，实现内涵式发展。完成G312镇江段快速化改造和G346城区段城市化改造，积极推进镇江扬州第二通道、扬镇宁马和镇杭铁路规划建设。推动交通基础设施互连成网，提升物流枢纽服务能级，更好支撑港产城融合发展。改善生态环境。以源头治理为核心深入打好污染防治攻坚战，实施$PM_{2.5}$和臭氧“双控双减”“美丽镇江·幸福河湖”、土壤污染防治等行动，持续减少主要污染物排放总量。统筹推进“山水林田湖草”生态保护修复，坚决落实长江“十年禁渔”，推行林长制，开展国土绿化行动，构建“两廊两带三片”生态空间格局。探索“绿水青山就是金山银山”实践路径，推动生态文明综合改革走在前列。提升功能品质。以省级美丽宜居城市试点建设为抓手，有序推进城市有机更新，实施精准拆迁，继续推进老旧小区、棚户区改造，加大危房解危力度，提升居民区物业管理服务水平，完善城市道路微循环系统，实施新一轮市政基础设施提升工程。推进“一山一景”改造和“一江一湖十河”滨水空间保护开发，优化城市公园绿地体系，构建“10分钟绿地服务圈”。以绣花功夫推进城市精细化管理，有序推动垃圾分类工作，改善市容市貌，让镇江的美更加可观可感。

（五）持续增进民生福祉，努力创造人民向往的美好生活。千方百计扩大就业。加大援企稳岗力度，实施“技能镇江行动”，促进就业提质扩容。优化就业服务，抓牢重点群体就业，拓宽人民群众增收渠道。健全就业需求调查和失业监测预警机制，完善支持灵活就业的政策措施，促进新就业形态健康发展。全面提高公共服务水平。优化教育资源配置，加强师资队伍建设，高质量完成全省“双减”试点任务。推动学前教育普惠性发展、义务教育优质均衡发展、高等教育内涵式发展，构建与产业强市相适应的职业教育体系。支持江苏大学、江苏科技大学“双一流”创建，促进名校名城融合发展。健全以人民健康为中心的医疗卫生服务体系，深化医药卫生体制改革，加强医联体内涵建设，提高疾病预防控制能力，深入开展爱国卫生运动，坚决守牢食品药品安全底线。加强公共体育设施建设，蓬勃开展全民健身运动。加大文化惠民力度，促进城乡文化协调发展、共同繁荣。完善均等化一体化优质化的城乡基本公共服务体系，建设“15分钟便民生活圈”。织牢织密社会保障网。稳步提高社会保障和救助标准，建成更加公平、更可持续、更有效率的多层次社会保障体系。健全住房保障和供给制度，满足群众多样化住房需求，促进房地产市场平稳健康发展。完善低保、特困、就业等一体化救助体系，加强低收入人口认定和动态监测，做好残疾人关爱服务。促进人口长期均衡发展。实施更加积极、系统完备的人口导入政策，扩大人口规模、优化人口结构、提升人口素质。聚焦“一老一小”，落实好全面三孩政策，提高优生优育服务水平；发展普惠型养老服务，构建主体多元、服务多样的养老服务体系，探索健康养老新业态新模式，加快形成覆盖全生命周期的人口服务体系。

（六）强化系统施策，走出一条市域社会治理现代化新路。在依法治市中夯实治理基础。以习近平法治思想为指引，坚持依法执政，严格落实《法治镇江建设规划》，一体推进法治镇江、法治政府、法治社会建设。健全地方法规体系，提高立法质效，深化简政放权，规范行政决策程序，完善行政执法“三项制度”，推进行政复议体制改革，深化司法责任制综合配套和诉讼制度改革，拓展政法队伍教育整顿成果，推进阳光司法，更好释放善意、彰显公正。开展好“八五”普法，营造尊法学法守法用法良好氛围。在深化改革中完善制度体系。创新政策举措，加强改革系统集成、协同高效，让各方面制度更加成熟、更加完善。加强统筹协调，健全领导干部联系重点改革任务制度，鼓励支持基层创新，强化改革督察和改革宣传，推动改革高效落地，提升企业和群众的获得感。在多元共治中激发社会活力。完善党委领导、政府负责、民主协商、社会协同、公众参与、法治保障、科技支撑的社会治理体系。常态化开展扫黑除恶专项斗争，坚持和发展新时代“枫桥经验”，完善社会矛盾纠纷多元调处化解机制，全域推广社会稳定重大风险清单管理制度，健全监测预警体系和突发事件应急处置机制。深化“大数据+网格化+铁脚板”治理机制，提高社会治理队伍能力水平，扎实开展社会治理现代化先进镇（街道）、村（社区）建设，积极培育社会组织，畅通公众参与重大公共决策渠道，推动治理过程人民参与、成效人民评判、成果人民共享，打造社会治理现代化“镇江样本”。

五、纵深推进党的建设新的伟大工程

毫不动摇坚持和加强党的全面领导，认真贯彻新时代党的建设总要求，把全面从严治党不断引向纵深，更好引领保障镇江现代化建设。

（一）始终强化政治建设。旗帜鲜明讲政治抓政治，坚定维护核心、追随核心、捍卫核心，既要胸怀“国之大者”，也要看到“小事小节”里面有政治，推动中央和省委各项决策部署一贯到底。把落实管党治党政治责任作为最根本的政治担当，构建责任明晰、高效覆盖、齐抓共管的责任体系。坚持和完善加强党的全面领导的体制机制，深化制度治党，充分发挥党委议事协调机构职能作用，科学实施高质量发展综合考核。支持和保证人大及其常委会依法行使职权，更好通过民主协商议大事、解难事、办实事，积极构建大统战工作格局，推进军民融合深度发展，发挥工会、共青团、妇联等人民团体作用，把群众紧紧团结在党的周围。

（二）把稳把牢思想之舵。更加自觉地用习近平新时代中国特色社会主义思想武装头脑、指导实践、推动工作。深化拓展历次集中教育成果，深入开展以党史为重点的“四史”教育，从中国共产党人的精神谱系中汲取不竭力量。严格落实意识形态工作责任制，加强新闻舆论、互联网、高校、宗教等阵地管理，做强网上正面宣传，牢牢掌握意识形态工作领导权、主导权和话语权。

（三）锻造过硬干部队伍。坚持新时代好干部标准，树牢正确用人导向，持续深化“政治体检”，锻造一支政治过硬、具备领导现代化建设能力的高素质专业化干部队伍。牢固树立正确政绩观，引导各级干部说老实话、办老实事、做老实人。坚持老中青相结合，大力培养选拔优秀年轻干部，关心关爱援派干部，用好各年龄段干部。狠抓换届后领导班子建设，加强思想淬炼、政治历练、实践锻炼、专业训练，推动各级干部不断提升“七种能力”。各级党组织要做干事创业的坚强后盾，用足用好“三项机制”，真正为敢试者“开绿灯”，为敢干者“兜住底”，为敢于斗争者“撑好腰”。广大党员干部要发扬斗争精神，勇于担当作为，事不避难、义不逃责，大胆地干、坚决地干，不负岗位职责、不负组织信任、不负人民期待。

（四）夯实筑牢基层基础。把“大抓基层”作为长远之计和固本之举，健全完善抓基层党建工作机制，放大“书记项目”带动效应，发挥党建助力产业强市、优化营商环境和引领乡村振兴的作用，把党建优势转化为发展胜势。坚持分类施策，抓实农村基层党建标准化国家级试点，推动城市基层党建高质量发展，建强城乡党群服务中心，加强机关、国企、高校、“两新”组织等各领域党建工作。选优配强管好基层“带头人”队伍，深化拓展村党组织书记专职化管理、社区工作者职业体系建设，充分调动基层干部积极性，引导他们扎根基层、干事创业。提炼放大党建特色，活跃基层党建氛围，鼓励基层积极探索、守正创新，塑造镇江党建品牌“风景线”。

（五）持续提升作风效能。严格落实中央八项规定精神，毫不松懈纠治“四风”，力戒形式主义、官僚主义，切实为基层减负松绑。坚持民主集中制，浓厚心齐气顺劲足的干事氛围。扎实推进“两在两同”建新功行动，探索建立“学亚夫、做亚夫”“我为群众办实事”长效机制，练好调查研究基本功，密切与群众的血肉联系。完善狠抓落实工作机制，提升创造性落实能力，把解决问题作为检验工作成效的试金石。

（六）扎实推进廉洁建设。把严的主基调长期坚持下去，深入开展政治生态监测评估，涵养风清气正政治生态。坚持挺纪在前，精准运用监督执纪“四种形态”，突出抓早抓小、防微杜渐。用好政治巡察“利剑”，建立巡视巡察上下联动的监督网。完善权力监督制度和执纪执法体系，加强对“关键少数”特别是“一把手”的监督，推动各项监督协调贯通。以永远在路上的执着推进党风廉政建设和反腐败斗争，严查重点领域关键环节和群众身边腐败问题，扎实抓好警示教育，将正风肃纪反腐与深化改革、完善制度、促进治理贯通起来，扎牢制度笼子、规范权力运行、推动标本兼治，一体推进不敢腐、不能腐、不想腐，建设廉洁镇江。

牢记嘱托 接续奋斗
跑出现代化新镇江光辉前途

——在中共镇江市委七届十四次全会上的报告（摘要）

（2021 年 8 月 27 日）

市委书记 马明龙

一、关于全面建成小康社会和今年以来工作

在奔向小康的道路上，全市人民牢记习近平总书记谆谆嘱托，解放思想、奋勇拼搏，持续打好“三大攻坚战”，全面推动“强富美高”新镇江建设，如期实现高水平全面建成小康社会目标，交出了一份令人鼓舞的“小康答卷”！

——坚持“一个也不能少”，建成了更有获得感的小康社会。立足“全面性”，实现了小康指标上“一项不差”、人群上“一个不少”、区域上“一地不落”，全面小康指数位居全国第 21 位。全力打赢精准脱贫攻坚战，相继开展“百村万户双达标”“百村万户达新标”行动，提升行业扶贫实效性，加大兜底保障力度，经济薄弱村集体经济年收入、建档立卡低收入人口年均纯收入超过省定标准，茅山老区扶贫开发成效显著，绝对贫困在镇江大地上得到彻底消除。

——扭住“发展第一要务”，建成了更有成就感的小康社会。突出“高质量”，推动经济社会发展取得巨大成就。2020 年，全市地区生产总值达到 4220 亿元，城镇化率达到 79.45%。丹阳、句容、扬中全部位列全国百强县。坚持产业强市，强化创新驱动，加快转型

升级，战略性新兴产业产值、高新技术产业产值占比稳步提高，先后创成全国科技进步先进市、国家知识产权示范城市。在全面深化改革中完善制度体系，供给侧结构性改革、农业农村改革、生态文明综合改革等重点领域改革成效明显。一批重大基础设施建成使用，现代综合交通运输体系日趋完善。落实国家和省重大战略，区域一体化迈出新步伐，“跑起来”成为镇江的鲜明变化，人民群众的城市自豪感、荣誉感明显增强。

——牢记“人民是阅卷人”，建成了更有幸福感的小康社会。紧扣“满意度”，持续增进民生福祉。始终把就业摆在突出位置，城镇登记失业率多年保持在3%以下。教育现代化建设水平走在全省前列，义务教育优质均衡达标比例列全省第一。公共服务能力不断增强，社会保障体系日益完善。坚持绿色低碳发展，解决了一批突出环境问题，荣膺中国人居环境奖，全市总体生态环境创新世纪以来最高水平。社会文明程度不断提高，时代主旋律昂扬向上，实现全国文明城市“三连冠”，“大爱镇江”成为城市名片，涌现出了赵亚夫、钱云宝、糜林等一批先进典型，为镇江发展注入了丰沛的精神动力和道德滋养。

——践行“人民至上、生命至上”，建成了更有安全感的小康社会。聚焦“高水平”，打造更加安全稳定、文明和谐的社会环境。全力防范化解重大风险，连续19年实现生产安全事故起数和死亡人数“双下降”，政府债务、金融、网络等各领域风险隐患得到有效防控。全市人民众志成城战胜了许多重大挑战，抗击了长江超历史水位汛情，疫情防控交出了优异答卷。平安镇江、法治镇江建设全面深化，扫黑除恶专项斗争成效显著，蝉联“长安杯”。

今年以来，全市上下深入贯彻习近平新时代中国特色社会主义思想，把握新发展阶段，贯彻新发展理念，服务融入新发展格局，从百年党史中汲取前进力量，激情奔跑、奋勇争先，经济社会发展加速恢复、稳中向好、稳中有进。上半年，实现地区生产总值2389.9亿元，同比增长13.9%，增幅位列全省第5，两年平均增长7.0%。

（一）深入开展党史学习教育，提振了加速奔跑的精气神。坚持“学党史、悟思想、办实事、开新局”，以上率下、层层推进党史学习教育，“学亚夫、做亚夫”先锋行动、“七心”优质服务、“金穗行动”赢得群众点赞，青少年党史学习教育“三进一寻访”主题实践形成特色品牌。隆重举办庆祝中国共产党成立100周年系列活动，“永远跟党走”群众性宣传教育活动掀起热潮，厚植了爱党爱国的强烈情怀，坚定了意气风发奋进新征程的信心决心。纵深推进全面从严治党，“书记项目”深入落实，县乡党委、村（社区）“两委”换届顺利完成，基层基础更加牢固。压紧压实“两个责任”，紧盯重点领域监督执纪，做好政治生态监测评估，“利剑”作用有效发挥。“三项机制”穿透力、引领力持续释放，奏响了干事最强音，激发了争先精气神。

（二）强力推进产业强市“一号战略”，展现了追赶超越的强劲势头。牢牢扭住项目“牛鼻子”，突出“四群八链”，开展上海“双招双引”等系列活动，新签约项目实现较大幅度增长，重点产业项目总体按序时推进。全面启动人才“镇兴”行动，拿出“压箱底”财力升级人才新政，举办了全国百所技工院校校长镇江行等系列活动，“人聚镇江、才享荣光”强劲起势。落细落实惠企政策，支持企业抢抓机遇、做强做大，1—7月，规上工业增加值增幅居全省第2位，固定资产投资、工业应税销售增幅居全省第3位。实施资本市场“扬帆计划”，新增上市公司2家，通过深交所创业板审议3家。市场消费稳步复苏，科技创新呈现新亮点，国资国企改革等重点改革任务取得新突破，官塘创新社区建设开局良好。常态化开展“五送五助”民营企业服务工作，实施政务服务“周六不打烊”便民服务，“镇合意”品牌影响力逐步扩大。

（三）全面推动城乡建设，绘出了山水花园名城新画卷。强化“一盘棋”空间管控，编制完成国土空间规划近期实施方案。持续推进城市更新，老旧小区改造、道路建设修复、危房危桥改造等城建项目有序推进。开展污染防治“春夏攻坚”专项行动，生态环境质量稳中向好。持续推进乡村振兴，夏粮实现丰产丰收，一批乡村产业项目落地见效，农村人居环境持续改善，“五大振兴”取得新突破。既注重城乡美、又注重人文美，开展“文明进万家”主题活动，涌现了一批“中国好人”“江苏最美人物”。

（四）着力办好民生实事，促进了生活品质稳步提升。实施稳就业、保用工专项行动，保持零就业家庭动态清零。“民生实事”可观可感，高品质高中建设工程有序实施，市传染病医院应急病房楼建设如期推进，基本公共卫生服务人均补助标准稳步提高。首次实施特困供养基本生活和照料护理“双保障”，标准化社区居家养老服务中心扩面提质，创成国家公共文化服务体系示范区，优质公共服务资源供给持续扩大，群众幸福感成色更足。

（五）坚持统筹发展和安全，构建了和谐稳定的发展环境。坚持统筹疫情防控和经济社会发展，慎终如始做好常态化疫情防控，迅速控制年初输入性疫情，从严从紧、有序有效防范本轮疫情输入风险，全力守护好人民生命健康安全。有力抓好防汛抗台，实现平安度汛。全力化解政府债务，实施“削峰行动”，控规模、优结构、降成本取得新进展。启动安全发展示范城市创建，扎实推进“三年大灶”，生产安全事故起数和死亡人数保持“双下降”。深化“大数据+指挥中心+综合执法队伍”改革，完善平安建设体制机制。

全力化解社会矛盾纠纷，认真做好信访维稳工作，妥善处置突发性事件，社会大局保持和谐稳定。扎实开展政法队伍教育整顿，高质量落实“四项任务”，得到了中央督导组的肯定。

二、关于现代化建设奋斗方向

在探索现代化的进程中，习近平总书记对江苏寄予厚望，明确要求努力建设“强富美高”新江苏、在率先实现社会主义现代化上走在前列。作为苏南板块重要一员，镇江必须扛起更强担当，确立更高追求，以奋进姿态奔跑新征程，为全省“争当表率、争做示范、走在前列”作出更大贡献。

（一）承前启后、继往开来，在扛起时代使命中跑好镇江现代化建设之路。要深刻把握历史演进的内在逻辑，既注重延续性、也体现时代性，逐步明晰现代化建设的奋斗指向。要在新征程上书写“很有前途”新荣光。习近平总书记的谆谆嘱托，是对镇江的充分肯定、巨大关怀、殷切期望，全市上下必须感悟感恩、知重奋进，坚决扛起光荣使命，奋力跑出光辉前途。“镇江很有前途”永远都是进行时，每一个历史阶段都应该有其时代使命和具体展现。迈上新征程，必须更加深刻领悟、深入践行谆谆嘱托，以现代化的理念、标准、思路系统谋划推进所有工作，在一棒接一棒地接续奋斗中，谱写出“镇江很有前途”的现代化建设新篇章。要在新征程上迈出“三高一争”新步伐。“三高一争”是市委深刻把握经济社会发展规律，全面贯彻中央和省委要求，立足镇江实际、着眼长远发展作出的战略安排。习近平总书记指出的现代化五大特征、江苏“强富美高”总体定位、“争当表率、争做示范、走在前列”使命任务、“镇江很有前途”谆谆嘱托，都有对应体现。全市上下要坚持这个奋斗指向，奋力推动更高质量、更有效率、更加公平、更可持续、更为安全的发展，全面展现镇江现代化建设新风采。要在新征程上展现昂扬奔跑新气象。未来一段时间，镇江仍处于高质量发展爬坡过坎、追赶超越的关键阶段，发展不平衡不充分问题仍然突出，既有正在攻坚的矛盾问题，也有亟须补齐的突出短板，更有难以预见的风险挑战，现代化建设的要求更高、任务更重。一座城市的发展，人是最关键因素，必须赓续争雄竞先的文化基因，昂扬“激情跑”的状态，提高“加速跑”的能力，增强“新路跑”的胆略，凝聚“团队跑”的合力，真正让奔跑融入城市血脉，成为镇江人奋进新时代的最鲜明标识。

（二）把准方向、把握规律，在紧跟时代发展中跑好镇江现代化建设之路。要准确把握社会主义现代化建设的特征内涵，深化规律性认识，注重创造性落实。既要把握共性，也要彰显个性。各地自然条件、资源禀赋、历史文化等方面存在明显差异，现代化建设并没有固定模式。要注重因地制宜、创新探索，全面打通变禀赋优势为发展胜势的转化路径，加快走出一条具有时代特征、符合一般规律、体现镇江特色的现代化建设之路。既要追求质量，也要保持速度。现代化是一个连续发展的过程，既体现在“量”的大幅增加上，也反映在“质”的全面提升上。着眼镇江现实基础，两方面必须协同发力、互促互进。与周边先进地区比，镇江现在体量比较小、“底子”相对弱，但辩证地看，发展落差蕴藏发展空间，相对落后也有后发优势，要怀揣雄心壮志、鼓足百倍干劲，促进各项工作量质齐升、量质快升，努力在新征程上实现追赶超越、争得更大荣光。既要强调整体，也要突出局部。现代化不是单兵突进，而是整体跃升，必须坚持系统观念，着力固根基、扬优势、补短板、强弱项，做到现代化建设的全市域“一盘棋”。但也要清醒认识到，“一盘棋”不代表“齐步走”，发展基础较好的板块、具备比较优势的领域，要切实当好表率、跑在前列，努力创造更多引领性、标志性成果。既要注重长远，也要紧抓当前。现代化建设是一项战略性、系统性、长期性的工程，要加强前瞻性思考、全局性谋划、战略性布局，久久为功抓推进。全市上下要始终保持强烈的紧迫感、危机感，紧抓当前、抢抓先机，一步一个脚印跑出现代化新镇江的光辉前途。

（三）咬定目标、创新作为，在担当时代责任中跑好镇江现代化建设之路。展望未来，必须锚定“两个高于”“三个城市”“三个示范”目标，围绕现代化新镇江“六大愿景”，创新施策、加速奔跑，让城市新荣光闪耀大地。一是产业发达、创新引领。坚持以产业强市带动现代化经济体系建设，主动融入全国、长三角、全省产业布局，深入实施重点产业链提升工程，打造一批地标型产业集群，布局一批战略性新兴产业、未来产业，持续做大产业规模、调优产业结构，加快建成具有区域影响力、特色竞争力的先进制造业基地。突出创新核心地位，全面深化改革，推动高水平对外开放，大幅提升城市综合竞争力。深度融入苏南国家自主创新示范区建设，加快推进 G312 产业创新走廊建设，聚力科技成果转移转化，强化优势领域的基础创新和原始创新，加快建成沪宁线重要创新创业城市，让“创新创业福地”城市品牌更加深入人心、闻名遐迩。二是区域协调、融合发展。深度融入“大循环”“双循环”，抓牢抓实长江经济带、长三角一体化、宁镇扬一体化等重大战略机遇，全面提升协同发展水平，平衡好“溢出效应”和“虹吸效应”，最大限度共享“红利”、共赢发展。更大力度推动市域一体化，深化拓展“一体、两翼、三带、多片区”发展布局，打造一批高能级战略载体。系统推动城乡融合、产业融合、军民融合、校地融合等全方位融合，全力促进数字融合发展，在多领域交叉融合中激发出澎湃动能。三是美丽宜人、绿色低碳。更高水平推进美丽镇江建设，以碳达峰碳中和引领绿色发展，全面调整优化产业结构、能源结构，强化低碳科技创新，系统推动经济社会低碳转型，擦亮"低碳镇江"城市品牌。优化"两廊两带三片"生态安全空间格局，深入打好污染防治攻坚战，强化生态系统保护修复，促进人与自然和谐共生。协同推进美丽宜居城市、美丽田园乡村建设，强化历史文化保护和城乡风貌塑造，让人们心目中的"山水花园名城"跃然眼前。四是共同富裕、充满温度。坚持把发展作为促进共同富裕的根本措施，持续做大经济"蛋糕"。强化就业优先政策，通过"调高""扩中""提低"加快形成橄榄型收入群体结构。瞄准人民群众所忧所急所盼，补好民生短板，推动教育、健康等领域走在前列，打造优质均衡的公共服务体系，让民生"七有"更有获得感。健全社会保障和救助帮扶体系，完善先富带后富的帮扶机制，让所有人都过上更有尊严的生活。积极应对人口结构变化，大力吸引高素质人才、青壮年劳动力，建设老年友好型社会，促进人口长期均衡发展。更加注重提高人口素质，促进人的全面发展，实现国民素质和社会文明程度明显提高，让镇江处处显温度、人人有温度。五是文化兴盛、风骨独特。坚定文化自信、讲好镇江故事，找准具有引领性、渗透性、标志性的文化领域，推动叙事能力和城市软实力全面跃升。着力塑造新时代城市精神、城市品格，打造以社会主义核心价值观为引领、传承中华优秀文化、体现时代精神、具有镇江特色的文化强市，让雄秀兼备的城市风骨映照人心、厚重灿烂的文化魅力竞相绽放、多元包容的城市风范充分彰显，推动三千年文脉焕发时代华彩。六是秩序优良、活力彰显。深化市域社会治理现代化试点，推动社会治理重心下移，加强网格化管理、精细化服务，在共建共治共享中推动社会秩序稳定有序、发展活力充分迸发。坚持统筹发展和安全，加快建设韧性镇江，针对新问题新风险点，建立完善预防响应、应急救援和物资储备制度，全面提高风险预防和处置能力，让镇江更健康、更安全、更宜居。

三、关于下一阶段重点工作

做好下一阶段工作的总体要求是：坚持以习近平新时代中国特色社会主义思想为指引，深入学习贯彻习近平总书记"七一"重要讲话精神，全面落实中央和省委决策部署，坚持稳中求进，紧扣"三高一争"，全力巩固拓展比学赶超、争先进位良好态势，确保完成全年各项目标任务，确保现代化建设开好局、起好步。重点抓好八个方面：

（一）全力防范化解重大风险，在筑牢安全底线上取得更大突破。坚决贯彻习近平总书记关于疫情防控的重要指示精神，始终绷紧思想之弦，严格落实防控举措，倾力服务全省大局，加快夺取疫情防控最终胜利。把常态化疫情防控作为做好全部工作的前提基础，对各领域各环节防控措施再靠实再过细，全面推进公共卫生应急管理体系建设，从本质上提升疫情应急处置水平与基层应急处置能力。严格落实防范化解重大风险"四项机制"，提高"自检能力"，打好有准备之仗。强化政府债务管控，确保完成年度化债任务，坚决守住不出险底线。高质量开好"三年大灶"，扎实推动省安全生产巡查反馈问题整改，全面消除安全隐患，切实提升本质安全水平。更高水平建设平安镇江，认真落实政法队伍教育整顿"回头看"各项任务，推动扫黑除恶常治长效。压茬推进市域社会治理现代化试点创建，实施网格标准化提升工程，加快形成多元共治、齐抓共管的城市治理格局。

（二）加速构建"四群八链"，在产业强市上取得更大突破。攻坚重大项目。全面开展"4850"招商活动，聚焦重点产业链精准招引，持续掀起招商引资热潮。加强项目全周期管理、全链条服务，推动签约项目快开工、开工项目快建设、在建项目快投产，确保项目落地率、转化率明显提高。打造链式集群。发挥好"链长制"作用，根据八条重点产业链特点，有针对性地采取固链、强链、建链、延链、补链、融链等措施，推动产业链向中高端迈进。支持骨干企业发展壮大，培育一批具有行业引领力、主导力的"链主"企业，推动产业链上下游配套合作，促进产业链集群发展。建强平台载体。着力提高镇江新区、高新区的引领力和支撑力，全面推动园区整合优化提升，促进优质资源向重点园区集聚，集中力量打造一批强载体。建好新型研发机构、孵化器等科技创新平台，更好支撑产业创新发展。优化产业生态。深入实施人才"镇兴"行动、资本市场"扬帆计划"，创造性推动产学研合作、科技成果转移转化。坚持真心实意与企业家交朋友，深入开展"五送五助"服务活动，让"镇合意"服务品牌越擦越亮。高度重视疫情给企业生产经营带来的影响，全面落实支持企业健康发展"十条举措"，全力以赴稳主体、稳市场、稳信心、稳预期。

（三）积极推动数字融合发展，在催生新动能上取得更大突破。培塑数字思维。面对不可逆转的数字化浪潮，要革新理念，用符合数字时代要求的思维理念去谋划工作、推动发展。切实加强对大数据、云计算、人工智能、未来网络、第三代半导体等前沿知识的学习，提升推动数字融合发展的能力水平。探索数字赋能。加快微软镇江数字经济创新中心、阿里和润数字产业园、华为（镇江）数字创新中心等重点项目建设，大力发展智能装备、集成电路、数字服务外包等数字产业。支持行业龙头企业建设工业互联网平台，引导中小企业"上云"发展，促进园区数字化改造、智慧化转型。围绕市民生活需求，打造一批数字应用场景，逐步构建智能便捷的数字生活服务体系。推进"1+N"政务云平台建设，优化"互联网+政务服务"，提升数字政府建设水平。完善数字生态。加大新一代信息基础设施建设和传统基础设施数字化改造力度，强化数据互联互动，挖掘数据资源价值，保障网络数据安全，不断做强“城市大脑”，做细“神经末梢”，推动城市演进为能感知、会思考、可进化的有机体。

（四）全力培育新增长极，在区域融合发展上取得更大突破。全面融入区域一体化。开工建设G312镇江段快速化改造和G346城区段城市化改造项目，推动江宜高速镇江段、宁句城际轨道交通如期建成通车。加快镇江高新区、“宝下高”等重要节点建设发展，完善高校园区体制机制，支持官塘创新社区打造镇江数字经济引领区，推动G312产业创新走廊建设迈出更大步伐。继续与上海、深圳、南京、苏州等城市开展形式多样的对接交流活动，组织实施一批合作项目，推动区域融合发展取得更多标志性成果。加速推动市域一体化。敲实“多片区”等发展规划，明确空间布局、发展定位、体制机制等，打造面向未来发展、承接重大战略的核心载体。着眼提高中心城区首位度，全面做强产业实力，加快提升公共服务水平，增强市区与辖市公共交通的便捷性，促进城市向心力稳步提升。

（五）坚持城乡一体化发展，在美丽镇江建设上取得更大突破。加快提升城市品质。高标准推进国土空间总体规划编制，强化违法违规用地问题整改，深入开展美丽宜居城市建设，稳步实施老旧小区改造、危房解危工程，打通优化一批断头路、瓶颈路，加快城市老旧管网更新改造，推动房地产市场持续健康平稳发展，不断完善城市功能、促进城市更新。全面推动乡村振兴。开展富民强村帮促行动，巩固脱贫攻坚成果，壮大村级集体经济，加快构建现代农业产业体系、生产体系、经营体系。务实推进金融为农办实事“金穗行动”，大力引培乡村人才，引导要素资源向乡村集聚。启动农村人居环境整治提升五年行动，加快补齐农村基础设施和公共服务短板，全面促进乡风文明，建设好先行示范镇村、扶持好重点帮扶镇村。严格落实粮食安全责任，全力打好种业振兴战，坚决防止耕地“非农化”“非粮化”。持续改善环境质量。贯彻落实《长江保护法》，坚决抓好“十年禁渔”。推进厅市共建生态环境治理现代化试点，加强以$PM_{2.5}$防控为重点的大气污染防治，推动新增国省考断面“消劣达标”。持续整改突出环境问题，确保中央、省环保督察及“回头看”反馈问题按期整改销号。积极推进碳达峰碳中和，聚焦产业、能源、科技等关键领域，努力探索“镇江路径”，把第五届国际低碳（镇江）大会暨碳达峰碳中和2021金山峰会办出实效、办出品牌、办出影响力。

（六）努力创造高品质生活，在改善民生上取得更大突破。兜牢民生底线。落实好稳企稳岗稳就业各项措施，突出抓好重点行业、重点人群就业，推动更加充分更高质量就业。强化困难群体基本生活保障，推进“互联网＋慈善”，完善社会保障和救助体系，做到应保尽保、应救尽救。提升民生品质。紧紧围绕“八个更”，更大力度优化公共服务资源配置。落实好全面三孩政策，降低生育、养育、教育成本，大力发展普惠型养老，提高“一老一小”服务水平。扎扎实实办好民生实事，坚决落实“双减”政策，着力解决学前教育资源供给不足、就业结构性矛盾等“急难愁盼”问题。促进民生幸福。增加国际化、高水平教育医疗资源供给，促进生活性服务业高端化发展，推进15分钟生活圈建设，更好满足人民群众对美好生活的多层次需求。

（七）着力解决痛点堵点，在改革开放上取得更大突破。推动更深层次改革。协同推进供给侧结构性改革、要素市场化配置、“放管服”改革等重点改革任务。深入推进国企改革三年行动，加快解决国有企业“集团机关化、产业空心化、管理传统化、党建碎片化”问题。促进更高水平开放。用好江苏自贸区联动创新区政策，提高镇江综保区、中外合作产业园区建设运营水平，提升整体开放能级。落实稳外资稳外贸系列举措，支持企业用好“两个市场”“两种资源”，让更多优质“镇江制造”参与国际市场竞争，推动外资外贸实现新突破。

（八）讲好新时代镇江故事，在提升软实力上取得更大突破。挖掘文化内涵。保护传承好历史文脉，加强历史建筑、风貌街区、革命遗址保护利用，推动大运河文化活态传承，探索传统文化更富创意的“打开方式”。创作推广新时代文艺精品，持续打响镇江文化品牌。以国家全域旅游示范区创建为契机，深入挖掘红色文化、人文底蕴等资源，促进“产城人文旅”深度融合。做响“文化金山”IP，办好“金山文化艺术·国际旅游节”等文化盛宴，营造开放包容的文化环境。擦亮文明底色。深化拓展新时代文明实践中心建设，广泛开展群众性精神文明活动，继续创建全国双拥模范城，让全国文明城市“金字招牌”更加闪亮。加强网络综合治理，打造风清气正的网络精神家园。塑造城市品格。大力弘扬“亚夫精神”、新“四千四万精神”，推动社会主义核心价值观落细落小落实，充分展现“大爱镇江”城市温度。厚植诚信精神、责任意识、科学观念、人文素养，把城市品格内化于心、外化于行。

四、关于推进党的建设新的伟大工程

全市各级党组织和全体党员要牢记初心使命，坚定理想信念，大力弘扬伟大建党精神，担当履责、勤奋工作、“两在两同”建新功，不断推进党的建设新的伟大工程，为现代化建设提供坚强政治保证。

（一）在坚持党的全面领导上下真功见真章。用百年党史培根铸魂。进一步加强和改进思想政治工作，持续深化党史学习教育。始终树牢大历史观，进一步学史明理、学史增信、学史崇德、学史力行。将“两个维护”入心入行。站稳政治立场、锤炼政治本领、强化政治担当，牢记“国之大者”，确保党中央各项决策部署在镇江落实落细、到底到位。让奔跑合力充分汇聚。加强宣传引导，严格落实意识形态工作责任制，更好唱响主旋律、激发正能量。充分发挥市委总揽全局、协调各方的领导作用，最大限度凝聚起全市上下共同奋斗、携手奔跑的磅礴力量。

（二）在建设过硬“关键少数”上下真功见真章。导向要更加鲜明。深化“政治体检”，把“重品德、重才干、重担当、重实绩、重公认”的导向贯穿选人用人全过程。着力抓好年轻干部队伍建设。本领要更加高强。开展好换届后干部专题培训。提高各级干部认识和应对错综复杂环境和尖锐矛盾问题的能力。效能要更加提升。坚持严管厚爱结合、激励约束并重，提升考核“指挥棒”精准性，用好“一创八争”硬成果。

（三）在锻造坚强战斗堡垒上下真功见真章。始终强化党建引领。扎实推进“两在两同”建新功行动，落实好“书记项目”管理办法，持续开展“争当三个表率、争创模范机关”活动。全面激活“神经末梢”。统筹做好农村基层党建标准化国家级试点工作，进一步提升农村基层党组织领富带富能力；抓好党务工作者专题培训，开设村（社区）书记讲坛；大力推进国企党建“五个强化”。更好放大“乘数效应”。不断优化基层党建工作手段、模式和机制，持续擦亮“党校红色联盟”“村党组织书记专职化管理”等品牌。

（四）在推进从严管党治党上下真功见真章。问题导向要更突出。深入开展政治生态监测评估，织密巡视巡察上下联动监督网，做好巡视巡察整改“后半篇文章”，精准运用监督执纪“四种形态”，推动“四项监督”统筹衔接。正风肃纪要更有力。锲而不舍落实中央八项规定精神，持续加大防范纠治“四风”力度，切实提升为基层减负实效。进一步巩固拓展政法队伍教育整顿成效。履责链条要更严密。推动各级党委（党组）主体责任、书记第一责任和纪委监委监督责任贯通联动、一体落实。一体推进不敢腐、不能腐、不想腐，让风清气正的政治生态成为镇江发展的鲜明底色。

扛起光荣使命　跑出昂扬态势
奋力谱写“镇江很有前途”现代化建设新篇章

——在中共镇江市委八届二次全会上的报告（摘要）

（2021 年 12 月 28 日）

市委书记　马明龙

一、持续奔跑、开拓奋进，“十四五”发展实现精彩开局

2021 年是镇江迈上社会主义现代化建设新征程的第一年。一年来，全市上下锚定“三高一争”奋斗指向担当作为，巩固拓展了“跑起来”的好势头。

（一）牢记“国之大者”、践行“两个维护”，谋划制定现代化新镇江建设战略安排。以新思想和习近平总书记对江苏、镇江工作的一系列重要指示精神为指引，统筹新冠肺炎疫情防控和经济社会发展大局，调动一切积极因素，持续推动各领域“跑起来”，高水平全面建成小康社会，扎实推动长江经济带、长三角一体化、乡村振兴、碳达峰碳中和等一系列重大决策部署在镇江落地落实。深入理解把握“争当表率、争做示范、走在前列”光荣使命，进一步找准镇江定位、明晰发展方向，召开市委七届十四次全会，提出现代化新镇江“六大愿景”；召开市第八次党代会，谋划未来五年的目标任务、方法路径、重点关键，部署推动“五大关键战”，发展思路、战略支撑更加明确。

（二）扎实开展党史学习教育，凝聚起“三高一争”更强力量。坚持学党史、悟思想、办实事、开新局，深入学习习近平总书记在党史学习教育动员大会、庆祝中国共产党成立 100 周年大会上的重要讲话精神，用党的十九届六中全会精神统一思想、统一意志、统一行动，从党的百年奋斗重大成就和历史经验中汲取智慧和力量，奋力开启现代化建设新征程。隆重召开庆祝中国共产党成立 100 周年座谈会暨市“两优一先”表彰会议，举办文艺演出、图片展等系列活动。务实开展“我为群众办实事”实践活动，融合推进“两在两同”建新功行动，“一人一重点、领办解难题”等特色做法得到中央指导组充分肯定。圆满完成市、县、乡三级党委、村（社区）“两委”换届，开展农村基层党建标准化国家级试点，基层基础更加牢固。深化“书记项目”“两红一优”行动，党建引领效应不断放大。落实“三项机制”，纵深推进正风肃纪反腐，一体推进“三不”，坚决纠治“四风”，高质量开展巡察工作，风清气正的政治生态不断巩固。

（三）紧抓发展第一要务，产业强市取得明显进展。产业升级步伐加快。实施“链长制”，出台重点产业链“五图六清单”，“四群八链”应税销售显著增长。举办上海、深圳等系列招商活动，招商引资再创新高。长城汽车核心零部件项目一期竣工投产。与微软、华为、阿里深化合作，新增国家两化融合贯标企业 18 家。营商环境持续优化。全面开展人才“镇兴”行动，“1 + 8”政策矩阵有序落地，举办系列招才引智活动，人才集聚效应初步显现。实施“扬帆计划”,新增上市公司4家,取得历史性突破。启动“金穗行动”,“农村普惠金融服务发展”项目成为全国唯一获批地级市试点。深化“放管服”改革,全力打造“镇合意”服务品牌,失信修复工作走在全省前列,“五送五助”“周六我在岗”等工作获得广泛好评。创新能力不断增强。高新技术企业培育取得新进展,科技型中小企业备案增长172%,鱼跃医疗、和成显示获得全国专利金奖;健全“揭榜挂帅”机制,举办首届南京都市圈创新合作大会暨高校院所走进镇江产学研对接活动,区域创新协作进一步增强。镇江经开区、镇江高新区纳入江苏自贸区联动创新发展区,国家级服务外包示范城市综合评价列第14位。绿色发展纵深推进。全力推进能耗“双控”,坚决遏制“两高”项目盲目发展,平稳应对有序用电工作。成功举办第五届国际低碳(镇江)大会暨碳达峰碳中和2021金山峰会,“低碳镇江”影响力不断扩大。

(四)大力推动共同富裕,人民生活越来越好。高水平全面小康成果进一步巩固。实施稳就业保用工专项行动,出台支持灵活就业政策,新增城镇就业5.9万人,帮扶困难群体再就业2.9万人,城乡居民收入稳步增长。市县两级乡村振兴局正式挂牌,富民强村帮促行动扎实开展。公共服务日益完善。11类民生实事有序实施,全省“双减”试点扎实推进,教育现代化建设水平和人民群众满意度保持全省前列。深化医药卫生体制改革,推出“镇江惠民保”,公共卫生应急处置能力不断提高。聚焦“一老一小”,全面落实三孩政策,成立市老龄协会,建成3个全国示范性老年友好型社区。成功举办第16届市运会。文化软实力全面增强。扎实推进全国文明城市建设,高标准创成国家公共文化服务体系示范区,入围“东亚文化之都”候选城市,公共数字文化服务效能全省第一。深化群众性精神文明创建,赵亚夫当选全国脱贫攻坚楷模,糜林当选第八届全国诚实守信模范,评选“大爱镇江年度人物”,道德模范、身边好人不断涌现。

(五)加快建设美丽镇江,城乡品质日益提升。空间布局不断优化。国土空间规划近期实施方案获省政府批复,“多规合一”实用性村庄规划形成初步成果。持续查纠整治侵占耕地行为,盘活处置各类批而未供、闲置用地1.5万亩(1000公顷),土地集约利用水平稳步提升。生态画卷持续绘就。深入打好污染防治攻坚战,一批突出环境问题整改销号,发布“建设美丽镇江、打造幸福河湖”总河长令,地表水国考断面优Ⅲ比例全省第一,$PM_{2.5}$年均浓度改善5.3%,厅市共建生态环境治理体系和治理能力现代化试点建设取得积极进展。城乡面貌有序更新。五峰山过江通道接线高速、宁句城际建成通车,312国道宁镇段快速化改造、346国道城区段城市化改造正式开工,南沿江城际铁路等一批重大基础设施有序推进。危房解危、老旧小区改造、断头路整治加快实施,农村人居环境持续改善。

(六)防范化解重大风险,社会大局和谐稳定。疫情防控有力有序。绷紧常态化疫情防控这根弦,有序开展应急演练,开展“敲门行动”,织密织牢“外防输入、内防反弹”防控网,加快推进疫苗接种,迅速控制年初输入性疫情,从严从紧、有序有效防范疫情输入风险,全力守护好人民生命健康安全。安全底线持续兜牢。政府债务化解取得明显成效,金融生态环境持续优化。防汛抗台工作扎实有效。全力抓好“三年大灶”,积极创建安全发展示范城市,生产安全事故起数和死亡人数连续20年保持“双下降”。治理能力有效提升。全面推进市域社会治理现代化试点建设,常态化开展扫黑除恶斗争,圆满完成政法队伍教育整顿任务。在全省设区市首家成立党内法规研究中心,行政复议体制改革顺利推进,“七五”普法高质量收官。健全完善矛盾纠纷多元化解机制,平安镇江、法治镇江建设水平取得新进步。

二、扛起新使命、谱写新篇章,奋力争得镇江现代化建设更大荣光

——扛起新使命、谱写新篇章,必须捍卫“两个确立”,始终沿着正确的方向奋勇前进。必须时刻关注习近平总书记和党中央关心什么、强调什么,在谋划重大战略、制定重要政策、推进重点工作时,认真对标对表、及时纠正偏差;对于习近平总书记重要指示批示和党中央决策部署,必须无条件服从、硬碰硬落实,特别是要牢牢坚持把政治建设摆在首位,牢牢坚持以经济建设为中心,牢牢坚持产业强市“一号战略”,牢牢抓紧化解债务这个重中之重,确保镇江事业始终沿着正确方向行稳致远。

——扛起新使命、谱写新篇章,必须牢记谆谆嘱托,始终带着强烈的责任奋勇前进。镇江现代化建设需要更多激情奔跑者。面对光荣使命,负重奋进、扎实奋斗的是奔跑者;面对差距不足,不甘人后、奋起直追的是奔跑者;面对本职工作,真抓实干、力求实效的是奔跑者;面对繁重任务,兢兢业业、无怨无悔的是奔跑者;面对矛盾问题,敢于担当、迎难而上的是奔跑者;面对群众期盼,记挂于心、落实于行的是奔跑者。要始终保持激情奔跑的精神状态,砥砺求真务实的工作作风,为创造镇江发展新辉煌注入更为强大的精神力量。

——扛起新使命、谱写新篇章,必须提升能力本领,始终运用科学的方法奋勇前进。市党代会部署了现代化建设的“五大关键战”,是当前和今后一个时期的工作重点,必须深化认识、改进方法、抓牢抓实。要满怀信心坚决抓。从历史辉煌、现实成就、文化底蕴中坚定和增强城市自信,恢宏志士之气,决不妄自菲薄,啃下“硬骨头”、打出“漂亮仗”,用实干实绩不断

雄辩证明"镇江能行"。要解放思想创新抓。提升产业能级需要增强要素集聚能力、应对区域激烈竞争;推动共同富裕既要做大"蛋糕"、又要分好"蛋糕";建强战略载体需要大格局谋划、稳节奏推进;紧抓"双碳"落地需要先立后破,加强能耗"双控",确保能源安全、生态友好;统筹发展和安全需要从本质上完善治理体系、提高治理能力,有效应对"黑天鹅"、防范"灰犀牛"。要自信自强、守正创新,永不僵化、永不停滞,在创造性落实中解决难题,在解决难题中展示镇江人的能力水平。要保持定力稳健抓。树牢正确政绩观,掌握科学方法论,准确把握战略任务的出发点和落脚点,严格按照客观规律办事,决不能把长期目标短期化、系统目标碎片化,抓实"稳"的基础,实现"进"的目标。要众志成城合力抓。打好"五大关键战",没有旁观者和局外人,每个板块、每个部门都要自觉参与其中、主动扛起责任,打破"各自为战"的壁垒、形成"协同作战"的合力。要始终同人民站在一起、想在一起、干在一起,风雨同舟、同甘共苦,汇聚起奔跑新征程、建功新时代的前进洪流。

三、扎实奋斗、乘势而上,推动改革发展稳定各项事业再创新业绩

明年全市工作的总体要求是:高举习近平新时代中国特色社会主义思想伟大旗帜,全面贯彻党的十九大和十九届历次全会、中央经济工作会议精神,认真落实省第十四次党代会、省委经济工作会议精神,全面落实市第八次党代会部署,弘扬伟大建党精神,坚持稳字当头、稳中求进,坚持以人民为中心的发展思想,完整准确全面贯彻新发展理念,加快服务构建新发展格局,坚持以供给侧结构性改革为主线,坚持统筹发展和安全,坚决扛起"争当表率、争做示范、走在前列"光荣使命,锚定"三高一争"奋斗指向,打好"五大关键战",做好"六稳""六保"工作,加快推动高质量发展,奋力谱写"镇江很有前途"现代化建设新篇章,以优异成绩迎接党的二十大胜利召开。重点抓好八个方面工作:

(一)在实施产业强市"一号战略"上再创新业绩。锻造实体经济"看家本领"。紧扣"四群八链"招大引强、招精引优,深化拓展与头部企业合作,优化项目建设全生命周期管理服务。深化"链长制",实施"产业强链"行动,引导更多"链主"企业融入区域产业分工体系,推动"专精特新""瞪羚""独角兽"企业加速涌现。更大力度实施"扬帆计划",放大政府性担保机构增信作用。围绕生产性服务业十年倍增目标,推动先进制造业与现代服务业融合发展;加快实施扩大内需战略,组织开展"金山消费节"等系列促消费活动。提升创新"第一动力"。系统推进新型研发机构培育、专业孵化器建设、科技园区提档升级、"揭榜挂帅"机制创新等工作,推进中国(镇江)知识产权保护中心建设,千方百计引入创新资源,激发创新活力,提高全社会研发经费投入强度。对接用好各类创新政策资源,持续办好高校院所走进镇江产学研对接活动。突出企业创新主体地位,壮大旗舰型高峰企业、创新型领军企业、高新技术企业梯队。围绕"四群八链"重点环节,狠抓关键技术攻关。引培人才"第一资源"。深入实施人才"镇兴"行动,持续推动"金山英才"、大学生"聚镇"计划落地,充分释放"人聚镇江、才享荣光"城市温度。更深层次推进产才融合发展,持续优化人才服务环境,让各类人才在镇江现代化建设中各尽其才、各美其美。做大数字经济"关键增量"。深入实施工业互联网创新工程和"5G + 工业互联网"融合发展工程,推动企业智能化改造、数字化转型,促进新型信息消费扩大升级,提升大数据、云计算等数字产业能级。加快提升数字社会、数字政府建设水平,深化党政机关业务"一网协同",为高质量发展插上信息化翅膀。

(二)在全面推进乡村振兴上再创新业绩。全力保障粮食安全。严格落实粮食安全党政同责,牢牢抓住耕地和种子"两个要害",加大农田水利设施、高标准农田建设力度,推动现代种业创新发展。发展现代特色农业。加快培育特色鲜明、协同发展的乡村产业体系,促进农村产业融合发展,纵向延伸产业链条,横向拓展产业功能,多向提升乡村价值。加快推进农业生产全程全面机械化,提升农机装备智能化绿色化水平。放大"戴庄经验"示范效应,发展农业专业化社会化服务组织,培育集体经济联合体。实施品牌强农战略,打造"镇"字号农产品"百花园"。深入实施"金穗行动",推进农村普惠金融改革试点,让金融活水助力农业农村现代化。建设绿色美丽乡村。深入实施乡村建设行动,因地制宜改善农民住房条件,以厕所革命、污水治理等为重点,推动农村人居环境整治提质扩面。积极推广"1 + 4 + 1"乡村治理体系,推进农村移风易俗。提高农民生活水平。更大力度实施富民强村帮促行动,推进"书记领航"项目,发展壮大村级集体经济。加强县乡村物流体系建设,创新消费帮扶模式。培育壮大乡村人才队伍,提高农民科技文化素质,推动农业从业人员职业化。优化公共资源配置,加快城乡基础设施和公共服务一体化发展。

(三)在建设美丽镇江上再创新业绩。空间形态要更优化。高质量完成国土空间总体规划编制,统筹国土空间、产业布局、人口规模、环境容量,努力推动资源利用最优化、整体功能最大化。积极盘活存量用地,开展土地违法违规问题"清零"行动。绿色基底要更鲜亮。聚焦碳达峰碳中和,推动产业绿色低碳转型,严格实施能耗"双控",坚决遏制"两高"项目盲目发展。深入打好污染防治攻坚战,以第二轮中央环保督察为契机,强化 $PM_{2.5}$ 与臭氧浓度"双控双减",全力

削减污染负荷。严格落实长江大保护和“十年禁渔”，全面落实河湖长制、断面长制、林长制，深入推进“美丽镇江、幸福河湖”行动，强化山水林田湖草系统修复，加强生物多样性保护，让绿色成为镇江最优质的资产。城市功能要更完善。坚持以人为本，推行渐进式城市有机更新，稳步实施老旧小区改造和危房解危。以“绣花功夫”管理城市，提高物业服务管理水平，加快智慧城市平台建设和应用。推进312国道镇江段快速化改造和346国道城区段城市化改造，加快构建“三横、三纵、三联”快速路网格局，畅通城市交通“微循环”，更好支撑市域一体化发展。有序开展主城区“一山一景”改造，打造更多公园绿地、城市“绿肺”，让“山水花园名城”更加可观可感。

（四）在提升城市软实力上再创新业绩。提高社会文明程度。创建全域全国文明城市群，争创全国文明典范城市，深化拓展新时代文明实践中心建设，大力实施乡风文明提升工程。进一步擦亮“大爱镇江”品牌，深入践行“亚夫精神”“糜林精神”，推动志愿服务制度化、专业化、社会化。扎实开展“强国有我、号队出列”青春建功行动。促进文旅深度融合。加强全域旅游示范区建设，围绕创建中国休闲城市，系统配置“吃住行游购娱”要素，推动“商文旅”融合。坚持市场化方式推进文旅项目，努力擦亮“江河交汇”大运河品牌，打造省文化和旅游产业融合发展示范区。筹备召开全市旅游高质量发展大会。发展公共文化事业。做好国家公共文化服务体系示范区复检工作，全力创建“东亚文化之都”。倡导全民阅读，建设一批“阅读e栈”，打造书香镇江。谋划开展“诗词之城”“书画之城”等系列活动和项目建设，稳步推进江苏佛学院建设，办好“2022金山文化艺术国际旅游节”“米芾杯”国际青少年书法大赛等文化盛宴，做响“文化金山”IP。

（五）在增进民生福祉上再创新业绩。稳步提升居民收入。聚焦重点群体，促进创业带动就业、多渠道灵活就业，推动新就业形态健康发展、就业岗位扩量提质；实施“镇江工匠”培育工程，缓解结构性就业矛盾。扎实推进中等收入群体壮大行动，加快形成橄榄型收入分配结构。健全完善社会保障。持续拓展“掌上办、网上办”服务事项清单。加快推进医保四级服务网络建设。完善普惠托育和基本养老服务体系，推动“一老一小”服务供需相适。坚持“房住不炒”定位，多措并举完善住房保障体系。加强基础性、普惠性、兜底性民生保障，推动慈善等公益事业展现更大作为。持续优化公共服务。精细推进全省“双减”试点任务，规范民办义务教育发展，提升基础教育水平，促进职业教育提质培优，支持创建“双一流”大学。推动“家校社”协同育人。加快建设县域医共体，让人民群众享受到“家门口”的优质医疗服务。加快提升公共卫生体系建设水平，广泛开展全民健身，提高全体市民对健康镇江的获得感和满意度。

（六）在发展全过程人民民主上再创新业绩。加强和改进新时代人大工作，推进民主选举、民主立法、民主监督、民主决策有机衔接、有效贯通，高质量实现“三个善于”；全力做好换届选举工作，聚焦重点领域、突出问题导向，推出一批“小快灵”立法，深化“民呼我应”主题实践活动，最大限度体现民情、吸纳民意、汇聚民智。充分发挥政协专门协商机构优势，继续抓牢“五好党建”，纵深推进“有事好商量”协商议事，打造一批规范化、数字化、特色化协商平台，推动协商议事与基层治理有机融合，全面提升协商民主质效。坚持和完善大统战工作格局，加强统战平台载体和组织网络建设，深化民营经济统战和民族宗教工作，寻求最大公约数、画出最大同心圆。坚持党建带群建，把联系服务群众作为“生命线”，打造组织覆盖更广、工作推进更实、群众点赞更多的新时代群团组织。一体推进法治镇江、法治政府、法治社会建设，扎实推进“八五”普法，全面提高依法治市水平。

（七）在深化改革开放上再创新业绩。推动营商环境再优化。扎实推进以“4+1”为核心的“放管服”改革，进一步精简行政审批事项，优化服务流程，让“镇合意”服务品牌更加深入人心。推动重点改革再突破。全力推动开发园区整合优化提升。全面完成国企改革三年行动计划，推动国企“强身健体”。稳步研究财税体制改革，不断激发财政发展活力。深化粮食购销体系改革，彻底整改涉粮巡视问题，提升粮食监管能力。积极稳慎推进农村承包地、集体产权、宅基地等改革，激活农村发展内生动力。深化综合行政执法改革。加快推进执法司法制约监督体系改革和建设，扎实推进企业合规改革试点。推动开放发展水平再提升。积极融入“大循环”“双循环”，实施外资量质“双提升”、外贸培育扶强、外经“蓝海”行动；争创国家级跨境电商综合试验区，全力稳住外资外贸基本盘。提升综保区、国际合作园区等开放载体功能，充分发挥镇江自贸联创区作用，打造开放发展新高地。

（八）在统筹发展和安全上再创新业绩。牢固树立总体国家安全观。严格落实党委（党组）国家安全责任制，用好重点领域协调机制，统筹传统安全和非传统安全，提高国家安全体系和能力建设水平，坚决捍卫国家安全。坚决守牢安全发展底线。深化风险防控“四项机制”，全域推行风险清单管理制度，坚决守住不发生系统性风险底线。坚持“外防输入、内防反弹”总策略和“动态清零”总方针不动摇，完善平急转换和平战结合长效机制，加强能力建设和应急演练，守牢口岸、冷链等重要关口，毫不放松抓好疫情防控工作。严格落实化债方案，严控新上政府投资项目，规范平台融资行为，全力以赴控总量、优结构、降成本，牢牢守住不出险底线。深入开展安全生产专项整治“三年行动”，全面提升防灾减灾能力，扎实做好食品药品安全工作，切实维护网络空间安全，常态化开展扫黑除恶斗争，严厉打击各类违法犯罪行为，建设更高水平的平安镇江。全面推进市域社会治理现代化。扎实做好市域社会治理现代化试点工作，深化“大数据＋网格化＋铁脚板”治理机制，健全基层党组织领导的基层群众自治机制，坚持和发展新时代“枫桥经验”，完善矛盾纠纷多元化解机制，推动各类力量、资源下沉基层网格，开展社会治理现代化先进镇（街道）、村（社区）建设，努力在构建共建共治共享社会治理格局中打造“镇江品牌”。

四、建强战略载体、促进融合发展，迈出区域一体化和城市现代化关键步伐

推动区域一体化发展走深走实，必须发挥好战略载体的牵引性、支撑性作用，务实有效推进重点片区规划发展，努力将其打造成承接长江经济带、长三角一体化、宁镇扬一体化等重大战略的重要支撑，现代化新镇江建设、市域一体化发展的重要节点，高质量发展、产业强市的新增长极。

（一）坚持登高望远、多元融合。要全面贯彻新发展理念，深化对区域协调发展的规律性认识，科学谋划重点片区发展。建设周期上，因地制宜研究确定开发年限和建设序时，明确2—3个五年规划和远景蓝图；规划范围上，以4—5平方千米核心区为重点，统筹兼顾联动区、辐射区发展；发展定位上，既要明确重点片区在所在板块、在全市域的功能定位、示范导向，更要在长江经济带、长三角、全省有影响、有地位；产业特色上，要明确主攻方向，加强与开发园区整合优化提升工作的协同融合，致力打造特色产业高地。要在全市域发展总体布局下科学落子，推动点线面融合、产城融合。强化空间联系、功能联动，有效串联起“三带”、支撑起“一体、两翼”；坚持硬实力和软实力互动并进、经济发展和人民生活同步提升，主动拥抱数字化浪潮，在促进数字经济与实体经济深度融合中增添发展动能，努力打造推动高质量发展、创造高品质生活、实施高效能治理的示范区；突出产业功能、城市功能相协调，坚持生态优先、绿色发展，注重以人为本、以文为“魂”，实现生产、生活、生态“三生”融合，以产业强带动人气旺、促进城市兴。

（二）坚持实事求是、稳中求进。整体进度不搞“齐步走”。重点片区功能定位、资源禀赋、发展基础各不相同，要实事求是、因地制宜，按照“中心型”“节点型”“保护型”不同特点分类有序推进。通盘考虑眼前与长远、需要与可能，成熟一个推进一个，决不能一哄而上；围绕“四群八链”打造创新链，布局专业化孵化器，招引“头部型”“平台型”项目，既重硬件投入、更重运营管理创新，决不能“穿新鞋走老路”；处理好城市功能中存量与增量的关系，加强与现有城区的融合互补，基础设施在统筹配置的前提下适度超前，决不能搞“造城运动”。要立足于“稳”，以“功成不必在我”的胸怀干工作，坚持谋定而动、蹄疾步稳、久久为功，重大问题没有想明白、规划没有制定好的不动，法定程序没有履行完、空间环境能源容量没有落实好的不动，资金来源没有明确、投入产出账没有算平衡的不动，坚决防止急功近利、盲目建设；要积极求“进”，以“功成必定有我”的担当抓落实，对于准备就绪的重点片区，在保有适度“规划弹性”的前提下，行动要迅速、落实要有力，尤其是产业发展、项目招引要先行一步、紧抓不放，夯实稳中求进的产业基础。

（三）坚持制度创新、严守底线。把“有形之手”与“无形之手”有机结合起来，让市场在资源配置中起决定性作用，更好发挥政府作用。创新探索市场化运作机制，积极引入高匹配度、高认同感、高协同性的战略合作伙伴，推进投资主体多元化，有效引导社会资源参与重点片区建设发展。完善领导管理机制，加强对跨区域跨部门问题的统筹协调，充分调动各方面积极性、主动性、创造性，推动土地、环境、金融、人才、科技等关键要素和政策资源集中，着力打造一流发展环境，更好地汇聚合力、强化支撑。严格落实政府债务管控制度，决不触碰“新增隐性债务”这根“红线”。严格落实“三线一单”管控要求，坚决不上“两高”项目、坚决不上安全环保不达标的项目，实现可持续发展。

五、保持“赶考”清醒、勇于自我革命，继续推进新时代党的建设新的伟大工程

坚持和加强党的全面领导，全面落实新时代党的建设总要求，以党的政治建设为统领，纵深推进全面从严治党。

（一）始终把党的政治建设摆在首位。把“两个维护”贯穿到镇江现代化建设的各领域全过程，全面贯彻落实民主集中制，严格执行新形势下党内政治生活若干准则，加强党员干部政治能力训练和政治实践历练。

（二）全面强化党的创新理论武装。把学习贯彻新思想同巩固党史学习教育成果结合起来，同学习贯彻习近平总书记对江苏和镇江工作的重要讲话指示精神结合起来，切实用新思想武装头脑、指导实践、推动工作。严格落实意识形态工作责任制，牢牢掌握意识形态工作领导权、主动权。

（三）切实加强党的组织体系建设。坚持大抓基层鲜明导向，实施政治领航、发展助力、全域规范、骨干锤炼、品牌塑造“五项工程”，统筹加强各领域党建工作。深化“两在两同”建新功行动，把党的政治优势、组织优势不断转化为发展胜势。

（四）着力打造高素质专业化干部队伍。推进素

养淬炼、选优配强、梯队储备、状态提升、考核攻坚“五项行动”。深化“政治体检”，把政治标准贯穿“育选管用”全过程。建好优秀年轻干部“蓄水池”，统筹用好各领域、各年龄段干部。强化思想淬炼、政治历练、实践锻炼、专业训练。用好综合考核“指挥棒”，增强“三项机制”穿透力。

（五）持续弘扬党的优良作风。大兴求真务实、真抓实干之风，大力培树改革创新、干事创业的先进典型。锲而不舍落实中央八项规定精神，健全完善改进作风长效机制，毫不松懈纠治“四风”，持续为基层减负松绑。

（六）努力建设人民满意的廉洁镇江。强化制度治党、依规治党，用好监督执纪“四种形态”，发挥好政治巡察“利剑”作用，强化巡视巡察上下联动。始终保持反腐败高压态势，深化党性党纪党风教育，严肃党内政治生活，加快建设廉洁镇江。

政府工作报告（摘要）

——2022年3月1日在镇江市第九届人民代表大会第一次会议上

市长　徐曙海

一、本届政府工作回顾

五年来，我们坚定不移推进发展升级，“经济强”的支撑愈发厚实。牢牢抓住发展第一要务，经济总量稳步增长，地区生产总值达到4763亿元、年均增长5.8%，一般公共预算收入达到327.6亿元、年均增长3.5%，人均地区生产总值超过14万元、达到中等发达国家水平。“四群八链”崛起成势，应税销售达到3504亿元，其中高端装备制造、新材料两个产业集群分别突破千亿元，数字经济核心产业产值超过500亿元。创新动能加速成长，市场主体达到54.2万户、净增26.3万户，国家高新技术企业数量实现翻番，万人发明专利拥有量累计增长58%，科技进步贡献率达到65.3%，新引进“金山英才”计划高层次人才604人，创成国家知识产权示范城市。对外贸易和利用外资提质增效，进出口总额年均超过百亿美元，利用外资累计超过45亿美元。

五年来，我们坚守不渝增进民生福祉，“百姓富”的成色愈发充足。始终牢记为人民谋幸福的初心使命，财政支出优先保障民生，民生支出累计达到1686.9亿元，占一般公共预算支出比重达到73.2%。打赢精准脱贫攻坚战，经济薄弱村集体经济年收入、建档立卡低收入人口年均纯收入超过省定标准，全市人民全部如期跨进全面小康、意气风发地奔向共同富裕。居民收入稳步增长，人均可支配收入达到5万元、年均增长7.9%，农村居民收入增速快于城镇居民，城乡收入比缩小至1.9∶1。教育、医疗、文化、养老、社会保障等民生社会事业全面进步，义务教育优质均衡达标比例全省第一，成功蝉联国家卫生城市。连镇铁路镇江段、丁卯高架等一批重大交通设施建成通车，百姓出行更加便捷。镇江连续入围“中国最具幸福感城市”。

五年来，我们坚如磐石建设生态文明，“环境美”的底色愈发鲜亮。牢固树立生态优先、绿色发展的导向，污染防治攻坚战取得重大阶段性进展，累计退出低端落后产能超过540万吨，单位地区生产总值能耗预计下降17.7%，空气和水环境质量大幅改善，$PM_{2.5}$年均浓度累计下降28%，空气质量优良天数比例提升6个百分点，劣Ⅴ类水体基本消除，国、省考断面水质优Ⅲ比例分别达到100%、95.6%，创成全国海绵城市，建成省特色田园乡村23个，荣获“中国人居环境奖”。

五年来，我们坚持不懈创新社会治理，“社会文明程度高”的风尚愈发浓厚。深入开展全国市域社会治理现代化试点建设，社会治理体系逐步完善，扫黑除恶专项斗争成效明显，重大风险防控有力，疫情防控交出了优异答卷，战胜了超历史极值的长江汛情和诸多重大险情，安全生产形势稳定向好，生产安全事故起数和死亡人数均逐年下降。镇江蝉联全国文明城市，公众安全感逐年稳步提升。

这五年，是镇江经济结构加快优化、综合实力持续提升的五年，是城乡功能日臻完善、建设水平持续提升的五年，是改革开放深入推进、发展活力持续提升的五年，是生态文明优势集聚、环境质量持续提升的五年，是社会事业协调发展、文明程度持续提升的五年。这些积极变化使镇江人民的自豪感、自信心受到极大鼓舞，人民对未来前景充满信心。

2021年是本届政府的收官之年，我们从百年党史中汲取奋进力量，聚精会神抓发展，毫不放松保安全，圆满完成全年目标任务，“十四五”实现良好开局。

面对变化变局的重大挑战，我们始终坚持党的全面领导，前进步伐坚实自信。深入开展党史学习教育，自觉用新思想定向领航、向新思想寻策问道，坚决贯彻落实党和国家的重大决策部署，长江经济带建设、长三角一体化发展、全面乡村振兴、碳达峰碳中和等国家重大战略在镇江得到有效落地，粮食安全、能源保供、长江禁捕退捕等“国之大者”在镇江得到有力落实。聚焦“创新创业福地，山水花园名城”城市愿景和“一体两翼三带多片区”发展布局，找准实现路径，谋深落实举措，加快部署，抓紧推进，空间优化、园区整合、主导产业培育、人才人口导入、科技机制创新等关键问题开篇破题，土地、人才、金融、科技等支撑要素加快构筑。全面加强政府自身建设，弘扬真抓实干作风，以钉钉子精神狠抓落实，人代会预期性目标全部达成，110 项重点任务和 39 项民生实事落实见效。

面对转型升级的艰巨任务，我们始终坚持以新发展理念引领发展，经济运行稳中向好。高举产业强市和争先进位旗帜，推动经济稳定增长、提质增效。主要经济指标高开稳走：地区生产总值增长 9.4%、增幅跃居全省第三，固定资产投资增长 8.7%、增幅跃居全省第一，社会消费品零售总额增长 17.9%、增幅跃居全省第五，进出口总额每月同比增幅均达两位数。经济发展质效稳步提升：一是产业集群蓬勃发展。规模以上工业增加值增长 15.1%，“四群八链”应税销售增长近 30%。二是招商引资量质齐升。新签约亿元以上项目当年入库列统率达 54.5%、同比提高 13.9 个百分点，华为(镇江)数字创新中心在京口区大禹山数字文创区落户，数字经济产业项目“品牌方阵”持续扩容。省市重大产业项目超额完成年度投资计划，丹阳市国药医疗康复器械项目企业服务中心建成投用，扬中市长城汽车核心零部件一期竣工投产。三是创新驱动与日俱进。新认定国家高新技术企业 376 家，新增国家级“专精特新”企业 6 家，科技型中小企业备案数量增长 172%，列统新型研发机构 22 家、增幅全省第二，万人发明专利拥有量达 48 件、居全省前列，镇江经济技术开发区、镇江高新区获批江苏自贸区联动创新发展区，丹阳市创成全省首批创新型示范县，润州区官塘创新社区建设起势良好。引进培养大专以上人才 3.9 万余人、领军人才 164 人，市外迁入户籍人口同比增长 12.8%。四是绿色转型步伐加快。单位地区生产总值能耗预计下降 3.2%，新增省级绿色工厂 12 家。成功举办第五届国际低碳(镇江)大会暨碳达峰碳中和 2021 金山峰会。

面对多重矛盾的现实压力，我们始终坚持统筹发展和安全，社会大局和谐稳定。牢固树立底线思维，有力应对各类挑战，有效化解各类风险，为经济发展和人民生活创造了安全稳定的社会环境。加快补齐公共卫生短板，应急处置能力大幅增强；毫不放松抓好常态化疫情防控，果断处置年初输入性病例和年中周边城市聚集性疫情，圆满完成紧急驰援和分流隔离任务，巩固了来之不易的防控成果。全力以赴化解政府债务，超额完成年度化债任务，金融生态环境显著改善。一刻不松抓好安全生产，事故起数和死亡人数继续“双下降”。用心用情用力化解矛盾，依法依规依理解决问题，一批信访积案和历史遗留问题得到妥善解决，建党百年大庆安保维稳任务圆满完成。

面对育新机开新局的目标要求，我们始终坚持用好改革开放“关键一招”，内生动力厚积薄发。善于用改革开放的办法攻坚克难，“放管服”、国资国企、财税金融、科技创新、农业农村、资源环境、区域融合等重点领域改革深入推进，迸发出蓬勃发展活力。出台支持企业健康发展 10 条政策，打造“镇合意”服务品牌，全年降低企业成本超 100 亿元，开办企业、不动产登记等办理时效居全国前列，帮助市场主体修复信用 6000 余件，严重失信企业数占比降至 1.1%、低于全国全省平均水平，全国城市信用状况监测评价排名从年初第 97 位上升至第 31 位。国有企业剥离办社会职能等重点任务如期完成，市属国企利润总额同比增长 91%。启动实施富民强村帮促行动，农村集体经营收入平均达到 160 万元，丹徒区世业镇入选全国“一村一品”示范村镇，句容市茅山镇入选首批全国乡村旅游重点镇。启动实施“扬帆计划”和“金穗行动”，新增上市企业 4 家，成为全国唯一的“农村普惠金融”项目试点市。重拳整治违法用地，聚力攻坚征地拆迁扫尾、30 个项目地块实现清盘交地，盘活闲置低效建设用地 9093 亩(606.2 公顷)。加快推进交通基础设施互联互通，五峰山过江通道、宁句城际建成通车，312 国道宁镇段快速化改造、346 国道城区段城市化改造工程开工建设，扬中市创成全国城乡交通运输一体化示范县。

面对人民群众的美好期待，我们始终坚持以人民为中心的发展思想，民生事业稳步向前。居民就业稳定充分，新增城镇就业 5.9 万人，零就业家庭保持动态清零，城镇登记失业率低于 3%。基础保障坚实有力，“两类人员”致贫返贫风险动态消除，城乡低保标准提高至 820 元，“镇江惠民保”覆盖人群超 50 万人。安居环境不断提升，改造老旧小区 65 万平方米，有人居住的 D 级危房清零腾空、解危改造扎实推进，城镇污水治理提质增效，农村生活污水治理自然村覆盖率达到 35.6%。教育“双减”、三孩生育等政策有序落实，义务教育质量监测、普通高中教育教学质量稳居全省前列，养老服务体系加快健全。

一年来，我们保持战略定力，发扬斗争精神，越是艰险越向前，政府治理效能有了新提升，干部精神面貌有了新气象。司法行政、民族宗教、审计、统计、外事、对台事务、港澳、侨务、行政学院、人口计生、机关事务、文史、档案、地方志、防震、气象、供销、科普等工作实现新进展，老龄、妇女儿童、青少年、残疾人、工会、红十字、慈善、关心下一代、见义勇为等事业得到新提升，国家安全、国防动员、双拥共建、退役军人事务、人民防空、援藏援疆援陕等工作取得新成绩。

对照现代化建设新要求和人民群众新期待，我们还面临许多新挑战和新问题：产业根基还不够坚实，创新能力还比较薄弱，绿色转型的任务艰巨繁重，安全生产、金融债务等领域仍存在较大风险隐患，基础设施、社会治理等方面还存在较多薄弱环节，民生社会事业发展还存在短板弱项，我们应对风险挑战、抢抓历史机遇的能力仍需增强。我们将坚持问题导向，担起历史使命，奋力跑好我们这一棒，不负时代召唤，不负人民期待。

二、未来五年发展的目标任务

一要坚持和加强党的全面领导。深刻领悟“两个确立”的决定性意义和实践要求，时时处处向党中央看齐，扎扎实实贯彻党中央决策部署，确保执行不偏向、不变通、不走样，切实把党的全面领导贯彻到政府工作各领域全方面。

二要坚持以人民为中心的发展思想。始终把人民放在心中最高位置，把造福人民作为最大政绩，用心用情解决群众“急难愁盼”问题，尽力而为、量力而行发展民生社会事业，不断增强人民群众的获得感幸福感安全感。坚持走群众路线，真正相信群众，善于发动群众，紧紧依靠人民创造历史伟业，紧紧依靠共同奋斗实现共同富裕。

三要坚持高质量发展。把推动高质量发展作为现代化建设的根本要求，完整、准确、全面贯彻新发展理念，主动融入新发展格局，坚定不移深化供给侧结构性改革，毫不动摇转方式、调结构、促转型，集中资源、集中精力破解制约高质量发展的痛点难点，推动经济社会向着更高质量、更有效率、更加公平、更可持续、更为安全的方向前进。

四要坚持稳中求进工作总基调。稳中求进是党和国家治国理政的重要原则。稳中求进，稳是大局、是前提，进是目标、是方向。坚持稳中求进，凡事都要尊重规律、稳扎稳打，保持定力、久久为功，决不能急躁冒进、急功近利，但也决不允许无动于衷、无所作为。要“稳”字当头，谋深谋实每个决策事项，“进”字加压，谋定后动，确保在“稳”的基础上“进”得更快更好。

五要坚持统筹发展和安全。强化系统观念，增强忧患意识，牢固树立底线思维，把安全放在与发展同等重要的位置，毫不松懈防范化解重大风险，坚决守牢安全发展底线，努力实现高质量发展和高水平安全良性互动。

落实到具体实践上，要抓住“一带一路”建设、长江经济带发展、长三角一体化发展、南京都市圈建设以及系列强国战略等重大机遇，扬优展长、补短强弱，着力增创集聚发展比较优势。

——厚植发展根基，在更高层次推进产业强市。重点产业链迈上中高端，形成4个千亿元级产业集群。创新能力明显增强，创新创业人才加速集聚，高新技术企业扩容提质、形成梯次接续创新企业群，全社会研发投入占地区生产总值比重力争达到3.2%以上。市场化法治化国际化营商环境走在前列，对外开放合作领域不断拓展，区域协同发展走向纵深，内需潜力强劲释放，各类市场主体蓬勃发展，全社会创新创造蔚然成风，经济发展内生动力实现新的跃升。

——厚植生态底色，在更高层次促进绿色转型。美丽镇江建设取得重大进展，空间格局、功能品质、城乡面貌显著提升。生态环境质量持续向好，全市$PM_{2.5}$平均浓度下降到30微克/米^{3}左右，空气质量优良天数比例稳中有升，国省考断面水质优Ⅲ比例稳定在90%以上。碳达峰碳中和迈出关键步伐，绿色低碳发展体系基本形成，资源能源利用更加集约高效，碳排放强度持续下降，重点行业碳排放总量控制取得阶段性成果，“低碳镇江”成为先行标杆，建成美丽中国示范市。

——厚植文明风尚，在更高层次彰显人文韵味。社会主义核心价值观深入人心，创成全域全国文明城市群。文化事业文化产业更加繁荣，公共文化服务水平明显提高，人民精神生活更加充盈，创成“东亚文化之都”，“大爱镇江”“书香镇江”等人文标识更加凸显。社会全面进步和人的全面发展达到更高水平，建成社会主义文化强国先行区。

——厚植民生福祉，在更高层次推动共同富裕。市域一体化全面提速，城乡融合发展达到较高水平，全面乡村振兴取得重大进展，居民收入增长快于经济增长，中等收入群体规模显著扩大。教育现代化继续走在前列，健康镇江建设取得更大成效，社会救助体系更加完善，多层次社会保障、多元化养老服务体系基本建成，公共服务更加优质均衡，共同富裕迈出坚实步伐。

——厚植安全理念，在更高层次增强治理效能。防范化解重大风险体制机制不断健全，政府全口径债务管理进入良性轨道，汛情险情灾情应急处置能力持续增强。数字镇江建设框架基本构建，社会治理水平明显提高，法治镇江、平安镇江建设更加深入人心，社会信用体系更加健全，高水平通过全国市域社会治理现代化试点城市验收。

三、2022年目标任务和重点工作

2022年政府工作的总体要求是：坚持以习近平新时代中国特色社会主义思想为指导，深入贯彻党的十九大和十九届历次全会精神，紧紧围绕省第十四次党代会和市第八次党代会确定的目标任务，弘扬伟大建党精神，坚持稳中求进，坚持改革创新，贯彻新发展理念，服务构建新发展格局，推动高质量发展，统筹发展和安全，继续抓好“六稳”“六保”工作，切实扛起“争当表率、争做示范、走在前列”光荣使命，奋力谱写“镇江很有前途”现代化建设新篇章，以实际行动迎接党的二十大胜利召开。

今年经济社会发展的主要预期目标是：地区生产总值增长5.5%以上，一般公共预算收入增长4.5%，固定资产投资增长7%，制造业投资增长10%，研发投入占地区生产总值比重达到2.5%，规模以上工业增加值增长7%，社会消费品零售总额增长6%，实际使用外资增长18%，进出口总额稳中提质，城镇新增就业5万人，城镇登记失业率控制在4%以内，居民人均可支配收入与经济增长保持基本同步，居民消费价格涨幅控制在3%左右，生态环境质量持续好转，单位地区生产总值能耗和二氧化碳排放下降率、主要污染物减排、空气质量优良天数比例、$PM_{2.5}$平均浓度、地表水达到或好于Ⅲ类水体比例等指标完成省定目标；杜绝重特大生产安全事故，严控较大生产安全事故，事故起数和死亡人数继续“双下降”；粮食产量和播种面积完成省定目标。在实际工作中，我们将全力争取更好的结果。

实现上述目标，将着力抓好八个方面工作：

（一）千方百计挖掘内需潜力，努力保持经济平稳发展。把扩大内需作为发展的重要引擎，进一步畅通经济循环，推动经济运行保持在合理区间。

积极扩大有效投资。聚焦“四群八链”，强化精准招商，改进项目建设和招引考核方式，严把项目质量，新签约亿元以上项目当年入库列统率达到50%，入库列统投资额达到115亿元。抓牢抓实省市重大项目建设，强化土地、用能等要素保障，清理盘活闲置低效土地，省市重大项目确保9月底前全部开工。用好中央预算内投资资金和地方政府专项债券，撬动民间资本参与新型基础设施、新型城镇化和交通、水利等重大工程建设，力促固定资产投资超过1200亿元。

促进消费扩容提质。策划“金山消费节”系列主题活动，激发消费潜力。培育发展夜经济，拓展养老托育、家政服务等消费热点，推动线上线下消费融合发展。深化文旅融合，推进全域旅游，加强旅游营销，旅游收入增长8.5%。调整集体土地征收拆迁补偿政策，优化保障性住房供给结构，原则上不再新建保障房和安置房，转向市场化调剂租赁和货币化安置，推动商品房市场更好满足合理住房需求。

狠抓市场主体培育。强化对中小微企业、个体工商户、制造业的支持，落实优惠信贷、留抵退税等既有支持政策和新的减税降费政策，确保政策直达基层、直接惠及市场主体，新增规模以上企业800家、净增400家。推进能源储备能力建设，力保发展和民生用能需求。坚持不懈推动金融回归服务实体经济，搭建高效金融服务平台，继续实施“扬帆计划”，助推企业用好多层次资本市场，新增上市企业3家。深入开展“创响镇江”行动，新增市场主体6万户以上。加强企业家队伍建设，激发企业家创新创业活力。

（二）心无旁骛推进产业强市，努力推动发展提质增效。加快转变发展方式，优化经济结构，打好产业基础高级化、产业链现代化攻坚战，着力构建现代产业体系。

加快人才人口导入。聚焦主导产业，深入推进人才“镇兴”行动，深化“金山英才”、大学生“聚镇”等专项计划，更大力度支持企业引才育才，深化校企合作、产教融合，在镇院校毕业生留镇率提升至23%；优化人才服务，构建“引用育留”全链条服务体系，解决人才后顾之忧，力争引进大专以上人才3.8万人以上、新增高层次领军人才120人以上、技能人才2万人以上，让“人聚镇江、才享荣光”的声音更加响亮。

矢志培育产业链群。抓实“产业强链”行动计划，实施一批产业链基础再造、延链补链强链项目。深化“链长制”，推动组建产业创新联盟，加快构建产业链生态圈，“四群八链”应税销售增长10%以上，数字经济核心产业营业收入突破600亿元，重点产业链联盟实现全覆盖。汇聚金融力量，发展供应链金融，建立产业链主办行制度，赋能产业链发展。

聚力推进园区整合。加快实施进度，上半年确定首批保留园区核心区和辐射区的四至边界，产业扶持政策向园区倾斜，新建产业项目一律进园区，园区外原则上不再安排工业用地。创新管理体制，改革开发园区职能配置、人事薪酬制度，逐步剥离社会事务管理职能，探索市场化用人机制，强化绩效考核激励，充分激发园区发展活力。强化统筹联动，一体推进园区整合和重点片区建设，充分评估财政可承受能力，精细算好平衡账，在资金、用地、环境容量等要素落实的情况下大力推进。

持续优化营商环境。坚持市场化、法治化、国际化方向，深入实施优化营商环境提升行动，建立营商环境监督员制度，持续提升“镇合意”体验感。突出公平法治，规范和减少招商引资“一事一议”政策，实行投资合同审查制度，强化招商引资项目履约监管，维护公平竞争市场环境；坚持依法行政，深化企业信用风险分级管理，建立政务违约失信责任追究机制，创新包容审慎监管，让企业家安心创业、诚信经营。突出优质高效，一体化推进“放管服”改革，深化“一件事”改革，取消精简一切不必要的审批事项，审批事项平均办理时限再压缩10%；建立常态化政企沟通渠道，在依法合规的基础上尽力而为、靠前服务，做到“有求必应、无事不扰”。突出配套服务，把办好民生社会事业作为优化营商环境的重要内容，提供高质量的教育、医疗等服务，更好满足企业人才个性化需求。

（三）不遗余力强化创新驱动，努力增强科技支撑能力。坚持创新第一动力，深入实施创新驱动发展战略，加快推进科技自立自强。

增强创新主体活力。深入实施“百企引航、千企升级”行动计划，抓实高新技术企业培育“小升高”行动，申报国家高新技术企业700家以上，新增省级以上“专精特新”企业15家、“瞪羚企业”10家，加快形成高新技术企业、科技型中小企业和独角兽企业有机衔接的创新型企业梯队。强化数字赋能，实施“智改数转”行动，编制重点行业领域数字化转型路线图，加强关键数字技术创新应用，实施“5G＋工业互联网”数字赋能行动，开展标杆工厂、企业上云、智能制造等试点示范建设，新增“两化融合”贯标企业20家。

深入推进自主创新。实行重大科研专项“揭榜挂帅”制度，聚焦高性能材料、新一代信息技术、医疗器械与生物医药等亟须突破的领域，实施关键核心技术攻关项目200项以上、市级以上科技计划项目500项以上，着力突破“卡脖子”环节。支持骨干企业牵头组建创新联合体，深化产学研融合，协同高校院所、产业链上下游企业开展重大科技攻关，不断提升产业链、供应链自主可控能力。

优化科技创新生态。实施科技体制改革三年行动，完善科技创新激励和科技评价机制，创新科技成果转化体系，强化知识产权创造、保护、运用，让更多科技成果“走出”实验室、“转出”新动能。加快创新平台建设，开展孵化器“扩容强体”行动，新增省级以上研发机构20家。加大金融服务创新力度，扩大“苏科贷”“高企贷”“创新领军企业贷”等金融产品信贷规模和覆盖面，为企业科技创新注入金融活水。拓展科技资源云平台功能，加强科技基础资源集成共享应用。

（四）持之以恒建设美丽镇江，努力提升城市品质内涵。坚决摒弃外延扩张，转向内涵发展，聚焦影响城市品质、制约城市发展、群众反映强烈的突出问题，坚持用“绣花功夫”管理城市，展现“颜值”、彰显品位、体现价值。

着力提高城市首位度。坚持以业兴城，着力发展新型城市经济形态，实施主城区服务业倍增计划，优化核心商圈功能定位和布局，推动生活性服务业提档升级、生产性服务业扩容提质、区域商圈错位发展。坚持以路融城，服务共建轨道上的长三角、高速上的都市圈，序时推进南沿江城际铁路镇江段建设、312国道宁镇段快速化改造、346国道城区段城市化改造工程，实施新马路、桃花坞路等断头路、瓶颈路改造，畅通对外交通“大循环”和城市交通“微循环”。

着力提高建管精细化。编制完成国土空间总体规划和专项规划，实现全市国土空间开发保护“一张图”。有序推进城市更新，试点建设完整居住社区，改造老旧小区95万平方米。有序开展山体景观改造和滨水空间营造。有效整治违法建设、占道经营等市容乱象，有力加强住宅物业管理。坚韧不拔啃下征地拆迁扫尾“硬骨头”，上半年实现“全域清零”。加快城市治理数字化转型。

着力提高环保精准性。统筹有序做好碳达峰碳中和工作。制定碳达峰碳中和实施方案，抓好煤炭清洁高效利用、煤电降耗减排，支持发展绿电产业，促进煤炭和新能源组合优化。严控“两高”项目盲目发展，实施重点行业领域绿色化改造，新建一批绿色工厂。持续抓好长江大保护。铁腕整改长江经济带突出问题，深入推进污染治理“4＋1”工程，巩固岸线治理和生态保护修复成果。加强退捕渔民生计保障，健全“人防＋技防”机制，守牢长江“十年禁渔”防线。严格水资源管理，探索水权制度改革，推进水权交易试点，推动节水增效。深入打好污染防治攻坚战。一着不让抓牢治气治水，推进$PM_{2.5}$和臭氧“双减双控”，强化多种污染物协同控制和区域协同治理，落实河湖长制，建设“幸福河湖”，确保空气和水环境质量稳定改善、向好发展。开展重金属重点行业排查整治，加强历史遗留污染地块管控修复，有效保障土壤环境安全。

（五）久久为功推进乡村振兴，努力拓展富民强村成效。深刻把握“三农”工作重心的历史性转移，把富民强村作为重中之重抓紧抓实，做好巩固拓展脱贫攻坚成果同乡村振兴有效衔接，加快推进农业农村现代化。

稳定农业生产供应。落实最严格的耕地保护制度，开展土地违法违规问题“清零”行动，坚决防止耕地“非农化”；加强农田水利设施建设，新增高标准农田4.4万亩（0.29万公顷）；深入实施种业振兴行动和智慧农业升级赋能行动，确保旱涝保收、高产稳产。强化粮食监管，有效维护国家粮食安全。发挥政策调控保障作用，稳定生猪基础产能，抓好蔬菜生产供应，促进生猪、蔬菜产业健康发展。

培育发展现代农业。提档升级农业产业园区，加快集聚现代生产要素，争创国家农业现代化示范区。坚持质量兴农、品牌强农，建立市级农业品牌目录制度，按照“培育一个产品，形成一个品牌，做强一个产业”的思路，着力培育绿色食品、有机食品和地理标志农产品，加快发展本地特色农业产业。放大“戴庄经验”效应，引导更多乡村发展生物多样性农业，壮大农村新型合作经济组织，引导小农户融入现代农业发展大格局。

激发富民强村动力。落实“四个不摘”要求，巩固“两不愁三保障”成果。实施农民收入十年倍增计划，扎实推进富民强村帮促行动，因地制宜发展村级集体经济，持续增加村集体收入和农民经营性收入，村集体收入平均达到200万元。深入推进“金穗行动”。深化农村集体产权制度改革，开展闲置宅基地、闲置农房盘活利用试点，农村产权交易平台线上交易功能实现全覆盖。

深化乡村建设行动。落实镇村布局规划，分类有序推进乡村建设。实施人居环境整治提升行动，巩固公共空间治理成果，健全公共基础设施运营管护长效机制，建设农村生态河道40条，创建特色田园乡村10个。布局建设农村冷链物流等基础设施，推动城乡生产与消费有效对接。健全乡村治理体系，开展民主法治示范村（社区）创建，推广“乡村道德银行”“文明积分”等奖励模式，促进农村移风易俗，培育文明乡风。

（六）蹄疾步稳深化改革开放，努力破解发展瓶颈。坚持向改革要动力、向开放要活力，用好改革开放“关键一招”，激发社会发展动能。

深化国资国企改革。稳妥推进市属平台公司重组，聚焦主业整合关联业务、培育核心产业、清退低效资产，市属国企管理层级严格控制在3级以内，全面完成国企改革三年行动任务。改建组建国有资本投资运营公司，促进国资监管从管企业为主向管资本为主转变。改革国企薪酬制度，健全薪酬与效益挂钩机制，坚持市场化用人导向，推行员工公开招聘、竞争上岗、末等调整和不胜任退出制度。

深化区域融合发展。深度融入长三角一体化发展和南京都市圈建设，加强产业协同、资源共享、环境联治等方面合作，围绕“四群八链”产业方向，主动承接上海产业转移和人才外溢，推进产业强链补链；全面参与南京区域科技创新中心建设，用好南京都市圈各类创新资源，协同推进G312产业创新走廊建设，支持镇江经开区、镇江高新区自贸区联动创新区发展，建设更高水平开放创新平台。

深化对外开放合作。实施外贸企业培优扶强行动，用足用好出口退税等政策工具，支持帮助企业抢订单、拓市场。培育发展外贸新业态新模式，搭建跨境电商孵化园，推进综合保税区、国际合作园区建设，形成一批外贸新增长点。持续提升口岸通关服务，健全服务贸易、知识产权、商事争端等领域监测预警机制，有力保障外贸企业合法权益，助力企业放心大胆“走出去”。稳定扩大利用外资，支持外企增资扩股和利润再投资。创新东西部协作和对口支援合作机制，共同开创互利共赢的合作局面。

（七）毫不放松防范化解风险，努力筑牢安全发展基石。更好统筹发展和安全，打好防范化解风险挑战主动仗，坚决维护社会和谐稳定。

慎终如始做好疫情防控。坚持人民至上、生命至上，压实“四方责任”、落实“四早”措施，目前仍按照“外防输入、内防反弹”总策略和“动态清零”总方针，强化“人、物、环境”同防，守牢口岸、进口高风险货物等重要关口，对照180项能力清单抓实应急处置准备，持续推进疫苗接种，扎实筑牢疫情防控严密防线。

坚持不懈抓好安全生产。深入推进“三年大灶”专项整治，落实安全发展示范城市创建任务，深化应急管理综合行政执法改革，持续排查整治燃气、危化品、道路交通等领域安全隐患，加快推进钢铁、矿山、建筑等高危行业信息化改造，从源头上消除事故隐患，从根本上增强防灾救灾能力。

全力以赴化解金融风险。加强政府债务化解，持续压降融资成本。加大力度排查化解大型企业债务、房地产金融、非法集资等领域风险，完善金融风险处置和长效防控机制，坚决打击金融欺诈等违法行为，有效治理恶意拖欠账款和逃废债行为。

多措并举创新社会治理。坚持和发展新时代“枫桥经验”，完善社会矛盾纠纷多元预防化解机制，深入开展“信访突出问题攻坚化解年”行动，中央、省交办重复信访事项化解到位，涉访违法犯罪行为依法处置率达到100%。推进市域社会治理现代化试点走深走实，常态化开展扫黑除恶斗争，滚动开展社会治理现代化先进镇（街道）、村（社区）创建活动，建设更高水平平安镇江，建成市域社会治理智能化平台，全域推广社会稳定重大风险清单管理，健全完善社会治安防控体系。

（八）矢志不渝推进共同富裕，努力保障人民美好生活。准确把握共同富裕的深刻内涵，坚持在发展中保障和改善民生，在共建共享中向着共同富裕前进。

兜牢基本民生底线。促进更加充分更高质量就业，强化就业优先导向，扩大就业容量，支持灵活就业和自主创业，确保重点人群稳定就业，保持城镇零就业家庭、农村零转移就业贫困家庭动态清零；实施“镇江工匠”培育工程，加强技能培训，提高就业质量，缓解结构性就业矛盾。落实社会救助、法律援助、抚恤优待、大病保险等托底政策，统筹退役军人服务保障、妇女儿童权益保障和残疾人福利保障，确保困难群众生活基本稳定。深入推进全民参保计划，确保重点人群应保尽保。加快推进危房解危，实现有人居住的D级危房动态清零。加强食品药品安全监管，确保百姓“舌尖上的安全”。

提高公共服务质量。一是提升教育服务质量。实施学前教育提升行动。抓好“双减”工作，规范民办义务教育发展，探索学生成长全员导师制和劳动教育实施路径，开展初中学生综合素质发展性评价，推动义务教育优质均衡发展。推进高品质普通高中建设。实施中职“领航计划”和高职“卓越计划”，支持在镇高校建设高水平大学。二是提升医疗服务质量。推进健康示范市建设，深入开展爱国卫生运动，力争实现省级卫生村全覆盖。全面实现医保市级统筹，抓好临床专科“补短板”项目，深化药品（耗材）集采制度改革。加快建设县域医共体，提高基层医疗卫生机构就诊率。推动中医药传承创新发展。三是提升文体服务质量。推出更多高质量文化和旅游融合产品，高品质推进大运河文化带建设，加强文化遗产保护传承和合理利用。推进全域全国文明城市群创建，实现创建常态化、长效化。深入推进全民阅读，促进书香镇江建设。广泛开展全民健身运动，增强人民体质。深化“双拥”共建，办好军地互办20件实事。

完善“一老一小”服务。积极应对人口老龄化，建立健全基本养老服务清单制度，促进居家、社区、机构服务融合衔接，创建全国示范性老年友好型社区，建成标准化农村区域性养老服务中心6个。关爱失智失能老人养老，深化医养结合，扩大长期护理保险覆盖面。健全普惠托育服务体系，发展社区托育服务，新建普惠托育机构10家。落实三孩生育政策，促进人口长期均衡发展。

继续办好民生实事。今年，市政府聚焦民生关切，初步安排了10类47项民生实事项目，将提交市人大代表票决。票决确定项目实行清单式管理、销号式督查，真正把实事办好、办到群众心坎上。保障和改善民生没有终点，市政府将聚焦人民群众对美好生活的向往，尽力而为、量力而行，一件接着一件办，让人民群众的生活越过越红火。

四、加强政府自身建设

奋进新征程，对政府治理体系和治理能力现代化提出了更高要求。市政府将发扬彻底的自我革命精神，全面从严加强自身建设，努力成为人民满意的法治政府、高效政府和廉洁政府。

永葆赤诚之心，筑牢政治信仰。全面加强政治建设，自觉践行、忠诚捍卫"两个确立"，增强"四个意识"，坚定"四个自信"，做到"两个维护"，始终沿着习近平总书记指引的方向坚定前行。胸怀"两个大局"，牢记"国之大者"，坚持放眼全局谋一域、放眼长远谋一时，做到党中央提倡的坚决响应、党中央决定的坚决执行、党中央禁止的坚决不做，不因形势复杂而迷失方向，不因局部利益而患得患失，做到一切站位大局、服从大局、贡献大局。

永葆事业之心，忠诚履行职责。牢固树立正确政绩观，坚持党和人民的利益高于一切，秉持"功成不必在我"的精神境界和"功成必定有我"的历史担当，对历史负责、对事业负责、对人民负责。切实加强调查研究，全面掌握实际情况，按客观规律办事，力戒形式主义、官僚主义。坚持"致广大而尽精微"，发扬严实作风，把重点问题谋透、重大政策谋实、重要举措谋细，用心算好"精细账"，确保每项工作不干则已、干则必成。

永葆进取之心，锤炼过硬本领。时刻保持"本领恐慌"，主动加强学习和历练，不断提升履职尽责的专业能力和综合素质，以过硬本领担当作为、不辱使命。保持"等不起"的紧迫感、"慢不得"的危机感、"坐不住"的责任感，紧盯目标任务，对标卓越一流，少讲不行的理由，多想能行的办法，以永不懈怠的精神状态和一往无前的奋斗姿态奋勇向前、攻坚克难，创造无愧于镇江人民的不凡业绩。

永葆敬畏之心，做到清正廉洁。敬畏组织，纵深推进政府系统全面从严治党，严格执行中央八项规定及其实施细则精神，驰而不息纠治"四风"。敬畏法纪，强化依法履职意识，法定职责必须为，法无授权不可为；严格落实重大行政决策程序规定，慎重决策、慎重用权。敬畏人民，主动接受人大监督、政协民主监督，以及司法、监察、社会舆论监督，强化审计监督、统计监督。坚持政府过紧日子，严格控制"三公"经费和一般性支出，把有限财力更多用于保障民生和促进发展。

法规及重要文件

镇江市扬尘污染防治条例

（2021年4月28日镇江市第八届人民代表大会常务委员会第三十三次会议通过　2021年5月27日江苏省第十三届人民代表大会常务委员会第二十三次会议批准）

第一条　为了有效防治扬尘污染，保护和改善大气环境，保障公众健康，推进生态文明和美丽镇江建设，根据《中华人民共和国环境保护法》《中华人民共和国大气污染防治法》《江苏省大气污染防治条例》等法律、法规，结合本市实际，制定本条例。

第二条　本条例适用于本市行政区域内扬尘污染防治及其监督管理活动。

本条例所称扬尘污染，是指房屋建筑施工、市政基础设施工程施工、建（构）筑物拆除、建筑物装饰装修、绿化施工、水利基础设施施工、交通设施施工、道路养护保洁、物料堆放运输和加工等活动以及城镇建成区内泥地裸露产生的粉尘颗粒物对大气环境造成的污染。

第三条　市人民政府负责本行政区域内扬尘污染防治工作，组织编制扬尘污染防治总体方案，并纳入生态环境保护规划，建立扬尘污染防治统筹协调、信息共享、资金投入保障机制和目标责任考核制度。

县级市（区）人民政府负责本行政区域内的扬尘污染防治工作，根据扬尘污染防治总体方案制定具体实施方案，并组织实施。

镇人民政府、街道办事处应当在职责范围内，共同做好扬尘污染防治工作。

机关、团体、部队、企事业单位应当对本单位内的公共活动区域采取绿化、道路硬化等措施防治扬尘污染。

第四条　生态环境主管部门对本行政区域内扬尘污染防治实施统一监督管理，组织开展区域扬尘环境质量监测，负责工业企业物料堆场等扬尘污染防治监督管理工作。

住房和城乡建设主管部门负责房屋建筑及其附属设施建设和装修工程、市政基础设施工程、园林绿化工程、房屋征收拆除工程、预拌混凝土等扬尘污染防治监督管理工作。

城市管理主管部门负责城市建筑垃圾和生活垃圾处置、城市道路清扫保洁、城市道路桥梁养护维修工程等扬尘污染防治监督管理工作。

交通运输主管部门负责包括港口码头在内的交通建设工程、城镇规划区内国道省道农村公路建设及养护工程，以及港口码头、道路货物运输场站物料装卸等扬尘污染防治监督管理工作。

水行政主管部门负责水利工程施工以及水利工程管理范围内的建（构）筑物拆除等扬尘污染防治监督管理工作。

发展和改革、工业和信息化、财政、公安、自然资源和规划、农业农村等部门按照各自职责，做好扬尘污染防治监督管理工作。

第五条　市、县级市（区）人民政府及其有关主管部门应当加强扬尘污染防治法律、法规的宣传教育，增强公众自觉遵守扬尘污染防治法律、法规的意识。

新闻媒体应当加强对扬尘污染防治法律、法规和科学防治知识的公益宣传。

第六条　任何单位和个人有权向生态环境主管部门投诉举报扬尘污染行为，有权向上级机关或者监察机关投诉举报人民政府、生态环境等主管部门及其工作人员不依法履行职责的行为。

生态环境主管部门应当向社会公布举报电话、电子邮箱、微信公众号、官方网站等，明确受理范围和职责。

生态环境主管部门对接到的投诉举报，属于本部门职责范围的，应当依法处理，并将处理结果在规定期限内告知投诉举报人；对不属于本部门职责范围的，应当及时移送有权处理部门，有权处理部门应当依法处理，并将处理结果在规定期限内告知投诉举报人。

有关主管部门应当对投诉举报人的相关信息予以保密；经查证属实的举报，应当对举报人给予奖励。

第七条　建设单位应当在工程承包合同中明确施工单位的扬尘污染防治责任，督促施工单位按照约定履行扬尘污染防治责任，并将扬尘污染防治费用列入工程造价，及时足额支付给施工单位。

施工单位应当在施工前根据项目特点制定、落实扬尘污染防治实施方案，在施工现场主出入口显著位置公示扬尘污染防治责任主体及责任人、防治措施、主管部门等信息，接受社会公众监督。

监理单位应当将扬尘污染防治纳入工程监理范围，对未按照扬尘污染防治实施方案施工的，应当要求施工单位立即改正，并及时报告建设单位。

第八条　工程施工应当采取下列扬尘污染防治措施：

（一）施工工地周围按照规定设置围挡或者围墙。

（二）施工工地内裸露泥地、土方以及砂石等易产生扬尘的物料，采取覆盖密闭式防尘网或者防尘布、喷洒抑尘剂或者洒水等有效措施。

（三）施工工地车行道路进行硬化处理，并及时清扫、冲洗；在出入口内侧安装冲洗设施，车辆冲洗干净后方可驶出工地。

（四）开挖土方时采取分区、分段作业，对已完成的作业面及时回填或者覆盖。

（五）施工作业产生扬尘的，采用喷淋、洒水、外挂密闭式防尘网或者防尘布等有效防尘措施；产生泥浆的，设置泥浆池、泥浆沟，并采用密封式罐车清运。

（六）集中堆放、覆盖建筑垃圾，并及时密封清运。

（七）建筑面积超过一定规模建筑工地应当按照有关要求安装扬尘视频监控设备、颗粒物在线监测设备，并与住房和城乡建设、城市管理等主管部门联网，保证其正常运行和数据真实有效、实时传输。

（八）法律、法规规定的其他防尘措施。

鼓励推广采用新技术、新工艺、新设备的防尘措施。

第九条　下列工程施工除符合第八条规定外，还应当分别采取下列扬尘污染防治措施：

（一）房屋建设、建（构）筑物装饰装修工程施工外脚手架的外侧设置密闭式防尘网或者防尘布，拆除脚手架前采取先清理残留灰渣等有效防尘措施。

（二）市政道路或者绿地内管线敷设工程完工后，三日内恢复原貌。暂不能恢复原貌的，采取有效覆盖措施。

（三）绿化工程施工作业中，及时清理废弃土壤，种植土和树穴采取覆盖、洒水等有效防尘措施，道路中心隔离带、分车带以及路边绿化带的回填土边缘低于路沿石上沿五厘米，绿化带、行道树下的裸露土地及时采取覆盖或者绿化措施。

（四）城市河道清理出的淤泥、垃圾以及堤坝加固、护坡整治等施工材料采取覆盖措施，施工结束后及时清运。

第十条　城市道路和其他公共场地应当定时清扫、保洁，绿地保持整洁。城市道路保洁应当采取下列扬尘污染防治措施：

（一）城区主要道路实行机械化湿法低尘清扫，其他道路逐步实行机械化清扫；

（二）在高温、干燥、静稳等容易产生扬尘污染的气象条件下，增加洒水以及冲洗频次，加大道路保洁力度。

第十一条　易产生扬尘污染的建材、化工、火电等工业企业，港口、码头、车站、停车场等场所，混凝土（沥青）搅拌站、预拌砂浆站、水稳拌和站等物料堆场和装卸作业，应当采取下列扬尘污染防治措施：

（一）划分物料堆放区域和道路的界限，及时清除散落的物料，保持物料堆放区域和道路整洁；

（二）物料堆放采用密闭仓储设备，或者采取设置不低于堆放高度的严密围挡、遮盖、喷淋、防风抑尘网等有效防尘措施；

（三）装卸物料采取密闭、喷淋、洒水等有效防尘措施；

（四）采取密闭输送设备作业的，在装料和卸料处加装除尘装置，并保证其正常使用；

（五）场坪、路面进行硬化处理，配备车辆冲洗设施，保持出场车辆洁净。

第十二条　运输煤炭、细颗粒物建筑材料、建筑垃圾等散装、流体物料的车辆应当符合规定条件，保持车号牌清晰，采取密闭等措施防止物料遗撒造成扬尘污染，安装、使用符合国家标准的卫星定位、行车安全信息设备。

第十三条　建筑垃圾消纳场应当实施单元、分层作业，采取覆盖、固化、绿化、道路硬化或者其他有效防尘措施，配置冲洗设施并清洗车辆。

第十四条　城镇建成区内裸露泥地，应当进行绿化；不具备绿化条件的，应当采取透水铺装或者遮盖等防尘措施。

城镇建成区内裸露泥地扬尘污染防治责任主体按照下列规定确定：

（一）用地单位范围内的，由所在单位负责。

（二）居住区内的，由物业服务企业负责；没有物业服务企业的，由所在地的镇人民政府、街道办事处负责。

（三）市政道路、公共绿地、河道管理范围内的，由管理单位负责。

（四）收储的土地，由土地收储管理机构负责。

（五）闲置土地，由土地使用权人、管理人负责。

（六）其他区域的，由所在地镇人民政府、街道办事处负责。

第十五条　市、县级市（区）人民政府应当制定重污染天气应急预案，根据预警等级及时启动应急预案，采取责令有关施工单位停止工地土石方作业和建（构）筑物拆除施工等防尘应急措施。

第十六条　违反本条例第七条第二款、第八条、第九条、第十一条、第十三条规定的，由有关部门按照各自职责，责令改正，处一万元以上十万元以下罚款；拒不改正的，责令停产停业。

第十七条　违反本条例第十二条规定，在城市道路运输易产生扬尘物料的车辆未采取密闭的，由城市管理部门责令改正，处二千元以上二万元以下罚款；拒不改正的，车辆不得上道路行驶。

第十八条　负有扬尘污染防治监督管理职责的部门及其工作人员滥用职权、玩忽职守、徇私舞弊、弄虚作假的，由上级主管部门、监察机关或者所在单位责令改正；情节严重的，对直接负责的主管人员和其他直接责任人员依法给予处分；构成犯罪的，依法追究刑事责任。

第十九条　本条例自 2021 年 7 月 1 日起施行。

镇江市住宅物业管理条例

（2021 年 10 月 27 日镇江市第八届人民代表大会常务委员会第三十七次会议通过　2021 年 12 月 2 日江苏省第十三届人民代表大会常务委员会第二十七次会议批准）

目　录

第一章　总　　则

第一条　为了规范住宅物业管理活动，维护住宅物业管理各方合法权益，营造良好居住环境，促进和谐社区建设，根据《中华人民共和国民法典》、国务院《物业管理条例》和《江苏省物业管理条例》等法律法规，结合本市实际，制定本条例。

第二条　本市行政区域内的住宅物业管理及其

监督管理活动适用本条例。

本条例所称住宅物业管理（以下简称物业管理），是指住宅物业、住宅小区内的非住宅物业以及与住宅楼结构相连的非住宅物业的业主，通过选聘物业服务企业或者业主自行对物业服务区域内的建筑物、构筑物以及配套的设施设备和相关场地进行维修、养护、管理，维护环境卫生和相关秩序的活动。

第三条　物业管理坚持党委领导、政府主导、业主自治、多方参与、民主协商、科技支撑的工作格局。将物业管理纳入社区治理体系，建立健全社区党组织领导下的居（村）民委员会、业主委员会或者物业管理委员会、业主、物业服务企业等共同参与的治理架构。

推动物业服务企业、业主委员会、物业管理委员会建立党组织，发挥党建引领作用。

第四条　市、县级市（区）人民政府应当加强对物业管理工作的组织领导，将物业服务纳入现代服务业发展规划、社区建设体系；制定、落实扶持政策，加强对旧住宅小区、保障性住房的物业管理和服务；建立健全物业管理综合协调工作机制和考核机制，提高物业服务和管理水平。

街道办事处、镇人民政府（以下简称街道办镇政府）负责对本辖区内物业管理和业主自治活动的指导、协助和监督，协调物业管理与社区管理、社区服务的关系，协调建设单位与前期物业服务企业、业主与物业服务企业的关系。

居（村）民委员会协助街道办镇政府做好物业管理相关工作，并对业主自治进行指导。

第五条　市、县级市（区）物业管理主管部门负责本行政区域内物业管理活动的监督管理工作。

城市管理、公安、民政、财政、自然资源和规划、市场监督管理、发展和改革、生态环境、应急管理、消防救援等有关部门和机构，按照各自职责，履行物业服务区域内的监督管理职责。

第六条　物业服务行业协会应当建立完善并落实自律管理制度，规范从业行为，协助物业管理主管部门编制行业标准，组织法律法规、物业服务标准、专业服务项目和技能等业务培训，调解行业纠纷，推行智慧物业服务，监测并定期公布物业服务成本信息和计价规则。

引导、鼓励物业服务企业加入行业协会。

第七条　市、县级市（区）人民政府及其有关部门、街道办镇政府等可以通过购买服务等方式，引导法律、会计、工程监理、评估、咨询等第三方机构参与物业管理活动。

鼓励业主大会、业主委员会、建设单位、物业服务企业等委托第三方机构，开展物业项目承接查验、物业服务标准和费用测算、物业服务质量评估等与物业管理相关的活动。

第八条　物业管理主管部门、街道办镇政府、居（村）民委员会、行业协会等应当建立和完善物业管理纠纷处理机制，鼓励通过和解、调解等途径解决物业管理纠纷。

第二章　前期物业管理

第九条　建设单位销售物业前，应当通过公开招标投标的方式选聘前期物业服务企业，并与其签订前期物业服务合同。建设单位应当参照物业管理主管部门提供的示范文本制定前期物业服务合同和临时管理规约；修改示范文本的，不得侵害物业买受人的合法权益。

建设单位销售物业时，应当将前期物业服务合同和临时管理规约向物业买受人明示并予以说明。

物业服务企业应当自前期物业服务合同签订之日起十五日内，将前期物业服务合同和临时管理规约向县级市（区）物业管理主管部门备案。县级市（区）物业管理主管部门应当及时告知街道办镇政府。

前期物业服务合同解除的，建设单位应当提前六十日书面告知县级市（区）物业管理主管部门、街道办镇政府，并在物业服务区域内显著位置公告。

第十条　建设单位与物业服务企业应当对物业服务区域内的共用部分、共用设施设备进行查验，确认现场查验结果，形成查验记录，签订物业承接查验协议。建设单位与物业服务企业可以共同聘请第三方机构参加物业承接查验。在物业承接查验过程中和办理承接手续时，物业服务企业和建设单位应当邀请县级市（区）物业管理主管部门和街道办镇政府参加，并接受其监督。县级市（区）物业管理主管部门、街道办镇政府接到邀请后，应当派员参加。

对承接查验发现的问题，建设单位应当及时予以整改，或者委托物业服务企业整改。建设单位与物业买受人交付物业时，应当将物业承接查验协议备案情况书面告知业主并在物业服务区域显著位置予以公告。

建设单位和物业服务企业在物业承接查验中不得恶意串通、弄虚作假，侵害业主利益。

物业服务企业应当将物业承接查验资料建档保存。物业承接查验档案属于全体业主所有，业主有权免费查询。

第十一条　建设单位在办理建设工程规划许可证时，应当将物业服务用房的位置、面积等在附件附图中予以注明，并加盖建设单位公章；对分期开发的物业服务区域，建设单位应当按照整个物业服务区域的配置要求，在先期开发的区域内一次性配置或者提供临时物业服务用房。建设单位在未按照规划配置物业服务用房前，不得擅自变更、分割临时物业服务用房。

物业服务用房属于全体业主共有，任何单位和个人不得擅自占用。

前期物业服务合同期间，依照约定由物业服务企业出租或者经营的物业服务用房，其租赁或者经营期限不得超过合同期限，其租赁费用不得低于相邻地段市场价格。

第十二条　普通住宅的前期物业服务收费实行政府指导价。政府指导价调整后，物业服务企业需要对原物业服务合同约定的收费标准进行调整的，应当遵循下列程序：

（一）物业服务企业委托专业机构对上一年度物业项目经营情况进行审计的，在物业服务区域内显著位置公示审计报告，公示期限不少于三十日，并将审计报告报送街道办镇政府。

（二）物业服务企业将拟调整的服务内容、服务标准和收费标准在物业服务区域内显著位置公示，公示期限不少于三十日，并书面告知街道办镇政府、县级市（区）价格和物业管理主管部门。

（三）调价方案应当由专有部分面积占比三分之二以上的业主且人数占比三分之二以上的业主参与表决，并经参与表决专有部分面积过半数的业主且参与表决人数过半数的业主同意。表决结果在物业服务区域内显著位置公示，公示期限不少于十五日。公示期满后，物业服务企业可以按照调整后的价格收取物业公共服务费。

业主认为收费标准调整违反前款程序的，可以向街道办镇政府、县级市（区）物业管理主管部门投诉；对调整的收费标准有异议的，可以向县级市（区）价格主管部门投诉。

第十三条　前期物业管理期间，有下列情形之一的，建设单位应当按照规定程序重新选聘物业服务企业，并监督物业服务企业之间依法交接：

（一）前期物业服务合同期满，业主大会尚未成立，物业服务企业不续签的；

（二）物业服务不符合履约标准，建设单位要求限期整改，物业服务企业逾期拒不整改，或者整改达不到标准，建设单位依法依约提前解除合同的；

（三）物业服务企业擅自退出的；

（四）物业服务企业被吊销营业执照的；

（五）法律、法规规定的其他情形。

建设单位重新选聘物业服务企业，新物业服务企业调整服务内容、服务标准和物业服务收费方案的，应当由已销售物业专有部分面积占比三分之二以上的业主且人数占比三分之二以上的业主参与表决。经参与表决专有部分面积过半数的业主且参与表决人数过半数的业主同意，并在物业服务区域内显著位置进行公示，公示期限不少于十五日。

第十四条　物业服务企业退出的，新物业服务企业进入前，由建设单位承担相应管理责任。尚未成立业主大会，建设单位已经注销或者无法承担相应管理责任的，物业服务企业退出物业服务区域九十日前，应当书面告知业主、街道办镇政府。街道办镇政府应当在物业服务企业退出前，组织成立业主大会或者物业管理委员会，依法决定管理模式。

第十五条　建设单位应当按照国家规定的保修期限和保修范围，承担物业的保修责任。

建设单位在办理房屋所有权首次登记前，应当按照物业建筑安装总造价百分之一的比例交存物业保修金，用于物业保修期内建设单位不履行或者无法履行保修责任的维修费用。物业保修金不得纳入房屋建设成本。

物业保修金交存期限为五年。保修期内出现的物业质量问题，保修金交存期满仍未修复的，保修金交存期延长至修复完成。

物业保修期内，物业保修金不足以支付物业维修费用的，建设单位应当补足；物业保修期满后，物业保修金有余额的，应当返还建设单位。

物业保修金管理办法由市人民政府制定。

第三章　业主大会、业主委员会和物业管理委员会

第一节　业主大会

第十六条　房屋的所有权人为业主。

业主委员会、物业管理委员会或者业主大会筹备组、业主委员会换届选举工作组应当在业主大会选举、表决前核实房屋所有权人。无法核实的，可以向街道办镇政府报告，街道办镇政府可以请求房屋所有权登记机构等有关部门协助，有关部门应当依法予以协助。

第十七条　以下事项由业主共同决定或者业主大会决定，依照法定程序进行：

（一）制定和修改业主大会议事规则、管理规约；

（二）选举业主委员会、监事会或者更换业主委员会、监事会成员；

（三）选聘、续聘、解聘物业服务企业；

（四）确定或者调整物业服务方式、服务内容、服务标准和物业服务收费方案；

（五）使用建筑物及其附属设施的住宅专项维修资金；

（六）筹集建筑物及其附属设施的住宅专项维修资金；

（七）改建、重建建筑物及其附属设施；

（八）改变共有部分的用途或者利用共有部分从事经营活动；

（九）使用共用部分、共用设施设备经营收益等公共收益；

(十)确定业主大会、业主委员会、监事会工作经费,业主委员会成员津贴标准,业主委员会聘用人员工作职责和薪酬标准;

(十一)改变或者撤销业主委员会作出的与业主大会决定相抵触的决议;

(十二)有关共有和共同管理权利的其他重大物业管理事项。

业主大会不得授权业主委员会、物业管理委员会等其他主体决定前款事项。

第十八条 新建住宅小区符合召开首次业主大会会议条件的,建设单位应当在三十日内,向物业服务区域所在地街道办镇政府书面提出召开首次业主大会会议的申请,并按照《江苏省物业管理条例》的规定报送筹备首次业主大会会议所需资料。

十人以上业主公开联名可以向街道办镇政府或者县级市(区)物业管理主管部门书面提出召开首次业主大会会议的申请。县级市(区)物业管理主管部门收到申请的,应当在五个工作日内书面通知街道办镇政府。街道办镇政府应当及时审核是否符合召开首次业主大会会议条件,已符合条件而建设单位尚未按照规定报送相关资料的,应当督促建设单位报送;建设单位应当及时报送。

第十九条 街道办镇政府依法组织成立首次业主大会筹备组,建设单位不派员参加的,不影响筹备组的成立。

筹备组中的业主成员由街道办镇政府组织业主推荐产生。筹备组组长由街道办镇政府指定人员担任。

筹备组应当自成立之日起九十日内依法完成筹备工作,并组织召开首次业主大会会议。筹备阶段发生诉讼、行政复议的,诉讼、复议处理期间不包含在筹备期限内。

首次业主大会会议的筹备经费由建设单位承担,在办理房屋所有权首次登记前向街道办镇政府交纳。街道办镇政府应当将筹备费用单独列账,独立核算。首次业主大会会议召开后,街道办镇政府应当将筹备费用的使用情况向全体业主公布,接受业主的监督。筹备经费具体标准、使用办法由市物业管理主管部门会同市价格主管部门制定。

第二十条 业主大会会议分为定期会议和临时会议。

业主大会定期会议应当按照业主大会议事规则召开,每年至少召开一次,审议下列内容:

(一)上一年度物业管理实施情况报告、业主委员会工作报告和业主大会收支情况报告;

(二)下一年度业主大会年度计划和预算方案;

(三)物业管理的其他事项。

有下列情况之一的,业主委员会应当组织召开业主大会临时会议:

(一)经专有部分占建筑物总面积百分之二十以上且占总人数百分之二十以上业主提议的;

(二)发生重大事故或者紧急事件需要及时处理的;

(三)县级市(区)物业管理主管部门或者街道办镇政府经调查发现业主大会、业主委员会的决定违反业主大会议事规则规定,需要及时撤销,书面要求召开的;

(四)法律、法规、管理规约和业主大会议事规则规定的其他情形。

第二十一条 业主大会会议组织者应当于召开业主大会会议十五日前,将会议事项在物业服务区域内显著位置向全体业主公示,公示期限不少于七日。因发生重大事故或者紧急事件需要召开业主大会临时会议的,可以于会议召开前通知全体业主并告知临时召开的事由。重大事故或者紧急事件由街道办镇政府确认。

公示期间,业主大会会议组织者应当通过召开座谈会等方式听取业主意见并集体讨论。业主对公示事项有异议的,应当在公示期间以书面形式实名向业主大会会议组织者提出,业主大会会议组织者应当自收到异议之日起三日内处理并答复。经核实异议成立的,业主大会会议组织者应当调整异议事项,并重新公示。

业主大会会议组织者未及时处理业主异议或者业主对答复不满的,业主可以向街道办镇政府提出。街道办镇政府应当在五日内提出处理意见,责令业主大会会议组织者限期改正违反法律、法规等规定的公示事项。未经改正,业主大会会议组织者不得召开业主大会会议。

业主委员会组织召开业主大会会议,应当在会前告知居(村)民委员会。

第二十二条 业主大会会议可以采取电子投票、书面征求意见和集体讨论的形式表决事项。采用电子投票形式的,业主大会会议表决的投票期限不超过三十日。采用书面征求意见形式的,业主大会会议表决的投票期限不超过六十日。采用集体讨论形式的,业主大会会议当场表决。

业主大会会议表决事项应当采用记名投票方式,业主应当明示同意、反对或者弃权的表决意见。以书面征求意见、集体讨论形式投票的,业主应当出示房屋所有权证明或者其他证明业主身份的材料,选票、表决票应当由具有表决权的业主签名。

任何人不得伪造或者指使他人伪造选票、表决票、业主签名或者书面委托书。业主的选票、表决票和书面委托书由街道办镇政府妥善保管,以备查询,保管期限不少于三年。采用电子投票的,投票结果保存期限不少于三年。

第二十三条 业主大会会议组织者应当自业主大会会议表决结果产生之日起七日内公示表决结果。采用集体讨论或者电子投票形式的，表决结果公示期为十五日。采用书面征求意见形式的，表决结果公示期为三十日。业主大会会议表决结果公示的内容应当包括已投票业主的房号、专有部分面积、表决意见，已投票业主的总人数和专有部分总面积，未投票业主的总人数和专有部分总面积、全体业主表决意见的汇总结果等。

业主大会会议组织者逾期未公示业主大会会议表决结果，或者公示内容不符合前款规定的，由街道办镇政府责令限期改正并通知全体业主；业主大会会议组织者逾期不改正的，由街道办镇政府公示。

业主大会会议表决结果公示期限届满，对表决结果无异议或者异议不成立的，表决结果自公示期限届满次日起生效。业主大会会议组织者应当自表决结果生效之日起三日内通知全体业主。

第二十四条 业主户数超过三百户的，可以成立业主代表大会，履行业主大会职责。一个物业服务区域的业主代表一般不少于三十人，一名业主代表所代表的业主户数一般不超过四十户。业主代表由业主小组推荐产生，业主小组可以按幢、单元、楼层或者结合实际情况组成，一个业主小组推选一名业主代表，代表本小组的业主出席业主代表大会会议，表达本小组业主的意愿。业主代表推选办法应当在业主大会议事规则中规定。

业主代表的任职条件参照本条例规定的业主委员会成员条件设置，任期与业主委员会成员一致。

业主代表履行下列职责：

（一）在业主大会会议召开前，就会议议题征集本小组业主意见；涉及事项需要业主书面投票表决的，应当征得业主本人对表决意见的签字确认；

（二）按照《江苏省物业管理条例》规定的业主小组职责，组织业主小组开展议事活动，并将结果书面告知业主委员会；

（三）收集本小组业主意见和建议并向业主委员会反映；

（四）建立本小组工作档案；

（五）业主大会议事规则规定的其他职责。

业主代表出席业主代表大会会议不得委托他人。业主代表因故不能参加业主代表大会会议的，其所代表的业主可以另行推选临时业主代表参加。

第二十五条 业主大会可以根据工作需要设立监事，三名以上监事可以成立监事会。

监事可以是业主，也可以是居（村）民委员会人员，业主委员会成员不得兼任监事。成立监事会的，其中业主成员人数不少于监事会成员的三分之二。监事任期与业主委员会成员任期一致。

监事应当按照业主大会议事规则规定的程序和方式履行监督职责。监事不领取报酬和补贴。监事和监事会不得行使属于业主大会、业主委员会的职权。

监事和监事会的产生办法、工作职责、工作经费等在业主大会议事规则中予以明确。

第二节 业主委员会

第二十六条 业主委员会成员应当由履行业主义务，热心公益事业、责任心强、具有一定组织能力的业主担任。对于不履行业主义务，侵害业主共同利益行为的业主，业主大会可以在业主大会议事规则、管理规约中对其担任业主委员会成员作出限制性规定。

第二十七条 业主委员会成员候选人通过社区党组织、居（村）民委员会推荐或者业主自荐、联名推荐的方式产生。业主大会筹备组或者业主委员会换届选举工作组在街道办镇政府指导下审查业主委员会成员候选人的资格条件。

分期建设项目为一个物业服务区域的，首次业主大会会议应当根据分期开发的建筑面积和进度等，在业主大会议事规则中明确增补业主委员会成员办法。

鼓励党（团）员、党代表、人大代表、政协委员业主积极参选业主委员会成员。

第二十八条 业主委员会应当自选举产生之日起三十日内，依法向县级市（区）物业管理主管部门和街道办镇政府备案。县级市（区）物业管理主管部门和街道办镇政府对备案材料齐全、符合要求的，在五个工作日内予以备案并出具业主大会和业主委员会备案证明；备案材料不齐全或者不符合要求的，应当一次性告知需要补正的材料。

备案事项发生变更的，业主委员会应当自变更之日起十五日内书面报告街道办镇政府和县级市（区）物业管理主管部门备案，并在物业服务区域内显著位置公告。

第二十九条 业主委员会持备案证明向公安机关申请刻制业主大会和业主委员会印章，业主委员会印章应当标注届数。

业主大会印章可以由业主大会委托街道办镇政府代为保管；需要使用业主大会印章的，由业主委员会向街道办镇政府提出。业主委员会印章由业主委员会保管，需要使用业主委员会印章的，经业主委员会全体成员过半数同意并签字确认。

第三十条 业主委员会应当执行业主大会的决定，接受业主大会和业主的监督，并履行下列职责：

（一）召集业主大会会议，报告年度物业管理的实施情况、业主委员会履职情况；

（二）代表业主与业主大会选聘的物业服务企业

签订物业服务合同，与解聘的物业服务企业进行交接；

（三）拟订共有部分、共用设施设备、公共收益使用与管理办法；

（四）监督住宅专项维修资金的使用情况，组织住宅专项维修资金的补建、再次筹集；

（五）及时了解业主、物业使用人的意见和建议，督促业主交纳物业公共服务费，监督物业服务企业履行物业服务合同；

（六）监督管理规约的实施，对业主、物业使用人违反管理规约的行为进行制止；

（七）制作和保管会议记录、共有部分档案、会计凭证和账簿、财务报表等有关文件；

（八）定期向业主通报工作情况，每年公示业主委员会成员交纳物业公共服务费、汽车停放费情况；

（九）协调解决因物业使用、维护和管理产生的纠纷；

（十）在物业服务区域内配合行政执法机关开展执法工作；

（十一）配合、支持居（村）民委员会依法履行职责，并接受其指导和监督；

（十二）业主大会赋予的其他职责。

业主委员会不得决定本条例第十七条第一款规定事项。

第三十一条　业主委员会会议由主任或者主任委托副主任按照业主大会议事规则、业主委员会工作规则召开。经三分之一以上业主委员会成员提议召开业主委员会会议的，由提议的成员按照业主大会议事规则、业主委员会工作规则组织召开。业主委员会召开会议时，应当告知居（村）民委员会，并接受其指导和监督。

业主委员会会议应当有过半数的成员出席，作出的决定应当经业主委员会全体成员过半数同意并签字确认。业主委员会成员不得委托其他人参加会议。

业主委员会应当于会议召开七日前，在物业服务区域内显著位置公告业主委员会会议的内容和议程，听取业主的意见和建议。业主委员会作出的决定，应当自作出决定之日起三日内在物业服务区域内显著位置公告，并报告社区党组织和居（村）民委员会。

第三十二条　业主委员会应当向业主公布下列情况和资料：

（一）业主委员会成员姓名、职责分工和联系方式；

（二）管理规约、业主大会议事规则、业主委员会工作规则、物业服务合同；

（三）业主大会和业主委员会的决定；

（四）住宅专项维修资金的筹集、使用情况；

（五）物业服务用房、物业共用部分、共用设施设备的使用和经营收支情况；

（六）占用业主共有道路或者其他场地用于停放汽车的车位使用、收益、处分等情况；

（七）业主大会和业主委员会工作经费的收支情况、业主委员会成员工作补贴等费用情况；

（八）其他应当向业主公开的情况和资料。

前款第五项至第七项应当每半年在物业服务区域内显著位置公布一次，公布时间不少于十五日。

第三十三条　业主委员会成员有下列情形之一的，成员资格自情形发生之日起自行终止，由业主委员会向业主公开。

（一）因房屋所有权转让等原因不再是业主的；

（二）丧失民事行为能力的；

（三）依法被限制人身自由的；

（四）本人以书面形式向业主大会或者业主委员会提出辞职的；

（五）管理规约、业主大会议事规则约定的其他情形。

第三十四条　业主委员会成员不得实施下列行为：

（一）阻挠、妨碍业主大会行使职权或者不执行业主大会决定；

（二）虚构、篡改、隐匿、毁弃物业管理活动中形成的文件资料；

（三）拒绝、拖延提供物业管理有关的文件资料，妨碍业主委员会换届交接工作；

（四）擅自使用业主委员会印章；

（五）违反业主大会议事规则或者未经业主大会授权与物业服务企业签订、变更、解除物业服务合同；

（六）将业主共有财产租借给他人或者设定担保等挪用、侵占业主共有财产；

（七）可能影响公正履行职务，与物业服务企业有经济往来或者利益交换；

（八）泄露业主信息；

（九）侵害业主合法权益的其他行为。

业主委员会成员有前款规定的行为的，街道办镇政府督促业主委员会提请业主大会终止其成员资格。在成员资格被终止前，可以根据业主大会议事规则，该成员暂停履行职责。

第三十五条　业主委员会任期内，业主委员会成员、业主代表出现空缺时，应当按照业主大会议事规则及时补足。业主委员会成员人数不足总数的二分之一时，应当在街道办镇政府的指导下召开业主大会临时会议，重新选举业主委员会。

第三十六条　业主委员会任期届满前三个月，街道办镇政府应当按照本条例第十九条规定成立业主委员会换届选举工作组，组织换届选举工作，并报告县级市（区）物业管理主管部门。

业主委员会换届选举工作组成立至新一届业主委员会选举产生期间，业主委员会不得组织召开业主大会会议对下列事项作出决定：

（一）选聘、解聘物业服务企业；

（二）调整物业服务收费标准；

（三）物业服务用房，物业共用部分、共用设施设备的使用方案；

（四）使用物业公共收益；

（五）法律、法规规定的其他重大事项。

第三十七条　业主大会、业主委员会的会议决定对全体业主有约束力。

业主大会、业主委员会作出的决定违反法律、法规的，县级市（区）物业管理主管部门或者街道办镇政府应当责令限期改正或者撤销其决定，并通告全体业主。

业主委员会作出的决定违反业主大会议事规则、管理规约的，街道办镇政府应当责令限期整改，拒不整改的，依法依规撤销其决定，并通告业主。

业主委员会不依法履行职责，严重损害业主权益的，街道办镇政府组织业主大会召开临时会议，重新选举业主委员会。

第三十八条　业主委员会成员资格终止的，应当自资格终止之日起三日内将其保管的属于业主大会和业主委员会的有关财物、文件资料、印章等移交给业主委员会。

重新选举业主委员会的，原业主委员会应当在停止履行职责之日起十日内将属于业主大会和业主委员会的有关财物、文件资料、印章等全部移交给新一届业主委员会；未成立新一届业主委员会的，全部移交给居（村）民委员会临时保管。

拒不移交的，业主委员会或者居（村）民委员会可以向公安派出所提出协助移交，公安派出所应当予以配合并依法作出处理。

第三节　物业管理委员会

第三十九条　物业服务区域内有下列情形之一的，可以成立物业管理委员会：

（一）不具备成立业主大会条件的；

（二）具备成立业主大会条件但是未成立业主大会，经物业所在地街道办镇政府指导后仍不能成立的；

（三）业主委员会长期不能正常开展工作，需要重新选举业主委员会，经物业所在地街道办镇政府多次指导组织换届选举工作组选举仍不能产生新一届业主委员会的。

未成立业主大会的，由物业管理委员会组织业主依法履行业主大会和业主委员会的职责。未能选举产生新一届业主委员会的，由物业管理委员会组织业主大会或者按照管理规约和业主大会议事规则履行职责，并执行业主大会的决定。

第四十条　物业管理委员会由业主代表以及街道办镇政府、居（村）民委员会、社区服务机构、公安派出所、建设单位等派员组成。

物业管理委员会成员人数应当为九至十三人的单数，其中业主代表应当不少于总人数的二分之一。物业管理委员会中的业主成员应当符合本条例规定的业主委员会成员的任职条件。物业管理委员会的业主代表可以由业主自荐或者社区党组织、居（村）民委员会组织业主推荐，由街道办镇政府确定。物业管理委员会主任由街道办镇政府指派代表担任时，副主任应当由业主代表担任。街道办镇政府应当将物业管理委员会的成员名单、物业管理委员会议事规则，在物业服务区域内显著位置进行公示。业主对物业管理委员会成员有异议的，由街道办镇政府协调处理。

第四十一条　物业管理委员会应当自成立之日起三十日内，持下列材料向县级市（区）物业管理主管部门备案：

（一）物业管理委员会备案申请表；

（二）物业管理委员会成员名单；

（三）管理规约、物业管理委员会议事规则。

物业管理委员会制定或者修改的议事规则，经县级市（区）物业管理主管部门审核后，应当在物业服务区域内显著位置公示，公示期限不少于十五日。

县级市（区）物业管理主管部门应当自收到备案材料之日起七个工作日内予以备案，出具备案证明。物业管理委员会应当在物业服务区域内显著位置公告备案情况。

备案事项发生变更的，物业管理委员会应当自变更之日起十五日内书面报告县级市（区）物业管理主管部门，并在物业服务区域内显著位置公告。

物业管理委员会取得备案证明后，可以持备案证明向公安机关申请刻制印章。

第四十二条　物业管理委员会代行业主大会职责的，应当依照法律、法规的规定征求全体业主意见，形成业主共同决定，并将共同决定在物业服务区域内显著位置公示，公示期限不少于十五日。

业主对公示内容有异议的，应当在公示期间以书面形式向物业管理委员会提出，物业管理委员会应当及时给予书面答复。

物业管理委员会的任期一般不超过三年。期满仍未成立业主大会、选举产生业主委员会的，由街道办镇政府重新组建物业管理委员会。

物业管理委员会自业主委员会产生之日起停止履行职责，并应当在七日内向业主委员会移交有关资料和财物，移交后自动解散。由物业管理委员会管理业主公共收益的，交接前，业主委员会可以委托专业机构进行审计，并将审计结果在物业服务区域内显著位置公示，公示期限不少于十五日。审计费用从公共收益中列支。

第四章　物业服务

第四十三条　物业服务企业应当具有独立法人资格，拥有相应的专业技术人员，具备为业主提供专业服务的能力，并在承接项目前，将营业执照、主要负责人、固定办公场所、联系方式和电梯安全管理、消防安全等人员有关信息书面告知项目所在地的县级市（区）物业管理主管部门。

物业服务企业应当指派具备相应的专业技术和管理能力的项目负责人。项目负责人应当在到岗之日起三日内告知项目所在地的居（村）民委员会，在居（村）民委员会的指导下参与社区治理工作。

第四十四条　物业服务企业应当将下列信息在物业服务区域内显著位置及时公开、更新，并可以通过互联网等方式告知业主：

（一）加盖公章的营业执照复印件、项目负责人基本情况、联系方式；

（二）物业服务内容、服务标准、收费项目、计费方式、收费标准、收费依据、物业服务投诉电话；

（三）电梯安全管理人员姓名和联系方式，电梯、消防等共用设施设备的日常维修保养单位名称、资质、联系方式和应急预案等；

（四）物业服务收费、其他服务收费和公共收益的具体收支情况；

（五）上一年度物业服务合同履行情况；

（六）房屋装饰装修以及使用过程中的结构变动等安全事项；

（七）树木修剪等养护事项；

（八）每月的物业服务与管理工作安排；

（九）其他应当向业主公开的情况和资料。

前款第一项至第三项应当长期公布，第四项、第五项应当至少每年公布一次，第六项、第七项应当及时公示且公示期限不少于十五日，第八项每月公布一次。业主对公开内容有异议的，物业服务企业应当三日内予以答复。

第四十五条　物业服务企业应当按照物业服务合同的约定提供物业服务，并且遵守下列规定：

（一）提供的物业服务符合国家、省、市规定的标准、规范；

（二）定期听取业主的意见和建议，接受业主监督，及时答复业主询问，改进和完善服务；

（三）及时向业主、物业使用人告知安全、合理使用物业的注意事项；

（四）发现有安全风险隐患的，及时设置警示标志，采取措施排除隐患或者向有关专业机构报告；

（五）对业主、物业使用人违反临时管理规约、管理规约的行为进行劝阻、制止，并及时报告业主委员会或者物业管理委员会；

（六）对违法建设、违规出租房屋、私拉乱接电线、毁坏绿化、占用消防通道等行为进行劝阻、制止，劝阻、制止无效的，及时报告行政执法机关；

（七）对管理区域内的共用消防设施进行维护管理，提供消防安全防范服务；

（八）履行生活垃圾分类管理责任人责任，指导、监督业主和物业使用人进行生活垃圾分类，并及时清运建筑装修垃圾；

（九）保持路面、墙体、水体等公共环境的清洁；

（十）配合街道办镇政府、居（村）民委员会做好社会治理有关工作，配合行政管理部门及其委托单位的监督管理工作，接受有关行政管理部门、街道办镇政府、居（村）民委员会的指导和监督。

第四十六条　鼓励物业服务企业向养老、托幼、家政、快递收发、电动车充电等服务领域延伸，运用新技术、新方法，促进互联网、物联网和人工智能等技术与物业服务的融合，提供定制化产品和个性化服务，并依法保护个人信息安全。

第四十七条　物业服务企业不得有下列行为：

（一）违反物业服务合同约定降低物业服务标准或者减少服务项目；

（二）未按照规定程序擅自提高物业服务收费标准；

（三）未经业主大会同意或者未按照物业服务合同约定，将物业公共服务费、汽车停放费、公共水电费分摊等捆绑收费；

（四）未经业主大会同意或者未按照物业服务合同约定，处分属于业主共有的财产；

（五）未经业主大会同意或者未按照物业服务合同约定，在物业服务区域内从事影响业主生活或者住宅小区环境的活动；

（六）损坏物业共用部分、共用设施设备；

（七）向业主强行推销装饰装修材料、索取不正当利益，限制业主进出小区、入户、使用电梯；

（八）将其应当提供的全部物业服务转委托给第三方，或者将全部物业服务支解后分别转委托给第三方；

（九）采取停止供电、供水、供热、供燃气等方式催缴物业公共服务费；

（十）擅自占用、挖掘物业服务区域内道路、场地；

（十一）法律、法规和管理规约规定的其他行为。

第四十八条　业主应当按照约定按时足额交纳物业公共服务费，逾期不交纳的，业主委员会应当督促其限期交纳；业主欠交物业公共服务费，经仲裁裁决或者司法判决确认后仍不履行的，按照个人信用信息管理有关规定录入个人信用档案。

房屋所有权发生转移时，业主应当向房屋买受人出具交纳物业公共服务费的证明。房屋买受人应当在办理产权交易手续之日起三十日内，将房屋所有权转移情况、业主姓名、联系方式等告知物业服务企业、业主委员会、物业管理委员会。

第四十九条　物业服务企业接收专业经营单位的委托代收代交有关公共水电费用的，双方应当签订书面委托协议，明确委托的主要事项和费用支付的标准与方式。未签订书面委托协议的，由专业经营单位自行负责有关工作。

专业经营单位不得因部分最终用户未履行交费义务停止已交费用户和共用部分的服务。

第五十条　自发生下列情形之日起十五日内，物业服务企业应当退出物业服务区域，双方对退出期限有约定的除外：

（一）物业服务合同依法、依约解除的；

（二）经人民法院判决或者仲裁机构裁决物业服务企业应当退出的；

（三）物业服务企业营业执照被依法吊销的；

（四）依法不得继续从事物业服务活动的其他情形。

第五十一条　退出物业服务区域的，原物业服务企业与新选聘的物业服务企业或者业主委员会、物业管理委员会应当在县级市（区）物业管理主管部门、街道办镇政府的监督下交接。

交接各方应当对物业服务区域内电梯、消防、安防等共用设施设备的使用维护现状予以确认。物业服务企业与业主委员会、物业管理委员会可以聘请第三方机构协助现场查验，费用可以由新选聘的物业服务企业承担或者由业主共同承担。

电梯、消防等共用设施设备无法正常使用或者发现安全隐患的，原物业服务企业应当在交接前及时组织修复或者承担相应责任。

原物业服务企业不得以业主欠交物业公共服务费、对业主共同决定有异议等为由拒绝办理交接，不得以任何理由阻挠新物业服务企业进场服务。原物业服务企业拒不移交有关资料、财物，或者拒不退出物业服务区域的，业主委员会或者物业管理委员会可以向街道办镇政府、县级市（区）物业管理主管部门报告，并向辖区内公安机关请求协助，或者依法向人民法院提起诉讼。

原物业服务企业应当在办理交接至退出物业服务区域期间，维持正常的物业管理秩序。新物业服务企业不得强行接管物业。

第五十二条　县级市（区）物业管理主管部门按照自愿、公平、择优的原则，选取物业服务企业，建立物业服务企业应急备选库。

物业服务企业退出，未有新物业服务企业承接项目的，由业主委员会、物业管理委员会在应急备选库中选取一家物业服务企业，与其签订应急期间物业服务合同；业主委员会或者物业管理委员会尚未成立的，由街道办镇政府在应急备选库中选取一家物业服务企业，与其签订应急期间物业服务合同。

应急期间物业服务合同的物业服务内容、服务标准和收费标准参照原物业服务合同执行。

业主委员会、物业管理委员会和居（村）民委员会应当协助应急物业服务企业对物业共用部分、共用设施设备和相应的档案资料等进行查验。

应急期间物业服务合同的期限不得超过一年。街道办镇政府应当指导业主依法重新选聘物业服务企业。

第五十三条　已投入使用的物业服务区域不得擅自变更。确需变更的，占业主总人数百分之二十以上的业主可以向县级市（区）物业管理主管部门提出变更方案，变更方案应当对变更后物业服务区域的共用部分和共用设施设备的使用、维护等作出规定。

县级市（区）物业管理主管部门应当自收到调整方案之日起三十日内予以答复。县级市（区）物业管理主管部门同意变更方案的，业主委员会、物业管理委员会或者居（村）民委员会应当组织物业服务区域内全体业主投票表决。变更方案应当由变更前专有部分面积占比三分之二以上的业主且人数占比三分之二以上的业主参与表决，经参与表决专有部分面积过半数的业主且参与表决人数过半数的业主同意后，物业服务区域可以调整。

物业服务区域变更后，县级市（区）物业管理主管部门应当在物业服务区域内显著位置公告，并抄告县级市（区）规划主管部门、街道办镇政府和居（村）民委员会。

第五十四条　对建设年限较长、标准较低、配套设施不健全、不具备实施市场化物业服务条件的旧住宅小区，可以由街道办镇政府通过居（村）民委员会托管、社会组织代管或者居民自管等方式实施基本物业服务。旧住宅小区基本物业服务的实施方案，由县级市（区）人民政府制定。

实施基本物业服务的旧住宅小区业主，应当根据提供的物业服务项目和标准交纳物业公共服务费。基本物业服务收费标准不得高于普通住宅物业公共服务收费政府指导价的二级收费标准。

实施基本物业服务的旧住宅小区，可以利用物业共有部分、共用设施设备经营所得的公共收益补贴物业公共服务费。

按基本物业服务收费标准向业主收取的物业公共服务费全部到位，以及利用公共收益补贴物业公共服务费后仍然不足的，县级市（区）人民政府可以给予适当补助。

县级市(区)人民政府应当对旧住宅小区进行改造整治,改善基础设施条件,帮助旧住宅小区进行适老化改造,推动实施基本物业服务的旧住宅小区向市场化物业服务过渡。

鼓励物业服务企业统一管理在管项目周边的旧住宅小区。

第五十五条　对未成立业主自治组织的保障性住房、政府征收安置房小区,街道办镇政府应当指导业主开展自治,逐步提高物业管理水平。

第五章　物业使用和维护

第五十六条　物业服务区域内禁止下列行为:

(一)损坏或者擅自改变房屋承重结构、主体结构;

(二)损坏或者擅自占用、改建物业共用部分,损坏或者擅自占用、移装共用设施设备;

(三)违法搭建建筑物、构筑物,破坏或者擅自改变房屋外观;

(四)违法开挖地下空间,擅自改变经规划审批确定的地下空间的使用功能、层数和面积;

(五)将不具备防水条件的房间或者阳台改为卫生间、厨房间,或者将卫生间改在下层住户的卧室、起居室、客厅、书房和厨房的上方;

(六)侵占绿地、毁坏绿化或者绿化设施,或者在共用场地擅自种植;

(七)擅自在建筑物、构筑物上悬挂、张贴、涂改、刻画;

(八)乱丢垃圾或者在共用部分堆放物品;

(九)违反法律、法规规定饲养家禽;

(十)违反法律、法规规定饲养犬只;

(十一)存放易燃、易爆、剧毒、放射性物质等违反安全规定的物品,存放、铺设超负荷物品,违规燃放烟花爆竹;

(十二)从建筑物中向外抛掷物品;

(十三)在公共走道、楼梯间、门厅内停放电动车或者为其充电;

(十四)损坏或者擅自挪用、拆除、停用公共消防设施和器材,占用、堵塞、封闭消防车通道、消防车登高场地、疏散通道、安全出口;

(十五)擅自变动排水设施、雨污混接、污水直排等违法排水行为;

(十六)制造超过规定标准的社会生活噪声;

(十七)法律、法规、临时管理规约、管理规约禁止的其他行为。

发现前款行为的,业主有权投诉、举报。物业服务企业、业主委员会或者物业管理委员会应当及时劝阻、制止;劝阻、制止无效的,应当向有关主管部门报告,有关主管部门应当依法及时处理。

第五十七条　业主、物业使用人对房屋进行装饰装修,应当在开工前告知物业服务企业,签订装饰装修服务协议,并提供下列资料:

(一)业主、物业使用人身份证件,房屋所有权证明材料或者证明其合法权益的有效凭证;

(二)物业使用人申请装饰装修的,需提交业主同意装饰装修的文书;

(三)装饰装修方案;变动建筑主体或者承重结构的,以及超过设计标准或者规范增加楼面荷载的,装饰装修方案应当包括原设计单位或者具有相应资质等级的设计单位提出的设计方案;涉及排水管道变动的,装饰装修方案应当包括排水管道变动、接驳的设计图纸,并依法办理批准手续;

(四)依法需要取得施工许可的建设工程,应当按照规定提交消防设计意见书或者满足施工需要的消防设计图纸以及技术资料。

业主、物业使用人提交的装饰装修方案、设计方案违反法律、法规等规定以及管理规约的约定,或者未取得有关行政管理部门批准文件的,物业服务企业应当告知其修改相应方案、取得有关批准文件后施工。

物业服务企业应当加强对装饰装修活动的巡查和监督。业主或者物业使用人未签订装饰装修服务协议或者违反有关规定以及装饰装修服务协议的,物业服务企业应当及时劝阻;拒不改正的,物业服务企业应当及时向有关部门报告。

第五十八条　物业服务区域内依法属于全体业主所有的公共收益包括:

(一)利用业主的共有部分、共用设施设备进行汽车停放、设置广告、出租场地等经营产生的收入,在扣除合理成本之后所得收益;

(二)共用部分被依法征收的补偿费;

(三)公共收益产生的孳息;

(四)其他合法收入。

第五十九条　公共收益可以用于下列支出:

(一)补充住宅专项维修资金;

(二)共用部分、共用设施设备的维修养护费用和公众责任保险,但是物业服务合同另有约定的除外;

(三)业主委员会的办公经费,业主委员会委员的补贴,业主委员会专职工作人员的薪酬,召开业主大会会议所需费用;

(四)对公共收益的审计费用;

(五)业主共同决定用于物业管理的其他费用。

物业服务企业、业主委员会、物业管理委员会可以制定公共收益使用规则或者年度使用计划,经业主大会决定后使用。未经业主共同决定,不得使用公共收益。

任何单位和个人不得挪用、侵占公共收益。

第六十条　公共收益应当专户储存、单独列账、独立核算、定期公布。业主大会成立前，公共收益由县级市（区）物业管理主管部门代管。业主大会成立后，经业主大会同意，公共收益可以由居（村）民委员会代管，也可以由物业服务企业代管。业主委员会自行管理的，应当接受居（村）民委员会的监管，不得以任何个人或者其他组织名义开设账户。

公共收益缴存每年不少于一次。缴存前，物业服务企业、业主委员会、物业管理委员会可以委托专业机构对公共收益收支情况进行审计。业主委员会自行管理的，业主委员会可以委托专业机构对公共收益收支情况审计，每年不少于一次。

物业服务终止时，业主委员会或者物业管理委员会、居（村）民委员会委托专业机构对公共收益收支情况进行审计。业主委员会任期届满或者业主委员会主任在任期内离职的，由业主委员会、物业管理委员会委托专业机构对公共收益收支情况进行审计。

物业服务区域占业主总人数百分之二十以上的业主对公共收益收支提出书面异议的或者应当审计而拒绝审计的，由街道办镇政府委托专业机构进行审计。

第六十一条　保修期满后物业维修、更新、改造的费用，按照下列规定承担：

（一）专有部分的维修、更新、改造费用，由专有部分业主承担；

（二）部分共有部分的维修、更新、改造费用，由部分共有的业主分担；

（三）全体共有部分的维修、更新、改造费用，由全体业主分担。

前款涉及尚未售出的房屋或者公有住房的，建设单位或者公有住房产权单位应当按照相应建筑面积的比例分摊。

房屋未交存住宅专项维修资金或者住宅专项维修资金余额不足的，业主应当按照各自专有部分占建筑物总面积的比例分摊；有约定的，按照约定执行。

第六十二条　首期住宅专项维修资金由建设单位代收代交。建设单位应当在房屋所有权首次登记前，按照建筑物总面积和交存标准向市、县级市（区）物业管理主管部门指定的住宅专项维修资金管理机构统一交存。物业交付时，建设单位应当按照专有部分面积以及同一交存标准向业主收取。

住宅专项维修资金本息余额不足首期交存额的百分之三十时，应当及时续交。

业主未按照管理规约约定或者业主大会决定续交住宅专项维修资金的，由业主委员会催告。经催告后仍不交纳的，业主委员会可以向人民法院提起诉讼。

街道办镇政府或者居（村）民委员会应当指导、协调住宅专项维修资金续交工作。

第六十三条　使用住宅专项维修资金须经列支范围内专有部分面积占比三分之二以上且人数占比三分之二以上的业主参与表决，并经参与表决专有部分面积过半数且参与表决人数过半数的业主同意。业主委员会、物业管理委员会、物业服务企业、有关业主可以申请使用住宅专项维修资金。街道办镇政府或者居（村）民委员会应当对业主表决和住宅专项维修资金使用情况进行监督。

物业共用部分和共用设施设备发生《江苏省物业管理条例》中规定的应急使用专项维修资金情形的，业主大会或者业主委员会可以申请使用住宅专项维修资金。住宅专项维修资金管理部门应当自收到应急维修资金使用书面申请之日起二个工作日内完成审核。

共用建筑的建筑消防设施存在重大火灾隐患，经消防救援机构通知后，业主不进行维修、更新或者改造的，消防救援机构应当通知县级市（区）物业管理主管部门，由其组织街道办镇政府代为维修、更新或者改造，所需费用从有关业主的物业专项维修资金中列支，或者由有关业主按照各自专有部分占建筑物总面积的比例承担。

第六十四条　住宅专项维修资金的增值收益，扣除业主房屋分户账滚存资金（利息）和必要管理费用的剩余部分，可以建立维修资金统筹分账，优先用于物业服务区域内房屋共用部分和共用设施设备无法正常使用的项目，以及受益人为全体业主或者无法界定受益人的项目维修、更新和改造。

第六十五条　物业服务企业应当对物业服务区域内易发生安全风险的共用设施设备和共用部分加强日常巡查和定期养护；采取必要的安全保障措施，防止建筑物、构筑物或者其他设施及其搁置物、悬挂物发生脱落、坠落。

建筑物专有部分存在安全隐患，危及公共利益或者他人合法权益的，有关业主应当及时采取修缮以及其他消除危险的安全治理措施。业主不履行修缮养护义务的，可以由物业服务企业报经业主委员会、物业管理委员会同意，或者按照临时管理规约、管理规约的约定，代为维修养护或者采取应急防范措施，费用由业主承担。

第六章　监督管理

第六十六条　市物业管理主管部门履行下列职责：

（一）负责全市物业管理活动的有关政策研究，建立完善专业化、社会化、市场化和法治化的物业管理机制；

（二）建立物业服务企业信用管理制度；

（三）指导、监督县级市（区）物业管理的监督管理工作；

（四）建立和完善物业管理分级培训体系，形成覆盖全市物业管理参与各方的物业服务管理能力提升机制；

（五）统筹全市物业保修金、住宅专项维修资金的监督管理工作；

（六）建立和管理市物业管理公共服务平台；

（七）建立、发布物业服务企业红黑名单制度，指导物业服务行业协会开展行业自律等工作；

（八）制定临时管理规约、管理规约、业主大会议事规则、前期物业服务合同、物业服务合同、承接查验协议等示范文本；

（九）法律、法规规定的其他职责。

第六十七条　县级市（区）物业管理主管部门履行下列职责：

（一）指导、监督街道办镇政府物业管理有关工作；

（二）负责前期物业招投标管理工作，指导选聘物业服务企业，指导、监督物业服务企业交接、物业承接查验和物业服务企业履约，并负责有关的备案工作；

（三）指导、监督业主大会、业主委员会、物业管理委员会筹建、换届、备案以及日常工作，建立日常培训和业务指导机制；

（四）责令限期改正或者撤销业主大会、业主委员会和物业管理委员会的违法决定；

（五）具体负责物业保修金、住宅专项维修资金的监督管理；

（六）负责物业管理有关参与主体信用信息的采集、复核和推送，依法落实对失信主体的约束措施；

（七）建立健全物业服务规范及其考核体系；

（八）协调旧住宅小区整治以及推进未建立物业管理的住宅小区转入物业管理；

（九）法律、法规规定的其他职责。

第六十八条　街道办镇政府履行下列职责：

（一）具体负责本辖区内物业管理工作，完善社区公共服务体系，健全物业管理工作长效机制；

（二）建立由居（村）民委员会、公安派出所、业主委员会、物业服务企业、建设单位参与的物业管理联席会议制度，协调处理物业管理重大事项；

（三）指导、协助和监督辖区内业主大会、业主委员会的筹建、换届、备案以及物业服务企业的选聘、交接等工作，组织成立物业管理委员会；

（四）负责物业管理有关参与主体信用信息的采集；

（五）建立物业管理争议化解机制，设立物业纠纷人民调解委员会，协调处理物业管理矛盾纠纷；

（六）落实物业应急管理机制，制定辖区内物业管理应急预案；

（七）法律、法规规定的其他职责。

第六十九条　居（村）民委员会承担下列工作：

（一）指导和监督业主自治，协助和配合街道办镇政府，建立健全物业管理工作机制；

（二）牵头建立由业主、业主委员会、物业服务企业、居（村）民委员会组成的日常沟通、协商机制；

（三）建立物业纠纷调解机制，及时协调、处理本社区内的物业管理矛盾纠纷；

（四）参与监督住宅专项维修资金和公共收益的管理和使用；

（五）法律、法规规定的其他工作。

第七十条　市、县级市（区）有关部门应当依法履行职责，落实执法管理进住宅小区的要求，做好相应工作：

（一）城市管理主管部门负责城市建成区内破坏城市以及物业服务区域容貌、违规弃置生活垃圾等监督管理，查处违反本条例第五十六条第一款第三项、第四项、第六项至第九项的行为。

（二）公安机关负责物业服务区域内的治安管理，依法查处阻碍业主自治、侵害业主合法权益的行为；监督检查安防设施的设置和维护；指导物业服务区域内汽车停放、停车泊位以及限速等标志的设置；协助开展房屋租赁的监督管理；查处违反本条例第五十六条第一款第十项至第十二项、第十六项的行为。

（三）城乡建设主管部门负责督促建设单位、施工单位及时履行物业交付后保修期内房屋以及有关设施设备的保修责任；按照规定受理并处理由房屋质量问题引发的投诉；负责物业服务区域内排水的监督管理，建立巡查机制；查处违反本条例第五十六条第一款第一项、第二项、第五项、第十五项的行为。

（四）市场监督管理部门负责电梯等特种设备使用安全、物业服务收费行为等监督管理。

（五）消防救援机构负责物业服务企业履行消防安全职责情况的监督管理；查处违反本条例第五十六条第一款第十三项、第十四项的行为。

（六）生态环境主管部门按照法定职责负责污染环境行为的监督管理。

（七）价格主管部门负责制定或者调整实行政府定价和政府指导价管理的物业公共服务及其他相关的服务收费标准，并会同物业管理主管部门落实动态评估调整。

（八）自然资源和规划主管部门负责违法建设的认定以及审批后建筑工程的监督管理。

（九）卫生健康主管部门负责指导卫生防疫工作。

第七十一条　县级市（区）物业管理主管部门应当会同街道办镇政府在物业服务区域内显著位置公

布有关部门的职能、投诉、举报受理方式。

有关部门接到投诉、举报后应当登记，属于本部门职权范围的事项，应当受理，并在五个工作日内予以回复，已有法定期限的，从其规定；不属于本部门职权范围的事项，应当依法处理或者及时移交给有权部门，接受移交的部门对管辖权有异议的，由县级市（区）人民政府指定管辖。

第七十二条　市物业管理主管部门依据物业服务企业信用状况，授予信用星级标识，实行分级分类监管，会同有关部门实行守信激励和失信约束措施，将信用信息运用在前期物业管理招标投标、业主大会选聘物业服务企业、政府采购等方面。

第七十三条　县级市（区）物业管理主管部门应当定期组织街道办镇政府或者第三方专业机构对物业服务企业的人员配备、设施设备条件、管理水平、服务质量、业主满意度、社会信誉等事项进行评估。评估时，应当听取业主、业主委员会、社区党组织和居（村）民委员会的意见，评估结果应当向社会公布。

第七十四条　市物业管理主管部门应当会同有关部门，建立并推广使用物业管理公共服务平台，用于下列用途：

（一）物业服务招投标、业主大会投票表决；

（二）物业管理有关信息公开、物业管理纠纷投诉处理等；

（三）录入并共享市、县级市（区）人民政府有关部门、街道办镇政府、居（村）民委员会在指导、监督物业管理工作中需要互通的信息；

（四）物业服务企业信用信息；

（五）其他与物业管理活动有关的用途。

第七十五条　县级市（区）人民政府和街道办镇政府应当将物业服务企业纳入相应突发事件应急处置工作体系，并可以给予物资和资金支持。

发生突发事件时，街道办镇政府应当按照响应等级组织落实市、县级市（区）的应急措施，指导、督促物业服务企业配合居（村）民委员会开展工作。

物业服务企业应当按照要求，依法落实应急预案和各项应急措施，业主、物业使用人应当予以配合。

第七章　法律责任

第七十六条　建设单位违反本条例规定，由县级市（区）物业管理主管部门按照以下规定处理：

（一）违反本条例第十条第三款规定，在承接查验中与物业服务企业恶意串通、弄虚作假的，责令限期改正，给予警告、通报批评，可以并处五万元以上十万元以下罚款。

（二）违反本条例第十五条第二款、第四款规定，未按照要求交存、补足物业保修金的，责令限期改正；逾期不改正的，处二十万元以上三十万元以下罚款。

（三）违反本条例第十八条规定，未按照要求报送筹备首次业主大会会议所需资料的，处五万元以上十万元以下罚款。

（四）违反本条例第十九条第四款规定，未按照要求交纳首次业主大会会议筹备经费的，处五万元以上十万元以下罚款。

第七十七条　物业服务企业违反本条例规定，按照以下规定处理：

（一）违反本条例第十条第一款规定，承接物业未进行承接查验的，由县级市（区）物业管理主管部门责令限期改正。

（二）违反本条例第四十四条第一款第二项、第四项规定，未公示物业服务内容等信息或者公示失实信息的，由县级市（区）市场监督管理部门责令限期改正；逾期不改正的，处一万元以上五万元以下罚款。

（三）违反本条例第五十条、第五十一条第四款规定，物业服务企业拒不退出的，或者违反本条例第五十一条第五款规定，物业服务企业未维持正常的物业管理秩序的，由县级市（区）物业管理主管部门责令限期改正；逾期不改正的，处五万元以上二十万元以下罚款。

（四）违反本条例第五十一条第四款规定，原物业服务企业未按照规定履行交接义务的，由县级市（区）物业管理行政主管部门责令限期改正；逾期仍不履行交接义务的，对物业服务企业予以通报，处一万元以上十万元以下罚款。

物业服务企业有强行接管物业等违反治安管理行为的，由公安机关依法给予治安管理处罚。

（五）违反本条例第五十六条第二款、第五十七条第三款规定，对物业服务区域内禁止行为未予以劝阻、制止，或者未及时报告有关主管部门的，可以由县级市（区）物业管理主管部门处一千元以上五千元以下罚款。

（六）违反本条例第六十条第一款规定，由物业服务企业管理的公共收益未单独列账的，由县级市（区）物业管理主管部门处三万元以上十万元以下的罚款；挪用公共收益的，给予警告，没收违法所得，可以并处挪用资金二倍以下罚款。

第七十八条　业主委员会成员未按照本条例的规定履行职责，所在地的街道办镇政府可以责令其限期履行；逾期不履行的，向业主或者业主大会通报。

第七十九条　业主违反本条例第五十六条、第五十七条规定，由行使监督管理权的部门责令改正，拒不改正的，依法查处，并按照法律、法规有关信用信息管理规定作出处理。

第八十条　业主大会、业主委员会违反本条例规定，拒不配合财务审计，转移、隐匿、篡改、损毁会计凭证、账簿以及其他与财务收支有关的资料，由县级市

（区）物业管理主管部门责令限期改正；逾期不改正的，对有关责任人处一万元以上二万元以下罚款。

物业服务企业有前款违法行为的，依照《中华人民共和国会计法》规定处理。

第八十一条　物业管理主管部门、街道办镇政府、其他有关行政主管部门工作人员以及受委托从事公务的人员违反本条例规定，滥用职权、玩忽职守、徇私舞弊、弄虚作假的，依法给予处分。

第八十二条　本条例规定的行政处罚，按照相对集中行政处罚权的规定应当由其他执法主体实施的，依照其规定执行。

第八章　附　　则

第八十三条　其他管理人接受委托，为业主提供建筑物及其附属设施的维修养护、环境卫生和有关秩序的管理维护等物业服务的，适用本条例有关物业服务企业的规定。

第八十四条　本条例自2022年3月1日起施行。

镇江市人民代表大会常务委员会
关于加强跨市域轨道交通运营和执法管理若干问题的决定

（2021年10月27日镇江市第八届人民代表大会常务委员会第三十七次会议通过　2021年12月2日江苏省第十三届人民代表大会常务委员会第二十七次会议批准）

为了统筹跨市域地铁、轻轨等城市轨道公共客运系统（以下简称轨道交通）的运营和执法管理，助推南京都市圈一体化建设，根据相关法律、法规，镇江市人民代表大会常务委员会会同南京市人民代表大会常务委员会研究，特作如下决定：

一、本市行政区域内跨市域运行的轨道交通，其列车车厢内部的运营安全、设施容貌、环境卫生、乘车秩序等管理，适用本决定。

二、跨市域轨道交通的运营和执法管理，应当遵循协调统一、联动共治、依法管理、安全运营原则。

三、本市人民政府会同南京市人民政府联合建立协调机制，研究解决跨市域轨道交通运营和执法管理中的重大问题，开展信息共享、执法协同、跨市域突发事件应急处置合作等工作，推动区域共同治理。

四、本市人民政府与南京市人民政府共同确定的轨道交通经营单位，根据本决定授权，行使轨道交通列车车厢内运营安全、设施容貌、环境卫生、乘车秩序等相应管理权限，并在授权范围内实施行政处罚。

五、禁止携带易燃、易爆、有毒和有放射性、腐蚀性以及其他可能危及人身和财产安全的危险物品进入列车车厢。

禁止携带的物品目录由相关城市的行政主管部门共同协商、依法确定后予以公告，并由轨道交通经营单位在车站显著位置公示。

六、禁止下列损害轨道交通列车设施设备和影响运营安全的行为：

（一）擅自操作列车车厢内有警示标志的按钮、开关装置，非紧急情况下动用应急或者安全装置；

（二）损坏和干扰机电设备、电缆、通信信号系统；

（三）阻碍车门关闭，强行上下车；

（四）其他损害轨道交通列车设施设备和影响运营安全的行为。

七、在轨道交通列车车厢内，禁止下列影响轨道交通公共场所和设施容貌、环境卫生、运营秩序的行为：

（一）未经轨道交通经营单位同意，派发印刷品或者从事销售活动；

（二）随意涂写、刻画、张贴或者悬挂物品；

（三）堆放杂物；

（四）吸烟，随地吐痰、便溺、吐口香糖，乱扔果皮、纸屑等废弃物；

（五）乞讨、卖艺、躺卧、捡拾废旧物品；

（六）在列车车厢内饮食；

（七）使用燃油、燃气类以及体积或者重量超过乘客守则规定的轮椅车等代步车；

（八）携带充气气球、自行车（含折叠式自行车）；

（九）携带活禽和猫、狗等宠物以及其他可能妨碍轨道交通运营的动物，盲人携带导盲犬除外；

（十）使用滑轮鞋、滑板等；

（十一）其他影响轨道交通列车车厢内公共场所和设施容貌、环境卫生、运营秩序的行为。

八、违反本决定第五条、第六条规定的，轨道交通经营单位有权对行为人进行劝阻和制止；造成损失的，依法承担民事责任；构成违反治安管理行为的，由公安机关依法给予治安管理处罚；构成犯罪的，依法追究刑事责任。

九、违反本决定第七条第一项至第三项规定的，由轨道交通经营单位责令改正，可以对单位处以二百元以上一千元以下罚款，对个人处以三十元以上二百元以下罚款。

违反本决定第七条第四项至第十项规定的，由轨道交通经营单位责令改正，可以处以警告或者二十元以上一百元以下罚款。

十、本决定自2022年1月1日起施行。

2021年镇江市重要文件一览表

表34－1

文 件 名	发 文 号	发文日期
中共镇江市委 镇江市人民政府 镇江军分区印发《关于加强和改进征兵工作的意见》的通知	镇发〔2021〕2号	2021年2月8日
中共镇江市委 镇江市人民政府关于印发《镇江市资本市场扬帆计划》的通知	镇发〔2021〕7号	2021年3月5日
中共镇江市委 镇江市人民政府印发《关于扎实开展乡村振兴示范建设加快推进农业农村现代化的实施意见》的通知	镇发〔2021〕10号	2021年3月13日
中共镇江市委 镇江市人民政府印发《关于实施人才"镇兴"行动 建设人才集聚福地的若干意见》的通知	镇发〔2021〕13号	2021年3月17日
中共镇江市委关于印发《法治镇江建设规划(2021—2023年)》的通知	镇发〔2021〕20号	2021年5月19日
中共镇江市委关于印发《镇江市法治社会建设实施方案(2021—2023年)》的通知	镇发〔2021〕21号	2021年5月19日
中共镇江市委印发《关于在全市党员干部中开展"两在两同"建新功行动的实施意见》的通知	镇发〔2021〕25号	2021年8月10日
中共镇江市委印发《关于纪检监察监督与巡察监督统筹衔接实施办法(试行)》的通知	镇发〔2021〕26号	2021年8月12日
中共镇江市委 镇江市人民政府关于印发《镇江市"十四五"青年发展规划(2021—2025年)》的通知	镇发〔2021〕29号	2021年9月3日
镇江市人民政府关于加强内部审计工作的意见	镇政发〔2021〕7号	2021年1月20日
镇江市人民政府关于加快全市科技孵化载体高质量发展的实施意见(试行)	镇政发〔2021〕14号	2021年4月13日
镇江市人民政府关于进一步加强市区城镇住房困难家庭住房保障工作的意见	镇政发〔2021〕19号	2021年7月14日
镇江市人民政府关于推进气象事业高质量发展的意见	镇政发〔2021〕20号	2021年7月22日
市政府关于印发镇江市网络预约出租汽车经营服务管理办法的通知	镇政规发〔2021〕1号	2021年3月17日
镇江市人民政府关于废止和宣布失效部分市政府规范性文件的决定	镇政规发〔2021〕2号	2021年12月27日
镇江市人民政府关于印发镇江市公共机构节能管理办法的通知	镇政规发〔2021〕3号	2021年12月27日
市委办公室 市政府办公室关于印发《镇江市打造"镇合意"服务品牌 优化营商环境的工作方案》的通知	镇办发〔2021〕4号	2021年2月17日
市委办公室 市政府办公室关于印发《镇江"金山英才"计划(2021—2025)》的通知	镇办发〔2021〕10号	2021年3月25日
市委办公室 市政府办公室关于印发《大学生"聚镇"计划(2021—2025)》的通知	镇办发〔2021〕11号	2021年3月25日
市委办公室 市政府办公室关于印发《镇江市深化新时代更高水平文明城市建设行动纲要(2021—2023年)》的通知	镇办发〔2021〕12号	2021年4月1日
市委办公室 市政府办公室关于印发《"宜游镇江"三年行动计划(2021—2023)》的通知	镇办发〔2021〕15号	2021年4月14日
市委办公室 市政府办公室关于印发《镇江市重大项目推进管理办法(暂行)》的通知	镇办发〔2021〕16号	2021年5月14日
市委办公室 市政府办公室关于印发《镇江市深化"放管服"改革三年行动方案(2021—2023年)》的通知	镇办发〔2021〕19号	2021年5月21日
市委办公室 市政府办公室印发《关于加强新型农村社区治理与服务的实施意见》的通知	镇办发〔2021〕20号	2021年5月31日
市委办公室 市政府办公室印发《关于推进镇江市生态环境治理体系和治理能力现代化的实施方案》的通知	镇办发〔2021〕30号	2021年10月16日
市委办公室 市政府办公室印发《关于改革完善社会救助制度的实施方案》的通知	镇办发〔2021〕31号	2021年10月25日
市委办公室 市政府办公室关于印发《镇江市法治宣传教育第八个五年规划实施意见》的通知	镇办发〔2021〕33号	2021年10月27日
市委办公室 市政府办公室关于印发《关于发展壮大新型农村集体经济的实施意见》的通知	镇办发〔2021〕34号	2021年10月27日
市委办公室 市政府办公室印发《关于强化知识产权保护的实施意见》的通知	镇办发〔2021〕35号	2021年10月27日
中共镇江市委办公室关于印发《贯彻落实市第八次党代会〈报告〉重点任务分解方案》的通知	镇办发〔2021〕37号	2021年10月30日
市委办公室 市政府办公室印发《关于进一步减轻义务教育阶段学生作业负担和校外培训负担实施方案》的通知	镇办发〔2021〕38号	2021年11月8日
市委办公室 市政府办公室关于印发《镇江市"十四五"重点产业发展规划》的通知	镇办发〔2021〕39号	2021年11月15日
市委办公室 市政府办公室关于印发《镇江市"十四五"科技创新规划》的通知	镇办发〔2021〕40号	2021年11月15日
市委办公室 市政府办公室关于印发《镇江市"十四五"人才发展规划》的通知	镇办发〔2021〕45号	2021年12月23日
镇江市人民政府办公室关于印发镇江12345在线服务平台运行管理办法的通知	镇政办发〔2021〕6号	2021年1月18日
镇江市人民政府办公室关于完善建设用地使用权转让、出租、抵押二级市场的实施意见	镇政办发〔2021〕18号	2021年3月15日
市政府办公室关于促进3岁以下婴幼儿照护服务发展的实施意见	镇政办发〔2021〕21号	2021年3月23日
镇江市人民政府办公室关于贯彻落实《镇江市扬尘污染防治条例》的实施意见	镇政办发〔2021〕30号	2021年6月24日
镇江市人民政府办公室关于印发关于加快推进数字经济发展的实施意见的通知	镇政办发〔2021〕38号	2021年7月30日
镇江市人民政府办公室关于印发镇江市应急救援队伍建设管理办法(试行)的通知	镇政办发〔2021〕40号	2021年8月14日

（符 浩 徐海音）

组织机构及负责人名单

· 中共镇江市委员会 ·

书　　记　马明龙
副 书 记　徐曙海
　　　　　巩海滨
常　　委　秦海涛
　　　　　郭　建(9 月止)
　　　　　詹立风
　　　　　李迎久
　　　　　许　文
　　　　　陈可可
　　　　　宋祥林
　　　　　张　娟(女)
　　　　　周　凯(6 月任)
秘 书 长　陈可可
副秘书长　匡文虎(3 月止)
　　　　　胡敖成(12 月止)
　　　　　沈　红(女)　谭坚强
　　　　　刘　璇(女)
　　　　　凡　浩(12 月任)

办公室
(市委机要局、市国家保密局、市国家密码管理局、市档案局)

主　　任　匡文虎(3 月止)　谭坚强(3 月任)
副 主 任　李　牧(9 月止)
　　　　　陈文博　胡　瑾(女)
　　　　　张向秋　陈　杰(9 月任)
市纪委监委派驻市委办纪检监察组组长　王　珏
市委机要局局长　匡文虎(3 月止)
　　　　　　　　谭坚强(3 月任)
市委机要局副局长　田敬新
市国家保密局局长　李　牧(9 月止)
　　　　　　　　　谭坚强(9 月任)
市国家保密局副局长　崔　超(11 月止)
市国家密码管理局局长　匡文虎(3 月止)
　　　　　　　　　　　谭坚强(3 月任)

组织部
(市委党建工作领导小组办公室、市委非公有制企业和社会组织工委、市公务员局)

部　　长　张　娟(女)
副 部 长　毛　健
　　　　　顾小俊(兼)
　　　　　杜官军
　　　　　蒋建中
　　　　　郭　鑫
市纪委监委派驻市委组织部
　　　　　纪检监察组组长　唐承军(12 月止)
部务委员　刘文正(4 月止)
　　　　　李　玲(女,12 月止)
党建工作领导小组办公室主任　蒋建中
党建工作领导小组办公室副主任
　　　　　周永祥(7 月止)
　　　　　李　玲(女,12 月任)
非公有制企业和社会组织工委书记　郭　鑫
非公有制企业和社会组织工委副书记　邱乔森
市公务员局局长　蒋建中
市考核工作委员会办公室副主任　秦艳贞(女)
市远教中心(市党员教育中心)主任　张　惠
举报核查中心主任　罗小兵(援藏,10 月止)
　　　　　　　　　杨　韬(11 月止)

宣传部
[市精神文明建设指导委员会办公室、市政府新闻办公室、市新闻出版局(版权局)]

部　　长　陈可可(9 月任)
副 部 长　张　兵
　　　　　翟胜勇(兼)
　　　　　徐志伟(3 月止)
　　　　　陆艳华(女)
　　　　　曹永忠(6 月任)
　　　　　王德家(12 月止)
　　　　　鲜永超(12 月任)
市纪委监委派驻市委宣传部
　　　　　纪检监察组组长　肖军荣
部务委员　朱巍巍(援疆)
　　　　　鲜永超(12 月止)
市精神文明建设指导委员会办公室主任
　　　　　徐志伟(3 月止)
　　　　　曹永忠(6 月任)
市精神文明建设指导委员会办公室副主任
　　　　　凌继堂
市新闻出版局(版权局)局长　张　兵
市新闻出版局(版权局)副局长
　　　　　曹永忠(6 月止)
　　　　　赵　舒(女,12 月任)
市政府新闻办公室主任　陆艳华(女)
市政府新闻办公室副主任　聂　军(女)

统一战线工作部
（市政府侨务办公室）

部　　长　巩海滨
副 部 长　夏和生（兼，9 月止）
　　　　　张宜英（女，7 月任）
　　　　　徐建锋（12 月止）
　　　　　王协祖（2 月止）
　　　　　王红卫
　　　　　刘祥生（3 月任）
　　　　　黄宝红（2 月止）
　　　　　张俊美（兼，9 月任）
市社会主义学院院长　徐建锋（12 月止）
　　　　　　　　　　张宜英（女，12 月任）
市社会主义学院副院长　於光辉
　　　　　　　　　　　张欣平（兼，10 月止）
　　　　　　　　　　　孙中良（兼）
市政府侨务办公室主任　王协祖（2 月止）
　　　　　　　　　　　刘祥生（3 月任）
市政府侨务办公室副主任　贺　亮

政法委员会

书　　记　许　文
副 书 记　王文生（兼）
　　　　　彭忠东（11 月止）
　　　　　李明洪（8 月止）
　　　　　朱　海
　　　　　周　飞（6 月任）
政治部主任　余晓林
政法专员　孙和平
　　　　　高　辉
市纪委监委派驻市委政法委纪检监察组
　　　　　组长　宋卫东
法学会专职副会长　邱　勇（1 月任）

研究室

主　　任　谭坚强（3 月止）
　　　　　胡敖成（3 月任，12 月止）
　　　　　刘　璇（女，12 月任）
副 主 任　阎　军（援藏）
　　　　　凡　浩（12 月止）
　　　　　周陪袁
　　　　　张平平

网络安全和信息化委员会办公室

主　　任　翟胜勇
副 主 任　蔡国华
　　　　　束剑竑（女）
　　　　　王洪涛

机构编制委员会办公室
（市事业单位登记管理局）

主　　任　顾小俊
副 主 任　陈小平
　　　　　周　飞（6 月止）
　　　　　张志豪
事业单位登记管理局副局长　汪　涌
市机构编制政务管理中心主任　吴业辉

台湾工作办公室
（市政府台湾事务办公室）

主　　任　孙德举
副 主 任　许德华
　　　　　李　劲
市政府台湾事务办公室副主任　洪　涛（8 月止）
　　　　　　　　　　　　　　潘煜龙（10 月任）

市级机关工作委员会

书　　记　潘国建（12 月止）
　　　　　石　捷（12 月任）
副 书 记　李　牧（9 月任）
　　　　　朱凯生（10 月止）
　　　　　何　俊（女）
　　　　　苏建全
　　　　　李建忠
市纪委监委市级机关纪检监察工委书记
　　　　　张建平（12 月止）

市委巡察工作办公室

主　　任　聂美红（女）
副 主 任　邓玉红
　　　　　周　欣（女）
市委巡察组组长　任曼青（女，3 月止）
　　　　　　　　沈　华（女，12 月止）
　　　　　　　　闻　风（女，12 月止）
　　　　　　　　谢　键
　　　　　　　　易北江
　　　　　　　　吕永生
　　　　　　　　陈　晖（9 月任）
　　　　　　　　陈炳林（12 月任）
　　　　　　　　唐承军（12 月任）
市委巡察组副组长　陈志耕（12 月止）
　　　　　　　　　束国玉（10 月止）
　　　　　　　　　杨万兵（4 月止）
　　　　　　　　　徐　刚（10 月止）
　　　　　　　　　张晓燕（女）
　　　　　　　　　宋卫东（11 月止）
　　　　　　　　　赵志功（11 月止）

张晓勤(女)
杨恒林
张立祥
周新华(8月止)
朱录军
曹蕾(女,4月任)
窦玉成(11月任)
左建香(女,11月任)
胡光富(11月任)
袁晓光(11月任)

老干部局
(市委离退休干部工作委员会)

局　　长　杜官军
副 局 长　王瑞卿
　　　　　胡继锡(10月止)
　　　　　陈　红(女)
　　　　　严　俊(10月任)
市委离退休干部工作委员会书记　杜官军
市委离退休干部工作委员会副书记　蒋朝霞(女)

史志办公室
(市委党史工作办公室)

主　　任　吴海平(7月止)
　　　　　凡　浩(12月任)
副 主 任　徐　强　杨　兵
　　　　　王　浩
　　　　　蔡晓彬(9月任)
党组书记　吴海平(7月止)
　　　　　凡　浩(12月任)

党　校
(市行政学院)

校　　长　李　健(1月止)
　　　　　张　娟(女,1月任)
常务副校长　艾晓晖
副 校 长　张欣平(10月止)
　　　　　蔡　欣
　　　　　孙文平
　　　　　姚海荣
教 育 长　彭智勇
党委书记　艾晓晖
党委副书记　张欣平(10月止)
行政学院院长　李　健(1月止)
　　　　　　　张　娟(女,1月任)
行政学院常务副院长　艾晓晖
行政学院副院长　张欣平(10月止)
　　　　　　　　孙文平
　　　　　　　　姚海荣
行政学院教育长　彭智勇

档案馆

馆　　长　徐　策(4月止)
　　　　　卜兴荣(4月任)
副 馆 长　於志洪(3月止)
　　　　　吴红平
党组书记　徐　策(4月止)
　　　　　卜兴荣(4月任)

合作交流中心

主　　任　沈　红(女)
副 主 任　盛　伟　曹　雷

供销合作总社

理事会主任　李明俊
理事会副主任　戚　研(援疆)
　　　　　　　王光国
　　　　　　　殷秀忠
监事会主任　吴士富(10月止)
党组书记　李明俊

文化广电产业集团(广播电视台)

总经理(台长)　何广林
副总经理(副台长)　江忠顺
　　　　　　　　　杨　捷
　　　　　　　　　沈　卓
　　　　　　　　　石劲松
　　　　　　　　　蔡　耘(女)
党委书记　何广林
纪委书记　翟正兴
市广播电视发展中心主任　王　剑(4月任)

报业传媒集团

社　　长　徐红军
副 社 长　柳昌焰
　　　　　任　罡
董 事 长　徐红军
总 编 辑　吴修飞
副总编辑　刘玉祥(2月止)
　　　　　张翀煜(女)
　　　　　刘兰明
　　　　　刁　斌(6月任)
党委书记　徐红军
党委副书记　吴修飞
纪委书记　徐洪波

·镇江市人民代表大会常务委员会·

主　　任　马明龙
副 主 任　孙晓南(1 月任)
　　　　　王　萍(女)
　　　　　岳卫平
　　　　　薛　峰(1 月任)
　　　　　卜晓放(1 月任)
秘 书 长　丁羽如(1 月止)
　　　　　张伟清(1 月任)
副秘书长　杜秀芹(女,7 月任)
　　　　　陈鹏飞
　　　　　周义平(12 月止)
　　　　　魏跃明(3 月止)
　　　　　张　蕾(女,12 月任)
　　　　　张纪成
党组书记　马明龙
党组副书记　裔玉乾(1 月止)
　　　　　　郭　建(9 月任)
　　　　　　孙晓南(1 月任)
机关党组书记　张伟清(12 月止)
　　　　　　　胡敖成(12 月任)
市纪委监委派驻市人大政协纪检
　　　　　监察组组长　殷国平(10 月止)
　　　　　周建华(女,11 月任)

办公室

主　　任　陈鹏飞
副 主 任　丁　吉(7 月止)
　　　　　李西仑(12 月止)
　　　　　徐超琼(女)
　　　　　胡　元(12 月任)
信访处处长　谭双才

研究室

主　　任　胡高云(12 月止)
　　　　　王丰江(12 月任)
副 主 任　王　平(12 月止)
　　　　　黄彩萍(女,12 月任)

监察和司法工作委员会

主　　任　倪艳平(女,12 月止)
　　　　　闻　风(女,12 月任)
副 主 任　王克华

法制工作委员会

主　　任　张　蕾(女,12 月止)
　　　　　王　宏(12 月任)
副 主 任　娄正前

预算工作委员会

主　　任　张炳良(12 月止)
　　　　　吴小红(女,12 月任)
副 主 任　乔姝蓉(女)

经济工作委员会

主　　任　许向阳(女)
副 主 任　孙　艺(女)

农村工作委员会

主　　任　夏雨林(12 月止)
　　　　　戴永卿(12 月任)
副 主 任　王雪华(6 月任,12 月止)
　　　　　徐　静(女,12 月任)

环境资源城乡建设委员会

主　　任　姚继承
副 主 任　戴永卿(12 月止)
　　　　　王　平(12 月任)

教育科学文化卫生委员会

主　　任　赵　峰(12 月止)
　　　　　张志耕(12 月任)
副 主 任　金　蓓(女)

民族宗教侨务台湾事务委员会(外事工作委员会)

主　　任　卫锁宏
副 主 任　徐　静(女)

人事代表联络委员会

主　　任　于士和(12 月止)
　　　　　胡高云(12 月任)
副 主 任　王丰江(12 月止)
　　　　　王雪华(12 月任)

·镇江市人民政府·

市　　长　徐曙海
副 市 长　郭　建(10 月止)
　　　　　秦海涛(10 月任)
　　　　　周　凯
　　　　　胡宗元

曹丽虹(女)
王文生
潘早云
殷　敏(女)
秘 书 长　马国进
副秘书长　刘春安
薛国荣
杨益斌(12月止)
夏卫军(兼)
李　军
戴卫东(1月任)
顾明华(1月任)
杨　毅(1月止)
党组书记　徐曙海
党组副书记　郭　建(9月止)
秦海涛(9月任)

办公室
(市政府研究室、大数据管理局)

主　　任　刘春安(12月任)
副 主 任　王　磊(4月止)
顾明华(1月止)
谈建新
凌宇翔(11月止)
强　忠(4月任)
季前进(9月任)
黄华良(11月任)
党组书记　马国进
党组副书记　刘春安(12月任)
市纪委监委派驻市政府办纪检监察组
组长　张学斌
研究室副主任　王　军(4月止)
大数据管理局副局长　蒋　磊
市政府驻北京联络处主任　孙国平
市政府驻北京联络处副主任　童　舒(女)
吴建明
市政府驻上海联络处主任　王　蔚
市政府驻上海联络处副主任　施大庆

发展和改革委员会
(粮食和物资储备局)

主　　任　殷国兴(6月止)
谈沁磊(6月任)
副 主 任　史健洁(女)
吕仁卿(10月止)
陈　明(12月止)
孙嘉磊
石子刚(12月任)
朱　华(1月任)
党组书记　殷国兴(6月止)
谈沁磊(6月任)
市纪委监委派驻市发改委纪检监察组
组长　杜友义
市粮食和物资储备局局长　殷国兴(6月止)
谈沁磊(6月任)
市粮食和物资储备局副局长　何益华(10月止)
孙　力(12月任)
市委军民融合发展委员会办公室副主任
石子刚(12月止)

教育局
(市委教育工作委员会)

局　　长　刘元良
副 局 长　薛安明
黄科文
王　健
赵建军
王树利(兼)
党委书记　刘元良
党委副书记　朱定明
市纪委监委派驻市教育局纪检监察组
组长　周　巍
教育工作委员会书记　刘元良
教育工作委员会副书记　朱定明
市政府教育督导室副主任　孙　鹏

科学技术局

局　　长　蔡　萍(女,4月止)
肖敬东(4月任)
副 局 长　朱　峰
杨国祥
肖晨帆(女)
张　松
方立东
施伟东(兼)
党组书记　蔡　萍(女,4月止)
肖敬东(4月任)
党组副书记　朱　峰

工业和信息化局

局　　长　卜晓放(1月止)
宋飞雄(3月任)
副 局 长　陆炳西
朱明珠(女)
孙　勇
刘荷生

包　枫(挂职,6月任)
党委书记　卜晓放(1月止)
宋飞雄(3月任)

民族宗教事务局

局　　长　夏和生(9月止)
张俊美(9月任)
副 局 长　张俊美(9月止)
王明法
周志强
朱开荣
黄　勇
党组书记　夏和生(9月止)
张俊美(9月任)

公安局

局　　长　王文生
副 局 长　梁　坚
顾传先
季成宾
单永建
高建新
钱建平(11月止)
姚恒清(11月任)
党委书记　王文生
党委副书记　梁　坚
郦锡梅(女)
市纪委监委派驻市公安局纪检监察组
组长　李桂芳(12月止)
赵明生(12月任)
政治部主任　郦锡梅(女)
政治安全保卫支队支队长　俞　斌
政治安全保卫支队政委　施有才
治安警察支队支队长　朱游仙
治安警察支队政委　詹　波
刑事警察支队支队长　赵晓平(1月止)
翟建军(1月任)
刑事警察支队政委　翟建军(1月止)
顾　剑(1月任)
经济犯罪侦查支队支队长　陈　俊
经济犯罪侦查支队政委　钟俊国
交通警察支队支队长　陈雪华
交通警察支队政委　陆　斌
水警支队支队长　倪荣锦(1月任)
水警支队政委　曹　瑞
网络安全保卫支队支队长　杨忆宁(11月止)
网络安全保卫支队政委　吴　洁(女)
技术侦察支队支队长　孙瑞冰
技术侦察支队政委　倪荣锦(1月止)
秦　波(10月任)
巡特警支队支队长　赵福民(1月止)
陆　军(1月任)
巡特警支队政委　刘海鹰
新区分局局长　范存建
新区分局政委　陆　军(1月止)
赵福民(1月任)
市公安局督察长　王文生

民政局

局　　长　吕朝霞(女)
副 局 长　陈发荣
陈海虹(女,12月止)
罗　娟(女,12月任)
杨宏斌
陆　敏(女)
党委书记　吕朝霞(女)
党委副书记　陈发荣
市社会福利服务中心主任　郭宇光

司法局

局　　长　马建生
副 局 长　王　宏(12月止)
李　军(9月任)
王卫红
冯　琳(6月止)
陈志杰
石庆银
曾　见(兼,3月止)
党组书记　马建生
党组副书记　李　军(9月任)
镇江仲裁委员会秘书处秘书长　马建生(3月止)
窦高林(3月任)
镇江仲裁委员会秘书处副秘书长
任晓蓉(女,3月任)

财政局

局　　长　戴非平
副 局 长　王　捷(12月止)
严明礼
张跃明
孙明祥
党组书记　戴非平
党组副书记　王　捷
市纪委监委派驻市财政局纪检监察组
组长　屠文华

人力资源和社会保障局

局　　长　曾文兵
副 局 长　崔海柱(12 月止)
　　　　　吴志龙
　　　　　崔晓俊
　　　　　曹志云(女)
　　　　　姚新春(11 月任)
党委书记　曾文兵
党委副书记　崔海柱(12 月止)
人才服务中心主任　翟　海(12 月止)
人力资源市场管理办公室主任　江　华(12 月任)

住房和城乡建设局
(人民防空办公室、地震局)

局　　长　宇文家胜
副 局 长　戴宏才(3 月止)
　　　　　周锦程
　　　　　陈　凯
　　　　　施仁新
　　　　　王宝海(4 月止)
　　　　　汤　杲(4 月任)
　　　　　孟　坚
　　　　　庄晋财(兼)
总工程师　潘海涛(12 月止)
党委书记　宇文家胜
党委副书记　戴宏才(3 月止)
　　　　　　余　雷
市纪委监委派驻市住建局纪检监察组
　　　　　组长　蔡迎曙(女)
市人民防空办公室主任　宇文家胜
市人民防空办公室副主任　戴卫东(1 月止)
　　　　　　　　　　　　郎　倩(女,10 月任)
市地震局局长　戴宏才(3 月止)
市地震局副局长　王　宁

城市管理局
(城市管理综合行政执法局)

局　　长　宋平生(7 月止)
　　　　　吴海平(7 月任)
副 局 长　贺建国
　　　　　贾安民(12 月止)
　　　　　项志明
　　　　　张新仁
　　　　　周　藜(女)
党委书记　宋平生(7 月止)
　　　　　吴海平(7 月任)
城市管理行政执法支队支队长　郑定国

交通运输局
(地方铁路建设办公室)

局　　长　丁　锋(11 月止)
　　　　　余国根(11 月任)
副 局 长　陈峰林
　　　　　夏　军
　　　　　金国俊
　　　　　杨　文(兼)
总工程师　顾建武
党委书记　丁　锋(11 月止)
　　　　　余国根(11 月任)
党委副书记　赵　坚
市纪委监委派驻市交通运输局纪检监察组
　　　　　组长　唐友余(10 月止)
　　　　　　　　颜美薇(女,11 月任)
市地方铁路建设办公室主任　丁　锋(11 月止)
　　　　　　　　　　　　　余国根(11 月任)
市地方铁路建设办公室副主任　李海军

水利局

局　　长　凌荣春
副 局 长　张益民
　　　　　田　谷(7 月止)
　　　　　许国忠(7 月止)
　　　　　董文生
　　　　　洪　伟(4 月任)
　　　　　汤　兵(7 月任)
　　　　　张志坚(7 月任)
　　　　　魏永斌(挂职,10 月任)
总工程师　汤　兵(7 月止)
　　　　　曹玉军(10 月任)
党委书记　凌荣春
党委副书记　张益民(7 月任)

农业农村局
(市政府扶贫工作办公室、市乡村振兴局)

局　　长　马国进(1 月止)
　　　　　蒋　勇(1 月任)
副 局 长　吴　杨(12 月止)
　　　　　周惠瑜
　　　　　朱　毅
　　　　　李传德
总农艺师　徐　洪
总畜牧兽医师　祝　威
党委书记　马国进(1 月止)
　　　　　蒋　勇(1 月任)
市纪委监委派驻市农业农村局
　　　　　纪检监察组组长　邵卫国

市政府扶贫工作办公室主任
马国进(1 月止)
蒋　勇(1 月任,9 月止)
市乡村振兴局局长　蒋　勇(9 月任)
市政府扶贫工作办公室副主任　刘明传(9 月止)
市乡村振兴局副局长　刘明传(9 月任)
市委农村工作领导小组办公室副主任　张海斌
市农业综合行政执法支队支队长　王正平

商务局
(口岸办公室)

局　　长　谈沁磊(6 月止)
王为华(7 月任)
副 局 长　黄志中
林丹如(4 月止)
周军捷(10 月止)
潘大春
党委书记　谈沁磊(6 月止)
党委副书记　张玉宏
邵　教
中国国际贸易促进委员会镇江市支会
会长　张玉宏
中国国际贸易促进委员会镇江市支会
副会长　章存保(3 月止)
沈为民(3 月任)
市口岸办公室主任　谈沁磊(6 月止)
王为华(7 月任)
市口岸办公室副主任　李　蔚(女)

文化广电和旅游局
(文物局)

局　　长　周文娟(女)
副 局 长　马建中(4 月止)
朱国夫
许　伟(女,11 月止)
吴银权(12 月任)
曹　玮
杨正宏
陈学军
党委书记　周文娟(女)
文物局局长　周文娟(女)
文物局副局长　周连锁
镇江博物馆馆长　周明磊(女)
文化市场综合执法支队支队长　薛玉龙

卫生健康委员会
(中医药管理局)

主　　任　胡云霞(女,12 月止)
杨　毅(12 月任)
副 主 任　郭　军
陈　宏(女)
柯舜刚
朱朝阳
吴晓晖
李遇梅(女,兼)
党委书记　胡云霞(女,12 月止)
杨　毅(12 月任)
党委副书记　章昆明
市纪委监委派驻市卫健委纪检监察组组长
周建华(女,11 月止)
赵志功(11 月任)
市中医药管理局局长　胡云霞(女,12 月止)
杨　毅(12 月任)
市中医药管理局副局长　殷　猛(10 月任)

退役军人事务局

局　　长　方德龙(4 月止)
李莉珺(女,4 月任)
副 局 长　侯阳锦
龚祺祯(女)
夏振刚
缪德新
贾全新(12 月止)
李西仑(12 月任)
党组书记　方德龙(12 月止)
李莉珺(女,12 月任)
党组副书记　李莉珺(女,4 月任,12 月止)

应急管理局

局　　长　徐志刚
副 局 长　吴志忠
张　勤(3 月止)
郦卫星
周德厚
徐　军
章运动
总工程师　孙建春
党委书记　徐志刚
党委副书记　吴志忠
市安全生产委员会办公室专职副主任　王　钊
安全生产监察支队支队长　王跃峰

审计局

局　　长　刘晓东
副 局 长　吴小红(女,12 月止)
田茂松　史　宏

曹　敏(女,1 月任)
许晓世(兼)
总审计师　曹　敏(女,1 月止)
张　乐(女,6 月任)
党组书记　刘晓东

政府外事办公室
(政府港澳事务办公室)

主　　任　卢利林
副 主 任　张忠华
许德成
赵　宓(女)
党组书记　卢利林
政府港澳事务办公室主任　卢利林

政府国有资产监督管理委员会

主　　任　董和建(12 月止)
周　毅(12 月任)
副 主 任　陈波涛(4 月任)
张志军(10 月止)
殷　军(3 月止)
陈　峰
陈锦荣(6 月任)
党委书记　董和建(12 月止)
周　毅(12 月任)
党委副书记　陈波涛(4 月任)
李　志
市纪委监委派驻市国资委纪检监察组
组长　魏春林(4 月止)
杨万兵(4 月任)

政务服务管理办公室

主　　任　戴　坚
副 主 任　张　敏
周春旺(3 月止)
黄国华
陈启华(4 月止)
张卫星
徐　丹(7 月任)
王　冬(8 月任)
党组书记　戴　坚
党组副书记　周春旺(3 月止)
张　敏(7 月任)

市场监督管理局
(知识产权局)

局　　长　杜秀芹(女,7 月止)
宋平生(7 月任)
副 局 长　邓国平(7 月止)
翟春辉
吴圣涛(12 月止)
赵国新
吴福平(援陕)
周君梅(女)
陈　文
赵剑萍
徐　艺
石学勇(挂职,10 月止)
食品安全总监　朱志玲(女)
总工程师　陈继卫
党组书记　邓国平(7 月止)
宋平生(7 月任)
党组副书记　翟春辉
市纪委监委派驻市市场监督管理局
纪检监察组组长　颜美薇(女,11 月止)
宋卫东(11 月任)
市知识产权局局长　翟春辉
市知识产权局副局长　刘　远

体育局

局　　长　戚亚新(11 月止)
许　伟(女,11 月任)
副 局 长　郑迎伟(女)
尤卫东　承　纲
孙庆海(兼)
党组书记　戚亚新
党组副书记　郑迎伟(女)

统计局

局　　长　林　海
副 局 长　王　涛
丁　吉(7 月任)
陈正群(7 月止)
卞　茜(女)
王大华
胥　畅(7 月任)
总统计师　王　军
党组书记　林　海

医疗保障局

局　　长　胡　强(1 月止)
杨　毅(1 月任,12 月止)
孙　萍(女,12 月任)
副 局 长　张彤明(女)
缪　宏
范国富

党组书记　胡　强(3 月止)
杨　毅(3 月任,12 月止)
孙　萍(女,12 月任)
党组副书记　杨　毅(1 月任,3 月止)
医保基金管理中心主任　张正明

信访局

局　　长　夏卫军
副 局 长　吕志强
庄兴国
刘　进
陈　莹(女)
信访专员　张　搏
党组书记　夏卫军

地方金融监督管理局
(市政府金融工作办公室)

局　　长　钱仁汉(12 月止)
杨益斌(12 月任)
副 局 长　史　强　张祝建
李　静
李红玲(女,挂职)
党组书记　钱仁汉(12 月止)
杨益斌(12 月任)
市政府金融工作办公室主任　钱仁汉(12 月止)
杨益斌(12 月任)

机关事务管理局

局　　长　徐海亮
副 局 长　张剑斌(12 月止)
刘立军
王　宏(女)
王　栋
党组书记　徐海亮

镇江新区
[党工委、人大工委、管理委员会、政协工委、纪工委(镇江经济技术开发区监察工委)]

党工委书记　秦海涛(9 月止)
党工委副书记　路月中(1 月任)
薛　峰(1 月止)
孙家政(6 月止)
刘祥生(3 月止)
匡文虎(3 月任)
马云明(6 月任)
党工委委员　邵　兵(9 月止)
马云明
吴晓彤
朱晓阳
杨菊兰(女,7 月止)
范存建
张荣海(7 月任)
朱　涛(3 月任)
陆建林
徐志华(女)
朱小兵
蒋红武
吴　江
图登佩杰(挂职,11 月止)
纪工委书记(镇江经济技术开发区监察工委主任)　吴晓彤
纪工委副书记(镇江经济技术开发区监察工委副主任)　任驭阳
陆海栋
政法委书记　陆建林
组织部部长　徐志华(女)
宣传统战部部长　蒋红武
人大工委主任　经山河
人大工委副主任　王　忠
刘　巍
管委会主任　路月中
管委会副主任　邵　兵(9 月止)
马云明
朱晓阳
杨菊兰(女,7 月止)
范存建
张荣海(7 月任)
图登佩杰(挂职,11 月止)
任　重(挂职,10 月止)
董凯松(挂职)
祝　俊(挂职,10 月任)
政协工委主任　孙家政
政协工委副主任　张春华
镇江出口加工区管理委员会主任　薛　峰(1 月止)
路月中(1 月任)
党政办公室主任　成　锋
经济发展局局长　张春华(7 月止)
周涛(7 月任)
科学技术和信息化局局长　管　理
社会发展局局长　徐仁兰(女)
财政局局长　朱　萍(女)
人社局局长　徐子荣
城乡建设局局长　王开吉
综合行政执法局局长　夏志远
市场监督管理局局长　赵建平
行政审批局局长　陶　伟

综合保税区管理局局长　徐　丹(援陕,7 月止)
方　莉(女)
生态环境和应急管理局局长　顾祥刚
国家大学科技园管理办主任　蒋峻青
新能源产业园管理办主任　王　引
中瑞生态产业园管理办主任　杨承忠
航空航天产业园管理办主任　杨　亮(援陕)
集成管理指挥中心主任　吴　江
镇江经济开发区法院院长　卜士凡(11 月止)
张子敏(11 月任)

镇江高新技术产业开发区(党工委、管理委员会)

党工委书记　詹立风
党工委副书记　尹卫民
曹　军
党工委委员　肖敬东(4 月止)
张宁晖
曹文栋
刘晓虎(11 月止)
王　旭
文层耕(4 月止)
凌宇翔(11 月任)
司信年(4 月任)
徐金贵(6 月任)
陈　勇(12 月任)
于　涛(挂职,6 月止)
金　峰(挂职)
黄　云(女,挂职,6 月任)
倪中青(6 月任)
纪工委书记　曹文栋
管委会主任　尹卫民
管委会副主任　肖敬东(4 月止)
张宁晖
刘晓虎(11 月止)
文层耕(4 月止)
凌宇翔(11 月任)
司信年(4 月任)
徐金贵(6 月任)
张贤杰(挂职,10 月止)
于　涛(挂职,6 月止)
黄云(女,挂职,6 月任)
陈　俊(挂职,10 月任)

企业改革指导办公室

主　　任　吴光明
党委书记　吴光明

行业老干部管理服务办公室

主　　任　钱忠勤
党委书记　钱忠勤

农业科学院

院　　长　姚克兵
副 院 长　刘照亭(12 月止)
吴盛祥(12 月止)
戴忠良
龚红兵(12 月任)
党委书记　刘国明
党委副书记　姚克兵
陈明春(3 月止)
吴盛祥(12 月任)
纪委书记　王建祥(12 月止)
戴红梅(12 月任)

城市水利管理处

主　　任　颜朗辉
党总支书记　颜朗辉

房屋征收指导中心

主　　任　贾泽栋
党总支书记　贾泽栋

城市干道工程建设办公室

主　　任　李少龙
党支部书记　李少龙

给排水管理处

处　　长　蒋礼兵
党委书记　蒋礼兵

交通运输综合行政执法支队

支 队 长　赵永富

综合交通事业发展中心

主　　任　石小武

公路事业发展中心

主　　任　王　宁

港航事业发展中心

主　　任　周明盛

交通工程建设管理处

党总支书记　侯　辉

城市建设产业集团

董 事 长 庞 迅
总 经 理 翟德智
副总经理 曹 俊
陆 江
高建文
郎德虎
高 超
党委书记 庞 迅
党委副书记 翟德智
何新荣
市纪委监委派驻城建产业集团
纪检监察组组长 张 涛
总会计师 张 慧(女)
工会主席 高 峰

交通产业集团

董 事 长 余国根(11 月止)
郜益农(11 月任)
总 经 理 郜益农(11 月止)
王家振(11 月任)
副总经理 秦开颜
聂 江
张旭伟
党委书记 余国根(11 月止)
郜益农(11 月任)
党委副书记 郜益农(11 月止)
王家振(11 月任)
蔡 超
市纪委监委派驻交通产业集团
纪检监察组组长 袁 泉
总会计师 刘冬明
工会主席 顾文娟(女)

文化旅游产业集团

董 事 长 段永齐
总 经 理 谢 翔
副总经理 蒋云峰
史 勇
石 磊
曹学松
张 立
党委书记 段永齐
党委副书记 谢 翔
蒋云峰
沈忠华
工会主席 吴江玲(女)

港口发展集团有限公司

董 事 长 荆天翔
总 经 理 胡文辉
副总经理 陈国华
丁邦红
张玉龙
党委书记 荆天翔
党委副书记 胡文辉
陈龙平
纪委书记、监察专员 眭尔佳
工会主席 周洪源

国有投资控股集团

董 事 长 周 毅(12 月止)
总 经 理 陈家军
副总经理 蒋金署
田习高(6 月止)
常啸宇
张翼达
李朝勤
韩绪超
党委书记 周 毅(12 月止)
党委副书记 陈家军
田习高(6 月任)
工会主席 吴剑瑛

江苏恒顺集团有限公司

董 事 长 杭祝鸿
总 经 理 聂旭东(3 月止)
殷 军(3 月任)
恒顺醋业总经理 李国权(11 月止)
恒顺醋业副总经理 王召祥
党委书记 杭祝鸿
党委副书记 聂旭东(3 月止)
殷 军(3 月任)
高 广
纪委书记、监察专员 陈月娥(女)
工会主席 强 健

江苏索普(集团)有限公司

董 事 长 胡宗贵
总 经 理 邵守言
常务副总经理 凌 晨(女)
副总经理 许宝华
吴 杰
代松涛
党委书记 胡宗贵
党委副书记 邵守言

范立明
凌　晨(女)
纪委书记、监察专员　谢天白
工会主席　朱晓新

体育产业发展有限公司

董 事 长　孙佑美(女)
总 经 理　朱　涛(3 月止)
刘承吉(6 月任)

住房公积金管理中心

主　　任　苏　畅

劳动就业管理中心

主　　任　庄志南(6 月止)
朱新宇(6 月任)
党总支书记　庄志南(6 月止)
朱新宇(6 月任)

社会保险基金管理中心

主　　任　胡西华
党总支书记　胡西华

疾病预防控制中心

主　　任　徐承平
党总支书记　何广立

卫生监督所

所　　长　贡浩凌(女)
党总支书记　贡浩凌(女)

餐饮安全监督所

所　　长　陈　辉

财政干部培训中心

主　　任　李文江

公共资源交易中心

主　　任　赵　波
总支部书记　赵　波

· 政协镇江市委员会 ·

主　　席　李　健(1 月任)
副 主 席　徐　平
朱开宝
卢道富
张红娣(女)
陈林海
高国成
吴　彤(女)
蒋鹏程
秘 书 长　何培树(1 月止)
张　军(1 月任)
副秘书长　魏弘扬
张旭彬(兼,4 月止)
邓国平(7 月任)
宗加伟　张　峥
梁新歌(女,兼)
尹红敏(女,兼)
吴银权(兼,12 月止)
方玉强(兼)　张　标(兼)
夏　域(兼,10 月任)
何锦润(女,兼,10 月任)
党组书记　李国忠(1 月止)
李　健(1 月任)
党组副书记　朱开宝(4 月任)
巩海滨(10 月任)
机关党组书记　张　军

办公室

主　　任　魏弘扬
副 主 任　魏欲龄(女)
燕会友

研究室

主　　任　张旭彬(4 月止)
吴　杨(12 月任)
副 主 任　周　涛(7 月止)
夏学斌(12 月任)

政协委员工作办公室

主　　任　汤光强
副 主 任　时文洁(女)

提案委员会

主　　任　张友林
副 主 任　周方明

经济科技委员会

主　　任　周德荣
副 主 任　解志勇
朱　雁(女,12 月任)

农业和农村委员会

主　　任　吴　当

副主任 李方喜

教卫体委员会

主　　任 任一鸣
副主任 陈　青(女)

文化文史委员会

主　　任 蔡永祥(12月止)
宗加伟(12月任)
副主任 沈　洋(女)

社会法制委员会(民族宗教委员会)

主　　任 葛玉连
副主任 卢小芳(女)

港澳台侨委员会(外事委员会)

主　　任 戴永胜(12月止)
崔海柱(12月任)
副主任 毛守军

城乡建设委员会(人口资源环境委员会)

主　　任 季　平(12月止)
孔　萍(女,12月任)
副主任 孔　萍(女,12月止)
刘　飞(12月任)

·中共镇江市纪律检查委员会 镇江市监察委员会·

书　　记 宋祥林
副书记 徐冀锋(9月止)
周奇恒
庄　旭
聂美红(女,9月任)
常　　委 陈　晖(9月止)
李　军(9月止)
许志民
朱海生
傅　裕(女,9月任)
陈　功(9月任)
骆　俊(9月任)
秘书长 骆　俊(4月任)
监察委员会主任 黄利民(1月止)
宋祥林(1月任)
监察委员会副主任 徐冀峰(9月止)
周奇恒
庄　旭
聂美红(女,9月任)
监察委员会委员 陈　功(11月止)
陈　晖(9月止)
李　军(9月止)
许志民(11月任)
朱海生(11月任)
傅　裕(女)
杨　韬(11月任)
许　辉(11月任)
办公室主任 骆　俊(4月任)
组织部部长 徐雪蕾(女)
宣传部部长 石　磊(4月任)
法规研究室主任 李立云(11月止)
党风政风监督室主任 叶　红(女,4月任)
信访室主任 高　呈(女,4月止)
王　勤(女,11月任)
案件监督管理室主任 骆　俊(4月止)
许　辉(4月任)
第一审查调查室主任 赵明生(12月止)
第二审查调查室主任 刘珊珊(女,4月任)
第三审查调查室主任 卞啸君
第四审查调查室主任 许　辉(4月止)
第五审查调查室(监督审查技术室)主任
郦照洋(4月任)
第六监督检查室主任 叶　红(女,4月止)
吴　燕(女,11月任)
第七监督检查室主任 左　荣(女,12月止)
第八监督检查室主任 赵晓建(4月任)
第九监督检查室主任 蔡　璟(女,4月止)
赵凌云(女,11月任)
案件审理室主任 吴　燕(女,11月止)
纪检监察干部监督室主任 赵凌云(女,11月止)
市纪委监委派驻综合纪检监察组
组长 殷建容(4月任)

·镇江市中级人民法院·

院　　长 汤小夫(10月止)
代院长 刘亚军(10月任)
副院长 章纯钢(11月止)
鲁　宽(11月任)
吴　猛
陈　敏
张子敏(11月止)
刘宇玥(女,挂职,11月任)
党组书记 汤小夫(10月止)

刘亚军（10 月任）
党组副书记　章纯钢（11 月止）
鲁　宽（11 月任）
市纪委监委派驻市中级人民法院
纪检监察组组长　赵小堂
政治部主任　於剑锋
审判委员会专职委员　陈　玉（女）
汤国生（11 月任）
岳益民
柳建安
执行局局长　张巧林

·镇江市人民检察院·

检察长　张新祥
副检察长　陈兴生（挂职，9 月止）
章纯钢（11 月任）
解维克
鲁　宽（11 月止）
方红卫（女）
周绪平
党组书记　张新祥
党组副书记　陈兴生（挂职，9 月止）
章纯钢（11 月任）
解维克
市纪委监委派驻市检察院纪检监察组
组长　黄亚平（10 月止）
李立云（11 月任）
政治部主任　丁立新
检察委员会专职委员　黄　进
高　鹏（11 月任）
鲍建武（6 月任）
倪　军（兼，1 月任）
镇江经济开发区检察院检察长　景双彬
金山地区检察院检察长　李晓明

·民主党派、工商联·

中国国民党革命委员会镇江市委员会

主任委员　王加友
副主任委员　施伟东
方玉强（驻会）
于　明
黄　蓓（女，11 月任）

中国民主同盟镇江市委员会

主任委员　杨晓勤（女，驻会）
副主任委员　王瑞楠（11 月止）
袁建平
卢全有
林黎明
贺云华（女，11 月任）

中国民主建国会镇江市委员会

主任委员　孙中良（驻会，11 月止）
夏　军（11 月任）
副主任委员　夏　域（驻会，10 月任）
陆霄霞（女，11 月止）
庄晋财
宋小燕（女）

中国民主促进会镇江市委员会

主任委员　徐　平（11 月止）
陈　红（女，11 月任）
副主任委员　李耀明（11 月止）
邹家生（11 月止）
陈建红
尹红敏（女，驻会）
潘煜龙（11 月任）
龚莉莉（女，11 月任）

中国农工民主党镇江市委员会

主任委员　蒋鹏程
副主任委员　梁新歌（女，驻会）
李国海
李遇梅（女）
王卫方（女，11 月止）
夏　炜（11 月任）

中国致公党镇江市委员会

主任委员　张红娣（女）
副主任委员　张　标（驻会）
许　伟（女）
张正娣（女，11 月任）
郑传波（11 月任）

九三学社镇江市委员会

主任委员　钱伯安（11 月止）
杜秀芹（女，11 月任）
副主任委员　杜秀芹（女，8 月任，11 月止）
何锦润（女，驻会，11 月任）
陈沛华（女，11 月止）
祝中昊（3 月止）
姚震球
贺丽娟（女）
蔡健荣（8 月任）

工商业联合会

主　　席　卢道富
副 主 席　王红卫
　　　　　张国华
　　　　　刘　杰
　　　　　吴银权(12 月止)
　　　　　胡舜根
　　　　　陈　强(12 月任)
　　　　　吴光明(兼)
　　　　　陈晓龙(兼)
　　　　　王　刚(兼)
　　　　　郦海星(兼)
　　　　　倪道宏(兼)
　　　　　郭　琰(兼)
　　　　　施文进(兼)
　　　　　耿仲毅(兼)
　　　　　高庆文(兼)
　　　　　艾学平(兼)
　　　　　张玉宏(兼)
党组书记　王红卫
党组副书记　张国华
秘 书 长　左建香(女,11 月止)

·群众团体·

总工会

主　　席　王常生(1 月止)
副 主 席　刘正泰(12 月止)
　　　　　胡云霞(女,12 月任)
　　　　　殷利民
　　　　　解军英(女)
　　　　　徐炳辉
　　　　　吕毓蕾(女)
　　　　　林田中(兼)
　　　　　周惠祥(兼)
　　　　　左克祥(兼)
　　　　　彭遂红(女,挂职)
党组书记　刘正泰(12 月止)
　　　　　胡云霞(女,12 月任)
市纪委监委派驻市总工会纪检监察组
　　　　　组长　毛乾元(4 月止)
　　　　　　　　高　呈(女,4 月任)

共青团镇江市委员会

书　　记　陈秋明(1 月止)
　　　　　张　冲(1 月任)
副 书 记　胡光亮(4 月止)
　　　　　杜　剑
　　　　　王思思(女)
　　　　　王　啸(4 月任)
　　　　　吴国涛(兼职)
　　　　　曹大威(兼职)
　　　　　王　丹(女,兼职)

妇女联合会

主　　席　张宜英(女,7 月止)
　　　　　杨菊兰(女,7 月任)
副 主 席　罗　娟(女,12 月止)
　　　　　陈海虹(女,12 月任)
　　　　　蔡琳琳(女)
　　　　　卞莹莹(女)
　　　　　高　静(女,兼,12 月止)
　　　　　方美芳(女,兼)
　　　　　王丽敏(女,兼,12 月任)
　　　　　严海霞(女,兼,12 月任)
　　　　　孙道霞(女,兼,12 月止)
　　　　　秦　艳(女,兼,12 月止)
　　　　　左建香(女,挂职,12 月止)
　　　　　龚莉莉(女,挂职,12 月任)
党组书记　张宜英(女,7 月止)
　　　　　杨菊兰(女,7 月任)
党组副书记　罗　娟(女,12 月止)
　　　　　　陈海虹(女,12 月任)
市政府妇女儿童工作委员会办公室
　　　　　主任　刘志奇(女)

科学技术协会

主　　席　王　琴(女)
副 主 席　蒋继红
　　　　　赵　飞(援陕)
　　　　　谢立新
　　　　　翟　海(12 月任)
　　　　　丁建宁(兼)
　　　　　王加友(兼)
　　　　　黄科文(兼)
　　　　　杨国祥(兼)
　　　　　王　捷(兼)
　　　　　刘捷铃(女,兼)
　　　　　章昆明(兼)
党组书记　王　琴(女)
秘 书 长　王亚东

哲学社会科学界联合会

主　　席　于　伟
副 主 席　刘业林
　　　　　杨　猛(女)

谢林祥
薛玉刚
胡敖成(兼,6 月任)
李洪波(兼)
谈　镇(兼)
谭坚强(兼,6 月止)
郭　鑫(兼)
严明礼(兼)
戴　坚(兼,6 月止)
王德家(兼,6 月任)
艾晓晖(兼)
李大洪(兼)
林　海(兼,6 月任)
党组书记　于　伟
秘 书 长　薛玉刚

文学艺术界联合会

主　　席　张志耕(12 月止)
王德家(12 月任)
副 主 席　孙　彤
潘仲民
王香莲(女)
阚爱萍(女,兼)
黄科文(兼)
孙小梅(女,兼)
汤文彪(兼)
蔡永祥(兼)
党组书记　张志耕(12 月止)
王德家(12 月任)

归国华侨联合会

主　　席　王永新
副 主 席　黄　蓓(女)
施伟东(兼)
顾　平(兼)
陈　惠(兼)
党组书记　王永新

台湾同胞联合会

会　　长　刘贤忠

残疾人联合会

理 事 长　温小卫
副理事长　孙　权(10 月止)
陈　前
蔡世源
于兴旺(12 月任)
刘　静(女,兼)
汤优钢(兼)
党组书记　温小卫

红十字会

会　　长　潘早云(兼,2 月止)
殷　敏(女,兼,2 月任)
副 会 长　苏　枫(女,11 月止)
贺丽娟(女,11 月任)
薛国荣(兼)
郭　鑫(兼)
徐志伟(兼)
何　俊(女,兼)
黄科文(兼)
郦锡梅(女,兼)
陈发荣(兼)
严明礼(兼)
张玉平(兼)
朱朝阳(兼)
徐　军(兼)
胡舜根(兼)
胡光亮(兼)
濮　勇(挂职)
党组书记　苏　枫(女,12 月止)
陈　明(12 月任)
监事会监事长　赵　峰(兼)
副监事长　施章传(兼)

·市(区)·

丹阳市

市委书记　黄春年
市委副书记　王成明(2020 年 12 月任)
赵志强
市委常委　赵立群(11 月止)
金夕龙(7 月止)
石　捷(12 月止)
薛军民(7 月止)
方　明
杭春云
杨连波
刘宏程
束克之(4 月任)
高　飞(女,4 月任)
于　斌(11 月任)
于　舟(12 月任)
人大常委会主任　李忠法
人大常委会副主任　马耿良
周爱仙(女)

金夕龙(1 月任)
符红海(1 月任)
韩静慧(女)
市　　长　王成明(1 月任)
副 市 长　赵立群(12 月止)
于　斌(12 月任)
贺云华(女)
黄俊杰
孙桂林
杨文军
束克之(4 月止)
谢正宝
任翠霞(女,12 月任)
政协主席　沈岳方
政协副主席　薛军民(1 月任)
钱留梅(女)
魏国荣
谭国祥
陈建红
夏　炜
纪委书记　方　明
法院院长　唐东升
检察院检察长　王志祥(1 月任)

句容市

市委书记　潘　群
市委副书记　周必松
高庆华(4 月止)
贾云亮(4 月任)
市委常委　宋飞雄(3 月止)
赵树锋
姚　华(7 月止)
查兆娣(女)
陈志勇
汪丹宁
侯华锋(1 月任)
蔡　璟(女,4 月任)
高发巧(7 月任)
郭　江(4 月任)
人大常委会主任　文雁才
人大常委会副主任　高庆华(1 月任)
周春芳
石继刚
姚　华(1 月任)
黄　培
刘志鹏
市　　长　周必松
副 市 长　宋飞雄(3 月止)
赵树锋(3 月任)
贾云亮(4 月止)
侯华锋(1 月止)
张荣海(7 月止)
郭　江(4 月任)
吴明成
凌　华(女)
闵　佳(12 月任)
徐　飞(1 月任)
张　凯(4 月任)
政协主席　章壮钧
政协副主席　商　震
吴小香(女)
倪定胜
王道银(女)
胡现龙
纪委书记　赵树锋(4 月止)
蔡　璟(女,4 月任)
法院院长　王锁平
检察院检察长　高　鹏

扬中市

市委书记　张德军
市委副书记　贾　晟
马家胜(4 月止)
蔡　萍(女,4 月任)
市委常委　张永意
孙　健
卜兴荣(4 月止)
巫晓辉
王汉英
潘　杰(援疆)
孙丽君
陈祝平
孙冬梅(女,4 月任)
吴玉青(7 月任)
人大常委会主任　冯锦跃
人大常委会副主任　唐崇林
王继兰(女)
常　云
蒋金龙
市　　长　贾　晟(1 月任)
副 市 长　张永意
陈波涛(4 月止)
宫金生
孙冬梅(女,4 月止)
林成春
周　勇

仲　泉
刘永利(4 月任)
政协主席　施健华(1 月止)
于德祥(1 月任)
政协副主席　沈大银
陆国平
蒋相根
黄成刚
兰云林
倪　军
纪委书记　巫晓辉
法院院长　朱晓军
检察院检察长　康　珺(1 月任)

丹徒区

区委书记　谢继步
区委副书记　马振兵
韩宏亮(11 月止)
包荣军(11 月任)
区委常委　陈平才(7 月止)
陈炳林(12 月止)
左　荣(女,12 月任)
李莉珺(女,4 月止)
洪　伟(4 月止)
朱　彤(7 月止)
贺　文(7 月止)
陈　勇(4 月止)
张　蕾(女)
刘文正(4 月任)
邵建海(4 月任)
李庆丰(4 月任)
韩启涛(4 月任)
马云飞(7 月任)
汪　洋(11 月任)
人大常委会主任　李幸福
人大常委会副主任　陈平才(1 月任,12 月止)
杨伟民(12 月止)
贺　文(1 月任)
王卫方(女)
宋守雷
程道云
区　长　马振兵
副区长　李莉珺(女,4 月止)
贺丽娟(女,11 月止)
陈　静(女,4 月止)
姚恒清(12 月止)
邵建海(4 月止)
张　蕾(女,4 月任)
李庆丰(4 月任)
王　军(4 月任)
胡光亮(4 月任)
江达贤
杨忆宁(12 月任)
政协主席　黄子来
政协副主席　叶向东
郭祥明
李晓娟(女)
任金华
梅　放(1 月任)
纪委书记　陈炳林(12 月止)
左　荣(女,12 月任)
法院院长　汤国生
检察院检察长　黄卫群(1 月任)

京口区

区委书记　徐申锋
区委副书记　贾敬远
王为华(7 月止)
徐玉军(7 月任)
区委常委　张旭彬(4 月任)
倪新明
孙国林
杨国平
汤　杲(4 月止)
周永祥(7 月任)
郑兆巍
陈　静(女,4 月任)
人大常委会主任　施正中
人大常委会副主任　陈德福
杜承华
赵晓文(1 月任)
区　长　贾敬远
副区长　杨国平
林黎明
杨　彬
闵　佳(12 月止)
褚小明(女,12 月任)
赵　鹏
顾洪涛
政协主席　刘吉顺
政协副主席　朱裕根
盛　杰
张和松
宋小燕(女)
王壮保(1 月任)
纪委书记　汤　杲(4 月止)

张旭彬(4月任)
法院院长 刘 凯
检察院检察长 张东生(1月止)
陈东旭(1月任)

润州区

区委书记 高国成
区委副书记 徐心田
徐 燕(女)
区委常委 蒋 勇(1月止)
陈秋明(1月任)
杨 坚
张庆松
张 成
邵学军
梁 亮
朱 明(4月任)
人大常委会主任 范永放
人大常委会副主任 刘凯成
易丽娟(女)
倪南成(1月任)
周向群
区 长 徐心田
副 区 长 蒋 勇(1月止)
祝中昊(3月止)
陈秋明(1月任)
朱 明(4月任)
赖忠民
王家振(12月止)
崔 超(12月任)
江朝民
景建国
田 伟(4月任)
政协主席 胡如明(1月任)
政协副主席 蔡 飞 季 莉(女)
倪南成(1月止)
张春平
刘向华(女)
匡淑平(1月任)
纪委书记 杨 坚
法院院长 张传军
检察院检察长 王 飞(1月止)
张东生(1月任)

·部省属单位·

自然资源和规划局

局 长 陈跃生
副 局 长 张朝晖
郭继军
吴 斌(女)
殷 强
王建国
总规划师 段志旺
党委书记 陈跃生
党委副书记 王国生
规划监察支队支队长 张炳林
土地储备中心主任 何玉博

生态环境局

局 长 成 杰
副 局 长 王敏敏(2月止)
高 平(2月止)
贾龙华
罗航宇(女)
陈长之(女,4月任)
钱 明(4月任)
总工程师 汤 立
党组书记 成 杰

国家税务总局镇江市税务局

局 长 孙 虹(1月止)
曹筱三(3月任)
副 局 长 刘卫忠(2020年6月止)
何光荣(1月任)
孙 军(11月任)
李 峻(7月止)
朱智宏(2020年6月止)
杨长春(11月止)
邵 云(2020年10月止)
郦梅生(2020年6月止)
洪 宇(女,2019年6月止)
总会计师 孙 军(11月止)
匡 鹏(11月任)
何光荣(1月止)
总经济师 沈志坚(5月止)
魏海乐(11月任)
高 凌(女,2020年6月止)
党委书记 孙 虹(1月止)
曹筱三(3月任)
党委副书记 徐向东(11月止)
纪检组长 王 莉(女,6月止)
朱永凯(6月任)

镇江海事局

局 长 张金宝

副 局 长　周文斌(3 月止)
吴云锦(2019 年 3 月止)
王　泉
张卫星
姚　亮
党委书记　张金宝
党委副书记　彭慧敏(11 月止)
周卫东(11 月任)
政　委　彭慧敏(11 月止)
周卫东(11 月任)
纪委书记　彭慧敏(11 月止)
周卫东(11 月任)

镇江海关

关　长　顾惠娟(女,3 月止)
戴云徽(3 月任)
副 关 长　贡立新(2014 年 11 月止)
张　浩(2020 年 11 月任)
徐六生(3 月止)
陆卫平(2020 年 10 月任)
朱　华(3 月止)
贾东航(2020 年 11 月任)
王兴荣(10 月止)
刘　勃(11 月任)
蒋　敏(女,3 月止)
李　喆(2020 年 3 月止)
余　峰(3 月止)
南京海关第十一派驻纪检组组长
陈银健(2020 年 10 月止)
陈道亮(2020 年 10 月任)
党委书记　顾惠娟(女,3 月止)
戴云徽(3 月任)

海关缉私分局

局　长　徐六生
副 局 长　王　军(3 月止)

国家统计局镇江调查队

队　长　罗凌俊
副 队 长　黄　璐(女)
张晶晶(女,1 月任)
党组书记　罗凌俊
纪检组长　李玉强(7 月止)
张　渊(女,7 月任)

镇江市气象局

局　长　尹连荣
副 局 长　顾　茗(女,9 月止)
臧晓钟(9 月任)
潘建梅(女)
党组书记　尹连荣
纪检组长　顾永顺

邮政管理局

局　长　杨　文
副 局 长　戴文涛
党组书记　杨　文
纪检组长　戴文涛

烟草专卖局
(省烟草公司镇江市公司)

局长(经理)　李一匡
副 局 长　耿龙华
副 经 理　郭可前(10 月任)
总会计师　宋　昀(女)
党组书记　李一匡
纪检组长　王　倩(9 月任)

盐业有限公司

总 经 理　戴奇鸣(9 月止)
孙小松(9 月任)
副总经理　刘长龙(9 月止)
王统翔(3 月止)
张群林
孙小松(9 月止)
党委书记　刘长龙(9 月止)
孙小松(9 月任)
党委副书记　戴奇鸣(9 月止)
王统翔(3 月止)
纪委书记　王统翔(3 月止)
工会主席　王统翔(3 月止)

镇江供电公司

总 经 理　王　勇(12 月止)
副总经理　施天明
孙海渤
张子阳
季晓明
党委书记　施天明
党委副书记　王　勇(12 月止)
纪委书记　孙晓辉
工会主席　孙晓辉

省广电信息网络股份有限公司
镇江分公司

总 经 理　陈　剑

副总经理 包信家
陶 伟
王 斌
党委书记 陈 剑
纪委书记 张旭峰
工会主席 包信家

中国电信股份有限公司镇江分公司

总 经 理 贺 军
副总经理 张明桥
解 梅(女)
沈骏祥(12 月止)
唐 健(12 月任)
党委书记 贺 军
纪委书记 汤先曾
工会主席 贺 军
张明桥(12 月止)
解 梅(12 月任)

江苏移动通信有限公司镇江分公司

总 经 理 刘磊健
副总经理 李劲松
陈苏闽
王茂芳(女,2 月任)
郭慧钰(女)
党委书记 刘磊健
纪委书记 陈苏闽(2 月止)
王茂芳(女,2 月任)
工会主席 李劲松

中国联通镇江分公司

总 经 理 殷海云(女)
副总经理 王 刚
高 翔
张 进(5 月止)
派驻纪检组组长 徐卫华
党委书记 殷海云(女)

省邮政公司镇江分公司

总 经 理 左 斌
副总经理 朱宏波
郭华波
丁震宇(3 月止)
何爱梅(女)
党委书记 左 斌
纪委书记 郭华波
工会主席 朱宏波

·学校、医院·

江苏大学

校 长 颜晓红
副 校 长 丁建宁
吴春笃
梅 强(6 月止)
田立新(6 月任)
张济建
全 力
赵玉涛
陈 红(女)
党委书记 袁寿其
党委副书记 颜晓红
李洪波
纪委书记 高庆国

江苏科技大学

校 长 周南平
副 校 长 景旭文
王加友
汤 建
俞孟蕻
谈 镇
嵇春艳(女)
任 南(女,5 月任)
党委书记 葛世伦
党委副书记 周南平
景旭文
许俊华
纪委书记 郑培钢

镇江市高等专科学校

校 长 丁 钢
副 校 长 万碧波(女)
冷耀明
李大洪
李冬梅(女)
党委书记 林 枫
党委副书记 丁 钢
王桂龙
纪委书记 胡永盛

江苏农林职业技术学院

院 长 简祖平
副 院 长 周兴元
贾 君(女)

曹仁勇(2020 年 12 月止)
党委书记　巫建华
党委副书记　简祖平
曹仁勇(2020 年 12 月任)
纪委书记　周国义

江苏省交通技师学院

院　　长　司马华炜
副 院 长　纪玉国
陈　伟
杨雪茹(女)
党委书记　曾正德
党委副书记　司马华炜
高为群
纪委书记　李　岩

镇江技师学院

院　　长　何　峰
副 院 长　张宗锋(8 月止)
蔡　浪
张　永
凌　峰(8 月任)
党委书记　朱建忠
党委副书记　何　峰
张宗锋(8 月任)
纪委书记　戴　云(女)

江苏航空职业技术学院

院　　长　浦黄忠(5 月止)
殷国兴(5 月任)
副 院 长　孙家政
戴金跃
陆纪荣
师　平
马士良
党委书记　浦黄忠(5 月任)
党委副书记　浦黄忠(5 月止)
殷国兴(5 月任)
潘国华
纪委书记　刘永希

镇江中学

校　　长　冯章葆
副 校 长　陶圣建
李国建
陆建根
程志军(2020 年 8 月任)
党委书记　冯章葆
党委副书记　俞　惠(女)

镇江第一中学

校　　长　吴铁俊
副 校 长　赵竹林
郭晓峰
邹建平
龚保庆(8 月止)
唐　毅(8 月任)
张红霞(8 月任)
党委书记　吴铁俊
党委副书记　赵竹林
纪委书记　张　俊

镇江市高等职业技术学校

校　　长　张伟斌
党委书记　张伟斌

江苏江滨医疗集团

院　　长　陈德玉
副 院 长　何咸兵
陈吉祥
李遇梅(女)
袁国跃
财务总监　张开华

镇江市医疗集团

院　　长　胡云霞(女,6 月止)
章昆明(6 月任)
副 院 长　周　云　张红光
孔繁芝(女)
党委书记　胡云霞(女,6 月止)
章昆明(6 月任)
纪委书记　苗　培
理 事 长　胡云霞(女,6 月止)
章昆明(6 月任)

说明:机构负责人职务任止年份除特别说明外,均为 2021 年

(市委组织部)

统计资料

·综　合·

2021 年镇江市行政区划和土地面积情况表

表 34－2

地　区	镇(个)	村民委员会(个)	街道(个)	居民委员会(个)	土地面积(平方千米)	建成区面积
全　市	31	484	25	285	3840.33	236.23
市　区	9	129	18	151	1087.88	147.29
京口区	—	5	6	56	95.98	31.61
润州区	—	4	7	48	113.36	30.14
丹徒区	6	83	2	18	617.08	24.52
高新区	—	5	1	4	39.38	12.77
新　区	3	32	2	25	222.08	48.25
辖　市	22	355	7	134	2752.46	88.94
丹阳市	10	145	2	82	1047.24	38.83
扬中市	4	58	2	27	327.35	16.34
句容市	8	152	3	25	1377.87	33.77

（市统计局）

2021 年镇江市地区生产总值情况表

表 34－3　　单位：亿元

地　区	地区生产总值	第一产业	第二产业	工业	第三产业	人均地区生产总值（元）
全　市	4763.42	157.02	2319.73	2105.95	2286.67	148204
市　区	2151.90	31.45	951.59	856.29	1168.85	169648
京口区	509.30	0.83	131.83	114.83	376.64	143123
润州区	273.69	0.43	45.05	19.94	228.22	113967
丹徒区	461.07	23.04	229.59	197.46	208.44	132605
高新区	131.95	0.68	51.65	43.02	79.61	218280
新　区	775.89	6.48	493.47	481.04	275.94	293563
丹阳市	1324.01	52.52	690.04	658.87	581.45	133759
扬中市	550.77	17.51	289.07	269.87	244.19	174434
句容市	736.75	55.54	313.00	262.00	368.21	115108

（市统计局）

2021 年镇江市人口情况表

表 34－4

地　区	户籍人口数					自然增长率(‰)
	总户数(户)	人口数(万人)	男	女	平均户均人口	
全　市	1031588	268.10	132.16	135.93	2.60	-3.55
市　区	410089	102.53	50.62	51.90	2.50	-1.71
京口区	129030	31.27	15.53	15.74	2.42	-0.04
润州区	90531	21.01	10.49	10.52	2.32	-0.84
丹徒区	104144	28.77	14.10	14.67	2.76	-3.53
高新区	14290	3.19	1.56	1.62	2.23	2.98
新　区	72094	18.29	8.94	9.35	2.54	-3.53
丹阳市	282722	79.42	39.14	40.28	2.81	-4.49
扬中市	107804	27.96	13.66	14.31	2.59	-3.73
句容市	230973	58.19	28.75	29.44	2.52	-5.40

（市统计局）

2021 年江苏省各设区市主要经济指标表

表 34－5

市名称	土地面积(平方千米)	年末常住人口(万人)	地区生产总值(亿元)	社会消费品零售总额(亿元)	进出口总额(亿元)	实际使用外资(亿美元)	一般公共预算收入(亿元)	居民人均可支配收入(元)	农林牧渔业总产值(亿元)
南京市	6587	942.34	16355.33	7899.41	6366.80	50.14	1729.52	66140	504.01
无锡市	4627	747.95	14003.24	3306.09	6829.37	38.07	1200.50	63014	214.49
徐州市	11765	902.85	8117.44	4038.02	1254.23	24.23	537.31	34217	1297.36
常州市	4372	534.96	8807.58	2911.36	3017.80	30.71	688.11	56897	283.74
苏州市	8657	1284.78	22718.34	9031.32	25332.00	69.92	2510.00	68191	346.44
南通市	10507	773.30	11026.94	3935.48	3405.80	31.21	710.18	46882	897.60
连云港市	7626	460.20	3727.92	1203.31	927.64	8.24	274.81	32295	728.03
淮安市	10030	456.22	4550.13	1828.25	386.78	12.01	297.02	34731	727.04
盐城市	17718	671.30	6617.39	2684.34	1123.59	12.60	451.01	36764	1311.61
扬州市	6591	457.70	6696.43	1480.92	968.86	17.30	344.07	42287	561.44
镇江市	3840	321.72	4763.42	1346.83	834.36	8.09	327.59	50360	270.70
泰州市	5788	452.18	6025.26	1576.94	1222.81	18.28	420.29	43777	526.31
宿迁市	8524	499.90	3719.01	1460.36	449.39	8.52	267.82	29122	610.92

（市统计局）

·经济建设主要指标·

2021 年镇江市固定资产投资完成情况表

表 34 – 6　　　　单位:万元

项　目	全　市	市　区						丹阳市	扬中市	句容市
			京口区	润州区	丹徒区	高新区	新　区			
固定资产投资总额	11124670	5138724	1163127	565731	1033018	499955	1876893	2186598	1087681	2711667
一、按登记注册类型分										
内资	10079548	4655586	1114762	565731	933059	462856	1579178	1988771	1072528	2362663
# 国有企业	583802	222299	29172	54654	91544	16345	30584	95335	8486	257682
集体企业	60115	39577	24505	9350	1291	—	4431	—	—	20538
股份合作企业	65141	—	—	—	—	—	—	65141	—	—
联营企业	284890	284890	—	—	—	—	284890	—	—	—
有限责任公司	2475016	1342657	346289	310752	176179	127269	382168	281216	97551	753592
股份有限公司	288270	216315	70115	60459	9398	810	75533	60818	4974	6163
私营企业	6193488	2462470	627800	130516	651639	315237	737278	1479102	958582	1293334
其他	128826	87378	16881	—	3008	3195	64294	7159	2935	31354
港澳台商投资企业	617771	311441	38743	—	95704	—	176994	133325	8424	164581
外商投资企业	427351	171697	9622	—	4255	37099	120721	64502	6729	184423
二、按资金来源分										
上年末结余资金	2246507	1300231	154514	350695	162151	297405	335466	242574	73938	629764
国家预算内资金	230721	73773	48967	23727	1079	—	—	31967	1074	123907
国内贷款	967070	333257	110957	43952	157648	3000	17700	167454	250984	215375
债券	52521	36321	—	31195	2343	—	2783	—	200	16000
利用外资	59401	4136	—	—	—	—	4136	—	—	55265
自筹资金	6030670	2645788	515385	173582	606368	161733	1188720	1223409	642732	1518741
其他资金	4381388	2344497	443619	625102	263795	585536	426445	853987	236994	945910
三、按构成分										
建筑安装工程	7056765	3114914	904291	389621	618321	306536	896145	1336759	639356	1965736
设备工器具购置	2194584	1260861	92983	17163	279202	68011	803502	375880	257448	300395
其他费用	1873321	762949	165853	158947	135495	125408	177246	473959	190877	445536
四、按产业分										
第一产业	124174	64257	—	—	58583	—	5674	19367	8044	32506
第二产业	5063587	2308321	394637	2504	447073	67233	1396874	1242363	735289	777614
# 工业	5071241	2315975	394637	2504	447073	67233	1404528	1242363	735289	777614
第三产业	5936909	2766146	768490	563227	527362	432722	474345	924868	344348	1901547
新增固定资产	5088779	2870405	689460	537209	308115	210985	1124636	860444	359325	998605

（市统计局）

2021 年镇江市城市人口、建设用地情况表

表 34 －7

项　目	单　位	市　区	丹阳市	扬中市	句容市
城市人口	万人	103.10	79.41	27.96	58.19
#城区人口	万人	79.30	28.66	13.65	16.08
城市化水平	%	89.1	80.5	70.6	65.3
城市面积	平方千米	1088	1047	332	1386
#城区面积	平方千米	555.43	154.22	94.75	92.80
建成区面积	平方千米	147.29	38.83	16.34	33.77
城市建设用地面积	平方千米	170.21	52.35	32.88	53.32
#居住用地	平方千米	42.30	8.15	4.33	11.78
公共管理与公共服务用地	平方千米	14.41	6.01	1.00	3.06
商业服务业设施用地	平方千米	7.96	7.25	0.97	2.08
工业用地	平方千米	53.20	9.37	3.72	6.39
物流仓储用地	平方千米	4.15	0.80	0.43	0.07
道路与交通设施用地	平方千米	30.95	1.98	2.63	6.23
公用设施用地	平方千米	3.41	4.27	0.64	0.45
绿地与广场用地	平方千米	13.83	1.00	2.20	3.71
本年征用土地面积	平方千米	5.39	1.15	0.83	0.82
#耕地	平方千米	2.47	0.43	0.42	0.47

（市统计局）

2021 年镇江市农村基本情况表

表 34 －8

项　目	单位	全　市	市　区						丹阳市	扬中市	句容市
				京口区	润州区	丹徒区	高新区	新　区			
一、农村基本情况											
乡村户数	万户	56.17	13.27	1.34	0.30	8.23	0.45	2.95	19.53	7.63	15.73
乡村人口	万人	166.22	38.27	3.76	1.10	24.13	0.96	8.32	59.61	23.60	44.74
乡村劳动力资源	万人	106.62	24.80	2.26	0.52	15.67	0.64	5.71	39.22	15.42	27.18
1. 男	万人	54.81	12.60	1.13	0.27	7.93	0.32	2.94	20.31	7.71	14.19
2. 女	万人	51.81	12.21	1.12	0.25	7.74	0.32	2.77	18.91	7.71	12.99
二、从业人员情况											
劳动年龄内人口数	万人	99.40	22.71	2.14	0.52	14.19	0.62	5.23	36.97	14.19	25.53
#劳动年龄内上学的学生数	万人	5.26	1.24	0.13	0.01	0.72	0.03	0.35	1.93	1.06	1.03
劳动年龄内丧失劳动能力的人数	万人	2.56	0.65	0.07	0.01	0.43	0.01	0.14	0.77	0.39	0.76
乡村实有从业人员合计	万人	98.64	22.66	2.08	0.41	14.55	0.56	5.06	36.33	13.55	26.11
#男性	万人	51.15	11.73	1.06	0.22	7.55	0.33	2.57	18.81	6.91	13.69
女性	万人	47.49	10.93	1.02	0.19	6.99	0.23	2.49	17.52	6.64	12.41
#劳动年龄内从业人员	万人	86.66	20.10	1.96	0.39	12.65	0.53	4.56	32.37	11.93	22.26
#农林牧渔业	万人	17.75	3.99	0.10	0.03	2.97	0.02	0.87	5.98	1.70	6.09
#种植业	万人	14.44	3.47	0.09	0.03	2.53	0.02	0.80	4.51	1.53	4.94
工业	万人	51.17	11.80	1.17	0.20	7.08	0.30	3.04	22.16	8.83	8.38
建筑业	万人	11.59	1.89	0.11	0.03	1.44	0.05	0.26	2.94	0.60	6.17
交通运输、仓储和邮政业	万人	3.32	0.86	0.11	0.03	0.49	0.03	0.19	1.01	0.34	1.11
信息传输、计算机服务和软件业	万人	0.99	0.44	0.05	0.01	0.31	0.01	0.06	0.17	0.20	0.18
批发、零售业	万人	3.05	0.64	0.11	0.02	0.28	0.07	0.18	1.08	0.50	0.83
住宿和餐饮业	万人	2.18	0.70	0.10	0.02	0.47	0.01	0.10	0.50	0.29	0.70
金融、保险业	万人	0.66	0.16	0.03	0.01	0.10	0.00	0.03	0.20	0.15	0.15
房地产、社会服务业	万人	1.15	0.48	0.10	0.01	0.34	0.00	0.02	0.20	0.13	0.35
卫生、体育和社会福利业	万人	0.50	0.15	0.02	0.02	0.09	0.01	0.02	0.13	0.09	0.13
教育、文化、艺术和广播电视事业	万人	0.45	0.14	0.03	0.01	0.07	0.02	0.02	0.14	0.05	0.12
科学研究和综合技术服务事业	万人	0.25	0.06	0.02	0.01	0.01	0.00	0.01	0.04	0.05	0.10
乡经济组织管理从业人员	万人	0.56	0.10	0.01	0.01	0.07	0.01	0.01	0.21	0.13	0.11
其他从业人员	万人	5.02	1.25	0.13	0.02	0.82	0.03	0.25	1.57	0.50	1.70

（市统计局）

2021年镇江市农业现代化基本情况表

表34－9

项　目	单位	全　市	市　区	京口区	润州区	丹徒区	高新区	新　区	丹阳市	扬中市	句容市
农用化肥施用量(折纯)	吨	45925	10607	641	370	7123	23	2450	13715	3191	18412
氮肥	吨	19749	4017	287	149	2813	0	768	6168	1908	7656
磷肥	吨	1439	122	31	11	80	0	0	173	301	843
钾肥	吨	2571	199	57	5	137	0	0	979	341	1052
复合肥	吨	22165	6269	266	205	4093	23	1682	6395	641	8861
农用薄膜使用量	吨	1962	248	11	17	119	1	100	1292	109	313
#地膜使用量	吨	898	70	6	1	57	1	5	648	77	104
地膜覆盖面积	公顷	3571	793	35	7	716	5	31	1766	369	642
农用柴油使用量	吨	14429	2256	47	8	1656	0	545	6007	356	5810
农药使用量	吨	1993	341	11	6	188	1	134	677	184	791
农业机械总动力	千瓦	1519923	420762	55658	16861	260278	0	87965	388356	133249	577556
#柴油机	千瓦	957213	270688	35590	4960	177151	0	52987	220483	67427	398615
汽油机	千瓦	117785	32331	6768	5912	14361	0	5290	42435	8201	34818
电动机	千瓦	444925	117743	13300	5989	68766	0	29688	125438	57621	144123
农业机械与设备											
大中型拖拉机	台	4981	1294	66	9	1098	0	121	2135	239	1313
小型拖拉机	台	10541	508	0	9	468	0	31	817	191	9025
农用水泵	套	32902	11220	987	518	7735	0	1980	6654	4005	11023
联合收获机	台	2674	665	42	4	536	0	83	1134	143	732
机动喷雾(粉)机	台	10269	2219	65	53	1664	0	437	4195	666	3189
饲草料加工机械	台	2446	790	0	0	715	0	75	1246	136	274

（市统计局）

2021年镇江市主要农作物生产情况表

表34－10　　单位：千公顷、千克/公顷、吨

项　目	单位	全　市	市　区	京口区	润州区	丹徒区	高新区	新　区	丹阳市	扬中市	句容市
农作物总播种面积	面积	184.58	41.01	2.14	0.64	25.92	0.25	12.07	69.69	15.75	58.14
一、粮食作物	面积	134.52	28.60	1.58	0.12	18.69	—	8.21	58.11	10.12	37.69
	单产	7138	7072	6160	8255	7132	—	7094	7345	7198	6852
	总产	960167	202250	9732	1024	133269	—	58226	426829	72816	258271
(一)夏收粮食	面积	48.13	8.37	0.59	—	5.09	—	2.69	25.79	3.91	10.06
	单产	5053	4927	4963	—	4768	—	5219	5172	4768	4783
	总产	243221	41236	2928	—	24270	—	14038	133381	20488	48116
夏收谷物	面积	47.03	8.10	0.57	—	4.93	—	2.60	25.33	3.71	9.89
	单产	5108	4999	5047	—	4833	—	5304	5219	5361	4818
	总产	240238	40493	2877	—	23826	—	13790	132206	19889	47650
#小麦	面积	46.44	8.08	0.57	—	4.91	—	2.60	24.79	3.68	9.89
	单产	5129	5000	5047	—	4833	—	5304	5261	5363	4818
	总产	238189	40397	2877	—	23730	—	13790	130408	19734	47650

续表 34－10

项　目	单位	全　市	市　区						丹阳市	扬中市	句容市
				京口区	润州区	丹徒区	高新区	新　区			
元麦	面积	0.39	0.02	—	—	0.02	—	—	0.37	—	—
	单产	3385	4800	—	—	4800	—	—	3308	—	—
	总产	1320	96	—	—	96	—	—	1224	—	—
夏收豆类	面积	1.10	0.27	0.02	—	0.16	—	0.09	0.46	0.2	0.17
	单产	2712	2752	2550	—	2775	—	2756	2554	2995	2741
	总产	2983	743	51	—	444	—	248	1175	599	466
(二)秋收粮食	面积	86.39	20.23	0.99	0.12	13.6	—	5.52	32.32	6.21	27.63
	单产	8299	7959	6873	8255	8017	—	8009	9079	8431	7605
	总产	716946	161014	6804	1024	108999	—	44188	293448	52328	210155
秋收谷物	面积	78.64	18.03	0.87	0.12	12.26	—	4.78	30.43	5.01	25.17
	单产	8788	8574	7513	8255	8574	—	8766	9447	9528	7997
	总产	691053	154581	6536	1024	105118	—	41903	287455	47703	201314
#稻谷	面积	72.42	15.12	0.61	0.09	10.11	—	4.31	30.21	5.01	22.07
	单产	9106	9120	8292	9141	9157	—	9131	9483	9528	8488
	总产	659426	137891	5058	859	92608	—	39365	286272	47703	187359
#粳稻	面积	67.48	15.12	0.61	0.09	10.11	—	4.31	27.28	5.01	20.06
	单产	9132	9120	8292	9141	9157	—	9131	9548	9528	8479
	总产	616196	137891	5058	859	92608	—	39365	260475	47703	170127
玉米	面积	5.73	2.90	0.26	0.03	2.15	—	0.46	0.22	—	2.61
	单产	5080	5755	5685	5478	5828	—	5517	4504	—	4379
	总产	29117	16690	1478	164	12510	—	2538	983	—	11444
秋收豆类	面积	5.40	1.64	0.1	—	1.00	—	0.54	1.41	0.80	1.55
	单产	2497	2283	1890	—	2058	—	2778.37	2796	2832	2275
	总产	13492	3752	189	—	2065	—	1498	3949	2266	3526
秋收薯类	面积	2.35	0.56	0.02	—	0.33	—	0.21	0.48	0.40	0.91
	单产	5280	4790	3950	—	5448	—	3840	4237	5898	5841
	总产	12400	2682	79	—	1816	—	787	2044	2359	5315
二、油料合计	面积	16.19	3.99	0.29	0.05	3.13	0.01	0.50	2.50	0.78	8.92
	单产	2658	2628	2858	2963	2571	2400	2819	2657	2700	2668
	总产	43042	10484	842	160	8045	24	1413	6640	2116	23801
花生	面积	0.81	0.10	0.01	0.00	0.09	0.00	0	0.29	0	0.42
	单产	2189	2449	4417	—	2205	—	—	2781	—	1725
	总产	1771	241	48	0.0	193	0	0	801	0	729
油菜籽	面积	14.61	3.79	0.27	0.05	2.96	0.01	0.50	2.07	0.78	7.97
	单产	2730	2674	2891	2963	2625	2400	2819	2671	2700	2775
	总产	39887	10132	772	160	7763	24	1413	5516	2116	22123
芝麻	面积	0.77	0.10	0.02	0.00	0.08	0.00	0.0	0.15	0.00	0.53
	单产	1786	1094	1310	—	1051	—	—	2215	—	1800
	总产	1383	111	22	0.0	89	0	0	324	0	948
三、棉花(皮棉)	面积	0.01	—	—	—	—	—	—	—	—	0.01
	单产	1000	—	—	—	—	—	—	—	—	1000
	总产	10	—	—	—	—	—	—	—	—	10

(市统计局)

2021年镇江市工业总产值前50家企业表

表34－11

企业名称	所属地区	企业名称	所属地区
镇江奇美化工有限公司	新 区	天工爱和特钢有限公司	丹阳市
江苏鼎胜新能源材料股份有限公司	京口区	江苏天工工具有限公司	丹阳市
江苏鑫海高导新材料有限公司	丹阳市	中节能太阳能科技(镇江)有限公司	新 区
中储粮镇江粮油有限公司	京口区	江苏镇江发电有限公司	丹徒区
金东纸业(江苏)股份有限公司	新 区	江苏新韩通船舶重工有限公司	扬中市
江苏鸿泰钢铁有限公司	京口区	巨宝精密加工(江苏)有限公司	句容市
江苏索普化工股份有限公司	京口区	道达尔润滑油(中国)有限公司	新 区
丹阳龙江钢铁有限公司	丹阳市	索尔维(镇江)化学品有限公司	新 区
江苏沃得农业机械股份有限公司	丹阳市	镇江西门子母线有限公司	扬中市
江苏久华环保科技股份有限公司	丹阳市	江苏长丰纸业有限公司	丹阳市
镇江江南化工有限公司	新 区	句容毅马五金制品有限公司	句容市
江苏美科太阳能科技有限公司	扬中市	北汽蓝谷麦格纳汽车有限公司	丹徒区
江苏鱼跃医疗设备股份有限公司	丹阳市	句容市天工精密金属制品有限公司	句容市
蜂巢动力系统(江苏)有限公司	扬中市	镇江南帝化工有限公司	新 区
江苏通达铜材有限公司	新 区	大亚人造板集团有限公司	丹阳市
国家能源集团谏壁发电厂	京口区	句容协鑫光伏科技有限公司	句容市
镇江联成化学工业有限公司	新 区	镇江华润燃气有限公司	润州区
江苏华电句容发电有限公司	句容市	句容台泥水泥有限公司	句容市
江苏中海粮油工业有限公司	扬中市	凯途必机械工业(镇江)有限公司	新 区
孚能科技(镇江)有限公司	新 区	扬中凯悦铜材有限公司	扬中市
华电江苏能源有限公司	句容市	江苏沃得高新农业装备有限公司	丹徒区
建华建材(中国)有限公司	句容市	江苏正丹化学工业股份有限公司	新 区
江苏新泉汽车饰件股份有限公司	丹阳市	江苏森林建筑新材料股份有限公司	扬中市
江苏鹤林水泥有限公司	丹徒区	大赛璐安全系统(江苏)有限公司	丹阳市
句容宁武新材料股份有限公司	句容市	蜂巢传动系统(江苏)有限公司	扬中市

（市统计局）

2021年镇江市产品销售收入前50家企业表

表34－12

企业名称	所属地区	企业名称	所属地区
镇江奇美化工有限公司	新 区	句容宁武新材料股份有限公司	句容市
江苏鼎胜新能源材料股份有限公司	京口区	中节能太阳能科技(镇江)有限公司	新 区
江苏鑫海高导新材料有限公司	丹阳市	江苏镇江发电有限公司	丹徒区
金东纸业(江苏)股份有限公司	新 区	江苏新韩通船舶重工有限公司	扬中市
中储粮镇江粮油有限公司	京口区	索尔维(镇江)化学品有限公司	新 区
江苏沃得农业机械股份有限公司	丹阳市	道达尔润滑油(中国)有限公司	新 区
江苏鸿泰钢铁有限公司	京口区	镇江西门子母线有限公司	扬中市
江苏索普化工股份有限公司	京口区	巨宝精密加工(江苏)有限公司	句容市
丹阳龙江钢铁有限公司	丹阳市	镇江源龙铝业有限责任公司	丹徒区
国家能源集团谏壁发电厂	京口区	蜂巢传动系统(江苏)有限公司	扬中市
江苏久华环保科技股份有限公司	丹阳市	句容市天工精密金属制品有限公司	句容市
江苏鱼跃医疗设备股份有限公司	丹阳市	句容毅马五金制品有限公司	句容市
镇江江南化工有限公司	新 区	北汽蓝谷麦格纳汽车有限公司	丹徒区
江苏美科太阳能科技有限公司	扬中市	江苏长宏重工有限公司	丹阳市
蜂巢动力系统(江苏)有限公司	扬中市	镇江南帝化工有限公司	新 区
镇江联成化学工业有限公司	新 区	江苏长丰纸业有限公司	丹阳市
江苏通达铜材有限公司	新 区	镇江华润燃气有限公司	润州区
江苏华电句容发电有限公司	句容市	句容协鑫光伏科技有限公司	句容市
江苏新泉汽车饰件股份有限公司	丹阳市	江苏沃得高新农业装备有限公司	丹徒区
江苏中海粮油工业有限公司	扬中市	江苏恒顺醋业股份有限公司	丹徒区
建华建材(中国)有限公司	句容市	凯途必机械工业(镇江)有限公司	新 区
华电江苏能源有限公司	句容市	扬中凯悦铜材有限公司	扬中市
江苏鹤林水泥有限公司	丹徒区	江苏森林建筑新材料股份有限公司	扬中市
天工爱和特钢有限公司	丹阳市	句容台泥水泥有限公司	句容市
江苏天工工具有限公司	丹阳市	江苏正丹化学工业股份有限公司	新 区

（市统计局）

2021年镇江市资产总额前50家企业表

表34－13

企业名称	所属地区	企业名称	所属地区
金东纸业(江苏)股份有限公司	新　区	海昌隐形眼镜有限公司	丹阳市
建华建材(中国)有限公司	句容市	镇江东方电热科技股份有限公司	新　区
华电江苏能源有限公司	句容市	北汽蓝谷麦格纳汽车有限公司	丹徒区
孚能科技(镇江)有限公司	新　区	诺贝丽斯铝业(镇江)有限公司	京口区
江苏鱼跃医疗设备股份有限公司	丹阳市	江苏新韩通船舶重工有限公司	扬中市
江苏鼎胜新能源材料股份有限公司	京口区	江苏鹤林水泥有限公司	丹徒区
镇江奇美化工有限公司	新　区	江苏恒顺醋业股份有限公司	丹徒区
江苏沃得农业机械股份有限公司	丹阳市	江苏镇江燃气热电有限公司	丹徒区
江苏天工工具有限公司	丹阳市	镇江香江云动力科技有限公司	新　区
江苏华电句容发电有限公司	句容市	索尔维(镇江)化学品有限公司	新　区
句容市水务集团有限公司	句容市	沃得重工(中国)有限公司	丹徒区
江苏索普化工股份有限公司	京口区	丹阳水务集团有限公司	丹阳市
江苏中海粮油工业有限公司	扬中市	江苏天奈科技股份有限公司	新　区
蜂巢传动系统(江苏)有限公司	扬中市	江苏久华环保科技股份有限公司	丹阳市
江苏新泉汽车饰件股份有限公司	丹阳市	江苏大全长江电器股份有限公司	扬中市
江苏沃得机电集团有限公司	丹阳市	镇江市自来水有限责任公司	京口区
香江科技股份有限公司	扬中市	江苏通灵电器股份有限公司	扬中市
江苏恒神股份有限公司	丹阳市	江苏省镇江船厂(集团)有限公司	高新区
巨宝精密加工(江苏)有限公司	句容市	江苏沃得植保机械有限公司	丹阳市
蜂巢动力系统(江苏)有限公司	扬中市	江苏镇江发电有限公司	丹徒区
国家能源集团谏壁发电厂	京口区	江苏正丹化学工业股份有限公司	新　区
句容台泥水泥有限公司	句容市	中节能太阳能科技(镇江)有限公司	新　区
江苏美科太阳能科技有限公司	扬中市	镇江默勒电器有限公司	扬中市
镇江江南化工有限公司	新　区	江苏肯帝亚木业有限公司	丹阳市
天工爱和特钢有限公司	丹阳市	恒宝股份有限公司	丹阳市

（市统计局）

2021年镇江市利税总额前50家企业表

表34－14

企业名称	所属地区	企业名称	所属地区
镇江奇美化工有限公司	新　区	江苏天工精密工具有限公司	丹阳市
江苏索普化工股份有限公司	京口区	江苏新泉汽车饰件股份有限公司	丹阳市
江苏鱼跃医疗设备股份有限公司	丹阳市	江苏恒顺醋业股份有限公司	丹徒区
金东纸业(江苏)股份有限公司	新　区	江苏船山矿业股份有限公司	润州区
镇江江南化工有限公司	新　区	江苏天工工具有限公司	丹阳市
江苏沃得农业机械股份有限公司	丹阳市	江苏图南合金股份有限公司	丹阳市
建华建材(中国)有限公司	句容市	江苏长丰纸业有限公司	丹阳市
江苏鹤林水泥有限公司	丹徒区	江苏仅一联合智造有限公司	丹阳市
蜂巢传动系统(江苏)有限公司	扬中市	凯迩必机械工业(镇江)有限公司	新　区
镇江南帝化工有限公司	新　区	句容宁武新材料股份有限公司	句容市
句容台泥水泥有限公司	句容市	江苏沃得高新农业装备有限公司	丹徒区
蜂巢动力系统(江苏)有限公司	扬中市	巴斯夫造纸化学品(江苏)有限公司	新　区
大亚人造板集团有限公司	丹阳市	丹阳龙江钢铁有限公司	丹阳市
优利德(江苏)化工有限公司	新　区	江苏巨贸康万家医疗设备有限公司	丹阳市
索尔维(镇江)化学品有限公司	新　区	瑞肯耐特流体控制系统(镇江)有限公司	新　区
江苏久华环保科技股份有限公司	丹阳市	镇江默勒电器有限公司	扬中市
海昌隐形眼镜有限公司	丹阳市	北汽蓝谷麦格纳汽车有限公司	丹徒区
镇江华润燃气有限公司	润州区	江苏超跃化学有限公司	新　区
江苏大亚滤嘴材料有限公司	丹阳市	江苏吉贝尔药业股份有限公司	新　区
镇江西门子母线有限公司	扬中市	江苏鸿泰钢铁有限公司	京口区
镇江李长荣高性能材料有限公司	丹徒区	江苏苏亚迪炭材有限公司	丹徒区
江苏天奈科技股份有限公司	新　区	丹佛斯动力系统(江苏)有限公司	高新区
江苏鼎胜新能源材料股份有限公司	京口区	江苏常青树新材料科技股份有限公司	新　区
大赛璐安全系统(江苏)有限公司	丹阳市	江苏恒神股份有限公司	丹阳市
道达尔润滑油(中国)有限公司	新　区	中储粮镇江粮油有限公司	京口区

（市统计局）

2021 年镇江市利润总额前 50 家企业表

表 34－15

企业名称	所属地区	企业名称	所属地区
镇江奇美化工有限公司	新　区	江苏图南合金股份有限公司	丹阳市
江苏索普化工股份有限公司	京口区	江苏天工工具有限公司	丹阳市
江苏鱼跃医疗设备股份有限公司	丹阳市	江苏沃得高新农业装备有限公司	丹徒区
金东纸业(江苏)股份有限公司	新　区	江苏仅一联合智造有限公司	丹阳市
江苏沃得农业机械股份有限公司	丹阳市	江苏巨贸康万家医疗设备有限公司	丹阳市
镇江江南化工有限公司	新　区	巴斯夫造纸化学品(江苏)有限公司	新　区
蜂巢传动系统(江苏)有限公司	扬中市	江苏船山矿业股份有限公司	润州区
建华建材(中国)有限公司	句容市	丹佛斯动力系统(江苏)有限公司	高新区
江苏鹤林水泥有限公司	丹徒区	道达尔润滑油(中国)有限公司	新　区
镇江南帝化工有限公司	新　区	瑞肯耐特流体控制系统(镇江)有限公司	新　区
蜂巢动力系统(江苏)有限公司	扬中市	句容宁武新材料股份有限公司	句容市
句容台泥水泥有限公司	句容市	镇江原轼新型材料有限公司	丹徒区
大亚人造板集团有限公司	丹阳市	江苏恒神股份有限公司	丹阳市
索尔维(镇江)化学品有限公司	新　区	江苏恒顺醋业股份有限公司	丹徒区
优利德(江苏)化工有限公司	新　区	凯途必机械工业(镇江)有限公司	新　区
镇江华润燃气有限公司	润州区	江苏常青树新材料科技股份有限公司	新　区
海昌隐形眼镜有限公司	丹阳市	北汽蓝谷麦格纳汽车有限公司	丹徒区
江苏天奈科技股份有限公司	新　区	江苏苏亚迪炭材有限公司	丹徒区
江苏鼎胜新能源材料股份有限公司	京口区	镇江贝斯特新材料股份有限公司	新　区
镇江李长荣高性能材料有限公司	丹徒区	江苏超跃化学有限公司	新　区
江苏大亚滤嘴材料有限公司	丹阳市	江苏吉贝尔药业股份有限公司	新　区
大赛璐安全系统(江苏)有限公司	丹阳市	中储粮镇江粮油有限公司	京口区
江苏天工精密工具有限公司	丹阳市	江苏东普新材料科技有限公司	新　区
镇江西门子母线有限公司	扬中市	江苏万隆化学有限公司	新　区
江苏新泉汽车饰件股份有限公司	丹阳市	镇江默勒电器有限公司	扬中市

(市统计局)

2021 年镇江市主要工业产品产量表

表 34－16

产品名称	单位	实绩	产品名称	单位	实绩
一、采矿业产品			饮料酒	千升	71525.85
石灰石	万吨	1096.46	饮料	万吨	12.88
二、水电工业产品			四、纺织工业产品		
发电量	亿千瓦小时	496.36	纱	万吨	1.83
自来水生产量	万立方米	33567.95	布	万米	8536.33
三、农副食品加工业产品			棉混纺布	万米	8159.99
原盐	万吨	156.75	化学纤维短纤布	万米	899.67
小麦粉	万吨	36.95	化纤长丝机织物	万米	1337.39
大米	万吨	1.36	无纺布	吨	1111.61
饲料	万吨	7.04	蚕丝被	万条	21.18
食用植物油	万吨	59.01	服装	万件	3791.76
鲜、冷藏肉	吨	1573.29	#梭织服装	万件	3545.86
焙烤松脆食品	吨	848	针织报装	万件	245.90
酱油	吨	2251	手提包(袋)	万个	62.07
食醋	万吨	30.33	鞋	万双	631.98
方便面	吨	12649	#皮革鞋靴	万双	293.58

续表 34－16

产品名称	单位	实绩	产品名称	单位	实绩
纺织面鞋	万双	165.90	阀门	万吨	3.73
五、化学工业产品			滚动轴承	万套	929.04
硫酸	万吨	28.97	工业链条	吨	7626
冰乙酸(冰醋酸)	万吨	106.41	风机	台	12958
化学农药原药	万吨	4.95	工商用制冷、空调设备	万套	1.76
涂料	万吨	1.79	电动手提式工具	万台	23.41
初级形态塑料	万吨	154.46	金属紧固件	万吨	14.14
#ABS树脂	万吨	16.53	模具	套	4541
合成橡胶	万吨	4.77	农产品加工专用设备	台	3053
碳纤维	吨	3114.84	大型拖拉机	台	745
硅橡胶	吨	14744.00	中型拖拉机	台	22379
中成药	吨	245.70	机械化园艺机具	万台	12.78
化学纤维	万吨	3.69	眼镜成镜	万副	1383
化学药品原药	吨	115.10	大气污染防治设备	台(套)	226
塑料制品	万吨	8.85	灭火器	万台	27.88
纸浆	万吨	24.95	汽车	辆	6489
机制纸及纸板	万吨	257.82	#新能源汽车	辆	6489
#涂布类印刷用纸	万吨	183.53	挖掘、铲土运输机械	台	22379
纸制品	万吨	24.31	民用钢质船舶	万载重吨	1.61
其中:瓦楞纸箱	万吨	3.74	气体压缩机	万台	14.14
单色印刷品	万令	22.11	起重机	吨	3966.34
多色印刷品	万对开色令	68.23	两轮脚踏自行车	万辆	96.26
化学试剂	万吨	2.24	电动自行车	万辆	11.71
六、建材工业产品			钢结构	万吨	6.49
人造板	万立方米	37.82	钢丝	万吨	1.00
实木木地板	万平方米	446.91	铸铁件	万吨	11.58
复合木地板	万平方米	4274.20	锻件	万吨	0.30
家具	件	298.51	弹簧	万吨	0.32
硅酸盐水泥熟料	万吨	857.50	金属压力容器	万吨	1.85
水泥	万吨	1530.10	金属包装容器	万吨	1.63
商品混凝土	万立方米	454.49	九、电子通信工业产品		
预应力混凝土桩	万米	1836.51	变压器	万千伏安	315.19
钢化玻璃	万平方米	44.12	高压开关设备	台	4293.00
石膏板	万平方米	1151.16	电力电缆	千米	39214
砖	万块	17621	光缆	芯亿米	131.21
玻璃包装容器	吨	1437.20	绝缘制品	万吨	0.52
玻璃纤维布	万米	2492.82	蓄电池	万只	9.02
纤维增强塑料制品	万吨	3.88	电光源	万只	4041
耐火材料制品	吨	4356.32	灯具及照明装置	万套	2009.37
石墨及碳素制品	万吨	22.74	手机	万台	63.96
七、冶金工业产品			集成电路	万块	47.30
钢材	万吨	565.17	光电子器件	万只	16.30
铝合金	万吨	4.22	液晶电视机	万台	3.18
锌合金	吨	571.00	电子元件	亿只	20.12
铜材	万吨	3.57	印制电路板	万平方米	49.29
铝材	万吨	87.31	汽车仪器仪表	万台	172.46
八、机械工业产品			光学仪器	万个	43.79
金属切削工具	亿件	9.52	单晶硅片	万片	85512.30
金属成形机床	台	9927	桥架	万吨	45.60
液压元件	件	4232	母线	万米	190.10
发动机	台	271619	高低压开关面板	万面	3.28
泵	万台	0.22	发电设备	千瓦	29030
电动叉车	台	4484	锂离子电池	万只	190.18
电梯、自动扶梯	台	2715			

（市统计局）

2021 年镇江市社会消费品零售总额情况表

表 34 – 17　　　　单位:万元

项目	全市	市区	京口区	润州区	丹徒区	高新区	新区	丹阳市	扬中市	句容市
合计	13468309	6544221	2856880	1346031	729740	231261	1380309	3580690	1564916	1778481
一、按所在地分										
城镇	12176584	6365706	2852124	1337322	626015	231261	1318985	3116199	1323694	1370984
乡村	1291725	178514	4756	8709	103725	—	61324	464491	241222	407497
二、按行业分										
批发业	2241593	1136806	354235	226029	179467	172790	204285	621442	126009	357336
零售业	9844090	4757217	2197221	977587	473215	51597	1057597	2579562	1274878	1232433
住宿业	106803	57430	26118	13800	5003	463	12045	7504	27054	14815
餐饮业	1275824	592768	279306	128615	72055	6410	106382	372183	136976	173897
三、按规模分										
限额以上	4225322	2657702	1060210	677324	202582	31159	686427	724576	455896	387147
批发业	459531	201646	3771	171036	6609	18587	1644	193327	55857	8701
零售业	3486552	2327871	994211	473015	177935	7983	674727	482863	347219	328599
住宿业	32934	12448	6508	2376	3052	—	511	5921	9758	4807
餐饮业	246305	115738	55721	30897	14986	4589	9545	42464	43063	45040
限额以下	9242987	3886519	1796670	668707	527158	200101	693882	2856114	1109020	1391334
批发业	1782062	935160	350464	54993	172858	154204	202642	428115	70151	348636
零售业	6357538	2429346	1203010	504572	295280	43614	382870	2096698	927659	903834
住宿业	73869	44982	19610	11424	1951	463	11534	1582	17296	10008
餐饮业	1029518	477030	223585	97718	57069	1821	96837	329719	93913	128857

(市统计局)

2021 年镇江市进出口总额情况表

表 34 – 18　　　　单位:亿元

项目	进出口总额	出口	进口	项目	进出口总额	出口	进口
全市	834.36	596.1	238.25	扬中市	41.5	38.1	3.4
京口区	94.5	70.3	24.3	句容市	53.0	40.3	12.8
润州区	18.4	16.8	1.6	总计中:国有企业	56.9	33.8	23.1
丹徒区	67.9	63.0	4.9	民营企业	428.6	344.6	84.0
高新区	41.8	21.3	20.5	外商及中国港澳台商企业	348.9	217.7	131.2
新区	274.8	128.0	146.8	总计中:一般贸易	690.4	533.9	156.5
丹阳市	242.4	218.4	24.0	加工贸易	94.5	51.3	43.2

(市统计局)

2021 年镇江市外资使用情况表

表 34 – 19

项目	新设企业数(个)	实际使用外资金额(万美元)	历年累计批准企业数(个)	项目	新设企业数(个)	实际使用外资金额(万美元)	历年累计批准企业数(个)
按投资方式分	100	80948	4994	金融业	0	301	16
#独资经营	53	45568	3034	房地产业	5	4841	200
合资经营	46	35380	1869	租赁和商务服务业	6	6381	124
合作经营	0	0	85	科学研究、技术服务和地质勘查业	16	7953	115
合伙企业	1	0	6	水利、环境和公共设施管理业	0	0	25
按国民经济行业分				居民服务和其他服务业	1	243	52
农、林、牧、渔业	2	0	177	教育	0	0	6
采矿业	0	0	16	卫生、社会保障和社会福利业	2	0	5
制造业	34	50943	3627	文化、体育和娱乐业	2	0	9
电力、燃气及水的生产和供应业	3	767	46	按投资国别(地区)分:			
建筑业	0	4106	61	亚洲	78	45525	3650
交通运输、仓储及邮政业	1	699	66	非洲	1	0	50
信息传输、计算机服务和软件业	8	1925	71	欧洲	5	5336	352
批发和零售业	18	2789	356	拉丁美洲	0	0	0
住宿和餐饮业	2	0	58	北美洲	9	812	629

(市统计局)

2021年镇江市全社会用电情况表

表34－20　　单位：万千瓦小时

项　目	全　市	市　区	丹阳市	扬中市	句容市
全社会用电量	2950572	1396308	1022230	182720	349314
#第一产业	16373	4453	8409	691	2820
第二产业	2143852	1028668	814310	112973	187901
工业	2116409	1017723	807055	111024	180607
第三产业	441165	220331	101863	32844	86127
交通运输、仓储和邮政业	78022	36596	21952	1020	18454
信息、计算机服务和软件业	25589	14002	5847	1598	4142
批发和零售业	98403	41525	28158	9746	18974
住宿和餐饮业	24568	8770	7532	3229	5037
金融业	5433	2648	1193	719	873
房地产业	61592	38928	5841	1843	14980
租赁和商务服务业	12532	4682	1697	4458	1695
公共事业和管理组织	123106	69536	25660	8811	19099
城乡居民生活用电	349182	142856	97648	36212	72466
城　镇	182944	107245	35278	12425	27996
乡　村	166238	35611	62370	23787	44470

（市统计局）

2021年镇江市个体私营经济基本情况表

表34－21

项　目	经营户数（个）	从业人员（人）	注册资本（万元）	项　目	经营户数（个）	从业人员（人）	注册资本（万元）
一、总　计	518891	1757546	98106690	交通运输、仓储和邮政业	29286	59234	1907880
城镇	418672	1283359	81771122	住宿和餐饮业	44264	111587	977184
农村	100219	474187	16335568	信息传输、软件和信息技术服务业	5194	18138	1400676
二、按行业分				金融业	324	2448	1392311
第一产业	17150	49455	1950725	房地产业	4937	24780	2533968
农、林、牧、渔业	17150	49455	1950725	租赁和商务服务业	19890	78267	13624228
第二产业	92182	707521	44925674	科学研究和技术服务业	12332	69652	11640444
工业	68736	592494	27530996	水利、环境和公共设施管理业	527	4012	354315
采矿业	48	570	58345	居民服务、修理和其他服务业	42464	93255	1062836
制造业	68387	589943	27089222	教育	2443	7575	171438
电力、热力、燃气及水生产和供应业	301	1981	383429	卫生和社会工作	656	2413	162316
建筑业	23446	115027	17394678	文化、体育和娱乐业	7742	18577	731384
第三产业	409559	1000570	51230293	其他	40	142	2045
批发和零售业	239460	510490	15269268	三、当年新增	74586	145008	11259566

（市统计局）

·社会发展主要指标·

2021年镇江市各类学校基本情况表

表34－22

项 目	全 市	市 区	丹阳市	扬中市	句容市
学校总数(所)	244	106	65	27	46
普通高等学校	9	9	—	—	—
普通中等专业学校	6	3	1	1	1
普通中学	110	45	39	10	16
高中	19	9	5	2	3
初中	91	36	34	8	13
技工学校	3	2	1	0	0
小学	111	45	23	15	28
特殊教育学校	5	2	1	1	1
毕业生总数(人)	93016	54085	21683	6335	10913
普通高等学校	25805	25805	—	—	—
普通中等专业学校	5543	3074	1498	411	560
普通中学	34597	13367	11622	3494	6114
高中	11826	4524	4033	1244	2025
初中	22771	8843	7589	2250	4089
技工学校	2217	2107	110	0	0
小学	24744	9693	8432	2405	4214
特殊教育学校	110	39	21	25	25
招生总数(人)	112536	66645	25022	7415	13454
普通高等学校	32568	32568	—	—	—
普通中等专业学校	6493	2799	1982	595	1117
普通中学	38954	15084	13316	3739	6815
高中	14101	5416	4678	1361	2646
初中	24853	9668	8638	2378	4169
技工学校	4699	4482	217	0	0
小学	29705	11650	9487	3064	5504
特殊教育学校	117	62	20	17	18
在校学生总数(人)	427547	243567	100586	29714	53680
普通高等学校	110044	110044	—	—	—
普通中等专业学校	20020	9282	5519	1726	3493
普通中学	114356	44679	38689	11113	19875
高中	41518	15956	13900	4156	7506
初中	72838	28723	24789	6957	12369
#女生	54954	21625	18444	5431	9454
技工学校	13954	13386	568	0	0
小学	168539	65868	55711	16781	30179
#女生	80004	31308	26282	7916	14498
特殊教育学校	634	308	99	94	133
专任教师总数(人)	30626	16042	7712	2329	4543
普通高等学校	6413	6413	—	—	—
普通中等专业学校	1873	900	492	165	316
普通中学	10727	4031	3522	1066	2108
高中	3909	1393	1277	408	831
初中	6818	2638	2245	658	1277
技工学校	575	543	32	0	0
小学	10872	4078	3640	1065	2089
特殊教育学校	166	77	26	33	30

（市统计局）

2021 年镇江市高等教育基本情况表

表 34 – 23　　单位：人

项　目	在校学生数	招生数	毕业生数	教职员工数	
					专任教师
普通高等学校	110044	32568	25805	9529	6413
江苏大学	27352	7098	5646	4220	2823
江苏科技大学	20090	6100	4207	2291	1579
镇江市高等专科学校	9263	3147	2203	677	480
江苏农林职业技术学院	11963	4059	3708	803	581
金山职业技术学院	2596	823	1141	174	122
江苏大学京江学院	12040	3473	2554	226	182
南京财经大学红山学院	10219	2535	2260	432	210
江苏航空职业技术学院	5685	2278	1134	285	208
南京师范大学中北学院	10836	3055	2952	421	228
成人高等学校	34214	14976	14640	—	—
江苏大学	10057	4753	4166	—	—
江苏科技大学	15641	6437	6708	—	—
江苏农林职业技术学院	2484	1403	1555	—	—
镇江市高等专科学校	6032	2383	2211	—	—

（市统计局）

2021 年镇江市市区普通高中教育基本情况表

表 34 – 24　　单位：人

项　目	在校学生				毕业生数	专任教师
		高一年级	高二年级	高三年级		
江苏省镇江中学	3667	919	922	918	908	239
江苏省镇江第一中学	3678	927	925	933	893	230
镇江市实验高级中学	3569	917	917	892	843	193
镇江市第二中学	1052	296	287	267	202	104
镇江枫叶国际学校	376	113	95	108	60	40
江苏省大港中学	2194	554	568	556	516	170
镇江市丹徒区高级中学	2366	628	604	568	566	181
镇江第一外国语学校	61	24	16	11	10	17
镇江市京口区正兴学校	801	249	202	221	129	64
镇江心湖高级中学	1583	487	482	343	271	115
镇江江河艺术高级中学	1133	379	328	300	126	76

（市统计局）

2021年镇江市分地区文化事业机构情况表

表34－25 单位:个

项 目	全 市	市 区	丹阳市	扬中市	句容市
艺术事业	8	4	1	2	1
艺术表演团体	5	3	1	1	—
艺术表演场馆	3	1	—	1	1
图书馆	9	5	2	1	1
博物馆	14	6	4	1	3
群众文化事业	67	34	13	7	13
文化馆	8	5	1	1	1
文化站	59	29	12	6	12
其他文化事业	10	4	3	1	2

(市统计局)

2021年镇江市卫生机构、床位、人员情况表

表34－26

项 目	机构数(个)	床位数(张)	卫生工作人员数(人)	卫生技术人员数(人)	执业(助理)医师	注册护士
合 计	1094	17707	28016	22934	9082	9980
市 区	449	9672	14158	11791	4466	5424
丹阳市	276	3972	6887	5464	2237	2275
扬中市	122	1674	2677	2157	875	859
句容市	247	2389	4294	3522	1504	1422
一、医院及妇幼保健院(所、站)合计	63	13933	17017	14050	5201	6860
# 医院	57	13033	15221	12569	4616	6174
# 综合医院	29	7796	10290	8812	3256	4325
中医医院	5	1277	1866	1574	658	652
专科医院	11	1842	1700	1290	423	695
二、卫生院	37	1814	3465	2960	1319	924
三、社区卫生服务中心	31	1624	2817	2438	961	931
四、急救中心(站)	2	0	119	59	29	22
五、采供血机构	2	0	145	101	6	67
六、妇幼保健院(所、站)	8	900	1796	1481	585	686
七、疾病预防控制中心(防疫站)	10	200	543	399	203	52
八、卫生监督所	7	0	154	143	0	0
九、医学在职培训机构	1	0	9	3	1	0
十、门诊部、诊所、卫生所、医务室、村卫生室、卫生服务站	926	112	3352	2475	1250	998
十一、其他卫生机构	11	24	374	295	90	125

(市统计局)

2021 年镇江市医疗卫生水平及保障情况表

表 34 －27　　单位：张、人

项　目	全　市	市　区	丹阳市	扬中市	句容市
每千人拥有卫生机构床位数	5.50	7.64	4.01	5.21	3.73
每千人拥有医院(卫生院)床位数	4.61	6.47	3.23	4.40	3.17
每千人拥有卫生技术人员数	7.13	9.29	5.51	6.83	5.50
每千人拥有执业(助理)医师数	2.82	3.52	2.26	2.77	2.35
每千人拥有注册护士数	3.10	4.27	2.30	2.72	2.22

(市统计局)

·人民生活·

2021 年镇江市城镇每百户常住居民家庭耐用消费品情况表

表 34 －28

年购买量	单　位	2021 年	2020 年	年末拥有量	单　位	2021 年	2020 年
家用汽车	辆	3.1	2.4	家用汽车	辆	67.0	62.0
摩托车	辆	0.3	0.3	摩托车	辆	13.3	13.2
电动自行车	台	17.6	10.8	电动自行车	台	150.3	138.1
洗衣机	台	8.8	5.8	洗衣机	台	109.7	106.1
电冰箱(柜)	台	11.2	6.8	电冰箱(柜)	台	120.7	113.4
微波炉	台	3.9	3.6	微波炉	台	99.8	95.8
彩色电视机	台	6.4	6.1	彩色电视机	台	203.7	197.3
空调	台	10.3	9.0	空调	台	255.6	245.3
热水器	台	5.9	4.2	热水器	台	118.5	117.5
洗碗机	台	0.2	0.2	洗碗机	台	1.7	1.5
排油烟机	台	3.4	3.2	排油烟机	台	92.5	92.4
移动电话	部	42.7	35.3	移动电话	部	270.5	266.9
计算机	台	6.1	4.6	计算机	台	74.0	81.5
照相机	台	0.2	0.0	照相机	台	18.6	18.6
中高档乐器(含钢琴)	元/人	9.3	13.3	中高档乐器(含钢琴)	架	12.7	9.8
健身器材	元/人	3.6	3.7	健身器材	台	12.0	10.0
空气净化器(含新风系统)	台	0.2	0.2	空气净化器(含新风系统)	台	14.1	7.8
吸尘器	台	2.0	1.2	吸尘器	台	24.9	19.5

(市统计局)

2021年镇江市农村每百户常住居民家庭耐用消费品情况表

表34-29

年购买量	单 位	2021年	2020年	年末拥有量	单 位	2021年	2020年
家用汽车	辆	3.6	1.9	家用汽车	辆	54.0	51.0
摩托车	辆	0.3	0.6	摩托车	辆	26.9	26.9
助力车	台	15.8	15.0	助力车	台	146.7	137.5
洗衣机	台	7.2	5.8	洗衣机	台	108.6	102.8
电冰箱(柜)	台	8.6	5.0	电冰箱(柜)	台	124.2	116.7
微波炉	台	3.3	3.1	微波炉	台	86.1	82.8
彩色电视机	台	4.7	3.3	彩色电视机	台	180.0	176.4
空调	台	9.4	8.3	空调	台	205.5	196.1
热水器	台	6.7	5.3	热水器	台	114.3	114.2
洗碗机	台	0.0	0.0	洗碗机	台	1.1	1.1
排油烟机	台	3.9	3.1	排油烟机	台	67.8	63.9
移动电话	部	43.3	35.8	移动电话	部	266.4	255.6
计算机	台	3.3	3.1	计算机	台	49.0	49.2
照相机	台	0.0	0.0	照相机	台	6.0	6.1
中高档乐器(含钢琴)	元/人	6.7	0.8	中高档乐器(含钢琴)	架	2.8	1.7
健身器材	元/人	1.8	0.4	健身器材	台	6.7	5.6
空气净化器(含新风系统)	台	0.0	0.0	空气净化器(含新风系统)	台	1.9	1.9
吸尘器	台	0.8	0.8	吸尘器	台	8.6	7.8

(市统计局)

2021年镇江市居民消费价格分类指数表

表34-30

项 目	以上年价格为100	项 目	以上年价格为100
居民消费价格总指数	101.2	(5)菜及食用菌	111.0
其中:非食品烟酒价格指数	101.5	鲜菜	112.6
服务价格指数	100.6	(6)畜肉类	83.5
消费品价格指数	101.6	(7)禽肉类	99.1
一、食品烟酒	100.3	(8)水产品	114.3
1. 食品	100.0	(9)蛋类	113.2
(1)粮食	100.7	(10)奶类	100.7
(2)薯类	98.9	(11)干鲜瓜果类	101.2
(3)豆类	111.3	(12)糖果糕点类	98.7
(4)食用油	105.9	(13)调味品	100.2

续表 34－30

项　目	以上年价格为 100	项　目	以上年价格为 100
(14)其他食品类	100.2	3.家用纺织品	100.1
2.茶及饮料	100.4	4.家庭日用杂品	100.6
3.烟酒	102.2	5.个人护理用品	98.1
(1)卷烟	101.1	6.家庭服务	105.8
(2)酒类	104.0	五、交通和通信	104.6
4.在外餐饮	100.1	1.交通	106.1
二、衣着	102.8	2.通信	100.5
1.服装	102.6	六、教育文化和娱乐	101.5
2.鞋类	103.9	1.教育	100.4
三、居住	100.2	2.文化娱乐	102.8
1.租赁房房租	100.2	七、医疗保健	101.5
2.住房保养维修及管理	100.8	1.药品及医疗器具	100.9
3.水电燃料	100.8	2.医疗服务	101.7
4.自有住房	99.9	八、其他用品和服务	97.0
四、生活用品及服务	101.2	1.其他用品类	97.0
1.家具及室内装饰品	100.2	2.其他服务类	96.9
2.家用器具	104.2		

（市统计局）

2021 年镇江市商品零售价格分类指数表

表 34－31

项　目	以上年价格为 100	项　目	以上年价格为 100
商品零售价格总指数	102.4		
一、食品	100.1	九、交通、通信用品	101.6
二、饮料、烟酒	102.0	十、家具	100.2
三、服装、鞋帽	102.7	十一、化妆品	98.1
四、纺织品	100.1	十二、金银饰品	96.6
五、家用电器及音像器材	102.3	十三、中西药品及医疗保健用品	100.9
六、文化办公用品	102.0	十四、书报杂志及电子出版物	99.7
七、日用品	99.5	十五、燃料	114.3
八、体育娱乐用品	100.6	十六、建筑材料及五金电料	102.0

（市统计局）

索 引

说 明

一、本索引采用主题分析方法编制。标引词中机构、单位名称用简称。标引词按第一字汉语拼音音序排列;第一字相同,按第二字排列,依次类推。

二、类目、分目(次分目)名称用黑体字标明。标引词后的阿拉伯数字表示内容所在页码,数字后的字母 a、b 分别表示从左至右第一、二栏。标引词后第二个页码起,表示该索引参见内容所在位置;空一字起排的为上一标引词的附见内容。

D

E

F

M

N

P

Q

T

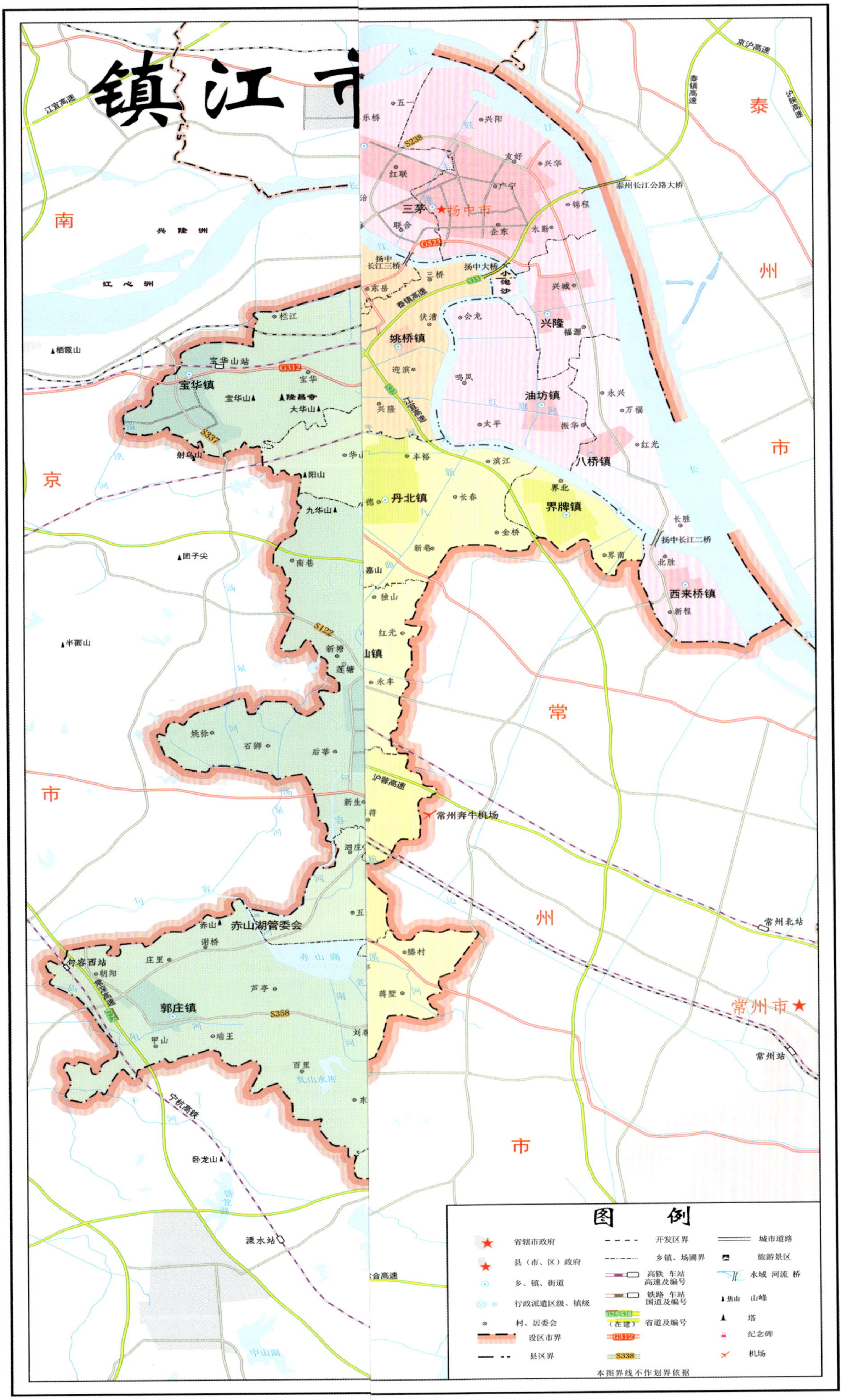

地图审核号：苏镇S(2022)03号

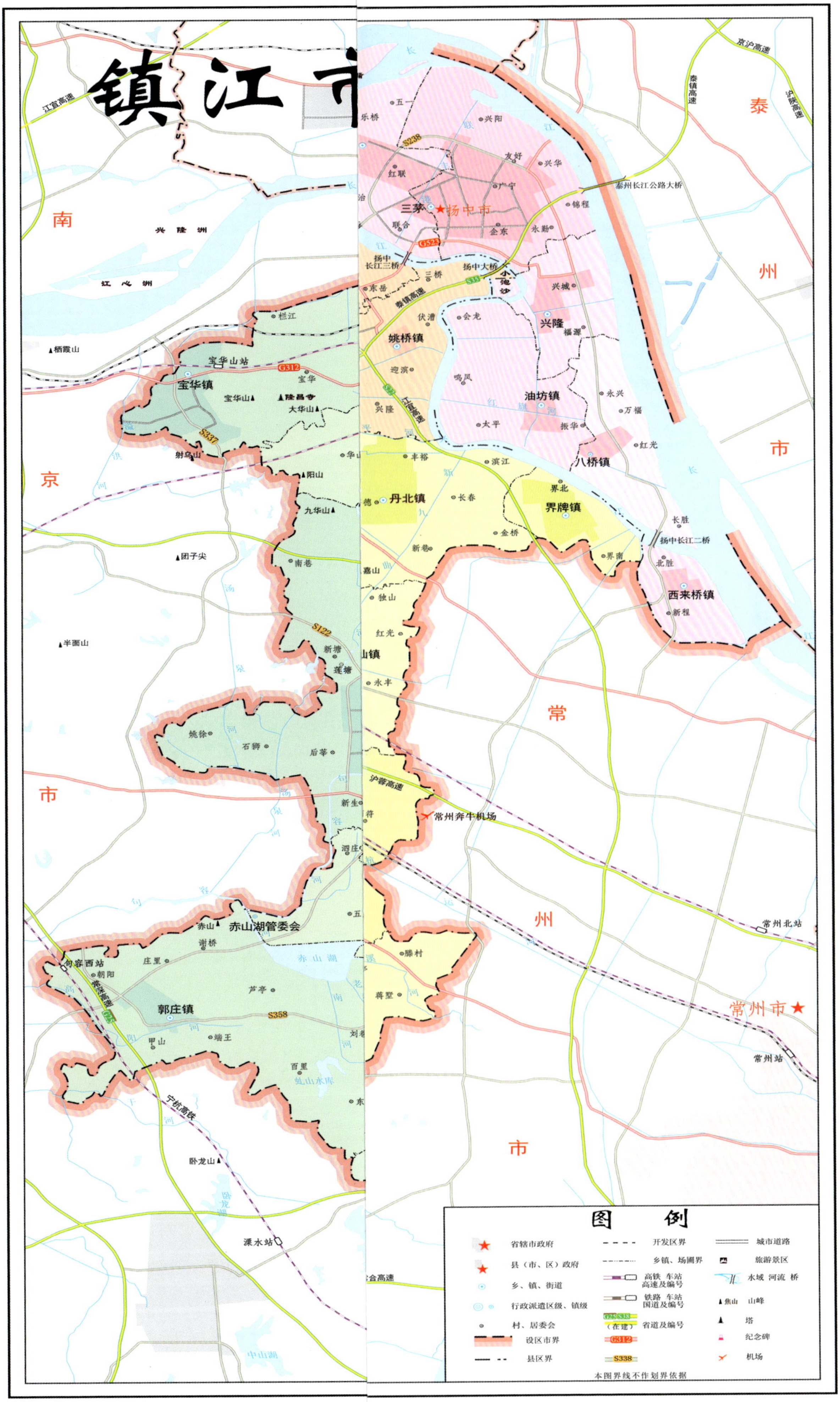

地图审核号：苏镇S(2022)03号

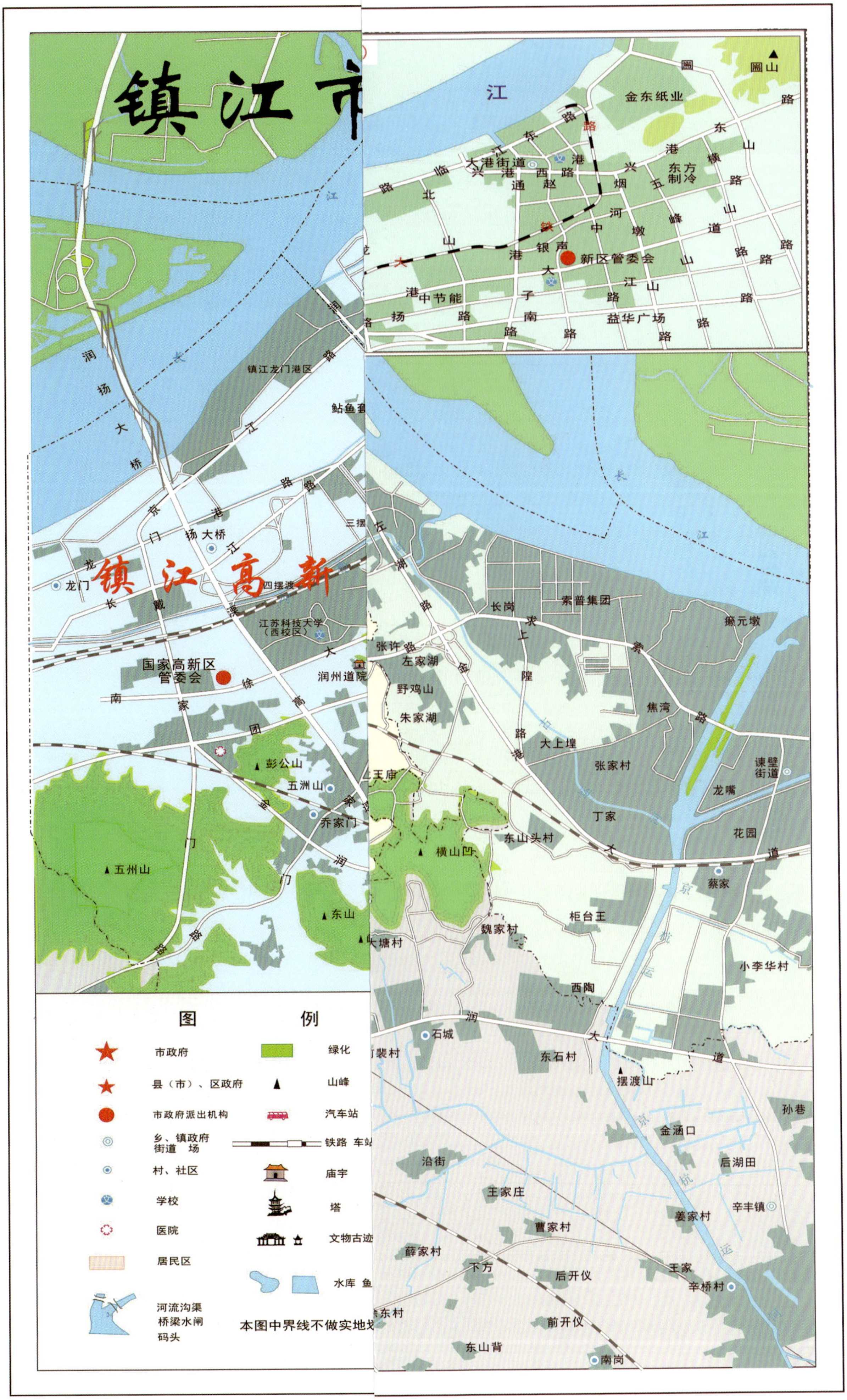

地图审核号：苏镇S(2022)02号